U0940846

2006 年 4 月 1 日，胡锦涛总书记在北京参加义务植树

2005年6月3日，中共中央政治局常委、全国政协主席贾庆林在中国绿化基金会第五届全体理事会议召开前，接见理事会成员和与会代表

贾达明 摄影

2005年1月10日，中共中央政治局委员、国务院副总理回良玉出席全国重点省（区）森林防火工作座谈会并作重要讲话

国家林业局森林防火办公室 供稿

2005 年 6 月 23 日　关注森林——绿色海疆万里行活动在北京启动。全国人大常委会副委员长许嘉璐向参加活动的记者团授旗

李惠均 摄影

2005 年 9 月 26 日，国务委员兼国务院秘书长华建敏出席在南京召开的首届中国绿化博览会开幕式并参观展览

贾达明 摄影

2005 年 12 月 20 日，国家林业局局长贾治邦在局森林防火指挥中心检查工作

贾达明 摄影

2005 年“五一”国际劳动节前夕，国家林业局局长周生贤接见 2005 年全国劳动模范和先进工作者林业行业代表

李惠均 摄影

2005 年 5 月 20 日，国家林业局副局长李育材在北京会见日本小渊基金事务局长、林野厅原长官秋山智英一行，双方就进一步加强林业合作事宜深入广泛地交换了意见

李惠均 摄影

2007年《中国林业年鉴》光荣榜征订

◎年发行量达8000册，居林业系统所有报刊发行量之首

◎林业系统各级领导干部案头必备资料

◎国内独家中英两种语言版本，全球同步上市

一部综合反映中国林业基本情况，传递精确、翔实的年度信息和数据的大型史料性工具书。

一个各级林业行政管理人员、林业工作者、林业院校师生须臾不可或缺的得力助手。

一扇帮助各行各业以及国际友人了解中国林业的重要窗口。

更重要的，这是一本有别于其他会被时间冲淡内容的图书，它所载入的，是具有编年史意义的内容以及具有先进性的内涵。随着岁月的沉淀，历久弥香。

2007年，《中国林业年鉴》特别推出7大系列光荣榜，全彩印刷、图文并貌，全面宣传林业各战线当年成就，谱写现代林业华彩乐章。

2007卷《中国林业年鉴》光荣榜拟开设下列栏目：

1. 林苑采风——全国绿化最突出的地区，收录受到全国或省级以上表彰者。

2. 绿满新村——社会主义绿色新农村建设典型，2006年度依托新技术、新理念帮助林区乡亲脱贫致富的楷模。

3. 林改撷珍——林权制度改革示范点的集合，展示全国林改先行者的身影。

4. 沙海泛舟——全国防沙治沙综合示范区典型，讲述各地治沙先锋的经验事迹。

5. 火场凯歌——全国防火先进单位，记录2006年度优秀防火单位及扑火英雄的动人事迹。

6. 风情森林——森林公园、自然保护区专集，收录中国最美的森林公园和保护区。

7. 高端论坛——一场与林业精英的对话，各级林业局长谈十一五展望、新时期林业工作重点及目标。

稿件要求

请用精练的文字撰写贵单位的基本情况、业务范围、典型事迹和成功经验等。荣誉称号、数字、人名请认真核实，注明撰稿人，并请打印。

照片背面应注明编号，并附说明文字及摄影者，传统照片应5寸以上，数码照片文件大小不低于500k。

入选者须经国家林业局或省（区、市）林业厅（局）推荐。

截止日期

截至2007年6月30日

收费标准

单版	6000元	4张彩色照片，	文字400字
双版	10000元	7张彩色照片，	文字600字
四版	16000元	15张彩色照片，	文字1200字

联系方式

收款单位：《中国林业年鉴》编辑部

联系人：李广龙

地　址：北京市西城区德内大街刘海胡同7号

邮　编：100009

电　话：（010）66183789　66181326

开户行：中国工商银行北京新街市支行

户　名：中国林业出版社

账　号：0200002909089006840

邮　箱：cfybook@163.com

汇款用途：注明“年鉴宣传费”字样

收到汇款后，发票随即寄去，并予以刊登；出书后赠送样书1册。

2005年10月27日，国家林业局副局长赵学敏陪同连战先生在四川卧龙考察赠台大熊猫

国家林业局办公室 供稿

2005年9月14日，国家林业局党组成员、中国林科院院长江泽慧出席首届国际生物经济论坛第八分会并作主题报告

国家林业局办公室 供稿

2005年8月23日，中央纪委驻国家林业局纪检组组长、局党组成员杨继平出席第二届中国城市森林论坛并致词

国家林业局办公室 供稿

2005年9月8日，国家林业局副局长雷加富在新疆检查森林防火工作

国家林业局森林防火办公室 供稿

2005年4月19日，国家林业局副局长祝列克在北京会见芬兰议会农林委员会主席安蒂拉女士及其代表团一行，双方就两国林业合作及共同关心的问题交换了意见

李惠均 摄影

2005年7月4日，国家林业局副局长张建龙在江西调研林改工作时与农民亲切交谈

国家林业局办公室 供稿

中国林业年鉴

2006

CHINA FORESTRY YEARBOOK

国家林业局　编纂

中国林业出版社

国家林业局图书出版基金资助出版

图书在版编目(CIP)数据

中国林业年鉴：2006卷／国家林业局编纂.－北京：中国林业出版社，2006.11

ISBN 7-5038-4668-2

Ⅰ.中...　Ⅱ.国...　Ⅲ.林业－中国－2006－年鉴　Ⅳ.F326.2-54

中国版本图书馆CIP数据核字(2006)第132209号

出版　中国林业出版社（100009 北京西城区刘海胡同7号）

网址　www.cfph.com.cn

E-mail　cfphz@public.bta.net.cn　电话　66181326

发行　中国林业出版社

印刷　中国科学院印刷厂

版次　2006年11月第1版

印次　2006年11月第1次

开本　787mm × 1092mm　1/16

印张　42.75

插页　30

字数　1542千字

书号　ISBN 7-5038-4668-2

定价　120.00元

中国林业年鉴编辑委员会

名誉主任	贾治邦	国家林业局局长
主　　任	杨继平	中央纪委驻国家林业局纪检组组长、局党组成员
副 主 任	封加平	国家林业局办公室主任
	曹清尧	国家林业局宣传办公室主任
	张柏涛	中国林业出版社社长
	邵权熙	中国林业出版社副总编辑
委　　员	魏殿生	国家林业局植树造林司司长
	韩国祥	全国绿化委员会办公室综合组副组长
	肖兴威	国家林业局森林资源管理司司长
	卓榕生	国家林业局野生动植物保护司司长
	杜永胜	国家林业局森林公安局局长
	汪　绚	国家林业局政策法规司司长
	姚昌恬	国家林业局发展计划与资金管理司司长
	张永利	国家林业局科学技术司司长
	曲桂林	国家林业局国际合作司司长
	马安全	国家林业局人事教育司司长
	张希武	国家林业局直属机关党委常务副书记
	刘双来	中央纪委、监察部驻国家林业局纪检组副组长、监察局局长
	孔　明	国家林业局国有林场和林木种苗工作总站副总站长
	马广仁	国家林业局林业工作站管理总站总站长
	郝燕湘	国家林业局林业基金管理总站总站长
	陈建伟	国家林业局濒危物种进出口管理中心常务副主任
	张志达	国家林业局天然林保护工程管理中心主任
	陈凤学	国家林业局西北华北东北防护林建设局局长
	黎云昆	国家林业局长江流域防护林体系建设管理办公室常务副主任
	张鸿文	国家林业局退耕还林工程管理中心主任
	刘　拓	防治荒漠化管理中心主任

王成祖　国家林业局世界银行贷款项目管理中心主任

孙　建　全国木材行业管理办公室常务副主任

李东升　国家林业局科技发展中心常务副主任

张　蕾　国家林业局经济发展研究中心主任

安丰杰　国家林业局人才交流开发中心主任

刘雪平　国家林业局审计中心主任

金普春　国家林业局对外合作项目中心常务副主任

张　萍　国家林业局森林防火预警监测信息中心主任

王祝雄　国家林业局森林资源监督管理办公室常务副主任

张守攻　中国林业科学研究院常务副院长

李忠平　国家林业局调查规划设计院院长

于建亚　国家林业局林产工业规划设计院院长

彭有冬　北京林业管理干部学院党委书记

丁付林　中国绿色时报社社长

岳永德　国际竹藤网络中心常务副主任

李岩泉　中国林学会常务副秘书长

陈润生　中国野生动物保护协会秘书长

王殿富　中国花卉协会秘书长

关松林　中国绿化基金会秘书长

崔永安　武警森林指挥部政治部副主任

特约委员　宋希友　北京市林业局局长

李森阳　天津市林业局局长

张振宇　河北省林业局纪检组组长、监察专员

杜创业　山西省林业厅厅长

高锡林　内蒙古自治区林业厅厅长

孙扎根　内蒙古森林工业（集团）总公司总经理

黄庆宇　辽宁省林业厅副厅长

王玉明　吉林省林业厅副厅长

宫喜福　吉林森林工业（集团）总公司副总经理

刘亚文　黑龙江省林业厅副厅长

佟以凡　龙江森林工业（集团）总公司副总经理

宋希斌　大兴安岭林业集团公司总经理

沈兰全　上海市林业局副局长

夏春胜　江苏省林业局局长

邢最荣　浙江省林业厅副厅长

韩柏泉　安徽省林业厅厅长

黄建兴　福建省林业厅厅长

郭　家　江西省林业厅副厅长

孙庆传　山东省林业局局长

王照平　河南省林业厅厅长

祝金水　湖北省林业局局长

葛汉栋　湖南省林业厅厅长

邓惠珍　广东省林业局局长

黎梅松　广西壮族自治区林业局局长

朱选成　海南省林业局局长

周克勤　重庆市林业局局长

杨冬生　四川省林业厅厅长

张锦林　贵州省林业厅厅长

白成亮　云南省林业厅厅长

阿　布　西藏自治区林业局局长

张社年　陕西省林业厅厅长

魏至公　甘肃省绿化委员会办公室副主任

王　谦　青海省林业局副局长

韩陕宁　宁夏回族自治区林业局局长

张小平　新疆维吾尔自治区林业厅党委书记

杨江勇　新疆生产建设兵团林业局副局长

尹伟伦　北京林业大学校长

李　坚　东北林业大学校长

余世袁　南京林业大学校长

中国林业年鉴特约编辑

单位	姓名
国家林业局办公室	涂先喜
国家林业局植树造林司	吴秀丽
全国绿化委员会办公室综合组	周力军
国家林业局森林资源管理司	杨　净
国家林业局野生动植物保护司	罗　颖
国家林业局森林公安局	敖孔华
国家林业局政策法规司	周金锋
国家林业局发展计划与资金管理司	刘建杰　袁卫国
国家林业局科学技术司	尹刚强
国家林业局国际合作司	黄一川
国家林业局人事教育司	严　剑
国家林业局直属机关党委	刘玉梅
中央纪委、监察部驻国家林业局纪检组、监察局	周　洪
国家林业局国有林场和林木种苗工作总站	陈恩军
国家林业局林业工作站管理总站	许　绠
国家林业局林业基金管理总站	刘文萍
国家林业局宣传办公室	曹　靖
国家林业局濒危物种进出口管理中心	张　旗
国家林业局天然林保护工程管理中心	阎光锋
国家林业局西北华北东北防护林建设局	熊善松
国家林业局长江流域防护林体系建设管理办公室	曾宪芷
国家林业局退耕还林工程管理中心	汪飞跃
防治荒漠化管理中心	王俊中
国家林业局世界银行贷款项目管理中心	杨柏权
国家林业局木材行业管理办公室	杨万利
国家林业局科技发展中心	龚玉梅
国家林业局经济发展研究中心	张晓静
国家林业局人才交流开发中心	路永斌
国家林业局审计中心	任云友
国家林业局对外合作项目中心	孙念军
国家林业局森林资源监督管理办公室	董　冶
中国林业科学研究院	林泽攀
国家林业局调查规划设计院	白会学
国家林业局林产工业规划设计院	李　灏
北京林业管理干部学院	潘世英
中国绿色时报社	蔡　鸿
国际竹藤网络中心	王　刚
中国林学会	刘合胜
中国野生动物保护协会	郭立新
中国花卉协会	张引潮

2006

中国绿化基金会	费　勇
武警森林指挥部	管黎丽
北京市林业局	黄桂林
天津市林业局	宗晶莹
河北省林业局	魏红侠
山西省林业厅	谢英杰
内蒙古自治区林业厅	乔　云
内蒙古森林工业(集团)总公司	张晓平
辽宁省林业厅	王树森
吉林省林业厅	刘　明
吉林森林工业(集团)总公司	刘凤德
黑龙江省林业厅	崔祥娟
龙江森林工业(集团)总公司	宋淑华
大兴安岭林业集团公司	刘庚正
上海市林业局	茅国梁
江苏省林业局	陈志银
浙江省林业厅	方少华
安徽省林业厅	王小明
福建省林业厅	陈玉华
江西省林业厅	蒋英文
山东省林业局	刁训禄
河南省林业厅	徐　忠
湖北省林业局	彭锦云
湖南省林业厅	蒋红星
广东省林业局	黎　明
广西壮族自治区林业局	蒋桂雄
海南省林业局	王　雪
重庆市林业局	张来国
四川省林业厅	李国明
贵州省林业厅	侯勇军
云南省林业厅	武建雷
西藏自治区林业局	陈　平
陕西省林业厅	王　莉
甘肃省林业厅	何　熙
青海省林业局	林兆才
宁夏回族自治区林业局	刘方圆
新疆维吾尔自治区林业厅	蔡立新
新疆生产建设兵团林业局	贾寿珍
北京林业大学	邹国辉
东北林业大学	刘文超
南京林业大学	王　强

◆栏 目

杨格 摄影

加速林业发展　建设生态辽宁

省委书记李克强（左）、省林业厅厅长王文权（右）参加义务植树

“十五”期间，辽宁进一步加大林业建设力度，认真贯彻落实中央林业决定，坚持以科学发展观统领林业全局，努力推进生态和产业两大体系建设，实现了造林面积快速增长，建设质量明显提高，森林资源有效保护，改革不断深化，产业加快发展，全面完成了“十五”初期确定的林业工作目标，林业发展成效显著。全省林业用地总面积发展到634.39万公顷，活立木总蓄积量1.85亿立方米，森林覆盖率31.84%，分别比新中国成立初期增长246.4%、277.5%和18.9个百分点。辽宁的天然林和生态公益林保护工作取得明显成效，非公有制林业建设步伐加快，集体林产权制度改革试点启动，辽宁林业在全国的位次明显前移，营造林实绩综合核查成绩逐年提高，2004年度全国人工造林更新实绩综合得分跻身全国前6名，比2000年度提前了24位。辽宁省林业厅在辽宁省省直机关目标管理考核工作中取得了“十连优”的优异成绩。

省长张文岳参加义务植树

省政协主席郭廷标参加义务植树

副省长胡晓华参加义务植树

经济建设结硕果　生态建设铸辉煌

"十五"期间，在中央林业决定的指导下，龙江森工林区生态建设、经济建设和社会事业取得显著成就。经济总量实现新增长。累计实现林业产业总产值677.3亿元，年均增长10.2%；工业增加值由24.78亿元提高到68.7亿元；全行业亏损由1.26亿元减少到0.46亿元。产业结构调整呈现新局面。第一、第二、第三产业产值调整为42.8：37.5：19.7；非公有制经济比重由33.3%提高到60.8%。生态体系建设取得新成效。木材产量比"九五"累计减少997.1万立方米；有林地面积达828.1万公顷，森林覆盖率达82.6%，分别提高32.6万公顷和3.3个百分点；活立木总蓄积6.68亿立方米，增长0.58亿立方米。深化改革进行新探索。推行管护经营责任制的林场（所）589个，占94.4%；7.5万户参加管护经营，落实管护经营面积877.5万公顷；完成了283户中小企业的改制重组工作；林业局的事业单位实行了企业化管理、市场化运营改革。对外开放取得新突破。累计对俄采伐木材108万立方米，加工木材25万立方米，劳务输出7000人次；落实招商引资项目61个，到位资金7.73亿元。社会各项事业全面进步，职工生活达到新水平。职工年均工资由3939元提高到5076元，呈现出人心思定、人心思进的喜人局面。民主决策、科学决策得到加强，以强素质、塑形象为重点，扎实开展精神文明创建工作，林区社会精神面貌焕然一新。以先进性教育为契机，探索和创新了党建工作新机制，党员素质提高，执政能力明显增强。

刘学良副省长（中）在省长助理、森工总局党委书记张效廉（右二）、局长刘忠敏（左二）陪同下到森工黑木耳养殖基地调研

1.黑龙江万力木业有限公司生产车间　王大明 摄影
2.鹤北林业局在俄罗斯成立的森鹤公司木材加工厂
3.天保工程顺利实施，森林资源得到有效保护　王大明 摄影

营造良好生态　建设绿色中原

"十五"期间，在省委、省政府的高度重视和全省人民的共同努力下，全省林业事业快速发展。据第六次全国森林资源清查结果，全省林业用地456.41万公顷，比1998年增加77.77万公顷，增长20.54%；有林地270.3万公顷，增加61.25万公顷，增长29.3%；活立木总蓄积13 370.51万立方米，增加202.96万立方米，增长1.54%；林木覆盖率22.64%，增加2.81个百分点。80个县（市、区）达到河南省县级平原绿化高级标准。全省建立森林公园80处，自然保护区22处。全省森林火灾受害率控制在0.5‰以下，森林病虫害防治率达到70%以上。2005年全省林业产值达到273亿元。全省现有国有林场88个，国有苗圃88个；设有县级以上林业技术推广和林木种苗管理机构154个，林业科研机构49个。全省共建立各级森林公安机构245个，林政稽查队115个，木材检查站100个，森林半专业消防队76个，森林病虫害防治检疫站156个，具有丁级以上资质的森林资源调查设计机构57个。全省林业系统干部职工总数3.1万人。

省委书记徐光春(左三)、省长李成玉(左四)、副省长王菊梅(右一)、省林业厅厅长王照平(左一)参加义务植树活动

平原农田防护林体系

豫南人工林基地

2003年全省林业工作会议

绿化荆楚谱新篇

第四届湖北(武汉)花博会开幕仪式

1999～2005年，湖北省林业局认真贯彻落实中央和省委、省政府关于加快林业发展的方针政策，全面推进林业"资源大省"和"产业强省"建设，全省林业出现了加快发展的大好形势。

造林绿化全面开展。7年来，全省累计完成人工造林148.74万公顷；全民义务植树1.5亿人次，植树5.984亿株；封山育林2006.97万公顷；建成绿色通道48 380.2千米、植树4.7亿株。累计采伐商品材3591.3万立方米。年森林采伐量控制在国家核定的限额内。生产人造板594.81万立方米。森林覆盖率年均增加0.92个百分点。天保工程、退耕还林工程、长江防护林工程、高效经济林工程、野生动植物保护及自然保护区建设工程等重点工程顺利实施。林业产业加快发展。全省规模以上林产工业企业205家。2005年，全省人造板产量达到133万立方米，经济林产品加工企业371家，年加工能力达到41.5万吨，实现产值63.2亿元；苗木花卉产业中实现花卉产值12.55亿元；森林旅游接待游客540万人次，总收入9.18亿元；陆生野生动物驯养繁殖、经营利用企业335家。森林管护不断加强。全省林地面积826.81万公顷。其中有林地面积524.1万公顷，森林覆盖率达到31.31%，活立木蓄积达到23 158.18万立方米。有林地蓄积21 003.96万立方米。林业支撑保障体系建设进一步完善。7年来，全省林业科技与教育部门共承担253个林业科学研究项目，有85项获部、省级以上科技成果奖。全省已颁布实施林业地方行业标准22项，现有科技示范县2个，林业标准化示范县5个，林产品质量监督检验站1个，林业职业技能鉴定站1个。全省县级以上林科院（所）78个，各级林业科技推广中心（站）61个。根据《森林法》等林业法律法规，由省人大制定地方性法规8部，政府规章3部。全省共有林业行政执法人员6000余人。全省林业共投入建设资金75.3亿元。对外合作取得重要进展。湖北省已与联合国粮农组织、联合国开发计划署、世界银行、全球环境基金、世界自然基金会等多个国际组织以及日本、德国等国家建立起了林业交流和合作渠道。共引进资金16 179万美元(约合人民币13.5亿元)。计划营造林34.21万公顷，到2005年，已完成营造林11.20万公顷。

湖北省林业局办公大楼

2001年7月1日，湖北省林业局党组成员在庆祝建党80周年文艺演出上与部分演员合影

第二届林博会开幕式

实现林业的历史性跨越

“十五”期间，湖南省委、省政府出台了《关于贯彻〈中共中央国务院关于加快林业发展的决定〉的意见》。全省大力实施了退耕还林、防护林、野生动植物保护及自然保护区、生态公益林、绿色通道、速生丰产林、种苗和花卉、林产工业、森林和湿地生态旅游等9项林业重点工程，建立健全了以《森林法》、《湖南省林业条例》、《湖南省湿地保护条例》为主的林业法律法规体系，林业发展呈现出良好的发展态势。与“九五”期间比较，全省“十五”期间有林地面积达到1018.3万公顷，增加71.3万公顷，增长7.53%；森林覆盖率达到55%，增加2.56个百分点；森林蓄积量达到3.79亿立方米，增加8340万立方米，增长28.21%；毛竹立竹总数达到19亿株；湿地面积560万公顷，占全省国土总面积的26%；城市绿化率达到32.16%，增加2.15个百分点；人均公共绿地面积6.53平方米，增加1.66平方米。林业产业总产值达到454亿元，增加221亿元，增长94.85%。山区、丘陵区、平湖区农民收入来自林业的比重分别达到40%、25%和12%。全省森林、湿地生态体系和产业体系得到不断完善，有林地面积、森林覆盖率、森林蓄积量均达到历史最高水平，基本完成了生态恢复任务。

1. 省委书记、省人大常委会主任张春贤（中）、省长周伯华（左二）、省政协主席胡彪（左一）、省军区政委李今伟（右一）、省林业厅厅长葛汉栋（右二）在湖南省林科院杜家冲试验林场植树
2. 新建成的湖南省林木种苗繁育示范中心
3. 万鸟飞翔的洞庭湖湿地
4. 泰格林纸集团投资15亿元、年产20万吨的具有国际一流水准的造纸生产车间
5. “一五”至“十五”期间湖南森林覆盖率实现跨越式增长

1
2
3 4 5

富民兴桂促发展

"十五"期间，随着自治区党委、政府《关于实现林业跨越式发展的决定》出台，林业在经济社会发展全局中的战略地位以及林业生态建设和产业建设并重的跨越式发展战略得到确立和确定，林业建设取得了显著成就，林业跨越式发展迈出了实质性步伐。

"十五"期间，全区林业完成固定资产投资60.95亿元，比"九五"期间增长149.6%。中央和自治区两级财政资金对林业投入总计达到59.65亿元，是"九五"期间7.14亿元的8.3倍。其中，中央财政资金投入45.64亿元，是"九五"期间2.77亿元的16.5倍；自治区财政投入14.01亿元，是"九五"期间4.38亿元的3.2倍。

"十五"期末，全区森林覆盖率(含国家特别规定的灌木林地)达到52.71%，比"九五"期末提高了4.49个百分点；活立木总蓄积量达到5.11亿立方米，同比增加1.08亿立方米。商品木材年产量达到550万立方米，同比增长77.14%。林业总产值达到273亿元，增长60.59%，年均增长9.94%。广西"十五"期间取得的主要经验为：围绕富民兴桂战略来定位和运作林业；找准切入点，狠抓速生丰产林基地建设，加快林业产业化建设步伐；稳步推进农村沼气池建设，有效地保护了森林资源；实施森林分类经营，保护与发展并举；采取有力措施，加快非公有制林业发展步伐；以大工程带动大发展。

金秋白果

1.石山退耕还林任豆绿油油
2.高密度纤维板下线
3.漓江上游两岸绿化
4.大力发展沼气,农民走上富裕路

添绿黔山秀水　铸就两江屏障

黔北竹浆林纸一体化工程奠基典礼 林朝阳 摄影

"十五"期间，在贵州省委、省政府"生态立省"战略的指引下，贵州林业建设呈现喜人局面，进入了历史最好时期。

森林资源总量持续增长。"十五"期间，贵州省全力推进退耕还林、天保等林业重点工程建设，加快国土绿化进程，累计完成营造林197.7万公顷，义务植树1.25亿株，铁路、公路、河渠绿化7200千米。森林覆盖率提高到34.9%，森林分布日趋合理，功能逐步完备，质量不断提高，初步构筑了长江、珠江上游的生态屏障。

保护管理力度不断加大。全省共查处各类林业案件4.62万起、没收木材10.37万立方米、收缴野生动物1.67万只(头)，为国家挽回经济损失9964万元，有力地打击了破坏森林和野生动植物资源的违法犯罪行为。"十五"期间全省森林火灾受害率平均为0.52‰。森林病虫害成灾率控制在4.5‰以下，防治率达到75%以上，森林火灾和森林病虫害得到有效控制，保护了造林绿化成果。

林业产业发展势头强劲。全省新建竹林基地3.79万公顷、纸浆林基地11.80万公顷、坑木林基地8万公顷；新建和改造野生山核桃、花椒等特色经济林基地6.67万公顷；新建黄柏、厚朴等木本中药材基地2.27万公顷；新建苗木基地0.09万公顷；全省花卉种植面积达到0.67万公顷，年销售额达到2.8亿元；共引进各类社会资金4.38亿元，新建人造板加工项目25个，全省人造板年生产能力达到70万立方米。林业产值由"九五"期末的20亿元增加到"十五"期末的98亿元。

都匀市退耕还竹 韦汉渝 摄影

安龙县石漠化治理 省林业厅法宣处 供稿

正安县九道水省级森林公园 罗明忠 摄影

世界屋脊的高原林业

"十五"期间，西藏林业发展目标全面实现。西藏现有森林总面积1389.61万公顷，活立木总蓄积量22.945亿立方米，森林覆盖率11.31%，森林面积名列全国第五，活立木总蓄积量名列全国第一。全区共有脊椎动物795种，大中型野生动物数量居全国第一位；有高等植物6400多种，藻类植物2376种，真菌878种。5年来共计造林7.6万公顷，与"九五"期间相比造林面积增加3倍，禁伐113.3万公顷，封育58.7万公顷，新增林地面积6.7万多公顷。新建苗圃33个，育苗面积达700多万公顷，与"九五"期间相比增加1倍多；出圃苗木约1.2亿株，与"九五"期间相比增加2.1倍。天保工程成效显著。工程概算为5亿多元，已完成投资近3亿元，累计完成生态公益林建设19 449.3公顷，对120万公顷的森林实行了常年管护，生态搬迁7508户，15 251人。在2005年全国天保工程检查评比中名列第六位。退耕还林工程稳步推进。自2002年正式启动以来，国家已累计安排资金19 460万元，完成退耕还林1.3万多公顷，宜林荒山荒地造林面积2万公顷。自然保护区、森林公园和湿地建设成绩显著。全区已建林业部门主管的自治区级以上自然保护区10处，总面积39.2万平方千米，约占西藏国土面积的32.6%；"十五"期间批准建立国家森林公园7个；共有湿地面积600多万公顷，占全区土地面积的4.9%。森林生态效益补偿基金实施顺利。启动了第一批森林生态效益补偿基金，每年投资7078万元，使97.46万公顷国家公益林得到了有效保护。优化林业产业结构，促进农牧民增收。林业产值2005年达5亿多元。通过林业项目的实施，使农牧民群众增收约4亿元。林业基础工作得到进一步加强。完成了森林资源一类清查、二类调查、分类区划、荒漠化监测、野生动植物及湿地等的普查工作。

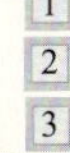

1. 林芝贡布沙棘
2. 成群结队的斑头雁
3. 人与动物和谐相处
4. 雅鲁藏布大峡谷国家级自然保护区

陕西

绿满三秦山川美

“十五”期间，全省造林绿化创历史新高，共完成造林316.54万公顷。森林覆盖率由32.55%提高到37.2%。全民义务植树运动掀起高潮，累计参加人数达4800万人次，义务植树4.1亿株。“十五”期间，森林火灾发生次数和受灾面积明显下降，受害率为0.2‰，低于国家规定的1‰控制指标。森林病虫害防治率达到60%以上。成灾率控制在6‰以下。认真组织开展专项整治活动，严厉打击各种破坏森林资源的违法犯罪行为。督促查办查处森林案件3216件。2005年，全省林业产业总产值达到126亿元，与1999年相比增长了75.48%。经济林（不含水果）基地建设面积达到151.09万公顷，总产量达到106.4万吨，实现产值43.24亿元。森林生态旅游快速发展，新建森林公园18处，接待游客和实现收入每年以20%～30%的速度递增，年旅游收入达1.02亿元。林产品加工产值达到30.6亿元。花卉栽培、中药材种植、野生动植物的驯养繁殖和经营利用等呈现出良好的发展势头。林业资金投入大幅增长，“十五”时期国家投入陕西省资金总量达到149.77亿元，是“九五”时期的7倍。林业科技完成科研项目131项，其中50项科研成果获得省政府奖励。推广各类林业技术87项，完成技术推广面积162.67万公顷，培训林业技术干部4300名，培训林农150万人次。全省林业科技贡献率达到33.5%。基层林业工作站达到1009个，林业站建设合格县达到87个。

1 2 4 3

1. 三北防护林工程（治沙）
2. 野生动植物保护和自然保区建设工程
3. 林业产业——花椒生产基地
4. 天保工程成效显著

编 辑 说 明

一、《中国林业年鉴》是一部综合反映我国社会主义林业建设重要活动、发展水平、基本成就与经验教训的大型资料性工具书。每年出版一卷，反映上年度情况。2006 年卷为第二十卷，收录限 2005 年的资料。

二、年鉴的基本任务，是为我国林业战线和有关部门的各级生产和管理人员、科技工作者、林业院校师生和广大社会读者全面、系统地提供我国森林资源消长、森林培育、林政保护、森林工业、林业经济、科学技术、专业理论研究、院校教育以及体制改革等方面的年度信息和相关资料。

三、第二十卷编纂内容设 21 个栏目。统计资料除另有说明外，均不含台湾省数字。

四、年鉴编写实行条目化，条目标题力求简洁、规范。长条设黑体和楷体两级层次标题。全卷编排按内容分类。条头设【 】。按分类栏目设书眉。

五、年鉴撰稿及资料收集由国家林业局机关各司（局），各直属单位承担；其中“各省、自治区、直辖市林业”由各省（区、市）林业厅（局）承担。

六、释文中的计量单位执行 1984 年国务院《关于在我国统一实行法定计量单位的命令》和 1984 年 6 月文化部出版局、国家计量局下发的《贯彻〈中华人民共和国法定计量单位〉的联合通知》等规定。数字用法按国家技术监督局 1995 年 12 月发布的《出版物上数字用法的规定》执行。

七、条目、文章一律署名，文责自负。

八、2003 年颁布的《中共中央国务院关于加快林业发展的决定》在本书简称为中央林业决定，本书有关部分单位、词汇简称请参见本书附录。

《中国林业年鉴》编辑部

目　录

特　辑

重要林业法律法规

中国林业概述

六大林业重点工程

森林培育与生态建设

林业产业

森林资源保护与林政管理

森林资源保护

森林防火

森林资源与林政管理

林业政策法规与体制改革

林业科学技术

林业教育与培训

林业对外开放

林业工作站建设

林业计划统计

林业财务和会计

精神文明建设

林业专论

各省、自治区、直辖市林业

林业人事劳动

局直属单位

林业社会团体

特　辑

国家领导人重要讲话

中共中央政治局委员、国务院副总理回良玉在全国重点省（区）森林防火工作座谈会上的讲话

（2005年1月10日）

这次重点省（区）森林防火工作座谈会，是在南方森林防火的关键季节、北方春防准备工作的紧张阶段召开的，是贯彻落实中央农村工作会议精神的一次重要会议。会议的主要任务是，总结交流各地森林防火经验，分析研究当前森林火险形势，安排部署今年森林防火工作。

会前，我到云南省林区考察了林业建设和森林防火工作，看望了林场职工、公安民警和武警森林部队官兵。在调研中我感到，云南省各级党委、政府对森林防火工作十分重视，狠抓行政领导负责制的落实，工作深入扎实，措施具体周密，积累了一些经验，值得各地认真学习借鉴。刚才，徐荣凯省长介绍了云南的省情和经济社会发展情况，云南、黑龙江、福建、江西省政府的负责同志介绍了森林防火工作，讲得都很好。国家林业局局长周生贤同志通报了去年全国森林防火情况，对今年森林防火工作作出了安排，针对性、指导性很强，各地要结合实际贯彻落实。下面，我讲三点意见。

一、充分肯定森林防火工作取得的显著成绩

党中央、国务院高度重视林业工作。近几年来，相继实施了退耕还林、天然林资源保护等六大林业重点工程，发布了《中共中央国务院关于加快林业发展的决定》（中发［2003］9号），召开了全国林业工作会议，确立了以生态建设为主的林业发展战略，加大了对林业的投入。在这一系列重大举措的推动下，我国林业建设取得了巨大成就。全国造林绿化步伐明显加快，营造林面积连续3年超过666.67万公顷（1亿亩），造林质量进一步提高。六大林业重点工程建设稳步推进，取得了明显的生态、经济和社会效益。全社会参与林业建设的积极性空前高涨，非公有制林业不断壮大。全国林业产业发展迅速，已成为很多地方调整产业结构、拓展就业门路、增加农民收入的重要渠道。全国森林资源总量持续增加，部分地区生态状况明显好转，为经济社会可持续发展奠定了坚实基础。目前，我国林业建设呈现出前所未有的盛世兴林的喜人局面。

在抓好林业建设的同时，各地区、各有关部门认真贯彻中央的部署，加大了森林防火工作力度。全民防火意识普遍增强，行政领导负责制全面落实；森林防火组织体系逐步健全，森林消防队伍不断壮大；防火基础设施得到改善，综合防控能力得到提高；防灾减灾管理全面加强，群防群治机制初步建立。据统计，进入新世纪以来，我国年均发生森林火灾8000余起，受害森林面积15万多公顷，因森林火灾死亡70人，分别比1950～1999年50年的平均值下降39%、79%和26%。森林防火工作的加强，为确保森林资源安全，巩固生态建设成果，维护社会稳定，提供了强有力的保障。

在多年的森林防火实践中，我们对森林火灾属性的认识进一步深化，对森林防火工作规律

的认识进一步提高，初步走出了一条具有中国特色的森林防火道路，积累了十分宝贵的经验。

第一，坚持预防为主、积极消灭的工作方针。森林火灾突发性强、破坏力大、处置救助较为困难，一旦蔓延开来，难以有效控制。搞好森林防火，必须从我国国情出发，立足于防，做到“打早、打小、打了”。隐患险于明火，防范胜于救灾。只有切实把工作重心转到预防为主上来，并提前做好扑救准备，森林防火工作才能事半功倍。

第二，坚持政府全面负责、部门齐抓共管、群众广泛参与的工作机制。森林防火工作点多、面广、线长，是一项复杂的系统工程。预防工作的长期性和广泛性，扑救工作的艰巨性和时效性，要求实行森林防火行政领导负责制和部门分工责任制。只有在各级人民政府的统一领导下，各部门齐抓共管，群众广泛参与，森林防火的各项措施才能真正落到实处。

第三，坚持以人为本、科学防火、依法治火的工作原则。森林防火必须坚持以人为本，严格按科学规律办事，实行科学设防、科学指挥、科学扑救。全面加强防火监测、预警、航护、交通、通讯等系统和设施建设，提高森林防火现代化水平。森林防火还必须深入宣传有关法律法规，强化森林防火执法和监督，提高全民森林防火的法制意识，严格规范野外用火的行为，严厉打击火灾的肇事者。只有切实转到依靠科学、加强法制的轨道上来，才能确保森林防火工作健康开展。

第四，坚持火灾扑救专群相互结合、警民团结奋战的工作方式。受天气、地形等自然条件影响，火场情况变化快，处置森林火灾具有较高的危险性。稍有不慎，将直接威胁人民群众的生命财产安全。扑救工作既要动员群众参与，又要依靠专业森林消防队伍，确保居民点、村屯、油库等重点目标和人员安全。长期以来，森林公安和武警部队冲锋在前，承担急难险重任务，充分发挥了突击队和生力军作用，在森林防火工作中作出了重要贡献。只有切实加强队伍建设，实行专群结合，警民共同奋斗，才能提高扑救成效。

第五，坚持常抓不懈、突出重点、综合治理的工作举措。我国地域辽阔，森林火险隐患常年存在，防火工作必须警钟长鸣，任何时候都不能放松。必须把高火险区、重点火险区作为森林防火工作的重中之重，针对薄弱环节，通过经济、行政、法律和技术手段进行综合治理，全面提高预防、扑救能力，切实做到有备无患。只有坚持长年防火，强化管理，特别是治理好重点火险区，才能掌握全国森林防火工作的主动权。

这些宝贵经验，是多年森林防火工作实践的结晶，是符合我国国情、林情的成功做法，必须长期坚持并不断创新和发展。

二、进一步认识做好森林防火工作的重大意义

胡锦涛总书记在前不久召开的中央经济工作会议上强调指出，要以科学发展观统领经济社会发展全局，并切实贯穿于经济社会发展的各个方面。我们要认真学习、正确理解、全面把握科学发展观的主要内容和深刻内涵，把科学发展观的基本理念与森林防火工作的具体实践有机结合起来，把人与自然和谐发展的总体要求与森林防火工作的自身规律有机结合起来，进一步深化认识，不断增强做好森林防火工作的责任感。

森林火灾是一种破坏性极大的灾害。从全球看，森林火灾危害怵目惊心，是破坏森林资源安全，威胁人类生存环境最为严重的灾害之一。从历史看，我国每年都要发生数千起森林火灾，造成数十人死亡，森林火灾是影响经济社会可持续发展的重要因素之一。从现实看，如果发生重大森林火灾，不仅多年造林护林的成果将毁于一旦，严重破坏生态环境，造成巨大经济损失，而且将极大地影响正常的生产生活秩序。高度重视和加强森林防火工作，有效处置森林火灾，对于保障人民群众生命财产安全、维护生态安全和社会稳定，具有重大的现实意义。

第一，加强森林防火工作，是坚持以人为本的客观要求。科学发展观的核心是坚持以人为本。体现在林业工作中，很重要的一条，就是要做好森林防火工作，切实保护人民群众生命财产安全，促进林区经济社会发展。林区是广大林农世代生活的家园，森林火灾是威胁林区群众

生产生活的最大灾害。随着林区经济的发展和物质财富的积累，森林火灾可能造成的经济损失将越来越大。做好森林防火工作，确保一方平安，是关系林区群众切身利益的大事。在林区维护好、实现好、发展好人民群众的根本利益，首要的一条就是要有效预防和避免森林火灾，为他们安居乐业提供重要的安全保障。

第二，加强森林防火工作，是提高各级政府处置突发公共事件能力的重要内容。在社会主义市场经济条件下，各级政府必须全面履行政府职能，在继续搞好经济调节、加强市场监管的同时，更加注重履行社会管理和公共服务职能，特别要加快建立健全各类突发事件应急机制，提高政府应对公共危机的能力。一个国家、一个地方的政府，能否有效处置危机，能否维护正常的社会秩序，能否有效保障老百姓的生命财产安全，是检验这个政府能力强弱的重要标志之一。森林火灾突发事件，是最早纳入国家危机事件管理的重大突发事件之一，并为政府管理和处置危机事件积累了宝贵经验。实践表明，森林火灾是可以预防的，是可以有效处置的，关键是各级政府预防和处置措施是否到位、是否得力。各级政府要立足于履行好法律赋予的职责，着眼于提高社会管理和公共服务能力，切实加强森林防火工作，有效处置森林火灾突发事件。

第三，加强森林防火工作，是实施以生态建设为主的林业发展战略的重要保障。中央在全面分析、深刻总结我国林业发展实践的基础上，确立了以生态建设为主的林业发展战略。这是对我国林业建设作出的重大战略部署，为新世纪全面加快林业发展指明了方向。全面实施以生态建设为主的林业发展战略，要求我们既要抓林业建设，又要抓森林保护。加强森林防火工作，就是保卫国土生态安全，就是巩固林业生态建设成果，就是为国家实施以生态建设为主的林业发展战略保驾护航，促进人与自然的和谐发展。

森林防火责任重于泰山。我们要以对党、对国家、对人民高度负责的态度，从全面落实科学发展观的高度出发，不断提高认识，增强责任感和紧迫感，把森林防火作为维护改革发展稳定大局的一件大事，切实抓紧抓好。

三、切实做好当前和今后一个时期的森林防火工作

综合分析各种因素，当前我国森林防火形势仍然比较严峻，任务十分繁重。一是全球气候异常，我国连续遭遇暖冬天气，气象条件不利于森林防火；二是造林绿化步伐加快，森林面积增加，森林防火战线加长，任务加重；三是林区经济活跃，入山人员增多，火源管理困难；四是随着林区体制改革的不断深化，林业管理处于转轨时期，部分地方森林防火工作力度有所减弱。各地对当前严峻的防火形势要保持清醒认识，思想上不能有丝毫麻痹，工作上不能有丝毫松懈，措施上不能有丝毫疏漏。

当前和今后一个时期，要以科学发展观为指导，全面落实《国务院办公厅关于进一步加强森林防火工作的通知》（国办发［2004］33 号），切实采取有力措施，严加防范、有效遏制森林火灾的发生，坚决避免引发重大森林火灾，坚决避免重大人员伤亡，努力把损失降到最低限度。为此，要着重做好以下六项工作：

（一）*加强领导，全面落实森林防火行政领导负责制。*根据《森林法》等有关法律法规的规定，对森林防火工作实行行政领导负责制，地方各级人民政府对本地区森林防火工作全面负责，政府主要负责同志为第一责任人，分管负责同志为主要责任人。要总结推广吉林、云南等省的成功做法，把森林防火行政领导负责制的各项规定落到实处。要健全森林防火指挥部及其办事机构，推行森林防火专职指挥员任职制度，加强森林防火指挥中心建设，为森林防火工作提供良好的专业技术支持和服务。要层层签订责任状，明确目标，分解任务，细化责任，把防火工作成效作为干部政绩考评、选拔任用的重要依据。要严格奖惩措施，对领导得力、预防突出、措施落实、扑救及时、成效显著的地方、单位和个人要表彰奖励；对失职、渎职或森林防火责任制不落实引起森林火灾和造成重大损失的，要依法追究当地政府和有关部门领导的责任。

（二）完善机制，切实提高扑火救灾应急反应能力。加强应急机制建设，提高处置突发公共事件的能力，是当前各级政府一项十分重要而紧迫的任务。要按照国务院的统一要求，结合森林防火实际，抓紧健全相关应急体系。要及时修订完善处置森林火灾预案，全面落实扑火的组织指挥、人员调配、机具装备、通讯联络和后勤保障等工作，组织开展扑火演练，在实践中不断改进和完善预案。要规范扑火前线指挥部的工作，针对火场瞬息万变的情况，立足于多火场同时作战、多兵种协同作战的复杂局面，加强规范化建设，确保决策的科学性，扑火救灾的有序性。要建立健全火险预测预警监测体系，加强火险形势分析、火险天气预报，做好火场气象服务，建立全天候、立体式的火情监测网络，增强森林防火工作的有效性、科学性，确保森林火灾的早发现、早报告、早扑灭。

（三）加大投入，着力增强森林防火保障能力。森林防火工作是一项社会公益事业，要建立以政府投入为主的经费保障机制。地方各级政府要将森林防火基础设施建设纳入国民经济和社会发展规划、纳入林业和生态建设发展总体规划，将森林火灾预防和扑救经费纳入财政预算，逐步加大对森林防火工作的投入。对森林防火资金的使用管理要加强审计监督，保证足额到位，充分发挥效益。今年是实施“十五”计划的最后一年，要按照要求抓紧实施重点火险区综合治理，并组织编制好森林防火“十一五”规划。在国家增加投入的同时，要多方筹资，不断加强森林防火基础设施和装备建设，逐步提高森林火灾综合防控能力。各森林经营主体要重视森林消防安全，储备必要的扑火物资。林区企业、经营主体也要承担相应的责任。大面积造林绿化，在林内以及林缘开矿办厂、兴建旅游区、设立开发区等，都要将森林防火设施与其他基本建设同步规划，同步设计，同步施工，同步验收，同步运行。

（四）齐抓共管，认真执行部门分工责任制。各有关部门要密切配合，通力合作，认真履行职责，共同搞好森林防火工作。林业部门作为森林防火主管部门，要认真履行组织、协调、指导和监督的职能，把森林防火作为林业工作的重中之重，摆在突出位置抓紧抓好。发展改革、财政部门要做好森林火灾预防和扑救的经费保障工作。公安部门要加强林区城镇消防工作，实行家火山火一起防。农业部门要加强农事用火管理，做好草原防火工作。气象部门要做好火险气象预测预报和火场气象服务工作。铁路、交通、航空、电力等相关部门都要在各自职责范围内做好工作。要加强森林防火公益宣传和教育，不断强化全社会的防火意识。严禁组织并严密防止中小学生及未成年人参加森林灭火。各级森林防火指挥部成员单位的主要领导，是单项森林防火工作的具体责任人，要认真履行好本部门的森林防火职责。要将森林防火工作列入重要议程，定期研究森林防火工作，经常深入责任区督促检查各项预防和扑救措施，积极帮助解决森林防火工作出现的各种困难。

（五）与时俱进，不断研究新情况、解决新问题。目前，我国林业改革正在不断深化，林业发展格局和林区经济社会正在发生深刻变化，对森林防火工作运行机制、管理模式、保障体制等都提出了新要求。要适应新形势，研究新问题，逐步建立森林防火的长效机制。要及时研究制定森林防火新政策，修订完善《森林防火条例》及配套法规。针对当前林权制度改革、森林分类经营改革、国有林区森林资源管理体制改革等新形势，研究探索森林防火工作的新思路，不断完善防火减灾管理方式和工作运行机制。针对全球气候异常、我国森林面积迅速增加等新情况，研究制定与不同地理位置、山形地貌相适应的预防和扑救森林火灾的新措施。要组织开展扑火机具和设备、火险应急通讯系统等急需课题的攻关，尽快研究制定森林防火科技发展计划，加强防火科研机构和重点火灾实验室建设，为实施科学防火提供支撑和保障。

（六）全面动员，坚决打好今年春防攻坚战。国家林业局及各地对春防已经作了相应安排，关键是要狠抓落实。在防火期内，林区地方政府要把森林防火工作作为头等大事来抓，主要领导要亲自安排部署，检查落实各项预防和扑救措施，发现问题及时研究解决，确保责任到人、措施到位。遇有重大火情，要亲临现场指挥扑救，协调落实各项保障工作。新分管森林防火工

作的领导，要抓紧了解情况，明确任务和要求，尽快进入角色。驻林区人民解放军、武警部队、预备役部队和广大公安民警，要积极投身森林防火工作。专业森林消防队、武警森林部队、森林航空消防队伍要严阵以待，高度戒备。各级森林防火指挥部要加强值班，落实带班领导。要严格执行森林火灾报告制度和归口管理制度。总之，各地对春防形势分析要透彻，工作部署要周密，预案准备要充分，措施落实要到位，安全防范要细致，确保不出大的问题。

切实做好森林防火工作，是党和国家赋予我们的崇高职责。我们要紧密团结在以胡锦涛同志为总书记的党中央周围，高举邓小平理论和“三个代表”重要思想伟大旗帜，树立和落实科学发展观，求真务实，扎实工作，坚决打好森林防火攻坚战，为全面建设小康社会作出更大的贡献。

中共中央政治局委员、国务院副总理回良玉在全国绿化委员会第二十三次全体会议上的讲话

（2005 年 3 月 29 日）

现在，“春分”已过，“清明”将至，正是春回大地、万物复苏的美好季节，也是植树造林、绿化国土的黄金季节。全国绿化委员会召开第二十三次全体会议，主要是贯彻落实中央一号文件和全国“两会”精神，以科学发展观为指导，按照构建社会主义和谐社会的要求，与时俱进地总结和安排国土绿化工作。刚才，周生贤同志作了工作报告，对去年的国土绿化工作进行了认真的回顾和总结，对今年的工作提出了设想和安排。各位委员也发表了很好的意见，请全国绿化委员会办公室根据大家的意见，对工作报告进行充实完善后以全国绿化委员会的名义印发。会议还决定对 522 名同志颁发 2004 年度全国绿化奖章，我代表国务院、全国绿化委员会向获奖的同志表示热烈的祝贺。下面，我讲几点意见。

一、准确把握国土绿化工作面临的新形势

过去的一年，是我国社会主义现代化建设事业迈出重要步伐的一年，是农业和农村发展成效显著的一年，也是国土绿化工作业绩喜人的一年。全年参加义务植树的人数、植树的株数和绿化的质量均创历史最高水平。全年完成营造林任务 720 万公顷（1.08 亿亩），连续 3 年超过 666.67 万公顷（1 亿亩），这是我国造林绿化史上的重大突破。全年完成人工种草和改良草场 666.67 万公顷，禁牧面积达到 2666.67 万公顷。城市绿化覆盖率达到 31.2%，比上年提高 1.4 个百分点；绿地率达到 27.3%，比上年提高 1.5 个百分点；人均公共绿地面积达到 6.5 平方米，比上年增加 1.1 平方米。农村生态村镇、绿化示范村镇建设取得积极进展。野生动植物和湿地保护进一步加强。国土绿化工作的成就，为加快经济建设和改善生态环境作出了重大贡献，对发展农业、繁荣农村、富裕农民发挥了重要作用。

过去一年国土绿化工作取得的成就，原因是多方面的。一是国家的政策切实有力。党中央、国务院高度重视新时期的国土绿化工作，继 2003 年 9 月发布了《关于加快林业发展的决定》后，去年又采取了一系列重大措施。特别是启动了森林生态效益补偿制度，为实现森林生态效益的有偿使用迈出了实质性步伐。目前森林生态效益补偿基金已经覆盖到 26 个省（区、市）的 2666.67 万公顷生态公益林，补偿资金总额达到 20 亿元。各地区、有关部门也出台了相关配套政策，为加快国土绿化创造了有利的环境条件。二是各方面的工作扎实有效。各地区、各部门认真贯彻中央关于加快国土绿化工作的部署，按照分工负责制的要求，加强领导，突出重点，形成合力，完善机制，做了大量卓有成效的工作。三是全社会参与国土绿化的积极性高涨。随着国家加快国土绿化一系列重大政策的出台，社会各方面植树、护绿、爱绿的意识

进一步增强，国土绿化的内在活力得到有效激发，各种经济成分踊跃投资造林绿化。去年全国新造林地的非公有制比重超过40%，社会造林已成为国土绿化的重要组成部分。

经过多年尤其是近年来的不懈努力，国土绿化工作取得了重要进展，我国生态环境状况出现了重大变化。一是森林面积和蓄积量出现双增长，林业建设实现了新转折。今年1月18日公布的第六次全国森林资源清查结果表明，2003年全国森林面积达到17 466.67万公顷，比1998年增加1600万公顷，每年新增的森林面积相当于一个台湾省。森林覆盖率达到18.21%，年均增加0.33个百分点，相当于1949～1998年年均增长水平的2倍。森林蓄积量达到124.6亿立方米，增加8.9亿立方米，人均增加了0.8立方米。年均森林采伐量比上次清查减少537万立方米，扭转了上世纪90年代森林采伐消耗量持续增高的被动局面。同时，林龄结构、林相结构趋于合理，森林质量趋于提高。初步实现了森林数量和质量由持续下降到逐步上升的历史性转折。二是重点地区的生态恶化趋势得到初步控制，土地沙化治理实现了新突破。全国荒漠化监测和沙尘暴监测结果表明，2002年以来，全国年均沙化土地治理面积达到1.9万平方千米，超过了年均扩展面积；沙化土地面积逐年减少的省（区）已达19个。内蒙古、新疆、宁夏等重点荒漠化地区，都呈现出沙化面积减少，生态状况改善的喜人局面。沙尘暴次数也呈减少趋势。三是水土流失面积不断减少，水土流失治理取得新成绩。最新调查监测结果表明，全国水土流失面积由过去的367万平方千米下降到356万平方千米，减少11万平方千米。水土流失强度也正在开始减轻，2003年全国11条主要江河流域土壤流失量大幅度减少，其中长江和淮河减少50%左右。四是野生动植物种群数量稳中有升，生物多样性保护取得了新成效。据全国野生动植物和湿地调查结果表明，我国稳中有升的陆生野生动物占55.7%，其中扬子鳄、朱鹮等国内外普遍关注的珍稀濒危野生动物种群快速增加，大熊猫数量增长40%以上；189种国家重点保护的野生植物，有71%达到野外种群稳定标准。全国湿地面积为3800万公顷，湿地总面积居亚洲首位、世界第四，其中40%的自然湿地得到了有效保护，许多湿地恢复了生态功能。这些情况说明，中央关于国土绿化的方针政策和实施的重点生态工程，开始显现成效，我国生态状况正在向好的方向发展。

我们在充分肯定国土绿化取得成绩的同时，更应该清醒地看到存在的困难和问题，深刻认识国土绿化的艰巨性和长期性。第一，对实现造林绿化目标的难度不可低估。目前森林资源总量不足、分布不均、质量偏低等问题依然严重。我国森林覆盖率只有世界平均水平的61.5%，人均森林面积和蓄积量只有世界人均水平的1/4和1/6左右。森林覆盖率不足7%的还有4个省（区），而这些地区的国土面积占全国的30%。这些地方多数干旱缺水严重，造林种草难度大、成活率低。第二，对治理水土流失和荒漠化的难度不可低估。我国是世界上水土流失和荒漠化严重的国家之一。目前我国水土流失面积仍占国土面积的37%左右，荒漠化土地占国土总面积的27.9%，沙化土地占国土总面积的18.2%。恢复植被、改善生态绝非一日之功，需要进行几十年、上百年甚至更长时间的艰苦努力。第三，对生态环境保护的难度不可低估。随着工业化、城镇化进程的加快，保护林地、草原、湿地的任务加重，保护森林资源的压力加大。少部分重点保护野生动植物种群数量减少，生物多样性保护形势严峻。

综合分析各方面的情况，目前我国国土绿化和生态建设已进入了明显加强的重要时期，也是我们总结经验、继续推进的重要阶段。各地区、各有关部门要正确把握国土绿化面临的新形势，充分认识国土绿化工作的艰巨性和长期性，加快国土绿化的决心不能动摇，政策力度不能减弱，各项工作不能松懈，坚定不移地把国土绿化这个关系中华民族生存和发展的伟大事业不断向前推进。

二、不断深化对加快国土绿化重要意义的认识

当前我国已进入全面建设小康社会、加快推进社会主义现代化建设的新阶段。党的十六大以来，中央提出了要坚持以人为本、全面协调可持续的科学发展观，提出了构建社会主义和谐社会的重要任务。中共中央、国务院发布的《关于加快林业发展的决定》，确立了新阶段林业

在经济建设和社会发展全局中的重要战略地位，提出了实施以生态建设为主的林业发展战略。这些重大战略决策，为加快国土绿化提出了新要求，赋予了新使命，我们一定要认真学习，深刻理解，切实把思想认识统一到中央的决策和部署上来。

（一）加快国土绿化，是构建社会主义和谐社会的重要任务。实现社会和谐，建设美好社会，是人类孜孜以求的社会理想。人与自然和谐相处，是和谐社会的重要标准之一，也是时代发展和进步的重要标志之一。没有和谐良好的生态，就不可能有和谐美好的社会。人与自然不是征服与被征服的关系，而是相互依存、共生共荣的关系。人与自然和谐相处，本质上要求人类的一切生产活动，必须遵循客观规律，友善地对待自然，并充分发挥人的主观能动性保护和改善生态。加快国土绿化，是改善生态状况的根本途径，是实现人与自然和谐的必由之路。

（二）加快国土绿化，是实现以人为本的客观要求。坚持以人为本，是科学发展观的本质和核心。以人为本，就是要把人民的利益作为一切工作的出发点和落脚点，不断满足人们的多方面需求，促进人的全面发展。随着人们收入的增加和生活水平的提高，对良好生态环境的要求越来越迫切，生态状况将成为衡量生活质量的重要指标。只有加快国土绿化，促进生态建设和环境保护，让人民群众有更好的工作和生活环境，才能真正体现执政为民的宗旨、以人为本的理念。

（三）加快国土绿化，是促进经济社会可持续发展的必然要求。随着我国经济快速发展和人民生活水平的不断提高，对木材等林产品需求呈快速增长趋势，供需不足的矛盾将日益突出。我国很多地区尤其是西部地区生态状况恶化，已成为扩大投资、发展生产的重要制约因素。因此，加快国土绿化，既能满足社会对木材等林产品的多样化需求，又能保障国土生态安全、改善投资环境的需要，从而促进经济社会的可持续发展。

（四）加快国土绿化，是提高农业综合生产能力的重要保障。长期以来，水土流失、土地沙化、水旱和沙尘暴等灾害不断加剧，严重削弱农业综合生产能力，严重制约农业发展和农民增收。今年的中央一号文件，明确提出了加强农业综合生产能力建设的目标和任务。只有加强生态环境建设，改变农业生态脆弱的局面，才能保障农业综合生产能力的不断提升和农村经济社会的可持续发展。山青才能水秀，林茂才能粮丰，草盛才能畜肥。加快国土绿化，也是改善农业生产条件，保护基本农田，提高农业综合生产能力的战略性和基础性工程。

总之，加快国土绿化，改善生态状况，维护生态安全，实现经济社会可持续发展，是新时期我国社会主义现代化建设的重要任务，是关系到中华民族生存与发展的根本大计。我们要站在战略和全局的高度，充分认识加快国土绿化的重要性，切实把构建和谐社会的要求与国土绿化的具体实践有机结合起来，把以人为本的理念与国土绿化的自身规律有机结合起来，把解决“三农”问题的任务与国土绿化的丰富内涵有机结合起来，进一步动员和组织广大人民群众，采取更加有力的措施，努力开创国土绿化事业的新局面，推进整个社会走上生产发展、生活富裕、生态良好的文明发展道路。

三、努力做好当前国土绿化的各项工作

今年是全面完成“十五”任务、为“十一五”发展打好基础的关键一年。当前和今后一个时期，国土绿化要按照构建和谐社会的新要求，围绕“以人为本，共建绿色家园”的主题，以提高绿化质量和效益为中心，扎扎实实地开展各项工作。

（一）继续大力营造加快国土绿化的社会氛围。要加强对国土绿化重要性和紧迫性的教育，增强全社会建设生态的忧患意识、改善生态的责任意识、保护生态的法律意识，调动全社会办林业、全民搞绿化的积极性。要深入宣传国土绿化的公益性、义务性和法定性，使适龄公民都能认识和理解义务植树是自己应尽的法定义务，是不可推卸的光荣责任。要以办好首届中国绿化博览会为契机，充分宣传国土绿化的伟大成就，增强群众搞好国土绿化的信心。要不断改进宣传方法，创造出更多的群众喜闻乐见的宣传形式，增强宣传的效果和影响。要积极有效地开展评比表彰活动，广泛宣传绿化时代精神、典型人物和先进事迹，弘扬植绿、护绿、爱绿的绿色文明，营造绿化光荣、学习先进、争当先进的社会氛围。

（二）深入开展全民义务植树运动。要不断把义务植树运动引向深入，使之成为改善生态、全民公德教育和精神文明建设的重要载体。尽快制定出台《全民义务植树条例》，建立健全义务植树的法律体系，使义务植树管理法制化、规范化。认真落实义务植树属地管理的规定，提高义务植树的尽责率，加强植树基地的建设与管理。丰富义务植树的实现形式，与重点生态工程、城乡绿化、绿色通道工程等结合起来。建立和落实义务植树责任制，加强监督检查，严格兑现奖惩。要广泛发动群众，调动一切可以调动的积极因素，挖掘一切可以挖掘的潜力，实行东西互动、城乡联动、全社会发动、全民行动，开创全民义务植树的新局面。

（三）着力巩固国土绿化成果。要把一手抓生态植被建设、一手抓资源管护，作为国土绿化的基本方针。要不断强化森林和草原防火工作，大力加强森林、草原的有害生物防治，严禁乱砍滥伐森林和非法侵占林地，严格保护湿地资源，努力巩固国土绿化成果。要加强森林经营工作，更加注重抚育管护，改善林分结构，提高森林质量，增强生态功能。要完善质量标准体系，健全质量责任监督检查和追究制度。要把加强保护管理与林业分类经营改革、产权制度改革紧密结合起来，着力建立有利于提高广大群众管护工作积极性的长效机制。《京都议定书》已于今年2月正式生效，森林与气候变化的关系十分密切，有关部门要加强组织研究，开展有关试点工作，积极适应国际生态领域的重大变化。

现在“清明”将至，气温回升加快，大风天气开始增多，人们的野外活动明显增加，加上部分地区旱情显现并持续发展，火源管理难度加大，火险等级升高，必须对全国森林、草原防火工作作出进一步安排部署，务必强化组织领导，全面落实防火责任制和应急预案，切实提高预防和扑救能力。

（四）协调推进国土绿化各项具体工作。要加强六大林业重点工程和退牧还草工程建设，精心组织，落实责任，严格管理，依靠科技，确保工程建设的质量和成效。继续实施好绿色通道建设工程，因地制宜，宜宽则宽，宜窄则窄，与基本农田保护相结合，与调整农业产业结构相结合，与增加农民收入相结合。抓好城乡绿化一体化建设，按照“以城带乡，以乡促城，城乡联动，总体推进”的发展要求，以“城区园林化、郊区森林化、道路林阴化、庭院花园化”为目标，将城乡绿化一体化建设纳入区域发展总体规划。要加强古树名木的保护和管理，进一步做好古树名木的普查建档、登记造册、挂牌围栏、科普宣传，切实加强管护工作。要采取切实措施，加大农村绿化工作力度。

（五）切实加强对国土绿化工作的领导。各级党委、政府一定要从促进经济社会全面发展、构建社会主义和谐社会的战略高度，进一步提高对做好国土绿化工作重要性和紧迫性的认识，加大工作力度，不断提高谋划和领导国土绿化工作的水平。要认真落实领导干部任期绿化目标责任制，主要领导同志是第一责任人、分管领导同志是主要责任人，确保责任到位、措施到位、投入到位、工作到位，并且结合制定“十一五”规划，进一步完善国土绿化规划。各有关部门要充分理解和积极支持各级绿化委员会的工作，落实部门绿化分工负责制，高标准地做好本部门的绿化工作。各级绿化委员会办公室是开展绿化工作的专门办事机构，要进一步健全机构，充实队伍，提高人员素质，改进工作作风，充分发挥职能。

国土绿化是利在当代、荫及子孙、功在千秋的宏伟事业。构建社会主义和谐社会，既对国土绿化提出了新的更高的要求，也提供了难得的宝贵机遇。我们要在以胡锦涛同志为总书记的党中央领导下，高举邓小平理论和“三个代表”重要思想伟大旗帜，全面落实科学发展观，抓住机遇，开拓创新，扎实工作，加快国土绿化，为构建社会主义和谐社会作出新贡献。

全国政协副主席张思卿在第二届中国城市森林论坛开幕式上的讲话

（2005 年 8 月 23 日）

值此秋高气爽的大好日子，我们相聚在美丽的北方森林之城沈阳，隆重举行第二届中国城市森林论坛。我谨代表关注森林活动组委会对本届论坛的开幕表示热烈的祝贺。

1999 年由全国政协人口资源环境委员会、全国绿化委员会、国家林业局、国家广播电影电视总局、中国绿化基金会和中华全国新闻工作者协会等 6 家单位联合组织开展了关注森林活动。7 年来，关注森林活动组委会始终把“关心林业、支持林业、发展林业”作为活动的宗旨，紧紧围绕国家林业生态建设的重大发展战略，通过广泛组织开展一系列形式多样、内容丰富、主题明确、意义重大的高层调研和宣传活动，产生了良好的社会反响，成效显著。关注森林活动已成为社会各界支持林业发展、关注生态建设、参与绿化事业的重要标志。

城市森林是林业生态建设的重要领域，也成为关注森林活动组委会关注的重点。中央提出的科学发展观，其中人与自然的和谐是最主要的问题。只有人与自然和谐，人在和谐自然的环境中生活，才能称为和谐社会。城市是人口集中的地方，建设和谐社会，建设和谐城市，就要求城市必须重视林业建设，这也是贯彻以人为本的一个根本问题。

随着我国城市化水平不断提高、进程不断加快，城市发展对生态的要求越来越高，城市森林建设变得越来越重要。特别是当前，在我国生态建设状况进入“治理与破坏相持”的关键阶段，城市森林建设在维护城市生态安全，改善城市生态状况，促进城市可持续发展，落实科学发展观，实现全面建设小康社会和构建和谐社会中肩负艰巨任务和重要使命。为进一步推动城市森林建设，关注森林活动组委会去年在贵州省贵阳市成功举办了首届中国城市森林论坛。中共中央政治局常委、全国政协主席贾庆林专门作出“让森林走进城市，让城市拥抱森林”的重要批示。城市森林论坛的举办，为城市森林建设搭建了交流与探讨的平台，开辟了城市森林建设理论与实践的新境界，推动我国城市森林建设进入一个崭新的发展阶段。

这几年开展城市森林建设有很大发展，也涌现了一些绿化先进城市，沈阳市就是其中的典型。我们这次在沈阳市召开第二届中国城市森林论坛，不仅是研讨会，也是一个现场会，研讨和现场相结合，理论和实践相结合。在沈阳开会，意义很大。沈阳的绿化做得很好，有这样几条做法可供各地借鉴。

首先，领导是关键，关键在认识。沈阳市委、市政府深刻认识到沈阳要振兴，焦点在环境，没有良好的生态环境，就不可能实现老工业基地的全面振兴。为此，他们从改善城市生态环境入手，大胆提出了建设森林城市的战略目标。这一点我感受很深。第二，全社会动员，全民动员，城乡一起抓。这几年，沈阳市以改天换地的气魄和一往无前的干劲，大打了一场建设森林城市的攻坚战。第三，舍得投入。5 年来，全市共投入资金 55 亿元，平均每年拿出 10 多亿元，开展大规模的植树造林活动。第四，认真抓，坚持抓，长期抓，抓出了成果，改变了面貌。这五年建成区新增绿地 69 平方千米，是清太祖努尔哈赤 1625 年建城到 2000 年的 375 年间绿化面积总和的 2.5 倍；农村森林面积增加 16.87 万公顷，相当于从中华人民共和国成立到 2000 年 50 年的总和；建成区绿化覆盖率提高到 40.65%，绿地率提高到 35.97%，人均公共绿地面积达到 12 平方米；农村有林面积 35.33 万公顷，森林覆盖率 27%。第五，主要以抓城市森林建设为重点，推动城市环保建设。大家知道，过去沈阳是国内外有名的污染城市，现在他们主要以抓城市森林建设为重点，推动城市环保建设。全市一共拆除烟囱 3000 多根，过去是烟囱如林，现在拆掉，变成树林了，这是个翻天覆地的变化。现在天蓝了，空气质量好了，全面改善和提高了人们的生活质量，沈阳市被国家评为“环保模范城市”。沈阳市建设“森林城市”的实践证明，倾力建设“森林城市”，不仅改变了沈阳半个多世纪以来污染严重的城市面貌，形成了人与自然和谐发展的新局面，而且增强了沈阳市的城市综合竞争力，极大地拉动了沈阳的经济社会发展。2004 年，沈阳的经济发展再创历史新高。利用外商直接投资达到 24.2 亿美元，增长幅度位居全国副省级城市前列。固定资产投资的增幅连续两年居全国 15 个副省级城市第一位，全市财政收入已经连续 4 年以 30% 以上的速度递增。沈阳在全国百强城市综合竞争力排名中上升到第九位。在中央振兴老工业基地的新形势下，沈阳这几年城市森林建设和经济都得到了快速健康的发展。这不单是个种树问题，涉及整个经济和社会发展。

但我们还要看到，我国城市森林建设起步较晚，基础薄弱，与党中央、国务院提出的建设目标和广大人民群众的迫切需要还有很大差距，还需要各级党委、政府和相关部门的共同努力。一是要为开展城市森林建设提供有力的财政保证。就像沈阳一样，舍得投入，各级政府要在城市财政支出和基本建设中有城市森林建设的专项投入，并逐年有所增加。同时，要多元化、多渠道地筹措资金，如建立城市绿化基金、收取生态补偿造林费等；鼓励私人或民间资本投资建设和养护森林绿地；鼓励个人、单位建设或认养绿地或树木等；在地价和税收等方面实施优惠。二是要加快培养和建立城市森林建设的人才和科研队伍。城市森林建设与发展需要诸多学科的知识，单一专业方面的人才还不能满足需要，应在林业高等院校、综合性大学建立城市林业专业，加紧培养这方面的专业人才；城市森林建设的科研也需要大力加强，要成立城市林业专门的研究机构，组建科研队伍；还要加紧对城市森林建设中一些具体问题的科研，比如根据不同地区选择树种，比如治沙，还有城市的花草、城市的园艺、城市的美化，随着经济的发展，人们物质文化需求在提高，美化城市将来可能发展成一种产业，因此要加强这方面的科研。三是要协调好各部门之间的关系，在城市森林建设中形成合力。城市森林建设是一项涉及多部门、多行业、多学科的系统工程，各部门之间既有分工又有合作，充分调动好各方面的积极性非常重要。城市森林建设要在城市发展总体规划中占有重要地位，林业、园林、环保、城建等部门要互相配合，保证城市森林建设的顺利进行。四是要继续完善城市森林建设的政策法规。要加快我国城市森林的建设步伐，加强对城市森林的管理，必须进一步完善国家有关城市森林建设和管理的政策法规和建设标准。要加快制定《城市森林法》。在国家没有出台之前，各地可以结合实际，建立一些规定。五是要开展广泛的国际合作。国外许多国家在城市森林建设方面积累了丰富的经验。要积极开展城市森林教育合作，联合培养人才；积极争取国际基金，进行城市森林建设；不断引进国外先进技术和智力；积极参与城市林业的国际合作研究。

同志们，我国城市森林建设任重道远。关注森林活动组委会将继续关注和重视城市森林建设，继续办好中国城市森林论坛，与大家一起为使我国的城市森林建设有一个较快的发展而努力奋斗。

局领导重要讲话

认真落实国务院领导同志的指示精神 坚决夺取今冬明春森林防火工作全面胜利

——国家林业局局长贾治邦在全国森林防火工作紧急电视电话会议上的讲话

（2005年12月23日）

今年秋防以来，全国森林防火形势严峻，特别是近日南方部分省（区）火险等级持续偏高，森林火灾不断发生，并造成人员伤亡。对此，党中央、国务院高度重视，温家宝总理在中央经济工作会议上强调指出：今年入冬以来气温偏高，要特别注意做好森林防火工作。回良玉副总理先后作出重要批示，要求针对当前较高的火险形势，对全国森林防火工作再次作出部署和检查，严格野外火源管理，切实落实各项防范措施，确保森林防火工作万无一失。接到回良玉副总理批示后，国家林业局立即发出通知，对重点省（区）森林防火工作作出安排部署，并派出工作组检查各项工作的落实。昨天，回良玉副总理又委托张勇副秘书长专门给我打来电话，对抓好当前森林防火工作提出明确要求。今天召开这次电视电话会议，就是要认真贯彻中央经济工作会议精神，传达学习国务院领导同志指示精神，深入分析当前森林防火工作面临的形势，安排部署下一步森林防火任务，紧急行动，采取有力措施，坚决夺取今冬明春森林防火工作的全面胜利。下面，我讲三点意见。

一、充分肯定森林防火工作取得的成绩

近年来，在党中央、国务院的高度重视和亲切关怀下，通过实施六大林业重点工程，贯彻落实《中共中央国务院关于加快林业发展的决定》，召开全国林业工作会议，全面推进以生态建设为主的林业发展战略，我国林业建设取得了巨大成就，实现了生态建设状况由“治理小于破坏阶段”进入到“治理与破坏相持阶段”的重大转变，呈现出盛世兴林、加快发展的大好局面。在这一林业发展的大好形势下，我国森林防火工作取得了可喜成绩。群众防火意识普遍提高，领导责任制有效落实；组织体系逐步健全，森林消防队伍进一步发展壮大；防火基础设施和装备有所改善，防控能力、保障能力明显提高；防灾减灾管理工作得到加强，应急处置机制、群防群治机制逐步健全完善。据统计，“十五”期间全国年均发生森林火灾9097起，受害森林面积17.2万公顷，人员伤亡138人。与前51年均值相比，火灾次数下降了33%，受害森林面积下降了76.1%，人员伤亡减少了78.6%。年均森林火灾受害率为0.98‰，低于同期世界平均水平。

在取得上述成绩的同时，森林防火工作也积累了丰富的经验，概括来讲，一是坚持“预防为主，积极消灭”的工作方针不动摇，做到防范与扑救并举；二是坚持政府全面负责、部门齐抓共管、群众广泛参与的工作机制不动摇，全面落实森林防火行政领导负责制和部门分工责任制；三是坚持以人为本、科学防火、依法治火的工作原则不动摇，进一步健全完善森林防火长效机制；四是坚持专群结合、警民协同的扑救工作方式不动摇，最大限度减少森林火灾损失；五是坚持常抓不懈、突出重点、综合治理的工作举措不动摇，做到因地制宜、分类指导。这些宝贵经验，是多年森林防火工作实践的结晶，是符合我国国情、林情的成功做法，必须长期坚持并不断创新发展。

上述成绩和经验的取得，归功于党中央、国务院的英明决策；归功于地方各级党委、政府的坚强领导；归功于社会各界的大力支持；归功于前任生贤局长带领各级林业部门和全国务林人的不懈努力。在此，我代表国家林业局党组，并以我个人名义，向长期以来关心、支持森林防火工作的各级党政领导和有关部门表示衷心的感谢！向战斗在森林防火第一线的广大干部职工表示亲切的慰问和崇高的敬意！

二、清醒认识当前森林防火工作面临的严峻形势

今年1～11月份，全国共发生森林火灾10 641起，受害森林面积6.9万公顷，因灾伤亡137人，分别比去年同期下降17.5%、50.3%和43.2%，森林防火工作继续取得较好成绩。但入秋以来，森林防火形势渐趋严峻，黑龙江、内蒙古、广东、广西、福建、浙江、湖南、湖北等省（区）相继发生森林火灾，并造成7人死亡。尤其是进入12月份以后，南方省（区）火险等级急剧升高，我局每天监测到的热点数成倍增加，特别是21日一天，广西、湖南、广东、福建、江西等5省（区）的热点和火灾就分别达到259个和91起；22日，上述省（区）热点和火灾分别又增加到389个和127起，火灾呈高发态势，再次给森林防火工作敲响了警钟。

究其原因，除气候条件不利等客观因素外，也暴露出当前森林防火工作还存在着一些问题。一是思想认识不到位。部分地方领导责任意识淡漠，麻痹思想严重，侥幸心理突出，对做好森林防火工作认识不高、重视不够、组织不力、抓得不紧。二是防扑火措施落实不到位。宣传教育存在死角，火源管理存在漏洞，工作部署存在盲区，以会议传达会议，以文件落实文件。三是领导责任不到位。部分地方行政领导负责制落实不好，没有真正做到山有人管，林有人护，责有人担。四是监督检查不到位。部分地方没有开展森林火灾隐患排查，或者尽管查了，但没有跟踪落实，问题依然存在。就森林防火工作来说，存在的问题和不足就是隐患，我们宁可把问题估计得严重一些，要求再严格一些，工作再细致一些，万万不可掉以轻心，疏于防范，造成工作被动。

综合分析各方面情况，当前森林防火的严峻形势继续呈加剧趋势。一是据气象部门和专家预测，今冬明春我国部分省（区）气温较常年偏高，降水偏少，尤其是明年1~2月份，南方大部分地区气温仍然偏高，气候干旱，森林火险等级将居高不下；西北、华北地区森林火险等级也将增高。二是元旦、春节即将到来，进入林区旅游和扫墓人员增多，燃放烟花爆竹、焚烧纸钱、烧香点烛等现象增多，为做好森林防火工作带来新的困难。三是随着春耕备耕生产开始，野外生产生活用火增加，火源管理难度进一步加大。四是从明年开始，地方党政领导将集中换届，势必对森林防火的组织领导产生一定影响。对此，我们决不能有半点麻痹松懈，对不利气候带来的严峻形势要有清醒认识，对野外火源增多带来的火险隐患要引起足够重视，切实树立长期作战思想和敢打必胜的信念，超前谋划，周密部署，狠抓落实，真正做到思想不麻痹，作风不松懈，措施早落实，工作早到位。

三、切实抓好当前森林防火工作

今冬明春森林防火工作，要以科学发展观为指导，全面落实国务院领导同志重要指示精神，深入贯彻全国森林防火工作座谈会部署和要求，坚持预防为主，坚持以人为本，统一思想，落实预案，加强领导，落实责任，力争不发生特大森林火灾，严防火烧连营，坚决杜绝重大伤亡，把森林火灾损失降到最低限度。为此，要重点做好五个方面工作。

第一，统一思想，提高对做好森林防火工作重要性的认识。森林火灾是一种破坏性极大的自然灾害。森林防火工作既是一项社会工作，也是一项经济工作，更是一项政治工作；关系到森林资源安全，关系到国土生态安全，关系到人民群众生命财产安全，关系到林区社会稳定；不仅是我们做好各项工作的前提，也是认真贯彻落实科学发展观，构建和谐社会，建设社会主义新农村，建设资源节约型和环境友好型社会，确保林业建设顺利进行的重要保障。当前正值岁末年初和两个五年规划交替的关键时刻，做好森林防火工作，还关系到“十五”特别是2005年工作打好结、收好尾；关系到“十一五”和2006年工作开好局、起好步；关系到为林区群众欢度新春佳节营造一个安定祥和的社会环境。“盛世兴林，防火为先”，我们一定要提高对做好森林防火工作重要性、艰巨性和紧迫性的认识，审时度势，统一思想，讲政治、顾大局、保稳定，以对党、对人民高度负责的态度，把森林防火工作作为当前林业工作的头等大事，摆在突出位置抓紧抓实，抓出成效。

第二，强化预防，坚决消除森林火险隐患。森林火灾突发性强、破坏力大、处置救助比较困难，一旦蔓延开来，很难有效控制。我在地方工作时，组织扑救过森林火灾，对灭火工作的危险性、艰巨性有过深切体会。只有真正落实“预防为主，积极消灭”的方针，做到防消并举，以防为主，森林防火工作才能事半功倍。如何做到防患于未然，最重要的是扣紧四个环节。一是扣紧宣传教育环节。坚持面向群众、面向基层、面向实战，加强防火法律法规、火源管理规定、安全避险知识的普及教育，强化典型案例宣传，提高林区群众的防火意识和基本避险技能，减少人员伤亡的发生。二是扣紧预测预报环节。要重视森林火险监测预警体系建设，加强中长期火险趋势预测和短期火险天气等级预报，并根据预测预报结果安排部署各项工作，提高防扑火措施的针对性和实效性；要严密火情监测，遇有火情，立即通报，及时处置，真正实现“打早、打小、打了”。三是扣紧隐患排查环节。要掌握森林火灾发生规律，突出工作重点，深入组织开展森林火灾隐患大排查活动，找出火灾隐患，落实整改措施。排查工作要纵向到底，横向到边，不留死角，不留盲区。特别是南方省（区），会后再开展一次排查活动，整改所有隐患。四是扣紧火源管理环节。认真总结基层工作经验，推广村民联防、保护森林资源责利共担等行之有效的做法，进一步健全野外火源管理规章制度和乡规民约。针对重点时段、重点部位和重点人员，要加强巡查监管，坚决管住野外火源。要坚持“疏堵结合”，春耕备耕时节，要选择适宜天气，组织森林消防队提供生产用火服务。要严厉打击非法用火行为，坚决遏制火灾高发势头。

第三，落实预案，提高应急救灾处置能力。灭火工作时效性和专业性强，危险性大，必须全面落实应急预案要求，加强保障机制建设，提高火灾应急处置能力。一要快速反应，及时启动预案。一旦发生森林火灾，要按照分级响应原则，立即启动预案。根据国家突发公共事件总体预案规定，森林火灾实行国家、省、市、县四级响应。对发生重大以上森林火灾、在国界附近发生森林火灾、造成1人以上死亡或者3人以上重伤仍未扑灭明火、威胁居民区和重要设施的森林火灾、24小时尚未扑灭明火的森林火灾、在未开发原始林区发生森林火灾、在敏感时期和敏感地区发生森林火灾、需要国家支援扑救的森林火灾等8类情况，省级森林防火指挥部应及时上报情况，并适时启动各级应急预案。省级森防指要全面掌握每天发生的森林火灾，做到心中有数。二要严密组织，认真执行预案。预案启动后，要按照规定，立即建立健全灭火组织指挥机构，领导及时到位，靠前指挥；明确责任，各司其职；科学部署兵力，保持通讯畅通，做好后勤保障。三要总结经验，不断完善预案。要加强预案培训，特别是必须组织进行演练，熟悉掌握预案全面内容，并在实践中不断修订完善，增强预案的可操作性。四要强化措施，保障预案顺利实施。要做好各种灭火机具、设施的检修维护，加强物资储备。要加强森林消防队、武警森林部队、航空森林消防队建设，提高整体灭火作战能力。要加大森林防火投入。目前，各地正在编制“十一五”规划。要加大协调力度，将森林防火基础设施建设纳入地方国民经济和社会发展规划，纳入当地林业发展总体规划；将森林火灾预防和扑救经费纳入地方财政预算，并逐年增加投入，使森林防火基础设施建设与当地国民经济和林业建设同步发展，相互促进，确保预案顺利实施。

第四，以人为本，严防重大伤亡事故的发生。要坚持以人为本，牢固树立安全第一的思想。一要突出保护重点。将保护人民群众生命安全、重要设施和村屯的安全置于首位，正确处理扑救重点和保护森林资源的关系，最大限度减少伤亡。二要科学指挥、科学扑救。要根据不同时期、不同地形、不同林分、不同天气条件，合理制定灭火方案，严防伤亡事故的发生。要正确处理好“群防群治”与“专业灭火”的关系，森林消防队主要负责扑救，群众负责清理火场和后勤保障。严禁组织老、弱、病、残、幼参加灭火。特别是南方林区，山高、坡陡、林密、路险，扑救困难，容易发生危险，更要精心组织，切实提高灭火时效性和安全性。三要提高现场指挥能力。要加强一线灭火指挥员教育培训，特别是要尽快使乡（镇）干部熟练掌握安全灭火的基本战术、火场组织指挥要领，防止盲目指挥、盲目扑火引发人员伤亡。四要落实防范措施。要及时在村屯、社区周边等重要部位开设防火隔离带，严防家火上山、山火进城和火烧连营。要按照“四同步”原则，大力营造生物防火林带，切实起到阻隔林火的作用。要严格按照规程，落实防范措施，稳妥安全地开展计划烧除工作，降低森林火险等级。

第五，加强领导，全面落实森林防火责任。森林防火工作贵在坚持，重在落实。当前森林防火工作要做到“一抓两查三到位”。“一抓”就是一把手亲自抓，要按照温家宝总理“五条标准”要求，抓好森林防火行政领导负责制和部门分工责任制的落实，形成政府统一领导、部门分工负责、群众广泛参与的工作格局。各级林业主管部门一把手必须亲自抓防火，具体抓落实。“两查”就是查森林防火工作是否作出明确的安排和部署；查森林防火责任和各项防扑火措施是否真正落到实处。当前，各级森林防火指挥部及其成员单位，特别是火灾频繁省（区）和高火险地区，要立即采取行动，派出工作组进行“两查”，也可以采取明查暗访的形式。“三到位”就是要将森林防火工作纳入各级领导重要议事日程，协调解决森林防火存在的困难和问题，做到领导到位；就是要健全森林防火组织体系，完善机构，充实人员，做到组织到位；就是要严密部署，严格要求，严肃纪律，严明奖惩，做到措施到位。对机构不健全、经费不落实、人员不到位、火源管理不严、检查监督不力、发生火灾后扑救不及时并造成重大损失的单位和个人，要坚决追究有关人员的责任。

针对当前森林防火工作的严峻形势，国家林业局将陆续派出工作组，赴重点省（区）检查指导森林防火工作，督促责任制和各项防扑火措施的落实，切实抓紧、抓好当前森林防火工作。

同志们，回顾过去，我国森林防火工作取得了显著成绩；展望未来，森林防火工作站在新的起点上，任重道远。让我们以“三个代表”重要思想为指导，紧密团结在以胡锦涛同志为总书记的党中央周围，采取强有力措施，全力做好当前森林防火工作，坚决遏制火灾高发态势，严防重大人员伤亡发生，最大限度地减少损失，为夺取相持阶段林业生态建设全面胜利，为经济社会可持续发展作出贡献！

根据国务院安排，我到国家林业局工作，今天第一次和大家见面。元旦春节将至，借此机会向大家拜个早年，祝同志们新年快乐，工作顺利，阖家欢乐！

当前林业的形势与任务
——国家林业局局长周生贤在全国林业厅（局）长会议上的讲话
（2005 年 1 月 19 日）

这次全国林业厅（局）长会议是在全面加强党的执政能力建设的新形势下召开的一次重要会议。会议的主要任务是：以邓小平理论和“三个代表”重要思想为指导，用科学发展观统领林业工作全局，深入贯彻落实党的十六大、十六届四中全会和中央经济工作会议、中央农村工作会议精神，结合第六次全国森林资源清查和去年大型调研活动等结果，全面分析当前的林业形势，研究部署今后一个时期特别是 2005 年的林业工作。下面，根据局党组研究的意见，我讲两个问题。

一、当前的林业形势

（一）*从国际国内的宏观形势看，我国林业发展面临着难得的历史机遇和严峻的时代挑战。*从国际形势看，近几十年来，特别是上个世纪 90 年代以来，追求生态与经济社会发展的协调统一、重视和加强生态建设，已成为世界林业发展的潮流。森林问题越来越受到国际社会的高度关注，林业问题已不仅是一个经济问题、生态问题，而且是一个社会问题、国际关系问题。1992 年世界环发大会和 2002 年联合国可持续发展世界首脑会议，都把生态建设的主体——林业提高到空前重要的地位，认为“在世界最高级会议要解决的问题中，没有任何问题比林业更重要了”。第十一次世界林业大会更是明确指出，可持续发展的关键在于森林的可持续经营，要在世界范围内扭转森林继续减少和退化的趋势，并实现森林的可持续经营，首先取决于各国领导层在这一问题上更大力度的决策。德国、芬兰、瑞典、美国、加拿大、日本等发达国家，在经历了很长一个时期的艰苦努力之后，目前已初步进入林业可持续发展阶段。全球可持续发展的潮流，从某种意义上讲，已经预示出我国林业发展的方向。作为世界上最大的发展中国家和世界林业大国，无论从哪个角度讲，都必须毫不犹豫地把林业发展置于国家建设的突出位置抓紧抓好，使之不断进入新的阶段。另外，从经济社会发展的规律来看，当一个国家的人均 GDP 达到 1000～3000 美元时，既是一个经济发展上的重要拐点，也是一个生态建设上的重要拐点。在这个阶段，国家的经济结构、社会结构、思想文化乃至意识形态的各个领域，以及人与人的关系、人与社会的关系、人与自然的关系、国际关系等都会产生深刻的变化。如何度过这个拐点，对所有国家都是一个严峻考验。如果各方面关系处理得好，就可以平稳度过这个阶段，经济社会得以快速发展；如果各方面关系处理得不好，不仅经济会崩溃，国家政权也可能垮台。同时，在这个阶段，也往往是一个国家开始重视生态建设的时候，充分体现了盛世兴林这一客观规律。世界上许多国家的重要生态工程都是在这样的历史背景下产生和实施的，并进而显著改善了这些国家的生态面貌。与上述国家相比，我们有着明显的后发优势，他们的成功经验和失败教训，我们都可以学习、借鉴，这将大大缩短我们的发展时间，降低我们的发展成本，使我们少走弯路。同时，我国又是蒙特利尔进程、亚洲区域进程等国际林业进程的参加国，是生物多样性公约、濒危野生动植物种国际贸易公约、湿地公约、防治荒漠化公约、气候变化框架公约等国际公约的签署国，是 WTO 的新成员。所有这些，既给我国林业发展创造了有利的国际环境，也对我们的思想观念、发展模式、管理体制、运行机制等提出了严峻挑战。

从国内形势看，进入新世纪后，我国的人均 GDP 也开始接近或超过 1000 美元，经济社会快速发展，综合国力大幅提升。因此，党和政府更加重视林业工作，全国民众更加关注生态建设，对林业的投入急剧增加，林业已成为社会主义现代化建设全局中一个具有特殊意义的重要组成部分，迎来了千载难逢的历史机遇。党的十六大将可持续发展能力不断增强、生态环境得到改善作为全面建设小康社会的宏伟目标之一；十六届三中全会确立的科学发展观，将统筹人与自然和谐发展作为“五个统筹”之一；在国家实行经济宏观调控政策的大前提下，中央明确提出国债和新增财政资金重点向“三农”和生态建设倾斜；党中央、国务院通过出台加快林业发展的决定、召开全国林业工作会议，对新世纪的林业发展作出了全面部署。农村改革的巨大成功，社会力量的广泛参与，有关部门的积极配合，都为林业的快速发展提供了进一步的条件保证。同时，CO_2 排放量的增加，迫切需要增加森林资源；社会平均利润的减少，使林业成为新的投资热点；扩大社会就业、调整产业结构、促进农民增收等问题的凸显，把林业产业推到了更加显要的位置；绿色国民经济核算体系的构建，为加强生态建设提供了更好的认识基础。可以说，我国林业正处在历史上最好的发展时期之一，全国上下呈现出盛世兴林的大好局面。但是，我们也必须清醒地看到，当

前我国林业发展仍然面临着很多新情况新问题。从总体上讲，林业生产力发展水平还比较低，与经济社会可持续发展的要求还有较大差距，生态建设与经济发展的矛盾仍很突出，造林绿化和资源保护的压力依然很大，特别是一些地方为了眼前利益，盲目开发建设，出现了乱占林地、湿地，违规买卖森林资源，随意改变国有林场权属，轻率撤并基层林业机构等情况，这些问题都给林业工作提出了新的挑战。

（二）从林业工作的具体实践看，我国林业建设取得了令人鼓舞的伟大成就，但也面临着不少困难和问题。进入新世纪后，我国林业始终保持着快速发展的良好势头，森林资源稳步增长，生态状况明显改善，林业产业迅猛发展。特别是中央林业决定颁发和全国林业工作会议召开后，全国各地迅速掀起了贯彻落实的热潮，地方各级党委、政府纷纷召开林业会议、出台林业文件，对林业工作重视程度之高、采取的措施之有力、取得的成效之明显，都是前所未有的，各项林业事业焕发出空前的生机与活力。对此，我们已经在去年大型调研活动时召开的两次电视电话会上做了全面、深入的总结。在这种大好形势下，2004 年的各项林业工作继续保持好的发展态势，成效显著。据初步统计，全国共完成营造林任务 733.33 万公顷（1.1 亿亩），连续 3 年超过亿亩大关；林业产业总产值突破 6000 亿元。林业对促进经济社会可持续发展的贡献越来越大。

一是六大林业工程稳步推进。天然林保护工程完成营造林 116.07 万公顷，资源管护不断加强，木材产量进一步调减，四项保险和富余职工分流安置取得积极成果，森工企业金融债务免除进入实质性运作阶段，工程区世行项目还贷问题得到解决，15 亿元债务得到豁免或挂账。退耕还林工程完成造林 389.13 万公顷，其中：退耕地还林 66.67 万公顷，荒山荒地造林 322.47 万公顷。京津风沙源治理工程完成治理任务 116.33 万公顷，其中林业建设任务 76.67 万公顷。三北、长江等防护林工程完成营造林 99.8 万公顷，其中三北工程 48 万公顷，长江等工程 51.8 万公顷。野生动植物保护工程新增保护区 134 处，使林业系统的自然保护区数量达到 1672 处，面积 1.19 亿公顷，占国土面积的 12.4%。速丰林工程完成造林 6.67 万公顷。

二是全面奏响了盛世兴林第三部曲。集中全力狠抓新确定的“两件大事”，首次召开了全国依法治林工作会议，明确了到 2010 年建立健全林业立法、执法、普法、监督四大体系的总体思路和主要任务，并正式颁布了《全面推进依法治林实施纲要》。隆重召开了林业科技重奖颁奖大会，在社会上产生了强烈反响。历史性地召开了全国林业人才工作会议，明确提出了“363”人才强林和科教兴林计划，形成了《关于加强林业人才工作的意见》和《关于进一步加强林业科技工作的决定》，制定了林业科教振兴行动方案、林业科学技术中长期发展规划、林业教育培训“十一五”发展规划，对今后一个时期的林业人才、科技、教育工作做了全面部署。同时，正式启动了具有深远意义的森林资源核算及纳入绿色 GDP 研究项目。

三是区域林业发展异彩纷呈。认真谋划东北等老工业基地振兴中的林业发展问题，给东北林业发展又赢得了一次重要机遇。积极探索东南沿海率先实现林业现代化的问题，并在浙江开始了试点。正式启动了三峡水库周边绿化带建设工程，计划 4 年投资 17.9 亿元实现库区全面绿化。组织实施了林业援疆、援藏计划，召开了林业援疆、援藏工作会议，并采取了一系列有针对性的措施，在支持边疆建设方面走在了全国前列。广东、海南、辽宁、黑龙江等省努力打造林业大省、生态强省；福建、江西、山西等省出台了促进林业经济体制改革的政策；北京、上海、贵州等省（市）大幅度增加林业投入；安徽、湖南、广西等省（区）大力支持民营林业发展；江苏、河南、山东等省林业产业蓬勃发展；四川、内蒙古、河北等省（区）全力构筑长江上游、祖国北部、京津周围生态屏障。可以说，各地林业发展高潮迭起，好戏连台。

四是自然保护工作成为林业发展的新亮点。国务院办公厅专门下发了《关于加强湿地保护管理的通知》，我们组织编制了《全国湿地保护工程规划》，起草了《湿地保护条例》，召开了首次全国湿地保护管理工作会议，加强了湿地公约履约力度。国家林业局荣获了湿地国际的首个最高奖项——全球湿地保护与合理利用杰出成就奖。濒危物种拯救工作进一步加强，朱鹮等一批极度濒危物种的野外种群和人工种群数量稳步增加。召开了全国自然保护区管理工作会议，自然保护区建设和管理工作进一步加强。采取有力措施发展野生动植物驯养繁育利用，目前全国年经营总产值已突破 1000 亿元，进出口总额 827 亿元，有效地缓解了野生资源的巨大压力。首次明确了濒管机构行政许可实施主体地位，建立健全了相关制度，驻地方办事处由 17 个增加到 22 个，实现了全国范围的全覆盖。

五是营造林工作取得实质性突破。先后召开了具有重要意义的全国封山育林、灌木林建设现场经验交流会，明确将封山育林、发展灌木林作为加快国土绿化、改善生态面貌的战略举措，提到了与人工造林、乔木林建设同等重要的位置，实现了真正意义上的封飞造、乔灌草相结合。退耕还林专门安排了封山育林任务，森林抚育首次列入了国家专项投资计划。河北省出台了《封山育林条例》，内蒙古自治区逐步形成了灌木林产业。积极开展了全国林木种苗质量年活动，在市场监管、机构队伍建设等方面取得了明显成效。加大了林业有害生物防治体系建设力度，改变了多年来重治轻防的做法，建立了全新的预防绩效考核机制。

六是着力强化森林资源保护管理。组织开展了全国征占用林地大检查，依法查处各类违法征占用林地项目9600多起，追缴森林植被恢复费5700多万元。全国共发生林政案件43万多起，查处42万多起，查处率达97.6%，案件数量继续呈下降趋势。森林公安共受理行政和刑事案件18.6万余起，处罚各类违法犯罪人员25万人次，为国家挽回经济损失近25亿元。新组建的8个森林资源监督机构正式挂牌，人员初步到位。制定了《森林采伐管理分区施策导则》。林业产权制度改革试点和国有林区资源体制改革试点正式启动。认真贯彻落实国务院办公厅通知精神，积极落实各项防范扑救措施，有效控制了森林火灾的危害，最大限度地减少了损失。吉林、内蒙古、云南等许多重点省（区）均没有发生重特大森林火灾。

七是林业产业发展、分类经营改革和对外开放等工作健康推进。干鲜果品、竹藤花卉、木材加工、林产化工、木浆造纸、野生动植物繁育利用、森林旅游等林业产业迅猛发展。特别是通过大力兴办生态经济双赢型的林业产业，有力地促进了农村和林区经济结构的战略性调整，实现了林业增效、农民增收。湖北等省确立了“林业产业强省”的战略，提出了力争实现林业总产值超过农业的目标。林业分类经营改革迈出了实质性的一步，在全国范围内正式启动实施了中央森林生态效益补偿基金制度，补偿金额由10亿元增加到20亿元，补偿面积由1333.33万公顷扩大到2666.67万公顷。林业国际合作日趋活跃，先后与瑞典、意大利等国家签署了林业合作备忘录，新争取到林业合作项目80多个，世行、亚行、欧盟、德国援助项目等深入推进。正式启动了林业碳汇工作，充分利用CDM机制发展造林再造林项目，大大提升了我国林业在全球碳汇工作中的地位。

八是各级林业机关的自身建设进一步加强。在思想建设方面，开展了预防职务犯罪、反骄破满、提高能力、用好权力的集中教育，用科学发展观进一步统一大家对加快林业发展的认识。在组织建设方面，大力加强机构建设和干部选拔培训工作，浙江省恢复了林业厅，天津市提升了林业机构的行政级别，湖北、重庆、青海、安徽等省（市）恢复新建了乡（镇）林业工作站。在作风建设方面，大力加强党风廉政建设和纪检监督审计工作，积极倡导以视频会议等简洁高效形式研究部署工作，整合启动了林业综合办公电子传输系统，推动林业无纸化办公进程。在制度建设方面，制定完善了一系列工作制度并狠抓落实，特别是以严肃处理骗取治沙贷款贴息案件为契机，健全责任体系，严格财经纪律，确保资金的安全有效运行。在业务建设方面，组织开展了内容丰富的“学习年”活动，在全行业创建学习型单位，大力加强国家方针政策、法律法规、公共财政、金融贸易等方面知识的学习培训。

总之，一年多来的林业实践如火如荼，成绩喜人。但问题和困难依然突出，主要表现在去年大型调研活动梳理出的林业产权落实、营造林管理机制、资源保护管理、国有林业改革、林业资金管理、林业产业发展、科教兴林、依法治林、林业基础管理等9个方面，共45个具体问题。这些问题，都是制约林业改革与发展的关键性因素，必须下决心逐一研究解决。对此，我们制定了详细的落实方案和工作进程，逐级明确了工作责任制，由党组同志分兵把口，各有关方面密切配合，协同作战，狠抓落实。目前，已有20多个问题得到初步解决。同时，围绕解决这些问题的一批重要文件也将提交这次会议讨论。下一步，各地各单位要继续加大力度，扎实工作，力争使这些问题早日解决。

（三）从四大清查监测结果看，我国生态治理成效显著，但生态破坏现象依然严重。第六次全国森林资源清查结果表明，近年来我国森林资源的保护和发展呈良好态势。昨天发布的第六次全国森林资源连续清查结果，全面反映了近一个时期我国林业建设的成就，主要表现在：一是森林面积持续增长。比上次清查增加1600万公顷，这个面积相当于台湾省面积的4.5倍，也就是说，这5年内，我们在满足了经济社会快速发展对木材等林产品需求的前提下，通过大力造林、严格管护等措施，实现每年新增近一个台湾省面积的森林资源。森林覆盖率由16.55%提高到18.21%，增加1.66个百分点，年均增加0.33个百分点，相当于1949～1998年年均增长水平的2倍。应该说，这是一个非常了不起的成绩。我国幅员辽阔，自然条件复杂，资源保护压力巨大，目前剩下的宜林荒山荒地基本都是“硬骨头”，森林覆盖率每提高0.1个百分点，都是一件极不容易的事情，都是一个十分可观的数字。二是森林蓄积稳步增加。比上次清查增加8.9亿立方米，其中人工林蓄积增加4.9亿立方米，为全国每人增加0.8立方米的森林储备量。同时，年森林采伐消耗量比上次清查减少537万立方米，扭转了上世纪90年代以来森林采伐消耗量持续增高的被动局面。三是森林质量得到改善。林分每公顷蓄积平均增加2.6立方米、林木株数增加72株，中龄林和近熟林、阔叶林和针阔混交林比例分别增加了3个百分点，这都是一些令人可喜的变化，标志着我国森林质量实现了从持续下降到逐步上升的历史性转折。四是林种结构渐趋合理。用材林比例下降了19个百分点，防护林和特用林比例上升了21个百分点，说明林业分类经营改革和由以木材生产为主向以生态建设为主的历史性转变初见成效。五是非公有制林业快速发展。非公有制森林面积达20%多，新造林地的非公有制比例达40%以上，各种社会力量投入林业建设的热情空前高涨。六是林业发展后劲充

足。未成林造林地面积达489.33万公顷，净增28万公顷，中幼林面积0.97亿公顷，净增500万公顷，两项后备资源的递增趋势十分明显，准确反映了近几年来国家大规模投资取得的应有成效，这些成果将在下一个清查期内得到显示。

全国野生动物、野生植物、湿地和大熊猫调查结果表明，我国生物多样性保护成效显著。一是野生动植物种群数量稳中有升，分布范围越来越大，栖息环境不断改善。稳中有升的陆生野生动物占55.7%，其中扬子鳄、朱鹮等国内外普遍关注的珍稀濒危野生物种成倍增加，大熊猫数量增长了40%以上；资源消耗严重和濒危度较高的189种国家重点保护野生植物，达到野外种群稳定标准的占71%。一些物种的分布区逐步扩展，黑嘴鸥、黑脸琵鹭、褐马鸡等物种的新记录、新繁殖地或越冬地不断被发现；野外大熊猫分布县比上次调查时增加了11个，达到45个，大熊猫栖息地也由139万公顷增加到230万公顷，增长65.6%；100多年未见踪迹、已被国际自然保护联盟宣布为世界极危物种的崖柏在重庆大巴山区被重新发现，笔桐树、白豆杉、观光木等物种也出现了新的分布区。二是湿地类型多样，分布广泛，保护范围不断扩大。我国共有滨海、河流、湖泊、沼泽、库塘等湿地5类28型，是世界上湿地类型最丰富的国家之一。湿地总面积居亚洲首位、世界第四，单块湿地面积在100公顷以上的湿地面积达3800万公顷，其中：自然湿地3600万公顷，人工湿地200万公顷。目前，已有40%的自然湿地得到了有效保护，许多湿地恢复了生态功能。

水利部全国水土流失最新调查监测结果表明，我国水土流失治理取得可喜成效。一是水土流失面积不断减少，由过去的367万平方千米下降到356万平方千米，减少了11万平方千米。三峡库区水土流失面积减少了23.9%，京津风沙源区水蚀面积减少了14.2%。二是水土流失强度不断减轻，2003年全国11条主要江河流域土壤流失量大幅度减少，其中长江和淮河减少50%左右。

全国荒漠化监测和沙尘暴监测结果表明，重点地区的生态恶化趋势得到初步控制。一是实现了治理面积大于扩展面积的重大突破。最近几十年来，我国的土地沙化一直呈加速扩展之势，治理赶不上破坏，年均扩展速度从上个世纪五六十年代的1560平方千米，发展到80年代的2100平方千米，90年代初的2460平方千米，90年代后期的3436平方千米。近几年来，特别是2002年以来，情况发生了根本性变化，全国年均沙化土地治理面积达到19 000平方千米，超过了年均扩展面积。目前，全国沙化土地面积逐年减少的省（区）已达2/3左右。二是重点省（区）的生态恶化趋势得到初步控制。内蒙古沙漠化扩展速率由1994～1999年的0.87%下降到现在的0.25%，属于国际认可的正常波动范围，处在一个相对稳定的状态；新疆最近10年沙漠化扩展速度减低了50%，并呈逐年下降态势，出现了草木茂盛、野生动物增多、湖河水位提高等生态好转的迹象；宁夏经过几十年的努力，累计治理沙漠化土地39万公顷，沙漠化面积由165万公顷减少到126万公顷，实现了治理速度远远大于沙化速度的目标；河北、山西、吉林等省和陕西榆林、甘肃河西走廊、新疆塔里木河下游等重点荒漠化地区，都呈现出沙化面积减少，生态状况明显改善的喜人局面。三是进入新世纪以来我国沙尘暴次数逐年减少。2001年为13次，2002年11次，2003年2次，2004年6次。

我们这次主要用数据说话。以上四大清查监测结果充分说明，新世纪以来，国家对林业的关怀重视、巨额投资、政策扶持开始显现效益，全社会办林业的方针开始发挥威力，六大工程的实施开始见到成效，林业部门作出的艰苦努力开始有了回报，中国林业展现出许多令人欣喜的积极变化。同时，以上清查监测结果也表明，我国生态建设仍然存在着许多突出问题，如森林资源总量不足，分布不均；林地流失依然严重，超限额采伐仍未杜绝；森林质量偏低，经营水平亟待提高；部分重点保护野生动植物种群数量过少，相当数量的物种种群呈下降趋势，一些非重点保护野生动植物因过度开发利用导致资源减少；水土流失、荒漠化防治的任务仍很艰巨，等等。

（四）从以上情况综合分析，我们对当前林业形势作出的基本判断是：生态建设正处在“治理与破坏相持的关键阶段”。如果说国际国内形势分析是宏观把握的话，四大监测结果就是微观剖析；如果说实践工作总结是感性认识的话，四大监测结果就是理性认识；如果说大型调研结论是定性概括的话，四大监测结果就是定量评价。宏观与微观相结合，感性与理性相印证，定性与定量相统一，应该可以得出这样的结论：我国生态建设正处在“治理与破坏相持的关键阶段”。这是一个科学的判断。我们作出这样的基本判断，既是积极的，也是审慎的。

“相持阶段”有以下几个特点，需要特别注意：一是相持的脆弱性。因为这个阶段是费了很大气力才换来的，反弹的力量非常大，状态尚不稳定，工作做好了，就会进一步前进步入良性循环，反之，就可能产生逆转复归旧态。二是相持的不确定性。因为在这个阶段，整个经济社会的发展正处在一个重要的转型时期，影响事物发展的因素复杂多变，不确定性很大。如果驾驭不好，就可能产生失误，导致事业徘徊或倒退。三是相持的反复性。因为在这个阶段，国家的经济发展也处在一个重要的爬坡时期，人们对追求经济发展的愿望十分强烈，如果把握不好，就可能使林业建设的指导思想、工作重心出现动摇，并导致产生一系列的连锁反应。四是相持的不平衡性。因为这个相持是就全国的总体情况而言的，由于我国地域辽阔，自然经济条件复杂，各地生态建设的状况很不平衡，有的地方可能远远超越了这个阶段，而有的地方还远未达到这个阶段。同时，这个相持也不是绝对的50%对50%的对峙，而是处于一定区间的对峙。五是相持的艰巨性。在这个阶段，工作每前进一步，都需要付出巨大的代价。在西部生态脆弱地区，甚至还要组织开展专门的生态建设“攻坚战”才行。逆水行舟，不进则退。所以，在“相持阶段”这个关键时期，我们的政策绝不能动摇、精神绝不能松懈、干劲绝不能减弱。而必须始终保持清醒的头脑，进一步增强责任感和使命感，把机遇变为责任，把挑战变为动力，把成绩看成压力，把问题看成潜力，反骄破满，乘胜前进，真正把林业放在国家建设的全局当中去谋划，努力赢得更多的重视、支持、关注、投入和发展条件，推动我国林业持续快速协调健康发展。

二、当前的林业任务

进入新世纪后，党中央、国务院对加快林业发展作出了一系列重大决策，我们按照中央的部署，紧紧把握社会主义现代化建设的需要和世界林业发展的潮流，根据国情林情的深刻变化，从林业面临的基本矛盾和主要矛盾入手，认真研究了当前林业所处的历史方位，对新世纪林业的方方面面作出了系统谋划，迈出了历史性的三大步：通过整合实施六大林业工程，优化了林业生产力布局，解决了长期困扰林业发展的投入不足问题；通过颁布中央林业决定、召开全国林业工作会议、开展林业宏观战略研究，确立了以生态建设为主的林业发展战略，集中解决了新世纪林业发展的方针政策和体制机制问题；通过召开全国依法治林工作会议和全国林业人才工作会议，对依法治林、人才强林、科教兴林作出了全面部署。这三个步骤，紧密衔接，渐次推进，既独立成章又相互交融，构成了盛世兴林的“三部曲”。经过这三个步骤，初步完成了对新世纪林业发展的总体构思和规划设计，取得了重要的阶段性成果。这就是：在定性定位上，明确林业不仅是一项重要的公益事业，而且是一项重要的基础产业。在贯彻可持续发展战略中，要赋予林业以重要地位；在生态建设中，要赋予林业以首要地位；在西部大开发中，要赋予林业以基础地位。在指导思想上，果断结束了以木材生产为中心的发展模式，全面实施了以生态建设为主的林业发展战略，实现了林业工作重心的战略转移。在任务目标上，提出了“力争到2010年，使我国森林覆盖率达到19%以上，大江大河流域的水土流失和主要风沙区的沙漠化有所缓解，全国生态状况整体恶化的趋势得到初步遏制，林业产业结构趋于合理；到2020年，使森林覆盖率达到23%以上，重点地区的生态问题基本解决，全国的生态状况明显改善，林业产业实力显著增强；到2050年，使森林覆盖率达到并稳定在26%以上，基本实现山川秀美，生态状况步入良性循环，林产品供需矛盾得到缓解，建成比较完备的森林生态体系和比较发达的林业产业体系”的建设任务和最终进入持续快速协调健康发展新阶段的奋斗目标。在工作抓法上，确定了“一二三四五六”的总体工作部署，即：抓住六大工程这个重点，办好科教兴林和依法治林两件大事，强化严管林、慎用钱、质为先三项工作，深化分类经营管理体制、森林资源管理体制、林业产权制度、林业综合行政执法四项改革，推进各级林业主管部门的思想、组织、作风、业务、制度五大建设，正确处理林业发展与国家建设、生态建设与产业发展、森林培植与资源保育、东部中部与西部林业发展、深化内部改革与扩大对外开放、事业前进与人的发展等六个关系。一言以蔽之，就是形成了“抓好六大工程，推进历史性转变，实施以生态建设为主的发展战略，实现林业持续快速协调健康发展”的总体工作思路。这意味着，我们对新世纪初林业发展的宏观谋划基本告一段落，林业建设的理论框架已经初步形成，我国林业开始走上了在明晰思路指导下加快发展的新阶段。

从近几年的工作实践看，这一总体工作思路完全符合当前中国的国情林情，必须在今后的工作中进一步坚持和完善。因此，当前和今后一个时期林业工作的主要任务就是：认真把握“相持阶段”的林业发展规律，深入扎实地抓好总体工作思路的贯彻落实，按照已经确定的林业建设目标和任务，有的放矢，步步推进，一件事情一件事情去办，一个问题一个问题去解决，一个方面一个方面去突破，一年解决几个关键性问题，集腋成裘、聚沙成塔，积小胜为大胜，最终实现林业的持续快速协调健康发展。

2005年，是两个五年计（规）划相衔接的关键一年。我们要严格按照党中央、国务院的要求，认真落实“一二三四五六”的总体工作部署，做好全年工作。去年下半年，我们召开了一系列重要会议，对林业科技、法制、人才、教育和资源管理等工作作出了专门部署，我在这里就不再赘述，只对另外一些重点工作再做一点强调。

（一）认真科学地编制好林业发展“十一五”和中长期规划。五年前，我们以六大林业工程为主要内容，编制了林业“十五”计划，为新世纪初的林业跨越式发展奠定了坚实基础。今天，林业的外部环境十分有利，内部活力全面激发，呈现出蓬勃发展的良好态势。编制好“十一五”规划，关系到林业在今后一个时期能不能再造新优势、寻求新发展，意义不可小视。今年，要按照已经形成的基本思路，全面完成规划的编制工作。编制过程中，要特别注意“五个突出”：一是突出“相持阶段”的特点和要求。通过这个规划，把国家加强生态建设的战略决策进一步落到实处，确保支持林业建设的力度不减，防止林业

发展的大起落，防止生态状况发生逆转。二是突出六大工程的地位和持续发展。六大工程仍然是规划的重要内容，但要根据新的情况，进行相应的调整和加强，使它更好地承担起林业加快发展的重任。同时，要超前谋划，提出2010年后六大工程持续发展的思路，保证生态治理的连续性和有效性。三是突出正确处理六大关系的要求。特别要确保国家今后不断加大对资源保育、林业产业发展等方面的支持力度。四是突出生态治理的重点地区。认真研究提出今后几年我国生态建设的重点区域，并相应设计好项目、政策和投资，以重点区域的有效治理带动我国生态状况的全面好转。五是突出加强沿海防护林和红树林建设。要认真吸取这次印度洋海啸的教训，全面深入地开展一次调查研究，根据存在问题，有针对性地采取措施，加强和改进相关工作。

（二）保质保量地完成全年营造林计划任务。今年，全国营造林任务初步确定为733.33万公顷（1.1亿亩），连续第四个年度超过亿亩规模。从营造林任务的结构看，有两个显著特点。一是封山育林任务接近人工造林任务。这标志着我国营造林的方式在发生重大变化，封山育林真正成为造林绿化的一种主要方式。如何适应这一变化，全面做好封山育林工作，是亟待解决的重大课题。各地要从落实科学发展观的高度，充分认识这一变化的重大意义，高度重视封山育林工作，并切实体现在工作实践之中。要按照“质为先”的要求，严格执行《封山育林技术规程》，统一技术标准，统一政策措施，统一检查验收，确保封山育林取得预期成效。要抓住当前的有利时机，研究制定封山育林的总体规划，为顺利推进这项工作，创造更加有利的条件。二是退耕地造林任务大幅度增长。去年，国家对退耕还林任务做了结构性、适应性调整。今年，国家根据粮食安全呈现的良好态势，以及各地政府和群众的意愿，适时增加了退耕地造林规模，这充分体现了党中央、国务院驾驭全局、相机决策的高超能力。按照中央的要求，今年下达的退耕地造林任务，除京津风沙源、三峡库区、三江源以外，其他地区一律用于解决超计划退耕的遗留问题。各地要立即行动起来，尽快把中央的政策意图传达到基层，宣传到群众，落实到具体工作中去。要切实把档案工作抓实，把政策兑现抓好。此外，还要认真抓好种苗工作，加强宏观指导和执法监督，不断提高种苗质量。要深入推进全民义务植树运动的开展，进一步提高义务植树的覆盖面和尽责率。

进入新世纪后，我国造林绿化实现了跨越式发展，过去3年新增幼林面积近2666.67万公顷。这些幼林能否成林成材，能否为森林覆盖率和森林蓄积量增长作出贡献，关键在于管护能不能跟上，森林经营是不是科学有效。为此，各地要把管护工作和森林经营放在更加突出的位置，下大力气抓紧抓好。要采取一切管用办法，把每一片幼林的管护责任，落实到责任主体和具体人员身上，并明确责权利，确保幼林有人管、管得住、管得好。要以启动中幼林抚育和低效林改造项目为契机，全面加强森林经营工作，把“三分造，七分管”的理念真正落实到工作实践中去。今年适当时候，要召开一次全国营造林工作会议，着重研究解决这方面的问题。

（三）切实有效地做好各个方面的保护工作。随着林业资源经济价值的日益凸显，保护工作面临的压力越来越大。进入“相持阶段”以后，就更加迫切地要求我们，必须以加强保护工作的非常之力，来巩固生态建设的非常之功。今年，保护工作要突出抓好四项工作。一是要切实完善征占用林地、湿地审核审批制度。认真贯彻执行林地、湿地保护的法律法规和政策规定，严厉打击和依法查处非法征占用林地、湿地的行为。二是大力发展和完善自然保护区网络体系。在规模扩张上，重点是在典型的森林、湿地和荒漠生态系统地带以及野生动植物重点分布区域和生物多样性丰富区域，因地制宜地抓紧划建保护区或保护小区；在内涵提升上，重点是打破行政区划界线，按照山系、流域整合现有自然保护区，努力提高生态保护的网络效应。三是认真落实国务院最近召开的重点省（区）森林防火工作座谈会精神，对全年森林防火工作进行再动员、细安排，严防发生特大森林火灾。同时，要全面落实《国家林业局公安部关于加强森林公安队伍建设的决定》，大力加强森林公安队伍建设和管理，确保森林公安机关严格、公正、文明执法。四是着力强化森林病虫鼠害防治工作。重点是加强病虫鼠害防治的营林措施，并探索将病虫鼠害发生指标纳入造林实绩核查的具体办法。要认真抓好《重大外来林业有害生物灾害应急预案》的落实，加强外来有害生物的防控，保护我国森林安全。

（四）集中力量办好防沙治沙工作中的几件大事。防沙治沙，是生态建设的重要领域，是当前和今后一个时期林业工作的重中之重。今年，要集中精力，重拳出击，办好五件大事。一是争取以国务院名义颁布《关于进一步加强防沙治沙工作的决定》。确立防沙治沙在经济社会发展和生态建设中的重要地位，明确新形势下防沙治沙工作的指导思想、奋斗目标和政策措施。二是争取国务院尽快批复《全国防沙治沙规划》。明确今后一个时期全国防沙治沙工作的基本原则、重点布局和主要任务。三是争取以国务院名义召开全国防沙治沙工作会议。认真总结防沙治沙工作的成绩和经验，全面部署今后一个时期的工作和任务。四是全面启动防沙治沙综合示范区建设。尽快形成星罗棋布、点线面结合的防沙治沙新格局，达到示范带动、以点带线、以线促面的工作效果。五是适时发布最新荒漠化和沙化土地动态监测结果。新一轮全国荒漠化和沙化土地监测工作已接近尾声，各有关地方和单位要认真做好监测成果的汇总工作，在科学论证和深入分析的基础上，提出我国荒漠化和沙化土地动态变化的特点、规律和原因，为科学公布监测结果做好充分准备。

（五）加大力度促进林业产业发展。实践证明，无论林业发展到哪个阶段，面临着什么样的形势，加快产业发展始终是林业工作的一项基本任务和重要目标。只有生态和产业协调发展，林业建设才有生命力、吸引力。当前，林业产业的发展态势很好，各地要加大力度，因势利导，促进其向更高的层面发展。去年颁布的《全国林业产业发展规划纲要》，进一步明确了林业产业发展的目标和布局。今年，要抓紧起草《林业产业政策要点》，出台支持林业产业发展的政策措施，为林业产业快速发展创造更加有利的条件。要积极制定和实施"林业富民计划"，为解决"三农"问题和粮食安全问题作贡献。重点是发展木本粮油、干鲜果品、花卉、竹藤、森林旅游、野生动物养殖业等。要采取更加有力的措施，加快推进速生丰产用材林基地建设，快速增加木材生产的后备资源，为实施以生态建设为主的林业发展战略提供支撑。要支持林业企业的技术改造，促进传统产业结构、技术、产品升级，提高资源利用率和产业竞争力。要进一步完善林业产业社会化服务体系，积极为广大林农和林业企业提供服务。

（六）继续大力推进林业改革工作。一是深入推进林业产权制度改革，切实抓好福建三明、黑龙江伊春林权制度改革试点工作，努力把这项改革引向深入。要积极探索，勇于实践，认真总结、推广已有的成功做法和有益经验，最大限度地解放和发展林业生产力。二是争取国务院尽快批准《关于加快国有林场改革发展的实施意见》，全面启动国有林场的改革工作，使之更加适应新形势下加快林业发展、加强生态建设的要求。三是稳步推进重点国有林区森林资源管理体制改革，主要是抓好试点工作的阶段性总结评估，为今后全面实施这项改革积累经验，提供借鉴。四是本着"精简、统一、效能"的原则，争取在乡（镇）机构配套改革中，科学合理地设置乡（镇）林业工作站。要积极汇报、多方协调，争取以国办名义颁发加强林业工作站建设的文件，为乡（镇）林业工作站的改革与发展提供指导。

（七）下大力气强化林业资金和财务管理。近年来，国家对林业建设的投资不断增加，为加快林业发展提供了重要保证，同时，也为极少数人犯错误甚至违法犯罪提供了客观条件。发生在我局直属机关的骗取治沙贷款财政贴息案件，就是一个典型例证。这个案件的教训十分深刻，十分惨痛。"亡羊补牢，犹未为晚。"今年，要进一步采取有效措施，加强资金管理，确保林业建设资金的安全运行。要严格实行资金管理责任制度，层层签订责任状，一级向一级负责，把责任落到实处。要积极探索林业项目的科学审批机制，实行重大项目安排及投资计划集中审批制度，严格按照"谁审批、谁负责"的原则，对项目审批实行终身责任制。要加强对领导干部和财会人员的专门培训，通过学习《会计法》、《审计法》等法律法规和林业资金财务管理的规章制度，切实掌握资金使用的原则和要求、财务管理的内容和程序，做到明明白白办事、清清楚楚监管。今年，各地各单位都要对自己的各类林业资金账目进行一次认真检查，看看会计账簿是否完善，财务管理制度是否健全，资金使用是否合规。不完善的要尽快完善，不规范的要切实规范，不符合要求的要立即纠正。要进一步加强系统内部的资金检查和稽核力度,认真做好群众举报和典型案件的查处工作,坚决打击资金使用上的违纪违法行为。

（八）坚持不懈地抓好各级林业部门的机关建设。机关建设，事关各级林业部门的执政能力，事关林业发展的长治久安，事关全体务林人的前途命运，必须常抓不懈。尤其是一把手，一定要坚持"两手抓、两手都要硬"。今年上半年，要集中力量开展好保持共产党员先进性教育活动。这是坚持用"三个代表"重要思想武装全党的重要举措，是提高党的执政能力、巩固党的执政基础、完成党的历史使命的重要举措，是实现全面建设小康社会宏伟目标、推进中国特色社会主义伟大事业的重要举措。各级林业部门要以高度的政治责任感，把开展先进性教育活动作为关系全局和长远的一件大事，切实抓紧抓好。要根据当前林业工作的实际情况，认真组织开展一次以思想教育和制度完善为主题的专项整顿。思想整顿，就是要通过学习、教育和对照检查，全面强化干部职工的责任意识、法纪意识、民主决策意识和自律意识。制度整顿，就是要以资金管理为重点，排查漏洞，完善制度，加强管理，严肃纪律，切实解决"慎用钱"的问题,为人民掌好权、用好钱。同时,要继续深入抓好机关五大建设,以这项工作的深入开展,促进林业部门执政能力的全面提高。要进一步提高预防和处置群体性事件的能力,妥善解决影响林区稳定的突出矛盾和问题,努力构建和谐稳定的林区社会。要进一步加强党风廉政建设和反腐败工作,严格执行中央的"五不许"和我局的"六不准"等规定,切实做到廉洁从政。

同志们，虽然我们已经取得了很大成绩，但是林业建设仍然任重道远，需要我们作出长期不懈的努力。让我们紧密团结在以胡锦涛同志为总书记的党中央周围，高举邓小平理论和"三个代表"重要思想伟大旗帜，按照科学发展观的要求，全面实施以生态建设为主的林业发展战略，与时俱进，开拓进取，求真务实，扎实工作，努力推动我国林业持续快速协调健康地向前发展。

在全国绿化委员会第二十三次全体会议上的工作报告

国家林业局局长　周生贤

（2005 年 3 月 29 日）

现在，我代表全国绿化委员会办公室，就 2004 年国土绿化工作的进展情况和 2005 年的安排意见，向会议作简要汇报。

一、2004 年国土绿化工作进展情况

2004 年，在党中央、国务院的重视和关怀下，各级绿化委员会按照落实科学发展观，特别是按照构建社会主义和谐社会的要求，以纪念邓小平同志诞辰 100 周年为契机，认真落实全国绿化委员会第二十二次全体会议精神，广泛宣传发动，大力组织协调，认真检查督促，扎实开展评比表彰活动，国土绿化事业取得了新的进展。据统计，全年参加义务植树的人数达到 5.5 亿人次，植树 24.9 亿株，均创历史最高水平。全年完成营造林任务 720 万公顷（1.08 亿亩），连续 3 年超过 1 亿亩，营造林质量继续提高。部门绿化、城乡绿化和通道绿化不断推进，完成种草面积 666.67 万公顷，建设绿色通道 9.4 万千米。第六次全国森林资源清查结果表明，我国造林绿化成效显著，人工林保存面积 5333.33 万公顷，居世界第一位，森林覆盖率达到 18.21%，森林质量进一步改善。从整体上看，我国生态建设正处在“治理与破坏相持”的关键阶段。

过去的一年，我们主要做了以下几项工作：

（一）进一步加强了宣传教育工作。全国绿化委员会组织开展了大量宣传教育活动。发布了《2004 年国土绿化状况公报》，全社会对绿化事业进一步关注。与国家广电总局、国家林业局、中直机关绿委、中央国家机关绿委、全军绿委，共同举办了以“共建绿色家园”为主题的大型颁奖文艺晚会。拍摄制作了两部以人与自然和谐为主题，以共建绿色家园为内容的 MTV——《爱我家园》、《天天好心情》。在中央电视台《绿色时空》栏目，有重点地组织了名人谈绿化和先进单位、模范人物等专题报道。各级绿化委员会结合当地实际，开展了形式多样、内容丰富的绿化宣传活动。在主要街道、广场树立广告牌，播放绿化公益广告，开展“绿色小天使”活动等。这些喜闻乐见的绿化宣传，收到了良好的效果，进一步增强了人们的生态意识，激发了人们参与国土绿化的积极性和自觉性。

（二）深入开展了全民义务植树运动。各地各部门将义务植树与精神文明建设、公民道德建设结合起来，与重点生态工程建设、城乡绿化美化结合起来，不断把全民义务植树运动引向深入。各级领导十分重视义务植树工作，带头履行植树义务。中央领导同志植树，以及共和国部长植树、共和国将军植树、省委书记省长植树，是每年春天最壮美的场景。义务植树的实践形式更加丰富，植纪念树、造纪念林等活动蔚然成风，绿地认种认养活动成为一种文明时尚，认种认养面积继续增加。各种社会团体造林，企业投资林业，社会捐资绿化，方兴未艾。义务植树基地建设规模不断扩大，质量明显提高。义务植树的法制建设取得新进展，天津、河北、江苏、安徽、江西、河南、广东、重庆、新疆等出台了新的义务植树条例和办法。

（三）组织实施了重点绿化工程。六大林业重点工程建设顺利推进，天然林资源保护工程共完成营造林 103.87 万公顷，资源管护不断加强。退耕还林工程完成造林 389.2 万公顷，其中退耕地还林 123.47 万公顷。京津风沙源治理工程完成治理任务 8.73 万公顷。三北及长江流域等防护林体系建设工程完成营造林 62.67 万公顷。野生动植物保护及自然保护区建设工程新增保护区 134 处，林业系统自然保护区数量达到 1672 处。速生丰产用材林基地建设工程完成造林 8.73 万公顷。绿色通道建设进展良好，完成公路绿化 8.1 万千米、铁路绿化 2518 千米、江河沿岸绿化 5000 千米。河北、山西、辽宁、浙江、安徽、山东等省将绿色通道建设作为改善生态状况、树立良好形象、优化投资环境的一项大工程来抓，高标准设计，高质量施工。铁路、交通、水利等部门切实将绿色通道建设纳入道路建设总体规划，做到与工程建设同步设计、同步施工、同步验收，有效地提升了绿色通道建设的水平。

（四）继续推进了部门绿化工作。各部门各系统按照分工负责制的要求，在认真组织开展义务植树的同时，从自身的特点出发，结合具体情况，各展其长，大力开展部门绿化，取得了很好的成效。草原建设和保护工作进一步加强，加大了退牧还草工程建设力度，加强了《草原法》配套法规建设，组织起草了《草原保护建设规划》，全国种草保留面积已达 2300 万公顷，禁牧面积超过 2666.67 万公顷。人民解放军和武警部队继续走在国土绿化的前列，全年完成造林种草 26.41 万公顷，同时还有力地支持了地方造林绿化工作。水利绿化坚持因地制宜，注重实效，实施流域综合治理，全年完成荒山、荒沟、荒丘、荒滩绿化 35 万公顷，湖泊、水库绿化 3600 万公顷，渠道两侧绿化1200公顷。交通、铁路、中石油等部门（系统）的绿化工作扎实有效。共青团组织广大青少年继续开展“保护母亲河行动”、“青春在绿色中闪光”等活动，取得了可喜的成效。全国妇联组织开展的“三八”绿色工程建设稳步推进。

（五）狠抓了城乡绿化建设。各地十分重视城乡绿化美化工作。在城市，把加强城市生态建设，创造良好的人居环境，促进城市可持续发展，作为城市建设的重要目标，纳入城市基础设施建设。采取超常规措施，把森林引入城市，大力建设园林化街道、园林化小区、园林化厂区，并结合道路建设、河道整治和旧城改造，采取拆违建绿、治脏变绿、见缝插绿、垂直挂绿、破墙透绿等措施，有效增加了城市绿地面积。涌现出北京市朝阳区、常熟市、深圳市、建德市、贵阳市等一批绿化模范城市。在农村，以村屯、村镇绿化美化为重点，大力开展了生态村镇、绿化示范村镇建设，使许多乡村的生态面貌得到了极大改善，对促进经济发展、提高人民生活质量发挥了重要作用。北京市以迎接“绿色奥运”为契机，建造了一批规模大、标准高、质量好的绿化精品工程，使首都城乡绿化美化建设又上了一个新台阶。

（六）认真开展了古树名木保护管理工作。全国绿化委员会办公室对全国古树名木进行了普查统计、汇总分析，基本掌握了古树名木的分布、保护和管理情况。在此基础上，组织制定了《古树名木管理分类代码与条码》行业标准，并正在着手建立“古树名木数据库”，对全国古树名木实行远程动态定位监控，逐步实现中央、省、市、县四级古树名木保护管理信息联网。江西、上海等省（市）出台了古树名木管理法规，许多地方采取建档、挂牌、围栏、支撑等措施，以及复壮、施肥、病虫害防治等技术方法，加强对古树名木的管护。各地各部门还广泛利用电视、广播、报刊、网站等媒体，讲述古树名木的趣味故事，宣传保护古树名木的重要性，增强公众自觉保护古树名木的意识。

（七）加大了评比表彰力度。为了充分发挥评比表彰对国土绿化事业的促进作用，进一步动员和组织广大干部群众投身国土绿化事业，去年全国绿化委员会第二十二次全体会议，首次表彰了9个全国绿化模范城市、35个全国绿化模范县和143个全国绿化模范单位，受到了各地各部门的热烈欢迎，得到了社会的普遍关注和高度认可。通过这次评比表彰活动，有力地推动了城市绿化水平的提高，促进了全社会植绿、爱绿、护绿意识的增强。目前，一个争创全国绿化模范城市、模范县和模范单位的氛围正在形成。

（八）加强了组织机构建设。各地十分重视绿化委员会办公室的建设，福建、江西、广西、湖北、湖南等十几个省（区）将绿化委员会办公室单独设置。河北省明确提出，县级以上人民政府都要建立健全绿化委员会，统一领导本地区的全民义务植树和统筹城乡绿化工作，并且将省绿化委员会办公室在省林业局内单独设置，确定专职编制6人，同时要求各市绿化委员会办公室设专职编制3～5人，各县（市）绿化委员会办公室设专职编制3人。新疆维吾尔自治区绿化委员会办公室配备了17名专职人员和2名厅（局）级专职副主任。甘肃省将绿化委员会办公室独立设置，配备2个处室，9名专职人员和1名厅（局）级专职副主任。这些做法，有力地推动了国土绿化工作。

国土绿化工作在取得可喜进展的同时，还存在着许多不足。一是义务植树属地管理没有得到充分落实，义务植树的尽责率还不高。二是统筹城乡绿化工作还不够有力，城乡绿化发展很不平衡，总体水平不高。三是有些地方绿化规划不够科学，植被配置不够合理，绿化质量有待提高。四是不少地方的绿化委员会办公室机构不够健全，力量薄弱，难以适应加快国土绿化发展的要求。这些问题应该引起我们高度重视，并在今后的工作中认真加以解决。

二、2005年国土绿化工作安排意见

2005年国土绿化工作，要按照中央关于构建社会主义和谐社会的总体要求，认真贯彻落实科学发展观，切实把握生态建设处在“相持阶段”的特点和规律，突出“以人为本，共建绿色家园”的主题，采取更加有力的措施，加快国土绿化发展步伐，不断改善生态状况，努力促进人与自然和谐相处。为此，要认真抓好以下几方面的工作。

（一）进一步强化对义务植树的组织领导。开展全民义务植树运动是加快国土绿化发展的战略性措施，是适龄公民的法定义务和责任。各地各部门要进一步提高认识，真正把植树造林、绿化国土纳入重要议事日程，把义务植树的成效作为考核主要领导干部的重要指标，层层落实责任制。各级绿化委员会办公室要认真搞好宣传教育工作，进一步增强广大干部群众履行植树义务的法律意识和参加植绿、护绿、爱绿的自觉性。要按照中央林业决定精神，对义务植树实行属地管理，全面实行义务植树登记卡制度和《义务植树任务通知书》制度。要强化乡（镇）政府和街道办事处组织实施义务植树的职能，切实将义务植树的组织工作落实到乡（镇）政府和街道办事处。要加强对各级政府、各机关、团体、企事业单位全民义务植树工作开展情况的考核，做到奖罚分明，促进全民义务植树运动深入扎实、持续健康地开展。

（二）认真抓好国土绿化的法制建设。国务院1982年颁布的《关于开展全民义务植树运动的实施办法》，对促进义务植树的广泛开展起到了巨大的推动作用。但是，随着社会主义市场经济体制的建立和完善，这个办法已经不能适应新形势的发展要求。要认真落实回良玉副总理关于“尽快制定《全民义务

植树条例》”的指示精神，切实加大工作力度，进一步修改完善已经草拟的《条例》，争取尽快颁布实施，以指导新时期的全民义务植树运动。各地各部门也要根据实际情况，抓紧修订《基本草原保护条例》、《城市绿化条例》、《解放军绿化条例》，尽快制定《天然林保护条例》、《古树名木保护条例》和《禁牧休牧管理办法》、《解放军三荒造林实施管理办法》等法规和办法，为依法治绿提供更加有力的法制保障。

（三）大力推进部门绿化的深入开展。部门绿化是国土绿化的重要组成部分，一定要与本地区造林绿化规划相衔接。各部门各系统要继续落实好部门绿化责任制，努力提高本单位本系统义务植树的尽责率，积极完成所承担的造林绿化任务。农业部门要加强草原的保护和建设，继续实施好退牧还草工程，进一步推进禁牧休牧和草畜平衡等制度，恢复与建设天然草原植被。水利部门要加强水土流失和小流域综合治理。解放军和武警部队要继续抓好三荒造林和营区绿化工作，创建绿色营区，积极支持驻地绿化和国家重点生态建设。团中央要大力推进保护母亲河行动，全力打造“同一条河”生态文化活动品牌，动员广大青少年参与生态建设。全国妇联要继续抓好“三八”绿色工程建设，引导妇女同胞更加积极关心和参与国土绿化事业。

（四）稳步推进绿色通道建设。绿色通道是国土绿化的窗口工程。各地各部门要按照国务院《关于加快绿色通道建设的通知》的要求，加快编制绿色通道的发展规划。要丰富绿色通道的发展内涵，拓宽发展思路，破解发展难题，把绿色通道作为生态建设的重点工程，列人基本建设投资计划，确保取得良好成效。在工程建设过程中，要根据实际情况，宜宽则宽，宜窄则窄，努力接近自然状态，把绿色通道建成绿化美化线、旅游风景线和群众致富线。铁路、交通、水利、农业、林业等部门要按照各自的职责分工，协调解决绿色通道建设中的实际问题，确保绿色通道建设的顺利进行。全国绿化委员会办公室要对绿色通道建设进行检查，评选全国绿色通道示范段，进一步发挥典型引路和示范带动的作用。

（五）全面提升城乡绿化一体化建设水平。城乡绿化要坚持以人为本，最大限度地满足城乡居民对绿化美化、改善生态状况和人居环境的需求。要按照“城市园林化、郊区森林化、道路林阴化、庭院花园化”的要求，加快编制《城市绿地系统规划》，全面实施城市绿线管理制度，努力建成总量适宜、分布合理、植物多样、景观优美的城市绿化系统。要统筹推进山区、农区、城区绿化建设，做到生态建设规划与城乡建设规划相衔接，生态建设与经济建设、城乡建设同步规划、同步实施、同步发展。坚持以大中城市带动中小城镇绿化的发展战略，以地（市）所在地绿化为重点，积极推进县、乡城镇的绿化。城乡结合部要注重建设大型片林和环城林带，发展“森林城”、“生态城”、“园林城”。乡村要搞好荒山、荒地、荒滩绿化和房前屋后绿化，结合低产田改造和土地整治，加强农田防护林建设，不断提高乡村绿化水平。

（六）继续做好评比表彰工作。根据评比表彰实施办法的规定，2005 年将在全国开展两项规模较大、规格较高的评选活动。一是开展两年一次的全国绿化模范市、县、单位的评选；二是全国绿化委员会、国家林业局、人事部联合开展五年一次的全国绿化先进集体、全国绿化劳动模范和先进工作者的评选。这两项评选活动意义重大，任务繁重，各地各部门要认真按照有关规定和要求，加强领导、精心组织，坚持标准、宁缺毋滥。为了确保评比表彰的质量，全国绿化委员会将组织专家对各地各部门上报的全国绿化模范城市、全国绿化模范县、全国绿化模范单位和全国绿化先进集体进行抽查。各地各部门要建立健全本地本单位的国土绿化评比表彰机制，开展相应的评比表彰活动，上下联动，充分发挥评比表彰对国土绿化的推动作用。

（七）不断提高造林绿化质量。一要加强优质种苗的生产和供应，努力提高良种壮苗的使用率，严格执行林木种苗生产经营许可制度和标签制度，强化种苗的市场监管，杜绝假冒伪劣种苗入市和造林。二要逐步建立造林绿化的监理制度，加强对造林绿化全过程的监督，做到上一道工序不合格，不得进入下一道工序，将质量问题消灭在萌芽状态。三要切实加强造林绿化后的检查验收，防止不合格的造林绿化面积进入统计范围，杜绝虚报造林绿化面积现象的发生，保证造林绿化面积的真实性。四要建立和实行造林绿化质量事故责任追究制度，确保国家投资的造林绿化任务保质保量完成。

（八）着力办好首届中国绿化博览会。首届中国绿化博览会定于 2005 年 9 月在江苏省南京市举办，恰逢第十届全运会同城举行。举办好这次绿博会，不仅可以为促进绿化领域的国内外交流与合作搭建一个重要的平台，全面展示我国国土绿化事业取得的巨大成就，而且对推进我国绿化产业和绿化事业的发展有着积极意义。江苏省、南京市要全力以赴地做好各项筹备工作。各地各部门要积极参与和大力支持，按照绿博会总体设计方案，精心组织本省本部门最具特色的绿化产品、最先进的绿化技术、最有经济实力的绿化商家到会参展。总之，要把首届绿博会真正办成一次精彩纷呈、水准很高、让人难忘的国际性绿色盛会。

（九）充分发挥各级绿化委员会的职能。各级绿化委员会担负着统筹协调本地区绿化工作的重要任务，应继续加强对绿化工作的组织领导，进一步制定和完善有利于造林绿化的政策措施，建立集成各部门优势、推动国土绿化的工作机制，加强督促检查，把全社会办林业、全民搞绿化落到实处。各级绿化委员会办公室是绿化委员会的日常办事机构，要切实为同级绿化委员会当好参谋，做好服务，发挥作用。各级绿化委员会要切实帮助其办公室解决工作中遇到的困难和问题，特别是要理顺体制，健全机构，充实队伍，提高素质，使他们更好地履行宣传发动、组织协调、评比表彰、督促检查的职责。

同志们，在我国生态建设处在“治理与破坏相持”的关键阶段，国土绿化任务光荣而艰巨，让我们高举邓小平理论和“三个代表”重要思想的伟大旗帜，紧密团结在以胡锦涛同志为总书记的党中央周围，认真贯彻党的十六大和十六届三中、四中全会和中央林业决定精神，全面落实这次会议的各项部署和要求，奋力开拓，扎实工作，不断开创国土绿化事业的新局面，为再造秀美山川、构建社会主义和谐社会作出新贡献。

全面加强沿海防护林体系建设 加快构筑我国万里海疆的绿色屏障

——国家林业局局长周生贤在全国沿海防护林体系建设座谈会上的讲话

(2005年5月19日)

这次沿海防护林体系建设座谈会，是一次十分重要的会议，是林业部门在深入开展共产党员先进性教育活动中，切实解决工作中突出问题的一个重要步骤。国务院对加强沿海防护林体系建设非常重视，温家宝总理今年3月9日在关君蔚院士《我国红树林和海岸防护林》一文上作出重要批示。回良玉副总理于3月底在海南就沿海防护林建设进行了专门调研，并在审阅我这个讲话稿时作了重要批示，他指出：“此事抓得很好。沿海防护林是我国生态建设的重要内容，是海啸和风暴潮等自然灾害防御体系的重要组成部分。望进一步明确任务，突出重点，采取有力的措施，切实把沿海的绿色屏障建设好。”召开这次会议，就是要认真贯彻落实国务院领导同志的重要指示精神，切实吸取印度洋海啸灾难的教训，以科学发展观为指导，用经济社会可持续发展的新视角，按照构建海啸和风暴潮等自然灾害防御体系的要求，重新审视沿海防护林体系的功能和作用，深入分析沿海防护林体系建设的形势和任务，进一步理清思路，研究对策，全力推动沿海防护林体系快速健康发展，为我国万里海疆构筑起结构合理、功能完善的绿色屏障。

为了开好这次会议，今年以来，国家林业局先后派出6个调研组，深入到沿海10个省（区、市）进行了专题调研。今天，沿海各省林业厅（局）的主要负责同志都作了发言，讲得很好，很受启发。大家深入分析了沿海防护林体系建设面临的形势，全面总结了经验和教训，提出了很多好的意见和建议。特别是大家以对人民、对民族高度负责的态度，根据印度洋海啸灾难的启示，紧密结合我国生态建设和防灾减灾的需要，查找出来的问题和研讨得到的对策，都十分全面、十分深刻，很有针对性和建设性，为下一步调整完善沿海防护林体系建设打下了良好的基础。这也充分反映了我们务林人进一步搞好沿海防护林体系建设的决心和信心，体现了我们林业部门通过党员先进性教育解决自身存在问题的能力。会议开得很务实、很圆满，富有成效，达到了预期的目的。下面，结合大家的发言，我讲几点意见。

一、从经济社会发展全局高度，充分认识加强沿海防护林体系建设的重大意义

我国是海岸线很长的国家，北起辽宁鸭绿江口，南至广西北仑河口，大陆海岸线长达18 340千米。同时，我国沿海又是自然灾害多发的区域，一直面临着海啸的威胁和风暴潮的危害。据记载，历史上曾发生过多次海啸，1934年农历六月十八日夜发生在广西钦州的台风海啸，浪高6米多，康熙岭镇团和村房屋全部倒塌，死亡450多人。我国的风暴潮更是频繁发生，从1949～2004年的历史资料看，平均每年有6.9次台风登陆，每隔3～4年就发生一次特大风暴潮，对人民的生命财产造成了极大危害。据统计，1990～1999年的10年期间，沿海地区因风暴潮等自然灾害造成的直接经济损失高达2134亿元，近几年每年所造成的直接经济损失都超过100亿元，呈现出发生频率越来越高、损失越来越大的趋势。尽快构建海啸和风暴潮等自然灾害防御体系，是经济社会可持续发展的一项重大任务，是构建社会主义和谐社会的一个重要保证。在这个方面，林业大有作为，承担着重要使命，加强沿海防护林体系建设具有十分重要的意义。

从沿海防护林体系的功能和作用看，加强沿海防护林体系建设是促进经济社会可持续发展的客观要求。全面理解沿海防护林体系的内涵和外延、功能和作用，是正确认识加强沿海防护林体系建设重要意义的前提。那么，什么是沿海防护林体系，它的功能和

作用又是什么？对这个问题的回答，可能存在不同的认识。但是，那些简单地把沿海防护林体看作一条绿化带、一条防护林带的观点，显然是片面的、不符合实际的。我认为，正确认识和理解沿海防护林体系，应该从以下几方面来把握：从它的主体组成上看，沿海防护林体系是由防风固沙林、水土保持林、水源涵养林、农田防护林和其他防护林等五类防护林组成的“防护林综合体”。从它的建设内容上看，沿海防护林体系是包括海岸基干林带、红树林、农田林网、城乡绿化和荒山绿化等，加上滨海湿地的“绿色系统工程”。从它的功能和作用上看，沿海防护林体系不仅具有防风固沙、保持水土、涵养水源的功能，而且具有抵御海啸和风暴潮危害、护卫滨海国土、美化人居环境的作用，对于维护沿海地区生态安全、人民生命财产安全、工农业生产安全具有重要意义。所以说，加强沿海防护林体系建设是促进经济社会可持续发展的需要，是构建社会主义和谐社会的重要内容。

从印度洋海啸灾难的教训看，加强沿海防护林体系建设是防御海啸和风暴潮等自然灾害的迫切需要。去年12月26日，发生在印度洋的海啸灾难，举世震惊，短短数小时内所造成的巨大损失，发人深省。这场灾难引起了世界范围内关于防御海洋自然灾害的广泛讨论。起初，人们的注意力主要集中在地震预报、海啸预警、海防设施建设等工程措施上，但随着对这次海啸教训的深入探寻，人们发现沿海森林植被以及它们的好坏，对降低海啸的破坏力起到了至关重要的作用。泰国拉廊红树林自然保护区在广袤的红树林保护之下，岸边房屋完好无损，居民生活未受大的影响，而与它相距仅70千米、没有红树林保护的地区，村庄、民宅被夷为平地，70%的居民遇难。印度南部的泰米尔那都邦是海啸的重灾区，而其中的瑟纳尔索普等4个村子，由于海边有茂密的红树林，400多个家庭安然无恙。灾区中8块国际重要湿地反馈的信息表明，海啸的能量经过湿地中红树林、珊瑚礁等的消耗后，进入村庄的海水只是缓缓上涨，随后徐徐退却，这与瞬间席卷无数村庄的凶猛海啸形成鲜明对比。这样的例子，在我国过去发生的台风等自然灾害中也很多。这些实例告诉我们，虽然人类对海啸、台风等自然灾害难以进行科学地预测和有效地控制，但是我们可以通过采取建设沿海防护林体系等办法，来减轻甚至抵消这些灾害的破坏力。

从贯彻落实科学发展观看，加强沿海防护林体系建设是坚持以人为本的具体体现。科学发展观的本质和核心，是坚持以人为本。这就要求我们必须把实现好、维护好、发展好广大人民群众的根本利益，作为一切工作的出发点和落脚点。我国沿海地区经济社会发达、城市化水平高、人口密度大、工厂企业密集，是带动我国经济社会快速发展的“火车头”，地位和作用十分重要。2004年沿海11个省（区、市）的GDP总量高达9.45万亿元，占全国的69.3%，在这里还分布有100多个中心城市和630多个港口。但是，我国沿海地区处在陆海交替、气候多变地带，海陆之间巨大的热力差异，形成了显著的季风气候，台风暴雨、洪涝干旱、风沙海雾、低温干热等自然灾害发生频率很高，一直是沿海地区人民生命财产安全的最大威胁之一。1994年8月，在浙江瑞安市登陆的9417号台风，造成1216人死亡，倒塌房屋10万多间，直接经济损失达120多亿元。海南省在过去15年中，台风等自然灾害造成2700多万人受灾，71万多间民房被损毁，农作物受灾面积220多万公顷。广东在过去5年中，由于榴莲、尤特、玉兔等台风登陆，对141个县1769个乡（镇）造成很大破坏，受灾人口超过3000万。另外，随着沿海地区经济社会的发展，人们在吃穿住用等基本物质生活得到满足之后，对良好生态的需求、对优美环境的向往也越来越迫切。从这个意义上讲，加强沿海防护林体系建设是坚持以人为本的具体体现。

从加快区域林业发展看，加强沿海防护林体系建设是沿海地区率先实现林业现代化的重要载体。我国林业现代化的主要标志，就是建立比较完备的生态体系和比较发达的产业体系，这也是中央林业决定所确定的到本世纪中叶我国林业发展的战略目标。实现这一目标，既要具有较好的林业基础，又要具备一定的经济基础，同时还要有民众的生态意识为基础。就全国而言，沿海地区经济社会发达、科教文化进步、人才资源丰富，并且人们的生态意识、环保意识有了很大提高，对生态文明的追求也越来越强烈，这些都是其他地区难以相比的，为沿海地区在全国率先实现林业现代化奠定了很好的基础。沿海防护林体系建设工程，是国家生态建设重点工程的重要组成内容，是新时期实现林业跨越式发展的骨干工程，更是带动沿海地区林业走向现代化的基础工程。加强沿海防护林体系建设，针对沿海不同地区的实际和特点，构建绿色生态屏障，发展林业产业，这是沿海地区率先实现林业现代化必须要解决的课题，也是沿海地区加快林业发展的重大机遇。

从扩大改革开放看，加强沿海防护林体系建设也是十分必要的。沿海地区是我国改革开放的窗口，集中体现了我国经济社会发展的成果。加强沿海防护林体系建设，可以进一步改善沿海地区的生态状况、美化人居条件、优化投资环境，有利于展示改革开放所取得的巨大成就，有利于树立我国良好的国际形象，有利于促进对外交流和扩大开放。特别是通过加强沿海防护林体系建设，把广东的红树林与香港、澳门特别行政区的红树林连接成带，对维护整个珠江三角洲的繁荣和稳定有着十分重要的作用。

沿海防护林体系是沿海地区的绿色屏障，是抵御海啸和风暴潮等自然灾害的中坚力量，是构建社会主义和谐社会的重要内容。我们一定要站在实践“三个代表”重要思想的高度，从维护沿海地区人民生命财产安全的大局出发，对照构建海啸和风暴潮等自然灾害防御体系的要求，切实看到沿海防护林在区域经济社会发展中的地位和作用，充分认识加强沿海防护林体系建设的重要意义，增强紧迫感、责任感和使命感，努力把沿海防护林体系建设推向一个新的发展阶段。

二、总结成绩，分析问题，准确把握沿海防护林体系建设的发展形势

新中国成立以来，我国沿海防护林体系不断发展壮大。1991年，国家实施沿海防护林体系建设工程后，发展速度明显加快。进入新世纪，国家启动了天然林资源保护、退耕还林、三北及长江流域防护林体系建设等六大林业重点工程，进一步加大了沿海地区林业建设的力度，沿海防护林体系建设步入了快速发展的轨道，取得了更加明显的成效。

一是加快了造林绿化步伐，沿海防护林体系框架基本形成。据统计，过去10多年来，沿海地区累计造林381.8万公顷，森林覆盖率已由24.9%提高到35.5%，增加了10.6个百分点。新造或更新海岸基干林带7884千米，使海岸基干林带总长达到17 000千米，初步实现了合拢。基本形成了以村屯和城镇绿化为“点”，以海岸基干林带建设为“线”，以荒山荒滩绿化和农田林网建设为“面”，这样点线面相结合的沿海防护林体系基本框架。

二是加强了湿地和红树林保护，沿海地区生物多样性不断丰富。近年来，沿海各地认真开展湿地保护工作，制定发展规划，出台相关条例和办法，滨海湿地保护力度明显加强。截至2004年底，沿海地区共有国际重要湿地7块，建立湿地自然保护区90处，自然保护区面积达543万公顷，同时建立了多处湿地公园，黄河三角洲、双台河口等国家级自然保护区建设成效显著，一大批濒危物种得到有效保护，野生动植物种群数量明显回升，生物多样性更加丰富。

三是加大生态治理力度，增强了沿海地区农业综合生产能力。近10多年来，沿海地区不断加强生态治理力度，水土流失面积减少108万公顷，土壤侵蚀模数下降25%。沿海地区沙化土地得到有效治理，一些地区的流动、半流动沙丘已经得到基本控制。营造农田防护林2.2万公顷，新增农田林网控制面积近50万公顷，控制率达80%以上，有效地增强了农业综合生产能力，为粮食稳产增产作出了积极贡献。

四是推进城乡绿化一体化，改善了沿海地区人居环境。沿海防护林体系建设结合区域绿化美化，加快了城乡绿化一体化进程，极大地改善了沿海地区的人居环境。不少地区基本实现了农田林网化、城市园林化、通道林阴化、庭院花果化，基本建成了人与自然和谐相处的人居生活环境。特别是很多滨海城市已经成为林带纵横、绿树成阴、人居适宜、经济繁荣的现代化城市，提升了我国城市的建设水平。

在总结成绩的同时，我们还要清醒地看到沿海防护林体系建设仍然存在着不少问题，面临着严峻挑战。归结起来，主要有六个方面。

*（一）沿海防护林的定位不高，难以适应新形势发展的需要。*沿海防护林工程启动之初，由于受到当时认识水平的限制，把目标主要定位在绿化海疆、防风固沙之上。在编制工程规划时，主要突出了海岸基干林带、农田林网建设和荒山绿化，而忽视了滨海湿地的保护管理、红树林的保护发展和城乡绿化一体化等方面的内容。在工程规划执行中，一些地方更是把沿海防护林简化为基干林带的建设。没有真正形成从滩涂红树林、滨海湿地到海岸基干林带、城乡防护林网、荒山绿化，这样一个多个层次、相互衔接的复合型防护体系，在一定程度上制约了沿海防护林抵御海啸和风暴潮等自然灾害的作用，不能适应新形势发展的需要。

*（二）沿海防护林的总量不足，难以承担抵御海啸和特大风暴潮的重任。*从森林资源情况看，沿海防护林工程范围内221个县的森林覆盖率为35%，虽然高出全国平均水平17个多百分点，但与沿海地区发展林业的优越条件相比，与抵御海啸和风暴潮等自然灾害的要求相比，应该说算不上高水平。特别是在11个沿海省（区、市）中，有6个省份的沿海地区森林覆盖率低于本省平均水平，应该说沿海防护林还有很大的发展空间。从海岸基干林带建设看，还没有实现完全合拢，特别是在一些泥质海岸的盐碱涝洼地和沙质海岸的风沙频发地，基干林带还是空白。全国约有3800千米的海岸线需要营造基干林带，约有5200千米基干林带需要更新改造。

*（三）沿海防护林的质量不好，难以很好地发挥应有的功能作用。*一方面，我国沿海防护林普遍存在着树种单一、结构简单的问题，很多海岸基干林带、农田防护林网，都是单一树种的纯林，没有形成多树种、多林种的林分结构，生态系统稳定性差，致使防护功能先天不足。另一方面，我国沿海防护林大多营造时间较早，很多都已经退化老化，病虫害危害严重，加之经过多年的风暴潮等自然灾害的袭击，林木受损严重，疏林残林较多，很多地方不同程度地出现了缺口断带，致使防护功能后天受损。另外，海岸基干林带普遍宽度不够，大多数不到100米；农田林网不够完善，整体控制率只有80%；城乡绿化，特别是护村片林零碎不齐。这些，都大大降低了沿海防护林的功能和作用。

*（四）沿海防护林的人为破坏较严重。*沿海防护林处在经济活动频繁的海岸地带，极容易遭到人类活动的影响和破坏。一些地方为了眼前利益，在沿海防护林体系内毁林采砂挖矿，围滩养鱼养虾，砍伐红树

林搞经济开发，甚至出现了毁掉基干林带来修建堤防工程的情况，造成湿地、林地的大量流失，边治理边破坏的现象较突出。据统计，我国原有红树林6万多公顷，经过上世纪60年代的围海造田、80年代的围海养殖、90年代的开发建设，目前仅剩下2万多公顷。另外，随着沿海地区城市化进程的加快，对土地的需求量越来越大，在国家严格保护基本农田后，很多地方把建设用地转向了林地和湿地，这对沿海防护林的保护和发展带来了严峻挑战。

（五）*沿海防护林建设的投入严重不够。*沿海防护林属于生态公益林，各级政府是建设和投入的主体，但实际投入严重不够。在1991～2000年沿海防护林一期工程的10年中，中央共投入资金2.7亿元，平均每亩补助5.58元；在2001～2004年二期工程的4年中，共完成中央投资5.1亿元，平均每亩投入59.18元。从目前情况来看，沿海防护林经过10多年的建设，剩下的都是立地条件差、造林难度大的地方，特别是盐碱地区、石质山区和红树林发展，需要的投入更高，一般每亩造林费用都在五六百元，目前的投入与实际需要相差甚远。另外，沿海防护林的管理和保护资金也没有得到有效落实，影响了沿海防护林建设成果的巩固。

（六）*沿海防护林的法律保障和科技支撑滞后。*一方面，沿海防护林建设缺乏可操作性的专项法律法规。原林业部颁布的《沿海国家特殊保护林带管理规定》，对保护和建设基干林带发挥了重要作用，但是涉及的内容较窄，权威性不够。在新的形势下，如何解决沿海防护林建设用地、规范滩涂种植养殖、制止毁林采沙挖矿、遏制无序开发等，都缺乏法律支持，严重影响了沿海防护林的快速健康发展。另一方面，沿海防护林建设中还存在许多重大技术问题没有解决，如低效防护林改造、红树林引种驯化、困难立地造林、重大病虫害防治、高效防护林体系配置、滨海湿地恢复技术等，这在很大程度上制约了防护林质量的提高和效益的发挥。

沿海防护林建设中存在的这些问题，有的是林业基本矛盾的逐步显露，有的是多年未突破的老问题，有的是经济社会发展中出现的新情况。我们一定要本着对人民、对事业高度负责的态度，认真研究，切实解决，全面加强沿海防护林体系建设，为构建海啸和风暴潮等自然灾害防御体系作出积极贡献。

三、理清思路，研究对策，努力推进沿海防护林体系建设快速健康发展

在今年全国林业厅（局）长会议上，我们通过对全国森林资源清查、全国野生动植物和湿地调查、全国荒漠化监测、全国水土流失监测等四大调查监测结果的深入分析，并经过专家学者的科学论证和广泛征求各方面的意见，作出了我国生态建设已经从“治理小于破坏阶段”进入“治理与破坏相持阶段”的判断。这是当前我国林业发展的最大现实，是我们做好下一步林业工作的基本依据。在当前和今后一个时期，林业工作要紧紧围绕我国现代化建设的大局，充分把握相持阶段林业发展的规律和特点，以“三个代表”重要思想和科学发展观为指导，认真贯彻落实中央林业决定精神，全面实施以生态建设为主的林业发展战略，大力保护、培育和合理利用森林资源，形成以生态建设为主线、重点工程和社会造林为载体、发展与保护相协调的林业建设新态势，努力推进我国林业持续快速协调健康发展。

根据上述总的想法，要按照统筹区域林业发展的要求，针对不同地区林业的现状和影响发展的因素，对林业生产力布局做进一步的优化配置，具体地讲，就是要在全国形成“东扩、西治、南用、北休”的林业发展基本格局。“东扩”，就是在沿海地区和东部、中部平原，大力加强沿海防护林建设，防御海啸和风暴潮等自然灾害对沿海地区的危害。不断提高平原绿化的水平，建立高效的农田防护林体系，适度发展用材林和经济林，积极促进林业向农区、城区和下游产业延伸，扩展林业发展的领域和空间。“西治”，就是在三北、西南和青藏高原等地区，大力加强生态保护的同时，切实加大对风沙源区、大江大河源区和高寒地区的生态治理，尽快增加林草植被，改善生态面貌。“南用”，就是在南方集体林区，在积极保护生态的前提下，充分发挥地域和机制的优势，加速推进用材林、工业原料林和经济林等商品林基地建设，大力发展林纸林板一体化、木材加工、林产化工等林业产业，满足经济建设和社会发展对林产品的多样化需求。“北休”，就是在东北林区，充分利用“东北振兴战略”实施的契机，加强天然林保育，改革国有重点林区森林资源管理体制，推进天然林资源保护工程纵深发展，让林区继续得到休养生息，尽快恢复森林资源。

沿海防护林体系建设是“东扩”的重要组成部分，关系到“东扩”的广度和深度，决定着东部率先实现林业现代化的进程。根据经济社会发展的新形势和新要求，下一步沿海防护林体系建设的总的思路是：以邓小平理论和“三个代表”重要思想为指导，用科学发展观统领工作全局，以增强抵御海啸和风暴潮等自然灾害能力为核心，以基干林带建设、红树林发展、滨海湿地保护、城乡绿化为重点，以体制创新、机制创新和科技创新为动力，扩大规模，拓展内涵，提高质量，完善功能，全面推进沿海防护林体系快速健康发展，努力构筑结构稳定、功能完善的我国海疆绿色屏障。为此，当前和今后在沿海防护林体系建设中，要切实从以下六个方面求突破、见实效。

（一）*调整目标定位，确保体系建设适应新形势的需要。*在建设目标上，要向“高度”拓展。把沿海防护林定位在维护国土生态安全、抵御海啸和风暴潮等自然灾害、促进社会主义和谐社会的构建之上，实现从一般性生态防护功能，向以应对海啸和风暴潮等突发性生态灾难为重点的综合防护功能的扩展。在建设内容上，要向“广度”拓展。将滨海湿地保护与恢复、沿海区域造林绿化统筹到沿海防护林体系建设之中，实现从结构相对单一的防护林体系，向以基干林带为主导，滨海湿地、滩涂红树林、城镇乡村防护林网、荒山绿化等有机配合的多层次结构防护林体系的扩展。在建设档次上，要向“美度”拓展。将沿海防护林体系建设与农田、道路、矿区、居民区绿化美化有机地结合起来，把沿海防护林建设成为我国万里海疆的一道“亮丽风景线”，实现从营造防护林向绿化美化城乡、改善人居环境的扩展。今年是规划年，要抓住国家制定“十一五”和中长期发展规划的良好机遇，对已经编制的《全国沿海防护林体系建设二期工程规划》进行修订完善，把上述理念体现在沿海防护林发展规划中，切实增强体系建设的系统性和完整性。沿海各省（区、市）也要根据新形势的要求，抓紧编制或修订本地区的沿海防护林建设规划。

（二）突出建设重点，促进体系建设的快速健康发展。一要突出基干林带的建设。基干林带是沿海防护林体系的主体。一方面，要加快断带缺口地方的造林步伐，尽快实现基干林带的真正合拢；另一方面，要通过增加宽度、增加树种、优化结构，以及对残次林的更新改造，全面提升基干林带的林分质量和生态功能。二要突出红树林的保护和发展。红树林具有独特的形态和生理生态性质，有“海上森林”的美誉，在抵御海啸和风暴潮等突发性生态灾难、保护海岸堤坝、保持沿海生物多样性等方面起着不可替代的重要作用。要把红树林作为沿海防护林体系的第一道防线，在规划中占据位置，在工作中切实加强。三要突出滨海湿地的保护与恢复。滨海湿地不仅是沿海野生动植物的生存繁衍之地，而且对减弱风暴潮等危害有重要作用。要抢救性地将滨海重要湿地划为自然保护区，加大投入，加强保护。四要突出城乡绿化美化。城乡绿化美化是沿海防护林体系提高档次、增添人文内涵的重要载体，要按照以城带乡、以乡促城、城乡联动的要求，把森林引进城市，把农村建成花园，大力推进城乡绿化美化一体化建设，促进东部率先实现林业现代化。

（三）完善政策机制，增强体系建设的内在发展动力。防护林体系建设是一项公益事业，各级政府应将其纳入公共财政预算，不断增加投入力度，保证有一个稳定的投资渠道。将基干林带划定为国家公益林后，要尽快争取将其纳入国家和地方生态补偿范围。同时，沿海地区经济发展水平较高，市场机制较为发达，各地要从这一特点出发，积极探索由沿海防护林受益主体直接进行补偿的新机制，使沿海防护林体系的管护有可靠的资金保证。要坚持物质利益原则，引进市场机制，广泛吸纳社会资金，扩大对外交流与合作，让各种资金、各种所有制主体共同投入沿海防护林体系建设。要针对当前基干林带的经营权既有国有、也有集体和个体所有的情况，积极探索土地置换、赎买和合作补偿及资本化运作等新机制，推进沿海防护林体系建设快速健康发展。

（四）强化科教支撑，提高体系建设的整体水平。加快沿海防护林体系建设，科教是根本。要努力将沿海防护林科技项目列入国家攻关课题或一些科技课题，充分发挥科技机构和科技人员的力量，在重点领域不断取得突破。要切实组装现有的科研成果和先进管理模式，尽快在实际工作中推广应用，真正转化为现实生产力，提高科技的贡献率。要加强沿海防护林体系科技试点示范工作，选择不同的类型进行研究探索，总结出适宜的新模式，在整个体系建设中推广应用。要开展多层次、多形式的技术培训，努力培养一批基层技术骨干。要切实加强监测体系建设，尽快形成规范、完善的调查监测网络，为沿海防护林的科学建设和管理提供依据。

（五）加强法制建设，巩固体系建设的现有成果。建立健全法律规范，是依法建设沿海防护林体系的基础。要抓紧修改完善《湿地保护条例》，尽快启动《沿海防护林建设管理条例》的立法，争取早日提交国务院审议通过。各地要积极争取本级政府和人大的支持，抓紧制定相应的地方性法规。加强执法是依法治林的必要手段，是沿海防护林体系健康发展的保证。要依法严厉打击乱砍滥伐林木、乱征滥占林地和湿地等违法活动，迅速扭转沿海防护林人为破坏严重的局面。要建立健全重大林业行政案件逐级上报制度，对大案要案进行重点督查督办，为沿海防护林体系建设提供强有力的法律保障。

（六）加强组织领导，形成体系建设的强大合力。各级政府是林业建设的责任主体。要继续推行林业建设任期目标责任制，实行目标管理，严格考核，奖惩分明，将沿海防护林体系建设纳入到政绩考核之中。要对沿海防护林发展的各种资源进行有效整合，统筹规划，分工负责，通力协作，形成合力，推动沿海防护林体系建设快速健康发展。林业部门要切实转变职能，依法行政，主动为基层广大群众服务。要加强沿海防护林体系建设的宣传力度，宣传沿海防护林体系在改善生态、防灾减灾、促进经济社会发展等方面的巨大作用，宣传沿海防护林体系建设的紧迫性，宣传有关法律法规，不断提高民众的生态意识，增强参与的自觉性，为沿海防护林体系建设营造良好的社会氛围。

同志们，加强沿海防护林体系建设，促进经济社会可持续发展，是时代赋予我们的使命，功在当代，利在千秋。让我们以邓小平理论和“三个代表”重

要思想为指导，紧密团结在以胡锦涛同志为总书记的党中央周围，按照树立和落实科学发展观的要求，进一步统一思想，提高认识，开拓创新，扎实工作，为把我国沿海防护林体系建设成为一个结构稳定、功能完善的海疆绿色屏障而努力奋斗！

深化认识　分类指导
全力打好相持阶段林业发展攻坚战
——国家林业局局长周生贤在国家林业局党组扩大会暨全国林业厅（局）长电视电话会上的讲话
（2005 年 7 月 27 日）

这次会议，是在我局先进性教育活动结束之后，针对相持阶段林业发展的战略问题，局党组决定召开的一次重要会议。回良玉副总理对这次会议高度重视，作出了重要指示，给予了充分肯定和及时有力的指导。会议的主要任务是：以邓小平理论和“三个代表”重要思想为指导，用科学发展观统领林业工作全局，进一步深化对相持阶段科学判断的认识，全面谋划相持阶段林业工作怎么干的问题，研究部署下半年重点工作。两天多来，各司（局）和在京直属单位主要负责同志作了很好的发言。下面，根据党组研究的意见，我讲三个问题。

一、进一步深化对相持阶段的认识

年初全国林业厅（局）长会议提出的我国生态建设状况处于“治理与破坏相持阶段”的重要判断，凝聚了广泛共识，引起了强烈反响。当前，要继续深入落实《中共中央国务院关于加快林业发展的决定》，大力推进以生态建设为主的林业发展战略，全面谋划并做好相持阶段的林业工作，需要对生态建设状况处于相持阶段的基本内涵、判断标准、理论依据进一步深化认识。

（一）相持阶段的基本内涵。要理解生态建设状况处于相持阶段的基本内涵，首先要弄清什么是生态、什么是生态建设。生态是指生物在一定的自然环境下生存和发展的状态。生物生存和发展的状态决定于生物本身与周围影响其生存发展的各种自然因素，是生物与周围影响其生存发展的各种自然因素相互作用相互影响的结果，前者构成了生态系统，研究后者的科学就是生态学。所以，生态建设就是指运用生态学等原理，对生态系统进行保护、恢复、重建和管理，促进人与自然和谐发展的活动。主要包括植树造林、森林资源特别是天然林保护、野生动植物和湿地保护、退耕还林、防沙治沙、水土保持、草原建设、生态农业、城市林业建设等，因此，我们讲的生态建设主要是指以森林生态系统为主体的陆地生态系统建设，不包括污染治理等环境保护内容。

我们讲的“相持阶段”，是指我国生态建设状况总体上由“治理小于破坏阶段”进入“治理与破坏相持阶段”，是治理力度和破坏程度对比相当的一个时期。这首先是从森林生态系统入手作出判断的。森林是陆地生态系统的主体，森林对陆地生态状况往往产生直接的、决定性的作用，森林生态系统处于相持阶段，说明陆地生态系统的主体处于相持阶段，综合考虑其他因素，可以对我国陆地生态状况处于相持阶段作出客观、科学的评价。相持阶段具有脆弱性、不确定性、不平衡性、反复性、艰巨性等 5 个显著特点。相持阶段有两个来源，一个是由治理大于破坏阶段退回相持阶段，一个是由治理小于破坏阶段进入相持阶段，同是相持阶段，两个来源的意义截然不同，我们属于后者，是前进中的相持、上升中的相持、走向和谐的相持，既是量的积累、又是度的突破、还是质的飞跃，成果来之不易，要像保护我们的眼睛一样，倍加珍惜和爱护。同时，相持阶段也有两个趋向，一个是没有守住阵地退回治理小于破坏阶段，一个是经过艰苦奋战度过相持阶段进入治理大于破坏阶段，两个趋向也具有截然不同的意义，我们正处在十字路口，面临着严峻的考验，要发扬狭路相逢勇者胜的精神，坚决防止功亏一篑，不失时机地加大投入力度，广泛动员全社会力量，全面推进依法治林，大力应用高新技术，全力打好相持阶段攻坚战，努力实现后者而避免前者。相持阶段既可以看作物理反应，即力的平衡、能量平衡的结果，也可以看作化学反应，即系统内各种因素相互作用、由量变到质变的结果，我们要学会运用条件催化使之正向反应，促进其由逆向演替向正向演替转变，由正熵向负熵、由无序向有序转化，逐步实现生态良性循环。

（二）相持阶段的内在判断指标。这就是马克思主义哲学的自然生产力标准。按照国际国内评估生态状况的通常做法，生态建设状况处于何种阶段的内在判断指标，要从层次性、系统性、现实性、重要性 4 个方面来考虑。从层次性上讲，包括生态变化的原因和生态变化的结果两个层次，具体就是指生态系统本身的变化情况及其表现出的综合效益指标。从系统性上讲，陆地生态系统包括森林、荒漠、湿地、草原、农田、城市等6个子系统。从现实性上讲，目前陆地生态系统最突出的生态问题包括森林锐减、土地荒漠化和沙化、水土流失、生物多样性减少、湿地退化、草原退化等。《世界森林状况2005》表明，20世纪90年代以来，世界森林资源年均减少939万公顷；全球荒漠化土地面积已达3600万平方千米，约占陆地总面积的1/4，并且还以年均5万~7万平方千米的速度扩展，被称为“地球的癌症”；水土流失不仅本身是一个重大的生态问题，而且也是造成土地退化、干旱、洪涝灾害的重要诱因；生物多样性是生态系统的一个基本属性，生物多样性减少严重影响生态系统的结构、功能和效益；湿地作为“地球之肾”，其退化和减少将对陆地生态系统多种独特生态功能产生严重影响；草原退化在一定程度上影响陆地生态状况。从重要性上讲，各个指标影响程度是不同的，陆地生态系统的状况主要取决于其主体的状况，森林是陆地生态系统的主体，是评估陆地生态状况的核心指标，因为森林是陆地上面积最大、结构最复杂、初级生产力最高的生态系统，是自然界功能完善的资源库、生物库、蓄水库、贮碳库、能源库，在维护生态安全、保护人类生存发展的基本条件中起着决定性和不可替代的作用。其他5个生态系统多由森林生态系统在自然和人为作用下演变而来，森林生态系统的发展能保护或促进另外5个生态系统的存在与发展。综上所述，判断当前我国生态建设状况处于何种阶段，主要有以下8项指标。

1. 森林状况。主要包括森林的数量和质量两个具体指标，森林数量主要用森林面积和森林蓄积量来表示，森林质量主要用林分单位面积蓄积量和林种树种结构来表示。第六次全国森林资源清查结果表明，全国森林面积已达1.75亿公顷，森林覆盖率18.21%，森林蓄积量124.56亿立方米。与第五次清查结果相比：有林地面积增加1596.8万公顷，森林覆盖率增加1.66个百分点，森林蓄积量增加8.89亿立方米，林分每公顷蓄积增加2.59立方米，商品林与公益林的比例由83:17转变为63:37，阔叶林和针阔混交林面积增加3个百分点，中龄林和近熟林面积提高2.99个百分点。这充分说明近5年来，我国森林面积持续增长，森林蓄积稳步增加，森林质量有所改善，呈现出治理大于破坏的态势。

2. 土地荒漠化和沙化状况。主要包括土地荒漠化、沙化的面积和程度两个具体指标。第三次全国荒漠化和沙化监测结果表明，全国荒漠化土地263.62万平方千米，比1999年减少37 924平方千米，年均减少7585平方千米；沙化土地173.97万平方千米，由年均扩展3436平方千米转变为年均减少1283平方千米，新中国成立56年来首次出现了历史性转变，浑善达克、科尔沁、毛乌素等沙地植被明显恢复，生态明显改善；我国土地荒漠化程度明显减轻，重度、极重度荒漠化土地分别为43.3、58.6万平方千米，比上次监测结果分别减少13.2、11.4万平方千米。总体来看，已从“治理小于破坏阶段”进入“治理与破坏相持阶段”。

3. 水土流失状况。主要包括水土流失面积和程度两个具体指标。据水利部第二次全国水土流失调查和年度监测结果，我国水土流失面积有所减少，由过去的367万平方千米下降到356万平方千米，10年减少了11万平方千米；水土流失强度也不断减轻，近年来全国大江大河土壤流失量大幅度减少，其中2003年长江和淮河流域减少50%左右。

4. 生物多样性状况。衡量生物多样性状况，最重要的是野生动植物种群数量及其栖息地两个具体指标。从全国野生动物、野生植物、大熊猫资源调查结果来看，野外种群数量整体上稳中有升，栖息范围不断扩展，栖息环境不断改善。其中，稳中有升的陆生野生动物占55.7%，全部是国家重点保护野生动物，朱鹮从1981年发现时的7只增加到370多只；大熊猫数量增长40%以上，达到1596只；海南坡鹿、普氏原羚、藏羚羊等一批濒危物种种群数量也迅速增加。资源消耗严重和濒危度较高的189种重点保护野生植物，达到野外种群稳定标准的占71%。近5年来，我们新建自然保护区763处，相当于过去50年建设数量的83.9%，总数达到1672处，面积1.19亿公顷，占国土面积的12.4%，涵盖了我国85%的陆地生态系统类型、85%的野生动物种类和65%的高等植物种类，有效地保护了300多种重点保护野生动物的主要栖息地和130多种重点保护野生植物的主要分布地。

5. 湿地状况。主要包括湿地总面积和得到有效保护的面积两个具体指标。全国湿地调查结果表明，目前我国单块大于100公顷的湿地总面积为3848万公顷，其中自然湿地3620万公顷。进入新世纪以来，我国纳入自然保护区得到有效保护的自然湿地由32%提高到40%，湿地面积快速减少的趋势得到有效遏制，洞庭湖、鄱阳湖、扎龙等一批重要湿地面积得到稳定和扩展、生态功能得到恢复和改善。全国共有30块湿地列入国际重要湿地名录，总面积达430万公顷。国家林业局因工作成效显著而荣获了湿地国际首个最高奖项——全球湿地保护与合理利用杰出成就奖。

6. 草原状况。主要包括草原总面积和草地生产力两个具体指标。我国拥有天然草原约3.9亿公顷，多年来，草原退化状况十分严重，天然草原每年减少65万~70万公顷，特别是北方草原，20世纪90年代初退化面积约为51%，90年代末发展到约62%，

平均超载36.1%，80年代以来产草量下降17.6%。近年来，我国草地治理力度加大，年治理面积约600万公顷，部分草场出现好转迹象。

7. 农田生态状况。农田是人为影响较为强烈的生态系统，由于农作物本身基本没有抵御自然灾害的能力，主要靠农田防护林为主体构成良好的农田生态系统，因此，农田防护林控制面积以及平原地区有林地总面积成为反映农田生态状况的两个重要指标。多年来，我国大规模开展以农田防护林为重要内容的生态农业建设，并已取得明显成效。据调查统计，进入新世纪以来，我国农田林网控制面积由3100多万公顷增加到3400多万公顷，控制率由67%提高到74%，建成了世界上规模最大的农田防护林体系；平原地区有林地总面积由1200多万公顷增加到1500多万公顷，森林覆盖率由15%提高到18%左右。过去一些风沙、旱涝等自然灾害严重的地区已绿树成阴、林茂粮丰，农业生态屏障初步建成。

8. 城市生态状况。城市生态系统也是人工生态系统，为了维护城市生态系统的平衡，各国主要采取增加森林等绿地面积的办法，来防治污染、吸附粉尘、减轻噪音、缓解热岛效应。特别是随着人与自然和谐理念逐步深入人心，将森林引进城市已经成为改善光热水气土等城市生态问题最现实有效的办法。森林等绿地覆盖总面积和人均面积已经成为反映城市生态状况的核心指标。据统计，到2004年，我国城市建成区绿化覆盖面积达到95.98万公顷，比2000年增加32.8万公顷；人均公共绿地面积达到7.38平方米，人均增加0.58平方米，城市生态建设正逐步由原来的绿化美化向增加城市森林、提高整体生态功能转变。

总之，在党中央、国务院的正确领导下，经过全国人民长期不懈的艰苦努力，特别是进入新世纪以来，国家大幅度增加生态建设投入，大规模开展生态建设，我国生态建设取得了显著成效，反映全国生态建设状况的上述8项内在判断指标，除个别指标仍处于治理小于破坏状态外，多数指标处于相持状态，有的已处于治理大于破坏状态。专家运用生态综合指数对此进行了定量研究分析，生态综合指数是指生态系统的现状数值与基期数值之比，一般以5年为一个计算周期，它是综合反映一个国家生态状况变化的指数。若生态综合指数<1，表明生态状况处于恶化期，从国家行为角度看，处于大规模生态建设前期；若生态综合指数=1（±0.05），表明生态状况处于均衡对峙期，从国家行为角度看，处于全面大规模生态建设时期；若生态综合指数>1，表明生态状况处于改善期，从国家行为角度看，处于巩固、扩大战果的时期。生态综合指数以上述8项指标为基础加权计算得出，综合考虑各个指标的生物量、面积、功能及其对生态状况的影响程度等因素，各个指标的权重为0.05~0.4。根据专家初步研究，我国生态综合指数为1.02。改革开放以来，大致呈现如下变化，1999年以前生态综合指数呈下降趋势，1999年以后开始出现增减交替情形，尚未形成稳定地向某一方向发展的不可逆转之势。因此，从总体上看，全国生态状况已有所改善，进入了相持阶段。

（三）*相持阶段的外在判断指标*。这就是马克思主义哲学的社会生产力标准。世界发达国家的发展历程表明，一个国家的生态建设进程与其经济社会总体发展水平密切相关，当其经济、社会、公共事业、农业发展达到一定水平时，其生态建设状况进入相持阶段，我国也符合同样的规律。

1. 人均GDP指标为代表的经济发展水平。据世界银行统计，人均GDP达到1000~3000美元时，既是经济发展的重要拐点，也是生态建设的重要拐点，标志着一个国家会开展大规模生态治理行动，并进而达到相持阶段。我国正在经历着这些发达国家已经历过的发展过程。进入新世纪以来，我国人均GDP达到并超过1000美元，综合国力不断增强，为投巨资启动六大工程开展大规模生态建设奠定了坚实基础。生态治理速度明显加快，生态建设状况进入了相持阶段。

2. 恩格尔系数指标为代表的社会发展水平。恩格尔系数是指居民的食物支出在其总支出中所占的比例。国际上常用恩格尔系数来衡量一个国家和地区的生活水平，0.40以下为富裕，0.40~0.50为小康，0.50~0.59为温饱，0.59以上为贫困。根据需求收入弹性原理，达到小康阶段后，居民由吃、穿、用、住等基本生存消费，向优质、高档、享受型消费迈进，开始吃饭讲营养、空气讲质量，追求绿色消费、生态时尚成为居民新的消费观念，成为人们对现代生活的追求和提高生活质量的重要标志之一，对林业的直接需求也由以木材消费为主转向以生态需求为主，多数发达国家这时生态建设状况进入相持阶段。改革开放20多年来，我国经济社会快速发展，城乡居民收入大幅增加，恩格尔系数不断下降，1978年农村和城市居民的恩格尔系数分别为0.677和0.575，2004年已降至0.472和0.377，标志着城乡居民生活总体上已达到小康水平，对生态建设状况进入相持阶段形成了强大的需求拉动。

3. 公共投入指标为代表的公共事业发展水平。研究表明，当一个国家或地区用于生态建设的公共财政支出达到其GDP总量的2%左右时，就会促进生态状况进入相持阶段。改革开放以来，特别是进入新世纪以来，生态建设成为我国公共财政优先投向之一。据统计，1949~1999年中央对林业的投资年均约5亿元，现在1年就达到400多亿元，加上水土保持、园林绿化、草原建设、生态农业、生态移民等的投入，年投资大约占我国GDP总量的2%，较好地解决了长期以来困扰我国生态建设投资严重不足的问题，为生态建设状况进入相持阶段提供了强有力的资金保障。

4. 工业反哺农业为代表的农业发展水平。世界农业发展规律表明，农业发展分为3个阶段。一是粮食问题阶段。这是农业为工业发展提供积累的阶段，提高粮食产量主要靠毁林开垦扩大种植面积，工业发展也要求林业提供大量低价格木材等作为原材料，这必然导致森林资源破坏，生态状况恶化，破坏远远大于治理。二是以工补农阶段。这时粮食问题得到基本解决，破坏生态的因素不断减少，但农村仍然相对贫困，开始实行以工补农，生态建设大规模开展并逐步进入相持阶段。三是农业调整阶段。此时农业与工业生产率相当，农业发展保持一种稳定状态，对林业的负面影响达到最小。胡锦涛总书记在十六届四中全会上提出了“两个趋向”的重要论断：“纵观一些工业化国家发展的历程，在工业化初始阶段，农业支持工业、为工业提供积累是带有普遍性的趋向；但在工业化达到相当程度以后，工业反哺农业、城市支持农村，实现工业与农业、城市与农村协调发展，也是带有普遍性的趋向。”目前我国农业发展已进入第二阶段，国家GDP超过13万亿元，有能力反哺农业。以实施天然林资源保护、退耕还林、生态效益补偿等为标志，工业开始反哺林业，大规模生态治理有序展开，为进入相持阶段奠定了坚实基础。

（四）相持阶段的理论依据。

1. 跨越式发展理论。温家宝总理直接指导、近60位院士和资深专家领衔、300多位研究人员共同完成的中国可持续发展林业战略研究，为相持阶段的科学判断奠定了重要的理论基础。研究结果表明，林业跨越式发展包括阶段跨越、速度提升和技术升级3个方面，尽管各国林业发展道路各具特色，生态建设状况处于不同阶段，但如同全球的森林有着共同的属性一样，都有着共同的内在发展规律，从世界林业发达国家的发展历程来看，大都经历了森林原始利用、木材过度利用、森林恢复发展、森林多功能利用和可持续发展5个阶段，其中恢复发展阶段又称边治理边破坏阶段，这个阶段包括治理小于破坏、治理与破坏相持、治理大于破坏3个小阶段，相持是生态建设必须经过的重要阶段。以1978年三北防护林工程启动为标志，我国开始加强生态建设。进入新世纪，国家综合实力显著增强，人们对改善生态的愿望日益迫切，我国启动实施了六大林业重点工程，推进了林业由以木材生产为主向以生态建设为主的历史性转变，生态建设的规模和速度实现历史性跨越，治理的力量开始能够抵制破坏的力量，进入了相持阶段。这里需要指出的是，林业跨越式发展理论所说的阶段跨越是从森林恢复发展阶段中的治理小于破坏阶段跨越到多功能利用阶段。在常规发展状态下，国外这个过程需要100年甚至更长时间，也就是说跨过两个阶段至少需要100年，平均每个阶段50年，现在我们要用50年左右走完国外通常要用100年左右才能走完的历程，也就是说我们用相当于国外一个阶段的时间完成国外两个阶段才能完成的任务，就如同一个三年级学生用一年时间完成别人两年时间才学完的课程，从而跨过四年级直接进入五年级一样，实现跨越式发展。

2. 环境库兹涅茨曲线理论。美国著名经济学家、诺贝尔经济奖获得者库兹涅茨1955年提出了收入差异随着经济增长先逐渐增大，到达顶点后，再逐渐缩小的总体规律，通常称为倒U型曲线或库兹涅茨曲线。美国经济学家格鲁斯曼1990年在环境经济学研究中，提出环境压力与经济增长也呈倒U形曲线的关系，通常称为环境倒U形曲线或环境库兹涅茨曲线。中国科学院通过研究世界133个国家和地区的生态建设、环境保护与经济增长之间的关系，发现符合上述规律。按照这一规律，当一个国家发展到人均GDP 1000美元，就进入倒U形曲线的拐点区，就会采取大规模的生态治理行动，开始进入相持阶段；根据日本及东南亚国家的发展经验，人均GDP达到3500～3800美元时，对生态建设的投入比较稳定，生态建设状况能够进入治理大于破坏阶段。目前我国生态建设状况刚刚进入相持阶段，如果我们能够继续保持较快的经济增长并加大生态建设投入，就可以大幅度降低倒U型曲线的坡度，使我国生态状况尽快实现良性循环。

3. 可持续发展理论。1987年，联合国正式提出了可持续发展的概念。1992年，联合国环发大会把实现可持续发展作为人类共同追求的目标。目前，可持续发展理论已经成为指导我国和世界大多数国家经济社会发展的基本理论。可持续发展一般分为极不可持续发展、不可持续发展、弱可持续发展、中可持续发展和强可持续发展5类，其指数分别为0～20、20～40、40～60、60～80、80～100。根据国外的一般发展规律，在相持阶段，基本上处于弱可持续发展状态。中国科学院最新研究成果表明，我国区域可持续发展总指数平均为49，大体处于弱可持续发展阶段，与我国生态建设状况处于相持阶段的判断相吻合。

总体上看，人们对相持阶段这一判断给予了充分肯定，但也存在一些不同的理解和看法。有的同志认为，近年来生态建设成效显著，生态状况应该是整体遏制或明显好转，出现了过于乐观的情绪；有的同志认为，近年来我国生态建设虽已取得了一些成效，但人口资源环境矛盾重重，环境污染十分严重，出现了消极情绪；有的同志认为，近年来我国生态建设投入了巨大的人力、物力、财力，才刚刚进入相持阶段，今后生态治理难度越来越大，产生了悲观畏难情绪；有的同志甚至认为，相持阶段的判断与林业跨越式发

展有一定的矛盾。对此，我们要用全面、深刻、辩证的观点看待相持阶段的判断，既要看到生态建设状况由“治理小于破坏”进入相持阶段是来之不易的重大成果，更要看到生态破坏依然严峻的现实情况；既要看到东南沿海地区已处于相持阶段的较高层次，也要看到西北地区仍处于相持阶段的较低层次；既要看到我们是基于森林这一陆地生态系统的主体及其他多种因素对生态建设状况作出的全面客观评价，也要看到这一重大判断不包括污染治理等环境保护内容；既要看到困难与挑战，也要看到有利条件和机遇；既要看到林业跨越式发展包括阶段上的跨越，还要看到跨越式发展也包括速度上的提升、技术上的升级。

综上所述，相持阶段的重要判断内涵丰富、科学准确、依据充分、符合实际。按照国外的一般发展规律，结合我国经济社会发展和生态建设的实际情况，在保证现有工作力度、投入强度、发展速度不减的基础上，经综合分析，再通过15年的努力，到2020年全面建成小康社会时，我国人均GDP将达到3500美元左右，恩格尔系数将低于0.35，基尼系数下降到0.35～0.4，资源消耗速率、能源消耗速率和城市生态环境退化速率实现零增长，森林覆盖率达到23%以上，重点地区的生态问题基本解决，全国生态状况明显改善，我国生态建设状况将度过相持阶段，进入“治理大于破坏阶段”。同时，我国是一个正在迅速崛起的发展中国家，林业是一个相对落后的行业，如果我们能够充分发挥后发优势，在现有基础上，进一步加大工作力度，加快推进跨越式发展，我们就可以缩短相持阶段的时间，力争用10年左右甚至更短的时间度过这一阶段。所以，在这个关键阶段，加强生态建设的决心绝不能动摇，精神绝不能松懈，步伐绝不能放慢。

二、相持阶段的主要对策

当前，随着社会主义市场经济体制的不断完善，经济社会的快速发展，人口及人们多样化需求的不断增长，城市化进程的快速推进，我国面临的生态压力有增无减，对林业的主导需求、消费层次和资源配置方式正在发生重大变化。这既带来许多积极因素，也带来不少不利影响；我们既迎来了难得的历史机遇，也面临着严峻的时代挑战；既有令人鼓舞的巨大成就，也有一些亟待解决的突出矛盾和问题，如不采取坚决有效措施，生态系统将难以支撑经济社会发展，甚至造成难以弥补的重大损失。在此新形势下，林业工作究竟应该怎么干？经过深入研究，我们认为必须根据相持阶段的5个特点，按照当前和今后一个时期“一二三四五六”的林业总体工作部署，区别不同情况，实行分类指导，提高针对性和有效性，全面推动我国林业持续快速协调健康发展。总的想法是：以邓小平理论和“三个代表”重要思想为指导，认真落实科学发展观，全面实施以生态建设为主的林业发展战略，深入推进林业历史性转变，大力加强六大林业重点工程建设，实行“东扩、西治、南用、北休”分类指导，协调推进“四大区域”，牢固树立“五个理念”，重点强化“六项措施”，努力推动我国生态建设状况尽快度过相持阶段，为促进人与自然和谐、构建和谐社会作出更大的贡献。其核心，就是“东扩、西治、南用、北休”，这是我们在整合启动六大工程优化林业生产力布局、通过出台中央林业决定调整林业生产关系的基础上，又一次重大整合，这次整合是对生产力布局与生产关系的集成整合，既有生产力布局的优化，又有生产关系的调整，是生产力布局与生产关系的有机统一、优化重组。这既是贯彻落实中央林业决定的深化与升华，又是实施以生态建设为主的林业发展战略的丰富和完善；既是林业建设理论的重大突破与创新，又是林业工作思路新的延伸和飞跃。

（一）协调推进“四大区域”。

1. 东扩。“东扩”是指大力扩展东部少林地区林业发展的空间和内涵，进一步适应该区对良好生态系统服务功能的需求。这一区域包括北京、天津、上海、河北、山东、河南中东部、安徽北部、江苏等华北中原地区和东南沿海地区。这一区域为我国少林地区，也是粮食主产区，还是大中城市聚集、经济发达、人口稠密的地区。其主要问题是，林业建设的定位不高、总量不足、效益不佳，林业发展不能满足区域经济社会发展全局的需要。

“东扩”的基本思路是完善政策，拓展空间，延伸产业，持续发展。完善政策，就是要用好东部良好的经济社会条件，用政策机制调动积极性，将基干林带划定为国家重点生态公益林并积极探索其补偿新机制，出台适应平原林业、城市林业和沿海林业特点的林木采伐管理办法。拓展空间，就是在有林地上求质量、求效益，在宜林地上求扩展、求突破，争取将低洼易涝地、城市周边、水利枢纽周围、江河路渠两旁等尽快绿化起来。延伸产业，就是延伸林业产业发展链条，形成一二三产业协调发展的新兴产业体系。持续发展，就是要全面提高林业的整体水平，实现少林地区的林业可持续发展。“东扩”的主要建设任务：一是扩展和丰富沿海防护林的规模和内涵，以沿海基干林带、红树林、滨海湿地等为重点，构筑规模宏大、结构稳定、功能齐全的沿海综合防护林体系，有效抵御海啸和风暴潮等自然灾害的危害。二是提升平原林业的档次和质量，努力实现高标准平原绿化，重点突出村屯四旁植树和农田防护林网建设。三是推进都市林业建设，努力形成城郊森林、城边林带、城中绿岛有机结合的城市生态系统。四是延伸林业产业链条和效益，大力发展用材林、经济林及其精深加工，形成我国木材等林产品的重要供应基地之一。

2. 西治。“西治”是指加快西部地区的生态治理步伐，为西部大开发战略的顺利实施提供生态基础支撑。这一区域包括山西、内蒙古中西部、河南西北部、广西西北部、重庆、四川、贵州、云南、西藏、陕西、甘肃、宁夏、青海、新疆。这一区域是我国生态最脆弱、治理难度最大、任务最艰巨的区域，也是少数民族聚集、经济社会相对落后、生物多样性最为丰富的地区，是我国生态建设的主战场。其主要问题是土地荒漠化、沙化和水土流失仍十分严重，人民群众生活困难，生态保护压力巨大。

"西治"的基本思路是加大投入，加快治理，分区施策，科学利用。加大投入就是继续加大对西部地区的投资力度和优惠政策倾斜力度，解决生态建设及其后续产业发展问题。加快治理就是要对天然林、原生植被、高原湿地等全面加强保护的基础上，因害设防、综合治理，实行封飞造一起上，乔灌草相结合，三大效益相统一，大幅度提升治理速度。分区施策就是要区别西北、西南和青藏高原三大区域的特点，突出治理重点和治理模式，最大限度地发挥各自的潜力和优势。科学利用就是要在严格保护的前提下，科学经营、合理利用森林和野生动植物资源，尽早建立起有效解决西部地区生态建设和经济社会可持续发展的长效机制。"西治"的主要建设任务：一是全面推进防沙治沙，严格实行"三禁"制度，进一步创新机制，努力推动三北防护林、京津风沙源治理等工程建设。二是要按照"巩固成果，确保质量，完善政策，稳步推进"的要求，扎实推进退耕还林，并解决好农民的长远生计问题。三是加强天然林有效保护和科学经营，切实加强野生动植物保护和自然保护区建设，保护好西部的生物多样性。

3. 南用。"南用"是指充分利用南方优越的光热水土条件和经济社会优势，全面提高林业的质量和效益。这一区域包括安徽南部、湖北、湖南、江西及浙江、福建、广东、广西、海南大部分地区。这一区域是我国南方重点集体林区和木材供应战略基地，是林业产业发展最具活力的地区，也是我国著名的鱼米之乡。其主要问题是森林质量效益和整体生态功能不高，林地生产率低，森林结构还不合理，林地湿地保护形势严峻，林业企业低水平建设。

"南用"的基本思路是强化科技，提高质量，以用促增，目标多赢。强化科技就是加大科技投入，强化科技支撑，以技术升级提升林业的整体水平。提高质量就是针对不同的森林类型和立地条件，采用封、改、补、造、保等有针对性的措施，加强森林经营，全面推行森林经营方案制度，同时大力加强产业结构调整和优化升级。以用促增就是通过完善落实林业产权制度、税费减免、商品林采伐等政策，促进森林资源的合理利用，以"用"为方式，促进资源增长、结构改善和经营方式调整。目标多赢就是充分发挥区域自然条件优势，提高林地产出率，实现生态、经济与社会效益的紧密结合和最大化。"南用"的主要建设任务：一是加大生态建设力度，特别是长江等防护林建设，野生动植物、湿地与重点公益林保护等，建立和完善区域生态效益补偿机制。二是推进速生丰产林基地建设，承担起由以采伐天然林为主向以采伐人工林为主转变的历史重任。三是定向培育珍贵树种、大径级材、竹藤花卉、经济林果等各种森林资源，满足人民群众不断增长的多方面需求。四是发展木竹加工业、林产化工业、森林旅游业等优势产业和生物质产业等新兴产业，壮大林业产业实力。

4. 北休。"北休"是指深入推进东北地区天然林休养生息，重振东北林业雄风。这一区域包括辽宁、吉林、黑龙江和内蒙古大兴安岭林区。这一区域是我国的重点国有林区，也是我国的重点粮仓和重点工业基地，曾为我国国民经济的原始积累作出历史性贡献。其主要问题是资源危机、经济危困尚未根本解决，林区职工的积极性和林地的巨大生产潜力还没有充分发挥出来。

"北休"的基本思路是加快改革，推进转变，抓好调整，再创辉煌。加快改革就是大力改革东北林区森林资源管理体制、经营机制和管理方式，加快融入社会主义市场经济体制的步伐。推进转变就是将思想观念由落后的"大木头"思想转变到先进的全林利用现代经营理念上来，将发展模式由以行政干预为主的计划经济模式转变到以经济、法律调节为主的市场经济模式上来，将产业结构由单一的森林采伐利用转变到一二三产业并重上来。抓好调整就是把天然林资源保护工程建设从单纯保护调整到严格保护与科学经营并重、实现可持续发展上来，把主要依靠工程渠道分流安置富余人员调整到加快后续产业发展、推进产业结构优化升级上来，把主要依靠国家投资驱动调整到主要依靠体制机制创新、实现良性循环发展上来。再创辉煌就是加速构筑东北地区以森林植被为主体的生态体系、以丰富森林资源为依托的产业体系、以加快森林发展为对象的服务体系，最终实现重振东北林业雄风的目标。"北休"的主要建设任务：一是推动天然林资源保护工程向纵深发展，创新发展思路，调整工作重点，延长工程期限，做好分流安置，搞好产业转移，形成长效机制。二是认真实施退耕还林、防沙治沙、三北防护林、速生丰产林、野生动植物和湿地保护等重点工程，解决东北地区各类生态问题。三是加快林业产业发展，依托东北广袤的森林资源，大力发展特色二三产业，形成一二三产业良性互动的新格局。四是加大资金投入，制定优惠政策，减免相关税费，加强林区基础设施建设，加快转产转型步伐。

应该看到，我国地域辽阔，自然和经济社会条件十分复杂，"东扩、西治、南用、北休"是对全国总体而言的，是针对各个区域的主要矛盾采取的主要措施，是根据区域的主要特点，从促进当地林业发展的

角度提出的主要对策，大家都要从发展的角度去理解、用辩证的观点去理解，全面、准确地把握其精神实质，而不能搞教条主义、形而上学。这八个字进一步明确了各区域下一步的主攻方向、战略重点，并不是说西部就不发展产业，南部就不搞生态建设，每个区域都要围绕生态建设为主的林业发展战略这个宏观战略前提和“东扩、西治、南用、北休”分类指导的区域战略方针，选准制高点，突出重中之重，拿出符合实际的战术对策，才能保障相持阶段攻坚战的全面胜利。就某一区域而言，应该是扩、治、用、休多策并举，扩中有治、治中有用、用中有休、休中有扩。对部分地方而言，其主要矛盾与区域主要矛盾可能有所不同。检验各地贯彻落实是否到位，要从是否促进了当地林业发展，是否增加了森林资源、提高了森林质量，是否最大限度地发挥了林业的生态、经济和社会效益来衡量。各地要因地制宜，实事求是，采取针对性的措施认真贯彻落实。

（二）牢固树立“五个理念”。新的阶段需要新的理论作支撑，新的形势需要新的理念来指导。在相持阶段的新形势下，我们必须以科学发展观统领林业建设全局，这是打好相持阶段林业发展攻坚战的强大理论武器。我们必须把科学发展观的总体思想落实到林业发展的全局，把科学发展观的基本要求贯彻到林业工作的方方面面，把国家经济社会协调发展对林业的需求与林业自身统筹协调发展紧密结合起来，为此，要牢固树立五个理念。

1. 树立构建和谐社会、实现人与自然和谐相处的理念。“人与天调，然后天地之美生。”构建社会主义和谐社会，就是要建立一个民主法治、公平正义、诚信友爱、充满活力、安定有序、人与自然和谐相处的社会。我国基尼系数已达到0.4，这是国际公认的可能会出现社会紧张局面的警戒线标准。历史告诫我们，人类如果不能同大自然和谐相处，无论大自然曾经给人类带来过多少丰厚的馈赠，人类迟早都会面临大自然无情的报复。加快林业发展、加强生态建设是构建和谐社会的重要内容。在相持阶段，必须进一步加大生态建设力度，最大限度地促进人与自然和谐相处。一要加强宏观调控，通过加强森林经营、促进森林健康、保护生物多样性，努力提高森林等生态系统的质量效益和服务功能，进一步满足人们的各种生态消费需求。二要加强结构调整，通过分区施策，实现区域林业协调发展；通过加强城市林业，实现城乡林业协调发展；通过加强二三产业，实现林业三次产业协调发展。三要坚持物质利益原则，使林业经营者获得应有的回报，自觉自愿地投身林业建设。四要坚持以人为本，妥善处理好各方面的关系和利益，努力构建和谐林区。

2. 树立正确的政绩观、建立服务型行业的理念。作为林业行政机关，树立正确的政绩观，就是要用全面、科学、发展的观点看政绩，树立服务型行业的理念，增强为全社会服务的意识，把维护人民群众的利益作为追求政绩的根本目的，把林业建成服务型行业。一要彻底摆脱传统计划经济的羁绊，把林业部门的职能转到宏观调控、市场监管、社会管理和公共服务上来，真正做到该管的管好，该放的放活。二要充分发挥市场在资源配置中的基础作用，在积极培育和发展市场体系、当好“裁判员”的基础上，将市场可以自我调节与管理的事务交还给市场，给“运动员”以自我发挥的广阔舞台。三要把林业工作重点真正转移到制定宏观政策上来，为全社会参与林业提供一个宽松公平的政策平台。四要努力推进林业信息化与电子政务建设，大力推进林业政务公开，服务行业、服务社会。

3. 树立发展循环经济、建设节约型林业的理念。循环经济是以低消耗、低排放、高效率为基本特征的经济发展模式。在相持阶段，资源紧缺的矛盾仍十分突出，森林资源是与石油、煤炭、钢铁等同等重要的战略资源，必须大力发展循环经济，大力提高森林等资源的综合利用率。一是必须进一步转变林业经济增长方式，完善资源节约管理体系，创新资源节约机制，建立节约型林业产业体系。二是林业重点工程建设要做到低投入、高产出，建立高效型森林生态体系。三是延长林业产业链条，积极探索“资源—产品—再生资源—再生产品”的循环经济发展模式，努力提高林业产业附加值。四是充分利用视频会议和综合办公电子传输等系统，加快推进无纸化办公、网络化办公，大力节约能源、资源和资金，努力降低行政成本。

4. 树立转变生产方式、发展生态产业的理念。“任情反道，劳而无获。”生态产业就是生态与产业良性互动，既有生态保护又有经济发展，最终实现生产发展、生活富裕、生态良好发展目标的产业类型。我国生物多样性丰富，大力发展生态产业，提供绿色无公害产品，林业具有巨大的潜力。相持阶段的特点，要求发展林业产业必须以保护生态为前提，实现生态与产业的“双赢”。一要坚持走生态产业化的道路，重点生态工程建设要在保证生态效益的前提下，努力提高经济效益，做到“严格保护，合理开发，科学利用，持续发展”。二要坚持走产业生态化的路子，大力提高林业产业发展的资源和能源利用率。三要大力发展薪炭林、能源林，加快可再生型的生物质能源发展应用步伐，为解决我国能源紧缺问题提供新的途径。四要大力发展森林旅游等“资源良性循环型”产业和经济林果、竹藤花卉等“生态友好型”产业，努力实现林业三大效益的有机结合和最大化。

5. 树立建设生态文化、弘扬生态文明的理念。生态文化是正在崛起的新兴文化。生态文明是继100万年的原始文明、1万年的农业文明、300年的工业文明之后，人类社会的一种新的文明形态，是按照自然生态系统和社会生态系统的客观规律，建立起来的人与自然、人与社会良性互动、和谐发展的社会文明形式。只有生态文明理念深入人心，才能真正唤醒全社会的生态意识，最大限度地调动全社会生态建设的积极性，促进尽快走出相持阶段。一要大力开展生态文明宣传、生态道德教育和生态知识普及，不断提高人们的生态文明素质。二要充分利用重点工程、义务植树、部门绿化、非公有制林业发展等多种途径，积极引导人们更深入更广泛地参与生态建设。三要加强森林公园、自然保护区、林业场圃及树木园、植物园、森林博览园建设，为人们提供回归自然、陶冶情操、亲近绿色的场所。四要按照以人为本的发展观、不侵害后代人生存权的道德观、人与自然和谐相处的价值观推动林业建设，促进我国走上生产发展、生活富裕、生态良好的文明发展道路。

（三）重点强化“六项措施”。

1. 以六大工程为重点，大力加快林业发展。进入相持阶段，靠的是发展；要缩短和顺利度过相持阶段，更要靠发展。大发展，小困难；小发展，大困难；不发展，真困难。要紧紧抓住本世纪头10年这个重要的战略机遇期，加快发展，把林业做大、做强。一要继续大力加强六大重点工程建设，将其作为相持阶段加快林业发展的战略途径和抓手，并认真研究解决工程的效益评估、查缺补漏、后续产业和持续发展等问题。二要紧紧抓住沿海防护林、湿地保护、三江源、三峡绿化带、林业碳汇、生物质产业、林业血吸虫防治、南水北调绿化工程等新契机，不断寻求新机遇，注入新活力。三要广泛调动社会各方面积极性，大力加快义务植树、部门绿化、绿色通道建设和城乡绿化一体化建设等各种形式的社会造林，全方位推进国土绿化步伐。

2. 以加快改革、扩大开放为动力，大力推进林业体制机制转轨步伐。加快改革、扩大开放是解决林业深层次问题的根本途径。要通过加快改革，逐步建立起一整套与相持阶段林业发展相适应的政策体系、管理体系、标准体系。要鼓励、支持有条件的地区先行一步、探索经验，真正做到解放思想，与时俱进。一要推进分类经营管理体制改革，加快实施森林生态效益补偿基金制度，提高补偿标准，扩大补偿范围；开展国家直接收购个人投资营造的重点公益林试点，抓紧出台森林资源资产评估、流转、抵押等相关配套文件，逐步改革营造林投入机制。二要深化林业产权制度改革，认真学习贯彻即将颁发的《物权法》，全国有条件的地区特别是南方集体林区要全面加快林业产权制度改革，明晰产权，尽快建立现代林业产权制度；抓好黑龙江伊春和福建三明试点工作，总结经验，尽快全面推开。三要稳步推进国有森林资源管理体制改革，在试点取得经验的基础上全面推开。四要加快国有林场、苗圃经营体制改革，从根本上解决历史遗留问题。五要积极推进乡（镇）林业工作站管理体制改革，争取合理设置工作站并将其作为县级林业主管部门的派出机构，所需经费纳入县级财政预算。六要进一步完善多层次、宽领域、全方位对外开放格局，加大引进资金、技术和智力力度，努力促进技术、设备、产品出口，积极做好国际履约工作，积极参与碳汇等国际热点问题多边讨论。

3. 以依法治林为保障，大力加强森林资源保护管理。没有保护的发展就是不全面的发展、低效的发展。相持阶段的林业建设成果来之不易，这就要求我们必须大力加强保护与管理，切实巩固和保护好相持阶段的成果。一要抓紧修改制定《森林法》、《森林、林木和林地使用权流转条例》等法律法规和规章制度。二要认真落实《全面推进依法治林实施纲要》，积极推进林业综合行政执法改革试点，规范林业行政许可行为，积极探讨建设项目生态评价制度。三要强化森林、野生动植物、湿地等林业资源的保护管理，加大监督检查执法力度，严厉打击“四乱四滥”违法犯罪行为，有效遏制对生态的破坏。四要认真抓好森林防火工作，切实保障国家森林资源和人民生命财产安全。五要加强有害生物防治，切实做到“预防为主，科学防控，依法治理，促进健康”。

4. 以科技兴林、人才强林为基础，大力提高林业建设的质量和效益。一个不重视质量的民族是没有希望的民族，一项不重视质量的事业是没有希望的事业。相持阶段质量问题尤其重要。提高林业建设的质量和效益，关键在人才，基础在教育，出奇制胜在科技，只有最大限度地发挥三者的优势，才能从根本上提高质量和效益。一要全面实施六项林业科技工程，建立起适应现代林业发展需要的科技创新体系，大力提升科技自主创新能力，使长期制约林业快速发展的“技术瓶颈”尽快取得突破。二要认真落实“363”人才强林与科教兴林计划，大规模培训干部队伍，全面提高林业人才整体素质。三要建立健全质量标准体系，实行全面质量管理，努力加强森林经营，启动实施森林抚育工程，促进营造林质量的全面提升。四要不断提高良种推广和使用率，从源头上把好林业建设的质量关。

5. 以非公有制林业为突破口，大力加快林业产业发展。非公有制林业是林业建设最具活力的因素。生态和产业是林业建设的“一鸟两翼”，在相持阶段，越是需要加强生态建设，就越需要大力推进非公有制林业，大力发展壮大林业产业，增强林业自身的造血功能。一要进一步引导各种生产要素有序进入林业，形成多种所有制经济成分共同发展林业的局面。二要通过统一税费、资源利用等政策，鼓励和引导非公有制特别是民营实体投资林业。三要抓紧出台《林业产业政策要点》，加强对林业产业的宏观调控，

调整产业结构，优化产业布局，大力发展林业高新技术产业，培育生态、经济“双赢”的新型林业产业。四要精心培育一批拥有自主知识产权、主业突出、带动能力强的龙头企业，建设一批高起点、高质量、高产出的产业示范基地，提高林业产业的整体质量和规模效益。

6. 以内强素质、外塑形象为着眼点，大力加强林业基础建设。在相持阶段，更加需要对内大力加强自身素质建设，对外积极树立良好的社会形象，为林业发展创造更好的内外环境。一要建立林业发展稳定投入的长效机制。争取有关部门的支持，将林业资金纳入公共财政予以保证，争取增加对林业的金融支持，实行长周期低利息信贷扶持政策。二要加强各级尤其是基层林业单位基础设施建设，打牢相持阶段攻坚战的根基。三要加强林业综合监测体系建设，发挥监测合力，提高监测效益。四要强化森林公安、林业工作站、木材检查站等基层单位和各级林业行政管理队伍建设，造就一支政治坚定、业务精通、作风过硬的干部职工队伍。五要加强宣传引导，紧紧围绕相持阶段开展宣传，善于发现典型、总结典型、宣传典型，提高林业的社会影响力，增强人们的生态道德意识。六要充分发挥党群组织、纪检监察、内部审计、后勤服务、离退休干部、规划设计、社会团体等方面的重要作用和积极性，加大工作力度，为林业持续快速协调健康发展提供强有力的保障。

三、下半年要突出抓好的几项工作

今年上半年，中央领导同志先后对加强林业建设作出110多次重要指示和批示，特别是中央政治局常委作出的重要指示和批示达30多次，数量之多、频度之高、力度之大是少有的，对于推动我国生态建设状况尽快度过相持阶段、实现林业持续快速协调健康发展具有十分重要的意义。在党中央、国务院的正确领导下，我局始终坚持两手抓、两促进，各项工作都取得了积极进展。

先进性教育活动取得丰硕成果，成为群众满意工程。我局先进性教育活动，在中央先进性教育活动领导小组的领导和中央第三十督导组的指导下，从1月17日到6月8日，历时143天，局党组和38个基层党组织共2692名党员参加，在职党员参加率100%，离退休党员参加率93%，圆满完成了先进性教育各项任务。通过开展教育活动，我局党员素质得到普遍提高，基层党组织建设得到全面加强，机关作风有了明显改善，进一步推进了机关廉政建设，有力地促进了林业工作，达到了预期目的。群众满意和基本满意率达到100%，其中满意率96.1%；38个基层党组织平均满意和基本满意率99.5%，其中满意率93.3%。中央先进性教育活动领导小组协调三组和中央第三十督导组对我们的评价是：领导得力，组织严密，工作扎实，富有创造性，取得明显成效。4月5日，我局作为中央国家机关4个部委之一，参加了贺国强同志主持召开的先进性教育活动座谈会。6月28日，我局在中央国家机关工委召开的先进性教育活动座谈会上作了经验交流。这次活动，总结出需长期坚持的6条基本经验：必须把先进性建设作为机关党的建设一项长期的根本任务；必须充分发挥基层党组织在先进性建设中的战斗堡垒作用；必须把先进性建设着力点放到提高基层党组织解决自身问题的能力上；必须把党员教育贯穿于先进性建设全过程；必须把党风廉政建设作为先进性建设重点来抓；必须紧紧围绕机关五大建设和推进林业中心任务开展先进性建设。

各项业务工作积极推进，取得多项重大突破。全国完成营造林400多万公顷，为连续4年超过亿亩大关奠定坚实基础。召开了全国沿海防护林体系建设座谈会，沿海防护林成为林业建设的新亮点。提请国务院批复了《全国防沙治沙规划》，正式公布了第三次全国荒漠化和沙化土地监测结果。与西部办等联合提请国务院下发了《关于切实搞好“五结合”进一步巩固退耕还林成果的通知》，落实了今年退耕还林计划任务378万公顷。与银监会联合下发通知，免除了天然林资源保护工程区731家森工企业债务88亿多元。国务院批准了《三江源自然保护区生态保护和建设总体规划》，决定投资70多亿元加强三江源保护和建设。深化国有林场改革、加强乡（镇）林业工作站建设、解决森林公检法编制问题均已取得重大突破，即将以国务院或国办名义下发文件。召开了中国绿化基金会第五届理事会全体会议，顺利完成了换届工作。下半年，要按照年初全国林业厅（局）长会议总体部署，认真抓好各项工作的落实。在此，我再重点强调几项工作。

（一）*周密安排部署，组织开展好林业形势教育*。要紧紧抓住五年计（规）划交替的战略机遇，组织开展大规模的林业形势教育活动，主题是总结前五年，展望后五年，开创新局面。前不久，国家林业局机关已经率先行动。各地各单位要认真制定工作方案，采取切实有效措施，扎实开展形势教育，确保取得实效，为尽快度过相持阶段奠定思想基础。

（二）*广集各方智慧，全面完成区域战略研究和规划编制*。要组织开展好中国林业相持阶段区域发展战略研究，深入研究相持阶段区域林业发展的思路与对策，明确“东扩、西治、南用、北休”的基本内涵、主要问题、建设任务、发展目标和七个区域具体问题等，为打好相持阶段攻坚战奠定理论基础。要按照这次会议精神，修改完善《林业发展“十一五”和中长期规划》，在继续保持“十五”主要政策措施力度的基础上，突出“十一五”的新亮点，完成总体规划和沿海防护林等配套规划编制、立项工作。各地也要结合实际，深入研究相持阶段的对策措施，编制好地方林业“十一五”发展规划。

（三）推进重点工作，认真筹备召开几个重要会议。争取9月份以国务院名义召开全国防沙治沙工作会议，对全国防沙治沙工作作出全面部署。尽快召开全国林业工作站工作会议，努力解决其机构、职能、编制、经费等问题。组织召开全国国有林场改革工作会议，对深化国有林场体制和机制改革进行部署，彻底摆脱目前国有林场面临的困境。全力筹备好年底全国林业厅（局）长会议，集中研究“总结前五年，展望后五年，开创新局面”的问题。

（四）抓住有利时机，保质保量完成全年营造林任务。要紧紧抓住秋冬季造林的有利时机，提前做好准备，落实造林任务、资金、种苗和责任，加强补植补造、幼林抚育力度，确保全年733.33万公顷营造林任务全面完成。要采取有效措施，抓紧兑现政策，封飞造相结合、乔灌草一齐上，确保六大工程各项营造林任务全面完成。要进一步修订有关营造林质量管理办法，加大质量事故的举报和查处工作，突出抓好重大案件的查处工作。认真做好森林抚育和珍贵树种培育项目的实施工作。

（五）采取有效措施，进一步加强森林资源保护和管理。抓好“十一五”采伐限额编制工作，制定《全国林地保护利用规划》。进一步完善征占用林地、湿地审核审批制度，严格控制林地、湿地的流失。努力克服今年高温干旱等不利条件，切实搞好秋冬季森林防火，严防发生特大森林火灾。进一步开展林区禁毒工作。强化森林病虫鼠害防治，认真落实应急预案，继续抓好重点林业有害生物的治理和防控。继续完善野生动植物、湿地保护配套法规，确保《湿地保护条例》等早日发布实施。切实做好秋季迁徙候鸟及濒危野生动物疫源疫病监测。抓紧湿地保护工程实施规划协调工作，争取国务院审批并尽快启动。积极配合做好向台湾同胞赠送大熊猫的相关工作，促进大熊猫尽早落户宝岛台湾。

（六）围绕中心工作，继续强化林业宣传。要以相持阶段为主线，大力加强宣传工作，进一步统一务林人和社会公众的思想认识。要紧紧围绕沿海防护林、防沙治沙、三江源、林业改革和“十五”成就等重点，搞好专题宣传。努力做好国树、国花、国鸟评选及其宣传工作。抓紧编辑出版《中国林业走向和谐》。继续抓好关注森林活动，抓好林业典型宣传、生态文化宣传和对外宣传，充分发挥宣传工作在加快林业发展中的推动、引导和监督作用。

（七）加强“五大建设”，努力巩固先进性教育成果。继续抓好各项整改措施的落实工作，为明年初民主生活会上进行“回头看”奠定基础。结合林业发展新形势和新任务，大力开展学先进活动，用先进典型推动工作。加大对党员干部的培养、选拔、使用和交流力度，努力培养一支德才兼备的干部队伍。深入落实《国家林业局关于加强机关先进性建设的意见》等文件精神，进一步完善长效机制，不断发挥其应有的作用。

同志们，立足相持阶段，坚持分类指导，树立全新理念，强化关键措施，必将创造发挥区域优势、加快林业发展的新机遇，使我国林业进入全面、协调、和谐发展的新境界。让我们以邓小平理论和“三个代表”重要思想为指导，紧密团结在以胡锦涛同志为总书记的党中央周围，统一思想，开拓创新，真抓实干，为尽快度过相持阶段，促进人与自然和谐发展，构建社会主义和谐社会而努力奋斗！

重要林业法律法规

国务院关于进一步加强防沙治沙工作的决定

国发［2005］29号

各省、自治区、直辖市人民政府，国务院各部委、各直属机构：

防沙治沙，事关国家生态安全，事关中华民族生存与发展，事关全面建设小康社会进程。为深入贯彻《中华人民共和国防沙治沙法》，认真落实《全国防沙治沙规划》，进一步加强防沙治沙工作，推动沙区社会走上生产发展、生活富裕、生态良好的文明发展道路，特作出如下决定。

一、充分认识防沙治沙工作的重要性和紧迫性

1. 我国防沙治沙取得巨大成就。党中央、国务院历来高度重视防沙治沙工作，特别是进入新世纪以来，采取了更加有力的措施，我国防沙治沙工作取得了显著成效。全国沙化土地面积开始出现净减少，由上世纪末年均扩展3436平方千米转变为现在年均缩减1283平方千米，沙区生态建设状况已从治理小于破坏进入了治理与破坏相持的阶段，有效地改善了农牧业生产条件，推进了农村经济结构调整和生产方式转变，促进了民族团结和边疆稳定，为经济社会可持续发展作出了重要贡献。探索了一系列改善生态、发展沙区经济的防沙治沙模式，初步形成了一套行之有效的防沙治沙工作机制，为推进我国防沙治沙事业快速健康发展奠定了基础。

2. 土地沙化形势依然严峻。我国是世界上土地沙化危害最严重的国家之一。全国现有沙化土地174万平方千米，占国土面积的18.1%，主要分布在少数民族地区和边疆地区。因土地沙化每年造成的直接经济损失高达500多亿元，影响近4亿人口的生产和生活。当前，沙区的滥樵采、滥开垦、滥放牧、水资源紧缺和不合理利用等问题较为严重，防沙治沙的任务非常艰巨。

3. 搞好防沙治沙意义十分重大。防沙治沙是一项社会公益事业，既是保护耕地、提高土地质量的重要基础，又是改善人民生产生活条件、促进沙区经济社会可持续发展和农牧民增收的必然途径；既是实施西部大开发战略、东北地区等老工业基地振兴战略的迫切需要，又是增进民族团结、维护边疆稳定、拓展中华民族生存和发展空间的战略选择；既是改善生态、保障生态安全的重大举措，又是推进构建社会主义和谐社会的重要保障。各有关地区、有关部门要从实践“三个代表”重要思想和落实科学发展观的高度，充分认识防沙治沙工作的重要性，进一步增强紧迫感和责任感，深入贯彻《中华人民共和国防沙治沙法》，加强领导，真抓实干，努力改善沙区生态状况。

二、明确防沙治沙工作的指导思想、基本原则和奋斗目标

4. 指导思想。以邓小平理论和“三个代表”重要思想为指导，全面落实科学发展观，按照预防为主、科学治理、合理利用的方针，遵循自然和经济规律，实行全国动员、全民尽责、全社会参与，加大保护和建设力度，改善生态环境，在沙区建立和巩固以林草植被为主体的国土生态安全体系，打好生态建设相持阶段攻坚战，促进农牧民增收和经济社会协调发展，为构建社会主义和谐社会服务。

5. 基本原则。我国防沙治沙工作要遵循以下基本原则：

——统筹规划，突出重点，分类施策，分步实施，坚持区域防治与重点防治相结合；

——注意发挥生态系统自然修复功能，强化保护，因地制宜，综合治理；

——保护和恢复植被与合理利用自然资源相结合；

——严格依法防治，依靠科技进步；

——改善生态环境与促进农牧民脱贫致富相结合；

——国家支持与地方自力更生相结合，政府组织与社会参与相结合，鼓励单位、个人承包防治任务；

——依法保障防沙治沙者的合法权益。

6. 奋斗目标。采取综合措施，全面保护和增加林草植被。力争到2010年，重点治理地区生态状况明显改善；到2020年，全国一半以上可治理的沙化土地得到治理，沙区生态状况明显改善；到本世纪中叶，全国可治理的沙化土地基本得到治理。

三、认真搞好防沙治沙布局和规划

7. 明确防沙治沙总体战略。我国沙化土地主要分布在西北、华北北部和东北西部地区，防治工作要因地制宜、分类施策。对于沙漠绿洲周围，要营建防风固沙林带、林网，保护现有天然荒漠植被和绿洲；对于半干旱沙地类型区，在保护好现有林草植被基础上，通过大力开展造林种草、小流域治理和生态移民等措施进行综合治理，适度开发利用沙区资源；对于青藏高原高寒沙地类型区，要保护现有自然生态系统，采取以封育为主要方式的综合措施恢复植被，严禁不合理的开发。另外，对于黄淮海平原半湿润和南方湿润沙地类型区，要积极开展造林种草，大力发展速生丰产用材林和经济林，实行沙地治理与资源开发相结合。

8. 认真编制并严格组织实施规划。沙区县级以上地方人民政府要负责组织编制本行政区域的防沙治沙规划，明确逐步减少沙化土地的时限、步骤和措施。防沙治沙规划要与生态建设规划、土地利用总体规划和水资源规划相衔接，并纳入同级国民经济和社会发展规划。全国防沙治沙规划由国务院审批，省级防沙治沙规划由国务院林业行政主管部门会同农业、水利、国土资源、环境保护等有关部门审批，市（地）、县（市）级防沙治沙规划分别由省、市（地）级人民政府审批。规划经批准后，未经原批准机关同意，任何单位和个人不得擅自修改和调整。地方各级人民政府要认真做好规划的组织实施工作，建立健全责任制，切实将规划任务落实到具体工程项目和年度目标。定期对规划实施情况进行检查、评估，确保规划任务按期完成，取得实效。

四、突出抓好土地沙化预防

9. 切实保护沙区自然植被。沙区地方各级人民政府要制定植被管护制度，落实管护人员，加强植被保护，杜绝"边治理、边破坏"的现象。禁止在沙漠边缘地带和林地、草原开垦耕地。禁止采集发菜，彻底取缔发菜及其制品的收购、加工和销售。禁止滥垦沙荒地、乱砍滥挖灌木。沙区地方各级人民政府要坚决禁止滥挖甘草、麻黄草等药材，在甘草和麻黄草资源分布区逐级制定保护和建设规划，在生态脆弱地区要划定禁挖区和封育区，禁止一切采挖活动，严格按照有关规定规范中药材收购行为。地方各级人民政府要积极预防森林、草原病虫害、鼠害及火灾。

10. 严格控制采伐防风固沙林。县级以上地方人民政府要严格控制防风固沙林网、林带的采伐。对于乔木型防风固沙林网、林带，因林木老化、病虫害等原因确需进行抚育更新的，必须事先在其附近形成接替林网和林带，报经省级林业行政主管部门验收后，依照有关规定进行采伐。对于萌蘖能力强、需要通过平茬等技术措施促进更新的灌木型防风固沙林网、林带的采伐，须遵守有关规定和技术规程。对林木更新困难地区现有的防风固沙林网、林带，不得批准采伐。

11. 加强草原保护和管理。严格保护基本草地，不得擅自征收、征用、占用或改变其用途。实行以草定畜、草畜平衡制度，严格控制载畜量。鼓励和引导农牧民发展饲草饲料生产，改良牲畜品种。在牧区要推行草原划区轮牧、季节性休牧和围封禁牧制度。

12. 加强沙化土地封禁保护区建设和管理。国务院林业行政主管部门要会同农业、水利、国土资源、环境保护等有关部门，对暂不具备治理条件以及因保护生态需要不宜开发利用的连片沙化土地，依法划定沙化土地封禁保护区。县级以上地方人民政府要妥善安排好沙化土地封禁保护区范围内农牧民的生产生活，有计划地组织迁出并妥善安置。在沙化土地封禁保护区内，禁止一切破坏植被的生产建设活动，对确需进行的修建铁路、公路等建设活动，必须严格按程序评估和审批。

13. 强化水资源管理。加强流域和区域水资源的统一调配和管理，合理调配江河上、中、下游用水，全面实施建设项目水资源论证制度和取水许可制度，严格控制开采地下水，合理确定生活、生产和生态用水比例。要切实节约用水，大力推行节水灌溉方式和节水技术，限制高耗水、低产出的产业发展，提高水资源利用效率，建设节水型社会。

14. 加快沙区生活能源结构调整。沙区地方各级人民政府要采取有效措施，妥善解决城乡居民生活能源问题。积极发展替代燃料，因地制宜开发利用风能、太阳能、沼气等能源，有条件的地方应鼓励农牧民营造薪炭林。在沙区开发石油、天然气、煤炭等能源时，要优先解决当地农牧民的能源需求。大力推广节能技术，提高能源的利用率。

15. 实行沙区开发建设项目环境影响评价制度。在沙区从事开发建设活动，必须事先就开发建设项目可能对当地及相关地区生态环境产生的影响进行环境影响评价和水资源论证。环境影响报告中应包括防治措施等方面的内容。对不具备水源条件，且有可能造成土地沙化、水土流失等灾害，严重破坏生态环境的开发建设项目，不得批准立项。经批准实施的开发建设项目，要按照环境影响评价和水资源论证规定的内容同步实施生态保护和建设，搞好水资源保护和节约用水工作。有关部门要加强监督，搞好检查验收，经检查验收不合格的，不得对开发建设项目进行竣工验收。因防治措施不力造成土地沙化的，有关部门要责令项目建设单位限期进行治理，对情节严重的应依法追究责任。

五、加强沙化土地治理

16. 因地制宜治理沙化土地。沙区地方各级人民政府要按照防沙治沙规划，组织有关部门、单位和个人，因地制宜地采取人工造林种草、飞播造林种草、封沙育林育草和合理调配生态用水等措施，积极治理沙化土地。在沙区要合理营造防风固沙林网、林带；对生态区位重要、粮食产量低而不稳的沙化耕地，要

实施退耕还林还草，并在确定退耕还林还草任务时予以优先安排，对未退耕的沙化耕地要加快农业生产方式改革，积极推行免耕留茬等保护性耕作措施；对严重退化、沙化的草原，实行退牧还草，适度发展灌溉饲草料地；对生态严重恶化的地区要有计划地实施生态移民；大力开展水土保持综合治理，搞好沙区生态建设的配套水源工程建设，发展小型蓄水节水设施。

17. 切实抓好重点工程建设。国务院林业、农业、水利等有关行政主管部门和地方各级人民政府要依据《全国防沙治沙规划》，认真组织实施好京津风沙源治理、"三北"防护林体系建设、退耕还林、退牧还草、草原沙化防治、水土保持、牧区水利等国家重点工程和区域性治理项目，在不同沙化土地类型区建设一批防沙治沙综合示范区，积极探索防沙治沙政策和技术模式。要严格工程建设进度、质量和资金管理，建立健全违规使用资金案件和工程质量事故责任追究制度。对工程建设情况实行评估制度，并根据评估情况，适时调整、完善工程建设项目和相关政策。

18. 落实沙化土地单位治理责任制。沙区县级以上地方人民政府对铁路、公路、河流和水渠两侧以及城镇、村庄、厂矿和水库周围的沙化土地，要落实单位治理责任制，限期由责任单位负责组织造林种草或者采取其他措施治理。有关行政主管部门要定期对责任单位的治理任务完成情况进行检查验收，对于未能按期完成治理任务的，应按规定追究有关领导人的责任。

六、完善防沙治沙扶持政策

19. 建立稳定的投入机制。各级人民政府要随着财力的增强，加大对防沙治沙的资金投入，并纳入同级财政预算和固定资产投资计划。在安排国债资金和中央预算内基建资金时，要继续将防沙治沙作为一项重点。要安排资金用于沙化土地封禁保护区建设。在沙区安排的扶贫开发、农业综合开发、水利和水土保持建设、草原建设等项目，凡涉及防沙治沙内容的，都要按有关规定搞好防沙治沙。要积极引导社会资金，扩大利用外资规模，拓宽筹资渠道，增加防沙治沙投入。加大科技投入力度，对防沙治沙重点科技支撑项目予以扶持。

20. 实行税收优惠和信贷支持。国家对防沙治沙给予必要的税收政策支持。各地区、各有关部门要认真执行好现行的防沙治沙税收优惠政策。单位和个人投资进行防沙治沙的，在投资阶段免征各种税收；取得一定收益后，可以免征或减征有关税收，具体规定另行制定。国家继续对符合林业贷款中央财政贴息规定的防沙治沙贷款给予财政贴息，有关部门要加强对贴息资金的监督管理。对符合银行贷款条件的防沙治沙项目，有关银行要适当放宽条件，积极给予信贷支持，并做好各项金融服务。继续扩大农户小额信用贷款和农户联保贷款，支持有条件、有生产能力、守信用的农户通过防沙治沙、发展多种经营实现增收致富。

21. 扶持各种社会主体参与防沙治沙。要创造公平竞争环境，为各种社会主体开展防沙治沙提供条件。改革现行防沙治沙投入和管理方式，凡纳入国家重点工程项目的公益性治沙活动，经县级以上有关行政主管部门检查验收合格后，享受国家重点工程项目的资金补助等政策。在进一步完善招投标制、报账制的同时，研究探索政府出资直接收购沙区各种社会主体营造的非国有公益林的相关政策。征占用治理后的土地，必须严格履行相关审批手续，并由征占者给予治理者合理的经济补偿。因保护生态的特殊要求，将治理后的土地划定为自然保护区、封禁保护区的，按相关规定给予治理者合理的经济补偿。对纳入公益林管理的沙区森林资源，要以多种方式给予投资治理者合理补偿。

22. 保障治理者的合法权益。沙化土地可以通过承包、租赁等多种形式落实经营主体，按照签订的合同，限期进行治理。治理后的沙化土地，如涉及权属或地类变更，要及时依法办理土地变更登记手续，保障治理者和土地权利人的合法权益。使用国有沙化土地从事防沙治沙活动的，其土地使用权的期限最高可至70年，治理后的沙化土地承包经营权可以依法继承和流转。

23. 合理开发利用沙区资源。在有效治理和严格保护的基础上，积极引导各种实体充分利用沙区的优势资源，发展特色优势产业。要扶持一批竞争力强、辐射面广的龙头企业，开展资源培育、生产加工、运输贮藏和市场营销。鼓励结合农业、林业、畜牧业结构调整，以公司加农户的形式建设沙区灌木林、药材和牧草基地，实行集约经营。大力发展沙区特色种植、养殖业，积极发展加工业，有条件的地方还可以发展沙区旅游业及其他产业，培育新的经济增长点，增加农牧民收入，促进沙区经济发展。

七、加大科技治沙和依法治沙力度

24. 加强防沙治沙科学研究和技术推广。加强防沙治沙基础科学研究和应用技术研究，针对防沙治沙的关键性技术难题，开展多部门、多学科、多层次的联合攻关。建立健全防沙治沙技术推广和服务体系，加大先进适用技术和科技成果推广应用力度。积极探索科技推广新机制，对科技推广项目实行招投标制度。要健全防沙治沙重点工程建设与科技支撑项目同步设计、同步实施、同步验收制度，切实将科技支撑贯穿于工程建设的全过程，努力提高工程建设质量和科技含量。加强对基层技术人员和农牧民的技术培训，积极培育农牧民专业技术协会和科技型企业。对长期在重点沙区县及基层治沙单位工作的专业技术人员，在职级晋升、技术职务聘任及其子女上学等方面给予优惠。

25. 严格依法治沙。各级人民政府和各有关部门要切实做到依法行政，严格执行《中华人民共和国防沙治沙法》等有关法律法规，完善配套规章。要加强防沙治沙执法体系建设，充实执法监管力量，明确执法责任，健全监督机制，积极配合同级人大搞好执法检查，加大行政执法监督力度。要适时开展集中专项执法行动，严厉打击破坏沙区植被和野生动植物资源、造成土地沙化及水土流失、非法征占用沙化土地等违法行为，做到有法必依、执法必严。加强法制宣传教育和保护生态环境道德教育。

26. 科学开展土地沙化监测工作。建立健全土地沙化监测体系，科学开展监测工作。国务院林业行政主管部门要定期组织有关部门对全国土地沙化情况进行监测，及时公布监测结果。县级以上地方人民政府林业或者其他有关行政主管部门要对本行政区域的土地沙化情况进行监测，并及时向本级政府报告监测结果。地方各级人民政府要根据监测结果，调整并完善防治措施。对于有沙化趋势或者沙化程度加重的地区，要依法制止导致土地沙化的行为，并积极开展防治。

八、加强对防沙治沙工作的领导

27. 防沙治沙工作实行政府负责制。沙区地方各级人民政府对本行政区域的防沙治沙工作负总责。沙区县级以上地方人民政府每年要向同级人民代表大会及其常务委员会报告防沙治沙工作情况，自觉接受监督。全面推行地方人民政府行政领导防沙治沙任期目标责任考核奖惩制度，将防沙治沙年度目标和任期目标纳入沙区地方各级人民政府政绩考核范围。加强防沙治沙管理机构和队伍建设。国务院林业行政主管部门要负责做好全国防沙治沙的组织、协调和指导工作，有关部门要按照职能分工，各负其责，密切配合，共同做好防沙治沙工作。

28. 进一步加强防沙治沙国际合作与交流。国务院有关部门和有关地方人民政府，要根据我国履行《联合国防治荒漠化公约》的要求，密切合作，加强履约能力建设，认真履行我国承担的各项义务。要根据我国国情，积极引进国外的资金、技术和先进管理经验，促进我国防沙治沙事业的发展。努力开拓防沙治沙国际合作新领域，鼓励将国内防沙治沙技术向其他国家进行有偿输出和转让。

29. 广泛发动社会各界关心和支持防沙治沙事业。大力开展防沙治沙宣传教育，提高全民的生态保护意识。积极探索新形势下开展群众性防沙治沙的新机制、新办法，引导沙区群众积极参与防沙治沙。充分发挥人民解放军、武警部队、民兵以及工会、妇联、共青团和其他社会团体在防沙治沙中的重要作用，动员社会各方面的力量，支持和关心防沙治沙事业。各级人民政府对在防沙治沙事业中取得显著成绩的单位和个人，要给予表彰奖励，对作出突出贡献的予以重奖。

中华人民共和国国务院

2005年9月8日

国务院办公厅关于切实搞好“五个结合”进一步巩固退耕还林成果的通知

国办发［2005］25号

各省、自治区、直辖市人民政府，国务院各部委、各直属机构：

实施退耕还林，是生态建设的重大举措，是西部大开发的重要组成部分，是党中央、国务院从可持续发展战略出发作出的重大战略决策。几年来，各有关地区、有关部门按照党中央、国务院的部署，认真落实各项政策措施，广大干部群众的生态保护意识不断提高，工程区内生态环境得到改善，促进了农业结构调整，增加了农民收入。实践证明，党中央、国务院关于退耕还林的决策是正确的，效果是好的。但是退耕还林工作中也还存在一些突出问题，主要是一些地区退耕农户的长远生计缺乏保障，后续产业没有形成，农村替代能源没有同步建设等。为进一步落实《国务院关于进一步推进西部大开发的若干意见》（国发［2004］6号）关于“五个结合”（即把退耕还林与基本农田建设、农村能源建设、生态移民、后续产业发展、封山禁牧舍饲等配套保障措施结合起来）的要求，巩固退耕还林成果，经国务院批准，现就有关问题通知如下：

一、进一步明确退耕还林的指导思想和基本思路

退耕还林工作要认真贯彻党的十六大和十六届三中、四中全会精神，坚持以人为本，树立和落实科学发展观，统筹人与自然和谐发展。要以实现生态改善、生产发展、生活富裕为目标，把退耕还林工作与保障粮食安全、调整农业结构、增加农民收入有机结合起来，促进经济、社会和生态的协调发展。

退耕还林工作要坚持科学规划、完善政策、加强协调、突出重点、巩固成果、稳步推进的基本思路。近期要在继续推进重点区域退耕还林的同时，把工作重点转到认真搞好“五个结合”，解决好农民吃饭、烧柴、增收等当前生计和长远发展问题上来。坚持以农业为基础，加大基本农田建设，加强小流域综合治

理，确保退耕农户口粮基本自给；继续搞好以沼气为主的农村能源建设，有效保护林草植被；积极推进生态移民，改善重点区域生态环境，实现农民脱贫致富；发挥市场机制作用，发展后续产业，增加农民收入；继续推行封山禁牧、舍饲圈养，扩大林草保护面积，促进畜牧业的发展，切实做到退得下、稳得住、能致富、不反弹。

二、巩固退耕还林成果的重点任务及政策措施

各有关部门和地方各级人民政府要加强统筹协调，密切配合，做好“五个结合”保障措施的落实工作。把工程建设重点放在北方干旱半干旱沙化地区、黄土高原水土流失区、南方岩溶石漠化集中区、长江中上游地区、青藏高寒江河源区、京津风沙源区等六大区域，兼顾其他地区。根据不同区域特点，因地制宜，分类指导，采取有效措施，巩固退耕还林成果。

（一）大力加强农田水利基本建设，建设高标准基本口粮田。确保退耕农户在钱粮补助到期后口粮能够自给，是巩固退耕还林成果的关键。西部地区尤其要切实提高粮食自给能力，减少边远山区粮食长距离调运。各地要认真搞好规划，进一步严格保护基本农田，加强中低产田改造。要逐乡、逐村、逐户地摸清情况，制定加强退耕农户口粮田建设计划。原则上保证西南地区退耕农户人均耕地不少于0.033公顷（0.5亩）、西北地区人均耕地在0.133公顷（2亩）以上；不具备条件的地方，要努力引导和帮助退耕农户创造新的增收门路，使他们有购买口粮所需的收入。

各有关部门要安排好各项基本农田建设资金。水土保持综合治理中可用于农田基本建设的资金，以及安排在退耕还林重点区域内的小型农田水利设施建设补助专项资金，要与退耕还林相结合，主要用于水利灌溉排水设施和坡改梯改造工程建设。财政扶贫资金、以工代赈资金和其他支农资金，只要有条件与退耕还林结合的，就要做到统筹使用。要研究采取多种方式，支持西部地区建设区域性商品粮生产基地。退耕还林重点区域的县级人民政府要根据国家下达的有关投资计划，搞好项目衔接，做好组织实施工作。

（二）继续加强农村能源建设，保护林草植被。要从实际出发，以农村沼气建设为重点，多能互补，加强节柴灶、薪炭林建设，适当发展小水电、小风电、小光电。采取国家补助、地方配套和农民自筹相结合的方式，搞好退耕还林重点地区的农村能源建设。有关部门和地方对具备发展沼气条件的退耕还林地区，应继续优先安排建设投资。配合普及节柴灶，结合荒山荒地造林，营造部分薪炭林，多渠道满足农村生活能源的基本需求。

（三）积极推进生态移民，从根本上改善生产生活条件。对居住地基本不具备生存条件的特困人口，要结合退耕还林，实行易地扶贫搬迁。对西部一些经济发展明显落后，少数民族人口较多，生态位置重要的贫困地区，国家要给予重点支持，实行集中连片扶贫开发。对西部地区生存条件最恶劣和生态条件最薄弱地区，国家继续优先安排生态移民投资。各地要积极解决好搬迁群众的生产生活问题，努力实现移民脱贫和生态保护的目标。

（四）加强后续产业发展，努力增加农民收入。坚持以促进农民增收为中心，加快农业结构调整，大力发展畜牧业和特色农业，积极发展林竹产业、中药材产业、观光旅游业等。按照区域化布局、专业化生产、标准化管理、产业化经营和社会化服务的要求，扶持龙头企业和农产品深加工项目，支持农业特色产业的基地建设，促进农民增收和县域经济发展。

要多渠道增加对退耕农户发展后续产业的资金扶持。对于符合国家产业政策和市场准入条件，对地区经济发展带动作用明显的重点农业龙头企业和原料基地，中央可适当给予投资补助。国家开发银行和有关金融机构，要支持后续产业发展，扩大贷款规模。在退耕还林重点地区安排的扶贫贴息贷款，要加大对后续产业的扶持力度。要制定优惠政策，鼓励和支持各类工商企业参与后续产业开发，增加农民就业机会。同时，要加强对农民的技能培训，提高农村劳动力素质，增强就业能力。

（五）加大封山禁牧和舍饲圈养力度，保护生态环境。继续总结推广各地封山禁牧、舍饲圈养经验，解决好饲草料基地灌溉设施建设，逐步改变传统放牧方式，尽快在退耕还林工程区全面实现封山禁牧、舍饲圈养。各地要通过典型示范、资金扶持等方式，大力普及舍饲圈养，壮大畜牧产业，增加农民收入。要根据市场需求变化和当地实际，进一步优化畜种结构，大力推行科学饲养管理，搞好繁育技术应用和疫病防治工作，推进畜牧业向优质高效方向发展。

（六）进一步完善退耕还林政策。认真落实退耕还林钱粮补助政策，足额兑现到户，取信于民。搞好粮食调运，方便退耕户购粮。退耕还林所造林木，按有关政策规定被确认为公益林的，在钱粮补助期满后逐步分别纳入中央和地方森林生态效益补偿基金补助范围；属于商品林的，允许农民依法合理采伐。

三、进一步加强领导和综合协调

（一）切实加强领导。要切实落实省级政府对退耕还林工程及“五个结合”保障措施负总责的制度。各有关省、自治区、直辖市人民政府要加强领导，组织有关部门采取有力措施，把巩固退耕还林成果作为一件大事来抓，逐级明确责任，落实任务，建立和完善各项工作制度。县级人民政府要摸清底数，制订落实方案，分类指导，狠抓落实，逐村、逐户地解决问题，保证退耕还林工作的顺利实施，切实巩固生态建设成果。

（二）加强组织协调。坚持国务院西部开发办主任办公联席会议制度，统筹协调退耕还林和“五个结合”配套保障措施有关问题，研究建立部门间的情况通报制度和协调机制。各有关部门要按照退耕还林的总体要求各负其责。在下达相关项目计划时要相互通报，协同配合，同步实施。国务院西部开发办要做好退耕还林政策的研究、协调和落实工作。

（三）加强监督检查。国家林业主管部门和地方各级人民政府要加强对退耕还林工作的监督检查，确保造林保存率达到国家规定标准。县级人民政府尤其要认真做好退耕还林工程的检查验收工作，检查验收结果必须在政策兑现前在村里张榜公布，接受群众的监督。要加强后期管理，搞好补植补造，组织退耕农户搞好抚育管护以及森林草原火灾、病虫害防治工作，确保退耕还林的质量和成效。各级审计等监督部门要加强对财政资金和各类专项资金的管理和监督。建立和完善监管机制和责任追究制度，坚决打击毁林毁草和复垦行为，依法追究有关人员的责任，确保退耕还林工作持续健康开展。

中华人民共和国国务院办公厅

2005年4月17日

国务院办公厅关于解决森林公安及林业检法编制和经费问题的通知

国办发［2005］42号

各省、自治区、直辖市人民政府，国务院各部委、各直属机构：

长期以来，森林公安和林业检法机关为保护森林及野生动植物资源、保护生态安全、维护林区社会治安秩序作出了突出贡献。但是，由于多种原因，森林公安和林业检法机关编制不统一，经费渠道多样且不稳定，严重影响了队伍稳定和职能作用的发挥。为落实党中央、国务院有关林业和公安工作的重要部署，加强森林公安及林业检法队伍的正规化建设，使其依法履行职责，保护生态建设成果，国务院决定，抓紧解决森林公安和林业检法的政法专项编制和经费问题。经国务院同意，现将有关事项通知如下：

一、2005年底前，将森林公安编制统一纳入政法专项编制序列，具体编制数额以2003年底统计的编制数为基数，由国家林业局会同有关部门，按规定程序报批。森林公安编制纳入政法专项编制后，所需人员，按照录用公务员的条件，从原森林公安机关的干警中择优录用，具体办法由公务员主管部门商有关主管部门研究制定。

二、按照现行财政管理体制，从2006年开始，将森林公安经费列入各级财政预算。省级财政部门要会同有关部门合理核定经费标准。中央财政对地方一般性转移支付时适当考虑相关因素。

三、森林公安管理体制改革按照中央的统一部署，在深入调查研究、广泛听取意见的基础上，本着政企分开、政事分开的原则，先易后难、稳步推进，在中央司法体制改革领导小组的领导下提出方案，逐步完成。

四、按照中央提出的国家司法体制改革原则，理顺林业检法机构管理体制，由国家林业局会同有关主管部门抓紧研究提出解决林业检法编制和经费问题的意见，按规定程序报批。

五、地方各级政府要加强领导，各有关部门要密切配合，做好过渡时期的有关工作。要充分发挥森林公安和林业检法职能，确保林区治安稳定和森林资源安全。

中华人民共和国国务院办公厅

2005年7月28日

国务院办公厅转发发展改革委等部门关于加快推进木材节约和代用工作意见的通知

国办发［2005］58号

各省、自治区、直辖市人民政府，国务院各部委、各直属机构：

发展改革委等部门《关于加快推进木材节约和代用工作的意见》已经国务院同意，现转发给你们，请认真贯彻执行。

中华人民共和国国务院办公厅

2005年11月29日

关于加快推进木材节约和代用工作的意见

发展改革委　科技部　财政部　人事部　建设部
铁道部　农业部　商务部　税务总局
质检总局　环保总局　林业局

长期以来，国家积极发展木材节约和代用，进行木材生产加工剩余物综合利用、木材防腐等保护处理、废旧木制品回收利用与再生利用，以非木质材料替代木材，取得积极成效。但是，当前木材节约和代用工作仍然不适应经济社会发展的要求，木材消费行为、消费结构还不合理，生产加工、保护处理、回收利用的水平较低。为进一步提高木材资源利用效率，保护森林资源和生态环境，促进人与自然和谐发展，根据《国务院关于做好建设节约型社会近期重点工作的通知》（国发［2005］21号）精神，现就加快推进木材节约和代用工作提出如下意见：

一、充分认识木材节约和代用的重要意义

（一）木材节约和代用是缓解木材供需矛盾、实现木材资源可持续利用的重要途径。我国是世界上木材资源相对短缺的国家，森林覆盖率只相当于世界平均水平的3/5，人均森林面积不到世界平均水平的1/4。随着木材消费量的不断增加，供需矛盾日益突出。加快发展木材节约和代用，对满足市场需求，抑制森林超限额采伐，保持生态平衡，促进森林资源可持续利用，维护我国积极保护自然环境的国际形象，具有重要意义。

（二）木材节约和代用是发展循环经济、建设节约型社会的必然要求。目前，我国木材综合利用率仅约为60%，而发达国家已经达到80%以上，木材防腐比例仅占商品木材产量的1%，远远低于15%的世界平均水平。木材生产和消费方式不合理，加工水平落后，回收利用机制不健全，造成了严重的资源浪费。必须把木材节约和代用作为发展循环经济、建设节约型社会的一项紧迫任务，作为资源节约综合利用的一项重要内容，加大工作力度，充分挖掘潜力，提高木材综合利用率和循环利用率，减少木材不合理消耗。

二、基本原则和主要目标

（一）基本原则。根据我国国情，坚持发挥市场机制作用与政府宏观调控相结合；坚持产业结构调整与技术进步相结合；坚持强化监督管理与政策激励相结合；坚持突出重点与全面推进相结合；坚持以企业为主体与动员全社会共同参与相结合。

（二）主要目标。到2010年，初步建立适应社会主义市场经济的木材节约和代用法律法规及标准、政策体系和信息服务体系，加快木材节约和代用新技术、新工艺、新产品的研究开发、示范推广，使我国木材和木材代用品的生产和消费向节材型和环保型方向发展，木材综合利用率提高到65%以上，木材防腐比例提高到占国内商品木材产量的5%左右，年均节省木材4000万~5000万立方米，有效缓解我国木材供求矛盾。

三、重点环节和重点工作

（一）发展高效木材加工业，提高木材资源利用效率。实施木材加工机械数控化工程，培育一批大型精细木工机械科研、生产基地，提高木材加工机械数控化比例。选择部分大型木材加工企业，开展木制品原材料消耗定额生产示范，推进木材及其制品和木制品配件标准化、系列化、集约化生产，强化木材加工企业质量管理。在人造板、地板、家具等机械化程度较高的重点行业，进一步开展质量认证工作，推广优质品牌。推广普及现代化采伐、集运和生产方式，鼓励充分利用枝桠材，减少生产环节的浪费。扩大利用人工林、速生林，充分利用木材生产加工的剩余物、次小薪材等资源。

（二）推行木材保护技术，延长木制品使用期限。加快推进木材防腐和人工林木材改性产业化，重点开发和生产高效、低毒、多品种的木材保护药剂，实现木材保护产品的标准化、系列化，建立和完善木材保护产品质量检验检测体系。鼓励对木材进行防腐、防虫（蚁）、防霉、干燥、阻燃、改性等保护处理，实施木材保护工程。重点做好建筑木结构，木质门窗、地板、园林景观，铁路木轨枕和采矿坑木，木质渔船，农用木支架等木材保护处理，提高木材保护处理比例，改善使用性能，延长使用期限。

（三）建立废旧木材回收利用机制，实现木材资源循环利用。规范废旧木材的回收渠道，建立废旧木材和废旧木制品回收、加工、利用体系，在有条件的地区和大中城市周边地区培育木材旧货市场，开展废旧木材分类回收和再生利用试点，实施废旧木材再生利用产业化工程，重点做好建筑木料、废旧木家具、一次性木制品和木制包装物的回收使用和再生利用。

（四）发展木材代用，优化木材消费结构。提倡、鼓励生产和使用木材代用品，优先采用经济耐用、可循环利用、对环境友好的绿色木材代用材料及其制品，减少木材的不合理消费。积极发展人造板以及农作物剩余物、竹等资源加工产品替代木材产品，实施环保型代木工程。在城乡建设中优先选用可循环使用的非木质材料，推广使用钢、竹模板和脚手架等非木质施工器材；在林区、牧区推广非木结构建筑；在包装、运输业继续推广塑料、金属、竹材等非木质包装和木塑复合包装；在铁路和采矿业提高金属、水泥支护和轨枕的比例。限制以天然林木为原料的一次性木制品和木制包装物的生产和使用，限制食品、饮料、酒类等消费品的过度木质包装行为。

四、保障措施

（一）认真制定规划，完善法规标准。各地区、各有关部门要把木材节约和代用作为一项长期的战略性工作，由发展改革委牵头制定《木材节约和代用发展规划》，并纳入同级国民经济和社会发展总体规划及资源综合利用专项规划。要通过制定切实可行的发展木材节约和代用工作计划落实规划。要加快促进木材节约和代用的法制建设，对生产、建设、消费等各个领域的木材节约和代用作出明确规定。严格市场准入管理，建立和完善木材节约和代用标准、检验、认证和监督体系，对相关从业人员进行职能技能鉴定，建立技能型人员职业资格制度。

（二）加强政策引导，加大技术支持力度。研究制定国家鼓励、禁止和限期淘汰的木材节约和代用技术、设备、产品指导目录。把木材节约和代用作为完善资源综合利用优惠政策的重要内容，由发展改革委牵头会同有关部门研究提出《木材节约和代用技术政策大纲》，综合运用财政、税收、价格等经济杠杆，鼓励发展木材节约和代用，限制不合理生产、使用木材和浪费木材的行为。充分发挥企业主体作用，加快科技成果产业化。各地区、各有关部门对木材节约和代用新技术、新工艺、新产品的研究开发和推广应用，对木材节约和代用的重点投资项目要给予必要的支持。要大力推广节柴灶、集中供热等节能方式，积极扶持发展沼气、太阳能、风能等新能源，减少薪材对森林资源的低值消耗。

（三）搞好宣传教育，正确引导舆论。加大宣传教育力度，将木材节约和代用作为资源节约的重要内容纳入中小学教材，从小培养公民的节材意识。将木材节约和代用宣传纳入新闻媒体公益性宣传范围，加强舆论引导和监督，对严重浪费木材资源的行为予以曝光，不断增强全民节约木材和合理使用木材代用品的自觉性。要进一步加强国内外信息交流与技术合作，总结借鉴木材节约和代用好的经验及做法。

（四）明确职责任务，加强组织领导。要进一步加强对木材节约和代用工作的组织领导和协调，落实责任，不断完善木材节约和代用的管理体系和工作机制。由发展改革委会同林业局等有关部门，按照职责分工和有关要求，制定促进木材节约和代用的具体落实措施。要建立和完善木材节约和代用的信息统计及发布制度，充分发挥现有相关机构和行业协会的作用。

国家林业局令

第13号

《突发林业有害生物事件处置办法》已经2005年5月13日国家林业局局务会议审议通过，现予公布，自2005年7月20日起施行。

国家林业局局长　周生贤

2005年5月23日

突发林业有害生物事件处置办法

第一条　为了及时处置突发林业有害生物事件，控制林业有害生物传播、蔓延，减少灾害损失，根据《森林病虫害防治条例》和《植物检疫条例》等有关规定，制定本办法。

第二条　本办法所称林业有害生物，是指危害森林、林木和林木种子正常生长并造成经济损失的病、虫、杂草等有害生物。

第三条　本办法所称突发林业有害生物事件，是指发生暴发性、危险性或者大面积的林业有害生物危害事件，包括：

（一）林业有害生物直接危及人类健康的；

（二）从国（境）外新传入林业有害生物的；

（三）新发生林业检疫性有害生物疫情的；

（四）林业非检疫性有害生物导致叶部受害连片成灾面积1万公顷以上、枝干受害连片成灾面积0.1万公顷以上的。

第四条　突发林业有害生物事件分为一级和二级。

林业有害生物直接危及人类健康、从国（境）外新传入林业有害生物，以及首次在省、自治区、直

辖市范围内发生林业检疫性有害生物的，为一级突发林业有害生物事件。一级突发林业有害生物事件以外的其他突发林业有害生物事件，为二级突发林业生物有害事件。

第五条 突发林业有害生物事件由省、自治区、直辖市人民政府林业主管部门确认。

属于从国（境）外新传入的林业有害生物，以及首次在省、自治区、直辖市范围内发生的林业检疫性有害生物，应当经过国家林业局林业有害生物检验鉴定中心鉴定。

第六条 国家林业局负责组织、协调和指导全国突发林业有害生物事件的处置工作。

县级以上地方人民政府林业主管部门在人民政府领导下，具体负责本辖区内突发林业有害生物事件的处置工作。

第七条 国家林业局负责组织制定一级突发林业有害生物事件应急预案。省、自治区、直辖市人民政府林业主管部门负责组织制定本辖区的二级突发林业有害生物事件应急预案。

突发林业有害生物事件应急预案的主要内容是：应急处置指挥体系及其工作职责、预警和预防机制、应急响应、后期评估与善后处理、保障措施等。

第八条 县级人民政府林业主管部门应当根据突发林业有害生物事件应急预案，制定本辖区的突发林业有害生物事件应急实施方案。

突发林业有害生物事件应急实施方案的主要内容是：

（一）应急处置指挥机构和人员；

（二）应急处置工作职责和程序；

（三）林业有害生物控制和防治措施；

（四）林业有害生物应急处置物质保障。

第九条 县级以上人民政府林业主管部门应当加强林业有害生物测报试验室、检疫检验试验室、林木种苗及木材除害设施、物资储备仓库、通讯设备等基础设施建设，做好药剂、器械等有关物资的储备。

第十条 县级人民政府林业主管部门应当组织对突发林业有害生物事件应急处置救灾人员的专业技术培训，开展技术演练，提高应急处置技能。

第十一条 县级以上人民政府林业主管部门的森林病虫害防治机构及其中心测报点，应当及时对林业有害生物进行调查与监测，综合分析测报数据，提出防治方案。

森林病虫害防治机构及其中心测报点，应当建立林业有害生物监测档案，掌握林业有害生物的动态变化情况。

乡（镇）林业站工作人员、护林员按照县级以上人民政府林业主管部门的要求，参加林业有害生物的调查与监测工作。

第十二条 森林病虫害防治机构及其中心测报点，发现疑似突发林业有害生物事件等异常情况的，应当立即向所在地县级人民政府林业主管部门报告。

公民、法人或者其他组织发现有疑似突发林业有害生物事件等异常情况的，应当向县级以上人民政府林业主管部门反映。

第十三条 县级人民政府林业主管部门接到疑似突发林业有害生物事件等异常情况的报告或者有关情况反映的，应当及时开展调查核实；认为属于突发林业有害生物事件的，应当及时逐级上报到省、自治区、直辖市人民政府林业主管部门，并同时报告同级人民政府。

第十四条 省、自治区、直辖市人民政府林业主管部门应当组织专家和有关人员对县级人民政府林业主管部门报告的情况进行调查和论证，确认是否属于突发林业有害生物事件。

经确认属于突发林业有害生物事件的，省、自治区、直辖市人民政府林业主管部门应当立即向省、自治区、直辖市人民政府和国家林业局报告，并向相邻的其他省、自治区、直辖市人民政府林业主管部门通报有关情况。

突发林业有害生物事件的报告，主要包括有害生物的种类、发生地点和时间、级别、危害程度、已经采取的措施以及相关图片材料等内容。

第十五条 国家林业局应当按照国务院有关灾害报告制度的规定，及时向国务院报告突发林业有害生物事件的有关情况。

一级突发林业有害生物事件的有关信息，由国家林业局按照规定发布。二级突发林业有害生物事件的有关信息，由省、自治区、直辖市人民政府林业主管部门按照规定发布。

第十六条 一级突发林业有害生物事件应急预案，由国家林业局批准启动实施。二级突发林业有害生物事件应急预案，由省、自治区、直辖市人民政府林业主管部门批准启动实施，同时报告省、自治区、直辖市人民政府和国家林业局。

第十七条 突发林业有害生物事件应急预案批准启动实施后，发生地的县级人民政府林业主管部门应当相应启动应急实施方案，立即采取紧急控制措施，切断传播途径，防止扩散蔓延。

第十八条 应急预案和应急实施方案符合规定的终止条件的，方可终止。

第十九条 省、自治区、直辖市人民政府林业主管部门应当根据突发林业有害生物事件应急处理的需要，依法提出疫区划定方案和检疫检查站设立计划，报省、自治区、直辖市人民政府批准后实施。

第二十条 发生一级突发林业有害生物事件，由国家林业局组织专家开展科学研究，收集相关资料，提出综合评估报告；发生二级突发林业有害生物事件，由省、自治区、直辖市人民政府林业主管部门组织专家开展科学研究，收集相关资料，提出综合评估报告。

县级人民政府林业主管部门应当根据综合评估报告修改、完善应急实施方案。

第二十一条 对直接危及人类健康、从国（境）外新传入或者跨省、自治区、直辖市传播的林业有害生物，国家林业局和有关省、自治区、直辖市人民政府林业主管部门应当及时组织科研力量研究防治措施，制定相关的检验检疫技术标准，并依法确定是否列为林业检疫性有害生物。

第二十二条 林业主管部门、森林病虫害防治机构及其中心测报点的工作人员玩忽职守、徇私舞弊，造成林业有害生物传播、蔓延的，依照国家有关规定给予行政处分；情节严重、构成犯罪的，依法追究刑事责任。

第二十三条 本办法自2005年7月1日起施行。

国家林业局令
第14号

《林业行政处罚案件文书制作管理规定》已经2005年5月13日国家林业局局务会议审议通过，现予公布，自2005年7月1日起施行。

国家林业局局长 周生贤

2005年5月27日

林业行政处罚案件文书制作管理规定

第一条 为了规范林业行政处罚案件文书制作，正确实施林业行政处罚，保障公民、法人和其他组织的合法权益，根据《中华人民共和国行政处罚法》和《林业行政处罚程序规定》等有关规定，制定本规定。

第二条 制作林业行政处罚案件文书，适用本规定。

第三条 林业行政处罚案件文书格式由国家林业局统一制定。省、自治区、直辖市林业主管部门根据需要补充制定相应文书格式的，应当报国家林业局备案。法律、法规对文书格式另有规定的，从其规定。

第四条 林业行政处罚案件文书由省、自治区、直辖市林业主管部门统一印制、统一管理。

采用计算机印制方式制作林业行政处罚案件文书的，应当符合规定的格式，并经省、自治区、直辖市林业主管部门同意。

第五条 制作林业行政处罚案件文书，应当内容完整、准确，填写字迹清楚、文字规范、文面清洁。

第六条 林业行政处罚案件文书应当用蓝色、黑色的水笔或者签字笔填写。用计算机制作的，可以用打印方式填写。

填写林业行政处罚案件文书因书写错误需要进行修改的，可以用杠线划去修改处，在其上方或者接下处写上正确内容，并在改动处加盖修正专用印章，或者由当事人签名、盖章。

第七条 林业行政处罚案件文书首页不够记录的，可以附页。附页应当加盖印章并经当事人签字。

第八条 林业行政处罚询问笔录、勘验、检查笔录、听证会笔录等文书，在当场交由有关当事人审阅或者向当事人宣读后，由当事人在笔录上书写“以上笔录属实”并签字确认。当事人认为记录有遗漏或者有差错的，应当予以补充或者修改，并在改动处签名或者盖章。

第九条 林业行政处罚案件文书中有关同类栏目的填写要求如下：

（一）“案件性质”栏目，填写对违反林业法律、法规、规章的行为进行定性确认的案件类别，如盗伐林木案件、无木材运输证运输木材案件等。

（二）“简要案情”栏目，应当根据案件来源材料或者经过调查取证、审查认定的情况，用准确、简练的语言文字，将案件发生的时间、地点、当事人和案件事实经过、后果等情况概括清楚。

第十条 林业行政处罚当场处罚决定书，适用于案情简单、违法事实清楚、证据确凿、依法可以当场作出林业行政处罚决定的违法案件。

“违法事实”栏目，应当填写违法行为发生的时间和违法行为实施或者行为后果发生的地点，简明、扼要叙述违法事实的经过。

填写适用的法律、法规、规章应当列明具体条款，可以不写条款的具体内容。

填写处罚内容应当具体明确。

林业行政处罚当场处罚决定书可以事先加盖处罚机关的印章。

第十一条 林业行政处罚立案登记表，是林业主管部门依据法律、法规、规章的规定，对涉嫌违法行为是否立案报送行政机关负责人审批的文书。

“案件来源”栏目，按照本机关发现、单位或者群众举报、受害人控告、有关单位移送、上级机关交办和违法行为人主动交代等据实填写。

“受案人意见”栏目，填写受案人根据案情提出立案或者不予立案等意见，并签名、署明提出意见的日期。

“行政机关负责人批示”栏目，填写行政机关负责人对受案人意见进行审查后，批示立案或者不予立案等内容，并签名、署明批示的日期。

第十二条 林业行政处罚登记保存通知单，是林业主管部门在办理林业行政处罚案件中，认为证据可能灭失或者以后难以取得的，经行政机关负责人批准，对证据实施登记保存的文书。

“被登记保存人”栏目，填写内容应当完整、详细，以便查找。

登记保存原因是发现被登记保存人所持有的“物品”属涉案的重要证据，有登记保存必要；适用法律、法规、规章的依据是《中华人民共和国行政处罚法》第三十七条第二款或者《林业行政处罚程序规定》第二十六条。

“物品”栏目的名称、数量、计量单位、登记保存地点应当具体明确。

登记保存单位的印章，必须使用行政机关或者法律、法规授权的组织的印章。

第十三条 林业行政处罚询问笔录，是为了查明案件事实，搜集证据，向案件当事人、证人或者其他有关人员调查了解有关情况时所作记录的文书。

询问内容，应当记录被询问人提供的与案件有关的全部情况，包括案件发生的时间、地点、事实经过、因果关系、后果等。记录应当准确真实，不得使用推测性词语，涉及案件主要事实和重要线索的内容应当完整记录。

第十四条 林业行政处罚勘验、检查笔录，是林业行政执法人员对与案件有关的场所、物品等进行勘验或者检查所作文字记载的文书。

“勘验、检查地点”栏目，应当写清具体的地点和方位。

“勘验、检查事项及结果”栏目，应当按照勘验、检查的顺序，全面客观地记录；对现场位置、周围环境、现场状况以及其他与案件相关的情况作详尽的记录。

第十五条 林业行政处罚意见书，是林业行政执法人员在案件调查结束时，对案件提出如何处理的具体意见的文书。

“执法人”栏目，填写本案主办人员的姓名，不能少于2人。

“查处时间”栏目，填写自立案之日起至提出处罚意见之日止。

“违法行为人”栏目，按调查掌握的实际情况详细填写。

“执法人意见”栏目，应当写明所依据的法律、法规、规章的条、款、项、目和拟定的处理意见，由本案林业行政执法人员签名或者加盖本案主办机构的印章。

“法制工作机构意见”栏目，应当写明具体审核意见，由审核人签名或者加盖法制工作机构的印章。

第十六条 林业行政处罚决定书，是对违反林业法律、法规、规章的违法行为人，依法作出行政处罚决定并送达违法行为人的文书。

“违法事实和证据”栏目中的“证据”，填写调查获取的证据种类。

所依据的法律、法规、规章，应当写明条、款、项、目。

决定给予的行政处罚，应当主次分明并写明处罚种类、数额。

罚款履行方式，应当填写指定的收款银行名称和账号，不能空格不填，但依法当场收缴罚款的除外。

行政复议机关的名称应当填写全称；向行政机关所在地人民法院起诉的期限是3个月，法律有特别规定的，从其规定。

“承办人”栏目，应当填写负责查处本案的2名以上林业行政执法人员的姓名。

第十七条 林业行政处罚文书送达回证，是将林业行政处罚当场处罚决定书交付当事人或者将林业行政处罚决定书交付、送达当事人，证明当事人已经收到的法律文书。

因受送达人拒收、拒绝签名、盖章，或者代收人拒绝代收、拒绝签名、盖章而留置送达的，以及委托送达、邮寄送达、转交送达和公告送达的，应当在“备注”栏内注明。

第十八条 林业行政处罚罚没实物收据，是根据依法作出的行政处罚决定，记录被处罚人的被罚没实物的文书。

罚没内容应当将实物名称、规格、数量等记录清楚。

第十九条 暂扣木材通知单，是负责检查木材运输的木材检查站对无证运输的木材予以暂扣的文书。

暂扣木材的原因是无木材运输证运输木材，适用法律的依据是《中华人民共和国森林法实施条例》第三十七条。

第二十条 林业行政处罚委托书，是林业主管部门依照法律、法规或者规章的规定，在其法定职责内，委托符合《中华人民共和国行政处罚法》第十九条规定条件的组织，实施林业行政处罚的文书。

委托的内容，应当分别填写所依据的法律、法规、规章的条、款、项、目。

第二十一条 林业行政处罚听证权利告知书，是对适用听证程序的林业行政处罚案件作出行政处罚决定前，向当事人告知有权要求举行听证的文书。

告知书应当写明违法行为，违反的法律、法规、规章条款，拟作出的行政处罚决定的法律依据、行政处罚的种类和数额，听证机关的地址、邮政编码、联系电话、联系人等。

第二十二条 林业行政处罚听证申请笔录，是在当事人收到林业行政处罚听证权利告知书后要求听证，记录当事人的听证请求、申请听证的事实和理由的文书。

第二十三条 林业行政处罚听证案件不予受理通知书，是负责进行听证的林业主管部门对当事人的林业行政处罚听证申请笔录进行审查后，认为不符合听证条件而决定不予受理的文书。

第二十四条 听证通知书，是由有权要求举行听证的当事人提出，林业主管部门向当事人发出的决定举行听证的书面通知文书。

第二十五条 林业行政处罚听证会笔录，是对听证过程和内容进行记录的文书。

“委托代理人”栏目，应当写明代理人的姓名、性别、工作单位等。

“听证内容记录”栏目，应当写明当事人提出的主要事实和证据，第三人提出的与本案有关的观点和证据，鉴定和勘验结论，案件承办人提出的事实、证据和行政处罚建议等。

第二十六条 本规定自2005年7月1日起施行。

国家林业局令
第15号

《林业统计管理办法》已经2005年5月13日国家林业局局务会议审议通过，现予公布，自2005年7月1日起施行。

国家林业局局长 周生贤

2005年6月1日

林业统计管理办法

第一条 为了加强林业统计工作，保障林业统计资料的真实性、及时性和权威性，根据《中华人民共和国统计法》和《中华人民共和国统计法实施细则》的规定，制定本办法。

第二条 从事林业统计调查、统计分析，提供林业统计资料和统计咨询意见，进行林业统计监督等活动，应当遵守本办法。

第三条 县级以上林业主管部门、林业企业事业单位和林业统计调查对象，必须遵守国家统计法律法规，如实提供统计资料，不得虚报、瞒报、拒报、迟报，不得伪造、篡改。

第四条 县级以上林业主管部门应当根据《中华人民共和国统计法》第十八条的规定和林业统计工作任务的需要，设置统计机构或者在有关机构中设置专职、兼职统计人员，并指定统计负责人。

第五条 县级以上林业主管部门的统计机构或者统计负责人的主要职责是：

（一）组织指导、综合协调林业统计工作；

（二）拟定和组织实施林业统计调查计划和统计调查方案，收集、整理、分析、提供林业统计资料；

（三）拟定林业统计标准和林业统计调查表；

（四）完成国家有关统计调查任务，监督检查统计法规和统计制度的实施。

第六条 林业企业事业单位应当根据《中华人民共和国统计法》第十九条的规定和林业统计工作任务的需要，设置统计机构或者在有关机构中设置专职、兼职统计人员，并指定统计负责人，依法履行组织协调本单位的林业统计工作、完成林业统计调查任务、提供林业统计资料、管理林业统计调查表等职责。

林业企业事业单位应当根据国家有关规定设置统计专业技术职务。具有统计专业技术职务的人员和统计负责人的调动，应当符合国家统计法律法规的规定。

第七条 林业统计调查分为普查、经常性调查、一次性调查和试点调查。

林业统计调查可以根据要求采取信函、电报、电传、传真、电子数据交换和电子邮件等方式进行。

第八条 林业统计调查应当制定统计调查计划及其调查方案。

林业统计调查计划及其调查方案由林业主管部门的统计机构组织有关职能机构拟订，经本部门行政负责人审批，报国家统计局或者同级地方人民政府统计机构备案；统计调查对象超出林业系统的，应当报国家统计局或者同级地方人民政府统计机构审批；重要的林业统计调查计划及其调查方案，应当报国务院或

者同级地方人民政府审批。

第九条 林业统计调查计划及其调查方案应当按照林业统计调查项目编制。

林业统计调查项目的立项申请文件，应当包括项目名称、调查机关和项目、范围、对象、方式、时间、内容等事项；重要的林业统计调查项目的立项申请文件，还应当包括论证材料和试点材料。

林业统计调查项目的立项申请报告不符合规定要求的，林业主管部门的统计机构应当及时要求补充或者修改有关材料。

第十条 林业统计调查项目按照下列权限和程序审批：

（一）统计调查对象属于林业系统的，由林业主管部门的有关职能机构提出统计调查项目立项申请文件，经林业主管部门的统计机构审核后由本部门行政负责人审批，报国家统计局或者同级地方人民政府统计机构备案；

（二）统计调查对象超出林业系统的，由林业主管部门的统计机构组织有关职能机构提出统计调查项目立项申请文件，经本部门行政负责人审核同意后，报国家统计局或者同级地方人民政府统计机构审批；其中重要的，报国务院或者同级地方人民政府审批。

第十一条 林业主管部门的统计机构应当在收到林业统计调查项目立项申请文件之日起20个工作日内，办理完结有关审核、审批或者备案手续。

第十二条 林业主管部门的统计机构应当在收到审批机关或者备案机关下达的林业统计调查项目批准或者备案文件之日起20个工作日内，将布置调查的正式文件、调查方案和调查表式报送国家统计局或者同级地方人民政府统计机构。

林业主管部门的统计机构应当在布置调查的正式文件、调查方案和调查表式批准或者备案之日起20个工作日内，下达林业统计调查项目实施单位。

第十三条 经批准或者备案的林业统计调查项目，林业主管部门的统计机构或者林业统计调查项目实施单位必须在相关统计报表的右上角标明法定标识，内容包括：表号、制表机关及其文号、批准机关及其批准文号或者备案机关及其备案文号、有效期截止时间。

第十四条 林业统计调查的指标涵义、计算方法、分类目录、统计编码以及其他方面的统计标准，由国家林业局统一制定。

第十五条 经批准的林业统计调查项目应当按照下列情形分别确定有效期：

（一）调查时间不超过1年的，有效期为2年；

（二）普查、一次性调查和调查时间超过1年的，有效期到该次调查的资料上报结束时止；

（三）报国家统计局或者地方人民政府统计机构备案的林业统计调查项目，有效期为3年。

林业统计调查项目的有效期自该项目批准或者备案之日起计算。

第十六条 林业统计调查项目实施单位经统计调查形成的统计资料，应当经本单位行政负责人或者统计负责人审核、签署意见并加盖本单位的印章。

第十七条 林业统计资料由林业主管部门、林业企业事业单位的统计机构或者统计负责人统一管理。

林业主管部门、林业企业事业单位应当加强林业统计资料的保管、使用管理，建立健全原始资料、台账、统计报表、电子数据等统计资料档案。

第十八条 林业主管部门的有关职能机构、林业企业事业单位需要报送或者提供的林业统计资料，应当经林业主管部门的统计机构审查同意。

第十九条 全国性的林业统计资料，由国家林业局统一公布。

地方性的林业统计资料，由县级以上地方人民政府林业主管部门统一公布。

第二十条 全国性的林业统计资料，由国家林业局统一编辑、出版标准文本。

全国性的林业统计资料每年出版一次，编辑工作由国家林业局的统计机构具体负责。

第二十一条 在林业统计工作中做出突出成绩的统计机构和专职、兼职人员，应当给予奖励。

第二十二条 在林业统计工作中违反统计法律法规的，应当依法追究法律责任。

第二十三条 本办法自2005年7月1日起施行。

国家林业局令
第16号

《国家级森林公园设立、撤销、合并、改变经营范围或者变更隶属关系审批管理办法》已经2005年5月13日国家林业局局务会议审议通过，现予公布，自2005年7月20日起施行。

国家林业局局长　周生贤

2005年6月16日

国家级森林公园设立、撤销、合并、改变经营范围或者变更隶属关系审批管理办法

第一条 为了规范国家级森林公园设立、撤销、合并、改变经营范围或者变更隶属关系审批行为，根据《中华人民共和国行政许可法》、《国务院对确需保留的行政审批项目设定行政许可的决定》（国务院令第412号）和国家有关规定，制定本办法。

第二条 由国家林业局实施国家级森林公园设立、撤销、合并、改变经营范围或者变更隶属关系审批的行政许可事项的办理，应当遵守本办法。

第三条 森林、林木、林地的所有者和使用者，可以申请设立国家级森林公园。

设立国家级森林公园，应当具备以下条件：

（一）森林风景资源质量等级达到《中国森林公园风景资源质量等级评定》（GB/T18005－1999）一级标准；

（二）拟建的森林公园质量等级评定分值40分以上；

（三）符合国家森林公园建设发展规划；

（四）森林风景资源权属清楚，无权属争议；

（五）经营管理机构健全，职责和制度明确，具备相应的技术和管理人员。

第四条 申请设立国家级森林公园的，应当提交以下材料：

（一）申请文件；

（二）符合规定的可行性研究报告；

（三）森林、林木和林地的权属证明材料；

（四）森林风景资源的景观照片、光盘等影像资料；

（五）经营管理机构职责、制度和技术、管理人员配置等情况的说明材料；

（六）所在地省、自治区、直辖市林业主管部门的书面意见。

第五条 有下列情况之一的，可以申请撤销国家级森林公园：

（一）主要景区的林地依法变更为非林地的；

（二）经营管理者发生变更或者改变经营方向的；

（三）因不可抗力等原因，无法继续履行保护利用森林风景资源义务或者提供森林旅游服务的。

第六条 申请撤销国家级森林公园的，应当提交以下材料：

（一）申请文件；

（二）说明理由的书面材料；

（三）所在地省、自治区、直辖市林业主管部门的书面意见。

第七条 申请合并或者改变国家级森林公园经营范围的，应当具备以下条件：

（一）符合国家森林公园建设发展规划；

（二）符合国家级森林公园的森林风景资源质量等级标准。

第八条 申请合并或者改变国家级森林公园经营范围的，应当提交以下材料：

（一）申请文件；

（二）说明理由的书面材料；

（三）合并的，提交合并后经营管理机构职责、制度和技术、管理人员配置等情况的说明材料；扩大经营范围的，提交拟新增范围内的森林风景资源调查报告和景观照片、光盘等影像资料；缩小经营范围的，提交拟减少面积的位置图；

（四）所在地省、自治区、直辖市林业主管部门的书面意见。

第九条 申请变更国家级森林公园隶属关系的，应当具备以下条件：

（一）符合国家林业发展总体规划；

（二）不影响森林风景资源的保护。

第十条 申请变更国家级森林公园隶属关系的，应当提交以下材料：

（一）申请文件；

（二）说明理由的书面材料；

（三）所在地省、自治区、直辖市林业主管部门的书面意见。

第十一条 国家林业局应当在收到国家级森林公园设立、撤销、合并、改变经营范围或者变更隶属关系审批的申请后，对申请材料齐全、符合法定形式的，即时出具《国家林业局行政许可受理通知书》；对不予受理的，应当即时告知申请人并说明理由，出具《国家林业局行政许可不予受理通知书》；对申请材料不齐或者不符合法定形式的，应当在5日内出具《国家林业局行政许可补正材料通知书》，并一次性告知申请人需要补正的全部内容。

第十二条 国家林业局作出本办法规定的行政许可，需要组织专家评审的，应当自受理之日起10日内，出具《国家林业局行政许可需要听证、招标、拍卖、检验、检测、检疫、鉴定和专家评审通知书》，将中国森林风景资源评价委员会专家评审所需时间告知申请人。

国家林业局受理本办法第四条、第八条规定的申请，需要组织专家实地考察的，应当在出具《国家林业局行政许可需要听证、招标、拍卖、检验、检

测、检疫、鉴定和专家评审通知书》时，明确告知申请人。

专家集体评审和实地考察所需时间不计算在作出行政许可决定的期限内。

第十三条 国家林业局应当自受理之日起20日内作出是否准予行政许可的决定，出具《国家林业局准予行政许可决定书》或者《国家林业局不予行政许可决定书》，并告知申请人。

第十四条 国家级森林公园设立、合并、改变经营范围的行政许可决定书，应当明确国家级森林公园的位置、面积和范围。

第十五条 在法定期限内不能作出行政许可决定的，经国家林业局主管负责人批准，国家林业局应当在法定期限届满前5日办理《国家林业局行政许可延期通知书》，并告知申请人。

第十六条 国家级森林公园设立、撤销、合并、改变经营范围或者变更隶属关系的行政许可决定，应当以适当的方式公示、公告，公众有权查阅。

第十七条 国家林业局应当依法对被许可人保护利用森林风景资源的情况进行监督检查。

第十八条 被许可人违反法律、法规的规定，造成森林资源受到破坏的，由县级以上林业主管部门按照有关法律法规的规定予以行政处罚。

第十九条 被许可人以欺骗手段取得国家级森林公园设立、撤销、合并、改变经营范围或者变更隶属关系行政许可决定的，国家林业局可以依法撤销，并予以公示、公告。

作出撤销行政许可决定的，国家林业局应当以书面形式通知被许可人，并告知其享有依法申请行政复议或者提起行政诉讼的权利。

第二十条 在国家级森林公园经营管理范围内，不得再建立自然保护区、风景名胜区、地质公园等。确有必要的，必须经国家林业局批准后方可建立。

第二十一条 国家林业局的有关工作人员在实施国家级森林公园设立、撤销、合并、改变经营范围或者变更隶属关系审批的行政许可行为中，滥用职权、徇私舞弊的，依法给予行政处分；情节严重，构成犯罪的，依法追究刑事责任。

第二十二条 国家级森林公园设立、撤销、合并、改变经营范围或者变更隶属关系的其他有关规定与本办法的规定不一致的，适用本办法。

第二十三条 申请国家级森林公园设立、撤销、合并、改变经营范围或者变更隶属关系审批的有关书面材料均为一式两份，并按照国家林业局规定的格式制作。

第二十四条 本办法自2005年7月20日起施行。

国家林业局令
第17号

《普及型国外引种试种苗圃资格认定管理办法》已经2005年9月12日国家林业局局务会议审议通过，现予公布，自2005年11月1日起施行。

国家林业局局长　周生贤

2005年9月23日

普及型国外引种试种苗圃资格认定管理办法

第一条 为了防止外来林业有害生物传入国境，规范普及型国外引种试种苗圃资格认定活动，根据《中华人民共和国行政许可法》、《国务院对确需保留的行政审批项目设定行政许可的决定》（国务院令第412号）和国家有关规定，制定本办法。

第二条 实施普及型国外引种试种苗圃资格认定的行政许可，应当遵守本办法。

第三条 从事林木种子、苗木和其他繁殖材料生产、经营的单位或者个人，可以申请普及型国外引种试种苗圃资格认定。

第四条 申请普及型国外引种试种苗圃资格认定，应当具备以下条件：

（一）苗圃周围一定距离内无与所引种试种植物同科、同属的植物；

（二）具有围墙、防疫沟等引种试种隔离条件；

（三）具有检疫和除治病虫害的设施、设备；

（四）引种试种的管理措施和制度健全；

（五）配备林业有害生物防治专业技术人员；

（六）苗圃地使用权期限不少于3年。

第五条 申请普及型国外引种试种苗圃资格认定，应当提交以下材料：

（一）普及型国外引种试种苗圃资格申请表；

（二）从事主要林木种子生产的，应当提供《林木种子生产许可证》复印件；从事林木种子经营的，应当提供《林木种子经营许可证》复印件和营业执照复印件；

（三）符合本办法第四条规定条件的证明材料；

（四）所在地省、自治区、直辖市林业主管部门的书面意见。

第六条 国家林业局应当在收到普及型国外引种试种苗圃资格认定申请后，对申请材料齐全、符合法定形式的，即时出具《国家林业局行政许可受理通知书》；对不予受理的，应当即时告知申请人并说明理由，出具《国家林业局行政许可不予受理通知》；对申请材料不齐或者不符合法定形式的，应当在5日内出具《国家林业局行政许可补正材料通知书》，并一次性告知申请人需要补正的全部内容。

第七条 国家林业局受理普及型国外引种试种苗圃资格认定的申请，需要对申请材料的实质内容进行核实的，应当指派两名以上工作人员进行调查，并告知申请人。

进行调查所需时间，不计算在作出行政许可决定的期限内。

第八条 国家林业局应当自受理申请之日起20日内作出是否准予行政许可的决定，出具《国家林业局准予行政许可决定书》或者《国家林业局不予行政许可决定书》，并告知申请人。

第九条 在法定期限内不能作出行政许可决定的，经国家林业局主管负责人批准，国家林业局应当在法定期限届满前5日办理《国家林业局行政许可延期通知书》，并告知申请人。

第十条 普及型国外引种试种苗圃资格的行政许可决定，应当以适当的方式公示、公告，公众有权查阅。

第十一条 国家林业局应当依法对被许可人从事行政许可事项的活动进行监督检查。

第十二条 被许可人违反法律、法规的规定，致使外来林业有害生物传播蔓延的，应当按照有关法律、法规的规定予以处罚。

第十三条 被许可人以欺骗、贿赂等不正当手段取得普及型国外引种试种苗圃资格的，国家林业局应当依法撤销，并予以公示、公告。

作出撤销行政许可决定的，国家林业局应当以书面形式通知被许可人，并告知其享有依法申请行政复议或者提起行政诉讼的权利。

第十四条 国家林业局的有关工作人员在实施普及型国外引种试种苗圃资格认定的行政许可中，滥用职权、徇私舞弊的，依法给予行政处分；情节严重，构成犯罪的，依法追究刑事责任。

第十五条 本办法自2005年11月1日起施行。

国家林业局令
第18号

《松材线虫病疫木加工板材定点加工企业审批管理办法》已经2005年9月12日国家林业局局务会议审议通过，现予公布，自2005年11月1日起施行。

国家林业局局长　周生贤

2005年9月23日

松材线虫病疫木加工板材定点加工企业审批管理办法

第一条 为了预防和除治松材线虫病，规范松材线虫病疫木加工板材定点加工企业审批行为，根据《中华人民共和国行政许可法》、《国务院对确需保留的行政审批项目设定行政许可的决定》（国务院令第412号）和国家有关规定，制定本办法。

第二条 实施松材线虫病疫木加工板材定点加工企业审批的行政许可，应当遵守本办法。

松材线虫病疫木，是指松材线虫病疫区的松科植物。

松材线虫病疫区，由省、自治区、直辖市人民政府或者国家林业局依法划定。

第三条 从事木材经营加工的企业，可以申请松材线虫病疫木加工板材定点加工企业资格。

第四条 申请松材线虫病疫木加工板材定点加工企业资格，应当具备以下条件：

（一）具有符合疫木加工板材要求和标准的生产设施；

（二）疫木板材加工工艺流程符合疫木除害处理要求；

（三）疫木板材加工管理措施和制度健全。

第五条 申请松材线虫病疫木加工板材定点加工企业资格，应当提交以下材料：

（一）申请报告；

（二）营业执照、木材经营加工资格批准文件的复印件；

（三）符合本办法第四条规定条件的证明材料；

（四）所在地省、自治区、直辖市林业主管部门的书面意见。

第六条 国家林业局应当在收到松材线虫病疫木加工板材定点加工企业资格申请后，对申请材料齐全、符合法定形式的，即时出具《国家林业局行政许可受理通知书》；对不予受理的，应当即时告知申请人并说明理由，出具《国家林业局行政许可不予受理通知书》；对申请材料不齐或者不符合法定形式的，应当在5日内出具《国家林业局行政许可补正材料通知书》，并一次性告知申请人需要补正的全部内容。

第七条 国家林业局作出行政许可决定，需要组织专家评审论证的，应当自受理之日起10日内，出具《国家林业局行政许可需要听证、招标、拍卖、检验、检疫、鉴定和专家评审通知书》，将专家评审论证所需时间告知申请人。

专家评审论证所需时间不计算在作出行政许可决定的期限内。

第八条 国家林业局应当自受理申请之日起20日内作出是否准予行政许可的决定，出具《国家林业局准予行政许可决定书》或者《国家林业局不予行政许可决定书》并告知申请人。

第九条 在法定期限内不能作出行政许可决定的，经国家林业局主管负责人批准，国家林业局应当在法定期限届满前5日办理《国家林业局行政许可延期通知书》，并告知申请人。

第十条 松材线虫病疫木加工板材定点加工企业资格的行政许可决定，应当以适当的方式公示、公告，公众有权查阅。

第十一条 国家林业局应当依法对被许可人的松材线虫病疫术加工情况进行监督检查。

第十二条 被许可人未按照法律、法规的规定或者有关标准加工松材线虫病疫木板材的，应当按照有关法律、法规的规定予以行政处罚。

第十三条 被许可人以欺骗、贿赂等不正当手段取得松材线虫病疫木加工板材定点加工企业资格的，国家林业局应当依法撤销，并予以公示、公告。

作出撤销行政许可决定的，国家林业局应当以书面形式通知被许可人，并告知其享有依法申请行政复议或者提起行政诉讼的权利。

第十四条 国家林业局的有关工作人员在实施松材线虫病疫木加工板材定点加工企业审批的行政许可中，滥用职权、徇私舞弊的，依法给予行政处分；情节严重，构成犯罪的，依法追究刑事责任。

第十五条 本办法自2005年11月1日起施行。

国家林业局令
第19号

《引进陆生野生动物外来物种种类及数量审批管理办法》已经2005年9月12日国家林业局局务会议审议通过，现予公布，自2005年11月1日起施行。

国家林业局局长 周生贤

2005年9月27日

引进陆生野生动物外来物种种类及数量审批管理办法

第一条 为了加强陆生野生动物外来物种管理，防止陆生野生动物外来物种入侵，保护生物多样性，维护国土生态安全，根据《中华人民共和国行政许可法》、《国务院对确需保留的行政审批项目设定行政许可的决定》（国务院令第412号）和国家有关规定，制定本办法。

第二条 实施引进陆生野生动物外来物种种类及数量审批的行政许可事项，应当遵守本办法。

第三条 本办法所称陆生野生动物外来物种，是指自然分布在境外的陆生野生动物活体及繁殖材料。

第四条 引进陆生野生动物外来物种的，应当采取安全可靠的防范措施，防止其逃逸、扩散，避免对自然生态造成危害。

第五条 需要从境外引进陆生野生动物外来物种的，申请人应当提交下列材料：

（一）申请报告、进出口申请表及进口目的的说明；

（二）当事人签订的合同或者协议，属于委托引进的，还应当提供委托代理合同或者协议；

（三）证明具备与引进陆生野生动物外来物种种类及数量相适应的资金、人员和技术的有效文件或者材料，以及安全措施的说明；

（四）所在地省、自治区、直辖市林业主管部门的书面意见。

申请首次引进境外陆生野生动物外来物种的，申请人还应当提交证明申请人身份的有效文件和拟进行隔离引种试验的实施方案。

第六条 申请材料齐全且符合下列条件的，国家林业局应当作出准予行政许可的决定：

（一）具备与引进陆生野生动物外来物种种类及数量相适应的资金、人员和技术；

（二）具备适宜商业性经营利用和科学研究外来物种的固定场所和必要设施；

（三）有安全可靠的防逃逸管理措施；

（四）具有相应的紧急事件处置措施。

第七条 国家林业局在收到引进陆生野生动物外来物种种类及数量审批的申请后，对申请材料齐全、符合法定形式的，即时出具《国家林业局行政许可受理通知书》；对不予受理的，应当即时告知申请人并说明理由，出具《国家林业局行政许可不予受理通知书》；对申请材料不齐或者不符合法定形式的，应当在5日内出具《国家林业局行政许可补正材料通知书》，并一次性告知申请人需要补正的全部内容。

第八条 国家林业局作出行政许可决定，需要举行听证或者组织专家评审的，应当自受理之日起10日内，出具《国家林业局行政许可需要听证、招标、拍卖、检验、检测、检疫、鉴定和专家评审通知书》，并将听证或者专家评审所需时间告知申请人。

听证和专家评审所需时间不计算在作出行政许可决定的期限内。

第九条 国家林业局应当自受理之日起20日内作出是否准予行政许可的决定，出具《国家林业局准予行政许可决定书》或者《国家林业局不予行政许可决定书》，并告知申请人。

在法定期限内不能作出行政许可决定的，经国家林业局主管负责人批准，国家林业局应当在法定期限届满前5日办理《国家林业局行政许可延期通知书》，并告知申请人。

第十条 准予首次引进境外陆生野生动物外来物种进行驯养繁殖的，应当进行隔离引种试验。

隔离引种试验由省、自治区、直辖市林业主管部门指定的科研机构或者专家进行评估，评估通过后方可继续引进和推广。

隔离引种试验应当包含中间试验。中间试验未获成功的，评估不得通过。

在自然保护区、自然保护小区、森林公园、风景名胜区以及自然生态环境特殊或者脆弱的区域，不得开展隔离引种试验。

第十一条 禁止开展陆生野生动物外来物种的野外放生活动。

因科学研究、生物防治、野生动物种群结构调节等特殊情况，需要放生陆生野生动物外来物种的，应当按照《中华人民共和国陆生野生动物保护实施条例》的相关规定执行。

第十二条 经批准从境外引进的陆生野生动物外来物种及其繁殖后代、产品应当依照国家有关规定进行标记。

第十三条 陆生野生动物外来物种发生逃逸的，被许可人应当立即向当地林业主管部门报告，由当地林业主管部门责令其限期捕回或者采取其他补救措施。被责令限期捕回或者采取其他补救措施而拒绝执行的，当地林业主管部门或者其委托的单位可以代为捕回或者采取其他补救措施，并由被许可人承担全部捕回或者采取其他补救措施所需的经费；造成损害的，依照有关法律法规承担法律责任。

第十四条 依法查没的陆生野生动物外来物种，应当由当地县级以上林业主管部门按照国家有关规定处理。

第十五条 国家林业局成立陆生野生动物外来物种咨询科学委员会，负责陆生野生动物外来物种管理的科学论证、评估和咨询。

第十六条 各级林业主管部门应当建立防范陆生野生动物外来物种入侵的预警和应急防范机制。

在野外发现陆生野生动物外来物种的，当地林业主管部门应当立即向同级人民政府和上级林业主管部门报告，并会同有关部门采取监测和防治措施。

第十七条 省、自治区、直辖市之间引进本行政区域内没有天然分布的陆生野生动物外来物种的，按照国家和省、自治区、直辖市的相关规定办理。

第十八条 引进的陆生野生动物属于中国参加的国际公约限制进出口的濒危物种的，必须向国家濒危物种进出口管理机构申请办理允许进出口证明书。

第十九条 本办法自2005年11月1日起施行。

国家林业局公告

2005 年第 1 号

根据《林木和林地权属登记管理办法》（国家林业局令 2001 年第 1 号）第十条的规定，对红石林业局提出的林权变更登记申请的有关登记内容公告如下：

在 1989 年国务院确定的国有重点林区确权登记发证过程中，因桦甸市红石镇高兴村村干部确认地块错误，致使本属于高兴村的 5 公顷集体林地错划为国有，而本属于红石林业局的国有林地 2.5 公顷错划为集体所有，现双方请求，将国林证字第 213 号确定的红石林业局 54 林班 8 小班的森林资源变更为集体所有，并将红石林业局 54 林班 D7 小班的森林资源变更为国家所有，经我局初步审查，认为双方提交的变更登记申请材料符合《森林法》、《森林法实施条例》以及《林木和林地权属登记管理办法》的有关规定，决定予以受理。

登记具体内容包括：

登记类型：变更登记

有关权利人：红石林业局、吉林省桦甸市红石镇高兴村

变更地块：1. 红石林业局 54 林班 8 小班，面积 5 公顷；2. 红石林业局 54 林班 D7 小班，面积 2.5 公顷

坐落：红石林业局红石林场、桦甸市红石镇高兴村达连沟社

林种：用材林

树种：落叶松

本公告期为 30 天，自 2005 年 1 月 12 日始，到 2 月 11 日止，有关利害在关系人如对所公告的林权登记内容有异议，请在公告期限内向国家林业局提出。

特此公告。

国家林业局

2005 年 1 月 12 日

国家林业局公告

2005 年第 2 号

根据《植物检疫条例》的有关规定，现将我国松材线虫病疫区公告如下（其中带★号的为新划疫区）：

江苏省：南京市雨花台区、栖霞区、玄武区、浦口区、江宁区、六合区、溧水县、高淳县，镇江市润州区、京口区、丹徒区、句容市，常州市溧阳市、金坛市，无锡市滨湖区、惠山区、宜兴市★，扬州市仪征市，淮安市盱眙县，连云港市连云区★，苏州市吴中区★、常熟市★，南通市崇川区★。

浙江省：宁波市北仑区、鄞州区★、江北区★、镇海区★、奉化市★、余姚市★、慈溪市★、象山县、宁海县，舟山市定海区、普陀区、岱山县、嵊泗县，杭州市西湖区、富阳市，湖州市吴兴区、长兴县，嘉兴市平湖市，温州市乐清市★，绍兴市新昌县★。

安徽省：滁州市南谯区、明光市、全椒县、来安县、定远县，马鞍山市雨山区、花山区、当涂县，巢湖市和县，宣城市广德县，合肥市肥东县★，铜陵市郊区★，安庆市郊区★。

江西省：赣州市章贡区★。

山东省：烟台市长岛县。

湖北省：恩施土家族苗族自治州恩施市。

湖南省：郴州市北湖区★、苏仙区★，益阳市资阳区★、沅江市★，常德市汉寿县★。

广东省：广州市白云区、天河区、黄埔区、从化市、增城市，深圳市龙岗区、宝安区，东莞市，惠州市惠城区、惠阳区、博罗县、惠东县。

重庆市：涪陵区★、长寿区★、万州区★。

贵州省：遵义市遵义县★。

特此公告。

国家林业局

2005 年 1 月 31 日

国家林业局、国家工商行政管理总局公告

2005 年第3号

根据《国家林业局、国家工商行政管理总局关于对利用野生动物及其产品的生产企业进行清理整顿和开展标记试点工作的通知》（林护发［2003］3号）和《国家林业局、卫生部、国家工商行政管理总局、国家食品药品监督管理局、国家中医药管理局关于进一步加强麝、熊资源保护及其产品入药管理的通知》（林护发［2004］252号），现将第五批试点使用中国野生动物经营利用管理专用标识的企业及其产品公告如下：

一、自2005年7月1日起，凡生产、销售的含天然麝香、熊胆粉成分的中成药全部实行中国野生动物经营利用管理专用标识制度（以下简称“专用标识制度”），标记范围如下：

（一）以下所列企业生产、销售的含天然麝香成分的下列中成药产品。

序号	省份	企业名称	标记品种
1	北京	北京同仁堂集团公司	安宫牛黄丸
2	上海	上海雷允上药业有限公司	六神丸
3	江苏	苏州雷允上药业有限公司	六神丸
4	福建	厦门中药厂有限公司	八宝丹
5		漳州片仔癀药业股份有限公司	片仔癀

（二）利用天然熊胆粉生产并已获国家药品标准的中成药品种的企业。

（三）2005年7月1日以前（不含7月1日）其他生产、销售单位现有库存的含天然麝香、熊胆粉成分的中成药产品。

（四）规格包装的天然麝香、熊胆粉。

二、自2005年7月1日起，开始对使用国家重点保护野生动物皮张加工、经营的皮具产品实行专用标识制度，标记范围如下：

序号	省份	企业名称
1	北京	国贸建设（香港）有限公司
2		北京和信皮业有限责任公司
3		北京炎黄振国报关服务有限责任公司
4		王府饭店有限公司
5	上海	上海环宇进出口有限公司
6		上海宝隆国际贸易有限公司
7		上海外高桥钟表国际贸易有限公司
8		上海申信进出口有限公司
9	浙江	浙江多喜佳伴纳服饰有限公司

（续）

序号	省份	企业名称
10	福建	厦门市南顺鳄鱼园有限公司
11	广东	广东鸵鸟贸易有限公司

三、新增部分象牙、蟒皮二胡生产、销售企业，其生产、销售的象牙制品、蟒皮二胡全部实行专用标识制度，标记范围如下：

（一）以下所列企业生产销售的象牙制品。

序号	省份	企业名称	加工点
1	上海	上海新世界笔墨有限公司老周虎臣笔厂	福州路290号一楼西柜
2	福建	福州市仓山区昌兴工艺厂	福州市仓山区浦上开发区仓山园9-09号
3	广东	广州市荔湾区超群工艺厂	广州市荔湾区龙津路蕉园大街15号
4		肇庆市象牙工艺厂	肇庆市工农北路19号

（二）以下单位现有的象牙制品。

序号	省份	生产单位	经营销售点
1	北京	北京正栋腾飞艺术有限责任公司	北京市海淀区爱家国际收藏品交流市场997号北京腾飞轩工艺品店
2			北京市朝阳区潘家园路华威里18号丁区55号北京腾飞阁工艺品店
3			北京金源时代购物中心四层北京德胜海艺工艺品店
4			上海市浦东新区张杨路501号上海新世纪商厦六楼上海致嘉轩贸易有限公司工艺品专柜
5		北京大风堂工艺品有限公司	北京大风堂工艺品有限公司潘家园经营部
6		北京库鹏象牙雕刻有限责任公司	北京王府井工美艺术世界大厦四层北京工艺美术博物馆
7			北京马甸桥西福丽特商城“玩家”
8	天津	天津市润泽轩工艺品有限公司	天津市和平区南京路211号天津市国际商场
9			天津市河西区南京路66号天津市凯旋门百货公司

（续）

序号	省份	生产单位	经营销售点
10	上海	上海工艺美术总公司工艺美术研究所	上海市汾阳路79号内一楼商场部及二楼展厅
11		上海百货有限公司古玩商店	上海市华山路9号商店工艺柜
12		上海东方商厦南东店	上海市南京东路800号商厦南东店10楼工艺柜
13		上海虹桥友谊商城有限公司	上海市遵义南路6号商城三楼工艺柜
14		长江刻字厂徐家汇门市部	上海市广元路215号
15		长江刻字厂乳山路门市部	上海市长江刻字厂乳山路门市部
16		长江刻字厂四川门市部	上海市四川北路2043号
17	福建	福州富艺工艺精制品有限公司	江苏省常州市钟楼区延陵西路101号常州市工艺美术有限公司
18			广东省广州市荔湾区康王中路4号地块A5号铺雅必居工艺品店
19			上海市方浜中路349号甲上海黄浦区泓雅斋工艺品商店
20		福州震港工艺品有限公司	广东省广州市荔湾区康王路自编兴5号
21		福建省闽侯港联工艺品有限公司	广东省广州市沙面南街1号白天鹅宾馆商场

（三）以下所列企业生产销售的蟒皮二胡。

编号	省份	生产企业名称
1	上海	上海华黎民族乐器厂
2	江西	江西省余干县民族乐器有限公司
3	河南	河南省开封中原民族乐器有限公司

（四）以下所列工作室生产销售的蟒皮二胡。

序号	省份	蟒皮二胡工作室名称
1	北京	北京王秋利乐器制作室
2	河北	饶阳县振鹏民族乐器厂
3	上海	上海文华乐器厂
4		上海乐圣乐器有限公司

（续）

序号	省份	蟒皮二胡工作室名称
5	江苏	无锡市新区金波民族乐器厂
6		苏州市振兴民族乐器加工部
7		苏州吴韵民族乐器厂
8		苏州市金阊区英艺乐器社
9		苏州市金阊区艺新民族乐器厂
10		苏州市金阊区殿闻民族乐器厂
11		苏州市相城区北桥民族乐器厂
12		苏州蔡文沅二胡制作室
13		高邮古盂城琴艺轩
14	江西	九江锦江乐器有限公司
15	湖北	武汉市曾宪勇民族拉弦乐器工作室
16	广东	广州市越秀区七律琴行
17		洋声乐器加工场
18	广西	广西柳州华宝民族乐器厂
19	陕西	西安音乐学院乐器厂

四、自2005年7月1日起，新增中国野生动物保护协会秦皇岛野生动物救护中心、福建省南平刀霞生物有限公司为野生动物标本标记试点企业，其生产销售的野生动物标本全部实行专用标识制度。

五、自2005年7月1日起，凡生产日期在2005年7月1日以后的由广东大家乐酒业有限公司生产的“大家乐”牌鹿龟酒和三鞭酒全部实行专用标识制度。

特此公告。

附：“中国野生动物经营利用管理专用标识”图样

品名：中英文名

成分：拉丁名

编码：企业代码/审批年度/序号

CNWM CNWM CNWM CNWM CNWM CNWM CNWM CNWM CNWM

CNWM 中国野生动物经营利用管理专用标识

国家林业局

中华人民共和国国家工商行政管理总局

2005年6月24日

国家林业局公告

2005 年第 4 号

国家林业局批准《森林生态系统定位研究站建设技术要求》（LY/T1626-2005）等 32 项林业行业标准（见附件）。以上 32 项标准自 2005 年 12 月 1 日起执行。现予以公布。

国家林业局

2005 年 9 月 5 日

附件：

序号	标准编号	标准名称	代替标准号	批准日期	实施日期
1	LY/T1626-2005	森林生态系统定位研究站建设技术要求		2005－08－16	2005－12－01
2	LY/T1627-2005	中国森林火灾编码		2005－08－16	2005－12－01
3	LY/T1628-2005	黄脊竹蝗防治技术规程		2005－08－16	2005－12－01
4	LY/T1629-2005	红松果林丰产技术规程		2005－08－16	2005－12－01
5	LY/T1630-2005	樟子松速生丰产商品林		2005－08－16	2005－12－01
6	LY/T1631-2005	红花檵木苗木培育技术规程和质量分级		2005－08－16	2005－12－01
7	LY/T1632-2005	人参榕生产技术规程和质量等级		2005－08－16	2005－12－01
8	LY/T1633-2005	中国水仙种球生产技术规程和质量等级		2005－08－16	2005－12－01
9	LY/T1634-2005	东北马鹿养殖技术规程		2005－08－16	2005－12－01
10	LY/T1635-2005	木材防腐剂		2005－08－16	2005－12－01
11	LY/T1636-2005	防腐木材的使用分类和要求		2005－08－16	2005－12－01
12	LY/T1637-2005	杨树皮类脂		2005－08－16	2005－12－01
13	LY/T1638-2005	针叶饲料粉		2005－08－16	2005－12－01
14	LY/T1639-2005	铬皮粉		2005－08－16	2005－12－01
15	LY/T1640-2005	药用单宁酸		2005－08－16	2005－12－01
16	LY/T1641-2005	食用单宁酸		2005－08－16	2005－12－01
17	LY/T1642-2005	单宁酸分析试验方法		2005－08－16	2005－12－01
18	LY/T1643-2005	高纯没食子酸		2005－08－16	2005－12－01
19	LY/T1644-2005	没食子酸分析试验方法		2005－08－16	2005－12－01
20	LY/T1645-2005	日用樟脑		2005－08－16	2005－12－01
21	LY/T1646-2005	森林采伐作业规程		2005－08－16	2005－12－01
22	LY/T1647-2005	速生丰产用材林建设导则		2005－08－16	2005－12－01
23	LY/T1648-2005	速生丰产用材林建设规划设计通则		2005－08－16	2005－12－01
24	LY/T1649-2005	保鲜黑木耳		2005－08－16	2005－12－01
25	LY/T1650-2005	榛子坚果　平榛、平欧杂种榛		2005－08－16	2005－12－01
26	LY/T1651-2005	松口蘑采收及保鲜技术规程		2005－08－16	2005－12－01
27	LY/T1652-2005	花椒质量等级		2005－08－16	2005－12－01
28	LY/T1096-2005	营造机械设备配属规范	LY/T1096－1993	2005－08－16	2005－12－01
29	LY/T1290-2005	蓝狐饲养技术规程	LY/T1290－1998	2005－08－16	2005－12－01
30	LY/T1300-2005	工业单宁酸	LY/T1300－1999	2005－08－16	2005－12－01
31	LY/T1301-2005	工业没食子酸	LY/T1301－1999	2005－08－16	2005－12－01
32	LY/T1444.1-2005	林区木材生产能耗　第 1 部分：综合能耗	LY/T1444－1999	2005－08－16	2005－12－01
	LY/T1444.2-2005	林区木材生产能耗　第 2 部分：油锯燃料消耗量	LY/T1445－1999	2005－08－16	2005－12－01
	LY/T1444.3-2005	林区木材生产能耗　第 3 部分：集材机械燃料消耗量	LY/T1446－1999	2005－08－16	2005－12－01
	LY/T1444.4-2005	林区木材生产能耗　第 4 部分：绞盘机装车燃料消耗量	LY/T1447－1999	2005－08－16	2005－12－01
	LY/T1444.5-2005	林区木材生产能耗　第 5 部分：汽车运材燃料消耗量	LY/T1448－1999	2005－08－16	2005－12－01
	LY/T1444.6-2005	林区木材生产能耗　第 6 部分：贮木场生产能源消耗量	LY/T1450－1999	2005－08－16	2005－12－01

国家林业局公告
2005年第5号

根据国家林业局、国家工商行政管理总局《关于对利用野生动物及其产品的生产企业进行清理整顿和开展标记试点工作的通知》（林护发［2003］3号）等有关规定，现将第六批试点使用中国野生动物经营利用管理专用标识的企业及其产品公告如下：

一、自2006年1月1日起，凡生产、销售的含豹骨成分的中成药及规格包装的豹骨粉全部实行中国野生动物经营利用管理专用标识制度（以下简称"专用标识制度"），标记范围如下：

（一）有关企业利用豹骨生产并已获国家药品标准的中成药。

（二）2006年1月1日以前（不含1月1日）其他生产、销售单位现有库存的含豹骨成分的中成药及规格包装的豹骨粉。

二、自2006年1月1日起，依法驯养繁殖的下列活体野生动物，须全部实行专用标识制度。

（一）虎、豹、狮、象、野马、野驴、羚牛、大熊猫、小熊猫、熊、猩猩、长臂猿、金丝猴、叶猴、鹤、鹳、天鹅等现存所有种及亚种。

（二）河北吴桥群艺马戏团的活体野生动物。

三、自2006年1月1日起，新增部分标记试点企业，其生产、销售的下列产品须全部实行专用标识制度，标记范围如下：

（一）以下企业自2006年1月1日起生产、销售的含天然麝香成分的下列中成药产品。

序号	省份	企业名称	中药品种
1	江苏	无锡山禾药业股份有限公司	醒脑静注射液
2	福建	福建麝珠明眼药股份有限公司	麝珠明目滴眼液

（二）广州市帕洛斯皮具有限公司以国家重点保护野生动物皮张为原料加工、经营的皮具制品。

（三）以下企业加工、销售的象牙制品、蟒皮二胡。

1. 以下企业加工的象牙制品。

序号	省份	企业名称	加工点
1	北京	北京市伟明达工艺品店	北京市通州区台湖镇玉甫上营村

2. 以下单位经营的象牙制品。

序号	省份	销售单位	经营销售点
1	北京	北京市伟明达工艺品店	北京古玩城猛犸艺术品店（古玩城西厅1号）
2			山东省济南市历下区古玩城祥音堂工艺品商行
3		中工美工艺美术文化公司	北京百盛购物中心7层
4		北京祥音堂工艺品店	北京朝阳区古玩城书画艺术世界市场
5		北京聚德行商贸有限公司	北京福丽特古玩家具城D29号、D30号摊位
6		北京盛世兴文文化发展有限公司	北京海淀区远大东路1号金源时代购物中心六楼
7	辽宁	沈阳鉴宝堂工艺品有限公司	沈阳花卉古玩中心
8			沈阳兴隆大家庭购物中心有限公司
9			沈阳盛京古玩城
10	江苏	江苏省如皋绿园	江苏省如皋市如城镇益寿路245号三楼
11	广东	广州市大新象牙工艺厂	广州国际旅游天地
12			广东壹号国际文化广场
13		广州市荔湾区超群工艺厂	广州市环市东路369号广州友谊股份有限公司五楼
14			广州市荔湾区兴光里以南自编兴7号
15			佛山市顺德清晖路1号
16			哈尔滨新世界百货有限公司

3. 以下企业生产销售的蟒皮二胡。

编号	省份	生产企业名称
1	天津	天津市乃政乐器厂
2	河北	肃宁亨昌乐器厂
3	上海	上海琴园乐器有限公司
4	江苏	响水县七套乡伟和民族乐器厂
5		苏州宏艺红木制品有限公司
6		无锡市林艺乐器厂

4. 以下工作室生产销售的蟒皮二胡

编号	省份	生产企业名称
1	河北	石家庄市新华区龙马民族乐器厂
2	江苏	苏州市金阊区崇山乐器加工店
3	山东	临沂市宏声乐器厂

（四）由下列企业生产的生产日期在2006年1月1日以后的下列产品须全部实行专用标识制度，标记范围如下：

编号	省份	企 业 名 称	产品名称
1	福建	福建省华杭麝业科技开发有限公司	鹿血酒
2		福建省邵武市富民鹿业贸易有限公司	鹿茸酒、鹿骨酒

（续）

编号	省份	企 业 名 称	产品名称
3	广东	广东永安堂酒业有限公司	永安堂鹿龟酒、永安堂蛤蚧酒
4		广东贞山鳄鱼养殖有限公司	贞山牌鳄鱼酒、贞山牌鳄鱼膏
5	海南	海南稻香食品开发有限公司	稻香牌速冻虎纹蛙

特此公告。

附："中国野生动物经营利用管理专用标识"图样（略）

国家林业局
中华人民共和国国家工商行政管理总局
2005年12月21日

国家林业局公告
2005年第6号

根据《中华人民共和国种子法》第十六条的规定，现将由国家林业局林木品种审定委员会审定通过的重庆南川杉木1.5代种子园种子等20个林木品种和认定通过的云南省紫溪山华山松种子园种子等9个林木品种作为林木良种予以公告（详见目录）。自公告发布之日起，这些品种在林业生产中可以作为林木良种使用，并在本公告规定的适宜种植范围内推广。

特此公告

附件：林木良种目录

国家林业局
2005年12月30日

附件　林木良种目录*

审定通过品种

罗田垂枝杉

树种：杉木

学名：*Cunninghamia lanceolata*

类别：优良品种

通过类别：审定

编号：国S-SV-CL-001-2005

品种特性：树冠窄小，呈尖塔形，冠幅一般为1.5米左右，枝条短细，2~3年以上老枝自然下垂，与主干交角达150°左右，6~7年生时自然脱落，中幼林冠高比为1:2，20年时约为1:3。有生长快，干形通直，材质优良等特性。以当地黄杉为对照，胸径、树高和单株材积增益分别为6.1%、19.2%、10.2%。

栽培技术要点：宜密植。限定无性方式繁殖推广，栽培技术同一般杉木。

适宜种植范围：湖北省同类型杉木栽培区。

南川杉木1.5代种子园种子

树种：杉木

学名：*Cunninghamia lanceolata*

类别：种子园种子

通过类别：审定

编号：国S-SSO(1.5)-CL-002-2005

品种特性：易繁殖，速生，干形通直、圆满，成材期早，抗逆性良好。木材纹理通直，结构均匀，早晚材界限不明显，木材耐腐力强。种子千粒重为8.5克，发芽率35%~45%，遗传增益10%以上。

栽培技术要点：按杉木常规造林技术要求栽植，

* 通过认定的林木良种，认定期满后不得作为良种继续使用，应重新申请林木良种审定。

穴植。初植密度控制在2米×2米左右。郁闭后按杉木经营方案进行抚育间伐。

适宜种植范围：重庆市、贵州北部与四川邻近地区、四川东部等丘陵山地杉木栽培立地。

金翠蕾

树种：灰粘毛忍冬

学名：*Lonicera macranthoides* cv. Jincuilei

类别：优良品种

通过类别：审定

编号：国 S-SV-LM-003-2005

品种特性：树形圆头形，树枝开张，生长势旺盛。当年生新枝红色，近无毛，老枝褐色。叶革质，长椭圆形或长卵形，先端渐尖，基部浅心形或圆形。花冠不开裂平均30朵聚合成伞状花序或团状花序，花萼绿色，萼筒无毛。花期15~25天，千花蕾干重17.62克，出干花率24.01%，定植4~5年，干花产量250~350千克/亩。干花绿原酸含量5.92%。

栽培技术要点：选择向阳、土层较深厚、排水良好的沙质土壤栽培，每亩施堆肥或秸秆4000~5000千克或钙镁磷肥150~300千克，株行距为2米×(2~2.5)米。晚秋或早冬栽植为宜，根系蘸泥浆可提高成活率。

适宜种植范围：湖南、湖北、江西、河南。

银翠蕾

树种：灰粘毛忍冬

学名：*Lonicera macranthoides* cv. Yincuilei

类别：优良品种

通过类别：审定

编号：国 S-SV-LM-004-2005

品种特性：树形为伞形，树姿开张，生长势旺盛。当年生新枝浅红色，近无毛，老枝红褐色。叶革质，表面略有皱纹，长椭圆形或长卵形，先端渐尖，基部浅心形或圆形。花冠不开裂，平均31朵聚合成伞状花序或团状花序，1~3簇生于叶腋或枝顶上，花萼绿色，萼筒无毛。花期15~25天，千花蕾干重14.21克，出干花率23.12%，定植4~5年，干花产量200~300千克/亩。干花绿原酸含量5.83%。

栽培技术要点：选择向阳、土层较深厚、排水良好的沙质土壤栽培，每亩施堆肥或秸秆4000~5000千克或钙镁磷肥150~300千克，株行距为2米×(2~2.5)米。晚秋或早冬栽植为宜，根系蘸泥浆可提高成活率。

适宜种植范围：湖南、湖北、江西、河南。

罗蓝紫

树种：丁香

学名：*Syringa oblata* × *S. vulgaris* cv. Loulanzi

类别：优良品种

通过类别：审定

编号：国 S-SV-SO-005-2005

品种特性：花色暗紫，重瓣2~3层，单花直径2厘米，花序紧凑。长势旺盛、不抽条、抗高温和干旱等特点。北京地区3月上旬萌芽，单花花期3~4天，群体花期14~16天。10月上旬至11月上旬落叶。

栽培技术要点：嫁接苗栽植，株行距80厘米×80厘米。为促进幼苗生长，6~7月间按30~40千克/亩施复合肥1~2次，施肥后灌水，3月份的萌动水和11月初的冻水是重要的水分保证。

适宜种植范围：辽宁、北京、内蒙古。

香　雪

树种：丁香

学名：*Syringa oblata* × *S. vulgaris* cv. Xiangxue

类别：优良品种

通过类别：审定

编号：国 S-SV-SO-006-2005

品种特性：树型紧凑，树势健壮，生长势同母本，分枝多。花色纯白，重瓣2~3层，单花较大。单花花期3~4天，群体花期14~16天。10月下旬至11月上旬落叶。

栽培技术要点：嫁接苗栽植，株行距80厘米×80厘米。为促进幼苗生长，6~7月间按30~40千克/亩施复合肥1~2次，施肥后灌水，3月份的萌动水和11月初的冻水是重要的水分保证。

适宜种植范围：辽宁、北京、内蒙古。

乌兰沙林

树种：沙棘

学 名：*Hippohae rhamnoides subsp. mongolica* cl. Wulanshalin

类别：无性系

通过类别：审定

编号：国 S-SC-HR-007-2005

品种特性：灌木状，树高2~2.5米，树冠椭圆形，果卵圆形，深橘红色，顶有红晕，果实纵径1.1~1.4厘米，横径0.8~1.0厘米。萌蘖能力强，萌蘖系数高达12，耐大气干旱、耐瘠薄土壤。无刺或极少有刺，平均百粒果重52克，产果量达15吨/公顷，风干果脂肪含量4.6%，总黄酮含量72.48毫克/100克，总氨基酸含量280.75毫克/100克，V_E含量7.4毫克/100克，β-胡萝卜素含量24.42毫克/100克。

栽培技术要点：栽植穴格40厘米×40厘米×40厘米。行距4米，株距2米便于机械化采收，造林当年和次年要抚育，干旱地区要适当灌水。

适宜种植范围：内蒙古、宁夏、黑龙江、辽宁、山西、陕西、新疆。

蒙中杂交种

树种：蒙古沙棘×中国沙棘

学名：*Hippohae rhamnoides subsp mongolica* × *H. subsp sinensis* cl. Mongzhong Hybrid

类别：无性系

通过类别：审定

编号：国 S-SC-HR-008-2005

品种特性：生长旺盛，主干型亚乔木或大灌木，性状特征总体为双亲综合性状，但在生长上侧重中国沙棘，结实上侧重蒙古沙棘。果橘黄色，近卵圆形、圆形为主，大小界于亲本之间，高产。平均百粒果重 36.8 克，平均单株产量为 4.5 千克，总黄酮含量 36.44 毫克/100 克，V_E 含量 0.72 毫克/100 克，β-胡萝卜素含量 0.94 毫克/100 克，含酸量达 10.57%。

栽培技术要点：1 年生实生苗栽植，株行距 1 米×3 米或 1.5 米×3 米。雌雄可辨后，除去部分雄株，提高单位面积产量。植穴规格 30 厘米×30 厘米×40 厘米，注意不要窝根。

适宜种植范围：内蒙古、宁夏、黑龙江、辽宁、山西、陕西、甘肃、新疆。

无刺雄

树种：沙棘

学 名：*Hippohae rhamnoides subsp sinensis* cl. Wucixiong

类别：无性系

通过类别：审定

编号：国 S-SC-HR-009-2005

品种特性：无刺，生长旺盛，花芽饱满充实，散粉量大，树冠常较其他配伍雌株高出 20 厘米，且花期与多个栽培品种相一致，是一理想的配伍雄株。

栽培技术要点：采用植苗造林法，在建立沙棘园或沙棘杂交种子园时，作为配伍雄株，栽培技术无特殊要求，栽植量为全留量的 1/8 即可。用于建立饲料林时，株行距可用宽窄行的办法，窄行间距 1.5 米，宽行间距 3～2.5 米，两窄行一宽行种植。

适宜种植范围：内蒙古、黑龙江、辽宁、新疆。

中梨 1 号

树种：梨

学名：*Pyrus Pyrifolia Nakai* × *P. bretschneideri Rehd* cv Zhongli No. 1

类别：优良品种

通过类别：审定

编号：国 S-SV-PP-010-2005

品种特性：果实大，平均单果重 250 克，最大 500 克，丰产期亩产 4000 千克。果近圆或扁圆形，绿色，肉质细嫩，石细胞少，汁多，风味香甜可口，可溶性固形物含量 12%～13.5%。植株生长势旺，萌芽率高，成枝力中等；抗逆性强，栽培管理方便。

栽培技术要点：株行距 2 米×(4～5)米，配置早香酥、金水 2 号、新世纪为授粉树，幼树轻剪长放，采取疏散分层形或纺锤形树形；做好疏花疏果，加强水肥管理，做好病虫害防治，多雨地区注意防治斑点落叶病。

适宜种植范围：四川、河北、山东、陕西、河南。

桂无 2 号

树种：油茶

学名：*Camellia oleifera* cl. Guiwu No. 2

类别：无性系

通过类别：审定

编号：国 S-SC-CO-011-2005

品种特性：早实、丰产、油质好、抗逆性强、适应性广。4 年平均产油量 798.57 千克/公顷，鲜出籽率 47%，干出籽率 27%，种仁含油率 53.6%。

栽培技术要点：用苗高 30 厘米以上、地径 0.3 厘米以上的嫁接苗造林，株行距 2 米×3 米，在 15 度以下红壤或红黄壤立地上造林。

适宜种植范围：广西、湖南、江西。

桂无 3 号

树种：油茶

学名：*Camellia oleifera* cl. Guiwu No. 3

类别：无性系

通过类别：审定

编号：国 S-SC-CO-012-2005

品种特性：早实、丰产、油质好、抗逆性强、适应性广。4 年平均产油量 798.75 千克/公顷，鲜出籽率 51%，干出籽率 28.5%，种仁含油率 54.73%。

栽培技术要点：用苗高 30 厘米以上、地径 0.3 厘米以上的嫁接苗造林，株行距 2 米×3 米，在 15 度以下红壤或红黄壤立地上造林。

适宜种植范围：广西、湖南、江西。

桂无 5 号

树种：油茶

学名：*Camellia oleifera* cl. Guiwu No. 5

类别：无性系

通过类别：审定

编号：国 S-SC-CO-013-2005

品种特性：早实、丰产、油质好、抗逆性强、适应性广。4 年平均产油量 650.47 千克/公顷，鲜出籽率 49.5%，干出籽率 26.3%，种仁含油率 51.32%。

栽培技术要点：用苗高30厘米以上、地径0.3厘米以上的嫁接苗造林，株行距2米×3米，在15度以下红壤或红黄壤立地上造林。

适宜种植范围：广西、湖南、江西。

桂皱1号

树种：千年桐

学名：*Vernicia montana* cl. Guizhou No. 1

类别：无性系

通过类别：审定

审定编号：国S-SC-VM-014-2005

品种特性：结实早、产量高、适应性广、抗逆性强。成年树高7~8米，主枝4~5轮；树冠广卵形或伞形；果丛生，通常4~8个果一丛。进入盛产期连续5年平均每亩桐籽产量104千克，气干果平均重26.3克，气干出籽率41.8%，气干出仁率60.4%，绝干桐仁含油率61.2%。

栽培技术要点：用1年生嫁接苗，选海拔低于600米的土层深厚、肥沃、疏松、排水良好的沙质壤土造林。造林株行距4米×4米，施足基肥，加强管理，及时防治病虫害。

适宜种植范围：广西南部、广东南部、海南、福建东部、浙江南部。

桂皱27号

树种：千年桐

学名：*Vernicia montana* cl. Guizhou No. 27

类别：无性系

通过类别：审定

审定编号：国S-SC-VM-015-2005

品种特性：结实早、产量高、适应性广、抗逆性强。成年树高7~8米，主枝4~5轮；树冠广卵形或伞形；果丛生，通常4~8个果一丛。进入盛产期连续5年平均每亩桐籽产量144千克，气干果平均重20.7克，气干出籽率47.7%，气干出仁率56.9%，绝干桐仁含油率58.9%。

栽培技术要点：用1年生嫁接苗，选海拔低于600米的土层深厚、肥沃、疏松、排水良好的沙质壤土造林。造林株行距4米×4米，施足基肥，加强管理，及时防治病虫害。

适宜种植范围：广西南部、广东南部、海南、福建东部、浙江南部。

金　早

树种：猕猴桃

学名：*Actinidia. chinensis* cv. Jinzao

类别：优良品种

通过类别：审定

编号：国S-SV-AC-016-2005

品种特性：结果早，成枝率及花枝率均高，雌花着生节位低，长势中庸，宜密植。果形整齐美观，品质佳，早熟品种，果熟期8月中旬。平均单果重102克，最大159克，Vc 107~124毫克/100克，氨基酸0.696%，硬度14.8千克·厘米$^{-2}$，总酸15.4克/千克，可溶性固形物12.6%，总糖5.08%，第五年后盛果期亩产1031千克。

栽培技术要点：适宜密植，每亩74株。轻度修剪，剪去病虫枝、交叉枝。雌雄比(6~8):1。磨山4号作授粉雄株。

适宜种植范围：云南、广东、河南、江西、湖北省海拔500~1400米山区、丘陵地区。

金　霞

树种：猕猴桃

学名：*Actinidia. Chinensis* cv. Jinxia

类别：优良品种

通过类别：审定

编号：国S-SV-AC-017-2005

品种特性：结果早，成枝率及花枝率均高，雌花着生节位低，长势中庸，宜密植。果形整齐美观，品质佳，早熟品种，果熟期8月中旬。栽后第二年开花结果占60%，株产2.4千克，Vc 93~110毫克/100克，可溶性固形物15%，总糖7.4%，酸0.95%，总氨基酸0.603%，平均单果重80克，最大果重134克，最高单株产量100千克以上，最高亩产3000千克以上。

栽培技术要点：适宜密植，每亩74株。轻度修剪，剪去病虫枝、交叉枝。雌雄比(6~8):1。磨山4号作授粉雄株。

适宜种植范围：福建、广东、河南、云南、江西、湖南、湖北省海拔500~1400米山区、丘陵地区。

金　桃

树种：猕猴桃

学名：*Actinidia. chinensis* cv. Jintao

类别：优良品种

通过类别：审定

编号：国S-SV-AC-018-2005

品种特性：始果早，成枝率及花枝率均高，雌花着生节位低，长势中庸，宜密植。果形整齐美观，品质佳，早熟品种，果熟期8月中旬。平均单果重82克，最大果重121克，可溶性固形物18%~21.5%，总糖9.1%~11.1%，Vc 121~197毫克/100克，特耐贮。

栽培技术要点：适宜密植，每亩74株。轻度修剪，剪去病虫枝、交叉枝。雌雄比(6~8):1。磨山4号作授粉雄株。

适宜种植范围：云南、湖北、福建、广东、江西省海拔500～1400米山区、丘陵地区。

岱红甜樱桃

树种：樱桃

学名：*Cerasus avium* cv. Daihong

类别：优良品种

通过类别：审定

编号：国 S-SV-CA-019-2005

品种特性：嫁接繁殖。果实成熟早，为早熟甜樱桃品种。单果重10.6克，最大14.3克，为圆心脏形，果皮鲜红至紫红色，富光泽，果肉粉红色，近核处紫红色；果肉半硬，味甜适口，可溶性固形物14.8%；核小，核重0.3～0.5克，离核，可食部分达94.9%。花朵自然座果率为54.6%，花序坐果率为118.6%。高接在2年生大窝搂叶上4年生的岱红甜樱桃，平均坐果数为1247个果，平均单果重9.85克，平均株产12.3千克，4年生平均亩产1020.9千克。

栽培技术要点：授粉树采用目前主栽的早大果、雷尼尔、抉择、先锋、美早等。山地株行距2米×(3～4)米，平原3米×(4～5)米。树型以纺锤形为佳，也可采用丛状形、自然开心形等，土肥水和整形修剪同其他甜樱桃。

适宜种植范围：鲁中南、鲁西地区以及渤海湾等樱桃产区。

九叶青花椒

树种：花椒

学名：*Zanthoxylum armatum* cv. Jiuyequing

类别：优良品种

通过类别：审定

编号：国 S-SV-ZA-020-2005

品种特性：根系发达，适宜性强，对土壤要求不严，耐干旱瘠薄；生长旺盛，投产早，产量高，栽培管理方便；品质好，营养丰富，麻味香味浓郁，色泽佳；不耐涝和低温，花和幼果忌风。亩产干椒可达到并稳定在100千克以上，单株干椒产量可达3千克以上，精油含量9.4%，精油中芳樟醇含量50%～60%。

栽培技术要点：大穴(60厘米×60厘米×50厘米)栽植。5～6月或11～12月定植，60～80厘米时定干。施肥并防治病虫害。

适宜种植范围：重庆市花椒栽植区。

认定通过品种

南川马尾松初级种子园种子

树种：马尾松

学名：*Pinus massoniana*

类别：种子园种子

通过类别：认定(8年)

编号：国 R-CSO(1)-PM-001-2005

品种特性：较速生，喜光，对土壤要求不严，木材利用率高，要求温暖湿润气候，忌水涝，不耐盐碱，大面积纯林易得松毛虫害。千粒重11.7克(10.5～14.9克)，发芽率达90%(85%～97%)，树高遗传力在0.3以上，遗传增益在10%以上。

栽培技术要点：造林按马尾松常规造林技术，宜作为混交林应用。

适宜种植范围：重庆市、贵州北部、四川东部类似气候区内适合马尾松栽培的立地条件上种植。

酉阳马尾松种子园种子

树种：马尾松

学名：*Pinus massoniana*

类别：种子园种子

通过类别：认定(8年)

编号：国 R-CSO(1)-PM-002-2005

品种特性：树皮薄，表皮呈红色。树干通直圆满，枝径比小，抗病虫害能力强。遗传增益12%。

栽培技术要点：大窝整地，造林密度2米×2米，管理措施同一般马尾松。

适宜种植范围：渝东南地区。

紫溪山华山松种子园种子

树种：华山松

学名：*Pinus armandii*

类别：种子园种子

通过类别：认定(8年)

编号：国 R-CSO-PA-003 2005

品种特性：生长迅速，繁殖容易，适应性广，抗逆性强。遗传增益10%。

栽培技术要点：整地50厘米×50厘米×50厘米，容器苗造林，株行距2米×1.5米，及时松土、除草、间伐等。

适宜种植范围：云南省海拔1800～3000米、年平均气温11～16℃、年降雨量超过800毫米的区域。

窄冠刺槐

树种：刺槐

学名：*Robinia pseudoacacia* cl. Zhaiguan

类别：无性系

通过类别：认定(5年)

编号：国 R-SC-RP-004-2005

品种特性：新发枝紫褐色，后主干变为青白色，后期主干托叶刺退化脱落，树皮光滑。主干通直，接干性强，树冠窄而紧凑圆满，呈卵圆形，树冠内分枝

较细。花冠白色。在较好立地条件下，7 年生树高平均生长量 1.7 厘米，胸径年平均生长量 2.5 厘米；在较差立地条件下，8 年生树高平均生长量 1.5 厘米，胸径年平均生长量 2.1 厘米。

栽培技术要点：1 年生截干苗造林，穴状整地，勿深栽。造林密度 56～83 株/亩，宜农林间作。造林当年及时除草、定株、抹芽。造林后第三年开始，每隔 2～3 年修枝一次。

适宜种植范围：河南。

无刺丰

树种：沙棘

学 名：*Hippohae rhamnoides subsp. mongolica* cl. Wucifeng

类别：无性系

通过类别：认定(5 年)

编号：国 R-SC-HR-005-2005

品种特性：多骨干枝，披散形，馒头状树冠，全无刺。造林当年生长缓慢，第二年后生长迅速，树体健壮，造林后第二年即有少量结果，3 年即大量结实，果实圆柱状，橘黄色，两端有红晕。根系发育好。无刺，单株产量 20 千克，亩产 1.55 吨，果实出汁率 80%，出籽率 3%，果肉中总酸含量 1.25 克/100 克，粗脂肪含量 2.86 克/100 克，总糖 7.72 克/100 克，总氨基酸含量 6.62 毫克/100 克，V_E 含量 0.61 毫克/100 克，β-胡萝卜素含量 0.67 毫克/100 克。

栽培技术要点：用 1.5 年生嫩枝扦插苗繁殖，株行距 2 米×4 米为好，雌雄配置按 8:1 比例进行。也可按田字形配置，十字交叉点为雄株。

适宜种植范围：内蒙古、黑龙江、辽宁、北京。

棕 丘

树种：沙棘

学 名：*Hippohae rhamnoides subsp. mongolica* cl. Zongqiu

类别：无性系

通过类别：认定(5 年)

编号：国 R-SC-HR-006-2005

品种特性：灌木，树冠椭圆形，适应能力较强，耐低温、大气干旱和瘠薄土壤，降水量 350 毫米情况下可以生长；果实橘黄色，椭圆形。入冬后枝条、皮部均为棕色。百粒果重 40～50 克，种子千粒重 15 克，产果量 15～22.5 吨/公顷，种子中脂肪含量 15.11%，V_E 含量 24.88 毫克/100 克，叶片中总黄酮含量 415.2 毫克/100 克。

栽培技术要点：用 1.5 年生嫩枝扦插苗造林，株行距 2 米×3 米，栽植穴 40 厘米×40 厘米×40 厘米，勿窝根。雌雄株比例为 8:1，田字形配置，十字交叉点为雄株，余为雌株。

适宜种植范围：内蒙古、宁夏、黑龙江、辽宁、山西、陕西、新疆。

深秋红

树种：沙棘

学 名：*Hippohae rhamnoides subsp. mongolica* cl. Shenqiuhong

类别：无性系

通过类别：认定(5 年)

编号：国 R-SC-HR-007-2005

品种特性：亚乔木或灌木，主干明显，树体挺拔，根系发达，生长健壮。4 年生树高可达 4.3 米，冠幅 2.5 米。无刺或少刺，果实圆柱状，8 月中旬橘红色，9 月中旬变为红色，果皮较厚，冬天不落果，不烂果，鲜果百粒重 66 克，含糖量 9.77%，β-胡萝卜素含量 7.79 毫克/100 克，种子中 β-胡萝卜素含量 23.12 毫克/100 克。

栽培技术要点：以北纬 40°为界，不能南移。栽植穴为 40 厘米×40 厘米×40 厘米，不要窝根，栽后灌溉，当年及次年适当抚育。

适宜种植范围：内蒙古、河北、北京、黑龙江、辽宁。

红 霞

树种：沙棘

学 名：*Hippohae rhamnoides subsp. mongolica* cl. Hongxia

类别：无性系

通过类别：认定(5 年)

编号：国 R-SC-HR-008-2005

品种特性：主干型亚乔木或灌木，有枝刺。果实亚圆形，深橘红色，果粒中等偏小，百粒重 15 克，果实密集，满树为果，结实后第三年单株产果量达 25 千克，经久不落。含糖量 9.89%。

栽培技术要点：栽植穴 40 厘米×40 厘米×40 厘米，栽植时不可窝根，栽后灌水，当年及次年适当抚育管理。

适宜种植范围：内蒙古、宁夏、北京。

白 云

树种：灰粘毛忍冬

学名：*Lonicera macranthoides* cv. Baiyun

类别：优良品种

通过类别：认定(3 年)

编号：国 R-SV-LM-009-2005

品种特性：树形开张，生长势中等。当年生新枝浅红色，近无毛，老枝红褐色。

栽培技术要点：选择向阳、土层较深厚、排水良好的沙质土壤栽培，每亩施堆肥或秸秆4000～5000千克或钙镁磷肥150～300千克，株行距为2米×（2～2.5米）。晚秋或早冬栽植为宜，根系蘸泥浆可提高成活率。

适宜种植范围：湖南、湖北、江西、河南。

国家林业局关于加强林业人才工作的意见
林人发［2005］1号

各省、自治区、直辖市林业（农林）厅（局），内蒙古、吉林、龙江、大兴安岭森工（林业）集团公司，新疆生产建设兵团林业局，国家林业局各司局、各直属单位：

为全面贯彻落实全国人才工作会议和全国林业工作会议精神，促进林业事业的快速发展和务林人的全面进步，根据《中共中央国务院关于进一步加强人才工作的决定》和《中共中央国务院关于加快林业发展的决定》，现提出加强林业人才工作意见。

一、加强林业人才工作是加快林业发展的一项重大而紧迫的战略任务

1. 盛世兴林，人才为本。当前，我国林业正处在以木材生产为主向以生态建设为主历史性转变的关键时期，面临着全国动员、盛世兴林的难得历史机遇。发展大好形势，延长林业建设高峰期，实现林业持续快速协调健康发展的艰巨任务，对林业人才工作提出了更高要求。改革开放以来，我国林业人才工作取得了显著成绩，大批优秀人才为林业建设做出了突出贡献。但与当前林业发展的要求相比，林业人才总量不足、结构不优、素质不高，基层人才和高层次人才、复合型人才匮乏，林区人才流失严重，育人选人用人机制不活，人才开发经费投入不足等问题仍很突出。这些问题如果得不到有效解决，势必严重制约林业事业的发展，全面提高林业人才队伍的整体素质已成为当务之急。各级林业部门必须高度重视人才问题，增强责任感和紧迫感，切实加强人才工作，走人才强林之路。

2. 加强林业人才工作的指导思想和发展目标。以邓小平理论和“三个代表”重要思想和科学发展观为指导，牢固树立人才资源是第一资源、人人都可以成才的人才观，坚持以人为本，尊重劳动、尊重知识、尊重人才、尊重创造，营造良好的人才环境，以提高能力为核心，以结构调整为主线，以制度创新为动力，不断完善选人用人机制，紧紧抓住培养、吸引、用好三个环节，突出造就拔尖人才、吸引紧缺人才、培养实用人才三个重点，统筹兼顾、协调发展，切实加强党政人才、企业经营管理人才、专业技术人才和基层实用人才队伍建设，努力培养一支数量充足、素质较高、结构优化、布局合理、接续有力的林业人才队伍，开创广纳群贤、人才辈出、人尽其才、才尽其用的新局面，为实现务林人的全面进步和林业事业的持续快速协调健康发展奠定坚实基础。

二、以能力建设为核心，大力加强人才培养和队伍结构调整

3. 全面加强林业培训工作。全面推进各级林业党政领导人才的培训，提高其科学判断形势、驾驭市场经济、应对复杂局面、依法行政和总揽全局的能力；切实加强公务员培训，提高其决策分析能力、科学管理能力和依法行政能力；普遍强化县级主管领导和地县林业局长的专题培训，提高其决策和指挥能力；突出基层林业技术人员的培训，提高其推广应用林业科技成果的能力；实施林农和林业技能人才培训工程，培养大批基层实用人才；切实抓好关键岗位人员培训，提高其管理水平和综合素质。启动实施六大林业重点工程配套培训项目，开展工程管理和技术培训，培养大批林业工程管理人员和技术骨干。高度重视经营管理知识培训，提高林业企事业单位领导干部的经营管理能力。加强林业职工转岗培训，促进就业和再就业。继续做好选派各类人才出国（境）培训工作。面向广大林业专业技术人员，开展以林业新理论、新知识、新技术为重点的继续教育。继续鼓励和支持在职人员参加学历教育，积极推动学习型机关和学习型单位建设。地方各级林业部门和各单位在积极派员参加培训的同时，也要切实抓好本地区、本单位的培训工作。

4. 大力发展林业教育事业。进一步落实共建林业高校的有关措施，继续加强对林业教育的协调和服务，重点扶持国家和部省级重点学科（专业）和重点实验室、工程中心建设，在科研项目立项、实习基地建设、学术带头人培养等方面提供便利条件，稳步推进林业高等教育的发展。做好林业职业教育发展规划，加强林业高等职业教育师资队伍培养和教材体系建设，加强实习培训基地建设，加大对林业职业学校的投入和林科专业学生的资助力度，推动林业职业教育事业的大发展。继续实行定向招生、委托培养制度；研究制定减免学杂费等优惠政策，鼓励毕业生到林区就业和创业；积极探索实行大中专毕业生到林区志愿服务制度。加快急需紧缺人才的培养，重点培养一大批生态建设、工程管理、产业发展、经济管理和国际合作等方面的专门人才。广泛利用各种社会教育

资源，通过合作办学、委托培养等多种形式，为林区和西部地区林业建设培养更多更好的专门人才。

5. 不断优化林业人才队伍结构。重点优化队伍的专业结构和知识结构。林业行政管理迫切需要大批社会公共事务管理、宏观经济管理、行政执法和政策研究方面的人才；科教兴林需要大批科学研究、技术推广、科技示范和技术培训的人才，需要大批解决重大技术难题的创新型人才，需要大批林木育苗、植树造林、森林管护、野生动植物保护等方面的实用型人才；林业重点工程建设急需大批熟悉工程项目管理，以及建设规划、工程设计、现场施工到检查验收各环节业务的专业技术人才；林业产业发展迫切需要熟悉市场经济规律、懂法律、善经营、会管理、能创新的复合型人才和专业人才。必须立足现有人才，大力培养、引进紧缺和急需人才，加强培训，更新知识，提高队伍整体能力。

6. 切实加强林业人才实践锻炼。加大各级林业党政领导人才的实践培养力度，把轮岗、交流和到基层锻炼、异地挂职作为开阔视野、磨炼意志、积累经验、增长才干、加速成长的重要途径之一；将党性强、综合素质好、群众公认的后备干部，放在重要的管理岗位进行培养；优先扶持理论基础扎实、创造性强、发展潜力大的优秀青年专业技术人才，主持和承担重点研究课题或工程项目；优先安排优秀青年专业技术人才在国内外进行考察、学习和学术交流，推荐他们到学术团体担任职务和参加学术交流活动。对新参加工作的大中专毕业生，应安排到基层单位锻炼1～2年。

7. 加强后备人才队伍建设。着眼于林业事业的长远发展，建设一支数量充足、素质优良、门类齐全、结构合理的后备人才队伍，特别是各级林业党政领导干部和高级专家后备人才队伍。发挥老专家的传帮带作用，培养和使用好中青年人才。实施新世纪林业人才培养工程，通过科研课题、工程项目和林业政策与体制改革试验区建设，发挥重点学科、重点实验室、博士后流动站的作用，搭建平台，培养高层次后备科技人才。坚持公开、平等、竞争、择优的原则，严格执行公务员考录制度，各级各类事业单位也应积极探索建立考录制度，把大中专毕业生作为补充和扩大人才队伍的主要来源，优先录用有基层工作经验的人员，从源头上把住人才入口关。采取积极措施从各类高等院校，特别是知名的综合性院校吸收毕业生，不断优化后备人才队伍结构。

8. 广泛吸引社会人才和海外人才。本着“不求所有，但求所用”的原则，采取咨询、讲学、兼职、短期聘用、技术承包、技术入股、技贸结合、联合研发、联合承担科技项目和重大工程等形式，突出重点，因地制宜，讲求实效地进行“柔性”人才引进。各省（自治区、直辖市）林业主管部门也要充分利用国家和当地高级专家智力资源，聘请其领衔主持研究本地林业发展战略等重大问题；积极探索与国内外著名高校联合办学、委托培养的方式和途径培养林业人才。坚持“来去自由”的方针，研究制定鼓励海外高级林业人才回国服务的政策，加大对海外留学林业人才回国创业的资助力度，切实优化创业环境，吸引海外人才采取多种形式为国家的林业建设服务。建立健全联系与服务渠道，加强与海外大学、研究机构和华人商会、留学生组织的联系，加强海外林业人才信息交流和服务工作。

三、突出重点，切实加强高层次和基层实用人才队伍建设

9. 加强各级林业党政领导人才和领导班子建设。以加强思想政治建设和执政能力建设为核心，强化理论武装和实践锻炼。坚持正确的用人导向，坚持公道正派，以好的作风选人，选作风好的人，按照《党政领导干部选拔任用工作条例》，及时把那些德才兼备、实绩突出和群众认可，热心林业事业的干部选拔到领导岗位上来。以提高素质、优化结构、改进作风、增进团结、增强战斗力为重点，拓宽选人、用人渠道，选好配强领导班子，形成朝气蓬勃、奋发有为的领导集体。大力培养选拔优秀年轻干部，重视培养选拔女干部、少数民族干部和党外干部。

10. 加强高级专业技术人才队伍建设。要注重科技将才的培养。遵循学术技术带头人成长规律，完善培养选拔高级专家的制度体系，着力培养适应林业现代化建设需要的高层次人才，带动整个专业技术人才队伍建设。完善首席科学家、首席专家制度，建立健全特聘专家制度，培养造就一支学科门类齐全、在世界林业科技领域有较大影响、在国内保持学科优势的学术和技术带头人队伍；通过重点课题、重大项目和重点经费支持，加速中国科学院、中国工程院院士及其后备人才的培养；开展国家林业有突出贡献中青年专家的选拔工作；继续做好中国林业青年科技奖评审表彰工作。要直接掌握和联系一批全社会的林业与生态建设高级专家，注意发挥离退休老专家、老教授的作用。

11. 加强经营管理人才队伍建设。经营管理人才是林业生态建设和林业产业发展最重要的创业资源、创新资源和发展资源。充分利用市场机制和政府调控手段，发挥行业协会的作用，加强经营管理人才队伍建设，努力建立一支既熟悉市场经济和生态建设规律、懂经营、会管理，又善于发现、挖掘和转化林业资源，把潜在优势转化为现实优势的现代经营管理队伍，造就大批企业家和管理专家。

12. 加强基层实用人才和高技能人才队伍建设。基层实用人才是林业建设最基本、最直接的参与者，各级林业主管部门要根据实际，加强基层实用人才队伍建设，重点培养各类中高级技能人才和农村林业能人等实用人才，加快技师、高级技师的培养。发挥基层林业部门的主体作用，加强林业工作站和国有林场、苗圃、自然保护区人才队伍建设。基层林业工作站要努力做到站站都有大学生，空缺岗位应优先录用大中专毕业生；国有林场和苗圃要采取切实措施，大力引进大中专毕业生，不断优化人才队伍的结构。要高度重视和加强林农培训和职工转岗培训工作，提高广大林农和林业职工的科学文化素质和技术应用能力。

四、坚持改革创新，完善人才评价和使用机制

13. 完善党政领导人才的评价和使用机制。按照科学发展观和正确政绩观的要求，坚持群众公认、注重实绩的原则，完善干部政绩考核体系和日常考核制度，加强对党政人才的日常考核和定期考核，尤其是在重大事件中和关键时刻表现情况的考察，把考察考核结果作为任免和奖惩等的重要依据。进一步完善领导干部选拔任用制度，坚持公开、平等、竞争、择优的原则，大胆起用政治上靠得住、工作上有本事、作风上过得硬，肯干事、能干事、干好事的干部；加大选拔任用优秀年轻干部的力度，使他们进入成长的“快车道”。研究探索从专业技术干部中聘用党政领导干部的条件和程序；实行岗位轮换制度；积极探索行政机关与生产经营、教学科研等企事业单位之间人员交流的制度。

14. 完善事业单位管理人才的评价和使用机制。参照党政领导人才的评价机制，建立注重实际效果，符合事业单位特点的人才评价体系。按照管人、管事和管资产相统一的原则，由主管部门公开选拔和聘用事业单位管理人才，探索实行事业单位领导干部动态管理。规范按需设岗、竞聘上岗、以岗定酬等管理环节，逐步做到干部能进能出，职务能上能下，待遇能高能低。积极探索实行领导干部职务任期制，建立和完善干部正常退出机制，增强干部队伍活力。

15. 完善企业经营管理人才的评价与使用机制。把林业企业经营管理人才，特别是高层次经营管理人才作为优化林业结构、促进产业发展的主要依靠力量。由出资人按照反映经营管理水平的财务指标、非财务指标和反映林业可持续发展要求的生态指标，评价林业企业经营管理人才，同时考察其在富余职工转岗安置、基本生活保障等方面的社会责任指标。要消除体制和政策障碍，对非公有制企业和公有制企业的人才一视同仁。积极探索个人自荐、群众举荐、组织推荐、社会招聘相结合和面向市场、公开招聘、择优录用的企业经营管理人才选聘制度，重点抓好大中型林业企业领导人才队伍建设。

16. 完善专业技术人才的评价和使用机制。深化职称制度改革，完善专业技术职务聘任（用）制，形成重能力、重实绩的评价标准，建立健全行业专业技术评价机制，推行林业专业技术资格评审制度；在营造林质量、森林资源资产评估、林木种苗等领域研究建立专业技术执业资格制度。推行林业重点建设工程技术责任制，由具备相应资质条件的人才担任工程建设各环节的技术负责人，并承担相应的责任。以推行聘用制和岗位管理制度为重点，深化人事制度改革，促进由固定用人向合同用人、由身份管理向岗位管理的转变。要切实解决非专业人员挤占专业技术岗位的问题。

17. 完善技能人才的评价与使用机制。完善技能人才职业资格证书制度，逐步建立统一标准、自主申报、社会考核、单位聘用的技能人才评价机制，加强职业技能鉴定工作。推行职业资格证书和学历资格并重制度。推行林农技术员和技师的评定工作，促进林农学科学、用科学。林木林地承包经营和林业工程建设中的种苗生产、造林施工、森林管护、病虫害防治等，应优先安排有一技之长的技术工人或林农负责技术工作，通过他们的示范带动和技术保障作用，提高周围林农的技术水平。

五、鼓励竞争和创造，完善人才激励和保障机制

18. 建立良好的竞争激励机制。竞争激励机制是各项激励机制中管用、经济、有效的措施，能从制度上为解决能上不能下和论资排辈等问题提供原动力。坚持公开、公正、平等的原则，在聘任、晋升、奖励、重点培养及带薪学习和休假、挂职锻炼、出国进修等方面，在综合考虑贡献和能力的基础上，通过提供均等竞争的机会，激励其充分发挥潜力。

19. 进一步完善事业单位收入分配制度。结合事业单位改革，逐步建立起符合各类事业单位特点、体现岗位绩效和分级分类管理的事业单位薪酬制度。完善以按劳分配为主体、多种分配方式并存的分配制度，兼顾效率与公平，形成不同岗位间、各类人员间合理的工资收入分配关系，使分配向优秀人才和关键岗位、艰苦地区倾斜；探索实行事业单位岗位津贴、岗位工资、绩效工资等多种收入分配方式。积极研究科技成果入股、有偿使用等生产要素参与分配的形式，探索科技人员从成果转化、科技服务和咨询收益中提成的办法。

20. 完善林业奖励制度。坚持以精神奖励为主，精神奖励与物质奖励相结合的原则，建立以政府奖励为导向、单位奖励为主体，社会奖励为补充的人才奖励制度，对为林业事业作出突出贡献的各类人员，特别是长期在基层和生产一线作出突出贡献的人员进行表彰奖励。同时，加强对受表彰单位和人员的经验和事迹的宣传，用榜样的力量激励林业人才成长。

21. 进一步完善和健全社会保障制度。按照属地原则，积极完善事业单位福利和医疗、养老、失业、工伤等社会保障制度，加快福利货币化改革步伐，不断改善各类人才的生活待遇。对于体弱多病、劳动能力较弱的人员，要尽可能安排其合适的工作岗位，给

予其生活和医疗、养老保障。对于下派挂职锻炼和交流到艰苦边远地区工作的人员，要为其办理意外伤害保险。

六、统筹规划，促进林业人才工作与林业事业协调发展

22. 制定林业人才规划。将林业人才发展规划纳入本地区人才工作总体规划和林业发展总体规划，把人才队伍建设作为当前和今后一段时期林业建设的一项重大基础建设，与林业各工程建设同步规划、部署和实施；各项业务工作的开展要强化人才保障，加强本业务领域的人才培养、使用和管理；将人才保障纳入相关业务立法的研究范围，为实施林业职业资格制度提供法律依据。

23. 建立稳定投入渠道，保证林业人才开发经费。要树立人才资源开发投入是最有效投入的观念，建立政府和社会力量投入，以政府投入为主的林业人才培养专项经费，用于基层林业人才、关键岗位人才和高层次人才培养；加大行业人才评价体系、培训教材体系、培训能力建设和林业人才研究等投入；从基本建设渠道加大林业培训基地建设、林农培训体系建设、职业教育实训基地建设和职业技能鉴定体系建设投入。各项林业重点建设工程要保证人员培训经费。要将人才开发经费和培训体系建设资金等纳入各级政府财政和基本建设投资预算，建立稳定的经费投入渠道。逐步提高发展性投入中用于人才资源开发的比例，不断加大人才工作的投入力度。

24. 实行分区分类指导，优化人才资源配置。经济发达地区和经济实力较强的单位，要遵循市场在人才资源配置中的基础作用的规律，发挥人才中介机构的作用，以市场调节为主，强化行政引导。经济欠发达地区和单位，要充分发挥行政和组织优势，大力引进各类人才。要做好非公有制林业经济组织的人才工作，为其提供培训、评价、信息等服务。同时，以林业改革试验区、科技示范点和各级林业部门联系点为依托，通过人才派遣、干部挂职、人才交流、定期服务等多种形式，有效配置和合理使用林业人才资源，并通过建立和完善林业人才市场，大力引进和吸引各类人才；建立协调机制，组织中央与地方，东、中部与西部地区林业人才的对口交流，有效解决人才积压和人才短缺的矛盾。努力建设好林业人才开发交流服务机构和林业人才信息网，积极推进人事代理服务，切实为林业人才的引进和合理有序流动做好各项服务。

七、加强领导，开创林业人才工作的新局面

25. 坚持党管人才的原则。充分发挥党组织的思想政治优势、组织优势和联系群众的优势，坚持在党组（委）的统一领导下，组织人事部门牵头抓总，各有关部门各司其职，密切配合，各级林业部门分工负责、分级实施，共同做好林业人才工作。

26. 完善人才工作机制。疏通中央、省（自治区、直辖市）、地区、县各级林业主管部门的人才工作渠道，加强在林业人才工作研究、信息分享与交流等方面的协调与配合，定期开展行业人才调研工作，建立上下贯通、良性互动的人才工作机制，增强工作的有效性和针对性。

27. 加强林业人才管理和服务工作。加强林业人才发展战略研究和相关专题研究，积极探索符合商品林、公益林两类林业特点的人才管理模式；充分利用现代信息手段，加强林业人才信息的收集、整理、发布，建立和完善林业高级人才信息库；进一步加强林业人才服务工作，不断提高服务水平和能力，保证林业人才工作的顺利开展。

各级林业部门、各单位要牢牢抓住历史机遇，紧密联系本地区、本单位人才工作实际，不断研究新情况、总结新经验、解决新问题，采取切实可行的政策和措施，大力加强林业人才工作，为实现林业建设的宏伟目标做出新的更大的贡献。

国家林业局
2005 年 1 月 15 日

国家林业局关于切实做好京津风沙源治理工程区林分抚育和管护工作的通知

林沙发［2005］12 号

北京市、天津市、河北省、山西省、内蒙古自治区林业厅（局）：

京津风沙源治理工程自实施以来，各地采取有效措施，加大建设力度，工程区林草植被迅速增加，面临着十分繁重的林分抚育和管护任务。为搞好林分抚育和管护工作，切实巩固工程建设成果，特作如下通知。

一、明晰成果产权，落实责任主体。工程建设成果都必须实现产权界定明晰，责任主体到位，权责紧密结合。对于已明确权属的，要按照有关规定和要求，及时核发林权证；对于权属不清或有争议的，要抓紧明晰或调处，并尽快核发权属证明；对于尚未明确管护责任主体的工程新增林木和林地，要采取适宜的方式，尽快落实经营管护责任主体。

二、创新抚育和管护机制，完善相关政策。各地要积极研究探索林木所有权和林地使用权依法合理流转的机制，充分调动社会力量参与抚育和管护的积极性，切实贯彻执行好“谁所有、谁经营、谁管护、谁受益”的政策。在工程建设中，要不断完善政策，有效解决补植补造与林分抚育和管护问题，确保工程建设成效。

三、严格禁止乱开垦、乱放牧、乱樵采（以下简称“三禁”）。在工程区内要全面实行“三禁”，禁止乱挖灌木、药材及其他固沙植物，杜绝一切毁林开垦行为，积极推行轮牧、季节性休牧、围栏封育与舍饲圈养。各地要加强《森林法》和《防沙治沙法》的执法检查力度，依法打击一切破坏林草植被的行为。要加强对“三禁”执行情况的检查，对“三禁”措施落实不力的，要责令其立即整改，造成林草植被严重破坏的，将给予通报批评，并调减其下一年度工程建设任务。

四、切实加强防火、防病虫害工作。按照防火和病虫害防治的有关要求，加大宣传力度，落实和明确责任，切实加强林木火灾和病虫害的监测、预警工作及应急机制建设，强化防火和病虫害防治工作队伍建设，不断提高防火和病虫害综合防治能力。

五、采用科学抚育方式，优化林分质量。各地要按照相关技术规定、规程和标准的有关要求，科学设计、规范施工。因干旱等原因导致造林成活率、保存率达不到工程建设标准的，允许采用与原造林设计不同的苗龄、不同的适宜树种进行补植补造，以利于形成混交林和复层林。对新造林地要及时抚育，促进林木生长，尽快郁闭成林；对风沙危害严重的地区，要禁止全面松土除草；对植被破坏、风沙严重的沙滩、荒地，一般不松土除草；对防风固沙林、农田防护林要控制修枝；对速生丰产林和经济林要集约经营，有条件的要适时灌溉、施肥。严禁借抚育的名义，破坏林草植被。

六、加强对林分抚育和管护工作的领导。按照国务院要求，京津风沙源治理工程由地方各级政府负总责。各级林业部门要当好政府的参谋，使各项工作落到实处，积极争取各级政府对包括必要的财力、人力、交通和通讯工具等方面的支持。要建立抚育和管护工作责任制，做到制度健全，责任明确，措施到位，切实巩固京津风沙源治理工程建设成果。

国家林业局

2005 年 1 月 21 日

国家林业局关于占用征用国家级森林公园林地有关问题的通知

林资发［2005］16 号

各省、自治区、直辖市林业厅（局），内蒙古、吉林、龙江、大兴安岭森工（林业）集团公司，新疆生产建设兵团林业局：

为促进国家级森林公园的发展，解决当前建设项目占用征用国家级森林公园林地审核审批中的有关问题，现通知如下：

一、建设项目占用征用国家级森林公园林地的，原则上应当符合《占用征用林地审核审批管理规范》（林资发［2003］139 号）的有关规定。对符合规定的建设项目，有关林业主管部门根据项目批准文件和国家林业局森林公园行政主管部门同意的意见，按相关规定办理占用征用林地审核审批手续。

二、对国家林业局森林公园行政主管部门认为符合经批准的国家级森林公园总体规划的建设项目并出具同意意见的，有关林业主管部门可以根据县级或县级以上人民政府及其有关部门的项目批准文件，按相关规定办理占用征用林地审核审批手续。

三、因建设项目占用征用国家级森林公园林地，导致该国家级森林公园撤销或者改变经营范围的，有关林业主管部门应当根据项目批准文件和国家林业局作出的国家级森林公园有关事项的行政许可决定，按相关规定办理占用征用林地审核审批手续。

占用征用省级和市、县级森林公园林地的，参照上述规定办理。

国家林业局

2005 年 3 月 29 日

国家林业局关于印发《国家林业局表彰奖励工作规定（试行）》的通知

林人发［2005］38号

各省、自治区、直辖市林业厅（局），内蒙古、吉林、龙江、大兴安岭森工（林业）集团公司，新疆生产建设兵团林业局，国家林业局各司局、各直属单位：

《国家林业局表彰奖励工作规定（试行）》已经国家林业局局务会审议通过，现予以颁布试行。执行中有何问题和意见建议，请及时报告我局，以便进一步修改完善。

国家林业局

2005年3月20日

国家林业局表彰奖励工作规定（试行）

第一章 总 则

第一条 为表彰奖励在林业建设事业中做出突出贡献的组织和个人，充分调动林业系统和社会各界参与林业建设的积极性和创造性，加快林业发展，根据人事部表彰奖励的有关规定，结合林业工作的实际情况制定本规定。

第二条 在我国从事林业建设的中国公民和各种合法组织，符合本规定的，均可获得表彰奖励。

第三条 表彰奖励坚持实事求是，公开、公正、公平的原则，以精神奖励为主、物质奖励为辅。表彰奖励工作应保持稳定性和体现时效性。

第四条 表彰奖励对象应主要面向林业建设事业的基层单位和一线人员。获得表彰奖励的组织和个人应具有先进典型和榜样的作用，同时具有广泛的代表性。

第五条 国家林业局表彰奖励工作由国家林业局人事主管部门归口管理和指导，有关司局和单位按照职责分工具体负责组织实施。

第二章 表彰和奖励

第六条 表彰奖励种类

（一）荣誉称号

1. 林业英雄；

2. 治沙英雄；

3. 全国林业先进集体和劳动模范、先进工作者；

4. 森林卫士。

（二）单项业务表彰

1. 全国防沙治沙先进单位和先进个人；

2. 植树造林、森林病虫害防治先进单位和先进个人；

3. 森林资源管理与保护先进单位和先进个人；

4. 野生动植物保护、自然保护区先进单位和先进个人；

5. 森林防火先进单位和先进个人；

6. 林业重点工程建设先进单位和先进个人；

7. 中国林业青年科技奖。

8. 根据工作需要开展的其他单项业务表彰。

第七条 授奖部门及对象

（一）林业英雄荣誉称号由全国绿化委员会、人事部、国家林业局授予在林业建设事业中作出杰出贡献的个人；

（二）治沙英雄荣誉称号由全国绿化委员会、人事部、国家林业局授予在防沙治沙事业中作出杰出贡献的个人；

（三）全国林业先进集体和劳动模范、先进工作者由人事部、国家林业局授予在林业建设事业中作出突出贡献的单位和个人；

（四）森林卫士由国家林业局授予在林业执法和森林防火工作中做出突出贡献的个人；

（五）全国防沙治沙先进单位和先进个人由全国绿化委员会、人事部、国家林业局授予在防沙治沙事业中做出突出贡献的单位和个人；

（六）单项业务表彰由国家林业局授予在相应领域内做出突出成绩或贡献的单位和个人。

第八条 对受表彰个人的奖励：

（一）林业英雄、治沙英雄：颁发金质奖章、荣誉证书；

（二）全国林业劳动模范、先进工作者：颁发荣誉证书和奖章并享受省部级劳动模范、先进工作者待遇；

（三）森林卫士：颁发荣誉证书和奖章；对牺牲的人员，建议当地政府追认为革命烈士；

（四）中国林业青年科技奖获得者：颁发荣誉证书和奖金；

（五）单项业务表彰一般只颁发荣誉证书。

第九条　对受表彰组织的奖励：

（一）全国林业先进集体：授予奖牌和荣誉证书；

（二）全国防沙治沙，植树造林、森林病虫害防治，森林资源管理与保护，野生动植物保护、自然保护区，森林防火，林业重点工程建设先进单位：授予奖牌和荣誉证书。

第十条　关注森林活动的表彰奖励工作按照全国政协人口资源环境委员会、国家林业局等主办部门的有关规定执行。

第十一条　对做出重大贡献的林业科技工作者的奖励，按照《林业科技重奖工作暂行办法》执行。

第十二条　对营造林质量的表彰奖励，按照国家林业局《营造林质量考核办法》中的有关规定执行。

第三章　条件和数量

第十三条　获表彰奖励的个人应具备以下基本条件：

（一）拥护党的基本路线和各项方针政策，努力学习邓小平理论和“三个代表”重要思想，在重大政治问题上立场坚定，旗帜鲜明，与党中央保持一致；

（二）热爱林业事业和本职工作，忠于职守，勤奋工作，团结协作，有广泛的群众基础；

（三）工作积极进取，在本职工作岗位上做出了突出成绩和贡献；

（四）作风正派，遵纪守法，廉洁奉公。

第十四条　获表彰奖励的组织应具备以下基本条件：

（一）坚持四项基本原则，坚持以邓小平理论和“三个代表”重要思想为指导，认真贯彻执行党的路线、方针、政策和国家法律、法规；

（二）坚决贯彻执行林业各项方针政策，制度健全，管理规范，出色地完成各项工作任务；

（三）领导班子团结有力，作风民主，关心群众生活，勤政廉洁，有较强的凝聚力和战斗力；

（四）职工队伍团结稳定、奋发向上，有较高的政治、业务素质和良好的作风，无违法违纪现象发生。

第十五条　表彰奖励活动周期和数量：

（一）林业英雄、治沙英雄荣誉称号的获奖人数根据实际情况，按照高标准、高质量的原则从严掌握，适时进行；

（二）全国林业先进集体的受奖单位每次不超过100个；劳动模范、先进工作者受奖人数按照林业系统从业人员总数的万分之一确定，每4年进行一次；

（三）森林卫士荣誉称号的授予，按照实际情况确定受表彰人数，适时进行；

（四）全国防沙治沙，植树造林、森林病虫害防治，森林资源管理与保护，野生动植物保护、自然保护区，森林防火，林业重点工程建设工作先进单位和先进个人等各项定期开展的单项业务表彰数量，根据从业人员数量和单位个数从严掌握，受奖单位控制在100个以内，受奖个人控制在200名以内；表彰奖励的周期不少于2年。

（五）中国林业青年科技奖受奖人数每次不超过15人，每2年进行一次；

（六）根据工作需要开展的其他单项业务表彰奖励的周期和数量，根据实际情况和参照本条第四款单项业务表彰的规定从严掌握。

第四章　程序

第十六条　表彰奖励工作一般按照申报计划、提名（推荐）、评审和表彰的程序进行。

第十七条　林业英雄、治沙英雄荣誉称号的授予，按照国家林业局有关司局和单位、省级林业主管部门提名，全国绿化委员会、人事部、国家林业局审定，发布授予称号决定的程序进行。

第十八条　全国林业先进集体和劳动模范、先进工作者表彰奖励，按照向人事部申报计划，由地方各级人事、林业行政部门和国家林业局直属单位层层推荐，在所在单位进行公示，人事部、国家林业局组织评审，发布表彰决定的程序进行。

第十九条　森林卫士荣誉称号的授予，按照各级林业主管部门推荐，国家林业局审定，发布授予称号决定的程序进行。

第二十条　全国防沙治沙先进单位和先进个人的表彰，按照由各省人民政府或中央有关部门（单位）推荐，在所在单位进行公示，全国绿化委员会、人事部、国家林业局组织评审，发布表彰决定的程序进行。

第二十一条　单项业务表彰按照以下程序进行：

（一）国家林业局单项业务表彰奖励的主办单位，在拟开展评选表彰工作的六个月前申报表彰奖励计划，并填写《国家林业局单项业务表彰奖励计划申报表》；

（二）国家林业局人事主管部门根据申报情况审核，并报国家林业局局领导批准后向有关申报单位下达单项业务表彰奖励计划；

（三）主办单位根据批准的表彰奖项和数量，组织各级林业主管部门或有关单位进行推荐；

（四）国家林业局人事主管部门会同主办单位共同组织评审，确定拟表彰对象后，报国家林业局局领导审批；

（五）国家林业局人事主管部门拟定表彰决定，公布结果。

第五章　监督和管理

第二十二条　国家林业局人事主管部门、各有关

司局和单位，按照本规定分别制定各项单项业务表彰奖励实施办法，经国家林业局批准后组织实施。

第二十三条 表彰奖励应按规定使用规范的荣誉称号或奖励名称，各单位不得随意设置奖项或使用本规定以外的称号、名称。

第二十四条 表彰奖励工作应坚持标准、严格程序，确保公平、公正，推荐对象的事迹必须真实、可靠。

第二十五条 有本条规定情况发生并经查实的，撤销其奖励，停止其享受的待遇。

（一）伪造事迹，骗取奖励的；

（二）申报奖励时隐瞒严重错误，或者严重违反规定程序的；

（三）获得荣誉称号后，受到开除处分或劳动教养、刑事处罚的。

第二十六条 表彰奖励经费由各表彰奖励实施单位负责落实，纳入财政预算，专款专用于发放奖金和制作奖牌、奖章和证书等支出。

第二十七条 各项表彰奖励的奖牌、奖章和证书由人事主管部门统一监制。

第六章 附则

第二十八条 国家林业局机关公务员的专项表彰奖励，按照《国家公务员奖励暂行规定》执行。

第二十九条 林业公安系统的专项表彰奖励，按照《公安机关人民警察奖励条令》执行。

第三十条 对为我国林业发展做出突出贡献的在华国际组织及国际友人的表彰奖励，按照国家有关规定执行。

第三十一条 本规定由国家林业局负责解释。

第三十二条 本规定自发布之日起试行。原林业部办公厅1995年10月27日印发的《林业部办公厅关于加强林业系统授予部级荣誉称号工作管理有关问题的通知》（厅人字［1995］100号）同时废止。

国家林业局关于加强自然保护区建设管理工作的意见

林护发［2005］55号

各省、自治区、直辖市林业厅（局），内蒙古、吉林、龙江、大兴安岭森工（林业）集团公司，新疆生产建设兵团林业局：

建立自然保护区是国家保护自然资源和自然环境，维护生态安全，促进生态文明，实现经济社会全面、协调、可持续发展，构建和谐社会的重要保障和有效措施。加强自然保护区建设管理是实施以生态建设为主的林业发展战略和全面建设小康社会的迫切需要。

自1956年我国建立第一批自然保护区以来，各级林业主管部门抢救性划建了一大批森林、湿地、荒漠和野生动植物类型的自然保护区，构成了我国自然保护区事业的主体。特别是全国野生动植物保护和自然保护区建设等六大林业重点工程的实施，有力推动了我国自然保护区事业快速发展。截至2004年底，林业部门建立的自然保护区由工程实施前的909处增加到1672处，保护区面积由1.02亿公顷发展到1.19亿公顷，占国土面积的12.4%，占全国自然保护区面积85%，已基本形成生态功能、物种保护和社会效益显著的自然保护区体系，有效保护了全国40%天然湿地、20%天然林、85%陆地生态系统类型、85%野生动物种数和65%植物群落，在生态保护和建设、生物多样性保护中发挥了重要作用。自然保护区事业能够取得这些成就，一是党中央、国务院的亲切关怀，正确领导和各级政府、有关部门、社会各界的高度重视、大力支持；二是加大宣传、强化管理、国际合作、社区共管、增加投入和加快建设，提高了全社会的保护意识和自然保护区的管护能力；三是加强法制建设，充分发挥林业资源保护队伍强有力的执法作用，积极开展专项斗争，严厉打击各类违法犯罪活动，保护了自然保护区的珍贵资源；四是全面实施林业重点生态建设工程，特别是实施全国野生动植物保护和自然保护区建设工程，进一步推动了我国自然保护区事业的快速、健康发展。

党的十六届三中全会提出坚持以人为本，全面、协调、可持续的科学发展观，对自然保护区事业提出了更高要求，也带来了难得的发展机遇。自然保护区事业在国家生态保护、建设和可持续发展战略中的地位与作用越来越突出、越来越重要。但是，我国自然保护区的发展还不够平衡，布局不尽合理，投入严重不足，管理体制不顺，基础工作薄弱，不适应自然保护区事业发展需要。为了进一步贯彻落实《中共中央国务院关于加快林业发展的决定》和以生态建设为主的林业发展战略，继续加快自然保护区发展，全面提高自然保护区建设管理水平，现提出以下意见：

一、以科学发展观指导自然保护区建设管理

自然保护区是我国自然遗产最珍贵、自然景观最优美、自然资源最丰富、生态地位最重要的区域，是保护生物多样性和维护生态平衡的重要载体，是体现科学发展观、实现人与自然和谐相处的主要形式。

1. 贯彻落实科学发展观，必须全面提高对自然保护区在国家生态保护和建设、维护生态安全和弘扬生态文明中基础地位的认识，在国家战略资源储备和生物多样性保护中关键地位的认识，动员全社会力量关心支持自然保护区事业发展。

2. 自然保护区事业发展必须坚持以邓小平理论、“三个代表”重要思想和科学发展观为指导，围绕全面建设小康社会的奋斗目标，深入贯彻落实《中共中央国务院关于加快林业发展的决定》的精神和以生态建设为主的林业发展战略，把加强自然保护区的建设管理摆到各级政府和林业部门的重要议事日程，坚持依法保护、科学管理、合理利用的方针，按照保护为根本、改革为动力、发展为目的的要求，紧紧抓住典型生态系统和生物多样性保护两大重点，正确处理发展、建设和管理的关系，分类指导，分区管理，不断提高自然保护区有效保护和管理的水平，形成布局合理、类型齐全、功能完善的自然保护区体系。

二、继续推进自然保护区发展

各级林业主管部门要抓住国家实施六大林业重点工程和建立森林生态效益补偿制度的良好机遇，根据全国野生动植物、湿地和大熊猫资源调查成果，把亟待保护的重点物种和关键区域尽快依法划建成自然保护区。

3. 自然保护区发展目标是：到2010年，自然保护区数量达到1800个，自然保护区面积占国土面积16%左右，使90%的国家重点保护野生动植物种和90%的典型生态系统类型得到保护，同时，使我国50%的自然湿地、70%的重要湿地得到有效保护，基本形成自然湿地保护体系；到2030年，自然保护区数量达到2000个，自然保护区面积占国土面积16.8%左右，使95%的国家重点保护野生动植物种和95%的典型生态系统类型以及90%的自然湿地得到有效保护，并使60%的国家重点保护物种资源得到恢复和增加；到2050年，自然保护区数量达到2500个，自然保护区面积占国土面积18%左右，建成具有中国特色的自然保护区保护、建设、管理体系，使所有的国家重点保护物种和典型生态系统类型得到有效保护，并使85%的国家重点保护物种资源得到恢复和增长。

4. 编制全国自然保护区体系发展规划。为了实现全国自然保护区发展目标，各省林业主管部门要根据资源、环境、经济发展等情况，抓紧编制本地自然保护区发展规划。国家林业局在各地规划的基础上，组织编制全国自然保护区体系发展规划，做到有目标、有重点、有计划地发展自然保护区，不断完善和优化自然保护区网络体系。各地对典型生态系统和生物多样性保护重点区域，要加快自然保护区发展速度，短期内有所突破，尤其要加快湿地和荒漠类型自然保护区划建工作。

5. 因地制宜，突出重点。人口稀少的西部地区，应重点划建保护野生动物种群和完整生态系统的大型自然保护区；中、东部地区，应重点划建中、小型自然保护区或建设相互联系的自然保护区群和生境廊道；沿海地区应重点划建滨海湿地和红树林保护区；集体林区、人口稠密地区，在群众自愿的基础上，把有重要价值的珍稀物种栖息地、风景林、水源林等，划建为自然保护小区和保护点。

6. 科学整合现有自然保护区。各级林业主管部门要按照统筹人与自然和谐发展要求，以国家级、省级自然保护区为中心，充分利用国家实施六大林业重点工程和建立森林生态效益补偿制度有利条件，将周边保护价值较高、生态状况较好区域划入保护区；在生物多样性重点地区，按山系、流域整合，建立跨行政区域的自然保护区网络；在自然保护区周边优先建设森林公园、湿地公园等，构成较完整的保护体系。

7. 多种形式发展自然保护区。发展自然保护区是全社会的共同责任。要充分调动全社会各方面积极性，吸收各方面资金，在经济发达、集体林比重大的区域，在统一规划和国家政策指导下，鼓励社会团体、企业、个人建立自然保护区、保护小区和保护点，采取多种形式发展自然保护区事业。

三、依法保护自然保护区资源

各级林业主管部门要依据《森林法》、《野生动物保护法》、《防沙治沙法》、《自然保护区条例》、《森林和野生动物类型自然保护区管理办法》、《野生植物保护条例》等法律法规和国务院办公厅《关于加强湿地保护管理的通知》等，对自然保护区的森林、湿地、林地、林木和野生动植物等资源认真行使管理职责，采取有力措施，依法加强保护和管理。

8. 全力推进自然保护区法规建设。各级林业主管部门要积极配合国家有关部门做好自然保护区立法工作。同时，组织自然保护区管理机构起草自然保护区保护管理条例或管理办法，通过保护区所在地人大或政府颁布实施。国家级自然保护区和跨行政区域整合的自然保护区要尽快完成这项工作，做到“一区一法”。

9. 确权定界，明晰土地权属。自然保护区内的森林、林木、林地和土地所有权或使用权应当依法明确。各级林业主管部门应按同级人民政府要求积极做好登记造册和发证工作，将自然保护区内国有林地划归保护区使用、管理，并做好标桩、立界工作。

10. 依法管理自然保护区资源。各级林业主管部门应依法履行其对森林、林木、林地和野生动植物资源的保护管理职能和对湿地的协调、保护管理职能，并将自然保护区资源作为重点严格管理。同时，依法委托有条件的自然保护区管理机构行使对区内破坏森林、林木、林地和野生动植物资源等违法行为的林业行政处罚权。征占用自然保护区林地、湿地的，必须

征得自然保护区管理机构同意，再按国家有关规定做好报批工作。

11. 加强自然保护区森林防火工作。森林防火事关森林和野生动植物资源安全，是做好保护区各项工作的前提和保障。各级政府要加强对自然保护区防火工作的领导，承担起森林防火工作的主要责任，要把自然保护区森林防火列为工作重点，纳入当地森林防火网络，切实加强组织建设、队伍建设、装备建设，严格火源管理，强化火情监测，落实预防措施，制定扑火预案，建立联防联治制度，组建专业森林消防队伍，确保森林火灾的及时发现、快速扑灭。自然保护区要把森林防火作为大事，切实做好有关工作。地方森林防火部门要依法做好指导、监督和检查工作。

12. 加强有害生物防治工作。各级林业主管部门要督促自然保护区加强巡护监测，注重预测预报，搞好检验检疫。一旦发生有害生物危害，应以生物措施为主、多种措施相结合积极控制和防治。自然保护区严格控制外来物种引入，需要引入和放归罚没野生动物的应进行科学论证，批准后实施。

13. 加强自然保护区森林公安机构和队伍建设，实行林业、公安双重领导。建立健全自然保护区森林公安机构，是加强自然保护区资源保护和刑事治安管理的一项重要工作。尚未建立森林公安机构的自然保护区，各有关部门予以大力支持，尽快建立森林公安派出机构，协同自然保护区管理机构严厉打击乱砍滥伐、乱捕滥猎、乱采滥挖、乱垦滥围等破坏和侵占自然保护区资源的违法犯罪行为。

四、加强自然保护区管理工作

为了全面推进自然保护区事业发展，当前工作重点从抢救性保护为主转到发展与管理并重上来。因此，要大力加强自然保护区基础工作，建章立制，规范管理，全面提高自然保护区管理水平。

14. 组织编制自然保护区总体规划。自然保护区管理机构要认真编制总体规划，分级报批。国家级自然保护区总体规划，由国家林业局审批；地方级自然保护区也要编制总体规划，报省级林业主管部门论证和审批。

15. 加强自然保护区主要保护对象管护。自然保护区管理机构应根据主要保护对象特性，分区域采取科学、有效的管理措施，提高保护质量。对湿地、野生动物等类型自然保护区，根据主要保护对象不同季节栖息状况，可以划定不同管理区域，采用不同管理措施进行保护。对危害主要保护对象繁衍生存的植被，在科学试验和论证基础上，可以进行适度的人工干预，促进栖息地恢复和优化。

16. 加强自然保护区巡护工作。自然保护区管理机构要进一步建立和完善巡护制度，提高管护人员和保护站人员的福利待遇，充实和稳定巡护人员，明确巡护目标和责任，定期进行监督和考核。同时，要加强自然保护区保护站点、检查哨卡等设施设备建设，增加巡护科技含量，提高巡护手段和质量。

17. 加强档案、信息管理。自然保护区管理机构要认真收集整理研究成果、监测数据、巡护记录和科考报告等资料，建设和完善档案、数据、信息管理设施，应用现代管理手段和技术建立数据库、档案室。各省（区、市）林业主管部门要建立自然保护区信息管理系统，逐步实现与自然保护区的联网。

18. 加强自然保护区内建设项目管理。自然保护区管理机构要按照国家法律法规要求，对建设项目严格管理。涉及自然保护区的重大建设项目，要在编制环境影响评价报告的同时，编制对自然保护区主要保护对象的影响评价报告，制定恢复补救方案和经济补偿措施，按国家有关规定报批。

19. 开展示范自然保护区建设。国家林业局将在生物多样性丰富的重点区域、重点物种分布区选择一批具有典型性、代表性的国家级自然保护区开展示范保护区建设工作。国家统一制定示范保护区建设标准和管理办法，重点支持示范保护区建设，努力建设一批与国际接轨的自然保护区，指导和带动全国自然保护区管理水平提高。各地林业主管部门也要抓好本地示范保护区建设工作。

20. 加强自然保护区人才队伍建设。要进一步做好自然保护区领导班子建设，强化管理人员和专业技术人才、技能人才的培养和使用；推行关键岗位培训，加强各类人员的业务培训，鼓励在职学习，不断提高人员素质；不断改革和完善自然保护区人事管理、工资、奖励制度等，激发人才活力；自然保护区要根据需要，吸纳大学生、研究生，改善人才队伍结构。各级林业主管部门要制定人才发展和培训计划，并将人才保障作为自然保护区管理工作考核评估指标之一。

五、科学合理利用自然保护区资源

各级林业主管部门按照自然保护区“核心区管死，缓冲区管严，实验区科学合理利用”的原则，在对主要保护对象不造成危害的前提下，对保护区实验区的资源开展适度有序、科学合理的可持续利用活动，促进自然保护区与周边社区经济协调发展，实现人与自然和谐相处。

21. 积极发展自然保护区生态经济。自然保护区可根据自身优势，依法利用实验区内的土地、景观、水和非重点保护野生动植物等资源发展生态农业、生态林业和生态旅游等生态经济。

22. 严格管理自然保护区资源利用活动。保护区的资源利用必须以保护为前提，遵循自然规律，保持与自然和谐统一，不得对主要保护对象造成危害，不能超过环境容量和自然承载力，更不能对自然保护区资源造成破坏。开展资源利用活动的自然保护区，必须有经批准的总体规划和颁布实施的自然保护区管理条例或办法。在保护区实验区开展资源利用活动，要对允许利用的资源种类、数量、范围、时段和方式等，编制资源利用方案或生态旅游规划，并进行环境影响评价和对主要保护对象的影响评价，经科学论证和批准后组织实施。

23. 统一管理自然保护区内各项经营活动。自然保护区内所有经营活动必须接受自然保护区管理机构的统一管理和监督。要严格执行国家法律法规，自然保护区的国有森林、林木和林地使用权不得流转，开展生态旅游等经营活动不得改变自然保护区的隶属关系和管理体制，不得在自然保护区加挂牌子、建立机构。对经营性的交通、食宿、餐饮、商业等，可以采取多种经营形式，但要纳入保护区管理机构管理。区内旅游收入和其他经营收入应按一定比例上缴自然保护区管理机构用于保护事业。

24. 积极促进自然保护区与周边社区和谐相处、共同发展。自然保护区要充分发挥自身优势，结合当地民俗风情，引导和帮助群众合理利用自然资源，积极发展生态型产业，扩大就业，增加收入，促进社区经济发展。

六、大力开展监测科学研究、宣传教育和合作交流

自然保护区是开展科学研究、生态教育和普及自然科学知识的重要基地，也是开展对外交流与合作的重要领域。

25. 自然保护区管理机构要认真做好资源调查、科学考察工作，查清本底情况。在此基础上，各级林业主管部门要按照国家制定的监测指标和部署，尽快建立自然保护区监测体系和信息管理体系，组织自然保护区开展资源、环境、社会等方面的监测工作。要加强自然保护区生态定位观测站点建设，积极开展生态系统定位观测与研究。

26. 加强自然保护区科学研究。自然保护区要以保护对象为研究重点，加强保护区科研能力建设，采取多种有效方式，与大专院校、科研单位等联合开展科学研究。系统研究保护对象的生物学特性、生态学特征和繁育利用技术，积极开展自然保护区生态价值、经济价值评估的研究，按照不同类型自然保护区，选择有条件的进行试点，不断总结和建立评估指标、标准和办法，并全面组织实施。

27. 加强科学普及和宣传教育工作。自然保护区要积极组织开展学术研讨会、夏令营和志愿者服务等项目，采取多种形式开展宣传教育活动，尤其注重对青少年的生态道德教育，为公众参与保护区的建设管理创造条件，使保护区成为提高全民文化素质、宣扬生态文明理念和开展爱国主义教育的重要基地。

28. 加强自然保护区国际交流与合作。自然保护区要广泛建立国际信息联系，引进技术、信息、管理经验等，提高自然保护区管理水平。有条件的自然保护区应积极与国外自然保护区建立姊妹保护区、跨境保护区，积极开展国际交流与合作。

29. 鼓励和支持自然保护区参加国际自然保护组织和网络系统。自然保护区要努力创造条件，积极申报和参加世界人与生物圈、世界自然遗产、国际重要湿地等活动，扩大我国自然保护事业的国际影响。

七、建立自然保护区考核评估与监督制度

建立自然保护区考核评估制度，强化对自然保护区监督，是提高自然保护区管理水平，实现自然保护区有效管理的重要措施。

30. 自然保护区要强化目标管理，实行目标责任制。国家林业局根据不同类型、不同级别自然保护区制定管理目标和考核指标体系，各级林业主管部门要认真组织实行。

31. 各级林业主管部门要对自然保护区进行有效管理的考核与评估。国家林业局负责组织对国家级自然保护区的考核与评估，各省区市林业主管部门负责组织对地方级自然保护区的考核与评估。考核评估结果向同级政府、相关部门和社会通报，根据考核和评估结果对自然保护区领导班子进行奖惩。

32. 加强对自然保护区的监督。各级林业主管部门要加强对自然保护区保护和管理工作的监督，同时要积极支持和配合森林资源监督等部门开展对自然保护区保护、管理工作的监督。鼓励和支持社会团体、个人和媒体对自然保护区的保护、管理等方面进行监督。

八、加强领导，切实解决自然保护区建设管理的突出问题

自然保护区建设是一项社会公益事业。自然保护区建设管理是各级政府的一项重要职责和任务。因此，要加强对自然保护区的领导，加大投入，推动自然保护事业的全面发展。

33. 各级林业主管部门和自然保护区管理机构要积极争取地方政府对自然保护区建设管理工作的关心和支持，使自然保护区发展建设纳入当地经济社会发展规划，将自然保护区管理经费、人员社会保障以及保护对象造成的损失补偿等分别纳入县级以上人民政府公共财政预算。

34. 要进一步推进全国野生动植物保护和自然保护区建设工程实施，多渠道筹集资金，加大投入力度。各级林业主管部门要配合各级政府认真落实工程规划和国家有关政策，森林生态效益补偿基金应重点支持自然保护区，其他林业重点工程、森林防火、病虫害防治等也要重点支持自然保护区的发展和建设。

35. 各级林业主管部门要协同各级政府有关部门加强对自然保护区建设工程项目与各种资金使用的管理。工程项目建设严格遵守基本建设程序，实行法人负责制、招投标制、工程监理制、责任追究制、政府采购制等管理制度。各级林业主管部门要加强对自然

保护区建设资金的审计、检查和稽查工作，加大资金监管力度，确保资金安全有效运营。

36. 各级林业主管部门要积极争取各级政府和有关部门大力支持自然保护区事业，理顺自然保护区管理体制，解决好自然保护区的机构、级别、编制、经费和管理权限等问题，改变一些自然保护区“划而不建、建而不管、管而不严”和“有牌子、没机构、没经费、没人员”的局面，切实把自然保护区建设好、管理好。

国家林业局

2005 年 4 月 14 日

国家林业局关于印发 2005 年工作要点的通知

林办发［2005］61 号

各省、自治区、直辖市林业厅（局），内蒙古、吉林、龙江、大兴安岭森工（林业）集团公司，新疆生产建设兵团林业局，国家林业局各司局、各直属单位：

2005 年是两个五年计划相衔接的关键一年。为认真贯彻落实党中央、国务院的一系列部署，根据《国务院 2005 年工作要点》的要求和治理与破坏相持阶段林业工作的新情况新特点，在广泛征求各方面意见的基础上，研究制定了《国家林业局 2005 年工作要点》，现予印发。请各地、各单位根据本要点精神，结合本地、本单位实际，认真安排好 2005 年的工作，深入落实国家林业局“一二三四五六”的林业工作总体部署，全面推动林业持续快速协调健康发展，为促进人与自然和谐、构建社会主义和谐社会做出积极贡献。

附件：国家林业局 2005 年工作要点

国家林业局

2005 年 4 月 28 日

附件　国家林业局 2005 年工作要点

2005 年是两个五年计划相衔接的关键一年。根据党中央、国务院的一系列部署，今年林业工作总的要求是：**以邓小平理论和“三个代表”重要思想为指导，用科学发展观统领林业工作全局，全面贯彻中央林业决定精神，继续实施以生态建设为主的林业发展战略，准确把握治理与破坏相持阶段的林业发展规律，深入落实“抓住一个重点，办好两件大事，强化三项工作，深化四项改革，加强五大建设，处理好六大关系”的林业工作总体部署，全面推动林业持续快速协调健康发展，为促进人与自然和谐、构建社会主义和谐社会作出积极贡献。**重点抓好以下十个方面的工作：

一、大力加强六大林业重点工程建设，确保林业建设力度不减弱

六大林业重点工程是实施以生态建设为主的林业发展战略的载体，是巩固“相持阶段”成果、防止已经有所改善的生态状况出现反复的根本途径，是林业工作的重中之重。要按照胡锦涛总书记、温家宝总理、回良玉副总理的要求，继续紧紧抓住这个重点，确保重点不移位，精神不松懈，力度不减弱。

1. 天然林资源保护工程。积极推动东北、内蒙古等重点国有林区木材产量的进一步调减。争取商有关部门出台《关于推进森工企业所办中小学校交地方政府管理的实施意见》。积极促进有条件的地方对实行禁伐的森工企业单位转制为事业单位的改革，解决保护和发展的长效机制。会同有关部门加快落实森工企业医疗、失业、生育、工伤四项社会保险政策，建立林区社会保障制度。进一步做好落实森工企业金融机构债务免除过程中的协调工作，切实将债务免除政策落实到位。认真研究探索建立对集体、个人禁伐林的补偿政策。起草关于天保工程后续产业发展的指导意见。继续做好并完成天保工程阶段性评估工作，研究完善天保工程政策措施。进一步强化工程管理，确保工程质量和效益。

2. 退耕还林工程。认真贯彻《国务院办公厅关于切实搞好“五结合”进一步巩固退耕还林成果的通知》精神。精心组织、加强指导，圆满完成今年的退耕还林任务。妥善解决退耕还林超计划遗留问题。继续深入开展“回头看”活动，抓好补植补造和抚育管护，落实管护责任和措施。摸清已退耕还林地状况，加强对后续发展工作的指导。组织编制退耕还林工程长远规划。积极配合有关部门，进一步完善相关政策，抓紧研究制定退耕还林补助期满后的后续补助、林木采伐利用等政策措施。进一步强化工程管理，制定完善工程建设与管理评价考核等有关标准办法，积极推行招投标和监理制等先进适用的管理方式和管理手段，提升工程管理水平。切实做好退耕还林后颁发林权证和工程档案信息管理工作，提高工程管理质量和效率。切实加强工程效益监测工作，定期发布监测结果。认真总结退耕还林成功经验和做法并加以推广。

3. 三北及长江中下游地区等重点防护林体系建设工程。加强“三北”防护林工程建设，进一步强化“三北”地区的防沙治沙工作，特别是重点风沙区的治理。推进长江流域防护林工程建设，重点推进低效林改造，突出“两湖两库”（洞庭湖、鄱阳湖和三峡库区、丹江口库区及沿线）的治理，重点构筑三峡库区周边和南水北调源头及沿线生态屏障。搞好珠江流域防护林工程建设，加大封育力度，突出石漠化综合治理。加强沿海防护林工程建设，以滨海湿地、红树林、沿海基干林带及城乡森林保护和建设为重点，加强保护、加快发展，构筑稳定完善的沿海生态屏障。抓好太行山绿化工程建设，坚持封山禁牧，重点推进生态经济型防护林体系建设。加快平原绿化工程建设，继续抓好示范建设，重点突出村屯“四旁”植树和农田防护林建设，实现由绿化型向生态型、效益型转变。

4. 京津风沙源治理工程。切实抓好作业设计和施工，加强督促检查，保质保量完成今年工程治理任务。加强植被保护和科学抚育管理，巩固工程建设成果。继续抓好“三禁”落实工作。认真查处工程建设质量举报案件。积极配合做好京津风沙源治理工程中期评估工作。积极探索、总结生态建设与经济发展和农民增收致富相结合的新路子、新模式，指导地方研究本地区沙产业发展的重点领域、优势项目和政策措施，推进工程区后续产业发展。

5. 野生动植物保护及自然保护区建设工程。根据工程规划，进一步突出重点、抓住关键，安排好工程项目。加强工程项目管理，健全项目管理机制。全面抓好大熊猫、朱鹮、老虎、普氏原羚、苏铁、兰科植物等15个野生动植物种的保护拯救，同时根据野生动植物资源调查情况，将一批极度濒危物种纳入拯救范围，切实加强拯救。加强国家级自然保护区的基础设施建设，有效保护好自然保护区内的物种资源。抓紧湿地保护工程实施规划的协调工作，提请国务院审批立项。

6. 重点地区速生丰产用材林基地建设工程。积极做好工程项目储备，加快项目申报和备案进度。认真总结推广工程建设的典型经验和做法。突出重点，明确程序，抓好骨干项目，确定一批重点造纸和人造板龙头企业，鼓励扶持发展速生丰产用材林基地，推进林工贸一体化。

7. 认真编制好林业“十一五”规划。在已经形成的以继续深入实施六大工程为重点的林业“十一五”规划基本思路的基础上，抓紧组织编制好《林业发展“十一五”和中长期规划》。按照“相持阶段”的重要判断和相关理论，贯彻“西治、东扩、北休、南用”的分区分类指导方针，找准并突出林业“十一五”的新亮点和新的增长点，在继续保持“十五”主要政策措施、推进六大林业重点工程建设的同时，深入研究“相持阶段”的重大理论及政策问题，提出“相持阶段”的基本对策和主要政策调整方向，系统修改、完善好林业“十一五”规划。

二、全面推进防沙治沙工作，加强西部生态治理

防沙治沙是生态建设的重要领域，也是巩固“相持阶段”成果、防止已经有所改善的生态状况出现反复的关键，必须理清思路、确定目标，明确任务、突出重点，在2005年办几件大事，全面推进防沙治沙工作。

8. 认真组织实施国务院批复的《全国防沙治沙规划》。落实今后一个时期全国防沙治沙工作的重点布局和主要任务，指导省级防沙治沙规划编制，使防沙治沙工作有计划、成规模、分步骤推进。

9. 提请国务院颁布《关于进一步加强防沙治沙工作的决定》。确立防沙治沙在经济社会发展和生态建设中的重要地位，明确新形势下防沙治沙工作的指导思想、政策措施和基本思路。

10. 提请国务院召开全国防沙治沙工作会议。系统总结12年来全国防沙治沙工作的成绩和经验，部署当前及今后一个时期的防沙治沙工作。

11. 划定一批沙化土地封禁保护区。对当前不具备治理条件且生态区位重要的连片沙化土地，有计划地划定一批封禁保护区，实行封禁保护。尽快完善出台《沙化土地封禁保护区总体方案》，抓紧研究制定《沙化土地封禁保护区管理办法》。

12. 全面启动防沙治沙综合示范区建设。部署各有关省区抓紧审批完成各地的示范区建设规划。尽快完善并批复两个跨区域示范区建设规划。制定出台全国防沙治沙综合示范区建设管理办法，规范示范区管理。

13. 加强荒漠化和沙化土地监测工作。做好第三次全国荒漠化和沙化土地监测汇总工作，发布最新荒漠化和沙化土地动态监测结果，分析我国荒漠化和沙化土地动态变化的特点、规律和原因，为科学治理提供依据。进一步抓好沙尘暴监测和灾害应急处置工作。

三、稳步深化林业改革，扩大林业对外开放

深化内部改革，扩大对外开放，是加快林业发展中必须处理好的六个关系之一。今年，要认真贯彻《国务院关于2005年深化经济体制改革的意见》，稳步深化林业四项改革，调整完善林业体制、机制，挖掘内部潜力，扩大林业对外交流与合作，促进我国林

业的改革与发展。

14. 深化林业分类经营管理体制改革。继续开展分类经营体制改革试点工作，探索森林生态效益市场化的途径和模式，并逐步推广。提请国务院批准《关于加快国有林场改革发展的实施意见》。

15. 稳步推进重点国有林区森林资源管理体制改革。组织研究国有林区和森工体制改革问题，抓紧起草《关于国有林区和森工企业改革的指导意见》。抓好东北、内蒙古重点国有林区森林资源管理体制改革试点工作的阶段性总结和评估，为今后全面实施这项改革积累经验和提供借鉴。

16. 深入推进林业产权制度改革。切实抓好福建三明、黑龙江伊春林权制度改革试点工作。积极探索新型激励机制，总结推广已有成功做法和有益经验，解放和发展林业生产力。

17. 稳步推进林业综合行政执法改革工作。继续做好林业综合行政执法试点工作。全面总结、推广林业综合行政执法试点经验，进一步扩大试点范围，将这项改革逐步推开。

18. 进一步巩固和开辟政府间、民间合作渠道。配合林业重点工程建设，积极引进资金、智力、先进技术和理念，加强同有关国家、国际组织和民间团体的合作。重点在开辟全球环境基金、商品共同基金、欧盟、挪威等国家、地区和国际组织项目渠道方面多做工作；积极开展与南非、蒙古、西班牙、斯洛伐克、马达加斯加、吉尔吉斯斯坦、格鲁吉亚、意大利等国建立部门间合作渠道的工作，并力争有所突破。配合国家领导人高层访问和国家整体外交需要，开展向韩国赠送老虎活动、磋商签署两国间候鸟保护协定事宜，与日本开展朱鹮保护合作研究。

19. 积极参与多边活动。做好有关国际公约缔约方大会的谈判工作。加强对森林论坛、非法采伐、森林认证和林业碳汇等重点国际林业热点问题的系统研究，制定应对方案，维护国家权益，为林业发展争取更好的国际环境。努力建立有效机制，加强同政府间国际组织和非政府组织的沟通与了解，寻求新的合作结合点，重点抓好林业对话机制的建立和第一次年会工作。

四、进一步落实“严管林”要求，切实加强森林资源保护

加强森林资源保护是进入“相持阶段”后生态建设最重要的基础工作，必须切实加强资源保护，巩固生态建设成果。

20. 大力加强森林资源管理工作。认真贯彻执行林地、湿地保护管理的法律法规和政策规定，切实加强林地、湿地保护管理。提请国务院下发关于进一步加强林地管理的文件。启动《林地保护利用规划》编制工作。进一步完善征占用林地、湿地审核审批管理制度，严格控制林地、湿地的逆转。全力抓好“十一五”期间全国年森林采伐限额的编制。全面推进森林资源和生态状况综合监测体系框架研究和建设。进一步加大森林资源监督力度，开展打击破坏森林资源专项行动，切实制止破坏森林资源的违法犯罪行为。切实加强森林资源利用法制建设，制定《木材经营加工监督管理办法》，建立市场准入制度，规范企业经营行为，促进资源合理利用和有效保护。

21. 进一步加强森林防火和森林公安工作。认真落实国务院重点省区森林防火工作座谈会精神和《国务院办公厅关于进一步加强森林防火工作的通知》要求，健全完善扑火救灾应急机制，采取切实有效措施，严防发生特大森林火灾。全面落实《国家林业局公安部关于加强森林公安队伍建设的意见》，大力加强森林公安队伍建设和管理，确保森林公安机关严格、公正、文明执法。适时组织打击盗伐滥伐林木、猎捕贩卖珍稀野生动物、乱征滥占林地等违法犯罪专项行动。

22. 加强野生动物疫源疫病监测工作。在野生动物疫源疫病多发区域、迁徙通道、野生动物集中分布等区域建立第一批100多处陆生野生动物疫源疫病监测点，启动全国陆生野生动物疫源疫病监测体系建设。

23. 完善林业有害生物防治工作机制。重点加强病虫鼠害防治的营林措施，积极探索将病虫鼠害发生指标纳入造林实绩核查的具体办法。认真抓好《重大外来林业有害生物灾害应急预案》的落实，加强外来有害生物防控。

24. 大力发展和完善自然保护区网络体系。在规模扩张上，重点在典型的森林、湿地和荒漠生态系统地带以及野生动植物重点分布区域和生物多样性丰富区域，因地制宜地抓紧划建自然保护区或保护小区。在内涵提升上，重点打破行政区划界线，按照山系、流域整合现有自然保护区，努力提升生态保护的网络效应。

25. 加强森林风景资源保护，加快森林公园建设。在继续扩大森林风景资源保护规模的同时，重点研究制定《国家重要森林风景资源保护目录》和《国家重要森林风景资源保护规范》，明确保护对象和范围，有效保护森林风景资源的多样性和完整性。系统整合现有森林公园资源，努力提高森林公园的品位和质量。按照《森林公园建设规划（2004～2010年）》要求，加快森林公园发展步伐，满足人们日益增长的森林游憩需求。

26. 加强乡镇林业工作站建设。积极汇报、多方协调，提请国务院办公厅颁发《关于加强林业工作站建设的通知》，为基层林业改革与发展、强化森林资源保护提供坚实的组织保障。

五、进一步完善“慎用钱”机制，强化林业资金管理

国家对林业投资的不断增加，为林业加快发展提供了重要保证。今年，要把完善机制、强化管理作为重点抓好，确保林业建设资金安全运行。

27. 加强林业资金管理机制建设。严格实行资金管理责任制度，层层签订责任状，落实责任制。积极探索林业项目的科学审批机制，实行重大项目安排及投资计划集中审批制度，严格按照“谁审批、谁负责”的原则，对项目审批实行终身责任制。加强对领导干部和财会人员的专门培训，切实掌握资金使用的原则和要求、财务管理的内容和程序，做到明明白白办事、清清楚楚监管。

28. 加强林业资金检查和稽核力度。做好群众举报和典型案件查处工作，坚决打击资金使用上的违纪违法行为。深入开展经常性资金稽查工作，及时发现和纠正资金使用管理中存在的问题。对中央预算内基本建设资金和财政专项资金使用情况、规章制度执行情况进行一次认真检查。制度不完善的要尽快完善，操作不规范的要切实规范，支出不符合要求的要坚决纠正。

六、进一步强化“质为先”工作，加强营造林质量管理

质量是林业发展的永恒主题，关系着林业事业的成败。今年，要把加强营造林质量管理放在更加突出的位置，进一步提升营造林质量。

29. 保质保量完成今年营造林任务。今年，全国的营造林任务为1.1亿亩，封山育林任务接近人工造林。要按照“质为先”的要求，严格落实《封山育林技术规程》，确保封山育林取得成效。抓紧研究制定封山育林的总体规划，为推进封山育林工作创造有利条件。

30. 提高全社会办林业、全民搞绿化的成效。抓紧修改完善《全民义务植树条例》并提请国务院颁布实施。深入开展全民义务植树运动，努力提高义务植树的覆盖面和尽责率。继续落实部门绿化责任制，提高部门绿化质量和成效。加快编制绿色通道发展规划，抓紧制定《古树名木保护条例》等法规制度。认真做好全国绿化评比表彰工作。充分发挥社团组织作用，广泛动员社会力量参与生态建设和保护。

31. 抓好幼林管护工作。落实幼林管护的责任主体，明确责权利，确保幼林有人管、管得住、管得好。积极开展营造林监理工作，促进各地严把造林工序质量关。以启动中幼林抚育项目为契机，全面加强森林经营工作。

32. 认真开展“全国营造林金质工程示范县”建设。选定一定数量的县进行试点，完善营造林各环节质量管理、建立质量管理评价和奖惩机制、建立质量管理信息系统，总结探索质量管理的最佳模式，全面提高营造林质量水平。

33. 进一步加强林木种苗工作。继续坚持和落实“依法治种、科技兴种、强化服务、发展产业”的林木种苗工作方针。启动实施《2005～2007年林木种苗发展行动计划》。加强林木种苗市场和质量监管，加强宏观指导、强化信息服务，推动林木种苗工程体制、机制和科技创新。组织开展林木种质资源清查，制定林木种质资源保护利用名录，做好种质资源的有效保护和利用工作，实现种质资源的可持续发展。

七、加快林业产业发展，为增加农民收入作贡献

加快产业发展是林业工作的一项重要任务，要把发展林业产业作为促进生态建设、增强农业综合生产能力、调整农村产业结构、增加农民收入的一项重要工作来抓，为促进经济发展、解决“三农”问题作贡献。

34. 加强对林业产业发展的规范、指导和扶持。按照《全国林业产业发展规划纲要》确定的发展目标和总体布局，抓紧起草《林业产业政策要点》和《加快林业产业发展的指导意见》，出台支持林业产业发展的政策措施。

35. 积极制定和实施“林业富民计划”。充分发挥区域优势，重点发展木本粮油、干鲜果品、花卉、竹藤、森林旅游、野生动物养殖业、野生植物培植业等，促进农民增收。

36. 支持林业企业进行技术改造。促进传统产业结构、技术、产品升级，抓紧制定《木材综合利用规范》，提高资源利用率和产业竞争力。进一步完善林业产业社会化服务体系，积极为广大林农和林业企业提供服务。

37. 积极争取并切实用好发展林业产业的优惠政策。继续做好林业产业项目的组织和推荐工作，争取国家补助资金的兑现和落实。抓紧制定《林业国家重点龙头企业的认定和运行监测管理暂行办法》和《关于扶持林业国家重点龙头企业的意见》。抓好林业重点工程后续产业发展，协调落实中央财政有关贴息政策，积极引导社会资金投入后续产业领域。充分利用现有的财政、信贷资金等政策，对后续产业给予扶持。

八、继续加强科教兴林，着力提升林业科教整体水平

科技、教育、人才是发展林业生产力的核心要素和基础，必须将其放在优先发展的位置，深入实施科教兴林战略，提升林业科教整体水平。

38. 抓好全国林业人才工作会议精神的落实。颁发并认真贯彻落实《国家林业局关于加强林业人才工作的意见》。组织编制《全国林业人才“十一五”规划和长期规划》，加快高级人才培养，重点实施人才工程，并争取在国家财政中落实配套资金。抓紧完善《林业科学技术中长期发展规划（2006～2020年）》、《国家林业局关于进一步加强林业科技工作的决定》、《2005～2007年林业科教振兴行动方案》和

《林业教育培训工作“十一五”发展规划》，尽快颁发执行。

39. 加强林业科技自主创新能力建设。研究加强林业科技自主创新的思路与措施，按照原始性创新、集成创新、引进创新的不同性质和要求，分别研究制定相应的思路与对策，确定不同的目标与重点。研究制定林业科技创新体系建设方案，增强林业科技自主创新能力，提高林业科技自主创新水平。

40. 继续抓好重大软科学研究项目。重点抓好“中国森林资源核算及纳入绿色GDP研究”和“中国西部林业发展战略研究”两个重大软科学研究项目，确保年内出成果，为国家科学决策提供可靠理论依据。

41. 加强林业科研计划管理。全力做好“十五”项目总结及“十一五”立项基础工作。组织好“十一五”国家科技攻关林业项目的编制和内容筛选等工作。做好“948”计划、局重点科研计划项目的组织实施工作。做好“863”计划、“973”计划、科技基础条件平台建设专项、科研院所社会公益性研究专项等国家科技计划项目的申报工作。进一步加强陆地生态系统定位观测与研究站的建设。研究制定并发布新的林业科研项目管理办法，进一步规范各级科研管理活动。

42. 加强林业科技推广工作。积极开展送技术下乡、技术普及、技术培训等活动，建立健全林业科技推广体系，加强省地县推广站（中心）建设，增强科技推广服务能力。建立一批林业科技示范区、示范基地和示范点。积极争取国家财政进一步加大对林业科技推广的投入力度。加强项目管理，制定发布《林业科技推广项目管理办法》等。组织开展中国林业生物产业战略研究。加快研究制定《林业“十一五”高技术产业规划》和《全国林业科技推广工作“十一五”规划》。

43. 加强林业重点工程的科技支撑工作。进一步稳定林业重点工程科技支撑经费，加大投资力度，拓宽资金应用的工程范围。组织实施一批科技支撑项目，加快发布试行《林业重点工程科技支撑项目管理办法》，加强监督管理。

44. 加强林业标准化建设。全面落实《林业标准化管理办法》，组织好林业标准制修订项目立项，强化林业标准的实施与监督。继续抓好林业标准化示范工作，积极争取加大对林业标准化示范区建设的投入力度。加强和完善林业标准体系机构及质检机构建设，积极组织筹建林化产品、营造林等林业专业标准化技术委员会。

九、严格实行依法治林，进一步提升依法行政水平

依法治林是林业建设的重要方略和两件大事之一，必须深入落实、严格实行。

45. 深入落实全国依法治林工作会议精神。按照全国依法治林工作会议和《全国推进依法治林实施纲要》的要求，及时了解各地贯彻落实会议和《纲要》情况，推动全国依法治林工作的深入开展。建立健全林业行政执法监督检查制度，起草制定国家林业局行政复议、应诉规则，林业行政处罚案卷评查标准，林业行政执法责任评议考核办法等制度。组织对林业行政执法人员的抽考工作，提高林业行政执法人员的执法水平。做好“四五”普法依法治理总结验收工作，组织制定“五五”普法依法治理规划。

46. 修改、完善林业法律法规。抓紧《森林法》修改的研究和论证工作。做好《自然保护区法》建议稿及相关论证材料的起草、修改和上报工作。进一步完善《野生动物保护法》修改稿，组织征求有关部门意见。做好《濒危野生动植物进出口管理条例》（草案送审稿）修改、协调工作。加快《森林防火条例》修订审批进程。组织起草好《湿地保护条例》以及《森林、林木和林地使用权流转条例》等行政法规草案。

47. 进一步完善国家林业局行政许可规范。抓紧制定规范林业行政许可行为的部门规章，尤其是国务院决定公布的6项林业行政许可的配套规章。建立健全行政许可工作管理有关制度，规范局行政许可行为，提高行政许可效率。起草制定《国家林业局行政许可文书办理暂行规则》、《行政许可听证规则》、《行政许可责任追究制度》、《行政许可监督办法》等。组织行政许可管理人员、林业综合行政执法试点单位执法机构负责人、地市级法制工作专职人员培训。

十、坚持抓好五大建设，全面提高执政能力

机关建设事关林业部门的执政能力，事关林业事业的长治久安。要以开展保持共产党员先进性教育活动为契机，加强机关思想、组织、制度、作风、业务建设，全面提高执政能力。

48. 认真开展保持共产党员先进性教育活动，切实抓好机关五大建设。集中力量组织实施好保持共产党员先进性教育活动，认真抓好突出问题的整改，完善机关思想、组织、制度、作风、业务建设的各项措施，建立加强直属机关党的先进性建设、保持共产党员先进性的长效机制，提高机关领导水平和执政能力。一是加强思想建设。进一步加强思想教育，增强机关干部职工的责任意识、法纪意识、民主决策意识和自律意识。加强舆论宣传，用科学发展观和“相持阶段”的理论统一务林人的思想。二是加强组织建设。增强组织的凝聚力和战斗力。继续做好林业人才工作，确立科学的用人导向，完善竞争机制和激励机制，充分发挥各级各类人才的作用。三是加强制度建设。以资金管理为重点，排查漏洞、完善制度，加强管理、严肃纪律，严格依法管理和使用资金。四是加强作风建设。进一步加强党风廉政建设，完善和落实党风廉政建设责任制，严格执行中央“五不许”和国家林业局“六不准”等规定，建立健全教育、制度、监督并重的惩治和预防腐败体系，切实做到依法行政、廉洁从政。五是加强业务建设。努力创建学习型机关，建立健全公务员业务培训机制，提高干部职工驾驭市场经济和应对复杂局面的能力。

国家林业局关于停止施行林木种子生产经营许可证年检制度的通知

林场发［2005］72号

各省、自治区、直辖市林业厅（局），内蒙古、吉林、龙江、大兴安岭森工（林业）集团公司，新疆生产建设兵团林业局：

根据2004年7月1日正式施行的《中华人民共和国行政许可法》规定，我局设定的林木种子生产、经营许可证年检制度不属于《行政许可法》规定的进行定期检验的事项。因此，我局决定对林木种子生产、经营许可证不再实行年检制度，并将有关事项通知如下：

我局将另行制定对被许可人从事林木种子生产经营行政许可事项活动的监督检查办法。在新的办法颁布前，各地林业行政主管部门及其种苗管理机构应当依照行政许可法、种子法及林木种子生产、经营许可证管理办法的规定，采取有效措施继续加强对林木种苗生产经营活动的监督管理工作。及时了解掌握被许可人登记项目变动、种苗生产经营条件变化、生产经营档案建立等生产经营动态情况，了解掌握被许可人执行检验、标签和包装等情况；重点检查被许可人是否存在生产经营假、劣种苗行为，是否按照被许可核准的名称、地点、种类、有效区域、经营方式生产经营林木种苗，是否有伪造、变造、买卖、租借许可证的行为，是否设立分支机构或变更登记项目等。发现问题，及时处理，确保林木种苗各项生产经营活动健康有序进行。

国家林业局

2005年5月17日

国家林业局关于加强一次性木筷子生产流通管理的通知

林行发［2005］73号

各省、自治区、直辖市林业厅（局），内蒙古、吉林、龙江、大兴安岭森工（林业）集团公司，新疆生产建设兵团林业局：

为切实保护森林资源、改善生态环境，规范一次性木筷子的生产、流通行为，促进木材的合理利用，根据国务院有关精神，现就加强一次性木筷子生产、流通的管理问题通知如下：

一、提高认识，加强管理。各级林业主管部门要充分认识一次性木筷子生产对有效、合理地利用木材的重要影响，积极做好动员和部署，迅速采取有力措施，加强对一次性木筷子生产、流通各环节的管理，鼓励利用中小径材、加工剩余物和竹子生产一次性筷子，坚决制止因生产一次性木筷子造成森林资源破坏的行为。

二、认真开展对一次性木筷子生产、流通的清理整顿工作。各级林业主管部门要以县（局）为单位认真开展对一次性木筷子生产、流通的全面清理整顿工作。掌握每一个一次性木筷子生产厂家的地点、业主、筷子产量、资源消耗、职工人数等情况，进行治理整顿。对未经批准的林区一次性木筷子生产企业由县级以上人民政府林业主管部门依法予以处罚；对有合法批准手续的林区一次性木筷子生产企业应着重检查其原料来源是否合法，对利用非法原料进行生产的企业，要依法查处；对林业部门违法批准或其他部门越权批准的，要立即予以纠正。今后，各级林业主管部门不得再批准设立一次性木筷子（不含竹筷子）生产企业。

三、依法严肃查处生产一次性木筷子引发的毁林案件。各地对清理出来的因一次性生产木筷子引发的各类毁林案件，要依法查处。各地森林公安和资源林政管理部门要密切配合，坚决依法查处，构成犯罪的，要移交检察机关和司法机关，并追究有关责任人和领导人的相关责任。

各地接此通知后，要迅速部署，采取有效措施，

认真开展一次性木筷子生产、流通的清理整顿工作，并于7月30日前将清理整顿情况书面报我局行管办。

国家林业局
2005年5月21日

国家林业局关于依法加强征占用林地审核审批管理的通知

林资发［2005］76号

各省、自治区、直辖市林业厅（局），内蒙古、吉林、龙江、大兴安岭森工（林业）集团公司，新疆生产建设兵团林业局，国家林业局各派驻森林资源监督机构：

近期，我局发现部分省上报我局审核审批的征占用林地项目把关不严，一些上报项目材料不全、填写不规范；对个别已经发生的违法占用林地项目隐瞒不报，不依法查处。为切实加强征占用林地审核审批管理，依法处理违法占用林地行为，杜绝类似情况的发生，现就有关问题通知如下：

一、依法做好征占用林地服务和监管工作。各级林业主管部门要认真履行职责，严格依法办理建设项目征占用林地审核审批手续；要主动做好服务工作，告知项目建设单位有关法律法规关于征占用林地的规定，指导项目建设单位规范编写征占用林地申报材料；对受理的征占用林地申请，要在规定的时限内提出具体明确的审查意见，按规定程序报批；要对征占用林地的全过程进行监管，跟踪检查用地情况，杜绝少批多占，不批也占等违法行为的发生。

二、坚决纠正对违法占用林地不依法处罚就补办手续的做法。对已经发生的违法占用林地建设项目，一经发现，应立即责令建设单位停工，依法追究有关责任者的责任，各级林业主管部门不能也无权做出“不做违规用地对待”的决定；确需征占用林地的，应当在依法进行行政处罚和追究相关责任人的责任后，依法补办征占用林地审核审批手续；对因违法审批，越权审批等违法行政行为，造成森林资源严重破坏的，要依法追究审批机关和相关责任人的责任，对于违反党纪政纪的，要按照有关规定给予党纪政纪处分，构成犯罪的，要依法追究刑事责任。

三、强化征占用林地的审核审批管理。各级林业主管部门必须严格按照《占用征用林地审核审批管理办法》（国家林业局2号令）和《占用征用林地审核审批管理规范》（林资发［2003］139号）的要求受理项目建设单位提交的申请材料。征占用林地申请材料不全的，各级林业主管部门一律不得上报或审核同意。对已经发生违法占用林地的建设项目，符合确需征占用林地条件的，申请材料必须附有关林业主管部门依法查处的报告。凡上报我局审核审批的申请材料，省级林业主管部门要严格把关，认真核实，对隐瞒事实，知情不报的，要追究省级林业主管部门和有关人员的责任。

四、切实发挥森林资源监督机构的监督作用。国家林业局各派驻森林资源监督机构要认真履行监督职责，依法对征占用林地审核审批和实施情况进行监督，对出现的问题，要及时向当地人民政府提出建议，责令有关单位予以纠正，并及时向我局报告。对违法审批、越权审批或未批先占、少批多占等违法行为，要督促有关部门依法严肃处理。

国家林业局
2005年5月21日

国家林业局关于进一步加强林业有害生物防治工作的意见

林造发［2005］77号

各省、自治区、直辖市林业厅（局），内蒙古、吉林、龙江、大兴安岭森工（林业）集团公司，新疆生产建设兵团林业局：

为贯彻落实《中共中央国务院关于加快林业发展的决定》精神，切实保护林业建设成果，保障林业持续快速协调健康发展，维护国家生态安全，现就进一步加强林业有害生物防治工作提出以下意见。

一、统一思想认识，高度重视林业有害生物防治工作

1. 林业有害生物防治工作取得显著成效。近年来，在党中央、国务院及地方各级政府的关心和重视下，林业有害生物防治工作力度加大、开展有序、成绩突出。主要表现在目标管理责任制全面推行，防治工作环境日益优化，基础设施明显改善，控灾减灾能力不断加强。通过实施重点病虫害治理工程，局部减灾效果明显，通过加强监测预报和强化检疫执法，灾害预警能力有较大提高，遏制了有害生物传播蔓延。

2. 林业有害生物防治形势依然严峻。随着全球经济一体化速度的加快和国际间贸易往来的增多，林业有害生物入侵、扩散、成灾的压力不断增加。新的外来有害生物入侵频繁，威胁加剧；已入侵的松材线虫病等危险性有害生物正由经济发达地区向欠发达地区、由非林区和一般林区向重点林区和重要风景名胜区蔓延；森林鼠（兔）害在西北和东北地区危害猖獗，对新造林地构成严重威胁；有害植物在西部地区扩展迅速，严重影响林木生长、更新和生物多样性；经济林、天然次生林、灌木林和荒漠植被有害生物问题日渐突出，逐步由次要矛盾转为主要矛盾。与此不相适应的是：防治技术手段落后、信息滞后、依法防治意识淡薄、防治机构队伍建设亟待加强、防治机制不适应新形势发展需求等，林业有害生物防治工作面临的形势仍十分严峻。

3. 充分认识和高度重视林业有害生物防治工作。加强林业有害生物防治工作是有效遏制林业有害生物发生危害严重趋势的迫切需要，是保护生态建设成果，推进林业持续协调快速健康发展的必然选择，是减轻灾害损失，保护农民利益，促进经济发展的重要手段，也是保护国家利益，促进对外贸易，提高国际地位的战略措施。林业有害生物防治工作是林业工作的重要组成部分，随着林业重点工程的深入实施，林业有害生物防治工作在林业工作中的地位更加重要，作用更加突出，各级林业主管部门对此必须充分认识并予以高度重视。

二、进一步明确林业有害生物防治工作的指导思想、基本方针和奋斗目标

4. 指导思想。全面贯彻落实《中共中央国务院关于加快林业发展的决定》精神，坚持科学发展观和可持续发展战略，紧紧围绕新时期林业发展大局，推行森林健康。全面加强有害生物预防和防止外来有害生物入侵。继续加强重要有害生物重点治理，建立健全突发事件应急机制，大力推进无公害防治，积极实施专群结合，联防联治，标本兼治，坚决遏制林业有害生物高发势头，促进林业建设持续快速协调健康发展。

5. 基本方针。预防为主，科学防控，依法治理，促进健康。

6. 奋斗目标。大力加强林业有害生物监测预警体系、检疫御灾体系、防治减灾体系、应急反应体系和防治法规体系建设，实现林业有害生物防治的标准化、规范化、科学化、法制化、信息化，使主要林业有害生物的发生范围和危害程度大幅度下降，危险性有害生物扩散蔓延趋势得到较大缓解，扭转林业有害生物严重发生的局面，促进森林健康成长。在全国森林面积不断增加的情况下，到2010年，成灾率控制在0.45‰以下，无公害防治率达80%以上，灾害测报准确率达到85%以上，种苗产地检疫率达到100%。

三、全面加强预防，促进防治工作由治标向治本的根本转变

7. 培育健康森林，把林业有害生物防治工作纳入林业建设的全过程。林业有害生物防治工作必须坚持推行森林健康理念，以培育和恢复健康森林为目标，促进形成稳定的森林生态系统。造林设计方案中必须有林业有害生物防治措施，同时逐步将林业有害生物发生指标纳入营造林实绩综合核查。要重视推广应用乡土树种，加强对现有纯林、低产林的改造，提高林分质量。要大力开展封山育林，保护森林生物多样性，及时清理受有害生物严重侵染的林木、火烧迹地过火林木，增强森林生态系统自身的抗逆能力。

8. 以防范外来林业有害生物入侵为重点，加强检验检疫。要建立外来林业有害生物风险评估体系，开展风险分析。严格引种审批，强化引进林木种苗检疫隔离试种和检疫监管，严防外来有害生物的传入。各地要根据林业检疫性有害生物名单，及时划定疫区，加强检疫管理，采取严格的控制措施。要进一步加强产地检疫工作，从种苗产地检疫向木（竹）材及其制品产地检疫拓展。要坚持实行检疫要求制度，规范调运检疫程序，全面推行《植物检疫证书》的计算机签发和网络传送。要加强复检工作，重点是木质包装材料的复检，并经常开展检疫执法检查。要建立和完善远程诊断系统，不断提高检疫检验能力和水平。

9. 全力抓好林业有害生物监测预警工作。要按照监测全面、预测准确、预报及时的要求，在完善常规调查技术的基础上，努力探索利用化学信息、遥感和生物技术等手段开展监测和调查，形成有害生物立体监测预警体系，不断提高监测预报的科学性、准确性和时效性。要扩大监测覆盖面，逐步把天然次生林、灌木林、荒漠植被及有害植物纳入监测范围。要充分发挥国家级中心测报点的骨干带头作用，进一步健全国家、省、地、县四级测报网络。地方各级监测预报机构，特别是县级机构要针对生产实际，做好有害生物的预报、通报、警报，积极发挥基层护林队伍在有害生物监测工作中的作用，引导公众参与有害生物监测和举报，建立和完善有奖举报等激励机制。

10. 建立突发林业有害生物灾害事件应急机制。各地要根据《突发林业有害生物事件处置办法》，建立健全突发事件应急机制。要及时、准确、科学地对林业有害生物事件做出预警，做好单项应急预案。要加强应对突发事件的基础设施建设和物资储备，在组织上、技术上、资金上、物质上做好应急准备。突发事件发生后，按程序启动预案，按照属地管理、以地

方政府为主的原则，统一组织、统一指挥、统一部署、分级联动、各负其责、协同作战。要加强应急防控人员队伍建设、技术培训和实战演练，保障应急反应机制的正常、高效运转。

四、实行科学防控，提高重要林业有害生物治理成效

11. 坚持开展重要林业有害生物重点治理。要以林业重点工程为主战场，继续对跨区域发生、危害严重的危险性林业有害生物实施联防联治和重点治理。其中特别是要根据有害生物的发生发展趋势进一步加强和重视灌木林、荒漠植被有害生物的防治以及鼠（兔）害和有害植物的防治。各地要加强对治理区的监督检查和技术指导，实施全过程管理，建立防治工作绩效考核制，提高治理成效。在实施治理过程中，要逐步推行专业队承包除治，探索实行招投标制和施工监理制。

12. 大力推行生物防治和无公害防治。要鼓励和引导各地采取生物防治和无公害防治措施。以食叶类害虫防治为突破口，在重点治理区，食叶类害虫生物防治率要达到 80% 以上，无公害防治率达到 100%。对其他类有害生物，也要大幅度减少化学农药的使用，使生物防治率达到 60% 以上，无公害防治率达到 80% 以上。要严格防治措施的监管，确保生态安全和森林食品安全。同时，各地要加快生物防治制剂标准的制定工作，研究无公害防治措施的标准和建立效果评价体系，将无公害防治指标纳入森林认证体系，促进生物防治和无公害防治工作的发展。

13. 实行分类指导，落实防治责任制。根据森林分类经营和产权制度改革的要求，要逐步建立生态公益林有害生物预防和治理主要由政府负责，商品林的有害生物预防和治理主要由经营者负责的责任制度，建立起与之相适应的投入机制。已纳入重点公益林和天然林保护工程范畴的林分，要按照重点公益林和天保林森林经营的标准，切实落实防治责任制和防治经费，不断提高林分质量，确保森林功能的有效发挥。各地要进一步加强对个体造林有害生物防治工作的技术服务和指导，有条件的应当专门举办防治技术培训班，提高个体造林有害生物防治的能力。

五、深化体制改革，促进机制创新

14. 深化防治机构的改革。各地要高度重视森林病虫害防治检疫机构建设，落实人员和工作经费。各级森林病虫害防治检疫机构要加快职能转变，把工作重点放在贯彻国家法律、法规、方针、政策，研究制定发展规划上，依法加强行业管理和提供服务。

15. 完善联防联治机制。毗邻行政地区要针对同种或同类的有害生物，建立联防联治组织，开展协同防治。要坚持毗邻地区情况通报、边界插花地带属地防治和联合检查制度，及时沟通情况，协调解决防治工作中出现的问题。

16. 积极推进除治机制创新。各地要在实践中积极探索和建立新的除治机制，引导、鼓励不同所有制形式的组织或个人成立除治公司、专业队、树木医院，或以专业户的形式开展除治和咨询服务，并对相关非公有制组织予以技术支持和防治补助。要不断总结经验，加强政策研究和引导，规范管理，逐步建立起多种所有制组织共同参与，适应市场经济要求、灵活高效的新型除治机制。

17. 建立奖励和重大责任事故追究通报制度。对预防工作搞得好，连续多年没有发生严重的重大林业有害生物灾情的单位和在有害生物防治工作中做出突出贡献的个人实行奖励；对在林业有害生物监测、检疫、除治工作中因工作失职造成严重后果的，要追究有关人员的相应责任，并予以通报。同时，还要建立起重大责任事故举报制度，接受全社会监督。

六、强化保障措施，确保防治工作持续快速协调健康发展

18. 进一步加强防治工作的领导。各级林业主管部门要切实加强林业有害生物防治工作的领导，把防治工作列入重要议事日程。要进一步明确防治责任，继续实行防治目标管理责任制。从 2005 年起，要全面实行“双线目标管理责任制”，把“成灾率”纳入各级地方政府任期目标管理责任制，把“无公害防治率”、“测报准确率”和“种苗产地检疫率”纳入各级林业主管部门的目标考核，并建立新的目标管理指标体系和考核办法。

19. 加大科技攻关和科技成果转化力度。要加大科技攻关力度，组织开展林业有害生物防治宏观战略及防控技术研究，着力解决监测预报、快速检疫检验、天敌繁育、有害生物风险评估、综合防治等技术难题。要加强无公害防治制剂的研究工作，加大科技成果转化和新技术推广应用力度，加强现有技术的组装配套，提高防治工作的科技含量。要积极开展国际科技交流与合作，学习、借鉴林业发达国家在防治林业有害生物方面的先进理念和经验，有重点有选择地引进先进技术。

20. 大力推进依法防治。要以林业有害生物防治法规和与法规相配套的部门规章、技术规程、技术标准为框架，从国家、行业主管部门和地方三个层面，加快防治法规的制（修）订工作，建立完备的防治、检疫法规体系。各地要抓紧本辖区林业有害生物防治、检疫的地方法规和地方标准的制（修）订工作。各级森林病虫害防治检疫机构要强化执法能力建设，加大执法力度，严格依照防治法规的有关规定，全面履行法规规定的各项职能，确保法规的有效实施。要建立防治执法责任制度，树立执法责任意识，强化执法监督，坚决纠正有法不依、执法不严和行政执法与经济利益挂钩的现象。

21. 加强防治能力建设。要多渠道争取林业有害生物防治资金，努力将林业有害生物防治经费纳入地方政府财政预算。要配合财政部门制定、完善防治资金管理办法。要继续加强各级森林病虫害防治检疫机构及其基础设施建设，建立与当前林业发展、科技发展和经济发展需要相适应的林业有害生物监测预警体系、检疫御灾体系、防治减灾体系、应急反应体系和防治法规体系。要切实加强专业技术队伍建设，强化行业培训，加快从业资格证书确认工作的步伐。要坚持中长期培养与短期培训相结合、岗位培训与技能培训相结合、专业培训与专题研讨相结合，全面提高整体素质，建立一支精干、高效、廉洁、文明的防治队伍。

国家林业局

2005 年 5 月 23 日

国家林业局关于继续深入落实《中共中央国务院关于加快林业发展的决定》的意见

林办发［2005］90 号

各省、自治区、直辖市林业厅（局），内蒙古、吉林、龙江、大兴安岭森工（林业）集团公司，新疆生产建设兵团林业局，国家林业局各司局、各直属单位：

《中共中央国务院关于加快林业发展的决定》（中发［2003］9 号，以下简称《决定》），是党中央、国务院在全面建设小康社会的新形势下，为加快林业发展、实现人与自然和谐作出的一项重大战略决策，是我国林业建设史上一个新的里程碑。当前，我国生态建设已从“治理小于破坏阶段”进入到“治理与破坏相持阶段”，针对“相持阶段”的特点和要求，抓住开展保持共产党员先进性教育活动的契机，与时俱进地继续深入落实《决定》，健全实施以生态建设为主的林业发展战略的长效机制，对于更好地推动林业持续快速协调健康发展具有十分重要的意义。为此，提出如下意见。

一、与时俱进地深化对贯彻落实《决定》重要性的认识

1. 继续深入落实《决定》，是保持党的先进性、提高党的执政能力的必然要求。开展保持共产党员先进性教育活动，是新形势下党中央为确保我们党始终保持马克思主义政党的先进性做出的重大战略决策，是加强党的执政能力建设的基础工程。加快林业发展，加强生态建设，是当今世界经济社会发展的大趋势，是先进生产力发展要求、先进文化前进方向和最广大人民根本利益的重要体现。深入落实《决定》，是林业部门保持党的先进性、加强执政能力建设的重要内容，是落实中央先进性建设要求的具体体现，是当代务林人重要的历史责任。我们必须从全局和战略的高度，进一步认识深入落实《决定》的重要性，自觉把思想统一到贯彻落实《决定》上来，统一到实施以生态建设为主的林业发展战略上来，坚定不移地把《决定》确定的各项方针、政策、措施落实到位，努力使林业部门的先进性建设不断取得新成效。

2. 继续深入落实《决定》，是落实科学发展观、构建和谐社会的客观需要。树立科学发展观，构建社会主义和谐社会，是我党从新世纪新阶段党和国家事业发展全局出发，提出的重大战略思想和指导方针，其根本要求之一就是实现人与自然和谐。当前，林业仍然是我国经济社会发展的薄弱环节，生态问题仍然是制约经济社会可持续发展的瓶颈，水灾、旱灾、沙灾仍然是构建和谐社会中很不和谐的因素。我们必须把深入贯彻《决定》和落实科学发展观、构建和谐社会紧密结合起来，坚持以科学发展观统领林业工作全局，坚持以构建和谐社会的要求来思考和推进林业工作，坚决贯彻落实《决定》的要求和部署，加快推进以生态建设为主的林业发展战略，加快构筑以森林植被为主体的国土生态安全体系，加快建设山川秀美的生态文明社会，大力保护、培育和合理利用森林资源，使林业更好地为国民经济和社会发展服务，实现人与自然和谐。

3. 继续深入落实《决定》，是巩固和扩大“相持阶段”林业建设成果的有效途径。《决定》出台以来，全国上下迅速掀起了学习贯彻的高潮，国家继续增加了对林业建设的投入，各地制发了加快林业发展的文件，出台了许多有力的支持措施，林业建设进入了历史上的最好发展时期之一，我国生态建设已经进入到“治理与破坏相持阶段”。“相持阶段”成果来之不易，同时又具有脆弱性、不确定性、不平衡性、反复性、艰巨性五个显著特点，工作稍有放松，就会出现反复。我们必须继续深入落实《决定》，让《决定》的每一条政策措施都发挥应有的效应，确保精神不疲软，政策不减弱，投资不减少，继续巩固和扩大“相持阶段”的林业建设成果，早日实现从“治理与破坏相持阶段”向“治理大于破坏阶段”的过度。

4. 继续深入落实《决定》，与时俱进地对《决定》进行再学习、再认识、再宣传。《决定》博大精深、内涵丰富，既是一个完整的林业建设理论体系，又是一本非常好的林业建设实践教材，其内容涉及林

业改革与发展的方方面面，涉及林业的根本和长远，是中央指导今后相当长一个时期林业建设的纲领性文件。《决定》的贯彻落实不是一蹴而就的，会碰到这样那样的困难和问题，特别是随着贯彻的深入和形势的发展，还会出现一些新情况、新问题。只有在学习、认识和宣传《决定》上做到与时俱进，才能真正领会其精神实质、准确把握其科学内涵，才能真正找准解决问题的切入点和办法，才能不断营造良好的社会氛围，为林业发展创造更有利的条件、争取更多的支持。

二、继续深化和推进林业体制、机制改革

5. 深化林业分类经营管理体制改革。一是认真落实各项扶持政策。按照《决定》要求，抓紧落实财政投入、金融支持、税费减免的各项政策，保障林业长期稳定发展。二是继续做好重点公益林的区划界定等工作。国家重点公益林已经区划到位，地方也要根据自身的生态条件和财政状况，划定公益林，建立稳定的投入和补偿渠道。切实落实好补偿对象的确定工作，确保补偿资金直接、足额发放到林木所有者或经营者手中。严格依法使用和管理补偿基金。开展重点公益林定期定点监测，建立健全公益林资源状况和补偿的档案。三是尽快启动探索森林生态效益的市场化试点工作，逐步建立公益林的社会补偿机制。四是改革和完善森林资源管理办法，针对公益林业和商品林业的不同特点，分别建立不同的资源管理制度。特别是对商品林业的发展，要探索促进商品林发展的投融资机制，便利林木和林地使用权抵押，扩大林业保险险种和范围，加快森林资源资产评估体系建设，规范森林、林木和林地使用权流转市场。

6. 大力推进林业产权制度改革。要重点抓好福建三明和黑龙江伊春的林业产权制度改革试点工作。及时总结三明市产权制度改革的经验，适时在南方集体林区进行推广。进一步修改完善伊春市林业产权制度改革方案，待国务院批准后，启动试点工作，逐步建立适应社会主义市场经济体制、解放和发展林区生产力的国有林区新的管理体制和经营机制。通过林权制度改革的试点，为最终建立起“产权归属清晰、经营主体到位、责权划分明确、利益保障严格、流转顺畅规范、监管服务有效”的现代林业产权制度奠定良好基础。

7. 深化重点国有林区和森工企业改革。按照《决定》要求，要在重点国有林区逐步建立起与社会主义市场经济体制相适应的权责利相统一，管资产和管人管事相结合的，办事高效、运转协调、执法严明、监管有力的森林资源管理体制，促进国有森工企业建立现代企业制度，推动林区森林资源可持续经营和各项事业协调健康发展。积极推进东北、内蒙古重点国有林区森林资源管理体制改革试点，探索行之有效的森林培育、利用和经营模式。抓紧制定《国有林区和森工企业改革指导意见》。国家林业局将会同有关省区人民政府和国务院有关部门研究具体的改革方案，报国务院批准实施。

8. 全面推进国有林场改革。提请国务院转发《关于加快国有林场改革与发展的实施意见》。这项改革涉及多个部门、多个方面，必须由政府负责统一组织实施。各级林业主管部门要加强对国有林场工作的指导，认真研究推进改革与发展的具体措施和办法。根据当地实际情况和国家生态建设的需要，认真做好生态公益型林场和商品经营型林场的界定工作。重新核定生态公益型林场的事业人员编制，将其工作经费纳入同级财政预算。采取积极稳妥的措施，制定优惠政策，妥善解决林场未聘职工的分流安置和基本养老保险问题，确保林场改革的顺利实施。

9. 加快推进林业综合行政执法改革。认真总结试点工作经验，逐步将试点范围扩大到全国，通过试点，以点带面，将林业综合行政执法改革引向深入。按照“坚持两个相对分开”、“权责一致”、“精简、统一、效能”的原则，以创新林业行政执法机制为出发点，以整合队伍和理顺职能为核心，以完善制度为保障，以执法由多头分散向集中综合拓展为目标，逐步建立起权威、高效、规范、廉洁的林业行政执法体系，提高林业依法行政水平。

10. 深化林业投入机制改革。一是增加森林经营投入。随着森林资源的增加，森林经营的任务越来越重。要逐步将森林抚育、封山育林、珍稀树种培育、能源林建设等纳入投资计划，争取专项支持。抓好重点公益林中幼林抚育试点项目和珍稀树种培育项目试点，开展能源林建设项目试点。二是改革营造林投入机制。认真做好国家直接收购个人投资营造的重点公益林试点工作，积极推进造林投入和管理方式的改革，探索建立一整套与社会主义市场经济体制相适应、符合我国国情林情的国家直接收购非公有制公益林的管理制度和办法。

11. 推进乡镇林业工作站改革与发展。健全林业科技推广和服务体系，充分发挥乡镇林业工作站的政策宣传、资源管护、林政执法、生产组织、科技推广和社会化服务等职能和作用。继续加大工作力度，争取在国务院即将出台的有关文件中，明确林业站的公益性职能、管理体制和经费渠道。抓紧制定有关贯彻落实的方案，加快推进林业站的改革与发展。

三、大力加强六大林业重点工程建设和社会造林

12. 深入实施天然林保护工程。建立长效发展机制，深入推进工程区资源、经济、社会可持续发展。把工程建设从对天然林资源的单一保护调整转变到对森林资源的严格保护与科学经营并重、实现可持续发展上来，对东北、内蒙古重点国有林区，要根据森林资源的承受能力，进一步调减木材产量，确保森林资源的可持续经营。把主要依靠工程渠道分流安置富余人员调整转变到加快后续产业发展、推进产业结构优化升级上来，妥善解决好森工企业职工基本医疗、失业、工伤、生育四项保险等问题，维护林区社会稳定。把主要依靠国家投资驱动调整转变到主要依靠体制机制创新、实现良性循环发展上来，加快推进森林资源管理体制改革。认真总结工程示范点建设经验，进一步加大推广力度，扩大辐射范围。不断强化工程管理，切实搞好年度核查和责任“四到省”考核工作。

13. 认真抓好退耕还林工程。按照“巩固成果，确保质量，完善政策，稳步推进”的要求，扎实搞好工程建设。把工作重点转移到巩固成果上来，及时兑现政策，落实配套措施，确保退得下、还得上、稳得住、能致富、不反弹。研究制定工程后续政策，建立长效机制。牢牢抓住改善基本生产生活条件、拓宽基本增收门路、提高基本素质三个关键环节，进一步落实各级政府的责任，确保“五个结合”配套措施落实到位、到户。进一步加强对规划设计、检查验收、政策兑现、确权发证、效益监测、建立档案、综合监测等关键环节的管理。

14. 加快推进三北和长江流域等重点防护林体系建设工程。进一步突出重点，增强工程治理的针对性，提高工程质量。三北防护林工程，要坚定不移地推进以防沙治沙为重点的区域性防护林体系建设，着力抓好沙化严重区域的治理。长江流域防护林工程，要继续巩固建设成果，积极推进低效林改造，加快生态系统功能恢复，提高森林质量，同时突出“两湖两库”（洞庭湖、鄱阳湖地区和三峡库区、丹江口库区及沿线）的治理，重点构筑三峡库区周边和南水北调源头及沿线生态屏障。珠江流域防护林工程，要以发挥植被自然恢复能力为主，加大封育力度。加大石漠化综合治理力度，不断探索石漠化治理的有效途径，尽快构筑功能齐全、防护有效的岩溶地区生态屏障。沿海防护林工程，以增强抵御海啸和风暴潮等自然灾害能力为核心，以基干林带建设、红树林发展、滨海湿地保护、城乡绿化为重点，扩大建设规模，拓展内涵，提高质量，完善功能，全面推进沿海防护林体系健康快速发展，努力构筑结构稳定、功能完整的我国海疆绿色屏障。太行山绿化工程，要坚持封山禁牧，重点推进生态经济型防护林体系建设，尽快实现“黄龙”变“绿龙”的目标。平原绿化工程，以农田防护林网和村镇绿化为重点，以完善政策、加快平原地区林业产权制度改革、大力发展非公有制林业为突破口，以抓好高标准示范区建设、辐射带动平原地区绿化美化水平提高为手段，全面提高平原绿化的总体水平。

15. 切实搞好京津风沙源治理工程。建立健全质量管理责任制，严格工程检查验收、资金管理等制度，确保工程建设质量。加强林分抚育和管护工作，严格执行禁牧、禁樵、禁采的“三禁”制度。在已有荒山荒地造林政策机制的基础上，认真研究鼓励各类投资者参与工程建设的新政策、新机制、新举措。同时，要大力加强全国防沙治沙工作。按照《全国防沙治沙规划》的总体要求，各地要抓紧编制省级规划，确保将防沙治沙任务和目标落到实处。抓好全国防沙治沙综合示范区建设，确保开好头、起好步、早见效。抓紧划定一批沙化土地封禁保护区，制定《封禁保护区管理办法》，有计划、有步骤地逐步推开试点工作。加大《防沙治沙法》执法力度，抓紧制定相关配套文件。

16. 高度重视野生动植物保护及自然保护区建设工程。切实加强野生动植物栖息地保护和自然保护区建设，重点保护好珍稀濒危野生物种。在适宜地区探索打破区域行政界限，以山系、流域科学整合现有自然保护区，提高保护效益。开展示范自然保护区建设和对自然保护区有效管理考核与评估工作，不断提高管理水平。依法管理自然保护区资源，严格征占用自然保护区林地、湿地的管理，严禁以任何名义和方式转让自然保护区自然资源和景观的管理权和经营权。争取逐步理顺自然保护区管理体制，加强基础设施建设，解决好相关问题。加强珍稀濒危野生动植物种拯救繁育和培育，积极建立人工种群，推进野化放归和物种重引入工作。针对非国家重点保护野生动植物资源下降趋势明显的现状，加强预防性保护，防止新的濒危物种出现。促进野生动植物资源培育，推动以利用野外资源为主向培育利用人工资源为主的战略转变。健全野生动物疫源疫病监测预警体系，制定严格的工作制度，强化野生动物疫源疫病监测，有效应对突发野生动物疫情。加强野生动植物、湿地及自然保护区保护管理体系建设。切实加强湿地保护，落实机构、编制、人员和经费，在《全国湿地保护工程规划 2003～2030》的基础上，争取国务院早日批准《全国湿地保护工程实施规划 2005～2010》，使湿地保护工程得以尽快启动实施。

17. 加快推进重点地区速生丰产用材林基地建设工程。尽快出台《关于加快速生丰产用材林基地工程建设的若干意见》，加快落实相应政策，理顺工作机制，抓好骨干项目，确定一批重点造纸和人造板龙头企业，鼓励扶持速生丰产用材林基地建设项目，推进工程健康发展。加快编制和完善省级工程规划，做到与全国工程建设规划相衔接。加大科技支撑力度，制定工程建设的标准和技术规范。要加强项目管理，优选一批重点项目，丰富项目储备。积极做好示范基地建设，发挥典型带动作用。要积极引导，强化社会服务，加快推进工程建设。

18. 积极开展义务植树和各种形式的社会造林。提请国务院出台《全民义务植树条例》，各地也要抓紧出台义务植树管理条例或办法，努力提高适龄公民

的尽责率。加快城市林业发展，提升城市绿化的生态功能和整体水平。加快推进城乡绿化一体化，加强绿色通道建设。大力发展非公有制林业，吸引各种社会主体投入林业建设，进一步形成全民搞绿化、全社会办林业的良好局面。充分发挥各部门、人民团体和社团组织的作用，广泛动员社会力量参与生态建设和保护。

四、大力发展和壮大林业产业

19. 加强对林业产业发展的宏观规划和指导。在出台《全国林业产业发展规划纲要》基础上，抓紧出台《林业产业政策要点》、《全国人造板工业发展规划》、《全国林产化学工业发展规划》、《关于扶持国家林业重点龙头企业的意见》等文件，调整和优化林业产业布局。抓紧出台《推进森林资源资产评估工作开展的若干指导意见》，规范评估行为。修订《林业治沙贷款财政贴息资金管理规定》。积极协调有关金融部门，扩大面向农户和林业职工的小额信贷。完善林业产业社会化服务体系，研究各种林业专业合作组织扶持政策。

20. 加快林业产业结构的优化和升级。充分挖掘和发挥各地的比较优势，因地制宜，分类指导，在全国打造一批地域特色鲜明、科技含量较高、经济效益明显的林产业精品。重点发展经济林果、森林旅游、竹藤花卉、森林食品、珍贵树种和药材培植、野生动物驯养繁殖、沙产业等新兴林产业，实现生态与产业"双赢"。加强工业原料林、用材林及薪炭林等基地建设，提高林产加工的水平和效益。结合天然林保护、退耕还林等六大林业重点工程的实施，积极发展工程后续产业，巩固建设成果，认真解决好工程区农民的生计问题。扶持、培育一批拥有自主知识产权、主业突出、带动能力强的龙头企业，建设一批高起点、高质量、高产出的产业示范基地，发展一批覆盖面广、功能完善、规范高效的产业中介服务组织，实现一、二、三产业良性互动，推动产业优化升级，提高经济效益，为增加农民收入，扩大城乡就业，促进农业和农村经济社会全面、协调、可持续发展做出新贡献。

五、认真落实"严管林、慎用钱、质为先"的要求

21. 进一步强化"严管林"。要加强森林资源管理。争取提请国务院下发《关于切实加强林地保护管理的通知》，把林地放在与耕地同等重要的位置，依法加强管理，实施最严格的保护管理制度。着手编制《全国林地保护利用规划》，确定林地保护等级，实施林地用途管制。逐步建立使用林地预审制度，把征占用林地审批的关口前移，实现由重审批结果向全过程监管服务转变。把林地保护管理作为林业建设任期目标责任制的重要组成部分，定期检查考核，严格兑现奖惩。不断改进和完善采伐限额的管理方式，积极研究和制定出台适应新形势下林业发展要求的采伐管理政策。组织开展专项整治行动，依法严厉打击乱砍滥伐林木、乱批滥占林地、乱捕滥猎野生动物、乱采滥挖野生植物等违法犯罪行为。不断推进改灶节柴、改燃代柴的进度，减少烧柴等对森林资源的低价值消耗。整合现有监测资源，建立完善的森林资源和生态状况综合监测体系。进一步强化对森林资源规划设计调查的指导和管理，促进二类调查工作的制度化、规范化。加强森林资源监督工作，尽快出台《森林资源监督管理办法》。大力加强对古树名木的保护管理。严格基因资源保存和对外提供的管理制度，防止基因资源的丧失和流失。要加强森林防火和森林公安工作。不断完善森林防火行政领导负责制，尽快建立健全并严格执行防扑火应急预案、专职指挥员培训任职考核、森林防火宣传教育和森林火灾报告等制度。切实加强森林消防专业队伍建设，实现扑救队伍专业化、扑火设备机械化。继续加快森林防火指挥中心和预警监测信息中心的正规化建设，切实提高重点火险区综合治理水平，有效提升突发事件处置能力和综合防控能力。认真贯彻《国家林业局公安部关于加强森林公安队伍建设的意见》，严格执行森林公安机关领导干部双重管理制度，加强领导班子建设，强化队伍管理。加快理顺森林公安和检法的编制和经费渠道，积极推进队伍正规化和装备基础设施标准化建设。编制《国家重要森林风景资源保护目录》，加强森林风景资源保护和管理。要加强林业外来有害生物防治。及时将危害严重的外来林业有害生物纳入林业检疫性有害生物，实行动态管理。加强新入侵和潜在危险性外来林业有害生物的风险评估。抓好国家林业局《突发林业有害生物事件处置办法》和《重大外来林业有害生物灾害应急预案》的落实工作，各地要建立健全应急机制。

22. 切实做到"慎用钱"。采取切实有效措施，建立起林业资金安全运行和管理的长效机制。创新资金管理机制，依法层层建立和落实资金管理责任制、违纪违规问责追究制、项目申报审批、物资采购和大额资金支出集体审批制、建设项目绩效评价制等制度，从源头上加强资金管理。进一步加强法纪教育，加强对相关领导和财会人员的学习和培训，使其做到学法、懂法、守法。切实加强资金监管，进一步强化直属单位领导干部离任审计工作，在全行业开展"十查十看"活动，严格财务监管，狠抓资金监管措施的落实。坚持监督检查制度，不定期组织集中检查和各类专项检查，加大查办违法违纪问题和资金稽查的工作力度。对有令不行，继续私设和保留"小金库"的单位，要按照有关规定严肃处理，并追究其单位和主要负责人以及相关责任人员的责任。抓紧开展"中央政府投资林业项目预算绩效评价课题研究"工作和项目试点，尽快制定《中央政府投资林业项目预算绩效评价实施办法》，选择一批有代表性的项目开展绩效评价工作。建立资金安全的组织保障机制，确保资金安全措施的落实。

23. 认真落实“质为先”。认真组织制定和实施《2005～2007年林木种苗发展行动计划》，大力加强林木种质资源保护工作，稳步提高造林良种使用率。加强林木种苗基地建设和管理，加强市场监管和政策引导，严厉打击劣种坑农、劣种伤农行为。大力加强森林经营，促进森林健康。在工程造林中加大事前招标、过程监理、事后报账等制度的推行力度。积极实行专业队造林，建立项目法人制度和质量管理岗位责任制，逐步建立营造林工程设计、施工、监理等资质（资格）认证和市场准入制度。实行质量管理激励与奖惩机制。加强对营造林技术标准的归口管理，成立营造林技术标准委员会，制定《营造林技术标准制（修）订规划》。加强营造林实绩综合核查。建立营造林质量鉴定评估机构，加强质量监管队伍建设。高度重视造林质量群众举报工作，严肃查处造林质量责任事故。

六、坚定不移地走科教兴林、依法治林、人才强林之路

24. 强化科教兴林。抓紧修改完善并尽快出台《林业科学和技术中长期发展规划（2006～2020年）》、《全国林业教育培训工作“十一五”规划》和《林业科学技术“十一五”发展计划》，把“363”人才强林与科教兴林计划落到实处。抓好六项林业科技工程和《2005～2007年林业科教振兴行动方案》的组织实施。开展一批重大的、关键性的科技项目，使长期制约林业快速发展的技术瓶颈尽快取得突破。深化科技体制改革，优化科技资源配置和科技力量布局，尽快建立起国家林业科技创新体系，打造林业科技自主创新平台。进一步加大林业科技推广力度。尽快遴选一批先进成熟的科技成果和实用技术应用到林业生产一线中，提高林业生产的科技含量。加强林业标准化工作，建立健全林业质量监督与检验检测体系。加强林业科学技术普及工作，制定科学素质行动计划。制定教育培训规划，加强行业教育培训指导和教育培训工作的规范化建设，努力提高教育培训质量。建立健全林业培训基地评估等管理制度，建立正常稳定的行业教育培训经费投入渠道。

25. 严格依法治林。加大对《全面推进依法治林实施纲要》的宣传培训和贯彻实施力度，将其真正落到实处。抓紧修改和制定《森林法》、《野生动物保护法》、《自然保护区法》和《湿地保护条例》、《森林林木林地流转条例》等林业建设急需的法律法规。尽快制定《防沙治沙法》等的配套法规。着手研究制定《营造林质量管理条例》和《营造林工程监理员管理暂行办法》及有关设计和施工等的管理办法。抓紧制定《林业行政执法责任考核评议办法》，健全林业行政执法评议考核机制。进一步明确普法职责和任务，规范普法形式，提高普法质量。认真贯彻执行《行政许可法》，抓紧出台《行政许可听证规则》、《行政许可责任追究制度》、《行政许可监督办法》等，规范林业行政许可事项，推进政务公开，接受社会监督。

26. 推进人才强林。贯彻落实全国林业人才工作会议精神和《国家林业局关于加强林业人才工作的意见》，坚定不移地走人才强林之路。抓住培养、吸引、使用人才三个环节，切实加强林业行政管理人才、专业技术人才、经营管理人才三支队伍建设，从调整结构、提高能力、激发活力三个方面入手，突出造就拔尖人才、吸引急需人才、培养实用人才三个重点，全面提高林业人才队伍整体素质。组织制定《林业人才“十一五”和中长期发展规划》。广泛吸引社会人才，积极引进海外人才，促进人才合理流动。加大人才资金投入。加强高级人才库和人才信息网络建设。开展林业人才发展战略和相关专题研究，积极研究建立林业职业（执业）资格制度和新型林业人才管理体制。

27. 加强林业对外交流与合作。进一步完善多渠道、多层次、全方位对外合作的格局。要认真抓好“引进来”工作。进一步加大引进资金、技术、智力和先进理念的力度。要积极实施“走出去”战略。探求科研、教学、生产等领域的优势，寻求实用技术、成熟产品和成功人才，通过技术交流、产品展示和洽谈等方式，促进技术、设备、产品出口。积极推广国际合作项目成果。认真做好林业国际履约等工作。抓住森林可持续经营、森林认证、林业碳汇等国际林业热点问题，积极参与国际多边、双边讨论和谈判，正面宣传引导，树立良好形象，加快与国际接轨。

七、为《决定》的深入落实提供有力保障

28. 加强组织领导。各地各单位要进一步提高对《决定》重要性的认识，继续把深入落实《决定》作为当前和今后一个时期工作的重中之重，常抓不懈，持之以恒，把各项落实工作做实做细。要及时组织开展一次对《决定》精神的再学习、再认识、再宣传，掀起继续深入落实《决定》的新高潮。要建立和完善一把手负总责、领导班子齐抓共管的工作机制，明确责任，分解任务。要进一步研究制定详细的落实方案和工作时间表，把工作责任制层层落实到具体人员。要积极协调，克服困难，抓紧制定一批林业建设急需的配套文件。要及时研究和解决落实过程中出现的新情况新问题，确保各项工作任务真正落到实处。

29. 编制好林业“十一五”和中长期发展规划。要以《决定》精神为指导，将《决定》的各项要求落实到规划中去。要按照“相持阶段”的特点和要求，找准“十一五”林业发展的新亮点和新增长点，

在继续保持“十五”主要政策措施力度的基础上，认真按照“东扩、西治、南用、北休”的总体要求，把林业“十一五”和中长期发展规划编制好。

30. 重视宣传引导工作。各地各单位要采取切实有力措施，提供多方保障，确保宣传效果。要坚持正面宣传为主，组织宣传战役，大力宣传各地贯彻落实《决定》的新思路、新举措和新成效、新经验。要把全体务林人思想统一到实施以生态建设为主的林业发展战略上来，把打好生态建设“相持阶段”攻坚战变成全社会的共同行动。

31. 强化督促检查。各地各单位要建立健全督查工作机制，完善督查手段，突出督查重点，确保督查质量。要把贯彻落实《决定》的情况，作为单位和干部年度考核的重要依据。要及时将本地区、本单位贯彻落实工作的好经验、好做法，新情况、新问题向国家林业局报告。我局将进一步加大对各地各单位贯彻落实情况的督促检查力度，督查情况将及时以《督查专报》等方式进行公布。

国家林业局

2005 年 6 月 16 日

国家林业局关于加强林业利用国际金融组织和外国政府贷款投资项目管理工作的通知

林计发［2005］96 号

各省、自治区、直辖市林业厅（局）：

国际金融组织和外国政府贷款（以下简称国外贷款）是条件较为优惠的贷款资金，积极利用不仅可以缓解林业建设资金不足、引进先进技术和管理方式、扩大森林资源总量、促进林业生态建设，还可以增加项目区农民收入，促进当地生态建设与经济社会可持续发展。为了加强林业行业国外贷款投资项目的引导、促进和管理工作，依据国家发展改革委《国际金融组织和外国政府贷款投资项目管理暂行办法》（［2005］第 28 号令），现将有关事宜通知如下：

一、林业利用国外贷款投资建设方向和领域

林业利用国外贷款应以生态建设为主，同时，考虑到还款需要可适当将生态建设与产业发展相结合。投资领域包括生态公益林（竹）营造及林木（竹、花卉）良种培育，天然林资源保护与森林经营培育，荒漠化防治及水土保持，生态环境和小流域综合治理，野生动植物自然保护区及森林公园建设，速生丰产林（竹）建设，多功能经济林、灌、草建设等。

二、林业利用国外贷款的原则

（一）优惠程度较高的国外贷款主要用于营造生态公益林、防治荒漠化、野生动植物自然保护区等林业生态建设项目；优惠程度较低的国外贷款，可用于速生丰产林、经济林、沙产业等与生态有关的产业建设项目，此类贷款还可以与一些赠款（如全球环境基金赠款等）混合使用，赠款部分仅限于生态、能源等公益性建设。

（二）备选项目应紧紧围绕六大林业重点工程，与现有的各项林业生产建设相互补充、促进；要保持项目建设的连续性，体现相对集中，严格禁止备选项目与已有内、外资项目重复建设。

（三）项目建设省（含自治区、直辖市，下同）要有配套资金和还贷能力。

三、项目申报方式及要求

（一）国家林业局组织申报的项目。

由我局提出项目编制的总体方向和思路并通知有关省，拟参与项目实施的省结合自身实际情况提出本地区项目实施的具体内容（不低于项目建议书的深度），报送我局，如涉及地方政府安排配套资金或提供贷款担保等，需附省级发展改革部门和财政部门意见。经我局统筹规划后按照行业主管部门申报项目的程序向国家发展改革委申报。

（二）各省自行组织申报的项目。

各省可以按照《国际金融组织和外国政府贷款投资项目管理暂行办法》和上述要求，自行申报利用国外贷款投资项目。为做好林业利用外资规划和管理工作，各省林业主管部门在按程序自行申报项目时应同时抄报我局，条件成熟的项目，我局可以从行业主管部门角度向国家外资主管部门予以推荐。

四、项目实施管理

（一）国外贷款投资项目应严格按照批准的项目布局、投资规模、建设内容、设备采购计划执行。贷款实行专款专用，严禁任何单位或个人挪用。

（二）项目实施单位应依据《贷款协定》制定项目资金、财务、物资采购及技术规程等相关管理办法；同时，建立并落实项目资金管理责任制，加强对项目资金运行的过程监控。

国家林业局

2005 年 7 月 4 日

国家林业局关于印发《国家林业局林木种子经营行政许可监督检查办法》的通知

林策发［2005］98 号

各省、自治区、直辖市林业厅（局），内蒙古、吉林、龙江、大兴安岭森工（林业）集团公司，新疆生产建设兵团林业局，国家林业局各直属单位：

现将《国家林业局林木种子经营行政许可监督检查办法》印发你们，请遵照执行。

附件：国家林业局林木种子经营行政许可监督检查办法

国家林业局

2005 年 7 月 14 日

附件　国家林业局林木种子经营行政许可监督检查办法

第一条　为了规范林木种苗生产经营秩序，维护林木种苗经营者、使用者的合法权益，促进种苗事业健康发展，根据《中华人民共和国种子法》和《中华人民共和国行政许可法》的有关规定，制定本办法。

第二条　对获得国家林业局林木种子经营许可的被许可人（以下简称被许可人）从事林木种子经营活动进行监督检查，适用本办法。

第三条　国家林业局负责对被许可人的监督检查，具体工作由其所属的种苗管理机构（以下简称种苗管理机构）负责。根据实际情况，可以委托省级政府林业主管部门进行监督检查。

第四条　对被许可人实施监督检查，应当本着公开、公平、公正的原则，提高管理效能，规范被许可人经营行为，维护林木种苗市场秩序。

第五条　监督检查的主要内容：

（一）被许可人资质、条件是否符合国家林业局核发林木种子经营许可证的有关规定；

（二）被许可人是否按照行政许可登记的范围、方式、有效期等从事林木种子经营活动；

（三）林木种子经营业务登记、档案等制度建立情况和执行情况；

（四）被许可人专业技术人员岗位资格培训制度情况；

（五）被许可人经营的林木种子质量情况；

（六）被许可人执行自检、标签、广告情况；

（七）其他遵守国家法律、法规、政策的情况。

第六条　监督检查的方式有书面监督检查、实地监督检查。书面监督检查是指，通过核查被许可人提交的书面材料对被许可人经营活动进行监督检查；实地监督检查是指对被许可人的经营场所、设备、种苗等进行现地查验，对被许可人经营活动进行监督检查。

第七条　书面监督检查按以下程序进行：

（一）种苗管理机构将书面检查的时间、内容和提供书面的材料通知被许可人。

（二）被许可人按照通知要求向种苗管理机构提交书面材料，主要包括：

1. 登记项目变动情况；
2. 设立分支机构及登记备案情况；
3. 经营条件变化情况；
4. 经营档案建立情况；
5. 检验、标签、包装等制度的执行情况；
6. 检验、加工、贮藏、保管等方面的技术人员资格证明及相关仪器的使用证明；
7. 监督检查机关要求提交的其他有关材料。

（三）种苗管理机构通过审查书面材料，对被许可人的经营行为实施检查。

（四）种苗管理机构将检查结果通知被许可人。

第八条　实地监督检查应当及时作出书面记录，书面记录包括：

（一）依法对被许可人经营的林木种苗进行抽样检查、检验、检测情况；

（二）依法对被许可人的加工、贮藏、保管、检验设备和经营场所进行检查情况；

（三）向当事人和其他有关人员调查了解经营活动有关的情况；

（四）查阅与经营活动有关的档案和相关资料情况；

（五）要求被许可人补充报送的相关资料名称。

书面记录由监督检查人员签字后归档。公众有权查阅监督检查书面记录档案。

第九条 进行实地监督检查时不得少于2人。与监督检查有利害关系或者可能影响检查结果的，应当回避。

第十条 种苗管理机构应当在书面监督检查20日前以书面形式通知被许可人。实地监督检查可以不事先通知被许可人，但应当场出示检查通知和工作证件。省级林业主管部门受委托进行实地监督检查的还应出示委托证明。

第十一条 书面或实地监督检查不合格的，由种苗管理机构通知限期整改，并对整改的情况实施督促检查。

第十二条 对被许可人进行监督检查时，不得收取任何费用，不得妨碍其正常的经营活动，不得索取或者收受被许可人的财物或谋取其他利益。

第十三条 种苗管理机构应当设立举报电话，公开举报方式，对举报的事项、内容及时组织力量进行核实、处理。

第十四条 监督检查中发现被许可人确有违法经营行为的，应当依法处理。

第十五条 种苗管理机构应当建立对被许可人实施监督检查情况立卷、归档制度。归档主要包括以下内容的材料：

（一）被许可人名称、地址；

（二）准予许可的事项；

（三）准予许可的有效期；

（四）被许可人申报的业绩、资历等有关材料；

（五）实施监督检查情况书面记录；

（六）监督检查结果；

（七）其他相关材料。

种苗管理机构应当指定人员管理监督检查记录档案，并负责公众查阅的接待工作。

第十六条 种苗管理机构在书面记录和归档制度的基础上，建立被许可人从事行政许可活动的不良信用公示制度。凡经核实的被许可人违法从事行政许可事项活动的情况，均应载入该被许可人的不良信用记录，并依法予以公开披露。

第十七条 种苗管理机构应当建立健全依法撤销、注销林木种子经营行政许可的工作机制，对各项准予行政许可的事项实施动态管理，根据利害关系人的请求或依据职权，及时按程序撤销有关行政许可，及时依法办理有关行政许可的注销手续。

第十八条 监督检查的有关材料应当报国家林业局行政许可工作管理办公室备案，有关材料由国家林业局行政许可工作管理办公室以适当方式予以公开。

第十九条 种苗管理机构应当建立健全与省级林业主管部门之间有关被许可人从事行政许可事项情况的工作联系机制。省级林业主管部门应当将由国家林业局许可的被许可人违法从事行政许可事项活动的事实、处理情况及建议等，及时报告国家林业局。

第二十条 本办法自2005年8月15日起施行。

国家林业局关于印发重大外来林业有害生物灾害等3个部门应急预案的通知

林造发［2005］100号

各省、自治区、直辖市林业厅（局），内蒙古、吉林、龙江、大兴安岭森工（林业）集团公司，新疆生产建设兵团林业局，国家林业局各直属单位：

我局制定的《重大外来林业有害生物灾害应急预案》、《重大林业生态破坏事故应急预案》、《重大沙尘暴灾害应急预案》，已经国务院审议通过并确定为《国家突发公共事件总体应急预案》的部门预案，现予印发，自印发之日起实施。

附件：1. 重大外来林业有害生物灾害应急预案

2. 重大林业生态破坏事故应急预案

3. 重大沙尘暴灾害应急预案

国家林业局

2005年7月15日

附件1　重大外来林业有害生物灾害应急预案

1　总　则

1.1　目　的

为了有效防范和应对外来林业有害生物灾害，最大限度地减少损失，保障国土与生态安全，制定本预案。

1.2　指导思想

以《中共中央国务院关于加快林业发展的决定》精神为指导，坚持“预防为主，科学防控，依法治理，促进健康”的方针，建立健全全国各级森林病虫害防治检疫机构，完善基础设施建设，加强监测检疫，提高森林病虫害防治检疫人员素质和技术水平。

不断总结国内外防控外来林业有害生物的做法和经验，建立快速反应机制，落实各项责任制度，全面提升应对重大外来林业有害生物灾害（以下简称“重大生物灾害”）的控制能力，保护森林资源、国土生态安全和生物安全，促进我国林业和社会经济持续快速协调健康发展。

1.3 工作原则

1.3.1 坚持预防为主，各项防治措施并举，防控结合的原则。

1.3.2 坚持快速反应，紧急处置，控灾减灾的原则。

1.3.3 坚持分级联动，各司其职的原则。

1.3.4 坚持属地管理，以地方政府为主的原则。

1.4 编制依据

依据《中华人民共和国森林法》、《中华人民共和国种子法》、《中华人民共和国进出境动植物检疫法》、《森林病虫害防治条例》、《植物检疫条例》等有关法律法规，制定本预案。

1.5 适用范围

本预案适用于在我国境内发生的重大外来林业有害生物灾害的应急工作。当出现下列情况之一时应立即启动本预案：

（一）出现对人类健康构成威胁，可引起人类疾病的林业有害生物时；

（二）首次发现可直接造成林木死亡的林业有害生物，及林木受害面积大于1亩时；

（三）当首次发现外来国家林业检疫性有害生物入侵，及林木受害面积大于1亩时；

（四）专家组评估认为外来林业有害生物入侵可能爆发重大危害事件时。

2 组织指挥体系及职责

国家林业局成立重大生物灾害防治指挥部（以下简称国家林业局指挥部）。

2.1 国家林业局指挥部组成

指挥：国家林业局分管负责人

成员：国家林业局办公室、造林、资源、保护、科技、国际合作、计资和森防总站等有关司局（单位）的领导及国家林业局林业有害生物检验鉴定中心（以下简称鉴定中心）的负责人。

国家林业局指挥部下设办公室和专家组。办公室设在局防止外来林业有害生物入侵管理办公室（造林司）；专家组以局林业有害生物防治专家咨询组为基础，根据有害生物发生的不同种类，适时补充其他有关专家和科技人员。

各省（含自治区、直辖市，下同）、市（含地区，下同）、县（含市、区，下同）林业主管部门也要在当地政府领导下成立相应的重大生物灾害防治指挥机构，落实相关责任。

2.2 职 责

2.2.1 指挥部：研究、协调、解决重大生物灾害处理过程中的问题，研究、解决省级指挥机构的请示和应急需要。

2.2.2 办公室：负责重大生物灾害应急处理的日常工作，协调指挥部各成员单位。

2.2.3 专家组：负责重大生物灾害的调查、评估和分析，提供技术咨询，提出应对建议和意见，开展相关科学研究。

2.2.4 局办公室：负责向国务院报告情况和向相关省通报情况公文的审核工作。

2.2.5 造林司：负责重大生物灾害防控的组织、协调和监督检查工作。

2.2.6 资源司：负责组织提供重大生物灾害发生区森林资源分布和林相资料，核实受害面积，根据需要审批采伐指标。

2.2.7 保护司：协调省级林业主管部门对自然保护区内和威胁保护区的重大生物灾害的开展应急处理。

2.2.8 科技司：根据有害生物发生的不同种类，组织国内有关专家和科技人员，开展科学研究，提供技术支持和科技支撑。

2.2.9 国际合作司：负责重大生物灾害相关事宜的国际协调与合作，协调并受理受灾地区国外援助工作。

2.2.10 计资司：根据指挥部意见和处理需要，协调国家发展改革委、财政部等有关部门，及时筹措和拨付救灾资金。

2.2.11 森防总站：协助造林司处置重大生物灾害防控工作。

2.2.12 鉴定中心：承担省级林业主管部门无法确认和鉴定的，怀疑为重大有害生物的种类鉴定及风险评估。

3 预警和预防机制

3.1 预防体系

根据我国的森林资源分布，在全国建立健全重大有害生物监测预警网络和应急指挥信息系统。划定一般预防区和重点预防区。各级林业主管部门要加强重大有害生物监测预警体系、检疫御灾体系和防治减灾体系建设，充分发挥国家级中心测报点、省级测报点和基层林业站的作用，加强各级应急指挥信息系统、监测预警专业队伍和基础设施建设，全面提升监测预警能力。

3.2 监测机构

县级（含县级，下同）以上各级森林病虫害防治检疫机构为重大有害生物监测实施单位，负责组织实施重大有害生物监测预警工作。发现病死树和其他异常现象，要及时调查、取样，专人管护发生现场，实时监控。对于所发现的林业有害生物种类，由省级林业主管部门组织鉴定。省级林业主管部门无法确认和鉴定的，送鉴定中心鉴定。

3.3 信息交流和科技支撑

各级林业主管部门要进一步加强国际间和部门间的交流与合作，及时掌握有害生物的信息。积极听取专家意见和建议，定期组织有关专家对可能入侵的重大有害生物进行风险分析，评定风险等级，提出预防措施与控制技术。

3.4 检疫管理

国家林业局和省级林业主管部门要制定相应的办法措施，充分利用检疫检查站和木材检查站，严密封锁疫情，防止疫情扩散传播。同时要进一步严格国（境）外引种审批管理，积极开展引种前风险评估，开展隔离试种，并加强监管，防止疫情从国（境）外传入（或再次传入）。

4 应急响应

4.1 分级响应

4.1.1 国家林业局的响应

确认重大生物灾害后，经国家林业局负责人批准，启动重大生物灾害应急预案。并及时将有关情况通报灾情发生地省级人民政府。指挥部负责召集全体成员会议，对应急预案启动进行具体部署。迅速组织有关人员赴发生现场，检查督导疫区封锁、疫情除治和预防控制等措施的落实。属林业检疫性有害生物疫情，发生省未及时划定疫区的，由国家林业局划定并公布疫区和保护区。配合地方政府组织开展物资、设备的调集、国际交流合作及其他协调工作。及时向国务院报告灾情。灾情得到控制后，按法定程序将新发现的重大有害生物增列为国家林业检疫性有害生物。

4.1.2 省级重大生物灾害防治指挥机构的响应

根据灾情需要和国家林业局指挥部的要求，在省级人民政府领导下组织开展辖区内重大有害生物的监测与应急处置工作。配合国家林业局迅速组织专业人员到达现场，分析发生趋势，提出应急处置具体措施，组织制定应急处置操作规程，并报送国家林业局指挥部及省级人民政府。协调交通、公安、邮电、铁路、航空、质检、工商等部门开展应急工作，保障应急处置所需的物资、经费和其他需要。为地方应急工作的实施培训专业人员和提供技术指导。加强对除治现场的监督检查，确定技术责任人，保证除治质量。及时向省级人民政府提出划定并封锁疫区的建议，依法设立检疫检查站，实施疫区封锁。及时向当地省级人民政府和国家林业局报告有关情况。

4.1.3 省级以下重大生物灾害防治指挥机构的响应

组织实施经国家林业局指挥部审批的应急处置操作规程。对发生区及其周边地区进行调查、取样、技术分析和检验，实施跟踪监测。检疫检查站设立后，要严格隔离现场，封锁疫区，严禁寄主植物流出，防止疫情扩散蔓延。及时向当地人民政府报告灾情除治情况，并做好舆论宣传工作，争取其他部门和当地群众对防治工作的理解和支持。

4.2 信息共享和处理

4.2.1 报告制度

任何单位和个人都有向当地政府和林业主管部门报告重大有害生物的发生情况及其隐患的权利，也有向上级林业主管部门举报不履行或者不按规定履行重大生物灾害应急职责的部门、单位及个人的权利。

各级林业主管部门和预测预报网点是重大生物灾害的责任报告单位，森防专业技术人员是重大生物灾害事件责任报告人。

有关单位及个人发现重大有害生物或疑似情况时，应立即向所在地的林业主管部门报告。所在地林业主管部门核实后应在2个工作日内报告同级人民政府并逐级报送至省级林业主管部门；省级林业主管部门认为可能属于重大有害生物的，应在2个工作日内报至国家林业局（应同时说明信息来源、危害区域、程度、发生性质的初步判定、拟采取的措施及报告单位负责人、报告人及联系方式等）。国家林业局指挥部办公室应于10日内确认，确认为重大生物灾害的，应及时向国务院报告，同时告知发生地所在省级人民政府，其中属特别重大生物灾害的，应在确认后4小时内向国务院报告。

4.2.2 通报与信息发布

4.2.2.1 经国家林业局确定为重大生物灾害发生地的省，省级重大生物灾害防治指挥机构必须在5日内向毗邻和可能涉及的省级林业及其他有关部门通报有关情况。

4.2.2.2 接到通报的省级林业及其他有关部门要及时将有关情况通知有关市、县级林业及其他有关部门，密切关注重大有害生物发生趋势并加强监测工作。

4.2.2.3 国家林业局根据需要及时向社会准确、客观地发布重大生物灾害的信息。经国家林业局同意，省级林业主管部门可以发布本行政区域内的有关信息。

4.2.2.4 国家林业局和授权发布本行政区重大生物灾害信息的省级林业主管部门建立重大生物灾害新闻发布制度，确定专人负责，按照有关规定做好新闻发布工作。

4.3 通　讯

在重大生物灾害应急处理的整个过程中，必须保持通讯联络及有关信息系统网络畅通，明确主要联络和信息系统维护人员、专用电话和备用电话。

4.4 应急结束

应急预案启动后，专家组负责对灾情发展变化和防治效果的评估，及时向国家林业局指挥部和发生地省级人民政府提交评估报告，提出继续实施、终结实施或转为非重大生物灾害事件实施防治的意见。

根据专家组的意见，经国家林业局商灾情所在地省级人民政府后，由国家林业局对外公布下一阶段的工作部署或应急结束。

5 后期评估与善后处理

5.1 后期评估

应急预案实施结束后，国家林业局指挥部办公室要会同发生省及时组织专家组和有关人员对重大生物灾害造成的损失进行评估，分析生物灾害发生的原因和应吸取的经验教训，提出改进意见措施，向国家林业局指挥部报告，同时抄送省级人民政府。根据国家林业局指挥部办公室的报告，国家林业局指挥部向国务院报送应急预案启动和实施的有关情况报告。

5.2 善后处置

应急预案实施结束后，国家林业局指挥部办公室指导发生地省级林业主管部门开展灾后重建，重点组织实施专家组后期评估提出的改进措施，恢复受灾森林，清理因应急而设立的临时设施。

6 保障措施

6.1 通讯保障

国家林业局与省级林业主管部门应建立和完善重大生物灾害应急指挥系统，配备必要的有线、无线和卫星通讯器材，确保本预案启动时指挥部与有关部门及现场工作组之间的联络畅通。

6.2 经费保障

处置重大生物灾害所需的财政经费，按《财政应急保障预案》执行，其基础设施建设投资，由基本建设投资渠道解决。

6.3 物资储备

省级林业主管部门根据日常掌握的情况和重大有害生物的发生特点，储备药剂、药械、油料、运输车辆及其他物资。通过信息网，与药剂药械企业建立密切联系，实行合同储备。国家林业局根据建设规划和物资储备需求，按轻重缓急安排建设资金。省级以下林业主管部门应当紧密配合物资储备建设工作的实施。

因重大生物灾害应急处置需要，可以实施救灾物资的紧急调运。

6.4 技术保障

国家林业局和省级林业主管部门要及时了解和掌握国内外林业有害生物发生、防治信息，对潜在危险性有害生物进行超前研究，制定防治技术方案，为指挥决策提供技术支持。

6.5 人员保障

国家林业局和省级林业主管部门要根据有害生物灾害发生形势和专家意见，建立健全基层森林病虫害防治检疫机构。同时要加强系统内有关人才的培养，建立起一支高素质的应对生物灾害专业管理和技术人员队伍。

6.6 监督与演练

根据专家的意见和不同时期重大有害生物的发生危害情况及其潜在威胁，国家林业局定期对各省应对重大生物灾害的能力组织检查，如机构、队伍建设、物资、技术储备情况等。每年各省要分层次对专业技术人员和除治专业队队员进行技术培训，每年组织一次小规模的实战演练，提高应对重大生物灾害的处置能力。

7 附 则

7.1 术 语

林业有害生物：是指影响森林、林木、林木种子等正常生长发育并造成严重损失的林业病、虫、杂草以及其他有害生物。

外来林业有害生物：是指原产于国（境）外，传入我国后已经影响森林、林木、林木种子等正常生长发育并造成严重损失的林业病、虫、杂草以及其他有害生物。

国家林业检疫性有害生物：是指在我国境内局部地区发生，危险性大，能随植物及其产品传播，经国家林业局发布禁止传播的林业有害生物。

重大外来林业有害生物灾害（简称重大生物灾害）：是指因人为或自然原因，由国（境）外传入的病、虫、杂草及其他有害生物引起的，对林业造成（或潜在造成）重大经济损失的生物灾害。

重点预防区：是指具有重要生态和经济价值，需特殊保护的区域。

7.2 预案管理

国家林业局根据需要，及时对应急预案进行修订，经专家论证后报国务院备案。

省级林业主管部门应参照本预案制定重大生物灾害以外的林业生物灾害应急预案，并报国家林业局备案。

对在报告和处置重大生物灾害中做出突出贡献的单位和个人，要按照有关法律、法规或文件等的规定给予表彰和奖励。对在报告和处置重大生物灾害过程中，因玩忽职守而造成损失的单位和个人，将依法追究其责任。

本预案由国家林业局制定并负责解释。

本预案自公布之日起实施。

8 附 录

8.1 规范化文本格式（略）

附件2　重大林业生态破坏事故应急预案

1　总　　则

1.1　编制目的

保护林业和生态建设成果，维护国土生态安全，控制重大林业生态破坏事故的发生与发展，提高政府应对突发重大林业生态破坏事故的能力，减轻森林资源和人民群众生命财产损失，建立健全突发重大林业生态破坏事故应急处理机制，维护社会稳定，促进人与自然和谐相处和经济社会全面协调可持续发展。

1.2　编制依据

《中华人民共和国森林法》；

《中华人民共和国野生动物保护法》；

《中华人民共和国防沙治沙法》；

《中华人民共和国森林法实施条例》；

《中华人民共和国陆生野生动物保护实施条例》；

《中华人民共和国野生植物保护条例》；

《中华人民共和国自然保护区条例》；

《退耕还林条例》；

《中共中央国务院关于加快林业发展的决定》。

1.3　指导思想

以邓小平理论和"三个代表"重要思想为指导，紧紧围绕全面建设小康社会总目标，坚持以人为本、协调发展，认真落实党中央、国务院有关加强林业和生态建设、加强森林资源保护的方针政策和法律法规，构建以预防为主、防处结合的生态安全应急机制，保证不发生或少发生破坏生态安全事故，提高快速反应和应急处理能力，将森林资源保护和生态安全保障工作纳入法制化、科学化和规范化的轨道，保障国家生态安全和经济社会全面协调可持续发展。

1.4　适用范围

本预案所指重大林业生态破坏事故是指突发的，对经济社会稳定、生态安全和生物多样性保护有重大影响的，涉及森林资源保护管理的生态安全事故。下列重大林业生态破坏事故的预防、预警、应急和处置适用本预案：

（1）重大破坏森林、林木事故：包括重大聚众盗伐、滥伐、哄抢森林和林木（含幼树）的事故；

（2）重大破坏林地、湿地事故：包括重大毁林开垦、乱占林地、非法改变林地用途、破坏湿地资源及生态系统的事故；

（3）重大破坏野生动植物事故：包括重大非法猎捕、杀害、收购、运输、出售国家珍贵或濒危野生动物，非法采伐、毁坏、收购、运输、加工、出售国家重点保护植物的事故；

（4）重大林权纠纷和破坏生态设施事故：包括重大林权纠纷群体性械斗、哄抢及毁坏林业和生态建设重要设施与设备的事故。

1.5　工作原则

重大林业生态破坏事故的预防、预警、应急、处置等，实行统一领导、分级管理、条块结合、职责明确、反应灵敏、运转高效、平战结合、公众参与、预防为主、防处结合的工作原则。

1.6　事故等级

根据突发性生态事故造成的森林、林木、林地和野生动植物资源的破坏数量、发生区域、危害程度以及人员伤亡等情况，将生态事故的预警和发生分为两级：Ⅰ级林业生态破坏事故和Ⅱ级林业生态破坏事故。Ⅰ级和Ⅱ级林业生态破坏事故的预警分级颜色分别为橙色和黄色。

1.6.1　Ⅰ级事故：

有下列情形之一的，为Ⅰ级林业生态破坏事故：

（1）盗伐、滥伐、聚众哄抢森林、林木数量达5000立方米（幼树25万株）以上的事故；

（2）毁林开垦、乱占林地、非法改变林地用途属防护林和特种用途林林地1500亩以上，属其他林地3000亩以上的事故；

（3）非法改变《中国重要湿地名录》所列湿地自然状态，导致湿地生态特征及生物多样性明显退化，造成"国际重要湿地"生态功能严重损害或跨省级行政区域"国家重要湿地"生态功能严重损害的事故；

（4）非法猎捕、杀害、收购、运输、出售国家重点保护陆生野生动物和非法采集、毁坏、收购、运输、加工、出售国家重点保护野生植物（林业部分），可能造成物种灭绝的事故；

（5）破坏森林资源或林权纠纷等引起群体性械斗，造成死亡10人以上的事故；哄抢、毁坏林业和生态建设重要设施与设备，危及全国或跨省区生态建设基础和秩序的事故。

（6）国务院领导明确批示、指示，需要尽快作出预防预警和应急处置的重大林业生态破坏事故。

1.6.2　Ⅱ级事故：

有下列情形之一的，为Ⅱ级林业生态破坏事故：

（1）盗伐、滥伐、聚众哄抢森林、林木数量达1000~5000立方米（幼树5万~25万株）的事故；

（2）毁林开垦、乱占林地、非法改变林地用途属防护林和特种用途林林地500~1500亩，属其他林地1000~3000亩的事故；

（3）非法改变《中国重要湿地名录》所列湿地自然状态，导致湿地生态特征及生物多样性明显退化，造成湿地生态功能严重损害的事故；

(4) 非法猎捕、杀害、收购、运输、出售国家重点保护陆生野生动物和非法采集、毁坏、收购、运输、加工、出售国家重点保护野生植物（林业部分），危及物种生存的事故；

(5) 破坏森林资源或林权纠纷等引起群体性械斗，造成死亡 5 人以上、10 人以下的事故；哄抢、毁坏林业和生态建设重要设施与设备，危及区域性生态建设基础和秩序的事故。

2 组织机构与职责任务

2.1 领导机构

国家林业局和各省（自治区、直辖市，以下简称各省）林业主管部门分别设立重大林业生态破坏事故应急领导小组。国家林业局重大林业生态破坏事故应急领导小组，直接负责领导全国Ⅰ级重大林业生态破坏事故应急工作，指导各省Ⅱ级重大生态破坏事故应急工作。领导小组由国家林业局主要负责人任组长，分管森林资源管理、森林公安和野生动植物保护的负责人和中纪委驻国家林业局纪检组组长任副组长，成员由国家林业主管部门有关司局的主要负责人组成。其职责为：

贯彻执行党中央、国务院有关应急工作的方针、政策；认真落实国务院有关重大林业生态破坏事故应急工作的指示和要求；建立和完善重大林业生态破坏事故应急预警机制；组织制定和完善全国重大林业生态破坏事故应急预案；审批各省林业主管部门制定的重大林业生态破坏事故应急预案；负责全国重大林业生态破坏事故应急工作的决策、指挥；向国务院报告重大林业生态破坏事故预警、应急和处置情况；部署重大林业生态破坏事故应急工作的公众宣传；发布重大林业生态破坏事故应急处理的有关信息。

各省林业主管部门重大林业生态破坏事故应急工作领导小组，直接负责领导本省Ⅱ级重大林业生态破坏事故应急工作，配合国家林业局处理发生在本省的Ⅰ级重大林业生态破坏事故应急工作。组长由省林业主管部门主要负责人担任，分管森林资源管理、森林公安和野生动植物保护的负责人和驻省林业主管部门的纪检组组长任副组长，成员由相关处室的主要负责人组成。其职责为：

贯彻党中央、国务院有关重大林业生态破坏事故应急工作的方针、政策；落实国家林业局重大林业生态事故应急工作领导小组的指示；建立本省重大林业生态事故应急预警机制；组织制定本省重大林业生态事故应急预案；负责发生在本省重大林业生态事故应急的决策、指挥和处理；向省级人民政府和国家林业局重大林业生态事故领导小组报告事故的预警、应急和处置等情况。

2.2 办事机构

国家林业局重大林业生态事故应急领导小组下设办公室，作为应急领导小组的日常办事机构和执行机构，其主要职责为：接收国务院有关生态事故应急的命令、指示和各省林业主管部门、事故责任单位和社会各界有关生态事故的报告、信息；传达国家林业局应急领导小组的指令，通报有关单位应急工作情况；协调系统内各有关应急单位的行动，组织指导各应急分队和各省应急工作；拟定应急预案、记录应急过程、评价应急行动、起草应急工作总结；负责与有关部门、单位的联络及信息交换，组织应急工作各种保障措施的落实；建立生态事故预警系统和应急资料库，组织开发研制应急管理系统软件；完成生态事故应急的日常管理和领导小组交办的其他工作。

国家林业局重大林业生态破坏事故应急领导小组办公室挂靠在国家林业局负责森林资源管理的司局，由该司司长任主任。成员由各有关司局分管副司局长组成。各省林业主管部门重大林业生态事故应急领导小组办公室的组成和职责，参照以上要求，结合本省实际自行确定。

2.3 现场处置组

国家林业局重大林业生态破坏事故应急现场处置组由应急领导小组或办公室从有关司局和直属单位调集人员组成，受应急领导小组和办公室的调度和派遣，负责事故现场的指挥、协调、调查、处置等工作。

2.4 信息联络组

国家林业局重大林业生态破坏事故应急信息联络组设在应急办公室，必要时可从有关司局、单位抽调人员参加，负责与现场建立通信联系，保证信息传递畅通，及时将有关信息报告给应急领导小组和应急办公室的领导。

2.5 后勤保障组

国家林业局重大林业生态破坏事故应急后勤保障组设在应急办公室，必要时可从有关司局、单位抽调人员参加，负责联系组织供应现场处置所需物资、设备的供给、调配和运输，确保生态事故应急工作运转和现场处置的后勤保障。

各省林业主管部门根据实际情况和工作需要，可建立相应的现场处置、信息联络、后勤保障、专家咨询等机构或队伍。

2.6 参与部门

为确保重大林业生态破坏事故及时得到有效的预防、预警、应急和处置，计划、财政、公安、民政、卫生、国土、建设、农业、环保、监察、宣传等有关部门必要时，有义务参与重大林业生态破坏事故的应急处置工作。相互配合、协同作战，切实做好重大林业生态破坏事故应急的物资供给、经费支持、林区稳定、责任处理、宣传报道等工作。

3 预防预警

3.1 预防措施

加强林业方针、政策和法律、法规的宣传。在全

社会大力宣传保护森林资源、加强生态建设的重大意义，全面提高人民群众和社会各界依法保护森林资源、维护生态安全的意识，为防止和减少重大林业生态破坏事故的发生奠定广泛的社会基础。

定期开展森林资源与生态状况的综合监测。以省为单位定期开展森林资源与生态状况的综合监测和分析评价，准确掌握全国及各省森林资源及生态状况的全面数据和相关信息，对有可能引发重大林业生态破坏事故的情况和隐患，及时提出相应对策，采取有效防范措施。

重点强化重要生态区域的森林资源保护管理。重点加强天然林区、国家重点公益林区、生态极端脆弱地区的森林资源保护管理，建立健全基层林业行政管理机构和森林管护队伍，完善地方政府领导保护发展森林资源目标责任制度，落实森林资源保护管理的责任。

及时开展森林资源保护管理的执法检查和专项行动。根据需要及时组织开展森林采伐限额执行、征占用林地管理、野生动植物保护等执法检查、核查，发现问题，及时处理；不定期组织开展破坏森林资源和生态安全的专项打击行动，维护林区社会稳定和正常生产秩序。

畅通生态事故发生和发展信息报告渠道。建立从中央到省、地、县林业主管部门相互联网、信息共享的森林资源保护管理信息系统，实行下级林业主管部门向上级林业主管部门森林资源保护和生态破坏事故发生随时报告制度。设立举报电话，确保重大林业生态破坏事故的群众监督、社会监督和舆论监督渠道的畅通。

3.2　预警行动

按照早发现、早报告、早处置的原则，国家林业局和各省林业主管部门建立重大林业生态破坏事故预警机制，及时、广泛、准确地掌握重大破坏森林资源和生态安全事故的信息，当接到各级林业主管部门、事故责任单位、群众举报和媒体报道的有关生态事故的信息时，生态事故应急办公室应尽可能详尽地了解事故的地点、种类、性质、损失等情况，初步判断事故的真伪和等级，及时向应急领导小组报告情况，并根据领导小组的批示，向事故发生地林业主管部门发布预警信息，部署开展事故真伪调查和有关应急处置工作，防止事故的扩大和蔓延。

3.3　预警发布

达到Ⅰ级标准的重大林业生态事故，为橙色预警，由国家林业局发布。

达到Ⅱ级标准的较大生态事故，为黄色预警，由所在省林业主管部门发布。

4　应急响应

4.1　应急启动

4.1.1　Ⅰ级林业生态破坏事故预警发布后。立即启动所在省林业主管部门和国家林业局的应急预案，同时，由省林业主管部门向省人民政府报告情况；国家林业局向国务院报告情况。

4.1.2　Ⅱ级林业生态破坏事故预警发布后。立即启动省级林业主管部门的应急预案，同时，报省人民政府和国家林业局。国家林业局视情况决定是否启动本级应急预案，或给予必要的支持和援助。

4.2　现场处置

4.2.1　应急预案启动后，相应林业主管部门的应急领导小组立即转为突发生态事故应急指挥部，统一负责事故现场应急处置的指挥、协调工作。Ⅰ级林业生态破坏事故预案启动后，国家林业局派出的现场处置组应在24小时内赶到事发现场，开展现场处置工作。Ⅱ级林业生态破坏事故预案启动后，省级林业主管部门派出的现场处置组在12小时内必须赶到事发现场，开展现场处置工作。

4.2.2　在现场处置组未到达之前，省级林业主管部门应急办公室，负责先行通知事故发生地的县级以上人民政府和林业主管部门、有关责任单位等，责成迅速做好事故控制、现场保护、群众安全和对有关责任人员的监控等工作，防止事态的扩大蔓延。

4.2.3　现场处置组到达事发现场后，应协同当地人民政府、林业主管部门和其他有关部门、单位，迅速开展调查、清理工作，核实事故的性质、危害和发生的具体时间、详细地点、演变过程、损失规模和相关责任等情况，并及时制定和落实相应的处置措施，确保现场处置工作的迅速、快捷、有效。

4.2.4　现场处置应遵循统一领导、果断处置、依法办事、积极稳妥、化解矛盾、防止激化、确保安全的原则，必要时可采取相应的现场管制措施和强制性措施，包括：封闭现场和相关地区，未经突发生态事故现场处置组检查批准，任何人不得进入现场，不得在现场进行录音、录像、拍照、采访、报道活动；设置警戒带，划定警戒区域，守护重点目标，查验现场人员身份证件，检查嫌疑人随身携带的物品；发布命令或通告，责令聚众组织者解散队伍和围观人员在限定时间内撤离；对经强行驱散仍拒不离去的人员或者进行煽动的人员，可以强行带离现场；对正在实施破坏森林资源违法活动的人员，应强行制止或者予以拘留等。

4.2.5　根据现场处置工作的需要，应急指挥部可以调用各级森林资源监测单位、武警森林部队和当地林业、公安、政法、宣传等部门的人员力量和物资设备，参与事故现场的调查、清理和处置工作。对发生人员伤亡的林业生态破坏事故，应组织专门力量及时救治受伤人员，安抚伤亡人员的亲属，处理好相关事宜，确保社会稳定。

4.3　通讯联络

在重大林业生态破坏事故应急处理的整个过程

中，必须保持各有关方面全天24小时不间断的通讯联络畅通。国家林业局与国务院及有关部门之间采用保密电话联系，普通有线电话和无线通讯为备用；省级林业主管部门与国家林业局之间采用有线电话联系，无线通讯方式为备用；应急指挥部与现场处置组、信息联络组之间采用卫星移动电话联系，固定电话和其他无线通讯方式为备用；现场处置组各分队之间采用卫星移动电话、对讲机联系，其他无线通讯方式为备用；事发现场应急工作人员通过无线网络传输数据和图像信息回送指挥部。

4.4 信息报送

任何单位和个人有权向各级人民政府及其有关部门报告突发生态事故的有关信息。同时，明确县级以上地方人民政府、林业主管部门、突发生态事故发生单位为责任报告单位，自预警信息发布和应急预案启动之日起，至应急处理正式结束为止，各责任报告单位要确定专人负责应急信息的报告工作。

发现重大林业生态破坏事故的有关单位，应在2小时内向所在地县级以上林业主管部门报告；接到突发事故报告的林业部门应在2小时内向本级人民政府报告，同时向上一级林业主管部门报告；经初步判断为Ⅱ级生态破坏事故的，要在6小时内报告省级林业主管部门，Ⅰ级生态破坏事故的，要在6小时内逐级上报到国家林业局，情况紧急的可越级报告。在报告上一级政府或林业主管部门的同时，应及时向新闻主管部门通报情况，以便及时组织舆论引导工作。报告内容包括：生态事故的类型、发生时间、地点、原因、危害程度和损失情况等。

应急结束后，各责任报告单位应在10个工作日内向上一级机关上报处理结果报告，报告事故处理的总体情况、采取的措施和效果、潜在的危害、社会影响和有关遗留问题，同时，报告参加应急处理的部门、单位和工作情况，出具有关危害与损失的证明文件等。

4.5 新闻发布

对重大林业生态破坏事故应及时发布准确、权威的信息，正确引导社会舆论；要指定专人负责新闻舆论工作，迅速拟定新闻报道方案，确定发布内容，及时采用适应方式发布新闻、组织报道。对于复杂事故，应根据查清的情况，分阶段发布；对灾害造成损失的发布，应征求评估部门的意见；对影响重大林业生态破坏事故的处理结果，根据需要及时发布。各新闻媒体要严格按照有关规定，做好新闻报道工作。

Ⅰ级突发性林业生态破坏事故，由国家林业局研究和制定新闻发布工作方案，必要时应报经国务院批准。Ⅱ级突发性林业生态破坏事故，由所在省林业主管部门研究和制定新闻发布工作方案，必要时应报经省人民政府或国家林业局审定。

4.6 应急结束

事故现场得到有效控制，造成事故的成因和引发更大生态事故的隐患、条件已经消除，事故现场的各种专业应急处置行动已无继续的必要时，可视为应急状态结束。

应急结束由事故现场处置组，或事故发生地人民政府、林业主管部门和事故责任单位提出，并说明解除应急状态的理由，报应急指挥部批准后，由应急指挥部宣布应急结束。

5 后期处置

5.1 毁坏资源处置

对乱采滥挖的森林、林木和野生植物，能够在原地复植的，尽量在原地复植；对乱捕滥猎的野生动物，要全力救护，使之尽快回到原来的栖息地；对已破坏林地、湿地，要按照谁破坏、谁恢复的原则，使之尽量恢复原状和林业生产条件；对事故发生过程中的赃款、赃物，要严格按照国家规定进行处理。

5.2 伤亡人员处置

如有出现人员伤亡的林业生态破坏事故，事故结束后，当地人民政府和相关部门要尽快做好有关善后处置工作。同时，组织专家对受灾范围进行科学评估，提出恢复生态条件的措施、办法和补偿请求的意见和建议。

5.3 保险机制建立

各级人民政府和林业主管部门要建立健全重大林业生态破坏事故社会保险机制，对参加重大林业生态破坏事故应急工作人员办理意外伤害保险，确保应急工作人员的人身安全和切身利益。

5.4 事故评价分析

应急状态终止后，应急领导小组应根据本级人民政府有关指示和实际情况，继续进行生态状况的监测、监控。同时，组织有关单位和专家，会同事发地人民政府和林业主管部门，及时做好事故发生、发展、应急、处置等全过程的分析、评价和总结。责成有关部门及事故责任单位认真查找原因，汲取教训，防止类似事故的再次发生。

6 应急保障

6.1 资金保障

处置突发重大林业生态破坏事故所需的财政经费，按《突发事件财政应急保障预案》执行。同时，所在省级人民政府应及时向中央财政部门报告事故或灾情，为受害地区的生态恢复和经济损失补助争取中央财政的支持。

6.2 装备保障

各级林业主管部门应根据林业发展、森林资源保护和应对重大林业生态破坏事故的形势和要求，进一步提高装备水平，建立健全森林资源和生态状况综合监测体系和信息管理系统，增加配备有关生态事故的预防、预警、应急、处置的装备和物资，保证在发生重大林业生态破坏事故时能迅速赶赴现场，及时、有

效地开展处置工作，最大限度地减少事故造成的损失。

6.3 通信保障

国家林业局和省级林业主管部门应建立和完善重大林业生态破坏事故应急指挥系统，配备必要的有线、无线和卫星通讯器材，确保本预案启动时应急指挥中心和有关部门及现场处置组之间的联络畅通。

6.4 队伍保障

各级林业主管部门及其各职能机构、林业重点工程管理机构、森林资源调查监测单位、派驻的森林资源监督机构，以及各级森林公安队伍、林政稽查队伍和基层林业工作站等都有参与重大林业生态事故应急处理的责任和义务。重大林业生态破坏事故发生后，根据应急工作的需要和应急指挥机关的调遣，必须在规定的时限内赶赴现场，完成指定的工作任务。

6.5 技术保障

国家林业局和省级林业主管部门建立生态安全预警系统，组建生态安全专家咨询部，确保在事故发生后有关专家能迅速到位，为指挥决策提供服务。同时，在直属森林资源监测中心，建立生态事故应急数据库，随时投入应急的后续支援和提供技术支援。

6.6 培训与演练

各级林业主管部门和单位应加强本系统、本单位有关管理和技术人员生态事故应急处置知识的培训，培养一批训练有素的生态事故应急、处置、检验、监测等专门人才。同时，要按照应急预案的要求，定期组织不同类型的实战演练，提高防范和处置重大林业生态破坏事故的技能，增强实战能力。

7 附 则

7.1 名词术语

林业生态破坏事故：本预案所指林业生态破坏事故是指突发的，对经济社会稳定、生态安全和生物多样性保护有重大影响的，涉及森林资源保护管理的生态安全事故。

应急：针对突发生态事故需要立即采取某些超出正常工作程序的行动，以避免事故发生或减轻事故后果的状态。

7.2 奖励与责任追究

对在突发重大林业生态破坏事故中，由于报告及时，避免或减轻了事故损害，以及在应急工作中做出突出贡献的单位和人员，由本级人民政府和上级林业主管部门给予表彰和奖励；对有重大立功表现的，由各级人民政府按照规定给予表彰和奖励。

对在突发重大林业生态破坏事故中，由于不及时报告、虚报瞒报、失职渎职、玩忽职守，导致国家森林资源受到重大损害、人民生命财产受到重大损失构成犯罪的，移交司法机关，依法追究刑事责任；尚不构成犯罪的或者虽然构成犯罪但是依法不追究刑事责任的，应由其任免机关或者监察机关给予行政处分。

7.3 预案的制定、批准和修订

本预案由国家林业局重大林业生态破坏事故应急领导小组办公室负责制定，经国家林业局局长办公会通过后实施，并报国务院备案。根据重大林业生态破坏事故发生的趋势、特点和本预案实施过程中发现的问题等情况，应急领导小组办公室可对本预案适时进行修改、完善，并经应急领导小组批准后执行。

7.4 预案解释机关

本预案由国家林业局负责解释。

7.5 预案实施时间

本预案自发布之日起实施。

附件3　重大沙尘暴灾害应急预案

1 总 则

1.1 目 的

为了建立健全突发沙尘暴灾害的监测、预报、预防和灾后救援的组织管理和紧急处置机制，及时、有效地应对和防范突发重大沙尘暴灾害，最大限度地减轻灾害造成的损失，特制定本预案。

1.2 编制依据

《中华人民共和国防沙治沙法》；

《中华人民共和国森林法》；

《中华人民共和国草原法》；

《中华人民共和国气象法》；

《国务院关于特大安全事故行政责任追究的规定》。

1.3 工作原则

1.3.1　以人为本，积极预防。以保障沙尘暴高发区人民群众的生命财产安全、生产安全和身体健康为出发点，大力开展宣传教育，积极做好监测、预报和预防工作。

1.3.2　统一领导，分级管理。在国务院的领导下，国家林业局会同国务院相关部门制定和实施本预案，领导和指导重大沙尘暴灾害应急处置工作。沙尘暴灾害的应对和防范要按照"条块结合，以块为主"和分级管理、分级响应的原则，主要由地方各级人民政府负责。各地要层层组成应急领导小组，编制应急预案，落实应急处置责任制。

1.3.3　加强协调，整合资源。积极协调相关部门，密切配合，通力合作，形成合力。充分利用各部门现有资源，实现资源和信息共享，避免重复投资，重复建设，最大限度地发挥社会主义制度可以集中力量办大事的优越性。

1.3.4　平战结合，快速反应。经常性地做好应对重大灾害的思想准备、预案准备、机制准备和工作准备，常抓不懈，不打无准备之仗，迅速、及时、有效地应对重大突发灾害。

1.4　适用范围

本预案适用于发生重大沙尘暴灾害、需要国家林业局协助地方政府指导救灾的应急响应。有下列情况之一的，应立即启动本预案：

（一）发生特大沙尘暴灾害（Ⅰ级）时；

（二）发生重大沙尘暴灾害（Ⅱ级），且根据国务院指示，需要国家林业局协助指导救灾时；

（三）发生重大沙尘暴灾害（Ⅱ级），且省（自治区、直辖市）人民政府提出请求，需要国家林业局协助指导救灾时。

2　组织指挥体系与职责

2.1　应急组织机构和职责

2.1.1　国家林业局重大沙尘暴灾害应急领导小组

组　长：国家林业局主要负责人

副组长：国家林业局分管副局长

成　员：国家林业局办公室、治沙、计资、机关服务、宣传等司局负责人。

国家林业局重大沙尘暴灾害应急领导小组是重大沙尘暴灾害的应急指挥中心，负责贯彻落实党中央、国务院有关突发事件应急工作的方针、政策，建立和完善国家林业局重大沙尘暴灾害的应急机制，组织制定和完善重大沙尘暴灾害应急预案，负责沙尘暴灾害应急的重大问题的研究、决策、指挥和协调，完成国务院交办的其他任务等。

2.1.2　国家林业局重大沙尘暴灾害应急领导小组办公室

应急领导小组下设办公室，挂靠国家林业局防治荒漠化管理中心（国家林业局治沙办），由荒漠化管理中心主任任办公室主任，成员由国家林业局各相关司局和局调查规划院、局西北调查规划院的副司长（副院长）组成。

领导小组办公室是领导小组的日常办事机构和执行机构，承担领导小组的日常工作。其职责为：具体负责贯彻落实党中央、国务院有关突发事件应急工作的方针、政策；认真落实国务院有关重大沙尘暴灾害应急工作的指示和要求；负责编制和修订重大沙尘暴灾害应急预案；负责组织应急人员的培训和应急演练工作；具体负责组织和协调系统内各应急单位的应急行动；负责应急的信息收集、处理、通报以及具体的对外联系、协调工作；负责组织对重大沙尘暴灾害状况的调查、分析和评估；建立沙尘暴灾害应急资料库，研制应急管理信息系统；以及完成局应急领导小组交办的其他任务。

2.1.3　赴现场工作组

国家林业局重大沙尘暴应急领导小组或其办公室应在特大沙尘暴灾害发生后派出赴现场工作组。赴现场工作组从有关司局和直属单位调集人员组成，其职责是：了解突发沙尘暴灾害及其损失情况，协助地方沙尘暴灾害应急领导机构做好灾情监测、分析和救援工作；了解地方突发沙尘暴灾害救援各项工作的进展情况，存在的主要问题；及时将了解到的情况向局应急领导小组报告，完成局应急领导小组交办的其他任务。

2.1.4　专家咨询组

为推进决策的科学化、民主化，充分发挥专家在荒漠化防治中的作用，国家林业局已经成立了防治荒漠化高级专家顾问组，具体负责对荒漠化防治工作的咨询、技术指导和决策论证。在处置重、特大突发沙尘暴灾害中，要更加重视并发挥专家咨询组的作用。

专家咨询组的职责：指导突发沙尘暴灾害应急预案的编制和修订完善；对沙尘暴灾害进行预测分析，为防灾减灾做好服务；参与对突发沙尘暴事件的调查分析和后果评价；赴沙尘暴高发区调研沙尘暴灾害形成的原因，提出沙尘暴灾害预防和治理的对策和建议。

2.2　国务院相关部门及其职责

突发沙尘暴灾害是一种涉及多部门、多行业的自然灾害，在国务院的统一领导和指挥下，国务院林业、气象、环保、民政、卫生、农业、交通、民航、铁道等部门，按照各自职责，各司其职，各负其责，通力合作。各部门的主要职责如下：

2.2.1　气象局。负责沙尘暴天气的监测、预报工作，在发现沙尘暴灾害征兆时，要及时作出预报，并向国务院相关部门提供监测信息，为防灾抗灾和灾害应急做好服务。

2.2.2　农业部。指导农牧业生产灾前预防，灾后自救工作，帮助灾区恢复农牧业生产。

2.2.3　环保总局。负责监测沙尘暴发生时的大气环境质量状况，并向国务院相关部门提供监测信息，为灾害应急提供服务。

2.2.4　民政部。负责组织抗灾救灾，参与灾情调查，组织、管理和发放救灾款物并监督使用，组织、指导救灾捐赠，承担中国国际减灾委员会办公室、全国抗灾救灾综合协调办公室工作。

2.2.5　卫生部。在灾害造成人员伤亡时，负责协调落实救灾医疗物品，协助解决医疗资源，防止灾区疫情、疾病的传播、蔓延。

2.2.6　交通部。负责做好交通运输防灾减灾对策预案，协调落实救灾交通车辆。

2.2.7　民航总局。组织制定民航运输的防灾减灾应急预案，保证沙尘暴灾害天气状况下的民航运输安全。

2.2.8 铁道部。组织制定铁路运输的沙尘暴灾害应急预案，保证沙尘暴灾害天气状况下的铁路运输安全。

2.3 地方应急组织领导机构

省、地、县各级人民政府应成立专门的沙尘暴灾害应急领导小组，成员由林业、气象、环保、民政、农业、卫生、交通等相关部门组成。制定本辖区内的突发沙尘暴灾害的应急预案，负责组织落实本辖区内的灾前预防、灾后救援和生产恢复工作，并及时向上一级政府报告沙尘暴发生时间、持续时间、影响范围、造成危害以及灾后救援和生产恢复等情况。

3 预警和监测机制

3.1 预警预报

3.1.1 每年年初，由国家林业局、中国气象局联合邀请专家对当年春季沙尘暴灾害状况进行预测和分析，提出当年沙尘暴灾害趋势，报国务院，为领导决策和防灾减灾服务。

3.1.2 按照早发现、早报告、早预防的原则，积极协调中国气象局做好中短期沙尘暴的分析和预测，及时作出沙尘暴灾害预警预报，包括沙尘暴可能发生的时间、地点、强度、移动路径、影响区域等。

3.1.3 国家气象局应利用气象卫星和地面气象站点，加强对沙尘暴灾害的监测，掌握沙尘暴发生源地、强度、路径、影响范围，及时向国务院相关部门提供沙尘暴情况及其相关资料，为应急决策服务。

3.2 预警支持系统

3.2.1 定期开展全国沙化土地监测工作，提高监测手段和水平，掌握沙化土地消长动态变化和植被状况等相关信息，建立并完善全国沙化土地信息管理系统，特别是沙尘源区的沙化土地信息管理系统，能根据需要提取不同区域的沙化土地、植被等信息，为沙尘暴预测、分析、预警提供基础数据。

3.2.2 收集并建立我国沙区社会经济状况数据库，为沙尘暴灾害评估提供服务。

3.2.3 利用卫星遥感、雷达等高新技术手段，结合地面监测站点调查、观察资料，形成一个迅捷、高效、实时的国家级沙尘暴灾害监测、预警系统。

3.2.4 加强沙尘暴灾害信息共享平台建设，建立现代化的决策指挥网络体系，实现沙尘暴灾害、决策和指挥信息的快速传递和反馈。

4 应急响应

4.1 沙尘暴灾害分级

按照突发沙尘暴灾害的严重性和危害程度，将突发沙尘暴灾害分为4级。

4.1.1 特大沙尘暴灾害（Ⅰ级）：影响重要城市或较大区域，造成人员死亡10人以上，或经济损失5000万元以上。

4.1.2 重大沙尘暴灾害（Ⅱ级）：影响重要城市或较大区域，造成人员死亡5～10人，或经济损失1000万～5000万元，或造成机场、国家高速公路路网线路连续封闭12小时以上。

4.1.3 较大沙尘暴灾害（Ⅲ级）：造成人员死亡5人以下，或经济损失500万～1000万元，或造成机场、国家高速公路路网线路封闭的。

4.1.4 一般沙尘暴灾害（Ⅳ级）：对人畜、农作物、经济林木影响不大，经济损失在500万元以下。

4.2 分级响应机制

针对突发沙尘暴灾害的严重程度和影响范围，分别启动不同级别的预案。

4.2.1 当发生特大沙尘暴灾害（Ⅰ级）后，立即启动国家、省、市和县四级沙尘暴灾害应急预案，国家林业局向国务院报告沙尘暴灾害有关情况。

4.2.2 当发生重大沙尘暴灾害（Ⅱ级）后，启动省、市和县三级沙尘暴灾害应急预案。必要时，启动国家级应急预案。

4.2.3 当发生较大或一般沙尘暴灾害（Ⅲ级或Ⅳ级）后，由各省（自治区、直辖市）政府决定启动省以下人民政府沙尘暴应急预案。

4.3 险情响应措施

当气象部门作出强、特强沙尘暴预警后，省级以下人民政府要及时作出响应，抓紧做好防灾工作，以确保人民群众生命及财产的安全。

4.3.1 省级以下人民政府险情响应措施

气象部门作出强、特强沙尘暴灾害预警后，主要受影响区域的地（市）、县级人民政府应迅速作出反应，通过各种渠道发布沙尘暴消息，做到家喻户晓。要部署机关、厂矿、学校和广大人民群众，采取有效措施，做好人畜防灾减灾工作，要将危险地带的人民群众和重要财产转移到安全地带；沙尘暴发生前人员不要外出，牲畜入圈。同时，做好启动突发沙尘暴灾害应急方案的各项准备。

4.3.2 省级人民政府险情响应措施

省级人民政府在接到强、特强沙尘暴预警后，应加强组织领导，做好灾害应急准备，督促气象部门要加强对沙尘暴灾害的监测和预报，对沙尘暴灾害发生地点、范围、强度、移动路径的变化要及时作出预报；组织有关部门如交通、民航、农业等，做好强、特强沙尘暴灾害的防范工作；积极落实好防范措施以及资金和应急物资的筹备和调配。

4.4 灾害应急措施

4.4.1 省级以下人民政府灾害应急措施

灾害发生后，按照应急预案和相关要求，落实救灾措施和责任，认真做好灾后救援和重建工作，并立即将沙尘暴情况及其灾害报告上级人民政府，向沙尘暴移动的下游地（市）、县通报。接到通报的地（市）、县级人民政府应立即采取预防措施。

4.4.2 省级人民政府灾害应急措施

发生重、特大沙尘暴灾害后，立即组成救灾指挥部，认真组织做好救援工作，最大限度地减轻灾害造成的生命和财产损失，做好舆论导向，维护灾区社会稳定，并立即将沙尘暴情况及其灾害报国家林业局沙尘暴灾害应急领导小组办公室，向沙尘暴移动的下游省区市通报。接到通报的省区市应立即组织相关地区做好预防工作。

4.4.3 国家林业局应急措施

国家林业局重大沙尘暴应急领导小组办公室接到特大沙尘暴灾害信息后，经国家林业局负责人批准，启动重大沙尘暴应急预案，相应的应急领导小组立即转为应急指挥部，统一负责国家林业局处置特大沙尘暴灾害的指挥、协调工作，采取以下应急措施：

（一）会同国务院相关部门详细了解特大沙尘暴灾害发生地点、范围、强度、灾害损失状况等情况，及时向国务院报告；

（二）应急指挥部召开全体成员会议，对应急预案启动进行部署，并组成赴现场工作组。必要时，邀请国务院相关部门派人参加；

（三）赴现场工作组应于12小时内出发赶赴灾区，协助当地政府指导抢险救灾工作，检查督促突发灾害应急措施的落实，慰问受灾群众，并对当地沙尘暴灾害情况进行调研，掌握灾情，分析原因。在到达现场后2日内以书面形式将灾情报局应急领导小组。

（四）现场处置应按照统一领导、处置果断，依法办事、积极稳妥，化解矛盾、维护稳定的要求进行。

4.5 信息共享和处理

4.5.1 建立沙尘暴灾害信息报告制度。各级突发沙尘暴灾害应急日常管理办公室都要指定专人负责沙尘暴灾害信息的收集和上报。

4.5.2 突发沙尘暴灾害信息实行逐级报告制度。县级以上地方人民政府各有关部门在沙尘暴灾害发生后要及时将涉及本部门的沙尘暴灾害及其造成的损失情况报告本级突发沙尘暴灾害应急日常管理办公室，日常管理办公室汇总后向本级应急领导小组和上级日常管理办公室报告。

4.5.3 信息报告时限要求。各有关省区市人民政府突发沙尘暴灾害应急日常管理办公室要在各地沙尘暴发生2小时内将沙尘暴强度、影响范围报告国家林业局，属于重、特大沙尘暴灾害的，应在结束后2个小时内，将沙尘暴灾害状况初步信息上报国家林业局。在沙尘暴结束后2个工作日内，将沙尘暴造成的灾害损失情况报国家林业局。

4.5.4 国家林业局应急领导小组办公室在接到各地特大沙尘暴灾害初步信息报告，经汇总和处理后，及时报告国务院，并向国务院有关部门通报。

4.5.5 国家林业局、中国气象局等部门要加强沙尘暴灾害信息基础平台建设，实现沙尘暴灾害信息资源共享，为领导决策和各部门的防灾减灾提供及时、准确的信息资料。

4.6 通讯联络

在特大沙尘暴灾害处置过程中，国务院各有关部门、地方各级人民政府、赴地方工作组和专家咨询组之间都要建立沙尘暴灾害应急联络渠道，保持通讯畅通。要明确主要联络人员、专用电话和备用电话。国家林业局与国务院及有关部门之间采用保密电话联系，普通有线电话和无线电话备用；省级各级人民政府之间、国家林业局与各省区之间采用有线电话联系，无线通讯方式为备用；国家林业局与赴现场工作组之间、现场工作组之间采用卫星移动电话，其他无线通讯方式为备用。

4.7 指挥和协调

沙尘暴灾害的预防和控制主要由地方各级人民政府负责，实行属地化管理的原则，各地要建立和完善地方政府统一领导下的，由林、农（牧）、气象、交通、民政、财政、卫生等部门参加的领导小组。

4.8 沙尘暴灾情的调查分析与后果评估

在特大沙尘暴灾害结束后，国家林业局组织专家和相关部门人员，对沙尘暴灾害及其所造成的损失进行全面调查，对灾害及救灾情况进行评估，提出灾后重建对策措施。

4.9 新闻发布

4.9.1 国家林业局将按照有关规定，制定特大沙尘暴灾害新闻发布工作方案，确定发布内容，并确定专人负责。

4.9.2 沙尘暴灾害情况要向新闻界发布。新闻发布要经局领导批准。发布要把握时机，真实准确，注重实效。发布的内容包括沙尘暴强度、影响范围、危害情况和处理结果等。

4.10 应急结束程序

对于特大沙尘暴灾害结束后，由国家林业局通过新闻媒体进行宣布。

5 保障措施

5.1 通信与信息保障

各地应充分利用社会基础通信设施，建立健全省、市、县三级应急信息通信保障体系，要配备必要的有线、无线和卫星通讯器材，保证和维护信息通讯渠道的通畅，保证防灾信息能够及时上通下达。要建立和落实备用通讯系统。

5.2 沙化基础信息保障

抓紧做好全国沙化土地监测工作，进一步完善国家、省、市和县四级沙化土地信息管理系统，并掌握主要沙区的社会经济状况，为沙尘暴中短期预测提供基础数据，为防灾减灾提供服务。

5.3 荒漠化监测体系保障

荒漠化监测体系建设是了解和掌握沙尘暴灾害信息的基础性工作，各地要抓紧完善全国荒漠化监测体系，特别是县级监测机构和站点建设，提高装备水

平，逐步形成一个布局合理，设备先进，反应灵敏的全国荒漠化监测体系，保证沙尘暴灾害信息的迅捷、真实和可靠。

5.4 资金保障

处置突发沙尘暴灾害所需财政经费，按《财政应急保障预案》执行。

5.5 技术储备与保障

国家林业局将依托现有的防治荒漠化高级专家顾问组，组成相应的沙尘暴灾害专家咨询组，为沙尘暴灾害的防治提供必要的技术指导、技术咨询和技术服务。各级林业部门要增加配备沙尘暴灾害的预防、预警、应急和处置的装备，保证在发生重、特大灾害时能够作出迅速反应。要应用已经建立的沙尘暴监测与灾情评估系统，加强与气象部门的技术合作，共同开展沙尘暴预测、预警、预防和应急处置技术研究，为推进沙尘暴灾害防治工作做好服务。

5.6 宣传培训保障

5.6.1 宣传教育。国家林业局充分利用现有的宣传媒体，积极开展《防沙治沙法》和沙尘暴灾害有关知识的宣传教育，提高广大人民群众沙尘暴灾害的预防、避险、避灾、自救和互救的常识。

5.6.2 培训。定期组织对各级地方政府主管领导、地方各级沙尘暴灾害应急管理人员、沙尘暴灾害监测和信息管理人员等进行培训，使之掌握防沙治沙、沙尘暴灾害的有关专门知识，促进有效沟通，提高防控沙尘暴灾害的效率和效果。

6 附 则

6.1 名词术语的定义和说明

6.1.1 沙尘暴：是指强风将地面大量尘沙吹起，使空气变得混浊，水平能见度小于1千米的天气现象。

6.2 预案管理和更新

国家林业局重大突发沙尘灾害应急领导小组办公室将根据预案实施情况，邀请有关专家和基层省区同志对预案实施效果、存在的问题进行分析、评价，对《预案》进行修订和完善，并经专家论证后报国务院备案。

6.3 奖励与责任

对在防御突发沙尘暴灾害中贡献突出的单位和个人，要按照有关法律、法规或文件等的规定给予表彰和奖励。对于在突发沙尘暴灾害中，由于工作不力造成重大人员伤亡和人民财产损失的，要依法追究相关人员的责任。

6.4 预案制定与解释机关

本预案由国家林业局制定并负责解释。

6.5 预案实施时间

本预案自发布之日起实施。

7 附 录

7.1 各种规范化文本格式

7.1.1 国家林业局关于启动重大沙尘暴灾害应急预案的格式文本（略）

国家林业局关于继续开展第二批林业综合行政执法试点工作的通知

林策发［2005］102号

各省、自治区、直辖市林业厅（局）：

为了积极探索林业行政执法体制改革和创新，推进依法治林，2004年以来，我局在全国11个省、直辖市的21个县级单位开展了林业综合行政执法试点工作。一年多来，试点工作取得了一定的成绩，但在全国范围推行林业综合行政执法改革工作还需要进一步积累经验，为此，决定在开展第一批林业综合行政执法试点工作的基础上，继续开展第二批试点工作。现就做好第二批试点工作有关事项通知如下：

一、试点工作的原则和目的

开展林业综合行政执法试点工作，应当遵循“政策制定职能与行政处罚职能、行政处罚职能与监督检查职能相对分开”、“权责一致”和“精简、统一、效能”的原则。通过试点，整合执法队伍，理顺执法职能，完善执法制度，规范执法行为，创新林业行政执法机制，不断提高林业行政执法的整体水平和执法质量，为推进“治理与破坏相持阶段”林业工作提供保障。力争用3年时间，在林业系统初步建立权责明确、行为规范、监督有效、保障有力的林业行政执法体制。

二、试点工作的范围和形式

（一）试点单位。考虑各地林业行政执法机构设置的实际情况，试点工作仍然以县（市）为基本单位。

（二）试点范围。经与各省、自治区、直辖市林业行政主管部门协商，第二批试点拟在27个省、自治区、直辖市的142个县级单位（包括第一批的20个试点单位，见附件1）进行。

（三）试点形式。林业综合行政执法试点原则上仍采取以下三种形式：第一种是根据实际情况组建林业综合行政执法机构，其他机构（单位）不再承担查处林业行政案件职责；第二种是以森林公安队伍为主组建林业综合行政执法机构，其他机构（单位）不再承担查处林业行政案件职责；第三种是以资源林政执法队伍为主组建林业综合行政执法机构，其他机构（单位）不再承担查处林业行政案件职责。每个试点单位只能采取一种试点形式。无论采取哪种试点形式，查处林业行政案件的职责都必须交由林业综合行政执法机构统一行使，但在依法作出林业行政处罚决定时，处罚主体必须符合有关法律、法规的规定。

三、试点工作的时间安排

林业综合行政执法试点工作是一项改革难度较大、涉及面较广、政策性较强的工作，为了确保试点工作取得成效，第二批试点暂定两年。

（一）准备阶段：2005 年 8 ~10 月。试点单位应当根据《国家林业局关于实行林业综合行政执法的试点方案》（以下简称《试点方案》，见附件 2）确定的指导思想、原则和本通知的要求，完成本试点单位实施方案的制定工作，经所在县（市）人民政府和省级林业行政主管部门审核同意后，由省级林业主管部门于 2005 年 10 月底前报我局备案。

实施方案应当包括：指导思想和原则；基本内容和目标；组织机构职能配置；配套改革措施；工作制度；实施步骤；保障措施等。

（二）实施阶段：2005 年 11 月至 2007 年 11 月。试点单位按照省级林业主管部门审核同意后的实施方案组织实施。

（三）总结阶段：2007 年 12 月。试点单位应当全面总结试点工作，并将试点情况，包括试点形式、工作步骤、具体做法和成效、总结和建议等，形成书面报告报送我局。

四、几点要求

（一）提高认识，切实加强组织领导。各级林业主管部门要从贯彻依法治国基本方略、全面推进依法治林的高度，从推进依法行政、树立执政为民理念出发，充分认识开展林业综合行政执法试点工作的重要性和紧迫性，把林业综合行政执法试点作为今后一个时期推进依法行政、提高执政能力的一项重要工作，列入议事日程，切实加强组织领导和协调，扎实有效地做好试点工作。各地林业综合行政执法试点工作由省级林业主管部门法制工作机构归口管理。试点单位应当建立健全法制工作机构。试点期间，试点单位要加强与地（市）级以上林业主管部门的联系，定期上报试点过程中的有关情况。各级林业主管部门应当把试点单位作为林业行政执法体制改革的试验点、拓展林业普法的联系点、强化行政执法监督的示范点，积极做好有关工作。

（二）理顺职能，创新行政执法体制。开展林业综合行政执法是理顺林业行政执法职能，创新林业行政执法体制的重要举措。试点单位要坚持“政策制定职能与行政处罚职能相对分开、行政处罚职能与监督检查职能相对分开”的原则，进一步创新林业行政执法体制。要在整合现有查处林业行政案件的执法机构（单位）的基础上，组建相对独立、集中统一的林业行政执法机构，并处理好综合行政执法机构与相关业务管理机构的关系，做到工作协调，分工明确，团结协作，相互促进。针对林业行政执法现状，县级林业综合行政执法机构应当经当地编制部门批准成立，名称应当统一为“林业综合行政执法大队”。综合行政执法机构是林业主管部门的专职执法队伍，行使林业主管部门的行政执法职能。

（三）加强监督，建立健全监督制约机制。实行林业综合行政执法是林业主管部门内部执法体制的自我完善和自我改革。无论是新组建的综合行政执法机构，还是以森林公安队伍，或者是以资源林政执法队伍为主组建综合行政执法机构，都是林业主管部门的内设机构，必须服从林业主管部门的领导。试点单位要按照相互配合与监督制约相结合的原则，建立健全监督制约机制。根据行政处罚法、林业行政处罚程序规定、林业行政执法监督办法、林业行政处罚案件文书制作管理规定的有关规定，无论采取哪种形式组建综合行政执法机构，其作出的行政处罚决定都必须接受林业主管部门法制工作机构的监督，并由林业主管部门法制工作机构在《林业行政处罚意见书》上签署意见。法律法规授权的组织依法以自己名义做出的林业行政处罚可以除外。为了加强监督和指导，及时掌握试点情况，从试点工作启动起，试点单位所在地省级林业主管部门应当将试点工作开展一年的情况报我局。试点单位所在地省级林业主管部门法制工作机构应当每半年将本区域内各试点单位办理的林业行政案件统计数据及时上报我局政策法规司。

（四）完善制度，进一步提高执法水平。各试点单位要因地制宜，在已有制度的基础上，重点研究建立加强林业行政执法及执法监督检查工作的各项规章制度。建立林业行政执法人员激励机制，实行竞争上岗、绩效考核、定期培训、末位调整制度，实现林业行政执法队伍动态管理。进一步探索建立创新林业行政执法的新机制，如案件会审制度、调查和做出决定相分离制度、执法人员回避制度、办案期限制度、集体讨论决定制度、事后监督制度等。试点单位的林业行政执法人员必须持全国统一的《林业行政执法证》执法，没有取得《林业行政执法证》的不得从事林业行政执法活动。

（五）优化环境，为试点工作创造有利条件。试点单位要积极争取政府和有关部门的支持，保证综合行政执法所需经费，改善执法条件，积极解决试点过程中遇到的困难和问题。省级、地（市）级林业主管部门要根据实际情况，对试点单位给予必要的经费支持，确保试点工作顺利开展。各级林业主管部门要及时总结成功经验，对好的做法应当加大宣传力度，为试点工作创造良好的舆论环境。

继续参加全国林业综合行政执法试点的第一批试

点单位，不再重新制定实施方案。但是，要充分发挥示范带头作用，在试点工作已有成效和经验的基础上，认真查找存在的不足和问题，并按照《试点方案》和本通知的要求，研究制定解决的方法和途径，将试点工作进一步推向深入。

各地也可以根据本地区的实际，按照国务院有关文件精神和我局《试点方案》确定的指导思想和原则，自行组织开展试点，认真总结试点经验，完善有关制度，为全面推进林业综合行政执法改革做好准备。

附件：1. 林业综合行政执法试点单位名单（包括第一批）

2. 国家林业局关于实行林业综合行政执法的试点方案（林策发［2003］179号）（略）

国家林业局

2005年7月18日

附件1　林业综合行政执法试点单位名单（包括第一批）

省(区、市)	第一种形式(单独组建)		第二种形式（以森林公安队伍为主）		第三种形式（以资源林政执法队伍为主）	
	推荐单位所在地(市)	推荐试点县(市)	推荐单位所在地(市)	推荐试点县(市)	推荐单位所在地(市)	推荐试点县(市)
河　北	承德市 保定市 衡水市	隆化县★ 顺平县 桃城区	承德市 张家口市 秦皇岛市 石家庄市	平泉县★ 赤城县 青龙县 平山县		
山　西	长治市	壶关县	长治市 运城市 临汾市 长治市	沁县★ 中条山森林经营局★ 吕梁山森林经营局 太岳山森林经营局	临汾市 长治市	安泽县 襄垣县
内蒙古			鄂尔多斯市 呼和浩特市 通辽市 呼伦贝尔市 赤峰市	杭锦旗 武川县 科左中旗 牙克石市 宁城县		
辽　宁			抚顺市 鞍山市 抚顺市 本溪市 丹东市 朝阳市	新宾县★ 岫岩县 抚顺县 本溪县 凤城市 建平县		
吉　林	吉林市	舒兰县	白城市	镇赉县	通化市	集安市
黑龙江			哈尔滨市 绥化市	尚志国有林场管理局 庆安国有林场管理局	大庆市 牡丹江市 牡丹江市	林甸县 海林市 牡丹江市林业局国有林场管理处
浙　江			杭州市 宁波市 绍兴市 衢州市 丽水市	建德市 鄞州区 诸暨市 开化县 云和县		

（续）

省(区、市)	第一种形式(单独组建)		第二种形式（以森林公安队伍为主）		第三种形式（以资源林政执法队伍为主）	
	推荐单位所在地(市)	推荐试点县(市)	推荐单位所在地(市)	推荐试点县(市)	推荐单位所在地(市)	推荐试点县(市)
安徽	黄山市	黄山区	黄山市	祁门县★	宣城市	泾县★
	芜湖市	南陵县	巢湖市	含山县	安庆市	潜山县
			宣城市	宁国市		
福建	龙岩市	新罗区	漳州市	南靖县★	三明市	永安市★
	三明市	尤溪县	南平市	浦城县		
	泉州市	德化县	南平市	延平区		
江西			上饶市	婺源县	抚市州	资溪县
			宜春市	铜鼓县	吉安市	遂川县
					赣州市	大余县
山东	济南市	商河县				
	青岛市	胶南市				
	临沂市	郯城县				
河南	郑州市	金水区	许昌市	许昌县	洛阳市	栾川县
			平顶山市	鲁山县	新乡市	延津县
湖北			襄樊市	谷城县★	武汉市	新洲区★
			荆州市	松滋市	黄冈市	蕲春县
	丹江口市		恩施州	宣恩县		十堰市
			宜昌市	兴山县		
湖南	郴州市	北湖区	益阳市	桃江县★	怀化市	会同县★
	株洲市	株洲县	长沙市	浏阳市	永州市	祁阳县
					邵阳市	洞口县
广东	惠州市	博罗县★				
	韶关市	新丰县★				
	惠州市	惠东县				
	揭阳市	揭阳县				
	韶关市	仁化县				
	梅州市	平远县				
	阳江市	阳春市				
广西	玉林市	容县	贵港市	平南县	河池市	环江县
	防城港市	防城区	南宁市	良庆区		
海南		儋州市		东方市		屯昌县
		五指山市				
		万宁市				
重庆				开县★		
				黔江区		
				忠县		
				渝北区		
四川			攀枝花市	仁和区		
			内江市	威远县		
			成都市	都江堰市		
			资阳市	安岳县		
			资阳市	乐至县		

（续）

省（区、市）	第一种形式（单独组建）		第二种形式（以森林公安队伍为主）		第三种形式（以资源林政执法队伍为主）	
	推荐单位所在地（市）	推荐试点县（市）	推荐单位所在地（市）	推荐试点县（市）	推荐单位所在地（市）	推荐试点县（市）
贵　州	黔东南州 黔东南州 黔东南州 黔南州 黔南州 遵义市	雷山县★ 黎平县 榕江县 都匀市 瓮安县 余庆县				
云　南	曲靖市 德宏州 思茅市 文山州	富源县★ 梁河县 景谷县 砚山县	西双版纳州 玉溪市	景洪市★ 新平县	迪庆州 楚雄州	香格里拉县★ 楚雄市
陕　西			咸阳市 榆林市 铜川市	旬邑县 神木县 印台区	西安市 商洛市	长安区 山阳县
甘　肃	武威市	天祝县	张掖市 白银市 天水市	民乐县 平川区 麦积区	张掖市	临泽县
青　海	海西州	都兰县	西宁市	湟中县	西宁市 海东地区	大通县 民和县
宁　夏	石嘴山市	大武口区	银川市	灵武市	固原市	原州区
新　疆			伊犁州	霍城县	阿勒泰地区	阿勒泰市 阿尔泰山林业局

注：1. ★表示第一批试点单位。

2. 第二批试点单位总计142个（含第一批20个），其中新组建41个（含第一批4个），公安为主67个（含第一批9个），林政为主34个（含第一批7个）。

国家林业局关于做好林业行业节约工作的通知

林行发［2005］103号

各省、自治区、直辖市林业厅（局），内蒙古、吉林、龙江、大兴安岭森工（林业）集团公司，新疆生产建设兵团林业局：

为全面贯彻落实《国务院关于做好建设节约型社会近期重点工作的通知》（国发［2005］21号，以下简称《通知》）精神，做好林业行业的节约工作，现通知如下：

一、充分认识做好林业行业节约工作的重要意义

建设节约型社会，实现可持续发展，是国务院从我国的国情出发提出的一项具有全局性和战略性的重大决策，关系到我国经济社会的发展，关系到中华民族的兴衰。林业是一项重要的公益事业和基础产业，承担着生态建设和林产品供给的重要任务。当前，随着我国工业化、城镇化和现代化建设的推进，生态保护的压力越来越大，森林资源的需求持续增加，供需矛盾日益突出。做好林业行业节约工作，是缓解森林资源对经济社会发展制约的正确选择，是打赢“治理与破坏相持阶段”林业攻坚战的必然要求，是促进保护和高效利用森林资源，实现林业持续快速协调健康发展的重要举措，也是提高经济效益及应对新贸易保护主义，扩大林产品出口和增加就业的有效途径，对形成节约资源、保护生态的生产方式和消费模式，提高经济增长的质量和效益，建设资源节约型社会具有重要的战略意义。

二、抓紧制定本地区林业行业节约工作的具体实施方案

各级林业部门要以邓小平理论和“三个代表”重要思想为指导，认真落实科学发展观，大力强化节约意识，积极做好林业行业节约工作，建立工作机制，落实工作责任。要坚持资源开发与节约并重，把节约放在首位的方针，以节约使用林业资源、提高资源利用效率及增加森林资源储备为核心，以节约森林资源、节约林地、节约木材和加大对森林资源的培育力度为重点，结合本地区、本部门实际，把林业行业的各项节约工作分解细化，作出部署安排，提出明确的工作目标、重点内容和有效措施，制定贯彻落实《通知》精神的具体实施方案。同时，各省(含自治区、直辖市，下同)林业主管部门要对本地区各级林业部门开展的林业行业节约工作加强指导、监督并经常进行检查。

三、推进林业产业结构调整

要坚持技术进步与产业结构调整相结合，鼓励林业企业采用先进加工技术和工艺，促进林产品生产的集约化、规模化和标准化。加强对人造板、木浆造纸和家具等木材消耗量大的生产部门的监管，开展木制品原材料消耗定额生产示范工作。加强对林业产业的宏观调控和政策引导，鼓励有利于行业节约的产业项目发展，研究制定本地区鼓励、禁止和淘汰的技术、设备、产品指导目录，限制和淘汰技术水平差、木材利用效率低、污染严重的加工企业。同时，加大对节约木材的新产品、新工艺、新技术的研究、开发、推广和使用的支持力度。

四、加强可再生能源林基地建设和林业生物质能源的开发利用

按照“大力推进能源林基地建设和开发利用”的要求，鼓励和支持产业示范基地建设和企业的工业原料林基地建设，促进加工业与营林业结合，走以林养工、以工促林、林工结合的发展道路。做好本地区《薪炭林建设规划》的编制工作。组织对生物质能源的数量、分布、树种、开发潜力、培育前景等进行深入调查，对开发利用的可行性进行研究，编制本地区《生物质能源开发利用规划》，提出综合利用和市场开发的对策建议。加强生物质能源的技术示范和推广工作。

五、建立健全林业行业节约的政策和标准，加强监管体系建设

要建立和健全以木材为原料的主要制品的标准、检验和监督体系。加强资源节约型和循环利用型产品认证认可、产品标识、市场准入制度建设，建立新上项目的资源评价体系，建立林业行业节约的统计制度和信息发布制度，为企业和各个方面节约资源提供良好的服务。加大资源保护和节约的执法力度，严格查处并努力禁绝各种浪费资源的行为和现象。

各级林业部门要从战略和全局的高度，认真领会贯彻《通知》精神，切实把做好林业行业的节约工作作为今后一个时期的重要工作，按照统一部署和建设节约型社会的各项工作安排，加强组织领导，建立相应的工作机制，认真抓好落实，扎扎实实地推进节约工作的开展。各省林业主管部门要将制定的具体实施方案于8月底前报我局备案，并将实施进度情况及时报我局。我局将加强监督检查，以确保切实做好此项工作。

国家林业局

2005年7月19日

国家林业局关于印发大熊猫栖息地主食竹大面积开花应急预案的通知

林护发［2005］117号

四川、陕西、甘肃省林业厅：

我国大熊猫栖息地的大熊猫主食竹逐渐进入新一轮开花周期，近期已发现部分地区大熊猫主食竹开花现象增多，为避免因主食竹大面积开花而危及珍稀濒危野生大熊猫的生存，我局制定了《大熊猫栖息地主食竹大面积开花应急预案》，现印发你们，请遵照执行。

附件：大熊猫栖息地主食竹大面积开花应急预案

国家林业局

2005年8月5日

附件　大熊猫栖息地主食竹大面积开花应急预案

第一部分　总　　则

一、目　　的

为保护我国珍稀濒危野生动物大熊猫，避免因主食竹大面积开花而危及其生存，特制定大熊猫主食竹大面积开花应急预案。

二、定　　义

本预案中大熊猫主食竹大面积开花是指：一个县大熊猫栖息地中大熊猫主食竹开花面积占其全部大熊猫主食竹面积10%以上；或孤立栖息地大熊猫主食竹大部分开花枯死，并出现因食物缺乏而被救护或死亡的大熊猫个体，造成大熊猫生存危机的情况。所称

大熊猫主食竹是指全国第三次大熊猫调查确定的4属16种竹子（名录见附表）。

三、工作原到

国家指导、属地负责、加强监测、畅通信息、科学决策、快速反应。

四、适用范围

本预案适用于四川、陕西、甘肃三省境内有大熊猫分布的县。本预案具体启动范围为发生大熊猫主食竹大面积开花的县及周边县。

第二部分　机构及职责

一、各级林业主管部门

国务院林业主管部门负责全国性大熊猫主食竹大面积开花及大熊猫救护应急处置工作，组织、协调省级林业主管部门做好本省应急处置工作，向国务院报告情况和申请经费、物资和人力支援，向社会发布信息等。

省级林业主管部门按照本省大熊猫主食竹大面积开花应急预案，设立领导小组，负责决定启动和停止应急预案，指挥、组织、协调和部署本省大熊猫主食竹开花应急处置工作，申请经费、物资或人力支援。

二、大熊猫主食竹大面积开花应急处置工作办公室

省级林业主管部门成立大熊猫主食竹大面积开花应急处置工作办公室（以下简称“省级应急办公室”），负责编制大熊猫主食竹开花状况监测工作方案和技术细则，建立大熊猫主食竹开花监测体系，组织和指导大熊猫分布市（州）、县（市、区）林业部门和自然保护区管理机构开展大熊猫主食竹开花监测工作，收集、分析和评估大熊猫主食竹开花监测数据以及大熊猫分布区市（州）、县（市、区）林业部门和自然保护区管理机构上报的大熊猫主食竹开花报告，提出启动应急预案的建议和启动应急预案后的应急对策，落实领导小组的部署和决定，对采取措施的效果进行跟踪分析和评估，向领导小组提出停止实施应急预案的建议。

三、大熊猫主食竹大面积开花应急处置专家咨询委员会

省级专家咨询委员会应包括动物学、植物学等方面的专家，负责对大熊猫主食竹大面积开花情况进行科学分析和评估，对省级应急办公室提出的启动或停止应急预案的建议进行评估，并提出应急对策的科学建议。

四、应急队伍

各县（市、区）林业部门、自然保护区管理机构和野生动物救护单位要组建专兼职应急队伍，具体实施应急预案启动后的巡护、救护及其他应急措施。四川、陕西和甘肃三省林业部门要加强应急队伍人员培训和设施设备的配置。

第三部分　应急处置程序

一、应急预案启动

1. 信息上报

各大熊猫分布区市（州）、县（市、区）林业部门和自然保护区管理机构发现大熊猫主食竹开花面积达到辖区内大熊猫主食竹面积的10%以上；或者孤立栖息地大熊猫主食竹大部分开花枯死，并出现因食物缺乏而被救护或死亡的个体时，须在48小时内逐级上报省级应急办公室。省级应急办公室接到信息后须在48小时内上报国务院林业行政主管部门和省级领导小组。

2. 灾情评估

省级应急办公室收到大熊猫主食竹大面积开花报告后，应在5个工作日内组织大熊猫主食竹大面积开花应急处置专家咨询委员会专家赴发生地对开花情况进行分析和综合评估，就是否启动应急预案进行研究，提出处理建议和应急技术方案，并将评估结果上报国务院林业行政主管部门。

3. 应急预案的启动

省级林业主管部门根据本省灾情评估报告，决定启动应急预案，并在24小时内上报国务院林业行政主管部门和省人民政府。

4. 宣布启动应急预案

省级林业主管部门宣布实施大熊猫主食竹大面积开花应急预案，向灾情发生地派出专家组指导救护工作。

二、应急措施

1. 信息发布

确定启动应急预案后，应急省林业行政主管部门须在12小时逐级内向有关市（州）、县（市、区）林业部门、自然保护区管理机构以及野生动物抢救饲养单位下达启动应急预案的通知。国务院林业行政主管部门负责向社会发布信息，向周边省通报情况。

2. 确定应急技术方案

省级应急办公室组织专家咨询委员会根据灾情拟定多套应急技术方案，待决定启动应急预案后，由省级领导小组决定使用何种应急技术方案。

3. 发挥群众力量

强化开花区域大熊猫保护宣传工作，教育当地群众发现病饿大熊猫应及时报告当地政府、林业行政主管部门和自然保护区管理机构。

4. 建立灾情零报告制度

确定启动应急预案后，有关县（市、区）林业部门和自然保护区管理机构应每月对辖区内大熊猫主食竹开花和发展趋势以及大熊猫受灾情况进行实地调查、核实和统计，并在完成统计后48小时内上报所在市（州）林业部门。市（州）林业部门汇总后，在每月底前上报省级应急办公室；对病饿大熊猫的抢救实行每周零报告制度，各地每周一将上一周的病饿大熊猫救护情况上报省级应急办公室。省级应急办公室汇总各地报告后向省级领导小组汇报。省级应急办公室于每月底前将本省情况汇总后上报国务院林业行政主管部门。

5. 加大监测力度

大熊猫主食竹大面积开花区域的县（市、区）林业部门和自然保护区管理机构必须强化巡护工作，每周对大熊猫主食竹大面积开花区域进行巡护，逐级上报巡护数据；每月底省级应急办公室将本省的巡护报告上报国务院林业行政主管部门。

6. 野外病饿大熊猫的救护

在实施应急预案中或对大熊猫主食竹大面积开花区域进行巡护过程中发现的病饿大熊猫，要严格按照国家林业局《关于野外大熊猫救护工作的规定》（林护发［2001］68号）进行抢救。既要避免因抢救不及时危及病饿大熊猫生命，也要防止干扰健康大熊猫的正常生活。对野外发现的病饿大熊猫应在第一时间报告省级应急办公室，省级应急办公室要协调安排救护措施。

7. 迁地措施

对于主食竹开花面积超过主食竹总面积75%的孤立栖息地，且当地缺乏替代性食物来源的情况下，经国务院林业行政主管部门批准，可制定详细迁地保护方案和技术细则，实施预防性迁地保护措施。

三、应急预案停止

1. 应急预案停止评估

大熊猫主食竹大面积开花情况已经趋缓，一年内新开花面积低于应急预案实施区域内大熊猫主食竹总面积的1%，3个月内未发现病饿大熊猫个体，省级应急办公室应在15日内组织专家咨询委员会进行评估，提出停止应急预案建议。

2. 应急预案的停止

省级林业主管部门根据评估作出停止应急预案的决定，在2个工作日内报国务院林业行政主管部门和省人民政府。

3. 应急预案停止信息发布及执行

省级林业主管部门宣布应急预案停止，在24小时内逐级通知有关市（州）、县（市、区）林业部门和自然保护区管理机构。

第四部分　保障措施

一、组织和纪律保障

大熊猫产区市（州）、县（市、区）林业部门和自然保护区管理机构要高度重视主食竹大面积开花对大熊猫的影响，要进一步提高认识，采取切实有效的措施，做好大熊猫抢救工作。对于发现大熊猫主食竹大面积开花既不如实上报，也不采取有效措施，并因此造成野生大熊猫死亡事故的；预案启动后，在发生大熊猫主食竹大面积开花后不服从指挥和领导、推诿拖延、不积极配合的；不经科学调查故意夸大大熊猫主食竹大面积开花状况，造成不良社会影响的，将追究有关单位和人员的责任。

二、设立常备金

大熊猫主食竹大面积开花属于突发事件。其救护力度和费用都远超出常规管理，中央决定设立大熊猫救护常备金。省级人民政府也应设立救护常备金，以保证大熊猫主食竹大面积开花应急预案实施所需。救护常备金使用实行批准核销制度。

三、主要领导负责制

应急预案启动后，市（州）、县（市、区）政府部门、各保护区管理机构都要实行主要领导负责制，切实加强组织领导，做到政令畅通，措施得力。

四、鼓励措施

对在大熊猫主食竹大面积开花应急处置工作过程中涌现出的先进单位和先进人物，中央和各省要给予奖励，

第五部分　附　　则

本应急预案由国家林业局发布。

附表　大熊猫主食竹名录

中文名	学名	分布山系
秦岭箭竹	*Fargesia qinlingensis*	秦岭
巴山木竹	*Bashania fargesii*	秦岭
龙头竹	*Fargesia dracocephala*	秦岭、岷山（甘肃）
华西箭竹	*Fargesia nitida*	秦岭、岷山
缺苞箭竹	*Fargesia denudate*	岷山
青川箭竹	*Fargesia rufa*	岷山
糙花箭竹	*Fargesia scabrida*	岷山（四川）
团竹	*Fargesia oblique*	岷山（四川）
拐棍竹	*Fargesia robusta*	邛崃山
短锥玉山竹	*Yushania brevipaniculata*	邛崃山、大相岭、凉山
冷箭竹	*Bashanin fangiana*	邛崃山、大相岭、凉山
八月竹	*Chimonobambusa szechuanensis*	大相岭
斑壳玉山竹	*Yushania maculate*	大相岭、凉山
白背玉山竹	*Yushania glauca*	大相岭、凉山
石棉玉山竹	*Yushania lineolata*	凉山
熊竹	*Yushania ailuropodina*	凉山

国家林业局关于做好湿地公园发展建设工作的通知

林护发［2005］118号

各省、自治区、直辖市林业厅（局），内蒙古、吉林、龙江、大兴安岭森工（林业）集团公司，新疆生产建设兵团林业局：

近年来，在党中央、国务院的高度重视，各地和各有关部门的共同努力下，全国约有近40%的自然湿地纳入自然保护区得到较为有效的保护。但是，在人口持续增长和经济快速发展的国情下，全国湿地面积减少、功能衰退的总体形势依然严峻。扩大湿地面积，对自然湿地实施抢救性保护将是我国当前和今后一段时期湿地保护的重点任务。2004年，国务院办公厅发出的《关于加强湿地保护管理的通知》（以下简称《通知》）明确指出，湿地保护属于社会公益事业，鼓励全社会共同参与湿地保护。在不具备建立自然保护区条件的湿地区域，也要因地制宜，采取建立湿地公园等多种形式加强保护管理，扩大湿地面积，提高保护成效。为贯彻落实国办《通知》精神，促进湿地公园健康发展，现就加强湿地公园发展建设有关问题通知如下：

一、充分认识发展建设湿地公园的重要意义

湿地公园是以具有显著或特殊生态、文化、美学和生物多样性价值的湿地景观为主体，具有一定规模和范围，以保护湿地生态系统完整性、维护湿地生态过程和生态服务功能并在此基础上以充分发挥湿地的多种功能效益、开展湿地合理利用为宗旨，可供公众浏览、休闲或进行科学、文化和教育活动的特定湿地区域。

湿地公园是国家湿地保护体系的重要组成部分，与湿地自然保护区、保护小区、湿地野生动植物保护栖息地以及湿地多用途管理区等共同构成了湿地保护管理体系，发展建设湿地公园是落实国家湿地分级分类保护管理策略的一项具体措施，也是当前形势下维护和扩大湿地保护面积直接而行之有效的途径之一。发展建设湿地公园，既有利于调动社会力量参与湿地保护与可持续利用，又有利于充分发挥湿地多种功能效益，同时满足公众需求和社会经济发展的要求，通过社会的参与和科学的经营管理，达到保护湿地生态系统、维持湿地多种效益持续发挥的目标。对改善区域生态状况，促进经济社会可持续发展，实现人与自然和谐共处都具有十分重要的意义。

二、有序发展建设湿地公园

发展建设湿地公园，应当遵循“保护优先、科学修复、适度开发、合理利用”的基本原则。

湿地公园建设强调人与自然和谐并发挥湿地多种功能，应当突出湿地的自然生态特征和地域景观特色，从维护湿地生态系统结构和功能的完整性、保护栖息地、防止湿地及其生物多样性衰退的基本要求出发，通过人工适度干预，促进修复或重建湿地生态景观，维护湿地生态过程，最大限度保留原生湿地生态特征和自然风貌，保护湿地生物多样性。要注重挖掘、展示、利用源于湿地的人文资源，让公众在领略湿地自然风光、认识湿地的同时，了解湿地的文化、民俗及其在生态文明进程中的作用，使其不仅发挥特有的生态效益，也成为提高公众生态意识的教育基地。因此，应当鼓励在湿地自然特性和生态特征显著的湿地区域规划建立湿地公园；鼓励在具有生态恢复可能性的退化湿地区采取拯救性生态恢复措施并建立湿地公园；鼓励在具有典型的区域生态特性、典型的地理地带性特征，且具有合理利用潜力的生态脆弱湿地区域规划建立湿地公园；鼓励在保护湿地生物多样性的同时加强湿地区域地方文化遗产保护。

三、划建湿地公园的基本条件

（一）湿地公园选址应当满足以下基本条件：

1. 具有显著或特殊生态、文化、美学和生物多样性价值的湿地景观，湿地生态特征显著；

2. 以湿地景观为主体，融合湿地景观和人文景观并具有生态、科学、教育及其他自然景观和历史文化价值；

3. 能够在保护湿地野生动植物方面发挥重要作用；

4. 适宜的规划面积应能保持湿地生态完整性和其周围风貌。

（二）湿地公园建立应当满足以下管理条件：

1. 区域内无土地权属争议，湿地公园经营机构具有土地使用经营权（包括承包、委托经营管理协议）；

2. 湿地生态用水权益基本保障；

3. 建设投资主体确定，运行维护投入制度健全；

4. 湿地公园经营机构明确；

5. 具备开展湿地保护等科普宣传教育活动的能力。

四、设立湿地公园的申报、审批程序

国家湿地公园按以下程序申报：省级林业主管部门提出书面申请，附拟建国家湿地公园所在地省级人民政府同意函和湿地公园总体规划等材料，报我局；我局组织国家湿地公园专家评审委员会进行实地考察评估，对符合国家湿地公园标准的则批准设立。国家湿地公园设立后，我局将定期组织国家湿地公园专家评审委员会进行检查评估，经确认不再符合“国家湿地公园”标准的，国家林业局将撤销其命名。

省级湿地公园由各省级林业主管部门依法批准设立。

五、当前开展湿地公园建设的重点工作

（一）认清形势、统筹规划

各级林业主管部门要正确认识当前湿地保护形势，要把解决湿地面积不断减少、功能衰退的突出问题作为当前生态建设的重要任务来抓，抓住国家不断加大生态建设的有利时机，结合各地的实际需求，积极推进湿地公园建设，促进湿地保护面积不断扩大，提高湿地保护体系建设水平。

各地要根据本地区湿地保护与利用的实际情况，在对湿地资源进行充分调查研究的基础上，结合当地的社会经济发展状况，因地制宜，合理布局，突出重点，统筹规划辖区湿地公园的发展，避免盲目发展和低水平重复建设。

（二）加强监测，科学管理

各湿地公园应当结合本区域湿地自然特点、文化历史特点和其他特点制定保护管理制度，对湿地利用过程中影响自然湿地生态系统的各种主要人为活动进行有效管理。

在湿地公园内，应当禁止或限制对各类湿地公园生态、景观、文化、休闲价值和功能产生负面影响的活动。

应充分发挥湿地公园在湿地保护与合理利用方面科研、监测基地的作用，加强湿地科学研究，提升湿地保护、恢复、合理利用以及科学管理水平。

湿地公园经营管理机构，应制定监测方案，定期开展监测活动，加强湿地生态和园区管理的监测，及时分析监测结果，适时调整管理对策，实现科学经营管理。

（三）加强指导，有序发展

国务院赋予国家林业局组织和协调全国湿地保护工作，各级林业主管部门一定要切实履行好自身职责。为进一步把国办《通知》精神落到实处，全面保护湿地生态系统、完善湿地保护管理体系，合理利用湿地资源，充分发挥湿地的多种效益和功能，促进湿地公园规范健康发展，各级林业主管部门应加强对湿地公园发展建设的指导管理和组织协调。对符合条件的，各级林业部门应对湿地公园的规划、设计和经营等方面提供指导和服务。应加强并逐步规范对湿地公园的申报及其检查、监督等管理工作。

六、积极探索，开拓创新

湿地生态系统的自然属性和湿地保护管理的开放性决定了湿地保护管理工作的复杂性和艰巨程度，同时发展建设湿地公园又是一项具有创新意义的工作，为此，湿地保护管理部门要树立生态型管理理念，积极稳妥地推进湿地公园发展建设的试点工作，在探索中不断提炼经验与总结教训，建立制度、完善规范，提高湿地公园的建设管理水平。

发展建设湿地公园作为扩大湿地保留面积、保护湿地生态的一项积极措施，应当享受生态建设的有关优惠政策。各地要充分调动各方面积极性，鼓励社会广泛参与湿地生态保护建设，并依法保护相关利益者的合法权益。

各级林业部门要加强对辖区内湿地公园的业务指导，积极协助湿地公园经营管理机构研究解决发展建设中出现的问题，鼓励在实践中不断探索完善湿地公园的管理体制、投入机制和运营模式等。国家林业局将继续推进湿地公园发展建设试点工作，各地要根据本地实际情况做好湿地公园发展建设的组织协调工作。按照湿地保护与合理利用的基本原则，在湿地公园发展和运营过程中，努力处理好保护与利用之间的关系，实现生态、社会和经济效益的有机统一，推动湿地公园的健康发展。

国家林业局

2005年8月5日

国家林业局关于切实做好解决森林公安及林业检法编制和经费问题有关工作的通知

林安发［2005］126号

各省、自治区、直辖市林业厅（局），内蒙古、吉林、龙江、大兴安岭森工（林业）集团公司，新疆生产建设兵团林业局：

在党中央、国务院领导高度重视和关怀下，在有关部门大力支持下，近日，国务院办公厅发出《关于解决森林公安及林业检法编制和经费问题的通知》（国办发［2005］42号，以下简称《通知》），决定尽快解决森林公安和林业检法的编制和经费问题。为抓好《通知》精神落实，现要求如下：

一、深入学习，统一思想认识。森林公安、林业检法编制和经费问题，是各级林业主管部门和森林公安机关长期为之努力，广大森林公安民警热切盼望解

决的一个重大问题。目前取得根本性突破，这是我国生态建设保护领域的一项重大成果，是森林公安和林业检法发展史上的一件大事，充分体现了党中央、国务院对林业工作的高度重视，对森林公安和林业检法队伍的关心和爱护。各级林业主管部门和森林公安机关及检法部门要高度重视，认真传达学习《通知》精神，深刻领会精神实质，切实把思想认识统一到国务院的重大决策部署上来，并把落实好《通知》精神作为当前林业工作的一项紧迫任务，作为森林公安工作的头等大事，抓紧抓实。各地要积极主动向当地人民政府汇报，争取将落实《通知》精神列入政府工作日程。

二、立即行动，全面落实《通知》精神。《通知》要求，2005年底前将森林公安编制统一纳入政法专项编制序列，2006年开始将森林公安经费列入各级财政预算，时间紧，任务重。各地要立即向当地编办、财政和人事部门汇报，争取他们的支持，全力做好编制核定、经费标准制定和民警过渡公务员等工作。要抓紧调查统计森林公安人员基本情况，核定经费开支数额，协调财政部门做好2006年纳入同级财政预算的安排。要以解决编制和经费等问题为契机，不断加强队伍正规化建设，健全机构，规范设置，合理分配警力，提高队伍整体素质。要加大国家相关政策以及森林公安和林业检法队伍职能、作用和地位的宣传，为解决编制经费问题营造良好氛围。

三、统筹兼顾，加强森林资源保护。各级林业主管部门和森林公安机关，要按照《通知》要求，一手抓编制经费问题的落实，一手抓业务工作，做到两不误。要继续深化先进性教育"严管林"主题实践活动，充分发挥森林公安职能，不断加大对各类破坏森林及野生动植物资源违法犯罪活动的打击力度，确保生态安全，全力维护林区社会稳定。

四、加强领导，严格执行纪律。为加强对《通知》贯彻落实工作的领导，我局成立了由周生贤局长任组长的领导小组（具体名单详见附件）。各级林业主管部门都要成立领导小组，专门负责协调《通知》精神的落实。要尽快制定工作方案，确定专人，落实责任，稳步推进各项工作。要从大局出发，自接到通知之日起到现有森林公安民警过度为公务员之前，暂停森林公安和林业检法民警的招录、调入等工作。要加强森林公安队伍管理，严格执行"五条禁令"和枪支管理使用规定，注重做好离退休民警的思想政治工作，确保队伍稳定。

各地在贯彻落实《通知》中遇到的问题及来自基层反映的情况，请随时报我局。

特此通知。

附件：国家林业局落实国办发［2005］42号文件领导小组组成及办公室设置（略）

国家林业局

2005年8月22日

国家林业局关于加快速生丰产用材林基地工程建设的若干意见

林贷发［2005］129号

各省、自治区、直辖市林业厅（局），内蒙古、吉林、龙江、大兴安岭森工（林业）集团公司，新疆生产建设兵团林业局，国家林业局各司局、各直属单位：

为深入贯彻《中共中央国务院关于加快林业发展的决定》精神，全面推进速生丰产用材林（以下简称速丰林）基地工程建设，增加木材有效供给，促进林业生态建设与产业建设协调发展，夺取生态建设"治理与破坏相持阶段"攻坚战的胜利，充分发挥林业在我国经济社会可持续发展中的重要作用，现提出如下意见。

一、充分认识加快速丰林基地工程建设的重要性和紧迫性

（一）速丰林基地工程成效显著。自2002年8月速丰林基地工程启动以来，各地按照"积极发展、科学经营、持续利用"的方针，一手抓发展，一手抓管理，极大地调动了各方面的积极性，工程建设取得了明显成效：建设规模、科技水平、信息服务、银企合作、加工利用等快速发展；组织机构建设和工程管理力度不断加大；工程建设环境逐步改善，工程建设机制改革迈出重大步伐，呈现出良好的发展势头。但必须清醒地看到，速丰林基地工程建设和管理工作中还存在着一些不容忽视的问题，比较突出的是：政策落实不到位，政府投入不足，管理不规范，机制不灵活，科技含量不高，工程发展的长效机制尚未建立等。这些问题，如果长期得不到解决，将会影响到速丰林基地工程建设的健康发展，最终影响到我国木材生产由以采伐天然林为主向以采伐人工林为主转变的进程，影响到林业的整体发展。

（二）林业发展面临着生态需求和林产品需求的双重压力。进入新世纪，木材问题越来越引起世界各国的高度重视和普遍关注，木材供给问题已由一般的经济问题逐步演变为资源战略问题。我国是一个木材生产大国和消费大国，又是一个木材进口大国。随着我国人口的增长和国民经济的快速发展，木材供需矛盾将不断加剧，木材对外依存度较高，对我国木质资源安全构成威胁。解决这一问题的根本出路在于加快速丰林基地工程建设。这既是加快林业产业发展的物质基础，又是巩固生态建设成果、确保生态安全的重大举措；既是解决当前木材供需矛盾的迫切需要，又是增加森林资源储备、增强林业发展后劲的战略选择；既是促进农民增收的重要途径，又是实现经济社会全面进步、人与自然和谐发展的重要保障。因此，必须把速丰林基地工程建设作为一项重大而紧迫的战略任务，切实抓紧抓好。

二、正确把握加快速丰林基地工程建设的指导思想、原则和目标

（三）加快速丰林基地工程建设的指导思想。以“三个代表”重要思想为指导，深入贯彻党的十六大和十六届三中、四中全会精神，坚持以人为本，树立和落实科学发展观，统筹人与自然和谐发展，以实现生态改善、生产发展、生活富裕为目标，以分类经营为基础，以提高质量效益为核心，以机制创新为动力，以企业建设为主体，以科技服务为支撑，把资源培育与加工利用，基地规模建设与分散经营，国家、企业和农民利益有机结合起来，促进经济、社会和生态的协调发展。

（四）加快速丰林基地工程建设的原则。

1. 坚持科学规划，按项目管理。要按照国务院批准的《全国林纸一体化工程建设“十五”及2010年专项规划》和原国家计委批复的《重点地区速生丰产用材林基地建设工程规划》，把任务落实到省。坚持以规划和产业政策为导向，因地制宜，突出重点，注重实效，稳步推进；坚持实行按项目管理，通过规范的项目管理程序，分步实施，按标准验收，确保工程实现最佳效益。

2. 坚持经济效益优先，把增加木材有效供给作为工程建设的第一任务。要通过实施集约化经营，缩短培育周期，提高单位面积产量，获取最佳林地使用效率和经济效益，力争以最短周期、最少投入达到最高品质和最大产量，实现速丰林基地工程建设的最佳经济效益。

3. 坚持统筹兼顾，和谐发展。要把工程建设与农村经济发展相结合，将农民增收和农村经济结构调整贯穿工程建设始终，让农民群众在工程建设中得到实实在在的利益，使工程建设获得持久的动力和活力。要把农民增收作为工程建设的重要目标之一，使工程发展保持充足后劲。在培育和利用森林资源上，要以生态无害为前提，实现持续发展。

4. 坚持培育与利用相结合，推进产业一体化经营。企业是速丰林基地投资和建设的主体，鼓励以独资、合资、参股、联营方式投资工程建设，以市场为导向，实现资源利用和资源培育相结合。木质原料加工企业，要把速丰林基地建设作为第一车间经营管理，走林工贸一体化、产供销一条龙的产业发展道路，促进原料林基地建设与后续利用企业的一体化。

5. 坚持科技先行，提高建设质量。要积极引进和培育速丰林新品种、推广新技术、研究新方法，提高工程科技含量。要加强生产管理，不断提高工程建设的质量效益。要把科技支撑作为工程建设集约化、规模化经营的基础。

（五）加快速丰林基地工程建设的发展目标。2010年，建设速丰林基地920万公顷，基地建成后，每年可提供木材9670万立方米，可支撑木浆生产能力1190万吨、人造板生产能力1315万立方米，提供大径级材732万立方米；2015年，完成南北方速丰林绿色产业带建设，建设速丰林基地1333万公顷，提供国内生产用材需求量的40%，加上现有森林资源的采伐利用，国内木材供需基本趋于平衡。全部基地建成后，每年可提供木材13 337万立方米，可支撑木浆生产能力1386万吨、人造板生产能力2150万立方米，提供大径级材1579万立方米。

三、完善和强化扶持速丰林基地工程建设的政策

（六）要严格分类区划，科学有效使用商品林地。要加强对速丰林用地的管理，科学合理地将现有低产林改造为速丰林。鼓励农村开展商品林业用地整合和整治，引导农户和农村集约用地，推动速丰林工程基地化建设，切实提高林地的利用率。

要认真落实农村林地承包政策，维护林农的合法权益。要尊重和保护农户拥有的承包林地和从事林业生产的权利。承包经营权、林木所有权流转和发展适度规模经营，必须按照“依法、有偿、自愿”的原则，积极引导农户进行速丰林用地使用权的流转，防止片面追求林地集中。

要尽快建立林木资产评估体系，大力培育速丰林林地、林木转让的社会中介机构与转让市场，实现速丰林林地、林木的合法、有效流转。

各级林业主管部门要始终把落实速丰林林地、林权、促进承包经营权和林权依法合理流转放到突出位置。严格依法行政，规范林权登记发证工作，切实使速丰林“归属清楚，权责明确，保护严格，流转顺畅”。

（七）建立和完善速丰林采伐管理政策。要按照国家有关法律法规和规定，制定适宜速丰林发展的采伐管理办法。经营速丰林的单位和个人应按照“合理经营，持续利用”的原则，单独编制森林经营方案，经依法批准后执行，其年森林采伐限额根据经营方案确定的合理年采伐量制定。国家对速丰林的采伐限额和木材生产计划实行单编、单列；达到一定规模的速丰林，其经营单位或个人可以单独编制年森林采伐限额。“一定规模”的标准由省级林业主管部门确定。对抚育间伐林木胸径10厘米以下的可不纳入木

材生产计划，采伐年龄（轮伐期、间伐期）与采伐方式由经营主体自主确定。已单独编制森林经营方案和采伐限额的速丰林，其采伐限额本年度节余的，经省级林业主管部门批准，报国家林业局备案，可结转下年使用。

在经营过程中，如因经营方案调整等原因造成速丰林采伐限额指标不足的，可以占用同类型其他森林的采伐指标。因特殊情况需要大量增加速丰林采伐限额，本省无法调剂解决的，由省人民政府报国务院。要进一步加强速丰林经营的环境管理，采取合理经营措施防止水土流失，保护野生动物栖息地和生物多样性。

要抓紧制定适用速丰林的人工低产商品林改造管理办法。在分类经营的基础上，鼓励将政策允许、条件具备的残次林按照现有法律法规和技术规程改造为速丰林。

（八）切实减轻速丰林经营者的税费负担。要按照我国农村税费改革“两减免”即减免农业税、取消除烟叶以外的农业特产税的总体要求，取消对木材的不合理收费项目。

鼓励以速丰林为原料的企业消耗每立方米木材提取10～20元的建设资金，专项用于基地工程建设，提取的资金可计入产品成本。

（九）加大对速丰林基地工程建设的扶持力度。要加大扶持速丰林基地工程建设力度，尽快建立引导和鼓励性的速丰林造林政府扶持机制。积极争取国家在优良种苗开发和技术推广、森林防火、病虫害防治等方面的补助资金。积极争取地方政府加大对速丰林基地工程项目的扶持力度。

国家优先扶持立足地方资源优势，选择具有地域特色和市场前景的品种作为开发重点的项目，特别是扶持培育大径级材基地，尽快形成有竞争力的产业基地，建立可持续利用的森林资源战略储备。

（十）落实国家有关速丰林贷款政策。要在速丰林基地工程建设贷款纳入国家政策性银行贷款范围的基础上，积极与金融信贷部门合作，争取放宽对速丰林基地工程建设的贷款期限，落实财政贴息贷款。发挥国家财政资金支持的导向作用。鼓励投资者按照法律法规以及有关规定以林木资产作为抵押申请贷款。要加快改进对速丰林基地工程建设的信贷服务，切实解决工程建设资金紧张的问题。积极探索龙头企业和林业合作组织为农户承贷承还、提供贷款担保等有效办法，支持速丰林基地工程建设。

（十一）充分利用国内、国外两个资本市场，多方筹集建设资金。积极支持利用外国政府贷款、国际金融组织贷款、国内外商业银行贷款、外商直接投资等建设速丰林基地。各地要加大对各种资金的争取、引导和规范力度，鼓励省级林业主管部门发挥行业优势，通过规划引导、统筹安排、明确职责、项目带动等方式，管好用好资金，提高资金使用率，保证项目质量。

（十二）发展林业产业化经营。继续加大对多种所有制、多种经营形式的林业产业化龙头企业的支持力度，鼓励龙头企业以多种利益联结方式，建设林纸、林板、大径级用材林、竹产业基地，以基地带动农户发展。农户自建的速丰林基地，产权归个人所有。对受益户较多的经营性工程，可组建法人实体，实行企业化运作。

四、落实速丰林基地工程建设措施

（十三）加强组织领导。建设速丰林工程是各级林业主管部门的重要职责，加强管理是履行这一职责的核心内容。各级林业主管部门要切实把速丰林基地工程发展放到林业全局中统筹安排，理顺工程管理体制，强化工程建设的组织协调和统筹规划。要充实和加强管理队伍，明确机构、人员编制和管理职责，建立健全管理制度和办法，规范管理工作。要通过努力，积极推动政府在统筹规划中发挥作用，使工程建设与产业发展同步设计、同步实施、同步推进、优先发展。切实做到工程发展上有规划、工作上有部署、落实上有督查、责任上有考核，确保任务目标实现。要坚持典型引路，充分发挥先进典型在工程建设中的示范和引导作用。要主动当好政府的参谋，积极争取相关部门的参与和支持，共同推动速丰林基地工程的发展。

（十四）加快编制和完善省级工程建设规划，切实解决好速丰林基地工程建设用地问题。为实现全国速丰林基地工程发展目标，各省林业主管部门要根据重点地区速丰林基地工程建设总体规划和本省资源、环境、经济发展等情况，抓紧进行调查研究和市场需求分析，整合林地资源，因地制宜，合理布局，依据森林分类区划，划定一定比例的林地用于速丰林基地建设工程发展，把工程建设用地落到实处，要尽快编制和完善省级工程建设规划，做到有目标、有重点、有计划地发展速丰林，不断适应经济社会发展的需要。

（十五）尽快建立项目储备库，以项目为载体，切实推进工程建设。要加强基础工作，建章立制，规范管理，尤其是重点做好项目准备、论证、评估以及资金筹措等方面的工作。各省林业主管部门要根据工程建设的规划总体目标和要求，加强项目储备，优选一批具有典型性、代表性和示范作用的重点项目，率先扶持发展，以带动速丰林基地工程建设发展，提高建设水平。对于符合政府性资金投资建设、补助和贴息条件的速丰林基地项目，要严格依照国家有关规定，履行项目审批、核准和备案程序。

（十六）创新管理机制，提高工程建设质量。要适应市场经济体制的要求，建立健全管理体系。建设单位要创新管理办法，规范工程管理。速丰林基地工程管理部门要建立一套完整科学的技术质量标准体系，指导工程发展。要完善工程的评价和监测体系。要认真督导检查，深入调查研究，加强组织协调，在下达相关项目计划时要相互通报，协同配合，同步实施，认真研究，切实解决事关工程建设的重大问题，提高速丰林基地工程建设质量。

（十七）创新经营机制，转变经营理念。要在总结经验的基础上，加大改革力度，明晰产权，明确责任，创新经营机制，整合生产要素，促进资金、劳力、林地等生产要素向速丰林基地工程建设聚集，充分调动全社会参与工程建设的积极性。要坚持新建和改建相结合，对国有的宜新建和改建为速丰林基地的林木和林地，要引入市场机制，加快建设；对目前由集体经营管理的宜新建和改建为速丰林基地的林木和林地，要区别对待、分类指导，通过推行承包制、股份制、股份合作制等进行速丰林基地建设。要鼓励浆纸、人造板和木竹加工等企业建设基地，支持造林大户牵头建设基地，引导民营企业参与基地建设，鼓励农村社区集体经济组织支持基地建设。

（十八）加强舆论宣传，强化社会服务。各级林业主管部门要深入宣传加快速丰林基地工程建设的重要意义，积极宣传相关的法律法规、方针政策、发展规划以及生产条件、相关技术和投入产出效益。正确引导全社会参与速丰林基地工程建设。要转变政府职能，完善信息服务体系、经营管理人才培养体系和社会化服务体系，逐步建立基地工程建设的经营保险机制，增强抵御市场风险的能力。

国家林业局

2005 年 9 月 6 日

国家林业局关于进一步加强森林资源管理工作的意见

林资发［2005］131 号

各省、自治区、直辖市林业厅（局），内蒙古、吉林、龙江、大兴安岭森工（林业）集团公司，新疆生产建设兵团林业局，国家林业局各司局、各直属单位：

为深入贯彻《中共中央国务院关于加快林业发展的决定》（以下简称中央林业《决定》），全面实施以生态建设为主的林业发展战略，推进林业持续快速协调健康发展，根据生态建设状况处于“治理与破坏相持阶段”的特点和要求，现对进一步加强森林资源管理工作提出如下意见。

一、进一步提高对加强森林资源管理工作重要性的认识

1. 森林资源管理工作成效显著。经过多年努力，初步建立了以行政管理为主体、监督检查和综合监测为两翼的森林资源管理体系，基本形成了有中国特色的森林资源管理制度和法律法规体系，日益强化了森林资源可持续经营管理的理念。特别是近五年来，认真贯彻“严管林”方针，全面实施了天然林资源保护和野生动植物及自然保护区建设等工程，森林资源呈现出面积和蓄积持续增长、质量明显提高的可喜局面。第六次全国森林资源清查结果表明，我国森林面积已达 1.75 亿公顷，森林覆盖率上升为 18.21%，活立木总蓄积达 136.18 亿立方米。森林资源数量的增长和质量的改善，是推动我国生态建设状况进入“治理与破坏相持阶段”的重要因素。

2. 森林资源管理工作面临的形势严峻。我国森林资源总量不足、质量不高、效益低下，难以满足国民经济和社会发展对林业的多样化需求；一些地方过度依赖森林资源、以牺牲生态为代价换取暂时的经济增长，林地非法流失、超限额采伐等破坏森林资源的问题，仍未从根本上得到解决；森林资源管理体制不顺，经营机制不活，机构队伍不稳定，基础设施和能力建设薄弱，不能适应当前林业快速发展的新形势。特别是，实施以生态建设为主的林业发展战略，促进人与自然和谐，打赢相持阶段攻坚战，对森林资源管理工作提出了新的更高要求，进一步加强森林资源管理显得十分必要。

3. 把加强森林资源管理工作放在更加突出位置。森林资源是生态建设的物质基础，是林业持续发展的命根子。森林数量的多少、质量的高低是衡量一个国家和地区生态状况的重要指标。加强森林资源管理，对巩固生态建设成果，促进林业可持续发展，构建社会主义和谐社会具有重要意义。对此，各级林业主管部门要高度重视，在林业和生态建设中赋予森林资源管理核心地位，在林业产业发展中赋予森林资源管理基础地位，在林业行政执法中赋予森林资源管理主体地位。

二、森林资源管理工作的指导思想、目标与任务

4. 指导思想。以“三个代表”重要思想和中央林业《决定》为指导，以建设和培育稳定的森林生态系统、实现森林可持续经营为宗旨，以增加森林资源总量、提高森林质量、优化结构为主线，牢固树立和落实科学发展观，全面实施以生态建设为主的林业发展战略，准确把握相持阶段的特点和规律，深入贯

彻严格保护、积极发展、科学经营、持续利用的方针，建立健全以林地林权管理为核心、资源利用管理为重点、综合监测为基础、监督执法为保障的森林资源管理体系，全面提升森林资源管理水平，为夺取相持阶段攻坚战的胜利提供有力保障。

5. 总体目标和任务。到2010年，森林资源总量明显增加，森林面积和蓄积持续增长，森林生态系统的整体功能逐步增强，主要林产品供需矛盾进一步缓解，森林资源分类经营、分区管理的架构基本形成，森林资源经营管理体系进一步完善；到2020年，森林质量稳步提高，森林结构进一步优化，重点地区的森林生态系统功能基本恢复，林产品供给率大幅度提高，产权管理规范、林地管理严格、资源利用高效、综合监测到位、监督执法有力的森林资源管理体系全面建成。

6. 战略布局。对于“东扩”地区，要“支持、放活”，就是对经济林业、平原林业及林产品深加工业给予大力支持，对非规划林地上的造林和一定规模的工业原料林要充分满足其采伐限额，逐步放开经营。对于“西治”地区，要“强护、少砍”，就是进一步加强森林资源管护，减少木材的砍伐量。对于“南用”地区，要“规范、管好”，就是进一步规范和促进商品林基地建设，大力支持速生丰产林、经济林、生物质能源林的发展和低产林的改造，鼓励珍贵树种、大径级材和工业原料林的培育，促进森林资源的科学经营、高效利用。对于“北休”地区，要“限产、管严”，就是将东北、内蒙古重点国有林区的木材产量调减到森林资源合理的承载力之内，继续严格保护天然林，使森林得以休养生息。

三、依法加强森林资源监管

7. 依法加强森林资源权属管理。要进一步明晰森林资源产权，依法保护林权权利人的合法权益。对权属明确并核发林权证的，要严肃维护林权证的法律效力；对权属明确但尚未登记核发林权证的，要尽快依法登记发证；对权属不清或有争议的，要抓紧明晰，限期作出争议调处意见，尽快登记发证。要重点抓好退耕还林地的确权发证工作，退耕造林验收合格后，及时核发林权证。各级林业主管部门要加强对森林、林木、林地使用权流转过程中的发证管理，及时掌握流转动态，制定有效措施，监管服务到位，确保登记手续完备、发证程序合法。要稳定国有和集体林场的森林资源权属。国有森林、林木和林地使用权的流转，必须进行森林资源资产评估，并按规定审批，否则不能实施流转，不予核发林权证。

8. 强化林地保护管理。坚持把林地放在与耕地同等重要的位置，实施最严格的保护管理制度和措施。抓紧编制《全国林地保护利用规划》，按照分类保护、分区管理的原则，确定林地保护、利用等级，制定分区域的林地主导用途和利用方向，实施林地用途管制，确保林地面积只能增加不能减少。进一步完善林地征用占用审核审批制度，加强工程建设征用占用林地全过程的监管与服务，对征用占用林地选址情况、用地规模实行预先论证，确保工程建设不占或少占林地。要采取最严厉的措施，坚决遏制毁林开垦和乱占林地的行为，杜绝林地的非法流失。要把林地保护管理作为领导干部林业建设任期目标管理责任制的重要组成部分，把林地消长、征用占用林地审核率、补偿到位率、违法占用林地案件查处率等纳入考核内容，严格兑现奖惩。

9. 依法加强森林利用管理。坚持森林采伐限额制度不动摇，突出抓好森林可持续经营方案的编制与实施，严格执行“十一五”期间年森林采伐限额，加大对采伐限额执行情况的监督检查力度。坚持凭证采伐制度，切实强化林木采伐的源头管理，严格执行伐区调查、设计、拨交、验收等规定，严禁虚假设计和违规采伐，坚决杜绝超限额采伐现象的发生。坚持木材凭证运输制度，充分发挥木材检查站、林政稽查队的作用，依法加强对木材运输的监督检查，坚决杜绝非法木材进入市场流通。要依法强化木材经营加工的监督管理，科学制定发展规划，明确准入条件，严格审批管理，加强服务引导，规范市场秩序，坚决打击非法木材流通和违法经营加工木材的行为，为合法经营加工创造良好环境。要按照森林资源分类管理、分区施策的要求，抓紧修订和颁布实施森林采伐更新、木材运输、木材经营加工监管等方面的法规规章和技术规程。

10. 依法加强监测管理。要认真履行法定职责，切实加强各级森林资源监测管理，促进监测工作的规范化、制度化和系统化，进一步增强监测的时效性和预见性。要强化国家森林资源清查工作，优化方法，扩展内容，实现对森林资源和生态状况的综合监测和评价。要进一步搞好专项核（调）查，加强组织协调，整合核查资源，加大技术含量，提高全国营造林实绩综合核查、森林采伐限额和林地征占用情况检查的工作效率及成果质量。要加快二类调查步伐，实行地方负责、国家积极扶持的政策，有计划有步骤地推进二类调查工作的全面开展。并及时建立和更新森林资源档案，积极利用现代科技手段建立森林资源数据库，构建较为完备的地方森林资源监测体系。抓紧做好林业基础数表的检验和编制工作，建立健全监测技术标准、工作制度和管理规范，加强对监测数据采集、处理分析、报告编制、成果使用等的管理和监督。建立健全监测成果管理和信息发布制度。国家林业局负责对外公布全国和省级森林资源主要数据；各地需要对外使用的森林资源主要数据必须以此为准。要进一步加强监测行业资质和从业资格管理，实行监测单位资质和从业人员资格认证制度，做到监测单位按资质从业，从业人员持证上岗。要全面引入遥感、全球定位系统、地理信息系统、数据库系统，强化现代测量、数据储存等仪器设备的应用，支持和鼓励监测单位、科研教学单位和社会力量合作开展监测技术研发、创新和转化，积极推动建立用现代技术、装备武装的森林资源和生态状况综合监测体系，进一步提升监测能力和水平。

11. 切实加强森林资源监督。进一步建立和完善监督法规体系，尽快出台《森林资源监督办法》，严格规范监督行为，把监督工作纳入制度化、规范化、法制化轨道。各级森林资源监督机构要认真履行职责，依法对驻在地区的森林资源保护管理各项工作实施全面监督。重点监督领导干部林业建设任期目标管理责任制落实、林地非法流失、森林过量消耗和森林经营利用活动，以及自然保护区、湿地和野生动植物保护管理，采取事前介入、事中检查与事后督促整改相结合的方法，不断提高监督实效。

四、大力推进森林资源管理改革

12. 创新重点国有林区森林资源管理体制。积极推进东北、内蒙古重点国有林区森林资源管理体制改革试点，适时总结试点经验，扩大试验范围，探索行之有效的森林资源监管体制。依法明确重点国有林区范围，根据森林资源分布和有效监管幅度，建立健全国有林管理机构，履行出资人职责，享有所有者权益。在重点国有林区建立起产权明晰、资企分开、权责统一，管资产和管人、管事相结合的，办事高效、运转协调、执法严明、监管有力的森林资源管理体制。

13. 稳步推进林业产权制度改革。全面总结三明市林业产权制度改革经验，适时在集体林区推广。按照国务院批准的方案，及时启动伊春国有林区林业产权制度改革试点工作，推动重点国有林区全面、协调和可持续发展。制定和颁布实施《森林、林木、林地使用权流转条例》，促进和规范森林资源产权流转，逐步建立起“产权归属清晰、经营主体到位、责权划分明确、利益保障严格、流转顺畅规范、监管服务有效”的现代林业产权制度。

14. 深化森林资源经营管理改革。按照森林资源经营管理分区施策的要求，认真抓好试点，及时总结经验，制定符合当地实际、操作性强的森林经营管理规范。对不同类型、不同区域的森林采取不同的经营管理政策和模式，全面提高森林经营管理的水平。对公益林，要严格管护、科学经营，促进其向生态功能和综合效益最佳状态发展；对人工商品林，要依法放活、集约经营，最大限度地发挥其经济效益。

15. 探索直接收购各种社会主体营造的非公有公益林。政府购买非公有公益林是一项全新的探索和尝试，各级林业主管部门要高度重视、认真研究，积极探索利用市场化手段将非公有公益林纳入公共产品管理的有效途径。在认真抓好贵州省试点工作的基础上，逐步扩大试点的对象、范围和规模，研究形成一整套符合国情、运行规范、易于操作的收购办法和监管制度，探索建立公益林经营管理的新体制和林业资金投入的新机制，建设适应林业可持续发展要求的生态服务市场。

16. 积极推行综合监测。理顺国家监测与地方监测的关系，有效整合现有监测资源，建立以森林资源管理信息系统为基础，以国家、区域和地方监测队伍为保障，以高新技术研发应用为支撑的全国森林资源与生态状况综合监测体系，为林业发展和生态建设提供实时、动态、开放式的信息服务。完善森林资源监测组织体系，强化森林资源信息采集系统，构建森林资源基础数据库平台，建立健全森林资源和生态状况信息网络服务系统，健全综合监测体系建设的科技支撑系统，提高综合评价和预测预警能力。要探索建立以森林资源监测成果为主要依据的领导干部任期目标考核指标体系和评价方法，对各级领导干部林业建设任期目标进行有效的考核和评价。

五、加强森林资源管理队伍建设

17. 加强基层林政执法队伍建设。木材检查站、林政稽查队和林业工作站等是林业基层执法队伍。要合理调整木材检查站的建设布局，积极探索流动巡查等新的检查方式，进一步完善木材运输检查的规章制度，制定和颁布实施《木材检查站管理办法》，切实加强木材检查站的监督管理，坚决杜绝公路“三乱”行为的发生。要大力加强林政稽查队伍建设，逐步建立健全林政稽查执法体系，严厉打击各种破坏森林资源违法行为。要进一步强化乡镇林业工作站的建设和管理，积极稳妥地推进林业工作站改革，实行由县级林业主管部门垂直领导的管理体制，充分发挥林业工作站在政策宣传、资源管护、林政执法、生产组织、科技推广和社会化服务等方面的职能作用。

18. 加强森林资源监督机构建设。森林资源监督是森林资源管理体系中的重要组成部分，是更高层次上的管理，承担着促进监督地区加强森林资源培育、利用和保护管理，确保法律实施、政令畅通的重要职能。监督机构要加强队伍的思想、组织、作风、制度和业务建设，认真建立制度完备、运转协调、作风优良、廉洁高效的运行机制。要进一步加大培训力度，全面提高队伍的整体素质，强化依法行政和执政为民意识，增强监督能力，提高监督实效。各地也要根据实际，积极向重点林区派驻森林资源监督机构，并加强监督队伍的建设和管理，充分发挥其应有作用。

19. 加强调查规划和监测机构建设。林业调查规划设计单位承担着野外信息采集、监测数据处理、生态建设成效评价和林业发展规划编制等重要职能，在生态建设和林业发展中发挥着十分重要的作用。要积极探索林业调查规划设计单位的改制，明确其社会公益事业单位的性质，保证人员编制，加大投入力度，

加强基础性建设，改善工作条件，提高现代化监测能力。各级林业调查规划设计单位要创新机制、强化管理，克服片面的任务观念和经济效益观念，加快高新技术应用的步伐，着力提高调查、监测成果质量和水平。要建立健全国家、省、地、县统一协调的多级森林资源和生态状况综合监测机构。国家林业局设立国家森林资源与生态状况综合监测中心，进一步完善四个区域监测中心，各省级林业主管部门设立监测分中心，地、县林业主管部门设立监测站（点），有效开展多层次监测工作。

20. 加强森林资源管理人才队伍建设。全国森林资源管理系统的人才队伍肩负着贯彻党的林业方针政策，依法对森林资源的培育、利用和保护实施管理与监督的重大责任。要以加强思想政治建设和执政能力建设为核心，强化理论武装和实践锻炼，全面提升队伍的管理能力和执法水平。要以培养基层实用人才和高技能人才为重点，以造就一批复合型拔尖人才为目标，以岗位培训、在职学位学历培训为手段，建立健全用人机制和激励机制，培养人才、吸引人才，营造讲奉献、讲团结、比技能的良好氛围，努力造就一支全局观念强、政治思想好、业务技术精、组织纪律严、工作作风硬的资源管理队伍。各级林业主管部门和森林资源管理机构，要进一步深入贯彻全国林业人才工作会议精神，高度重视和加强资源管理人才队伍的建设，积极创造资源管理人才脱颖而出、奋发有为的良好环境。

六、加强对森林资源管理工作的领导

21. 落实领导干部林业建设任期目标管理责任制。全面加强森林资源管理工作的领导，完善领导干部林业建设任期目标管理责任制，把森林资源的数量消长、质量升降和保护管理情况等作为责任目标考核的重要内容，真正将森林资源保护和发展的责任落实到地方各级政府领导肩上。要认真落实《全国森林资源林政管理系统“十一五”和中长期规划》，合理调整投资结构，加大资金投入总量，切实加强森林资源管理系统的装备和基础设施建设。按照事权划分的原则，将森林资源管理系统所需经费纳入财政预算。各级林业主管部门要大力宣传森林资源管理工作的地位和作用，广泛宣传森林资源管理战线的先进人物和先进事迹，形式多样地宣传森林资源管理的政策法规，在全社会形成爱林、护林的良好氛围。

22. 建立森林资源管理奖惩制度。要积极建立以政府奖励为导向、部门奖励为主体、定期表彰与适时表彰相结合的森林资源管理奖励制度，对在森林资源管理工作中做出突出贡献的单位和个人进行表彰奖励。要建立和完善破坏森林资源责任追究制度，严格执行国家林业局《关于违反森林资源管理规定造成森林资源破坏的责任追究制度的规定》，对因监督管理不力、有案不及时报告、案件查处不到位，导致森林资源破坏的单位及其有关责任人，依法严肃追究责任。要切实加强林政案件管理制度建设，抓好各类破坏森林资源案件的查处工作，规范受理、查处、报告程序，建立林政案件管理档案，做好林政案件统计分析工作，不断提高林政执法成效。

国家林业局
2005 年 9 月 2 日

国家林业局关于加强林业机电产品进口管理工作的通知

林计发［2005］134 号

各省、自治区、直辖市林业厅（局），各直属事业单位：

为进一步加强林业机电产品进口引导、促进和管理工作，保障我国林业持续快速协调健康发展，依据商务部《机电产品进口管理办法》，现将有关事宜通知如下：

一、林业机电产品进口原则

林业系统各企业、事业、机关、团体等单位（下称进口单位），应本着服务林业建设、保障林业发展的原则，结合我国林业“科教兴林”、“走出去”等战略的实施以及林业产业结构的调整，从保障林业建设项目的实施、加速林业科技创新、提升国际竞争力、扩大林产品及林业机械设备出口创汇、推动境外森林资源开发等基点出发，着重引进当前林业建设和林业产业发展急需的先进技术和关键设备，以及加强林业部门能力建设的相关产品。进口的机电产品必须符合我国有关安全和环境保护的法律、法规和质量、技术标准等方面的规定。

二、管理机构

国家机电产品进出口办公室（设在商务部机电司）负责全国机电产品进口管理工作。国家林业局机电产品进出口办公室（以下简称局机电办）作为其二级管理机构，具体负责林业系统机电产品进口的协调、管理和检查监督工作。

三、机电产品进口办理程序

（一）为了对机电产品进口情况进行监测和分析，

国家对部分种类机电产品实行自动进口许可管理，产品目录由商务部定期发布，其他机电产品进口不受此限制。进口实行自动进口许可管理的机电产品，进口单位应凭商务部或局机电办签发的《自动进口许可证》向银行办理进口产品售、付汇手续，向海关办理进口验放手续。《自动进口许可证》有效期为6个月，在公历年度内有效。

如进口旧机电产品，则应当持商务部或者局机电办签发的《自动进口许可证》到国家质检总局或进口单位所在地直属检验检疫局办理备案手续。

（二）拟进口自动进口许可管理类机电产品的进口单位应持从事机电产品进出口的资格证书或组织机构证书、机电产品进口申请表、产品进口合同（属于委托代理进口的，应当提交委托代理进口协议正本）等申请材料，办理《自动进口许可证》的申领手续。如进口汽车产品，还需按照商务部发布的《汽车产品自动进口许可证签发管理实施细则》提供相应材料。

（三）根据《自动进口许可机电产品目录》对机电产品的分类，进口产品属于商务部负责签发《自动进口许可证》的，进口单位需将申请材料报送局机电办初审，局机电办在收到申请材料3个工作日内予以核实，并通过“机电产品进口申报管理系统”将申请材料转报商务部，经商务部审批同意并反馈局机电办后，局机电办通知进口单位到商务部领取《自动进口许可证》；进口产品属于局机电办负责签发《自动进口许可证》的，局机电办在收到内容正确、形式完备的申请材料后，5个工作日内予以签发《自动进口许可证》。

（四）在按照以上规定提交申请材料的同时，属于下列情况的，另需提供相关材料。

1. 属于国内外投资林业项目进口机电产品，需提供该投资项目批准文件或者备案文件；

2. 属于国外无偿援助林业项目进口机电产品，需提供政府间财政协议或相关证明文件；

3. 属于采用国际招标方式进口机电产品，需提供国际招标主管机构签发的《国际招标评标结果通知》。凡申请进口法律法规规定应当进行国际招标采购的机电产品，进口单位须严格依照商务部《机电产品国际招标投标实施规定》进行国际招标，局机电办负责对林业系统的机电产品国际招标工作进行管理监督。

（五）《自动进口许可证》一经签发，不得擅自更改证面内容。如需更改，进口单位应当在许可证有效期内提出更改申请，并将许可证交回商务部或局机电办重新换发《自动进口许可证》。

四、机电产品进口管理

（一）国内外投资林业项目以及国外无偿援助林业项目所进口的机电产品，应严格服务于所属项目，不得另作他用，局机电办将对项目进口机电产品使用情况进行不定期检查。

（二）进口单位须严格按照以上程序办理自动进口许可管理类机电产品的进口手续，如擅自伪造、变造、买卖《自动进口许可证》或者以欺骗等不正当手段获取《自动进口许可证》，一经发现，局机电办将在1~3年内不接受其进口机电产品的申请，并将建议工商行政管理部门取消其经营资格。

国家林业局

2005年9月13日

国家林业局关于印发《国家林业局工作规则》的通知

林办发［2005］137号

国家林业局各司局、各直属单位：

《国家林业局工作规则》经国家林业局2005年第二次局务会议修订通过，现予印发执行。

国家林业局

2005年9月16日

国家林业局工作规则

第一章 总 则

一、根据《国务院工作规则》，结合国家林业局工作实际，制定本规则。

二、国家林业局工作以邓小平理论和“三个代表”重要思想为指导，落实科学发展观和构建社会主义和谐社会的要求，切实贯彻党中央、国务院的决策和工作部署，全面履行职能，科学民主决策，坚持

依法行政，加强行政监督，不断提高行政能力和管理水平，努力建设行为规范、运转协调、公正透明、廉洁高效的行政机关。

三、国家林业局领导及工作人员要热爱林业事业，积极为我国实施以生态建设为主的林业发展战略、打好相持阶段攻坚战贡献力量；坚持履行职责，依法行政，廉洁从政；坚持实事求是，与时俱进，开拓创新；坚持对自己高标准，工作高效率，服务高质量；坚持厉行节约，勤俭办一切事情，建设节约型机关；坚持忠于职守，顾全大局，服从命令，全心全意为人民服务。

四、各司局、各直属单位要依照法律法规行使职权，各司其职，各负其责，密切配合，进一步转变职能、管理方式和工作作风；大力推进信息化与电子政务建设，统筹规划，分步实施，提高行政效能，降低行政成本；求真务实，真抓实干，切实贯彻国家林业局的各项工作部署。

第二章　领导职责

五、国家林业局实行局长负责制。局长领导国家林业局的全面工作。副局长、局党组成员协助局长工作。

六、局长、局党组书记召集和主持国家林业局党组会议、局务会议、局长办公会议。国家林业局工作中的重大事项，必须经局党组会议或局务会议、局长办公会议讨论决定。

七、副局长、局党组成员按照分工负责处理分管工作，受局长委托，负责其他方面工作或专项任务。对工作中的重要情况和重大事件，要及时向局长报告，对带有方针政策性的问题要认真调查研究，及时向局长提出建议。

八、局长出国、出差、脱产学习等期间，由局长委托的副局长、局党组成员主持日常工作。副局长、局党组成员出国、出差、脱产学习等期间，其分管的工作由局长指定其他局领导代管。

九、各司局、各直属单位主要负责同志负责本单位的全面工作，领导班子其他成员协助主要负责同志开展工作。工作中的重要问题，由领导班子集体讨论决定，重大问题按规定、程序及时向局领导请示、报告。

十、国家林业局各级领导干部都要实行“一岗双责”，坚持“两手抓、两手都要硬”的方针。

第三章　全面履行职能

十一、国家林业局及各司局、有关直属单位要加快职能转变，加强宏观指导、政策制定、协调服务和监督检查，全面履行林业行政的公共服务、社会管理、经济调控、市场监管职能，建立科学的林业行政管理运行机制。

十二、强化公共服务职能，加强生态建设，健全服务体系，努力为社会和广大人民群众提供林业公共产品和服务。建立健全林业公共产品和服务的监管和绩效评估制度，简化程序，降低成本，讲求质量，充分发挥林业的生态、经济、社会效益。

十三、认真履行社会管理职能，完善相关管理政策，妥善处理各方面的关系和利益，努力构建和谐林区。依法建立健全森林火灾、林业有害生物、沙尘暴、林业生态破坏事故等突发公共事件应急机制，提高林业部门应对公共危机的能力。

十四、贯彻执行国务院宏观调控政策，综合运用经济、法律手段和必要的行政手段，引导和调控林业经济运行，调整和优化林业经济结构，增加木材和林产品供给，扩大社会就业，促进农民增收和经济社会可持续发展。

十五、加强市场监管，创造公平有序的林业法制环境，强化林业行政执法和执法监督职能，加快建立林产品市场准入制度，健全林产品质量安全标准和技术规范，实行信用监督和失信惩戒制度，整顿和规范林产品市场秩序。

第四章　科学民主决策

十六、国家林业局及各司局、各直属单位要完善群众参与、专家咨询和集体决策相结合的决策机制，健全重大决策的规则和程序，实行依法决策、科学决策和民主决策。

十七、国家林业局在作出重大决策前，要认真听取专家、群众和有关地方、部门等方面的意见和建议。各司局、各直属单位提请国家林业局讨论决定的法律法规、部门规章草案和重大决策建议，必须进行深入调研，以基础性、战略性研究或发展规划为依据，经过专家或研究、咨询、中介机构的论证评估或法律分析；涉及相关司局、直属单位的，应充分协商；涉及其他部门和地方的，应事先征求意见；涉及人民群众切身利益的，一般应通过社会公示或听证会、公开征集意见等形式听取人民群众的意见和建议。

十八、林业法律法规草案、林业部门规章、林业规范性文件、重要林业规划、全国性林业监测调查结果、重要工作部署、局管领导干部任免、重大投资项目等关系全局的重大决策，由局党组会议或局务会议、局长办公会议讨论决定。

十九、各司局、各直属单位必须坚决贯彻国家林业局的重大决策，及时跟踪和反馈执行情况。国家林业局办公室（以下简称办公室）要加强督促检查，确保政令畅通和工作落实。

第五章　坚持依法行政

二十、国家林业局及各司局、有关直属单位要依照合法行政、合理行政、程序正当、高效便民、诚实守信、权责一致的要求规范行使行政权力，强化责任意识，不断提高林业依法行政的能力和水平。

二十一、国家林业局根据经济社会发展和林业建设需要，适时提出法律法规草案，制定部门规章和规范性文件。及时修改或废止不相适应的部门规章、规范性文件和技术标准，建立健全与以生态建设为主的林业发展战略相适应的林业法律法规、部门规章和技术标准体系。

二十二、国家林业局制定的规章和规范性文件，必须符合国家法律法规和方针政策，并按局有关规定进行审查或备案。

二十三、提请国家林业局讨论的林业法律法规草案，由局政策法规司审查或组织起草，部门规章和林业政策的解释、答复工作由政策法规司牵头承办。

二十四、要按照行政执法与经济利益脱钩、与责任挂钩的原则，理顺林业行政执法体制，科学配置林业执法机关的职责和权限，相对集中行政处罚权，建立林业综合执法体系。严格实行行政执法责任制和执法过错追究制，切实做到严格执法、公正执法、文明执法。

第六章　加强行政监督

二十五、国家林业局要自觉接受全国人大及其常委会的监督，根据要求向其报告工作、接受质询；接受全国政协的民主监督，虚心听取意见和建议；认真办理全国人大代表建议和全国政协委员提案。

二十六、国家林业局及各司局、各直属单位要按照行政诉讼法及有关法律规定，接受司法监督；同时要自觉接受监察、审计等部门的专项监督。对司法监督和专项监督中发现的问题，要认真查处和整改。

二十七、国家林业局要加强内部监督，严格执行规章备案制度和行政复议法，及时发现并纠正违反法律、行政法规的部门规章和规范性文件，以及行政机关违法的或者不当的具体行政行为，并主动征询和认真听取地方林业主管部门及相关单位的意见和建议。

二十八、国家林业局及各司局、各直属单位要重视人民群众来信来访工作，坚持领导责任制，进一步完善工作制度，确保信访渠道的畅通。国家林业局领导和各司局、各直属单位负责人要亲自阅批重要的群众来信。对于来局上访的群众，办公室视情通知有关司局和直属单位接待处理，承办司局和直属单位不得推诿扯皮。

二十九、国家林业局及各司局、各直属单位要接受新闻舆论和群众的监督。重视新闻媒体报道和反映的问题，对重大问题要积极主动地查处和整改。要加强国家林业局门户网站和局属报刊的建设，发布政务信息，便于群众知情、参与和监督。重视群众和其他组织通过多种方式对行政行为实施的监督。

第七章　工作安排

三十、国家林业局及各司局、各直属单位要加强工作的计划性、系统性和预见性，搞好年度工作计划和总结，并根据形势和任务的变化及时作出调整。

三十一、国家林业局提出年度重点工作目标，确定林业法律法规、部门规章草案计划和全国性会议等事项，形成国家林业局年度工作要点，下发执行。

三十二、各司局、各直属单位要认真落实国家林业局年度工作安排，并在年中和年末形成执行情况报告，报分管局领导和办公室，办公室适时作出通报。

第八章　会议制度

三十三、国家林业局实行局党组会议、局务会议和局长办公会议制度。

三十四、局党组会议由党组书记、副书记、党组成员组成，由党组书记召集并主持，议题由党组书记确定，实行民主集中制原则。因工作需要，会议召集人确定有关人员列席会议。必要时可召开局党组扩大会议。按规定召开民主生活会。会议通知、记录由党组秘书或指定专人负责。局党组会议的主要任务是：传达学习党中央、国务院的决定、指示和重要会议精神；研究决定国家林业局工作中的重要事项，研究党建工作和人事任免事项。

三十五、局务会议成员由局长、副局长、局党组成员和各司局主要负责人组成，由局长召集并主持。根据需要可安排有关直属单位负责人列席。不定期召开。局务会议的主要任务是：研究贯彻落实党中央、国务院的重大工作部署；审议提请国务院审议的法律、法规草案和由国家林业局发布的部门规章及重要文件；审议重要林业规划、全国性调查监测结果；讨论决定国家林业局工作中的重大事项，部署国家林业局的重要工作。

三十六、局长办公会议由局长、有关局领导、办公室主任和有关司局、直属单位负责人组成，由局长召集并主持。不定期召开。局长办公会议的主要任务是：研究贯彻落实中央领导同志的批示和专题会议精神；讨论决定国家林业局工作中的一般事项；通报和讨论国家林业局其他事项。

三十七、提请局务会议、局长办公会议讨论的议题，由各司局或直属单位在充分征求各方面意见的基础上形成文件、提出建议，由分管局领导协调、审核，报局长确定。会议文件由局长批印。会议的组织工作和会议记录由办公室负责。文件于会前送达与会成员。

三十八、局务会议、局长办公会议的会议纪要，由有关司局、直属单位起草，办公室初审并经分管局领导审核后，报局长审批。会议决定的事项由有关司局、直属单位贯彻落实，办公室负责催办、督查，并

及时向局领导报告。

三十九、局务会议、局长办公会议参会人员因故不能出席的，向局长请假。

四十、国家林业局可根据工作需要召开各司局、直属单位主要负责人会议，通报有关重要情况，研究部署局机关的重要工作。

四十一、国家林业局可根据工作需要召开全国林业厅局长会议或座谈会，研究部署全国林业工作。全国林业厅局长会议或座谈会的会议计划于每年 11 月底前报国务院审批。

四十二、国家林业局实行会议审批制度。各司局、各直属单位要在每年 11 月中旬提出下一年度会议计划和本年度会议情况总结，报主管局领导审批，并送办公室；各司局、有行政职能的事业单位拟以局名义召开的全国性、区域性会议，会议计划报局长审定，会议方案、出席人员、局领导讲话等由主办司局、直属单位拟定，分管局领导审核后报局长审批；未经批准，不得邀请各司局、各直属单位或各省、自治区、直辖市林业厅（局）主要负责同志出席会议。以各司局、各直属单位名义召开的会议，会议方案报分管局领导审批，原则上不邀请国家林业局领导出席，不邀请各省、自治区、直辖市林业厅（局）的负责同志出席。

四十三、国家林业局召开的各类会议，要从严控制，减少数量、控制规模、压缩时间、厉行节约。要尽可能利用林业视频系统召开电视电话会议，节约资源、提高效率。办公室要加强对会议的管理。

第九章　公文办理

四十四、各司局、各直属单位以国家林业局和办公室名义起草公文，要严格执行《国家行政机关公文处理办法》和《国家林业局行政公文处理办法》。除干部任免文件直接报局长审签外，其他文函、电报等公文经办公室审核后报局领导审签。

四十五、主抄送国家林业局和办公室的公文，由办公室视公文性质、内容按相应职能分送有关司局或有关直属单位阅办；重要的报局领导批示。

四十六、国家林业局的文函、电报，由局长或分管局领导审签。

属于国家林业局发布的命令、决定和部门规章；提请国务院审议的法律、法规草案；报党中央、国务院的工作报告、请示等重要文函、电报，由分管局领导审核后，报局长签发。局长外出时，除国家林业局发布的决定、命令和部门规章外，可由局长委托分管局领导签发。

属于日常工作的文函、电报，按照职责分工，由分管局领导审签；如分管局领导外出，由局长或主持工作的局领导审签。由分管局领导审签的文件，涉及其他局领导分管的工作，应与有关局领导会商后再签发。

属于局领导已有明确意见或一般工作联系性质的文函、电报，可由办公室主任签发；外事方面的一般工作联系性质的函电，可由国际合作司司长签发。

四十七、与其他部门的会签文件，由国家林业局主办的，一般由分管局领导审签，重要的由局长审签；由其他部门主办的，一般由分管局领导审签，重要事项要向局长报告，如有必要应报局长审签。

四十八、以办公室名义办理的公文，由办公室主任签发，重要的提请有关局领导签发，常规性、事务性的由办公室分管副主任签发。

四十九、各司局、各直属单位要严格办文程序，保证公文质量，以国家林业局和办公室名义印发的公文，须经各司局、各直属单位主要负责同志审核签字后，方可送办公室办理。除以办公室名义和森林公安局（防火办）涉及业务工作的行文外，局机关各司局不得以司局的名义对外正式行文发电。

五十、各司局、各直属单位呈报局领导的签报，除涉及人事任免和纪检案件等需严格保密的外，由办公室统一登记、报送、反馈。涉及相关司局和直属单位的必须先行会签。

五十一、国家林业局及办公室的公文，除按规定需要保密的外，由主办司局、直属单位提出意见，经办公室审核同意后及时在国家林业局网站上公布，提高公文发布效率。

五十二、国家林业局及各司局、各直属单位要加强对简报的管理，压缩种类，控制数量，确保质量，并尽可能利用电子简报形式交流工作。报送党中央、全国人大、国务院、全国政协等的简报，由办公室编写统一上报；各司局、各直属单位原则上不得单独向上述领导机关报送简报。

第十章　请示报告

五十三、对党中央、国务院重要会议、重大决策及有关林业工作重要指示的贯彻落实情况和涉及林业工作全局的重大方针、政策问题、重大事项，国家林业局要及时向党中央、国务院请示、报告。

五十四、局长出差、出国、离京、休假，按规定向国务院报告，副局长、局党组成员出差、出国、离京、休假，由本人事前向局长报告，各司局、各在京直属单位主要负责人出差、出国、离京、休假，要事先请示分管局领导同意，报局长批准，同时将出差往返时间、地点、联络方式告局值班室，其他负责同志出差、出国、离京、休假，由本单位主要负责同志向分管局领导报告。

各司局、各在京直属单位负责同志外出调研、考察结束后，一个月内要将调研、考察报告报分管局领导，同时送办公室，如有必要可在《林情调研》等局刊物上刊登。

五十五、代表国家林业局参加党中央、国务院和各部门的重要会议，要在会议结束后及时将会议精神向局长报告，并由局长确定以适当形式进行通报，有关文件由办公室负责处理。各司局、各直属单位负责人参加有关部门的专题会议，要及时将会议精神报相关局领导和办公室。

五十六、国家林业局领导和各司局、各直属单位领导一般不为地方的会议和活动等发贺信、贺电，不题词；一般不出席地方安排的接见、颁奖、剪彩等事务活动；确实需要的，由办公室请示局长或分管局领导后，方可安排。各司局、各直属单位需要国家林业局领导出席的局外会议、活动，承办单位须经由办公室请示局长同意后，方可安排。外事活动安排，按中央和国家林业局有关规定办理。

五十七、以国务院新闻办公室名义或国家林业局名义召开新闻发布会，由有关司局、直属单位会同宣传办公室提出意见，报分管局领导审核后报局长审定。国家林业局重要新闻报道稿件由宣传办公室审核后报局长或局长委托的局领导审定。各司局、各直属单位发布新闻、代表国家林业局接受采访或发表言论，需经局宣传办公室审批或报局领导审批，未经批准，不得自行其是。

五十八、各司局、各直属单位向局领导请示、汇报的工作或向局提交的文件材料，必须事先进行充分协商；经协商仍不能取得一致意见的，要将各方面意见及理据如实上报，提出办理建议，由局领导审定。要加强工作沟通协调，凡涉及两个及以上司局、直属单位职责范围的工作，主办司局、直属单位要主动沟通协调，会办司局和直属单位要主动配合，相互支持，协商合作，共同完成。

第十一章　作风纪律

五十九、国家林业局领导和各司局、各直属单位领导要做学习的表率，密切关注国际国内经济、社会、科技、林业等方面发展变化的新趋势，不断充实知识，丰富经验，提高能力。要通过中心组学习、举办讲座、座谈讨论等多种方式，组织开展学习。

六十、国家林业局领导和各司局、各直属单位负责人每年都要拿出一定时间，深入基层，考察调研，了解情况，指导工作，解决实际问题。下基层要减少陪同和随行人员，简化接待，轻车简从；不要地方负责人到机场、车站、码头及辖区分界处迎送，不要陪餐；不吃请，不收礼。

六十一、国家林业局领导和各司局、各直属单位负责人必须坚决执行国家林业局的决定，如有不同意见可在国家林业局内部提出，在重新作出决定前，不得有任何与国家林业局决定相违背的言论和行为；代表国家林业局发表讲话或文章，事先须经主管局领导批准，重要的报局长批准。

六十二、国家林业局及各司局、各直属单位要建立健全督查工作机制，切实做好领导批示、会议议定事项、重要文电及局领导交办事项的督查督办工作，确保重要决策和工作部署落实到位。办公室要不定期地对各司局、各直属单位的工作落实情况进行通报。

六十三、国家林业局及各司局、各直属单位要加快推行政务公开，规范行政行为，增强服务观念，认真履行职责，对职权范围内的事项要按程序和时限积极主动地办理，对不符合规定的事项要坚持原则不得办理。

六十四、国家林业局及各司局、各直属单位要多渠道、多形式地向离退休同志、民主党派人士等通报重要工作情况，征询意见，改进工作。

六十五、国家林业局及各司局、各直属单位对来局办事的各方面领导和人员，要热情接待，周到安排；对于其提出的问题或困难，要积极反映，耐心解答。

六十六、国家林业局全体工作人员要严格遵守国家法律法规，严格执行中央有关廉政建设的规定和国家林业局“六不准”等规定，认真落实国家林业局关于保密、安全、保卫、防火等各项制度，树立规范服务、清正廉洁、从严治政的新风。要严格要求亲属和身边工作人员，不得利用特殊身份拉关系、谋私利。对因推诿、拖延等官僚作风造成影响和损失的，要追究责任；对越权办事、以权谋私等违规、违纪、违法行为，要严肃查处。

国家林业局关于加强林木采种基地建设管理的通知

林场发［2005］141号

各省、自治区、直辖市林业厅（局），内蒙古、吉林、龙江、大兴安岭森工（林业）集团公司，新疆生产建设兵团林业局：

为全面贯彻落实国家林业局《关于加快林木种苗发展的意见》（林场发［2004］135号）精神，加强林木采种基地建设管理，提高林木种子的遗传品质和播种品质，现就进一步加强林木采种基地建设管理的有关事项通知如下：

一、林木采种基地应设在地势平缓、面积集中、便于集约经营、交通方便的林分中，地形因子要有利

于树木的结实和采种。在混交林中建林木采种基地，目的树种为针叶树的，其比例不得少于70%；目的树种为阔叶树的，其比例不得少于50%；异龄林分中母树树龄相差不大于两个龄级。采种母树要生长良好，结实正常，无严重病虫害，其优势木和亚优势木比例不得少于80%。采种基地应当确标定界，设立明显的标牌或标桩，严禁在疫区内设立采种基地。

二、林木采种基地的经营管理单位应当编制经营方案，并严格按方案作业。疏伐抚育必须依据建设规划要求进行设计，严格按照林木采伐管理政策依法采伐。疏伐对象应为枯立木、风折木、病腐木、被压木以及形质低劣的不良林木，疏伐强度应能保证留存的母树树冠充分伸展，疏伐后林分郁闭度应不低于0.6，保留株数应根据树种、林龄及立地条件而定。疏伐后要及时清除剩余物，加强杂草、灌丛和病虫害的控制，提倡采用生物防治措施。要加强林木采种基地内的防火，及时清除杂草和灌木。禁止在采种基地内放牧、狩猎、采脂和采樵。

三、林木采种基地内的采种由基地经营单位组织进行，未经县级林业主管部门和基地管理单位同意，任何单位和个人不得进入林木采种基地内采种。采种应严格遵守林木种子成熟生物学规律，严禁抢采掠青，损坏母树。采收的种子要挂附临时标签，标明树种、采集地点、采集日期和采集人，并尽快运往调制场所。种子调制执行《林木采种技术》国家标准，调制好的种子应按《林木种子检验规程》进行检验，及时入库，入库前种子质量要达到《林木种子质量分级》的要求。

四、林木采种基地经营单位应当建立林木采种基地种子生产档案，科学分类、规范整理，做到记录准确无误，档案材料齐全完整。

五、由中央或地方政府投资，按照《林木种苗工程项目建设标准》（林计发［2003］207号）要求报省级以上林业主管部门批准建设的林木采种基地，未经原审批机关批准，不得改变其用途。

各省级林业主管部门要认真组织学习本通知和相关标准，努力提高管理人员的业务水平，严格按照本通知的要求做好林木采种基地的建设管理工作。

国家林业局

2005年9月20日

国家林业局关于印发《国家林业局松材线虫病疫木加工板材定点加工企业行政许可被许可人监督管理办法》等3个管理办法的通知

林策发［2005］166号

各省、自治区、直辖市林业厅（局），内蒙古、吉林、龙江、大兴安岭森工（林业）集团公司，新疆生产建设兵团林业局，国家林业局各直属单位：

根据《中华人民共和国行政许可法》和其他法律法规的要求，我局制定了《国家林业局松材线虫病疫木加工板材定点加工企业行政许可被许可人监督管理办法》、《国家林业局国务院有关部门所属在京单位从国外引进林木种子、苗木检疫行政许可被许可人监督管理办法》、《国家林业局普及型国外引种试种苗圃资格认定行政许可被许可人监督管理办法》，现印发你们，请遵照执行。

附件：1. 国家林业局松材线虫病疫木加工板材定点加工企业行政许可被许可人监督管理办法

2. 国家林业局国务院有关部门所属在京单位从国外引进林木种子、苗木检疫行政许可被许可人监督管理办法

3. 国家林业局普及型国外引种试种苗圃资格认定行政许可被许可人监督管理办法

国家林业局

2005年11月3日

附件1　国家林业局松材线虫病疫木加工板材定点加工企业行政许可被许可人监督管理办法

第一条　为规范松材线虫病疫木加工板材定点加工企业加工行为，确保松材线虫病疫木实现安全利用，防止疫情传播蔓延，根据《中华人民共和国行政许可法》、《中华人民共和国植物检疫条例》、《国务院对确需保留的行政审批项目设定行政许可的决定》（国务院令第412号）等有关规定，制定本办法。

第二条　对获得国家林业局松材线虫病疫木加工

板材定点加工企业行政许可的被许可人（以下简称被许可人）从事加工活动进行监督检查，适用本办法。

第三条 国家林业局负责对被许可人的监督检查，具体工作由国家林业局实施本项行政许可的承办单位（以下简称承办单位）负责。根据实际情况，可以委托省级政府林业主管部门进行监督检查。

第四条 对被许可人实施监督检查，应当本着公开、公平、公正的原则，提高管理效能，规范疫木加工，确保安全利用，防止疫情传播。

第五条 监督检查的主要内容：

（一）被许可人条件是否符合国家林业局核发《松材线虫病疫木加工板材定点加工企业许可证》的有关规定；

（二）被许可人是否按行政许可登记的范围、方式、相关标准从事疫木加工活动；

（三）被许可人是否按申报书和专家论证报告进行疫木板材加工除害；

（四）被许可人出厂板材产品质量情况（产品规格符合要求，无松褐天牛、松材线虫活体，按规定标记防伪标识）；

（五）被许可人疫木安全利用管理制度执行和档案建立情况；

（六）被许可人自查情况；

（七）被许可人遵守其他法律、法规、政策的情况。

第六条 监督检查的方式有书面监督检查、实地监督检查。

书面监督检查是指通过核查被许可人提交的书面材料对被许可人疫木加工活动监督检查。应当在书面监督检查20日前以书面形式通知被许可人。

实地监督检查是指对被许可人的生产经营场所、设备、产成品、检疫检验室等进行现场查验。实地监督检查可以不事先通知被许可人，但应当现场出示检查通知和工作证件。省级林业主管部门受委托进行实地监督检查的还应当出示国家林业局委托证明。

第七条 书面监督检查按以下程序进行：

（一）承办单位将书面检查的时间、内容和需提交材料等书面通知被许可人。

（二）被许可人按照通知要求向承办单位提交书面材料。书面材料主要包括：

1. 登记项目变动情况；
2. 经营条件变化情况；
3. 经营档案建立情况；
4. 防范松褐天牛的设施情况；
5. 松材线虫检测设备情况；
6. 要求提交的其他有关材料。

（三）承办单位审查书面材料，对被许可人实施检查。

（四）承办单位将检查结果书面通知被许可人。

第八条 实地监督检查应当及时做出书面记录。实地检查主要包括以下内容：

（一）依法对被许可人疫木板材运输、保管等进行检查；

（二）依法对被许可人加工板材的产品进行抽样检查、检验、检测；

（三）对被许可人松材线虫和天牛除治设施设备进行检查；

（四）向当事人和其他有关人员调查了解加工活动有关的情况；

（五）查阅与经营活动有关的档案和相关资料；

（六）要求被许可人补充报送的相关资料的情况。

第九条 对每个被许可人的实地监督检查每年不少于1次，检查时检查人员不少于2人。与监督检查有利害关系或者可能影响检查结果的应当回避。检查时应当做出书面记录，由所有监督检查人员签字后归档。

第十条 书面或者实地监督检查发现不合格的，由承办单位或者受委托省级林业主管部门通知限期整改，并对整改的情况实施督促检查。

第十一条 实施监督检查，不得收取任何费用，不得妨碍其正常生产经营活动和日常工作，不得索取或者收取其财物或者谋取其他利益。

第十二条 承办单位或者受委托省级林业主管部门应当设立举报电话和电子邮箱，公开举报方式，对举报的事项、内容，及时组织力量进行核实、处理。

第十三条 被许可人违反法律、法规的规定，致使外来有害生物传播扩散的，应当依法撤销其松材线虫病疫木加工板材定点加工企业资格；对其违法行为依照有关法律、法规的规定予以处理。

第十四条 承办单位应当建立对被许可人实施监督检查情况立卷、归档、公开查阅制度，指定专人管理，并负责公众查阅的接待工作。归档主要包括以下材料：

（一）被许可人名称、地址；

（二）准予许可的事项；

（三）被许可人申请、资质等有关材料；

（四）实施监督检查情况的书面记录；

（五）监督检查结果；

（六）其他相关材料。

第十五条 承办单位应当建立被许可人从事行政许可活动的不良信用公示制度。凡经核实的被许可人违法从事行政许可事项活动的情况，均应载入被许可人的不良信用记录，并依法予以公开披露。

第十六条 承办单位应当建立健全依法撤销、注销松材线虫病疫木加工板材定点加工企业许可的工作机制，对各项准予行政许可的事项实施动态管理，根

据行政管理相对人的请求或者依据职权，及时按程序撤销有关行政许可，及时依法办理有关行政许可的注销手续。

第十七条 监督检查的有关材料应当报国家林业局行政许可工作管理办公室备案，有关材料由国家林业局行政许可工作管理办公室以适当方式公开。

第十八条 承办单位应当建立健全与省级林业主管部门之间有关被许可人从事行政许可事项情况的工作联系机制。省级林业主管部门应当协助承办单位做好对被许可人的监督检查工作。

第十九条 本办法自2005年12月5日起施行。

附件2 国家林业局国务院有关部门所属在京单位从国外引进林木种子、苗木检疫行政许可被许可人监督管理办法

第一条 为了规范从国外引进林木种子、苗木及其他繁殖材料（简称引种）检疫审批行为，维护引种者的合法权益，促进引种事业健康发展，根据《中华人民共和国植物检疫条例》和《中华人民共和国行政许可法》的有关规定，制定本办法。

第二条 对获得国家林业局引种许可的被许可人（以下简称被许可人）从事引种林木种苗活动进行的监督管理，适用于本办法。

第三条 国家林业局负责对被许可人的监督管理，具体工作由国家林业局实施本项行政许可的承办单位（以下简称承办单位）负责。根据实际情况，可以委托种植地省级林业主管部门进行监督管理。

第四条 对被许可人实施监督管理，应当本着公开、公平、公正的原则，提高管理效能，规范被许可人引种行为，维护引种秩序。

第五条 监督检查的主要内容：

（一）被许可人条件是否符合国家林业局核发引种许可的有关规定；

（二）被许可人是否按照行政许可的要求、方式、有效期内申请引种，并接受监管；

（三）被许可人是否按行政许可的范围和用途引种；

（四）被许可人是否具备有效的引种隔离试种苗圃资质；

（五）被许可人是否按照行政许可的要求实施隔离试种；

（六）被许可人引种种植地有害生物发生和防治情况，尤其是疫情处置措施；

（七）被许可人自查情况；

（八）被许可人遵守其他法律、法规、政策的情况。

第六条 监督检查的方式有书面监督检查、实地监督检查。

书面监督检查是指通过核查被许可人提交的书面材料对被许可人引种活动进行监督检查。应当在书面监督检查20日前以书面形式通知被许可人。

实地监督检查是指对被许可人接受监管情况、引种试种隔离苗圃、种苗、有害生物发生情况、疫情处置设备等进行实地查验。实地监督检查可以不事先通知被许可人，但应当现场出示检查通知和工作证件。省级林业主管部门受委托进行实地监督检查的还应当出示国家林业局委托证明。

第七条 书面监督检查按以下程序进行：

（一）承办单位将书面检查的时间、内容和需提供的材料书面通知被许可人。

（二）被许可人按通知要求向承办单位提交书面材料。书面材料主要包括：

1. 引种时间、数量和用途；

2. 隔离试种苗圃资格审核情况；

3. 引种材料隔离试种生长状况、有害生物发生和防治情况；

4. 委托监管单位监管证明材料；

5. 要求提交的其他有关材料。

（三）承办单位通过审查书面材料，对被许可人的引种行为实施检查。

（四）承办单位将检查结果书面通知被许可人。

第八条 实地监督检查应当及时做出书面记录，书面记录应当包括：

（一）依法对被许可人引种的材料进行抽样检查、检验情况；

（二）依法对被许可人引种材料隔离试种生长状态、有害生物发生和防治情况、隔离试种苗圃设施设备运行状况进行检查的情况；

（三）查阅与引种相关的档案材料情况；

（四）要求被许可人补充报送的其他资料的情况。

书面记录由监督检查人员签字后归档。公众有权查阅监督检查书面记录档案。

第九条 对每个被许可人的实地监督检查每年不少于1次，检查时检查人员不少于2人。与监督检查

有利害关系或者可能影响检查结果的，应当回避。

第十条 书面和实地监督检查不合格的，由承办单位通知限期整改，并对整改情况实施督促检查。

第十一条 对被许可人进行监督检查时，不得收取任何费用，不得妨碍其正常的引种活动，不得索取或者收受被许可人的财物或者谋取其他利益。

第十二条 承办单位应当设立举报电话，公开举报方式，对举报的事项、内容及时组织人员进行核实、处理。

第十三条 监督检查中发现被许可人确有违法引种行为的，应当依法处理。

第十四条 承办单位应当建立对被许可人实施监督检查情况立卷、归档和公开查阅制度，指定专人管理，并负责公众查阅的接待工作。归档主要包括以下材料：

（一）被许可人名称、地址；

（二）准予许可的事项；

（三）准予许可的有效期；

（四）被许可人申请、资质等有关材料；

（五）实施监督检查情况的书面记录；

（六）监督检查结果；

（七）其他相关材料。

承办单位应当指定人员管理监督检查记录档案，并负责公众查阅的接待工作。

第十五条 承办单位在书面记录和档案的基础上，建立被许可人从事行政许可活动的不良信用公示制度。凡经核实的被许可人违法从事行政许可事项活动的情况，均应载入被许可人的不良信用记录，并依法予以公开披露。

第十六条 承办单位应建立健全依法撤销、注销引种许可的工作机制，对各项准予行政许可的事项实施动态管理，根据行政管理相对人的请求或者依据职权，及时按程序撤销有关行政许可，及时依法办理有关行政许可的注销手续。

第十七条 监督检查的有关材料应当报国家林业局行政许可工作管理办公室备案，有关材料由国家林业局行政许可工作管理办公室以适当方式予以公开。

第十八条 本办法自2005年12月5日起施行。

附件3 国家林业局普及型国外引种试种苗圃资格认定行政许可被许可人监督管理办法

第一条 为有效防范外来有害生物的入侵，规范普及型国外引种试种苗圃的生产、经营、管理活动，维护森林资源和生态安全，促进林业可持续发展，根据《中华人民共和国植物检疫条例》、《中华人民共和国行政许可法》和《国务院对确需保留的行政审批项目设定行政许可的决定》（国务院令第412号）的有关规定，制定本办法。

第二条 对取得国家林业局普及型国外引种试种苗圃资格认定的被许可人（以下简称被许可人）从事隔离试种等情况进行监督管理，适用本办法。

第三条 国家林业局负责对被许可人的监督管理，具体工作由国家林业局实施本项行政许可的承办单位（以下简称承办单位）负责。根据实际情况，可以委托种植地省级林业主管部门进行监督管理。

第四条 对被许可人实施监管，应当本着公开、公平、公正、有效的原则，规范被许可人经营行为，确保隔离试种的有效实施。

第五条 监督管理的主要内容：

（一）被许可人条件是否符合国家林业局《普及型国外引种试种苗圃》资格认定的有关规定；

（二）引进的林木种子、苗木及其他繁殖材料到达国内并通关后，被许可人是否在规定的时间内告知负责监管该批货物的林业主管部门植物检疫机构。

（三）引进的林木种子、苗木及其他繁殖材料，被许可人是否种植在普及型国外引种试种苗圃中并接受了监管；

（四）引进的林木种子、苗木及其他繁殖材料在普及型国外引种试种苗圃中的隔离试种时间是否符合要求；

（五）隔离试种后，引进的林木种子、苗木及其他繁殖材料的种植和销售等经营情况；

（六）被许可人隔离试种管理措施、档案等制度的建立和执行情况；

（七）被许可人遵守其他法律、法规、政策的情况。

第六条 监督检查的方式有书面监督检查、实地监督检查。

书面监督检查是指通过核查被许可人提交的书面材料对被许可人的隔离试种情况和经营活动进行监管。在书面监督检查20日前应当以书面形式通知被许可人。

实地监督检查是指对被许可人的普及型国外引种试种苗圃进行现场查验，对其经营活动进行监督检查。实地监督检查可以不事先通知，但应当现场出示检查通知和工作证件。省级林业主管部门受委托进行实地监督检查的还应当出示国家林业局委托证明。

第七条 书面检查按以下程序进行：

（一）承办单位将书面检查的时间、内容和需提

供的材料书面通知被许可人。

（二）被许可人按照通知要求向承办单位提交书面材料。书面材料主要包括：

1. 登记项目变动情况；

2. 经营条件变化情况；

3. 经营档案建立情况；

4. 引进的林木种子、苗木及其他繁殖材料的隔离试种情况；

5. 引进的林木种子、苗木及其他繁殖材料经隔离试种后，其移植、销售等经营情况；

6. 要求提交的其他有关材料。

（三）承办单位检查人员通过审查书面材料，并做出书面记录，签字后归档。公众有权查阅监管部门的记录档案。

（四）承办单位将检查结果书面通知被许可人。

第八条 实地监督检查应当及时做出书面记录。实地检查主要包括以下内容：

（一）对被许可人引进的林木种子、苗木及其他繁殖材料进行抽样检查、检验、检测；

（二）对被许可人引进的林木种子、苗木及其他繁殖材料的隔离试种、监管周期及隔离试种后其移栽、出售等经营活动进行检查；

（三）对被许可人隔离试种条件、检疫和病虫害防治设施设备进行检查；

（四）查阅与经营活动有关的档案和相关资料；

（五）要求被许可人补充报送的相关资料的情况。

第九条 进行实地监督检查应当每年不少于1次，检查时不得少于2人。与检查有利害关系或者可能影响检查结果的人员，应当回避。

第十条 书面或者实地检查不合格的，由承办单位通知被许可人限期整改，并对整改的情况实施督促检查。

第十一条 对被许可人进行监管时，不得收取任何费用，不得妨碍其正常的经营活动，不得索取或者收受被许可人的财物或者谋取其他利益。

第十二条 承办单位应当设立举报电话，公开举报方式，对举报的事项、内容及时组织人员进行核实、处理。

第十三条 被许可人违反法律、法规的规定，致使外来有害生物入侵并传播扩散的，应当依法撤销其普及型国外引种试种苗圃资格；对其违法行为依照有关法律、法规的规定予以处理。

第十三条 承办单位应当建立对被许可人实施监督检查情况立卷、归档和公开查阅制度，指定专人管理，并负责公众查阅的接待工作。归档主要包括以下材料：

（一）被许可人名称、地址；

（二）准予许可的事项；

（三）准予许可的有效期；

（四）被许可人申请、资质等有关材料；

（五）实施监督检查情况的书面记录；

（六）监督检查结果；

（七）其他相关材料。

第十四条 承办单位在书面记录和档案的基础上，建立被许可人从事行政许可活动的不良信用公示制度。凡经核实的被许可人违法从事行政许可事项活动的情况，均应载入被许可人的不良信用记录，并依法予以公开披露。

第十五条 承办单位应建立健全依法撤销、注销引种许可的工作机制，对各项准予行政许可的事项实施动态管理，根据行政管理相对人的请求或依据职权，及时按程序撤销有关行政许可，及时依法办理有关行政许可的注销手续。

第十六条 监督检查的有关材料应当报国家林业局行政许可工作管理办公室备案，有关材料由国家林业局行政许可工作管理办公室以适当方式予以公开。

第十七条 承办单位应当建立健全与省级林业主管部门之间有关被许可人从事行政许可事项的工作联系机制。省级林业主管部门应当将由国家林业局许可的被许可人违法从事行政许可事项活动的事实、处理情况及建议报告国家林业局。

第十八条 本办法自2005年12月5日起施行。

国家林业局关于做好退耕还林工程封山育林工作的通知

林退发［2005］169号

各有关省、自治区、直辖市林业厅（局），新疆生产建设兵团林业局：

封山育林作为植被恢复的重要方式之一，已经列入了2005年的退耕还林工程建设内容。为确保工程建设质量，现就做好退耕还林工程封山育林工作通知如下：

一、严格执行国家计划。严格执行国家下达的退耕还林计划和通过我局审核批复的省级退耕还林工程实施方案，将退耕地造林、宜林荒山荒地造林和封山育林任务同步分解、同步设计、同步落实。严禁在退耕地、宜林荒山荒地和其他工程的新造林地上，重复或交叉安排封山育林任务。

二、科学实施封山育林。一是在封山育林地类上，各工程省（含自治区、直辖市，下同）要统筹安排，按照我局2005年林业生产建设计划的有关要求，封山育林任务必须安排在符合封育条件的无林地和疏林地上，以有效提高森林覆盖率。二是在封山育林措施上，各工程省可根据当地的自然、社会、经济条件和林地经营目标、种苗供应等情况，对封山育林任务采取封育、人工促进等措施，以促进目的树种的生长发育，优化林地植被结构。三是对重点封育区，要加强管护力度，配备专职人员，落实管护责任，并采取有效的封禁措施，巩固封山育林成果。

三、认真抓好检查验收。按照《退耕还林工程建设检查验收办法》（林退发［2001］521号）和《封山（沙）育林技术规程》（GB/T15163-2004）的基本要求，退耕还林工程封山育林要采取县级自查、省级复查和国家级核查三级检查验收方式。各工程省要认真抓好县级自查和省级复查工作。县级自查包括封育期内的年度检查验收和封育期满全面的成效调查，由县级林业主管部门组织专业技术人员严格按办法和规程的要求完成，并上报检查验收调查报告。省级复查和国家级核查分别由各工程省和我局组织进行。将在封育期内不定期地组织具有相应林业调查规划设计资质单位的专业技术人员对工程县进行抽查，并在封育期满时对封育成效进行抽查。

四、切实加强组织管理。各工程省要充分认识到封山育林在退耕还林工程中的地位和作用，切实加强组织领导，严格执行国家退耕还林政策，强化资金管理，制定和完善封山育林相关制度，细化具体实施办法，定期进行检查和督查。发现问题要及时整改，确保工程建设的质量和成效。

国家林业局

2005年11月3日

国家林业局关于进一步加强林业科技工作的决定

林科发［2005］184号

各省、自治区、直辖市林业厅（局），内蒙古、吉林、龙江、大兴安岭森工（林业）集团公司，新疆生产建设兵团林业局，国家林业局各直属单位：

为全面推进林业科学技术进步，努力提高林业科技自主创新能力，加快国家林业科技创新体系建设，促使林业科技工作更好地适应社会主义市场经济体制的要求，适应实施以生态建设为主的林业发展战略和我国生态建设状况进入“治理与破坏相持阶段”以后林业发展对科学技术的需要，根据《中共中央国务院关于加快林业发展的决定》和中央关于加强科技自主创新的精神，现就进一步加强林业科技工作作出如下决定。

一、全面落实科学发展观，依靠科技进步促进林业可持续发展

1. 我国林业科技工作取得了显著成就。改革开放以来，特别是进入新世纪以来，通过实施科教兴林和人才强林战略，林业科技事业得到快速发展。科研工作在一系列重大科技计划的带动下，经过广大科技人员的刻苦攻关和锐意创新，取得了一大批科技成果，有效地解决了林业生态建设和产业发展中的重大关键技术问题，林业科技创新能力明显增强；科技推广工作以林业重点工程建设为载体，直接面向基层单位、广大林农和林业企业，大力推广应用最新科技成果和先进实用技术，为提高林业生态建设的质量和效益，促进林业产业结构调整发挥了重要作用；林业标准化工作快速发展，初步形成了以国家标准、行业标准为骨架，地方标准和企业标准为补充的林业标准体系框架；以《中国可持续发展林业战略研究》为代表的林业软科学研究取得一系列重大成果，为国家林业发展战略的确立和相关政策的制定提供了科学的理论依据；植物新品种保护、转基因生物安全管理和森林认证工作迈出了重要步伐；科技体制改革取得重大进展，科技管理体制和运行机制得到进一步完善。科技工作为我国林业快速发展做出了重要贡献。

2. 加强自主创新是新时期林业发展对科技工作的迫切要求。加快林业发展，巩固并扩大生态建设成果，保障国土生态安全，建设人与自然和谐相处的生态文明社会，对林业科技工作提出了新的更高的要求。特别是打好相持阶段生态建设攻坚战，必须使整个林业工作的基点牢牢建立在依靠科技进步和加强自主创新的基础之上。但是，目前我国林业科技发展的总体水平还不适应林业加快发展的需要，突出表现在：创新能力薄弱，技术储备不足，核心技术缺乏竞争力；科技成果转化率和高新技术产业化水平较低；科技资源分散，配置严重重复，利用效率不高，资源共享机制尚未真正形成；科技队伍整体素质有待进一步提高，优秀拔尖人才尤其是中青年科技帅才、将才偏少；科技投入严重不足，条件能力建设滞后；科技

管理体制和运行机制还不太适应社会主义市场经济的要求，广泛吸引社会力量参与林业科技工作的潜力还有待进一步挖掘等。尤其是在林业投资大幅度增加、林业六大重点工程建设全面推进的情况下，科技储备不足的问题，已经成为制约林业跨越式发展的主要因素之一。为此，必须采取切实有效措施，进一步加强林业科技工作，努力提高林业科技发展的整体水平。

二、林业科技发展的指导思想、基本原则、指导方针和总体目标

3. 今后5～15年林业科技发展的指导思想是：以邓小平理论和“三个代表”重要思想为指导，全面落实科学发展观，紧紧围绕全面建设小康社会的奋斗目标和相持阶段林业发展对科技的迫切要求，深入贯彻落实《中共中央国务院关于加快林业发展的决定》，坚持把科技进步和创新作为林业发展和生态建设的首要推动力量，走中国特色林业自主创新之路，加快建设国家林业科技创新体系，全面提升林业科技整体水平，推动科技兴林、科技富林、科技强林，为实施以生态建设为主的林业发展战略，推动林业持续快速协调健康发展提供强大的科技支撑。

4. 林业科技发展的基本原则。

（1）坚持全面依靠科技进步，把提高自主创新能力作为推进林业结构调整、转变发展方式、提高林业建设水平的中心环节。

（2）坚持有所为有所不为，在对行业具有带动性的关键技术和前沿领域实现重点突破。

（3）坚持以人为本，实现人与事业的全面协调发展。

（4）坚持政策引导与市场拉动相结合，推动企业成为林业技术创新的主体。

（5）坚持深化林业科技体制改革，优化林业科技资源配置。

5. 林业科技发展的指导方针。

根据我国现阶段林业发展对科学技术的需求，林业科技工作的指导方针是：强化创新，重点突破，优化配置，支撑发展。

强化创新就是要加强林业科技的原始创新、集成创新和引进消化吸收再创新，努力提升林业科技自身发展水平和行业核心竞争力。

重点突破就是要集中力量在林业生态建设和产业发展中的关键技术领域尽快取得突破，加速林业跨越式发展进程。

优化配置就是要围绕国家林业科技创新体系建设的目标，促进林业科技力量的合理布局与资源共享。

支撑发展就是要使科学技术真正成为引领我国林业跨越式发展的主导力量，为夺取相持阶段林业生态建设攻坚战的全面胜利提供强有力的科技支撑。

6. 林业科技发展的总体目标。

到2010年，初步建立起符合林业科技自身发展规律和基本满足林业发展需求的国家林业科技创新体系，部分研究领域达到世界先进水平，科技进步贡献率达到40%。

到2020年，建立起层次清晰、分工明确、运行高效、支撑有力的国家林业科技创新体系，主要研究领域跨入世界先进行列，科技进步贡献率达到50%以上。

三、全面建设林业科技创新体系，大力实施六项林业科学技术工程

7. 加强林业科技创新体系建设，提高林业科技持续创新能力。按照科学布局、优化配置、完善机制、提升能力的指导思想，尽快建立国家林业科技创新体系。集聚优势研究群体和优势学科，形成一批国家林业科学中心，带动林业科技整体发展水平的快速提升；采取灵活有效的机制整合区域科技力量，形成一批国家林业科技区域创新中心，提高区域林业科技的发展水平；加强重点实验室、工程技术（研究）中心、陆地生态系统定位观测与研究台站、种质资源库、科学数据库、科技示范基地和科技信息网络等基础条件平台建设，全面提升林业科技基础设施水平和利用效率。

8. 实施六项林业科技工程，提升林业科技整体水平。围绕生物技术与良种培育、森林可持续经营、森林资源高效利用等林业科学技术发展的优先领域，集中力量组织实施生态建设与生态安全、林业生物技术与良种培育、森林生物种质资源保护与利用、林业生物产业发展、数字林业、林业科技创新能力建设等六项林业科学技术工程，以此为载体，选择一批对经济社会发展和行业科技进步有带动性、标志性、突破性的重大科技项目，组织跨部门、跨学科、跨地域的科技协作与攻关，尽快突破长期制约林业生态建设和产业发展的关键性技术难题。特别是力争在林业生物技术、生物质能源、新材料技术等科学前沿和高新技术领域取得突破，取得一批拥有自主知识产权的重大科技成果和专利技术，提升林业科技整体水平。积极鼓励自由探索，支持专家在林业重大关键技术和重大科学前沿开展研究工作。

9. 增强林业科研院所和高等学校的自主创新能力，夯实林业技术储备基础。充分发挥中央、省级林业科研院所和高等学校在人才、信息、仪器设备和学科建设等方面的资源优势，通过重大科技工程（项目）的实施，使其成为林业科技原始创新、集成创新和引进消化吸收再创新的主战场，逐步建成具有国际先进水平的国家级科技创新基地或区域科技创新基地，增强林业技术储备。加强与中国科学院、中国工程院以及农业、水利、气象、环保等行业有关科研院所和高等学校的交流与合作，实现优势互补、资源共享，促进学科交叉与融合。

10. 强化企业的技术创新主体地位，增强林业企业市场竞争力。通过建立健全企业技术创新机制，发展各类林业科技中介机构，加大对科技型企业政策扶持力度，鼓励、支持和引导林业企业建设各类研究开发机构或组建各种形式的战略技术联盟，切实增加科技投入，使企业成为研究开发投入的主体和技术创新活动的主体，尽快在关键领域形成具有自主知识产权的核心专利和技术标准。建立和完善以企业为核心、产学研有机结合的机制，增强企业的技术集成与产业化能力，加快科技成果产业化步伐，提高林业企业的市场竞争力。

四、加大林业科技推广和高新技术产业化力度，为林业重点工程建设和产业发展提供有力保障

11. 加大林业科技推广力度，全面提高林业重点工程建设水平。进一步加大工作力度，有针对性地遴选先进成熟的科技成果和实用技术到林业生产第一线进行组装配套和推广应用，努力提高林业生产建设的科技含量。林业重点工程实行技术目标制、技术责任制和技术考核制，真正做到工程建设与技术推广同步设计、同步实施和同步验收。加强林业科技示范区、示范点、示范基地建设，通过人才、技术、资金等资源的优化配置与有效整合，强化技术的优势集成和组装配套，发挥示范辐射和带动作用，提高林业科技显示度。积极开展送科技下乡活动，组织广大科技人员深入林业生产第一线普及科学知识，推广应用科技成果。

12. 加强林业高新技术开发，促进林业产业发展。围绕国家目标和林业产业发展的需求，充分发挥资源优势，进一步加大研究开发力度，在林木（包括竹藤花卉）种质创新与资源培育、生物质能源、生物质新材料、林业绿色化学品、森林生物制药与生物制剂、林业信息技术和高技术装备等方面打造一批具有市场竞争力的拳头产业和名牌产品，促进林业产业结构调整和技术升级。集中优势创建一批富有活力的林业工程技术（研究）中心、产业化示范基地，加快林业高新技术企业的孵化。发挥区位资源优势和技术优势，促进林业产业的合理布局，形成一批以林木新品种与种苗培育为基础，技术创新为动力，精深加工为先导的林业生物产业带和产业集群，实现林业高技术产业聚集效应和区域经济规模效益。

13. 进一步贯彻落实《农业技术推广法》，建立和完善新型林业科技推广体系。加强市（县）级林业科技推广机构的能力建设，做到有机构、有编制、有人员、有经费、有示范基地。乡镇林业工作站要强化科技推广职能，配备专职技术推广人员。扶持发展基层林业技术推广专业服务组织。调动林业科研院所、企业、各类院校和各级学会、协会参与科技推广的积极性，形成中央、地方与社会各方面力量共同参与，国家扶持和市场引导相结合、无偿服务与有偿服务相结合、专业性队伍与社会化服务组织相结合的新型林业科技推广网络。

五、加强林业标准及质量监督工作，保证林业生态建设质量和林产品的质量安全

14. 加强林业标准化工作，保障林业建设质量。积极推进标准战略，紧紧围绕林业重点工程建设和林业产业发展的需要，加快林业生态建设和林产品标准制修订步伐，建立健全由国家标准、行业标准、地方标准和企业标准组成的，覆盖林业各个专业领域的林业标准体系。实行分类指导，引导企业、科研院所和高等院校充分发挥各自的积极性，共同开展林业重要技术标准的研究与制定工作。强化林业标准的实施工作，充分发挥林业标准化示范县（区、项目）的辐射和带动作用，真正做到林业生态工程建设按标准设计、按标准施工、按标准验收，确保工程建设质量。

15. 加强林业质量监督与检验检测机构建设，建立健全林业质量监督体系。各级林业主管部门应紧密结合本地实际，尽快建立健全林业质量监督与检验检测机构，加强林业质量检验检测人员队伍建设，提高质量监督与检验检测能力。加强林业生态工程质量监理工作。实施林产品质量监测制度，加大对林产品、林木种苗、花卉和森林食品，特别是涉及人的身体健康和生命安全的林产品质量的监督力度。强化外来有害生物检验检疫，推行质量标志管理，确保生态安全和林产品质量安全。

六、深化林业科技体制改革，建立适应社会主义市场经济和林业分类经营要求的林业科技管理体制和运行机制

16. 继续深化林业科技体制改革。继续推进林业科研机构分类改革，针对不同类型分别建立相应的管理体制和运行机制。对于经改革后确认按非营利性科研机构管理和运行的林业科研机构，按照“职责明确、评价科学、开放有序、管理规范”的要求，以建立“开放、流动、竞争、协作”机制为重点，建立现代科研院所制度，建成具有先进水平的科学研究与创新基地。对于具有面向市场能力的开发类科研机构，推动其向科技型企业转制，在完善法人治理结构的基础上，建立健全现代企业制度，按照市场机制进行管理和运行。林业科技中介机构要积极面向市场、面向社会，逐步形成体制合理、机制灵活、制度健全、竞争有序、诚信经营和服务专业化、发展规模化、运行规范化的社会化服务体系。

17. 明确分工，加强协作，优化林业科技资源的配置。国家级林业科研单位以林业基础研究、战略高技术、重要公益研究领域创新活动为主，围绕国家发展目标，着力解决全局性、基础性、关键性和前瞻性的重大科技问题，努力提升林业自主创新能力和水平，增强科技核心竞争力；区域性和省级林业科研机构，以应用研究和开发研究为主，主要解决区域经济社会发展中的重大林业科技问题，形成具有区域特色

的研究发展中心；地（市）县级林业科技机构，以技术推广为主，主要开展科技成果推广和技术服务工作。进一步调整优化学科和人员结构及布局，实现林业科技资源在研究开发、推广应用、产业化三个层面上的有效配置和综合集成。积极鼓励、引导林业科研院所、高等院校、企业之间的联合，实现优势互补、强强联合，形成协调一致、分工协作和利益共享的机制。

18. 以人为本，建立公平、公正的竞争与激励机制。坚持公开、公平、公正和竞争、择优的原则，以完善全员聘用制为核心，进一步建立健全人才选拔、培养、使用机制和人才合理流动机制。继续加大分配制度改革力度，真正做到按岗位定酬、按业绩定酬，实现关键岗位高收入、一流业绩一流收入，切实建立起有利于促进科技人员大胆创新、刻苦攻关的激励机制；积极探索科技成果入股和技术、管理等生产要素参与分配的办法；进一步完善奖励制度，对做出突出贡献的优秀人才予以重奖。改革和完善科技评价体系，针对不同的工作对象和科技活动，建立相应的评价办法、指标体系和评价监督机制，营造自由探索、平等理性、鼓励创新、宽容失败的良好环境。实行科技信用管理制度，建立踏实严谨、守法诚信的职业道德和行为规范，鼓励和约束林业科技人员尽职尽责完成工作任务。

19. 鼓励林业科技人员创办科技企业和开展技术服务。各级林业主管部门和林业科研单位要在进一步落实国家有关政策的基础上，结合自身实际制定相应的优惠政策，大力倡导和鼓励科技人员到基层去、到西部去、到生产第一线去，带头创办、联办科技企业，开展形式多样的技术开发、技术咨询、技术服务和技术承包等活动，并为他们创新创业提供宽松环境和必要条件。允许科技人员在带动、帮助林业生产单位和林农富裕起来的同时，从中得到合法的经济报酬。

20. 加强林业科技计划管理，提高林业科技工作质量。进一步完善林业科技项目立项制度和管理机制，更好地解决林业生产实践中的重大问题和关键技术，促进科技与生产的紧密结合。完善项目合同制和目标管理责任制，积极鼓励和倡导林业科研、推广单位与生产单位及企业的联合，支持多元主体共同承担林业科技项目，加快成果转化，提高科技贡献率。逐步推行林业科技项目招投标制。进一步加强各级各类科技项目实施过程中的监督检查和跟踪管理，提高林业科技工作质量和效益。充分发挥知识产权保护的导向作用，全面落实专利战略，提高项目研究的起点，切实避免低水平重复。

七、加大林业科技人才的培养和引进力度，建设高素质林业科技队伍

21. 加大优秀拔尖科技人才的培养力度，造就自主创新的人才队伍。设立林业科技人才专项基金，组织实施“312”科技人才培养计划，即：到2020年，培养和吸引30名学术技术带头人，1000名科技新秀，培养和稳定20 000名左右基层技术骨干。通过加强重点学科、重点实验室建设和重大项目（课题）的实施以及国内外进修、培训等多种有力措施，培养造就一批科技帅才和将才，特别是两院院士及世界林业学科前沿领域的领军人物、战略科学家。切实加强基层实用人才和高技能人才队伍建设，提高其整体素质和业务技能，使其在林业建设第一线充分发挥作用。高度重视林业科技后备人才的选拔和培养，提高青年科技人员在林业科技项目组的比例。

22. 完善林业科技人才使用和引进政策，促进人才交流。各级林业主管部门要从项目、经费、工作条件、生活待遇等方面制定完善相关措施和办法，采取多种形式，吸引、留住和用好优秀林业科技人才。不断完善各类人才的评价和使用机制，营造公开、公平、公正的竞争环境和人尽其才的良好氛围，为各类优秀科技人才脱颖而出，特别是高层次拔尖人才的快速成长创造条件。建立协调机制，疏通各类人才之间的流动渠道，鼓励东、中、西部林业人才的对口交流，有效缓解西部地区人才短缺问题。

八、进一步扩大林业科技对外开放，积极推进林业科技与国际接轨

23. 积极开展国际合作与交流，提升林业科技国际竞争力。继续实施“走出去”和“请进来”战略，不断拓宽我国林业科技国际合作与交流的领域和渠道。鼓励参与全球及区域性的深度科技合作，强化与世界知名林业科研机构、大学、跨国公司的合作，密切跟踪国际林业科技前沿，在积极引进并消化吸收国外林业先进技术和管理经验的基础上强化自主创新，扩展拥有自主知识产权的科技成果，提升我国林业科技的竞争力和国际地位。积极鼓励并支持科学家进入国际组织和科研机构中任职。

24. 建立和完善植物新品种保护、森林认证、林业生物安全管理等技术体系，积极推进林业科技与国际接轨。建立健全国家林业植物新品种保护测试机构、代理机构和信息网络，提高林业植物新品种知识产权保护能力和技术检测水平。积极开展森林可持续经营的标准指标体系研究，尽快建立符合国情林情、与国际接轨的森林认证体系。建立严格的林业外来物种引进和转基因生物安全管理制度，使林业生物安全管理纳入法制化轨道。

九、采取有效措施，切实增加林业科技投入

25. 增加林业科技经费总投入，保障林业科技发展对资金的需求。各级林业主管部门要采取有力措施保证林业科技经费投入增幅高于同期林业建设投入的增长幅度并优先安排。建立林业科技经费核查制度，对没有按一定幅度增加科技经费的地方林业主管部门，上级林业主管部门要在资金和项目上对其进行调控。地方林业部门承担国家和省部级林业科技项目的，要积极争取有关部门支持，按不低于1:1的比例配套经费。在项目中期评估和验收过程中要将配套资金落实情况作为重要指标，对没有落实合同要求配套经费、弄虚作假、缺乏信誉的林业科技项目承担单位，暂停其申请新的林业科技项目的资格。

26. 落实林业重点工程科技支撑专项经费，促进工程顺利实施。进一步落实在林业重点工程中安排不少于3%的经费用于科技支撑的措施，持续稳定地加大投入力度；各级林业主管部门要积极争取相关支持，确保科技支撑配套经费落实到位。在积极争取投资的同时，各级林业科技、计划、生产、工程管理等部门要相互配合，认真落实“慎用钱”的要求，建立健全各项管理制度，严格按照国家有关法律法规办事，强化项目管理和会计监督，确保科技支撑经费安全、有效、规范运行，真正发挥应有的投资效应。

27. 实施激励和扶持政策，建立多元化林业科技投入机制。要充分发挥市场投融资机制和激励机制的作用，运用补助、贴息等优惠政策和经济杠杆，鼓励和引导各种社会资本投入林业科技工作。积极争取国家对林业长期限、低利息的信贷扶持资金用于林业科技工作。林业企业要从提高核心技术竞争力的战略高度出发，按照国家有关规定逐年增加研究开发投入。最终形成以公共财政投入为主，银行贷款、企事业单位自筹、风险投资、合作研究开发和国际资助等在内的多元化、多层次的林业科技投融资体系，多渠道增加林业科技经费。要完善林业科技资金管理办法，探索建立林业科技资金部分有偿使用机制，提高林业科技资金使用效益。

十、加强对林业科技工作的组织领导，落实相关措施

28. 各级领导要高度重视林业科技工作。各级林业主管部门要按照科学发展观的要求，认真学习贯彻胡锦涛同志关于加强新时期科技工作的一系列重要指示精神，切实加强对林业科技工作的领导，把科技兴林工作列入重要议事日程，把林业科技发展规划纳入林业总体规划组织实施，形成具有地方特点的科技兴林战略。坚持一把手抓第一生产力，实行林业科技工作目标责任制，将科技兴林工作列入林业主管部门年度考核指标，并将考核结果作为选拔任用和奖惩的重要依据。各级林业主管部门要加强科技管理部门建设，健全管理机构，配备精干管理人员。

29. 建立林业重大项目科学决策机制。各级林业主管部门要充分尊重科学、尊重知识、尊重人才，建立和完善各级专家咨询委员会和科学技术委员会等组织。坚持林业重大问题和重大建设项目必须按照科学决策、民主决策的程序和方法，依靠各方面的专家进行科学论证，按科学规律办事，提高决策水平。

30. 强化林业科技宏观管理和行业指导。各级林业科技管理部门要根据本地区实际情况，深入开展调查研究，不断推动管理创新，促进林业科技创新要素和其他社会生产要素的有机结合，为促进林业科技自主创新和提高林业科技整体水平创造良好的环境和有利条件。要加强宣传，主动协调，主动服务，集成各方资源，壮大林业科技实力，建立与新形势相适应的、具有地方特点的技术创新机制。注重林业行业科技活动信息的采集、数据积累和共享，提高林业科技管理的科学化、系统化和信息化水平。建立林业科技管理行业考评和奖励机制，充分调动林业科技管理工作者的积极性。

进一步加强林业科技工作，是贯彻落实科教兴林战略，推动林业持续快速协调健康发展的重大举措。各级林业主管部门和广大林业科技工作者要高举邓小平理论伟大旗帜，认真贯彻“三个代表”重要思想，以科学发展观为指导，紧紧围绕全面建设小康社会和实现林业跨越式发展的奋斗目标，认真落实国家关于科技工作的各项方针政策，团结协作，开拓创新，勇攀林业科学技术高峰，努力提高林业科技自主创新能力，为建设山川秀美的社会主义现代化强国作出新的更大的贡献！

国家林业局

2005年10月31日

国家林业局关于印发《2005~2007年林业科教振兴行动方案》的通知

林科发［2005］185号

各省、自治区、直辖市林业厅（局），内蒙古、吉林、龙江、大兴安岭森工（林业）集团公司，新疆生产建设兵团林业局，国家林业局各直属单位：

为全面贯彻落实科教兴林战略，充分发挥科学技术对林业生产特别是六大重点工程建设的重要作用，根据《中共中央国务院关于加快林业发展的决定》和全国林业工作会议精神，我局制定了《2005~2007年林业科教振兴行动方案》，现印发给你们，请结合

各地各单位的实际情况认真组织实施。

附件：2005～2007 年林业科教振兴行动方案

国家林业局

2005 年 10 月 31 日

附件　2005～2007 年林业科教振兴行动方案

实现林业大发展，出奇制胜在科技，归根结底靠人才。为了全面贯彻落实胡锦涛总书记关于新时期科技工作的一系列指示精神和《中共中央国务院关于加快林业发展的决定》，快速提高林业科技教育发展水平，服务于六大林业重点工程，特组织开展林业科教振兴行动。

林业科教振兴行动自 2005 年开始实施，至 2007 年结束。主要针对当前林业科技、教育、人才工作的薄弱环节，通过采取集中组织、统一实施、严格验收等措施，力争在 3 年内使行动的各个方面取得明显进展。

林业科教振兴行动包括科技下乡行动、科技示范行动、科技普及行动、知识产权行动、科技管理行动、行业培训行动、学科建设行动、职业教育行动等 8 个行动。

一、科技下乡行动

基层林业生产部门和广大林农是林业生产建设的组织者和主力军，其对林业生产技术掌握的程度直接关系到林业建设的成效。组织林业科技人员深入生产第一线，开展科技下乡行动，是提高林业重点工程建设质量和帮助林农脱贫致富的迫切需要。

2005～2007 年，国家林业局将组织林业科研、教学、推广等各个领域的林业专家和技术人员，通过实用技术培训、印发技术资料、开办实用技术服务热线和信息网站、领办科技型企业等多种形式，把技术送到乡镇村寨、山头地块，送到基层林业生产者手中。具体部署为“十、百、千”科技下乡活动。“十”即每年筛选十项实用技术，编写通俗易懂的技术资料印发到技术适用区；“百”即组织百名科技专家到重点省区开展技术下乡；“千”即通过组织各类培训班，培训千名技术骨干。

各级（省、地、县、乡）林业管理部门要根据“十、百、千”科技下乡活动的目标和任务，结合当地林业科技需求，通过科技讲座、印发科技资料、发放声像资料、科技赶集、现场科技咨询、科技结对帮扶等形式，分级组织、上下联动，形成声势、产生影响、见到效果。

广大林业科技人员应深入生产第一线，在实践中探索科技创新的结合点，树立服务生产、服务林农的新风尚，带技术、带项目，进林区、入企业、下基层，把自已掌握的知识和本领传授给农民朋友和林区群众，力求在为社会创造财富的同时实现自我价值。

3 年内，该行动通过上下联动共组织 10 万人次以上科技骨干科技下乡，编印各类技术资料 100 万份，培训基层林业技术人员和林农 100 万人次以上，从而进一步激发广大林业生产人员和广大林农学习科学、依靠科学的意识以及运用科学的自觉性，实现“送一批实用技术，培训一批技术人员，带动一批科技示范户，致富一方百姓”的目标。使林业生产建设真正转移到依靠科技进步和提高劳动者素质的轨道上来。

二、科技示范行动

“典型示范，辐射带动，全面推进”是林业科技成果推广和标准实施的基本经验，也是提高科技显示度的重要途径。通过建立科技示范园、科技示范区（县）、科技示范点、标准化示范县（区、项目）等构建林业科技示范网络，开展科技示范行动，是加速林业新技术、新品种的推广应用，提高林业工程建设和林产品生产采标率的最便捷办法。

2005～2007 年，国家林业局将根据六大林业重点工程和林业产业的总体布局，按照建设国家林业科技创新体系的目标要求，以科技计划为导向，以技术推广和标准实施为手段，整合科技资源，结合跨省区大型科技项目的实施，建立 5 个跨省区科技示范带。同时，在全国不同省区选择有代表性的区域，创建 10 个科技示范园，50 个科技示范县，200 个科技示范点，300 个标准化示范项目，构建起国家级的林业科技示范体系。

各级林业部门要根据本地区实际，积极引导科研、教学单位与生产单位结合，组织科技人员“带着林农干，做给林农看”，建立形式多样的科技示范企业、科技示范点、科技示范林、科技示范户，使之成为国家级科技示范体系的外延和深化，形成覆盖全国的林业科技示范网络。

大力实施林业品牌战略，提高全行业林业品牌意识，研究制定林业品牌产品战略实施意见，积极探索培育“标准化林产品”品牌的途径，选择 10 个左右具有一定区域产业优势和较高知名度的林业拳头产品精心培育、重点扶持，使之成为全国驰名乃至享誉世界的知名品牌。

通过科技示范和品牌战略的实施，促进科技与生产的紧密结合，带动区域内的生态建设和产业发展，树立一批按标准设计、施工、验收的工程建设的典范，建立一批依靠科技进步绿山富民的样板，产生一批具有市场竞争力的林业品牌产品。同时，建立健全林业质量检验检测体系，全面提高林业工程建设的质量和林业产业发展的水平。

三、科技普及行动

广泛开展林业科学技术普及工作，向公众宣传《中共中央国务院关于加快林业发展的决定》等党和国家关于林业工作的方针政策，展示林业科技发展的最新成就，在全社会弘扬林业科技创新精神，传播林业科技知识和方法，倡导科学文明的生产、生活方式，全面提高公众林业科技意识，形成全社会关心林业、参与林业建设的良好氛围，是实施科教兴林战略的重要保证。

2005~2007年，组织广大科普工作者、乡镇林业站人员、离退休林业专业人员和其他社会力量，以植树节、湿地日、山地日、防治荒漠化日、环境保护日、地球日、爱鸟周、森防宣传月、保护野生动物宣传月等纪念性节日为契机，大力开展科普报告、科普展览、科普咨询、科普图书发放、科普文艺演出等形式多样的科普宣传活动，宣传林业重大政策法规，普及林业科技知识和生态安全知识。

积极联合其他部门，分层次开展科普宣传。面向社会公众，针对林业“重点工作”和“热点问题”，每年开展1~2次主题性科普宣传、咨询和展示活动；面向各级领导干部，每年举办10场林业发展形势和林业科技知识报告会；面向青少年，每年举办1~2次林业科普夏令营或课外教学实践活动。

依照全国林业科普基地标准，组织、引导各级自然保护区、森林公园、植物园、野生动物园、科研院所、现代化苗圃等社会科普资源通过加强自身科普设施建设，强化科普功能，交流科普经验等措施，开展林业科普基地创建活动。3年内，共建立针对社会公众的各级林业科普宣传教育示范基地300个，其中国家级基地100个，地方各级基地200个；建立针对青少年科普教育的中小学生态文明示范学校30个。

各级林业学会、林业协会、林业标准委员会和各级林业部门也应组织相应的科普宣传、科普基地创建活动。3年内，初步在全国建立起面向公众普及林业生态思想、林业科技知识的科普基地网络体系，以重大科普节日和科技展览为主的科普宣传和科普展示模式，引导青少年热爱科学、关心自然、保护环境的学校生态教育模式。

四、知识产权行动

知识产权保护是林业科技创新工作的重要组成部分，实施知识产权保护行动，是提高全行业保护知识产权意识、增加林业植物新品种权和专利权数量、鼓励和加强林业科技自主创新的有效途径。

2005~2007年，通过建立运用知识产权制度促进林业科技自主创新的激励机制，鼓励、引导广大林业科技工作者致力于原始性创新、集成创新和引进创新，取得拥有自主知识产权的科技成果和专利技术。同时，促使林业科技项目承担单位和林业科技管理部门保护和管理自主知识产权的责任意识显著强化，知识产权保护环境得到明显改善。结合“十一五”林业科技发展计划的实施，对应当产生自主知识产权的科研项目，在合同中要明确专利等知识产权指标。

加强林业植物新品种保护与管理。建立健全林业植物新品种代理网络、测试网络和信息网络体系，代理人总数从目前的300人增加到500人；代理机构从目前的21家增加到50家；在现有1个测试中心、5个测试分中心的基础上再建立10个测试站，初步形成由测试中心、分中心和测试站组成的植物新品种测试网络。要以社会反响强烈的植物新品种侵权和纠纷案件为突破口，及时查处一些典型案件，以点带面，全面整治，切实保护权益者的合法权益。

通过上述行动，3年内新增林业专利100项，林业植物新品种权总量达到500项，为植物新品种等知识产权保护和林业科技自主创新创造良好的环境。

五、科技管理行动

林业科技管理是林业科技工作的重要环节，事关林业科技创新和实现产业化的大局。科技管理行动就是要以规范管理制度和互相监督约束为手段，选择科学技术评价、科技数据共享和局重点实验室管理3个关键环节为突破口，逐步渗透到科技管理的各个层次、各个环节，营造公平、公正的竞争激励氛围，实现大型仪器设备和科技信息资源的共享，最大程度地满足科技人员持续科技创新和全面发展的需求。要坚持把推动林业科技自主创新摆在林业科技管理工作的突出位置，通过深化林业科技管理改革，提高宏观管理水平，大力增强林业科技自主创新能力，加快林业科技创新体系建设，为六项林业科技工程顺利实施打好基础。

2005~2007年，组织制定《林业科学技术评价办法》和实施细则，逐步建立科学技术评价监督机制，科技项目评审专家信用制度，遵循随机、回避和更换原则的专家遴选制度，评价意见反馈机制和评价申诉制度等，使目前存在的浮躁浮夸、急功近利等不良现象得到有效遏制，使科学技术评价等科技管理活动逐步得到规范，科技评估机构得到健康发展，政府对科技资源分配的公正性和有效性得到显著提高，科技创新和人才成长、创业环境得到明显改善。

积极深化实验室管理改革，鼓励有条件的实验室加快建立理事会制度、开放流动竞争机制、主要学术带头人公开招聘制度等新的管理体制和运行机制。有效整合现有实验室资源，不断拓宽实验室的研究和服务领域，从而实现实验室资源的有效利用，并在2007年之前实现林业国家重点实验室零的突破。

通过制定《林业科技信息数据共享管理办法》等规章，以建立共享机制为核心，以基础性、公益性

的数据资源为主，全面整合林业科技信息资源，依托具有共享和服务优势的数据机构，构建林业科技信息面向全社会的共享服务体系，完成林业科技数据资源共享平台的建设，实现国家、省市、区县、乡镇四级的林业科技信息网络、数据、文献资料等科技资源共享。

六、行业培训行动

建设高素质的林业人才队伍，是事关林业建设全局的战略任务。当前我国林业正处在深刻的变革和转型之中，对林业人才队伍的理论素养、知识水平、业务本领和领导能力提出了新的更高要求。大力实施行业培训行动，是提高林业人才队伍素质的有效途径，是当前林业人才工作的重中之重。

2005～2007年，将继续加强党政干部培训，全面开展六大林业重点工程配套技术培训及后续产业发展培训，普遍推行林业实用技术培训。按照《中共中央关于加强党的执政能力建设的决定》精神和中共中央组织部《关于深入学习贯彻“三个代表”重要思想，做好大规模培训干部工作的意见》的要求，围绕执政能力建设，切实抓好林业公务员培训，3年共培训6000人次，其中司局（厅）级干部150人次，地县林业局长500人次，地方政府主管林业的县级领导450人次。

根据六大林业重点工程建设的需要，开展对天然林保护、防护林建设、野生动植物保护、湿地保护、防沙治沙、退耕还林、速生丰产林建设以及种苗生产、森林防火、病虫害防治等专业技术骨干及乡镇林业站人员培训；抓好林业企业、特别是国有森工企业领导干部的工商管理培训工作；强化林业执法人员培训、普及林业法律法规。3年培训林业经营管理人员和专业技术干部6000人次。

以经济有效的方式，面向乡村集体（个体）林场场长、技术员，乡村护林员、林木种苗专业户、林区集体企业厂长（经理）和林农大力开展林业实用技术培训，进行林业生态保护意识教育，普及林业科学知识，传授植树造林（种草）技术和林农实用致富技术，每年培训200万人次，3年共培训600万人次。

切实加强行业培训能力建设。建立比较健全和完善的行业培训网络体系，形成以国家林业局直属培训基地为龙头，以省、地、县林业培训基地为基础，以高等林业院校为依托的行业培训格局。加大对干部培训基地的基本建设投入，改善培训条件，增强服务功能。加强对培训管理者和培训师资的培训，3年内培训各省（自治区、直辖市）林业厅（局）培训工作负责人、省级林业培训中心主任、大型林业企事业单位培训负责人、省级林业培训中心直接从事林业培训管理工作干部共180人次，各省级林业培训中心主干课程教师450人次。制定和颁布干部培训基地质量评估体系和评估标准，加强对培训工作的评估和质量监督。加强培训教材建设，根据以生态建设为主的林业发展战略，面向林业干部和专业技术人员，组织编写出版一批管理类、技术类教材。积极发展林业远程教育，建设以中国林业培训网为平台，覆盖各省级培训基地的林业远程教育网络。开展林业培训比较研究、林业人才预测与规划、现代林业培训方法和林业行业培训能力建设等课题研究，以开阔眼界，更新观念，汲取经验，探讨规律，总结理论，摸索方法，指导实践，推动我国林业培训事业的快速发展。

七、学科建设行动

林业学科建设是高等学校、科研单位建设的核心，是提高教学、科研水平的重要基础，加强林业学科建设是实施科教兴林战略的一项重要措施。实施学科建设行动，建设一批具有国际、国内领先水平的林业重点学科，稳步推进高等林科教育的发展，是培养和储备高层次人才，增强行业发展后劲的重要保证，是确保我国林业加快发展的战略举措。

2005～2007年，国家林业局将按照“巩固传统学科、加强新兴学科、拓展交叉学科”的原则，支持林业高校和科研院所的林业学科建设。加强高等学校共建工作，定期与有关部门沟通，召开联席会议，研究林业高等教育中存在的突出问题，明确行业支持的重点和支持方式，通报行业人才队伍有关信息，为教育部门确定林科高等教育培养规模和合理的专业结构提供参考，引导高等林科教育适度发展。根据林业生态建设和产业发展的长远和近期需要，确立一批新的国家林业局重点学科。对国家和局级重点学科，在科研项目上给予适当倾斜。对学科带头人及学术骨干在参加国内外学术交流、提供行业决策咨询、参与科技攻关、参与行业培训等方面提供更多的机会。支持有条件的林业科研院所发挥自身的优势，独立举办或与高等院校联合举办研究生层次的教育，为林业发展培养高层次人才。鼓励林业科研院所积极吸收在读研究生参与承担科研项目，在完成好科研任务的同时，培养更多的人才。鼓励和引导林业高校突出专业办学特色，对林科学生比例高和在林业行业就业比重大的林业院校，在科研项目立项、重点学科建设、专家引进、人员交流等方面给予政策上的倾斜。会同有关主管部门研究制定鼓励林科毕业生到林区就业的政策措施，包括对学生在校期间的扶持政策，提高高等院校为林业行业输送专门人才的能力。

八、职业教育行动

随着六大林业重点工程的全面实施和农村产业结构调整的深入，林业建设对实用型技术人才的需求迅速增长。大力发展林业职业教育，为林业基层一线培养大批“用得上、留得住”的应用型人才，已成为当务之急。

2005～2007年，国家林业局将实施林业职业教育行动，加强对林业职业教育的引导、协调和扶持。根据实际需要，会同有关部门编制和实施林业相关职业的国家职业标准，制定或修订职业教育林科专业建设标准和教学计划及教学大纲。抓好国家和行业重点建设林科专业教学改革和主干课程建设及教材开发。支持并引导林业职业教育实训基地创建，对承担职业教育实习实训的林业企业（事业）单位给予一定的政策扶持。强化面向职业教育对象的职业技能鉴定，为提高就业率提供有效渠道。积极争取有关部门支持，按照“成熟一个，推行一个”的原则，逐步在林业行业技能岗位推行职业资格制度和技能培训、技能鉴定制度。抓好林业职业教育布局调整，积极扶持示范性中等林业职业学校和林业高等职业技术学院建设，探索职业教育与培训相结合的模式。会同教育主管部门，制定政策，鼓励有条件的行业培训机构，依托现有资源，举办林业高、中等职业教育和面向林区第一线的成人学历教育。

林业科教振兴行动是以“三个代表”重要思想和科学发展观为指导，以落实《中共中央国务院关于加快林业发展的决定》为核心的林业科技发展战略部署。实施林业科教振兴行动，必须紧紧围绕林业建设对科技、人才的迫切需求，继续深化林业科技体制改革，进一步合理布局林业科技、教育力量，优化资源配置，建立完善、高效的林业科技、教育创新体系；努力促进科技、教育与经济的紧密结合，大幅度提高科技、人才对林业发展的显示度和贡献率，真正形成全行业科教进步、全过程科技支撑的新局面。

国家林业局关于建立健全重大沙尘暴灾害应急体系的通知

林沙发［2005］188号

各有关省、自治区、直辖市林业厅（局），新疆生产建设兵团林业局：

《重大沙尘暴灾害应急预案》（以下简称《应急预案》）已经国务院审议通过，并确定为《国家突发公共事件总体应急预案》的部门预案。我局2005年7月15日曾以《国家林业局关于印发重大外来林业有害生物灾害等3个部门应急预案的通知》（林造发［2005］100号）予以印发。为全面贯彻落实《应急预案》，建立健全重大沙尘暴灾害应急体系，现就有关事项通知如下：

一、充分认识建立沙尘暴灾害应急体系的重大意义。建立健全社会预警体系，加强应急管理工作，提高国家保障公共安全和处置突发公共事件的能力，预防和减轻突发公共事件造成的危害，是党中央、国务院在新时期作出的重大战略决策，是关系国家经济社会发展全局和人民群众生命财产安全的大事，是构建和谐社会的重要内容，是以人为本，执政为民的重要体现。沙尘暴作为一种自然灾害，对经济社会发展和人民群众身心健康、生命财产安全造成了严重威胁。《应急预案》的制定实施，充分反映了党中央、国务院对防控沙尘暴的高度重视和科学决策，也是我们做好应对沙尘暴工作的重要基础。各级林业部门务必从实践“三个代表”重要思想，坚持立党为公、执政为民的高度，从全面建设小康社会、构建社会主义和谐社会的高度，从全面履行政府职能、提高行政能力的高度，提高认识，增强大局意识和责任意识，把这项利国利民的大事做好。

二、进一步健全和完善各级沙尘暴灾害应急预案体系。各级林业部门要根据我局印发的《应急预案》，结合各地的实际，抓紧组织制定或完善省、市、县各级沙尘暴灾害应急预案，明确沙尘暴灾害应急处置组织体系、工作机制、具体的预测预警和应急处置措施，切实把应对沙尘暴灾害的各项措施落到实处，并纳入各级地方政府的总体应急预案之中。

三、尽快建立沙尘暴灾害信息网络体系。各级林业部门要按照《应急预案》的要求，抓紧建立沙尘暴灾害信息收集和报告制度，层层指定专人负责，确保灾害信息渠道的畅通。各有关省（区、市）的沙尘暴灾害信息必须按照《应急预案》的要求，经厅（局）主要领导签字后在规定的时限内如实上报我局。灾害严重、情况危急的，也可直接上报我局。灾害信息必须及时、真实、准确、可靠，不得迟报、谎报、瞒报和漏报。

四、认真做好突发沙尘暴灾害预防和应急处置的基础准备工作。沙尘暴灾害应急处置关键是要做好预防和应急准备工作，把预防关口前移。一是要认真总结、分析以往沙尘暴灾害发生状况，找出特点和规律性，为完善应急预案和制定有针对性的应急措施提供依据。二是认真搞好灾害趋势分析工作，并有针对性地采取灾害预防和应对措施，减轻灾害危害。三是抓好灾害应急处置的基础保障工作。建立健全沙尘暴灾害监测体系和应急通讯保障体系，完善沙化土地监测数据库，配备必要的预防、预警、应急和处置设备，保证预警、预防和应急处置工作正常开展。

五、经常性地开展应急培训和预案演练工作。各地要根据不同岗位要求，组织开展多层次、多形式的

应急管理培训工作，定期对突发沙尘暴灾害应急主管领导、管理人员、灾害监测人员和信息管理人员等进行培训，提高应急指挥和应急处置能力。同时，要加强应急预案的演练工作，演练要精心组织，注重实效，要按照预案全过程进行。要针对暴露出的问题，制定整改措施，真正达到落实预案，磨合机构，锻炼队伍的目的。

六、深入开展宣传教育工作。要利用广播、电视、报刊、网络等多种媒体，通过编制预案简本、科普读本、影像资料知识讲座、典型案例分析等多种形式，大力开展各级应急预案和应急救灾知识的宣传教育。深入宣传开展应急管理的重要意义，宣传应急预案的主要内容，以及应急处置的规程；宣传和普及预防、避险、自救、互救、减灾等知识，提高公众应对突发沙尘暴灾害的综合素质，形成全民动员，预防为主，全社会防灾减灾的良好局面。

七、切实加强领导，把沙尘暴灾害应急处置各项工作落到实处。做好沙尘暴灾害应急工作意义重大，关系重大，责任重大，各地要切实加强领导，建立健全由多部门参加的沙尘暴灾害应急处置领导小组，主要领导要亲自抓，负总责。要指定专门的机构和人员负责应急处置工作，同时要明确相关部门的职责和义务，把应急处置的各项工作落实好，做到工作和任务明确，责任到位，确保应急处置工作快速、有序、高效地开展。

请各地按照本通知的精神，认真研究，精心组织，周密部署，采取强有力的措施，切实建立健全重大沙尘暴灾害应急体系。并于2005年12月底前将本省（区、市）沙尘暴灾害应急处置具体负责单位、负责人和沙尘暴灾害信息具体负责人的名单和联系方式报我局防沙治沙办，同时将沙尘暴灾害应急预案抄报我局。

国家林业局

2005年11月17日

国家林业局关于深入学习贯彻《国务院关于进一步加强防沙治沙工作的决定》的通知

林沙发［2005］189号

各省、自治区、直辖市林业厅（局），新疆生产建设兵团林业局：

2005年9月8日，国务院作出了《关于进一步加强防沙治沙工作的决定》（以下简称《治沙决定》），这是继党中央、国务院作出《关于加快林业发展的决定》之后，国务院颁布的又一个极为重要的林业文件，是党和国家根据经济社会发展的要求，结合生态建设相持阶段的实际，对加强防沙治沙工作采取的一项重大战略举措。学习和贯彻好《治沙决定》精神，是贯彻落实党的十六届五中全会精神的具体行动，是当前和今后一个时期各级林业部门面临的一项重要任务。为安排部署好这项工作，迅速在全行业掀起学习贯彻《治沙决定》的高潮，并在工作中认真贯彻落实，特作如下通知。

一、充分认识《治沙决定》的重大意义

党中央、国务院高度重视防沙治沙工作，新中国成立以来特别是进入新世纪，采取了一系列更加有力的措施，防沙治沙工作取得了显著成效。全国沙化土地面积56年来首次出现净减少，由上世纪末年均扩展3436平方千米转变为现在年均缩减1283平方千米，沙区生态建设状况已从治理小于破坏进入了治理与破坏相持的阶段。在这样一个关键时期，国务院作出《治沙决定》，具有十分重大的现实意义和深远的历史意义。

《治沙决定》是深入贯彻“三个代表”重要思想和落实科学发展观的重大举措。土地沙化导致贫困，制约经济社会发展。加强防沙治沙工作，努力实现沙区生产和生态良性互动，人与自然和谐相处，最大限度地满足沙区广大人民群众对防沙治沙的多种需求，对于加速全面建设小康社会进程，促进经济社会可持续发展，推动沙区早日走上生产发展、生活富裕、生态良好的文明发展道路具有重要作用。学习贯彻好《治沙决定》精神，加快沙化土地治理步伐，尽快改善沙区生态状况，是林业行业实践“三个代表”重要思想和落实科学发展观的具体行动。

《治沙决定》是指导当前和今后一个时期防沙治沙工作的纲领性文件，是我国防沙治沙史上一个新的里程碑。《治沙决定》充分肯定了新中国成立50多年来特别是近年来防沙治沙取得的巨大成就，总结了我国防沙治沙工作经验，分析了当前防沙治沙的形势，确立了防沙治沙在经济社会发展全局中的重要地位，对防沙治沙事业作出了科学定性，提出了新的奋斗目标，确定了新的战略任务，明确了新的政策措施，解决了制约防沙治沙事业发展的若干重大问题，为新时期我国防沙治沙的持续快速健康发展奠定了坚实基础。

《治沙决定》是推进相持阶段生态建设，打好“西治”攻坚战的有力保障。西部地区是我国生态脆弱区，也是沙化土地集中分布区，处于相持阶段的较低层次。打好“西治”攻坚战，核心是加快治理，重点是坚定不移地推进防沙治沙。《治沙决定》的颁发，不仅为加快沙化土地治理创造了良好的外部条件，而且提供了强有力的组织领导和资金政策保障，为打好打赢“西治”战役，夺取相持阶段生态建设攻坚战的全面胜利提供了重要保证。

《治沙决定》是提升我国的国际地位，加强防治荒漠化领域国际合作与交流的有效手段。我国是《联合国防治荒漠化公约》缔约国。进一步加强防沙治沙工作，既是我国经济社会协调可持续发展的要求，又是积极履行国际公约的需要。《治沙决定》的颁发，对内可以有效加快防沙治沙步伐，对外可以向国际社会充分表明我国政府认真履行国际公约、致力于荒漠化防治事业的积极态度和决心，充分展示我国政府对国际事务高度负责的国际形象，对于提高我国的国际地位和影响，加强国际合作与交流，争取国际社会更多的支持和援助，将发挥重要作用。

二、学习贯彻《治沙决定》要通读原文，领会实质，把握重点，强化措施

《治沙决定》充分体现了党中央、国务院对生态建设、防沙治沙工作的高度重视和关心，充分体现了以人为本，全面协调可持续的科学发展观，充分体现了一切从实际出发，实事求是的精神，准确把握了我国生态建设的阶段性特征和发展规律，是一个完整的理论体系，内涵十分丰富，覆盖了防沙治沙工作的方方面面。各地在学习贯彻《治沙决定》的过程中，既要组织干部职工认真研读《治沙决定》原文，在领会精神实质上下功夫，又要更新观念，拓宽思路，在贯彻落实《治沙决定》的各项政策措施上求突破，切实将防沙治沙工作不断推向深入，实现新的跨越。

学习贯彻《治沙决定》，要在深入领会生态建设相持阶段特点、基本矛盾和发展规律的基础上，重点把握好以下几个方面的内容：防沙治沙的巨大成就，当前防沙治沙的基本形势，防沙治沙的科学定位和准确定性，相持阶段防沙治沙工作的指导思想、防沙治沙跨越式发展的奋斗目标，新的防沙治沙战略布局，防沙治沙体制、机制和政策的战略调整，科技治沙和依法治沙，加强对防沙治沙工作的组织领导等。要深刻领会《治沙决定》出台的背景、实践基础、深刻内涵、精神实质和现实意义。

学习贯彻《治沙决定》，要突出重点，强化措施，狠抓关键环节。一是继续深入推进京津风沙源治理和“三北”防护林等防沙治沙重点工程以及相关林业重点工程建设，根据新形势新要求，充实完善工程建设内涵和任务，确保工程建设取得新成效。二是集中力量主攻防沙治沙薄弱环节，突出抓好当前沙化仍在扩展，问题突出的省区、地县的防沙治沙工作，尽快扭转被动局面。三是切实抓好防沙治沙综合示范区建设，形成星罗棋布、布局合理、类型齐全、点线面结合的防沙治沙新格局，以点带面推动防沙治沙全局。四是抓紧依法划建一批沙化土地封禁保护区，对重点和敏感地区的沙化土地实行最严格的保护，并尽快研究落实相关政策。五是尽快立项实施石漠化治理工程，对南方岩溶地区石漠化进行全面综合治理。六是切实加强防沙治沙领导和机构队伍建设，为防沙治沙持续快速健康发展提供强有力的组织保障。

三、学习贯彻《治沙决定》要统筹安排、周密部署、注重实效

学习贯彻《治沙决定》要做到四个结合。一是要与“三个代表”重要思想、科学发展观、党的十六届五中全会精神的学习贯彻紧密结合。“三个代表”重要思想、科学发展观的深刻内涵和党的十六届五中全会精神是加快防沙治沙事业发展的行动指南，学习贯彻《治沙决定》，必须以此为指导，做到紧密结合，相互促进，努力增强学习贯彻《治沙决定》的自觉性、坚定性和有效性。二是要与生态建设相持阶段的最新理论和发展战略的学习贯彻紧密结合。生态建设相持阶段的论断是经过多年深入探索和有效实践而形成的我国林业工作新的理论建树，内涵丰富，科学准确，切实把握了当前林业发展的现实状况。学习贯彻《治沙决定》，必须紧紧抓住相持阶段的基本特征和发展规律，用新的理论作支撑，新的理念来指导，把《治沙决定》赋予的各项政策措施和规定要求，落实到全面实施以生态建设为主的林业发展战略中，落实到大力推进防沙治沙事业的伟大实践中，落实到实现防沙治沙跨越式发展的具体行动中。三是要与各地防沙治沙工作的实际紧密结合。学习贯彻《治沙决定》，重在联系实际情况，解决实际问题。要在学深吃透文件精神的基础上，认真总结经验，深入实际，探索防沙治沙的新途径、新机制，科学制定对策措施，从根本上解决制约防沙治沙事业发展的各种问题。四是要与全国防沙治沙大会筹备工作紧密结合。国务院确定，2006 年上半年召开全国防沙治沙大会，会议将系统总结全国防沙治沙工作经验，全面部署新时期防沙治沙工作。各级林业部门要结合学习贯彻《治沙决定》精神，抓实工作，勇于创新，以卓有成效的工作和一流的业绩迎接大会的召开。各省级林业主管部门特别是重点沙区省级林业主管部门，也要抓住机遇，精心谋划，力争在 2006 年底前推动本省区市出台一个治沙文件，召开一次治沙会议。

各级林业主管部门要把学习贯彻《治沙决定》工作摆上重要议事日程，一把手亲自抓，领导班子带头学。要按照分层次、分阶段的原则，制定出切实可行的学习贯彻方案，周密部署，精心安排，明确责任，狠抓落实，将学习贯彻《治沙决定》工作引向深入。要通过多种形式，组织好干部职工的学习培训，确保学习时间和效果。各级林业主管部门要切实加强对学习贯彻《治沙决定》的组织领导，加大宣

传力度，迅速在全行业、全社会兴起学习贯彻《治沙决定》的高潮。

各省级林业主管部门要及时将学习贯彻《治沙决定》情况、省级政府领导同志的有关批示报我局。

国家林业局

2005年11月19日

国家林业局关于进一步推行政务公开的意见

林办发［2005］200号

各省、自治区、直辖市林业厅（局），新疆生产建设兵团林业局，内蒙古、吉林、龙江、大兴安岭森工（林业）集团公司，国家林业局各司局、各直属单位：

为深入贯彻落实党的十六大和十六届四中、五中全会及国务院《全面推进依法行政实施纲要》（以下简称《纲要》）精神，发展社会主义民主，保障人民群众的民主权利，提高依法行政水平，加强对林业行政权力的监督，根据《中共中央办公厅、国务院办公厅关于进一步推行政务公开的意见》（中办发［2005］12号，以下简称《意见》）要求，现就各级林业行政主管部门进一步推行政务公开工作提出如下意见。

一、进一步提高对推行政务公开的紧迫性和自觉性的认识

政务公开是实践“三个代表”重要思想，坚持立党为公、执政为民，加强党的执政能力建设的具体体现。党中央、国务院对推行政务公开十分重视。党的十五大、十六大都明确提出要推行政务公开；十六届四中全会从加强党的执政能力建设的高度，要求坚持和完善政务公开制度；十六届五中全会进一步强调要规范政务公开的内容和形式，提高政务公开的针对性和实效性；国务院《纲要》把行政决策、行政管理和政府信息的公开作为推进依法行政的重要内容；中共中央办公厅、国务院办公厅在《意见》中指出，要使政务公开成为各级政府施政的一项基本制度。

近年来，在各级党委和政府的领导下，在有关部门的具体指导下，林业系统政务公开工作在探索和实践中逐步推进，取得了一定的成效，对加强勤政廉政、密切党群干群关系、促进依法治林、推动林业改革发展，发挥了应有的作用。但在相持阶段的今天，林业系统政务公开工作还不能完全适应新形势和新任务的要求，必须充分认识到，在各级林业主管部门推行政务公开，是实践“三个代表”重要思想，贯彻落实科学发展观，加强林业行政能力建设的具体体现，是推进依法行政、依法治林，建设行为规范、运转协调、公正透明、廉洁高效的林业行政管理体制的重要举措，是实施以生态建设为主的林业发展战略、全面落实林业“十一五”发展规划、打赢相持阶段攻坚战的必然要求。

各级林业行政主管部门要从建设社会主义法治政府、构建和谐社会、全面推进经济社会可持续发展的高度，进一步提高对政务公开工作重要性的认识，增强推行林业政务公开工作的紧迫性和自觉性，与时俱进，求真务实，切实做好林业政务公开工作，使林业行政工作的透明度不断提高，与群众沟通的渠道更加畅通，人民群众对林业工作的知情权、参与权和监督权得到切实保障。

二、推行政务公开的指导思想、基本原则和工作目标

（一）指导思想。

以邓小平理论和“三个代表”重要思想为指导，深入贯彻落实党的十六大和十六届四中、五中全会及《纲要》、《意见》精神，以保障人民群众的民主权利、维护人民群众的根本利益为出发点和落脚点，提高林业行政行为的透明度和办事效率，切实加强对林业行政权力的监督，推进行政管理体制改革，促进依法行政和依法治林，为全面落实林业“十一五”发展规划、打赢相持阶段攻坚战奠定坚实基础。

（二）基本原则。

各级林业行政主管部门要严格按照法律法规和有关政策规定，按照“经常性事项定期公开，阶段性事项适时公开，临时性事项即时公开”的原则，对各类行政管理和公开服务事项，除涉及国家秘密和依法受到保护的商业秘密及个人隐私外，要采用方便、快捷的方式及时公开，切实做到严格依法、全面真实、及时便民。

各级林业主管部门在进一步推行政务公开工作中，要认真把握以下四个基本原则。

一是要统筹规划。政务公开要与国家行政管理体制改革和全面推进依法行政，建设法治政府的目标和进程相一致，立足当前，着眼于林业事业的长远发展，确保林业政务公开工作的顺利进行。

二是要突出重点。把人民群众普遍关心和关系人民群众切身利益的林业问题及容易产生不正之风和滋生腐败的工作环节作为林业政务公开的重点内容。

三是要切合实际。政务公开要与林业行政能力建设相适应，与《行政许可法》的实施及正在推行的投资体制改革、财政管理体制改革、人事制度改革等相结合，不断增强政务公开的针对性和有效性。

四是要稳步实施。坚持依法有序进行，继承与创新相结合，认真做好政务公开实施方案、制度办法的制定和落实等有关工作，持续推进工作职能、工作作风、工作方式的转变，增强各级林业行政主管部门的公共服务能力。

（三）工作目标。

通过推行林业政务公开，促进各级林业行政主管部门依法行政水平的提高，实现决策的民主化、科学化；增强各级林业部门的服务意识、便民意识，提高服务的质量和水平；增强单位内部管理的透明度，确保林业职工民主监督权利得到全面落实。

三、推行政务公开的主要任务

（一）进一步规范政务公开内容。

政务公开事项分为对外公开和对内公开两部分。需对外公开的事项，可由各级林业行政主管部门按照全社会和林业系统两个层次组织编制政务公开内容的详细目录，并由各业务归口管理部门或单位依程序、按类别、分步骤向全社会或全林业系统公开。需在内部公开的事项，各级林业行政主管部门及所属各单位可视具体情况采取适当形式进行公开。

一是对外公开事项。党和国家关于林业工作的方针、政策和林业法律、法规、规章等；上级和本部门制定的规范性文件以及与管理、服务相关的其他文件；林业发展总体规划；行政许可事项的依据、条件、程序、期限、承办部门、办理结果、收费标准等；机构设置、职责范围、内设机构分工，管理职能及调整、变动情况；其他需要公开的事项。

二是对内公开事项。年度工作目标及执行情况；领导干部廉洁自律情况；机关（单位）财务收支情况；大宗物资采购的项目、限额标准、采购结果及监督情况；重大工程项目的公开招标、中标情况及工程进展情况；机关干部交流、公务员考核情况；机关党政领导干部选拔任用、公务员录用情况；各类先进模范评选条件、结果；职工福利分配情况；其他需要公开的事项。

（二）不断完善政务公开制度。

各级林业行政主管部门要高度重视和大力加强政务公开制度建设，严格按制度办事，逐步实现政务公开的制度化、规范化，保障林业政务公开工作的规范运行和持久开展。政务公开制度建设的重点是：

一是要建立健全预先审查制度。各级林业行政主管部门决定任何事项，都要把能否公开、怎样公开、在什么范围公开等，作为必需的审核内容，不能公开的要说明理由。要通过预先审查，准确把握公开的内容、范围、形式、程序、时限等，严格限制不公开事项的范围，保证政务公开的全面真实、及时有效、快捷便民。

二是要建立健全主动公开制度。林业工作中应当让社会公众广泛知晓和参与的事项，要及时主动向社会公开。暂时不宜公开或不能公开的，要报上级主管机关备案。公开事项如变更、撤销和终止，要及时公布并作出说明。

三是要建立健全依申请公开制度。对于只涉及部分人和事，不宜让社会公众广泛知晓的事项，应按照规定程序向申请人公开。要根据法律法规，确定依申请公开的事项及公开的对象，明确受理申请的部门、方式及工作程序等，在规定期限内作出是否公开的答复。确定不能公开的要及时做好解释说明工作。

四是要建立健全政务公开评议考核制度和责任追究制度。要把政务公开纳入社会评议林业行政主管部门政风和林业行风的范围，在政务公开的内容是否真实、准确、全面，时间是否及时，程序是否规范，制度是否落实到位等方面，主动接受人民群众的评议和监督，促进林业政务公开工作任务的全面落实。对工作不力、搞形式主义的，要严肃批评，限期整改；对弄虚作假、侵犯人民群众民主权利、损害群众合法利益、造成严重后果的，要严肃查处。

（三）逐步丰富政务公开形式。

在政务公开形式的选择上，要以方便群众知情、办事和监督为目的，因地制宜、形式多样、管理规范。要完善新闻发布制度，通过政府新闻发布会定期发布林业政务信息。继续通过政府公报、公告，政务公开栏，公开办事指南和其他形式公开林业政务。充分利用政府网站和重点工程网站、林业信息网、行政许可专栏、造林质量监督专栏、中国经济林网站、中国森林公园网等专门网站及报刊、广播、电视等媒体形式进行林业政务公开。通过地方政府的综合行政服务中心等方式，对林业行政许可、公共服务等事项予以公开。通过社会公示、听证和专家咨询、论证及邀请人民群众旁听有关会议等形式，对林业行政机关决策的过程和结果予以公开。加快林业政务信息化建设，逐步扩大网上服务项目范围，为人民群众提供方便快捷的服务。

四、狠抓林业政务公开落实工作

为加强对政务工作的领导，国家林业局已成立政务公开工作领导小组，负责组织、部署局机关政务公开工作，指导林业系统政务公开工作。领导小组下设办公室，办公室设在局办公室，负责日常事务工作。各级林业行政主管部门要高度重视政务公开工作，设立政务公开工作领导机构及其办事机构，加强领导，明确责任，合理分工，狠抓政务公开任务的落实工作。

各级林业行政主管部门要建立工作有计划、实施有检查、年终有考核、违规违纪有责任追究的工作制度，完善分工明确、各司其职、各负其责、齐抓共管、相互配合的协调联动机制。在做好本级机关政务公开工作的同时，要加强对本系统政务公开工作的规划和指导，推动林业政务公开工作向纵深开展。

各级林业行政主管部门的政务公开工作，要自觉接受人大、政协、群众团体、人民群众、新闻媒体以及上级部门和监察、审计机关的监督，认真听取各方

面的意见和建议，不断改进和提高。各级林业行政主管部门要把政务公开作为机关目标考核的重要内容，研究制定考核办法，定期考评检查，促进政务公开任务的全面落实。

国家林业局
2005年11月30日

国家林业局关于正确引导社会投资造林加强内部监督管理有关问题的通知

林策发［2005］208号

各省、自治区、直辖市林业厅（局），内蒙古、吉林、龙江、大兴安岭森工（林业）集团（公司），新疆生产建设兵团林业局：

我局于2004年12月11日下发了《国家林业局关于合作（托管）造林有关问题的通知》（林策发［2004］228号），对于进一步宣传林业政策和法律，指导各类社会主体投资发展林业，加强林业管理，维护社会投资发展林业的积极性起到了一定的作用。为了进一步正确引导现阶段社会投资造林，强化林业内部监督管理，维护投资者的合法权益，现在就有关问题通知如下：

一、要高度重视“合作（托管）造林”等社会投资造林问题

新形势下出现的以“合作（托管）造林”等社会投资造林方式参与林业开发、从事林业建设现象，由于涉及面广，社会影响大，一旦发生违法违纪问题，不仅会影响到社会投资造林、发展林业的成果，而且会影响到社会的安定。各级林业主管部门务必从践行“三个代表”重要思想的高度，深刻认识现阶段加强社会投资造林管理的重要性和必要性。对于“合作（托管）造林”等社会投资造林活动中出现的各种问题，各级林业主管部门要抓紧研究，妥善处理。对属于林业主管部门自身职责范围内的问题，要抓好自查自纠，坚持依法行政，及时妥善解决；属于职责范围外的问题，要及时向同级人民政府和上级林业主管部门汇报，积极沟通，加强协调，密切配合，抓紧处理，避免造成不利影响。

二、要继续加大林业政策和法律的宣传力度

各级林业主管部门要按照林策发［2004］228号文件确定的宣传重点，进一步明确宣传内容和要求，并结合当地实际，采取多种形式，向社会公众广泛宣传林业的政策和法律。有条件的地方，要按照《国家林业局办公室关于开设社会造林政策专题网页的通知》（办策字［2005］25号）的要求，链接或参照国家林业局网站上“社会造林政策”专题网页，建立有地方特色的网页，扩大宣传范围，增强宣传时效，保障社会公众对林业政策和法律的知情权。各种林业报刊、网站等新闻媒体，要加大林业政策和法律的宣传力度，使社会公众正确了解社会投资造林有关问题，把社会投资造林这项事业引导好、实施好。刊登涉及“合作（托管）造林”内容的广告、宣传报道，必须严格遵守有关法律和规定，不得刊登虚假广告，不得报道虚假新闻，以防止出现误导广大林业投资者的行为。

三、要依法规范林权管理工作

林权证是确认森林、林木和林地所有权或者使用权的法律凭证，也是确认农村林地承包经营权的法律凭证。各级林业主管部门要依法履行林权登记发证的有关职责，严格依法行政，加强林权登记管理，认真做好林权初始、变更和注销登记，切实提高工作质量。近期，各地要组织力量，对因“合作（托管）造林”发放的林权证进行重点审核复查，如有违法发放林权证的，应依法进行纠正。

四、要加强林业工作人员的监督管理

当前，有的“合作（托管）造林”公司从自身利益出发，为了增强其经营活动的可信度，吸收了一些林业主管部门、企事业单位的在职人员参与其活动，给社会公众造成了一定程度的误导和影响。因此，各级林业主管部门必须统一思想，提高认识，切实加强系统内部的监督管理，认真按照有关规定，严禁各级林业主管部门、事业单位及其工作人员以各种形式参与“合作（托管）造林”等经营活动，不准违法为有关“合作（托管）造林”公司提供便利。各级林业主管部门、事业单位的离、退休人员，也不得违法违纪参与“合作（托管）造林”活动。各级林业主管部门要加大纪检监察力度，对违法违纪参与“合作（托管）造林”经营活动的林业单位和个人，要责令其立即退出，并按有关规定进行严肃处理。

以上通知，请各地认真遵照执行。

国家林业局
2005年12月7日

国家林业局关于进一步加强东北、内蒙古重点国有林区林木采伐管理的通知

林资发［2005］207号

吉林省林业厅，内蒙古、吉林、龙江、大兴安岭森工（林业）集团公司：

近年来，随着天然林资源保护工程的实施和森林资源保护管理力度的加大，东北、内蒙古重点国有林区的森林资源得到有效恢复，林木采伐管理水平逐步提高，各森工企业局超限额、超计划采伐的现象得到一定程度遏制。但是，不按照规程进行伐区调查设计和伐区作业等违规、违法采伐林木的问题依然存在，有的地方还相当严重。为进一步加强林区林木采伐管理，现就有关事项通知如下：

一、高度重视林木采伐管理工作。林木采伐管理是森林资源保护工作的核心内容，既是合理利用森林的重要途径，更是科学经营森林的关键措施。重点国有林区各级林业（森工）主管部门和森工企业局，要充分认识加强林木采伐管理对严格保护和合理利用森林资源、实现森林资源可持续经营、保障天然林资源保护工程深入实施的重要意义，进一步强化森林资源保护管理，真正把林木采伐管理工作放在突出位置，高度重视、常抓不懈。要严格遵守伐区调查、设计、拨交、作业和验收的有关规定，建立健全相应的奖惩机制，从根本上杜绝违规、违法采伐行为。

二、切实加大伐区调查设计的管理力度。伐区调查设计必须由具有森林资源调查设计资质的单位和人员承担，严格执行《东北、内蒙古国有林区采伐更新调查设计规范》等相关技术规程和天然林资源保护工程森林分类区划的规定，严禁人为提高林分年龄、中幼龄林郁闭度等因子进行虚假设计，严禁擅自修改资源档案数据和伐区调查原始材料。各森工企业局对本单位当年申报的伐区，必须抽取一定数量的伐区调查设计进行现地核实，确保伐区调查设计的质量和精度。对业务水平不高，造成伐区调查设计精度低、质量差的人员，要加强培训教育，必要时应调离调查设计岗位；对工作不负责任，弄虚作假、违规设计的人员，要依法严肃处理。

三、严格规范林木采伐许可证审核发放工作。承办林木采伐许可证发放的机构，要固定发证人员，规范发证程序，进一步提高发证管理水平。要按照“谁发证、谁检查”的原则，严格加强对申报伐区相关文件的审核，认真开展伐区调查设计和伐区作业质量的检查，对伐区调查设计不符合规定和抽检结果不合格的单位，一律不得发放林木采伐许可证。对违反相关程序和规定发放林木采伐许可证的人员，要取消其发证资格，并依法处理。

四、全面强化伐区作业管理。各森工企业局要按照上级批准下达的木材产量，周密组织木材生产，采伐作业工队和人员必须经企业培训后持证上岗，严禁将采伐作业任务外包委托森工企业局以外的人员承担。采伐林木必须严格实行伐前公示和凭证采伐制度，按照采伐许可证和伐区调查设计的规定进行作业，不得擅自改变采伐地点、方式和强度，并切实注意对幼树、幼苗和地表植被的保护。对不按照采伐许可证和伐区调查设计的规定，擅自改变采伐方式和采伐地点、越界采伐、超强度采伐的，要坚决追究相关责任人的责任。

五、认真落实各项检查验收。各级森林资源管理部门和监督机构，要及时对伐区作业情况进行监督、检查和验收，发现问题，及时查处。伐区作业过程中，森工企业局的采运技术管理人员必须随同工队跟班作业，纠正生产作业中存在的问题；伐区作业结束后，森工企业局要组织有关技术和管理人员，及时对全部作业伐区进行检查验收。采伐许可证发证机构应随时对伐区作业质量情况进行抽检，对抽检不合格或未按照规定对伐区作业情况进行检查验收以及检查验收工作流于形式的森工企业局，要责令限期整改，并暂停对其发放采伐许可证。

为促进东北、内蒙古重点国有林区进一步强化森林资源管理，规范林木采伐行为，提高森林经营水平，保障天然林资源保护工程的顺利实施，我局将定期开展对东北、内蒙古重点国有林区采伐限额执行情况和伐区作业情况的检查。

国家林业局

2005年12月6日

国家林业局关于加强农田防护林采伐更新管理的通知

林资发［2005］217号

各省、自治区、直辖市林业厅（局），内蒙古、吉林、龙江、大兴安岭森工（林业）集团公司，新疆生产建设兵团林业局：

为切实加强农田防护林体系建设，充分发挥农田防护林体系在保障粮食稳产高产和促进农村经济发展中的作用，2003年以来我局在部分省、自治区、直辖市组织开展了农田防护林更新采伐管理试点。按照《中华人民共和国森林法》、《中华人民共和国森林法实施条例》等法律、法规和《中共中央国务院关于加快林业发展的决定》的要求，结合试点取得的经验和“三北”地区农田防护林体系建设现场会议的精神，现在就进一步加强和规范农田防护林采伐更新管理作如下规定：

一、农田防护林采伐更新管理必须坚持“因地制宜、分类管理，生态优先、科学利用，依法采伐、及时更新，功能不减体系长存”的方针。

二、农田防护林达到更新采伐年龄、生态功能明显衰退之后应及时进行采伐更新。采伐更新所需限额由各地在更新采伐限额中合理安排。限额不足的，由当地林业主管部门依法向省级林业主管部门申报，由省级林业主管部门在其预留指标中调剂解决。

三、农田防护林各树种的更新采伐年龄由各省、自治区、直辖市林业厅（局）根据本地实际依法科学确定，并报我局备案。

四、需要对农田防护林实施更新采伐的，应科学确定采伐方式，合理控制采伐强度。风沙、干旱地区的农田防护林的更新采伐应采取隔株、隔行等渐伐方式，第一次采伐的株数强度不应大于50%，采伐间隔期南方一般不小于2年、北方一般不小于3年（伐前更新已达到成林标准的例外）。其他地区的农田防护林的更新采伐可采取隔行、带状等采伐方式，采伐强度可根据林分状况、采伐方式等确定，但相邻的同向林带不得在同一年实施更新采伐。

五、农田防护林的抚育可参照相应树种用材林抚育技术标准进行，重点伐除病虫木、火烧木、枯死木和其他生长不良的林木。株数抚育强度原则上风沙、干旱地区的农田防护林不大于30%，其他地区的农田防护林不大于50%。

六、对因树种选择不当或遭受火灾、病虫害以及其他自然灾害等形成的低质低效农田防护林，应当进行改造。改造的标准由各省、自治区、直辖市林业厅（局）根据本地实际确定。

七、农田防护林采伐实行伐前公示制度，公示期不得少于7个工作日。

八、农田防护林采伐必须依法进行采伐作业设计。风沙、干旱地区的农田防护林的采伐作业设计原则上由具有林业调查规划设计资质的单位承担；其他地区的农田防护林的采伐作业设计可由县级以上林业主管部门组织有关技术单位或技术人员完成。

九、采伐农田防护林应当向有林木采伐许可证发证权限的主管部门或单位提交申请采伐林木的所有权证书、使用权证书以及《森林法实施条例》第三十条规定的其他有关证明文件。有下列情形之一的，不得核发林木采伐许可证：

（一）林木权属不清或存有争议的；

（二）未按规定提交有关证明文件或提交的证明文件不符合要求的；

（三）采伐作业设计违反有关技术规程和采伐管理规定的；

（四）征用、占用林地未经批准的；

（五）上年度采伐验收不合格或采伐后未在规定期限完成更新造林任务的。

十、核发林木采伐许可证的部门或单位应组织专业人员对农田防护林采伐作业进行现地技术指导和质量监督；对违反规定采伐作业的，应当责令纠正，不纠正的，可责令终止采伐。林农分户经营的农田防护林在依法取得林木采伐许可证后，应当由基层林业管理人员负责现地指导、监督、检查。

采伐作业结束后，核发林木采伐许可证的部门或单位应组织有关人员依据林木采伐许可证和采伐作业设计对采伐地块进行检查验收，验收合格的发给采伐验收合格证明，不合格的依据有关规定处理。

十一、各地应结合实际制定切实可行的具体措施，确保农田防护林在更新采伐的当年或次年完成更新任务；对风沙、干旱地区的农田防护林应进行伐前更新。因扑救森林火灾、防洪抢险等紧急情况采伐农田防护林后，当地县级以上林业主管部门应当组织有关部门或单位及时造林或更新，恢复因救灾采伐损失的农田防护林。

十二、农田防护林的更新，应按照规定进行更新作业设计和更新质量检查验收。对未按时限完成更新或更新质量不合格的单位或个人除按有关规定处理外，对下年度的农田防护林采伐申请不予批准。

十三、农田防护林更新造林之后，要依法核发林权证，明确新造林木的所有权或使用权。

以上规定，请遵照执行。

国家林业局

2005年10月15日

国家林业局办公室关于印发《林业建设项目竣工验收实施细则》的通知

办计字［2005］31号

各省、自治区、直辖市林业厅（局），内蒙古、吉林、龙江、大兴安岭森工（林业）集团公司，新疆生产建设兵团林业局，国家林业局各直属单位：

为加强林业建设项目管理，全面检查和总结项目建设和资金使用情况，规范建设项目竣工验收，促进建设项目及时投产或交付使用，发挥投资效果，现将《林业建设项目竣工验收实施细则》印发给你们，请遵照执行。执行中有何问题和意见，请及时反馈我局发展计划与资金管理司。

附件：林业建设项目竣工验收实施细则

国家林业局办公室

2005年5月27日

附件　林业建设项目竣工验收实施细则

第一章　总　　则

第一条　为加强林业建设项目管理，全面检查和总结项目建设和资金使用情况，规范项目竣工验收，促进建设项目及时投产或交付使用，发挥投资效果，依据《建筑法》、《建筑工程质量管理条例》、《国务院关于投资体制改革的决定》、《建设项目（工程）竣工验收办法》和国家有关规定，结合林业建设项目的实际情况，制定本细则。

第二条　凡使用中央财政预算内投资（含国债资金），按基本建设程序由国家林业局审批、审核的林业建设项目（不含营造林项目），须按本细则组织项目竣工验收。国务院投资主管部门另有规定的，按其规定执行。

第三条　竣工验收的主要依据包括，经批准的项目可行性研究报告，总体设计或初步设计，施工图设计，投资计划文件；设备技术说明书，工程建设施工技术验收规范，竣工财务决算及审计报告，主管部门有关审批、修改、调整等文件。

第二章　竣工验收权限

第四条　林业建设项目竣工验收管理工作实行分级管理。总投资规模3000万元以上（含3000万元）的林业建设项目，由国务院投资主管部门或其委托的部门组织竣工验收。

第五条　总投资规模在3000万元以下的地方项目，即省级林业行政主管部门、林业（森工）集团总公司所管理的林业建设项目，按以下投资规模分别组织验收：

（一）总投资规模2000万元以上（含2000万元）的项目，由国家林业局或委托相关单位组织竣工验收。

（二）总投资规模在2000万元以下的项目，由省级林业行政主管部门或林业（森工）集团总公司组织竣工验收。验收结果报国家林业局备案。

总投资规模在3000万元以下的直属项目，即国家林业局直属单位承建的建设项目，由国家林业局或委托相关单位组织竣工验收。

第三章　竣工验收条件

第六条　申请竣工验收的项目应当具备下列条件：

（一）完成批准的项目可行性研究报告、初步设计和投资计划文件中规定的各项建设内容，能够满足使用及功能的发挥。

（二）所有技术文件材料分类立卷，会计档案、技术档案和施工管理资料齐全、完整。主要内容包括：项目审批文件和年度投资计划文件，设计（含工艺、设备技术）及设计变更、施工、监理文件，招投标、合同管理文件，会计档案（含账簿、凭证、报表等），财产物资清单，工程总结文件，勘察、设计、施工、监理等单位签署的质量合格文件，施工单位签署的工程保修证书，工程竣工图等。

（三）土建工程质量经建设工程质量监督机构备案。

（四）主要工艺设备及配套设施能够按批复的设计要求运行，并达到项目设计目标。

（五）环境保护、劳动安全卫生及消防设施已按设计要求与主体工程同时建成并经相关部门审查合格。

（六）建设项目或各单项工程已经建设单位初步验收合格。

（七）编制完成工程结算和竣工财务决算，并委托有相应资质的中介机构或审计机构进行了造价审查

或财务审计。

（八）对有以下情况之一者，经批准可进行项目竣工验收：

1. 项目基本符合竣工验收标准，只是零星土建工程和少数非主要设备未按设计规定的内容全部建成，但不影响正常生产，应组织竣工验收。对剩余工程，应按设计留足投资，限期完成。

2. 项目已全部完成各项建设内容，但项目在投产初期一时不能达到设计能力所规定产量的，应组织竣工验收。

3. 建设项目或单项工程已形成部分生产能力或实际上已投入生产经营，近期不能按原设计规模续建的，应从实际出发，可缩小规模，报可行性研究报告批准单位批准后，对已完工的项目和工程组织验收，移交固定资产。

4. 国外引进设备项目，按合同规定完成负荷调试，设备已考核合格的，可组织竣工验收。

第七条 竣工财务决算编制和审批

（一）在编制基本建设项目竣工财务决算前，建设单位应对财产物资进行盘点核实，清偿债权债务，做到账账、账证、账实、账表相符。

（二）竣工财务决算由竣工财务决算表和竣工财务决算说明书两部分组成。具体竣工财务决算的编制，应根据国家有关规定进行。

（三）直属项目竣工财务决算编制完成后，总投资规模在300万元以下的项目，由项目单位委托有资质的中介机构或审计机构对其竣工财务决算进行审核后，办理资产移交手续并报国家林业局备案；总投资规模在300万元以上（含300万元）至3000万元以下的项目，由项目单位委托有相应资质的中介机构或审计机构对其竣工财务决算进行审核后，报国家林业局审批；总投资规模在3000万元以上（含3000万元）的项目，竣工财务决算应根据国家有关规定进行报批。

地方项目竣工财务决算编制完成后，应根据国家有关规定进行审定。

第八条 竣工验收总结报告由以下主要内容组成：项目概况，资金到位，使用及财务管理情况，土建工程建设情况，仪器设备购置情况，制度建设、操作规程及档案情况，项目实施与运行情况，项目效益与建设效果评价，存在的主要问题，验收建议等。

竣工验收总结报告应规范、完整、真实，装订成册。

第九条 已具备竣工验收条件的项目，必须在项目竣工后3个月内办理竣工验收。如3个月内办理竣工验收确有困难，经上级主管部门批准后，可适当延长期限。

第四章 竣工验收内容

第十条 林业建设项目竣工验收的主要内容：

（一）项目建设总体完成情况。建设地点、建设内容、建设规模、建设标准、建设质量、建设工期等是否按批准的可行性研究报告和初步设计文件建设完成。

（二）项目资金到位及使用情况。包括中央基本建设资金投资计划下达情况、地方配套资金及自筹资金到位情况，资金管理及会计核算情况，是否严格执行《会计法》、《基本建设财务管理规定》和《国有建设单位会计制度》，是否按项目单独立账，单独核算。

（三）项目变更情况。项目在建设过程中是否发生设计或施工变更，是否按规定程序办理报批手续。

（四）施工和设备到位情况。各单位工程和单项工程验收合格记录。包括建筑施工合格率和优良率，仪器、设备安装及调试情况，生产性项目是否经过试生产运行，有无试运转及试生产的考核、记录，是否编制各专业竣工图。

（五）法律、法规执行情况。环保、劳动安全卫生、消防等设施是否按批准的设计文件建成，是否合格，建筑抗震设防是否符合规定。

（六）投产或者投入使用准备情况。组织机构、岗位人员培训、物资准备、外部协作条件是否落实。

（七）竣工财务决算情况。是否按要求编制了竣工财务决算，并通过了审核。

（八）档案资料情况。建设项目批准文件、设计文件、竣工文件、监理、质检文件及各项技术文件是否齐全、准确，是否按规定立卷。

（九）项目管理情况及其他需要验收的内容。

第五章 竣工验收程序与组织

第十一条 建设项目在竣工验收之前，先由建设单位组织施工、监理、设计及使用等有关单位进行初步验收。初步验收之前，由施工单位按照国家规定，整理好文件、技术资料，向建设单位提出交工报告。建设单位接到报告后，应及时组织初步验收。初步验收不合格的工程不得申请竣工验收。

第十二条 初步验收合格并具备竣工验收条件的地方项目，建设单位应在15个工作日内向省级林业行政主管部门或林业（森工）集团总公司提出竣工验收申请报告。省级林业行政主管部门或林业（森工）集团总公司在收到竣工验收申请报告后，根据验收权限组织项目竣工验收，或审核后上报国家林业局申请竣工验收。

初步验收合格并具备竣工验收条件的直属项目，由建设单位在15个工作日内向国家林业局提出竣工验收申请报告，国家林业局在收到竣工验收申请报告后，根据验收权限组织项目竣工验收，或审核后上报国务院投资主管部门申请竣工验收。

第十三条 竣工验收申请文件应附有竣工验收总

结报告、竣工财务决算、审计报告，一式五份逐级申请。

第十四条 竣工验收的组织

（一）验收组织单位在受理项目竣工验收申请报告后，对具备竣工验收条件的项目，按照项目隶属关系和权限划分范围，应在90日内组织竣工验收。

（二）竣工验收工作应根据工程规模大小、复杂程度组成验收委员会或验收组（以下简称“验收组”）进行。验收组由验收组织单位、规划、环保、劳动安全、消防等有关部门及工程、技术、经济等方面专家组成。

验收组可根据项目规模和复杂程度分成工程、技术、档案、财会等验收小组，分别对相关内容进行专业验收并形成专业验收意见。

建设、使用、施工、勘察设计、工程监理等有关单位应当配合验收工作。

（三）验收组负责审查工程建设的各个环节，应听取各有关单位的项目建设工作汇报，查阅工程档案、财务账目及其他相关资料，实地查验建设情况，充分研究讨论，对工程设计、施工、工程质量和资金使用等方面做出全面评价。

第十五条 验收组通过对项目的全面检查和考核，并与建设单位交换意见后，对项目建设的科学性、合理性、合法性做出评价，形成竣工验收意见。

第十六条 对验收合格的建设项目，由验收组织单位进行批复；对不符合竣工验收要求的建设项目不予验收，由验收组织单位提出整改要求，限期整改；无法整改或整改后仍达不到竣工验收要求的，由验收组织单位将验收情况报国家林业局，按照有关规定进行处理。

对未经验收或验收不合格的建设项目，不得交付使用。

第六章 固定资产移交和产权登记

第十七条 项目竣工验收批复后，建设单位应按程序报批竣工财务决算，竣工财务决算审核、审批后及时办理固定资产移交手续，加强固定资产的管理。

第十八条 建设单位必须按照国家有关规定办理产权登记，建设项目应当在竣工财务决算审核、审批完毕和竣工验收批复后30日内办理产权登记手续。未经产权登记的项目，不得交付使用。

第七章 附 则

第十九条 本细则由国家林业局负责解释。

第二十条 本细则自发布之日起施行。

国家林业局办公室关于印发《林业植物检疫人员检疫执法行为规范》的通知

办造字［2005］59号

各省、自治区、直辖市林业厅（局），内蒙古、龙江、大兴安岭森工（林业）集团公司，新疆生产建设兵团林业局：

为进一步提高林业植物检疫执法水平，做到严格执法、文明执法，培养和造就政治合格、业务过硬、作风优良、纪律严明的林业植物检疫执法队伍，树立良好的社会形象，我局制定了《林业植物检疫人员检疫执法行为规范》，现予印发，请各地认真学习和贯彻执行。

附件：林业植物检疫人员检疫执法行为规范

国家林业局办公室
2005年11月2日

林业植物检疫人员检疫执法行为规范

第一条 为提高林业植物检疫执法水平，培养和造就政治合格、业务过硬、作风优良、纪律严明的林业植物检疫执法队伍，保护森林资源和生态的安全，维护人民群众的合法权益，依据有关法律法规，制定本规范。

第二条 林业植物检疫人员（以下简称检疫员）是指依法取得有效证件的专、兼职人员。其中专职检疫员必须取得《森林植物检疫员证》，兼职检疫员必须取得《兼职森林植物检疫员证》。专职检疫员依法从事林业行政执法活动的，应当依法取得《林业行政执法证》。

第三条 检疫员开展检疫执法工作的原则是：严格公正、文明廉洁、高效便民。

第四条 检疫员要坚决贯彻执行党的路线、方针

和政策，注重自身政治素质的提高，努力学习业务，刻苦钻研专业知识，提高检疫执法能力。

第五条 专职检疫员在从事林业植物检疫活动时，必须按照规定穿着制服和佩戴标志，主动向当事人出示《森林植物检疫员证》；在从事林业行政执法活动时，应当向当事人主动出示《林业行政执法证件》。兼职人员在从事林业植物检疫活动时，应当主动向当事人出示《兼职森林植物检疫员证》。

第六条 检疫员在执行公务中应当主动向当事人宣传有关检疫法规、规章和规范性文件，应当对当事人态度和蔼，语言文明。对投诉、举报或咨询的群众，接待热情礼貌，答复用词准确严谨，做好记录，及时答复或移交有关部门处理。

第七条 检疫员要认真履行法定职责，严格按法定程序办理各项检疫事宜。在办理检疫文书时，应当主动、耐心向当事人说明办事程序、途径和相关要求；对符合办理条件的，在规定期限内办结；对不具备办理条件的，应当向当事人说明理由；对申请材料不完整或者不规范的，要一次性告知当事人需要补充的全部材料。

第八条 检疫员在实施现场检疫检验和检疫检查（含复检）前应当通知当事人。抽取检验样品应当严格按照国家林业局《森林植物检疫技术规程》和《林业检疫性有害生物及检疫技术操作办法》的规定进行。检验结果应当及时告知当事人。

第九条 检疫员在签发检疫单证时，必须按照相关规定填写所有栏目，要求字迹工整、内容完整、签名清晰。

第十条 检疫员收缴检疫费应当严格按照法定收费项目和标准执行，必须开具由财政部门统一制发的专用票据，按规定格式完整填写相关内容。

第十一条 专职检疫员查处林业行政违法案件时，应当严格执行国家林业局制定的《林业行政处罚程序规定》。

第十二条 开展林业综合行政执法试点的试点单位，应当严格按照《国家林业局关于印发〈国家林业局关于实行林业综合行政执法的试点方案〉的通知》（林策发［2003］179号）和《国家林业局关于继续开展第二批林业综合行政执法试点的通知》（林策发［2005］102号）的规定执行。

第十三条 检疫员应当尊重当事人，并自觉维护其合法权益，办理检疫事宜不得推诿、刁难或打击报复，不得索贿受贿、徇私舞弊。

第十四条 检疫员应当自觉接受有关部门和社会的监督。

第十五条 本规范由国家林业局负责解释。

第十六条 本规范自2005年12月1日起施行。

中国林业概述

2005年的中国林业

2005年，是“十五”计划与“十一五”规划相衔接的关键一年。一年来，在党中央、国务院的高度重视和正确领导下，林业工作坚持以邓小平理论和“三个代表”重要思想为指导，坚持用科学发展观统领林业工作全局，深入贯彻落实《中共中央国务院关于加快林业发展的决定》精神，稳步实施以生态建设为主的林业发展战略，林业建设继续保持快速发展的良好势头，取得了令人可喜的成绩。

造林绿化工作成绩突出 2005年，全国共完成营造林面积628.4万公顷，其中：人工造林323.2万公顷、飞播造林41.6万公顷、新封山育林263.6万公顷。封山育林和灌木造林比重进一步加大，林种结构得到优化，林分质量有所改善。非公有制造林快速发展，占全国新造林面积的比重达57%。中幼林抚育管护工作取得进展，制定了《重点公益林中幼龄林抚育作业设计规程》，启动实施的国家重点公益林中幼龄林抚育项目进展顺利。全年共完成中幼龄林抚育面积501万公顷，与2004年基本持平；完成低产低效林改造面积32.8万公顷。国土绿化和义务植树运动深入开展，全国共有5.4亿人次参加义务植树，植树22.3亿株，新建义务植树基地1.4万个。部门绿化和城乡一体化建设快速发展，绿化通道建设稳步推进，古树名木保护管理得到加强，绿化基金募集规模稳步增长，社会公众参与生态建设和保护的热情高涨。

森林资源保护管理进一步强化 森林资源和林政管理继续加强，在全国范围内组织开展了打击破坏森林资源违法犯罪专项行动，清理整治了一批破坏森林资源严重的地区，挂牌督办了一批大要案件，林政案件发生数量继续下降。全国共发生林政案件37.5万起，查处36.9万起，查处率为98.3%，为国家挽回经济损失5.2亿元。国务院批转了《国家林业局关于各地区“十一五”期间年森林采伐限额审核意见》。征占用林地审核审批管理进一步规范，全国林地确权发证面积已超过90%，征占用林地审核率和森林植被恢复费收取率进一步提高。各级森林资源监督机构全面履行监督职责，不断创新工作机制，提高监督水平和实效，为确保森林资源安全发挥了积极作用。东北、内蒙古重点国有林区森林资源管理体制改革试点工作进展顺利。森林公安工作成效显著，国务院办公厅下发了《关于解决森林公安及林业检法编制和经费问题的通知》，明确森林公安编制统一列入政法专项编制，经费从2006年起列入各级财政预算。全年森林公安共查处各类林业行政和刑事案件20.5万起，处罚各类违法犯罪人员27.2万人次，收缴木材逾90万立方米、野生动物193万头（只）、野生动物制品3万多件。森林防火工作明显加强，基础设施建设和装备条件进一步改善，全年共发生森林火灾1.15万起，受害森林面积7.37万公顷，分别比2004年减少14.4%和48.4%。林业有害生物防控和应急管理能力得到增强，制定了《国家林业局关于进一步加强林业有害生物防治工作的意见》和《重大外来林业有害生物灾害应急预案》，印发了《突发林业有害生物事件处置办法》和《松材线虫病疫木加工板材定点加工企业审批管理办法》。启动实施了36个省级林业有害生物预防体系建设工程，与财政部联合制定了《林业有害生物防治补助费管理办法》，加强了重要林业有害生物灾害防治工作。林业有害生物防治率达到75%，成灾率控制在5‰以下。

六大林业重点工程建设深入开展 天保工程完成公益林建设116.7万公顷，森林管护责任制进一步落实，森林资源消耗稳步下降，木材产量稳定在减产目标范围内。对云南等19个省级工程实施单位623家企业的88.11亿元债务实行了免除，解决了吉林省天保工程区8家林业加工和工程企业富余职工一次性安置资金，同意将天保工程财政减收转移支付后续政策延续到2007年，并以2004年补助基数保持不变，落实了新疆全面停伐天然林享受国家资金补助政策。退耕还林工程，国务院办公厅下发了《关于切实搞好“五个结合”，进一步巩固退耕还林成果的通知》，工程管理进一步强化，退耕还林工程区封山育林得到加强，政策兑现问题得到妥善解决。全年共完成营造林面积335.3万公顷，其中：退耕地造林86.1万公顷、配套荒山荒地造林134.2万公顷、新封山育林115万公顷。京津风沙源治理工程共完成营造林74.2万公顷，国家林业局下发了《关于切实做好京津风沙源治理工程区林分抚育和管护工作的通知》，工程区林分抚育管护工作得到加强。三北及长江流域等重点地区防护林体系建设工程共完成营造林61.2万公顷，三北地区实现了工程建设重点向防沙治沙的战略转

移，长江、珠江流域森林覆盖率分别比工程实施前增加3.3个和4.89个百分点，沿海防护林建设海岸基干林带总长度达到1.7万千米。野生动植物保护及自然保护区建设工程，从工程实施至2005年底，共新建各类自然保护区790处，相当于1949～2000年自然保护区建设数量的4/5，新建、扩建野生动物救护繁育基地21处、鸟类环志站3处、野生动物放归自然项目4个、保护监测项目2个、栖息地恢复项目1个。重点地区速生丰产用材林基地建设工程，国家林业局出台了《关于加快速生丰产用材林基地工程建设的若干意见》，发布实施了《速生丰产林建设导则》和《速生丰产林建设规划设计通则》。据不完全统计，自工程启动以来，累计营造速生丰产林面积33.2万公顷、改造低质用材林面积2.6万公顷，非公有制经济成为速生丰产林建设的主力军，多主体、多元化投入速生丰产林建设的格局已初步形成。

自然生态保护工作成效显著 自然保护区建设进一步加强，保护区基础设施建设和管理水平得到改善，林业系统全年新建自然保护区27处，新增保护区面积121.4万公顷，有11处保护区晋升为国家级自然保护区。到2005年底，林业系统建立和管理的自然保护区总数已达到1699处，面积1.2亿公顷，占国土面积的12.49%，分别占全国自然保护区数量、面积的84%和85%，初步形成了涵盖了我国85%的陆地生态系统、85%的野生动植物种类和65%的高等植物群类，以及300多种重点保护野生动物和130多种重点保护野生植物主要栖息地的自然保护区网络。先后启动实施的濒危物种抢救繁育、放归自然、栖息地恢复等项目，提升了濒危物种保护拯救能力，大熊猫、朱鹮、虎、金丝猴、藏羚羊、扬子鳄、亚洲象、长臂猿、麝、普氏原羚、鹿类、鹤类、雉类、兰科植物、苏铁等15个物种得到有效保护和拯救，种群数量呈稳中有升态势。湿地保护成为自然生态保护的重中之重，《全国湿地保护工程实施规划》已经国务院批准，标志着国家将以工程措施推进湿地保护建设。经中央机构编制委员会批准，成立了国家林业局湿地保护管理中心（中华人民共和国国际湿地公约履约办公室）。在第九届湿地公约缔约方大会上，我国当选为湿地公约常务理事会理事国。2005年，全国建立湿地生态系统类型的自然保护区达473处，总面积4346万公顷，使45%的自然湿地纳入保护区范围得到严格保护，其中有30处被列入国际重要湿地名录。陆生野生动物疫源疫病监测体系初步建立，在野生动物疫源疫病多发区域、迁徙通道、野生动物集中分布等区域，建立了第一批国家级陆生野生动物疫源疫病监测点150个，各省（区、市）也结合本地区监控工作需要，设立了400多个省级野生动物疫源疫病监测点。发布了《引进陆生野生动物外来物种种类及数量审批管理办法》。国家濒危物种进出口管理办公室郑州、西安两个办事处挂牌成立，濒危野生动植物进出口管理得到进一步加强。林业自然景观资源得到有效保护，全年新建国家级森林公园62处，新增保护面积46.5万公顷。到2005年底，林业系统建立和管理的森林公园总数已达1928处，面积1513万公顷，占全国森林面积的比例为8.65%；其中国家级森林公园627处，面积1105万公顷。初步形成了涵盖各种不同类型森林自然景观，与众多历史人文遗迹和人文景观交相辉映的高品位林业景观资源保护管理与开发建设体系。防沙治沙工作得到有力加强，国务院在批准实施《全国防沙治沙规划》之后，又颁发了《关于进一步加强防沙治沙工作的决定》，确立了防沙治沙在经济社会发展和生态建设中的重要地位，实现了我国防沙治沙思路的战略调整。完成并公布了第三次全国荒漠化和沙化监测，全国沙化土地实现了自新中国成立以来的首次缩减，沙化土地扩展的趋势已得到基本遏制，沙化土地面积由20世纪末年均扩展3436平方千米转变为目前年均缩减1283平方千米。同时，在全国范围内启动了29个防沙治沙综合示范区建设，加强了沙尘暴灾害预测预报和应急预警体系建设。

林业产业得到进一步发展 2005年，全国林业产业继续保持快速发展的良好势头，全年实现林业产业总产值8458.7亿元，比2004年增加1566亿元，增长22.7%，其中：第一产业产值4355.6亿元，第二产业产值3486.5亿元，第三产业产值616.6亿元，林业产业结构进一步趋向合理。木材、人造板、松香、家具、经济林等传统产业继续保持稳定发展的态势，竹藤花卉、森林旅游、森林食品、森林药材等非木质产业增长迅速，野生动植物繁育利用等一批新兴产业异军突起。2005年，全国野生动植物及其产品进出口贸易额达1411亿元，比2004年增长70%，野生动植物进出口产业实现了历史性跨越。经济林面积达到2139万公顷，比“九五”期末增长29%；经济林产品年总产量达9400万吨，比“九五”期末增长36.5%。竹林面积达到484万公顷，竹资源开发利用实现年产值450亿元。花卉种植面积发展到64万公顷，花卉业实现年产值430.6亿元。以森林公园旅游开发为主的森林旅游业，年接待游客1.74亿人次，以门票为主的直接旅游收入达83亿元，带动社会综合旅游收入达750亿元，创造社会就业机会40余万个。林业产业发展的贷款贴息扶持政策取得重要突破，取消了对银行和非公有制林业贷款贴息的限定，扩大了贴息范围，并建立起中央财政扶持林业贷款的长效机制。林业产业已成为农村经济发展的重要组成部分之一，表现出越来越明显的优势和巨大的发展潜力。

林业发展的支撑保障能力进一步增强 林业资金投入进一步增加，2005年国家投入林业的各类资金达468亿元，较2004年增加8.6%，其中六大林业重点工程建设资金356亿元，占76.4%。林业资金管理制度建设进一步强化，修订并出台了《林业建设项目竣工验收实施细则》，制定了《贫困国有林场扶贫资金管理办法》、《林业贷款中央财政贴息资金管理规定》和《中央森林生态效益补偿基金实施方案》。林业资金稽查工作进一步规范和加强，保证了林业建设资金的安全有效运行。林业科教人才工作继续强化，国家林业局先后下发了《关于进一步加强林业科技工作的决定》、《2005~2007年林业科教振兴行动方案》和《关于加强林业人才工作的意见》，启动了全国林业人才队伍建设项目。“十五”国家科技项目通过验收，成果丰硕。林业重点工程科技支撑工作得到强化，印发了《林业重点工程科技支撑项目管理办法》。中国森林资源核算及纳入绿色GDP研究等重大项目进展顺利。林业法制建设得到加强，林业行政许可制度进一步健全，制定并实施了《行政许可法》配套制度，主要有国家林业局行政许可文书办理暂行规则、部分许可项目被许可人监督管理办法等，行政许可工作稳步推进。林木种苗建设得到加强，启动实施了《2005~2007年林木种苗发展行动计划》，制定下发了《国家林业局关于加强林木种苗市场监管防止欺诈行为的通知》和《普及型国外引种试种苗圃资格认定管理办法》。全国林木种子年生产能力达2600万千克，苗木产量300多亿株，基地供种率达37%，良种使用率达43%。种苗市场秩序明显好转，实行了林木种子质量检验许可证和标签制度，种苗质量进一步提升，林木种子抽查样品合格率为90.4%、苗木合格率为96.2%，分别比2004年提高5个和6.1个百分点。林业站建设进一步强化，管理服务网络逐步健全，目前全国共有林业站30 325个，覆盖了近80%的乡（镇），有17个省（区）全面完成了合格县建设任务，林业站建设合格县总数已达2185个，林业站重点县建设已完成124个。到2005年底，全国林业站系统共建立各种科技示范基地80万公顷、推广面积160多万公顷，有近100万个林业专业户和数千万农民从中受益。林业宣传工作力度进一步加大，为林业加快发展创造了有利的舆论氛围和社会环境。林业国际合作继续深化，2005年共接待缅甸林业部、巴西环境部等7个高级代表团，派出重要代表团10个，签署部门间协议4个，新争取到无偿援助项目20个，受援金额2660.5万美元，其中：双边项目15个，受援金额约2600万美元；多边项目5个，受援金额60.5万美元。（局办公室）

中国林业基本情况

林业资源　新中国成立以来，我国共完成了6次森林资源清查。第六次清查（1999~2003年）结果表明，我国有森林面积1.75亿公顷，活立木蓄积量136.18亿立方米，森林蓄积量124.56亿立方米，森林覆盖率为18.21%，比新中国成立初期的8.6%提高近10个百分点。我国森林面积居俄罗斯、巴西、加拿大、美国之后，列世界第五位，森林蓄积量居俄罗斯、巴西、美国、加拿大、刚果（民）之后，列世界第六位。我国人工林保存面积5326万公顷，列世界第一位。

总的看，我国森林资源总量不足、质量不高、分布不均。森林覆盖率只有世界平均水平29.6%的61.52%；我国人均占有森林面积0.132公顷，相当于世界人均占有量0.6公顷的22%；人均占有森林蓄积量9.42立方米，相当于世界人均蓄积量64.63立方米的14.58%。在我国现有森林中，中、幼龄林的比重较大，面积占林分面积的67.85%，蓄积量占林分蓄积量的38.94%。从地域分布上看，我国森林东北和西南地区多，其他地区少，黑龙江、吉林、内蒙古、四川、云南、西藏6省（区）的森林面积和蓄积量分别占全国的51.4%和70%，而华北、西北地区的森林资源较少，尤其是新疆、青海两省（区）的森林覆盖率不足5%，其中新疆只有2.94%。

按林种划分，我国现用材林面积7863万公顷，防护林面积5475万公顷，经济林面积2139万公顷，薪炭林面积303万公顷，特种用途林面积638万公顷。按林地权属划分，我国现有国有林面积7334万公顷，集体林面积9944万公顷。按林木权属划分，我国现有国有林7285万公顷，集体林6483万公顷，个体林3510万公顷。全国现有天然林面积11 576.2万公顷，占有林地面积的68.49%，天然林蓄积量105.93亿立方米，占全国森林蓄积量的87.56%。全国现有人工林面积5325.7万公顷，占有林地面积的31.51%，人工林蓄积量15.05亿立方米，占森林蓄积量的12.44%。

我国野生动植物资源十分丰富。全国约有脊椎动物约6481种，占世界脊椎动物种类的10%。其中，兽类约581种，鸟类约1331种，爬行类约412种，两栖类约295种，鱼类约3862种。全国约有3万多种高等植物，仅次于马来西亚和巴西，居世界第三位。为保护这些珍稀濒危野生动植物，我国先后颁布了《国家重点保护野生动物名录》和《国家重点保

护野生植物名录》，将398种野生动物、246种和8类野生植物确定为国家一二级保护对象，予以重点保护。我国现有古树名木285.3万株，其中，国家一级古树5.1万株（树龄500年以上），国家二级古树104.3万株（树龄300～499年），国家三级古树175.3万株（树龄100～299年），国家级名木5700多株。

截至2005年底，我国林业系统共建立自然保护区1699处，总面积1.2亿公顷，约占国土陆地面积的12.5%，其数量和面积分别占我国自然保护区的84%和85%。林业系统建立的自然保护区中，森林生态系统类型自然保护区1060处，面积3000.7万公顷；湿地生态系统类型自然保护区473处，面积4346万公顷；荒漠生态系统类型自然保护区28处，面积3708.6万公顷；野生植物类型自然保护区86处，面积75.7万公顷；野生动物类型自然保护区271处，面积1710.3万公顷。此外，我国还建立了5万多个自然保护小区。这些自然保护区有效地保护了我国85%的陆地生态系统、85%的野生动物种群和65%的高等植物群落，以及20%面积的天然林。调查结果显示，我国45%的自然湿地，85%以上的珍稀野生动植物物种，特别是70%的大熊猫、100%的朱鹮等物种的野外种群，都依靠自然保护区得到了有效保护。截至2005年，我国共有26处自然保护区加入联合国教科文组织人与生物圈保护区网络，30处被列入国际重要湿地名录，11处被列为世界自然遗产名录，相当一部分自然保护区是全球生物多样性保护的重点地区。

2004年公布的全国首次湿地资源调查结果显示，我国现有湿地面积3848.55万公顷（不包括水稻田湿地），居亚洲第一位，世界第四位，占世界的10%。世界各类型的湿地在我国均有分布。其中，自然湿地3620.05万公顷，占94%；库塘湿地228.50万公顷，占6%。在自然湿地中，沼泽湿地1370.03万公顷，近海与海岸湿地594.17万公顷，河流湿地820.70万公顷，湖泊湿地835.16万公顷。湿地内分布有高等植物2276种；野生动物724种，其中，水禽类271种，两栖类300种，爬行类122种，兽类31种。全国已有1715万公顷、45%的自然湿地得到了有效保护，许多湿地恢复了生态功能。由于我国在湿地保护方面取得了巨大成绩，国家林业局2004年荣获了湿地国际颁发的首个全球湿地保护与合理利用杰出成就奖。

荒漠化和沙化状况 我国是世界上荒漠化和沙化面积大、分布广、危害重的国家之一，严重的土地荒漠化、沙化威胁着我国生态安全和经济社会的可持续发展。全国第三次荒漠化和沙化监测（1999～2004年）结果表明，2004年，全国荒漠化土地总面积为263.62万平方千米，占国土总面积的27.46%，其中，风蚀荒漠化土地面积183.94万平方千米，占69.78%；水蚀荒漠化土地面积25.93万平方千米，占9.84%；土地盐渍化17.38万平方千米，占6.59%；冻融荒漠化土地面积36.37万平方千米，占13.79%。我国荒漠化土地分布于北京、天津、河北、山西、内蒙古、辽宁、吉林、山东、河南、海南、四川、云南、西藏、陕西、甘肃、青海、宁夏、新疆18个省（区、市）的498个县（旗、市）。其中，新疆、内蒙古、西藏、甘肃、青海、陕西、宁夏、河北8个省（区）的荒漠化面积为259.53万平方千米，占全国荒漠化总面积的98.45%，其他10个省（区、市）的荒漠化面积只占全国荒漠化总面积的1.55%。

截至2004年，全国沙化土地面积为173.97万平方千米，占国土总面积的18.12%。其中，流动沙地面积41.16万平方千米，占23.66%；半固定沙地面积17.88万平方千米，占10.28%；固定沙地面积27.47万平方千米，占15.79%；戈壁面积66.23万平方千米，占38.07%；沙化耕地面积4.63万平方千米，占2.66%；风蚀劣地面积6.48万平方千米，占3.73%；露沙地10.11万平方千米，占5.81%；非生物工程治沙地96平方千米。我国沙化土地分布在除上海、台湾、香港、澳门外其他的30个省（区、市）的889个县（旗、市）。其中，新疆、内蒙古、西藏、青海、甘肃、河北、陕西、宁夏8个省（区）的沙化土地面积为167.50万平方千米，占全国沙化土地总面积的96.28%，其他22个省（区、市）的沙化土地总面积只占全国沙化土地总面积的3.72%。此外，全国具有明显沙化趋势的土地面积31.86万平方千米，占国土总面积的3.32%，主要分布在内蒙古、新疆、青海、甘肃4个省（区），占全国具有明显沙化趋势的土地面积的93.13%。其中，内蒙古为18.08万平方千米，新疆为4.81万平方千米，青海为4.20万平方千米，甘肃为2.58万平方千米。

党和国家对防沙治沙工作高度重视，先后启动了京津风沙源治理等一批重点生态建设工程，对沙化土地进行治理。2001年以来，全国年均治理沙化土地面积192万公顷，很多地方的生态状况明显改善，绝大部分省（区）的荒漠化和沙化呈现好转态势，个别扩展的省（区）扩展速度减缓；荒漠化程度减轻，轻、中度的荒漠化面积增加，重、极重度的荒漠化面积减少，固定沙地面积增加；植被状况改善，高盖度植被增加，低盖度植被减少。我国荒漠化和沙化整体扩展的趋势得到遏制，整体上处于“治理与破坏相持”的阶段。与1999年相比，全国荒漠化土地面积减少37 924万平方千米，年均减少7585平方千米；全国沙化土地面积减少6416平方千米，年均减少1283平方千米。

林业法律法规 经过50多年的努力，我国初步形成了由法律、行政法规、部门规章和地方性法规、地方政府规章构成的林业法律法规体系，为林业建设提供了有力的法制保障。

目前，林业部门作为执法主体的法律共有8部：《森林法》、《防沙治沙法》、《野生动物保护法》、《种子法》、《农业法》、《农业技术推广法》、《农村土地承包法》和《五届全国人大四次会议关于开展全民义务植树运动的决议》。

林业行政法规共有12件：《森林法实施条例》、《陆生野生动物保护实施条例》、《野生植物保护条例》、《自然保护区条例》、《植物新品种保护条例》、《森林防火条例》、《植物检疫条例》、《森林病虫害防治条例》、《森林采伐更新管理办法》、《关于开展全民义务植树运动的实施办法》、《森林和野生动物类型自然保护区管理办法》、《退耕还林条例》。

林业部门规章共有80多件。如：《林木和林地权属登记办法》、《占用征用林地审核审批管理办法》、《林业行政处罚程序规定》、《林业标准化管理办法》、《植物新品种保护名录》、《国家保护的有益或者有重要经济、科学研究价值陆生野生动物名录》。

林业科技与教育 新中国成立以来，特别是改革开放以来，我国林业科技工作取得了显著成绩，共取得科技成果6000多项，其中，获国家级奖励240多项，省部级科技进步奖近2000项，林业科技贡献率达到34.7%左右。目前，已颁布实施林业国家标准301项，行业标准624项，已在基础研究、应用研究、高新技术研究、软科学研究以及科技成果转化推广、高新技术产业化等领域全面参与国家各类重大科技计划，并初步形成了包括林业科学技术研究与开发、科技推广与服务、标准与质量监督、林业科技管理等在内的比较完整的林业科技创新体系，现有局级重点实验室33个，国家级和局级陆地（森林、湿地、荒漠）生态系统定位观测研究站31个，国家级和局级工程技术（研究）中心3个，局级林业科技示范园1个、林业技术试验示范区6个、科技示范县35个，标准化示范区97个，林业专业标准化技术委员会7个，国家级和局级质量检验检测机构13个。已建立起植物新品种测试中心1个、测试分中心5个，分子测定实验室2个，专业测试站4个。

林业教育体系健全，形成了普通高等林业教育与高、中等林业职业技术教育、林业培训协调发展的林业教育培训体系。2005年，全国独立设置的普通高等林业本科院校6所，森林公安高等专科学校1所，独立设置的林业（生态）职业技术学院12所、中等职业学校38所，另有209所其他普通高等院校和高等职业院校、336所中等职业学校招收了林科专业学生。全国共有林业行业关键岗位培训单位57个，林业职业技能鉴定站48个。全国林科类专业在校研究生近6000人、本科生和高职、高专生近9万人、中专生近9万人，全行业年培训林业从业人员300多万人次。

林业机构与队伍 国家林业局内设办公室、植树造林司、森林资源管理司、野生动植物保护司、森林公安局（森林防火办公室）、政策法规司、发展计划与资金管理司、科学技术司、国际合作司、人事教育司10个职能司（局）和机关党委，机关行政编制203人。同时，全国绿化委员会办公室设在国家林业局，承担相应工作职能。另有国有林场和林木种苗工作总站、林业工作站管理总站、濒危物种进出口管理中心、天然林保护工程管理中心、退耕还林工程管理中心、防治荒漠化管理中心、森林资源监督管理办公室、湿地保护管理中心、中国林科院、调查规划设计院等50个直属事业单位。此外，还主管中国林业产业协会、中国花卉协会、中国竹产业协会、中国经济林协会、中国林业机械协会、中国治沙暨沙业学会、中国林业经济学会等16个社会团体。

我国林业自上而下拥有一套完整的林业行政管理体系，每个省（区、市）都设有林业厅（局），绝大多数地（市）、县设有单独的林业行政机构，大部分乡（镇）设有林业站。同时，我国拥有一支健全的林业执法机构和执法队伍。全国共有4300多个木材检查站、3万多个乡（镇）林业站、2940多个森林病虫害防治检疫站、1300多个林木种苗管理站、7083个野生动植物管理站，共有执法人员约20万人，另有群众性护林员120万人。森林公安共有6000多个工作机构，5万多人。森林防火共有3555个县级以上办事机构，1.9万多人；1.5万多个防火检查站，近5万人；1.6万多支专业半专业森林消防队，43万多人。武警森林部队共有7个总队，1所指挥学校。我国共有地级以上林业科研机构240多个，科技人员约1万人；县级以上林业技术推广机构2500多个，职工5万多人。全国有国有重点森工企业135个，重点营林局20个，森林公园1928个（其中国家森林公园627个），国有林场4466个，乡村林场近8万个，国有苗圃2300多个。全国林业系统共有从业人员156万多人。

林业国际合作 目前，我国已与德国、美国、加拿大、日本、澳大利亚等30多个国家和联合国粮农组织、联合国开发计划署、全球环境基金、国际热带木材组织、世界银行、亚洲开发银行、世界自然基金会、湿地国际等20多个国际组织建立了林业交流与合作渠道。截至2005年年底，我国林业共争取无偿援助项目540个，无偿援助金额达7亿多美元；争取世界银行林业贷款项目6个，引进世界银行贷款9亿多美元。

由林业部门牵头执行的国际公约有联合国防治荒漠化公约、濒危野生动植物种国际贸易公约和关于特别是作为水禽栖息地的国际重要湿地公约3项。

林业部门参与执行的国际公约有联合国生物多样

性公约、国际植物新品种保护公约2项，并参与联合国气候变化框架公约下《京都议定书》相关内容和联合国森林论坛的谈判。

由林业部门负责执行的政府间双边协定有《中日候鸟保护协定》、《中澳候鸟保护协定》、《中美自然保护议定书》、《中印老虎保护协定》、《中俄森林防火联防协定》、《中俄兴凯湖保护区协定》、《中俄老虎保护协定》、《中蒙森林、草原防火联防协定》、《中印尼联合打击非法林产品贸易谅解备忘录》9项。

与芬兰、加拿大、新西兰、墨西哥、澳大利亚、俄罗斯、印度尼西亚、泰国、美国、越南、奥地利、苏里南、圭亚那、巴西、韩国、德国、智利、伊朗、土耳其、缅甸、西班牙、法国、斯洛伐克、斐济、希腊、英国、埃及、日本、莱索托、瑞典、捷克共和国、阿曼苏丹国等32个国家先后签署了37个林业部门间合作协议（备忘录）。

我国林业部门目前已与10个多边国际非政府组织建立了固定的工作联系，并开展了一系列的项目合作。这些国际组织包括：世界自然基金会（WWF），湿地国际（WI），世界自然保护联盟（IUCN），国际林业研究中心（CIFOR），国际林业研究组织联盟（IUFRO），大自然保护协会（TNC），国际鹤类基金会（ICF），美国野生救援组织（WA），保护国际（CI），国际野生生物保护协会（WCS）以及猎物和野生动物保护国际理事会（CIC）。截至2005年12月，已与WWF、IUCN等4个组织签署了合作协议或合作备忘录，有效地推动了多边非政府国际合作。

（李金华）

六大林业重点工程

【六大林业重点工程综述】 2005年是两个五年计（规）划交替的重要一年，各级林业部门以科学发展观为指导，按照构建社会主义和谐社会的要求，根据国家林业重点工程规划统一部署，积极推进，注重质量，讲求实效，稳步实施，林业重点工程建设取得了新进展。

2005年林业重点工程完成造林面积310.91万公顷，本年新封山（沙）育林面积237.57万公顷。完成投资361.63亿元，其中，国债资金68.84亿元，中央财政专项资金252.40亿元，两项合计占全年完成投资总量的88.83%，比2004年提高3.85个百分点。

"十五"期间，林业重点工程共完成造林面积2611.23万公顷，占同期全国造林总面积的84.02%，完成新封山（沙）育林面积927.34万公顷；累计完成投资1481.95亿元，其中完成国家投资1278.01亿元，国家投资占全部投资总额的86.24%。

天然林资源保护工程 2005年，天保工程建设进展顺利。中国银监会、国家林业局联合发出通知，免除了731家森林采伐企业的金融机构债务88.11亿元，天保工程区森林采伐企业因森林禁伐或限伐造成无力偿还金融机构债务的问题得到妥善解决。

全年完成造林面积42.48万公顷，其中防护林比重达到95.53%。在造林面积中，人工造林11.84万公顷，飞播造林30.64万公顷。全年完成新封山育林面积74.19万公顷；森林管护面积达到9678.97万公顷，比2004年增长10.20%，其中个体承包管护面积占18.92%。2005年工程区木材产量（含人工林采伐试点）完成1248.57万立方米，与上年基本持平，占全国木材总产量的22.45%，比工程基期年份1997年的3205.40万立方米减少了1956.83万立方米，下降61.05%。

2005年用于天保工程建设的各类资金（包括公益林建设、政社性支出和养老保险等方面）完成62.01亿元，其中，国债资金10.44亿元，中央财政专项资金48.04亿元，中央资金占全部资金的94.31%。

"十五"期间，工程共完成造林面积355.87万公顷，新封山育林面积406.54万公顷，森林管护面积每年保持在9000万公顷以上。共安置和分流企业富余职工66.5万人。"十五"期末，工程区已有112.48万职工参加了基本养老保险社会统筹。长江上游、黄河上中游工程区13个省（区、市）全面停止了天然林商品性采伐；东北、内蒙古等重点国有林区木材产量已按国务院批准的方案，由1997年的1824.10万立方米调减到2005年的1122.60万立方米。工程区天然林等森林资源呈现恢复性增长，林区经营格局和经济结构得到有效调整。

据第六次全国森林资源清查结果，工程区森林面积净增815.7万公顷，森林蓄积净增4.6亿立方米，占全国森林蓄积增长量的43%以上，实现了森林面积和森林蓄积同步增长。工程区生态环境得到有效改善，一些地方过去干涸的水源和泉眼开始出现水流，一些几乎灭绝的物种得到了恢复，如大熊猫、金丝猴、东北虎等珍稀野生动物种群明显增加，主要栖息地生存环境大大改善。

退耕还林工程 退耕还林工程是我国林业建设史上涉及面最广、任务最重、投入最多、群众参与度最高的生态工程。2005年，按照国务院关于退耕还林工作的总体部署，进一步加强政策落实和后续产业发展，退耕还林工程稳步推进。

全年完成建设任务335.31万公顷（含京津风沙源治理工程中39.89万公顷），其中，退耕地造林86.12万公顷，配套荒山荒地造林133.17万公顷，新封山育林116.02万公顷。退耕地造林面积中，营造生态林的比重达到83.64%，25度以上坡耕地退耕面积占35.11%。全年完成种草面积4.76万公顷。西部12个省（区）（含新疆生产建设兵团）共完成退耕还林任务188.69万公顷，占工程完成总任务的56.27%。

2005年粮食兑现284.18万吨，生活费兑现25.33亿元。2005年退耕还林工程完成投资268.12亿元，其中中央财政专项资金203.57亿元，占75.93%。在全部林业投资完成额中粮食折资202.80亿元、种苗费26.80亿元。

"十五"期间，共完成退耕还林任务（含京津风沙源治理工程退耕还林面积）1976.99万公顷，其中，退耕地还林798.58万公顷，荒山荒地造林1041.75万公顷，封山育林136.66万公顷。累计完成投资882.99亿元，其中国家投资811.02亿元，国家投资占全部投资的91.85%。工程营造生态林的比重达到80%以上。

退耕还林工程的实施，取得了显著成效。一是加快了水土流失和沙化土地治理的步伐。退耕还林工程

区的森林覆盖率平均提高2个多百分点，通过对大量坡耕地和沙化耕地退耕还林，使水土流失和风沙危害强度逐渐减轻。四川省水文监测结果显示，2004年与1998年相比，长江一级支流岷江、嘉陵江、涪江的年输沙量均有大幅度下降，其中，夹江站减少38.6%，亭子口站减少94%，射洪站减少95.6%。二是直接增加了农民收入。退耕还林使3200万农户、1.23亿农民直接受益，人均获得粮食和生活费补助700多元。特别是，退耕还林后国家在一定时期内持续稳定提供粮食和生活费补助，使贫困退耕农户一方面解决了温饱问题，另一方面也缓解了因灾返贫的问题。三是加快了农业产业结构调整步伐。退耕还林为农村调整产业结构提供了较长的过渡期和良好的发展机遇，工程区注重发展生态经济型后续产业，一些地方走上了“粮下川、林（草）上山、羊进圈”的良性发展道路，并促进了农村剩余劳动力的转移，拓宽了农民增收的渠道。

京津风沙源治理工程 2005年，在继续加强工程建设的同时，国家林业局发出了《关于切实做好京津风沙源治理工程区林分抚育和管护工作的通知》，对工程区林分抚育和管护工作作出了安排部署，巩固了工程的建设成果。

2005年工程区75个县全年共完成造林面积40.82万公顷，其中，人工造林33.39万公顷，飞播造林7.43万公顷。人工造林中退耕地造林19.38万公顷。年末实有封山（沙）育林面积达到136.95万公顷，其中本年新封山（沙）育林面积33.39万公顷，在本年新封山（沙）育林面积中，无林地和疏林地封育占本年新封山（沙）育林面积的91.14%；草地治理面积28.18万公顷；小流域综合治理14.50万公顷；完成水利配套设施建设1.76万处。治理总面积达到116.89万公顷。为解决工程区内生态退化和农牧民生活困难等问题，2005年5省（区、市）生态移民达到3.21万人、7972户。2005年完成林业总投资33.26亿元，其中国家投资32.54亿元，国家投资占总投资的97.83%。

“十五”期间，累计完成造林面积259.96万公顷，累计完成林业投资116.56亿元，其中国家投资100.61亿元，国家投资占林业总投资的86.32%。

第三次全国荒漠化沙化监测结果表明，工程区在近5年间，流动沙地减少3.9万公顷，半固定沙地减少11.6万公顷，固定沙地增加79.3万公顷。其中，林地面积增加46.8万公顷，草地面积增加32.5万公顷，沙化耕地减少53.4万公顷。集中连片的林草植被发挥了明显的防护功能，地表起沙得到有效遏制。与工程启动的2000年相比，工程区空气含沙量平均减少15.8%。

工程区农民收入增幅显著，与2000年相比，2005年工程区农民人均收入增幅达50%，137万人实现脱贫。同时，工程区建设保护了基本农田和草牧场免受风沙危害，促进了粮食增产。与2000年相比，2005年工程区粮食平均单产由127.5千克/亩增加到191.5千克/亩，提高了50.2%。

三北及长江流域等防护林体系建设工程 三北及长江流域等防护林体系建设工程是由三北防护林四期、长江流域防护林二期、沿海防护林二期、珠江流域防护林二期、平原绿化二期和太行山绿化二期6个工程组成。实施的主要目的是解决三北地区的防沙治沙问题和其他区域各不相同的生态问题。

三北防护林体系建设四期工程 2005年，完成造林面积21.79万公顷，其中，人工造林20.79万公顷，飞播造林1.00万公顷；营造防护林的比重达到76.18%，比2004年提高1.92个百分点。年末实有封山育林面积152.83万公顷，与2004年持平，其中本年新封山育林面积9.82万公顷，在本年新封山育林面积中，无林地和疏林地封育占74.82%；低产低效林改造面积8510公顷。全年完成投资8.52亿元，其中国家投资4.12亿元，占48.36%。群众投工投劳折合资金3.84亿元。

“十五”期间，已累计完成建设任务303.11万公顷，其中，累计完成造林面积172.10万公顷，累计完成新封山育林面积131.01万公顷，累计完成的建设任务占工程规划总任务的31.91%；5年来，累计完成投资49.91亿元，其中国家投资25.70亿元，分别仅占三北四期规划总投资、中央投资总额的14.10%和10.21%，完成的投资额与三北四期规划总投资相比差距较大。

长江流域等防护林体系建设工程 长江流域等防护林体系建设工程（包括长江、珠江流域和沿海地区防护林体系建设二期工程以及太行山绿化和平原绿化二期工程）是林业重点工程的重要组成部分，也是我国较早开展的一系列林业重点生态工程。2005年，工程顺利完成了各项建设任务。

2005年共完成造林面积15.03万公顷，其中，长江流域防护林工程6.59万公顷、沿海防护林工程2.27万公顷、珠江防护林工程3.07万公顷、太行山绿化工程2.85万公顷，平原绿化工程0.25万公顷。在全部造林面积中，人工造林完成13.76万公顷，飞播造林1.27万公顷。年末实有封山育林面积84.65万公顷，其中本年新封14.59万公顷；在本年新封中，无林地和疏林地封育面积8.96万公顷。低产低效林改造完成1.44万公顷。

2005年，5项防护林工程实际完成投资10.73亿元，其中，长江流域防护林工程完成5.36亿元、沿海防护林工程2.30亿元、珠江防护林工程0.92亿元、太行山绿化工程1.46亿元，平原绿化工程0.69亿元，所占比重分别为49.95%、21.46%、8.51%、13.62%和6.46%。在总投资中，国家投资完成5.00

亿元。群众投工投劳折合资金0.72亿元。

“十五”期间，长江流域等防护林体系建设工程累计完成造林面积143.96万公顷；完成投资89.80亿元，其中国家投资40.96亿元，国家投资占总投资的45.60%。

野生动植物保护及自然保护区建设工程 2005年，野生动植物保护及自然保护区建设工程继续稳步推进。全年新建自然保护区25处，新增保护面积121万公顷，全国林业系统建立和管理的自然保护区达到1699处，总面积达1.20亿公顷，占国土陆地面积的12.50%，比2004年提高0.1个百分点。其中，森林生态类型保护区1089处（3111.59万公顷），湿地生态系统类型保护区237处（3398.64万公顷），荒漠生态类型保护区30处（3727.74万公顷），野生植物类型保护区89处（88.38万公顷），野生动物类型保护区254处（1662.19万公顷），各种类型保护区面积分别占总面积的25.95%、28.35%、31.09%、0.74%和13.87%。全国林业系统管理的国家级自然保护区177处，面积0.72亿公顷。有效保护了我国90.6%的陆地生态系统类型、85%的野生动物种群和65%的高等植物群落，以及40%的天然湿地、20%的天然林，在改善我国生态状况和维护国土生态安全中发挥了极其重要的作用。

全国自然保护小区达到45 439个，总面积1474万公顷。大熊猫、朱鹮、普氏原羚等珍稀濒危野生物种种群数量稳中有升，许多珍稀的野生植物得到了有效保护。截至2005年末，国家已划定禁猎（伐）区1803个，总面积为9134万公顷。湿地示范区面积208万公顷。野生动物种源繁育基地718个，珍稀野生植物培植基地617个，野生动植物保护管理站5013个。野生动物园24个，狩猎场157个。全国从事野生动植物保护的人员37 929人，其中专业技术人员10 932人。2005年工程完成投资5.15亿元，其中国家投资2.45亿元。

野生动植物及自然保护区建设工程自2001年正式启动实施以来，累计新建自然保护区790处，新增自然保护区面积1821万公顷，新增面积占国土总面积的1.89%。累计完成投资20.85亿元，其中国家投资11.28亿元，国家投资占54.10%。大熊猫、朱鹮、金丝猴、老虎、藏羚羊、兰科植物、苏铁等濒危物种的拯救繁育工作取得新进展，部分物种初步摆脱了灭绝的危险，收集和保存了367种濒危野生动物和116种濒危野生植物基因资源样品。组织开展了全国野生动植物资源普查和第三次大熊猫调查，初步查清了资源底数。湿地保护区总数达到237处，面积3399万公顷；开展了湿地保护和恢复示范工程建设，45%的自然湿地得到有效保护；30处湿地自然保护区被列为国际重要湿地名录，面积达358万公顷。

重点地区速生丰产用材林基地建设工程 重点地区速生丰产用材林基地建设工程是一项兼具生态功能的林业产业基础工程。工程继续按照“积极发展、科学经营、持续利用”的方针，一手抓规模增长，一手抓质量管理，工程发展态势良好。

全年共营造速生丰产用材林1.67万公顷，完成低质用材林改培0.58万公顷，共计2.25万公顷。在全部造林面积中，荒山荒地造林面积0.95万公顷，迹地造林面积0.25万公顷。在造林面积中，农户、外资、龙头企业成为速生丰产林建设的主体，占速生林造林总量的97.46%。在造林和改培面积中，纸浆原料林0.47万公顷，人造板原料林0.45万公顷，大径级用材林0.95万公顷，其他工业原料林0.38万公顷，所占比重分别为20.73%、20.04%、42.37%和16.86%。树种以杨树、泡桐最多，面积占47.21%。全年工程完成投资1.54亿元。

“十五”期间，共营造速生丰产用材林35.70万公顷，其中荒山荒地造林18.67万公顷。按培育目的分，纸浆原料林7.61万公顷，人造板原料林11.00万公顷，大径级用材林6.08万公顷，其他工业原料林11.01万公顷。工程的实施和建设，进一步缓解了我国木材供需矛盾，促进了林业生态体系和林业产业体系协调发展，实现了资源培育与加工利用相结合，进一步促进了农村经济结构调整。

林业重点工程建设在取得丰硕成果的同时，还需要进一步加强质量管理，提高工程建设质量；加强资金管理，提高资金使用效益；抓紧研究后续政策，建立健全长效机制；加快发展后续产业，增强发展后劲，提升林业的生态、经济、社会效益，不断巩固和扩大工程建设成果，为促进人与自然和谐发展，建设社会主义新农村，构建社会主义和谐社会作出新贡献。（计资司统计处）

【2005年国家林业重点工程社会经济效益监测】 2005年，国家林业局经研中心同计资司合作，在对2004年度1157个监测指标进一步补充和完善的基础上，继续对天保工程、退耕还林工程和京津风沙源治理工程工程区内200个样本县（重点森工企业）、209个样本村、1210个样本农户进行跟踪监测。通过1193个监测指标，共收集了90多万个数据，涵盖县（重点森工企业）、村、户3个层面。同时，针对工程和社会所关注的热点问题，监测人员对部分监测样本进行了专题调研。

监测结果表明：2004年，天保工程、退耕还林工程、京津风沙源治理工程得到各级政府的高度重视，天保工程区人工商品林采伐试点、退耕还林粮食补助办法等新政策和新措施得到有效贯彻执行；工程投资计划基本完成，木材产量调减到位；富余职工得到有效安置；造林规模有所缩减，钱粮补助兑现工作总体运转良好，公示制度和林权证发放工作进一步落

实，围栏禁牧措施得到加强；林业重点工程稳步推进，使森林资源得到有效的保护和发展，为生态系统的恢复与重建、构筑国土生态安全体系奠定了重要基础。工程在改善农民的生存状况、优化工程区产业结构、促进劳动力转移等方面发挥了重要作用，产生着显著的社会经济效益。但是，天保工程区人员安置困难、地方配套资金到位率不高、工程区内生态移民难度加大、陡坡耕地数量较多等问题依然存在，生态建设任务依然艰巨。

林业重点工程的主要新政策新措施 ①天保工程区人工商品林采伐试点范围，制定森林管护管理办法；②对退耕还林年度任务进行结构性、适应性调整；③完善退耕还林粮食补助办法；④制定京津风沙源治理工程区沙产业发展战略。

工程进展和政策执行情况 2004年，在各级政府的高度重视和精心组织下，天保、退耕还林和京津风沙源治理等林业重点工程继续得到有效的实施，资源管护、木材产量调减、富余职工安置、退耕还林钱粮补助兑现、禁牧区舍饲建设和饲料补助等均取得新进展，工程总体运行情况良好。①造林规模有所缩减，退耕还林任务依然艰巨；②森林资源得到有效管护，木材产量调减到位，③富余职工得到有效安置，安置工作依然艰巨；④工程投资计划基本完成，地方配套资金到位率仍然不高；⑤钱粮补助兑现工作总体运转良好，公示制度和林权证发放工作进一步落实；⑥对生态恶劣地区继续实施生态移民，但移民难度加大；⑦京津风沙源治理工程任务有所调整，各项措施落实进度不一；⑧围栏禁牧措施得到加强，舍饲圈养逐渐代替传统的放牧习惯。

生态效益和社会经济效益 林业重点工程实施以来，森林资源持续增长，经济和社会发展各方面均取得了显著的成效。

林业重点工程的实施，为生态系统的恢复重建奠定了基础 监测结果显示，三大林业重点生态工程的实施，使森林面积和蓄积呈现双增长趋势，林分质量提高，林区生物多样性明显增加，森林的生态功能不断增强，从“量”和“质”的两个方面为生态系统的恢复和建设奠定了物质基础。①天保工程区森林资源持续增加，林分质量进一步提高；②退耕还林为增加森林资源、改善农村生态状况发挥着重要的作用；③京津风沙源治理工程区多种措施并举，森林覆盖率进一步提高。

林业重点工程的实施，使土地利用质量、空间和方式发生了变化 实施林业重点工程的地区，多数是我国生态环境脆弱的地区，水土流失严重，土地沙化日增，水灾、沙害已成为这些地区的心腹之患。天保、退耕还林、京津风沙源治理等林业重点工程实施以来，通过采取多种增加林草植被的措施，初步遏制了水土流失和土地沙化，促进了人与自然的和谐发展，改变了土地利用结构，为优化国土利用布局起到了积极的推动作用。①水土流失面积减少，土壤侵蚀模数下降；②土地沙化得到遏制，土地利用空间扩大；③25度以上陡坡耕地逐步退耕还林，土地利用方式改变。

林业重点工程的实施，改善了农民的生存状况 在实施林业重点工程的地区，贫困人口尤其是农村贫困人口较为集中。林业重点工程的实施，增加了农民收入，减少了贫困人口，加快了农村社会的进步与发展，为“三农”问题的解决提供了路径。

林业重点工程的实施，优化了工程区产业结构 实施林业重点工程的地区，多为林区、山区、沙区，这些地区共同的特点表现为产业结构单一，农、林、牧业为主的第一产业占主导地位。实施林业重点工程以来，通过生产要素的重新配置，带动了工程区产业结构逐步向布局合理、结构优化、功能完善方向调整。

林业重点工程的实施，拓展了剩余劳动力的就业空间 林业重点工程的实施，一方面使得剩余劳动力从土地、森工企业职工队伍中脱离出来（这种脱离，实质上是这些地区在工程实施前的大量隐性失业显性化了）；另一方面工程建设又在拓展剩余劳动力的就业空间、吸纳劳动力就业方面发挥着积极的作用。

林业重点工程的实施，初步改变了广种薄收的粮食生产方式 退耕还林工程的实施，促进了粮食生产方式由广种薄收向集约经营转变，优化了粮食生产布局，增强了农业抗风沙灾害等自然风险的能力，提高了粮食综合生产能力。

主要问题 本次监测结果表明，工程实施过程的主要问题表现在以下几个方面：①天保企业仍有部分富余人员待安置，一次性安置政策有待改进；②尚有大量陡坡耕地和沙地亟待退耕，退耕还林任务依然艰巨；③生态移民投资标准过低，影响着移民任务的完成；④地方配套资金到位率仍然不高，工程管理经费不足；⑤工程区配套产业发展需要进一步合理规划；⑥工程区森林经营政策亟待调整；⑦工程区林业职工工资水平低，农民生计困难；⑧野生动物损害农民利益的补偿资金不足。

政策建议 在林业重点工程建设中，必须深入贯彻中央关于“统筹城乡发展，统筹区域发展、统筹经济社会发展、统筹人与自然和谐发展、统筹国内发展和对外开放”精神和“把退耕还林与基本农田建设、农村能源建设、生态移民、后续产业发展、封山禁牧舍饲等配套保障措施结合起来”配套保障措施，以科学发展观为指导，以人为本，实现人与自然和谐的生态文明目标，加快工程区经济建设，为解决“三农”问题，建设社会主义新农村，全面实现小康社会奠定基础。针对工程实施过程中所存在的主要问题，需要及时提出解决的办法，进一步完善工程的政策措施和管理对策，使林业公共投资工程的管理更科学、更有序，运行效率更高。①合理测算工程投资标准；②尽快出台国家退耕还林工程总体规划；③增加工程管理经费；④研究制定工程区森林经营方案；⑤制定工程区配套产业规划；⑥制定工程区产业发展的优惠政策，切实解决富余职工长期就业问题；⑦大力发展替代能源，解决农民燃料问题；⑧建立野生动物伤害补偿基金，完善补偿制度。

（林业重点生态工程社会经济效益监测办公室）

天然林资源保护工程

【综　述】

国务院批准同意对现行天保工程实施方案进行调整，为进一步完善天保工程政策提供了良好契机 2005年6月，国务院同意《国家发展改革委关于报送天然林资源保护工程建设评估报告及有关问题的请示》提出的建议，在继续推进实施现有方案的同时，由国家林业局牵头，会同有关部门尽快研究解决有关问题。对天保工程实施方案进行必要的调整，并做好实施方案之外配套政策措施的研究制定工作，成熟一项，实施一项。国家林业局成立了方案调整领导办公室，明确天保办作为方案调整相关工作的牵头单位。为此，局内相关单位多次召开领导小组协调会，对方案调整的思路及具体内容进行了多次修改完善，并做好协调国家发改委和财政部的工作，形成共识，在吸收各省（区）意见的基础上，争取尽快上报国务院，待国务院批准工程方案调整思路后，加快各省（区）方案调整落实工作，尽快组织实施，促进天保工程健康发展。

积极争取国家有关政策扶持，为工程建设创造更加有利的条件 2005年天保工程工期过半，工程建设中也凸显出一些亟待解决的突出问题，经过不懈努力和积极工作，有些问题已得到或正在逐步得以解决，部分省（区）还积极争取到了国家相关政策的支持。具体体现在以下方面。

1. 完善并落实了新疆、内蒙古、吉林、海南4省（区）富余职工一次性安置政策补助资金，并一次性解决了吉林省天保工程区8家林业加工企业富余职工一次性安置指标12 020人，资金26 826万元；

2. 由中国银行业监督管理委员会与国家林业局联合下发了《关于下达天然林保护工程区森工企业金融机构债务免除名单及免除额（第一批）的通知》（银监发［2005］39号），对工程区19个省级天保工程实施单位的623家森工企业的88.11亿元债务实行免除，并按实际免除额转赠企业国有资本金；

3. 于2004年底经国务院同意，决定对划入天保工程区的世行贷款林业项目15亿元债务实施免除或挂账，其中减免2.3亿元，挂账12.7亿元；

4. 经国务院同意全面停止新疆天然林采伐，纳入全国天保工程调减计划，享受国家天保工程有关政策，并从2005年起相应核减全区木材产量8万立方米，国家分6年给予2.4亿元的财政补助；

5. 充分考虑到目前工程区政府的财政困难和承受能力状况，在2005～2007年内维持现行中央对天保工程区地方财政减收转移支付办法不变，从2005年起，以2004年实际补助额为基数，每年继续补助17.09亿元。

各地也结合本省（区）实际，出台了相关的配套政策，有力地促进了天保工程的顺利实施。

进一步强化了工程管理措施，工程建设稳步推进

1. 天保工程年度核查和“四到省”考核工作得到进一步强化，工程建设和管理水平稳步提高。2005年4月国家林业局下发了《关于2003年度天然林资源保护工程“四到省”考核结果的通报》。对工程任务完成情况、资金到位、管理和使用情况、工程管理能力以及存在的主要问题进行了通报，并提出了四点要求，即要加强领导，落实责任；要尽快对国家和省级稽查中发现的资金违规、违纪问题进行整改；要解决中央国债和财政专项资金的地方配套资金到位低的问题；抓紧做好富余人员分流安置的收尾工作。

2. 积极探索森林管护方式，进一步提高森林管护水平。根据《天然林资源保护工程森林管护管理办法》，坚持把保护发展森林资源作为战略目标，初步形成了有效的管护体系。各地还积极探索保护与发展森林资源的有效途径，总结出了内蒙古五岔沟、阿尔山林业局家庭生态林场，黑龙江清河林业局承包经营管护和乌伊岭林业局吸收农民管护国有林，大兴安岭民营林场，山西省沁源县集体林家庭托管制，以及云南丽江、山西省直森林经营局以管护站点开展种养殖业综合经营等多种森林管护经营模式，把森林管护和经营很好地结合起来。贵州省根据省级工程复查的结果对管护费进行省级调控，奖励先进，鞭策落后，提高了管护资金使用的效果，确保了管护的成效。

天保工程外援项目继续推进，天保工程示范区建设稳步开展

1. 欧盟援助的天然林管理项目进展顺利。按照项目年度计划，不断强化项目能力建设，提高项目管

理水平。为了进一步完善政策，更好地把中欧天然林管理项目实施好，2005年11月国家林业局天保办举办了天保工程区政策研讨会。会议邀请了多名中外专家就当前林业政策法规、国家财政金融政策，以及天保工程实施中涉及的相关技术措施等各方面进行了专题讲座和研讨，取得了良好的效果。

2. 示范点建设稳步开展。2005年4月国家林业局下发了《关于开展天然林保护工程第一批示范点建设工作的通知》，公布了神农架等第一批12家示范单位，明确提出了建设示范点建设的指导思想、目标任务以及在深入推进天然林资源可持续经营和林区资源、经济和社会可持续发展的总体目标下，努力实现"三个调整转变"的具体措施。

认真做好"十五"工作总结，加强经验交流 2005年是"十五"最后一年，国家林业局天保办对"十五"期间的工作进行了全面总结，对"十一五"工作设想做了认真研究，并于11月下旬召开了全国天保办主任座谈会。会议认真总结和交流了工程自试点以来的建设经验，特别是"十五"期间工程建设的情况，取得的主要成效、经验，存在的问题等，并结合当前国家对林业发展的总体要求，积极探讨"十一五"期间如何调整和完善天保工程实施方案，进一步落实工程建设的相关政策，并对下一步工程实施工作做了全面部署。（阎光锋）

退耕还林工程

【综　述】 按照国务院关于退耕还林工作的总体部署，2005年退耕还林工作的主要任务是巩固成果、消化解决超计划的遗留问题。各地按照"巩固成果，确保质量，完善政策，稳步推进"的总体要求，进一步强化工程管理和工作指导，狠抓成果巩固和后续发展工作，妥善解决超计划的遗留问题，促进了退耕还林工程的健康稳步实施。

妥善解决超计划遗留问题，稳步推进工程建设 由于退耕还林改善了生态环境，促进了农民增收，农民和地方政府退耕还林的积极性普遍较高，在2004年国家没有下达计划前，开展了整地、造林工作，造成实际退耕还林面积大于2004年国家计划，超计划部分退耕农户享受不到国家钱粮补助，各地反映比较强烈。考虑到超计划退耕还林已经成为事实，而且主要为西部贫困地区，农民生活比较困难，需要妥善解决，国家决定将已经完成造林并经核实的超计划面积纳入2005年退耕还林计划。2005年退耕地造林任务计划中，除京津风沙源治理工程区、三峡库区绿化带工程、三江源自然保护区生态保护和建设工程新增退耕地造林任务21.87万公顷以外，其他地区重点用于解决超计划的遗留问题。据统计，除京津风沙源治理工程区外，共有81.54万公顷计划任务用于解决超计划的遗留问题，占计划任务的89.5%，其中河北、山西、内蒙古、辽宁、安徽、江西、河南、湖南、四川、云南、甘肃、宁夏和新疆生产建设兵团将国家下达的2005年退耕地造林计划任务全部用于消化超计划面积。超计划遗留问题的解决，保障了广大退耕农户的利益，维护了基层的社会稳定，为稳步推进工程建设奠定了基础。

进一步强化工程管理，提高工程建设成效和工程管理水平 ①继续深入开展"回头看"活动。在总结推广2004年一些省（区）开展"回头看"活动的经验和做法的基础上，2005年山西、黑龙江、安徽、湖北、广西、四川、宁夏、新疆等省（区）制定"回头看"工作方案，成立领导机构，组织开展对退耕还林工程历年任务的完成情况．保存情况和合同签订、政策兑现、林权证发放、档案管理、大户承包等情况进行全面检查，认真查摆问题，及时进行整改，并对各地开展"回头看"活动情况和整改措施落实情况进行检查监督。甘肃省组织开展了一次重点解剖式检查，在每个市（州）随机抽取1个县，在每个县随机抽取1/3的乡（镇），对抽中乡（镇）的各年度退耕还林任务逐地块实测面积、调查苗木成活率和保存率，并检查作业设计、自查验收、档案建立、林权证发放等管理情况，解剖分析存在的问题，并通报解剖式检查的结果，下发整改通知，而且委派工程监理人员对各地整改情况进行跟踪监理。②抓好补植补造，确保历年造林的成活率和保存率达到国家要求。据调查，各地历年完成造林任务需要补植补造的面积占近10%，部分干旱地区达到50%左右。各地通过县级自查和省级复查，对2004年以前退耕还林的成活情况、保存情况进行全面摸底，明确需要补植补造的数量和地块，落实补植补造任务。河南省向2004年省级复查结果较差的15个县所在市政府下发了复查结果，并在2005年4月份进行了第二次省级复查，通过整改，15个县的核实率和合格率分别提高了12个百分点和20个百分点。甘肃省林业厅专门下发了《关于对退耕还林工程检查验收不合格面积及监理指令进行全面整改的通知》，对2004年检查验收不合格的45.73万公顷造林地块全部进行了补植补造。青海省做到补植补造与新造林一样，有作业设计和报批手续，并进行补植监理和检查验收。③搞好抚育管护，科学经营。各地加大退耕还林合同的执行和检查监督力度，进一步明确管护责任，将补助政策与退耕还林管护成效挂钩。四川等地按照稳定所有权、放活经营权的原则，积极推行户退户管、联户共管、出资代管、大户承包管理等方式，落实管护责任，对管护较差的农户暂缓兑现政策。重庆市、陕西省把幼林抚育管护作为检查验收的一项重要内容，不合格的不兑现退耕还林补助。安徽等地结合补植补造工作，进一步优化林种、树种结构，加强后续产业培育。黄山市对2002～2003年营造的2533公顷经济价值较低或不适地适树的退耕还林进行了树种调整，调换为竹子、山核桃和经济价值较高的兼用树种。内蒙古自治区政府办公厅下发了《关于巩固退耕还林建设成果禁止在项目区复垦及开荒的紧急通知》。④搞好封山育林工作。2005年，国家首次将封山育林作为退耕还林工程的建设内容。为确保封山育林质量，2005年11月国家林业局下发了《关于做好退耕还林工程封山育林工作的通知》（林退发［2005］169号），提出了严格执行国家计划、科学实施封山育林、认真抓好检查验收、切实加强组织管理的要求。各地严格执行《封山（沙）育林技术规程》等规定，制定具体办法，规范对封山育林作业设计、施工、验收等各个环节及补助资金的管理，保障了封山育林工作的顺利开展，促进了原有生态系统的自然修复。⑤进一步规范政策兑现工作，实现粮食补助改发现金的平稳过渡。2004年，国家完善了退耕还林粮食补助办法，原则上由补助粮食改为补助现金。由于2004年的退耕还林补助大多在检查验收合格以后兑现，各地积极采取措施，结合实际制定具体操作办法，规范退耕还林补助的兑现程序，做好粮食补助新老办法的衔接，确保政策平稳过渡。湖北省实行“六个公开”，即将每个退耕农户的退耕地点、还林面积、栽植模式、造林树种、验收结果、政策兑现情况纳入村务公开的内容，少数工程县还将退耕还林检查验收和政策兑现情况在政府政务网上公开，接受群众监督，并且财政部门为每个退耕农户在农村信用社设立一个专门账户，直接把退耕还林补助资金划拨到账户上，实现“一卡通”，避免抵扣税费、贪污等现象的发生。四川等省按照先验收、后公示、再兑现的工作程序和四到户（政策宣传到户，清册编制到户，张榜公布到户，资金兑付到户），五不准（不准抵扣任何款项，不准集体代领，不准无故拖延兑付时间，不准截留、挤占、挪用补助资金，不准以任何理由增加退耕户负担）的工作要求，采取发放存折（卡）和集中兑付等行之有效的方式，把补助资金及时发放到退耕农民手中。据2005年退耕还林工程管理实绩核查，98.6%的退耕农户与当地政府签订了退耕还林合同，87.4%的退耕还林面积公布了县级自查结果和政策兑现情况。⑥进一步提高档案管理水平。针对退耕还林政策兑现期长的特点，河北、安徽、陕西、青海等省进一步完善了档案管理办法，开展了县级档案管理达标活动，加强了乡（镇）档案建设，并加快了档案管理信息化进程。到2005年底，各省都有专人负责退耕还林档案管理工作，97.5%的工程县有专人负责档案工作，52.3%的工程县应用退耕还林管理信息系统进行档案管理。

认真落实“五个结合”，努力巩固退耕还林成果 2005年4月17日，国务院办公厅下发了《关于切实搞好“五个结合”进一步巩固退耕还林成果的通知》（国办发［2005］25号）。《通知》进一步明确了退耕还林的指导思想和基本思路，指出退耕还林工作要以实现生态改善、生产发展、生活富裕为目标，把退耕还林工作与保障粮食安全、调整农业结构、增加农民收入有机结合起来，促进经济、社会和生态的协调发展；要坚持科学规划、完善政策、加强协调、突出重点、巩固成果、稳步推进的基本思路。要在继续推进重点区域退耕还林的同时，把工作重点转到认真搞好“五个结合”（把加强基本农田建设、农村能源建设、生态移民、培育后续产业、封山禁牧舍饲与退耕还林工程结合起来），解决好农民吃饭、烧柴、增收等当前生计和长远发展问题上来。《通知》明确了“五个结合”的重点任务及政策措施，要求进一步加强领导、组织协调和监督检查，切实落实省级政府对退耕还林工程及“五个结合”保障措施负总责的制度。各级政府高度重视，贵州省省委、省政府专门召开了全省退耕还林工作会议，河南、湖北、重庆、四川、贵州、陕西等省（市）组织对退耕还林成果巩固情况进行了摸底和专题调研，下发了贯彻落实意见，对落实“五个结合”、巩固成果工作进行了全面部署，提出了具体措施和明确要求。内蒙古自治区通过加强基本农田建设、推广节水灌溉技术、提高种植业科技含量等措施，使全区粮食产量由2000年的124亿千克增加到2005年的166亿千克。宁夏每年安排机修农田2万多公顷，补助标准由2001年的1200元/公顷逐步提高到1800元/公顷，南部山区累计建设高标准旱作基本农田近32万公顷，粮食综合生产能力明显提高，粮食总产量增加了1/4。广西2005年投入3000万元，新建沼气池28.2万座，使全区沼气池达到273.7万座，沼气入户率达34%。四川省凉山州按照统筹兼顾、捆绑发展、综合治理的思路，把其他建设项目与退耕还林工程结合起来，共改造中低产田2万多公顷，建沼气池40 276座、节柴灶155 073座、太阳能设施53 132座，生态移民36 622人，17个县（市）、498个乡（镇）实施封山禁牧，舍饲圈养牲畜1236万个羊单位。各级林业部门特别重视对发展后续产业的指导，四川、贵州、甘肃、青海等省编制林业产业及退耕还林后续产业发展规划，明确后续产业发展方向，在确保生态效益优先的前提下，发挥当地优势，合理选择造林树种，优化造林技

术模式，大力培育资源基地，创新经营管理机制，积极引导和扶持龙头企业发展。各地还召开退耕还林后续产业现场经验交流会，总结推广一批有一定规模、成效突出、与工程建设结合较好的后续产业发展模式及相关技术，促进后续产业又快又好发展。据2005年退耕还林工程管理实绩核查统计，到2005年底，工程区共新建或改建基本农田773万公顷，生态移民180万人，62.8%的工程县实行了封山禁牧，39%的退耕农户解决了农村能源问题，40%的退耕农户已经形成或可以形成后续产业；1999～2005年完成的退耕地造林任务中，成果巩固不存在问题、存在一定问题、存在严重问题的退耕地造林面积分别占65%、25%和10%左右。

1999～2005年，全国累计实施退耕还林任务2294万公顷，其中：退耕地造林900万公顷，荒山荒地造林1261万公顷，封山育林133万公顷。截至2005年底，中央共投入1030亿元；对已完成的任务，今后还将陆续投入钱粮补助资金1100多亿元。据2005年全国造林实绩检查结果，2004年度退耕还林工程面积核实率为97.2%，其中：退耕地造林核实率98.8%，荒山荒地造林核实率96.6%；核实面积的合格率为89.9%，其中．退耕地造林合格率97.5%，荒山荒地造林合格率87.2%。1999～2003年退耕还林工程面积核实率为94.1%，其中：退耕地造林核实率93.6%，荒山荒地造林核实率98.7%；核实面积的合格率为94.4%，其中：退耕地造林合格率95.1%，荒山荒地造林合格率87.8%。退耕还林工程造林成活率和保存率较高，质量较好，改变了过去一些地方“年年造林不见林，年年种树不见树”的状况，工程区森林覆盖率平均提高2个百分点，沙化土地面积出现净减少，水土流失和风沙危害强度不断减轻，为我国生态建设的快速发展、为构建社会主义和谐社会作出了重要贡献。（汪飞跃）

【全国退耕还林工程编制工作会议】 2005年5月13日，全国退耕还林工程编制工作会议在石家庄市召开。国家林业局副局长李育材、退耕办主任张鸿文、计资司巡视员王前进、退耕办副主任刘树人，有关省（区、市）林业厅（局）主管厅（局）长、退耕办主任参加了会议。

会议强调，编制规划要做到巩固成果和继续推进退耕还林相结合，特别要注意把江河源头及其两侧、湖库周围的陡坡耕地以及水土流失和风沙危害严重等生态地位重要区域优先退耕。要增强责任感、紧迫感和危机感，真正把各项措施落实好，把退耕还林工程建设好、巩固好。实事求是地编好规划，充分认识退耕还林规划事关林业建设的全局，高度重视规划的编制工作，组织精兵强将、成立专门班子，使规划至少管20年，并为以后林业的发展打下坚实的基础。

会议要求，各省（区、市）要提高对退耕还林规划重要意义的认识，把规划作为政府有关部门参与的一项系统工程、生态建设工程来做；要突出重点，坚决按《退耕还林条例》的规定办，把该退的地方退下来；退耕还林的面积要实事求是；要规范管理，按条规办，不要疏于管理，要居安思危，思考深层次的问题；要确保质量，质量是工程的命根子，质量上不去等于工程建设付诸东流，退耕还林最终的成果应体现在植被覆盖率的增加和生态的改善；要因地制宜，对退耕还林地要搞间作不要一刀切，要从当地的实际出发，灵活掌握，要体现和谐，做到知民情、悉民意，既符合规定又不伤害农民的感情；要做好政策兑现，防止虚报冒领国家补助的粮、款，要确保兑现到农民手里；要搞好政策、机制、体制创新，通过创新政策、机制调动广大群众的积极性；要把巩固退耕还林成果的内容纳入规划，关键是发展后续产业，这是退耕还林长期经营下去的结合点；要做到整体推进，搞好“五个结合”；要做到和谐实施退耕还林，调动方方面面的积极性，既做到人与自然的和谐，还要做到人与人之间和谐及自我和谐，顾及方方面面的利益，使退耕还林有良好的建设环境；要做到有利于可持续发展，走循环经济发展的路子；要树立以人为本的思想，一切为提高人民的生活水平，为改善农民的生产、生活、生存条件；要依法办事，特别要做好确权发证工作；要做到执政为民、依法行政、不谋私利。（孙 阔 鲁少波）

京津风沙源治理工程

【综 述】

进展情况 截至2005年底，工程累计完成治理任务668.9万公顷，占国家累计下达计划任务的97.2%。其中，完成林业项目建设任务411.3万公顷，占国家累计下达计划任务的103%；完成草地治理任务198.2万公顷，占国家累计下达计划任务的88%；完成小流域综合治理任务59.4万公顷，占国家累计下达计划任务的91.4%；完成节水及水利配套设施建设54 863处，占国家累计下达计划任务的94.5%；完成生态移民59 665人。

截至2005年底，工程累计完成投资83.9亿元，占国家累计下达投资计划的87.6%。其中完成林业建设投资41.2亿元，占国家累计下达林业投资计划的96.3%。

主要措施

总结治理模式，建立和完善工程建设标准体系 结合各地实际，探索总结了80余种先进实用治理模式，并优选了48种主要模式，包括山西省“林围农、林围草和林围林（经济林）”三围模式、“6+1”灌草高效治理模式，内蒙古两行一带防风固沙模式、流动沙地再生沙障固沙模式等得到大力推广，加快了林草植被的恢复，取得了比较好的成效。同时，国家林业局组织有关专家研究制定了《工程林业建设技术规定》、《工程县级作业设计技术规程》、《工程区沙化土地监测技术规程》、《工程年度检查验收办法》等一系列技术标准，为规范工程管理奠定了良好基础。

创新机制，调动社会各界力量参与工程建设 为加快工程区荒山荒地荒沙造林绿化步伐，出台了《关于进一步加强工程区宜林荒山荒地造林的若干意见》（林沙发［2003］2号），通过对治沙管理机制的活化，提供优惠政策，为各种经济成分参与工程建设提供平台，极大地调动了社会力量参与工程建设，为荒山荒地造林绿化注入了新的活力。目前有200多家企业投资参与工程区生态建设。据初步统计，工程区非公有制经济主体造林已占工程造林总量的70%以上。

注重科技支撑，强化技术培训与实用技术推广 2002年、2004年，先后两次组织了千名治沙专家科技送乡村大型科普活动，特别是2004年开展的“千名治沙专家科技送乡村行动”，共1500多名专家和技术人员深入到工程区75个县（旗）的165个乡，推广先进实用技术近百项，发放农林用科技书籍、资料等11万多册（份），直接培训农民16万多人，深受农民欢迎。工程建设5年多来，共实施了30多项林业科技支撑项目，召开了现场会，推广了容器苗等先进实用技术，优化了植被配置和恢复方式。

实行六项制度，确保工程健康有序地开展 ①目标、任务、资金、责任四到省制度，层层签订责任状，落实责任制，各级政府及相关部门任务明确，目标具体，责任清楚；②质量、效益定期监测和通报制度，由国家林业局牵头，组织农业、水利等部门每年进行一次联合核查验收，并予以通报；③“三专一封”的资金管理与使用情况定期稽查审计制度，最大限度地避免了挤占和挪用；④定期实地督查、指导制度，每年造林时节（春季、雨季）都派管理和技术人员到现场督查与指导，确保造林质量；⑤工程质量举报制度，公布了举报电话，加强了社会监督；⑥建立了工程管理信息员制度，组建了有近100人的信息员队伍，快速反馈工程信息，为决策提供可靠依据。

狠抓林分抚育管护，巩固工程建设成果 在充分调研的基础上，在工程项目区率先提出实行“三禁”（禁牧、禁樵、禁垦）制度。2005年又下发了关于做好林分抚育和管护的通知，各地也相继加强了抚育管护工作，林草植被破坏行为得到了有效控制，保护了建设成果。内蒙古自治区锡林郭勒盟坚持造管并举，建立了抚育管护长效机制，将抚育措施列入作业设计严格审批，落实管护责任，2005年对需要抚育的14.2万公顷林地进行了全面抚育。河北省着力加强护林队伍建设，工程区平均每133.3公顷配备一名护林员，划定责任区，分片包干。北京市每年投入1.92亿元对山区60.8万公顷生态林进行抚育管护。工程启动建设以来，整个工程区没有发生重大破坏森林植被的责任事故。

发展工程后续产业，促进了工程区生态建设与产业协调发展 制定颁布了《关于加快京津风沙源治理工程区沙产业发展的指导意见》（林沙发［2004］116号），明确了后续产业发展的指导思想、原则、重点领域和优势项目。并在河北省承德市召开了工程后续产业发展现场会，有力地推动了工程后续产业发展。各地依托工程建设，依靠龙头企业带动，发展了一批具有地方特色的产业建设项目，初步形成优势明显、特色鲜明、前景广阔的资源综合利用开发型的产业发展格局，为地方经济发展作出了较大贡献。据不完全统计，工程区仅林业产值就由2000年的17.1亿元增加到2005年的35.6亿元，比2000年翻了一番。

建设成效

工程区生态环境明显好转 各地围绕生态建设这一主题，狠抓林草植被建设，工程区林草植被盖度大幅增加，京津地区防护林体系已基本形成，沙化程度明显减轻。监测表明，工程区在近5年间，流动沙地减少3.9万公顷，半固定沙地减少11.6万公顷，固定沙地增加79.3万公顷。其中，林地面积增加46.8万公顷，草地面积增加32.5万公顷，沙化耕地减少53.4万公顷。集中连片的林草植被发挥了明显的防护功能，地表起沙得到有效遏制。与工程启动之初的2000年相比，工程区空气含沙量平均减少15.8%；据有关部门监测，北京城区可吸入颗粒物由2000年的0.162毫克/立方米降低到2004年的0.149毫克/立方米；工程区风沙天气日数由2000年的平均26天减少到2005年的9天，平均减少了17天。

促进了生产发展和农民增收，有效地推动了工程区社会主义新农村建设 通过退耕还林、禁牧舍饲、生态移民等，农牧民生产生活方式发生了根本性转变，实现了从游牧放养到舍饲圈养、从毁林开荒到植树种草、从广种薄收到精耕细作的三大转变。农田防护林建设为保护基本农田和草牧场免受风沙危害、促进粮食稳产增产作出了积极贡献，粮食单产明显提

高，2005年与2000年相比，工程区粮食平均单产由1912.5千克/公顷提高到2872.5千克/公顷，增加了50%。工程区1622万农牧民在工程建设中得到了实实在在的利益，仅退耕还林就有242万户、约1000万农民直接受益。农民收入增幅显著，2005年与2000年相比，工程区农民人均收入增幅近50%，有137万人实现脱贫。

后续产业发展良好，农村产业结构得到进一步优化 各地依托工程建设，依靠龙头企业带动，发展了一批具有地方特色的林果种植、生态旅游、养殖、加工等产业建设项目。工程后续产业呈现出良好发展势头，为地方经济发展作出了较大贡献。河北平泉县依托工程新造刺槐林，促进了食用菌产业的发展，食用菌总量已由2000年的1220万盘（袋）发展到2005年的7200万盘（袋），全县有4万农户参与食用菌产业，按平均每盘（袋）10元计，实现产值近7亿元，农民人均增加纯收入1200元。山西大同市通过工程实施，带动了林果业、草业、养殖及加工业的发展，目前全市经济林的种植面积已达6667公顷，见到经济效益的已达到2666.7多公顷，带动项目区人均增收300元；据调查，大同县巨乐乡通过治沙种植鲜食杏的面积已达666.7公顷，每公顷产鲜杏7500千克，每公顷收入达到15 000元，2000多农户受益，户均收入达5000元。内蒙古自治区乌兰察布市通过实施“进一退二还三”战略，大力调整种植业结构，林、草业迅速发展，也带动了畜牧业大发展，实现了农村产业结构的优化。目前全市畜牧业产值在大农业的比重占到45%，部分地区达到了50%～60%，农牧民来自畜牧业的收入占人均收入的比例也由2000年的25%提高到现在的45%。

工程区生态文明局面初步呈现 通过工程的实施，农民不仅收入增长，解决了吃饭穿衣问题，生活条件也发生明显好转，水、电、道路等设施得到一定程度解决，人居环境明显改观，为区域新农村建设奠定了良好的基础。群众防沙治沙的生态意识显著增强，工程建设得到农牧民真诚拥护和欢迎，治沙、造林、种草已成为当地群众的头等大事和自觉行动。

2004年10月到2005年4月，中国国际工程咨询公司组织多方面专家对京津工程进行中期评估结论是：工程管理规范，政策执行良好，总体运转顺畅，治理成效明显。

2005年，京津工程成为惟一被中央宣传部选定为国庆献礼的国家级重点生态建设工程，在9月14日中央电视台新闻联播中的《经典中国》专题报道，受到共同关注与广泛赞誉。

【京津风沙源治理工程林分抚育】 京津风沙源治理工程实施以来，通过采取有效措施，加大建设力度，工程区林草植被迅速增加，林分抚育和管护任务十分繁重。为巩固工程建设成果，国家林业局下发了《关于切实做好京津风沙源治理工程区林分抚育和管护工作的通知》（林沙发［2005］12号）。《通知》对林分抚育和管护工作提出了6项要求：①明晰成果产权，落实责任主体。工程建设成果都必须实现产权界定明晰，责任主体到位，权责紧密结合。②创新抚育和管护机制，完善相关政策。在工程建设中，要不断完善政策、机制，有效解决补植补造与林分抚育和管护问题，确保工程建设成效。③严格禁止乱开垦、乱放牧、乱樵采（以下简称“三禁”）。加强对“三禁”执行情况的检查，对“三禁”措施落实不力的，要责令其立即整改，造成林草植被严重破坏的，将给予通报批评，并调减其下一年度工程建设任务。④切实加强防火、防病虫害工作。切实加强林木火灾和病虫害的监测、预警工作及应急机制建设，强化防火和病虫害防治工作队伍建设，不断提高防火和病虫害综合防治能力。⑤采用科学抚育方式，优化林分质量。允许采用与原造林设计不同的苗龄、不同的适宜树种进行补植补造，以利于形成混交林和复层林。对新造林地要及时抚育，促进林木生长，尽快郁闭成林。⑥加强对林分抚育和管护工作的领导。要建立抚育和管护工作责任制，做到制度健全，责任明确，措施到位，切实巩固京津风沙源治理工程建设成果。

【京津风沙源治理工程省部联席会暨现场会】 2005年6月23～24日，京津风沙源治理工程第七次省部联席会暨现场会在北京市密云县召开。国家发改委、财政部、国土资源部、农业部、水利部、国家环保总局、国家林业局、国务院西部开发办的主管领导，北京、天津、河北、山西、内蒙古5省（区、市）政府主管领导出席了会议。

国家发改委副主任刘江主持会议并作了会议总结。国家林业局副局长李育材参加了会议，并就工程实施5年多来所开展的工作、工程进展情况及成效，下一步重点工作作了发言。

与会人员实地考察了北京市密云县爆破造林工程、退耕还林建设项目和小流域治理工程。会议对工程实施以来总的评价是进展顺利，总体质量良好，京津地区的生态环境得到了比较明显的改善。我国荒漠化和沙化从“破坏大于治理”转变为“治理与破坏相持”，京津风沙源治理工程建设功不可没。

（京津风沙源治理工程由江天法撰稿）

三北及长江流域等防护林体系建设工程

【三北防护林体系建设工程“十五”进展】 进入新世纪以来，我国林业建设迎来了大发展、大跨越的历史性机遇。三北工程坚持以科学发展观为指导，突出防沙治沙，实行分步实施，分区突破，稳步推进的工作方针，累计完成造林300万公顷，其中人工造林165万公顷，封山育林125万公顷，飞播造林10万公顷，工程建设呈现出良好的发展态势。突出表现在以下三个方面：

区域生态状况呈现出“整体遏制、局部好转”的发展态势 “十五”期间，各地认真贯彻以生态建设为主的林业发展战略，把防沙治沙置于区域生态治理的优先地位，将三北防护林工程建设70%的资金和80%的任务安排于防沙治沙，集中力量，规模推进，有力地促进了工程建设重点向防沙治沙的战略转移。5年累计治理沙化土地133万多公顷，沙区生态环境发生了明显变化。据第三次全国荒漠化和沙化监测表明，“十五”期间，陕西、甘肃、宁夏、新疆、内蒙古等省（区），荒漠化和沙化土地分别减少了40 925平方千米和7921平方千米，其中内蒙古、宁夏、陕西等省（区）沙化土地实现了由“整体恶化、局部遏制”向“整体遏制、局部好转”的历史性变化，为全国生态建设整体进入“相持阶段”作出了突出贡献。重点治理区域都呈现出沙化面积持续减少，生态状况明显改善的局面，科尔沁沙地、毛乌素沙地南缘等地实现了治理速度快于沙化速度的重大转变。

以黄土高原为主的重点水土流失区，以小流域为治理单元，坚持生物措施与工程措施相结合，实行人工造林、封山育林、退耕还林等措施，山水田林路综合治理，加大了封禁保护力度，黄河上中游的50多个地（市）、200多个县（市、旗）实施封禁保护面积近30万平方千米，推动了黄土高原治理。“十五”期间是黄土高原治理最快、效益最好的时期。营造水土保持林草626.65万公顷，工程区林草覆盖率平均增加2个百分点，治理水土流失7.8万平方千米，近几年流入黄泥沙比多年平均量减少3亿吨左右。陕西省通过实施林业重点工程，5年共完成造林320万公顷，全省林草植被显著增加，土地荒漠化范围逐步缩小，水土流失严重的局面得到控制，呈现出生态状况初步改善的喜人局面。

区域经济发展出现了山河增绿、群众增收的可喜变化 各地在生态建设中，坚持防治并重、治用结合的原则，在搞好生态建设的同时，积极发展林产业、沙产业，走出了一条生态建设与产业发展良性互动的路子。内蒙古把发展沙产业作为调整农村产业结构、增加农牧民收入的重要措施来抓，努力实现大地增绿、企业增效、农民增收。目前，全区以山杏、沙棘、沙柳等灌木为原料的规模以上加工企业30多家，年创产值10亿元以上，解决了沙区22万人的就业问题，2004年全区农牧民人均林沙产业收入达到了300元。陕西省在黄土区大力发展以苹果为主的林果产业，目前，全省仅苹果种植面积就达39万多公顷，居全国排名第一，年产量达550万吨，产值100亿元，在一些苹果主产区，农民年收入的80%来源于苹果产业。1999年国家实施西部大开发战略以来，甘肃省依托重点林业生态工程，大力发展林业产业，调整农业结构，经过近6年的努力，初步实现了“大地增绿，农民增收”的目标，已逐步形成林果、森林生态旅游、苗木、花卉、林产品加工和特色养殖等为重点的林业六大产业。目前，全省林业年总产值达到了53亿元，其中经济林果业总面积达65.45万公顷，果品产量133.5万吨，产值25.2亿元。

工程建设呈现出社会普遍关注、广泛支持的良好局面 工程建设的实施提高了我国的国际地位，引起了国内外普遍关注、广泛支持。2003年三北防护林体系建设作为世界最大的植树造林工程载入吉尼斯纪录。三北工程建设得到了国际组织、友好团体和国家的大力支持，以三北工程为背景的国外援助项目40多个，援助资金达到10多亿元人民币。全社会绿化意识普遍增强，涌现了一批无私奉献造林先进典型和劳动模范。民营企业和机构参与工程建设的积极性普遍高涨。内蒙古鄂尔多斯市积极培育治沙造林大户，现已形成千亩以上治沙造林大户700多个；通辽市实行开放式治沙造林，吸引私营企业和财团投资治沙造林项目30多个，治理规模2万公顷。新疆已发展非公有制林业企业50多家，从业人员1800多人，仅2003年，全区非公有制林业企业造林1.23万公顷，吸引社会各界造林资金高达15.34亿元。

（熊善松）

【三北防护林体系建设工程社会主义新农村建设平稳起步】 建设社会主义新农村是我们党在新的历史条件下提出的重大历史任务。为了使新农村建设更有针对性、实效性，国家林业局三北局在深入三北地区的6省（区）22个县进行调研的基础上，提出了“必须立足生产发展，破解主要矛盾；必须依靠农民，切忌包办代替；必须突出林业特色，谨防舍本求末；必须分类指导，力戒千篇一律；必须务求实效，杜绝形象工程”五项原则以及建设“生态景观型、生态经济型、生态防护型”三种模式。国家林业局

贾治邦局长和祝列克副局长对此给予高度赞扬。贾治邦在三北局的报告上批示："这个报告写得不错。新农村建设就林业而言，一定要从实际出发，不包办代替，不搞一刀切，因地制宜，稳妥推进，积极引导，积极协助地方政府和地方林业部门开展工作，把实事办实、办好"。同时，三北局根据国家林业局的要求，确定了20个生态建设重点县，并组织编制了《三北地区社会主义新农村建设试点实施方案》，对指导思想、建设原则、不同模式的适应区域、建设目标、保障措施等提出了明确要求。召开了三北防护林体系建设工程社会主义新农村建设座谈会，详细讨论了实施方案，部署了新农村建设的各项事宜。

（魏永新）

【三北地区农田防护林更新改造蓄势待发】 2005年9月三北地区农田防护林体系建设现场会在长春召开，会议在三北地区产生了较大的反响，各省（区）也以现场会和下发文件的形式积极贯彻。贾治邦局长对《人民日报》的《防护林成了绿色银行》一文作了重要批示。三北局还向贾治邦局长作了专题汇报，贾治邦局长又进一步明确指示："很好。一定要尊重森林的内在规律，推进林业的改革和发展。教育大家正确把握和理解好兴林与富民，生态和产业，保护和利用，速度和质量效益，采伐和抚育等几个关键关系，既富了民，又保护好生态，实现了小康，建成了新农村"。同时要求三北局要通过创新管理制度和经营机制，通过先进技术跟进，在农田防护林更新改造和农民增收方面，探索出一条值得借鉴的有效途径。这些充分体现了国家林业局领导对三北工程的高度重视。为贯彻落实领导批示精神，三北局完成了《三北地区农田防护林体系建设基本情况及分析报告》，起草了《国家林业局关于进一步加强三北地区农田防护林体系建设的若干政策措施的意见》（代拟稿），制定了《三北地区农田防护林残次林改造技术标准和管理办法》以及《三北地区农田防护林体系建设更新改造实施方案》，按照东北平原、华北平原、汾渭平原、黄河河套平原、新疆河西走廊绿洲农区和其他平原区6个类型区，分别提出了建设模式、主攻方向、技术标准、预期效益等具体要求，形成了一整套行之有效的办法，为启动实施农田防护林更新改造工作做好了充分准备。（魏永新）

【中国三北防护林杨树天牛防治项目】 该项目是联合国粮农组织援助我国的一个技术合作项目，项目从2000年开始，2005年结束。项目取得了很大的进展。

1. 设定了6种类型的试验样地，开展了相关调查和分析工作。一是为了更好地执行好天牛项目，根据需要，在青铜峡和巴彦淖尔盟选择了一些有6类9个代表性的样地。包括树种抗性对比试验，速生丰产经营技术防治天牛，饵木树种防治天牛等类型。二是进行了样地设计。确定了样地的试验目的、内容以及观察分析的方法等。三是开展了一些样地数据调查观察工作，确定专人定期进行观察。

2. 开展了杨树天牛危害和分布情况的调查研究工作。一是三北局项目办与有关省（区）配合，通过开展杨树天牛危害和分布情况的调查研究，已收集和整理了大量数据资料。二是绘制了青铜峡市和巴彦淖尔盟杨树天牛分布图（数字化图）。三是绘制了三北地区杨树天牛分布图的行政区划图。四是三北地区（部分地区）杨树天牛分布已进行了数字化工作。项目制作的杨树天牛分布图，可以及时掌握杨树天牛的发展趋势，为国家制定林业发展规划、计划、宏观发展政策提供依据。

3. 开展技术培训，举办了三北防护林杨树天牛防治对策研讨班。2005年举办了各种类型的杨树天牛防治培训6期。在杨树天牛生物防治、预测预报、试验地设计调查、统计分析及天牛分布图绘制等方面进行了人员培训，培养了一批既懂天牛防治，又懂营林生产的人才，使基层林业工作者和农民的素质得到了提高，不仅对杨树天牛防治工作起到了积极的作用，也对乡村建设和社区建设起到积极的作用，提高了组织实施三北工程建设的能力。

4. 查阅了大量资料，建立了杨树天牛资料库。一是对杨树天牛资料进行了查新，从8000多篇资料中查到了300多篇资料。二是对杨树天牛资料进行了分类。将收集到的杨树天牛资料分成了综述、生物生态学习性、多种防治方法、营林措施等大类。三是建立了杨树资料档案。根据分类标准进行了归类，并建立了文字档案。四是进行了杨树天牛资料库连接、查询。杨树文献资料库的建立，储备了丰富的技术方法和理论依据，是三北工程今后深入开展杨树天牛控制工作的重要参考依据。

5. 组织编写并出版了《杨树天牛综合防治》。该书系统阐述了杨树天牛的发生、危害及生物学特性，全面总结了杨树天牛综合防治技术，提出了防治天牛的营林技术措施及抗天牛造林模式，为指导基层防治杨树天牛提供了理论基础，同时也为基层做好培训提供了素材。

6. 征集论文并出版了《杨树天牛论文集》。为了进一步加强三北地区杨树天牛的防治工作，促进各地的学习和交流，三北局向全国各地征集杨树天牛防治论文，编辑印刷成《杨树天牛论文集》。征集论文涵盖6个方面的内容：杨树天牛防治对策、抗天牛造林模式的研究、杨树天牛防治技术的研究、杨树天牛预测预报和检疫技术的研究、杨树天牛生物学特性的研究、杨树天牛综合防治的经验等。

7. 完成了小叶杨调查工作。对北方小叶杨天然分布区的杨树天牛发生情况进行了全面调查，在调查的基础上完成了小叶杨调查报告。

8. 制定了杨树天牛预测预报办法和检疫规程。举办了杨树天牛预测预报培训班，对项目区技术人员进行了培训，掌握了预测预报的基础知识，三北局与国家林业局森防总站一起制定了杨树天牛预测预报办法和检疫规程。为基层林业工作者防治杨树天牛提供了技术保障，提高了对病虫害的预测预报能力，为进一步提高工程建设质量和效益，巩固工程建设成果奠定了基础。

9. 成功举办了天牛项目国际研讨会。会议由联合国粮农组织支持，三北局和森防总站共同主办，参加会议的有国家有关部委、联合国粮农组织总部、国内外专家，有关省（区、市）森防站长以及杨树天牛防治生产第一线的技术人员和研究人员93人。会议讨论交流了天牛防治工作的经验，达到了预期的目的，取得了理想的效果。（熊善松）

【中德合作——三北防护林工程监测管理信息系统项目】 该项目在中德政府的重视和支持下，通过7年的艰苦工作，经过中外双方共同努力，2005年圆满完成各项任务。

开发了数据输入输出模块系统。一是用户管理、分级的权限设置、行政代码和林业代码的编辑；二是日志管理，数据录入、导出、导入、查询功能；三是林业资源清查一二三类数据和社会经济、气候、生态沙漠化数据管理；四是图形数据和属性数据的连接；五是统计报表输出、打印等功能。

处理了地理信息和森林资源数据。一是完成了景泰县二类资源清查数据处理；二是完成了绥化市北林区二类资源清查的数据处理；三是完成了北林区基础地理数据的处理；四是完成了北林区2004年度作业设计数据的处理；五是完成了北林区2004年度检查验收数据的处理。共计13 000多个小班。

处理了遥感数据。一是根据中国科学院影像分类标准对甘肃省景泰县和黑龙江省绥化市北林区卫星影像分类；二是先后两次赴甘肃景泰县开展地面调查，检验分类结果；三是将景泰县遥感分类结果与地理信息系统得到的森林专题图进行空间叠加，分析对比了卫星影像解译结果和数字森林资源本底数据；四是制作了遥感分类专题图和遥感分类森林专题图。

完成了数据库设计。一是完成了Oracle数据库的重新设计，增加了主键、外键、索引和图形数据所需要的表空间，通过Arcsde软件将图形数据导入到Oracle数据库进行管理；二是完成了Access数据库设计；三是将原来数据的旧代码库按照国家标准进行了重新匹配；四是将3个监测点的林业资源数据（包括图形数据）迁移到新设计的Oracle数据库中；五是将3个监测点的社会经济和生态数据集成到数据库。

提供防护林造林质量相关经济生态影响的现状信息，并定期更新。一是确定了指标所需要的条件；二是完成了经济数据的管理决策；三是整合了指标；四是确定了专题图标准；五是制定了北林区森林专题图。

举办了业务知识培训班。先后组织举办了Oracle软件培训、Acrview软件培训、Acrgis软件培训、输入输出模块软件培训、Acrsde软件培训、Acrview9.1软件培训等10次培训班，培训人员95人次。

（熊善松）

【长江流域防护林工程】

机制改革，提高工程管理水平 2005年，工程各省以机制改革为突破口，建立了多元化的林业投入机制和灵活的市场管理机制，促进了工程管理走上规范化、制度化轨道，有效提高了工程管理水平，极大地推进了长防林建设的发展。江西省落实招投标制、合同制、监理制和报账制等制度，要求各工程县从经营主体落实到造林施工队选择，到育苗户确定等必须全面实施公开招标；制定各种监理办法，完善和健全各种合同，促进整个工程从结果管理向过程管理转变。浙江省按照市场化经营的要求，积极推行专业队造林，实行包种、包活、包抚育原则，责任明确，提高了工作成效。湖北省坚持“谁造林，谁所有，谁受益”的原则，采取租赁、承包、拍卖、转让等形式，鼓励单位、集体、个人参与长防林建设，为林业生产注入了活力。

加强质量管理 一是科学规划。各地结合本地实际情况，因地制宜，因害设防，突出重点，全面规划，为项目实施做好前期准备。湖北省每年都组织专家对工程建设设计进行评审，保证了作业设计的科学性、严谨性和完整性。二是严把苗木关。江西省利用价格杠杆作用，拉开不同等级苗木价格差距，并制定下发了《江西省造林树种一年生合格苗建议指标》，规定了苗木的“根系、地径、苗高”三项指标的质量标准，加强了市场监管力度，严格执行种苗生产、经营许可证制和标签制度，有效地防治了假冒伪劣苗木进入经营市场。三是精心施工。各地严格按技术要求进行施工，充分保证了造林成活率。湖北省全面实行专班造林和“六不栽”栽植措施，使造林质量明显提高。四川省盐亭县在施工过程中，严格按照作业设计要求，每道工序完成后，均由技术指导小组检查后方可进入下一道工序，施工结束后也必须由技术指导小组对全部工作进行考评，并出具合格证书，施工方才可结算。四是抓好检查督办。安徽省集中主要技术力量，跟班作业，建立和完善了质量检查验收制度，并积极推行领导、新闻、专门稽查相结合的全方位监督体系。湖南省组织林业调查规划院的技术人员严格按照“九率”指标对全省长防林工程进行了专项检查验收，结果显示国债营造林面积核实率100%，质量合格率99.2%，基建、农发营造林面积核实率98.7%，质量合格率95.5%。

结合区域特点，探索多种治理模式 2005年，

各地积极探索治理模式，切实开展了多种经营举措，为巩固长防林成果，逐步实现林业可持续发展，改善环境打下了一定的基础。浙江省建立统一的造林机制，突破了林地户有的限制，实行统一规划，统一招标，统一造林，统一管护，林权归户的林地流转机制，加快了林地流转，促进各生产要素的集聚，充分适应现代利用规模经营要求。安徽省围绕农民增收问题，采用长、中、短期相结合的方式，形成了具有地方特色的治理模式，包括丘陵岗地大面积造林增加森林总量、水源涵养林、林药茶治理等，大大提高了农民收入，提高了农民参与长防林工程的积极性。陕西省采取围栏封育有效阻隔人畜进入封育区，减少了人为破坏，降低封育成本，提高了封育效果。

强化科技支撑，提高科技含量 2005年，各地大力推广先进适用技术和项目信息化管理，层层进行培训，提高工程建设的科技含量，最大限度发挥工程建设的综合效益。安徽省选择了5个县（区），开展长防林工程管理信息系统建设试点工作，逐步推进了长防林工程的信息化管理，加强了建设效益监测。河南省发布实施了《泡桐栽培技术规程》（DB/T 414－2005）、《欧美杨立木材积及出材率表》（DB/T 415－2005），推进与中国林科院的林业科技合作项目，为项目建设提供了有力的技术支持。（程 婕）

【沿海防护林工程建设】

开展调研，召开会议，理清工程建设思路 为吸取印度洋海啸的惨痛教训，加强我国沿海地区防灾减灾工作，加快构建我国万里海疆的绿色屏障，2005年2~3月，国家林业局先后派出6个调研组，深入到沿海11个省（区、市）进行了沿海防护林体系建设专题调研。在调研的基础上，5月19~22日，国家林业局在海口市召开了全国沿海防护林体系建设座谈会，总结了成绩，分析了问题，研究了对策，理清了思路，提出了措施，成立了沿海防护林体系建设领导小组。沿海11个省（区、市）及时开展了沿海防护林体系建设调研，开展了全省（区、市）沿海防护林体系建设的规划编制工作。浙江省政府和福建省政府相继召开了全省沿海防护林体系建设工作会议，全面部署了加快沿海防护林体系建设的工作。浙江省组织有关专家赴温州、台州等地区就海防林防护效益开展专题调研，提出了问题和建议，并及时呈报省委、省政府有关领导。

科学规划，保障工程建设顺利实施 为进一步落实温家宝总理、回良玉副总理重要批示和全国沿海防护林体系建设座谈会精神，国家林业局针对沿海防护林体系建设的新任务和出现的新问题，组织计资司、造林司、保护司、规划院等单位的专家对《沿海防护林体系建设二期工程规划》进行修编。确定了以增强抵御海啸和风暴潮等自然灾害能力为核心，以沿海基干林带建设、红树林发展、滨海湿地保护、城乡绿化为重点，以扩大规模、拓宽内涵、提高质量、完善功能为目标，努力构建结构稳定、功能完善的我国海疆绿色屏障。各地在调查的基础上，进一步科学编制、修订和完善了沿海工程规划，对沿海防护林体系建设目标重新定位，为工程的建设奠定了基础。海南省由省林业局营林科技处牵头，省森林资源监测中心负责实施调查工作，开展了沿海基干林带和红树林的调查任务，根据调查结果，重新编制了沿海防护林建设工程二期规划，为建设热带旅游休闲度假胜地打下了良好的基础。

加强立法，为工程建设发展创造良好的环境 为加快沿海防护林体系的法制建设，在全国沿海防护林体系工程建设座谈会召开后，国家林业局成立了《沿海防护林条例》草案起草小组，开展了资料收集、专题调研、召开研讨会等立法工作，形成了《条例》草案（讨论稿），目前，处于征求意见阶段。沿海各省（区、市）也结合自身实际，制定出台了地方法规、实施办法等法律性文件，为沿海防护林体系建设提供了法律保障。

加强技术指导，增强工程建设的科技含量 2005年8月，国家林业局造林司在山东省济南市召开了《沿海防护林体系建设技术规程》专家研讨会，9月份，在福建省厦门市召开了《红树林建设技术规程》专家研讨会，认真吸取专家的意见和建议，不断修改完善意见稿，最后形成了《沿海防护林体系建设技术规程》（初稿）和《红树林建设技术规程》（初稿），为指导各地开展沿海防护林体系建设和红树林建设提供了技术标准。沿海各省（区、市）在工程建设中加强科技成果推广力度，大力推广容器苗造林、ABT生根粉、保水剂、地膜覆盖等先进适用技术，积极推广优良乡土树种造林。广东、广西、辽宁等省（区）积极开展生产性科研和推广工作，围绕红树林造林、环渤海沿岸地区盐碱地造林、沿海基干林带改造更新等重大问题继续进行科研攻关，提高工程建设整体水平。

加强检查监督，提高工程建设质量 国家林业局狠抓沿海防护林工程建设造林质量管理工作，严格按照《造林质量管理暂行办法》、《造林质量事故责任追究制度》，强化了造林核查验收和技术指导力度，2005年重点对山东、江苏两省的工程造林进行了质量检查，有力地促进了沿海防护林工程建设质量的提高。浙江省成立了海防林工程试点建设督查组，抽调了中国林科院亚林所、浙江省森林资源监测中心和省林科院等6个单位的专家组成了指导督查组，建立了沿海防护林体系建设工程试点区挂钩联系制度。

加强舆论宣传，为沿海防护林工程营造良好氛围 为提高社会公众对沿海防护林体系建设重大意义的认识，国家林业局把舆论宣传作为首要工作来抓。开展了一系列沿海防护林体系建设的宣传工作。一是在《中国绿色时报》、《国土绿化》杂志、中央电视台及中央各大报刊等媒体上设立了专栏，大篇幅、长时间报道沿海防护林体系建设的重大意义和各地工程建设的成效。二是与中央宣传部、全国人大环资委、全国政协人资环委、全国绿化委员会、国家减灾委员会等12部门联合主办的关注森林——绿色海疆万里行活动正式启动。沿海各省（区、市）也通过召开会议，利用广播、电视、报纸、标语等多种形式广泛宣传沿海防护林体系建设，激发了广大干部群众参与工程建设的积极性。广东省各地利用在电视、电台、报刊上播发公益性广告等形式，大力宣传《沿海国家特殊保护林带管理规定》、《广东省林地保护管理条例》、《广东省全民义务植树条例》等法规、规定，使广大干部群众充分认识到了海防林建设的重大意义，为海防林建设提供了良好的舆论氛围。（王福祥）

【珠江流域防护林体系建设工程】 2005年，以发挥植被自然恢复能力为主，以封育为主要工程建设手段，以石漠化综合治理为工程建设重点，不断探索石漠化治理的有效途径。

主要做法：一是大力宣传，充分调动工程建设的积极性。为争取全社会的支持和参与，各工程区通过召开会议，利用电视、广播、报纸、宣传牌、标语等多种形式广泛宣传，提高了人们对工程建设重要性的认识，激发了广大干群参与工程建设的积极性。云南省各工程县在工程区建立工程标志牌，起到了宣传与警示作用，进一步扩大了工程的影响。二是强化工程管理，提高工程建设质量。各地认真执行国家林业局印发的《关于加强长江流域等重点地区防护林体系工程建设管理的若干意见》，细化有关规定，明确有关政策。广东省认真做好年度作业设计的编制、审核工作，规范了工程建设的管理，积极探索和推行了项目招投标制、管理合同制和资金报账制，切实提高了工程建设的造林质量。广西各级林业主管部门重视工程建设各个环节的检查监督工作，春季生产派出造林督查工作组，深入田间地块现场监督指导生产，有效提高了造林质量。三是积极推广先进实用技术，提高工程建设质量。各地在工程建设中，积极推广小流域治理、营养袋育苗、保水剂、地膜覆盖、营造混交林等先进实用技术，工程建设质量不断提高。贵州省广泛使用ABT生根粉和营养袋苗上山造林，大力推广应用坡耕地滞留林带技术研究成果，使石山、半石山和陡坡造林难度大的问题得到了基本解决。

（王树军）

【太行山绿化工程】 2005年，北京、河北、山西、河南太行山绿化工程基本完成了建设任务。

严把规划审核关 2005年，4省（市）将太行山绿化严格按工程管理，把好规划审核关。北京市精心设计，在树种选择上，坚持以乡土树种为主，营造混交林。按照“五多”（即多林种、多树种、多植物、多色彩、多层次）、“四好”（即好种、好活、好管、好看）的要求，规划树木品种100多个，注重高大乔木、亚乔木、花灌木的空间立体配置和植物色彩的季相变化配置，突出景观效果。河北省由省级审核各县上报项目实施方案，对存在问题的坚决不予审批；市级审核施工设计及造林施工检查。山西省把工程设计在人口聚集地周边、高速路两侧、红色旅游线两侧、风景名胜点周围，充分做到山上治本、身边增绿的有机结合。河南省以山脉、水系为主线，组织有关技术人员对太行山绿化工程区实地调查，绘制县区规划图，逐小班划分立地条件和造林类型，填制小班规划表，科学决定造林方式、造林树种和造林标准。认真组织编制太行绿化工程建设造林作业设计书。省林业厅组织有关林业专家组成年度造林作业设计审定小组，对各地造林作业设计进行严格审查，对不符合要求的，不予审批。2005年造林作业设计率和设计合格率均达到了100%。

强化管理，把好造林关 一是在造林中，4省（市）推广应用了爆破整地造林，春季大苗造林，容器苗造林，地膜覆盖、生根粉、保水剂、根宝处理苗木，果树综合配套管理技术等20多项适用科学技术，有效提高了造林成活率和保存率，确保了造林成效。二是苗木、种子的购买基本实现了招投标。如北京市确定的苗木竞标的条件：一是必须在本区内生产的苗木；二是从事苗木生产的经营者必须有林木种子生产许可证、林木种子经营许可证和苗木产地检疫合格证三证。共有82家单位参加投标，61家单位中标，采购苗木85万株。真正做到了栽什么、调什么，栽多少、运多少，不窝工、不抢工，杜绝了以往的“人情苗”现象。山西省还加强了容器苗培育，全区30个县（局）共培育容器苗4730万袋。同时还加强了连翘、紫穗槐、山桃、山杏等育苗，为实现造林树种多样性和实施混交林奠定了基础。三是推行专业队造林，对专业队做到任务、责任、质量、报酬、奖罚“五明确”，采取分片包干、分段检查验收的管理方式。

积极鼓励非公有制造林 随着市场经济体制的完善和农村税费改革的深入发展，取消了农民“两工”制度，在国家投资有限的情况下，工程建设面临着投资不足、缺乏市场竞争力的严峻考验。4省（市）结合实际，积极吸纳造林大户参加重点工程建设，享受国家补助政策，形成国家和个人共同造林，减轻单纯个人造林投资大的负担。通过造林任务、建设标准、投资数量、管护措施等向社会公示，让专业队、群众、个体户、林场等招标，实行市场化运作。这样弥补了工程造林国家投入不足，个人积累了财富，国家优化了生态，实现了公私双赢。

注重管护，确保成果 北京市2004年8月开始

实施山区生态林补偿机制。太行山地区落实生态林管护面积8.43万公顷，安排生态林管护员5060名，生态林管护人员在划定的管护范围内，承担林木抚育和防止森林火灾、乱砍滥伐、乱捕滥猎、乱采滥挖以及防治病虫害等职责。山西、河北等省严格按照《封山（沙）育林技术规程》（GB/T 15163－2004）进行操作，确定专职或兼职管护人员，因地制宜开展平茬复壮、破土整地、林中空地人工栽植或点播目的树种等育林措施，在主要路口、沟口、山口建固定警示标牌，在牲畜活动频繁地段建机械或生物围栏。

（曾宪芷）

【平原绿化工程】 2005年，全国平原绿化主要做法：一是配合文明生态村创建，大力开展村屯绿化，推进农村小康社会建设。河北省村屯绿化共植树4600多万株，建沼气池22多万个、文化活动室1500多个，硬化村庄道路2.8万多千米，一批环境整洁、绿树环绕的社会主义新农村脱颖而出。二是深化改革，增强平原绿化的推动力。各地充分利用物质利益原则，大胆探索，不断放宽政策，让利于民，积极推行承包制、拍卖制、股份制、股份合作制等多种实现形式，大力推进造林绿化民营化进程，有效地调动了各方面的积极性。黑龙江省实行了造林有主、管护有人的造林机制，2005年共完成造林面积16.7万公顷。三是产业带动，增强平原绿化工作的拉动力。各地因势利导发展小型林产加工业，积极扶持龙头企业，加速了林业产业化的进程，实现了林、农、企三赢，促进了资源、环境、经济的协调发展。河南省商丘市已发展大中小木材加工企业2100家，发展林果贮运、木材加工专业村200个，大户经营联合体5000个，既增加了农民收入，又壮大了乡村经济，增加了财政税源。四是创新科技，提高平原绿化的造林质量和效益。河北省积极培育和推广林牧、林药复合经营模式，实行立体经营；河南省郑州市大力推广应用高标准农田防护林营造技术、高效林（果）复合经营技术、节能日光温室与塑料大棚栽培技术、节水灌溉技术等新技术、新成果。

（王树军）

【防护林体系建设工程管理信息系统通过鉴定】 国家林业局长江流域防护林管理办公室于2001年9月至2005年7月，组织开发了防护林体系建设工程管理信息系统。2005年7月26日通过国家林业局科技司组织的鉴定。鉴定认为："系统在基于时空序列分析的防护林工程管理计算机信息系统研究开发与应用方面达到国际先进水平"，解决了工程造林管理中四个方面的需求，包括：①采用地理空间数据管理技术，建立工程管理基础数据库和动态数据库，使管理者能全面掌握工程区资源现状和工程进展情况，使工程管理落实到山头地块，实现工程动态管理；②通过建立规范准确的基础信息平台等，规范作业设计，增强作业设计与资源现状及工程规划的一致性，实现了林业工程管理的信息化；③进行作业设计与资源数据和卫星遥感数据的空间分析，及时发现工程建设中存在的问题，采用GPS定位技术，使工程检查精度达到山头地块，进行工程交叉分析，避免工程造林中的时间交叉、工程交叉和地点重复现象，控制虚假数据；④建立超级汇总制度，开发信息产品定制功能，提高信息时效性和综合管理能力，及时掌握工程进展情况，充实了决策依据。专家称，该系统的大部分功能可以直接应用于六大林业重点工程，为与其他应用系统共享数据提供了必要条件，也为本系统的推广应用奠定了基础，其编码成果不仅可以在相当长的时间内影响防护林工程建设信息化工作，而且为将来更为完整的林业信息编码提供了技术储备。

该系统于2005年11月获得首届梁希林业科学技术三等奖。

（曾宪芷）

重点地区速生丰产用材林基地建设工程

【综　述】 2005年，重点地区速生丰产用材林（以下简称速丰林）基地建设工程，在局党组的正确领导和各工程省（区）的共同努力下，取得了明显成绩。召开了全国重点地区速丰林工程建设现场会；出台了《国家林业局关于加快速生丰产用材林基地工程建设的若干意见》；筛选储备了100多个基地建设项目；完成了宁夏美利、湖南岳阳、广西钦州、河南濮阳、山东华泰集团，山东泉林纸业、安徽安庆等7个林纸一体化项目调研工作。

（速丰办）

【全国重点地区速生丰产用材林工程建设现场会】 2005年9月在郑州市召开。国家林业局副局长张建龙出席会议并作讲话。张建龙系统总结了工程启动以来的建设成绩和经验。据对18个重点省（区）的初步统计，截至2005年8月，已经营造速丰林348万公顷，改造低质用材林22万公顷，工程建设呈现出良好的发展态势。龙头企业带动作用明显，"公司＋农户＋基地"成为工程建设的新亮点；非公有制经济成为工程建设的主力军；多主体、多元化投入工程建设的格局已初步形成。

会议期间，来自18个工程重点省（区）的100多名与会代表参观了焦作市温县和孟州市营造的高标准速丰林工程建设现场。河南省焦作市、河北省衡水市、江西省宜春市、广西壮族自治区国有高峰林场、福建省永安市、湖南省泰格林纸集团等6个单位的代表分别从政府推动、企业拉动的角度进行了典型发言，交流了各自加快工程发展的经验。

《人民日报》、新华社、中央电视台等中央新闻媒体到会进行了报道，共刊（播）发各类新闻报道100多条（次），取得较好的宣传效果。（速丰办）

【关于加快速生丰产用材林基地工程建设的若干意见】 2005年9月6日国家林业局下发《关于加快速生丰产用材林基地工程建设的若干意见》。《意见》共分四大部分18条，系统阐述了加快速丰林工程建设的指导思想、目标和原则，明确了加快速丰林工程发展的国家扶持政策，并提出了加快工程建设的六项具体措施。《意见》明确，要建立和完善速丰林采伐管理政策，切实减轻速丰林经营者的税费负担，落实国家有关速丰林贷款政策，充分利用国内、国外两个资本市场，多方筹集建设资金。《意见》提出，要加强对工程建设的组织领导；加快编制和完善省级工程建设规划，切实解决好速丰林基地工程建设用地问题；要尽快建立项目储备库，以项目为载体，切实推进工程建设；要创新管理机制，提高工程建设质量；要活化经营机制，转变经营理念；要加强舆论宣传，强化社会服务。

《意见》是我国速丰林工程建设史上第一个全面阐述工程建设和发展思路与政策、措施的重要文件。它的出台，标志着速丰林工程建设向规范化的方向迈出了重要的一步，对于全面推进工程建设与发展，提高工程建设质量，推动工程建设持续快速协调健康发展具有重要意义。（石敏 孙友）

【编制速生丰产用材林标准】 2005年速丰林建设标准编制工作取得新进展。已开始进行编制的速丰林标准有4个，即《速生丰产用材林造林技术规程》、《马尾松速生丰产用材林标准》、《杉木速生丰产用材林标准》、《桉树纸浆原料林标准》，其中：《速生丰产用材林造林技术规程》已通过专家评审上报待批；新申请立项的《杨树速生丰产用材林标准》和《火炬松速生丰产用材林标准》，已获得主管部门通过。

（万 杰）

森林培育的生态建设

林木种苗生产

【综　述】

林木种子生产　据全国30个省（区、市），大连、宁波、厦门3个计划单列市和新疆生产建设兵团、龙江森工集团、内蒙古森工集团、大兴安岭林业集团公司种苗管理部门统计，2005年全国共采收林木种子20 360 000千克，比2004年减少了6 000 000千克。采收量减少的主要是吉林和黑龙江2个省，吉林减少了5 480 000千克，黑龙江减少了680 000千克，减少的主要原因一是种子结实小年，结实量明显下降；二是剔除了以往统计中食用的种子数量，统计口径趋于合理。

良种基地生产　2005年共采收林木良种2 580 000千克，比2004年增加680 000千克。其中：种子园产量为530 000千克，母树林产量为2 050 000千克。

采种基地生产　2005年全国采种基地共采收种子11 860 000千克，占全国林木种子采收量的58.3%，比2004年增加610 000千克。

苗木生产　2005年全国共完成育苗面积59万公顷，其中新育苗面积20万公顷，占育苗总面积的35%。国有、乡村集体和个体育苗面积分别占育苗总面积的17.75%、10.02%和72.22%。与2004年相比，国有育苗面积比重增加了2.7个百分点，乡村集体育苗面积比重减少了0.41个百分点，个体育苗面积比重减少了2.3个百分点。

2005年实际苗木生产量为322亿株，其中：生态公益林苗木191亿株，经济林苗木58亿株，其他林种苗木73亿株。实际生产的苗木28%来自国有单位，11%来自乡村集体，还有61%来自个体。在苗木总产量中，容器苗产量为50亿株，良种苗产量为139亿株，分别比2004年增加9.8亿株和3.6亿株。

2005年花卉栽种面积20万公顷，产苗量178亿株（盆）。

林木种苗工程建设投资　据全国30个省（区、市），大连、宁波、厦门3个计划单列市和新疆生产建设兵团、龙江森工集团、内蒙古森工集团、大兴安岭林业集团公司种苗管理部门统计，2005年完成林木种苗工程建设投资33 031万元，其中国家投资18 026万元，地方配套15 005万元。投资主要用于省级种苗示范基地、良种基地、采种基地、苗圃和基础设施建设。

林木种子基地建设　截至2005年，全国林木良种基地总面积240 428公顷，其中，种子园16 872公顷，母树林125 282公顷；采穗圃3564公顷；无性系繁殖圃2860公顷，试验林8779公顷；良种示范林81 727公顷；其他1343公顷。采种基地可采种面积达810 000公顷。

育苗单位　2005年底，全国共有苗圃32万个，国有、乡村集体和个体所占比例分别为3%、4%和93%。在国有苗圃中，林业系统内部的苗圃有7014个。　　　　（李　焰）

【全国林木种苗工程项目大检查】　国家林业局场圃总站根据《林木种苗工程管理办法》的规定，于2005年6月17日下发了《关于开展林木种苗工程项目大检查工作的通知》（林场工字［2005］15号），部署在全国范围内开展一次种苗工程项目大检查活动。大检查分两个阶段进行，前后历时4个多月。第一阶段，6月20日至8月底，由各省（区、市）组织自查。第二阶段，9月6日至10月10日，从全国27个省（区、市）抽调41名专业技术人员和国家林业局场圃总站的8名业务骨干共组成16个检查组，在各省（区、市）组织自查的基础上，进行重点抽查和交叉检查。9月6日在北京召开了大检查动员会，国家林业局场圃总站负责人孔明副总站长作了讲话，分管领导张健民总工程师作了题为《深化认识严格检查全力完成种苗项目大检查工作》的动员报告。10月17～18日在郑州召开了大检查总结汇报会。除海南省由于台风原因未进行抽查外，检查组对30个省（区、市）、4个计划单列市、4个森工（林业）集团和新疆生产建设兵团进行了抽查，共抽查了10类229个种苗工程项目。

据各地上报的自查报告统计，从1998年开始截至2005年6月30日，国家林业局、国家发改委和各省（区、市）发改委共批复各类林木种苗工程项目3051个，批复总投资达61.14亿元；实际开工建设种苗工程项目3094个，累计到位投资50.7亿元，其中：中央投资41.8亿元，地方配套8.9亿元。已开工建设的种苗工程项目主要有10类，即：国家级林木种苗示范基地项目2个，已通过国家林业局组织的竣工验收；省级林木种苗示范基地项目 31 个；林木良种繁育中心项目 26 个；林木良种基地和林木采种基地项目各 602 个；国有苗圃项目 1638 个；种子加工调制项目 8 个；种质资源项目 1 个；省级种苗基础设施项目 42 个（含计划单列市、森工（林业）集团、新疆生产建设兵团）；地、县种苗基础设施项目及其他项目 142 个。到目前为止，全部已开工建设项目中，已竣工项目 1905 个，占 61.6%。

12 月 23 日国家林业局场圃总站下发了《关于 2005 年全国种苗工程项目大检查情况的通报》（林场工字［2005］37 号），对全国林木种苗工程项目建设的进展情况、取得成效及大检查中发现和反映的问题等向全国进行通报，并提出了整改要求。

这次大检查是种苗工程项目建设 8 年来规模最大的种苗专项检查，其内容之细、范围之广、力度之大都是空前的。通过检查，基本摸清了种苗工程项目建设的现状和进展情况，初步总结了种苗工程项目建设的主要成效和存在的问题，有力促进了种苗工程项目的规范建设和强化管理，全面促进了相互学习和共同提高，调研和思考了种苗工程项目的发展方向和重点。 （许兰霞　周　奇）

【种苗工程项目财务人员培训班】　2005 年 4 月 25 ~ 27 日和 11 月 22 ~ 25 日，国家林业局场圃总站在北京举办了两期种苗工程项目财务人员培训班。来自全国 30 个省（区、市），龙江、内蒙古森工集团，大兴安岭林业集团和新疆生产建设兵团的重点种苗工程项目建设单位的 169 位财务人员参加了培训班。

国家林业局场圃总站张健民总工程师出席了开班式，并在开班式上作了《强化“慎用钱”意识加强项目财务管理确保项目建设成效》的讲话。通过培训，学员们认真学习了基本建设财务管理规定及林业重点生态工程建设资金会计核算办法，了解了资金监管、会计常见的违纪手段和稽查方法等内容。通过培训，对保证种苗工程项目建设资金的安全运行意义重大。 （周　奇）

【新建种苗工程项目法人代表培训班】　为保证新建林木良种基地建设资金合理使用，提高林木良种基地建设与管理水平，确保林木良种基地建设质量和成效，根据《林木种苗工程管理办法》等有关规定，2005 年 12 月 5 ~ 9 日，国家林业局场圃总站在北京举办了新建种苗工程项目法人代表培训班，全国 22 个省（区、市）新建种苗工程项目的法人代表 95 人参加了培训班。培训班邀请了林木育种学专家分别就国内外林木良种发展现状、形势及展望，林木种子基地营建技术要点，当前我国主要的优良乡土树种（品种）和外来树种（品种）介绍，国内外种质资源收集、保存现状与方法等方面进行专题授课。国家林业局有关司（局）的有关人员分别就林木种苗工程项目基本建设程序和要求、基本建设财务管理规定、资金监管和稽查等作了专题讲座。 （周　奇）

【种苗工程项目管理人员考察团赴澳大利亚、新西兰考察】　为适应生态建设和林业发展的需要，借鉴澳大利亚、新西兰先进的苗圃经营管理模式和成功经验，学习种苗繁育及花卉生产的先进技术，提高我国林木种苗工程建设水平和林木种苗管理人员的业务素质，促进我国林业种苗事业的发展，经国家林业局批准，由场圃总站组织，部分重点种苗工程建设单位负责人和省级种苗站站长参加的林木种苗工作考察团，于 2005 年 8 月中下旬赴澳大利亚、新西兰进行了为期 10 天的林木种苗工作考察。考察团考察了布里斯本、悉尼、墨尔本、奥克兰等地的种苗生产基地、营销市场、植物园、城市公园等，并且重点与昆士兰州林业局进行了座谈，了解了澳大利亚、新西兰两国林木育种的研究现状，对于如何借鉴两国经验，更好地发展我国种苗产业达成了共识并有了一些新的思路。 （许兰霞）

【全国林木种苗“十一五”及中长期发展规划意见】　为进一步推进林业两大体系建设，满足林业生态建设和产业发展的要求，坚持依法治种，科技兴种，全力推进林木种苗建设从数量保障型向质量效益型转变，根据国家和林业发展的宏观需要，国家林业局部署编制《全国林木种苗“十一五”及中长期发展规划》，并提出了制定规划的指导意见。

规划指导意见突出了确立以种为本、以全面推进良种化进程为中心的总体思路，在坚持巩固和完善种苗现有生产供应体系的基础上，进一步明确“十一五”期间林木种苗的建设目标；通过 5 年建设，建立起比较完善的林木种苗行政执法管理和执法监督体系、林木良种繁育推广利用体系和种苗社会化服务体系。

规划指导意见的主要目的是统一思想，使种质资源保存、良种选育研发、良种生产供应等种苗重点工作实现统筹布局、相互协作、集成创新、优势叠加，实行全国一盘棋，统筹考虑林业发展的整体需要，防止注重局部，忽视整体，雷同工作，重复建设。 （陈恩军）

【林木种苗项目贮备】　2005 年国家林业局共批复各类种苗工程项目 55 个，总投资 8284 万元，中央投资 5745 万元，地方配套投资 2530 万元。其中，良种繁育中心建设项目 1 个，林木良种基地项目 31 个，种质资源收集保存项目 1 个，种苗质量检验检测项目 2 个。良种基地投资占总投资的 56%，采种基地占总投资的 32%，种子基地建设项目的投资占总投资的 88%。 （隗合飞）

【行政许可受理送达】 2005年，按照国家林业局行政许可管理办公室的统一要求，贯彻《行政许可法》和《国家林业局行政许可工作管理办法》等有关规定，实行林木种苗、森林公园行政许可受理送达与审批分离制度。全年共受理行政许可申请984项，其中：行政许可批准决定977项（设立森林公园决定62件、新办林木种子经营许可证及决定30件，办理种苗进口决定885份），行政许可延续决定9件，行政许可不准决定5件，不受理决定4件。在行政许可事项办理过程中，经补正17件，听证（实地考察和专家评审）50件。通过规范程序，保证了行政许可事项办理的公开、公平、公正。（于滨丽）

【林木品种审定】 2005年国家林业局林木品种审定委员会共审（认）定通过了包括用材树种、经济林树种及观赏植物在内的林木良种79个，其中可在全国适宜区域推广的林木良种29个，并以国家林业局2005年第6号公告以中英文公告；辽宁、山东、四川、重庆、陕西、山西、河南等7省（市）审（认）定并公布林木良种50个。

截至2005年，我国共审定通过良种1900多个，为了加大林木良种的推广力度，使广大使用者能够科学规范的使用林木良种，提高我国造林良种使用率，国家林业局林木品种审定委员会编辑印刷了《林木良种指南》系列丛书（共7册），详细介绍了自1991年以来审定的良种，内容包括中文名称、学名、选育时间、品种特性、繁殖技术要点、栽培技术要点、适宜栽植区域等。（李世峰）

【林木引种工作】 2005年的引种工作重点以解决北方树种单一的问题，重点选择安排了具有一定研究基础的，适合恶劣环境的，具有一定抗虫、抗盐碱的抗逆性、速生的优良树种及城市绿化美化树种。具体开展了以下工作：

1. 在北京、内蒙古赤峰市和新疆昌吉市等地点完成杨树优良新品种抗锈1号、密胡杨，刺槐优良无性系窄冠速生刺槐以及楸树优良新品种光叶楸等优良类型的繁殖和育苗技术示范；

2. 在吉林省的蛟河市、双辽市、吉林市和白城市，辽宁省的辽中县，内蒙古的赤峰市，河北省的连城县，山西省的应县，山东省的泗水县，河南省的新郑市和周口市，湖北省的潜江市，安徽省的阜阳市以及甘肃省的张掖市等地点营建杨树优良新品种辽育1号、辽育2号；刺槐优良新品种窄冠速生刺槐，楸树优良新品种豫楸2号等无性系和榆树优良新品种65212等无性系的引种试验示范林；

3. 对2004年吉林省的梨树县，辽宁省的盖州市和昌图县，内蒙古的赤峰市，河北省的威县，山西省的襄汾县以及山东省的泗水县营建的23.6公顷杨树优良新品种辽育1号、辽育2号、刺槐优良新品种窄冠速生刺槐和楸树优良新品种光叶楸等优良类型引种试验示范林进行抚育和管理；

4. 从美国、加拿大等国家引进耐干旱瘠薄、抗逆性强的沙旱的四翅滨藜、银水牛果、北美稠李等树种。设4个引种试验点：呼和浩特市试验点在呼和浩特市土默特左旗内蒙古林木良种繁育中心基地、赤峰市、包头市及鄂尔多斯市。（李世峰）

【林木种质资源保护试点工作】 2005年按照突出重点，点面结合，管理与保护并重，资金适当集中使用的原则和"中央为主，中央与地方两级保护"、先急后缓、先易后难的保存原则，国家林业局场圃总站选择珍稀濒危和主要造林树种在领导重视，技术力量强、有一定基础、种质资源丰富的省启动了国家林木种质资源保存库建设试点工作。在浙江省开展百山祖冷杉、普陀鹅耳枥、天目铁木珍稀濒危树种资源分布和存量等基本情况调查，采集信息库登记所需的有关数据、标本、图片等；清查浙江省淳安县姥山林场、安吉刘家塘林场基地保存的马尾松、金钱松树种资源。在河南桐柏毛集林场、温县苗圃、东安林场开展了苦楝、臭椿、青檀、七叶树的林木种质资源的调查收集，建立桐柏国家种质资源三级库。在福建省洋口国有林场、沙县官庄国有林场开始建设杉木优质种质资源库，将收集杉木优良材料1200个。为了保存我国能源树种小桐子（*Jatropha curcas* L.），在四川攀枝花、云南思茅市建立了小桐子种质资源库，收集保存小桐子种源15个，优良家系100个，优良无性系100个。（李世峰）

【全国林木种苗站长座谈会】 为了总结"十五"期间林木种苗工作取得的成绩和经验，全面分析当前我国种苗工作存在的主要问题及原因，明确"十一五"种苗工作的思路和重点，国家林业局场圃总站于2005年10月19~20日在郑州市召开了全国林木种苗站长座谈会。共来自全国各省（区、市）、计划单列市及各森工（林业）集团和新疆生产建设兵团的42名种苗站站长及国家林业局南、北方林木种子检验中心的主任参加了此次会议。会议期间，大家结合总结"十五"工作，紧紧围绕相持阶段林业建设对种苗提出的新要求，集中对新时期林木种苗工作的方向、目标和任务以及"十一五"林木种苗工作的思路等展开深入的座谈讨论，形成了广泛共识，统一了思想，为做好今后的林木种苗工作打下了良好基础。

"十一五"期间林木种苗工作的总体思路是：按照生态建设和林业发展的要求，坚持依法治种，科技兴种，以种为本，以全面推进良种化进程为中心，全力推进林木种苗建设从数量保障型向质量效益型转变。目标是：建立起比较完善的林木种苗行政管理和执法监督体系、林木良种繁育推广利用体系和种苗社会化服务体系。到2010年，基地供种率达到70%，良种使用率达到50%。（赵 兵）

【林木种质资源培训班】 2005年10月，国家林业局场圃总站在北京组织举办了全国第二期林木种质资源培训班。本次培训班邀请了长期从事种质资源收集保存工作及相关工作的专家教授就林木种质资源的概念、策略、原则及其重要意义、国内外林木种质资源保护现状及收集保存技术和方法、自然保护区的概念及其与林木种质资源普查保护的关系、国内外农业种质资源的普查保护的方式和现状、我国木本植物分布现状及保护要点、中国林木种质资源数据库建设及山西省林木种质资源清查做法与经验等方面的知识进行了授课。来自全国各省（区、市）林业厅（局）、森工（林业）集团及青岛、深圳、宁波等市林业局种苗站负责林木种质资源收集保存工作的站长和技术骨干共50余人参加了培训。本次培训为各地培养了一批骨干技术力量，对全国开展林木种质资源工作起到了很好的技术支持作用。（李世峰）

【林木种苗引进】 随着国家六大林业重点工程的稳步推进和国土绿化工作的深入开展，人们对林木种苗引进重要性的认识普遍提高，开展林木种苗进口工作的单位数量猛增，有效地促进和推动了新、奇、特、优林木及花卉种苗的引进，极大地丰富了我国的物种资源。据统计，2005年从美国、荷兰、比利时、日本、丹麦、印度等国家和地区进口林木种子7425.01吨，苗木964.9万株，种球5202.42万粒。其中：进口松、杉、柏、槭树、桉树等各类林木种子16.12吨，早熟禾、黑麦草、高羊茅、狗牙根等草坪种子6209.94吨，鸡冠花、一串红、仙客来、蝴蝶兰、百合、郁金香、唐菖蒲等花卉种子1198.95吨，百合、郁金香、唐菖蒲等种球5202.4万粒，园林绿化类苗木964.9万株。通过引进，极大地丰富了我国的物种资源。（赵 兵）

【在京林木育种专家共商种苗发展对策】 2005年9月24日，国家林业局场圃总站召开了在京林木育种专家座谈会，对我国林木良种选育、种质资源保护利用现状及其在林业中的贡献进行了客观的评价，明确指出目前存在的主要问题，并对如何搞好我国林木良种繁育、生产推广体系建设提出了切实可行的有益建议。（鲁新政）

【赴日参加林木育种项目培训】 2005年12月5～17日，国家林业局场圃总站、湖北省林业局和安徽省林业厅共有8位管理人员参加了日本国际协力中心组织的林木育种研修活动。研修采用理论学习和现地参观的方式，系统了解了日本林木育种事业的发展历史、林木育种事业的推进体制、组织结构以及实施体系，对我国在“十一五”期间开展主要造林树种的良种繁育提供了有益的借鉴。

【赴芬兰林木种苗考察】 根据中芬林业工作组第十三次会议确定的双方互派种苗考察组的决定，2005年6月13～20日，由国家林业局场圃总站副总站长刘红为团长、场圃总站李世峰、国际合作中心肖望兴、北京市种苗站副站长贺毅、广东省种苗站科长卢耀明等组成的考察团一行5人赴芬兰进行了考察。在芬兰期间，考察团参观、访问了芬兰农林部、芬兰林业研究所，实地考察了种子园、不同类型的苗圃、种苗设备公司。同时，考察团也就中国林业发展形势和种苗建设情况进行了交流。通过一系列考察、交流，对芬兰林业和种苗发展有了较为清晰的了解，学到了不少种苗技术、管理经验，探讨了合作的途径，达到了预期的目的。芬兰在林木育种、种子园建设、育苗和种苗管理等方面有着丰富的经验，借鉴和汲取芬兰的先进经验，对推进我国林木良种选育、种苗生产工作有着很好的促进作用。（李世锋）

【2005年全国林木种苗质量抽查】 2005年全国林木种苗质量抽查采取国家抽查和省自查相结合的方式进行。国家林业局组织南方、北方林木种子检验中心对17个省（区，市）和内蒙古森工集团公司（以下简称内蒙古公司）的林木种子和苗木质量进行了抽查，要求连续两年种苗质量保持在90%以上的12个省和吉林、龙江、大兴安岭森工（林业）集团公司和新疆生产建设兵团进行了自查。抽查的重点是六大林业重点工程区内造林任务重、用种用苗量大的地区种苗质量，共抽查了124个树种（品种），831个种子样品，1799个苗批。

种子样品合格率为90.4%，与2004年的85.4%相比，提高了5个百分点。其中：国家抽查种子样品合格率为72.8%，省级自查种子样品合格率为96.4%。国家抽查中，山西、北京、浙江、福建和内蒙古种子样品合格率为100%。陕西、湖南种子样品合格率仅为40%、50%。

苗木苗批合格率为96.2%，与2004年的90.1%相比，提高了6.1个百分点。其中：国家抽查苗木苗批合格率为88.5%，省级自查苗木苗批合格率为97.2%。国家抽查中，湖南、重庆、贵州、内蒙古、河南、福建、山东、江苏和内蒙古公司的苗木苗批合格率为100%。云南、甘肃、四川、江西苗木苗批合格率较低，仅为57.1%、60%、66.7%、66.7%。国家抽查省使用良种进行育苗的比率为56.9%。

除湖北造林地苗木合格率为80%外，重庆、内蒙古、河南、山西、陕西、四川和内蒙古公司造林地

苗木合格率均为100%。

从国家抽查的结果看，被抽查单位和个人种苗生产和经营档案比较齐全，种子来源清楚，种子产地、生产情况、销售流向、质量检验等方面的记录比较规范、清晰。各地执行许可、标签和质量检验制度情况较好，部分省针对近几年抽查存在的问题进行了认真整改，取得明显成效。但是，一些省由于放松管理，对所存在问题仍然没有整改，使种苗质量出现大幅度的下滑，主要问题是：一是种子含水量指标不合格。这是近几年来影响种子质量的主要原因，在加工种子过程中没有经过充分的晾晒或者烘干直接入库贮藏，或者种子库无通风设施，甚至有些地方没有种子库，随意存放造成种子吸湿现象严重，导致种子含水量超标。二是苗木生产管理粗放。苗圃苗木密度过大，苗期田间管理不到位，水肥跟不上，圃地杂草丛生，人为造成了苗木质量不合格。

国家林业局通报了此次抽查结果，对加强种苗质量管理，种子样品合格率、苗木苗批合格率达到100%的省（区、市），予以通报表扬；对于此次国家抽查种子样品质量、苗木苗批质量较差的予以通报批评。 （郑欣民）

【省级林木种苗质量检验机构检测能力和检验水平考核】 为全面了解掌握省级林木种苗质量检验机构的检验水平和检测能力，2004年11月至2005年2月，国家林业局委托局南方、北方林木种子检验中心对全国28个省级林木种苗质量检验机构和内蒙古、吉林、龙江、大兴安岭森工（林业）集团林木种苗质量检验机构的检验水平和检测能力进行了考核。

从此次对全国省级林木种苗质量检验机构报送材料的准时性、全面性、测定指标数、方法正确性、计算和书写格式、误差检验、检验结果等7个方面的考核结果看，平均分为89.3分，较2003年的82.5分提高了6.8分。黑龙江、辽宁、安徽、河北、广东、浙江等6个省级林木种苗质量检验机构的考核成绩在95分以上；内蒙古森工、吉林森工和天津、新疆省级林木种苗质量检验机构在计算、书写格式和检验结果准确性等方面需要进一步规范和提高。

通过国家和各地加大省级种苗质量检验机构投入和检验人员培训力度，检测条件和检验水平、检测能力明显提高，同2003年的考核相比，最低分由2003年的49分提高到本次考核的73.5分。但还存在一些不容忽视的问题：①部分省（区）测定方法不准确，如发芽率测定天数不够、测定含水量指标使用的方法不正确、净度测定样品重没有按照标准规定执行等；②部分省（区）证书书写格式不规范，结果计算错误，对检验结果没有按标准进行正确修约；③部分省（区）的检验结果与对照结果相差甚远，指标测定结果超过容许误差。产生上述问题的主要原因是一些省级林木种苗质量检验机构的检验人员不熟悉林木种子检验技术规程的内容，没有按照规程的要求规范操作，人为造成检验结果的不准确。国家林业局通报了此次考核结果，对黑龙江、辽宁、安徽、河北、广东、浙江6个省进行了通报表扬。 （郑欣民）

【开通全国林木种苗行政执法和质量监督宣传网页】 2005年3月，国家林业局场圃总站制作了全国林木种苗行政执法和质量监督宣传网页，加挂在国家林业局局域网（www.forestry.gov.cn）和国家种苗网（www.sinoseed.com）。该网页主要内容包括：林木种苗法律、法规和部门规章；国家林业局林木良种审定公告、行政许可事项公示和国家林业局核发《林木种子经营许可证》企业公示；2002年全国人大大常委会《种子法》执法检查方案和检查报告，2003年国家林业局种苗行政执法检查通知、方案和检查报告，2004年国家林业局、国家工商总局联合开展种苗行政执法专项检查行动通知、方案和检查报告；2001年、2002年、2003年和2004年全国林木种苗质量抽查通报；全国人大、国家林业局和场圃总站领导讲话等。 （郑欣民）

【国家林业局发文停止施行林木种子生产经营许可年检制度】 根据2004年7月1日正式施行的《行政许可法》的规定，国家林业局设定的林木种子生产、经营许可证年检制度不属于《行政许可法》规定的进行定期检验的事项。为此，国家林业局于2005年5月17日下发了《关于停止施行林木种子生产经营许可证年检制度的通知》（林场发［2005］72号），决定对林木种子生产、经营许可证不再实行年检制度。同时，要求各地林业行政主管部门及其种苗管理机构应当依照《行政许可法》、《种子法》及林木种子生产、经营许可证管理办法的规定，采取有效措施继续加强对林木种苗生产经营活动的监督管理工作。及时了解掌握被许可人登记项目变动、种苗生产经营条件变化、生产经营档案建立等生产经营动态情况，了解掌握被许可人执行检验、标签和包装等情况；重点检查被许可人是否存在生产经营假、劣种苗行为，是否按照被许可核准的名称、地点种类、有效区域、经营方式生产经营林木种苗，是否有伪造、变造、买卖、租借许可证的行为，是否设立分支机构或变更登记项目等。发现问题，及时处理，确保林木种苗各项生产经营活动健康有序进行。 （郑欣民）

【加强种苗市场监管防止种苗欺诈行为】 针对在林木种苗生产流通环节一些林木种苗生产、经营企业对某一林木品种的商业价值作虚假宣传，片面夸大其经济收益；以普通林木品种冒充林木良种进行炒卖；以承诺回收成品苗或枝叶为诱饵，高价推销种条、苗木，欺骗群众等手段进行诈骗的违法活动又有所抬头的情况，国家林业局场圃总站于2005年6月6日下发了《关于加强市场监管防止林木种苗欺诈行为的通知》（林场法字［2005］14号）。 （李建锋）

【《国家林业局林木种子经营行政许可监督检查办法》施行】 为进一步贯彻落实《种子法》和《行政许可法》，规范林木种苗生产经营秩序，维护林木种苗经营者、使用者的合法权益，国家林业局制定了《国家林业局林木种子经营行政许可监督检查办法》，于2005年8月15日起施行。《办法》明确了监督检查主体，规定了监督检查方式和内容，规范了监督检查程序，规定了对监督检查不合格的，由种苗管理机构通知限期整改，并对整改的情况实行督促检查；对被许可人进行监督检查时，不得收取任何费用，不得妨碍其正常的经营活动，不得索取或者收受被许可人的财物或谋取其他利益。 （李建锋）

【林木种苗质量监督检验人员赴加拿大培训】 经国家外国专家局批准，由国家林业局引进国外智力办公室组派的林木种苗质量监督检验培训团于2005年10月29日至11月19日，赴加拿大进行专业培训。培训团由国家林业局场圃总站刘红副总站长任团长，成员由国家林业局场圃总站、科技司、科技发展中心、人教司、中国林科院和北京、山西、黑龙江、四川、河南、青海等省（市）从事林木种苗质量管理和技术人员共18人组成。

培训期间，加拿大国家种子中心主任Dale Simpson，国际林联种子组组长Tannis Beardmore，苗木培育专家Laurie Yeates，生物技术专家Yill Sung Park和林木种子专家Bernard Daigle等分别就遗传改良种子的生产，林木种子的生物学特性，林木种子采收、脱粒和净种，林木种子的休眠，体细胞胚技术和组织培养，种子检验，种子贮藏，苗圃现代育苗技术，加拿大种子立法，种子认证和种子机构等内容进行了15讲课堂讲授，现场参观考察了加拿大自然资源部林木种子中心、大西洋林业中心有关实验室及其所属的苗圃、温室，安大略省林木种子中心、安大略省私人苗圃和大不列颠哥伦比亚省林务局林木种苗中心和私人苗圃，多伦多大学生物实验室等。

通过学习和实地考察，学员们亲眼看到了加拿大用于林木种子经营和苗木生产的设备，直接体会到加拿大林木种苗管理的先进方法和体制，启发很大。

（周景莉）

【全国人大农委组织开展林木种苗行政执法调研】 2005年11月至2006年1月，全国人大农委对林木种苗执法开展了调研。本次调研在全国面上自查的基础上，采取实地重点调查和召开座谈会相结合方式进行。调研的重点是《种子法》关于种苗行业扶持规定的政策的落实情况，林木种苗生产经营企业执行种子生产经营许可、标签、检验和包装等制度的情况，进出口林木种苗执行国家有关规定的情况，贯彻实施《种子法》有关林木种苗规定中存在的问题和相关建议。2005年11月21～30日，全国人大常委会委员、农委副主任委员舒惠国，全国人大常委会委员、农委委员图道多吉分别带队赴上海、浙江和北京、河北开展调研工作。2006年1月6日，调研组召开了贯彻实施《种子法》加强林木种苗工作座谈会，会议围绕《种子法》有关扶持林木种苗发展的各项规定落实情况、加强和理顺林木种苗管理机构、制定种子法林业实施条例及种苗发展规划等议题进行讨论。参加座谈会的部门有中央编办、国家发改委、财政部、国务院法制办、人事部、海关总署、国家林业局等；部分省级林业行政主管部门，省、地林木种苗管理机构及企业代表参加了会议。

本次调研形成了《关于林木种苗行业贯彻〈种子法〉情况的调研报告》，刊登在《人大农业与农村工作》第二期上。《报告》对林业贯彻实施《种子法》给予充分肯定，同时提出了一些亟待解决的问题和意见。 （周景莉）

【国家林业局公示19家取得林木种子经营许可的企业】 为了规范和监督林木种子经营行为，及时向社会公布由国家林业局核发《林木种子经营许可证》的企业，包括企业所经营的林木种苗种类、经营方式，以及经营种苗业绩等相关信息，使其广泛接受社会监督。国家林业局于2005年7月28日公示了19家取得林木种子经营许可证的企业。名单如下：大连西郊生物园有限公司、四川韩农花卉有限公司、北京神州克劳沃园艺技术有限责任公司、北京格林种业有限公司、北京绿道兴业进出口有限公司、北京信彩种养殖有限公司、北京双卉新华园艺有限公司、北京世纪乾景进出口有限公司、北京莱太环境艺术发展有限公司、北京润博球根花卉有限公司、北京阳光贝尔园艺有限公司、上海振东园艺有限公司、威海华宝花卉有限公司、江苏阳光生态农林开发有限公司、北京圃朗特园艺有限公司、上海种业集团产业发展有限公司、北京北植创业绿色科技有限公司、浙江国美园艺有限公司、浙江凯撒贸易有限公司。 （高　举）

【林木种子生产经营许可制度进一步落实】 《种子法》颁布施行以来，各级林业行政主管部门以加快落实林木种子生产经营许可制度为突破口，加大工作力度，取得了明显成效，截至2005年，全国共发放林木种子生产经营许可证168 502份，其中：生产许可证88 833份，经营许可证79 669份，发证率由2004年的76%提高到84.3%，提高了8.3个百分点。

各地积极采取有效措施，落实林木种子生产经营

许可制度：

1. 加强宣传和培训，提高种苗生产经营者依法生产经营意识。各级林业行政主管部门利用报纸、网站和张贴标语、印制横幅、开展培训、送技术法律下乡及举办知识竞赛等形式继续加强宣传，落实许可制度，提高种苗生产经营者依法生产经营意识。2005年年初，国家林业局场圃总站制作全国林木种苗行政执法和质量监督宣传网页加挂在国家林业局局域网和国家种苗网上，及时刊登了种苗许可办事程序、种苗法律、法规等方面内容。在《中国花卉报》出专版，对第三批获得国家林业局核发的《林木种子经营许可证》的19家企业进行了公示，接受社会监督。据不完全统计，2005年全国共发放各种宣传材料达10多万份，举办种苗执法、检验、许可等专项培训班100多期，培训10000多人。

2. 制定监督检查办法，强化监督检查力度，严厉打击无证生产经营违法行为。国家林业局下发通知停止施行林木种子生产经营许可证年检制度后，为解决对被许可人监督检查没有依据，国家林业局及时出台了《国家林业局林木种子经营行政许可监督检查办法》，明确了监督检查的方式、内容和程序。各省（区、市）根据该办法也纷纷制定出台对被许可人的监督检查规定，改变了以往对种苗生产经营者重许可、轻监督或者是只许可、不监督的现象。针对在林木种苗生产流通环节一些林木种苗生产、经营企业对某一林木品种的商业价值作虚假宣传，片面夸大其经济收益，以普通林木品种冒充林木良种进行炒卖，以承诺回收成品苗或枝叶为诱饵，高价推销种条、苗木，欺骗群众等手段进行诈骗的违法活动又有所抬头的情况，国家林业局场圃总站下发了《关于加强市场监管防止林木种苗欺诈行为的通知》，要求各级林业行政主管部门要严格按照《种子法》和相关法律、法规的有关规定，对已经取得《林木种子生产许可证》和《林木种子经营许可证》的林木种苗生产者、经营者进行一次全面的核查、清理。各级林业行政主管部门按照《通知》要求，积极行动，对辖区内种苗生产经营企业进行监督检查。

3. 规范许可证核发程序，强化了事后监管。根据《行政许可法》的规定，各级林业行政主管部门相继在本地林业网站向社会公示了许可证办事程序，并上墙公示，严格执行审批期限，实行受理、送达和审批相分离的规定，提高了服务意识。（高　举）

【国家种苗网站建设】　国家种苗网自2002年12月27日开通运行以来，严格遵循立足行业、服务社会的原则，以会员方式，免费为从事种苗行业的管理者、生产者及广大林农登载林木种苗供求信息53 080条。截至2005年，已有网上会员57 161人，月访问量达66 075人次，网站新闻已达2212条。国家种苗网站设有行业动态、网上市场、政策法规、行业管理、企业基地、市场信息、技术服务、种苗论坛等多个栏目，随着林业的发展，作为基础产业的林木种苗事业，受到越来越多的业内外人士的关注，国家种苗网为社会提供了一个及时了解、关心林木种苗事业的窗口，为种苗生产者、经营者搭建了沟通、交流的平台。（李玉洁）

【林木种苗生产供应信息调度】　2005年林木种苗生产量比2004年有所下降，但依然维持在较高水平，种苗剩余量较大。国家林业局场圃总站分别在春季、雨季、秋季造林季节到来之前，对种苗生产供应存有量、完成飞播或人工造林任务所需种苗量以及种苗余缺量进行了分区域、分树种的信息调度，为保证造林绿化的顺利实施奠定了基础。

通过种苗生产供应信息的调度，不仅掌握了造林绿化所需种苗的准备情况，而且发现了种苗生产供应中存在的主要问题：种苗生产与造林计划衔接不紧密，盲目性较大；基地供种率和良种使用率还处于较低水平，种苗质量有待进一步提高；种苗生产与供需信息交流不畅通。

针对种苗生产供应中存在的问题，各地加强了种苗生产供应的预测预报，及时掌握了解种苗生产现状，并提前做好解决突发问题的准备；充分发挥种苗工程的示范作用，不断提高种苗质量；发展多元化的树种结构，以适应种苗市场需求的变化；以签报、简报等形式将各个季度的种苗生产供应信息调度结果提供给领导和相关部门，作为林业部门的决策依据；通过国家种苗网站或其他媒体向社会发布信息，引导社会上的种苗生产者根据市场供应状况及时调整生产结构。（李　焰）

森林培育

【综　述】

造林绿化质量显著提高　按照“质为先”的要求，各地进一步规范营造林管理，不断强化科技意识、质量意识、责任意识，尤其是在林业重点工程建设中，各地积极推行事前招标、过程监理、事后报账三位一体的管理制度，确保营造林质量提高。据

2005年国家林业局综合核查结果，2004年度全国人工造林更新面积核实率92.8%，与2003年同比提高5.8个百分点；核实面积合格率89.0%，与2003年同比提高6.1个百分点。封山育林面积核实率64.7%，与2003年同比提高30.0个百分点；核实面积合格率90.6%，与2003年同比提高16.3个百分点。飞播造林面积核实率87.7%，与2003年同比下降4.3个百分点；核实面积合格率60.0%，与2003年同比提高27.8个百分点。2005年人工造林更新树种结构进一步调整，造林树种以杨树为主，占15.2%，柠条占11.1%，刺槐占7.4%，柏木占4.8%，杉木占4.3%。林种以防护林为主，占67.2%，比2004年增加17.6个百分点，我国林业建设由以木材生产为主向以生态建设为主的转变出现良好开端。

森林经营工作有所加强 2005年国家预算内林业基本建设投资中首次安排了重点生态公益林中幼龄林抚育资金1868万元，实现了长期以来国家对森林抚育没有专项资金扶持的历史性突破。这个项目涉及全国24个省（区、市）和4个森工（林业）集团公司的38个县、林业局，安排重点生态公益林中幼龄林抚育面积1.69万公顷。森林经营工作的明显加强，有力地推进了森林质量和效益的提高。

营林管理力度继续加大 ①抓进度，确保任务完成。国家林业局党组对营造林工作高度重视，2005年年初就发出《关于切实抓好春季造林绿化工作的通知》，对切实做好各项工作提出新要求，并先后于4月初派出8个督查组，每个组由一名司（局）级领导带队，分赴内蒙古、陕西等造林绿化任务重的省（区），开展以提高造林质量为主题的造林质量大检查，发现问题，解决问题，确保造林面积落实和质量提高。②抓管理，确保提高质量。认真执行国家林业局有关营造林质量的技术规定，严格落实有关营造林质量事故责任追究制度，加大处罚力度，切实提高造林质量和成效。③抓项目，确保建设成效。启动实施国家重点公益林中幼龄抚育和珍贵树种培育两个新项目，组织制定《国家重点生态公益林中幼龄林抚育及低效林改造实施方案》、《珍贵树种培育实施方案》和《重点生态公益林中幼龄林抚育项目作业设计规定》、《珍贵树种培育作业设计技术规定》，确保项目顺利实施。

存在问题 ①造林绿化投入标准低，难以满足实际需要，特别是在西部地区，自然条件恶劣、立地条件差，造林难度越来越大，现有的投资标准难以满足工程建设需要；②种苗质量有待提高，结构性供需矛盾尚未得到根本解决，城市绿化美化苗木、优良乡土阔叶树种特别是珍贵阔叶树种的种苗仍供不应求；③部分地区持续干旱，土壤墒情差，严重影响造林绿化的顺利实施，也对新造林的成活造成很大威胁；④森林经营工作严重滞后，尤其是东南沿海地区的一些省，森林经营的任务十分繁重，亟待在今后的工作中予以加强。 （樊喜斌）

【重点生态公益林中幼龄林抚育试点项目】 中幼龄林抚育是培育森林的重要措施，也是林业生产的重要组成部分。我国现有人工林面积0.47亿公顷，其中林分面积0.31亿公顷，中幼龄林面积0.26亿公顷，占林分总面积的84%，形成了以中幼龄林为主体的森林资源分布格局，这些中幼龄林都亟须实施抚育间伐。长期以来，由于国家对中幼龄林抚育没有资金扶持，经营主体没有开展中幼龄林抚育的积极性，使得中幼龄林抚育成为林业工作最为薄弱的环节，森林结构和质量问题十分突出。主要表现是纯林多，密度大。全国以马尾松、杉木、杨树为主的人工纯林占全国人工林总面积的58.8%，混交林仅占7.9%。有的人工林分每公顷密度高达15 000株以上，既严重影响林木正常生长，又带来了发生森林火灾和病虫害的隐患。

为加强国家重点生态公益林中幼龄林抚育，提高生态公益林建设质量和成效，在2004年国家林业局下发《国家重点生态公益林中幼龄林抚育及低效林改造实施方案》的基础上，2005年国家启动了重点生态公益林中幼龄林抚育试点项目，实现了中幼龄林抚育国家扶持零的突破。

项目范围：国家重点生态公益林中幼龄林抚育试点项目重点安排在东北、东南沿海、中南、西南等森林资源相对丰富的地区，具体包括北京、河北、山西、内蒙古、辽宁、吉林、黑龙江、浙江、安徽、福建、江西、山东、河南、湖北、湖南、广东、广西、重庆、四川、贵州、云南、陕西、甘肃23个省（区、市），四大森工（林业）集团的37个县（局）。

试点任务、投资规模及资金使用范围 对过密、过纯的国家重点生态公益林进行有效抚育，旨在优化林分结构，提高林分质量，培育健康森林，防止森林火灾、病虫害发生，使森林生态、经济和社会综合效益得到正常发挥，促使林业全面协调可持续发展。由于国家重点生态公益林属于公共产品，对其抚育是一项社会公益性强的事业，按照事权划分原则，所需投资以国家为主。2005年全国安排重点生态公益林中幼龄林抚育国家预算内林业基本建设投资1868万元，完成中幼龄林抚育1.69万公顷，单位面积投资标准1500元/公顷，其中中央补助1050元/公顷（占70%）、项目单位劳务折资450元/公顷（占30%）。国家投资主要用于除草割灌、定株修枝、抚育间伐、间伐物运输、林地清理、作业设计、检查验收等方面。

项目管理及建设单位的主要做法 为保证重点生态公益林中幼龄林抚育试点项目的顺利实施，各级林

业主管部门高度重视项目管理工作：①下发作业设计规定，做到没有作业设计不下拨资金。②项目建设单位委托有丙级以上设计资质的单位按照以上规定认真编制作业设计，科学设计抚育对象和抚育措施。③严格按作业设计组织施工，确保项目建设质量。④依托科技，开展抚育等森林经营措施和效果对比试验示范。⑤加强项目资金管理，建立健全项目档案。⑥加强组织领导，落实相关责任。

存在问题 由于一些项目单位作业设计没有及时上报，造成项目资金下达迟，影响了项目建设进程；作业设计规定的重点生态公益林抚育强度缺乏弹性，造成一些高密度人工生态公益林林分不能达到抚育目的；国家投资规模太小，而亟须抚育的面积欠账太多，亟须国家启动实施森林经营工程。（王恩苓）

【《飞播造林技术规程》发布实施】 2005年3月23日，国家质量监督检验检疫总局、国家标准化管理委员会发布了国家标准《飞播造林技术规程》（GB/T15162－2005），自2005年9月1日起正式实施。《规程》的发布，标志着我国不仅将飞播造林作为增加森林面积的技术措施，也是改善森林结构、提高森林质量的重要途径。

《规程》适应了新时期对飞播造林工作的要求，代替了GB/T15162－1994。与GB/T15162－1994相比，《规程》既继承了以往的成功做法，又与时俱进，开拓创新，增加、调整和删除了一些内容。比如，增加了飞播造林、飞播营林、宜播地、GPS导航作业、有效苗、复播等若干名词术语；扩大了飞播地类对象，除将宜林荒山荒地、宜林沙荒地、其他宜林地、无立木林地等无林地和疏林地作为飞播造林宜播地外，还将郁闭度小于0.4，林下更新不良的低质、低效有林地，可以改造成乔木林的灌木林地作为飞播营林宜播地，将飞播造林技术拓展到了营林领域，成为改善和提高森林植被质量的技术措施，从外延和内涵上确立了飞播造（营）林在森林面积增长和森林质量提高中的重要地位；修改了飞播南北方界限，将之与全国行政区划挂钩；增加了飞播造（营）林的一般规定，对飞播造（营）林的内容、飞播条件以及生产组织、规划设计等提出要求；增加了飞播树（草）种选择、种子质量等级、树种配置设计、复播等规定；分别造林小班和营林小班对播区植被处理设计、简易整地设计进行了修改和补充规定；修改和调整了成效调查的规定，重新规定了播区成效评定标准；删除了人工撒（点）播设计、人工模拟作业的规定等。（程　婕）

【生物措施治理水土流失】 2005年是生物措施治理水土流失示范项目2003～2005年计划的最后一年，陕西省千阳县、江西省信丰县、重庆市开县3个试点基本完成了各项建设任务，共完成营造林面积1028.29公顷，其中：人工造林220.21公顷，封山育林250.84公顷，低效林改造255.7公顷，幼林抚育292.12公顷，废弃土矿治理24公顷，栽植堤埂桑7.02公顷。另外，修建柳谷坊18座，堤埂36.9千米，径流场6个、集水池覆盖4个，修复道路3.5千米，新修沼气池、节柴灶16个。各个试点的突出工作是：

江西省信丰县 项目区加大了水土流失监测，全年共进行了径流场观测42次，河流泥沙淤积量观测6次，水样调查3次，生物多样性调查1次，调查农户34户，确保对项目区治理成效的时刻监控，及时修正经营举措，推进项目进程；针对农户对果园水土流失治理的抵触情绪，专门派出人员，经常走访项目区农户，宣传生物治理水土流失的重大意义和可行性，消除了果农的顾虑，激发了农户参与项目的积极性。

重庆市开县 项目区工作的重点仍然放在水土流失监测上，进行了土壤、生物多样性、植被、社会经济调查，并对径流变化和泥沙输移的动态特征进行时时监测，为流域生态系统的建设和恢复提供基础资料。此外，结合区域经济持续发展要求，针对不同土地利用现状采取分类经营措施，包括以营造多树种混交林为主开展荒山治理造林；在坡耕地造林与营造生物埂中，根据立地条件，结合群众意愿，以生态为主，兼顾群众经济效益，建设成多元化多功能生态区；在对沟内未成林造林地中，进行补植，加强管护，促进成林；对沟内的现有林地实行封山育林措施。

陕西省千阳县 项目区从多渠道出发，开展了生物、工程相结合，能源、科技建设为突破口，推动水土流失治理工作。一是针对流域上游地区采取封育措施，中游采取封禁保护，减少人为破坏，加大造林和工程措施治理，有效拦截废渣、泥沙和地表径流。二是从优化能源结构出发，开展沼气池、节柴灶开发新型能源科技示范户，以清洁燃料代替污染燃料，减少了薪炭材采伐。三是支持人工草场建设和青贮窑等饲养设施建设，开展奶牛示范产业开发和新型繁育技术，增加农民收入，推动农村经济发展。

（程　婕）

【中美合作森林健康】 2005年是该项目首批试点建设任务的最后一年，在中美两国密切合作和共同推进下，北京市八达岭林场、江西省信丰县、贵州省麻江县、云南省丽江县、陕西省佛坪县5个示范区，基本完成了各项建设任务，具体情况如下：

任务完成情况 全年共完成人工造林面积191.4公顷，低效林改造259.74公顷，封山育林101.1公顷，补植补种96.6公顷，抚育管理115.07公顷，育苗0.53公顷，种苗产地检疫1.265公顷，新建病虫害监测点3个，病虫害防治面积525.38公顷，修建防火林带18.27公顷，护岸林3千米，河道整治0.15千米，建多功能防火道1.5千米，新修长1千米铁索桥1座，新修道路1千米，道路维修20.975千米，灌溉堰渠1.7千米，新建瞭望台3座，径流场6个，沼气池61个，节柴灶54个。

主要做法

抓好项目管理，创新机制 一是在管理中，加强了项目法制化、制度化管理。信丰示范区采取招投标制、合同制、项目法人制、监理制、报账制等，增加项目管理透明度，使项目管理趋向法制、制度化建设。佛坪示范区结合天保工程，落实了护林员划片管护责任区，签订管护责任书，同时管理干部定期对示范区进行封山护林，巡山管护，实行了干部、技术人员亲自抓、严把关的良好氛围。二是创新的经营管理模式。信丰示范区结合林地经营权改革，在新造用材林和低产林改造项目中，采取了“县林业局以项目资金适当补助，集体、农户出山，承包大户投资经营，利益分成”的经营机制；在毛竹林抚育改造中，采用了“县林业局以项目资金适当补助，村集体负责施工和费用，收入归集体”的经营形式，充分发挥了林业局、村集体、农民的积极性。八达岭林场示范区从探索景观型水源涵养林经营模式、近自然化森林经营等入手，形成了以功能健康和持续提高为导向、符合首都森林资源特色的综合经营体系，对宜林荒山、采伐迹地和其他重点地区进行原生森林植被恢复，对生长衰弱的刺槐残次纯林和宜林灌木林地进行结构调整，对落叶松成林进行生态疏伐、修枝、清杂等优化抚育措施，促进了林木生长，改善了森林健康状况，并且充分利用枯死杨树、刺槐等，作成台阶、道路、护栏、护坡、木凳等设施，营造了生态和游憩效果俱佳的森林环境。

加大森林防火和病虫害防治工作 麻江示范区建成了防火瞭望台两座，建防火带10 000米，并在防火林带上栽植防火树7600株，修建防火宣传碑两块，组建义务扑火队一支；丽江示范区在项目区配备了15名护林员，在护林员的使用和管理中采用了风险抵押金制度，保障了巡山护林工作的顺利进行；八达岭林场示范区紧邻世界文化遗产八达岭长城，保护长城周边森林，防治火灾历来是该区的首要任务，目前首先引进了火险管理方式，修建了多功能防火瞭望塔，配置了录像、监控和通讯设施，新修了森林防火公路、防火步道及防火隔离带，并且对树种结构进行调整，降低了火险的可能性。5个示范区不同程度地推广应用了生态、生物、化学、人工、诱捕器诱捕等防治手段，降低了林木虫株率。

搞好基础设施建设 示范区结合当地实际开展了基础设施的建设。佛坪示范区在岳坝乡龙潭村投资1.8万元，新修跨度33米铁索桥1座，道路维修4.7千米，在西岔河乡彭家沟村投资2.3万元，维修道路3.275千米，灌溉堰渠1条1700米；麻江示范区新修建径流场6个，维修道路1.3千米；八达岭林场示范区新修森林综合经营道路1千米，既方便了森林经营活动，还为当地居民提供了对外沟通的渠道。

发展新型能源 为解决森林资源保护和社区对能源需求这一矛盾，示范区采取了建设节柴灶、沼气池的方法，缓解了示范区内人员对森林的依赖。目前丽江示范区已建沼气池31口、节柴灶54口，麻江示范区已建沼气池30口，信丰示范区完成节柴改灶24户、沼气池建设31口。

加强对外交流合作 各个示范区继续保持中美之间密切合作，积极参与国内外森林健康科技交流，分别接待来自美国、加拿大、德国、马来西亚、韩国的国外森林健康科技交流考察团以及国内专家对项目区的考察。2005年4月17日至5月1日国家林业局造林司组织了由北京市、江西省、山东省和湖南省林业技术专家6人组成的森林健康考察团赴美国考察，不仅开阔了森林健康经营思路，还学到了美国在森林生态系统健康经营各方面的先进经验。 （程　婕）

【林业碳汇】 2005年，林业碳汇管理主要开展了以下工作：①初步完成了我国清洁发展机制下造林再造林项目优先区域选择和评价研究。该项研究主要是根据《京都议定书》下的清洁发展机制造林再造林项目的模式和程序要求，为规范有序地推进在我国实施的造林再造林碳汇项目而进行的专题研究，研究工作由国家林业局规划院具体承担并取得了初步成果，勾画出了我国适合开展清洁发展机制下的造林再造林碳汇项目区域。②继续推进实施国内碳汇项目。继续推进广西、四川、云南3省（区）碳汇试点项目。其中，针对广西项目的实施主体、碳交易收益分配、交易价格、项目进程等关键问题，组织世行、地方和技术支撑单位和国家气候变化主管部门进行协商、沟通，取得了一致意见，推进了项目总体进程。广西碳汇项目的方法学已经成为全球第一个获得批准的清洁发展机制下造林再造林碳汇项目的方法学；针对云南、四川碳汇项目的资金性质和项目实施中注重多重效益的特点组织项目调研，协调地方和相关国际组织共同理清了项目实施思路，确定了项目实施总体进程，督促地方和有关国际组织加快项目推进进度；积极协助局治沙办推进在内蒙古敖汉旗实施的碳汇项目；积极帮助河北、山西等省推进碳汇项目，支持辽宁省康平县和日本开展的碳汇项目合作。2005年，国内正在开展和拟开展的碳汇项目点已达7个。③开展了气候变化和碳汇相关知识的宣传普及。先后举办了两次国际研讨会，参会60多人；和中国林科院森环所共同组织了中国准备实施清洁发展机制下造林再造林项目能力建设培训班和政策研讨会，参会人员

150多人。12月1日在清华大学公共管理学院开通了中国碳汇网并组织了10家媒体对网站开通进行了专题报道。④参与组织开展林业碳汇相关的国际国内交流活动。先后派人赴巴西、加拿大、美国、韩国、日本参加了相关国际会议，参加了国家气候办主持的《应对气候变化国家战略》、《中国清洁发展机制项目国家指南》的讨论和编写活动，选派一人赴加拿大进行了为期3个月的碳汇计量模型及相关技术的学习，邀请了澳大利亚碳汇专家毕慧泉先生来华指导森林碳汇计量和监测工作。完成了《林木生物质能源和清洁发展机制结合的政策研究报告》。（王春峰）

【珍稀树种培育示范基地建设项目】 珍稀树种资源是国家重要的后备战略资源。我国是森林植物种质资源比较丰富的国家之一，但是，由于长期以来对珍稀树种资源过度利用、乱砍滥伐等原因，致使我国现有珍稀树种资源逐年减少，有的甚至消失。2005年，从大力培育、保护和发展珍稀树种种质资源，满足社会对珍稀树种和高档木材的需要，促进社会、经济、环境全面协调可持续发展的战略高度，国家启动实施了珍稀树种培育示范基地建设项目，建立了一批珍稀树种培育示范基地，实现了历史性突破。由于珍稀树种培育周期较长，有的投资回收期可达上百年，单纯依靠市场经济的手段难以开展，同时，由于珍稀树种在漫长的生长期内能产生很好的生态效益和社会效益，因此，国家对该项目给予了一定的经济补助。2005年，中央投资1570万元，其中，人工更新与人工造林国家投资补助标准为4500元/公顷，定向改培国家投资补助标准为2250元/公顷。国家投资补助主要用于人工更新与人工造林所必需的种苗、整地、栽植、施肥、抚育管护、作业设计、检查监督等，以及定向改培所必需的砍灌、采伐非目的树种、补植目的树种、抚育管护、作业设计、检查监督等。

项目建设范围与规模 根据各地实际和珍稀树种资源现状，以东北温带区、华南热带区、华东华中亚热带区和西南中低山区等珍稀树种适生区为重点，在河北、辽宁、吉林、黑龙江、内蒙古、海南、广东、广西、福建、浙江、山东、安徽、江西、湖南、贵州、云南、西藏17个省（区），吉林，龙江森工集团的20个县级单位（森工企业局），通过人工造林（更新）和天然次生林定向改培措施，营造紫檀、降香黄檀、铁力木、水曲柳、核桃楸、黄波罗、蒙古栎、黄连木、西南桦、火力楠、任豆、楠木、红豆杉、榉木、中华杜英、花榈木、紫椴、巨柏、楸树、厚朴、沙地云杉等珍稀树种示范林，总面积3856公顷，其中，人工更新与人工造林3123公顷，定向改培733公顷。

项目建设方式 根据珍稀树种的生物学、生态学特性以及目前的资源状况，项目主要采取以下两种建设方式。①选择水热条件好、立地指数高的宜林荒山荒地和采伐迹地、火烧迹地，以乡土珍稀树种特别是珍稀阔叶树种为主，通过人工更新和人工造林的方式新造珍稀树种示范林。②在现有天然次生林中，选择立地条件好、相对集中连片、树种组成中珍稀树种占优势，特别是含有地带性建群树种的天然次生林，通过抚育改造、人工促进天然更新、封山管护、补植等措施，调节树种结构，逐步增加珍稀树种，淘汰非目的树种，促进目的树种生长，定向培育为珍稀树种基地。

项目管理工作 为加强项目管理，提高项目建设质量与成效，国家林业局组织制定了《珍稀树种基地建设作业设计规定（试行）》，从造林树种和造林立地条件选择、定向改培天然次生林的条件、外业调查的内容和方法、内业设计的内容、作业设计单位资质、作业设计说明书及其文件组成等方面作了明确的规定，并于2005年3月下发通知，要求各项目建设单位严格按照规定做好作业设计，落实技术措施，经省级林业主管部门审核后实施，并报国家林业局造林司备案。

项目建设单位的主要做法 ①加强项目组织领导，落实责任。珍稀树种培育示范基地建设项目是营造林工作中新开辟的领域，各项目建设单位高度重视，大部分项目建设单位成立了领导小组，由主管林业的副县（市）长亲自挂帅，林业部门牵头，有关部门积极配合。②认真搞好作业设计，切实做到适地适树。各项目建设单位严格按照国家林业局制定的作业设计规定的程序搞好作业设计，认真开展土壤、植被等外业调查，根据培育树种的生物学、生态学特性，确定适宜的造林立地，确保做到适地适树。③严格按标准施工，确保项目质量。大部分项目建设单位都组织造林专业队或造林公司进行施工作业，并要求施工承担单位严格按照作业设计说明书的要求，开展施工作业。同时，严把种苗质量关，确保种苗质量。④各项目建设单位在项目资金管理上，严格按照国家林业重点工程资金和财务管理制度执行，设立专户，专款专用，按照施工合同进行管理，采取报账制加强资金和财务管理。

存在问题 项目资金下达晚，不能及时到位，在一定程度上影响了种苗准备、整地和造林栽植等工作；个别建设单位对新造幼林抚育管护滞后，需要加强后期管理。（蒋三乃）

【营造林质量管理】 2005年营造林质量管理工作明显加强。积极开展保持共产党员先进性教育“质为先”主题实践活动，加大了营造林质量检查稽查力度，组织10个联合检查组，分别对河北、山西等20个省级单位的营造林质量进行了重点检查，以局办文将检查报告正式反馈20个省（市）、各检查组及有关单位，提出了具体的整改措施，引起各地高度重视；受理了263起营造林质量群众举报事件，对其中16起影响较大的质量事件进行了认真查处；开展了营造林质量考核评比工作，定于2006年对2001～2003年度营造林质量管理先进单位和先进个人进行表彰；首次专门召开了全国森林培育质量学术研讨会，收到论文41篇，并全部刊载在《西南林学院学报》2005第四期上，通过专家讨论，组织生产、科研、教学等34家单位的110位专家学者共同探讨提高森林培育质量的长效机制。

质量管理与稽查经费取得历史性突破 及时向财政部提报了2005年造林质量稽查与管理专项经费预算计划，经过“两上两下”程序，财政部首次增设造林质量稽查与管理专项资金100万元。

进一步强化营造林技术标准建设 制定了《营造林总体设计规程》、《全国造林质量评价指标》等技术标准；完成了《美国林业可持续倡议（SFI）操作指南》的翻译、编辑工作，以及江西、云南等省退耕还林工程人工造林初植密度的批复工作；参加联合国粮农组织在意大利罗马召开的人工林技术标准专家咨询会，洽谈技术标准合作事宜。

稳步推进营造林工程监理制 分别在太原、广州组织两期全国营造林工程监理员培训班，提高监理人员素质和水平，886位一线营造林工程监理人员参加培训，颁发了职业资格证书，加上第一批学员，全国现有1083位获得营造林工程监理员国家职业资格证书；参与注册营造林工程师执业资格制度的调研立项工作；推进营造林设计、施工、监理单位资质审批和管理制度。江苏、湖南、广东等20多个省批复1500多家营造林设计单位、10个省批复1052家施工单位和16省建立279家监理公司，营造林质量管理市场化运作有序开展。

继续创新营造林质量管理方式 组织湖南、贵州、宁夏、河北、安徽、江苏和云南7个省（区）的部分市（县），对目前已经应用于外援林业项目中的参与式理念可否应用于国内造林项目的可行性问题进行了深入研究，形成《参与式造林质量管理指南》，重新审视了现行造林质量管理问题，提出了应用参与式理念和实践方法，改进造林质量管理方式的基本途径和方法。（刘道平　周志峰　陈光清）

防沙治沙

【综　述】 2005年是防沙治沙工作十分关键的一年，防沙治沙工作取得重要进展。

国务院批准《全国防沙治沙规划》 2005年2月23日国务院第八十一次常务会审议并原则通过了《全国防沙治沙规划2005～2010年》，9月28日由国家林业局、国家发改委、财政部、国土资源部、水利部、农业部、国家环保总局7部门联合下发，《规划》对新时期防沙治沙进行了科学布局，明确了今后一个时期全国防沙治沙工作的基本原则、重点布局和主要任务，对省级规划编制及任务落实作出了全面部署。

国务院颁发《关于进一步加强防沙治沙工作的决定》 2005年8月17日，国务院第102次常务会议审议并原则通过了《国务院关于进一步加强防沙治沙工作的决定》，9月8日，国务院以国发［2005］29号文件颁发。《决定》系统总结了我国防沙治沙工作的成就和经验，进一步确立了防沙治沙在经济社会发展中的重要地位，明确了新时期防沙治沙的指导思想、奋斗目标、战略重点和政策措施，是指导我国新时期防沙治沙工作的纲领性文件。

完成第三次全国荒漠化沙化监测 国家林业局组织农业、水利、环保、气象和中科院等部门和单位进行了第三次全国荒漠化沙化监测，直接参与的技术人员达4000余人，历时1年半，采取以地面调查为主，地面调查与遥感数据判读相结合，全面应用“3S”技术，共区划和调查地面小班502万个，获取各类信息记录1.56亿条，查清了新时期我国荒漠化、沙化土地现状及动态变化趋势。根据第三次全国沙化监测结果，沙化土地扩展的趋势已得到基本遏制，土地沙化由20世纪末年均扩展3436平方千米转变为目前年均缩减1283平方千米。

启动防沙治沙综合示范区建设 按照局党组建立星罗棋布的防沙治沙综合示范区的指示精神，全国29个防沙治沙综合示范区已启动。通过示范区建设，进一步深入探索和实践防沙治沙技术模式、政策机制、沙产业发展模式以及行之有效的管理体制，带动全国治沙事业走出一条生态经济共赢、质量与效益兼顾的可持续发展道路。

基本建立重大沙尘暴灾害应急体系 完善并印发了《重大沙尘暴灾害应急预案》，下发了《国家林业局关于建立健全重大沙尘暴灾害应急体系的通知》，对各级沙尘暴灾害应急体系建设作出了具体部署。目前各省（区、市）都在组织建立沙尘暴灾害应急体系，编制《应急预案》。

积极开展履约及国际合作 2005年履约和国际合作工作以出席联合国防治荒漠化公约第七次缔约方

大会为重点，全面展示中国履约成效；以服务于国内建设为目标，加强资金、技术的引进力度，拓展交流与合作渠道。①完成第七次缔约方大会参会任务。李育材副局长在高官会发言介绍了2005年中国履约实质行动和取得的成果，受到广泛赞誉。②为工程建设服务，拓展资金、技术的引进途径。在京津风沙源地区启动中意合作赤峰敖汉防治荒漠化碳汇项目，探索以碳汇为手段为防沙治沙引进资金和技术；积极推动东北亚沙尘暴项目境区域合作示范项目规划设计，通过区域合作，从境内外沙源控制减轻京津及东北亚区域风沙危害开展尝试。③加强了国际合作和交流。积极配合全球干旱地区土地退化评估项目实施，为全国沙化和荒漠化监测服务，开展技术交流与人员培训。全面参与全球环境能力评估项目，客观评估履约能力需求，提出决策机构干旱区土地可持续管理政策能力需求，为申请全球环境基金能力建设项目奠定基础。④响应联大决议，积极筹备2006年国际荒漠化年纪念活动。

【第三次全国荒漠化沙化监测】 根据《防沙治沙法》和联合国防治荒漠化公约，国家林业局于2003年11月至2005年4月组织了第三次全国荒漠化和沙化监测。监测结果表明，20世纪90年代末我国荒漠化和沙化整体扩展的趋势得到初步遏制，绝大部分省（区、市）治理面积大于破坏面积，全国沙化土地由20世纪末每年扩展3436平方千米转为每年减少1283平方千米。

荒漠化和沙化土地面积同时出现净减少 截至2004年，全国荒漠化土地为263.62万平方千米，占国土面积的27.46%。与1999年相比，5年间全国荒漠化土地面积净减少37 924平方千米，年均减少7585平方千米。

全国沙化土地面积为173.97万平方千米，占国土面积的18.12%。与1999年同监测范围内相比，5年间沙化土地面积净减少6416平方千米，年均减少1283平方千米。

荒漠化和沙化程度有所减轻 从荒漠化土地看，轻、中度荒漠化面积增加20.8万平方千米；重度、极重度荒漠化面积减少24.59万平方千米，重、极重度荒漠化面积比例则由1999年的47.3%下降到2004年的38.7%。

从沙化土地来看，流动沙地、半固定沙地面积净减少38 749平方千米，固定沙地增加32 265平方千米，流动、半固定沙化面积在沙化土地中的比重则由1999年的36.1%下降到2004年的33.9%。

大部分省（区、市）的荒漠化和沙化状况呈现好转的态势 与1999年相比，大部分省（区、市）的荒漠化和沙化土地面积出现缩小的态势。宁夏、吉林、陕西、河北、山西及南方各地沙化土地继续缩小；内蒙古、甘肃、辽宁、黑龙江、山东等地区已由扩展转为缩小。一些重点地区的荒漠化、沙化土地面积减少明显，荒漠化和沙化状况有了显著改善，与1999年相比，内蒙古、新疆、河北、宁夏、甘肃和陕西的荒漠化面积分别减少了16 059平方千米、14 226平方千米、4029平方千米、2329平方千米、1900平方千米和1257平方千米。内蒙古、河北、甘肃、山西、山东、宁夏和陕西的沙化土地分别减少4882平方千米、959平方千米、836平方千米、782平方千米、380平方千米、254平方千米和208平方千米。

沙区植被盖度有所增加 沙区中盖度（植被盖度在20%～50%）的沙化土地面积增加了12.4万平方千米，高盖度（植被盖度50%以上）的沙化土地面积增加了2.3万平方千米。

我国荒漠化、沙化防治工作虽然取得了明显的成效，但当前防治工作的成绩还只是初步的、阶段性的，形势仍很严峻，主要表现在：①治理形成的植被刚处于恢复阶段，一年生草本植物比例较大，植物群落稳定性差。②沙区自然破坏力很大，特别是水资源匮乏，生态极度脆弱，植物在这里生长成活十分困难，如果管理稍不到位，就有可能导致植被的衰败死亡，以至于前功尽弃。③防治任务还非常艰巨。全国现有的174万平方千米的沙化土地中，有50多万平方千米的沙化土地具备治理条件，如果按现有的治理速度，至少需要几十年的时间才能完成治理。同时，全国还有近32万平方千米的具有明显沙化趋势的土地，这种土地是临界于沙化与非沙化土地之间的一种退化土地，如果利用不当，极易成为新的沙化土地。④导致荒漠化和沙化扩展的各种主要人为因素没有根本消除。滥放牧、滥开垦等行为在部分地区仍不同程度地存在。⑤不利的气候因素，特别是干旱对加速荒漠化和土地沙化的影响亦不可低估。

【全国沙尘天气概况及灾情评估报告】

沙尘天气概况 2005年2～5月，我国北方地区共发生11次沙尘天气过程，其中：2月发生1次，3月发生1次，4月发生6次，5月发生3次。在11次沙尘天气中，1次为强沙尘暴，4次为沙尘暴，6次为扬沙浮尘天气。沙尘天气影响范围涉及南疆盆地、北疆、青海西北部和东部、甘肃河西地区、宁夏大部、内蒙古大部以及陕西北部、黑龙江西部、吉林西部、辽宁西部、北京、天津、山西、河北、河南、山东等15个省（区、市）。从总体上来说，2005年的沙尘天气次数低于常年水平，且强度相对较弱，影响范围较小，多发区主要集中在甘肃河西走廊、内蒙古中西部和东北西部地区。

沙尘天气特点

沙尘天气次数低于常年水平 2005年3～5月间

我国北方地区共发生10次沙尘天气过程，虽较2003年同期的7次多，但明显低于2001年（18次）、2002年（12次）和2004年（15次），低于2001年以来的近5年同期年均值（12.8次）。

强度较弱，影响范围相对较小　从总体上来看，2005年春季沙尘天气强度较前几年偏弱，除4月16～21日沙尘暴影响范围较大外，其余的沙尘天气影响范围都比较小。2005年春季共发生5次沙尘暴、强沙尘暴天气过程，仅多于2003年的2次，少于2001年的13次、2002年的11次和2004年的6次。从强沙尘暴来看，2001年春季共发生3次，2002年发生5次，2003年没有发生，2004年和2005年各发生1次，2005年强沙尘暴次数虽较2003年多，但明显低于2002年和2001年，与2004年持平。

多发区域集中于内蒙古西部、甘肃河西走廊地区　2005年春季我国发生的沙尘天气有7次起源于甘肃河西走廊—内蒙古西部地区，1次起源于内蒙古东部和东北西部地区，4次起源于境外——蒙古国南部。从沙尘发生路径来看，以中、西路路径为主，东路路径相对次数少。

沙尘天气成因分析　导致2005年春季我国北方地区沙尘天气出现上述特点的原因主要有：①春季影响我国北方地区的强冷空气和蒙古气旋强度相对较弱，且多为伴随有降雨的东路冷空气，大风范围和风力也相对较小，不利于沙尘天气的发生。②我国北方大部分地区2004年冬至2005年早春雪（雨）天气过程多，降水量偏多3成到1倍，特别是沙尘暴的起源地——西北的大部分地区和华北的部分地区，下垫面湿度大，极大地抑制了沙尘暴的发生。③连续数年来，我国相继实施了生态建设工程，西北和华北大部分地区的地表植被覆盖度提高，削弱了沙尘天气的发生发展。

沙尘天气灾情评估分析　通过对2005年2～5月我国沙尘天气的监测和灾情评估分析，2005年发生的11次沙尘天气中，影响范围超过100万平方千米的2次，50万～100万平方千米的5次，50万平方千米以下的4次。其中4月16～21日的沙尘天气为2005年春季影响范围最大的一次沙尘天气过程，波及12个省（区）429个县（市），受影响面积约为210多万平方千米，受影响人口约为1.1亿。

2005年2～5月，全国共有15个省（区、市）的800多个县（市）受到沙尘天气的影响，受影响土地面积约420多万平方千米，受影响人口近4.2亿，受影响耕地4500多万公顷，园地440多万公顷，草地1.2亿公顷。

【首次岩溶地区石漠化监测工作完成】　土地石漠化造成水土流失加剧，可利用土地资源减少，土地生产力急剧下降，导致生态恶化，自然灾害频发，社会问题突出，区域贫困加剧，对西南地区经济社会发展造成了严重危害，已经成为西南岩溶地区首要的生态问题，同时也是我国当前最为严重的三大生态问题之一。

2004年11月国家林业局正式启动了新中国成立以来的首次岩溶地区石漠化监测工作。此项工作在西南岩溶地区8省（区、市）各级林业行政主管部门的共同努力下，历时一年多，经历了试点、培训、外业调查和成果汇总与分析等阶段，于2005年12月底结束。参与监测的技术人员达3600人，共区划和调查地面图斑61.2万个，获取各类信息记录5000多万条，同时建立GPS特征点18 000余个，拍摄实地景物照片18 000余张，并研究建立了西南岩溶地区石漠化土地地理信息管理系统。

监测范围　为出露岩溶集中分布的湖北、湖南、广东、广西、贵州、云南、重庆、四川8个省（区、市）的460个县（市、区），监测范围土地总面积107.14万平方千米，该区域岩溶土地面积为45.10万平方千米。

监测结果　石漠化面积为1296.2万公顷，占监测区总面积的12.1%，占监测区岩溶面积的28.7%。

省（区、市）分布　石漠化分布于8省（区、市）的451个县（市、区），贵州面积最大，达331.6万公顷，其后依次为云南、广西、湖南、湖北、重庆、四川和广东，分别为288.1万公顷、237.9万公顷、147.9万公顷、112.5万公顷、92.6万公顷、77.5万公顷和8.1万公顷。

程度分布　轻度石漠化356.4万公顷，中度石漠化591.8万公顷，重度石漠化293.5万公顷，极重度石漠化54.5万公顷，中度、轻度石漠化占石漠化总面积的73.2%。

分布特征　①分布相对比较集中。以云贵高原为中心的81个县（市、区），石漠化面积占石漠化总面积的53.4%，而其国土面积仅占监测区的27%。②多发生于坡度较大的坡面上。16度以上坡面上的石漠化面积达1100万公顷，占石漠化总面积的84.88%。③以轻、中度石漠化为主。轻度、中度石漠化占石漠化总面积的73.2%。④石漠化与贫困状况密切相关。监测区石漠化平均发生率为28.7%，而县（市、区）财政收入低于2000万元的18个县（市、区）的石漠化发生率为40.7%，高出12个百分点；农民人均纯收入低于800元的5个县（市、区）的石漠化发生率为52.8%，比监测区平均值高24.1%。

另外在监测范围内还有1237.9万公顷的潜在石漠化土地，由于其基岩裸露度在30%以上，极容易破坏发展成新的石漠化土地。

【联合国防治荒漠化公约进程及履约国际合作与交

流】 2005年，我国履约工作继续为国内工程建设服务，为维护我国国家利益、推动联合国防治荒漠化公约进程不懈努力。在认真研究履约面临的国内外形势和问题的基础上，我国政府广泛参与公约框架下各项活动，加强国内工作与国际接轨，对推进公约进程发挥重要作用。同时广泛宣传我国履约成效、多角度介绍我国开展合作的优先领域和优惠政策，开展广泛的国际交流与合作。

全面参与公约框架下各项会议和谈判，推动公约进程 以出席公约第七次缔约方会议为重点，积极参与公约谈判，全面展示中国履约成效。

5月2~11日，公约第三次履约审查委员会会议在德国波恩召开。由外交部和国家林业局组成的中国代表团参加了会议。会议主要审查了非洲受影响国家和部分发达国家的报告，并就改进国家报告，促进技术转让，建立广泛一致指标等问题进行了讨论。

10月17~28日，公约第七次缔约方会及第四次履约审查委员会会议在肯尼亚首都内罗毕召开。中国政府代表团由外交部、国家林业局、国家环保总局组团参会。中国代表团团长、国家林业局副局长李育材在会上发言，介绍了我国防治荒漠化工作的最新形势和采取的一系列政策措施。获得了与会各国的好评。会议就全球环境基金与公约的合作备忘录、就相关议题成立会间工作组、确定公约科技委员会两年工作重点、2006年为国际荒漠与荒漠化年等问题作出了相关决议。

国际交流与合作进程不断深化，领域不断拓宽 2005年，荒漠化履约与国际合作工作为工程建设服务，拓展资金、技术的引进途径，开展了一系列国际合作项目。美国贸易发展署支持京津风沙源治理工程节水灌溉试点示范项目组织中美双方专家，在深入调研和科学试验的基础上，形成了最终报告，项目顺利结束，并为项目成果在京津工程区的应用和推广提供了有益的建议；圆满完成了亚行－全球环境基金东北亚沙尘暴防治项目，并积极推动中蒙沙尘源区联合示范，从境内外沙源控制减轻京津及东北亚区域风沙危害开展尝试；顺利完成与日本国际协力团（JICA）合作的调研项目，为日本及相关发达国家、国际组织进行对华开展项目合作奠定了基础；中国履行联合国环境公约能力自评估项目顺利结题，完成了对中国履行荒漠化公约能力的全面评估，确立了国家履约能力建设的优先领域；国家林业局首次派员参加了由联合国环境规划署组织的《全球环境展望》的编写工作，为全球范围环境评估提供了荒漠化领域的参考意见，扩大了我国荒漠化及林业工作的对外宣传；国家林业局首次组团赴巴西考察荒漠化防治和流域治理技术，与巴西政府在继续开展技术交流、共同申请国际合作项目等方面达成了共识，打开了两国在荒漠化防治领域的交流渠道，为今后双方开展荒漠化合作项目打下了基础。

中国荒漠化防治网开通 为促进履约信息交流，推进政务公开，加强对外宣传，3月，中国政府防治荒漠化门户网站——中国荒漠化防治网开通，填补了我国荒漠化政府网站的空白，并以荒漠化防治、防沙治沙重点工作为中心，重点加强宣传。

（防沙治沙由王俊中供稿）

全民义务植树

【综　述】 2005年，在党中央、国务院的高度重视和关怀下，各级绿化委员会按照构建社会主义和谐社会的要求，以科学发展观为指导，认真落实全国绿化委员会第二十三次全体会议精神，广泛宣传发动，积极组织协调，认真检查督促，扎实开展评比表彰活动，国土绿化事业取得了新的进展。据统计，全年参加义务植树的人数达5.4亿人次，植树22.3亿株；全年完成造林任务363.77万公顷，新增封山育林263.65万公顷，造林合格率、保存率均保持在较高水平；全国种草累计保留面积26.7万公顷，草原围栏33.3万公顷，禁牧面积33.3万公顷；部门绿化、城乡绿化一体化建设、绿色通道工程和古树名木保护工作进一步加强，为绿化国土、改善生态、促进人与自然和谐作出了新贡献。

宣传发动工作进一步加强 全国绿化委员会紧紧围绕增强公众改善生态的责任意识、破坏生态的忧患意识、保护生态的法律意识，组织开展了大量宣传教育活动。发布了《国土绿化状况公报》，拍摄制作了以人与自然和谐为主题，以共建绿色家园为内容的MTV——《绿色家园》、《爱我家园》等公益歌曲，进一步引起了全社会对绿化事业的关注。全国绿化委员会办公室在中央电视台七套举办的《绿色时空》栏目和《国土绿化》杂志有重点地组织访谈和专题报道，社会知名度不断提高。各级绿化委员会也结合本地区、本部门实际，开展了形式多样、内容丰富的绿化宣传工作，在主要街道、广场树立公益广告牌，在广播、电视播放绿化公益广告，开展“绿色小天使”活动等。这些喜闻乐见的宣传活动，进一步增强了人们的生态意识，激发了人们参与国土绿化的积极性和自觉性。

全民义务植树运动深入开展　各地区、各部门紧密结合精神文明建设、公民道德建设，把全民义务植树运动不断引向深入。①领导带头履行植树义务。中央领导植树、共和国部长植树、百名将军植树、地方各级领导植树等，成为春季义务植树的亮点。②法制建设进一步加强。开展了《关于开展全民义务植树运动的实施办法》的修订工作，加强了对各省（区、市）制定地方性义务植树条例的指导。目前，已有广东、河南等9省（区、市）和解放军出台了《义务植树条例》。③义务植树的实现形式更加多样。除参加义务植树、义务整地和义务管护树木外，有的单位还采取义务出车辆、义务出工具、义务绿化宣传等形式来履行植树义务。④义务植树基地建设普遍加强。全年全国新建各种义务植树基地1.4万个。

重点生态工程建设成效明显　六大林业重点工程完成造林面积310.91万公顷，本年新封山（沙）育林面积237.57万公顷，野生动植物保护及自然保护区建设工程新增国家级自然保护区25处，林业系统管理的自然保护区达到1699处。草原生态保护建设扎实推进，草畜平衡和禁牧、休牧、轮牧等制度开始实行，退牧还草等工程建设取得明显成效。农村户用沼气和大中型沼气工程建设明显加快，改善了农村生态。绿色通道工程建设快速发展，涌现出了胶新铁路、秦沈铁路、204国道、沪宁高速路等样板工程。全国2万千米宜林铁路实现绿化达标，绿化达标率达到54.4%；完成公路绿化里程102万千米，占绿化里程的67.5%。城乡绿化一体化建设全面推进，各地以“城区园林化，郊区森林化，道路林阴化，庭院花园化”为目标，采取“以城带乡、以乡促城、城乡联动、整体推进”的办法，促进城乡绿化协调发展。2005年底城市建成区绿化覆盖率达到31.66%，绿地率达到27.72%，人均公共绿地面积达到7.39平方米，城市生态环境得到明显改善。

部门绿化工作稳步推进　各部门（系统）按照分工负责制的要求，进一步加强组织领导，在认真开展义务植树的同时，加大绿化投入，开展辖区内造林绿化、庭院绿化和居住区绿化，取得了显著成效。天然草原植被恢复与建设、牧草种子基地、草原围栏、退牧还草等项目顺利实施。中央直属机关、中央国家机关加强义务植树基地建设，到2005年底已在京郊山区建立了近百处义务植树基地。解放军和武警部队不仅出色完成了营区绿化，而且全年完成军事管理区“三荒”造林任务13万多公顷，有效管护了军事区的林木、草原和湿地资源，同时全力支持地方的城乡绿化建设。共青团和全国妇联组织的保护母亲河行动、“三八”绿色工程建设等活动取得了明显成效。中石油系统全面加强厂区、生活区绿化，绿化覆盖率已达23.8%，昔日的污染大户成了今日的绿化模范。中信集团积极开展风沙源治理，为生态建设作出了贡献。

古树名木保护工作全面加强　在普查建档的基础上，各地通过挂牌、围栏、支撑、施肥、防治病虫等办法，加强对古树名木的复壮管护。研究开发了古树名木计算机联网管理系统，提高了古树名木保护管理效率和科技水平。一批城市颁布了古树名木保护法规，为依法保护古树名木提供了法律保障。同时，大力开展古树名木保护宣传工作，在中央电视台一套《今日说法》栏目和《法制日报》开展了古树名木保护法制宣传教育，广泛宣传挖掘、移植、买卖古树名木的危害性。在中央电视台七套《绿色时空》栏目连续播出“古树名木的趣闻趣事”，强化公众爱护与保护古树名木的意识。有的城市还编辑出版了古树名木画册，宣传古树名木的历史文化。

绿化评比表彰活动有序进行　2005年组织了全国绿化模范城市（区）、全国绿化模范县（市）、全国绿化模范单位和全国绿化先进集体、全国绿化劳动模范（先进工作者）评比表彰活动。各地区、各部门对此高度重视，争创先进的积极性很高，认真部署、精心组织、严格把关，确保评比表彰活动达到了预期目的，为国土绿化事业营造了良好的社会氛围，提高了全社会爱绿、植绿、护绿的意识，带动了义务植树、城乡绿化和古树名木保护等工作的顺利开展。

首届中国绿化博览会成功举办　为深入贯彻落实中央林业决定，全面展示我国国土绿化事业取得的成就，有效搭建绿化领域的交流平台，推进我国绿化事业快速健康发展，2005年9月26日至10月16日，全国绿化委员会、国家林业局、江苏省政府在南京联合举办了首届中国绿化博览会。博览会内容十分丰富，包括室外绿化景点建设、室内绿化成就展览以及人与自然和谐发展论坛、花卉苗木发展趋势发布会等，是我国国土绿化领域的一次盛会。全国31个省（区、市）、解放军、中石油系统以及新加坡等5个国家分别在绿博园建成了展示各自绿化特色的永久性绿地，形成了一道亮丽的风景线，受到社会各界的普遍欢迎和一致好评，仅绿博会期间就吸引了60多万人次参观游览。

存在问题　①生态形势依然严峻。我国森林覆盖率只有世界平均水平的61.5%，人均森林面积和蓄积只有世界人均水平的1/4和1/7左右。全国90%的可利用草原不同程度地在退化。我国水土流失面积占国土面积的37.1%，沙化土地占国土面积的18.1%。②国土绿化的组织管理工作还大有潜力可挖，义务植树尽责率不高。③国土绿化工作的法律法规和规章制度还不健全，多数省（区、市）没有制定义务植树条例和古树名木保护条例，推动国土绿化工作的长效机制有待进一步建立。

（周力军）

【2004 年度全国绿化奖章获得者】

北京市

张忠印 陈　刚 张　森 王中华 王英宇
赵全保 侯雅芹 田　仲 王春城 王凤江
李凤义 王春喜

天津市

王宜民 胡新民 高洪芬 袁东升 边仁权
胡志诚 闫德来 刘金华

河北省

樊焕臻 程文秀 范广信 秦玉合 闻志宽
张　良 孔祥柱 梁爱真 张春雷 王万珍
桂金钟 牛彦平 田素平 李保国 张　海

山西省

温普德 张云龙 郑西山 韩二锁 吴林林
寇启崇 梁　胜 李卯生 刘树兵 白永珍
杨宝灵 乔建平 申玉喜 李苏平 张和平
高反文

内蒙古自治区

王福森 王连根 任伟斌 李景章 肖　平
田选明 樊　宏 艾宝生 郭永祯 丁崇明
范布和 王广山 刘文博

辽宁省

杨成利 柳金龙 王曼华 柴永君 史锦苓
宋景彦 梁春贵 孔繁运 朱立新 王连生
孙喜庆 叶　舒 栾景玉 赵贵山 文纪德

吉林省

王建国 吴井和 王福义 田　军 闫　杰
李芮强 吕晓平 左振福 岳清友 韩国辉
王文喜 苏彦河 刘华春 林永春 高延明

黑龙江省

吕维峰 王运义 高作文 李洪义 李　斌
刘　山 苏贵林 刘长有 赵希恩 金春林
李贵清 侯　亮 王晓明 张同伟 艾连军
魏　力 方世昌 孔玉娟

上海市

沈学超 徐左正 花以友 沈兰全 刘言中
费富根 董绍诚 赵正宽 顾圣群 陶夏芳

江苏省

何才元 许乐和 俞惠良 王本奉 李　群
施瑞冲 程立门 乔其川 祁　彪 丁翠柏
吴进喜 陈士祥 孙国建 王　翔 戈　鸣
乔启生 马凤琴

浙江省

蒋莉萍 丰炳财 朱如云 徐文光 张茂华
唐根耀 李彩凤 陈德荣 张正寿 王仁东
傅秋华 徐叨林 楼赛令

安徽省

徐立虎 丛明奇 秦海清 赵　波 汪士奇
孙士英 黄永章 程元兵 江　山 徐继有
郑士况 张家旺 谷和平 赵　强 朱读稳
郭华东 李金水 鹿　森 顾章根

福建省

王德兴 傅佳学 唐炳椿 黄清平 吴继林
孙邦均 谢工农 刘文渊 黄长兴 吴宏谋
林　彬 张其宪 吕月良 钟炳林 李正平
赖定贤

江西省

刘晓梅 许先平 魏运华 曹贵匀 方建华
陶久选 彭艳萍 袁河清 蔡炳生 杨金标
钟焕贤 姚亚平 齐　琳 袁乐军 席芳柏
邓常俊 周小平

山东省

潘信文 孔庆荣 李宝钟 袁义龙 赵凤国
宋修武 徐书联 徐建设 张仁峪 张敬波
李国玉 韩金来 张广祥 任先德 高广平
龙兴军 宋华利

河南省

管殿朝 靳克文 宋桂云 郭长生 张红娃
李健庭 秦世友 张之新 宋健民 李清河
赵秀志 张百昂 朱祥增 黎心问 孙保民

湖北省

夏汉山 吴先金 高　敏 李宪生 高全明
郭棉明 李佑才 郑中华 王华滔 秦前联
赵仕安 肖旭明 万应荣 刘光海 治胜利
周亚林 徐中勇 罗德才 吴声彪

湖南省

谢建文 杨正洪 戴飞军 侯新星 谭国华
彭光辉 肖正汉 向清岳 李云才 周　雄
邵昌葵 张德才 黄洲康 刘绍祥

广东省

李克厚 古问为 刘寿生 曾富华 陈旭初
吴汉东 徐建毅 梁庆长 郭韶清 毛华堂
戴伟平 刘　就 黄润波 郑丙活

广西壮族自治区

刘海平 刘月莲 徐辉耀 崔　根 唐永彬
邹存亮 潘济华 吴忠裕 龚余云 谢善高
丁允辉 杨伯添 罗奋松 李谦声

海南省

胡昌月 吴多益 陈业思 王　轼 潘心安
张用川

重庆市

黄月琴 黄　波 唐指平 韩正江 罗启辉
李德虹 李隆贵 王孝辉

四川省

吴　林 李世民 李成周 葛红林 赖照英
唐建军 何子斌 陈　华 徐小林 陈景贵
刘度南 谢直兴 骆建国 谢　起 慕长龙
熊正林 叶明生 左都全 罗泽中

贵州省

李世勋　那建勋　黄　鸣　董忠远　余江南
丁　箭　吴家骏　李宗瑜　张　扬　肖远强
许云利　张　奎　王正贵　林永江　吴承斌

云南省

文贤聪　金　光　洪常胜　段　清　李笪玮
寸守权　王德怀　杨秀菊　周　涛　和润才
郝蜀东　字开泰　谢红芳

西藏自治区

郑华平　次　仁　索朗巴旦　边　久
三达娃　尼　玛

陕西省

范社忠　郭创贤　卢力群　田俊良　王焕有
薛治安　刘忠生　曹虎林　王海鳌　董根堂
牛序榆　雷向阳　刘升康　朱明全　牛万虎

甘肃省

魏至公　寇明君　雷成云　郝　忠　刘　青
郭永祥　鲁耀雄　刘峰征　李克荣　雷中平
朱永喜　任森国　管　利

青海省

马元彪　杨小军　谢海明　靳志祥　张生祥
赵兴隆　金九辰　韩德明

宁夏回族自治区

马学军　殷建军　马建国　王汉荣　孟仿英
李自兵　韩建勇　张　为

新疆维吾尔自治区

田国柱　刘　琦　阿不都外力·米吉提
姚小钦　孙俊邦　马振武　艾比布·沙地克
李贵华　张亚平　高发水　苏积忠

大连市

潘玉善　王长迅　王德世

宁波市

汤社平　张洁耀　阮伟建

厦门市

朱希宝　赖桂勇　叶速辉

青岛市

李学海　仇维琪　郑卫星　高愈琛

深圳市

高伯慰　赖志平　陈国华

中共中央直属机关

杨宝仁　刘成斌　蒋志鹏　王正军　李国祥
张克森　徐元祥　刘其斌　吴立新　姜建民
王　晔

中央国家机关

王金久　张文宏　冯志刚　李德勇　彭玉才
李培龙　杨铭生　唐树杰　范玉华　王德顺
谢锡庆　刘玉胜　莫德厚　李晓莹

建设部

周善东　郭风春

铁道部

张传刚　刘忠宪　高敬文　杨渊源

交通部

赵洪武　张清海

水利部

姚树志　陈文贵

农业部

李维薇　李拥军　陈世平　韩文学

中国石油天然气集团总公司

曾玉康　武振清　勾振东　王明华　刘文太

中国石油化工集团公司

陈兴元　胡志仿　黄绪民　韦莉芸

中国人民解放军

王铭力　郭传仕　刘建军　程树柱　马锡生
马俊德　李昌平　刘长宝　李　容　阚乃利
陈升平　程佑祥　崔彧臣　胡荣忠　罗定来
黄学勤　姜锡斌　夏启田　申志福　朱国平
孙西兰　董昌庆　徐高俊

中国人民武装警察部队

卫忠义　李维赏　陈国英　柳世龙　段仁福
朱　国　张玉军　李寿明　徐庆俭　徐玉成
隋树清　顾金亮　方　锐

新疆生产建设兵团

施英俊　刘广恒　卢宝峰

（全国绿化委员会办公室综合组）

林业产业

【“十五”期间林业产业综述】　“十五”时期，我国林业产业总产值以高于同期国民经济发展速度递增，2005年达到7269亿元。5年间，林产品产量大幅提升，产业结构和布局得到调整和优化，产业发展的区域化格局日趋明显，林产品进出口贸易发展迅速。

5年来，我国主要林产品发展迅猛，许多产品已位居世界前列。2004年，我国人造板产量达到5446.49万立方米，比2000年增长172%，已跃居世界第一位；家具产量已超过意大利，木制家具产量4.28亿件，是2000年的10倍。经济林产品和花卉的产量也名列世界前列。随着林业产业发展和国内外市场变化，产业区域化和专业化分工逐步显现，形成了东北地区原木生产基地、中东部地区人造板生产基地、浙江及东北木地板生产基地、广东家具生产基地等专业生产基地。中东部地区人造板产量已占到全国的74.3%，浙江和东北等地的木地板产量已占全国的88.37%。另外，浙江、广东、江苏、河南、福建等5省的花卉总产值已占全国的52.82%；山东、广东、河北、浙江、福建、广西等6省的茶桑果总产值占全国的54.96%；吉林、辽宁、浙江、福建等11省的中药材总产值占全国的70.31%；浙江、福建、广东、江苏等4省的竹藤棕草产品占全国的66.74%；湖南、浙江、福建、重庆等4省（市）的森林旅游业总产值占全国的60.21%。林业产业一、二、三产业产值保持高速增长的同时，第一产业产值比重有所下降，二、三产业产值比重增加，林业产业结构得到初步调整。木材、人造板、家具、经济林等传统产业继续得到巩固，竹藤花卉、生态旅游、森林食品、森林药材等非木质产业迅速增长，野生动植物驯养繁殖、生物质能源、生物质材料等一批新兴产业异军突起。与此同时，我国林产品在世界市场的竞争力也不断提升，林产品进出口贸易发展迅速，出口增幅高于进口增幅，贸易逆差不断缩小。“十五”期间，林产品进出口以超过20%的速度发展，2004年达到349亿美元，比2000年增长96%。木质林产品在林产品进出口中仍占主导，但在林产品进口中的比重持续下降，在出口中的比重进一步提高。

我国已成为世界林产工业大国。投资主体多元化趋势，使林业产业中的非公有制成分大幅度上升，经营规模越来越大，产业素质不断提升，产业活力不断增强，凸显出越来越明显的发展优势和潜力。但从目前经济和社会发展对林产品的需求来看，与世界发达国家相比，我国林业产业仍是国民经济中的弱质产业和薄弱环节。第一产业基础不牢，产业发展资源支撑能力弱，基地化程度低；第二产业素质不高，缺乏自主知识产权，产品的数量和种类尚不能适应社会经济发展需要；第三产业发展滞后，新兴产业尚未形成规模，林业资源的经济效益没有得到充分发挥。企业规模普遍偏小，龙头企业缺乏；经济效益差，对国民经济发展贡献率偏低；科技进步缓慢，企业创新能力弱，缺乏核心竞争力；管理水平落后，缺乏名牌产品；国有森工企业改革进程缓慢，责权利不清；法制不健全，政策不完善等问题仍严重制约着林业产业快速发展。

（行管办）

行业管理

【林业产业区域发展调研活动】　2005年6～12月，按照“东扩、西治、南用、北休”的林业生产力战略布局、各地经济条件和资源条件，全国木材行业管理办公室分东北内蒙古、东部沿海、南部沿海、黄河及长江中下游、西南、西北六大区域，对全国林业产业发展情况进行了实地调研，并召集区域内各省（区）林业产业管理部门负责人分别召开了林业产业发展区域座谈会，进一步总结各地林业产业发展现状和取得的经验，探索了在新形势下加快推进各区域间分工协作、发挥优势、和谐发展的林业产业发展新思路和新方法。

（彭华福）

【扶持林业重点龙头企业】　为尽快出台《关于扶持国家林业重点龙头企业的意见》，加快构建林业产业扶持政策体系，在对《意见》进行修改完善的基础上，国家林业局致函国家发改委、财政部等部门征求意见，并与国家发改委、财政部等部门进行了多次沟通与协调。与此同时，结合林业贷款贴息政策，国家林

业局下发了《关于开展省级林业重点龙头企业扶持工作的通知》，先行启动了省级林业重点龙头企业扶持工作。（彭华福）

【森林工业循环经济政策研究】 为加强循环经济政策研究，推进循环经济发展，国家发改委将循环经济模式分析与对策研究列为2005年重点研究课题。受委托，全国木材行业管理办公室承担了森林工业如何走循环经济之路产业篇子课题的研究任务。课题研究在认真分析我国森林工业的发展状况以及发展循环经济中存在的问题和借鉴发达国家发展循环经济经验的基础上，明确了我国森林工业循环经济发展的指导思想、原则和目标，从林木培育、采伐运输、林产品加工、废弃木材回收等环节，提出了森林工业循环经济发展模式和相关政策措施，对提高木材综合利用水平、节约森林资源、维护碳汇平衡、提高森林工业整体素质具有现实指导意义，也为我国林业发展循环经济打下了良好基础。（赵 戈）

【2005中国林产品交易会】 2005年9月19~22日，国家林业局和山东省政府在山东省菏泽市共同举办了2005年中国林产品交易会。本届交易会共设展位812个，签订内贸合同金额35.31亿元，外贸合同金额0.48亿美元。（孔 卓）

【加强一次性木筷子生产流通管理】 为切实保护森林资源、改善生态环境，促进木材的合理利用，根据国务院有关精神，2005年5月，国家林业局下发了《关于加强一次性木筷子生产流通管理的通知》（林行发［2005］73号），对一次性木筷子生产、流通企业进行一次全面的清理整顿，依法严肃查处生产一次性筷子引发的毁林案件。同时，要求各级林业主管部门今后不得再批准设立一次性木筷子（不含竹筷子）生产企业。经过清理整顿，规范了企业的生产和经营行为，增强了对保护生态环境、节约利用森林资源和建立节约型行业的意识。（孔 卓）

【活性炭生产经营暂不实行许可管理】 为了促进产业发展，根据生产实际情况，2005年8月，国家林业局向国家安全生产监督管理总局致函《关于建议将活性炭按普通化学品管理的函》（林函行字［2005］143号）。2005年11月，国家安全生产监督管理总局下发了《关于暂不对活性炭生产经营企业实施有关化学品安全生产行政许可的通知》（安监总厅字［2005］167号），对从事生产、经营活性炭的活动，可暂不要求申请、办理有关危险化学品的安全生产行政许可。（孔 卓）

【林业行业节约工作】 为了全面贯彻落实《国务院关于做好建设节约型社会近期重点工作的通知》（国发［2005］21号），做好林业行业的节约工作，2005年7月，国家林业局下发《关于做好林业行业节约工作的通知》（林行发［2005］103号），要求各地制定本地区林业行业节约工作的具体实施方案，建立工作机制，落实工作责任；鼓励林业企业采用先进加工技术和工艺，促进林产品生产的集约化、规模化和标准化；加强可再生能源林基地建设和林业生物质能源的开发利用；建立、健全林业行业节约的政策和标准，加强监管体系建设。（孔 卓）

【林业“安全生产月”活动】 根据中央宣传部等5部门《关于开展2005年“全国安全生产月”活动的通知》（安监总政法字［2005］4号）文件精神，国家林业局于2005年6~7月在林业全行业举办了以“遵章守法，关爱生命”为主题的林业“安全生产月”活动。活动分“林业安全生产管理创新征文”和“林业安全生产知识竞赛”两项内容。根据单位参赛人数和答卷质量综合情况，经活动组委会评定，授予辽宁省林业厅、福建省三明市林业局、福建福人木业有限公司、四川省林业勘察设计研究院、广东省乳源县天井山林场等5个参赛单位优秀组织奖，并给予通报表彰。有5篇安全生产管理创新征文获三等奖（一、二等奖空缺）；有5人获安全生产知识竞赛个人一等奖，20人获二等奖，50人获三等奖。（李平先）

【注册安全生产工程师部门注册管理机构】 根据《注册安全工程师注册管理办法》、国家安全生产监督管理总局办公厅《关于做好注册安全工程师注册管理工作有关事项的通知》（安监总厅字［2005］18号）及《关于做好注册安全工程师继续教育工作的通知》（安监总厅字［2005］15号）精神，2005年国家林业局全国木材行业管理办公室作为注册安全生产工程师部门注册管理机构在国家安全生产监督管理总局备案，负责林业行业内的注册安全生产工程师的注册、培训和管理。（李平先）

【林业安全生产培训】 国家林业局林业管理干部学院自被国家安全生产监督管理总局认定为林业行业惟一具有安全生产培训二级资质后，国家林业局于2005年11月2~10日，在林业管理干部学院培训中心举办了第一期林业安全生产管理人员培训班。培训班聘请有关专家、政府官员、学院骨干教师为授课老师，培训内容涵盖了安全生产理论、法规和实例。经考核，对参加培训的各省（区、市）林业厅（局）和各森工集团林业安全生产监督管理部门的28名学员颁发了国家安全监督管理局认定的培训证书。（李平先）

花卉产业

【综　述】　经过“十五”期间花卉产业的快速发展，我国已经成为世界最大的花卉生产基地，其面积和产量均居世界第一位，从而确立了我国花卉生产大国的地位。“十五”期间，我国花卉产业生产规模迅速扩大，大型知名龙头企业迅速崛起；基地栽培设施得到很大改善，科技含量不断提高，产品产量和品质大幅度提高；花卉流通领域发展迅速，扩大了内需和出口，初步形成由批发、零售和拍卖市场组成的专业化流通体系。

据统计，到2004年底，我国花卉种植面积已达64万公顷，比2003年增长49%。我国花卉面积已占世界花卉生产总面积的1/3，成为名副其实的花卉生产大国。生产经营水平和产品质量大幅度提高，规模效益明显，到2004年底，年销售额431亿元，比2003年增长22%。年出口额稳步增长达1.4亿美元，比2003年增加5倍。到2004年全国有各类花卉市场2354个，花店2万个。目前，全国已有花卉从业人员327万，花卉产业的发展，成为主产区地方经济发展的支柱产业之一。

“十五”期末，花卉产业发展呈现九大特点：

生产规模、产值效益快速增长，专业化水平明显提高　花卉生产由零星分散的粗放经营向集约型、专业化转变。

花卉经营实体数量大幅度增加，企业实力逐步壮大，企业活力增强　全国花卉企业由2003年的2.2万家，增加到2004年的5.3万家，其中大中型花卉企业已达6700多家（生产规模在3公顷以上或年营业额在500万元以上），全国出现了一大批科技水平高，设施先进，专业化程度高，市场开发能力强，带动辐射面广的花卉龙头企业。

投资环境进一步优化　重点花卉省（区）以多种形式鼓励企业和个人投资花卉业，出现国营、民营、个人、外资都在涉足花卉生产经营，形成多部门、多行业、多元化投资的良好局面。

区域化布局基本形成，特色名牌产品日益增多，区域化布局渐趋合理　2005年我国花卉产业结构调整成效显著，区域化资源优势和特色品牌优势更加明显。重点花卉产区初步形成，品种结构进一步优化。

典型示范辐射带动作用明显　最近几年，国家和地方政府利用农业综合开发资金和地方财政资金在全国扶持优势产区花卉示范基地建设，先后建设了一批具有一定优势的花卉生产示范基地。1999年由国家林业局和中国花卉协会在全国命名了71个全国花卉生产示范基地，2000年命名了59个中国花木之乡，41个全国重点花卉市场。“十五”期间这些被命名的单位在推动全国花卉产业发展中发挥了积极的作用，进一步推动了当地花卉产业的稳步发展。

信息网络和市场流通体系初具规模，花卉产业具有巨大的市场潜力　我国花卉业的显著特点是由生产者主导型向消费者主导型转变，市场供应丰富，不同档次和不同价位产品基本齐全，消费者选择余地大，需求和交易方式发生了变化，与之相适应的信息和流通体系建设初具规模。目前，全国大约拥有花卉信息网站300多个，国内以批发、拍卖、连锁超市、零售、鲜花速递、网上交易等互联的销售流通网络已初步形成。

创新能力明显提高，科技兴花取得成效　我国加入WTO后市场国际化，国内买方市场的逐步形成，政府、企业和花农更加重视生产经营中科技和人才的作用，经营者追求高质量和高附加值的花卉产品，必然重视提高科技水平，到2004年，全国有省级以上花卉科研单位100多家，50多所省属以上农林院校设置了园林花卉专业，培养急需的花卉技术和管理人才，目前，我国已有花卉专业技术人员12万多人。在科研创新体系上采取多种形式，一些重点省（区）着力抓好科技创新体系建设，推进产、学、研结合。采取企业立题、政府支持、专家研发的方式开展科技研发，花卉科研取得了一批新成果。①自主创新培育新品种。利用丰富的种质资源优势，开发培育新品种，其中有30多个花卉新品种获得品种保护权。如中科院植物所培育的华北丁香系品种，昆明杨月季公司培育的月季新品种。②引种驯化进口花卉国产化。浙江森禾种业公司完成的国内外名优木本花卉引育与产业化开发项目，成功驯化68个花卉品种。在引进驯化方面取得突破的还有非洲菊选育和开发、观赏植物快繁技术创新、名优花卉工厂化育苗等项目。积极引进国外优良品种，实现进口花卉国产化。③实用技术在提高。在病虫害防治、切花生产保鲜、转基因生物快繁技术等实用技术研究方面取得新成果，如园林树木白蚁治理新技术、转基因沉默延长香石竹切花瓶插寿命、花卉植物高效有机肥研究推广等科研成果都具有一定的实用价值。

国际合作交流十分活跃，出口创汇快速增长　进入21世纪，全球经济一体化，为我国花卉产业发展带来更大的发展空间，我国不仅加入了国际花卉组织，还积极组织参加国际花事活动，从“十五”期间的出口形势和统计数据看，我国花卉对外贸易呈逐年上升趋势。2004 年比 2003 年出口额增加 4800 多万美元，增幅为 49.6%，尤其在“十五”后期增幅较大。据海关统计，目前我国对 80 多个国家（地区）出口花卉，其中出口额较大主要有日本、荷兰、美国、韩国等国家以及香港特别行政区，近年日本成为我国花卉出口第一大销售市场。

拓展花卉产业功能，延伸高效产业链 近几年各地利用花卉资源，多种形式开发花卉产品品种。开发的花卉产品有利用新技术研究开发天然干花产品，利用纯天然花卉植物制作手工艺作品，开发药用、食用、美容保健等多用途花卉。建设以花卉植物为主题的生态休闲观赏旅游园区。花卉产业链的不断延伸，不但为花卉产业的持续发展注入新的活力，也为地方经济带来巨大的经济效益。（王桂芝）

森林公园建设

【综 述】 2005 年森林公园建设继续保持快速增长。截至 2005 年底，全国共建立各类森林公园 1928 处，森林风景资源保护总面积达 1513.42 万公顷，分别比“九五”末增加 850 处和 529.64 万公顷。森林公园占全国森林面积的 8.65%，不仅填补了西藏地区的空白，森林公园分布范围遍及除台港澳的 31 个省（区、市），而且出现了企业、个人等多种主体兴办的森林公园，呈现出全社会参与林业自然景观保护和利用的火热局面。森林公园在保护林业自然文化景观资源方面的作用日益突出，全国 30 处世界自然、文化遗产中，有 9 处涵盖了 11 处森林公园的景观资源；12 处世界地质公园中，有 8 处是森林公园。

森林公园建设热情持续高涨 据不完全统计，2005 年全国森林公园共投入建设资金 78.09 亿元，是“九五”末的近 5 倍。“十五”期间，全国森林公园累计投入建设资金 277.66 亿元，基础设施和旅游服务设施进一步改善。截至 2005 年底，全国森林公园共拥有旅游道路 60 382 千米，旅游车船 16 462 台（艘），接待床位 363 150 张，分别是“九五”末的 2.9 倍、3.8 倍和 3.1 倍；餐位总数达到 548 826 个，旅游接待能力明显提高。“十五”期间，全国森林公园还先后投入环境保护建设资金 19.98 亿元，共营造风景林 39.86 万公顷，改造林相 22.28 万公顷，森林公园的风景资源与生态环境质量得到整体提高。

森林公园旅游日益受到公众欢迎 据不完全统计，2005 年全国森林公园共接待游客 1.74 亿人次，占国内旅游总人数的 14.3%，比“九五”末增加 142%，平均年增长率近 20%。其中，接待海外游客 541 万人次，是“九五”末 3.6 倍。2005 年，全国森林公园以门票为主的直接旅游收入达 83.98 亿元，比“九五”末增长 5.5 倍。截至 2005 年底，全国森林公园内直接从事管理和服务的职工达 103 372 人，其中导游 9234 人，分别比“九五”末增加 1 倍和 2.4 倍。2005 年全国森林公园为社会提供就业机会 40 余万个，据测算，带动社会综合旅游收入达 760 亿元。“十五”期间，森林公园累计为社会提供就业机会 160 余万个，带动社会综合旅游收入超 3000 亿元，森林旅游已经成为我国林业第三产业的龙头。

国家花木专类园建设稳步发展 2005 年，洛阳国家牡丹园、鄢陵国家花木博览园和邳州国家级银杏博览园共接待游客 47 万人次，综合产值达 2300 万元，不仅满足了公众的多样的游憩需求，丰富了森林文化的内涵，而且有效促进了花木生产与旅游开发的良性互动。

“十五”期间森林公园建设和森林旅游发展主要指标一览表

项目名称	“九五”期末	2001 年度	2002 年度	2003 年度	2004 年度	2005 年度	“十五”末比“九五”末增长	平均年增长率
森林公园总数(处)	1078	1217	1476	1658	1771	1928	0.8 倍	12.43%
森林公园总面积(万公顷)	984	1138	1269	1390	1460	1513	0.5 倍	9.08%
国家森林公园总数(处)	344	380	439	503	565	627	0.8 倍	12.77%
国家森林公园面积(万公顷)	656	791	875	984	1058	1105	0.7 倍	11.12%
游客人数(亿人次)	0.72	0.85	1.10	1.16	1.47	1.74	1.4 倍	19.6%
海外游客人数(万人次)	150	170	267	390	443	541	2.6 倍	30.48%
直接旅游收入(亿元)	12.92	28.17	37.03	41.89	69.10	83.98	5.5 倍	49.81%
投资总额(亿元)	15.87	25.16	45.86	54.82	73.73	78.09	3.9 倍	40.14%

（许 晶）

【新增62处国家级森林公园】 2005年，依照规定程序并经审查通过，国家林业局分别作出行政许可决定，准予设立北京霞云岭等62处国家级森林公园，准予贵州朱家山国家森林公园变更经营范围。截至2005年底，我国国家级森林公园总数达627处，保护面积1105.15万公顷，分别比"九五"末增加283处和449.13万公顷。

2005年度国家级森林公园准予行政许可决定书目录

序号	行政许可项目	决定书文号	经营面积（公顷）
01	朱家山国家级森林公园改变经营范围	林场许准［2005］741号	由2661.7扩大至4888.2
02	设立霞云岭国家级森林公园	林场许准［2005］912号	21 487.40
03	设立完达山国家级森林公园	林场许准［2005］913号	42 399.00
04	设立松阳卯山国家级森林公园	林场许准［2005］914号	1385.00
05	设立九连山国家级森林公园	林场许准［2005］915号	20 063.00
06	设立岩泉国家级森林公园	林场许准［2005］916号	4885.39
07	设立云碧峰国家级森林公园	林场许准［2005］917号	872.50
08	设立景德镇国家级森林公园	林场许准［2005］918号	3796.30
09	设立瑶里国家级森林公园	林场许准［2005］919号	4471.00
10	设立新泰莲花山国家级森林公园	林场许准［2005］920号	2164.00
11	设立招虎山国家级森林公园	林场许准［2005］921号	1762.70
12	设立牙山国家级森林公园	林场许准［2005］922号	10 140.00
13	设立西双版纳国家级森林公园	林场许准［2005］923号	1801.70
14	设立文县天池国家级森林公园	林场许准［2005］924号	14 338.00
15	设立莲花山国家级森林公园	林场许准［2005］925号	4873.00
16	设立寿鹿山国家级森林公园	林场许准［2005］926号	1086.01
17	设立周祖陵国家级森林公园	林场许准［2005］927号	613.70
18	设立小陇山国家级森林公园	林场许准［2005］928号	19 670.00
19	设立珍宝岛国家级森林公园	林场许准［2005］929号	13 429.00
20	设立黄松峪国家级森林公园	林场许准［2005］930号	4274.00
21	设立北宫国家级森林公园	林场许准［2005］931号	914.50
22	设立八达岭国家级森林公园	林场许准［2005］932号	2940.00
23	设立大茂山国家级森林公园	林场许准［2005］933号	1353.33
24	设立白石山国家级森林公园	林场许准［2005］934号	3478.00
25	设立武安国家级森林公园	林场许准［2005］935号	40 500.00
26	设立狼牙山国家级森林公园	林场许准［2005］936号	2165.00
27	设立五当召国家级森林公园	林场许准［2005］937号	1800.00
28	设立红花尔基樟子松国家级森林公园	林场许准［2005］938号	6726.00
29	设立章古台沙地国家级森林公园	林场许准［2005］939号	11 341.30
30	设立大连银石滩国家级森林公园	林场许准［2005］940号	570.00
31	设立通化石湖国家级森林公园	林场许准［2005］941号	2337.00
32	设立红石国家级森林公园	林场许准［2005］942号	28 574.60
33	设立上海共青国家级森林公园	林场许准［2005］943号	131.00
34	设立牛头山国家级森林公园	林场许准［2005］944号	1327.69
35	设立三衢国家级森林公园	林场许准［2005］945号	1067.53
36	设立上窑国家级森林公园	林场许准［2005］946号	1040.00
37	设立始祖山国家级森林公园	林场许准［2005］947号	4667.00
38	设立双峰山国家级森林公园	林场许准［2005］948号	1400.00
39	设立千佛洞国家级森林公园	林场许准［2005］949号	689.10
40	设立海上国家级森林公园	林场许准［2005］950号	526.33
41	设立金洞国家级森林公园	林场许准［2005］951号	2500.00
42	设立幕阜山国家级森林公园	林场许准［2005］952号	1701.00
43	设立神光山国家级森林公园	林场许准［2005］953号	674.60

（续）

序号	行政许可项目	决定书文号	经营面积（公顷）
44	设立观音山国家级森林公园	林场许准［2005］954号	657.18
45	设立御景峰国家级森林公园	林场许准［2005］955号	1333.33
46	设立阳朔国家级森林公园	林场许准［2005］956号	3391.70
47	设立九龙瀑布群国家级森林公园	林场许准［2005］957号	1639.87
48	设立平天山国家级森林公园	林场许准［2005］958号	1676.20
49	设立红茶沟国家级森林公园	林场许准［2005］959号	1896.40
50	设立观音峡国家级森林公园	林场许准［2005］960号	1615.00
51	设立仙鹤坪国家级森林公园	林场许准［2005］961号	9065.00
52	设立青云湖国家级森林公园	林场许准［2005］962号	2980.00
53	设立毕节国家级森林公园	林场许准［2005］963号	4133.00
54	设立大板水国家级森林公园	林场许准［2005］964号	3132.00
55	设立宝台山国家级森林公园	林场许准［2005］965号	1047.00
56	设立玉华宫国家级森林公园	林场许准［2005］966号	3200.00
57	设立千家坪国家级森林公园	林场许准［2005］967号	2145.00
58	设立蟒头山国家级森林公园	林场许准［2005］968号	2120.00
59	设立大峡沟国家级森林公园	林场许准［2005］969号	4070.00
60	设立麦秀国家级森林公园	林场许准［2005］970号	1535.00
61	设立哈里哈图国家级森林公园	林场许准［2005］971号	5170.50
62	设立伊春兴安国家级森林公园	林场许准［2005］972号	4515.00
63	设立呼中国家级森林公园	林场许准［2005］973号	11 5340.27
合 计			新增**464 824.63**

（许　晶）

【发布实施《国家级森林公园设立、撤销、合并、改变经营范围或者变更隶属关系审批管理办法》】 2005年6月16日，周生贤局长签署国家林业局第16号令，公布《国家级森林公园设立、撤销、合并、改变经营范围或者变更隶属关系审批管理办法》。该管理办法共24条，分别对国家级森林公园设立、撤销、合并、改变经营范围或者变更隶属关系审批应具备的条件、申请材料、审查程序、行政许可决定期限，以及相关违规行为的处罚作出了明确规定。该管理办法自2005年7月20日起施行，标志着我国森林公园工作在依法行政、规范管理方面取得重大进展。

（许　晶）

【全国森林公园工作座谈会】 2005年6月29～30日南宁市召开。会议在听取了各省（区、市）森林公园工作情况汇报的基础上，全面总结了2003～2004年全国森林公园建设与森林旅游产业快速发展的良好态势，主要表现在：①森林公园建设稳步增长。新建森林公园295处，新增规划面积191.23万公顷。其中新增国家级森林公园126处，国家森林公园总数达565处，森林风景资源保护面积达到1058.67万公顷。②森林公园旅游人数和效益快速增长。2003～2004年全国森林公园共接待游客2.63亿人次，以门票为主的直接旅游收入达111.1亿元，虽然受2003年“非典”的影响，但仍保持较高的双增长，年均增长达到16%和49%。③社会投资森林公园建设力度加大。2003年全国森林公园建设投资达54.82亿元，比2002年增长20%；2004年建设投资则达到73.73亿元，增长近35%。这在很大程度上促进了森林风景资源保护的力度，提高了资源利用的效率。同时，有效促进了森林公园各项建设上档次、上水平。④国家花木专类园建设试点成功。国家林业局先后批建了洛阳国家牡丹园、鄢陵国家花木博览园和邳州国家级银杏博览园，总经营面积3279.67公顷。2004年，3处国家花木专类园共接待游客130万人次，综合产值达1654.7万元，取得了科研、生产建设与经济效益的双丰收，同时也拓展了森林公园建设管理体系的内涵。

（俞　晖）

【第三期国家森林公园主任培训班】 2005年10月25～30日，由国家林业局森林公园管理办公室主办、浙江林学院旅游学院承办的第三期国家森林公园主任培训班在浙江林学院举行。来自25个省（区、市）和内蒙古、龙江森工集团的近200名学员参加了培训。本次培训班的重点授课内容是：当前我国森林公园事业发展形势、任务与对策、森林公园规划编制的关键问题、旅游业与全球环境和可持续发展的关系、旅游安全事故预防和应急处理、国内外森林旅游动态与产品创新、国外国家公园管理与生态旅游发展。

（陈鑫峰）

森林资源保护与林政管理

森林资源保护

林业有害生物防治与管理

【综　述】　2005年全国主要林业有害生物发生面积961万公顷，与2004年基本持平，为偏重发生年份。其中：森林害虫726万公顷，病害101万公顷，鼠(兔)134万公顷。此外，天然次生林、灌木林和荒漠植被病虫发生146万公顷，森林有害植物56万公顷。

森林害虫

常发性害虫总体发生下降，中度发生　松毛虫、蜀柏毒蛾等历史性常发食叶害虫发生面积大幅下降；但杨树舟蛾、春尺蠖等杨树食叶害虫在局部地区连年成灾。松毛虫发生94万公顷，同比下降25%，湖北、湖南、云南、辽宁等省发生面积在7万公顷以上(湖北发生8.3万公顷，是近10年同期最低值)；蜀柏毒蛾发生32万公顷，同比下降20%，四川有柏木分布的16个市（州）普遍发生，发生31万公顷，较2004年下降9%，危害程度也有所降低；杨树食叶害虫发生87万公顷，同比基本持平，在河南、河北、安徽、湖北、山东、新疆等地发生危害较重。

突发性病虫种类增多，一些过去次要的病虫上升为主要病虫　天幕毛虫、稠李巢蛾、焦艺夜蛾等食叶害虫在局部地区突发成灾；松小卷蛾、中华松梢蚧等次要害虫在一些地区连年成灾，已上升为主要害虫。其中，天幕毛虫发生7.9万公顷，主要发生在内蒙古、河北、吉林、辽宁；稠李巢蛾发生2.2万公顷，分布在大兴安岭林区，为大发生年，各林业局均有不同程度发生；焦艺夜蛾发生1.3万公顷，在浙江局部地区突发成灾，马尾松被害严重；松小卷蛾发生7.3万公顷，危害逐年上升；中华松梢蚧发生2.9万公顷，发生危害高于2004年。

蛀干类害虫危害日趋严重　光肩星天牛、青杨天牛等杨树天牛在三北地区危害猖獗；萧氏松茎象已扩散到南方7省（区）；松纵坑切梢小蠹、云南木蠹象等蛀干害虫危害趋于严重。其中，杨树蛀干害虫发生71万公顷，同比上升16%，青海、甘肃、安徽、山东、辽宁、黑龙江发生严重；萧氏松茎象发生27万公顷，同比上升7%，发生在江西、福建、贵州、广东、广西、湖南、湖北7个省（区）的100多个市(县)；松纵坑切梢小蠹发生23万公顷，同比增加1万公顷；云南木蠹象发生5.8万公顷，同比下降32%。

外来有害生物入侵和危害严重　入侵我国并造成危害的林业外来有害生物种类已达20多种，年均发生面积达133万公顷，已对我国国土生态安全构成严重威胁。其中，椰心叶甲发生1.5万公顷，同比上升132%，海南局部区域出现恶化性复发，疫情正在面临着大暴发性反弹的威胁；松突圆蚧发生70万公顷，同比增加3万公顷，福建闽东南沿海普遍发生，向外扩散蔓延之势明显，危害程度加剧，广西自2001年从广东传入后，迅速蔓延；湿地松粉蚧发生25万公顷，同比下降7%；日本松干蚧发生6.9万公顷，同比减少0.4万公顷；红脂大小蠹发生13.7万公顷，同比下降15%，北京门头沟首次发现红脂大小蠹危害；美国白蛾发生13.4万公顷，同比上升15%，发生范围仍控制在辽、冀、津、京、鲁、陕6个省(市)，河北发生3万公顷，同比上升122%，唐山和秦皇岛两市原灭疫的乡（镇）都有强度的复发，廊坊市发生疫点、危害程度都较2004年严重，天津发生1.9万公顷，局部地区第三代美国白蛾出现严重反弹，辽宁发生7.7万公顷，抚顺、铁岭为新发生区，当地二代美国白蛾危害程度明显加重，北京市大兴等9个区（县）监测到美国白蛾；刺桐姬小蜂在国内首次发生，主要分布在广东深圳等8市14个县，被害刺桐树1.5万株，面积18公顷；红火蚁传入我国后，迅速扩散到广东、湖南、广西3个省（区）的28个县（区），威胁当地人民群众的人身安全。

森林病害　①杨树病害发生23.5万公顷，同比持平。山东发生14万公顷，增加25%，发生和危害严重，主要为杨树溃疡病、杨树黑斑病。②松材线虫病发生面积7.7万公顷，同比减少0.2万公顷，重点治理区疫情整体得到了控制，老疫区发生面积和病死松树数量呈现“双下降”，但江西、安徽等7省新增疫点22个。对我国南方3333.3万公顷松林和黄山等重要风景名胜区的生态安全构成严重威胁。

有害动物　森林鼠（兔）危害严重，发生面积134万公顷，同比持平。主要发生在陕西、宁夏、青海、甘肃等地，对退耕还林、荒山造林等重点林业生态建设工程构成严重威胁。

有害植物　发生面积达85万公顷，同比增长80%以上，扩散蔓延迅速。飞机草在桂西南地区，紫茎泽兰在贵州、广西等地，薇甘菊、金钟藤在广东、海南地区迅速扩展；加拿大一枝黄花在上海、江苏、江西、浙江等17个省（区、市），光梗蒺藜草在内蒙古通辽市都有发现。这些植物竞争力非常强，对本地植被影响非常大，3～4年间即可把原生植被压制住，破坏本地的自然植被，破坏生物多样性。

经济林病虫　发生面积67万公顷，同比持平。随着我国经济林的快速发展，经济林的有害生物种类逐年增多，在局部地区正由次要有害生物逐步转为主要有害生物，发生面积进一步增大，山东、河南、江西等地发生较重。另外江西黄脊竹蝗发生3万公顷，毛竹产区全面暴发危害，主要分布在抚州等市；一字竹笋象在宜春等市突然发生，发生0.8万公顷，导致了大量死竹和烂竹。

天然次生林、灌木林和荒漠植被病虫　发生面积达90.5万公顷，同比增长 %。沙棘木蠹蛾发生16.1万公顷，严重发生于内蒙古的达旗、东胜、准旗，辽宁的朝阳和宁夏，常造成成片沙棘死亡；栗山天牛发生13.8万公顷，在东北长白山西部柞树林大发生，辽宁、吉林发生区域进一步扩大，危害进一步加重；黑翅散白蚁发生7.5万公顷，在山西运城、晋城的9个县大面积发生，受白蚁危害部分林地出现了成片死树现象；荒漠林鼠害在新疆和内蒙古昌吉等地发生28.4万公顷；春尺蠖在新疆和田等地发生24.7万公顷。

2005年全国林业有害生物防控按"预防为主，科学防控，依法治理，促进健康"的方针，全面控制主要林业有害生物的发生危害。全国林业有害生物防治面积达641万公顷，防治率66.7%，使成灾率控制在0.05%以下，取得了明显成效。采取的主要措施有：①全面推进林业有害生物防治工作改革与发展。②加快防治检疫法规体系建设，坚持依法管理。③加强监测预报管理，预报准确率不断提高。④加强突发林业有害生物灾害应急管理。⑤突出重点，全面加强林业有害生物防治。　（柴守权　王新花）

【沙棘木蠹蛾防治工作座谈会】　2005年7月4～5日在辽宁省建平县召开。参加这次会议的有水利部沙棘中心、中科院动物所、北京林业大学及局科技司、三北局以及我国有沙棘分布的14个省（区）的森防站和19个沙棘重点分布县的森防站站长。与会人员参观了辽宁省建平县沙棘木蠹蛾发生和采取各种措施开展治理的现场；分别听取了中科院动物所、北京林业大学关于沙棘木蠹蛾引诱剂研究、沙棘木蠹蛾防治科研项目研究进展情况；听取了建平县和朝阳市沙棘木蠹蛾发生危害及防治经验的汇报。　（王晓华）

【全国林业植物检疫暨重大外来林业有害生物灾害应急预案演练现场会】　2005年11月9～10日在辽宁省大连市召开。农业部、国家质检总局和国家林业局办公室、资源司、政法司等有关单位派员参加了会议；全国各省（区、市）森防检疫机构主要负责人参加了会议。这次会议是1983年我国颁布《植物检疫条例》以来召开的首次针对植物检疫工作的专题会议，也是国家林业局发布《重大外来林业有害生物灾害应急预案》和《突发林业有害生物事件处置办法》后举办的首次实战演练会议。会议回顾总结了近年来检疫工作成绩，分析了当前形势，研究部署了"十一五"检疫工作任务；参观并听取了大连市依法检疫的现场示范操作和经验介绍；听取了中国林科院专家关于检疫技术和发展展望的报告。通过演练，提高了应急救灾的实战能力，使各地进一步明确如果发生突发事件，启动应急救灾工作的做法和程序。由于该次演练事先没有告知与会代表，演练过程形象逼真、气氛紧张、有条不紊，为与会代表提供了启动应急预案的范例。　（王晓华）

【《林业有害生物警示通报》启用】　为深入贯彻落实《重大外来林业有害生物灾害应急预案》和全国林业有害生物防治工作会议精神，真正实现林业有害生物防治工作从重除治到重预防的战略转移，进一步加强危险性有害生物可能发生地的警示和预防工作，全面提升应对重大生物灾害事件的能力，国家林业局正式启用《林业有害生物警示通报》，对在国内局部地区发生、且危害严重的林业有害生物及时作出警示。国家林业局同时要求各地接到《警示通报》后，发生区及重点警示区林业主管部门要立即根据本地情况开展好以下5项工作：①制定防治方案和防治预案。发生区要积极制定好防治方案，其中包括发生区的根除方法、步骤及未发生区的预防工作；重点警示区域要积极制定好防治预案，在思想上、技术上、物资上做好应急准备。②开展专项普查工作。根据警示通报内容，组织开展专项普查工作，一旦发现相关危害情况，应立即报告并采取紧急控制措施。③加强监测工作。各地要根据《警示通报》描述的危害状况，开展对寄主植物的监测。灾害发生区和周边地区都要加强有害生物变化情况监测，为采取切实有效的防治措施提供准确的依据。④加强检验检疫。各地要进一步加强对来自危害性有害生物发生区的植物种苗、繁殖材料、栽培介质及寄主植物产品等的查验和检疫检验，合格后方可同意进入流通领域。⑤加强信息交

流。各地要根据警示通报的内容，加强比邻地区及有关部门的联系，及时沟通和交流危害、防治信息。截至2005年已就山西运城市白蚁危害、光梗蒺藜草入侵内蒙古通辽市、欧洲在我国进口货物中发现二突异翅长蠹等情况印发了3期警示通报。（王晓华）

【松材线虫病防治监测技术培训班】 2005年9月8～12日。来自全国各省（区、市）、森工集团以及部分地、县森防检疫站的138名业务人员参加了培训。培训期间，学员们系统学习了线虫学基础知识、松材线虫的疫情普查方法、取样分离和识别鉴定技术，了解了松材线虫病在国内外的发生及除治的最新动态，考察了松材线虫病的发生区，并在此基础上深入学习了国际植物保护公约。通过培训，为全国各地培养了一批能够熟练掌握松材线虫病防治和监测技术的骨干力量，提高了全国森防检疫队伍的整体水平。同时也为全面加强松材线虫病疫情普查和预防除治工作，有效遏制松材线虫病的扩散和蔓延，提供了技术保障。（覃庆锋）

自然保护区建设

【林业系统自然保护区建设】 2005年，全国林业系统新建各种类型的自然保护区25处，使全国林业系统自然保护区达1699处，总面积11 988.54万公顷，占全国国土面积的12.5%。经国务院批准，内蒙古哈腾套海等11处林业系统自然保护区晋升为国家级自然保护区，使林业系统国家级自然保护区达177处，面积7191.4万公顷，有效地保护了我国大部分森林、湿地、荒漠等生态系统、珍稀野生动植物物种及其栖息地，对促进林业生态建设，维护国家国土生态安全和生物多样性保护作出了巨大贡献。（武立磊）

【《全国林业自然保护区发展规划》编制】 为了进一步推动林业生态建设发展，做到有规划、有目标、有重点确定今后的自然保护区建设管理，指导全国自然保护区的建设发展，自2005年3月开始，国家林业局开展了《全国自然保护区发展规划》的编制工作，在大量的实地调研和论证讨论的基础上，形成了《全国林业自然保护区发展规划（征求意见稿）》，并于8月份在四川省召开由各省（区、市）林业厅（局）分管保护工作的厅（局）长和保护处长参加的座谈会上，广泛听取各地对《规划（征求意见稿）》的意见和建议，又组织专家进行论证，确保了规划的科学性、前瞻性和可操作性，最终形成了《规划（送审稿）》。（武立磊）

【自然保护区基础设施建设】 2005年国家林业局批复了北京松山等32处国家级自然保护区的38处自然保护区基础设施建设项目可行性研究报告，批复的中央投资额度为18 301万元，并已安排20 000万元用于38处国家级保护区的保护站（点）、管理局址、科研以及宣教设施基础设施进行投资建设，使国家级自然保护区的基础设施得到进一步改善，管护能力得到进一步提高。（安立丹）

【新晋升的国家级自然保护区】 2005年，国务院办公厅发布了内蒙古哈腾套海等17处新建国家级自然保护区名单，其中有11处自然保护区为国家林业局上报并批复的新建国家级保护区，分别是：内蒙古哈腾套海、吉林珲春东北虎、上海崇明东滩、福建戴云山、河南连康山、湖南黄桑、云南药山、西藏类乌齐、陕西汉中朱鹮、甘肃太统—崆峒山、甘肃连城等，目前，林业系统建设管理的国家级自然保护区数量已达177处。（安立丹）

【林业系统申报晋升国家级自然保护区初审】 国家级自然保护区晋升、建设和管理是国家林业局一项重点工作。2005年5月，国家林业局召开林业系统申报晋升国家级自然保护区评审会，对各省（区、市）提出的拟晋升国家级自然保护区进行了评审，经过组织专家认真评议，河北南大港湿地、河北木兰围场、内蒙古阿尔山、内蒙古阿鲁、吉林黄泥河、黑龙江翠北湿地、黑龙江胜山、黑龙江东方红湿地、黑龙江绰纳河、黑龙江双河、福建君子峰、江西官山、江西南矶山、河南丹江湿地、湖南阳明山、广西崇左白头叶猴、重庆大风堡、四川海子山、西藏贡布、陕西天华山、陕西青木川、青海柴达木梭梭林等22处省级自然保护区基本符合建立国家级自然保护区条件，西藏珠穆朗玛峰国家级自然保护区符合调整面积要求，已上报国务院提请进行批复。（安立丹）

【执行中美自然保护议定书】 为执行国家林业局与美国内政部签署的《中美自然保护协定书》（附件九），应美国内政部渔和野生动物管理局的邀请，由国家林业局组织的自然保护区考察团一行8人，于2005年10月25日至11月11日，对美国的自然保护区工作进行了深入考察，进一步了解了美国按实体资源类型设立自然保护区，采取相应管护措施的实际意义；根据保护对象特性进行集约化、科学化管理的具体措施；以自然保护区群为管理单元，以节约管理成本，提高管理效率的理念，对指导我国自然保护区的建设管理工作很有帮助。（李　忠）

【国家级自然保护区总体规划及生态旅游规划批复】 2005年，国家林业局组织专家审核批复了湖北神农架等8处国家级自然保护区的总体规划，从而使已批复总体规划的林业系统国家级自然保护区的总数达到141处，占所有林业系统国家级自然保护区总数的80%；此外，还组织专家对浙江天目山等6处国家级自然保护的生态旅游规划进行了评审论证并得到国家林业局批复。（武立磊）

【向全国人大提交自然保护区法建议稿】 按照全国人大环资委的要求，国家林业局组织中科院、北京林业大学等科研教学单位的专家以及林业工作者和自然保护区管理人员，在总结我国自然保护区发展经验、教训的基础上，针对自然保护区建设管理和发展中亟须解决的自然保护区性质地位、设立条件和审批程序、管理体制、分类分区管理制度、土地权属、资金投入、资源利用、社区共管等问题，进行了详细的分析和研究，于2005年7月向全国人大提交了国家林业局组织起草的《中华人民共和国自然保护区法（草案建议稿）》和近30万字的论证材料，为全国人大环资委起草《中华人民共和国自然保护区法》奠定了基础。（王隆富）

【自然保护区建设管理培训】 为加强自然保护区领导干部的能力建设，提高管理水平，在以往培训取得成功经验的基础上，2005年国家林业局举办了第八期国家级自然保护区领导干部培训班，培训了来自54处国家级自然保护区的59名领导干部。至此，8期共计培训人员380余人。

根据中日生态合作培训项目计划，2005年还举办了1期由各省林业厅保护处（站）领导参加的野生动植物保护及自然保护区建设管理技术培训班。此外，还举办了3期自然保护区生态旅游可持续发展高级研讨班，对近百名保护区工作人员进行了培训。（郭红燕）

【全国野生动物疫源疫病监测体系建设启动】 为全面加强我国野生动物疫源疫病监测工作，在系统分析我国野生动物疫源疫病应急管理工作现状的基础上，借鉴国际先进经验，本着"第一时间发现、第一现场处置"和"立足当前、谋划长远"的要求，从防疫于源头出发，国家林业局于2005年3月率先启动了我国野生动物疫源疫病监测体系建设，并纳入全国动物防疫体系建设总体规划。

通过资源整合和功能合并，充分利用林业系统内野生动物保护站、林业有害生物防治站、鸟类环志站、自然保护区等现有机构，成立了国家林业局野生动物疫源疫病监测总站，并根据候鸟等野生动物在我国的分布情况，在候鸟等野生动物重点聚集分布区域，建立了第一批150处国家级、402处省级和450多处地、县级野生动物疫源疫病监测站，共布设监测点和巡查路线近万处（条）。未设立监测站的区域，根据《重大动物疫情应急条例》全面开展监测的要求，将监测任务和责任逐级分解到基层林业部门，迅速在我国建立了野生动物疫源疫病监测体系骨架网络。

为加强各级监测站点监测能力建设，各级林业部门克服困难，创造条件，为各监测站点配备了必要的监测、消毒、防护等设施设备，通过自身调剂、增加原有岗位职责等方式，迅速组建了一支野生动物疫源疫病监测队伍，并通过积极开展监测人员业务培训。截至2005年底，全国各级监测站点专职监测人员已达8000余人，兼职监测员3万余人，初步组建了一支技术精湛、专兼结合、相对稳定的监测队伍，形成了全系统参与、群防群控的工作格局。至此，一个以国家和省级站点为骨干，地、县级站点为补充，人员较为完备的野生动物疫源疫病监测防控体系在我国初步建成，并在当前我国高致病性禽流感监测防控工作中发挥出越来越重要的作用。（阮向东）

【北京野生动物保护与活体野生动物航空运输安全国际研讨会】 为研讨分析活体野生动物航空运输技术标准、规范管理措施，充分总结、分析国际先进航空运输技术和管理经验，从而进一步规范活体野生动物航空运输行为，保护野生动物资源，保障航空运输和公共卫生安全，经国家林业局批准，国家林业局保护司和国际航空运输协会（IATA）合作，于2005年11月15～17日在北京召开2005年野生动物保护与活体野生动物航空运输安全国际研讨会。来自加拿大、埃及、法国、德国、泰国、新加坡、阿拉伯联合酋长国、英国、美国、中国等国的国际组织代表、航空公司代表、政府官员、专家，以及中国政府部门、研究机构、社会团体、野生动物养殖企业的代表共70余人出席了会议。会议期间，国家林业局保护司与IATA签署了《国家林业局保护司与国际航空运输协会会谈纪要》，为推进双方合作奠定了基础。经过2天的研讨，研讨会完成各项议题，发表了《关于野生动物保护与活体动物运输安全的北京声明》。（阮向东）

【《引进陆生野生动物外来物种种类及数量审批管理办法》颁布】 为加强陆生野生动物外来物种管理，防止外来物种入侵，保护生物多样性，维护国土生态安全，根据《行政许可法》、《国务院对确需保留的行政审批项目设定行政许可的决定》（国务院令第412号）和国家有关法律法规，2005年国家林业局制

定颁布了《引进陆生野生动物外来物种种类及数量审批管理办法》。该办法对陆生野生动物外来物种进行了明确的界定；对需要从境外引进陆生野生动物外来物种的申请条件、材料要求、许可程序等进行了严格规范；对安全防逃逸管理、放生管理、科学论证评估机制、外来物种入侵的监测预警等进行了明确规定。（阮向东）

【《毛皮用野生动物（兽类）驯养繁育利用技术暂行规定》发布】 为规范毛皮用野生动物驯养繁育利用行为，进一步改善养殖条件，保证野生动物的福利，提高生产水平和产品质量，促进产业持续健康发展，2005年6月21日，国家林业局发布了《毛皮用野生动物（兽类）驯养繁育利用技术暂行规定》。该规定是根据中国养殖业发展的需要，由国家林业局委托中国皮革协会毛皮专业委员会牵头，组织全国有关行业专家、学者，在广泛参阅国内外毛皮动物养殖、育种等相关资料和借鉴国内外有关动物福利方面的法律、法规的基础上编制的。该规定明确规范了以生产裘皮为目的，人工养殖的兽类野生动物（包括水貂、银狐、蓝狐、赤狐、北极狐、貉、獾等野生动物及其杂交后代）的饲养场场区建设、饲养管理、卫生防疫、取皮加工、环境保护、档案和信息管理、动物福利等技术管理标准，适用于全国现有的以及所有扩建、改建和新建的毛皮动物养殖、取皮加工和技术服务等单位。（张德辉）

野生动植物保护

【大熊猫保护工作】

大熊猫野外保护工作 截至2005年底，全国以保护大熊猫为主的自然保护区有56处，其中：四川省37处，陕西省14处，甘肃省5处，比第三次调查结束时增加16处。保护区总面积289.7万公顷，其中包含了栖息地面积125.4万公顷，有1130多只大熊猫位于自然保护区内，使54%以上的栖息地和71%以上的大熊猫得到自然保护区的保护。全年野外救护熊猫14只，救治后放回野外4只，收容5只，死亡5只，使野外救护工作进一步常态和规范化。2005年8月5日，国家林业局印发《关于印发大熊猫栖息地主食竹大面积开花紧急预案的通知》。

大熊猫圈养种群工作 2005年全国繁育大熊猫25只，成活21只，其中卧龙18只（含华盛顿动物园、圣地亚哥动物园各1只）、成都2只（含和歌山1只）、楼观台1只，是历年来我国大熊猫繁育个体最多的一年。截至2005年底，全国圈养大熊猫种群数量为183只，其中：卧龙98只、成都46只；圈养大熊猫中有138只为圈养繁育个体，占种群总数的75.4%。圈养种群已经迈入自我维持阶段，具备向野外提供补充的能力。

大熊猫野化培训和放归无线电定位跟踪研究 大熊猫“祥祥”野化培训取得显著进展，“祥祥”获得野外生存能力，总结出野化培训方法，基本达到阶段性目标。2005年8月8日，对从四川省都江堰市救护的大熊猫“盛林1号”进行了放归。这是首次对救护大熊猫进行放归无线电定位跟踪研究，至2005年底“盛林1号”放归试验进展顺利。这两只大熊猫的研究标志着我国从重视圈养大熊猫种群发展，转入重视圈养种群对野外种群的补充。

大熊猫保护投资 2005年共完成大熊猫保护项目投资3839.94万元，大熊猫栖息地保护建设工程得到进一步推进。

赠台大熊猫工作 2005年6月10日，国家林业局指定中国野生动物保护协会为实施单位，宣布赠台大熊猫由中国保护大熊猫研究中心（卧龙国家级自然保护区）提供，正式启动赠台大熊猫工作。

8月9日，国家林业局赵学敏副局长在卧龙国家级自然保护区宣布赠送台湾同胞大熊猫优选工作专家组成立，8月19日国家林业局公布了赠台大熊猫优选的5条标准，10月13日公布入围的11只大熊猫。

8月27日，由中国野生动物保护协会主办在卧龙国家级自然保护区召开了赠送台湾同胞大熊猫座谈会。与会代表有来自台湾的专家代表18人，来自国务院台湾事务办公室、国家林业局以及四川、陕西、甘肃3个大熊猫产区省的代表和科学家34人。会议就大熊猫的饲养技术、台湾大熊猫场馆的准备和双方互派技术人员等进行了研讨。（贺　超）

【华南虎野化放归国际研讨会】 华南虎是我国特有的虎亚种，被列为国家一级保护野生动物。由于历史等原因，该物种正面临野外个体极为稀少，栖息地丧失，圈养种群退化的严峻局面。为加强对这一珍贵、濒危物种的保护和拯救，推进华南虎野化放归项目的顺利实施，2005年12月17～18日国家林业局保护司在北京组织召开了华南虎野化放归国际研讨会，来自美国、南非及中国等老虎保护专家、华南虎野化放归试验区候选地等各方代表共50余人参加了会议。会上，中外专家高度赞赏并支持中国为拯救和恢复华南虎种群所作的努力，认识到华南虎正处于濒临灭绝的状态，拯救华南虎不仅是中国政府的责任，同时也是国际社会共同的愿望。会议一致通过了《关于推进华南虎野化放归的北京倡议》，进一步确认了江西省资溪县和湖南省浏阳市作为华南虎放归试验区候选地点，经过栖息地恢复和改造后可以基本满足放归华南虎的生态要求。与会者倡议：支持中国拯救和恢复华南虎野外种群所作的努力；中国政府及相关部门、国际野生动物保护组织、民间团体和个人积极参与华南虎野化放归项目，并依据各自优势在技术和资金方面予以支持，为最终建立稳定的华南虎野外种群共同努力；加强各虎亚种保护信息交流，拓宽宣传途径，以便使公众和国际社会及时了解项目进展和取得的成效。（斯 萍）

【中韩两国签订东北虎合作繁殖协议】 2005年11月16日，中国国家主席胡锦涛和韩国总统卢武铉出席了中国国家林业局局长周生贤与韩国山林厅厅长曹连焕在韩国首都首尔青瓦台总统府签署《中华人民共和国国家林业局和大韩民国山林厅关于东北虎繁殖合作的协议》的签字仪式。根据协议，中方向韩方提供一对东北虎，双方共同开展东北虎的繁殖合作研究项目，并分别指定由中国黑龙江省东北虎林园和韩国国立树木园负责协议的具体工作。中方提供给韩方的东北虎已于协议签字当天抵达了韩国首都首尔。（阮向东）

【植物保护工作】 2005年，国家林业局制定下发了《关于进一步加强红豆杉资源管理的紧急通知》，要求加强红豆杉原生地保护，积极扶持红豆杉人工培植基地建设，达到促进资源培植的目标，严厉打击乱采滥伐红豆杉的犯罪行为，从根本上遏制非法活动的势头，进一步协调处理好红豆杉资源保护、培植和开发利用的关系，同时，通过切实贯彻《行政许可法》，科学实施行政许可，进一步规范红豆杉采集与紫杉醇等红豆杉产品出口的管理。截至2005年底，全国共建有红豆杉人工培植基地（场）148家，培植总面积达1.03万公顷。（王春玲）

湿地保护

【综 述】

1. 继续贯彻落实国办通知和全国湿地会精神，推动了各地湿地保护工作的发展。2005年，继续把贯彻落实国办通知作为重点工作，推动地方进一步重视和做好湿地保护管理的各项工作。各地对湿地的重视程度普遍提高，如2004年湖北省委、省政府根据国办通知精神，提出了洪湖湿地保护的指导思想，实现了以资源开发利用为主到以湿地生态系统保护为主的重大转变，拆除围网7000多公顷，洪湖湿地生态状况得到了根本好转；宁夏回族自治区党委、政府带头重视湿地，仅银川就新增湿地约2000公顷等。目前，全国有20多个省（区、市）专门发出了加强湿地保护管理工作的通知，部分省召开了全省湿地保护管理工作会议。可以说，湿地保护正在逐步得到各级政府、有关部门和全社会的重视和关注。

2. 湿地立法取得了较大进展。在完成中国湿地保护立法研究、国内湿地管理现状调查、国家湿地政策评估、中外有关湿地法律法规比较分析和部分国家湿地保护政策法规资料收集等工作的基础上，进一步明确了湿地的概念，界定了湿地立法调整的对象、适用的范围为自然湿地以及国家重点保护的野生动物栖息、野生植物天然集中分布的湿地。经过努力，国务院法制办已将湿地保护条例列入了2005年的立法计划中，国土资源部等部门表示争取将湿地土地类型纳入《全国土地利用总体规划纲要》，重要湿地将有望近期纳入各级土地利用规划。

3. 国务院批准了《全国湿地保护工程实施规划》，并即将编制完成红树林和滨海湿地保护工程规划。根据国务院指示，在《全国湿地保护工程规划(2002～2030年)》的基础上，编制近期湿地保护的实施规划，进一步明确建设重点、目标任务和具体措施。经与有关部门反复磋商和讨论，编制完成了《全国湿地保护工程实施规划（2005～2010年)》。国务院于2005年8月份批准了《全国湿地保护工程实施规划》，这标志着国家将以工程措施推进全国湿地保护工作，解决了长期以来我国湿地保护既无专项规划、又无专门投入的问题。根据国务院领导指示，完成了沿海防护林体系建设工程规划中滨海湿地、红树林两个子规划的编制工作。

4. 争取中央编办批准成立国家林业局湿地保护管理中心。国家林业局高度重视湿地保护的组织机构建设，在局党组决定向中央编办申请湿地机构后，局领导多次与中央编办领导就设立机构问题进行汇报，与中央编办就机构设置和职能范围等进行了反复沟通协商。中央编办于2005年8月份批准在国家林业局成立湿地保护管理中心（中华人民共和国国际湿地公约履约办公室)，解决了国家层次上湿地保护的组织机构问题。机构职能为：组织起草湿地保护的法律法规，研究拟订湿地保护的有关技术标准和规范，拟订全国性、区域性湿地保护规划，并组织实施；组织

全国湿地资源调查、动态监测和统计；组织实施建立湿地保护小区、湿地公园等保护管理工作；对外代表中华人民共和国开展国际湿地公约的履约工作；开展有关湿地保护的国际合作工作。成立湿地保护管理中心为建立地方湿地保护管理机构打下了良好的基础，为下一步开展湿地工作提供了组织保障。

5. 认真履行湿地公约，积极开展国际合作。一是组织参加湿地公约第九届缔约方大会，圆满地完成了参会的各项任务。会上中国以全票当选了公约常委会成员国，我国科学家蔡述明教授获得湿地科学奖。会议期间，代表团积极与有关国际组织接触，向他们通报了中国湿地保护现状和开展国际合作的有关意向。大会前，与湿地公约秘书处合作，于2005年5月在北京成功举办了湿地公约亚洲区域会议。亚洲26个湿地公约缔约国的政府代表、部分非缔约国政府代表以及世界自然基金会等10多个非政府组织的100多位代表参加了本次会议。二是加强国际重要湿地申报和管理工作。2005年又有9块湿地被列入国际重要湿地名录，使我国国际重要湿地达到30块，面积达346万公顷。湿地保护管理中心把国际重要湿地的建设列为优先考虑对象和建设重点，对全国29块国际重要湿地（不含香港米埔）都安排了资金进行湿地监测前期准备工作，进一步完善了《国际重要湿地监测规程》，促进了我国国际重要湿地的保护管理工作标准化、国际化。三是继续开展国际合作。2005年，中国湿地生物多样性保护与可持续利用项目重新启动，参与了中国南海生物多样性保护全球环境基金项目，继续与世界自然基金会合作，2005年新增援助资金500多万元用于中国国际重要湿地监测网络系统建设、长江中下游—黄海湿地及冬季水鸟调查、开展中国国际重要湿地可持续发展管理示范项目、长江中下游流域管理规划等项目。原有合作项目，如在湖南、湖北进行的退田还湖、通江湖泊湿地保护项目进展顺利。与世界自然基金会合作开展的以“从高山到大海，湿地在为我们服务”为主题的湿地使者行动，吸引了6个国家参加，已逐步成为国际上著名的宣传湿地的活动。

6. 加强了自然保护区和湿地公园建设工作。截至2005年末，全国已有1715万公顷，近45%的自然湿地纳入了473处保护区得到了较好的保护，2005年新增自然保护区20多处。同时，对不具备条件建立自然保护区的，继续指导各地通过建立湿地公园、保护小区等措施加强湿地保护。2005年，国家林业局发出了做好湿地公园发展建设工作的通知，明确了发展建设湿地公园的重要意义、基本原则、基本条件、申报程序等。目前，各地发展建设湿地公园的积极性普遍很高，江苏、浙江等10多个省已就湿地公园发展建设开展了许多工作，国家林业局开展的杭州西溪国家湿地公园试点取得了很好的效果，为国家湿地公园建设发展提供了模式，为湿地保护探索了一条新的道路。以自然保护区为主体，湿地公园和湿地保护小区等多种保护管理方式并存的抢救性保护管理体系正在逐步形成。

7. 湿地保护宣教工作得到了进一步加强。2005年2月2日“世界湿地日”，组织举办了系列大型宣传活动。在《人民日报》、湿地公约网站等国内外主流媒体和专业湿地网站上发表了30多篇介绍我国湿地及其保护管理情况的文章，宣传了林业在湿地保护上取得的巨大成就，借助举办“世界湿地日”专场宣传活动的机会，邀请了全国人大常委会副委员长张思卿和国家林业局周生贤局长出席会议，并作重要讲话。来自6个国家的湿地使者和9块国际重要湿地的代表参加了会议。根据湿地公约关于“世界湿地日”主题招贴画，结合中国特色，制作了1万张宣传画分发各省（区、市）和基层保护管理单位，公约秘书处认为这是国际宣传地方化的最好样板。

（湿地保护管理中心）

濒危物种进出口管理

【国家濒管办大力开展培训活动】 2005年，国家濒管办主要围绕《行政许可法》实施以后，野生动植物进出口管理所采取的一系列新政策、新措施以及履约的一些新规定，重点放在国家濒管办单独发布或同海关总署等相关部门联合发布的2005年第1~3号公告的学习培训上，国家濒管办及其办事处认真组织开展培训活动。

全面推进各层次学习培训工作，指导各办事处的培训活动。国家濒管办各办事处根据所在地的实际情况，针对不同对象确定不同的培训专题，为省级野生动植物主管部门、贸易经营单位、海关和相关执法部门等多方面、多层次开展了培训活动，国家濒管办也派人到办事处就培训工作给予指导。据统计，2005年，国家濒管办的15个办事处共举办培训班、研讨班48个，培训人员4074人。其中包括海关口岸一线官员、野生动植物进出口管理人员、动植检、公安、林业、工商、进出口企业相关人员等。广州办事处还组织了3次粤港两地交流培训研讨会，对粤港两地有关人员进行了培训。

新版证书系统的培训。为了配合国家濒管办和海关总署联合签发新版物种证明的使用，国家濒管办开发了一套物种证明的软件系统，为顺利启用该套软件系统，2005年6月，国家濒管办举办了物种证明软件系统培训班。国家濒管办18个办事处，近50人参加了此次培训班的学习。

提高野生动物执法能力，加强对外交流和沟通。2005年，国家濒管办先后在云南昆明和四川雅安举办了非法猎杀大象监测项目培训班和敏感物种履约培训研讨班。培训内容主要为濒危野生动植物种国际贸易公约MIKE项目背景、定位技术、大象记录、巡护报告及执法；敏感物种及其部分(皮、骨等)和衍生物(中成药、中药酒)的识别，破坏野生动物资源案件中涉及的敏感物种及其部分和衍生物的价值核定等，研讨敏感物种国际执法动态，涉及敏感物种案件查处情况，强化打击涉及敏感物种违法犯罪活动的具体措施等。培训人员来自西双版纳国家级自然保护区、南滚河国家级自然保护区以及西藏、青海、甘肃、四川、云南等地海关，森林公安局，林业厅（局）保护处（办)，国家濒管办拉萨、成都、云南办事处。国家工商总局，海关总署等部门也派人员参加了研讨班。另外，国家濒管办还组织人员参加了香港龟鳖物种鉴定知识培训班，加强了沟通，提高了业务水平。

加强新设办事处人员的培训工作。2005年，国家濒管办郑州、西安办事处先后挂牌成立，办事处人员逐步到位。除了新设办事处派人来国家濒管办总部业务学习外，总部还派人到上述两办事处给具体工作人员讲授野生动植物进出口管理的有关规定，公约的有关知识，物种证明软件系统的使用等，使新设办事处的工作尽快开展起来。（遇达祎）

【国家濒管办与海关总署联合发布《进出口野生动植物种商品目录》】 为贯彻《行政许可法》要求，根据一年多的实施经验，国家濒管办与海关总署以公告形式重新联合发布新版《进出口野生动植物种商品目录》并于2006年1月1日起施行。

与此前相同，该《目录》是国家濒管办与海关总署根据濒危野生动植物种国际贸易公约、《野生动物保护法》、《对外贸易法》、《海关法》等有关法律法规及《国务院对确需保留的行政审批项目设定行政许可的决定》（国务院令第412号）制定的。该《目录》的重新发布体现了野生动植物进出口监管目录与海关监管使用的商品监管系统的动态结合。

此次重新调整和公布《目录》不仅根据相关物种的管理级别对管理范围作出进一步修订，同时也根据一年来的管理经验和教训，适时与海关总署协商将有关商品编码进行了拆分或合并，以更好地将以物种名录为管理基础的野生动植物进出口管理与以商品为管理基础的《协调贸易制度》HS编码系统融合起来。这是我国自《行政许可法》2004年7月1日实施之后，对《目录》所作的首次调整。（吕晓平）

【新版《非进出口野生动植物种商品目录物种证明》启用】 依据《行政许可法》和《国务院对确需保留的行政审批项目设定行政许可的决定》（国务院令第412号），为有效履行濒危野生动植物种国际贸易公约义务，确保《野生动物保护法》、《森林法》、《野生植物保护条例》等法律法规的有效实施，做到在新的法律法规环境下，规范野生动植物进出口管理工作，2005年6月1日，国家濒管办和海关总署联合发布公告，启用新版《非进出口野生动植物种商品目录物种证明》。

新版《物种证明》发布的同时，原国家濒管办与海关总署的部门之间工作协作性质的旧版《物种证明》及其相关管理规定《关于统一使用〈非进出口野生动植物种商品目录物种证明〉的函》（濒办字［1999］9号）和《关于统一使用〈非进出口野生动植物种商品目录物种证明〉的通知》（濒办字［2001］67号）等均同时废止。（黄新凯）

【将中华鳖从公约附录Ⅲ删除】 为促进野生动植物产业的发展，维护种养殖户及相关公司的合法利益，国家濒管办在广泛听取各方意见之后，决定撤销我国将中华鳖作为濒危野生动植物种国际贸易公约（CITES）附录III物种要求其他CITES缔约国协助管理的决定。

在充分考虑了有关专家的评估意见之后，依照CITES缔约方大会第9.25号决议所规定的程序，国家濒管办向CITES秘书处提交了将中华鳖从CITES附录III物种名录中撤销的请求。CITES秘书处确认后，将中华鳖从CITES附录III物种名录中删除，并据此向CITES各缔约国发出通知。这是我国在进一步落实变被动履约为主动履约，更好地利用公约机制保障资源及促进发展的一项举措，并为今后在资源保护方面提供了可借鉴的经验。（黄新凯）

【野生动植物进出口许可证明核发管理工作会议】 依照国家濒管办与海关总署联合发布的2005年第2号公告和国家濒管办2005年第3号公告，新版《非进出口野生动植物种商品目录物种证明》于2005年6月1日起正式实施。

为确保新版《物种证明》的顺利启用和实施，国家濒管办于5月29日至31日在北京召开了野生动植物进出口许可证明核发管理工作会议，全国19个办事处常务副主任（或副主任）及具体从事证书办理业务的工作人员参加了会议。在研讨有关规定的基础上，认真讨论了具体落实国家有关行政许可的管理

规定及相关操作规范。

随同新版《物种证明》的生效，国家濒管办的许可证明管理系统也正式开始启用。全国19个已建办事处都配备了新版许可证明管理系统，并在会议期间对许可证明核发管理的规定及操作指南进行了现场培训，统一了操作和管理规章制度，为在短期内在全国范围内应用和实施打下坚实基础。同时，国家濒管办还重新调整了相关物种的管理级别及审批规定，按“合理设置审批程序，提高行政许可效率”的原则，下放了部分物种的进出口审批权限。（黄新凯）

【我国野生动植物进出口贸易实现历史性突破】 2005年，我国野生动植物进出口贸易实现了新的跨越。据统计，2005年，野生动植物进出口贸易额高达1411亿元，比2004年增长了70%，其中：野生动物进出口贸易额为89亿元，野生植物进出口贸易额为1322亿元。近年来，我国在加强野生动植物保护的同时，积极实施以利用野外资源为主向利用人工培育资源的战略性转变，大力发展野生动植物人工驯养繁殖和培植的产业，千方百计地扩大出口量，不断满足国内和国际市场的需求，提高我国的经济地位。同时，通过产业的发展，进一步促进我国野生动植物保护事业的发展，促进野生动植物资源的可持续利用。

（周秀清）

【濒危野生动植物种国际贸易公约常委会第五十三次会议】 中国作为濒危野生动植物种国际贸易公约（CITES）常委会成员国以及常委会亚洲地区代表，于2005年6月27日至7月2日，以国家濒管办孟宪林副主任为团长，国家濒管办、外交部条法司及香港渔农自然护理署等单位共6人组成中国代表团在瑞士日内瓦参加了CITES常委会第五十三次会议。

本次会议研究了CITES的战略规划、委员会议事规则、经济激励和贸易政策、CITES财务和预算问题、海上引进、出口限额、迁地生产同就地保护的关系、个人和家庭财产、大宗贸易回顾、遵约问题的准则、执法问题、国家立法、CITES附录注释等一系列议题，并讨论了有关象、猎隼、虎、藏羚羊、拉敏木等物种的贸易执法事宜。（史蓉红）

森林防火

【森林防火综述】 2005年，在党中央、国务院的英明决策，各级政府的统一领导，各有关部门的大力支持，广大林业和森林防火干部职工的共同努力下，我国森林防火工作取得较好成绩，有效控制了火灾蔓延，最大限度地减少了火灾损失。据统计，2005年我国共发生森林火灾11 542起，受害森林面积7.4万公顷，因灾伤亡152人，分别比2004年减少14.4%、48.4%和39.7%。

加强森林防火工作领导，抓好责任落实 党中央、国务院历来高度重视森林防火工作，“十五”期间从政策、机制和投入等方面，相继采取一系列重大举措加强森林防火工作。2005年，温家宝总理、回良玉副总理等国务院领导多次作出重要批示，要求切实做好森林防火工作；回良玉副总理春防前夕还深入云南林区视察工作，在重点省（区）森林防火工作座谈会上，对森林防火工作亲自作了安排部署。国家林业局和各级森林防火指挥部、林业主管部门认真贯彻执行国务院部署精神，切实加强森林防火工作领导，通过完善机构、健全机制、签订责任状、召开会议、下发文件、开展火灾隐患大排查等，逐级落实责任，层层分解任务，全面加强措施，确保了森林防火工作有序开展。北京市充实完善森林防火指挥部成员单位，河北省在春防关键时刻开展“决战五十天，防火保安全”活动，云南、安徽省不断强化目标管理责任状，福建省组织开展各级政府森林防火责任制检查考核，黑龙江省、四川省加大对火灾责任人员及肇事者的处理等，推动了森林防火行政领导负责制和有关责任有效落实。

加大宣传力度，提高全民防火意识 国家林业局和各地组织开展了形式多样、内容丰富的森林防火宣传活动，这些活动有声势、有影响、有实效，营造了森林防火良好氛围。国家林业局防火办和《中国绿色时报》联合举办的全国森林防火知识竞赛，得到社会各界积极响应和热情参与，31个省（区、市）20多万人参加答题，达到了普及防火知识、宣传防火法规、提高防火意识的预期目的。吉林省组织实施“十户联防公约”宣传教育，云南省和安徽省分别组织开展森林防火“五深入”和“森林护我家、防火靠大家”的主题宣传活动，河北省开通森林火险等级预报手机短信息服务和12121电话答询服务，江西省组织森林防火宣传图片展以及森林防火宣传记者行活动等，丰富了森林防火宣传形式，进一步提高了全民防火意识。

完善应急预案，强化应急机制建设 根据国务院加强应急工作的要求，国家林业局制定了《国家处置重、特大森林火灾应急预案》，并经国务院审定纳入专项应急预案体系正式下发执行。各地根据森林防火工作特点和面临的形势，及时对森林火灾应急预案进行了修订和完善，科学调整应急处置程序，加强火灾扑救应急措施，加大后勤保障和物资储备，湖南、云南等省还及时组织开展了应急预案实战演练，增强了预案的科学性和可操作性。福建省建成森林防火指挥预警监测网络系统，提升了全省森林火灾预警监测和指挥扑救能力。吉林省在全省推行预警响应预案和火灾扑救预案双案制应急机制，为森林防火工作迈向科学化、规范化、标准化、现代化奠定了重要基础。

注重以人为本，加快森林消防队伍建设　在森林航空消防方面，中央财政进一步加大投入，地方政府积极配套，总参陆航部和各通用航空公司大力支持，全年共配备消防飞机 144 架，累计飞行 5527 架次 8508 小时，空中发现并参与扑救林火 356 起，有效发挥了森林防火尖兵作用。在武警森林部队建设方面，部队充分发挥双重领导优势，不断加强队伍整训和规范化建设，集中力量建立了 38 个重点分队，队伍正规化建设和灭火作战能力进一步提高，特别是在扑救内蒙古、黑龙江和四川等省（区）几起重特大森林火灾中，部队辗转作战，有效发挥了森林防火突击队作用。在地方森林消防队伍建设方面，各地认真贯彻全国森林消防队伍建设现场会精神，因地制宜大力发展专业力量，年内全国新增专业队伍 3188 支 6.3 万人，增幅分别为 24.7% 和 17.0%，并组织 100 多万人次参加了各类培训。北京、山西、广东、湖南、河南、江西、江苏、浙江、安徽等省（市），在地方驻军和武警部队大力支持下，森林消防队数量和规模、经费保障以及规范化管理等方面都取得长足进步。

加强部门协作，提高综合保障能力　国家林业局、各级林业主管部门积极协调，争取森林防火资金投入和政策支持，不断强化综合保障能力。计划、财政部门大力支持，2005 年全国共投入森林防火建设和专项经费 13 亿元；信息产业部在全国统一了 12119 森林火警报警电话，截至 2005 年底有 13 个省（区）全面开通；气象部门适时发布森林火险天气预报和高火险天气警报，及时提供火场气象信息服务；民航、空军、陆航等部门妥善安排航空护林飞机；铁道部门切实加强铁路沿线防火工作，及时运送扑火人员和物资；财政、税务部门对森林消防专用车辆免征车辆购置附加税；宣传部门和新闻媒体加大对森林防火宣传力度；旅游、公安、农业、邮电、民政、建设、环保、外交等部门密切配合，对森林防火工作出力献策。武警部队官兵、公安民警、人民解放军指战员积极投身防火、灭火，出色完成了森林防火任务。

2005 年，全国森林防火工作在原有基础上取得新成效，积累了新经验，为“十五”收尾和“十一五”开局奠定了良好基础。但是，森林防火工作仍然存在许多薄弱环节，概括起来主要有：全球气候条件不利，森林防火总体形势严峻；森林防火基础设施建设薄弱，防控重特大森林火灾的能力和手段不强；基层森林防火应急救灾体系不健全，扑火指挥协调机制需要进一步完善；安全扑火和紧急避险知识普及不够，装备科技含量不高，消防安全隐患突出；森林航空消防覆盖面不广，机源紧缺，与实际需求差距较大等。这些问题需要引起各级领导高度重视，需要各级林业部门共同努力、各有关部门大力支持并认真研究解决。　（敖孔华）

森林火灾

【全国森林火灾情况】　2005 年森林火灾情况（见 2005 年各地区森林火灾统计表 2005 年各月森林火灾统计表）如下：

火灾次数情况　2005 年，全国共发生森林火灾 11 542 起，比 2004 年减少 14.4%。其中，森林火警 6574 起，同比减少 4.7%；一般火灾 4949 起，同比减少 24.4%；重大火灾 16 起，同比减少 57.9%；特大火灾 3 起，与 2004 年持平。和 2002～2004 年 3 年平均值相比，森林火灾次数上升 9.9%。其中，森林火警和一般火灾分别上升 16.4% 和 2.6%，重大火灾和特大火灾分别下降 36.8% 和 47.1%。

火灾损失情况　2005 年，全国因森林火灾受害森林面积 73 701 公顷，比 2004 年减少 48.4%。因森林火灾伤亡 152 人，同比减少 39.7%。其中：轻伤 40 人，同比减少 50.0%；重伤 20 人，同比减少 51.2%；死亡 92 人，同比减少 29.8%。

火灾扑救情况　2005 年，全国扑救森林火灾共出动 1 666 007 个人工日，比 2004 年减少 7.5%；出动车辆 90 151 台次，同比减少 22.9%；出动飞机 469 架次，同比减少 18.4%；投入扑火救灾经费 13 412 万元，同比增加 0.8%。

火灾原因情况　2005 年，全国因非生产性火源引发森林火灾 5260 起，比 2004 年上升 13.9%；雷击火以外其他自然火引发森林火灾 13 起，同比上升 333.3%；因生产性火源引发森林火灾 4492 起，同比减少 28.1%；故意放火引发森林火灾 88 起，同比减少 23.5%；外国烧入引发森林火灾 4 起，同比减少 50.0%；雷击火引发森林火灾 82 起，同比减少 14.6%；未查明原因森林火灾 1508 起，同比减少 12.7%。2005 年，人为因素仍然是引发森林火灾的重要原因，在已查明火灾原因的森林火灾中，33.4% 因烧荒烧炭引发，30.0% 因上坟烧纸引发，7.0% 因

2005 年各地区森林火灾统计表

地区	森林火灾次数(次)					火场总面积(公顷)	受害森林面积(公顷)			损失林木		人员伤亡				其他损失折款(万元)	出动扑火人工(工日)	出动车辆(台)		出动飞机(架次)	扑火经费(万元)
	合计	森林火警	一般火灾	重大火灾	特大火灾		合计	其中		成林蓄积(立方米)	幼林株数(万株)	计	轻伤	重伤	死亡			计	其中:汽车		
								天然林	人工林												
全国合计	**11 542**	**6574**	**4949**	**16**	**3**	**290 633**	**73 701**	**30 435**	**36 306**	**1 244 403**	**73 706**	**152**	**40**	**20**	**92**	**15028.77**	**1 666 007**	**90 151**	**69 959**	**469**	**13 412.14**
北京	11	10	1	—	—	37	8	—	8	—	1	—	—	—	—	—	1070	77	95	—	2.00
天津	16	16	—	—	—	27	2	—	2	—	—	—	—	—	—	0.40	2090	184	184	—	11.08
河北	251	226	25	—	—	2262	219	—	139	320	8	—	—	—	—	8.56	29 807	2237	2099	—	43.68
山西	63	12	50	1	—	2302	1157	591	567	23 940	58	6	1	—	5	313.71	45 375	2984	2499	—	243.38
内蒙古	173	65	106	1	1	47 229	4300	193	1205	3453	16	—	—	—	—	11.24	75 737	2321	1641	48	2071.13
辽宁	230	186	44	—	—	541	130	8	122	51	246	1	—	—	1	42.72	14 706	1564	1552	—	9.55
吉林	37	32	5	—	—	42	26	—	5	224	1	—	—	—	—	20.07	3100	278	275	4	24.26
黑龙江	103	91	10	—	2	132 248	24 308	24 308	—	—	—	—	—	—	—	—	32 863	2060	1963	348	3462.30
上海	—	—	—	—	—	—	—	—	—	—	—	—	—	—	—	—	—	—	—	—	—
江苏	172	151	21	—	—	882	388	—	389	4572	35	1	—	—	1	243.36	38 101	2317	1876	—	383.19
浙江	718	130	586	2	—	11 672	6945	—	3836	165 795	430	24	4	5	15	—	117 646	7062	5424	—	609.64
安徽	325	185	140	—	—	2686	1169	—	1169	29 513	28	6	6	—	—	211.61	44 151	2519	1782	—	93.59
福建	309	41	266	2	—	5220	3429	61	3368	80 717	455	3	1	—	2	44.23	53 149	4745	1905	—	247.57
江西	355	60	295	—	—	9321	4627	529	4098	84 834	403	7	—	1	6	1275.38	78 187	4922	3105	—	306.42
山东	90	50	40	—	—	539	243	—	243	885	22	6	—	1	5	362.21	100 426	7736	6315	—	795.23
河南	982	841	141	—	—	1694	507	76	431	927	50	—	—	—	—	207.99	33 504	2735	2673	—	104.95
湖北	1055	721	331	3	—	6640	1709	141	1600	20 599	251	20	1	1	18	72.14	66 772	4935	4571	—	154.66
湖南	3204	1589	1612	3	—	18 868	12931	1789	11 294	309 064	63 044	22	3	—	19	3192.92	234 270	10 994	10112	—	586.90
广东	212	61	151	—	—	2780	1419	96	1385	19 549	1217	18	1	8	9	380.51	45 556	4510	2180	—	515.81
广西	688	351	337	—	—	13 091	2467	6	2389	153 218	100	11	8	—	3	195.32	66 377	7014	3708	32	231.96
海南	221	135	86	—	—	1128	542	96	458	3160	44	—	—	—	—	6.00	11 639	1037	549	—	71.63
重庆	117	93	24	—	—	348	136	15	121	3662	11	2	—	—	2	53.22	27 116	1110	910	—	38.62
四川	252	202	46	4	—	6818	2257	2046	211	200 006	948	9	3	4	2	7305.45	328 966	3920	2859	11	2801.81
贵州	1148	765	383	—	—	8848	2045	197	1822	35 942	4939	5	3	—	2	661.86	65 542	4190	3862	—	90.24
云南	665	454	211	—	—	14 664	2353	124	1224	103 190	1391	11	9	—	2	332.40	122 585	7567	6821	26	468.04
西藏	17	15	2	—	—	117	12	12	—	—	—	—	—	—	—	66.24	14 148	404	357	—	11.14
陕西	73	49	24	—	—	434	268	136	132	758	5	—	—	—	—	1.57	10 006	467	467	—	20.26
甘肃	4	4	—	—	—	9	1	—	1	—	—	—	—	—	—	—	350	40	40	—	0.59
青海	7	2	5	—	—	84	82	—	77	—	2	—	—	—	—	11.27	501	6	6	—	—
宁夏	16	10	6	—	—	57	10	—	11	—	—	—	—	—	—	—	665	71	7	—	—
新疆	28	27	1	—	—	42	12	10	1	23	—	—	—	—	—	8.40	1602	145	122	—	12.52

2005 年各月森林火灾统计表

月份	森林火灾次数(次)					火场总面积(公顷)	受害森林面积(公顷)			损失林木		人员伤亡				其他损失折款(万元)	出动扑火人工(工日)	出动车辆(台)		出动飞机(架次)	扑火经费(万元)
	合计	森林火警	一般火灾	重大火灾	特大火灾		合计	其中		成林蓄积(立方米)	幼林株数(万株)	计	轻伤	重伤	死亡			计	其中:汽车		
								天然林	人工林												
全年累计	**11 542**	**6574**	**4949**	**16**	**3**	**290 632.8**	**73 701.3**	**30 435.2**	**36 306.5**	**1 244 403.4**	**73 705.6**	**152**	**40**	**20**	**92**	**150 28.8**	**1 666 007**	**90 151**	**69 959**	**469**	**13 412.1**
1月	317	177	139	1		3539.2	1557.6	26.7	1523.2	29 250.7	1411.5	19	3	6	10	46.6	45 689	3216	1677		141.1
2月	801	530	271			9637.6	2001.3	91.4	1722.8	117 636.1	1091.6	10	8		2	413.5	80 912	5521	4716		267.8
3月	3264	1754	1505	5		28 022.0	12 505.0	1163.3	10 603.5	256 334.5	29 945.0	50	12	6	32	1985.2	312 272	17 948	13 923	7	934.6
4月	4604	2590	2012	2		71 723.5	19 839.7	1332.1	15 196.6	400 552.5	22 685.6	42	3	4	35	3067.4	568 730	38 165	30 967	33	2495.0
5月	541	344	194	3		10 322.2	2761.8	1367.5	892.4	118 988.5	1014.6	10	2	4	4	1443.6	234 972	5827	5377	4	1484.0
6月	255	196	57	2		3994.9	1654.9	1349.6	204.8	145 800.1	1448.4	2	2			6453.3	153 276	2675	2263	56	1945.5
7月	303	234	69			1250.9	528.0	125.9	317.3	10 629.4	33.2	1			1	259.8	16 591	659	508	40	129.1
8月	85	57	28			1725.9	286.3	126.8	132.6	2174.7	27.9					114.4	21 482	873	786	38	431.1
9月	96	44	51		1	18 202.1	2616.5	2417.2	189.0	6190.5	32.7					79.1	16 483	740	693	32	575.8
10月	279	147	128	2	2	128 661.6	248 52.9	21 881.3	1153.1	34 669.2	106.9	2			2	467.4	87 032	2841	2211	238	4229.9
11月	188	106	82			1814.0	646.0	10.1	558.0	25 594.4	42.1	9	8		1	95.0	22 647	1772	1262		70.9
12月	809	395	413	1		11 738.9	4451.3	543.4	3813.2	96 582.8	158 66.2	7	2		5	603.5	105 921	9914	5576	21	707.3

2005 年全国森林火灾成因分析表

	已查明火源次数																										未查明火源次数	火案处理情况		
	合计	生产性火源										非生产性用火										故意放火	外省(区,市)烧入	外国烧入	雷击火	其他自然火		已处理起数	已处理人数	其中刑事处罚人数
		计	烧荒烧炭	炼山造林	烧牧场	烧窑	烧隔离带	火车喷漏	火车甩瓦	机车喷火	其他	计	野外吸烟	取暖做饭	上坟烧纸	烧山驱兽	小孩玩火	痴呆弄火	家火上山	电线引起	其他									
全国合计	**10 034**	**4492**	**3350**	**265**	**45**	**7**	**11**	**2**	**—**	**4**	**808**	**5260**	**698**	**146**	**3006**	**53**	**381**	**270**	**8**	**85**	**613**	**88**	**95**	**4**	**82**	**13**	**1508**	**7437**	**6934**	**1350**
百分比(%)	86.9	44.8	33.4	2.6	0.4	0.1	0.1	0.0	0.0	0.0	8.1	52.4	7.0	1.5	30.0	0.5	3.8	2.7	0.1	0.8	6.1	0.9	0.9	0.0	0.8	0.1	13.1	64.4		

野外吸烟引发，3.8%因小孩玩火引发（见2005年全国森林火灾成因分析表）。

重特大火灾情况 2005年全国共发生特大森林火灾3起，其中黑龙江省发生2起，内蒙古自治区发生1起；共发生重大森林火灾16起，其中四川省发生4起，湖北省、湖南省各发生3起，浙江省、福建省各发生2起，山西省、内蒙古自治区各发生1起。

火灾三率情况 2005年，全国森林火灾发生率（每10万公顷森林面积发生森林火灾的次数）为6.60，比2004年下降14.2%；森林火灾控制率（平均每次森林火灾受害森林面积）为6.4公顷/次，同比下降39.6%；森林火灾受害率（受害森林面积占森林资源总面积的比例）为0.42‰，同比下降48.1%。

火灾综合情况 总体看，2005年我国森林防火形势依然严峻，火灾发生较为频繁。春季，湖南、湖北、广东、山东和山西等省，因组织扑救森林火灾导致多人伤亡。春夏之交，四川省凉山州、甘孜州和攀枝花市一带气候持续干旱，因人为因素引发多起重大火灾。由于当地地形复杂，山势陡峭，道路和通讯条件差，给火灾扑救工作带来极大困难。国务院领导多次对火灾扑救工作作出重要批示，国家林业局认真贯彻国务院领导指示精神，及时派出工作组前往火场一线协调指导扑火，并调集扑火物资支援扑火前线。广大武警森林部队官兵、专业扑火队和当地各族干部群众，在扑火前线指挥部正确领导下，发扬艰苦奋斗、不怕吃苦的顽强拼搏精神，取得了扑火斗争的彻底胜利。秋季，黑龙江省大兴安岭地区呼玛县、韩家园林业局在点烧防火线时突遇8级以上大风，引发特大草甸森林火灾；黑河市嫩江县因养牛户烧荒引发地下火导致特大森林火灾，受害森林面积2031公顷，损失较为惨重。另外，近年来由于林区输变电线路老化，因大风吹断电线或吹倒电杆引发的森林火灾呈上升趋势，2005年引发3起重大火灾，占已查明火因重大火灾次数的21.4%，应引起相应警惕与关注。

（韩学林）

【黑龙江省黑河市“9·29”特大森林火灾】 2005年9月29日，黑龙江省黑河市嫩江县卧都河、霍龙门林场等地因点烧秸秆、野外吸烟等引发森林火灾，并迅速蔓延扩大。火灾发生后，国务院领导高度重视，温家宝总理、回良玉副总理多次作出重要批示，要求及时采取得力措施，尽早扑灭火灾。国家林业局周生贤局长、雷加富副局长在森林指挥中心坐镇指挥，并派出由森林防火办公室杜永胜主任带队的工作组赶赴一线协调指挥扑火。黑河市立即成立由市委书记、市长任总指挥的扑火指挥部，组织1780余名军民奋力扑救，火灾于10月7日全部扑灭，过火面积10 330公顷，受害森林面积2231公顷。火灾扑灭后，黑龙江省组成联合调查组，对火灾原因进行了深入调查，对9名责任人员进行了相应处分，并责令黑河市政府作出深刻检查。

（王 岩）

【内蒙古自治区乌奴尔林业局“10·12”特大森林火灾】 2005年10月12日因雷击引发。火灾发生后，回良玉副总理作出专门批示，对扑火救灾提出具体要求。国家林业局紧急启动应急预案，周生贤局长、雷加富副局长迅速召开会议研究部署扑火工作，并派出消防飞机参与扑救。内蒙古自治区、呼伦贝尔市积极组织1500余名人员全力扑救，于14日将火灾扑灭，受害森林面积5616公顷。

（王 岩）

【黑龙江省大兴安岭呼玛县“10·23”特大森林火灾】 2005年10月23日，黑龙江省大兴安岭韩家园林业局在点烧防火线时因突起8~9级大风，导致跑火烧入呼玛县北疆乡加河四队，烧毁房屋37户，140人受灾。灾情发生后，回良玉副总理专门作出批示，国家林业局周生贤局长在森林防火指挥中心坐镇指挥，雷加富副局长率工作组赶赴火场一线协调扑火，黑龙江省副省长刘学良及大兴安岭地委行署、武警森林指挥部有关领导亲临一线指挥扑火。经7400多名军民扑救，火灾于30日被扑灭，过火面积108 730公顷，受害森林面积21 746公顷。火灾扑灭后，大兴安岭地区行署对呼玛县、韩家园林业局以及6名有关责任人员进行了相应处分。（王 岩）

【四川省木里县系列森林火灾】 2005年5月18日至6月1日期间，四川省木里县东孜乡、水洛乡、唐央乡相继发生3起森林火灾。火场海拔高，地形复杂，扑救十分困难。国务院高度重视，回良玉副总理多次打电话了解火情，并作出重要批示；国家林业局周生贤局长在森林防火指挥中心坐镇指挥，雷加富副局长率领工作组赶赴前线协调扑火；四川省、凉山州、木里县各级领导高度重视，靠前指挥，共调集8000人，采取人工扑打、航空灭火、打烧隔离带、人工增雨、以火攻火等多种方式全力扑救，6月9日上述3起火灾全部被扑灭。东孜乡森林火灾由野外调查用火引发，过火面积1133公顷，受害森林面积866公顷；水洛乡森林火灾由痴呆人员野外弄火引发，过火面积约996公顷，受害森林面积508公顷；唐央乡森林火灾由西昌电力股份有限公司野外施工引发，过火面积2214公顷，受害森林面积901公顷。火灾扑灭后，国家林业局责成四川省认真总结经验教训，制定整改措施，并严肃追究了12名人员的责任。

（王 岩）

【四川省九龙县“6·7”森林火灾】 2005年6月7日，四川省九龙县上团乡孟底沟因雷击引发森林火灾，火场海拔3800米，山高坡陡，交通不便，扑救难度很大。火灾发生后，温家宝总理、回良玉副总理作出重要批示，要求采取得力措施，尽快扑灭大火，并深刻吸取教训，进一步强化责任和相关措施的落实，切实做好森林防火工作。当地政府迅速成立扑火前线指挥部，组织专业森林消防队、武警森林部队及当地群众进行扑救。针对火灾发展态势，国家林业局迅速启动处置重特大森林火灾应急预案，先后派出2个工作组赶赴火场协调指导火灾扑救工作。经500余名武警森林部队官兵、专业扑火队员和林区群众7昼夜艰苦扑救，火灾于14日被彻底扑灭，过火面积360公顷，受害森林面积226公顷。（王　岩）

【内蒙古自治区莫力达瓦旗“10·18”森林火灾】 2005年10月18日因农民烧麦茬引发。火灾发生后，当地迅速组织干部群众、武警森林部队官兵进行扑救，国家林业局、内蒙古自治区森林防火指挥部紧急派出工作组赶赴火场协调指挥。经过560余人扑救，火灾于23日全部扑灭，过火面积7000余公顷，受害森林面积200公顷。（王　岩）

森林消防体系建设

【森林防火组织机构和森林消防队伍建设】 2005年，全国共有县级以上森林防火指挥部3409个，比2004年新增194个，增幅6.0%。其中，省级31个，地级363个，县级3015个。全国共有县级以上森林防火指挥部成员59 567人，比2004年新增3027人，增幅为5.4%。

全国共有县级以上森林防火办事机构3555个，比2004年新增89个，增幅2.6%。全国共有县级以上森林防火办事机构成员19 459人，比2004年新增1162人，增幅为6.4%。

全国共有县级以上森林防火检查站15 198个，比2004年新增676个，增幅4.7%。全国共有县级以上森林防火检查站成员49 541人，比2004年新增3197人，增幅为6.9%。

全国共有县级以上专业（半专业）森林消防队16 101支，比2004年新增3188支，增幅24.7%。全国共有县级以上专业（半专业）森林消防队员434 171人，比2004年新增63 006人，增幅为17.0%。

全国共有县级以上义务森林消防队143 887支，比2004年新增1549支，增幅1.1%。全国共有县级以上义务森林消防队员3 950 984人，比2004年新增75 658人，增幅为2.0%。（韩学林）

【华建敏视察森林防火应急机制建设】 2005年4月8日，国务委员、国务院秘书长华建敏来到国家林业局，视察森林防火指挥中心，慰问基层森林防火干部职工，并就加强突发事件应急管理工作作出重要指示。他指出，近年来我国安全形势不容乐观。交通事故、矿难事故、城市火灾十分严重，并造成大量人员伤亡。加强预警应急机制建设，提高各级政府和有关部门处置危机的能力十分紧迫。他强调，森林防火十分重要，事关人民群众生命财产安全，事关国家生态安全，事关中华民族未来的生存环境，责任重大。根据国务院部署，国家林业局制定了《处置重、特大森林火灾应急预案》，并按照新预案运作，在实践中进行检验，取得了明显效果，有效改善了防火水平，提高了应急能力，充分说明加强应急机制建设的必要性。下一步，要在实践中继续完善、充实和修订预案。同时，要针对绝大多数森林火灾都是由人为因素引发的特点，把工作重点放在预防上，切实从源头上消除隐患。他勉励基层森林防火干部职工，认真执行森林火灾处置应急预案，及时采取有力措施，有效处置灾情，实现“打早、打小、打了”，为有效保护森林资源和人民群众的生命财产安全作出新贡献。

国家林业局党组书记、局长周生贤汇报了我国森林火灾情况和灾情处置机制。他指出，按照《国务院有关部门和单位制定和修订突发公共事件应急预案框架指南》的要求，在多次征求国务院有关部门和专家意见并借鉴发达国家成功做法的基础上，国家林业局制定了《处置重、特大森林火灾应急预案》，形成了处置森林火灾的新机制。新机制主要有5个显著特点：①进一步强化了森林火灾预警监测机制建设；②进一步明确了国家林业局应急预案的启动条件；③进一步规范了扑火组织指挥体系的建设；④进一步明确了外交部、国家发改委、公安部、民政部、总参谋部、武警总部等部门的职责；⑤严格规范了火灾处置程序。他表示，按照国务院统一部署和要求，国家林业局将在实践中进一步修订完善森林火灾应急预案，加强预案培训演练，科学有效处置火情，切实将火灾损失降到最低限度。国家林业局党组成员、副局长雷加富陪同视察。（敖孔华）

【重点火险区综合治理工程】 2000年开始，我国全面启动重点火险区综合治理工程项目建设。“十五”期间，中央共投入10.2亿元国债资金，对涉及28个省（区、市）的157个重点森林火险区实施了综合治理。截至2005年底，项目区完成新建、改造瞭望

塔（台）1800多座，新建检查站、外站1000多座，配备巡逻摩托车、马匹等3000多辆（匹），项目区瞭望监测覆盖率超过95%；配备通讯设备2.5万台（套），通讯覆盖率达90%以上，基本形成了地（市、林管局）、县（林业局）、乡（林场）三级通讯网络；购置信息化设备和指挥中心设备9000多台（套），购置宣传、指挥、运兵车900多辆，开发地理信息系统软件150多套，森林防火指挥和信息化管理水平明显提高；开设防火公路、隔离带、防火林带等6700多千米，提高了项目区路网密度和阻隔网密度；为各级专业扑火队伍新建（维修）营房、物资储备库等土建工程7.7万平方米，购置扑火机具45.2万台（套），基本实现了扑火队伍专业化和扑火工具机械化。据统计，实施综合治理工程以来，全国年均发生森林火灾8464起，受害森林面积15.38万公顷，因灾伤亡146人，分别比项目实施前下降了38.4%、79%和77.2%。特别是曾多次发生过特大森林火灾的黑龙江大平台、沾河顶子，内蒙古岭南八局、毕拉河和大杨树，广西百色、河池等首批实施综合治理工程的重点火险区，2000年以来未发生重特大森林火灾，确保了全国森林防火工作的平稳，有效保护了森林资源安全。（李　杰）

【《国家处置重、特大森林火灾应急预案》】 2005年5月14日国务院正式发布实施。《国家处置重、特大森林火灾应急预案》作为国家级自然灾害类专项预案，它的出台进一步完善了森林火灾应急机制、体制和法制，有效提高了政府预防和处置森林火灾的能力，对于构建社会主义和谐社会具有十分重要的意义。

《国家处置重、特大森林火灾应急预案》适用于我国境内发生的重、特大森林火灾的应急处置工作。预案规定，在国务院统一领导下，国家林业局负责制定和协调组织实施，预案在具体实施时应遵循统一领导、分级负责的原则，落实各项责任制。扑救森林火灾由当地政府森林防火指挥部统一组织和指挥。如果出现火场持续72小时仍未得到有效控制、火场对林区居民地、重要设施构成极大威胁，造成重大人员伤亡或重大财产损失，以及地方政府请求救助或国务院提出要求等情况时，经国家林业局主要负责人批准，立即成立国家林业局扑火指挥部，具体承担应急处置重、特大森林火灾的各项组织指挥工作。各相关支持保障部门应快速响应，按职责任务，积极配合国家林业局做好各阶段的扑火救灾工作。（金　博）

【卫星林火监测】 2005年，国家林业局森林防火预警监测信息中心共接收NOAA系列、风云系列和EOS/MODIS气象卫星数据10 000余条，制作监测图像6400余幅，报表2000余个，共监测热点13 322个（次），主要集中在1~4月份和12月份（热点数10 057个，占全年的75%）。

为进一步提高卫星林火监测服务水平，增强各级防火部门卫星林火监测成果应用能力，使监测成果的发布、浏览和反馈工作规范化、制度化，国家林业局森林防火办公室7月1日正式发布实施《卫星林火监测成果发布、浏览和反馈管理暂行规定》，在森林防火业务系统上增加了卫星轨道浏览、热点核查结果反馈和火情图像传递等业务功能，确保了各级防火部门能够及时准确掌握卫星过境信息，了解热点反馈情况和开展卫星林火监测业务。

2005年，为进一步提高卫星林火监测技术水平，国家林业局森林防火预警监测信息中心将VSAT林火监测系统升级为DVB－S林火监测系统。系统升级后，北京、广州和乌鲁木齐3个卫星地面接收站在接收风云、NOAA系列气象卫星资料基础上，增加了接收美国EOS/MODIS卫星资料和我国风云2C静止气象卫星资料的功能，为全国范围林火监测工作的顺利开展和及时掌握全国范围火险气象形势提供了有利条件。（闫　厚）

【省级森林防火指挥中心建设指导意见】 国家林业局森林防火办公室2005年12月印发实施，目的是为进一步加强森林防火指挥中心建设，提高科学管理水平和指挥扑救效能，促进各地合理、规范地建设森林防火指挥中心。该指导意见对省级森林防火指挥中心建设的指导思想、建设原则、建设目标、建设内容要求、软硬件系统设备配置等主要经济技术指标进行了规定，对加强森林防火信息指挥系统建设，提高林火综合管理水平和投资效益，使森林防火指挥中心建设在先进性、科学性和实用化、现代化相统一方面具有重要促进作用，同时也是提高森林火险预警、森林火灾监测、林火信息传输处理效率和增强森林火灾预警、监测和火灾扑救指挥能力的重要措施。（蒋岳新）

【森林火险预测预报体系建设试点】 2003年，国家林业局森林防火办公室在吉林省开展森林火险预测预报体系建设试点，并于2005年8月通过专家组验收。该体系集成了森林火险气象观测、气象数据采集传输系统和森林火险预测预报等业务运行系统，并配套建立了《森林火险预警信号发布办法》、《吉林省森林火险监测预警管理规范》、《森林火险预警响应状态的基本规定》等相关管理规定。经过一年多的实践运行，森林火险预测预报系统对指导火源管理、安排林区生活生产用火，对森林火灾的预防和扑救工作具有重要指导意义。专家组验收时认为：试点系统设计结构先进、布局合理，建设和运行成本“双低”，体现了以林为主、力求先进、重在实用的开发策略，充分考虑了不同地区的通用性和使用管理成本、建设投入成本，实现了森林防火专业标准、专业需求与现代科学技术的紧密融合，达到了科学化、自动化与稳定性、准确性相统一，符合有关各项技术经济规范和标准。森林火险预测预报体系建设试点获得成功并投入正常运行，填补了我国森林火险监测预警方面的专业设备、处理软件、组网方式等空白。（蒋岳新）

【全国林火视频监控系统建设】 2004年，国家林业局颁布试行《森林重点火险区综合治理工程项目建设标准》，将林火视频监控系统列入建设内容后，各地采取措施大力发展，截至2005年底全国已有30多个地（市）建立了林火视频监控系统，监控点数量达到200多个。林火视频监控技术取得一定突破，通过监控终端自动采集并回传数据，与地理信息系统联动的热点自动定位，其林火识别报警准确率达到80%以上，定位精度达到100米以内。同时，在野外设备的防盗、防雷，在利用监控系统传输信道召开IP视频会议、进行IP语音和数据通信等综合利用方面也取得相应突破。（蒋岳新）

【全国森林防火知识竞赛】 为进一步普及森林火灾预防和扑救知识，提高全社会森林防火意识，配合做好2005年秋冬季森林防火宣传工作，国家林业局森林防火办公室与《中国绿色时报》联合组织了全国森林防火知识竞赛活动。2005年10月20日，森林防火知识竞赛试题在《中国绿色时报》刊发后，受到社会各界的积极响应和热情参与，共收到20.5万份参赛答卷，参赛者遍及全国31个省（区、市），既有林业系统的干部职工，又有国土、税务、农业、交通等社会各界读者，还有广大武警森林部队官兵；既有林业厅（局）长、县委书记、县长，又有乡（镇）长、村干部，也有最基层的林场、林业站职工和护林员，还有广大林区群众；既有机关公务员、事业单位干部职工，又有各类企业员工；既有70多岁的离退休老干部，又有中小学生。此次竞赛活动参与之热烈，影响面之大，回收答卷之多，创造了中国绿色时报社建社以来举办同类活动的最高记录，达到了普及森林防火知识、宣传森林防火法规、提高森林防火意识的预期目的和效果。

2005年12月28日，国家林业局举行了全国森林防火知识竞赛抽奖仪式。中央纪委驻局纪检组组长、局党组成员杨继平，局党组成员、副局长雷加富参加抽奖仪式，共同抽出10个一等奖。根据“组织工作出色、单位参赛人员多、答题效果好”的标准，主办单位还评选出广西壮族自治区森林防火指挥部办公室、福建省邵武市林业局、新疆维吾尔自治区天山西部林业局、陕西省森林资源管理局和吉林省和龙市福洞镇政府等5个组织奖，从答对全部试题的参赛者中随机抽取产生二等奖15人、三等奖20人、优秀奖40人。杨继平在抽奖仪式上要求各级林业宣传部门要按照“盛世兴林、防火为先”的要求，加强领导，注重实效，突出重点，不断创新森林防火宣传形式，丰富森林防火宣传内容，扩大森林防火宣传影响，积极营造有利于森林防火事业发展的舆论氛围。雷加富在主持抽奖仪式时说，森林防火工作作为我国防灾减灾工作的重要组成部分，是生态安全、社会稳定和林区经济发展的基础保障。搞好森林防火，宣传和教育工作必须先行，要加强安全避险知识的普及，提高群众的自我防护能力，提高全民特别是林区人民防火意识和防灾减灾的知识和技能，减少群死群伤事故发生。（刘 萌）

【2005年度省级森林防火办公室工作考核】 为表彰先进，激励斗志，根据《省级森林防火办公室工作考核办法》的规定，国家林业局森林防火办公室对各省（区、市）森林防火办公室2005年度工作开展情况进行了量化考核。根据考核结果，综合排名前5位的福建、吉林、河北、黑龙江、甘肃省森林防火办公室被授予2005年度工作先进单位称号。国家林业局森林防火办公室建议所在省林业主管部门对上述单位进行相应奖励。同时，对年内单项工作有突破的北京、内蒙古、吉林、福建、江西、湖北、湖南、云南等8省（区、市）森林防火办公室一并进行了通报表彰。（敖孔华）

【全国森林防火工作座谈会】 2005年9月6~8日在乌鲁木齐市召开。会议主要内容是进一步贯彻《国务院办公厅关于进一步加强森林防火工作的通知》（国办发［2004］33号）和国务院重点省（区）森林防火工作座谈会精神，传达学习全国应急管理工作会议和国家林业局党组扩大会议精神，总结新经验，分析新形势，研究新思路，探索新机制，全面推进“相持阶段”森林防火工作。国家林业局雷加富副局长出席会议并作了题为《继往开来，乘势而上，全力做好“相持阶段”森林防火工作》的报告，全面总结了“十五”期间森林防火工作取得的成绩，深入分析了当前森林防火形势，明确了今后一个时期森林防火工作的总体目标、发展思路和工作重点，并对2005年秋、冬季森林防火工作作出安排部署。新疆维吾尔自治区政府副主席钱智出席会议并致辞。国家林业局森林防火办公室杜永胜主任通报了2005年春、夏季森林防火工作，重点就森林防火工作规范化建设做了强调，并对传达贯彻会议精神提出具体要求。新疆、吉林、黑龙江、四川、江西、福建、云南7省（区）森林防火指挥部、武警森林指挥部以及吉林省辉南县森林防火指挥部就森林防火行政领导负责制落实、消防队伍建设、火灾应急响应等方面介绍了经验。会议期间，国家林业局森林防火预警监测信息中心和全国森林防火专业委员会还联合举办了森林防

火装备器材展示会，共有30余家厂商参展。

参加此次座谈会的有各省（区、市）林业厅（局），内蒙古、龙江、大兴安岭森工（林业）集团公司主管领导和防火办主任，东北航空护林中心、西南航空护林总站、南京森林公安高等专科学校、武警森林指挥部、武警森林指挥学校有关领导和同志，《中国绿色时报》、《森林防火》杂志等新闻媒体记者以及森林防火科研教学单位的专家。（金　博）

【全国森林防火工作紧急电视电话会议】 2005年12月23日召开，这是贾治邦同志担任国家林业局党组书记、局长后，国家林业局召开的第一个全国性会议。会议主要任务是贯彻落实中央经济工作会议精神，传达学习国务院领导重要指示精神，深入分析森林防火工作面临的形势，安排部署2005年冬季和2006年春季森林防火任务。国家林业局党组书记、局长贾治邦出席会议并发表讲话，充分肯定了森林防火工作取得的成绩和经验，深入分析了森林防火工作面临的严峻形势，要求从贯彻落实科学发展观、构建和谐社会、建设社会主义新农村、建设资源节约型和环境友好型社会、确保林业建设顺利进行的高度进一步增强对做好森林防火工作重要性、紧迫性的认识，并从统一思想、强化预防、落实预案、以人为本、加强领导等5个方面对做好森林防火工作作出全面部署，提出了扣紧4个环节（宣传教育、预测预报、隐患排查和火源管理环节），做到“一抓两查三到位”（一把手亲自抓，查森林防火工作是否作出明确的安排和部署，查森林防火责任和各项防扑火措施是否真正落到实处，做到领导到位、组织到位和措施到位）的工作要求。雷加富副局长主持会议，指出贾治邦同志到国家林业局任党组书记、局长后非常重视森林防火工作，第一次主持召开党组会就突出强调要做好森林防火工作；第一次召集各司（局）、直属单位主要负责人会议就明确要求抓好森林防火工作；第一次听取业务司（局）工作汇报，就是森林防火工作汇报；第一次召开全国性会议，就专门部署森林防火工作，充分体现了国家林业局党组对森林防火工作的重视和关心。他要求各省（区、市）林业部门认真学习和深刻领会会议精神，采取坚决果断措施，抓好会议各项部署要求的落实。

局领导李育材、江泽慧、杨继平、祝列克、张建龙，武警森林指挥部主要负责人出席主会场会议；各省（区、市）林业厅（局）长、四大森工（林业）集团公司主要负责人、国家林业局机关和直属单位的主要负责人参加了会议。（敖孔华）

【东北、内蒙古重点省（区）春季森林防火工作电视电话会议】 2005年4月26日召开。会议主要内容是进一步贯彻落实全国重点省（区）森林防火工作座谈会精神，总结东北、内蒙古林区2004年森林防火情况，分析研究森林防火形势，对东北、内蒙古4省（区）春季森林防火工作作出全面动员部署。国家林业局雷加富副局长出席会议并讲话，要求4省（区）坚持“预防为主，积极消灭”的方针，坚持以人为本、科学防火、依法治火的工作原则，坚持政府全面负责、部门齐抓共管、群众广泛参与的工作机制，坚持专群结合、警民协同的火灾扑救方式，做到预防措施到位，预案制定科学，扑救工作有效，安全责任明确，力争不发生重特大森林火灾，坚决杜绝“火烧连营”，严防重大人员伤亡，把森林火灾的损失降到最低限度。雷加富强调4省（区）要重点抓好6项工作：①加强宣传教育，营造良好氛围；②落实防范措施，减少火灾隐患；③修订扑火预案，健全应急机制；④强化队伍建设，提高扑救能力；⑤完善设施设备，提高防控能力；⑥完善工作机制，规范工作程序。国家林业局森林防火办公室杜永胜主任主持会议并就贯彻落实会议精神提出具体要求。

吉林省、黑龙江伊春市森林防火指挥部和内蒙古绰源林业局在会上分别作典型发言，武警森林指挥部通报了森林部队春防战备情况。内蒙古、辽宁、吉林、黑龙江4省（区）林业厅，内蒙古、吉林、龙江、大兴安岭森工（林业）集团公司主管领导、防火办主任、森林公安局局长，武警森林指挥部及内蒙古、吉林、黑龙江森林总队、武警森林指挥学校，东北航空护林中心主要负责人参加了会议。

（敖孔华）

【东北、内蒙古林区秋冬季森林防火工作紧急电视电话会议】 2005年10月6日召开。会议主要内容是传达学习国务院领导对森林防火工作的重要批示精神，通报黑龙江省黑河市森林火灾情况，专门安排部署东北、内蒙古林区秋冬季森林防火工作。国家林业局副局长雷加富出席会议并讲话，要求东北、内蒙古4省（区）认真汲取黑河市森林火灾频发的惨痛教训，采取坚决果断措施，切实做好2005年秋冬季森林防火工作。一是认真学习中央领导重要批示精神，切实增强做好森林防火工作的紧迫感。二是加强组织领导，狠抓森林防火责任制的落实。三是采取得力措施，加强森林防火的预防和扑救工作。四是加强林火监测，严格执行森林火灾报告制度。五是认真落实预案，提高森林防火应急反应能力。六是加强值班调度，确保森林防火信息畅通。

内蒙古、辽宁、吉林、黑龙江4省（区）林业厅，内蒙古、吉林、龙江、大兴安岭森工（林业）集团公司主管领导、防火办主任、森林公安局局长，武警森林指挥部及内蒙古、吉林、黑龙江森林总队、武警森林指挥学校，东北航空护林中心负责人参加了会议。

（敖孔华）

【森林防火教育培训】 为全面提高扑火指挥员指挥扑救森林火灾特别是观察火场、判断火势、决策扑火方案、综合调度兵力及扑火物资等能力，2005年国家林业局森林防火办公室分别在南京森林防火培训中心、南方森林防火培训中心、东北林业大学、武警森林指挥学校举办了6期省、地级森林防火办主任培训班和2期师资力量培训班，来自全国各省（区、市）的320名森林防火办主任参加了培训。通过培训，各级防火指挥员在专业理论知识和实战指挥能力方面得到显著提高，达到了预期培训效果。 （金 博）

【全国省级森林防火办公室宣传干部培训班】 2005年7月26～28日在山东省青岛市举办。国家林业局森林防火办公室曹真巡视员作培训动员，总结了全国森林防火宣传工作成绩，分析了加强森林防火宣传工作的重要意义，安排部署了森林防火宣传工作任务。培训班邀请国家林业局宣传办、《中国林业》杂志、南京森林公安高等专科学校和中央电视台新闻部的有关专家和新闻记者，作了“典型人物的宣传方法”、“新闻稿件的写作要求”、“摄影技巧”和“应急突发事件的宣传报道”等专题讲座。来自全国省级森林防火办公室及南京森林公安高等专科学校、长春林业公安培训中心、东北航空护林中心和西南航空护林总站等单位负责森林防火宣传工作的同志参加了培训。

（贺 飞）

【全国火场应急卫星通信系统应用培训班】 2005年5月24～26日在哈尔滨市举办，重点省（区、市）和有计划购置卫星应急通信系统的省、地两级森林防火办公室有关人员参加培训。培训班邀请有关专家讲授了卫星通信技术的基本原理、森林防火应急通信现状与应用需求、现代卫星应急通信技术的发展方向、IP视频通信原理和应用等专题讲座，组织学员进行了系统安装和通信试验，参观了黑龙江省森林防火指挥中心。此次培训班使大家了解了卫星通信技术知识，提高了对森林火灾扑救指挥应急通信的认识，对各地火场应急通信系统的构建起到积极促进作用。

（蒋岳新）

森林航空消防

【综 述】 2005年，中央财政进一步加大森林航空消防投入力度，全年共投入飞行费6000万元。相关省（区）地方政府高度重视，相应增加了配套经费。国家通过提高租机费用，有效调动了各通用航空公司的积极性，促进通用航空公司开辟新机源，增加了飞机租用数量并延长了飞行时间。总参陆航部大力支持森林防火工作，全年共派出6架米－171型直升机参加东北、内蒙古林区航空护林工作，在一定程度上缓解了机源不足的矛盾。

东北、内蒙古重点林区航期自3月19日开航至11月6日航期结束，历时239天，共配备森林航空消防飞机128架（春航60架、夏航11架、秋航57架），其中直升机58架，固定翼70架。全年共计飞行4843架次，7035小时45分，空中发现火场123个，参与扑救火场125个，机降978架次、近1.2万人次，运送扑火物资73 900千克、器材151件，对18个火场实施229架次航化灭火作业，喷洒灭火药液237 500千克，扑灭火线8550米，吊桶洒水349 500千克，撒防火传单14万张。

西南重点林区春航自2月23日开航至6月18日航期结束，历时117天，共配备森林航空消防飞机16架，其中直升机8架，固定翼8架。全年共计飞行684架次，1472小时24分，空中发现和参与扑救林火108起，对其中41起实施了机降灭火和吊桶灭火，机降187人，吊桶洒水666 000千克；结合火情需要和卫星林火监测信息，侦察林火及卫星热点65个；积极配合地方搞好森林防火宣传，在巡护过程中为当地森林防火指挥部投撒护林防火宣传单124万份；在支援地方扑救森林火灾过程中，为地面扑火人员及时空运、空投给养300余千克。 （张连生）

武警森林部队

【综 述】 2005年，森林部队在武警总部和国家林业局的正确领导下，积极适应中国特色军事变革和林业发展新形势，按照武警部队党委“强班子、抓基层、谋发展、保稳定”的总体思路和指挥部党委的决策部署，紧紧扭住提高党委领导能力、干部队伍素质、经常性工作质量三个重点，团结一心，开拓进

取，把握规律，狠抓落实，部队建设协调发展、稳步上升、整体提高，圆满完成以执勤和灭火作战为中心的各项任务。

以忠诚卫士为主题的思想政治建设扎实有效 坚持用党的创新理论武装官兵，着重学习江泽民国防和军队建设思想、胡锦涛主席一系列重要论述，科学发展观、新的使命论等党的理论创新成果深入人心。以课题研究牵引理论学习，召开深入学习贯彻“三个代表”重要思想经验交流会，促进学习成果向基层延伸、向实践拓展。深入开展“强化警魂意识、培育战斗精神，永远做党和人民忠诚卫士”主题教育和“学誓词、遵守则、唱组歌”活动，组织优秀士兵标兵作事迹报告，强化广大官兵争做忠诚卫士、保护国家森林资源的责任感、使命感。召开森林部队思想政治工作特点规律研讨会，集中进行尊干爱兵教育整顿，广泛开展“知官知兵”、心理咨询和法律服务活动，增强了思想政治工作的针对性、实效性。广大官兵政治信念坚定，忠实履行使命，经受住复杂环境、艰苦条件和繁重任务的考验，涌现出全国见义勇为先进分子金国庆、灭火英雄舒鹏等一批先进典型。

以执勤和灭火作战为中心的各项任务圆满完成 着眼提高履行职能任务能力，健全和落实党委会议中心制度，加强对中心工作的领导。坚持“四个贴近”原则，突出抓好灭火技战术、重点分队和首长机关训练，总结推广云南总队模拟化训练经验，部队训练质量明显提高。积极改善灭火装备，与地方共同研制的背负式风水灭火机获国家专利金奖。加强重点分队建设，在原有22个重点分队的基础上又组建16个，抓好试点规范和训练，增强了灭火作战的突击能力。加大对学校和教导队建设的指导力度，办校建队水平有较大提高。稳步推进信息化建设，召开信息化网络建设座谈会，对6个总队机关和部分支队进行有线电网络升级改造，在重点林区建成31个超短波中继站，有效提高了灭火作战通讯保障能力。召开灭火安全和任务评估专家研讨会，修订执勤、灭火作战等4个法规性文件，举办军事干部集训，研究灭火战法，对圆满完成中心任务起到了重要作用。全年执勤出动兵力近9万人次，是历年来任务最重的一年；灭火作战出动兵力2万多人次，扑灭森林草原火灾270多起，特别是在扑救云南丽江、四川木里、黑龙江呼玛、内蒙古中蒙边境等9起重特大火灾中，各级领导深入一线、靠前指挥、严密组织，广大官兵顽强拼搏、英勇善战，出色完成任务，受到国务院、武警总部、国家林业局、驻地党委政府和人民群众的高度赞扬。

以正规化建设为目标的从严治警得到加强 紧紧扭住从严治警不放松，广泛开展条令学习月活动，深入抓好“五项治理”，严格落实机关和基层正规化管理规定，官兵条令条例意识明显增强，部队“四个秩序”进一步正规。按照总部统一部署，顺利完成编制调整任务。举办管理工作网上集训，提高了干部骨干科学管理、带兵建队的素质能力。深化解决“五个重点问题”，狠抓节假日管理，严格落实车辆管理十条措施和“五位一体”联管责任制，严格执行治酒“八条禁令”，全面改造军械库（室）安全设施，有效堵塞了漏洞，消除了隐患。加大安全工作力度，做到年初有部署、季度有讲评、年终有检查，建立以“三互”小组、“六小员”为主体的密集型安全工作网络，集中进行安全治理整顿，深入开展学用《安全警句七字诀》活动，促进了安全工作的落实。全部队没有发生案件和行政责任事故，20个支队连续3年以上实现“三无”。

以《纲要》为统揽的基层建设整体推进 按照“五句话”总要求和《纲要》，全面搞建设、扎实打基础，突出抓好“三个一线”、“四个基本”建设和三项经常性工作落实，促进了基层建设全面发展进步。制定《大队按纲抓建工作规范》，总结推广吉林总队做法，较好地解决了大队一级职责不清、包揽过多的问题，进一步提高了大、中队按职责抓建能力。大力加强党支部建设，在基层党组织和团员青年中开展保持先进性教育活动，加大对多年未进入先进行列中队的帮建力度，党支部战斗堡垒作用、党员先锋模范作用和团员的助手作用明显增强。着力强化干部队伍素质，依托指挥学校培训预提大队主官50名，各级先后举办培训班138期，培训干部骨干1738人，增强了干部队伍的“四个素质、一个能力”。内蒙古总队大兴安岭支队被武警总部评为基层建设先进支队。

以规范化管理和改革为重点的综合保障能力进一步增强 认真贯彻总部后勤部长集训班精神，组织召开森林部队后勤工作会议，完善应急保障机制，探索后勤信息化建设路子。科学规范后勤应急保障的标准、内容和方法，研制配发新型装备、装具，为部队完成中心任务提供了有力保障。狠抓基层“四项设施”建设，完善了22个中队、19个大队、16个支队机关的配套设施，基层大（中）队配套率达76%。认真组织三级财务会审和经费收支情况审计，制定《森林部队基层营房建设标准图集》，研发基层设施责任制管理系统，后勤规范化管理水平明显提高。积极稳妥地推进后勤改革，新建公寓房1万多平方米，医改对象信息采集工作基本完成，大宗物资集中采购的范围和程序进一步规范。

以保持先进性为核心的党委班子建设进步明显 认真贯彻党中央和中央军委的重大战略决策，在支队以上党委机关深入开展“保持先进性，提高‘四个本领’”学习教育活动，并组织“回头看”和群众满意度测评，建立完善长效机制，巩固扩大教育成果，得到总政和武警总部的充分肯定。坚持把“两个武装”作为提高党委领导能力的根本途径，认真落实中心组学习制度，全部队共举办7期理论读书班，培训279名团以上干部，各级党委班子成员的政治、科技和战略素质不断增强。认真落实《军队党委工作条例》，制定党委能力建设和发挥全委会作用的措施，修订党委议事规则，加强帮建指导，各级班子决策水平明显提高，团结状况明显改善，创造力凝聚力战斗力明显增强。坚持抓书记带班子，举办三级党委书记培训班，提高了抓班子、带部队能力。严格落实高中级干部教育管理和廉洁从政规定，深入开展警示教育，从严查处违纪问题，促进了党风廉政建设。指挥部党委常委在机关处以上干部会上进行了述学述职述廉。

【指挥部领导和指挥部各部门领导】

主　任　何旺林　少将(2005年5月退休)
　　　　韩祥林　少将(2005年5月任,四川森林总队原总队长)
第一政治委员　党委第一书记　周生贤(国家林业局局长兼)
政治委员　闫文彬　少将
副主任　李文江　少将
　　　　邱国录　少将(2005年7月晋少将警衔)
副政治委员　王长河　少将
参谋长　朴东赫　少将
副参谋长　刘森平　大校(2005年5月任武警水电指挥部副参谋长)
　　　　刘传忠　大校
　　　　张国华　大校
　　　　张传发　大校(2005年5月任,武警水电指挥部原副参谋长)
政治部主任　闻培德　少将
政治部副主任　傅承辉　大校(2005年8月退休)
　　　　王嘉龙　大校
　　　　崔永安　大校(2005年8月任，四川森林总队原政治委员)
后勤部部长　沈金伦　大校
后勤部副部长　王奎中　大校
　　　　杨宇光　大校
　　　　程　实　上校(2005年7月任)

【党委全委扩大会议】　2005年1月12~13日，森林指挥部党委在北京召开一届二次全委扩大会议，森林指挥部党委常委、各部门领导，各总队、森林指挥学校党委正副书记及有关处室领导，指挥部各处室领导参加会议。会议就深入贯彻落实武警总部党委扩大会议精神，推进部队建设创新发展问题进行部署动员。指挥部主任何旺林作了题为《紧紧围绕高标准实现“两个确保”，在新的起点上全面打牢部队建设基础》的工作报告，指挥部政治委员闫文彬作了题为《积极适应“两个转变”要求，努力推进森林部队全面建设创新发展》的讲话，指挥部后勤部部长沈金伦作了《2004年预算执行情况及2005年预算安排报告》。

3月18日，森林指挥部党委在北京召开一届三次全委扩大会议，森林指挥部党委常委、委员，各总队、森林指挥学校党委正副书记参加会议。会议讨论决定《关于召开武警森林指挥部党代表会议的方案》，圈选出席武警部队第一次党员代表大会候选人预备人员，指挥部政治委员闫文彬主持会议并讲话。

7月7日，森林指挥部党委在北京召开一届四次全委扩大会议，森林指挥部党委常委、各部门领导，各总队、森林指挥学校党委正副书记及有关处室领导，指挥部各处室领导参加会议。会议认真贯彻落实胡锦涛主席重要讲话和武警部队第一次党员代表大会精神，总结上半年工作，部署下半年任务。指挥部政治委员闫文彬作了题为《切实改进领导作风，大力推进工作落实》的讲话，指挥部主任韩祥林作了题为《认清形势，牢记使命，狠抓落实，高标准实现“两个确保”目标》的讲话。

【深入学习贯彻“三个代表”重要思想经验交流会】　2005年3月31日至4月8日，森林指挥部在森林指挥学校召开深入学习贯彻“三个代表”重要思想经验交流会。森林指挥部党委常委、各部门副职，各总队、森林指挥学校和支队党委正副书记，指挥部各处室领导参加会议。会议认真总结了近几年森林部队创新理论武装头脑、指导实践、推动工作的经验，对把学习贯彻‘三个代表’重要思想提高到新的水平进行了再动员再部署。指挥部政治委员闫文彬就抓好深化转化问题作了讲话。

【三级党委书记培训班】　2005年3月31日至4月8日，森林指挥部在森林指挥学校举办三级党委书记培训班，各总队、森林指挥学校和支队党委正副书记及有关人员参加培训。培训集中研究提高“四个本领”，大力加强各级党委能力建设问题，讨论修改了《森林部队支队以上党委能力建设的措施》，指挥部政治委员闫文彬作了题为《紧紧围绕提高“四个本领”，大力加强各级党委能力建设》的主题讲话。

【积极适应中国特色军事变革，推进森林部队军事建设研讨会】　2005年5月11~12日，森林指挥部司令部举办积极适应中国特色军事变革，推进森林部队军事建设研讨会。司令部处以上领导，办公室、作训处、通信处全体人员，指挥学校防火、灭火教研室等有关人员参加会议。会议紧紧围绕如何正确理解中国特色新军事变革的内涵、对森林部队建设产生的影响、如何搞好森林部队军事变革的设计与规划以及部

队实践中应当把握的问题进行了深入研讨。指挥部党委常委参加会议并分别讲话。

【政治工作特点规律研讨会】 2005年9月23～25日，指挥部在云南森林总队召开森林部队政治工作特点规律研讨会，指挥部首长、司政后部门领导，各总队、指挥学校政治委员、政治部主任和秘群科长及部分支队政工主官参加了会议。会议紧紧围绕深入贯彻胡锦涛主席重要指示和全军思想政治教育座谈会精神，研究探索特点规律，增强森林部队政治工作的针对性实效性这一主题，进行了经验交流，网上观摩了内蒙古和新疆森林总队开展政治工作情况，现场观看了云南森林总队昆明市支队开展"知官知兵"活动和"培育战斗精神"主题教育汇报演示。武警部队司令部警种部副部长程建国出席会议，指挥部政治委员闫文彬作了讲话

【黑龙江省牡丹江市宁安市沙兰镇抢险救灾】 2005年6月10日，黑龙江省牡丹江市宁安市沙兰镇发生特大山洪并引发大量泥石流，造成117人死亡（学生105人）、1476户房屋被毁、0.53万公顷农田被淹。黑龙江省森林总队牡丹江市支队接到市政府参加沙兰镇抢险救灾命令后，支队长娄长富、政治委员林果率领200名官兵赶赴现场投入战斗。历时36个小时战斗，完成搜寻、清理掩埋动物尸体和消毒灭菌工作。清理淤泥2400立方米，修复道路1200延长米、疏通沟渠1200延长米，铺垫沙石土方1100立方米，同时官兵还为灾区人民装卸各种生活生产物资340余吨，装卸药品421箱，帮助粮库、灾民晒粮6250千克。

【扑救四川省凉山州木里县唐央乡、甘孜州九龙县上团乡森林火灾】 2005年4～6月，四川省凉山州木里县唐央乡、甘孜州九龙县上团乡相继发生重大森林火灾。火场均属高原原始林区，火势猛烈，严重威胁着火场周边大面积原始林区和村屯人民群众生命安全。四川森林总队根据四川省森林防火指挥部的命令，先后出动1120名官兵，长途机动1000多千米，转战3个火场，连续鏖战30天，扑灭火线27.5千米，开设防火隔离带6.2千米，有效保护了国家森林资源和林区人民群众生命财产的安全。

【扑救大兴安岭北部原始林区新乌玛林业局阿里亚地区森林火灾】 2005年7月27日、30日和8月1日，内蒙古自治区大兴安岭北部原始林区新乌玛林业局阿里亚林场相继发生森林火灾，内蒙古森林总队奉命出动647名官兵经过8昼夜连续奋战，扑灭火线26.1千米，开设防火隔离带14千米，取得了森林部队在原始林区独立灭火的成功战果。

【扑救"10·12"乌奴尔高吉山林场森林火灾】 2005年10月12日，内蒙古自治区呼伦贝尔市乌奴尔林业局高吉山林场发生森林火灾，内蒙古森林总队先后调集1126名官兵，奋战47个小时，扑灭了面积约100多平方千米的森林火灾。

【后勤工作现场会】 2005年9月20～23日，森林指挥部在吉林森林总队召开武警森林部队后勤工作会议。国家财政部国防司副司长李军、武警总部后勤部副部长许世宽，指挥部后勤部处以上干部，各森林总队分管后勤的副总队长、后勤部部长，各支队后勤处处长以及各总队所在省（区）政府部门有关领导参加了会议。会议以"提高后勤保中心能力，促进'四配套'落实，深化后勤规范化管理，推进后勤信息化建设，发挥双重领导优势"为主题，采取首长讲话、现场观摩、汇报交流、演练演示等形式，深入学习贯彻武警部队第三期后勤部长集训班精神，研究探讨了提高后勤应急保障能力对策和方法，总结交流加强基层"四配套"建设和深化后勤规范化管理的先进经验，表彰了森林部队后勤工作先进单位和个人。指挥部主任韩祥林、副主任邱国录出席会议并讲话。

（武警森林部队由管黎丽供稿）

森林公安队伍建设

【解决森林公安和林业检法编制及经费问题】 在罗干等中央领导亲切关怀下，2005年7月28日，国务院办公厅下发了《关于解决森林公安及林业检法编制和经费问题的通知》（国办发［2005］42号），明确规定将森林公安和林业检法编制纳入政法专项编制序列，经费列入各级财政预算，标志着长期以来制约森林公安和林业检法生存、发展的瓶颈问题终于得到妥善解决。为落实国办42号文件精神，国家林业局专门成立领导小组，下设森林公安编制核定和人员过渡工作组、森林公安经费落实工作组、林业检法工作组、宣传工作组，具体协调承办有关落实事宜。8月12日，国家林业局雷加富副局长主持召开联席会议，邀请中央编办、公安部、财政部、人事部等有关部门的同志，专题研究了贯彻落实工作。8月15日，国

家林业局召开全国电视电话会议，对各地落实工作进行了动员部署。雷加富出席会议并要求各地：①统一认识，深刻领会国办42号文件精神；②加强领导，把落实国办42号文件精神作为林业工作的重中之重；③抓紧协调，把森林公安和林业检法经费纳入各级财政预算作为贯彻国办42号文件精神的急中之急；④提早动手，在编制核定和人员考录、过渡的前期准备工作上做到细上加细；⑤严肃纪律，在队伍管理上做到实上加实；⑥统筹兼顾，在落实国办42号文件精神和正常业务工作开展上实现两不误。

在对全国森林公安编制进行认真统计核实并征得公安部同意的基础上，国家林业局于10月26日向中央编办正式呈报了《关于申请核定森林公安编制的函》（林函安字［2005］180号），同时协调财政部、人事部等部门，积极推进编制核定、现有森林公安民警考录为公务员、经费纳入各级财政预算等工作。

（邹庆浩）

【森林公安机构及人员】 2005年，森林公安机构数比2004年增加82个，增加了1.21个百分点；全国森林公安实有民警数同比增加1262人，增加了2.23个百分点。在民警总数中，女民警占民警总数的8.97%，同比增加15.89个百分点；党员占民警总数的54.95%，同比增加1.88个百分点。大专以上文化程度民警占63.45%，同比增加16.17个百分点；高中、中专文化程度民警占32.53%，同比减少15.91个百分点；初中以下文化程度民警占4.61%，同比减少10.98个百分点。年龄在30岁以下的民警占总数的22.56%，同比减少5.50个百分点；31～50岁的民警占总数的67.29%，同比增加0.82个百分点。

（王凤阁）

【森林公安警衔评授】 2005年，国家林业局森林公安局共受理全国各地森林公安机关上报的人民警察警衔8894人，办理8841人，退回存在各种问题的53人。实际审核批准晋升二级警监警衔4人，晋升三级警监警衔32人；首授警督警衔182人，晋升警督警衔3065人；首授警司警员警衔2007人，晋升警司警员警衔3551人。2005年，分4期共安排19人参加公安部举办的警督晋升警监警衔培训班，并顺利完成授衔。

（朱健雄）

【森林公安教育训练】 根据《森林公安机关在职民警2001～2005年教育培训规划》要求，本着公安部提出的“干什么、练什么，缺什么、补什么”的原则，结合公安机关“大练兵”活动，各级森林公安机关积极做好民警教育训练工作。2005年，国家林业局森林公安局共组织森林公安人民警察警衔晋升训练班10期，培训人员1338人；组织领导干部初任培训班2期，培训人员135人；举办全国县级以上森林公安机关政工干部轮训班21期，培训人员1348人。

（王凤阁）

【森林公安立功创模】 2005年，全国森林公安系统有553个（次）集体受到表彰，其中有25个（次）集体获得荣誉称号，35个（次）获得集体二等功表彰，244个（次）集体获三等功，249个（次）集体获嘉奖。在获得荣誉称号的集体中，黑龙江省绥阳林业地区公安局被公安部授予2003～2004度全国公安系统优秀公安局荣誉称号，成为继内蒙古满归森林公安局之后，森林公安系统第二个获此殊荣的单位；有8个单位被授予全国优秀基层单位荣誉称号；有7个单位被公安部、共青团中央授予2004年度全国公安系统青年文明号荣誉称号。

全国森林公安民警共有2272人次受到表彰，其中吉林省临江县森林公安局长王保文被评为任长霞式公安局长，是全国28名获此殊荣的优秀民警之一；33名民警被公安部评为2003～2004年度全国公安系统优秀人民警察。其他为个人一等功6人，个人二等功93人，个人三等功781人次，1358人次荣获个人嘉奖。

（王凤阁）

【森林公安优抚工作】 2005年，按照公安部、财政部《因公牺牲公安民警特别补助金和特别慰问金管理暂行规定》的规定，国家林业局森林公安局对符合条件的170名1980～2002年因公牺牲民警的家属发放了特别慰问金，对符合条件的18名2003年以来因公牺牲民警的家属发放了特别补助金。这是自《暂行规定》下发后，森林公安系统首次为因公牺牲民警的家属发放特别慰问金和特别补助金。

受国家林业局贾治邦局长、雷加富副局长委托，国家林业局森林公安局局长杜永胜带领慰问组，赴吉林、辽宁两省向有关烈士家属发放了特别补助金和慰问金，看望、慰问了基层森林公安民警。慰问组在吉林省露水河森林公安局举行因公牺牲森林公安民警特别慰问金发放仪式，转达了国家林业局党组和公安部党委对森林公安英烈的深切哀悼，对英烈家属亲切慰问，向张振起等5位因公牺牲民警家属发放了特别慰问金；同时，慰问组还深入辽宁省阜新县森林公安分局大板派出所因公牺牲民警赵柏秋、赵林以及葫芦岛市连山区林业派出所烈士金世忠的家中进行了慰问，向他们发放了特别慰问金和特别补助金。此外，慰问组还先后到吉林省白河森林公安局、靖宇县公安局板石林业派出所、露水河森林公安局、辉南森林公安局榆树岔派出所以及辽宁沈阳市棋盘山森林公安派出所、阜新县森林公安分局和大板派出所、绥中县森林公安分局等单位，看望慰问了森林公安民警。

2005年，森林公安系统共有13名民警因公牺牲，15人因公负伤，27人病故。

（王凤阁）

【2005年度省级森林公安局工作考核】 为表彰先进，激励斗志，根据《省级森林公安局工作考核办法》的规定，国家林业局森林公安局对各省（区、市）森林公安局2005年度工作开展情况进行了量化考核。根据考核结果，综合排名前5位的河南、湖北、北京、山西和浙江省（市）森林公安局被授予2005年度工作先进单位称号。国家林业局森林公安局建议所在省林业主管部门对上述单位进行相应奖励。同时，对年内单项工作有突破的北京、山西、内蒙古、吉林、安徽、福建、江西、河南、湖南、广东、重庆、贵州、青海、宁夏等14个省（区、市）森林公安局一并进行了通报表彰。 （敖孔华）

【全国森林公安信息化建设和信息安全培训班】 2005年9月16～22日在四川省都江堰市举办。国家林业局森林公安局副局长张萍到会并讲话。培训班系统地分析了森林公安信息化建设的现状、存在的问题和不足，要求各级森林公安机关深化认识，增强工作紧迫感和责任感，尽快接入全国公安信息系统，尽快实现网络办公和网上办案，努力开创森林公安信息工作新局面。培训班邀请有关专家作了信息网络的建设和管理、信息报送、信息网络安全等方面的专题讲座，组织学员考察学习了四川省公安系统的信息化建设情况，并针对信息化建设、网络安全等问题召开了专门的技术研讨会。 （蒋岳新）

【森林公安警务督察】 2005年，国家林业局森林公安局先后组织3次专项督察行动，共派出19个督察组，对28个省（区、市）的311个基层森林公安单位贯彻执行“五条禁令”、枪支和警车的使用管理、警容风纪、重大警务部署的落实等情况进行了明查暗访。国家林业局森林公安局和各督察组及时向相关单位通报了督察结果，要求存在问题的森林公安机关进行限期整改。通过专项督察，有力地促进了森林公安工作，推动了队伍正规化建设，并取得良好效果。2005年，森林公安民警违反“五条禁令”和其他违法违纪案件均比2004年有了明显下降。（张子辉）

【森林公安组织开展集中处理群众信访问题活动】 为深入推进保持共产党员先进性教育活动，认真贯彻实施国务院新修订的《信访条例》和中央政法委组织开展的“规范执法司法行为，促进执法司法公正”专项整改活动，按照公安部的统一部署，2005年5月9日至9月6日，国家林业局森林公安局组织全国森林公安机关开展了集中处理群众信访问题活动。活动期间，全国森林公安机关累计接待来访群众5600人次，办理群众信访案件1560起，办结1093起，办结率为70%，大部分信访案件解决在基层，进京上访人数明显减少。通过开展集中处理群众信访问题活动，各级森林公安机关既总结积累了一些解决信访问题的好方法，建立健全了相应的工作制度，同时也对自身存在的一些不足进行了积极整改，民警的执法为民意识明显增强，执法管理水平进一步提高，警民关系得到进一步改善，林区治安形势有了明显好转。 （张子辉）

【森林公安先进典型宣传】 为弘扬先进，激励斗志，2005年国家林业局森林公安局组织开展了森林公安先进典型集中宣传活动。从6月份开始，在《中国绿色时报》开辟专版专栏，重点对16个森林公安先进集体和44名先进个人进行了集中宣传。16个集体为2004年度全国公安系统青年文明号单位、2003～2004年度全国公安系统优秀基层单位和全国优秀公安局等单位；44名个人为任长霞式公安局长、2003～2004年度全国优秀人民警察以及2005年8月来京参加全国公安英模代表大会的森林公安英模代表。通过对这些先进集体和典型人物的宣传，弘扬了正气，鼓舞了士气，凝聚了警心，树立了森林公安良好的社会形象。 （张子辉）

【森林公安思想政治工作】 2005年，全国森林公安思想政治工作坚持以邓小平理论、“三个代表”重要思想和党的十六大、十六届三中、四中、五中全会精神为指导，以深入贯彻落实中央林业决定、《中共中央关于进一步加强和改进公安工作的决定》、《国务院办公厅关于解决森林公安及林业检法编制和经费问题的通知》及《国家林业局公安部关于加强森林公安队伍建设的意见》为主要内容，以组织开展保持共产党员先进性教育活动为引导，以开展“集中处理群众信访问题”、“规范执法行为、促进执法公正”和“爱民实践活动”等专项活动为载体，方法灵活多样，内容丰富多彩，成效比较显著。广大森林公安民警思想政治素质和政策理论水平得到明显提升，政治敏锐性和鉴别力明显增强，理想信念和宗旨意识更加坚定，法制观念和服务意识更加牢固，纪律和作风明显改善。但是，受编制、经费长期得不到解决的影响，各级森林公安机关普遍存在警力不足、经费保障不到位、民警工作压力大、民警待遇较同行偏低等问题，导致部分民警出现心理失衡，工作积极性受到一定影响。为此，要积极拓宽思想政治工作渠道，增强思想政治工作的针对性和实效性，帮助解决广大森林公安民警所关心的实际问题。要认真贯彻《国务院办公厅关于解决森林公安及林业检法编制和经费问题的通知》精神，尽快落实编制和经费。 （张子辉）

森林公安执法

【综　述】　2005年，全国各级森林公安机关在当地党委、政府和林业、公安部门的统一领导下，充分发挥职能作用，依法严厉打击破坏森林和野生动植物资源的违法犯罪活动，有力地保护了森林及野生动植物资源安全，维护了林区社会治安稳定。全国森林公安机关全年共受理森林和野生动物刑事、行政案件209 678起，比2004年上升12.9%。全年共查处案件205 239起，打击处理各类违法犯罪人员271 805人次，收缴林木、树木和木材901 627立方米、野生动物1 932 093只(头)，全部案件涉案金额32.07亿元。

2005年，森林公安共立森林和野生动物刑事案件13 398起，同比减少166起，下降1.2%。其中：重大案件1760起、特大案件585起，分别占案件总数的13.1%和4.4%；破案11 639起，同比减少250起，下降2.1%。刑事案件呈现以下特点：①森林刑事案件整体保持平稳，个别案件升降幅度较大；野生动物刑事案件大幅下降，由于基数小，实际波动不大。全年共立森林刑事案件12 943起，同比上升0.2%。全年共立野生动物刑事案件455起，同比下降29.9%。②森林和野生动物重特大案件呈下降趋势。全年共办理重特大案件2345起，占刑事案件总数的17.5%，同比下降30.2%。其中，重特大森林刑事案件2168起，下降31.3%；重特大野生动物刑事案件177起，下降13.7%。③盗伐、滥伐与火灾仍是破坏森林资源犯罪的主要形式，非法猎捕、杀害珍贵、濒危野生动物，非法收购、运输、出售珍贵、濒危野生动物及其制品和非法狩猎是破坏野生动物资源犯罪的主要形式。全年共立盗伐林木案3717起、滥伐林木案3470起、失火和故意放火烧毁森林案件2938起，分别占森林刑事案件总数的28.8%、26.9%和22.7%。非法猎捕、杀害珍贵、濒危野生动物案件，非法收购、运输、出售珍贵、濒危野生动物及其制品案件和非法狩猎案件在野生动物刑事案件中分别占到27.2%、57.1%和10.6%。④大量珍贵树木、珍稀植物和国家重点保护野生动物遭到严重破坏。全年办理的案件共损失珍贵树木和珍稀植物121.9万株，国家一、二级保护野生动物23 661只(头)。

2005年度，森林公安共受理森林和野生动物行政案件196 280起，比2004年上升13.4%；共查处森林和野生动物行政案件193 600起，同比上升14.3%，案件查处率98.6%。行政案件呈现以下特点：①森林行政案件持续上升，野生动物行政案件继续下降。在2004年比2003年上升6.9%的基础上，2005年受理的森林行政案件数量再度上升13.6%，达到189 697起。野生动物行政案件数量则继续下滑，减少到6583起，同比下降10.9%。②流通领域的违法行为仍是破坏森林和野生动植物资源违法行为的主要形式，且案件增幅较大。全年共受理违法运输木材案件59 095起、违法收购明知是盗伐滥伐的林木案件15 449起、违法经营加工木材案件9068起，分别上升19.1%、18.3%、14.1%，三类占全部森林行政案件的44.1%。共受理违法出售、运输、携带野生动物及其制品案件4015起，占全部野生动物行政案件的61%。③盗伐、滥伐林木、毁坏森林或林木、擅自改变或者占用林地、森林火灾案件仍居高不下。全年共受理盗伐林木案件24 217起、滥伐林木案件27 919起，分别上升5.8%、2.2%；受理擅自改变或占用林地案件9037起，上升10.8%；受理毁坏森林或林木案件7657起、森林火灾案件6112起，分别下降5.2%、19.8%。④野生动物行政案件发案种类较为集中。除违法出售、运输、携带野生动物及其制品案件4015起外，全年共受理非法狩猎案件1029起、违法猎捕野生动物案件952起，其他各类野生动物行政案件均不超过50起。　（汶　哲）

【“冬季严打”行动】　为进一步严厉打击破坏森林和野生动植物资源违法犯罪活动，确保林区安全与稳定，2005年12月至2006年1月底，国家林业局森林公安局在全国范围内组织开展了“冬季严打”专项行动。各级林业主管部门和森林公安机关高度重视，积极争取地方党委和政府的支持，认真分析岁末年初森林和野生动物资源保护的严峻形势，在公安、检法、工商、铁路、民航等部门的大力支持和密切配合下，本着“什么违法犯罪突出就重点打击什么，什么问题突出就重点整治什么”的原则，重点打击了非法侵占林地，盗伐、滥伐林木，非法收购、运输盗伐滥伐林木，非法猎捕、杀害珍贵、濒危野生动物和非法收购、运输、出售珍贵、濒危野生动物及其制品等违法犯罪活动，行动取得了显著成效，有效地保护了我国森林和野生动物资源。据统计，行动期间，全国森林公安机关共出动警力近33万人次、车辆11万余台次，查处各类森林和野生动物案件34 432起，其中刑事案件1934起，抓获犯罪嫌疑人2914人，打击处理违法人员4万余人次，收缴林木木材9.57万立方米、野生动物近40万只（头），涉案财物总价

值高达2.65亿元。（郑璐璐）

【林区禁毒】 为认真贯彻胡锦涛总书记打一场禁毒人民战争的重要指示精神，按照国家禁毒委员会的总体部署，2005年，国家林业局在全国部署开展了为期3年的林区禁毒人民战争。国家禁毒委员会部署开展禁毒人民战争的电视电话会议召开后，国家林业局立即召开局党组会议，传达、学习周永康同志的重要讲话精神，研究、部署林业系统开展禁毒人民战争的工作方案。①成立了由党组成员、副局长雷加富任组长的林区禁毒人民战争领导小组；②4月30日和8月1日，两次发出通知，明确林区禁毒人民战争的工作重点、目标和任务，建立了信息报送、奖惩等制度；③召开有13个重点省（区、市）参加的工作座谈会，对深入推进林区禁毒人民战争进行再动员、再部署；④根据工作进展情况，先后派出6个工作组赴各地检查、督促和指导林区禁毒工作。各级林业主管部门按照国家林业局的部署要求，紧密围绕国家禁毒委员会赋予林业部门的职责任务，以禁毒严打、堵源截流、禁毒预防三大战役为龙头，充分发挥森林公安机关的主力军作用，严厉打击林区涉毒违法犯罪活动。①以禁种铲毒为核心，深入开展禁毒严打战役。各级林业主管部门结合本地林区毒品原植物的生长季节，集中力量、集中时间，分区域、有重点地开展了大规模的踏查铲毒行动，投入的人力、物力、财力，踏查的密度、力度和面积都是近年来最大的一次。8月份，内蒙古大兴安岭森林公安机关破获一起近年来林区罕见的特大种、制、贩毒案件，缴获生鸦片5.85千克，抓获犯罪嫌疑人9名。②配合有关部门，积极参与堵源截流战役。主要从东北、东南两个方向入手，有效遏制林区毒品来源。吉林省制定下发了《林区边境一线治理重点跨国贩毒通道实施方案》，初步构建起治理林区跨国贩毒通道、堵截境外毒品渗透的工作格局。广东省将发现毒品加工制造窝点的任务落实到每一名派出所民警和护林员，并专门举办了毒品加工窝点识别培训班。③发挥自身优势，广泛开展禁毒预防战役。据不完全统计，禁毒人民战争开始以来，各级林业部门已出动禁毒宣传车2000余台次，制作横幅、标语4.5万余条，散发宣传材料23万余份。在面向全体林区群众宣传的基础上，各地还突出对林业施业区内的村屯住户、流动人口、野外农业户、沟系承包户等重点对象的宣传教育，收到良好效果。（汶　哲）

【森林公安开展“规范执法行为，促进执法公正”专项整改活动】 按照中央政法委、公安部的统一部署，2005年6月1日至11月30日，森林公安在全国范围内组织开展了为期6个月的“规范执法行为，促进执法公正”专项整改活动。在专项整改活动中，各级森林公安机关认真贯彻国家林业局领导的重要指示和国家林业局森林公安局电视电话会议精神，以规范执法行为为主要内容，紧紧围绕人民群众反映强烈、森林公安自身存在的突出问题进行了集中整改，规范了重点执法岗位和执法环节工作，不断加强执法制度建设和执法监督。通过开展专项整改活动，森林公安机关及其民警的执法行为得到进一步规范，执法工作中存在的突出问题得到有效解决，执法质量和执法水平显著提高，也进一步密切了警民关系。活动结束后，国家林业局森林公安局对北京市森林公安局等5个优秀组织单位和北京市顺义区森林公安处等53个执法规范化建设优秀单位进行了通报表彰。

（汶　哲）

【最高人民法院颁布破坏林地资源刑事案件司法解释】 2005年12月19日，最高人民法院审判委员会第1374次会议通过了《最高人民法院关于审理破坏林地资源刑事案件具体应用法律若干问题的解释》（法释［2005］15号），并于2005年12月30日起施行。《解释》对属于《刑法修正案（二）》规定的“数量较大，造成林地大量毁坏”情形作出了明确规定，提供了具体的数量标准，为森林公安机关依法办理非法占用林地等破坏林地资源刑事案件提供了重要法律依据。（汶　哲）

森林公安基础建设

【森林公安派出所建设】 2005年，各级森林公安机关以《公安部关于进一步加强公安派出所建设的意见》为指导，以派出所等级评定为载体，大力加强“三情四网”等基础业务建设，积极开展预防、发现和打击破坏森林及野生动植物资源违法犯罪活动，努力维护林区社会治安秩序；大力解决制约森林公安派出所建设的困难和问题，使派出所警力、办公用房、装备配备等警务保障工作有了突破性进展，派出所外观形象明显改善。战斗在保护森林资源第一线的广大森林公安派出所民警扎实工作、无私奉献，涌现出了一大批林区社会治安秩序稳定、人民群众满意的先进派出所。7月14日，公安部新命名内蒙古自治区克什克腾旗森林公安分局黄岗梁派出所等20个森林公安派出所为一级公安派出所，国家林业局森林公安局新命名河北省蔚县公安局林业治安派出所等151个森林公安派出所为森林公安系统二级公安派出所。连同重新认定的一、二级派出所，截至2005年年底，全国森林公安系统共有一级派出所62个、二级派出所316个，占派出所总数的8.4%。（汶　哲）

【全面推广《公安派出所建筑外观形象设计规范》】 2005年，公安部制定下发了《公安派出所建筑外观形象设计规范》。为抓好《规范》的落实，统一森林公安派出所建筑外观，方便林区群众远距离识别，国家林业局森林公安局及时转发了该《规范》，并提出三点具体要求：①各地新建森林公安派出所，必须按照《规范》要求进行设计和施工；已建森林公安派出所要结合日常维修，按照《规范》要求3年内完成改造。②各单位要高度重视《规范》的推进工作，积极协调林业主管部门，多渠道争取派出所建筑外观改造资金。③各地《规范》落实工作作为一、二级派出所等级评定工作的考核指标之一，对没有达到《规范》要求的派出所，取消其一、二级派出所的评选资格。（贺　飞）

【部分省（区）森林公安装备工作研讨班】 2005年9月24～28日在西安市举办，山西、内蒙古、辽宁、吉林、黑龙江、福建、河南、湖南、广东、云南、陕西、甘肃等12个省（区）森林公安局参加。研讨班围绕“森林公安‘十一五’期间装备和基础设施建设发展思路”，“如何利用理顺编制经费和派出所管理体制契机加强基层单位装备和基础设施建设工作”，“落实警用衬衣换装和《公安派出所建筑外观形象设计规范》等有关工作”，“规范森林公安警、囚车审批和管理工作”，“规范森林公安装备和经费统计年报表上报工作”和“统筹做好胸徽警号制作和发放工作”等6个议题进行了研究讨论，并实地调研了陕西省森林公安基层基础建设和装备工作。

（贺　飞）

【森林公安开通公安文稿管理系统】 公安文稿管理系统是向《中国警务报道》等公安新闻媒体上传宣传稿件的平台。为进一步拓宽森林公安宣传渠道，国家林业局森林公安局积极协调公安部宣传局，于2005年5月在全国森林公安系统开通了公安文稿管理系统，并要求各地落实专人负责此项工作。2005年，森林公安通过公安文稿管理系统上传217篇宣传稿件，其中84篇被《中国警务报道》和其他媒体采用，采用率达到46.7%。（张子辉）

森林资源与林政管理

【森林资源与林政管理综述】 2005年，森林资源和林政管理工作进一步加强森林资源管理体系建设，坚定不移地推进森林资源管理的各项改革，坚持依法治林和“严管林”不动摇，进一步加大林地林权管理、综合监测、资源利用管理和资源监督等各项工作的力度，全面提升森林资源管理水平，为加强我国新时期森林资源管理，促进林业健康持续发展作出了新的贡献。

明晰新时期森林资源管理和监督工作思路。组织对当前我国森林资源管理和监督的现状进行了深入、全面、系统的分析、讨论，下发了《国家林业局关于进一步加强森林资源管理工作的意见》，召开全国森林资源林政管理工作会议和森林资源监督工作座谈会。总结了近5年来的成绩与经验，分析了形势与问题，研究了任务与对策，确立了森林资源管理“在林业和生态建设中的核心地位，在林业产业发展中的基础地位，在林业行政执法中的主体地位”。明确了森林资源管理工作的指导思想、目标要求，提出了新时期森林资源管理的战略目标、战略重点、战略途径、战略保障、战略措施和战略方针，为森林资源管理和监督工作指明了方向。

森林资源监测

第六次清查汇总工作　配合召开了新闻发布会。组织编著出版了《中国森林资源报告》、《中国森林资源》、《中国森林资源清查》、《中国森林资源图集》、1∶400万全国森林分布图以及遥感影像图等，以及《全国森林资源统计（1999～2003）》和《第六次全国森林资源清查森林资源专项分析》等一系列成果，满足了不同层次的需求。森林资源监测结果为我国生态建设状况处于“相持阶段”的科学论断作出了历史性贡献。

2005年森林资源清查工作　召开了2005年全国森林资源连续清查前期和中期工作会议。印发了《〈国家森林资源连续清查技术规定〉补充规定（试行）》，进一步统一和改进了清查技术方法，规范技术操作，确保了清查工作的顺利开展。在全面总结以往清查工作的基础上，下发了《国家林业局关于部署2006年森林资源清查工作的通知》，对2006年的清查工作做了全面的部署和安排，完成了2006年清查基本建设经费预算的编制工作。尤其是针对西藏清查难度大、成本高的特点，在征求西藏林业局意见的基础上，召开了专题会议，研究制定了西藏连清复查的技术方案，重点抓好清查力量组织、经费测算落实。

全国森林资源信息管理系统建设 全国森林资源数据库建设试点示范项目，即森林资源信息管理系统试点项目批准后，组织制定了试点示范项目建设工作方案及其配套的技术方案。召开了项目建设单位和试点省参加的全国森林资源数据库建设试点示范项目启动会，各项工作全面启动，进入正式实施阶段。

全国森林资源和生态状况综合监测体系框架研究和建设 经局领导批准，印发了《全国森林资源和生态状况综合监测体系建设框架研究工作方案》，基本完成了框架研究报告。为提高重点公益林信息管理水平，开展重点公益林信息系统研究，开发了重点公益林数据管理系统。

自然资源和地理空间信息库建设 根据国家地理空间信息协调委员会的要求，开展了自然资源和地理空间基础信息库——林业数据分中心建设项目研究工作。编制了项目可行性研究报告，经国家林业局林业资源地理空间信息库建设领导小组审议，成果已报送国家地理空间信息协调委员会办公室。

全球竹资源评估中国评估 根据联合国粮农组织和国际竹藤组织的要求，编写了2005年全球竹资源评估国家报告框架和中国国家报，按时编写并提交了国际竹林资源清查手册框架，受到国际竹藤组织的高度赞扬。

生物质能源调查评价工作 根据国务院关于“组织开展生物质能源（林业部分）调查、评价工作”的要求，研究提出了全国生物质能源资源调查原则方案和技术思路，完成了《全国林业生物质能资源概略情况》、《生物质能资源调查、评价工作概要方案》、《全国林业生物质能资源调查方案（初稿）》。组织了主要生物能源树种数量、分布的调查，并对适宜发展生物质能源建设的宜林地面积、分布进行了估算。

全国二类调查开展 开展了对全国二类调查进展情况摸底工作。汇总分析结果表明，各地对二类调查日益重视，开展情况明显好于“九五”期间，完成二类调查的省（区、市）和单位占72%。

森林资源利用管理

完善森林资源采伐政策 继续组织开展了长江上游、黄河上中游天保工程区人工商品林采伐管理试点和部分省（区）农田防护林采伐更新试点工作，出台了《国家林业局关于加强农田防护林采伐更新管理的意见》。认真组织、指导国家级森林可持续经营试点单位的工作，新增了国家级森林可持续经营试验示范单位。下发了《关于开展森林资源经营管理分区施策县级试点的通知》，分区施策县级试点工作顺利进行。

重点国有林区森林资源采伐利用管理 为加强重点国有林区森林资源的采伐利用管理，下发了《国家林业局关于进一步加强重点国有林区森林采伐管理的通知》。按照局领导的指示，对2005年重点国有林区“冬采”检查进行了组织和部署，制定了检查实施方案，强化了对检查人员培训，共组织13个检查组对9个企业局进行了重点检查，促进了重点国有林区冬季采伐的依法进行和采伐限额的有效执行。

木材流通管理和治理公路“三乱”工作 根据《全国木材检查建设总体规划》和林业基本建设项目投资预算编制的要求，完成了2006年木材检查站投资预算编制工作。继续强化林业系统治理公路“三乱”工作，云南、山西等省治理公路“三乱”工作通过了国务院纠风办的明查暗访及检查验收，进一步巩固了林业系统治理公路“三乱”成果。

临时增加采伐限额的行政审批 进一步完善了审批的内部规定，健全了相关制度，强化了审批管理。据统计，全年共办理完成各类临时增加采伐限额行政审批150余项。同时，为切实提高森林采伐管理和临时增加采伐限额审批管理的现代化水平和工作效率，组织开发了森林采伐管理系统软件，初步完成了软件开发。

森林采伐技术规程研究 为规范我国森林采伐作业行为，促进森林资源可持续经营管理提供了重要依据。在前几年工作的基础上，经专家论证会审议，颁布了《森林采伐作业规程》（行业标准）。正式启动了国际热带木材组织（ITTO）援助的加强森林采伐作业规程实施能力建设项目和瑞典宜家公司（IKEA）援助的森林可持续经营技术规程的编制与应用项目。

全国“十一五”期间年森林采伐限额编制 完成了采伐限额的全国汇总、审核、协调、反馈和报批等一系列任务，并报请国务院下发了《国务院批转国家林业局关于各地区“十一五”期间年森林采伐限额审核意见报告的通知》，完成了相关配套文件的拟定工作。这次编限工作，共采用和分析各类基础数据1.2亿组，形成采伐限额编制成果数据70多万组。总体上看，编限工作充分体现了实施以生态建设为主的林业发展战略，与“十五”相比，取得了多项改革创新和重大突破。在采伐限额的测算和核定上，做到了与促进森林可持续经营、推进林木采伐管理改革和加强重点区域资源保护的有机结合，有效地促进了由采伐天然林为主向采伐人工林为主、由森林经营管理政策统一向分区施策、由单纯控制消耗向生态保护与林业产业发展并重、由低价值消耗向高价值利用的转变。在采伐限额的管理上，取消了国家备用采伐限额，改革了毛竹限额的编制和管理方式，实行了对工业原料林和达到一定规模非公有制商品林限额的单编单列，合理编制了长江、黄河天保区人工商品林的采伐限额，切实调减了东北、内蒙古重点国有林区的木材产量。

林地保护管理

征占用林地审批管理 为加强和规范征占用林地

管理，积极协调铁道部、总后勤部、石油天然气总公司等部门和单位，督促他们依法办理工程建设征占用林地手续，下发了文件，规范征占用林地审批行为。坚持严格依法审批使用林地事项，全年共审核征占用林地254件。

国有林区林地管理情况专题调研　按照温家宝总理、回良玉副总理的批示，针对国有林区存在的毁林开荒、国有林地流失严重等问题，下发了《国家林业局关于开展重点林区已开垦林地清查工作的通知》和《国家林业局办公室关于开展东北内蒙古林区国有林地有关情况调查的通知》，并组织开展了专题调研。

《全国林地保护利用规划纲要》编制工作　在对福建、广东等地调研的基础上，完成了《全国林地保护利用规划》的工作方案和提纲的编写，规划编制工作迈开实质性步伐。

林业产权制度改革

集体林区和国有林区林权制度改革　在对福建、江西两省林权改革调研基础上，对集体林权制度改革情况进行了总结，为推进林权制度改革，指导集体林区的林权制度改革健康、有序地进行，起草了《国家林业局关于全面推进南方集体林区林权制度改革的指导意见》。改革范围不断扩大，实施林权制度改革的地方，由闽、赣两省部分地区扩展到了全省范围，由闽、赣两省扩大到重庆、辽宁等地。凡是进行集体林权制度改革的地方，林业生产资料得以盘活、多种生产资源实现优化配置，林业生产力得到释放，林区社会经济随之呈现出生机和活力，林业为建设社会主义新农村和构建和谐社会创造了积极条件。国有林区产权制度改革试点有序推进。对伊春上报的改革方案，进一步广泛征求了各有关方面的意见，进行了系统修改和完善，并按程序向国务院上报了《伊春重点国有林区产权制度改革试点方案》。

国家直接收购重点公益林试点　国家直接收购个人投资营造的重点公益林试点工作，是胡锦涛总书记亲自交办，局领导指派的一件大事。这项工作政策性强，涉及有关林业政策的重大调整，是国家对林业产权结构进行调整，维护群众产权利益的一种新的方式，将对我国林业建设产生深远影响。在广泛收集资料、反复征求意见后，起草了试点方案和试点工作安排，召开试点领导小组会议，进行了审议。深入贵州省开展调查研究，形成专题调研报告，掌握了各级各有关部门和单位、个人投资者对收购试点工作的态度、要求，对收购对象、范围、方式、价格标准和收购后的管护机制等有关问题提出了基本设想。制定了《国家直接收购个人投资营造的重点公益林试点实施方案》，召开了国家直接收购试点工作座谈会，在征求有关部委意见的基础上，进一步完善了《实施方案》，将按程序上报国务院批准后实施。

重点国有林区森林资源管理体制改革试点　为积极推进重点国有林区森林资源管理体制改革试点，在加强日常管理和指导的基础上，对6个试点局的工作运转情况进行了调研，全面掌握了试点工作进展状况。起草了《重点国有林区森林资源管理体制改革试点工作评估方案》，并着手准备启动改革试点评估工作，为东北、内蒙古重点国有林区森林资源管理体制改革提供经验。

森林资源监督

编写森林资源监督工作报告　督促、指导各派驻森林资源监督机构认真履行监督职责，高质量完成年度监督工作报告和监督通报，按时向国家林业局和驻在省（区、市）政府提交了年度森林资源监督工作报告。14个专员办共向22个省（区、市、集团公司）提交了2004年森林资源监督通报。西安、成都、长春、乌鲁木齐、云南等专员办向监督省（区）政府提交的监督报告，引起了省（区）党委、政府领导的高度重视，促进了对林业工作的领导。

6省（市）森林资源监督　形成了《6省（市）森林资源监督工作联系制度》，明确了局监督办与6省（市）的责任和义务，得到了6省（市）林业主管部门的一致认同。召开了6省（市）森林资源监督工作协调会，确定了6省（市）森林资源监督工作的重点，理清了工作思路，指明了工作方向，6省（市）森林资源监督工作迈出实质性步伐，我国森林资源监督工作步入实质意义上的全覆盖。

林政执法

打击破坏森林资源专项行动　此次专项行动，历时两个半月。整个行动全国共出动林政执法人员、公安民警48万人次，查处各类案件7.6万起，查结7.1万起，查结率93.6%；收缴木材11.8万立方米；挽回经济损失约3.2亿元；处理有关责任人7.3万人，其中：行政处罚近7.0万人次，移交司法机关3629人，追究4400名责任人的党纪政纪责任。国家林业局挂牌督办的10起案件得到了依法查处，产生了积极影响。

森林资源管理情况专项检查　针对云南省思茅市近年来不顾森林资源的承载能力，盲目发展木材加工利用业，导致森林资源破坏严重的情况，根据局领导的指示，与云南省政府联合对思茅市景谷县的森林资源消耗和管理情况进行全面检查。历时一个多月，基本查清了景谷县森林资源管理存在的问题，分析解剖了超限额采伐的原因，为下一步建立健全森林资源保护管理的长效机制起到了推动作用。

林政案件的批转和督办查处　2005年，全国共发生林政案件37.57万起，查处36.93万起，查处率98.30%。通过查处各类林政案件，全国共收缴木材66.81万立方米，没收违法所得1.05亿元，处以罚款2.98亿元，责令赔偿损失0.21亿元，补征林业规

费0.96亿元，挽回经济损失5.20亿元，责令补种树木830.39万株，行政处罚39.09万人次。监督办全年下发查办通知书71份，已查结案件41起。重点对太原市森林公园违法修建高尔夫球场、铁力市林业局违法修建墓地、迁西县毁林开矿和宜万铁路非法征占用林地等案件进行及时查办，督促责任单位依法处理。

年度核查、检查

营造林综合核查 共完成349个县级单位，1532个乡级单位，102 188个小班和260个飞播区的核查任务，实际抽查面积53.84万公顷，核查结果得到局党组和各有关司（局）的充分肯定。

重点公益林管护情况核查 2005年是中央生态补偿制度正式全面实施的第一年。在2004年重点公益林认定的基础上，开展了重点公益林管理情况调研，进一步完善了重点公益林管护核查办法，为下一步核查工作打下了基础。经与财政部和总后勤部多次沟通、协商，完成了总后勤部向国家申报并已纳入补偿的重点公益林的核查。

“三总量”检查 通过对4个森工企业局的“三总量”检查结果表明，东北、内蒙古重点国有林区“三总量”执行情况继续好转，林木采伐管理的整体水平有所提高，木材流通秩序逐步好转。同时，也发现有3个局仍然不同程度存在超商品材计划生产木材，个别局木材运输证发放管理混乱等突出问题。对检查出的问题下发了整改通知书，督促有关单位进行认真整改。

全国森林采伐限额执行情况检查 共对24个省（区、市、集团公司）的34个县（局）的2004年森林采伐限额执行情况进行了检查。结果表明，各级政府高度重视林木采伐管理工作，全国森林采伐限额制度执行情况继续好转，大规模超限额采伐现象基本上得到遏制，林木采伐管理水平有了明显提高。全国采伐证发证率平均为75.5%，与2004年度相比提高了13.1个百分点。全国的伐区凭证采伐率93.9%，比2004年度的92.8%略有上升。

征占用林地检查 共对全国34个省（区、市、集团公司）的201个县（局）2004年度征占用林地情况进行了检查，共检查征占用林地项目2340起，实际征占用林地面积10 921.7443公顷。征占用林地项目审核率为86.8%，较2004年上升了2.2个百分点；面积审核率为94.0%，较2004年上升了3.1个百分点。应缴纳森林植被恢复费的项目2261起，应缴纳费用5.98亿元，实际缴纳项目为1942起，实际缴纳费用4.93亿元，项目收缴率为85.9%，较2004年下降0.1个百分点，费用收缴率为82.5%，较2004年下降了3.3个百分点。在检查过程中发现，各地通过开展征占用林地清理整顿大检查和打击破坏森林资源专项行动，提高了林地管理水平，征占用林地审核审批管理工作得到进一步加强。

森林资源综合管理

《全国森林资源林政管理系统“十一五”和中长期规划》和《森林资源监督体系建设“十一五”和中长期规划》编制 在做了大量研究、协调工作的基础上，完成了两个规划初稿，并在全国森林资源林政管理工作会议上征求各省（区、市）和各单位的意见后，做了补充和修改，形成了两个《规划》的征求意见稿。根据2005年中央经济工作会议精神，又做了进一步的修改完善，取得了阶段性成果。

森林资源管理2006年计划内基本建设投资项目和部门预算的编制 按照局计资司的要求，编制了2006年计划内基本建设投资项目和部门预算，并多次与有关部门协调后形成预算方案，为2006年和“十一五”工作的顺利开展奠定了基础。

（肖兴威　蒋成张）

森林资源管理

【国家林业局进一步加强森林资源管理工作】 为深入贯彻中央林业决定，全面实施以生态建设为主的林业发展战略，推进林业持续快速协调健康发展，根据生态建设状况处于治理与破坏相持阶段的特点和要求，2005年9月2日，国家林业局下发了《关于进一步加强森林资源管理工作的意见》，就全面加强森林资源管理，明确了指导思想、目标与任务，并提出了具体要求（全文见本书“重要林业法律法规”部分）。

（杨　净）

【全国森林资源管理先进单位和先进工作者表彰】 2005年8月，国家林业局下发了《关于表彰全国森林资源管理先进单位和先进工作者的通报》，对北京市林业局林政资源处等153个单位和北京市林业局王丹英等200名同志予以通报表彰，并分别授予全国森林资源管理先进单位和全国森林资源管理先进工作者荣誉称号。

全国森林资源管理先进单位

北京市　市林业局林政资源处　房山区林业局

天津市　大港区农委会林业科

河北省　雾灵山国家级自然保护区管理局　唐山市林业局林政处　滦平县林业局　沧县林业局

山西省 长治市林业局 大同市林业局 中条山森林经营局 忻州市林业局资源管理林政科

内蒙古自治区 自治区林业厅资源林政处 赤峰市林业局 自治区第二林业勘察设计院 鄂尔多斯林业局森林资源林政管理站 乌兰察布市林业局资源林政管理科 锡林郭勒盟多伦县林业局

辽宁省 辽阳市林业局 朝阳市林业局 清原满族自治县林业局 桓仁满族自治县林业局 省林业厅森林资源管理处

吉林省 通化县林业局 磐石市林业局 汪清县林业局 长春市双阳区林业局 江源县林业局 露水河林业局 汪清林业局 松江河林业局

黑龙江省 哈尔滨市林业局资源林政管理处 鹤岗市林业局林政科 双鸭山市林业局林政科 阿城市林业局 富锦市林业局

上海市 南汇区林业站

江苏省 连云港市林业局林政处 建湖县农林局林业工作站 溧阳市龙潭林场

浙江省 省林业厅森林资源管理处 宁波市林业局森林资源处 杭州市林水局森林资源处 湖州市林业局森林资源处 衢州市林业局森林资源处

安徽省 省林业调查规划院 合肥市林业局资源管理处 滁州市林业局森林资源管理科 怀远县林业局 潜山县林业局

福建省 省林业厅林政资源管理处 泉州市林业局林政资源管理科 永安市林业局 龙岩市新罗区林业局 尤溪县林业局城关林业站 沙县林业检查站

江西省 省木材检查管理总站 九江市彭泽县林业局 进贤县林地管理所 靖安县林业局 遂川县林业局

山东省 济南市历城区林业局 潍坊市林业局资源和林政科 日照市林业局资源和林政科 德州市林业局资源和林政科

河南省 省林业厅资源处 省林业调查规划院 国有商城黄柏山林场 灵宝市林业局

湖北省 宜昌市林业局森林资源管理科 恩施州土家族苗族自治州林业局 通城县林业局 保康县林业局 潜江市林政管理稽查大队

湖南省 怀化市林业局资源林政科 石门县林业局 洞口县林业局 江华县林业局 汝城县林业局 浏阳市林业局

广东省 省林业局资源林政处 广州市增城市林业局 韶关市始兴县林业局 河源市新丰江林管局林政科 梅州市蕉岭县林业局 肇庆市德庆县林业局

广西壮族自治区 自治区林业局林政资源管理处 自治区林业勘测设计院 河池市林业局林政资源管理科 桂林市林业局林政资源管理科 桂平市林业局 凌云县林业局

海南省 五指山林业局 文昌市林业局 白沙县林业局

重庆市 市林业规划设计院 黔江区林业局 武隆县林业局

四川省 省林业厅森林资源管理处 省林业厅森林资源监测中心 宜宾市林业局 绵阳市林业局 阿坝州林业局 绵竹市林业局

贵州省 省林业厅森林资源和林政管理处 贵阳市林业绿化局资源林政处 铜仁地区林业局资源林政管理科 织金县林业局 安龙县林业局林政资源保护股

云南省 玉溪市林业局资源林政处 昭通市林业局资源林政科 楚雄州林业局资源林政科 迪庆州林业局资源林政政策法规科 保山市隆阳区林业局

西藏自治区 林芝地区林业局 加查县林业局 亚东县林业局 汇达县林业局

陕西省 铜川市林业局 延安市林业局 凤县林业局 镇坪县林业局 神木县林业局

甘肃省 省林业厅林政稽查总队 祁连山国家级自然保护区管理局 庆阳市林业局 武威市天祝县林业局

青海省 大通回族土族自治县林业局 互助土族自治县林业局 国营玛可河林业局 兴海县中铁林场

宁夏回族自治区 自治区林业勘查设计院 贺兰山国家级自然保护区管理局 隆德县林业局

新疆维吾尔自治区 阿克苏地区林业局 阿勒泰地区林业局 哈密林场 泽普县林业局

新疆生产建设兵团 农七师一二九团 农六师奇台农场

内蒙古大兴安岭林管局 林管局资源林政处 莫尔道嘎林业局

黑龙江省森工总局 总局森林资源管理局 驻牡丹江林区森林资源监督专员办事处

大兴安岭林业集团公司 图强林业局 新林林业局资源林政科

国家林业局 华东林业调查规划设计院 局调查规划设计院森林资源监测一室 中南林业调查规划设计院生产技术处 西北林业调查规划设计院森林资源监测一处 驻内蒙古自治区森林资源监督专员办事处 驻长春森林资源监督专员办事处 驻云南省森林资源监督专员办事处 驻成都森林资源监督专员办事处

全国森林资源管理先进工作者

北京市 王丹英 王学亮

天津市 郭瑞清

河北省 王占华 张向忠 樊 渭 李 悦 刘宝忠 韩美林

山西省 郭忠云 雷凝瑞 宋满福 李崇志 刘命荣 裴 宏

内蒙古自治区 高 娃 鲍玉芬 丁永玲 韩春珍 刘瑞军 翟巨英 李西荣 邢利军

赵登海
辽宁省 周立城 王志丰 张德利 王昌明 尚尔祥 关中敏 姜生伟 王守宪
吉林省 高俊峰 王悦山 曲德彦 王连彬 张精建 于忠利
黑龙江省 邬可义 李诗民 王 勇 韩 波 祝春林 梁洪学 姜 峰
上海市 吴昌田
江苏省 孙维良 周正标 徐小明 吴建华 赵洪林 仲志勤
浙江省 刘安兴 章忠权 张云生 伊柏峰 宋光裕 葛华忠
安徽省 齐 新 杜广山 徐承奎 曹韵芳 舒爱民 谢 勇
福建省 罗兴云 王福顺 林松柏 李周坤 王建愿 郑亦林 黄昌尧 李发智
江西省 陈建华 曾广华 刘庆开 张元庆 方洪海 张志忠
山东省 陆 冬 张新年 程荣臣 郭光东 宗德峰 王增河
河南省 夏丰昌 张庆强 闫庆伟 刘建华 田建国 王同庆
湖北省 艾刚新 陈晓芳 魏正才 陈远波 汪爱民 陆 懿
湖南省 付集贤 向魁文 吴建平 尹 阳 杨锡光 邓军辉 李望初 张向前
广东省 林海广 谢振泉 陈福锦 欧伟林 杨 慈 彭国强 钟诺华 郑和森
广西壮族自治区 覃万富 吕郁彪 陈金平 何卷龙 陈国洲 黄和琪 汤建平 农运赶
海南省 倪陈兴 陈 凯 王东明 吴子韶
重庆市 王元建 聂必红 钟志高 谭云成
四川省 赵 琛 吉克巫勒 魏渠河 王 育 徐 强 孟水明 申臣详 倪德万
贵州省 夏忠胜 聂玉林 陈建霞 杨黔勇 高守荣 李国云 郭 颖
云南省 李绍新 黄志彪 刘新文 杨汝诚 杨雁鸿 吴永奎
西藏自治区 关泽林 晋 美 阿旺加措 格桑巴珍 王建国 丹 增
陕西省 孙承骞 崔 汛 黄 超 王红权 李 军 袁长民 王明志 鲁云喜
甘肃省 王进平 李永健 朱文旺 杨玉翔 何永基 土建雄 孙建中
青海省 董君来 任继元 李晓庆 项其先 王志福 胡建强
宁夏回族自治区 苗 源 李 斌 纪学萍 周海明
新疆维吾尔自治区 侯翠花 郭远平 郭新勇 马红梅 杨新义 阿布力孜·艾山
新疆生产建设兵团 夏金林 钟 平
中国内蒙古森林工业集团有限公司 石玉峰 李成珠
中国龙江森林工业(集团)有限公司 李文达 孟宪福 那长富
大兴安岭林业集团公司 郎广林 郭立君
国家林业局直属单位 黄国胜

（蒋成乡 杨 净）

【第六次全国森林资源清查先进集体和先进个人表彰】 2005年9月13日，全国森林资源管理工作会议期间，国家林业局党组书记、局长周生贤以及党组成员集体会见了第六次全国森林资源清查工作先进集体和先进个人代表，并与他们合影留念。

第六次全国森林资源清查从1999年开始，到2003年结束，历时5年，其清查结果为制定国民经济和社会发展“十一五”规划、完善林业政策措施等重大决策提供了重要的科学依据。全国共有2万余名技术人员参加了清查工作，涌现出了一大批工作优异、事迹突出的先进单位和个人。为表彰先进，进一步调动广大森林调查监测单位和人员的积极性，推动全国森林资源监测工作再上新水平，2005年国家林业局下发了《关于表彰第六次全国森林资源清查工作先进单位和先进个人的通报》（林资发［2005］124号），授予了北京市林业勘察设计院等50个单位第六次全国森林资源清查工作先进单位以及121名同志第六次全国森林资源清查工作先进个人荣誉称号。

（张 敏）

【全国打击破坏森林资源专项行动】 2005年3月30日至6月15日，国家林业局和公安部联合组织开展了历时76天的打击破坏森林资源专项行动。国家林业局、公安部联合下发了《关于开展打击破坏森林资源专项行动的通知》，并会同最高人民检察院于3月30日联合召开了电视电话会议，对专项行动进行了部署。这次专项行动把非法征占用林地、政府企业法人超限额采伐和群众反映强烈的破坏森林资源的违法犯罪作为打击的重点。行动期间，全国共出动林政执法人员、公安民警48万人次，清理整顿各类采石、采矿场点，木材市场，木材加工厂（点）和其他各类场所近12万个；查处各类案件7.6万起，查结7.1万起，查结率93.6%；收缴木材11.8万立方米；挽回经济损失约3.2亿元，处理有关责任人7.3万人。专项行动有力地打击了各种破坏森林资源违法犯罪，遏制了破坏森林资源活动的高发势头；增强了地方各级政府依法保护森林资源和依法行政的自觉性；调动了广大人民群众参与保护森林资源的积极性；提高了林业主管部门依法行政、严格执法的能力。

国家林业局派出3个督查组赴山西、内蒙古、黑龙江、山东、云南和四川等6个省（区）进行现场督促检查；国家林业局挂牌督办的10起案件得到了依法查处，共收缴行政罚款1449.5万元，补交森林植被恢复费3259.9万元；处理有关责任人82人，其中追究刑事责任54人。各地共派出了7000多个督查组，挂牌督办查处了1891起要案、难案和积案，查结1551起，查结率82%，其中省级挂牌督办328起，查结245起，查结率75%。

《中国绿色时报》开辟了专栏，报道各地行动的进展情况。《人民公安报》组织专版报道了森林公安干警在打击破坏森林资源违法犯罪中的突出作用。中央电视台《焦点访谈》对太原市违法占地修建高尔夫球场、黑龙江省铁力市毁林建公墓、云南省江城县盗伐林木问题进行了曝光，在社会上引起了强烈的反响。各地也充分利用新闻媒体，采取多种形式，对专项行动进行了大规模全方位的报道。据统计，中央新闻媒体对专项行动的报道累计达130余条次，地方广播、报刊报道1200多条次。

这次专项行动引起了各级地方政府的高度重视，得到了全社会和广大人民群众的积极支持，形成了保护森林资源的良好氛围。从行动启动到结束，国家林业局接到举报电话895次，举报材料194件。各地共接到人民群众举报的线索3.1万条，破获2.3万件。

针对专项行动中发现的问题，国家林业局下发了《关于依法加强征占用林地审核审批管理的通知》，一些省（区）也相继制定了一系列规范森林资源管理的规章制度，研究探索建立保护森林资源的长效机制。（王　鹏）

【重大林业生态破坏事故应急预案】 国家林业局于2005年7月15日以《关于印发重大外来林业有害生物灾害等3个部门应急预案的通知》（林造发［2005］100号）印发了《重大林业生态破坏事故应急预案》。《预案》已经国务院审议通过，并确定为《国家突发公共事件总体应急预案》的部门预案。《预案》提出，构建以预防为主、防处结合的生态安全应急机制，并对分级预警、建立预防预警机制、应急响应、信息限时报送和后期处置5个方面作出了明确规定。（李　林）

【国家林业局开展查办破坏社会主义市场经济秩序渎职犯罪专项工作】 最高人民检察院下发的《关于印发〈全国检察机关开展集中查办破坏社会主义市场经济秩序渎职犯罪专项工作总体方案〉的通知》（高检发［2005］10号），明确将“违法发放林木采伐许可证案，非法批准征用、占用土地案”等列入此次专项工作的重点。为防止林业系统渎职行为的发生，确保林业依法行政，国家林业局下发了《国家林业局办公室关于积极配合检察机关开展集中查办破坏社会主义市场经济秩序渎职犯罪专项工作有关问题的通知》，具体部署了专项工作，提出了要求：

1. 最高人民检察院组织开展这次专项工作，是依法维护社会主义市场经济秩序的重要行动，也是教育广大国家机关工作人员认真履行职责，依法行政，公正司法的有力举措，对保护森林资源、推动林业系统法制建设具有重要的作用。各级林业主管部门要密切配合各级检察机关认真开展此次专项工作，协助和支持检察机关的行动，形成合力，以达到共同维护经济秩序，打击犯罪的目的。

2. 各级林业主管部门要积极采取切实有效措施进一步强化林业管理和执法队伍的监督管理，依法严厉查处林业管理和执法中的行为，全面提高各级林业主管部门依法行政、依法治林的水平。在办理破坏森林资源案件过程中，各级林业主管部门对构成刑事案件的，要依法、及时移交森林公安机关立案侦查；各级森林公安机关要坚持依法办案，防止以罚代刑。

3. 各级林业主管部门要进一步加强林木采伐许可证发放管理，健全规章制度，规范发证程序，严格发证要求，强化监督检查，严防违法违规发放林木采伐许可证行为的发生。认真组织力量对本地区林木采伐许可证发放情况进行清理，对不按《森林法》、《森林法实施条例》规定发证的，要立即纠正；对倒买倒卖采伐许可证或利用采伐许可证谋取私利的，要严肃处理；对滥发许可证触犯刑律的，要依法追究刑事责任。

4. 各级林业主管部门要按照《行政许可法》的有关规定，进一步加强占用征用林地审核审批管理，健全管理制度，规范审核审批程序，明确审核审批内容和职责，严禁违法违规审核审批占用征用林地。对违法违规审核审批占用征用林地的，要依法追究有关责任人的责任。（王亚军）

林地林权管理

【综　述】 2005年，召开了部分省林业厅（局）资源林政部门和国家林业局驻省专员办有关人员参加的研讨会，专题研究如何加强林地保护管理，认真分析形势和问题，制定对策和措施，将起草出台森林、林木和林地使用权流转的法律法规，依法编制林地保护利用规划，建立征占用林地专家评审制度和林业主管部门预审制度，实行林地用途管制等，列为今后工作的重点。

根据计划安排，开展了《全国林地保护利用规划》的工作方案和提纲的编写，开展了对福建、广东等地林地保护利用规划的调研。

为了进一步落实《行政许可法》的有关规定和行政审批制度改革的要求，对林地行政审批项目进行了复核并规范了行政审批程序，落实了责任，健全了规章制度。国家林业局还下发了《关于依法加强征占用林地审核审批管理的通知》（林资发［2005］76号）。全年共审核审批征占用林地项目286件。

认真做好林权制度改革的试点工作，开展了福建三明林权改革工作的调研，对改革情况进行系统总结；对伊春上报的改革方案，进行了修订，反复征求有关部门的意见后并正式上报国务院。认真研究和起草了《森林、林木、林地流转条例（草稿）》和《森林、林木和林地使用权流转意见（草稿）》，并广泛地征求了有关部门和单位的意见。

认真贯彻落实温家宝总理、回良玉副总理的批示，对国有林区的毁林开荒和国有林地流失等问题进行专题调研。组织有关单位开展了退耕还林地林权登记发证情况的调查，初步掌握了各地退耕还林地林权登记发证的基本情况和存在的问题。（曲春宁）

【依法加强征占用林地审核审批管理】 针对部分省上报国家林业局审核审批的征占用林地项目把关不严，一些上报项目材料不全、填写不规范；对个别已经发生的违法占用林地项目隐瞒不报，不依法查处等问题。为切实加强征占用林地审核审批管理，依法处理违法占用林地行为，杜绝类似情况的发生，2005年5月21日，国家林业局下发了《关于依法加强征占用林地审核审批管理的通知》（林资发［2005］76号），通知要求：①依法做好征占用林地服务和监管工作。②坚决纠正对违法占用林地不依法处罚就补办手续的做法。③强化征占用林地的审核审批管理。④切实发挥森林资源监督机构的监督作用。

（付长捷）

【规范占用征用国家级森林公园林地管理】 为促进国家级森林公园的发展，解决当前建设项目占用征用国家级森林公园林地审核审批中的有关问题，2005年3月29日，国家林业局下发了《关于占用征用国家级森林公园林地有关问题的通知》（林资发［2005］16号），进一步规范了占用征用申报审批程序。

占用征用省级和市、县级森林公园林地的，参照此文件规定办理。（付长捷）

【全国林地林权管理培训研讨班】 2005年12月5～7日，国家林业局资源司在辽宁省丹东市举办了全国林地林权管理培训研讨班。各省（区、市）林业厅（局）、各森工（林业）集团公司、新疆生产建设兵团林业局资源林政处的有关人员共50人参加。资源司助理巡视员徐济德主持培训研讨并作了总结讲话。

本次培训研讨班，主要传达了国家林业局党组扩大会议和全国森林资源林政管理工作会议有关林地林权管理的精神；总结交流林权登记发证、征占用林地管理、林地保护利用规划编制等方面的经验；系统分析当前我国林地林权管理工作中的新情况和新问题，推进思维创新、管理创新，落实依法严格林地林权管理的措施。（钟华友）

【全国退耕还林林权登记发证】 截至2004年底，北京等17个省（区、市）退耕还林工程造林面积1164.07万公顷，其中，退耕地造林面积521万公顷，配套荒山荒地造林面积643.07万公顷。已登记发放林权证的面积603.02万公顷，发证率51.8%，其中，退耕地造林已登记发放林权证的面积365.59万公顷，发证率70.2%，配套荒山荒地造林已登记发放林权证的面积237.43万公顷，发证率36.9%。总的来看，退耕还林工程造林成绩显著，但是林权发证率不高，各省（区、市）发证进度不平衡；林木权属为个人的发证率相对较高；退耕地造林的发证率高于配套荒山荒地造林；早期退耕的发证率相对较高；经济林的发证率高于生态林。

调查结果表明，各级政府和林业主管部门越来越重视退耕还林林权登记发证工作，围绕提高发证效率和质量，从组织领导、宣传动员、人员培训、规范操作、检查监督等方面采取了一系列措施，呈现出发证进度逐渐加快、发证质量逐年提高的趋势。其主要做法是：积极开展宣传动员，提高广大干部群众的思想认识；加强组织领导，建立健全林权登记发证机构；完善林权发证制度，强化对退耕还林林权登记发证的检查监督；强化业务技术培训，努力提高退耕还林林权登记发证质量；规范操作，努力促进林权登记发证跃上新台阶。

各地在退耕还林的实际工作中，还总结出深入调研摸底，把握实情，增强林权登记发证的可操作性；林权调查与造林设计调查同步进行；措施落实做到"四到位"，积极主动开展工作；退耕还林林权登记发证工作与林业产权制度改革相结合的成功经验。

存在的主要问题：①政府综合协调职能、各部门相互协作未能充分发挥，造成"一地多证"现象的存在；②林地林权的管理难度加大，林地管理部门的压力增加。（钟华友）

【各省（区、市）审核审批占用征用林地情况】 根据全国各省（区、市）上报的占用征用林地审核审批情况汇总统计，2005年，全国各省级林业主管部门审核同意的占用征用林地项目10 128项，审核同意面积39 499.187 33公顷，批准临时占用林地和直接为林业生产服务的工程设施占用林地项目3838项，批准面积3763.530 85公顷，收缴森林植被恢复费200 085.47 178万元。

2005 年度各省（区、市）审核审批占用征用林地情况统计

省(区、市)	审核征占用林地			审批临时占用林地			审批直接为林业生产服务占用林地	
	项目数	面积（公顷）	森林植被恢复费（万元）	项目数	面积（公顷）	森林植被恢复费（万元）	项目数	面积（公顷）
总　计	**10 128**	**39 499. 187 33**	**190 032. 5559**	**3146**	**3055. 586 44**	**10 052. 915 88**	**692**	**707. 9444**
北　京	82	278. 496 645	2000. 763 81	13	16. 824 55	186. 8928	1	0. 75
天　津	15	59. 1174	375. 7432					
河　北	250	1417. 3447	7319. 2					
山　西	120	396. 8	1481. 3	35	11. 2	34. 7	1	4
内蒙古	116	3519. 4797	8026. 7299				3	38. 17
辽　宁	361	943. 0719	5207. 346 82	64	93. 8126	416. 8658	9	31. 2723
吉　林	125	570. 2529	3374. 2374	29	102. 2211	693. 5627	5	4. 2388
黑龙江	166	428. 43	2506. 024				13	16. 8862
上　海	15	34. 5103	708. 405	2	5. 5507			
江　苏	133	488. 192	3200	9	20. 2898	155. 4802	12	11. 756
浙　江	1329	2824. 7401	16 348. 2211	1237	703. 466	3110. 7636	414	289. 9582
安　徽	167	416. 728	1760. 324 34				2	0. 58
福　建	924	2771. 954	15 870. 9557	54	52. 0397	381. 9535	53	62. 8756
江　西	1329	3013. 3559	9593. 440 375	836	444. 229 59	724. 036	114	78. 6351
山　东	160	659. 388 58	3712. 841 56	46	23. 9804	39. 4736	19	5. 968
河　南	88	863. 19	4183. 2345				5	37. 7247
湖　北	455	1517. 0616	10384. 8133	18	38. 4595	261. 5682		
湖　南	1237	2784. 1	12896. 9448	285	137. 8	439. 534		
广　东	822	3759. 9333	15 129. 49	150	74. 3017	238. 8672	1	2. 33
广　西	348	1415. 6605	9177. 2016	76	124. 5068	775. 1803	8	34. 9238
海　南	68	360. 2312	1004. 983	17	247. 685	500. 2318		
重　庆	121	631. 2706	2887. 5841					
四　川	493	1277. 7493	5963. 782 41	113	194. 5883	868. 770 12	5	3. 23
贵　州	270	372. 7589	1849. 194 294	4	4. 9087	27. 3536	2	0. 1905
云　南	513	5648. 629	33 816. 368 81	63	578. 7	155. 024	12	70. 6289
西　藏	3	0. 3593	0. 64					
陕　西	251	2099	7835	18	29. 1658	18. 4214	6	5. 7634
甘　肃	45	192. 4921	524. 933 463	16	13. 8638	58. 072 963	2	0. 24
青　海	31	296. 0735	1119. 4943	9	17. 1312	93. 2141		
宁　夏	13	101. 109	385. 6703	46	95. 1552	839. 75		
新　疆	76	346. 2964	1299. 03	6	25. 706	33. 2	5	7. 8229
新疆兵团	2	11. 4105	88. 6578					

（付长捷）

【国家林业局审核审批占用征用林地情况】　依据《森林法》及其实施条例、《国家林业局占用征用林地审核审批管理办法》的规定，2005 年，国家林业局审核同意 224 个占用征用林地项目，审核同意占用征用林地面积 31 316. 327 85 公顷；批准 62 个临时占用林地和在东北、内蒙古重点国有林区经营范围内直接为林业生产服务的工程设施占用林地项目，批准占用林地面积 1548. 017 048 公顷。国家林业局审核同意和批准的项目共收取森林植被恢复费 171 476. 309 854 万元。

2005 年度国家林业局审核审批占用征用林地情况统计

省（区、市）	审核征占用林地			审批临时占用林地			审批直接为林业生产服务占用林地	
	项目数	面积（公顷）	森林植被恢复费（万元）	项目数	面积（公顷）	森林植被恢复费（万元）	项目数	面积（公顷）
总　计	**224**	**31 316.327 85**	**164 758.280 446**	**52**	**1429.4872**	**6718.029 408**	**10**	**118.529 848**
河　北	1	452.9304	2680.8005					
山　西	2	108.17	804.258					
内蒙古	4	2801.5302	5371.6804	1	13.9267	27.8533		
辽　宁	6	346.9517	2509.4616					
吉　林	33	3043.8638	20 597.0661	14	115.6803	815.4174	1	2.8
黑龙江	6	1889.436 85	6807.0845					
江　苏	2	149.2975	1119.076					
浙　江	14	1056.5274	6791.680 87					
安　徽	1	35.0086	208.29					
福　建	7	1162.4851	7456.5641					
江　西	9	1790.4572	11 406.7073					
山　东	11	1013.0216	6413.5112					
河　南	2	237.4196	1347.822	1	110.702	645.9577		
湖　北	10	2212.1415	13 610.6317	1	28.1212	197.6316		
湖　南	4	580.7575	3103.2608					
广　东	8	1510.8214	8250.8902					
广　西	6	943.2183	6845.3199	2	55.598	321.7498		
重　庆	3	319.2927	2003.5422					
四　川	12	1382.1157	5772.466 005	6	273.7402	856.3538		
贵　州	3	619.7836	4094.28					
云　南	29	7010.2053	34 179.540 341	14	476.3012	2291.725 508		
陕　西	4	665.676	2262.169 84					
甘　肃	3	22.5246	994.296 49	2	124.1341	766.6481		
青　海	3	236.8539	1545.2856					
新　疆	4	294.3293	1456.6222	1	41.4201	130.1177		
新疆兵团	1	14.5942	107.86					
内蒙古森工	9	75.0186	311.4936	3	98.9456	83.9588	4	76.429 848
龙江森工	23	945.4777	5810.3522	4	33.294	195.1069	4	39.17
大兴安岭	4	197.4176	896.879	4	57.6238	385.5088	1	0.13

（付长捷）

【全国 2005 年占用征用林地情况检查】 2005 年国家林业局组织对全国 30 个省（区、市）四大森工（林业）集团公司（下同）200 个县级单位 2004 年以来占用征用林地情况进行了检查（见下表）。

本次查到的占用征用林地项目共 2339 项，实际占用征用林地面积 10 921.3 公顷。其中：经过林业主管部门审核（批）的项目 2029 项，面积 10 268.7 公顷，项目审核率 86.7%，面积审核率 94.0%。应缴纳森林植被恢复费的项目 2260 项，费用 59 775.22 万元；实际缴纳的项目 1941 项，收费 49 286.45 万元，费用收缴率 82.5%。与 2004 年度检查结果相比，项目审核率和面积审核率均有提高。其中，项目审核率上升了 2.1 个百分点，面积审核率上升了 3.1 个百分点。

检查发现，尽管全国占用征用林地管理工作取得了较好的成绩，但在一些地方还存在一些不容忽视的问题。突出的有：一是违法占用征用林地，其中无任何审核（批）手续违法占用征用林地项目 299 项，先占后审 512 项，超审核（批）面积占用征用林地项目

全国占用征用林地检查结果统计

单位:项,公顷,万元,%

省(区、市)	项目数	征占林地面积	审核情况				林木采伐许可证办理情况			三项费用协议签订率	森林植被恢复费缴纳情况					
			审核同意		审核率		应办面积	已办面积	面积办证率		按标准应收费用		落实费用		收缴率	
			项目数	面积	项目	面积					项目数	费用	项目数	费用	项目	费用
全国汇总	**2339**	**10921.3**	**2029**	**10 268.7**	**86.7**	**94.0**	**6167.8**	**4415.4**	**71.6**	**93.4**	**2260**	**59 775.22**	**1941**	**49 286.45**	**85.9**	**82.5**
北京	22	81.6	22	81.6	100.0	100.0	67.6	67.6	100.0	100.0	22	563.55	22	563.55	100.0	100.0
天津	8	23.2	8	23.2	100.0	100.0	19.4	19.4	100.0	0	8	162.58	8	162.58	100.0	100.0
河北	111	199.0	50	161.8	45.0	81.3	51.8	50.4	97.3	43.6	111	721.37	46	532.43	41.4	73.8
山西	77	155.0	63	137.5	81.8	88.7	8.4	4.5	53.7	53.6	77	704.39	63	652.23	81.8	92.6
内蒙古	19	251.3	14	176.1	73.7	70.1	44.8	28.8	64.4	94.7	19	1184.22	16	820.50	84.2	69.3
辽宁	79	298.9	65	279.7	82.3	93.6	134.7	130.4	96.8	70.9	73	1736.73	50	1646.76	68.5	94.8
吉林	36	360.1	36	360.1	100.0	100.0	338.7	323.6	95.6	100.0	36	2304.91	36	2304.83	100.0	100.0
黑龙江	22	1688.0	17	1682.2	77.3	99.7	1183.8	1183.8	100.0	70.6	16	9236.35	11	5172.03	68.8	56.0
上海	3	1.1	3	1.1	100.0	100.0	0.8	0.8	100.0	100.0	3	8.21	2	6.89	66.7	83.9
江苏	93	103.3	93	103.3	100.0	100.0	43.2	7.4	17.2	100.0	93	595.22	93	595.22	100.0	100.0
浙江	133	221.0	124	206.5	93.2	93.4	101.3	38.5	38.1	95.6	109	1276.45	100	1191.71	91.7	93.4
安徽	25	37.6	23	36.0	92.0	95.6	21.5	19.2	89.0	90.9	24	173.87	22	160.16	91.7	92.1
福建	151	219.3	129	208.9	85.4	95.2	101.6	78.3	77.1	98.6	141	1454.86	119	1265.31	84.4	87.0
江西	337	449.0	332	435.6	98.5	97.0	219.6	150.6	68.6	100.0	335	1698.96	331	1350.70	98.8	79.5
山东	18	113.8	17	113.8	94.4	100.0	37.2	16.9	45.4	94.1	17	601.57	16	600.25	94.1	99.8
河南	46	255.5	46	255.5	100.0	100.0	190.5	106.5	55.9	100.0	46	1326.25	46	1325.71	100.0	100.0
湖北	146	467.5	109	339.5	74.7	72.6	353.7	237.1	67.0	100.0	129	2842.26	109	2710.78	84.5	95.4
湖南	271	1021.5	263	967.3	97.0	94.7	680.4	386.4	56.8	98.5	268	6417.55	255	3989.58	95.1	62.2
广东	101	715.8	101	715.8	100.0	100.0	142.7	140.7	98.6	100.0	101	3421.94	101	3421.74	100.0	100.0
广西	48	477.4	47	477.3	97.9	100.0	85.9	55.1	64.2	97.8	45	2403.93	44	2402.75	97.8	100.0
海南	8	9.5	8	9.5	100.0	100.0	1.8	0	0	100.0	8	52.71	8	52.71	100.0	100.0
重庆	86	40.0	86	40.0	100.0	100.0	21.9	21.9	100.0	100.0	85	195.28	85	195.28	100.0	100.0
四川	84	1029.1	81	1027.8	96.4	99.9	571.0	542.7	95.1	97.6	84	5289.57	83	5287.94	98.8	100.0
贵州	71	545.2	52	514.4	73.2	94.4	173.2	56.0	32.3	90.0	71	3910.16	52	1789.44	73.2	45.8
云南	182	1131.6	81	1050.3	44.5	92.8	962.3	189.6	19.7	97.8	182	7342.86	84	6945.03	46.2	94.6
陕西	113	495.5	112	334.1	99.1	67.4	262.9	257.4	97.9	100.0	112	1865.57	108	1863.59	96.4	99.9
甘肃	4	14.9	4	14.9	100.0	100.0	0.8	0	0	100.0	4	47.08	4	47.08	100.0	100.0
青海	20	35.7	20	35.7	100.0	100.0	23.9	5.1	21.2	100.0	19	213.10	6	209.56	31.6	98.3
宁夏	2	58.9	2	58.9	100.0	100.0				100.0	2	176.73	2	176.73	100.0	100.0
新疆	0	0														
内蒙古森工	4	150.6	4	150.6	100.0	100.0	87.1	87.1	100.0	100.0	1	0.50	1	0.50	100.0	100.0
吉林森工	12	157.3	10	156.8	83.3	99.7	152.5	138.1	90.6	91.7	12	1198.38	11	1194.78	91.7	99.7
龙江森工	5	101.5	5	101.5	100.0	100.0	71.4	71.4	100.0	100.0	5	556.91	5	556.91	100.0	100.0
大兴安岭	2	11.4	2	11.4	100.0	100.0	11.4	0	0	100.0	2	91.20	2	91.20	100.0	100.0

35项。二是擅自减免森林植被恢复费。湖南和青海等省违反《财政部 国家林业局关于印发〈森林植被恢复费征收使用管理暂行办法〉的通知》（财综［2002］73号）的规定，擅自出台减免森林植被恢复费的政策。三是非法采伐林木。检查发现，有179个占用征用林地项目未办理林木采伐许可证，采伐林木蓄积量15 964立方米，主要发生在湖南、江西、云南、江苏、福建等省。

国家林业局下发了通报，对项目（面积）审核率和森林植被恢复费收缴率连续两年达到100.0%的北京、天津、河南、广东、海南、重庆和宁夏等7省（区、市）予以通报表扬。公布了10项严重违法占用征用林地的项目，责令有关省（区）依法查处。同时，要求各省林业（森工）主管部门要高度重视林地审批管理工作，依法加强占用征用林地管理。特别是要将此次通报的问题，向省政府领导汇报，切实加强整改，督促有关部门依法严肃处理。

通报下发后，引起了各级政府、林业主管部门主要领导的高度重视。湖南省政府纠正了减免森林植被恢复费的错误做法。相关县级林业主管部门对检查发现的违法占地项目和项目建设单位进行了依法查处。

严重违法占用征用林地项目：①内蒙古自治区科右前旗兴安盟省际大通道工程建设项目。②湖南省醴陵市浙赣铁路醴陵至株洲电气化提速改造工程建设项目。③贵州省贞丰县水车田水库工程建设项目。④湖南省新晃县怀新高速公路临时占用林地建设项目。⑤湖北省郧县十堰至漫川关高速公路互通工程建设项目。⑥内蒙古自治区正蓝旗呼海大通道（安业一公主埂）建设工程项目。⑦内蒙古自治区正蓝旗（桑根达来一正蓝旗）铁路工程建设项目。⑧浙江省余杭区宣杭铁路增建第二线余杭段工程建设项目。⑨山西省平陆县黄堆砂场建设项目。⑩河北省抚宁县大秦铁路2亿吨扩能电气化配套（抚宁段）改线工程建设项目。（刘　义）

森林采伐、运输与加工利用管理

【综　述】　2005年，森林资源利用管理在森林采伐管理、森林可持续经营和木材流通监督管理等方面取得了新的成效，为强化新时期森林资源保护管理、促进林业又快又好发展作出了积极贡献。

完成了全国“十一五”期间年森林采伐限额的编制、审核和报批工作　科学制定全国“十一五”期间采伐限额，按期完成采伐限额制定过程中一系列的审核、汇总、协调、反馈和报批等任务，是2005年森林资源管理的一项重要工作。国家林业局党组对“十一五”采伐限额编制工作高度重视，主要领导多次听取编限工作汇报并作出重要批示，成立了以主管局长为组长的编限工作领导小组，对编限工作进行了多次专题研究和部署。在前几年工作的基础上，制定了《“十一五”期间采伐限额编制工作方案》和《“十一五”限额编制成果审核工作原则》，明确了编限的指导思想、基本原则、重点任务和成果时限要求等；运用第六次森林资源清查结果，对全国合理年森林采伐量进行了宏观测算；对各省（区、市）上报的“十一五”采伐限额建议指标，逐项进行了认真审核、分析和汇总，形成了《各省（区、市）“十一五”期间年森林采伐限额审核报告》和《全国“十一五”期间年森林采伐限额编制成果报告》，分别通过了国家林业局科技委专家论证会和局长办公会的专题论证和审议；完成了限额审核结果向各地反馈和向有关部委征求意见等工作；向国务院上报了采伐限额编制成果。

2005年12月21日，国务院下发了《国务院批转国家林业局关于各地区“十一五”期间年森林采伐限额审核意见的通知》（国发［2005］41号），依法批准了全国“十一五”期间年森林采伐限额。经国务院批准的全国“十一五”期间年森林采伐限额，认真遵循了严格保护、积极发展、科学经营和持续利用森林资源的基本方针，充分体现了实施以生态建设为主的林业发展战略，统筹兼顾了经济社会发展的客观需求。在采伐限额的测算和核定上，做到了与促进森林可持续经营、推进林木采伐管理改革和加强重点区域资源保护的有机结合，将进一步促进由采伐天然林为主向采伐人工林为主、由森林经营管理统一模式向分区施策、由单纯控制森林消耗向生态保护与林业产业发展并重、由森林资源的低价值消耗向高价值利用的转变。同时，取消了国家备用采伐限额，减少了行政审批数量，提高宏观管理效率；改革了毛竹限额的编制和管理方式，使之更加切实我国毛竹经营管理的实际；对工业原料林和达到一定规模非公有制商品林实行了限额单编单列，将极大地促进非公有制林业的发展；合理编制了长江、黄河天保区人工商品林的采伐限额，将有力促进工程区内人工林科学经营和合理利用；进一步调减了东北、内蒙古重点国有林区的木材产量，将有效促进重点国有林区森林资源的休养生息和可持续经营。

抓好试点、稳步推进，积极探索新时期森林资源利用管理的新途径和新模式　继续开展了长江上游、黄河上中游天保工程区人工商品林采伐管理试点和部分省（区）农田防护林采伐更新试点工作。国家林业局批复了云南、四川、陕西、内蒙古等9个省（区）人工商品林采伐管理试点和北京、辽宁、河北、山东等7个省（市）农田防护林采伐更新试点的请示。下发了《国家林业局关于加强农田防护林采伐更新管理的意见》。在福建永安、吉林汪清和江西靖安、井冈山等单位开展了国家级森林可持续经营的试验示范，批复了甘肃省小陇山实验局和浙江省临安市为新增国家级森林可持续经营试验示范单位。

完善措施、强化监管，继续狠抓重点国有林区森林资源的采伐利用管理　国家林业局组织驻东北、内蒙古4个森林资源监督专员办事处，对重点林区林木采伐管理情况进行一次全面的调研。在此基础上，下发了《国家林业局关于进一步加强重点国有林区森林采伐管理的通知》。根据国家林业局领导的指示，参加了天保工程方案调整修改工作，多次就方案修改中涉及的森林资源管理体制改革、木材产量调减等重大问题，提出相关建议，提供有关材料。为切实加强重点国有林区的采伐管理，确保重点国有林区在两个五年计（规）划的过渡期间不出现重大超采滥伐问题，国家林业局组织力量对2005年重点国有林区的冬季采伐管理情况进行了检查，制定了检查实施方案，对9个森工企业局冬季采伐作业质量进行了现地检查，有力保证了重点国有林区冬季采伐的依法进行和采伐限额的有效执行。

加强建设，密切协作，切实做好木材流通管理和治理公路“三乱”工作　根据《全国木材检查站建设总体规划》和林业基本建设项目投资预算编制的要求，组织编制了2006年全国木材检查站一级站建设项目可行性研究报告，完成了2006年木材检查站投资预算编制工作。组织起草了《国家林业局关于进一步加强木材经营加工监督管理意见的通知》，对木材经营加工单位的设立条件、审批程序和监管制度等提出了相关要求。对《木材运输监督检查办法（草案）》做了进一步修改、完善，并按照立法程序进行上报。加强与有关部委协调配合，继续强化林业系统治理公路“三乱”工作，多次参加国务院纠风办、交通部等召开的治理公路“三乱”协调会议和对云南、山西等省治理公路“三乱”情况的明查暗访及检查验收等工作。

统筹兼顾、抓好落实，全面完成了森林资源利用管理的有关工作　①依法审核、严格把关，认真做好临时增加采伐限额的行政审批工作，进一步完善了审批的内部规定、健全了相关制度，提高了审批的规范化程度。同时，为切实提高森林采伐管理和临时增加采伐限额审批管理的现代化水平和工作效率，组织开发了森林采伐管理系统软件，制定了技术方案，初步完成了软件的开发工作。②正式颁布了《森林采伐作业规程》（行业标准）。③正式启动了国际热带木材组织（ITTO）援助的加强森林采伐作业规程实施能力建设项目和瑞典宜家公司（IKEA）援助的森林可持续经营技术规程的编制与应用项目。完成了两个项目建议书编写、合作协议签署、工作方案制定、国内配套资金预算编制等工作，召开了由国际热带木材组织、荷兰驻华使馆、荷兰国际农业中心和商务部、国家林业局有关司（局）、单位参加的ITTO项目启动会，对项目实施的内容和任务进行了部署和分工落实；并按照项目协议的要求，召开了国际研讨会，对项目实施的有关重要事项进行深入研究和部署。④参加了国务院三峡办组织的有关三峡库区清理技术文件和标准的制定和论证工作。下发了《国务院三峡办公室、国家林业局关于印发〈长江三峡水库库底建（构）筑物、林木及易漂浮物清理技术要求〉的通知》，对库区林木清理的对象、范围、标准和审批程序等作出了明确规定。⑤配合最高人民检察院关于开展集中查办破坏社会主义市场经济秩序渎职犯罪的专项工作。根据最高人民检察院将“违法发放林木采伐许可证、非法批准征用占用土地案等”列入此次专项工作重点内容的要求，国家林业局及时转发了最高检的专项通知和工作方案，要求各级林业主管部门密切配合，及时行动，认真清理，严厉查处采伐许可证发放和征占用林地审批中的渎职、失职行为，切实提高林业部门依法行政的水平。⑥完成了年度木材生产计划的编制和下达工作。按期完成了2005年木材生产预计划和全年度计划的编制上报和分解下达工作；并结合“十一五”采伐限额编制和执行的有关情况，就“十一五”期间年度木材生产计划管理的有关重大问题进行了专题研究，在此基础上编制上报了2006年木材生产计划，下达了2006年度木材生产预计划。

（袁少青）

【全国“十一五”期间年森林采伐限额编制】　2005年，国家林业局组织全国各级林业主管部门，开展了“十一五”期间年森林采伐限额的编制工作，完成了采伐限额编制、汇总、审核等各项任务，并征求了国家发改委、财政部等有关部门的意见，向国务院上报了采伐限额编制成果。2005年12月21日，国务院下发了《国务院批转国家林业局关于各地区“十一五”期间年森林采伐限额审核意见的通知》（国发［2005］41号），依法批准了全国“十一五”期间年森林采伐限额。“十一五”期间采伐限额编制工作情况及其特点：

编限工作开展情况　为认真做好“十一五”期间年森林采伐限额的编制工作，近年来，国家林业局先后组织开展了不同类型林木采伐管理、长江上游、黄河上中游天保工程区人工林采伐、平原地区农田防护林更新改造和森林可持续经营等试点示范工作；出台了《关于调整人工用材林采伐管理政策的通知》、

《关于完善人工商品林采伐管理的意见》。下发了《关于编制“十一五”期间年森林采伐限额工作的通知》和《“十一五”期间年森林采伐限额编制方案》，对采伐限额编制工作进行了全面部署；围绕“十一五”采伐限额的编制，进行了全国商品材、农民自用材和烧材供需情况的专项研究；制定了《森林资源经营管理分区施策导则》；进一步优化了森林采伐量测算方法和程序。2005 年，国家林业局成立了以主管局长为组长的领导小组，并下设专门工作小组，运用第六次森林资源清查结果对全国合理森林采伐量进行了宏观测算，开展了对各省（含自治区、直辖市、森工集团和有关单位，以下统称“省”）“十一五”采伐限额的审核、汇总和论证等工作。各省级林业主管部门成立了限额编制领导小组和工作机构，对编限工作进行了层层落实和逐级培训；各编限单位按照要求开展了编限工作，各省上报了限额编制结果。国家林业局对各省上报的限额编制结果进行了审核、分析和汇总，形成了全国“十一五”期间年森林采伐限额编制成果。

本次采伐限额编制采用的森林资源基础数据是各地二类调查数据，宏观控制数据是第六次全国森林资源清查数据。经统计，全国“十一五”采伐限额的编限单位为 8169 个，其中，国有 4294 个，集体 2526 个，非公有制 1349 个。本次采伐限额的编制和审核，共采用和分析第六次森林资源清查和各地二类调查、补充调查、档案更新的森林资源基础数据达 1.2 亿组、各省森林资源统计汇总和采伐量测算结果数据 600 多万组，形成限额编制成果数据 70 多万组。

限额成果的特点分析

突出了实施以生态建设为主林业发展战略这条主线　本次采伐限额编制，从资源数据把关、采伐方式设置、利用布局安排到森林采伐量核定等各个环节，始终以优先保障生态建设大局和森林资源持续增长为前提。“十一五”期间编制的 2.48 亿立方米年采伐限额，仅占全国活立木总蓄积量的 1.82%、森林蓄积量的 1.99%；占林木年均净生长量的 49.9%。如扣除工业原料林的生长量 6777.3 万立方米和采伐量 5422.9 万立方米同口径比较，年采伐限额仅占全国林木年均净生长量的 45.2%，与“十五”期间同比下降了 3.6 个百分点。按照这个采伐限额严格执行，能够完全保证森林资源的持续快速增长，充分反映了由以木材生产为主向以生态建设为主的历史性转变和全面实施以生态建设为主的林业发展战略的总体要求。

体现了两类政策

1. 体现了对公益林的严格保护。本次编限严格按照法律规定，对天保工程禁伐区、自然保护区，以及名胜古迹和革命纪念地等地域的公益林严禁采伐；对其他公益林只允许进行抚育和更新性质的采伐。全国防护林、特用林等公益林蓄积量 65.29 亿立方米，占林分蓄积量的 54.0%；公益林采伐限额为 0.51 亿立方米，占限额总量的 20.6%，仅占其林分蓄积量的 0.78%。

2. 体现了对商品林的依法放活。本次编限对商品林特别是人工林商品林和工业原料林，按照商品林经营特点和经营者意愿依法放活，以充分满足其采伐限额和经营利用的需要，最大限度地发挥商品林的经济效益。全国用材林、薪炭林等商品林蓄积量 55.68 亿立方米，占林分蓄积量的 46.0%；商品林采伐限额为 1.97 亿立方米，占限额总量的 79.4%，占其林分蓄积量的 3.56%，其中，工业原料林采伐限额占其林分蓄积量的 21.8%。

注重了三个结合

1. 注重了限额控制与促进森林可持续经营相结合。本次编限在合理控制限额总量的同时，充分考虑森林科学经营的需要，对抚育采伐的限额指标予以充分满足，全部按照编限单位的需要量确定，有的还根据第六次森林资源清查的数据予以适当增加。经核定，全国“十一五”抚育采伐限额 5624.1 万立方米，比各省上报的抚育采伐建议指标 5559.4 万立方米，增加了 64.7 万立方米。

2. 注重了限额编制与推进林木采伐管理改革相结合。本次编限在严格执行《森林法》等有关法律法规的前提下，真正把限额编制与采伐管理改革有机结合起来，充分借鉴了近年来国家林业局组织开展的有关人工商品林、工业原料林和农田防护林等采伐管理试点试验的改革成果。对达到一定规模人工商品林的经营单位和个人实行了单独编限；对工业原料林的采伐年龄由所有者自主确定，其采伐限额按编制的经营方案确定。同时，充分借鉴了森林资源可持续经营、农田防护林采伐管理等试点试验的成功做法，使采伐限额编制与林业分类经营等改革措施有机结合起来。

3. 注重了限额核定与林业重点工程等资源保护措施相结合。为确保林业重点工程政策的连续性，本次编限严格做到与天保工程、国家重点公益林补偿等政策相衔接，按照划定的禁伐区、限伐区、商品林区和国家重点公益林补偿范围，分别进行限额编制，严禁森林资源的交叉统计和重复测算。与“十五”相比，长江上游、黄河上中游天保工程区内的天然林采伐限额，东北、内蒙古等重点国有林区的采伐限额，以及国家重点公益林补偿范围内的采伐限额都有明显减少。

推进了四个转变

1. 推进了由采伐天然林为主向采伐人工林为主转变。在“十一五”采伐限额总量中，人工林限额 15 694.1 万立方米，占 63.2%；天然林限额 9121.4 万立方米，占 36.8%。与“十五”相比，人工林限额增加7087.2万立方米，增幅为82.3%；天然林限额减少4581.9万立方米，减幅为33.4%。在商品材限额中，人工林占72.5%，天然林仅占27.5%。“十一五”期间，全国商品材生产2/3以上将来自于人工林。

2. 推进了由统一管理模式向分区施策转变。按照新时期林业发展的战略布局和森林经营管理分区施策的要求，“十一五”采伐限额与“十五”期间相比，东部地区商品材年采伐限额有所增加，西部地区天然林年采伐限额进一步减少，南部地区商品材年采伐限额大幅上升，北部地区年采伐限额明显下降。

3. 推进了由单纯控制资源消耗向生态保护与产业发展并重转变。本次编限在突出生态建设、加强公益林和天然林保护的同时，充分兼顾了林业产业发展的要求。全国商品材供给量明显提高，商品材限额比“十五”期间增加4179.5万立方米、增加36.1%；全国工业原料林采伐限额达5422.9万立方米，占商品材限额的34.4%，满足了对工业原料林的经营利用，这些都为林业产业的发展提供了坚实基础。

4. 推进了由森林资源的低价值消耗向高价值利用转变。全国商品材限额占限额总量的比例由“十五”期间的50.0%上升到63.5%，提高了13.5个百分点。农民自用材和烧材限额比“十五”期间减少1674.2万立方米。全国商品材出材率由“十五”限额的59.9%提高到63.3%，相当于在同等限额消耗水平下，多增加商品材产出540多万立方米。充分反映了近年来我国木材节约代用和提高木材综合利用率等方面取得的成效，体现了森林资源逐步由低价值消耗向高价值利用的转变，对减少资源浪费、建设节约型社会具有十分重要的意义。

实现了五项突破

1. 取消了国家备用采伐限额。为切实减少国家林业局行政审批的数量，提高宏观管理效率，“十一五”期间，不再预留国家备用采伐限额，全国采伐限额全部落实到省，由各省预留一定比例的备用采伐限额，用于解决本省因自然灾害等临时性增加采伐限额的需要。

2. 改革了毛竹采伐限额编制和管理方式。根据毛竹具有的生长周期短、繁殖快，年度间采伐量变化大等特点，提出在“十一五”期间国家不再统一核定毛竹采伐限额，毛竹采伐限额由各省根据本地实际自行编制和管理，报国家林业局备案同意后，由各省分解下达执行。

3. 对非公有制人工商品林限额实行了单编单列。为大力鼓励非公有制林业的发展，充分调动其投资林业的积极性。本次编限，首次对达到一定规模的非公有制人工商品林特别是工业原料林进行了限额单编单列，采伐年龄由经营者自主确定，充分体现了非公有制森林经营主体的合法权益。

4. 合理编制了长江上游、黄河上中游天保工程区人工商品林限额。该区域自天保工程实施以来，在全面停止天然林商品性采伐的同时，也全面停止了人工林的商品性采伐，这一做法在工程实施之初发挥了重要作用，但是，长期对工程区内人工林商品林实行禁伐，不利于人工林的培育经营和合理利用，同时也造成了一些社会矛盾。针对这种情况，在“十一五”期间编限中，根据2001年以来的试点经验，坚持在继续全面停止工程区天然林商品性采伐的前提下，按照人工商品林科学经营的要求，合理编制了人工林的采伐限额，以保障工程区内人工林商品林培育、经营和利用活动的正常开展。

5. 科学核定了东北、内蒙古重点国有林区的森林采伐量。根据第六次森林资源清查和天保工程中期评估资源调查的结果，目前，该林区按天保工程方案产量执行，已远远超出森林资源承受能力，必将导致这一地区森林生态系统进一步退化。按照森林资源可持续经营的原则，经反复测算论证，重新核定了“十一五”期间东北、内蒙古重点国有林区的合理采伐量。同时，为确保该林区经济正常运转和社会稳定，提出了在天保工程实施方案的调整经国务院批准之前，暂按现行天保工程实施方案确定的木材产量执行的政策建议。（袁少青）

【国务院批准全国“十一五”期间年森林采伐限额】 2005年12月21日，国务院下发《国务院批转国家林业局关于各地区“十一五”期间年森林采伐限额审核意见的通知》（国发［2005］41号），依法批准了全国“十一五”期间年森林采伐限额。同时，对森林资源保护管理及相关林业工作进行了系统部署、提出了明确要求。

经国务院批准的全国“十一五”期间的年森林采伐限额为24 815.5万立方米（不包括毛竹采伐限额）。其中：按采伐类型的分项限额为：主伐11 743.7万立方米，抚育采伐5624.1万立方米，更新、低改及其他采伐7447.7万立方米；按消耗结构的分项限额为：商品材15 769.7万立方米（出材量9982.7万立方米），非商品材9045.8万立方米；按森林起源的分项限额为：天然林9121.4万立方米，人工林15 694.1万立方米（其中：工业原料林5422.9万立方米）。“十一五”期间毛竹采伐限额由省级林业主管部门确定，报国家林业局同意后实施。

全国“十一五”期间年森林采伐限额总量与“十五”期间相比，总量增加2505.3万立方米，主要是近些年来各种社会主体营造的短周期工业原料林采伐量有大幅度增加，如扣除工业原料林采伐量，则同比减少2917.6万立方米。根据森林资源保护和发展的要求，“十一五”期间年森林采伐限额对森林利用结构做了较大的调整，与“十五”期间相比，全国

人工林年采伐限额增加7087.2万立方米，天然林年采伐限额减少4581.9万立方米；商品材年采伐限额增加4179.5万立方米，非商品材年采伐限额减少1674.2万立方米。长江上游、黄河上中游天保工程区天然林年采伐限额减少86.6万立方米；东北、内蒙古等重点国有林区天保工程区年采伐限额减少1045.1万立方米。从区域上看，东部地区商品材年采伐限额有所增加，西部地区天然林年采伐限额进一步减少，南部地区商品材年采伐限额大幅上升，北部地区年采伐限额明显下降。

《通知》要求，国务院批准的“十一五”期间年森林采伐限额，是每年采伐消耗森林、林木蓄积的最大限量，必须严格执行，不得突破。地方各级政府和有关部门要加强组织领导，加大工作力度，切实履行保护和管理森林资源的职责，确保我国森林资源总量持续增长，森林质量不断提高，为加快林业发展奠定坚实基础。地方各级林业主管部门要严格加强对森林采伐限额执行情况的监督管理，严禁乱砍滥伐和超限额采伐；国家林业局要对各地执行森林采伐限额的情况进行定期检查，检查结果要上报国务院并通报全国。《通知》提出以下具体要求：①要切实加强组织领导，强化森林资源保护管理的责任。②要继续推进林业重点工程建设，加快重点区域生态恢复步伐。③要积极发展林业产业，增强森林资源保护和发展的活力。④要深入推行森林分类经营，提高森林科学经营管理水平。⑤要大力加强林业法制建设，依法打击破坏森林资源行为。⑥要积极推进林业改革，建立森林资源保护管理长效机制。⑦要切实强化林业管理队伍建设，提高依法保护森林资源的能力。⑧要依法规范林木采伐管理，确保“十一五”采伐限额严格执行。

（袁少青）

【2005年度全国木材生产计划】 根据国务院批准的“十五”期间年商品材采伐限额，按照天保工程实施方案和国家重点公益林补偿工作的有关要求，国家林业局编制了全国2005年度木材生产计划并经全国人大审议通过后下达。国家林业局要求各地林业主管部门切实加强对木材生产计划的管理，严禁超过批准的商品材限额下达木材生产计划和超木材生产计划采伐林木。对划入国家重点公益林补偿范围内的森林和林木，只允许进行抚育和更新性质的采伐，禁止主伐。并强调优先保障中幼龄林的抚育和非公有制造林者的采伐需求。对长江上游、黄河上中游地区天保工程区内人工商品林的采伐，国家林业局将继续进行试点。工程区内因工程建设、占用征用林地、自然灾害等急需采伐林木作为商品材使用的，向国家林业局提出申请，单报单批。东北、内蒙古重点国有林区要严格按照天保工程实施方案和森林分类区划的规定，在禁伐区内，停止一切采伐活动；在限伐区和商品林区，严格按照规定的采伐方式和强度实施采伐作业。同时要求，各省级林业主管部门要进一步加强年度木材生产计划执行情况的统计汇总工作，以地（市、州、森工企业局）为单位统计汇总木材生产计划执行情况并于下年度1月31日前上报国家林业局。

全国2005年度木材生产计划

单位：万立方米

单位	木材生产计划		其中：人工林	
	采伐量	出材量	采伐量	出材量
合　计	**7905.41**	**4793.22**	**4708.68**	**2872.06**
北　京	8.50	4.70	8.50	4.70
天　津	0.00	0.00	0.00	0.00
河　北	115.70	55.90	115.70	55.90
山　西	18.00	9.00	18.00	9.00
内蒙古地方	212.60	113.80	161.70	82.60
辽　宁	258.10	173.80	240.00	162.60
吉林地方	309.30	192.00	121.20	70.00
黑龙江地方	267.20	160.30	132.20	79.30
上　海	0.40	0.26	0.40	0.26
江　苏	51.70	32.00	51.70	32.00
浙　江	338.70	186.30	192.10	105.60
安　徽	205.90	120.60	205.90	120.60
福　建	874.50	571.10	661.10	431.70
江　西	590.50	395.60	283.50	226.50
山　东	99.30	59.60	99.30	59.60
河　南	118.20	65.55	118.20	65.55
湖　北	140.00	88.20	122.20	77.40
湖　南	559.50	342.40	374.00	228.90
广　东	752.40	389.00	593.00	306.60
广　西	649.30	415.60	594.20	382.70
海　南	164.00	108.00	164.00	108.00
重　庆	0.00	0.00	0.00	0.00
四　川	0.00	0.00	0.00	0.00
贵　州	32.60	21.20	32.60	21.20
云　南	251.40	157.20	182.30	108.80
西　藏	45.00	15.00	7.10	2.40
陕　西	0.00	0.00	0.00	0.00
甘　肃	0.00	0.00	0.00	0.00
青　海	0.00	0.00	0.00	0.00
宁　夏	0.00	0.00	0.00	0.00
新　疆	72.20	39.00	72.20	39.00
新疆生产建设兵团	19.50	11.70	14.10	8.50
雷州林业局	40.00	26.00	40.00	26.00
中国林科院系统	12.40	8.30	12.40	8.30
龙江森工集团	658.65	409.70	73.77	40.85
吉林森工集团	301.57	190.52	11.20	5.00
内蒙古大兴安岭森工集团	385.65	226.00	6.11	2.50
大兴安岭林业集团公司	352.64	204.89	0.00	0.00

（陈　昱）

【《森林采伐作业规程》发布】 为规范森林采伐作业行为，提高森林采伐作业质量，促进森林资源可持续经营管理，国家林业局于 2005 年 8 月 16 日颁布《森林采伐作业规程》（行业标准）（国家林业局公告 2005 年第 4 号），从 2005 年 12 月 1 日开始实施。

从 1999 年开始，参照国际劳工组织《林业安全卫生规程》、联合国粮农组织《森林采运方法规范》和亚太林业委员会《亚太区域森林采伐作业规程》，结合我国森林采伐管理实际，国家林业局开始制定《中国国家森林采伐作业规程》，于 2001 年 8 月完成《规程》（草案），并从 2002 年开始选择不同区域的 4 个单位进行了为期 2 年适用性试验。正式颁布的《规程》是基于试验成果和对我国不同区域森林采伐管理与作业现状实地调研，广泛征求各省（区、市）修改意见的基础上，认真分析、系统总结后编制完成的。《规程》符合当前国际上关注的减少对环境影响的森林采伐方式的要求和发展趋势，符合国家有关森林资源和森林采伐经营管理的法律、法规和政策要求，也符合我国国情，可操作性强。

《规程》科学合理，内容全面，明确规定了森林采伐机构与人员能力、森林采伐主要术语、采伐类型划分、采伐调查规划设计、采伐作业准备与林木采伐作业、森林更新、安全卫生、档案管理、伐后检查验收等内容和技术要求。充分体现了以人为本、生态优先、注重效率和森林分类经营的原则，为使我国森林采伐作业全面符合森林可持续经营原则的要求提供了保障。 （崔武社）

【加强东北、内蒙古重点国有林区林木采伐管理】 为进一步加强东北、内蒙古重点国有林区的林木采伐管理工作，保障天保工程顺利实施，2005 年 12 月，国家林业局下发《关于进一步加强东北、内蒙古重点国有林区林木采伐管理的通知》。《通知》要求：①高度重视林木采伐管理工作。②切实加强伐区调查设计的管理力度。③严格规范林木采伐许可证审核发证工作。④全面强化伐区作业管理。⑤认真落实各项检查验收。 （陈 昱）

【农田防护林采伐更新管理】 依据《森林法》等法律、法规和中央林业决定，结合试点取得的经验和 2005 年 9 月（长春）三北地区农田防护林体系建设现场会议的精神，国家林业局于 2005 年 10 月 15 日制定下发了《关于加强农田防护林采伐更新管理的通知》（林资发［2005］217 号），就进一步加强和规范农田防护林采伐更新管理作出了明确规定。具体规定内容包括农田防护林采伐更新管理的原则、更新采伐年龄、采伐方式、申报程序、采伐公示、更新时限等内容。其中，农田防护林各树种的更新采伐年龄由各省（区、市）林业主管部门根据本地实际依法科学确定，取消了过去关于农田防护林各树种的更新采伐年龄必须高于同树种用材林主伐年龄一个龄级以上的限制，有利于各省（区、市）根据本地实际科学确定农田防护林的更新采伐年龄。同时，允许各地参照用材林抚育技术标准对农田防护林进行抚育，并由各省（区、市）林业主管部门根据本地实际确定标准对低质低效农田防护林进行改造。此外，明确规定了农田防护林采伐实行伐前公示制度，以及农田防护林更新造林之后，要依法核发林权证，明确新造林木的所有权或使用权。 （谢守鑫）

【农田防护林采伐更新管理试点】 为加快农田防护林建设，切实解决当前农田防护林建设和管理中存在的问题，进一步调整农田防护林采伐更新管理政策，完善农田防护林营造和管理体系，加快农田防护林建设的步伐，国家林业局于 2005 年又下发了《关于增加 2005 年农田防护林采伐更新试点单位采伐限额的批复》（林资发［2005］50 号），批准继续在北京、辽宁、吉林、河南、河北、山东、江苏等 7 省（市）开展农田防护林采伐更新试点。在批复继续试点的同时，对各试点单位的试点工作提出了具体要求：

1. 本次增加的采伐指标，必须专项用于农田防护林采伐更新试点，严禁挪作他用。

2. 主管部门要在 2004 年试点工作的基础上，继续加强对试点工作的组织领导，明确目标责任，认真组织、周密部署，确保试点工作规范进行。

3. 主管部门和各试点单位要继续加强对试点过程的监督检查，严格按照已批复的方案要求开展试点工作，并认真落实伐后更新保障措施。

4. 主管部门要在 2005 年试点工作结束后，对试点工作进行全面总结，就农田防护林采伐更新的管理体制、管理措施和采伐技术，形成阶段性总结报告，为国家出台相关政策提供依据。 （崔武社）

【长江上游、黄河上中游人工商品林采伐管理试点】 为探索长江上游、黄河上中游天保工程区人工商品林的合理经营模式，研究解决工程区因全面停止商品性采伐所引发的问题，保障天保工程顺利实施，应有关省（区、市）政府的申请，在全面总结 2001～2004 年试点经验的基础上，国家林业局于 2005 年又下发了《关于继续开展天保工程区 2005 年人工商品林采伐管理试点的批复》（林资发［2005］74 号），批准继续在内蒙古、河南、湖北、重庆、四川、贵州、云南、陕西、甘肃等 9 个省（区、市）天保工程区开展人工商品林采伐管理试点工作。在批复继续试点的同时，对各试点单位的试点工作提出了具体要求：

1. 要在已有试点工作的基础上，按照中发［2003］9 号和国发［2001］2 号文件的有关精神，继续加强对试点工作的组织领导，明确目标责任，认

真组织，周密部署，确保试点工作规范进行。

2. 要继续加强对试点过程的监督检查，严格按照已批复的方案要求开展试点工作，做好试点工作的管理和技术指导。

3. 要严格限定在人工商品林中进行试点，严禁借机采伐天然林或生态公益林。

4. 试点工作必须实行伐前公示制度。采伐前15天，林木采伐许可证发证机关应将采伐的地点、面积、蓄积、方式等内容进行公示。

5. 试点工作结束后，要及时组织有关管理和技术人员，认真总结试点经验，评估试点成果，形成试点总结报告，为国家进行相关决策提供依据。

6. 国家林业局森林资源监督专员办事处要加强对试点工作的监督检查，发现问题立即纠正并及时上报国家林业局。（崔武社）

【新增国家级森林可持续经营试验示范单位】 在已经批准的4家国家级森林可持续经营试验示范单位的基础上，2005年7月28日国家林业局又下发了《关于小陇山林业实验局森林可持续经营管理试验示范点的批复》（林资发［2005］109号）和《关于临安市森林可持续经营管理试验示范点的批复》（林资发［2005］109号），批准新增甘肃省小陇山林业实验局和浙江省临安市为国家级森林可持续经营试验示范单位，并对各试点单位的试点工作提出了具体要求：①要充分认识开展森林可持续经营管理试验示范的重要意义，切实加强领导、精心组织、统筹规划、稳步推进、抓出成效。②要在可持续发展原则指导下，紧密结合试点单位森林资源经营管理的实际情况和目标要求，系统分析，认真研究，制定森林可持续经营试验示范方案，经省林业厅审核后报国家林业局备案，并严格按方案开展试验示范工作。③试验示范单位每年要将试验示范工作开展情况形成总结报告，及时上报国家林业局。④国家林业局驻两地森林资源监督专员办事处要对森林可持续经营管理试验示范工作加强监督和指导。（崔武社）

【与国际热带木材组织（ITTO）和瑞典宜家（IKEA）公司两个国际合作项目启动】 加强《森林采伐作业规程》实施能力是由国际热带木材组织（ITTO）和国家林业局合作的国际项目，2005年5月正式启动。项目的目的是推进中国实现森林可持续经营的进程，基本思路是通过一个范围广泛的人员素质能力的培养和提高，保证林业部门的相关人员全面了解《森林采伐作业规程》，并希望通过项目的实施建立起系统、规范与持续的培训和教育机制。项目执行期1年，2006年4月结束。通过项目执行，不断改进经营单位的森林采伐作业方式，提高各级林业主管部门在森林采伐作业方面的培训和教育能力，为促进中国森林可持续经营管理发挥积极作用。

《森林可持续经营技术规程》编制与实施是瑞典宜家集团（IKEA）和国家林业局合作的国际项目，项目于2005年9月启动，执行期2年。项目的主要内容是按照《森林资源经营管理分区施策导则》的要求，选择东北重点国有林区的天然林、南方集体林区的人工用材林两种森林类型，分区域和类型编制操作性强的《森林可持续经营技术规程》。通过区域性森林可持续经营技术规程的编制与实施，促进森林可持续经营管理，同时改善林业工人和当地社区的生活水平。（崔武社）

【《长江三峡水库库底建（构）筑物、林木及易漂浮物清理技术要求》发布】 2005年6月，国务院三峡办和国家林业局共同印发《长江三峡水库库底建（构）筑物、林木及易漂浮物清理技术要求》。要求湖北、重庆两省（市）移民局和林业局按照技术要求的规定，认真组织编制实施计划，组织所属区（县）有关单位做好建（构）筑物、林木及易漂浮物的清理工作。

技术要求规定：①采伐地径6厘米以上的树木伐根高度不得超过0.1米，地径6厘米以下的树木伐根高度不得超过0.3米。伐倒的树木及其枝桠等易漂浮物应运至库外，并对残余物进行处理。②林木清理过程中，严禁火烧。③对支流上具备清理条件的灌木林应予清理。④对清理范围内的珍稀植物、古树名木及经济价值较高的树木加以移植保护。⑤采伐林木前应按照《森林法》有关规定办理相应的审批手续。（陈　昱）

【2005年重点国有林区冬季林木采伐管理执法检查】 为切实加强东北、内蒙古重点国有林区森林资源管理，严格执行森林采伐限额和凭证采伐制度，规范森林资源经营管理行为，防止乱砍盗伐和超限额采伐，根据《国家林业局关于进一步加强东北、内蒙古重点国有林区林木采伐管理的通知》（林资发［2005］207号）精神，2005年12月18～26日，国家林业局组织力量对内蒙古绰源、甘河，吉林汪清、三岔子，黑龙江山河屯、柴河、桦南、汤旺河和大兴安岭十八站9个森工企业局2005年冬季林木采伐管理情况进行了检查。

为确保检查工作的顺利开展，并取得预期效果，国家林业局资源司、监督办制定了《东北、内蒙古重点国有林区2005年冬季采伐林木管理执法检查实施方案》，明确了检查的目的、意义和检查的对象、内容、方法、工作机制、工作程序，强调了纪律要求和成果要求，保障了检查经费。为加强组织领导和责任制落实，成立了以雷加富副局长为组长、资源司（监督办）肖兴威司长（主任）、王祝雄副司长（常务副主任）为副组长的东北、内蒙古重点国有林区

2005年冬季采伐管理执法检查工作领导小组，下设办公室由资源司苏春雨副司长任主任；并从资源司（监督办）、稽查办、规划院和驻东北、内蒙古各森林资源监督专员办事处等单位抽调54人，成立3个工作组，分别负责吉林、龙江、“两个”大兴安岭（内蒙古大兴安岭森工集团、大兴安岭林业集团公司）3个片区的冬采检查。外业前，所有检查人员就检查方法和相关安排与要求进行了集中培训。

检查汇总主要情况：共抽查采伐作业小班141个，其中：合格小班117个，合格率83.0%。按采伐类型区分，主伐小班61个，合格54个，合格率88.6%；抚育伐小班46个，合格33个，合格率71.7%；其他采伐类型小班34个，合格30个，合格率88.2%。绰源、十八站、甘河、汪清、三岔子、柴河等6个企业局的伐区合格率在80.0%以上。采伐管理中存在的问题，主要表现为：①抚育采伐普遍存在“采大留小、采好留坏”现象。②越界采伐、超强度采伐等问题尚未根本杜绝。③部分伐区擅自改变采伐方式和不按规定开设集材道。④采伐管理制度未真正落到实处。突出表现为山场检尺等现场管理不到位、伐中监督不力、伐后检查验收走过场等。制约机制乏力，监督机构和队伍的作用没有得到有效发挥。⑤伐区调查设计弄虚作假问题严重。由于目前东北、内蒙古重点国有林区特别是大兴安岭、黑龙江森工林区可采森林资源已濒临枯竭，一些企业为获取林木采伐许可证，人为进行虚假调查设计，设计资料与现地林分因子严重不符。

针对上述结果，国家林业局下发了《关于2005年东北、内蒙古重点国有林区冬季采伐管理检查情况的通报》（林资发［2006］11号），既充分肯定了东北、内蒙古重点国有林区林木采伐管理工作取得的成绩，又实事求是地指出了存在的问题，并对存在问题提出了具体处理意见和整改要求。（谢守鑫）

【森林采伐限额执行情况检查】 2005年国家林业局组织对24个省（区、市）的34个县（局）2004年度森林采伐限额执行情况进行了检查。本次检查的34个县（局），其林木采伐量均未超过其年度森林采伐限额；检查864个采伐小班，超采小班170个，占19.7%。全国发证率平均为75.5%，伐区凭证采伐率平均为93.9%。检查结果与2004年度相比，商品材采伐量超计划采伐单位数量的比率有所下降，林木采伐许可证管理和伐区作业质量管理工作趋于规范，超林木采伐许可证规定数量采伐小班的比例呈下降趋势。结果表明，全国森林采伐限额制度执行情况进一步好转，林木采伐管理的整体水平进一步提高。

检查发现，当前森林资源保护和管理工作中仍存在认识不到位，有法不依，执法不严等问题。比较突出的有：

1. 个别单位森林采伐限额管理混乱。湖北省十堰市林业局以领导“批示”代替正式文件下达采伐计划，同意郧县林业局追加3000立方米采伐计划，导致县林业局超计划采伐。陕西省宁陕县超主伐限额核发林木采伐证1073立方米。安徽省定远县超主伐限额发证1136立方米。山西省平陆县超农民自用材限额发证270立方米，集体林采伐占用其他权属指标1016立方米。

2. 江西省莲花县、云南省晋宁县在采伐管理中存在严重问题。江西省莲花县超主伐限额发证14 200立方米，商品材采伐量超木材生产计划采伐量7045立方米，超18.8%。该县伐区作业质量低下，检查的12个伐区中，有8个伐区实际采伐面积与作业设计不符。云南省晋宁县林木采伐许可证发放不规范，发证合格率为0，该县双河彝族乡林业站弄虚作假编造虚假设计，将天然林改为人工林，防护林改为用材林，骗取林木采伐许可证，在禁伐区采伐天然防护林面积23.05公顷，采伐蓄积量1023.1立方米。

针对上述问题，国家林业局下发了通报，并要求有关省（区）林业（森工）主管部门要及时采取有力措施，认真进行整改，切实加强林木采伐管理。同时，要进一步分清责任，依法处理相关责任人。

通报下发后，各级政府高度重视，湖北省、云南省政府领导分别做了批示，要求省林业厅（局）组织调查组，分清责任，作出处理，切实抓好整改。有关省级林业主管部门积极部署整改工作。相关市、县林业局针对通报中指出的问题，深刻分析存在问题的原因，采取了切实可行的整改措施，尤其是依法依纪处理了有关领导和相关人员的责任，起到了良好的警示作用。整改工作共处理相关责任人16名，其中，依法判刑的2人，依法追究行政责任7人，晋宁县和莲花县林业局局长陈云坤和唐忠平分别被撤职，同时被撤职的还有晋宁县林政科科长、双河乡林业站站长和新疆霍城县林业局林政股（科）长；晋宁县副县长赵毅被行政记过处分。另外，7名工作人员分别被取消了工作资格或被调离了工作岗位。（刘　义）

森林资源监测

【全国森林资源清查】 整体质量状况良好，在组织、制度和管理方面有了新的进步，全面完成了第六次全国森林资源清查统计汇总的收尾工作，建立了全国森林资源清查成果专家审核制度，确保了第七次森林资源清查成果的科学性。2005 年，按照国家林业局的工作部署，山西、辽宁、黑龙江、江苏、贵州、广西、宁夏等 7 个省（区）和龙江森工集团、大兴安岭林业集团公司开展了森林资源清查复查工作，复查面积 134 万平方千米，共调查地面固定样地 58 412 个，遥感判读样地 415 191 个；各省共完成 2772 个样地的省级检查工作，合格率为 96.93%；验收全部样地调查卡片，合格率为 97.59%；实地验证遥感判读样地 21 502 个，综合正判率为 91.27%。局直属 4 个规划院投入 60 余人，完成对各省（区）的技术指导、外业质量检查监督、内业统计分析、成果报告编写工作，共检查地面样地 851 块，合格率为 96.83%；验收全部样地调查卡片，合格率为 94.88%。

全面完成第六次清查汇总的收尾工作 2005 年 1 月 18 日，国务院新闻办召开新闻发布会，由国家林业局雷加富副局长公布了第六次森林资源清查结果。组织有关专家技术人员经过多次集中审核、论证、修改和完善，编制出版了《中国森林资源》（宣传册）、《中国森林资源概况》（折页）（中英文对照）、第六次全国森林资源清查宣传邮册、《中国森林资源报告》、《中国森林资源》、《中国森林资源清查》、《中国森林资源图集》、1:400 万全国森林分布图、遥感影像图等公开出版发行成果以及《全国森林资源统计（1999~2003 年）》等系列成果，全面宣传和反映了林业建设成就，基本满足了多层次的信息需求。

规范指导，全面推进第七次森林资源清查工作顺利开展 2005 年 1 月和 7 月，分别在江苏和辽宁召开了 2005 年森林资源清查前期和中期会议，听取了各复查省和直属规划院连清工作组织管理、经费落实、技术培训、外业进度、质量检查情况的汇报，集中研究了清查工作中存在的问题，提出了解决的思路和方案，并对清查工作作出全面的部署和安排。各省（区、市）也组建了强有力的领导机构和队伍，连清复查和质量检查工作安排紧张、有序。黑龙江、山西、辽宁等省依靠技术培训和技术革新加强质量管理和监督，重视森林资源清查技术进步，努力改进技术手段，取得了较好的效果。

进一步统一技术方法，规范技术操作，推动各省（区、市）工作开展 印发了《2005 年全国森林资源连续清查前期工作会议纪要》（资调函［2005］8 号）和《〈国家森林资源连续清查技术规定〉补充规定（试行）》（资调字［2005］10 号）。针对各省（区、市）执行情况，各区域森林资源监测中心及时开展技术指导、培训和检查工作。同时根据新时期林业建设需要，突出了对森林资源林种、权属、林木采伐消耗等专题的调研和专题分析工作，还根据《国家特别规定灌木林地》规定的要求，及时对贵州、广西岩溶地貌调查技术方案进行了批复。

努力探索清查成果年度发布制度 为提高清查成果的时效性，2005 年建立了专家成果审核制度，成立了森林资源清查技术专家组，开展了 2004 年清查成果的审定工作，并着手研究建立清查成果年度发布制度。于 5 月、7 月和 10 月多次召开专家审核会议，对 2004 年的年度复查成果进行了深入分析和严格审核。清查专家组还根据 2004 年已完成的 7 个省（市）的内业统计分析、成果报告编制及审查情况，制定了《全国第七次森林资源清查成果编写提纲》，对森林资源清查成果报告编制有关问题提出了处理意见，并对部分统计表格进行调整和补充。同时，应各省工作开展的需要，对浙江省森林资源清查成果的公布以及年度森林资源监测问题进行了全面、系统的指导。

及早动手，精心准备，做好 2006 年清查工作部署和准备工作 积极指导各省（区、市）及时做好 2006 年清查基本建设经费预算的编制工作，指导各省（区、市）及时开展 2006 年的清查准备，下发了《国家林业局关于部署 2006 年森林资源清查工作的通知》，对 2006 年的清查工作做了全面的部署和安排。并充分考虑西藏自治区在自然环境、组织管理等方面存在着特殊性，及早研究、组织西藏自治区的森林资源清查第一次复查的相关工作，认真做好清查工作的技术、物资、组织准备工作。

促进国际合作和交流，充分展现我国森林资源监测水平和建设成就 应联合国粮农组织和国际竹藤组织的要求，2005 年完成了全球竹资源评估国家报告框架编制起草和中国国家报告的编制工作。5 月在北京召开了 2005 年全球竹资源评估国际会议，资源司王祝雄副司长参加了会议，并作了中国竹资源评估报告、中国竹林地面调查、中国竹资源遥感评估等 3 个大会发言。10 月作为协办单位，与联合国粮农组织和国际竹藤组织联合组织了全球竹资源评估技术培训班，为未来我国与国际组织的深入合作打下良好基

础。　　　　　　　　　　　（陈雪峰　张　敏）

【全国营造林实绩综合核查】　2005年，资源司继续组织开展了全国营造林实绩综合核查。本次核查以全国林业统计数据为依据，对2004年度各地统计上报的人工造林（更新）、封山育林、飞播造林面积以及天保工程森林管护情况，2001年度人工造林（更新）保存状况，南方省份2000年度和北方省份1998年度飞播造林、封山育林成效等，进行抽查、核实和评价。抽查了除西藏外的30个省（区、市）和内蒙古、吉林、龙江、大兴安岭森工（林业）集团公司、新疆生产建设兵团（以下简称省）的349个县级单位，1532个乡级单位，102 188个小班和260个播区，实际核查营造林面积53.84万公顷。

主要核查结果

2004年度全国营造林的核查结果

1. 人工造林（更新）。2004年度全国人工造林（更新）核实面积496.55万公顷，核实率95.7%，与2003年度同比提高了0.5个百分点；合格面积454.75万公顷，合格率（指核实面积的合格率，下同）91.6%，与2003年度同比下降了0.4个百分点。其中：

①天保工程：核实面积16.10万公顷，核实率90.9%，与2003年度同比下降了7.5个百分点；合格面积30.86万公顷，合格率91.7%，与2003年度同比下降了5.0个百分点。

②退耕还林工程：核实面积312.19万公顷，核实率97.2%，与2003年度同比提高了0.8个百分点；合格面积280.59万公顷，合格率89.9%，与2003年度同比下降了2.0个百分点。

③三北工程：核实面积22.392万公顷，核实率97.0%，与2003年度同比提高了8.9个百分点；合格面积19.542万公顷，合格率87.4%，与2003年度同比下降了4.0个百分点。

④长防工程（不含平原绿化部分）：核实面积16.706万公顷，核实率91.7%，与2003年度同比下降了0.9个百分点；合格面积15.78万公顷，合格率94.3%，与2003年度同比提高了0.1个百分点。

⑤京津工程：核实面积38.234万公顷，核实率98.2%，与2003年度同比提高了1.5个百分点；合格面积37.16万公顷，合格率97.2%，与2003年度同比提高了6.1个百分点。

⑥速丰工程：核实面积4.447万公顷，核实率91.2%，与2003年度同比提高了17.1个百分点；合格面积4.388万公顷，合格率98.7%，与2003年度同比下降了1.0个百分点。

2. 封山育林。2004年度全国封山育林核实面积138.832万公顷（其中无林地和疏林地封育100.43万公顷），核实率79.9%，与2003年度同比提高了7.5个百分点；合格面积133.72万公顷（其中无林地和疏林地封育95.912万公顷），合格率96.4%，与2003年度同比提高了2.0个百分点。其中：

①天保工程：核实面积51.82万公顷（其中无林地和疏林地封育38.73万公顷），核实率92.4%，与2003年度同比提高了12.9个百分点；合格面积51.704万公顷（其中无林地和疏林地封育38.61万公顷），合格率99.8%，与2003年度同比提高了7.4个百分点。

②三北工程：核实面积13.18万公顷（其中无林地和疏林地封育12.63万公顷），核实率66.8%，与2003年度同比提高了3.8个百分点；合格面积13.18万公顷（其中无林地和疏林地封育12.63万公顷），合格率100.0%，与2003年度同比提高了4.1个百分点。

③长防工程：核实面积19.71万公顷（其中无林地和疏林地封育14.41万公顷），核实率85.9%，与2003年度同比提高了12.8个百分点；合格面积10.20万公顷（其中无林地和疏林地封育4.97万公顷），合格率49.9%，与2003年度同比下降了48.5个百分点。

④京津工程：核实面积28万公顷（其中无林地和疏林地封育25.268万公顷），核实率99.6%，与2003年度同比提高了0.3个百分点；合格面积27.92万公顷（其中无林地和疏林地封育25.20万公顷），合格率99.7%，与2003年度同比下降了0.2个百分点。

3. 飞播造林。2004年度全国飞播造林核实面积54.91万公顷，核实率94.8%，与2003年度同比下降了3.7个百分点；合格面积28.18万公顷，合格率51.3%，与2003年度同比下降了6.9个百分点。其中：

①天保工程：核实面积43.50万公顷，核实率93.8%，与2003年度同比下降了4.8个百分点；合格面积17.86万公顷，合格率41.1%，与2003年度同比下降了18.9个百分点。

②三北工程：核实面积0.302万公顷，核实率90.6%，与2003年度同比提高了13.3个百分点；合格面积为0，合格率为0，与2003年度相同。

③长防工程：核实面积0.62万公顷，核实率93.2%，与2003年度同比下降了2.5个百分点；合格面积为0，合格率为0，与2003年度同比下降了40.2个百分点。

④京津工程：核实面积8.65万公顷，核实率99.5%，与2003年度同比提高了0.6个百分点；合格面积7.18万公顷，合格率83.0%，与2003年度同比提高了14.3个百分点。

相关年度全国营造林成效核查结果

1. 2001年度人工造林更新保存状况。保存面积

293.48 万公顷，保存率 93.5%，与 2000 年度同比提高了 4.2 个百分点。

2. 封山育林成效。北方省份 1998 年度和南方省份 2000 年度封山育林成效面积 253.476 万公顷，成效率（指上报面积的成效率，下同）29.5%，与 2004 年度同比下降了 34.3 个百分点。

3. 飞播造林成效。北方省份 1998 年度和南方省份 2000 年度飞播造林成效面积 16.81 万公顷，成效率 43.9%，与 2004 年度同比提高了 19.3 个百分点。

天保工程森林管护情况核查结果　天保工程区森林管护责任（面积）落实率 100.0%，管护措施落实综合得分 97 分，等级评定为"好"。

其他核查结果

人工造林（更新）　2004 年度全国人工造林（更新）核实面积中，人工造林占 94.7%，人工更新占 5.3%。主要树种：杨树占 17.4%，柠条占 12.0%，山杏占 7.7%，刺槐占 7.2%，桉树占 7.2%，落叶松占 4.3%，柏木占 3.7%，杉木占 3.4% 等。林种：防护林占 64.3%，用材林占 18.0%，经济林占 17.3%，特用林占 0.3%，薪炭林占 0.1%。

林地权属以集体为主，占 93.3%，国有占 6.7%。林木权属以个体和其他非公有制形式为主，占 70.8%，集体占 23.0%，国有占 6.2%。

封山育林　2004 年度全国封山育林林地、林木权属均以集体为主，分别占 67.7% 和 55.3%。封育类型以乔木型为主，占 41.7%，乔灌型占 26.2%，灌草型占 18.8%，灌木型占 11.8%，乔灌草型占 1.5%。封育方式以全封为主，占 91.1%。林种以防护林为主，占 93.8%。地类以无林地和疏林地封育为主，占 72.3%，郁闭度为 0.2～0.5 的有林地和灌木林地封育占 27.7%。

飞播造林　2004 年度全国飞播造林播区类型以乔木型播区为主，占 44.6%，灌草型播区占 24.1%，乔灌型播区占 19.0%，灌木型播区占 12.0%，乔灌草型播区占 0.3%。飞播造林地类以宜林荒山荒地为主，占 65.0%，其次为宜林沙荒地，占 25.5%。飞播作业方式以飞机播种为主，占 51.7%，人工模拟飞播占 48.3%。飞播目的树种主要为油松，占 23.7%，其次为柠条，占 14.0%，再次为马尾松，占 11.6%，还有踏朗、籽蒿、柏木、落叶松、沙蒿、高山松、栎类、软阔类及其他灌木树种等 20 余种。

主要成绩和突出问题

主要成绩　2004 年，全国营造林取得了显著成绩。

1. 全国营造林呈现稳步发展的良好态势。全国营造林总面积连续 4 年超过 667 万公顷，总体质量稳定在较高水平，呈现稳步发展的良好态势。核查结果显示，2004 年度全国营造林核实面积达 693.3 万公顷，其中：人工造林更新 496.55 万公顷，封山育林 138.83 万公顷，飞播造林 54.91 万公顷；营造林合格面积达 616.65 万公顷，合格率 89.3%，其中人工造林更新合格率 91.6%。

2. 个体等非公有制营造林蓬勃发展。各地积极为非公有制林业发展创造良好条件，许多地方出台了鼓励非公有制林业发展的优惠政策，为全社会投资营造林创造了宽松的环境。目前，已初步形成多种经济成分并存的营造林投入格局，企业、私营业主、外商、林农大户乃至干部职工等多种投资主体，积极投身营造林建设。同时，承包、租赁、股份、合作、买断等各种灵活多样的经营方式日益兴起。个体造林不仅在速丰林、经济林建设中十分活跃，而且在营造生态公益林方面也发挥了重要作用。核查结果显示，2004 年个体造林比重达 70.8%，有 10 个省个体造林比重超过 80%。经济林、速丰林中个体造林比例分别为 86.2% 和 61.0%；防护林和特用林中的比例达 65.5%。

3. 重点工程营造林稳步推进。2004 年度，重点工程营造林总面积达 575.95 万公顷，继续发挥了全国营造林主战场的作用。从重点工程营造林质量上看，合格率为 86.9%，连续 3 年保持在 85% 以上的水平。

4. 综合核查对提高营造林水平起到积极的推进作用。通过全国营造林综合核查工作，有效地实施了对各地营造林建设的监管，促进了营造林整体质量的提高。特别是通过通报、下达整改通知书、反馈核查结果等措施，促使和帮助各地有针对性地进行整改，效果显著。目前，各级政府和林业主管部门都十分关注综合核查结果，重视核查中所发现的问题。相当多的单位根据核查组就地发现的问题，举一反三，及时进行全面查处和整改，综合核查的推进作用得到了进一步体现。

突出问题　生态公益林建设标准还较低，质量还不高，纯林多、混交林少，远未达到树种多样、层次丰富、结构稳定、功能完备的公益林建设目标；作业设计管理不严、质量不高、流于形式等问题依然十分突出；局部地区毁林造林、毁林开垦、退耕地复耕等问题呈扩大趋势，生态建设成果的巩固面临威胁；退耕地确权发证工作没有实质性进展，速度十分缓慢；计划管理不严肃，营林生产计划下达晚，投资标准低，落实打折扣；林业基层力量仍然薄弱，基础管理工作得不到落实；重点工程营造林"重投资、轻实施"的思想还较严重，以护代封、以封代造、以封代飞、以林冠下造林和四旁植树折算面积充抵工程任务的现象仍较普遍；一些地方错报、虚报、重复上报以及降低标准搞建设的问题还十分突出；个别单位对通报的问题不认真整改，且又重犯。　（闫宏伟）

【全国森林资源数据库建设试点示范项目启动】 森林资源管理信息系统是森林资源和生态状况综合监测的基础性工作和重要的建设内容之一。2005 年全国森林资源数据库建设试点示范项目正式启动。①组织完成初步设计。组织专家对系统建设的关键性技术环节重新进行研究、论证后，确定了其技术路线，包括强化森林资源信息系统的基础平台作用，要为林业管理的各类系统提供最基础的数据平台；搭建国家、省、县三级子系统，既互为一体，又各取所需，要满足各层次管理的需要；采用先进的 GIS 技术，并充分利用网络资源，要保证系统的技术先进性；统一系统建设、运行相关的标准、规范，要保障系统有序建设、有序运行。初步设计经专家论证后，由项目建设单位报计资司批复。②制定了工作方案。为保障系统建设的协调、有序、顺利推进，组织制定了《试点示范项目建设工作方案》。《工作方案》明确了系统建设的目标和任务，确定了工作原则，并着重对系统建设的组织管理、任务分工、时间安排、建设内容、保障措施等作出具体规定。《工作方案》作为《国家林业局关于开展森林资源数据库试点示范项目建设的通知》（林资字［2005］号）的附件正式下发各有关单位。③召开试点示范项目建设启动会。2005 年 9 月，资源司组织召开全国森林资源数据库建设试点示范项目启动会，正式启动了试点示范项目。

（陈雪峰　闫宏伟）

【全国森林资源和生态状况综合监测体系框架研究】为全面构筑适应林业跨越式发展需要的全国森林资源和生态状况综合监测体系，2005 年资源司组织局直属林业调查规划院、北京林业大学、中国林科院等 6 家单位以及相关专家，开展了全国森林资源和生态状况监测框架研究工作。①国家林业局高度重视框架研究工作，成立了以副局长雷加富为组长，资源司司长肖兴威、中国科学院院士唐守正、4 个直属规划院院长等 12 人组成的领导小组，负责重大问题决策和审查工作方案计划等工作；并成立了由发改委、中国林科院、北京林业大学等 10 多家单位的 24 位资深教授和专家组成的专家咨询组，负责核心问题咨询和技术把关等工作。②在充分调研论证的基础上，以司函形式印发了《全国森林资源和生态状况综合监测体系建设框架研究工作方案》（资调函［2005］2 号）；③相继在 4 月、6 月和 9 月等多次召开框架研究工作会议和阶段讨论会，协调研究成果的研究编写工作，充分听取专家的相关意见；④形成了《全国森林资源和生态状况监测框架研究报告》。

框架研究成果充分借鉴了国内外先进的监测经验和研究成果，从国际合作与交流、国家宏观决策、林业建设与发展、相关行业及社会公众等多个层面全面分析了森林资源与生态状况信息需求状况，研究确立了综合监测体系建设的指导原则和阶段目标，分别组织体系和技术体系介绍了综合监测体系的总体框架，针对现有森林资源监测资源状况，提出要从监测机构、监测内容、监测方法、信息资源以及基础建设等方面加以整合和优化的基本思路，有关内容将为我国综合监测体系建设提供依据和方向，为综合监测体系建设提供了理论基础。

为充实森林资源和综合监测体系建设，2005 年资源司还组织有关力量，积极探索利用低分辨率遥感数据进行森林资源宏观监测的方法和途径，全面推动综合监测体系的指标、理论和基础研究工作。

（张　敏）

【全国林业资源地理空间信息库建设】 为更好地参与国家地理空间信息和地理信息系统的建设和发展工作，加速林业信息化建设进程，促进部门间信息交流和共享，进一步加强和规范国家林业局空间信息基础设施和地理信息系统的建设，2003 年国家林业局获准成为国家地理空间信息协调委员会成员单位，副局长雷加富任领导小组成员，资源司副司长王祝雄任办公室成员，规划院教授级高工徐泽鸿任专家组成员。同时，国家林业局还上报了参加自然资源和地理空间基础信息库建设领导小组等成员的名单。

按照国家地理空间信息协调委员会的要求，2005 年继续组织开展了自然资源地理空间信息库建设的有关工作。该项目是国家信息化建设的重点项目和国家信息化建设办公室的示范项目。资源司作为国家林业局信息协调委工作的具体承担单位，积极配合协调委，组织做好相关工作调研、规划编写和意见征询工作。主要工作：

1. 2005 年 2 月 24 日，雷加富、王祝雄出席了国家发改委召开的自然资源和地理空间信息库建设领导小组第一次工作会议。

2. 国家林业局正式成立林业资源地理空间信息库建设领导小组。负责完成国家地理空间信息协调委员会安排的各项工作；制定林业地理空间信息应用的发展战略、发展规划以及相关标准、规范和政策法规，协调林业地理空间信息应用相关工作。雷加富主持召开了国家林业局林业资源地理空间信息库建设领导小组工作会议。会议通报了国家自然资源地理空间信息库项目建设的进展情况，审议了自然资源地理空间信息库——林业数据分中心的可行性研究报告，部署了林业资源地理空间信息库建设的有关工作。

3. 组织有关专家开展了自然资源和地理空间基础信息库——林业数据分中心建设项目可行性研究报告的编制工作，5 月组织有关专家召开了专家审议论证会，并正式报送到了国家地理空间信息协调委员会办公室；按照项目标准规范及管理办法工作会议的安排，派员参加了地理空间信息标准规范制定技术培训班，着手开展了相关标准规范的制定工作。

（陈雪峰　张　敏）

【国家直接收购个人投资营造的重点公益林试点工作】 为深入贯彻中央林业决定和胡锦涛总书记的指示精神，国家林业局从2005年4月开始启动了国家直接收购个人投资营造的重点公益林试点的准备等相关工作。以期通过试点，探索国家直接收购的对象范围、实现方式、价格构成和标准、资金渠道、管理保护机制、运行机制和政策措施，总结形成有关办法、制度、规范和标准，为收购工作的全面推开奠定基础，从而达到逐步改变现行的造林投入和管理方式，加强重点公益林的建设和管理，创新加快林业发展的新路子、新机制，充分调动各种社会主体参与林业和生态建设的积极性，依法维护广大林农群众的合法利益的目的。

国家林业局成立了由周生贤局长任组长的国家直接收购个人投资营造的重点公益林试点领导小组，并成立了领导小组办公室（挂靠资源司）。2005年开展的主要工作：①起草《国家直接收购个人投资营造的重点公益林试点方案（送审稿）》和试点工作安排。②组织召开第一次领导小组会议，初步审议了试点方案及试点工作安排，对有关问题进行研究部署；根据试点领导小组第一次会议精神，并在广泛征求意见的基础上，进一步修改完善试点方案和试点工作安排。③初步拟定了试点期限和地点，并赴试点省（区）进行了调研。④按项目管理要求编制了《国家直接收购个人投资营造的重点公益林试点实施方案（初稿）》；积极沟通协调，在2006年国家财政预算中落实了收购试点所需工作经费。⑤2005年11月8日，雷加富副局长主持召开了有国家发改委、财政部有关同志参加的收购试点工作专题座谈会，就有关方案进行了讨论和明确。⑥落实座谈会精神，督促试点省（区）开展准备工作，补充完善实施方案，并函报国家发改委。（陈雪峰　蒋爱军）

【国家林业生态工程重点区域遥感监测评价项目启动】 为及时、准确、直观地反映工程建设成效，为工程宏观决策和管理提供科学依据，2004年5月国家发改委正式批准了国家林业生态工程重点区域遥感监测评价项目立项申请。根据项目程序管理的有关要求，资源司针对遥感数据的购置、监测承担单位的选定和任务分配等问题，编制了《国家林业生态工程重点区遥感监测评价项目实施方案》，加大了协调沟通力度，明确了项目承担单位局规划院以及有关单位的职责和任务。本着确保监测成果的客观性、提高成果质量的原则，充分沟通，主动协调，确定了遥感数据购置的方式和12个子项目组织方式。2005年10月27日，资源司组织召开了项目启动会，部署了项目监测任务、技术要求与时间进度安排，全面启动了重点地区遥感监测工作。

该项目以多源遥感信息的多期监测为主要技术手段，充分利用现有监测体系的监测成果，分别对天保工程、退耕还林工程典型重点区域（天保工程涉及4个子项目、退耕还林工程涉及8个子项目），进行连续的动态监测与评价，为我国林业生态建设的管理、决策提供服务。目前，该项目各项工作正在有序开展，遥感监测项目首期成果将在2006年6月完成。（张　敏）

【重点公益林管理】 2005年是中央生态补偿制度正式全面实施的第一年。为确保各地对已纳入中央补偿范围的重点公益林按国家有关要求进行严格保护管理，促进各地规范管理工作程序，提高重点公益林保护与管理能力和水平，着重开展了以下工作：

1. 初步研究提出了指导各地开展定期定点监测的思路。根据财农［2004］169号规定，各地应开展重点公益林的定期定点监测工作。为指导这一工作，组织专家进行了调研，并研究提出了指导定期定点监测的基本思路，一方面，要抓住“定期”和“定点”两个核心，针对重点公益林资源变动、生态影响，开展相应监测工作；另一方面，为加强重点公益林管理，在定期定点监测前期，各地必须开展一次全范围的重点公益林本底调查，查清查准重点公益林状况，切实落实到山头地块。

2. 组织完成了军队重点公益林的核查。按有关要求，2005年组织直属规划院对军队已纳入补偿的部分面积开展核查。核查工作充分考虑了军队的特殊条件，采取集中组织、统一部署的方式，制定了《对军队重点公益林核查工作的意见》及《核查方案》、《对军队重点公益林核查人员的要求》，以“严肃工作纪律，强化安全保密”为总体要求，采取封闭式管理的方式，在军方的全力配合下，顺利完成了核查任务。共抽查了4个军区的6个单位，核查小班239个，核查上报面积42 881.13公顷。

3. 研究制定天保区新增人工林认定核查方案。为了满足扩大中央森林生态效益补偿基金规模，不断完善中央森林生态效益补偿基金制度的需要，组织开展了专题调研，提前研究制定了《天保工程区内新增造林且未享受天保管护经费的重点公益林认定核查补充规定（讨论稿）》，明确了技术标准、调查方法、测算办法；并起草下发了《关于上报天保工程区内新造林且未享受天保管护经费的重点公益林面积数据的通知》。

4. 着手研究制定重点公益林资源管理办法。组织开展了专题调研，了解、掌握各地管理的思路、要求，以及对国家制定政策的意见和建议，在此基础上形成管理办法的讨论稿。

5. 组织重点公益林信息系统开发工作。为加强重点公益林管理、提高管理水平，组织研建重点公益林信息管理系统。这一系统着重实现对重点公益林基础信息的输入、传输、统计、分析、发布、更新等管理，满足国家和地方中央森林生态补偿基金制度实施管理的需要。整个系统的开发拟分为数据管理系统、管理信息系统和地理信息系统三个阶段。

（闫宏伟）

【全国森林资源规划设计调查情况】 2003年，国家林业局下发了《关于加强森林资源规划设计调查工作的通知》（林资发［2003］233号），对在新形势下，深入推进规划设计调查工作提出了明确的意见和要求。为落实《通知》的要求，掌握各地规划设计调查工作的现状，总结经验、分析问题、研究对策，进一步为规划设计调查工作提供必要的保障，2004年年底又下发了《国家林业局森林资源管理司关于开展森林资源规划设计调查现状调查的通知》，对各地规划设计调查工作的现状进行了一次全面的调查。2005年，对各地上报的二类调查现状情况进行了详细的汇总、分析。汇总分析结果表明，随着林业改革的深入，各地对二类调查也越来越重视，尤其是进入新世纪以来，新技术应用不断深入，二类调查开展状况呈现出良好的发展势头，1995～2004年，开展过二类调查的单位占到了72%。这次摸底调查对指导、扶持、监管全国二类调查工作提供了丰富的第一手资料，为推进二类调查工作奠定了扎实的基础。

（陈雪峰　闫宏伟　白卫国）

【全国重点能源树种数量测算】 2005年为配合国家发改委组织的《国家能源建设规划》、《生物产业发展规划》编制工作，资源司组织专家对全国主要能源树种的数量进行了测算。本次测算以第六次森林资源清查数据为基础，以大量的资料、文献为补充，经专家综合研究分析，对目前全国以油桐、黄连木、麻疯树以及沙柳、柠条、柽柳、沙棘等沙生灌木林为主的生物质能源树种资源概要情况进行了初步的估算，形成《全国林业生物质能资源概略情况报告》。同时提出了全国生物质能源资源调查原则方案和技术思路，形成《生物质能资源调查、评价工作概要方案》、《全国林业生物质能资源调查方案（初稿）》。

（闫宏伟）

林政执法

【2005年度全国林政案件】 2005年度，根据35个单位的统计，全国共发生林政案件37.57万起，查处36.93万起，查处率为98.28%。

案件发生情况 在发生的林政案件中，各类主要案件为：违法运输木材案件22.88万起，占60.9%；滥伐林木案件3.68万起，占9.8%；非法收购、经营、加工木材案件2.75万起，占7.3%；盗伐林木案件2.43万起，占6.5%；违法征、占用林地案件1.39万起，占3.7%；其他各类案件合计4.45万起，占11.8%。

案件处理情况 2005年，通过查处林政案件，全国共收缴木材66.81万立方米，没收违法所得1.05亿元，处以罚款2.98亿元，责令赔偿损失0.21亿元，补征林业金费0.96亿元，挽回经济损失5.20亿元，责令补种树木830.39万株，行政处罚人数39.09万人次。

林政案件特点 与2004年相比，2005年全国林政案件有以下特点：

案件发生总量持续下降　自2001年以来，全国案件发生总数连续4年下降，年均降低6.5%。与2004年相比，2005年案件发生总数减少5.52万起，降低了12.8%；案件发生总数减少的共有24个单位，其中：江西省同比减少1.59万起，安徽省同比减少1.54万起，湖北、广东、江苏、辽宁、河南、贵州、浙江、云南、山东、河北、甘肃、山西等12省案件发生总数同比减少均在0.1万起以上。

森林资源类（不含野生动植物资源）案件仍为案件的主体　违法运输木材、滥伐林木、非法收购经营加工木材、盗伐林木、违法征占用林地等五类案件发生总数为33.13万起，占88.2%。

违法运输木材、盗伐林木等两类案件呈下降趋势　违法运输木材案件同比减少5.46万起，降低了19.3%；盗伐林木案件同比减少0.42万起，降低了14.6%。

非法收购经营加工木材案件呈上升趋势　同比增加0.42万起，增长了18.2%。

滥伐林木、违法征占用林地等两类案件与2004年基本持平　全国年度林政案件发生总数自1998年以来，首次低于40万起，标志着“严管林”的各项措施得到了较好的落实，森林资源保护管理工作取得了较好的成效。但是，总体来看，森林资源保护管理的形势依然严峻，保护和发展森林资源的任务还十分艰巨。

案件发生的原因分析 尽管国家林业局及各地采取了一系列措施强化森林资源保护管理，遏制林政案件的发生，但是，林政案件发生总量仍然很高，究其原因：

1. 有些地方领导对森林资源的保护和发展重视

不够，认识不高，中央林业决定规定的责任制落实不到位。在当地经济发展中，没有认真坚持和落实科学发展观，对森林资源过度开发利用，甚至不惜牺牲森林资源，盲目开发建设，由此导致林政案件不断发生。

2. 森林资源产权虚置，责权不清，导致森林资源大量超采，乱砍滥伐行为屡禁不止。在国有林区，森林资源形式上归国家所有，但实际上是森工企业局自管自用，集体林的经营管理和利用，某种程度上是村组负责人说了算，真正的森林资源所有者缺位，森林资源产权虚置。这是造成林政案件发生的主要根源。

3. 市场刚性需求的拉动和经济利益的驱动，从客观上对森林资源保护产生了巨大的压力。“十五”期间，我国对林木蓄积消耗的总需求量不断增加，年均增长近9%，2004年的总需求量达5.5亿立方米，消耗国内蓄积达3.65亿立方米。近年来，建筑业、造纸业和家具业的快速发展，拉动了木材需求的上扬，也拉动了木材价格的上扬。由于木材市场需求巨大，木材价格不断上涨，受经济利益的驱动，一些木材经营加工企业和木材经销商，大肆非法收购、经营加工和非法运输木材，导致这些案件大量发生。

4. 国有林区经济发展和职工生活对森林资源的高度依赖，是林政案件频频发生的重要因素。在天保工程区，木材产量大幅度调减后，经济结构调整缓慢，后续产业发展滞后，职工的养老保险等社会保障政策不到位，给森工企业带来了巨大的困难，有些企业仍然采取超采等办法维持生存。每年全国超采案件数量中，国有林区占有相当的比例，造成了森林资源的过量消耗。

5. 林业法制建设比较滞后，增加了林政案件发生的可能性。现行林业法律法规的有关条款已不能适应新形势下林业行政执法的实际需要，林业行政执法权过于分散且缺乏必要的制约机制。“严管林”的基础仍然薄弱，一些基层执法机构，缺乏必要的设施设备，执法手段落后。一些地方基层林政执法人员过少，素质不高。一些执法人员执法不严，甚至以罚代刑。上述因素，在一定程度上加剧了林政案件的发生。

（王福田）

【林政案件受理和督办】 2005年，国家林业局林政案件稽查办公室共受理并批转各地查处的群众举报林政案件541件。其中，局领导批示的15件。要求各地反馈查处情况的166件。

从举报案件的行为主体看，举报政府行为违法的78件，占14.4%，与2004年同期相比，减少了23件；举报企业法人的203件，占37.5%，与2004年同期相比，增加了56件；举报村组负责人的111件，占20.5%，与2004年同期相比，增加了23件；举报其他违法的149件，占27.6%，与2004年同期相比，增加了17件。举报企业法人行为主体违法的案件比例最高。

与2004年相比，2005年受理的森林资源行政举报案件有两个特点：①从类型上分，2005年举报盗伐林木类88件，占16.3%，与2004年同期相比，减少了16件；2005年滥伐林木类132件，占24.4%，与2004年同期相比，减少了5件；2005年毁坏林木和苗木类145件，占26.8%，与2004年同期相比，增加了43件；2005年违法征占用林地类44件，占8.1%，与2004年同期相比，减少了9件；2005年非法运输木材类9件，占1.7%，与2004年同期相比，增加了6件；2005年非法收购加工木材类20件，占3.7%，与2004年同期相比，增加了12件；2005年反映其他问题的103件，占19%，与2004年同期相比，增加了42件。2005年毁坏林木和苗木类居各类举报案件首位，与2004年同期相比有所增加，且案件数量较2004年上升较快。②从案件查处反馈情况看，要求反馈的166件，实际反馈159件，占95.8%，2004年反馈率只有65.8%；2005年与2004年同期相比，反馈率较高。

（刘铁军）

【重大林政案件受理和督办】 2005年，国家林业局资源司在指导各有关部门认真查办、督办林政案件的同时，进一步加大了对重大案件的督查、督办力度。2005年共受理批转案件81起，其中：群众署名举报31起，匿名举报21起，媒体报道29起；国务院领导批示4起，国家林业局领导批示53起；截至2005年12月31日查处64起。

在受理的案件中，滥伐林木案件28起，盗伐林木案件8起，违法征占用林地案件30起，林业部门工作人员存在违规违法行为案件7起，采脂致死树木案1起，违法生产、出口木炭案3起，非法收购、经营、加工木材案件1起，毁坏天然林案件2起，毁坏古树案件1起。如云南省江城县非法砍伐热带雨林案、黑龙江省铁力市林业局违法修建陵园案、福建省宁化县违规发放林木采伐证和木材运输证案及大黑山自然保护区非法采矿案等社会影响大、群众反映强烈的案件，涉案的相关责任单位和责任人都被依法严肃追究了责任。

从这些案件的查处情况可以看出，发生主要原因有以下几个方面：①一些地方的政府、部门法制观念淡薄，为追求局部利益和经济短期的增长，不重视森林资源的保护和生态建设，违法征占用林地。对破坏森林资源违法犯罪行为不予依法严厉打击，个别地方领导甚至包庇、纵容破坏森林资源行为。②森林所有者、使用者依法、科学合理地经营、利用、管理、保护森林资源意识不强，特别是一些森林经营单位重开发利用轻保护管理，甚至为追求近期经济效益，乱砍滥伐森林资源。③部分木材经营加工企业和一些不法分子受经济利益驱动，铤而走险，非法收购、经营、加工、运输木材，从中牟利。④有的地方林业主管部门还存在有法不依、执法不严等问题。（王　鹏）

森林资源监督

【综　述】　2005年，国家林业局各派驻森林资源监督机构以进一步加强能力建设、提高队伍素质、切实履行职责，全面促进了各项监督业务工作再上新的台阶。

强化林地保护监督，严格控制林地逆转　各专员办继续把对林地保护管理的监督作为2005年工作的重中之重。①加强了对各地《林地保护利用规划》编制工作的监督指导，督促地方政府落实规划经费，完成规划编制的工作方案。②加强了对征占用林地审核以及森林植被恢复费收取使用管理的监督，严格林地用途管制制度，防止并及时纠正违法占用林地、越权审批和拒不缴纳或擅自减免森林植被恢复费以及毁林开垦等违法行为的发生。驻成都专员办在年初，对四川省政府安排的全省当年270项重点工程建设项目进行分析，将可能涉及占用林地的102个项目，提前通知有关市（州）林业局，要求掌握情况、加强宣传、加强监督、做好服务，有效地增强了林地管理监督的前瞻性和预防性。③选择部分重点、难点，作为违法征占用林地案件查处的突破口，加大督办力度，震慑违法占用林地的犯罪活动。

加大森林资源利用监管力度，促进森林可持续经营　①积极督促各省级林业主管部门做好"十一五"森林采伐限额的编制，监督森林采伐限额的测算、审核、论证、下达分解等工作。②加大对森林经营管理的监督力度，对森林资源的培育、管护、利用的全过程进行监督检查，特别是重点监督检查了各地林木采伐许可证发放、森林抚育技术规程执行、天保工程区人工商品林采伐试点，工业原料林采伐管理等。③强化了对木材运输和经营加工管理的监督。继续加大对木材运输证核发以及运输各环节的检查力度，杜绝非法采伐木材流入市场，取缔了一批非法设立的木材市场和经营加工场点。驻内蒙古专员办与哈尔滨铁路局联合下发了《关于严格执行木材凭证运输制度的通知》，使木材凭证运输管理工作有了新的提高，形成了森林资源监督机构、林业主管部门、森工企业、铁路部门多方配合、相互合作的良好局面，实现木材凭证运输率99%以上。④继续强化对森林采伐限额制度执行情况的监督检查。驻重点国有林区专员办继续开展"三总量"检查工作，驻福建、西安、武汉专员办还积极参与了森林采伐限额检查试点单位的检查工作，驻其他省（区）专员办结合本地实际，全面加强对林木采伐管理的监督，根据实际情况开展了森林采伐限额执行情况检查。⑤继续做好东北、内蒙古重点国有林区林木采伐许可证核发工作。对采伐申请，专员办在高质量完成伐区调查设计和作业质量检查的基础上，严格依法审批。

认真督办查办各类破坏森林资源案件，狠抓依法行政监督　①坚决贯彻《国家林业局公安部关于开展打击破坏森林资源专项行动的通知》（林资发［2005］43号）要求，积极参与、配合和监督打击破坏森林资源专项行动，加大对乱垦滥占林地湿地、乱砍滥伐林木、乱捕滥猎野生动物、乱采滥挖野生植物等破坏森林资源案件的查处力度。②强化了林政案件的查处工作，认真做好案件督办。对国家林业局批转查办的案件，各专员办认真组织，及时查办，按时上报查办结果。对国家林业局批转要求督办的案件，各专员办积极会同省林业主管部门共同研究，并督促有关部门按时上报查处结果。驻大兴安岭专员办与大兴安岭林业集团公司联合成立了由专员办林政处、集团公司资源处、公安森保部门组成的大兴安岭林政案件举报督察管理中心，目的是集中力量抓大案、要案，形成快速、高效、协调、规范的执法力量，中心24小时有人值班，做到了有案必接，案案有登记、调查有记录、处理有意见、结案有结果。③做好对案件的跟踪监督，对已经查实的案件，狠抓责任追究和整改措施的落实。④督促各级林业主管部门贯彻落实《行政许可法》，积极开展林政执法情况的监督检查，进一步规范林政执法行为，促进依法行政。2005年，14个专员办共查办督办各类林政案件506起，其中：国家林业局批转的案件66起，各专员办直接受理的案件440起。

加强对湿地和野生动物保护管理的监督　各专员办认真贯彻落实《国家林业局关于加强对湿地和野生动植物保护管理情况实施监督的通知》要求，积极与湿地、野生动物保护主管部门协调，建立健全有关湿地、自然保护区和野生动植物保护管理监督的工作机制，全面掌握被监督省（区）的湿地、自然保护区和野生动植物保护的情况，确保对湿地及野生动植物保护管理监督的有效开展，开创监督工作新局面。

进一步加强内部管理，突出抓好资金安全和廉政建设 各专员办对已经建立的各项制度和工作程序进行认真梳理，对不符合政策要求的进行了及时调整和完善，不断强化和规范了内部管理。为加强队伍建设，国家林业局森林资源监督管理办公室举办了第七期监督干部培训班，14个专员办，东北、内蒙古重点国有林区驻企业局专员办，有关省派驻地方监督办、6个森林资源管理体制改革试点单位共68人参加了培训。为强化依法管理资金，依法使用资金，确保资金安全，国家林业局思想和制度专项整顿领导小组对14个专员办2004年资金使用情况进行了全面检查。 （苏祖云　董　冶）

【全国森林资源监督工作座谈会】 2005年9月15日，国家林业局资源司、森林资源监督管理办公室在北京召开了全国森林资源监督工作座谈会。会议总结了森林资源监督工作取得的成绩，交流了监督工作经验，研究了工作中存在的问题。同时，还就如何贯彻全国森林资源管理会议精神和下一步主要的监督工作进行了部署。国家林业局雷加富副局长出席会议并作了讲话。国家林业局各派驻森林资源监督机构专员，保护司、计资司、人教司、监察局、机关党委等单位的负责人参加了会议。

会议认为，国家林业局各派驻森林资源监督机构在促进林业历史性转变，实施以生态建设为主的林业发展战略，推进生态建设进入相持阶段的伟大实践中取得了显著成效。突出地表现在以下3个方面：

监督力度日益加大 各专员办及时发现和纠正驻在地森林资源管理工作中存在的问题，加强对破坏森林资源案件的督查督办，快、准、狠地查办了一批重大林政案件，树立了执法监督者的权威，有力地打击了破坏森林资源违法犯罪行为，教育了群众。

监督重点日益突出 各专员办根据监督区的具体情况，不断探索工作机制和方法，明确工作重点，依法强化对林地林权保护的监督，把违法征占用林地、毁林开垦等问题作为监督工作的重中之重；加强对森林资源利用的监督，突出对管理部门和管理行为的监督，对森林资源的培育、管护、利用行为进行全过程监督；全面开展湿地、野生动植物保护的监督，取得了显著成效。

监督手段不断丰富 各专员办结合实际，摸索建立了一些切实可行的工作机制。大部分专员办与监督区的省级林业主管部门建立了联席会议制度，定期或不定期沟通情况，共同研究森林资源管理工作中的重大问题，并以森林资源监督通报的形式，向监督区的省（区）政府进行通报。 （王　鹏）

【6省（市）森林资源监督工作全面展开】 直接负责京、津、沪、冀、鲁、苏6省（市）（以下简称6省（市））森林资源监督工作，是中央赋予国家林业局的一项全新职能，是我国行政监督制度和机制的重大创举，是林业行政执法体制的重大创新。监督6省（市）的森林资源保护发展情况，对于提升林业地位，强化森林资源保护，促进森林资源可持续经营，巩固扩大区域生态治理成果，推动全国生态建设尽快度过相持阶段具有重大意义。

6省（市）森林资源监督主要职责包括对国家有关森林资源、林政管理的法律法规执行情况；森林采伐管理、木材运输管理、木材经营加工管理情况；林地林权管理情况；林政执法情况；领导干部保护发展森林资源任期目标责任制的建立和执行情况的监督。

2005年9月15日，6省（市）森林资源监督工作协调会在北京召开，森林资源监督工作正式启动。会后，国家林业局森林资源监督管理办公室制定了《六省市森林资源监督工作联系制度（试行）》，开展了调研、督办案件、林地征占用现地审核等一系列工作，6省（市）森林资源监督工作全面展开。

（艾　畅　胡长茹）

【2005年度“三总量”检查主要结果】 2005年4月，国家林业局组织对内蒙古阿龙山林业局、吉林省临江林业局、黑龙江双丰林业局和大兴安岭松岭林业局2004年度的林木采伐总量、木材销售总量和木材运输总量（以下简称“三总量”）计划执行情况进行了检查。检查发现，东北、内蒙古重点国有林区林木采伐管理的整体水平有所提高，木材经营加工和流通秩序逐步好转。生态保护意识进一步提高，伐区作业管理进一步完善，资源管护力度进一步加大。但仍然存在超计划采伐问题，个别单位还相当严重。

松岭林业局2004年度木材生产计划为298 000立方米，实际生产商品材374 304立方米，超采伐许可证采伐81 338立方米，超27.7%，超商品材计划生产76 204立方米，超25.2%。全局5个林场都程度不同地存在超证采伐问题。该局剩余物利用管理失控，以剩余物名义生产销售商品材，销售账目与实物不符。一些林场、贮木场将超采木材采取设场外场、楞外楞或不建楞、不设账卡等“体外运作”方式进行管理，使超量采伐问题不能被及时发现和制止。对木材经营加工单位监管不到位，运输管理把关不严，全局仅原木销售运输计划就达378 000立方米，比年度木材生产计划多80 000立方米。

临江林业局2004年度木材生产计划为108 000立方米，实际生产商品材110 896立方米，超采伐许可证采伐3595立方米，超计划出材2896立方米，超2.7%。该局靠近村屯的地区存在盗伐林木现象；个别木材加工单位有私收滥购木材现象。

双丰林业局2004年度木材生产计划为40 000立方米，实际生产商品材40 848立方米，超采伐许可证采伐848立方米，超2.1%。更为严重的是，该局为应付检查将木材销售科2004年度木材调拨令的存根销毁。

针对上述问题，国家林业局下发了通报，分别扣减了松岭林业局、临江林业局和双丰林业局2006年商品材指标76 204立方米、2896立方米和848立方米。同时，要求有关部门要对本次检查中发现的问题认真组织整改。

吉林、龙江、大兴安岭森工（林业）集团公司按通报要求进行了整改，依法严肃处理了相关责任人，共追究了41名责任人的党纪、政纪责任。此外，大兴安岭林业集团公司又调减松岭林业局2005年木材产量112 800立方米。（刘　义）

【思茅市景谷县森林资源管理情况专项检查】 为进一步加强森林资源管理，研究建立森林可持续经营和森林资源保护、利用管理的长效机制，2005年11月2～28日，国家林业局和云南省政府联合对思茅市景谷县2004年森林资源消耗和资源林政管理情况进行了专项检查。

这次专项检查的内容主要包括：森林资源消耗量调查和森林资源管理情况调查，其中，森林资源消耗量调查抽取了9个乡（镇、场）的23个村（林班），利用两期TM遥感数据（部分SPOT、ASTER数据辅助）和GIS系统资料，结合地面样地调查进行了定量分析，共实测有证（采伐许可）伐区61个，无证伐区74个和531个有林样圆，实测样地面积112.32公顷。森林资源管理情况采用点面结合的检查方法，重点对云景林纸股份有限公司（以下简称云景林纸）和景谷林业公司等以木材为原料的加工企业的生产经营情况，全县木材运输管理和林政执法情况进行了全面检查。

经过近1个月的工作，初步查清了景谷县在森林资源管理中取得的成绩和存在的问题，形成了《思茅市景谷县森林资源管理情况专项检查综合报告》、《思茅市景谷县林木采伐与消耗结构调查报告》、《思茅市景谷县森林资源林政管理情况检查报告》、《思茅市景谷县林地变化情况检查报告》和《思茅市景谷县森林资源管理情况专项检查典型事例调查报告》。检查结果表明：景谷县重点生态工程建设成效初步显现，林地资源得到有效保护，后备森林资源培育成效显著，森林资源管理专项整治工作取得了初步成效。但是，景谷县在森林保护管理中尚存在不少问题，有些问题还比较严重。①超限额采伐严重，特别是云景林纸和景谷林业两大企业都存在严重的超过批准的商品材指标采伐生产木材问题。②乱砍滥伐林木问题突出，一是虽然办理了林木采伐许可证，但不按照林木采伐许可证批准的数量、地点、方式采伐，出现了大量超证采伐问题。二是无证采伐问题十分严重，特别是云景林纸和景谷林业的持证采伐小班普遍超采。③伐区浪费严重，在森林采集过程中，阔叶树浪费严重；同时，一些单位对思茅松利用也存在浪费现象，特别是云景林纸将大量符合规格材标准的木材丢弃在伐区内。④木材经营加工单位无序发展，近年来景谷县的木材加工企业的数量不断增加，加工能力远远超过本县的商品材供给量；加工原料供需矛盾突出，木材经营加工企业的原料管理基本上处于失控状态，直接导致森林资源的过度消耗；有的木材加工企业已成为非法采伐木材的汇集场所。⑤森林资源管理制度和措施落实不到位。

2005年12月30日，国家林业局雷加富副局长和云南省孔垂柱副省长在北京主持召开了国家林业局、云南省政府联合检查组对思茅市景谷县森林资源管理情况专项检查汇报会。

会议决定，由国家林业局和云南省政府责成思茅市政府和云南省林业厅共同抓好景谷县森林资源保护管理的整改工作。同时要举一反三，全面加强思茅市的森林资源保护管理工作，并按上述要求，结合本地实际，研究建立森林资源保护管理的长效机制，思茅市政府负责具体落实。（王　鹏）

林业政策法规与体制改革

【林业政策】 2005年，林业政策工作在规范引导社会主体投资林业、推进国有林区和森工企业改革方面取得了重大进展。

有针对性地制定措施，加大宣传，规范引导社会主体投资林业 针对近几年来部分地区出现的公司吸收社会公众资金合作（托管）造林的现象，为了更好地指导各种社会主体投资造林，防止和纠正某些偏差，维护和发展林业的大好形势，国家林业局就有关问题加大宣传力度，先后下发了通知，并开通了专题网页。

2004年12月下发了《国家林业局关于合作（托管）造林有关问题的通知》（林策发［2004］228号），强调各级林业主管部门要认清方向，把握大局，积极鼓励和支持各种社会主体投资发展林业。《通知》指出了合作（托管）公司存在的不规范行为，强调了各级林业主管部门要广泛利用电视、广播、报刊等媒体，宣传林业的方针政策和法律法规。包括林权证的法律地位、林权证的核发程序、用林木进行抵押的前提条件和现实可能性；当地速生丰产林生长量和出材量、速生丰产林工程的规划布局、涉及速生丰产林的有关政策、速生丰产林与普通营造林之间的不同；林木限额采伐制度和林木采伐许可证制度、林业税费政策等。还特别强调了关于投资回报、采伐和抵押贷款的宣传重点。《通知》要求各级林业主管部门依法行政，加强监管，严格执行林权证发放的法律程序。强调了林权证的发放权限，要求进一步加强林权管理，切实把住林权证审核的每一道环节。《通知》严禁各级林业主管部门及工作人员参与托管造林活动，已经参与的要立即退出。要求林业部门密切关注发展过程中出现的新情况、新问题，并及时上报。

2005年12月，国家林业局根据形势发展的需要，下发了《国家林业局关于正确引导社会投资造林加强内部监督管理有关问题的通知》（林策发［2005］208号），要求各级林业主管部门要高度重视“合作（托管）造林”等社会投资造林问题，继续加大林业政策和法律的宣传力度，依法规范林权管理工作，切实加强对林业工作人员的监督管理。《通知》要求各级林业主管部门要依法履行林权登记发证的有关职责，严格依法行政，加强林权登记管理，认真做好林权初始、变更和注销登记，切实提高工作质量。对因“合作（托管）造林”发放的林权证进行重点审核复查，如有违法发放林权证的，应依法进行纠正。《通知》强调，各级林业主管部门必须统一思想，提高认识，切实加强系统内部的监督管理，严禁各级林业主管部门、事业单位及其工作人员以各种形式参与“合作（托管）造林”等经营活动，不准违法为有关“合作（托管）造林”公司提供便利。《通知》要求，各种林业报刊、网站等新闻媒体，要加大林业政策和法律的宣传力度，使社会公众正确了解社会投资造林有关问题，把社会投资造林这项事业引导好、实施好。

同时，为了扩大宣传力度，确保社会公众方便快捷地了解各种社会造林政策和林木生长规律，在2005年6月24日，国家林业局在局网站开通了“社会造林政策”专题网页，分为法律法规及规范性文件、地方性法规及规范性文件、社会造林应当注意的问题、媒体言论及网站链接等5个专栏，公告、宣传社会造林政策。同时，国家林业局下发了《关于开设社会造林专题网页的通知》（办策字［2005］25号），各省（区、市）也按照该《通知》的要求，结合当地的实际情况，陆续开通了地方专题网页。

推进重点国有林区和森工企业改革 为落实中央和国务院有关文件精神，建立产权界定清晰，责权利统一，管资产管人管事相结合的国有森林资源管理体制、经营机制和监督体系，按照局党组的部署，国家林业局制定了《国有林区和森工企业改革指导意见》起草工作方案，成立了《指导意见》起草领导小组，由雷加富副局长和张建龙副局长担任组长，政法司、资源司、计资司、公安局、科技司、人教司和天保办、行管办、经研中心等单位为领导小组成员单位，并根据工作职能承担相应的研究任务。在政法司设立了领导小组办公室。同时，围绕《指导意见》的起草要求，通过论证，分别在局经研中心、中国林科院和北京林业大学等单位设立7个课题研究组，聘请了林业、农业、财政和体制改革以及院校等方面的领导和知名专家共同参加专题研究和指导。各专题紧紧围绕国有林区和森工企业改革，各有侧重，分别针对：东北国有林管理体制历史沿革、森林资源管理体制、森林公安和防火体制、企业社会职能剥离、森工企业改革方向和途径、国有林投资体制、国外经验借鉴等从不同方面展开调查研究工作。

在充分调研的基础上，经过3次领导小组会议和多次专题研讨会讨论，认真总结，各课题已经基本完

成并提交研究成果。完成了主件：《重点国有林区和森工企业改革的指导意见（讨论稿）》及其说明；附件：《东北国有林区管理体制历史沿革研究》、《重点国有林区森林资源管理体制研究》、《国外国有林管理体制研究》、《森工企业社会负担剥离》、《林业现代企业制度建设》等阶段性成果。（颜国强）

【林业立法】 2005年，林业立法工作以邓小平理论和“三个代表”重要思想为指导，认真贯彻落实科学发展观，紧紧围绕以生态建设为主的林业发展战略，按照全面推进依法治林的总体要求，以建立完备的林业法律法规体系为目标，以提高林业立法质量为重点，进一步加强林业立法工作，圆满完成了年初确定的各项工作任务。

突出重点，完善林业法律体系 ①抓紧《森林法》修改的研究和论证工作。在汇总分析委托9个省级林业主管部门起草的《森林法》修改稿的基础上，广泛征求各司（局）意见，起草了《森林法》修改大纲，形成了《森林法》修改的主要思路；为拓宽立法思路，邀请了相关单位、学者参与《森林法》的修改工作，如：委托经研中心开展森林采伐制度专项研究；委托中国林科院收集国内外森林法立法参考资料，开展外国森林法立法动态专项研究。②做好《自然保护区法》的立法工作。国家林业局高度重视自然保护区的立法工作，积极组织开展了《自然保护区法》（草稿）的起草和修改工作，组织召开了专家论证会，征求了相关部门的意见，在多次调研的基础上，经反复修改完善，形成了《自然保护区法》（草案建议稿）及其相关论证材料。草案建议稿及其论证材料于2005年6月上报全国人大环资委。③继续做好《濒危野生动植物进出口管理条例》（草案送审稿）修改、协调工作。配合国务院法制办公室，政法司多次组织有关司（局）和单位与商务部、农业部、海关总署沟通、协调，形成了较为一致的意见。④积极做好行政法规的审查工作。根据立法进展情况，抓紧审查有关司（局）起草的《湿地保护条例》、《森林防火条例》等行政法规草案。⑤做好部门规章的制定与发布工作。2005年已经办理并公布实施了7件部门规章，规范了突发林业有害生物事件处置程序、明确了林业行政处罚案件文书制作管理规定、规范了林业统计管理办法。依照《行政许可法》及《国务院对确需保留的行政审批项目设定行政许可的决定》（国务院令第412号），着力规范了行政许可的实施程序、条件、期限等具体制度，使国家级森林公园设立、撤销、合并、改变经营范围或者变更隶属关系审批，普及型国外引种试种苗圃资格认定管理办法，松材线虫病疫木加工板材定点加工企业审批和引进陆生野生动物外来物种种类及数量审批管理等4项行政许可做到有法可依。

改进方式，提高林业立法质量 ①深入基层，了解实际，加强立法项目的前期研究、论证。围绕湿地立法、自然保护区立法等前往福建、江西、江苏、山东等多次开展了立法调研，多次组织论证会、座谈会，广泛听取社会各方面的意见。②加强立法指导。针对业务司（局）起草的法律草案质量参差不齐的情况，专门编写了《林业立法工作手册》，供起草单位学习使用。改变法律草案由业务司（局）先行起草、政法司审查后再与有关起草单位交换意见进行修改的方式，对重要的立法项目，实行前期介入，在立法技术、程序等方面加强指导与沟通。《自然保护区法》建议稿起草过程中，政法司及时与保护司共同研究有关起草或者修改法律草案的总体框架思路；为尽快完善沿海防护林法律制度，按照局领导的部署，政法司提前参与了《沿海防护林条例》的起草审查工作，多次与造林司共同研究《沿海防护林条例》的调整范围、管理体制、管理措施等重要制度。

（政法司法规处）

【林业综合行政执法体制改革】 为了深入贯彻中央林业决定精神，总结交流一年多来林业综合行政执法试点工作取得的成效和经验，研究部署扩大林业综合行政执法试点工作，国家林业局于2005年6月在云南省曲靖市召开了全国林业综合行政执法试点工作会议。各省（区、市）林业厅（局）、四大森工集团和新疆生产建设兵团林业局分管法制工作的厅（局）长和其法制工作机构负责人，参加第一批林业综合行政执法试点的21个单位的林业行政主管单位负责人，国家林业局有关司（局）和直属单位共103人参加了会议。会上张建龙副局长作了题为《认真总结经验不断创新机制继续推进林业综合行政执法试点工作》的主题报告，肯定了第一批试点工作取得的初步成效，充分阐述了进一步扩大林业综合行政执法试点工作的必要性，并对下一步如何做好扩大试点工作提出了具体要求。通过这次会议，统一了思想，使大家充分认识到了开展林业综合行政执法试点工作的重要性和紧迫性。

按照全国林业综合行政执法试点工作会议的有关要求，国家林业局在认真总结第一批林业综合行政执法试点工作经验的基础上，继续开展了第二批试点工作，并于2005年7月18日下发了《国家林业局关于继续开展第二批林业综合行政执法试点工作的通知》（林策发［2005］102号），对继续开展第二批试点工作进行了全面部署。

《通知》明确了林业综合行政执法试点工作的原则和目的、试点范围、试点形式以及时间安排。①试点工作的原则和目的：遵循“政策制定职能与行政处罚职能、行政处罚职能与监督检查职能相对分开”、“权责一致”和“精简、统一、效能”的原则。通过试点，整合执法队伍，理顺执法体制，完善执法

制度，规范执法行为，创新林业行政执法机制，不断提高林业行政执法的整体水平和执法质量。②试点范围：将试点范围扩大到全国27个省（区、市）的142个县级单位（包括第一批的20个试点单位）。③试点形式：林业综合行政执法试点原则上仍采取以下三种形式：第一种是根据实际情况组建林业综合行政执法机构，其他机构（单位）不再承担查处林业行政案件职责；第二种是以森林公安队伍为主组建林业综合行政执法机构，其他机构（单位）不再承担查处林业行政案件职责；第三种是以资源林政执法队伍为主组建林业综合行政执法机构，其他机构（单位）不再承担查处林业行政案件职责。④试点时间安排：准备阶段：2005年8月至10月；实施阶段：2005年11月至2007年11月；总结阶段：2007年12月。

（政法司执法监督处）

【林业行政许可】 2005年，国家林业局采取各种有力措施深入贯彻落实《行政许可法》，在局领导的高度重视和大力支持下，在国家林业局行政许可工作管理办公室、各承办单位以及各其他相关司（局）的共同努力，初步建立起“科学合理、依法设定、运转协调、便民高效、监督有力”的行政许可工作机制。

组织制定实施行政许可有关配套制度 根据《行政许可法》的要求和局行政许可工作的实际，组织制定了《国家林业局行政许可文书办理暂行规则》、《国家林业局林木种子经营行政许可监督检查办法》、《国家林业局松材线虫病疫木加工板材定点加工企业资质审批行政许可被许可人监督管理办法》、《国家林业局中央国家机关直属在京单位引进林木种子、苗木检疫行政许可被许可人监督管理办法》、《国家林业局引种试种隔离苗圃资质审查行政许可被许可人监督管理办法》等，这些办法的制定进一步规范了国家林业局行政许可的办理工作，促进了对被许可人的后续监管工作。

统一行政许可法律文书 根据《国家林业局行政许可文书办理暂行规则》的要求和各承办单位的实际需要，制作了10多种文书格式，并根据工作中的新情况，及时增加文书种类，保证了全局行政许可法律文书的规范、统一，促进了行政许可法律文书质量的提高。

规范行政许可项目办理行为 2005年国家林业局办理行政许可3261件，行政许可基本做到了按时办结，做到了依法、公开、公正办理，方便了申请人，保证了工作效率和服务质量。

开展了行政许可公示工作 在国家林业局局域网上开辟了行政许可专栏，将有关的法律法规、规范性文件、办事指南、许可的结果进行公开公示。许可结果的及时公开，为申请人了解情况提供很大的方便。在局门户网上开辟了行政许可专栏，及时公开许可相关规定和办理结果。

着力提高行政许可服务水平 各承办也单位进一步加强了行政许可工作的领导，明确了受理、送达室和负责人，初步落实了受、审分离的制度，规范了办理的程序。

开展行政许可专项检查 5～11月，对全局贯彻执行《行政许可法》情况进行了执法检查。从5月份开始，至9月底结束，国家林业局有关司（局）、直属单位根据驻局监察局的要求进行对照检查。在各单位自查的基础上，11月初，驻局监察局联合局政法司组成了4个检查组，分别对国家林业局行政许可承办单位贯彻执行《行政许可法》及自查自纠情况进行了重点检查，通过听取汇报、实地检查、抽查文书和档案材料、随机抽取走访了被许可单位等多种形式对全局贯彻实施《行政许可法》的情况进行检查。针对检查中发现的问题，国家林业局多次召开工作会议，反复进行研究，提出了解决问题的建议和整改方案。

通过检查，及时发现问题并进行整改，有力地促进了国家林业局行政许可工作，既促进了国家林业局行政许可工作“高效、廉洁、安全”开展，也促进了良好的行政许可工作机制的建立。（曹祖涛）

【林业普法】 2005年，林业普法各项工作按照《林业系统法制宣传教育第四个五年规划》（林策发［2001］322号）和《全国普法办公室、司法部关于印发2005年全国普法依法治理工作要点的通知》（普法办［2005］2号）文件的要求，扎实推进，稳步开展，使林业“四五”普法工作不断引向深入。

调整普法领导小组成员，充实普法领导机构 为适应普法工作需要，根据全国依法治林工作会议对普法体系建设的要求，国家林业局普法领导小组成员及办公室成员进行了调整。由张建龙副局长任领导小组组长，政法司汪绚司长、办公室封加平主任、直属机关党委张希武常务副书记、宣传办曹清尧主任任领导小组副组长，各相关司（局）和局直属事业单位的一把手任成员，普法办公室设在政法司，政法司汪绚司长兼普法办主任，政法司卢昌强副司长兼普法办副主任。

召开普法领导小组会，部署全年普法工作 4月13日，召开了局普法领导小组会，会议由张建龙副局长主持。会议研究了“四五”普法4年来(2001～2004年）的情况和2005年林业系统普法工作要点，充分肯定了“四五”普法以来国家林业局普法办所做的工作，同时，也对“四五”普法总结验收的方式、2005年普法工作的重点、今后普法工作的形式等提出了很好的建议。

制定年度工作要点，引领全年工作 根据《林业系统法制宣传教育第四个五年规划》和《全国普法办公室、司法部关于印发2005年全国普法依法治理工作要点的通知》的精神，国家林业局普法办制定了2005年林业系统普法宣传教育工作要点，并经局普法领导小组会讨论通过，以办策字［2005］29号文件下发。

多种形式开展普法工作 为进一步贯彻全国依法治林工作会议精神，结合“四五”普法规划中健全完善林业行政执法人员法律培训制度的要求，举办了3期林业综合行政执法人员培训班。通过培训，与会人员进一步明晰了林业综合行政执法改革的思路和工作原则，为整个试点工作的开展打下了良好的基础。

开展普法征文活动 为了给“五五”普法规划提供有力的理论和实践支持，认真分析普法的当前形势，国家林业局普法办转发了全国普法办《关于举办在公民中开展法制宣传教育第五个五年规划问题研究征文活动的通知》，各地、各单位积极部署传达，踊跃投稿，为“五五”规划的制定提供了一定的理论素材。

征集普法宣传教育20周年展览资料 2005年是党中央、全国人大、国务院决定在全体公民中开展法制宣传教育工作20周年。为了充分展示20年来法制宣传教育的丰硕成果，进一步推进法制宣传教育工作的深入开展，中宣部、司法部、全国普法办等部门决定在2005年下半年举办全民法制宣传教育20周年展览，国家林业局普法办按照通知要求积极部署传达，先后向全国普法办提供书籍、图表等各类素材四类40余件，被全国普法办采纳图书一套，挂图一套，图片10幅，展板10块。

开展植物新品种保护条例宣传周活动 为进一步普及保护知识产权法律知识，增强全社会的知识产权保护法制意识，营造良好的保护知识产权法制环境和社会氛围，国家林业局普法办按照全国普法办的通知精神，会同国家林业局科技发展中心、直属机关党委、宣传办、机关服务局联合举办了“植物新品种保护条例宣传周”活动。活动周期间，在国家林业局机关开展了“植物新品种保护知识问卷”问答活动，在办公大楼展出“植物新品种保护宣传栏”、悬挂“知识产权——植物新品种保护宣传周”横幅，以电子信息板滚动播放《植物新品种保护条例》及《实施细则》等。《中国绿色时报》花草周刊、《科技日报》经济特刊和国家林业局政府网站报道了宣传的情况。整个宣传周活动，内容丰富，形式新颖，群众反映强烈，取得了很好的效果。

开展年度普法考试 “四五”普法规划将每年的12月4日定为全国法制宣传日，结合林业行业特点，国家林业局普法办将“12·4”法制宣传日活动与林业系统普法考试结合起来，经过4年的实践，取得了很好的效果。2005年仍然沿用“四五”期间前4年的做法，下发通知要求各地、各单位组织“12·4”年度普法考试，同时国家林业局普法办会同局直属机关党委组织局机关的普法考试。通过考试，有力地带动了广大干部职工学法用法，进一步推动了“四五”普法工作。

下发总结验收通知，全面铺开总结验收工作 2005年是实施“四五”普法规划的最后一年。按照《林业系统法制宣传教育第四个五年规划》和《全国普法办公室、司法部关于印发2005年全国普法依法治理工作要点的通知》的要求，国家林业局普法办于2005年开展了全国林业系统的普法总结验收工作。根据“四五”规划中对普法宣传教育各项措施的要求，国家林业局普法办制定了《林业系统“四五”普法宣传教育工作总结验收标准》，并随总结验收通知一同下发至各省（区、市）林业厅（局）、四大森工集团、新疆生产建设兵团林业局和国家林业局各司（局）、各直属单位，“四五”普法总结验收工作全面启动。按照总结验收的总体部署，2005年11～12月，国家林业局普法办会同国家林业局政法司、直属机关党委、宣传办分3组、3个方向分别对吉林、黑龙江、浙江、广东、海南、陕西6省和黑龙江森工总局的林业普法工作进行了抽查。抽查面基本涵盖了全国各个区域的典型省份，同时选取一个森工集团作为森工企业的抽查对象。抽查中通过听取被抽查单位负责人关于“四五”普法工作的总结汇报、观看“四五”普法宣传教育工作图片、查阅有关普法工作档案资料、召开不同层次不同对象参加的普法座谈会、与被检单位负责人交换意见等方式，基本上了解了点上实情，又加深了面上总体情况的把握，取得了很好的效果。

开展表彰工作 “四五”普法5年来，各级林业部门在各级党委、政府的领导下，采取了多种形式开展林业普法宣传教育活动，取得了显著成绩，期间涌现出一批工作优异、特色鲜明、事迹突出的先进集体和先进个人，有力地推动了林业改革和建设事业的发展。为了弘扬林业普法工作先进集体和先进个人的优良作风，提高广大林业干部职工对林业普法工作重要性的认识，激励林业普法工作者的积极性和创造性，国家林业局普法办下发了在全国林业系统评选“四五”普法宣传教育先进集体和先进个人的通知。

（李 权）

林业科学技术

林业科技体制改革

【综　述】　2005年，在科技部、财政部、中央编办等部门的直接指导和大力支持下，林业科技体制改革进一步深化。①中国林科院科技体制改革工作顺利通过了科技部、财政部和中央编办联合组织的验收，得到了有关部门的充分肯定和高度评价。验收专家组一致认为：通过改革，中国林科院学科结构、组织结构和人才队伍结构得到改善，科技资源配置得到优化，科技创新能力得到明显增强，科技人员创新的积极性和创造力普遍提升，科研环境和基础条件建设明显改善，科技产业进一步发展，有力地促进了行业科技进步水平；初步建立了“开放、流动、竞争、协作”的运行机制，为建立现代科研院所制度，创建世界一流奠定了坚实的基础。②通过积极努力，经科技部、财政部、中央编办等部门联合批准，中国林科院原定为向企业化转制的6个科研机构保留科研事业单位性质，有效解决了这些单位的生存和发展问题。③经中央编办、科技部、财政部批准，中国林科院科研组织结构调整基本到位，将原森林保护研究所与森林生态环境研究所合并为森林生态环境与保护研究所，成立了中国林科院高新技术研究所。（科技司综合处）

林业科技管理

【综　述】　2005年，林业科技管理工作紧紧围绕为推动林业持续快速健康协调发展提供强有力的科技支撑这个目标，发扬团结协作、求真务实、开拓进取的精神，扎实有效地推进林业科技进步。在全面深入地总结“十五”林业科技工作的基础上，科学系统地谋划了“十一五”林业科技发展工作。以《关于进一步加强林业科技工作的决定》、《2005～2007年林业科教振兴行动方案》等文件的正式颁发为标志，林业科技管理工作的行业宏观指导能力显著加强。

《国家林业局关于进一步加强林业科技工作的决定》，这是在我国林业发展史上第一个专门为加强林业科技工作而制定的决定，是全面贯彻落实中央林业决定和全国林业工作会议精神，努力提高林业科技自主创新能力，全面推进林业科学技术进步与创新而制定的重要文件，对于全面推进林业科学技术进步与创新，促使林业科技工作更好地适应社会主义市场经济体制的要求，适应实施以生态建设为主的林业发展战略和相持阶段林业发展的需求具有重要意义。文件明确了新时期林业科技工作的指导思想、基本原则和指导方针，确定了林业科技工作的重点任务和发展目标，强化了加快林业科技发展的重大对策和保障措施，内容丰富，内涵深刻，既贯彻落实了党中央、国务院关于新时期科学技术发展的战略方针，又充分体现了国家林业局党组关于林业科技工作的指导思想和基本要求，具有鲜明的时代特征，反映了时代要求，是指导当前和今后相当长一段时期内林业科技工作的纲领性文件，对于促进林业科技快速发展具有里程碑意义。

此外，围绕林业生态建设和产业发展对科学技术的迫切需求，《林业科学技术发展中长期规划(2006～2020年)》、《林业科技“十一五”发展规划》、《林业高新技术产业发展规划》、《林业生物产业发展规划》等一系列事关林业发展根本大计的重要文件的编制工作也相继启动，这些规划的实施必将全面推进林业科技快速进步与发展。

（科技司综合处）

林业科学研究

【中国森林资源核算及纳入绿色GDP研究】 项目自2004年4月启动以来，在项目领导小组和专家领导小组的直接领导和具体指导下，经过全体参研人员的共同努力，取得了阶段性成果，研究制定出了一套核算森林资源实物量和价值量的核算方法，并在广泛收集、整理、分析、核实和研究12个试点省（区）森林资源实物存量和变动量以及林木林地价格等重要数据的基础上，初步核算出了全国森林资源林木林地的价值量。 （科技司综合处）

【中国林业相持阶段区域发展战略研究】 主要目的是针对相持阶段的特点和我国林业发展的现状，围绕“东扩、西治、南用、北休”区域战略布局，研究提出相持阶段林业发展的指导思想、战略方针、发展目标、建设任务和政策措施，为中央和各级政府决策提供理论基础和科学依据。这是一项中观层面的对策性的林业发展战略研究，其研究成果直接关系到今后5～15年我国林业的发展。项目于2005年5月下旬正式启动，半年多来，项目组在反复研究讨论并形成研究大纲细目的基础上，围绕总论部分的研究内容，从发展历程、理论依据、需求潜力、总体战略、区域布局和政策措施等内容，开展了全面深入的研究。其中《总论》部分经过了3次集中统稿，提交专家研讨会讨论修改，已形成了报告的初稿，全部研究任务在2005年底基本完成。 （科技司综合处）

【国家科技攻关计划林业项目】 由国家林业局组织实施的“十五”国家科技攻关计划林业生态工程构建技术研究与示范（项目编号：2001BA510B／2004BA510B）、优质林木果树育种及高效利用技术研究（项目编号：2001BA515B／2004BA515B）、竹藤资源培育及高效利用产业化关键技术研究与示范（项目编号：2001BA506B／2004BA506B）等3个项目及所属30个课题全部顺利通过验收，共建立各类种质资源保存圃和示范林基地241个，示范面积20 408公顷，开发新产品、新材料、新装置355项（种），组建中试和生产线46条，授权专利12项，培养博士148人、硕士267人，发表论文1181篇、专著22部。参与组织实施的生态农业技术体系研究与示范、农林重大病虫害和农业气象灾害的预警及控制技术研究等10个项目共18个课题也已全面完成验收工作。

由国家林业局、教育部、中科院共同组织实施的国家科技攻关计划防沙治沙关键技术研究与示范项目第一批启动课题开始实施。第一批启动课题总经费2000万元，共设置12个课题，围绕防沙治沙共性关键技术和典型地区的治理技术和产业化技术进行攻关研究与示范。

林业生态工程构建技术研究与示范等3个国家攻关计划项目后续滚动课题验收

课题编号	课 题 名 称	所属项目
2004BA510B01	退耕还林还草工程区水土保持型植被建设技术研究与示范	林业生态工程构建技术研究与示范(2004BA510B)
2004BA510B02	退耕还林还草工程区水源涵养型植被建设技术研究与示范	
2004BA510B03	退耕还林还草工程区困难立地造林技术研究与示范	
2004BA510B04	退耕还林还草工程区华北石质山地植被恢复与高效复合经营技术研究与示范	
2004BA510B05	东北天然林可持续经营指标测试与评价方法	
2004BA510B06	长江上游退化天然林恢复重建技术研究与示范	
2004BA510B07	东北天然林生态采伐更新技术研究与示范	
2004BA510B08	天然林保育技术研究与示范	
2004BA510B09	东北天然林区森林火灾预防和管理技术研究与示范	
2004BA510B10	自然保护区管理技术研究与示范	
2001BA510B11	林业生态系统功能恢复战略研究	
2004BA515B01	南方主要针叶用材树种新品种选育及培育技术	优质林木果树育种及高效利用技术研究(2004BA515B)
2004BA515B02	南方主要速生阔叶树种新品种选育及培育技术	
2004BA515B03	杨树和泡桐优良品种选育及栽培技术	
2004BA515B04	北方主要针叶用材树种优良品种选育及培育技术	

（续）

课题编号	课 题 名 称	所属项目
2004BA515B05	北方主要珍贵阔叶树种优良品种选育及培育技术	优质林木果树育种及高效利用技术研究(2004BA515B)
2004BA515B06	核桃和板栗丰产栽培技术研究与示范	
2004BA515B07	主要用材树种木材高效利用技术	
2004BA515B08	主要仁果类果树新品种选育及优质栽培技术研究	
2004BA515B09	南方地区柑果类果树新品种选育及优质栽培技术	
2004BA515B10	中部地区核果类果树新品种选育及高效栽培技术	
2004BA515B11	中西部地区浆果类果树新品种选育及优质生产技术	
2002BA515B12	桂夏橙集约化优质高效栽培技术示范	
2002BA515B13	晚熟甜瓜防病优质高产技术研究与开发	
2002BA515B14	环崂山风景区无公害绿茶产业化开发与示范研究	
2004BA506B01	竹子商品林培育与可持续经营技术研究	竹藤资源培育及高效利用产业化关键技术研究与示范(2004BA506B)
2004BA506B02	棕榈藤培育及藤材防光变色技术研究	
2004BA506B03	竹材人造板加工制造技术研究	
2004BA506B04	竹资源综合利用技术研究	
2004BA506B05	竹藤资源培育与高效利用产业化的政策研究	

林业生态工程构建技术研究与示范等3个国家攻关计划项目后续滚动课题验收认定成果

序号	成 果 名 称	所属课题编号
1	杉木速生、耐瘠薄优良无性系选育技术	2004BA515B01
2	杉木人工林林分直径结构分布模拟技术	
3	杂交松优良家系选择	
4	福建柏无节良材培育技术	
5	桉树、相思、柚木和西南桦新品种选育及培育技术	2004BA515B02
6	柚木优良无性系扦插繁殖技术	
7	西南桦优树无性繁殖技术研究	
8	美洲黑杨新品种选育	2004BA515B03
9	欧美杨纸浆材新品种选育	
10	泡桐单板用材林优质高效培育配套技术	
11	泡桐优良无性系选育	
12	落叶松优良家系遗传评价与综合选择技术	2004BA515B04
13	红皮云杉良种选育及培育技术	
14	高寒地区云杉工厂化无性繁殖技术	
15	白桦杂交育种技术	2004BA515B05
16	水曲柳良种选育技术	
17	水曲柳离体培养再生繁殖技术	
18	楸树优良无性系选育	
19	燕山板栗精准施肥技术	2004BA515B06
20	核桃和黑核桃良种芽接系列繁育技术	
21	适宜矮密栽培板栗新品种选育及配套栽培技术	
22	木材加工企业计算机信息集成系统模块	2004BA515B07
23	红锥木材的生产实用性干燥工艺	
24	液化木酚醛树脂胶黏剂的制备方法	
25	杨树和杉木高效清洁高得率制浆技术	
26	晚熟苹果新品种——望山红	2004BA515B08
27	早熟苹果新品种——华美	
28	早熟苹果新品种——意大利早红	
29	苹果新品种——华金	

（续）

序号	成果名称	所属课题编号
30	自花结实早熟梨新品种——早冠	2004BA515B08
31	优质晚熟耐贮梨新品种——中华玉梨	
32	极早熟优质梨新品种七月酥选育	
33	苹果新品种选育及优质栽培技术	
34	早中熟系列梨良种选育及配套栽培技术研究与应用	
35	柑橘优异资源发掘、创新与新品种选育和推广	2004BA515B09
36	光明早温州蜜柑的选育	
37	椪柑新品种——华柑2号的选育	
38	脐橙新品种——纽荷尔脐橙的选育	
39	鄂甜橙1号（兴锦101）的选育	
40	奉节晚橙（脐橙）的选育	
41	中育无核雪橙的选育	
42	中熟水蜜桃新品种“霞晖6号”的选育	2004BA515B10
43	瑞光美玉	
44	瑞蟠14号	
45	早熟桃新品种——秦捷选育	
46	桃优良种质的引进、创新与转化利用	
47	秦红无核	2004BA515B11
48	秦翠无核	
49	新秦红	
50	沙漠红	
51	绿洲红	
52	戈壁红	
53	一种提高无核葡萄浆果品质的营养液	
54	一种果树树干注射用复混液体肥料及制法	
55	胚挽救技术体系建立及抗病无核葡萄新品系培育	
56	猕猴桃新品种“金香”	
57	猕猴桃新品种“秋香”	
58	猕猴桃引进品种“海沃德”	
59	中国葡萄属野生种山葡萄抗黑痘病候选基因序列及应用	
60	中国葡萄属野生种刺葡萄抗白粉病候选基因序列及应用	
61	中国葡萄属野生种华东葡萄芪合成酶基因序列及应用	
62	黄土区基于水平衡的水土保持林草覆被及林分结构设计技术	2004BA510B01
63	黄土高原高寒区退耕还林还草植被结构构建技术	
64	黄土高原植被恢复重建及效应评价技术	
65	长江中游湘南红壤岗丘区（衡阳）水土保持型植被恢复技术	
66	三峡库区理水调洪型森林植被群落判别与空间优化配置技术	2004BA510B02
67	都市水源区水源涵养林近自然经营技术	
68	长江上游低山丘陵区水源涵养型植被建设技术	
69	云贵高原金沙江上游山地水源涵养林的定向恢复与重建技术	
70	黄河上游山地水源涵养型植被建设树种早期选择与造林技术	
71	六盘山非常用造林树种苗木培育及近自然混交造林技术	
72	四川退耕还林工程区干旱河谷造林技术	2004BA510B03
73	金沙江干热河谷上段川楝繁殖栽培及配套技术	
74	动平衡补灌节水技术	
75	黄土半干旱区节水抗旱造林技术	
76	退耕还林还草工程区华北石质山地高效复合经营配套技术	2004BA510B04
77	退耕还林还草工程区华北石质山地植被恢复的集成技术	
78	经营单位水平森林可持续经营标准与指标体系及评价方法	2004BA510B05
79	长江上游退化天然林干扰体系与评价技术	2004BA510B06
80	长江上游退化天然林封育恢复技术	

（续）

序号	成果名称	所属课题编号
81	东北天然林生态采伐更新技术	2004BA510B07
82	林分空间结构分析及择伐优化技术及软件	
83	东北天然次生林生态采伐决策支持技术及软件	
84	花楸种子萌发促进技术	2004BA510B08
85	银灰杨有性繁殖技术	
86	鸡毛松群落结构调整及定向恢复技术	
87	东北林区防火树种筛选和防火林带构建技术	2004BA510B09
88	森林消防人员防烟口罩	
89	便携式应急移动调频中继台	
90	自然保护区建设工程关键技术	2004BA510B10
91	三江源自然保护区珍稀濒危物种快速评估技术	
92	丛生笋用竹高效可持续经营技术	2004BA506B01
93	三种耐寒地被类观赏竹选育及容器育苗技术	
94	黄藤和单叶省藤萌蘖芽无性快繁技术	2004BA506B02
95	棕榈藤藤材防光变色技术	
96	竹材预制房屋设计制造技术	2004BA506B03
97	竹材用环保型铜基防腐剂制造技术	
98	无甲醛竹材集成材胶合工艺技术	
99	柔性大幅面无纺布强化竹材装饰单板制造技术	
100	高脱色性能颗粒活性炭的制备技术	2004BA506B04
101	酪氨酸制取和酶法合成黑色素工艺	
102	纳米改性竹炭光催化吸附、分解、杀菌剂及应用技术	
103	中国竹产业发展政策研究	2004BA506B05

林业生态工程构建技术研究与示范等3个国家攻关计划项目授权专利

序号	专利名称	专利号	序号	专利名称	专利号
1	导电功能木质复合板材的制造方法	ZL99122281.4	7	一种无核葡萄育种的分子标记方法	ZL97100615.6
2	用于室外结构用承重墙体材料的竹碎料板及其制造方法	ZL03137667.3	8	葡萄套果袋	ZL01240521.3
			9	鲁棒跟踪控制法人工气候箱的气体发生装置	ZL03204471.2
3	高脱色性能颗粒活性炭的制备方法	ZL03131651.4	10	人工气候箱内气体温湿度的鲁棒跟踪控制方法	ZL03105211.8
4	建筑结构用竹材型材	ZL03137341.1			
5	榫头及活玻璃镶条联接的欧式实木窗	ZL02251779.0	11	一种提高无核葡萄浆果品质的营养液	ZL03134236.1
6	麦秸碎料板制作方法	ZL9914027.3	12	一种果树树干注射用复混液体肥料及其制法	ZL01130752.8

国家攻关计划项目新增课题一览

课题编号	课题名称	所属项目
2005BA517A01	防沙治沙植物材料筛选与快速扩繁技术研究	防沙治沙关键技术研究与示范(2005BA517A)
2005BA517A02	沙区水资源承载力与植被优化配置技术研究	
2005BA517A03	沙区生态安全的土地利用格局优化技术研究	
2005BA517A04	沙区大范围植被快速恢复技术研究	
2005BA517A05	沙区农田和草场风蚀防控与人居环境安全保障技术研究	
2005BA517A06	面状与线状沙源的工程防沙技术研究	
2005BA517A07	风沙灾害监测与预警、工程效益评价及防沙治沙战略研究	
2005BA517A08	科尔沁沙地植被重建与调控技术研究与示范	
2005BA517A09	锡林郭勒草原草地畜牧业技术研究与示范	
2005BA517A10	宁夏河东沙地退化草场植被恢复与利用技术研究与示范	
2005BA517A11	毛乌素沙地生物治理技术研究与示范(靖边)	
2005BA517A12	京郊永定河沙地产业化技术示范	

（科技司计划处）

【国家重大基础研究计划（“973”计划）】 2005年，由国家林业局组织实施的“973”计划树木育种的分子基础研究项目顺利通过科技部组织的专家验收，项目获得了柽柳、梭梭等植物的一批抗逆基因，在人工林杉木、杨木结构与木材材性关系，毛白杨次生维管再生实验系统建立等方面取得突破性进展，发表论文126篇，其中SCI收录34篇，出版专著3部。西部典型区域森林植被对农业生态环境的调控机理研究项目也顺利通过了科技部组织的中期评估，项目获得了大量基础数据和本底材料，初步阐明了植被恢复的动力机制和植被对水土资源的调控作用和内在机理及对洪涝灾害的作用，建立了区域农业生态环境评价的基本体系框架，发表代表性论文125篇，其中SCI收录24篇，申请国家专利两项。（科技司计划处）

【国家高技术发展计划（“863”计划）】 2005年，国家林业局新增“863”计划课题3项，获国家资助1340万元，重点开展遥感和林业生物技术研究。

2005年度国家林业局获准国家高技术发展计划项目

项目编号	项目名称
2005AA132030	科技部-欧洲空间局“龙计划”（ENVISAT对地观测数据综合应用研究）
2005AA244010	树木体细胞胚胎发生及其产业化与育种实验技术平台
2005AA133010	遥感区域综合应用示范

（科技司计划处）

【国家科技基础条件平台工作专项】 为加强科技资源整合和共享，科技部继续推进科技基础条件平台建设。国家林业局科技司围绕2005年度国家科技基础条件平台工作专项申报指南组织申报，获专项资助项目4项，国家资助经费2380万元，主要开展森林植物种质资源、林业微生物资源和自然保护区生物标本的整理、整合及共享，林业科学数据共享中心建设等方面的工作。

2005年度国家林业局获准国家科技基础条件平台工作项目

序号	项 目 名 称
1	林木（含竹藤花卉）种质资源标准化整理、整合及共享试点
2	自然保护区生物标本标准化整理、整合及共享试点
3	林业微生物菌种资源标准化整理、整合及共享试点
4	林业科学数据共享中心

（科技司计划处）

【科研院所社会公益研究专项】 2005年度，国家林业局新增社会公益研究专项项目11项，国家资助经费885万元。

2004年度国家林业局获准社会公益研究专项项目

项目编号	项 目 名 称
2005DIB3J136	困难绿化坡面人工植被恢复技术及装备研究
2005DIB3J137	沿海红树林降灾功能与效益计量研究
2005DIB3J138	远程森林消防灭火用炮、车、弹系统
2005DIB3J139	松材线虫病的流行及控制新途径研究
2005DIB3J140	林业血防生态工程监测与评价技术研究
2005DIB4J141	西北极干旱荒漠区退化植被恢复技术研究
2005DIB5J142	群团植被自适应抽样与遥感相结合的技术研究
2005DIB5J143	木材防腐产品检测技术及评价体系的构建
2005DIB6J144	广西雅长兰科种质基因库营建及可持续利用
2005DIB4J145	退化云南松天然林恢复技术研究
2005DIB3J146	石漠化植被恢复技术支持体系构建

（科技司计划处）

【科学仪器设备升级改造专项】 2005年度国家林业局新增该专项项目3项，新增经费120万元。

2005年度国家林业局获准科学仪器设备升级改造专项项目

项目编号	项 目 名 称
2005JG100550	智能型人工气候室光照调控系统的扩展改造
2005JG100270	木材干燥试验机升级改造开发
2005JG100350	萜类中试设备监控系统集成与数字化改造

（科技司计划处）

【国家林业局重点科研计划项目】 2005年度批准立项国家林业局重点科研计划项目32项。其中，林业新技术储备专项16项，安排经费500万元，主要围绕良种区域化试验、森林灾害防治、森林资源高效利用等3个方面，进行技术开发和技术储备；林业软科学研究先导专项16项，安排经费400万元，主要开展森林资源价值核算等热点问题研究，林业宏观战略专题研究，林业资源、产业及市场机制研究以及林业科技管理体系研究等。

2005年度国家林业局重点科研计划项目

项目编号	项 目 名 称	备 注
2005-01	刺槐、沙棘等林木抗旱育种技术及其区域化试验	林业新技术开发与储备专项
2005-02	杂种核桃良种选育及区域化试验	
2005-03	冬枣良种区域化试验及标准化栽培	
2005-04	西藏那曲乡土树种选育与区域化试验	
2005-05	开心果、耐旱枣良种区域化试验	

（续）

项目编号	项　目　名　称	备　注
2005－06	蓝靛果良种选育及区域化试验	林业新技术开发与储备专项
2005－07	濒危物种羚牛保护与解濒技术开发	
2005－08	红树林小螟蛾防治技术开发	
2005－09	林用昆虫病毒杀虫剂开发	
2005－10	西部干旱半干旱生态脆弱区人工林病虫害生态管理技术试验	
2005－11	秦巴山区森林药材主要害虫无公害防治技术开发	
2005－12	森林食品规范化生产技术开发	
2005－13	木质糖用颗粒活性碳新技术开发	
2005－14	新型优质竹木复合地板生产技术开发	
2005－15	造林再造林碳汇项目优先发展区域选择与评价技术试验	
2005－16	2001 年秋季大火对扎龙丹顶鹤繁殖及巢址选择的影响	
2005－17	集体林区非公有制林业发展的动力机制与制度条件研究	林业软科学研究先导专项
2005－18	中国木材产业分析与国际竞争力研究	
2005－19	森林资源资产评估与活立木市场研究	
2005－20	国有林区和森工企业改革研究	
2005－21	林业标准体系构建与研究	
2005－22	退耕还林生态工程模式与评价研究	
2005－23	中国花卉发展战略研究	
2005－24	林业生物产业发展战略研究	
2005－25	国际林业科技发展跟踪研究	
2005－26	林业发展宏观政策与创新机制研究	
2005－27	中国森林资源核算及纳入绿色 GDP 研究	
2005－28	西部林业发展战略研究	
2005－29	林业科技评价方法与指标体系研究	
2005－30	外来树种遗传资源管理与生物入侵评价体系研究	
2005－31	绿色海峡西岸建设与林业高职人才培养对策研究	
2005－32	在东北老工业基地振兴中三北防护林工程发展战略研究	

（科技司计划处）

【引进国际先进林业科学技术计划项目（“948”项目）】 2005 年度国家林业局批准立项引进国际先进林业科学技术计划项目 79 项，安排经费 3940 万元，主要围绕生态建设与森林保护、可持续经营技术，林业生物技术与新品种培育技术，森林资源高效利用技术，林业生物质能源与生物质材料技术等 4 个方面开展国外先进技术引进工作；批准引进技术创新项目 6 项，安排经费 600 万元，开展引进技术的创新与示范。完成 2005 年度申请验收的“948”项目的验收工作，通过验收 41 项，认定成果 31 项。

2005 年度“948”引进项目和创新项目

项目编号	项　目　名　称
2005－4－01	森林生态系统碳水耦合通量野外观测与数据分析技术引进
2005－4－02	森林资源清查分析与管理技术引进
2005－4－03	人工复层林经营技术引进
2005－4－04	森林火灾无线宽带监控网络引进
2005－4－05	人工林经营景观生态规划与空间优化技术引进
2005－4－06	森林火灾扑救模拟训练技术引进
2005－4－07	南方滨海湿地恢复与生物多样性保护技术引进
2005－4－08	干旱区机械化集雨植被恢复关键技术引进
2005－4－09	观赏植物环保生产认证体系（MPS）及技术引进
2005－4－10	航空静电喷雾系统技术引进
2005－4－11	干旱石质山地植被快速恢复技术引进
2005－4－12	林火地面巡护与早期扑救系统及其关键技术引进
2005－4－13	海岸带生态系统退化快速诊断及生态修复技术引进
2005－4－14	英国 CCF 技术引进
2005－4－15	可降解纤维土工沙障技术引进
2005－4－16	林业病虫害防治大型车载烟雾机技术引进
2005－4－17	人工林土壤质量监测指标体系与地力维护先进技术引进
2005－4－18	用于城市绿化和沿海防护林的木犀属树种高效栽培技术引进
2005－4－19	森林害虫信息素分离鉴定和应用技术引进
2005－4－20	人工林近自然重构技术体系引进
2005－4－21	森林防火雷电探测技术引进
2005－4－22	城市森林监测、评价与标准化数据收集技术引进
2005－4－23	红树林湿地恢复与变化的动态监测技术引进
2005－4－24	城市林业有机地表覆盖物生产与应用技术引进
2005－4－25	热扩散式树木液流测定系统技术引进
2005－4－26	森林碳储量测定技术与碳汇计量方法引进
2005－4－27	北欧森林生物多样性保护与恢复技术引进
2005－4－28	基于 3PG 模型的森林生长模拟技术引进
2005－4－29	森林火灾扑救安全技术及装备引进
2005－4－30	松叶蜂病毒、杀虫虫霉菌种和真菌制剂生产技术引进
2005－4－31	水环境保护中的湿地功能利用及生物修复技术引进
2005－4－32	夏花型菊花新品种选育与精准栽培技术引进
2005－4－33	药用铁青树及其有效成分提取技术引进
2005－4－34	耐旱转录因子与渗调物质合成关键基因及转化鉴定技术引进
2005－4－35	锌指基因等抗逆基因材料及新型基因分析技术引进

（续）

项目编号	项 目 名 称
2005－4－36	非洲桃花心木优良种质资源及培育技术引进
2005－4－37	兰花新品种选育及专业化精准栽培关键技术引进
2005－4－38	染色体纤维荧光杂交（Fiber－FISH）技术引进与竹子功能基因组研究
2005－4－39	苗木移植恢复促进剂生产与应用技术引进
2005－4－40	林木遗传资源监测、评价与管理技术引进种质材料及繁育技术引进
2005－4－41	柏树三倍体等多用途耐盐碱种质材料及繁育技术引进
2005－4－42	刺玫工厂化育苗技术引进
2005－4－43	滨梅等优质耐盐经济植物的引种与栽培技术引进
2005－4－44	高产优质能源植物定向培育技术体系引进
2005－4－45	矮沙樱桃等固沙植物及栽培技术引进
2005－4－46	欧洲大粒樱桃良种、优质砧木及高效栽培技术引进
2005－4－47	美洲香槐引种栽培及生物石油采集技术引进
2005－4－48	热区退化林地生物有机培肥技术引进
2005－4－49	用于珍贵经济林木大苗培育的控根育苗关键技术引进
2005－4－50	耐寒型常绿杜鹃品种及快繁技术引进
2005－4－51	北方型美洲黑杨纸浆材基因资源及分子育种技术引进
2005－4－52	调控树木脂肪酸组成的基因工程技术引进
2005－4－53	难生根树种扦插繁殖智能控制技术引进
2005－4－54	西洋梨亲和性砧木和抗病性良种及培育技术引进
2005－4－55	优良耐荫湿地被植物品种及配置技术引进
2005－4－56	纸浆材性状测定与应用技术引进
2005－4－57	桉树人工制种及强化育种技术引进
2005－4－58	安全选择标记基因及林木转基因新技术引进
2005－4－59	珍稀濒危蝴蝶培育技术引进
2005－4－60	人造板材料树脂检测技术和优化系统引进
2005－4－61	速生林小径原木高效加工利用技术引进
2005－4－62	新型高强度人造板长条薄片刨花数控生产技术引进
2005－4－63	珍贵毛皮兽质量评估及数据处理技术引进
2005－4－64	油橄榄叶片提取物及渣油萃取技术引进
2005－4－65	强化复合地板湿法耐磨层新工艺生产技术引进
2005－4－66	沙棘果实采收技术引进
2005－4－67	环境净化用高吸附性能活性炭生产技术的引进
2005－4－68	软木热—化学膨胀技术引进
2005－4－69	竹醋液深度开发关键技术引进
2005－4－70	基于纤维素及其衍生物的高分子乳液制备技术引进
2005－4－71	新型环保松香树脂乳液生产技术引进

（续）

项目编号	项 目 名 称
2005－4－72	高频、微波木材检疫处理关键技术引进
2005－4－73	基于应力波的人工林活立木无损评估技术引进
2005－4－74	利用造纸厂污泥制造人造板先进技术引进
2005－4－75	环保型竹材深度染色关键技术引进
2005－4－76	生物质成型燃料高压致密成型技术引进
2005－4－77	木屑和锯末热解制取洁净燃料和化学品技术引进
2005－4－78	植物油制取生物柴油固定化生物酶催化技术引进
2005－4－79	生物质能源气化发电关键技术引进
2005－4－C01	重要商品花卉现代化生产关键技术创新与示范*
2005－4－C02	特色核果类果树种质及高效栽培技术创新与示范*
2005－4－C03	桉树人工林木材干燥与加工利用技术创新与示范*
2005－4－C04	濒危野生动物基因鉴定试剂盒的研制*
2005－4－C05	引进沙旱生植物良种应用技术创新与示范*
2005－4－C06	紫胶漂白胶水果保鲜剂研制及应用技术创新与示范*

注：标*号项目为创新项目。

2005年度“948”验收项目

项目编号	项 目 名 称
1999－4－7	美国高产、优质、抗病杏新品种引进
1999－4－14	优质林果新品种及栽培技术引进
1999－4－19	黑孢块菌（*Tubwr melanosporum*）及其高产栽培技术引进
1999－4－21	控制林木木质素合成酶基因及其转化技术引进
1999－4－26	抗旱小干松种源引进
2000－4－01(1)	铅笔柏种源及栽培技术引进
2000－4－01(2)	沙漠蒇种源及栽培技术引进
2000－4－2	洛基山刺柏、白云杉及繁育技术引进
2000－4－4	希蒙得木优良种质资源引进
2000－4－5	科尔沁沙地美国皂角引进
2000－4－6	日本椴等珍贵阔叶树种引进
2000－4－7	盐碱地、沙地植被恢复草种及配套技术引进
2000－4－8	加拿大黄桦优良种源引进
2000－4－10	芬兰山杨杂种优良无性系和繁殖技术的引进
2000－4－11	日本无刺花椒优良品种及丰产无公害栽培技术引进
2000－4－12	抗逆性柏树种质与培育技术引进
2000－4－13	桉树人工林木材材性与实木加工技术引进

（续）

项目编号	项 目 名 称
2000-4-15	耐水湿和耐盐碱优良树种资源引进
2000-4-16	优良速生竹种引进
2000-4-17	热带多用途沙生植物的引进
2000-4-19(2)	强大小蠹信息素及其应用技术引进
2000-4-22	桉树珍贵用材树种引进
2000-4-23	盐生植物引进
2000-4-27	科罗拉多冷杉及其栽培技术引进
2000-4-28	美国树月季砧木引进
2000-4-29	防治荒漠化新品种植物——羽扇豆的引进
2000-4-30	美洲观赏竹引进
2000-4-32	日本辽杨杂交新品种引进
2000-4-33	美国西加云杉种源引进
2000-4-34	日本柳杉优良无性系引进
2000-4-35	高效肥药两用植物大荨麻的引进
2000-4-36	食用椰子优良新品种和栽培技术引进
2000-4-37	能源树种绿玉树引进
2000-4-40	环保型生物能源配套技术引进
2001-20	液体自动施肥施药系统
2001-25	适于我国西北及干热河谷地区豆科饲料型木本植物引进
2001-26	台湾青枣系列品种（毛叶枣的栽培品种群）引进
2001-36	晚熟大果系新高梨品种及其栽培配套新技术引进
2001-42	沿海滩涂高抗盐乔灌草 NYPAN ERAPL 等新品种引进
2001-51	腺肋花楸属优良种质资源及栽培与利用技术引进
2001-62	南方蓖麻优良品种及加工技术引进

2005 年度"948"验收项目认定成果

序号	成 果 名 称
1	优质、高产、抗病杏新品种引进及栽培技术
2	大樱桃优良品种、砧木引进及栽培技术
3	铅笔柏种源引进及育苗技术
4	洛基山刺柏扦插育苗技术
5	希蒙得木优良种源育苗及栽培技术
6	日本椴育苗技术
7	盐碱地次生裸地植被恢复技术
8	加拿大黄桦育苗技术
9	欧美山杨杂种无性系繁殖技术
10	花椒优良品种栽培技术

（续）

序号	成 果 名 称
11	人工林桉树实木加工利用技术
12	耐湿耐盐树种适应性评价与扩繁技术
13	国外优良速生竹种快速繁殖技术
14	多用途仙人掌栽培技术
15	红脂大小蠹信息素及其应用技术
16	珍贵桉树用材树种引进及栽培技术
17	盐生植物引种与利用
18	科罗拉多冷杉快速育苗技术
19	树形月季砧木繁殖技术
20	秋竹（*Chusquea culeou*）组织繁殖技术
21	西加云杉育苗技术
22	大荨麻生物肥料生产技术
23	绿玉树无性繁殖技术
24	生物能源颗粒燃料成型技术
25	液体自动施肥施药系统
26	胡枝子繁殖与栽培技术
27	台湾青枣棚栽技术
28	晚熟大果系新高梨栽培技术
29	高抗盐草种（NYPAN）栽培技术
30	黑果腺肋花楸栽培技术
31	优质高产蓖麻栽培技术

（科技司计划处）

【国家林业局重点实验室建设】 2005 年 10 月，由国际竹藤网络中心和西南林学院申请的竹藤科学与技术重点实验室和西南地区生物多样性保育重点实验室经专家评估和国家林业局审定后正式成立。至此，国家林业局已拥有 33 个局重点实验室，整体学科布局日趋完善，科技服务能力进一步增强。

（科技司综合处）

【全国森林生态系统定位研究站】 2005 年，中国森林生态系统定位研究站各项建设和研究工作进展顺利，成绩显著。内蒙古大兴安岭、西藏林芝、山西吉县黄土高原森林生态站以及甘肃民勤荒漠生态站等 4 个站跻身于国家生态系统野外研究站行列，使国家林业局国家生态系统野外研究站数量由原来的 6 个增加到了 10 个。新增基建投资 1794 万元，围绕《国家林业局陆地生态系统定位研究台站网络建设与发展规划》，遴选了江西大岗山等生态系统代表性较强、区域代表性好的 7 个国家野外站，重点进行碳汇观测配套设施建设，以改善这些站的碳汇观测手段，为这些站参与重大全球研究计划等创造条件。

（科技司计划处）

林业科技成果

【林业科技奖励】 根据《国家科学技术奖励条例》的规定，由国家科学技术奖励评审委员会评审、国家科学技术奖励委员会审定和科技部审核，2005 年共有 5 项林业科技成果获国家科学技术进步二等奖，1 项林业科技成果获国家技术发明二等奖。

2005 年获国家科学技术奖励的林业项目

编号	项目名称	主要完成人	主要完成单位	奖种
F－202－2－02	落叶松单宁酚醛树脂胶黏剂的研究与应用	张齐生等	南京林业大学	国家技术发明二等奖
J－202－2－01	裸露坡面植被恢复综合技术研究	韩烈保等	北京林业大学等	国家科技进步二等奖
J－202－2－03	鹅掌楸属种间杂交育种与杂种优势产业化开发利用	施季森等	南京林业大学	
J－202－2－04	南方型杨树（意杨）木材加工技术研究与推广	周定国等	南京林业大学等	
J－202－2－05	提高大熊猫繁育力的研究	张和民等	中国保护大熊猫研究中心	
J－202－2－06	林木种质资源收集、保存与利用研究	顾万春等	中国林科院林业研究所	

（科技司综合处）

林业科技推广

【林业新品种新技术推广】 2005 年针对天保、退耕还林、防沙治沙、荒漠化治理、石漠化治理、沿海防护林等林业重点工程建设的需要，重点加强林木良种和新技术的推广应用。林业新技术推广主要包括以下 4 大类：①不同立地植被恢复技术及辅助造林技术。重点推广黄土丘陵区退耕还林技术、半干旱沙地抗旱造林技术、太行山低山丘陵区复合农林业配套技术、广西石质山区植被恢复技术、干旱河谷石漠化治理植被恢复技术、樟子松造林及防风固沙造林技术、新疆绿洲外围防风固沙造林技术、乌兰布和沙区治沙造林技术、全光照喷雾网袋容器嫩枝扦插育苗技术、绿色植物生长调节剂应用等。②生态及用材林良种及栽培技术。一是针对林业生态建设工程对抗逆性生态林树种的需求，推广了 Dn113 杨、红皮云杉、樟子松、柠条等生态树种。二是针对速生丰产林建设的需要，推广材质优良、生长速度快、适宜范围广的优良品种。如 35 杨、苏桐 3 号、桉树、白榆、厚荚相思等优良树种、无性系（家系）。③名特优经济林及花卉、竹子等优良品种推广。主要是为增加山区林农收入、调整农村经济结构，创建生态良好的和谐社会，选择经济效益高、适应性强的优良经济林品种，在适宜地区推广示范。如平欧杂种榛、无核小枣、核桃、桑树、扁桃、优质竹种、腊梅、麻栎、油茶、山核桃、油橄榄等优良经济林（花卉）品种。④林特资源培育及开发利用技术。重点推广了北五味子资源保护与利用技术、建筑用落叶松胶合板结构材加工技术、优质紫胶加工技术、农林废弃物制造成型炭技术等。⑤林木病虫害防治技术等。针对当前林业生产中主要的森林病虫害，在病虫害危害区重点推广鼠害防治技术、松材线虫病防治技术、杨树主要食叶害虫防护技术、马尾松毛虫专用 Bt 新剂型应用技术、美国白蛾病毒杀虫剂生产技术等。

以上技术，通过建立示范点或示范林进行示范，发挥了科技项目的示范带动作用，促进了新技术的扩散。项目完成后，共推广林木优良品种 25 个，林业新技术 60 项，建立示范林 18 360 公顷；建立良种繁育基地 136 公顷，辐射推广 12 413 公顷，预期经济效益 3.3 亿元。同时这些林木良种和新技术在工程区内示范应用，将带动工程建设大量应用新品种新技术，提高工程建设质量。

2005 年度国家林业局林木良种和新技术推广

序号	项 目 名 称
1	石质山地植被恢复技术推广
2	黄土高原抗旱节水型人工林建造优化配置技术推广
3	黄河小浪底库区植被恢复重建模式与技术推广
4	六盘山水源涵养林经营管理技术推广
5	樟子松造林及防风固沙造林技术推广
6	新疆极端干旱风沙区绿洲外围防风固沙造林技术推广
7	乌兰布和沙区治沙造林技术推广
8	东北西部风蚀沙化盐碱地综合治理技术
9	科尔沁沙地南缘风蚀沙化盐碱地综合治理技术
10	洞庭湖区优良适生树种繁育与营建技术推广及培训
11	西南石漠化地区植被恢复技术推广
12	退化草牧场防护林营建综合配套技术推广
13	黄土高原植被重建与优化配置技术推广
14	海南热带天然次生林恢复技术与优化经营模式推广
15	鄂西北地区造林技术推广
16	南方次生林更新及特色经济树种栽培技术推广
17	晋西黄土丘陵区退耕还林技术推广
18	泡桐优良无性系苏桐 3 号的推广
19	白榆等优良无性系在农田防护林体系建设中的应用技术及培训
20	桑树新品种栽培技术推广
21	红皮云杉繁育及造林技术推广
22	优良灌木柠条综合利用技术推广
23	湿加松、厚荚相思优良家系繁育及丰产栽培技术推广
24	全光照喷雾网袋容器嫩枝扦插育苗技术推广
25	麻栎繁育及栽培技术推广
26	马尾松纤维用材优良无性系推广
27	绿色植物生长调节剂(GGR)及其配套技术在燃料油植物黄连木、文冠果育苗、造林中的推广应用
28	南方红豆杉短周期药用林高产栽培技术推广
29	长江流域抑螺防病林栽培及管理技术示范与推广
30	优良生态树种东方杉的推广
31	新品种——35 杨的引种及栽培技术推广
32	Dn113 杨推广
33	优质茶、竹、油茶高效栽培技术推广
34	优质竹资源培育及青藤丰产栽培利用技术推广
35	竹浆材丛生竹优良品系推广
36	优良材用竹及观赏竹种竹园营建技术推广
37	竹子种质资源培育及商品竹材可持续经营技术推广
38	棕榈藤种质资源培育及利用技术推广
39	竹醋液在安全农产品生产中应用技术推广
40	闽北主要优良乡土经济竹种丰产栽培综合配套技术推广
41	花卉高效栽培及花期调控技术推广
42	大别山区优质经济林及花卉良种栽培技术推广
43	鄢陵腊梅、红叶石楠繁育及综合利用技术
44	亚热带珍贵木本花卉新品种繁育及技术利用
45	珍贵木本花卉繁育及综合利用技术
46	优质核桃繁育及元宝枫丰产栽培技术
47	新疆良种核桃推广
48	平欧杂种榛子栽培与繁殖技术推广
49	银杏、核桃优良种质资源及繁殖技术推广
50	美国山核桃良种推广
51	油橄榄优良品种及丰产栽培综合配套技术推广
52	核桃丰产栽培及大樱桃等高效设施经济林标准化技术推广
53	油茶新品种采穗圃营建与丰产栽培示范推广
54	北五味子资源保护与开发利用技术推广
55	山区林果开发及野生资源利用技术推广
56	优质紫胶加工技术
57	无核小枣优良新品种及无公害栽培技术推广
58	四种主要经济林产品贮藏保鲜及加工技术
59	松茸人工促繁技术推广
60	“晋扁 1 号”扁桃良种丰产栽培技术推广
61	E0/E1 级杨木高中密度纤维板制造技术
62	人造板表面装饰技术推广
63	松节油深度综合开发利用
64	松香基丙烯酸系复合高分子乳液的生产技术
65	环保型木塑复合刨花板生产技术
66	锥栗果防霉、防虫贮藏及干制技术推广
67	FTP－2 大气离子测量仪推广
68	农林废弃物制造环保型再生能源——成型炭
69	建筑用落叶松胶合板结构材及毛竹结构层积材应用技术推广
70	食叶害虫及杨柳树天牛灾害综合控制技术防治上的推广应用
71	梭梭林鼠害综合防治技术推广
72	杨扇舟蛾寄生蜂——赤眼蜂优良品系的推广
73	马尾松毛虫专用 Bt 新剂型及应用技术推广
74	舟山海岛松材线虫病疫区树种更新技术推广
75	贝奥雄性不育灭鼠剂
76	美国白蛾病毒杀虫剂生产技术
77	鹿产品新技术推广与开发
78	林业实用技术培训及送技术下乡和编印《实用技术小册子》

【林业实用技术培训】 2005 年，为提高基层林业技术人员素质，加强林业科技信息交流，使基层人员及时掌握先进成熟的实用技术，各省级林业科技推广部门针对当前正在实施的重点林业工程，开展了林木菌根化及轻型基质、网袋容器、全光雾扦插育苗新技术，水土流失地植被恢复技术，山核桃、板栗等种苗繁育及丰产技术等多层次的林业实用技术培训。各地共举办专项培训班 36 期，培训人员 6850 人次，编印各种教材及宣传材料 13 500 册。

【长江流域低丘综合治理】 长江流域是我国重要的经济区，对我国中西部的经济发展具有举足轻重的地位。对长江流域低山丘陵进行综合治理与开发，有利于实现长江流域经济产业带的健康发展，确保长江流域的生态安全。2005年长江流域低丘综合治理专项经费300万元，分别在湖北浠水、湖南慈利、安徽枞阳、江西吉水、江苏南京、四川长宁和重庆涪陵7个地点建立优良植物材料、不同低丘类型综合治理模式经营技术、优质生态经济林优质高效栽培技术等示范林831.33公顷，使项目区生态经济林良种壮苗成活率达到95%以上，保存率达到90%以上，直接经济效益900万元。

长江低丘综合治理专项项目

序号	项 目 名 称
1	优良植物材料推广
2	不同低丘类型综合治理模式经营技术推广与示范
3	低丘生态经济林优质高产栽培技术推广与示范
4	低丘综合治理模式推广与示范

【林业科技成果转化】 2005年，按照科技部有关农业科技成果转化资金项目管理要求，国家林业局科技司组织筛选上报了20项农业科技成果转化资金项目，科技部批复立项15项，国家划拨总经费970万元。另外，按照《农业科技成果转化资金项目监理和验收实施办法》要求，对2002年度所有12项农业科技成果转化资金项目和3项2001年度农业科技成果转化资金项目进行了验收。15个项目完成了合同规定的各项任务指标，取得了较好的成效。

【送科技下乡】 2005年，国家林业局科技司在全国范围内组织开展了林业送科技下乡活动。活动通过编印技术小册子、开通技术服务热线和科技服务网站、组织专家和科技骨干深入林业生产第一线，结合当地林业生产实际开展专题讲座、技术培训、科技咨询、现场指导等，把实用技术送到基层林业职工和广大林农的手中，及时解答他们在林业生产遇到的技术问题，提高了林业劳动者的素质。在活动期间，国家林业局组织国家级专家组分赴6个省（区）开展送技术下乡活动，开展技术培训计23期，培训技术骨干和林农2940人次，发送技术资料近6万份。各省（区、市）林业厅（局）结合当地实际，制定了送科技下乡方案，采取多种形式开展了送科技下乡活动。据不完全统计，各地共举办技术培训计5387期，培训技术骨干和林农96.8万人次，发送技术资料342万份。

【林业科技推广体系建设】 林业科技推广机构承担着宣传林业政策、推广先进技术、提供信息服务、组织技术培训、指导林业推广活动等技术服务工作，是科技推广工作的中间力量。针对当前林业推广机构基础建设薄弱、技术服务功能不强，能力建设滞后的状况，根据当前林业重点工程建设对林业科技推广工作的迫切需要，按照轻重缓急、分级分批建设的原则，2005年主要对陕西、甘肃、新疆、宁夏等西部生态环境建设任务重的13个省（区、市）加强了基础能力建设，使这些地区的推广机构为当地林业建设服务的能力进一步加强。

【林业科技产业】 森林资源是国民经济发展和国土生态安全保障重要的战略性资源。以森林产品和服务高附加值深度开发为目标的林业科技产业，是促进林业传统产业升级的重要“引擎”。因此，制定适合我国林业特色的林业科技产业发展规划，是落实科学发展观、强化科技自主创新、推动林业经济结构调整的重要举措。为此，国家林业局科技司根据林业产业的发展布局、技术基础、实施的可行性等条件，编制了《“十一五”林业高技术产业发展规划》、《“十一五”林业生物产业发展规划》，对“十一五”期间林业科技产业的发展具有很好的指导意义。

2005年，对原国家计委立项的国林竹藤科技有限责任公司新型复合材料制作集装箱底板高技术产业化示范工程、国家林业局林木优良无性系快繁（山东东营基地）高技术产业化两个项目进行了验收。两个项目的完成，带动了当地竹产业和林木种苗产业的发展，促进了当地劳动力的就业，增加了农民收入，对于农村产业结构的调整发挥了重要的作用。

（林业科技推广由科技司推广处供稿）

林业标准化建设

【2005年发布的林业国家标准和行业标准】 2005年，经国家标准化管理委员会和国家林业局审定发布林业国家标准8项，行业标准38项。其中，新发布林业国家标准7项，行业标准28项。

2005 年发布的林业国家标准和行业标准

序号	标准编号	标准名称	代替标准号
1	GB/T15162 - 2005	飞机播种造林技术规程	GB/T15162 - 1994
2	GB 19724 - 2005	林业机械　便携式油锯和割灌机　易引起火险的排放系统	
3	GB 19725 - 2005	林业机械　便携式割灌机和割草机　安全要求	
4	GB 19726. 1 - 2005	林业机械　油锯　安全要求和试验	
5	GB/T 19727 - 2005	林业机械　割灌机、割草机、杆式修枝锯和类似机具的背负式动力装置　安全要求和试验	
6	GB 19728 - 2005	林业机械　背负式割灌机和割草机　安全要求和试验	
7	GB 19790. 1 - 2005	一次性筷子　第 1 部分：木筷	
8	GB 19790. 2 - 2005	一次性筷子　第 2 部分：竹筷	
9	LY/T1096 - 2005	营林机械设备配属规范	LY/T1096 - 1993
10	LY/T1290 - 2005	蓝狐饲养技术规程	LY/T1290 - 1998
11	LY/T1300 - 2005	工业单宁酸	LY/T1300 - 1999
12	LY/T1301 - 2005	工业没食子酸	LY/T1301 - 1999
13	LY/T1444. 1 - 2005	林区木材生产能耗　第 1 部分：综合能耗	LY/T1444 - 1999
14	LY/T1444. 2 - 2005	林区木材生产能耗　第 2 部分：油锯燃料消耗量	LY/T1445 - 1999
15	LY/T1444. 3 - 2005	林区木材生产能耗　第 3 部分：集材机械燃料消耗量	LY/T1446 - 1999
16	LY/T1444. 4 - 2005	林区木材生产能耗　第 4 部分：绞盘机装车燃料消耗量	LY/T1447 - 1999
17	LY/T1444. 5 - 2005	林区木材生产能耗　第 5 部分：汽车运材燃料消耗量	LY/T1448 - 1999
18	LY/T1444. 6 - 2005	林区木材生产能耗　第 6 部分：贮木场生产能源消耗量	LY/T1450 - 1999
19	LY/T1625 - 2005	滩地“抑螺防病林”营造技术规程	
20	LY/T1626 - 2005	森林生态系统定位研究站建设技术要求	
21	LY/T1627 - 2005	中国森林火灾编码	
22	LY/T1628 - 2005	黄脊竹蝗防治技术规程	
23	LY/T1629 - 2005	红松果林丰产技术规程	
24	LY/T1630 - 2005	樟子松速生丰产商品林	
25	LY/T1631 - 2005	红花檵木苗木培育技术规程和质量　分级	
26	LY/T1632 - 2005	人参榕生产技术规程和质量等级	
27	LY/T1633 - 2005	中国水仙种球生产技术规程和质量等级	
28	LY/T1634 - 2005	东北马鹿养殖技术规程	
29	LY/T1635 - 2005	木材防腐剂	
30	LY/T1636 - 2005	防腐木材的使用分类和要求	
31	LY/T1637 - 2005	杨树皮类脂	
32	LY/T1638 - 2005	针叶饲料粉	
33	LY/T1639 - 2005	铬皮粉	
34	LY/T1640 - 2005	药用单宁酸	
35	LY/T1641 - 2005	食用单宁酸	
36	LY/T1642 - 2005	单宁酸分析试验方法	
37	LY/T1643 - 2005	高纯没食子酸	
38	LY/T1644 - 2005	没食子酸分析试验方法	
39	LY/T1645 - 2005	日用樟脑	
40	LY/T1646 - 2005	森林采伐作业规程	
41	LY/T1647 - 2005	速生丰产用材林建设导则	
42	LY/T1648 - 2005	速生丰产用材林建设规划设计通则	
43	LY/T1649 - 2005	保鲜黑木耳	
44	LY/T1650 - 2005	榛子坚果 平榛、平欧杂种榛	
45	LY/T1651 - 2005	松口蘑采级收及保鲜技术规程	
46	LY/T1652 - 2005	花椒质量等级	

【2005年林业标准计划项目】 按照围绕林业中心工作和履行世界贸易组织/技术性贸易壁垒协定（WTO/TBT）的原则，配合科技部提出的技术标准战略，结合国家产业发展政策和市场对标准的需求情况，2005年的林业标准项目重点保障有利于促进森林可持续经营、提高林业产业的市场竞争力、推动科技进步和技术创新、推进与国际惯例接轨的项目。国家林业局科技司根据标准项目管理的有关程序组织审查批准2005年林业行业标准项目83项；并上报国家标准化管理委员会，经国家标准化管理委员会审查批准林业国家标准项目155项。项目覆盖了林木种苗、营造林、生态工程、湿地、森林认证、资源管理、野生动植物、森林病虫害检验检疫、经济林产品、花卉、木材、人造板、竹藤、林副特产、林化产品、林机产品、人造板机械产品等方面。

2005年度林业行业标准项目

标准项目编号	标准项目名称
2005-LY-001	防腐木材产品标识
2005-LY-002	木材机械加工性能评价方法
2005-LY-003	结构用木质材料力学性质试验方法
2005-LY-004	木材和木制品蠕变性能的评定方法
2005-LY-005	人造板木片
2005-LY-006	马尾松原条
2005-LY-007	短原木
2005-LY-008	阔叶树原条
2005-LY-009	全国林业推广站建设规范
2005-LY-010	林业质检机构建设规范
2005-LY-011	“抑螺防病林”营造技术规程
2005-LY-012	核桃优良品种生产技术规程
2005-LY-013	植物篱建设与管护技术规程
2005-LY-014	猕猴桃气调贮藏保鲜技术规程
2005-LY-015	荒漠生态系统定位站建设规范
2005-LY-016	荒漠生态系统定位站观测数据规范
2005-LY-017	林业标准分类编目
2005-LY-018	人造板抽样检验指导准则
2005-LY-019	水泥刨花板
2005-LY-020	装饰单板层压木质地板
2005-LY-021	成型胶合板
2005-LY-022	木材工业胶黏剂术语
2005-LY-023	聚氯乙烯薄膜饰面人造板
2005-LY-024	活性炭单宁酸吸附值的测定方法
2005-LY-025	酸　角
2005-LY-026	歧化松香
2005-LY-027	植物单宁原料分析试验方法
2005-LY-028	森林生态系统定位站观测数据规范
2005-LY-029	园林机械　便携式动力收集粉碎机
2005-LY-030	林业机械　高射程喷雾机
2005-LY-031	林业机械　绞盘机　性能要求
2005-LY-032	林业机械　驾驶员保护结构　实验室试验和性能要求

（续）

标准项目编号	标准项目名称
2005-LY-033	链锯　导板
2005-LY-034	林业机械　营林机械产品命名及型号编制方法
2005-LY-035	气固分离装置分类及规格性能表示方法
2005-LY-036	沙发松紧带自动张紧机
2005-LY-037	磁选器
2005-LY-038	分板机
2005-LY-039	加湿机
2005-LY-040	盆栽观赏竹质量等级
2005-LY-041	竹醋液
2005-LY-042	藤家具质量检验及质量评定
2005-LY-043	竹材刨花板模板
2005-LY-044	竹层积材
2005-LY-045	纺织用竹纤维
2005-LY-046	竹凉席
2005-LY-047	桂花扦插育苗技术规程
2005-LY-048	SSR标记法鉴定松亚属（黑松组）种子方法
2005-LY-049	杉木无性系育苗技术规程
2005-LY-050	金银花良种苗木质量等级
2005-LY-051	雪松绿化苗质量等级
2005-LY-052	石斛兰盆花产品质量等级
2005-LY-053	建兰产品质量等级
2005-LY-054	观赏用棕榈植物产品质量等级
2005-LY-055	芍药鲜切花质量等级
2005-LY-056	八仙花产品质量等级
2005-LY-057	桉树速生丰产用材林
2005-LY-058	马尾松速生丰产用材林
2005-LY-059	杉木速生丰产用材林
2005-LY-060	植物新品种特异性、一致性、稳定性（DUS）测试指南　板栗
2005-LY-061	植物新品种特异性、一致性、稳定性（DUS）测试指南　杜鹃
2005-LY-062	植物新品种特异性、一致性、稳定性（DUS）测试指南　枣
2005-LY-063	植物新品种特异性、一致性、稳定性（DUS）测试指南　山茶
2005-LY-064	人工林认证导则
2005-LY-065	国家陆生野生植物资源调查技术规程
2005-LY-066	大熊猫及其栖息地监测技术规程
2005-LY-067	农田防护林采伐技术规程
2005-LY-068	林业制图图式
2005-LY-069	经济林基地建设规划设计通则
2005-LY-070	短轮伐期速丰林采伐技术规程
2005-LY-071	森林资源监督技术规范
2005-LY-072	林地管理水平综合评价指标体系
2005-LY-073	黑木耳块
2005-LY-074	姬松茸
2005-LY-075	龙牙楤木

（续）

标准项目编号	标准项目名称
2005 – LY – 076	干旱丘陵区核桃集约化栽培技术规程
2005 – LY – 077	山核桃产品质量等级
2005 – LY – 078	杨梅产品质量等级
2005 – LY – 079	干旱荒漠梭梭林保护与恢复技术规程
2005 – LY – 080	荒漠绿洲区天然林保护与利用技术规范
2005 – LY – 081	野生动物及其产品物种鉴定实验室规范
2005 – LY – 082	漆树丰产林
2005 – LY – 083	森林旅游区生态环境质量评价技术规程

2005 年度林业国家标准项目

标准项目编号	标准项目名称
20050291 – T – 432	盆栽牡丹质量分级
20050292 – T – 432	杜鹃盆花质量标准
20050293 – T – 432	大花惠兰盆花质量标准
20050294 – T – 432	一品红盆花质量标准
20050295 – T – 432	花卉品质判定方法
20050296 – T – 432	花卉原种种苗、种球质量标准
20050297 – T – 432	蝴蝶兰盆花产品质量等级
20050298 – T – 432	仙客来盆花产品等级
20050299 – T – 432	牡丹栽培技术规程
20050300 – T – 432	花卉项目建设技术规程
20050301 – T – 432	竹木层积复合地板
20050302 – T – 432	结构用竹层积材
20050303 – T – 432	水载性木材防腐剂分析方法
20050304 – T – 432	竹 条
20050305 – T – 432	竹材旋切单板
20050306 – T – 432	净化用竹炭
20050307 – T – 432	竹醋液
20050308 – T – 432	棕榈藤名词术语
20050309 – T – 432	主要经济棕榈藤种种实采收及其处理技术规程
20050310 – T – 432	湿地分类标准
20050311 – T – 432	重要湿地监测指标体系
20050312 – T – 432	湿地生态影响评价技术规范
20050313 – T – 432	森林旅游区生态环境质量评价技术规范
20050314 – T – 432	重要湿地确定指标
20050315 – T – 432	森林植被状况监测技术规范
20050317 – T – 432	自然保护区建设生态环境影响评价方法
20050318 – T – 432	应力分等锯材
20050319 – T – 432	混凝土模板用胶合板
20050320 – T – 432	中密度纤维板
20050321 – T – 432	木结构用胶合板
20050322 – T – 432	结构用集成材
20050323 – T – 432	麦（稻）秸秆中密度板
20050324 – T – 432	异型胶合板
20050325 – T – 432	水泥刨花板
20050326 – T – 432	木质平托盘用人造板通用技术规范
20050327 – T – 432	组合式包装箱用胶合板

（续）

标准项目编号	标准项目名称
20050328 – T – 432	自行式林业机械　滚翻防护结构 实验室试验和性能要求
20050329 – T – 432	林业机械　伐木归堆机　术语、定义和商用说明书的要求
20050330 – T – 432	实木复合地板生产综合能耗
20050331 – T – 432	木材加工企业环境技术要求
20050332 – T – 432	罗汉果产品质量等级
20050333 – T – 432	冬枣贮藏保鲜技术规程
20050334 – T – 432	山核桃产品质量等级制定
20050335 – T – 432	沙棘果实产品质量等级
20050336 – T – 432	樱桃质量等级
20050337 – T – 432	桃栽培技术规程
20050338 – T – 432	枣栽培技术规程
20050339 – T – 432	李栽培技术规程
20050340 – T – 432	杏栽培技术规程
20050341 – T – 432	桃贮藏技术规程
20050342 – T – 432	杏贮藏技术规程
20050343 – T – 432	枣贮藏技术规程
20050344 – T – 432	李贮藏技术规程
20050345 – T – 432	橄榄质量等级
20050346 – T – 432	荔枝质量等级
20050347 – T – 432	公路通道工程绿化模式及树种选择技术规程
20050348 – T – 432	平原围垦地区防护林更新改造技术规程
20050349 – T – 432	盐碱地造林技术规程
20050350 – T – 432	黄土丘陵区退耕还林技术规程
20050351 – T – 432	城乡大环境绿化及城防林建设技术规程
20050352 – T – 432	西部半干旱地区造林技术规程
20050353 – T – 432	高寒地区造林技术规程
20050354 – T – 432	荒漠化地区造林技术规程
20050355 – T – 432	沙地山杏封沙育林技术规程
20050356 – T – 432	坡耕地退耕与乔灌草配置技术规程
20050357 – T – 432	沿海防护林建设规范
20050358 – T – 432	水源涵养林建设规范
20050359 – T – 432	森林抚育规程
20050360 – T – 432	林业资源分类与代码　林木害虫
20050361 – T – 432	林业资源分类与代码　自然保护区
20050362 – T – 432	魔芋精粉
20050363 – T – 432	林业资源分类与代码　森林类型
20050364 – T – 432	杉原条材积表
20050365 – Q – 432	直接用原木　坑木
20050366 – Q – 432	罐道木
20050367 – T – 432	林木种子贮藏
20050368 – T – 432	林木引种
20050369 – T – 432	紫胶片
20050370 – T – 432	脱蜡紫胶片、脱色紫胶片和脱色蜡紫胶片
20050372 – T – 432	紫胶产品取样方法
20050373 – T – 432	紫胶产品检验方法

（续）

标准项目编号	标准项目名称
20050374－T－432	工业糠醛
20050375－T－432	脂松节油
20050376－T－432	马来松香
20050377－T－432	工业糠醇
20050378－T－432	工业糠醇实验方法
20050379－T－432	造纸用原木
20050380－T－432	木材物理力学试材采集方法
20050381－T－432	木材物理力学试验方法总则
20050382－T－432	木材物理力学试材锯解及试样截取方法
20050383－T－432	木材年轮宽度和晚材率的测定方法
20050384－T－432	木材含水率测定方法
20050385－T－432	木材干缩性测定方法
20050386－T－432	木材密度测定方法
20050387－T－432	木材吸水性测定方法
20050388－T－432	木材湿涨性测定方法
20050389－T－432	木材顺纹抗压强度试验方法
20050390－T－432	木材抗弯强度试验方法
20050391－T－432	木材抗弯弹性模量的测定
20050392－T－432	木材顺纹抗剪强度试验方法
20050393－T－432	木材顺纹抗拉强度试验方法
20050394－T－432	木材横纹抗压试验方法
20050395－T－432	木材冲击韧性试验方法
20050396－T－432	木材硬度试验方法
20050397－T－432	木材抗劈力试验方法
20050398－T－432	木材横纹抗压弹性模量测定方法
20050399－T－432	木材天然耐久性试验方法　木材天然耐久性实验室试验方法
20050400－T－432	木材天然耐久性试验方法　木材天然耐久性野外试验方法
20050401－T－432	木材横纹抗拉强度试验方法
20050402－T－432	木材握钉力试验方法
20050403－T－432	木材防腐术语
20050404－T－432	木材干燥术语
20050405－T－432	颗粒紫胶
20050406－T－432	漂白紫胶
20050407－T－432	中国林木种子区　华北落叶松种子区
20050408－T－432	中国林木种子区　侧柏种子区
20050409－T－432	中国林木种子区　油松种子区
20050410－T－432	中国林木种子区　云杉种子区
20050411－T－432	中国林木种子区　白榆种子区
20050412－T－432	中国林木种子区　杉木种子区
20050413－T－432	中国林木种子区　红松种子区
20050414－T－432	中国林木种子区　华山松种子区
20050415－T－432	中国林木种子区　樟子松种子区

（续）

标准项目编号	标准项目名称
20050416－T－432	中国林木种子区　马尾松种子区
20050417－T－432	中国林木种子区　云南松种子区
20050418－T－432	中国林木种子区　兴安落叶松种子区
20050419－T－432	中国林木种子区　长白落叶松种子区
20050420－T－432	制材工艺术语
20050421－T－432	林业机械　图形符号
20050422－T－432	割灌机　技术条件
20050423－T－432	割灌机　试验方法
20050424－T－432	割灌机　操作者耳旁噪声测定方法
20050425－T－432	割灌机　手传振动测定方法
20050426－T－432	绞盘机　技术条件
20050427－T－432	林业机械　术语
20050428－T－432	单层热压机
20050429－T－432	旋切机通用技术条件
20050430－T－432	制材机械型号编制方法
20051165－T－432	机械应力分等结构用锯材
20051168－T－432	木材加工企业生产条件要求
20051169－T－432	全国湿地分类方法
20051170－T－432	植物新品种特异性、一致性、稳定性（DUS）测试技术指南　核桃属
20051171－T－432	植物新品种特异性、一致性、稳定性（DUS）测试技术指南　连翘属
20051172－T－432	植物新品种特异性、一致性、稳定性（DUS）测试技术指南　柳属
20051173－T－432	植物新品种特异性、一致性、稳定性（DUS）测试技术指南　梅
20051174－T－432	植物新品种特异性、一致性、稳定性（DUS）测试技术指南　山茶
20051175－T－432	植物新品种特异性、一致性、稳定性（DUS）测试技术指南　杏
20051176－T－432	植物新品种特异性、一致性、稳定性（DUS）测试技术指南　牡丹
20051177－T－432	植物新品种特异性、一致性、稳定性（DUS）测试技术指南　杨属
20051926－T－432	元宝枫病虫害防治技术规程
20051927－T－432	元宝枫茶
20051928－T－432	元宝枫苗木
20051929－T－432	元宝枫油
20051930－T－432	元宝枫栽培技术规程
20051931－T－432	元宝枫种子

【全国林业标准化技术委员会工作会议】 2005 年 4 月 1 日，国家林业局科技司在中国林科院召开了全国林业专业标准化技术委员会秘书处及技术归口单位负责人会议。全国木材标准化技术委员会、全国竹藤标准化技术委员会、全国人造板标准化技术委员会、全国人造板机械标准化技术委员会、全国林业机械标准化技术委员会、全国林木种子标准化技术委员会、全

国花卉标准化技术委员会，中国林科院林化所、国家林业局规划院等单位的负责人参加了会议。会上，各林业标准化技术委员会秘书长和技术归口单位负责人就各自所负责的领域2004年的工作进行了总结，对2005年标准化工作的安排和设想进行了汇报。会议通报了下一步林业标准项目的重点方向和全国林业标准化示范县（区、项目）的情况，并对林业标准化工作中的有关问题进行了交流和讨论。

【全国林业质量检验检测机构负责人座谈会】 2005年3月22日，国家林业局科技司在中国林科院召开了全国林业质量检验检测机构负责人座谈会。会议就我国林业质量检验检测机构建设情况，我国加入WTO的新形势下林业质检机构面临的机遇与挑战，以及今后林业质检机构如何建设和管理等问题进行了交流和讨论。会上，来自各质检机构的负责人还对《国家林业局局级产品质量监督检验检测机构管理办法（征求意见稿）》进行了讨论。

【林业标准培训工作】 2005年6月1～2日，国家林业局科技司在北京举办了全国林业标准编写培训班。主要结合林业特点，针对林业系统的标准化现状，重点培训了《标准化工作导则 第1部分：标准的结构和编写规则》（GB/T1.1－2000），同时介绍了如何采用国际标准，以及如何编写强制性标准等内容。其目的在于进一步提高林业标准编写人员的标准化水平，提高标准的编写质量。

【全国农业标准化示范区先进单位和先进工作者表彰大会】 为推动我国农业标准化示范区建设工作，肯定我国农业标准化示范区建设的工作成绩，鼓励和调动从事标准化工作人员的积极性，2005年国家标准化管理委员会表彰了31个全国农业标准化示范区组织推广先进单位，150个全国农业标准化示范区建设先进单位，210名全国农业标准化示范区先进工作者。全国林业系统受表彰的先进单位和先进工作者为：国家林业局科技司标准质量处获得全国农业标准化示范区组织推广先进单位荣誉称号；获得全国农业标准化示范区建设先进单位荣誉称号的有北京市大兴区林业局、河北省迁西县林业局、福建省永安市林业局、贵州省黎平县林业局、浙江省临安市林业局、广东省高要市林业局、四川省北川羌族自治县林业局；获得全国农业标准化示范区先进工作者荣誉称号的有中国吉林森工（集团）总公司科技开发中心崔雅君、黑龙江省森工总局质量技术监督局杨晓晶、湖南省林业厅邓绍宏、江西省林业厅李新、天津市林业工作站杜长城、山西省介休市林业局张宜谦、内蒙古自治区林业厅白彤、福建省林业厅罗家基。

（林业标准化建设由科技司标准处供稿）

林业植物新品种保护

【林业植物新品种权授权】 2005年，共受理国内外林业品种权申请73件，其中来自国外的品种权申请32件，占总申请量的43.8%。国外申请量继续稳步上升，总量达到97件。其中，观赏植物品种权申请67件，占2005年申请总量的91.8%。国家林业局植物新品种保护办公室组织专家对24个申请品种进行了现场实质审查。共授予41件植物新品种权。2005年共按规定收缴40余万元植物新品种保护费，已及时、足额上交国库。对品种权申请、初审、授权及其他事项在植物新品种保护网站及植物新品种保护公报上分别进行了12次公告，保证了审批过程的公开透明。2005年，进一步严格法规的执行，根据《植物新品种保护条例》的规定，细化了品种权申请审查的条件，强化审查的可操作性。同时严格按条例的规定，对4件品种权申请视为撤回，对3件品种权提前终止，有效维护了条例的严肃性。

【林业植物新品种测试体系建设】 2005年，国家正式批准建立林业植物新品种测试中心、3个分中心和2个实验室，即华北植物新品种测试分中心、华南植物新品种测试分中心、华东植物新品种测试分中心和植物新品种基因测定实验室、南方植物新品种基因测定实验室，共投资1513万元。其中：华北分中心投资374.3万元，华东分中心投资160.8万元，华南分中心投资244.2万元，植物新品种基因测定实验室投资194.1万元，南方植物新品种基因测定实验室投资93.5万元。2005年，还利用有关省（区、市）已有设施资源和品种资源，结合气候等环境因素，以及测试机构的布局，在昆明新启动建设月季植物新品种测试站。2005年，新启动编制和建立月季、板栗、杜鹃花属、梅、山茶属、桃花、柳属、云杉属、丁香属、桉属、泡桐属、刺槐属、柿、紫薇、榆叶梅等15个属（种）测试指南和已知品种数据库。

【林业植物新品种保护宣传】 2005年7月4～10日，配合司法部、全国普法办、全国整顿和规范市场秩序办公室在全国开展了“保护知识产权法制宣传周”活动，国家林业局成功举办了“植物新品种保护宣传周”，通过制作宣传专栏、知识问卷等形式进行了植物新品种保护法制宣传，进一步提高了国家林业局机关干部职工的知识产权保护意识。2005年9月28～30日，国家林业局在成都举办了中国花卉产业发展与知识产权保护国际论坛，来自全国各省（区、市）花卉行政管理部门、花卉协会、大型花卉企业，以及荷兰、德国、日本、法国、新西兰、以色列等国家的代表，共100多人参加了论坛，取得强烈社会反响。2005年，还对林业植物新品种保护网站进行了全面改版，以全新的面貌、更完善的功能宣传林业植物新品种保护。

【履行国际公约和国际合作】 我国于1999年加入国际植物新品种保护公约（1978年文本），成为该联盟第三十九个成员国。2005年通过举办中国花卉产业发展与知识产权保护国际论坛、参加国际植物新品种保护公约（UPOV）理事会、参加并完成UPOV专门课题小组等工作方式，很好地履行了成员国义务，得到了UPOV办公室的认可。通过与国际果树与观赏植物无性繁殖育种者协会（CIOPORA）会谈、接待日本植物新品种保护代表团、邀请德国专家来华、参加荷兰植物新品种保护培训等方式有效地开展了林业植物新品种保护国际合作，并同荷兰、德国、韩国、日本、欧盟、CIOPORA等植物新品种审批机关或国际组织保持了良好的合作关系。

（林业植物新品种保护由科技发展中心植物新品种保护处供稿）

林业基因安全管理

【林业转基因生物安全管理工作】 “开展林木转基因工程活动审批”于2004年6月29日列入国务院令第412号中第340项，实施机关为国家林业局，承办单位是科技发展中心。2005年，按照《行政许可法》和《国家林业局行政许可工作管理办法》要求，科技发展中心依法开展林木转基因工程活动行政审批，全年共完成了转抗鞘翅目昆虫Cry3A基因银河杨中间试验、转BADH基因的四倍体刺槐田间试验、转BADH基因的苜蓿田间试验、转抗性基因银中杨中间试验、转抗性基因银腺杂种杨中间试验、多基因共转化库安托中间试验、转AhDREBl基因白杨杂种三倍体（401）中间试验、转双价抗虫基因NL－80106杨中间试验8项行政许可审批，加强了林木转基因生物安全管理。组织起草了一批加强林木转基因活动管理的法规和技术标准，包括《开展林木转基因工程活动审批管理办法》、《森林植物遗传工程体及其产品安全性评价规程》、《陆生野生动物遗传工程体及其产品安全性评价规程》等文件及标准，确保林木转基因安全管理规范、科学地进行。

【林业物种资源保护与管理工作】 2005年，作为国家林业局林业生物物种资源牵头协调单位，科技发展中心积极组织国家林业局林业生物物种资源保护有关主管部门，对《全国生物物种资源保护与利用规划》进行讨论并提出了修改意见；组织协调开展了全国重点生物物种资源调查项目林业部分的重点林木资源、重点花卉资源和自然保护区重点物种资源调查工作。

（林业基因安全管理由科技发展中心基因安全管理处供稿）

森林认证

【全国花卉认证指导委员会成立暨第一次工作会议】 为了提高我国花卉生产和管理水平，增强国际市场的竞争力，推动花卉认证工作的开展，国家认证认可监督管理委员会批准成立全国花卉认证指导委员会，国家林业局党组成员、中国林科院院长、中国花卉协会会长江泽慧任全国花卉认证指导委员会主任委员，指导委员会由林业、农业、认证认可和标准化管理的10位专家组成，全国花卉认证指导委员会秘书处设在中国花卉协会。

2005年9月8日，全国花卉认证指导委员会成立暨第一次工作会议在京召开，会议由国家认监委副主任、花卉认证指导委员会常务副主任程方主持，江泽慧根据我国花卉生产的实际，就如何开展花卉认证工作作了讲话，与会委员通过了全国花卉认证指导委员会工作规程，并一致同意江泽慧提出的开展花卉认证的4项主要工作。（科技发展中心森林认证处）

引进国外智力工作

【出国培训】 2005 年，在国家外国专家局大力支持下，共派出 3 个培训团赴国外培训，即赴德国森林公安执法技能培训团、赴澳大利亚天然林保护和可持续经营培训团、赴加拿大林木种苗管理和技术培训团，协助组织 9 人（其中司局级干部 5 人，处级干部 4 人）参加了国家外国专家局组织的中长期和短期出国培训，共出国培训 69 人。通过“走出去”的学习，学员学到了林业发达国家关于森林公安执法、森林防火、天然林保护、森林可持续经营、林木种苗管理、执政能力建设、“一村一品”等方面的先进林业科学技术和管理经验。

【引进国外人才】 2005 年，执行国家外国专家局批准下达的引进国外人才项目 19 项，国家外国专家局资助经费 57 万元。执行农业引智示范推广项目 7 项，国家外国专家局资助经费 70 万元。

【农业引智成果推广示范基地建设】 2005 年，对杨树新品种人工林示范基地、印楝优良种源示范基地、亚热带珍优树种引进及产业化示范基地建设进行跟踪管理。组织开展了农业引智成果推广示范基地项目年审工作。

（引进国外智力工作由引进国外智力领导小组办公室供稿）

林业教育与培训

高等林业教育

【综　述】　2001～2005年，伴随着我国林业生态建设与林业产业建设的快速发展和高等教育大众化进程，高等林业教育在管理体制调整中实现快速发展。

为适应社会需要，普通高等林业院校对原有专业进行不断的调整和充实，新增设了一批专业，对院系设置进一步做了调整。与此同时，设立了一批林业职业技术学院，一些农业院校和其他普通高校也纷纷开设林科专业。目前，全国共有普通高等林业院校6所，森林公安高等专科学校1所，高等林业（生态）职业技术学院12所。另有256所其他高等院校举办了林科本、专科教育或高等职业教育。

北京林业大学、东北林业大学、南京林业大学、中南林业科技大学、西南林学院、浙江林学院6所普通高等林业院校拥有国家级重点学科15个、省部级重点学科36个，博士学位授权点98个、硕士学位授权点232个（其中专业硕士学位授权点13个），博士后流动站14个；设置本科专业点274个，普通专科及高等职业教育专科专业点41个。北京林业大学、东北林业大学2所高等林业院校被列为国家"211工程"学校。

"十五"期间，普通高等林业院校、林业科研单位招收研究生和其他高等院校、科研单位招收林科研究生共14 550人（博士生2432人、硕士生12 118人），本科及高职高专学生221 733人（本科生144 316人、高职高专生77 597人）；毕业研究生5359人（博士生965人、硕士生4394人）、本科及高职高专学生104 741人（本科生71 026人、高职高专生33 695人）。2005/2006学年初，在校研究生11 253人（博士生2099人、硕士生9154人）、本科及高职高专学生168 018人（本科生119 423人、高职高专生48 595人）。

管理体制做了重大调整　根据国务院颁发的《〈中国教育改革和发展纲要〉的实施意见》关于"高等教育逐步实行中央和省、自治区、直辖市两级管理，以省政府为主的体制"和国务院关于深化高等教育体制改革的有关文件精神，2000年1月，国务院办公厅转发教育部等部门关于调整国务院部门（单位）所属学校管理体制和布局结构实施意见的通知，原国家林业局所属的北京林业大学、东北林业大学等2所院校独立建制划转教育部管理，南京林业大学、中南林学院（现中南林业科技大学）、西南林学院等3所院校实行中央与地方共建、以地方管理为主的管理体制。在此之前，经国务院批准，国家林业局所属西北林学院已于1999年与学校所在地有关高校和科研单位联合组建西北农林科技大学，由教育部管理，教育部和原有关高校主管部门（单位）、陕西省政府联合共建。

在有关高等林业院校管理体制调整过程中，国家林业局分别与教育部及有关省政府签订共同建设原国家林业局直属高等林业院校的协议，明确有关各方在人才培养、学科专业建设、实验室建设、林业科技攻关、成果推广、国际合作与交流、智力引进、信息沟通等方面加强合作，保持对有关院校教育事业费、基本建设投资、专项补助的投入，促进有关高等林业院校在新的体制下继续保持林业特色和优势，加快改革与发展步伐，更好地为林业现代化建设和区域经济发展服务。

办学规模迅速扩大　与2001年比，2005年高等林业教育学生情况发生如下变化：

1. 全国普通高等林业院校招收研究生和其他高等学校、科研单位招收林科研究生、本专科（含高等职业教育）学生总人数由35 324人增加到55 743人，平均年增长率12.08%。其中，研究生招生人数由1391人增加到4608人（博士生659人，硕士生3949人），平均年增长率34.91%；本专科及高职生招生人数由33 933人增加到51 135人（本科生32 842人，专科生18 293人），平均年增长率10.8%。

2. 6所普通高等林业院校平均在校学生数由3948人增加到15 158人，平均年增长率39.9 %，办学效率进一步提高；本科和研究生招生数量增加，专科及高职招生数量减少，教育结构得到优化。

师资结构趋于合理　普通高等林业院校加强了师资队伍建设，规范师资管理工作。设立了特聘教授、讲座教授教学岗位，实施了"名师英才工程"、"国家杰出青年后备人选培养计划"等高层次人才培养计划，加强学术梯队建设，努力使教师队伍结构等更加合理。6所普通高等林业院校共有专任教师9749人，其中教授（或相当专业技术职务者，下同）787人（含博士生导师335人），副教授2066人，讲师2892人，初级专业技术职务及无专业技术职务者4004人，分别占专任教师总数的8.1%、21.2%、

29.7%、41%。

目前，高等林业院校拥有8名中国工程院院士以及一批国家级、省部级突出贡献中青年专家、国家“百千万人才工程”第一、二层次人选，国务院学位委员会第五届学科评议组成员，师资队伍建设的良好态势为高等林业教育的快速发展奠定了坚实的基础。

教学指导和教学研究工作得到加强 成立了高等学校农林学科类教学指导委员会，下设高等学校森林资源类、环境生态类和农林业工程等林业专业类教学指导委员会，加强对本科林业教育的指导；成立了高职高专教育林业类专业教学指导委员会，下设森林资源类、生态环境类、林业工程类3个专业教学分指导委员会，对高职高专林业专业大类的人才培养工作进行研究并提供咨询、指导、服务。

高等林业院校承担了教育部新世纪高等农林教育教学改革项目和全国教育科学“十五”规划课题等重点教学研究项目，森林资源类本科人才培养模式改革的研究与实践获得高等教育国家级教学成果奖一等奖，10项教学成果获得高等教育国家级教学成果奖二等奖，57项教学成果获得高等教育省级教学成果奖，6门本科课程被评为国家精品课程。

人才培养质量进一步提高 为适应我国社会主义现代化建设对人才培养的新要求，各高等林业院校不断加强教学工作的中心地位。完善学分制管理体制，实行第二学位制度和主辅修专业制，形成了学分制、选课制、导师制三位一体的管理模式。按照新形势要求制定人才培养方案，进一步完善了理论教学体系和实践教学体系，加强了实践教学环节，注重了学生学习能力、实践能力和创新能力的培养；建立了教学质量监控体系，进一步完善了督导员制度、教学信息员制度等，教学管理的各个环节得到了全面加强。建立了试题库，强化考试管理与改革，严格考试纪律，有力地促进了学风建设；不断加强课程建设，加强外语和计算机教学内容和方法的改革，提高了学生外语和计算机的应用水平。

高等林业院校学生在国内外大赛中取得优异成绩，有12人次获得国际大学生风景园林设计大赛和国际建筑师及大学生建筑设计大赛金奖；一批学生在全国大学生数学建模竞赛、电子设计竞赛、英语竞赛中等全国性比赛获特等奖、一等奖以及二等奖。

（吴友苗）

北京林业大学

【综　述】 2005年，北京林业大学（以下简称北林大）设有14个学院及研究生院，22个研究所，9个部级重点实验室，1个国家级工程中心，1个国家理科人才培养基地，4个国家级重点学科（森林培育、水土保持与荒漠化防治、林木遗传育种、园林植物与观赏园艺），5个部级重点学科（森林保护学、植物学、机械设计及理论、生态学、木材科学与技术）。3个一级学科（林学、生物学、林业工程），4个博士后流动站（林学、生物学、林业工程、农林经济管理），33个博士点，55个硕士点，还有农业推广硕士、工程硕士、风景园林硕士3个专业硕士学位授予权。40个本科专业，8个专科专业和1个双学位专业。本年共有毕业生6624人，其中：全日制研究生397人（博士生72人、硕士生325人、研究生班0人），在职研究生204人（博士生0人、硕士生204人），普通本专科生3602人（本科生3093人、专科生509人），成人教育本专科生2421人（本科生695人、专科生1726人）。招生7018人，其中：全日制研究生925人（博士生208人、硕士生717人、研究生班0人），在职研究生210人（博士生0人、硕士生210人），普通本专科生3465人（本科生3465人、专科生0人），成人教育本专科生2418人（本科生1252人、专科生1296人）。在校生21 548人，其中：全日制研究生2423人（博士生664人、硕士生1759人、研究生班0人），在职研究生828人（博士生0人、硕士生828人），普通本专科生13 344人（本科生13 257人、专科生87人），成人教育本专科生4953人（本科生2404人、专科生2549人）。本科毕业生就业率95.1%。留学生毕业25人，招生44人，在校31人。全校教职工1483人，其中专任教师889人，具有博士学位287人，硕士学位324人，中国工程院院士5人，教授159人、副教授389人。校园占地面积511 556平方米，校舍建筑面积369 461平方米，图书馆建筑面积23 500平方米，内设全国林业院校进口图书教材中心，藏书121.26万册，教学综合实习林场866.67公顷，固定资产总值107 704万元，其中教科仪器设备资产值17 493万元。全年教育经费投入33 305.29万元，其中国家拨款20 591.84万元、自筹12 713.45万元。网址：www.bjfu.edu.cn。

【《北京林业大学学报》在全国获奖】 2005年1月5日，在教育部科技司组织的2004年度全国高校科技期刊评比中，北林大学报获全国高校科技期刊优秀一等奖，并在413种参评期刊中名列前10名。北林大学报从1989年开始，一直在高校科技期刊评优活动中，保持一等奖的优异成绩。

【全国政协副主席张思卿考察北林大花卉基地】 2005年1月26日，全国政协副主席张思卿前往位于小汤山的北林大国家花卉研究工程中心花卉生产基地考察。张思卿仔细观看了花卉基地的各种产品，对基地规模、花卉质量给予了充分肯定。他强调说，发展花卉产业，丰富人民生活，要不断研究市场，深入研究消费心理，不断推出花卉新品种和新技术，让更多更好的花卉走进千家万户，繁荣和发展我国的花卉产业。他也充分肯定了北林大作为我国重要花卉人才和花卉研究基地所发挥的作用，并对花卉科研和产业发展提出了希望。

【成功开发林业经济信息集成平台】 2005年1月27日，北林大开发林业经济信息系统获得成功。该系统存储了世界和中国林业经济的约200万个数据以及林业经济等学科领域的论文数千篇。应用这一系统，用户可在任何时间、地点上网查询下载和上传数据资料，从而为林业经济领域的研究人员提供了良好的数据信息支持。

【教育部副部长章新胜来北林大调研】 2005年2月5日，教育部党组成员、副部长章新胜来北林大学调研。他认真听取了学校领导的工作汇报，对北林大在我国经济建设和国土安全保护方面所起的重要作用给予充分肯定，并希望北林大抓住机遇，在搭建人与自然和谐发展的科教新平台方面取得新的成绩。

【第九次党员代表大会召开】 2005年2月25～27日，北林大第九次党员代表大会在图书馆报告厅举行。开幕式上，中共教育部党组发来贺信，北京市委教育工委、国家林业局和教育部有关领导出席。会议听取和分组审议了党委书记吴斌同志所作的党委工作报告和纪委书记张清泉同志所作的纪委工作报告，并通过投票选举产生了新一届的党委委员和纪委委员。

【获国家林业宣传最高奖项】 2005年3月1日，我国林业宣传的最高奖项——关注森林奖和梁希林业宣传奖在京颁发。北林大荣获梁希林业宣传突出贡献奖、关注森林新闻奖、关注森林文化艺术奖和梁希林业图书期刊奖等6个奖项。

【尹伟伦获全国优秀科技工作者称号】 2005年3月3日，校长尹伟伦教授获得由中国科学技术协会颁发的第三届全国优秀科技工作者荣誉称号。此次评选全国共有200人获此殊荣，他们是我国广大科技工作者的优秀代表。

【北林大学报再次进入EI核心库】 2005年3月3日，《美国工程索引》（EI）公布了其核心库和非核心库2005年在中国计划收录的期刊名录。其中，《北京林业大学学报》仍然是我国近百种林业科技期刊中惟一进入EI核心库的期刊。EI是世界著名的三大检索系统之一，《北京林业大学学报》从1998年开始，已经连续8年被EI核心库收录。

【一项目获国家科技进步二等奖】 2005年3月28日，北林大冯仲科教授主持的项目森林资源精准监测广义“3S”技术研究荣获国家科技进步二等奖。

该项目由林业GPS、林地面积测量、林图更新、林火管理、精准测树等5项关键技术和18项具体可操作应用的技术、论文、专著、报告、仪器发明专利申请和软件登记构成了成果体系，从而使GPS、GIS、RS、近景摄影、ES、DSS等广义“3S”技术广泛应用于森林资源管理之中。该成果还进行了较好的推广和应用，取得了显著的经济效益。

【两名教师入选教育部新世纪人才计划】 2005年4月14日，教育部公布了2004年度新世纪优秀人才支持计划入选者名单，北林大曹金珍、韩烈保两名教授名列其中，分别获得50万元资助金。新世纪优秀人才支持计划是教育部从2004年开始启动实施的，目的在于进一步推进人才强校战略的实施，加速培养和造就一大批青年学术带头人，大力提升高等学校教师队伍的创新能力和学术水平。此次资助全国林业院校教师共5名。

【与平谷区签订共建意向书】 2005年4月25日，北林大与北京市平谷区政府签订了共建合作意向书。按照协议，北林大将在平谷建立大学生社会实践、科研、科技成果转化、人才交流培训和文化交流等五大基地。通过共建，北林大的科学研究将与平谷区生产发展的需要直接挂钩，以更好地推动平谷经济发展。双方还将加强人才交流与培训。

【与捷克农大签署合作协议】 2005年4月28日，捷克农业大学（Czech Agricultural University）校长Jam Hrom教授一行4人来到北林大，就进一步开展留学生培养、教师互访、科研合作等事宜签署合作协议。

【与宜昌全面进行科教合作】 2005年5月10日，北林大与湖北宜昌林业局全面科教合作协议在宜昌签字。为了充分发挥北林大在人才、技术、设备、教育等方面的优势，充分发挥宜昌市在区位、资源、产业基础等方面的优势，加快三峡地区生态环境建设，培

养林业科技人才，更好地实施“科教兴林”战略，双方本着“优势互补、互惠互利、讲求实效、共同发展”的原则，进行全面的科教合作。

【园林研究生再获国际设计大奖】 2005年6月1日，北林大余伟增、高若菲、耿欣、魏菲宇、高欣研究生小组在国际风景园林师联合会（IFLA）举办的，以“安全的城市和城镇”为主题的国际大学生风景园林设计竞赛中，其作品“安全的盒子——北京传统社区儿童发展安全模式”从150多个参赛作品中脱颖而出，荣获一等奖即国际风景园林师联合会——联合国教科文组织奖（IFLA - UNESCO Prize），为祖国赢得了荣誉。这是北林大研究生第四次获此殊荣。

【一项目获北京农业技术推广二等奖】 2005年6月4日，由北林大余新晓、牛健植、冯仲科参加的水源保护林培育与经营管理技术推广项目获2004年度北京市农业技术推广二等奖。

【北林大学生“挑战杯”科技作品竞赛再获殊荣】 2005年6月10日，北林大在第三届“挑战杯”首都大学生课外学术科技作品竞赛中再创佳绩，总共获得19项奖励，其中：一等奖1项、二等奖6项，三等奖12项。

【一课题获国家级教学成果一等奖】 2005年7月20日，在国家组织的2005年高等教育国家级教学成果奖评审中，北林大尹伟伦教授主持的森林资源类本科人才培养模式改革的研究与实践项目获得国家级教学成果一等奖，这是全国林业院校中惟一获得一等奖的项目。至此，北林大已连续3届获得国家级教学成果一等奖。

【北林大新办公楼正式启用】 2005年8月1日，由原锅炉房改造而成的学校新办公楼正式启用，办公楼共3层，基本集中了全校各职能处室的办公室。新办公楼由废弃的燃煤锅炉房改造而成，充分体现了校党委和行政提出的“挖潜改造”的建设思路，做到了节约资金，充分利用现有资源。

【山诺会荣获全国十佳优秀环保社团称号】 2005年8月31日，在中日环境友好保护中心举办的2005年绿色中国与当代青年夏令营暨第九期全国大学生环保社团（志愿者）培训中，北林大学生社团——山诺会当选全国十佳优秀环保社团。

【北林大学报被美国《化学文摘》收录】 2005年9月7日，在国际学术界有非常重要的地位的世界六大检索系统之一的美国《化学文摘（CA）》认为，由北林大主办的《北京林业大学学报》完全符合CA数据库的收录要求，决定从2005年第1期起收录《北京林业大学学报》的摘要。

【水利部领导来校调研】 2005年9月17日，水利部副部长鄂竟平一行来北林大调研，与校党委书记吴斌等校领导亲切交谈，并听取了学校情况介绍。水利部原部长杨振怀等也参加了座谈。鄂竞平对北林大的发展表示充分肯定。他认为，北林大在许多方面具有优势，水利部要加强与北林大的合作。

【与硬木家具公司签订合作协议】 2005年9月23日，北林大材料科学与技术学院同北京元亨利古典硬木家具有限公司签订了就业实践与教学实习基地协议。同时就双方在科研课题、企业人才培养以及毕业生就业等方面达成协议。该基地的建立填补了学校在古典硬木家具方向尚无实习实践基地的空白，为今后相关专业学生就业实践、教学实习活动的正常进行提供了有力保障。

【北林大学生荣获拜耳青年环境特使称号】 2005年9月28日，北林大资源与环境学院丁琛同学在2005年“拜耳青年环境特使”评选活动中成功当选，并被选为2005年11月赴德国考察的学生之一。“拜耳青年环境特使”是2003年开始由拜耳公司与上海市环境保护宣传教育中心、上海市环境教育协调委员会高等院校协调办公室合作开展的评选活动。2005年评选出15名环境特使。

【两项目获国家农业科技成果转化资助】 2005年9月30日，尹伟伦教授负责主持的欧美杨丰产栽培技术推广应用项目和冯仲科教授负责主持的森林资源精准监测广义“3S”技术工程产品与示范项目获得2005年度国家农业科技成果转化资助，资助金额各为70万元。

【北林大学生在全国大学生电子设计赛中获奖】 2005年10月12日，在全国大学生电子设计竞赛上，北林大的3支代表队分别获得二、三等奖。

【白俄罗斯教育部副部长来校访问】 2005年10月14日，白俄罗斯共和国教育部副部长鲍·瓦·伊万诺夫（Powell · Watts · Ivanov）率白俄罗斯教育部高等与中等专业教育司和布列斯特技术大学（Brest Technical University）、白俄罗斯工艺大学（Belarus Polytechnic University）负责人到北林大交流访问，双方就有关合作事宜进行了会谈。此次访问时值中国和白俄罗斯即将讨论两国政府间新的五年合作计划之际，双方在林业、生物、资源、环境、食品、生物质能源等方面达成了初步全方位合作意向。

【刘业经基金颁奖10周年暨学术研讨会在北林大召开】 2005年10月17日，纪念刘业经教授奖励基金颁奖10周年暨海峡两岸森林植物学术研讨会在北林大隆重召开。大会表彰了第十届刘业经基金的5位获得者，北林大王礼先教授获表彰。刘业经是台湾省著名林学家和林业教育学家，刘业经基金设立10年来，对增强海峡两岸学术交流、增进两岸林业工作者友谊、弘扬尊师重教精神起到了积极的作用。

【百余专家在北林大共谋木材节约利用途径】 2005年10月17日，全国第十届木材干燥学术研讨会暨木材干燥专业委员会第四届理事会在北林大开幕。来自全国各地百余位该领域的专家聚集北林大，共谋木材资源高效和节约利用的有效途径。本次研讨会由中国林学会木工分会和中国林产工业协会主办、北林大承办。研讨会研讨的重点为：我国入世3年来，木材干燥产业如何适应新的发展态势，尽快与国际接轨；如何采用新技术、新材料、新设计，提高我国木材干燥产品的科技含量，缩短与国际先进水平的差距；如何采用干燥先进技术，在实现木材资源节约、能源节约方面发挥重要作用等。

【举办首届中国林业大学生学术论坛】 2005年11月5日至12月26日，由北林大资源与环境学院创办的第一届中国林业大学生学术论坛在北林大举行，先后开展了专题论坛、专场报告及学术论文、科技作品评比等活动。

【北林大学生获全国性园林大赛金奖】 2005年11月7日，由中国国际科学和平促进会和瑞典人类发展与和平基金会联合主办的全国青年人类发展与和平景观设计大赛金奖揭晓，北林大园林学院徐颖等5位同学共同设计的作品摘得桂冠。中国国际科学和平促进会同时向徐颖颁发了“和平贡献奖”。北林大园林学院荣获本次大赛的“最佳组织奖”。本项赛事2004年开始举办，共设金、银、铜奖各1名，优秀奖7名。

【17国林业高官来校培训】 为了给发展中国家林业管理和建设提供借鉴，促进中国和发展中国家林业交流和往来，2005年11月10～29日，来自17个发展中国家的林业及自然资源管理高级官员，在北林大接受了为期20天的培训。这是中国商务部首次举办的涉外林业官员培训班，也是北林大首次举办的大规模涉外培训。参加研修的官员来自刚果、科特迪瓦、古巴、厄瓜多尔、赤道几内亚、加纳、朝鲜、莱索托、利比里亚、巴基斯坦、巴布亚新几内亚、苏里南、多哥、汤加、越南、赞比亚、津巴布韦等国家。

【4项科技项目获首届梁希科学技术奖】 2005年11月10日，首届中国林业学术大会在杭州召开，颁发首届梁希林业科学技术奖、首届梁希科普奖。北林大王莲英主持的牡丹品种分类、选育及栽培新技术项目与王华芳主持的名优花卉矮化分子调控机制与微型化生产技术研究项目分获首届梁希林业科学技术奖一、二等奖，陈建成主持的中国森林资源投入产出及纳入市场运作体系的研究项目与余新晓主持的都市重要水源区水源涵养林技术体系研究与示范项目并获三等奖。此外，彭春生获首届“梁希科普奖”先进个人。

【北林大学生获电子设计竞赛奖】 2005年11月14日在2005年全国大学生电子设计竞赛北京赛区的比赛中，北林大共有2支代表队获得北京赛区二等奖，1支代表队获得北京赛区三等奖。该项赛事由由教育部高等教育司和信息产业部人事司共同主办，本次大赛全国共有525所高等学校、4662个代表队的13 986名同学参赛。

【与四川大熊猫繁育研究基地合作】 2005年11月19日，北林大与四川省大熊猫繁育研究基地、卧龙自然保护区管理局签署了合作意向书，学校将与其在科学研究、人才交流与培养、学术交流、技术合作等方面开展全方位的密切合作。

【纪念李相符百年诞辰纪念会在北林大举行】 2005年12月4日，由北林大、民盟中央宣传部联合召开的李相符同志诞辰100周年纪念会隆重举行。民盟中央宣传部、国家林业局、中国林科院、北林大等单位的有关负责人以及李相符同志的亲属出席纪念会并发言。

李相符同志是我国著名的社会活动家和林业教育家，中国共产党优秀党员，中国民主同盟创始人之一，是北京林学院（现北林大）首任院长。他曾担任全国政协第一、二、三届委员，中央人民政府林垦部副部长、中国林科院副院长、中国林学会理事长等多个重要职务，为我国林业事业作出了巨大的贡献。

【接受教育部本科教学工作水平评估专家组驻校评估】 2005年12月10～16日，教育部本科教学工作水平评估专家组对北林大进行了为期一周的驻校评估。专家组通过走访、座谈、听课等多种方式对学校本科教学工作进行了全面评估，对学校给予了充分的肯定。

【尹伟伦当选中国工程院院士】 2005年12月13日，在中国工程院公布的2005年新当选的院士名单中，北林大教授、校长尹伟伦榜上有名。作为全国农林高校2005年惟一一位当选院士的教授，他也同时

成为我国林业系统最年轻的院士。他的当选，也使北林大的院士人数再次达到了5位。

【又一论文入选全国百篇优秀博士论文】 2005年12月15日，在教育部和国务院学位委员会公布的2005年全国优秀博士论文名单中，北林大博士张德强的《毛白杨遗传连锁图谱的构建及重要性状的分子标记》博士论文榜上有名。该论文的指导教师为生物科学与技术学院张志毅教授。这是北林大第三篇入选全国百篇优秀博士学位的论文。

【北林大跻身国家野外科学观测研究站行列】 2005年12月28日，北林大山西吉县森林生态系统国家野外站被批准成为国家野外科学观测研究站。山西吉县森林生态系统国家野外站始建于1978年，位于黄土高原东南部暖温带半湿润落叶阔叶林地带，先后承担完成国家和省部级各类科技项目50余项，积累了大量的数据资料，取得了大量的科技成果，其中：获国家科技进步二等奖5项，省部级科技进步一等奖3项、二等奖2项，出版学术专著10余部，发表学术论文200余篇。（北京林业大学由汪海洋、田阳供稿）

东北林业大学

【东北林业大学大庆生物技术研究院成立】 2005年3月24日，东北林业大学（以下简称东林大）与大庆市政府签订了《关于合作建立东北林业大学大庆生物技术研究院的框架协议》。这是东林大建校以来与地方政府最大的合作项目，也是为振兴东北老工业基地服务过程中的又一项重大成果。

根据协议，东林大负责研究院的日常管理与经营；投入650万元购买实验仪器及设备；开展多层次的人才培养并为大庆工业区环境治理提供科研和技术支撑。大庆市规划3万平方米建设用地并投资建设综合楼和全光温室等设施，上述资产合计4116万元，供研究院无偿使用；投入600万元用于购置仪器设备和作为启动经费；为研究人员提供公寓；学校的部分在研项目纳入研究院的研究计划，大庆市选择其中符合大庆产业方向、具有良好产业化前景的研究项目，按规定程序立项，列入地方科技发展计划，给予必要的经费支持。

【东林大野生动物管理学被评为2004年度国家精品课程】 2005年2月，教育部评选产生2004年度国家精品课程300门，东林大马建章院士主讲的野生动物管理学荣获国家精品课程荣誉称号。

精品课程建设是高等学校教学质量和教学改革工程的重要内容之一，教育部通过精品课程建设工程，重点建设1500门左右具有一流的教师队伍、一流的教学内容、一流的教学方法、一流的教材和一流的管理等特点的示范性课程，利用先进的网络技术在网上公布，免费开放，实现优质资源共享，全面提高人才培养质量。

【荣获国家科学技术进步奖两项】 2004年度国家科学技术奖励大会于2005年3月28日在北京人民大会堂举行，在这次奖励大会上东林大常务副校长杨传平教授主持的白桦良种选育技术的研究、祖元刚教授主持的喜树碱衍生物高效提取技术研究分别荣获2004年度国家科学技术进步二等奖。

【王清文教授获聘教育部长江学者特聘教授】 2005年在第六届长江学者奖励计划特聘教授、讲座教授受聘仪式上，东林大材料科学与工程学院木材科学与技术学科王清文教授在继2004年获得全国百篇优秀博士论文之后，又获得了由教育部和香港李嘉诚基金会共同筹资设立的长江学者奖励计划特聘教授，填补了本校在这一领域的空白。

【与苏丹共和国开展项目合作与学术交流活动】 2005年5月30日，由东林大土木工程学院与黑龙江省龙建路桥公司联合完成的苏丹共和国山姆巴特（Shambat）大桥、布瑞（Burri）大桥鉴定与加固方案设计论证会顺利通过了苏丹专家的评审。5月31日，苏丹共和国喀土穆工程技术学院土木工程系系主任阿尔泰教授、喀土穆建设部路桥部主任阿巴司工程师到东林大参观访问，进行学术交流活动。

【绿色使者志愿者协会荣获全国十大优秀环保社团称号】 为大力推动在校大学生广泛开展群众性环保公益活动，积极引导大学生环保社团（志愿者）走上正规、健康、有序的发展道路，鼓舞广大高校环保社团（志愿者）参与环保公益活动的热情，中国环境文化促进会于2005年绿色中国与当代青年夏令营暨第九期全国大学生环保社团（志愿者）培训营期间，评选出首届绿色中国青年论坛全国十大优秀环保社团。东林大绿色使者志愿者协会荣获全国十大优秀环保社团称号。

【园林学院压花画展品获花博会金奖】 2005年，在第六届中国花卉博览会上，东林大园林学院压花画展品获压花画金奖1项，此外，其他作品还获得银奖2项，铜奖2项，优秀奖4项。

【东林大高等教育研究所荣获首届全国优秀高等教育研究机构称号】 为全面贯彻落实科学发展观和“科教兴国”战略方针，促进教育决策的科学化、民主化，充分发挥高等教育研究机构在高等教育改革和发展中的积极作用，中国高等教育学会于2005年年初开展了首届全国优秀高等教育研究机构评选活动。首届全国优秀高等教育研究机构包括北京大学教育学院、清华大学教育研究所共69个单位，东林大高等教育研究所被评为首届全国优秀高等教育研究机构。

【《东北林业大学学报》获首届黑龙江省出版精品工程奖】 2005年，在中共黑龙江省委宣传部、黑龙江省新闻出版局共同组织的首届黑龙江省出版精品工程奖评选中，《东北林业大学学报》以“综合质量较高”的优势，荣获首届黑龙江省出版精品工程奖（科技期刊共10种），得到了中共黑龙江省委宣传部、黑龙江省新闻出版局的联合表彰和奖励。

【办学规模】 2005年学校全日制在校生达到20 051人（2004年在校生18 739人），其中：博士生521人，硕士生1572人，本科生16 604人，专科生1247人；学校有成人本科教育在校生3913人；学校有留学生45人，在册教职工达2536人。

【教学工作】 2005年，学校以全面修订本科专业人才培养方案和专业评估为突破口，加强专业建设，增强第二课堂学分，开设全校学生必选的林业概论、基础生命科学等特色课程，增强了课程结构的弹性，组织评选出学校20个优势专业、10个特色专业，其中有9个专业被评为省重点专业。

注重教学改革，课程建设工作成果显著，建设校级优质课程60门，省级精品课3门，国家级精品课2门。

加强实践教学管理，实践教学条件得到了明显改善，实践教学体系趋于合理。学校的化学实验中心、生物实验中心被评为省级基础实验示范中心。

深化学籍管理改革，调动学生的学习积极性，建立了第二专业学位制度，制定了新的学生管理办法。

积极推动本科教学的国际交流合作，努力提高人才培养的国际竞争力。加强与俄罗斯海参崴社会经济与服务大学的合作，派出20名学生赴俄学习深造，选拔学生赴法国南特设计学院、日本北见大学等高校学习。

两个“基地”建设成效显著。加强对理科基础科学研究与教学人才培养基地（生物学）和国家生命科学与技术人才培养基地的建设，落实依托生命科学学院、全校办基地的战略，理科基础科学研究与教学人才培养基地（生物学）由试办转为正式基地。

【“211工程”、学科建设和研究生培养教育管理工作】 国家发改委、财政部和教育部召集有关院校会议将东林大正式列入国家“211工程”建设高校行列。

学科建设取得了跨越式发展。经国务院学科评议组的两次评审和国务院学位委员会第二十二次会议批准，新增一级学科博士点1个、二级学科博士点2个、一级学科硕士点10个（包括原有3个博士一级学科所涵盖的3个一级学科硕士点）、二级学科硕士点24个。目前学校共有一级学科博士点4个、二级学科博士点32个、一级学科硕士点10个、二级学科硕士点75个。

加强研究生课程建设工作。评选出4门研究生精品课程，并列入重点建设计划，推动了研究生的课程建设。材料工程与技术学院顾继友教授主编的《胶接理论与胶接基础》被教育部评为全国研究生教学用书。

受全国工程硕士指导委员会的委托，成功举办2005年全国农业工程、林业工程专业学位研究生教育工作研讨会。

【科学研究工作】 2005年，学校积极组织申报各类科研评奖工作，获得各级科技奖励共17项。教育部提名国家科技奖2项，其中：技术发明一等奖1项、科技进步二等奖1项；梁希林业科学技术二等奖1项、三等奖1项；黑龙江省科技进步奖7项，其中：二等奖5项、三等奖2项；黑龙江省高校科技奖8项。

加强科研成果推广和科技服务工作。参加了第三届中国·福建项目成果交易会、2005年中国林产品交易会（山东荷泽）、中国·聊城2005年科技合作高峰论坛暨引进高校院所科技成果5周年展、哈尔滨市自主创新科技成果产业化对接大会、2005年中国浙江网上技术市场及高新技术成果展示交易会、第二十二届中国·哈尔滨国际冰雪节经济贸易洽谈会等科技成果展览会，宣传学校近年来取得的科技成果，取得了一定的经济效益。积极组织广大教师和科技人员投身黑龙江省的科技推广、科技支农、科技三下乡等工作，积极参与振兴东北老工业基地的改造项目。

【学团工作】 2005年，学校大力开展科技创新工作，提高学生的科研能力。学校投入大学生科研基金18万元，资助学生课外科研作品40项，创新实验室共获专利5项，有2项作品获得全国大学生“挑战

杯”课外科技作品大赛三等奖、10项作品分别获得黑龙江省大学生课外科技作品大赛一等奖、二等奖和优秀奖。

深化社会实践活动，提高学生实践能力。东林大受到了《光明日报》、中国教育电视台、《黑龙江日报》等8家媒体的报道，获省委六大部门联合表彰的“三下乡”社会实践先进单位，连续10年获得全国社会实践先进单位称号。东林大社会实践经验被编入教育部贯彻落实《关于进一步加强和改进大学生思想政治教育工作会议》简报，上报中央，并下发到各省（区、市）及各直属高校。

大力开展校园文化活动，建立校园文化和学风建设的工作平台。组织学生参加省委欢乐校园——2005年文化之冬开幕式晚会、团省委“五四”主题团会、哈尔滨开埠百年文艺晚会的演出。首次获得团中央、教育部、广电总局、全国学联举办的校园歌手大赛铜奖1项、优秀组织学校奖，获得教育部举办的首届全国大学生艺术展演活动二等奖1项，获得黑龙江省艺术展演活动一等奖1项、二等奖2项、三等奖4项、优秀奖5项，获得黑龙江省欢乐校园系列文艺大赛一等奖1项、二等奖2项、三等奖2项，校园文化活动呈现出精品化、项目化、品牌化特点。增强校园文化活动与社会的互动，参加了中央电视台《金苹果》栏目录制，并获得好评。

抓好学生会、研究生会的建设，充分发挥其桥梁纽带作用，维护学生合法权益。东林大学生会荣获全国学联副主席单位、省学联主席单位，研究生会荣获省学联副主席单位。

【合作办学和对外交流工作】 2005年，东林大加强国际交流工作。校领导出访了奥地利林业大学，瑞士苏黎士大学，巴塞尔大学，日本东京大学、京都大学，韩国江原大学等。参加由教育部组织的在韩国举办的2005年国际教育展。李坚校长参加了国际木材协会联合会国际学术研讨会。杨传平常务副校长参加了教育部在澳大利亚举办的高校领导赴海外培训项目。前来东林大访问的国外高校有：韩国江原大学，美国斯蒂芬奥斯汀州立大学、西佛吉尼亚大学，法国南特高等林产工业学院，丹麦哥本哈根商业大学，俄罗斯哈巴罗夫斯克工学院，白俄罗斯大学等。日本科学协会常务理事帏原义明先生一行到东林大考察，双方就日本向东林大赠书一事进行了磋商，并签署了有关教育、研究图书捐赠项目的备忘录，日本赠书协会以后每年将无偿向学校捐赠图书。

提高合作办学水平，学校分别与日本岛根大学、泰国皇家技术大学、美国斯蒂芬奥斯汀州立大学续签了校际合作协议，拟在情报资料交换、合作研究、学者与学生交流等方面进行合作。继续与法国南特高等林产工业学院、芬兰凯门拉森理工大学和日本北见工业大学进行学生项目的交流。积极组织进行了学校与蒙特科莱尔州立大学联合培养工商管理硕士项目的申报工作。

承办国际学术会议，推动学校相关学科的发展和教学科研水平的提高。召开了中国国有林区自然资源——经济可持续发展国际学术研讨会、中国东北盐碱地生态环境修复国际学术研讨会、植物健康产品国际论坛等。

【实践教学基地工作】 2005年帽儿山实验林场主动进行外引内联、招商引资，推动双边或多边合作，培育新的经济增长点和发展机遇。获得黑龙江省中小学生校外活动暨素质教育基地建设项目，由省里直接投入120万元。中外大学生野外生存、生活实训项目使帽儿山实验林场成为全国仅有的3个实训基地之一。与辽宁省实验林场缔结为友好单位，加强与日本北海道演习林和韩国江原大学演习林双边友好关系与合作交流。 （东北林业大学由郭永长供稿）

南京林业大学

【综　述】 2005年，南京林业大学（以下简称南林大）办学条件明显改善，整体实力进一步提高。接受教育部本科教学水平评估获好评。获2003～2004年度江苏省文明学校称号。林业工程博士后科研流动站获全国优秀博士后科研流动站称号。林业生态工程实验室被列入江苏省教育厅重点实验室。学生二食堂、新体育馆、主干道路、新田径运动场等投资近2亿元的基建工程竣工，校园得到美化。承担各类科研项目500余项，鉴定成果11项，项目验收成果27项，申请专利31项，获国家科技进步二等奖2项、国家发明二等奖1项、江苏省科技进步奖1项、首届梁希林业科学技术奖二等奖2项。广泛开展国际交流和合作，国际虚拟网络林业大学开通。招收各类研究生744名，本专科生3672名。授予博士学位56名，硕士学位264名，毕业本专科生3590名，在中国大学本科各专业A++级排名中，森林工程、木材科学与工程、林产化工3个本科专业在工学中排名第一，林学、园林专业在农学中分别排名第二、第三。全日制在校学生166 39名，其中研究生1201名，专任教师1000余名。教学科研仪器设备总值1.43亿元，图书馆纸质文献总量140余万册。

【薛建辉、赵林任副校长】 2005年9月，薛建辉、赵林任副校长。薛建辉，1962年10月生，江苏启东人，教授，博士生导师。1982年毕业于南林大，1990年获博士学位。历任南林大森林资源与环境学院、风景园林学院副院长、院长。兼任民盟中央委员会委员，民盟江苏省委员会常委，江苏省生态学会理事长，中国生态学会常务理事，国家林业局西部开发与生态建设专家委员会委员，南京市经济社会发展咨询委员会委员。先后获中国林业青年科技奖、国家林业局有突出贡献专家、江苏省优秀青年教师等称号。主要研究方向：森林生态、林业生态工程、生物多样性保护等。赵林，1954年11月出生，江苏南京人，副教授。1976年参加工作，1982年毕业于南林大，并留校工作。历任南林大党委办公室副主任兼校长办公室副主任、机关总支书记兼人事处副处长、人事处处长、党委组织部部长。南京市玄武区第十三届、十四届人民代表大会代表。先后获江苏省高校优秀共产党员、江苏省高校优秀党务工作者等称号。主要研究方向：高校思想政治教育与管理、法律基础教学等。

【博士学位授权点】 2005年，南林大设有博士学位授权点25个，分别是：生态学、植物学、遗传学、林木遗传育种、森林经理学、水土保持与荒漠化防治、森林保护学、生物化学与分子生物学、森林培育、园林植物与观赏园艺、动物学、野生动植物保护与利用、生理学、生物物理学、水生生物学、微生物学、细胞生物学、神经生物学、发育生物学、林产化学加工工程、制浆造纸工程、木材科学与技术、机械设计及理论、林业经济管理、森林工程。

【硕士学位授权点】 2005年，南林大设有硕士学位授权点40个，分别是：生态学、植物学、林木遗传育种、城市规划与设计、森林经理学、园林植物与观赏园艺、细胞生物学、森林培育、森林保护学、水土保持与荒漠化防治、微生物学、生物物理学、遗传学、野生动植物保护与利用、土壤学、生物化学与分子生物学、水生生物学、神经生物学、生理学、动物学、发育生物学、生物化工、制浆造纸工程、林产化学加工工程、化学工艺、木材科学与技术、材料学、环境科学、环境工程测试、计量技术及仪器、机械设计及理论、检测技术与自动化装置、载运工具运用工程、森林工程、道路与铁道工程、林业经济管理、企业管理、人口资源与环境经济学、设计艺术学、伦理学。

【专业学位授权点】 2005年，南林大设有专业学位授权点4个，分别是：农业推广硕士、林业工程硕士、风景园林硕士、高校教师在职攻读硕士。

【本科专业设置】 2005年，南林大9个学院设置本科专业47个，分别是：林学、环境科学、生物技术、生物科学、生态学、城市规划、食品科学与工程、园林、艺术设计、木材科学与工程、包装工程、热能与动力工程、林产化工、轻化工程、化学工程与工艺、生物工程、环境工程、印刷工程、机械设计制造及其自动化、交通运输、工业设计、自动化、测控技术与仪器、过程装备与控制系统、国际经济与贸易、工商管理、市场营销、电子商务、会计学、农林经济管理、信息管理与信息系统、森林工程、土木工程、交通工程、测绘工程、工程管理、汉语言文学、广告学、英语、播音与主持艺术、摄影、动画、旅游管理、信息与计算科学、计算机科学与技术、电子信息工程、高分子材料与工程。

【3项科研项目获国家奖励】 在2005年度国家科学技术奖评选中，南林大成绩突出。张齐生教授等研究申报的落叶松单宁酚醛树酯胶黏剂的研究与应用获国家技术发明二等奖。施季森教授等研究申报的鹅掌楸属种间杂交育种与杂种优势产业化开发利用，周定国教授等研究申报的南方型杨树（意杨）木材加工技术研究与推广获国家科学技术进步二等奖。

【接受教育部本科教学工作水平评估获好评】 2005年10月8~14日，教育部本科教学工作水平评估专家一行13人对南林大本科教学工作通过实地考察、阅读自评报告和背景材料、听取校长工作汇报等方式，进行全面评估。评估专家分别考察了南林大教室、学生食堂、宿舍、体育设施、学生科技文化场所及专业实验室，走访了有关职能部门和教学单位，召开专题座谈会，组织了学生基础理论和基本技能调查，向教师发放了调查问卷等。10月14日，专家组反馈了评估意见，对南林大本科教学工作的办学方向、师资队伍建设、基本条件建设、教学建设与改革、教学管理、校风建设 、办学特色等方面的优异状况给予充分肯定。

【南京食品包装机械研究所并入南林大】 2005年12月6日，南林大校长余世袁、南京机电产业（集团）有限公司董事长曾永健在南林大签署了《南京食品包装机械研究所整体并入南林大》协议，开江苏科研院所成功嫁接高校先河。江苏省政府办公厅副主任何国平、江苏省教育厅副厅长祭彦加、南京市改革办常务副主任周能武等出席签字仪式。何国平宣读了江苏省政府关于同意南京食品包装机械研究所并入

南林大的批复。南京食品包装机械研究所整体并入南林大，是深化科技体制改革的一件大事，有利于区域科技资源的合理配置和区域科技创新体系的建设。

【木犀属品种国际登录中心在南林大成立】 2005年11月28日，经国家林业局批准，木犀属植物品种国际登录中心在南林大成立。标志着该中心开始承担世界各地木犀属植物品种的登录工作。这是继梅花品种国际登录中心之后在我国成立的第二家植物品种国际登录中心。南林大向其柏教授任中心主任。中心将根据《国际栽培植物命名法规》，承担国际木犀属品种的命名及登录工作。

【10个省级品牌特色专业建设点通过考察】 2005年12月5~6日，江苏省教育厅对南林大品牌、特色专业建设点进行现场考察。专家组听取了南林大10个省级品牌、特色专业建设点建设情况的汇报，并分组到有关学院对林学、木材科学与工程、轻化工程等3个品牌专业，园林、土木工程、机械设计制造及其自动化、林产化工、艺术设计、农林经济管理、工商管理等7个特色专业的建设情况进行了实地考察，听取专业建设汇报，查阅有关建设材料，参观相关实验室。专家组认为，南林大品牌、特色专业建设目标明确，改革思路清晰，专业特色鲜明，行业优势突出。对南林大课程建设、教材建设、实验室建设等教学基本建设、学生创新精神和能力培养等方面取得的成效给予肯定。

【9项成果获江苏省高等教育教学改革奖】 2005年4月，江苏省教育厅公布2004年江苏省高等教育教学改革成果获奖项目。南林大《人造板工艺学》（教材）、林业工程类本科人才培养方案及教学内容和体系改革的研究与实践、园林专业人才培养模式的探索与实践等3项成果获一等奖。制浆原理与工程课程体系教学改革、《林产化学工艺》（教材）、马克思主义哲学原理教学改革、高等林业教育人才培养目标培养规格和培养模式改革研究与实践、会计学课程实践性教学环节的改革与探索、木材加工与家具类工程专业实践性教学模式及体系完善的研究与实践等6项成果获二等奖。

【森林保护学科列省高校国家重点学科培育建设点】 2005年，为加快江苏高校高水平学科建设，形成在国家重点学科遴选中的竞争优势，强化重点学科为经济社会发展提供高水平服务的能力，江苏省启动了国家重点学科培育建设点的遴选工作。经专家评审，南林大申报的森林保护学科被列为江苏省高校国家重点学科培育建设点。

【南林大体育馆竣工】 2005年9月30日，南林大新体育馆工程通过南京市建筑工程质量监督站、江苏省建筑设计研究院等单位竣工验收。南林大新体育馆工程建设，历时3年，总建筑面积18 314平方米，其中体育馆13 358平方米，4层，建筑高度23.9米；游泳馆4956平方米，2层，建筑高度15米。馆内设有固定座椅2893个，活动座椅1397个，主席台93个座位，合计4383个。主场馆中央上空设有斗型显示屏。主场馆内设有乒乓球馆、篮球馆、羽毛球练习馆、形体馆、健美馆、动态自行车室、桌球室、运动员休息室、裁判室、兴奋剂测试室、多媒体教室等。总投资近1亿元，为江苏高校一流。

【参加首届中国苗木发展论坛】 2005年9月，由中国绿色时报社主办，武进区政府承办中国苗木产业发展战略论坛暨中国武进峰会在江苏省常州市武进区举行。南林大聂影教授作了题为《完善林木种苗的科技供需机制，加快江苏林木种苗产业科技化发展》的主题报告，分析了江苏省林木种苗产业的总体现状、科技化程度、林木种苗产业科技成果转化等问题，指出了江苏省林木种苗产业科技化的实施途径以及科技产业化转化机制策略。彭方仁教授作了《常州市武进区苗木产业概况和产业规划》演讲。高捍东教授接受了新华社、中新社及常州人民广播电台的记者采访。

【与南京市园林局共建中国绿博园实习基地】 2005年8月17日，南林大与南京市园林局签署协议，共建中国绿博园大学生实习基地。全国绿委办综合组副组长韩国祥、江苏省林业局副局长葛明宏、南京市园林局局长解自来、南林大党委书记陈景欢等出席签字仪式。南林大副校长曹福亮和南京市园林局局长解自来在协议书上签字。协议规定，南林大与南京市园林局共同建设中国绿博园大学生实习基地，南林大将发挥学科和科研优势，为绿博园提供科研支撑。

【举办毕业生专场招聘会暨科技合作洽谈会】 2005年12月18日，南林大在新体育馆举办南林大2006届毕业生专场招聘会暨科技合作洽谈会。来自全国各地400余家单位及校内外近万名学生参会，共提供就业岗位2000余个。从用人单位的需求专业来看，南林大的园林、家具设计、制浆造纸、木材加工、市场营销等专业的社会需求较好。

【漫画家缪印堂走进南林大校园】 2005年6月5日，为提高大学生环保意识，丰富校园文化生活，南林大举办以“保护地球爱护环境”为主题的漫画展览。著名漫画家、中国美术家协会漫画艺委会副主任缪印堂先生走进南林大作讲座。60余幅中外名家漫画作品在南林大校园展出。《中国艺术报》、《新华日报》、《扬子晚报》、《江南时报》、《南京日报》、《南京晨报》等多家新闻媒体进行了采访报道。

【南林大主办期刊影响大】 南林大主办的《南京林业大学学报（自然科学版）》为中国自然科学核心期刊，2004年，荣获全国高校优秀期刊一等奖，江苏省第二届期刊方阵优秀期刊奖，2005年，该编辑部获全国高校科技期刊先进集体。2004年11月，《中国学术期刊综合引证报告》统计，《南京林业大学学报（自然科学版）》、《南京林业大学学报（人文社会科学版）》、《林业科技开发》等期刊影响力均有大幅提高。《室内设计与装修》年发行量4万余册，居同类期刊之首。

【科研成果获首届梁希奖】 2005年11月，中国林学会表彰在林业科学研究及科学普及工作中作出突出贡献的科技工作者。南林大余世袁教授主持的农林废弃物生物降解制备低聚木糖技术项目获梁希林业科学技术二等奖，张智光教授主持的林业经济预测、评价和优化技术研究及其在江苏林业管理中的应用项目获三等奖。张贵麟教授荣获首届梁希科普奖。由方升佐教授等主持的安徽省林科院申报的青檀人工林的栽培机理及定向培育技术研究项目获得梁希林业科学技术二等奖。

【江苏杨树产业技术协会成立】 2005年5月26日，为转变政府职能，营造适应市场机制的产业科技服务体系，推动杨树产业可持续发展，江苏省科技厅、南林大等单位发起成立了江苏省杨树产业技术协会。该协会挂靠南林大，江苏省科技厅为业务主管部门。中国工程院院士王明庥、张齐生任名誉理事长。南林大周定国教授任理事长。协会的成立将加强杨树产业规划、技术选择、配套政策咨询，组织开展技术攻关、学术交流、引进新品种、推广科技成果、产品质量检测、信息化服务、培养人才等工作，构建全新的杨树产业科技服务体系。

【科研成果引起埃及环境部关注】 2005年3月，南林大以稻草为原料制造的稻草人造板项目科研成果引起了国际关注。埃及环境部官员就如何处理埃及这个农业国的稻草问题，亲自到南林大寻求科研支持。稻草处理是世界性的难题，利用稻草生产人造板变废为宝，成为国际上热点。南林大农作物秸秆利用中心周定国教授率科研人员通过攻关，在该项目科研上取得突破，获专利技术，并投入了生产，生产线设备全部国产化，在湖北、江苏等省分别建成了年产50 000立方米的稻草碎料板生产线各一条。稻草人造板产品达到了甲醛零排放的最高环保标准，填补了我国秸秆人造板的空白，被列入国家“863”高科技发展计划。产品可广泛应用于建筑装饰、高档家具制造和包装行业。埃及环境部的高级官员在参观和交流过程中对这一项目表示了浓厚的兴趣，并考察了江苏鼎元科技发展有限公司秸秆板生产线和上海人造板机器厂。

【编制《南京市雨花台区花境建设规划》】 2005年，由南林大环境学院胡海波教授主持的《南京市雨花台区花境建设规划》通过由南京大学、南农大、中科院植物所等7家科研院所组成的专家组评审。规划在分析雨花台区景观资源和生态环境现状基础上，挖掘雨花台区丰富的文化内涵，提出了花境建设的规划理念、原则、特色定位和总体布局结构，特别是对植物进行了详尽的描述，展现了“石城花海”的意境及“落花如雨，雨后彩虹”的景观特色。规划对提高雨花台区生态环境、改善投资环境、实现社会经济可持续发展具有重要的现实意义。

【张齐生院士竹炭研发出成果】 2005年，南林大张齐生院士经过多年对竹炭研究，开发的竹炭系列制品社会和经济效益显著。

【编制多项城市绿地系统规划】 2005年，南林大风景园林学院王浩教授主持的多项城市绿地系统规划通过省建设厅组织的专家评审。6月，《扬州市城市绿地系统规划》通过评审。该规划创建“水绿相依，园林古今辉映；城林交融，绿地南秀北雄”的生态园林城市，营造最佳人居环境。11月，《盐城市城市绿地系统规划》通过评审。该规划以城市绿色体系现状为基础，以城市发展建设规划为指导，以生态园林城市为目标，立足新时期城市发展对绿色环境建设的要求，充分利用盐城的生态自然、人文景观优势，因地制宜地进行城市绿地体系布局。另外，《山东省临沂市城市绿地系统规划》通过山东省建设厅专家评审。

【荣获南京市大型花卉园林展示一等奖】 2005年9月，为配合首届中国绿化博览会在南京召开，南林大应邀参加了南京市及玄武区绿化委员会在和平公园举办的绿色南京风采，社会单位、家庭绿化成果展览大型花卉园林展示活动，参展作品荣获一等奖。

【参加国家林业局“送科技下乡”活动】 2005年4月22日，南林大副校长曹福亮教授出席国家林业局组织的“送科技下乡”活动启动仪式。南林大曹福亮教授一行4人赴四川开展了送银杏、竹类及桉树培育等技术下乡活动。南林大环境学院副院长方升佐教授、王章荣教授赴贵州参加“送科技下乡”活动。

【江苏高速公路边坡生态防护技术的研究通过验收】 2005年12月10日，南林大园林学院芦建国副教授主持研究的江苏高速公路边坡生态防护技术的研究成果通过江苏省科技厅鉴定验收。该课题依托宁杭高速公路，历时2年，通过现场试验、跟踪观测等手段，系统地将生态学、植物学、园林学、种植学理论运用于高速公路边坡防护，筛选适宜石质边坡植物种类近40种，编制了《江苏高速公路边坡生态防护施工指导意见》。成果已在江苏沪宁高速公路扩建工程、312国道改建工程、沿海高速公路、沿江高速公路等项目的边坡防护工程中取得了显著的生态景观效益。

【参加第四届亚太交通与环境技术会议】 2005年11月，第四届亚太交通与环境技术会议在西安召开，南林大教师芦建国、胡海波、祝遵凌等参会并在大会上交流了论文。多年来，南林大环境园林学院教师积极投身交通环境建设、绿化景观规划和技术服务工作，参与了江苏省多条重要的高速公路如沪宁、连徐、312国道、宁杭、宁淮等绿化建设。其中，宁杭高速公路成为华东地区第一条真正意义上的集生态、景观、环保和旅游高速公路，其环境建设受到省委、省政府和交通部的高度赞赏。

【国际网络虚拟林业大学开通】 2005年11月24日，由加拿大多伦多大学、UBC大学林学院和南林大共同筹建的国际网络虚拟林业大学正式开通，标志着南林大可与国外大学在互联网上进行同步和互动的课堂教学与学术交流，国际合作教育取得重大进展。开通仪式上，南林大报告厅分别展示了南林大和UBC大学聆听报告场面。加拿大UBC大学林学院院长Saddalar主讲了《生物质乙醇的商业化生产关键技术》报告，南林大和UBC大学师生通过视频积极提问，讨论问题。

【举办第九届国际林联木材干燥学术研讨会】 2005年8月，由南林大和国际林联木材干燥分部共同举办的第九届国际林联木材干燥学术研讨会在南林大召开。来自瑞典、美国、南非、日本、澳大利亚、智利、中国等21个国家的100余名代表参加会议。会议秘书长、南林大顾炼百教授应邀作了主题报告，介绍了中国近20年来在木材干燥理论研究及干燥设备生产等方面的情况，这是中国代表首次在世界木材干燥领域的最高学术论坛上作主题报告。

【俄罗斯沃罗涅日国立森林工程大学访问南林大】 2005年5月，俄罗斯沃罗涅日国立森林工程大学以副校长布加科夫教授为团长的一行5人到南林大访问。南林大校长余世袁教授会见代表团全体成员。访问期间，和南林大相关学院就森林工程、木材科学与技术、风景园林等方面的科研合作、专业人员的交流等事宜进行了探讨。

【与德国豪迈集团签订协议】 2005年10月26日，国际著名木工机械制造企业德国豪迈制造有限公司总裁Gerhard Schuler先生和德国卢森汉姆大学副校长Heinrich Koster教授等一行16人到南林大访问。南林大副校长施季森教授会见了代表团全体成员，并代表学校与德国豪迈集团公司签订了合作协议，向Gerhard Schuler先生颁发了南林大兼职教授证书。Gerhard Schuler先生在南林大作了《板式家具设备现状及发展》报告，Heinrich Koster教授作了《欧洲橱柜和木材加工的发展趋势》的学术报告。德国豪迈集团还在南林大设立了“豪迈奖学金”。

（南京林业大学由王强、钱一群供稿）

中等林业职业教育与技能鉴定

【综　述】 2001～2005年，中等林业职业教育结构布局发生了重大变化，一些地方所属中等林业学校、林业技工学校与其他学校合并，另一些中等林业学校升格为高等职业技术学院。目前，全国中等林业学校由47所减少到18所，其他中等林业职业学校（含园林学校、职业高中、职业中专、成人中专、干部学校、广播电视学校等，下同）37所。另有329所中等职业学校招收了林科专业学生。

行业指导和服务逐步加强 成立了林业职业教育教学指导委员会，加强对中等林业职业学校教育教学工作的指导；完成了《中等职业学校专业目录》中林业类专业的修订。教育部2000年9月颁布了《中等职业学校专业目录》，中等职业学校林科专业包括林业、园林、木材加工、林特产品加工、森林资源与林政管理、森林采运工程、野生动植物保护、水土保持生态环境、林产化工9个专业，以及森林生态旅游和林业公安2个专门化专业。建立了全国职业院校园林专业教师人才库；配合林业职业教学改革，组织举办了林业、园林、木材加工3个重点建设专业教学指导方案培训班、森林病虫害防治等师资培训班14期，涉及了全国林业职业院校40多所，培训人次达500多人。

教学改革稳步推进 组织开展了教育部"面向21世纪职业教育课程改革和教材建设规划"研究开发项目中等职业学校林业、园林、木材加工3个重点建设专业教学指导方案的研究，编写出版了林业、园林、木材加工3个专业的教学指导方案，以及上述3个专业的6个专业方向的教学指导方案以及森林资源与林政管理专业、旅游服务与管理专业、森林生态旅游专门化的教学指导方案，确定了以培养实用技术人才为目的的培养目标，根据专业培养目标的要求，科学而详尽地划分了各专业所覆盖的职业岗位，从分析这些职业岗位对从业人员的知识、素质、技能、职业道德的基本要求和特殊要求出发，构建了由文化基础课程、通用专业课程、专门化专业课程、选修课程4个模块组成的新课程体系。编写印发了林业、园林、木材加工3个专业30门主干专业课程的教学基本要求及其6个专业方向的25门专业方向课程教学基本要求，以及森林资源与林政管理专业、旅游服务与管理专业、森林生态旅游专门化主干专业课程教学基本要求。完成了林业、园林、木材加工3个专业30门主干专业课程及其6个专业方向14门专门化课程的教学大纲、教材和1本实习指导书开发工作，编写出版了《统计学与林业统计》等其他中等职业教育林科专业教材8本，编写尚不具备出版条件，而教学又急需的交流讲义20多种。组织参加了教育部远程教育资源项目建设。开展了"高职高专教育人才培养模式和教学内容体系改革与建设项目计划"的高职高专教育林业类专业教学内容与实践教学体系研究以及林业职业学校实行学分制的研究等课题研究。

办学规模趋于合理 2001～2005年，全国普通中等林业职业学校招生和其他中等职业学校招收林科学生总人数为131 727人，毕业生总人数为148 015人；2005/2006学年初在校生81 181人。

与2001年比，2005年全国中等林业教育学生情况发生如下变化：

1. 全国普通中等林业职业学校招生和其他中等职业学校招收林科学生总人数由21 027人增加到30 325人，平均年增长率9.59%。毕业生总人数由27 790人增加到29 250人，平均年增长率1.29%。

2. 普通中等林业学校每校平均在校学生数由1093人增加到1305人，平均年增长率4.53%，办学效益进一步提高。

师资队伍整体水平稳步提高 2005年，18所普通中等林业学校共有教职工2585人，其中专任教师1462人，占教职工总数的56.79%。专任教师中，高级讲师（或相当专业技术职务者，下同）442人，讲师565人，助理讲师及无专业技术职务者455人，占专任教师总数的比例分别由2001/2002学年初的22.94%、42.23%、34.83%调整为2005年的30.23%、38.65%、31.12%。

技能鉴定工作得到加强 "十五"期间，国家林业局会同国家劳动主管部门制定了《林木种苗工》、《营造林工程监理员》等8个职业岗位的国家职业标准，组织完成了一批林业职业工种的统编教材及其试题库建设，增设了一批林业职业技能鉴定站点，加强了对林业职业技能鉴定工作的管理和指导，加大了对考评员、培训师资和鉴定管理人员的培训力度。目前，全国设立了48个林业职业技能鉴定站，5个林业职业技能鉴定指导站，包括中等林业职业学校学生在内的43 000多人次通过了林业行业职业技能鉴定考核，获取国家劳动主管部门颁发的《职业资格证书》。（吴友苗）

林业培训

【综　述】 2001～2005年，各级林业部门紧密围绕林业生态建设和林业产业建设，坚持统筹规划、分类指导、分工负责、分级培训原则，广泛开展各级各类林业从业人员培训，共培训1433万人次。其中：林业领导干部和经营管理人员47万人次，林业专业技术人员167万人次，林业工人211万人次，林农1000万人次，林业重点生态工程区县、乡领导干部8万人次。林业队伍整体素质有了明显提高，人才结构逐步趋向合理，为林业又快又好的发展提供人才保障和智力支持。

宏观指导工作得到加强 国家林业局多次组织开展了林业教育培训和林业人才工作现状调查，召开了全国林业教育培训工作会议和全国林业人才工作会议，先后印发了关于加强林业教育培训工作、林农培训工作、林业人才工作的指导意见和全国林业行业教育培训工作"十五"规划，对全行业教育培训工作给予了有力的指导。各省（区、市）林业厅（局）和林业大中型企、事业单位结合实际，召开了林业人才和教育培训工作会议，制定了一系列指导本地（单位）林业教育培训工作的政策和制度。

各类从业人员培训大规模开展 以提高执政能力为核心，对各级林业部门公务员进行以公共管理和林业政策为主要内容的更新知识培训和任职培训；围绕六大林业重点工程建设，对分管林业工作的地方党政

机关县、乡级领导干部和林业工程管理人员实施以工程建设的重大方针、政策和林业法律法规为主要内容的专题培训；以增强依法行政意识、提高执法能力为主题，对森林资源管理、森林病虫害防治、野生动植物保护、基层林业站等方面人员实施关键岗位培训；以市场经济理论和企业管理知识为主要内容，对林业企业经营管理人员进行工商管理培训；以增强创新意识、提高创新能力为重点，对林业专业技术人员，特别是中高级专业技术骨干实施以林业新知识、新理论、新技术为重点的继续教育；以提高岗位技能为重点，开展林业企业班组长、技术骨干的技能培训和鉴定；以提高林业技术应用水平、增强致富本领为重点，对退耕还林户、林木种苗专业户等实施适用林业技术培训。

理论研究和对外交流成绩可喜 组织西部12个省（区、市）林业部门及有关林业院校开展了西部地区林业人力资源整体开发研究，在对西部地区林业人力资源现状及需求进行深入摸底调查的基础上，运用现代人力资源开发理论，对西部地区林业人力资源管理与使用、林业教育培训现状以及林业从业人员产生的经济效益和生态产出进行了较为系统的分析研究；对2010年西部地区林业人力资源总量、林业人力资源整体素质需求、人才队伍结构、人力资源布局结构、人力资源供给数量和渠道，以及林业教育培训需求进行预测；提出了加快林业经济发展，优化林业产业结构，全面提升林业建设的科技含量，为林业专门人才在西部地区施展才能搭建经济平台、建立竞争激励机制，创造良好用人环境，最大限度地调动西部地区各类林业专门人才的积极性、创造性，加强西部地区林业人力资源开发对策和措施的提出。

国家林业局组织实施了中德技术合作林业培训技术合作项目和中日林业生态培训中心项目。北京林业管理干部学院等培训机构先后与韩国、德国、瑞士、加拿大等国家的教育、科研机构建立了合作培训关系。

中德技术合作林业培训技术合作项目由中德两国政府共同管理，德国技术合作公司（GTZ）和北京林业管理干部学院负责实施，黑龙江林业职业技术学院、杨凌职业技术学院、中南林学院职业技术学院、贵州林业学校、新疆林业学校等网络林校参与，项目第一期为4年。2003年7月，经中德两国政府确认，项目延期一年，至2004年9月结束。项目聘请国外专家30多人次，举办了32期以现代林业知识和先进教学技术为主要内容的培训班，国内培训师资470人次，国外培训师资32人次，组织了两期共18名教学管理人员赴德国进行林业职业教育考察；建立了森林经营、社会林业、现代教学方法等多学科多领域的培训师资库；组织开发了《天然林资源保护工程实用技术》等10门示范职业培训教材；开展培训管理和培训市场化研究，完成了《国家林业局培训效果分析评估与监测系统》等5份研究报告，为国家林业局改进短期培训的宏观管理与指导提供了决策依据。

（吴友苗）

【地方县级领导干部林业专题培训】 根据中央组织部印发的《2005年中央和国家机关有关部委抽调地方党政领导干部参加专题研究班计划》（［2005］10号），2005年，国家林业局先后举办了3期地方领导干部林业专题研究班，培训分管林业工作的县（市、区）委副书记、副县（市、区）长等县级领导干部140人。

林业产业建设专题研究班 2005年6月20～29日在北京举办，来自24个省（区）的54名主管林业工作的县（市、区）委副书记、副县（市、区）长参加了学习。

本期研究班是“十五”期间惟一的以林业产业建设为主题的地方党政领导干部林业专题研究班，共安排了9个专题讲座、1次座谈、1次县长论坛。

学员们还考察了河北省文安县的林业产业的发展状况，了解了缺乏原材料的文安县是如何让林业产业上规模，成为林业产业大县的；随后又参观了塞罕坝百万亩人工林建设、防沙治沙示范点、封山育林工程和承德市木兰围场的生态展览馆。

中东部地区林业重点工程专题研究班 2005年9月12～21日在北京举办，来自13个省（区）的37名主管林业工作的县（市、区）委副书记、副县（市、区）长参加了学习。

本期研究班结合中东部林业发展的需要，安排了9个专题讲座、1次研讨交流和1次县长论坛。

学员们还考察了浙江省林业产业建设、森林旅游业、竹产业、园艺、苗圃及生态农业等的发展概况，还参观了中国最大的湿地保护区——杭州西溪湿地保护区。

西部地区林业重点工程专题研究班 2005年10月10～19日在北京举办。来自11个省（区、市）的50名主管林业工作的县（市、区）委副书记、副县（市、区）长参加了学习。

本期研究班共安排了8个专题讲座、1次研讨交流和1次县长论坛。

学员们还考察了湖州市南浔的林业产业发展情况，考察了湖州南星木业有限公司、久盛地板有限公司，以及素有中国竹子之乡美称的浙江安吉。

通过学习、交流、研讨，特别是到现场实地考察，学员普遍反映研究班教学内容丰富、知识新、实用性和针对性强，对中央有关林业、农业方面的政策有比较系统、深入的了解和掌握，开阔了视野、学到了经验、理清了思路，增强了责任感和紧迫感，坚定了信心，驾驭工作全局的能力得到提高，为今后搞好本地区林业工作奠定了良好的基础。（吴友苗）

【北京林业管理干部学院行业培训】　为贯彻落实全国林业人才会议精神，北京林业管理干部学院对内努力加强培训策划、管理等软件建设，培训规模进一步扩大，培训质量有了新提高。对外积极发挥在全行业培训中的牵头作用，组织成立了由28家全国省级以上林业培训基地组成的行业培训基地协作网，为各协作成员单位"资源共享、优势互补、团结协作、共同发展"打下了基础。

2005年全年举办培训班80期，培训4860人次。其中，行业培训班73期，培训3823人次，比2004年增加18期，1517人次。在行业培训中，局机关公务员培训班8期，培训428人次；六大林业重点工程管理人员培训班50期，培训2620人次；六大林业重点工程技术人员培训班10期，培训608人次；企事业领导干部培训班2期，培训63人次；培训管理者与师资培训3期，培训104人次。　（潘世英）

【《公务员法》学习与宣传】　2005年4月17日《公务员法》颁布后，根据中央组织部、人事部关于学习宣传《公务员法》的工作部署，国家林业局立即人手一册自学《公务员法》，并开展多种形式的学习宣传《公务员法》活动。

国家林业局党组对学习宣传《公务员法》高度重视，成立了实施《公务员法》领导小组。12月下旬，局党组举行了理论学习中心组学习会，请人事部有关领导专题讲解《公务员法》的重要意义、基本结构和主要内容，党组成员、武警森林指挥部领导及机关各司(局)、在京直属单位主要负责人参加了学习。

国家林业局人教司4名司领导分别于11月上旬到12月上旬参加了中组部、人事部、国家行政学院举办的厅（局）级干部公务员法专题研讨班，1名处长参加了中组部、人事部举办的全国公务员管理骨干研修班。有关司（局）的领导参加了国家机关党工委组织的部长系列报告活动和人事部就《公务员法》有关问题进行的辅导活动。

在普遍自学的基础上，2005年6月中旬，国家林业局举办了1期《公务员法》与行政能力建设专题培训班，培训机关和直属单位业务骨干35人。11月下旬至12月上旬，又分5期对全局机关公务员和在京直属单位部分领导干部共298人进行脱产培训。为了保证学习效果，有关部门组织了《公务员法》知识考试。

12月上旬起《中国绿色时报》等媒体陆续对《公务员法》的主要内容和学习情况进行了报道。

12月下旬，国家林业局在机关主楼大厅举办了"学习贯彻《公务员法》推进实施人才强林战略"专题展览。展览分"强化培训、重在培养"、"整章建制、选贤任能"、"坚持以人为本、构建和谐机关"和"基础知识"四个部分，重点宣传实施《公务员法》的重大意义、公务员的权利和义务，以及《公务员条例》实施以来国家林业公务员队伍建设的成就。

通过学习培训、参观展览等活动，国家林业局机关广大干部、职工对《公务员法》的立法背景、立法过程、制定实施《公务员法》的重要意义及《公务员法》的主要内容有了较为深刻的认识和全面、准确的理解，为2006年1月1日《公务员法》正式实施奠定了良好的基础。　（吴友苗）

林业教育信息统计

2001/2002学年至2005/2006学年普通高等林业院校和其他高等院校、科研院所林科学生情况

单位：人

项　目	合　计	2001年	2002年	2003年	2004年	2005年
研究生及本专科学生招生	**236 283**	**35 324**	**40 057**	**47 573**	**57 586**	**55 743**
研究生招生	14 550	1391	1851	2877	3823	4608
博士生	2432	293	344	496	640	659
硕士生	12 118	1098	1507	2381	3183	3949
本专科招生	221 733	33 933	38 206	44 696	53 763	51 135
本科生	144 316	23 712	25 994	29 229	32 359	32 842
专科及高职生	77 597	10 221	12 212	15 467	21 404	18 293
研究生及本专科学生毕业生	**110 100**	**10 100**	**12 300**	**20 553**	**28 408**	**38 739**
研究生毕业生	5359	531	714	1000	1329	1785
博士生	965	111	170	205	215	264
硕士生	4394	420	544	795	1114	1521

（续）

项　目	合　计	2001 年	2002 年	2003 年	2004 年	2005 年
本专科毕业生	**104 741**	**9 569**	**11 586**	**19 553**	**27 079**	**36 954**
本科生	71 026	7218	8305	13 436	18 300	23 767
专科及高职生	33 695	2351	3281	6097	8779	13 187
研究生及本专科学生在校生	**—**	**89 116**	**112 963**	**141 287**	**176 001**	**179 271**
研究生在校生	—	3092	4226	6510	8575	11 253
博士生	—	718	890	1198	1700	2099
硕士生	—	2374	3336	4952	6875	9154
本专科在校生	—	86 024	108 737	134 777	167 426	168 018
本科生	—	64 782	82 103	98 162	114 230	119 423
专科及高职生	—	21 242	26 634	36 615	53 196	48 595

注：本表统计范围为独立设置的高等林业院校、科研机构的研究生、本专科（含高职）学生和其他单位的林科研究生、本专科（含高职）学生。

2001/2002 学年至 2005/2006 学年普通高等林业院校教职工基本情况

单位：人

项　目			2001 年	2002 年	2003 年	2004 年	2005 年
教职工	合　计		7659	7843	8566	9277	14 191
	专任教师	小　计	3303	3703	4041	4814	9749
		正高级	412	506	519	654	787
		副高级	980	1122	1138	1377	2066
		中　级	1009	1169	1247	1473	2892
		初　级	629	662	857	1182	2140
		无职称者	273	244	280	128	1864
	教辅人员		898	777	949	860	968
	行政人员		1110	1189	1407	1507	1502
	工勤人员		903	807	831	968	833
	科研机构人员		238	213	174	100	100
	校办企业职工		536	349	395	464	418
	其他附属机构人员		671	805	769	564	621

注：1. 本表统计范围包括北京林业大学、东北林业大学、南京林业大学、中南林业科技大学（中南林学院）、西南林学院、浙江林学院。

2. 正高级人员包括教授及其相当专业技术职务者，副高级人员包括副教授及其相当专业技术职务者，以此类推。

2001/2002 学年至 2005/2006 学年中等林业职业学校学生情况

单位：人

项　目	合　计	2001 年	2002 年	2003 年	2004 年	2005 年
招　生	131 727	21 027	22 163	29 720	28 492	30 325
其中:林业(园林)学校招生	79 925	16 163	17 324	15 774	12 386	18 278
毕业生	148 015	27 790	26 989	30 657	33 329	29 250
其中:林业(园林)学校毕业生	91 401	20 364	20 892	18 607	14 773	16 765
在校生	—	80 545	73 742	88 109	87 125	81 181
其中:林业(园林)学校在校生	—	61 770	56 481	50 651	40 170	45 769

2005～2006 学年初普通高、中等林业院校和其他高、中等院校林科基本情况

单位:人

名　　称	学校数（所、个）	毕业生数	招生数	在校学生数	毕业班学生数	教职工数	
						计	其中:专任教师
总　　计	**—**	**67 912**	**86 043**	**260 337**	**70 716**	**19 035**	**12 589**
一、研究生	**49**	**1785**	**4608**	**11 253**	**2849**	**—**	**—**
1. 高等林业院校	6	1191	3026	7483	1946	14 191	9749
2. 其他高等院校（林科）	37	536	1399	3302	775	—	—
3. 科研单位	6	58	183	468	128	—	—
二、普通本专科生	**273**	**36 954**	**51 135**	**168 018**	**40 748**	**—**	**—**
1. 高等林业院校	6	18 216	22 710	83 468	18 373	—	—
2. 森林公安高等学校	1	711	1540	3593	871	492	326
3. 其他高等院校（林科）	266	18 027	26 885	80 957	21 504	—	—
三、中专生	**379**	**29 173**	**30 300**	**81 066**	**27 119**	**—**	**—**
1. 中等林业（园林）职业学校	52	16 688	18 253	45 654	14 338	4352	2514
2. 其他中等职业学校（林科）	327	12 485	12 047	35 412	12 781	—	—

2005/2006 学年初普通高等林业院校教职工情况

单位:人

学校名称	教职工数										
	总计	校本部教职工									
		合计	专任教师						行政人员	教辅人员	工勤人员
			计	正高级	副高级	中级	初级	无职称者			
总　　计	**14 683**	**13 524**	**10 075**	**794**	**2125**	**2993**	**2247**	**1916**	**1595**	**991**	**863**
一、高等林业院校	**14 191**	**13 052**	**9749**	**787**	**2066**	**2892**	**2140**	**1864**	**1502**	**968**	**833**
北京林业大学	2077	1851	1483	159	405	483	199	237	195	141	32
东北林业大学	3947	3338	2536	222	519	778	516	501	349	275	178
南京林业大学	2675	2491	1911	145	383	618	450	315	275	130	175
浙江林学院	1267	1243	918	70	141	275	309	123	136	117	72
中南林学院	3099	3003	2077	136	467	506	459	509	387	221	318
西南林学院	1126	1126	824	55	151	232	207	179	160	84	58
二、森林公安高等学校	**492**	**472**	**326**	**7**	**59**	**101**	**107**	**52**	**93**	**23**	**30**
南京森林公安高等专科学校	492	472	326	7	59	101	107	52	93	23	30

学校名称	教　职　工　数			另有其他人员			
	科研机构人员	校办企业职工	其他附设机构人员	聘请校外教师	离退休人员	附属中小学幼儿园教职工	集体所有制人员
总　　计	**100**	**418**	**641**	**905**	**3884**	**193**	**324**
一、高等林业院校	**100**	**418**	**621**	**865**	**3884**	**193**	**324**
北京林业大学	0	108	118	222	676	42	0
东北林业大学	36	214	359	72	1031	36	259
南京林业大学	64	42	78	254	903	60	65
浙江林学院	0	0	24	19	6	0	0
中南林学院	0	54	42	298	949	13	0
西南林学院	0	0	0	0	319	42	0
二、森林公安高等学校	**0**	**0**	**20**	**40**	**0**	**0**	**0**
南京森林公安高等专科学校	0	0	20	40	0	0	0

2005/2006 学年初普通高等林业院校资产情况

学校名称	占地面积(平方米)			图书资料		拥有教学用计算机(台)	语音实验室座位数(个)	多媒体教室座位数(个)	网上教学课程数(种)	固定资产总值(万元)	
	总面积	其中:绿化用地	其中:运动场地	一般图书(万册)	电子图书(片)					合计	教学、科研仪器设备资产
一、学校产权	**8 802 008**	**2 762 753**	**446 800**	**663**	**322**	**19 792**	**5 907**	**54 840**	**234**	**500 226**	**89 410**
1. 高等林业院校	8 054 423	2 416 753	361 584	636	318	18 780	5 587	50 404	234	456 065	86 938
北京林业大学	511 556	33 500	61 653	121	71	4191	1006	11 735	234	107 704	17 493
东北林业大学	947 246	446 832	70 919	138	67	3469	1236	12 097	0	113 650	28 169
南京林业大学	3 730 262	430 000	62 375	131	23	2895	1008	7664	0	78 012	17 487
中南林学院	1 117 320	552 000	62 175	129	81	3504	964	7165	0	68 749	11 907
西南林学院	394 053	180 754	30 518	48	23	1726	318	1720	0	16 387	5232
浙江林学院	1 353 986	773 667	73 944	68	54	2995	1055	10 023	0	71 564	6650
2. 森林公安高等专科学校	747 585	346 000	85 216	27	4	1012	320	4436	0	44 161	2472
南京森林公安高等专科学校	747 585	346 000	85 216	27	4	1012	320	4 436	0	44 161	2472
二、非学校产权	**310 642**	**70 000**	**14 200**	**65**	**33**	**980**	**507**	**2913**	**0**	**13 260**	**3900**
1. 高等林业院校	310 642	70 000	14 200	65	33	980	507	2913	0	13 260	3900
北京林业大学	107 942	0	700	0	0	0	297	1328	0	0	0
东北林业大学	0	0	0	0	28	0	0	0	0	0	0
南京林业大学	0	0	0	35	0	0	0	0	0	0	0
中南林学院	202 700	70 000	13 500	31	5	980	210	1585	0	13 260	3900
西南林学院	0	0	0	0	0	0	0	0	0	0	0
浙江林学院	0	0	0	0	0	0	0	0	0	0	0
2. 森林公安高等专科学校	0	0	0	0	0	0	0	0	0	0	0
南京森林公安高等专科学校	0	0	0	0	0	0	0	0	0	0	0

2005/2006 学年初普通

学校名称	合　计	教学及辅助用房				
		计	教　室	图书馆	实验室、实习场所	体育馆
一、学校产权建筑面积	**3 252 777**	**1 391 011**	**493 360**	**176 437**	**602 839**	**80 595**
1. 高等林业院校	3 080 907	1 314 836	473 666	164 799	575 287	63 304
北京林业大学	369 461	153 611	46 985	23 500	73 948	9178
东北林业大学	774 842	322 341	150 339	42 388	108 522	11 716
南京林业大学	674 297	300 778	63 490	31 146	169 503	26 700
中南林学院	349 831	158 221	103 241	21 500	14 820	4110
西南林学院	688 207	309 259	72 790	31 451	191 925	9178
浙江林学院	224 269	70 626	36 821	14 814	16 569	2422
2. 森林公安高等学校	171 870	76 175	19 694	11 638	27 552	17 291
南京森林公安高等专科学校	171 870	76 175	19 694	11 638	27 552	17 291
二、正在施工面积	**150 468**	**88 322**	**20 212**	**0**	**30 953**	**37 157**
1. 高等林业院校	150 468	88 322	20 212	0	30 953	37 157
北京林业大学	11 876	11 876	0	0	11 876	0
东北林业大学	85 553	27 500	0	0	0	27 500
南京林业大学	0	0	0	0	0	0
中南林学院	31 562	27 469	20 212	0	7257	0
西南林学院	0	0	0	0	0	0
浙江林学院	21 477	21 477	0	0	11 820	9657
2. 森林公安高等学校	0	0	0	0	0	0
南京森林公安高等专科学校	0	0	0	0	0	0
三、非学校产权建筑面积	**335 293**	**237 723**	**87 562**	**2001**	**145 060**	**0**
1. 高等林业院校	335 293	237 723	87 562	2001	145 060	0
北京林业大学	165 631	132 779	7845	1400	121 234	0
东北林业大学	0	0	0	0	0	0
南京林业大学	1200	0	0	0	0	0
中南林学院	48 100	0	0	0	0	0
西南林学院	120 362	104 944	79 717	601	23 826	0
浙江林学院	0	0	0	0	0	0
2. 森林公安高等学校	0	0	0	0	0	0
南京森林公安高等专科学校	0	0	0	0	0	0

高等林业院校校舍情况

单位:平方米

会　堂	行政办公用房	生活用房						教工住宅
		计	学生宿舍	学生食堂	教工单身宿舍	教工食堂	生活福利及其他用房	
37 780	**175 150**	**1 264 596**	**897 607**	**127 098**	**63 997**	**16 980**	**158 914**	**422 020**
37 780	165 301	1 200 856	862 090	110 522	61 537	16 980	149 727	399 914
0	23 622	192 228	153 230	6400	4423	0	28 175	0
9376	36 589	233 104	162 153	20 137	6150	3770	40 894	182 808
9939	63 425	223 137	165 246	21 679	21 622	10 460	4130	86 957
14 550	6 832	184 778	150 081	24 644	10 053	0	0	0
3915	33 083	260 590	150 493	28 001	13 186	2250	66 660	85 275
0	1750	107 019	80 887	9661	6103	500	9868	44 874
0	9849	63 740	35 517	16 576	2460	0	9187	22 106
0	9849	63 740	35 517	16 576	2460	0	9187	22 106
0	**0**	**4093**	**0**	**0**	**0**	**0**	**4093**	**58 053**
0	0	4093	0	0	0	0	4093	58 053
0	0	0	0	0	0	0	0	0
0	0	0	0	0	0	0	0	58 053
0	0	0	0	0	0	0	0	0
0	0	4093	0	0	0	0	4093	0
0	0	0	0	0	0	0	0	0
0	0	0	0	0	0	0	0	0
0	0	0	0	0	0	0	0	0
0	0	0	0	0	0	0	0	0
3100	**9750**	**87 820**	**66 610**	**14 958**	**3192**	**1258**	**1802**	**0**
3100	9750	87 820	66 610	14 958	3192	1258	1802	0
2300	4950	27 902	18 502	8700	0	0	700	0
0	0	0	0	0	0	0	0	0
0	0	1200	1200	0	0	0	0	0
0	0	48 100	40 308	5000	2792	0	0	0
800	4800	10 618	6600	1258	400	1258	1102	0
0	0	0	0	0	0	0	0	0
0	0	0	0	0	0	0	0	0
0	0	0	0	0	0	0	0	0

2005/2006 学年初普通高等林业院校和其他高等院校、科研院所林科分单位研究生情况

单位：人

学校名称	毕业生数	招生数	在校学生数	毕业班学生数
总　计	**1785**	**4608**	**11 253**	**2849**
一、博士生	**264**	**659**	**2099**	**797**
1. 高等林业院校	223	512	1674	671
北京林业大学	72	208	664	260
东北林业大学	86	157	521	212
南京林业大学	50	109	373	157
中南林学院	15	38	116	42
2. 科研单位	26	77	220	71
中国林业科学研究院	26	77	220	71
3. 其他高等院校（林科）	15	70	205	55
二、硕士生	**1521**	**3949**	**9154**	**2052**
1. 高等林业院校	968	2514	5809	1275
北京林业大学	325	717	1759	426
东北林业大学	303	656	1572	341
南京林业大学	180	507	1198	271
浙江林学院	2	65	103	0
中南林学院	116	319	708	149
西南林学院	42	250	469	88
2. 其他高等院校（林科）	521	1329	3097	720
中国人民大学	0	1	3	2
中国农业大学	6	33	36	25
北京师范大学	0	9	18	0
天津科技大学	0	2	2	0
河北农业大学	29	56	147	35
山西大学	0	5	10	0
山西农业大学	17	29	73	19
内蒙古农业大学	31	87	205	44
沈阳农业大学	30	82	180	36
吉林农业大学	0	9	14	0
北华大学	8	17	47	16
东北农业大学	1	29	56	0
上海交通大学	4	14	35	6

（续）

学校名称	毕业生数	招生数	在校学生数	毕业班学生数
南京农业大学	17	35	93	27
浙江大学	0	0	1	0
安徽农业大学	16	70	156	31
福建农林大学	73	125	318	97
江西农业大学	16	54	127	33
山东农业大学	22	56	110	22
莱阳农学院	10	24	59	14
河南农业大学	12	47	108	25
华中农业大学	21	56	148	38
湖南师范大学	1	2	6	1
华南农业大学	11	57	120	26
广西大学	3	17	38	8
广西师范大学	16	9	49	20
华南热带农业大学	0	8	12	0
西南大学	17	47	112	21
四川大学	0	19	35	0
四川农业大学	59	76	195	57
西华师范大学	5	13	38	12
贵州大学	8	11	34	10
云南农业大学	7	13	46	15
西北农林科技大学	57	158	315	45
陕西师范大学	0	6	8	0
甘肃农业大学	15	29	74	16
新疆农业大学	9	24	69	19
3. 科研单位	32	106	248	57
中国林业科学研究院	24	90	209	49
中国农业科学院研究生院	1	3	8	2
中国科学院沈阳应用生态所	0	2	2	0
中国科学院南京土壤研究所	2	1	3	0
中国科学院水土保持与生态环境研究中心	5	8	17	4
中国科学院新疆生态与地理研究所	0	2	9	2

2005/2006 学年初普通高等林业院校和其他高等院校、科研院所林科分专业研究生情况

单位:人

学校名称	毕业生数	招生数	在校学生数	毕业班学生数
总　　计	**1785**	**4608**	**11 253**	**2849**
一、博士生	**264**	**659**	**2099**	**797**
1. 林业学科专业	256	620	1977	755
林木遗传育种	17	22	95	43
森林培育	31	72	280	109
森林保护学	12	23	87	33
森林经理学	16	30	119	49
野生动植物保护与利用	6	22	48	11
园林植物与观赏园艺	11	39	116	36
水土保持与荒漠化防治	15	43	152	58
森林工程	6	30	65	23
木材科学与技术	33	27	146	85
林产化学加工工程	8	11	51	30
林业经济管理	46	118	332	118
其　他	55	183	486	160
2. 林业院校和科研单位其他学科专业	8	39	122	42
草业科学	0	2	5	0
发育生物学	0	1	5	0
机械设计及理论	8	13	79	42
生物化学与分子生物学	0	3	7	0
微生物学	0	2	3	0
遗传学	0	8	10	0
载运工具运用工程	0	4	5	0
制浆造纸工程	0	6	8	0
二、硕士	**1521**	**3949**	**9154**	**2052**
1. 林业学科专业	1265	2926	6985	1672
林木遗传育种	59	113	284	77
森林培育	181	422	986	252
森林保护学	85	151	375	93
森林经理学	105	227	547	141
野生动植物保护与利用	63	148	381	92
园林植物与观赏园艺	215	760	1724	356
水土保持与荒漠化防治	96	216	526	124
森林工程	45	53	162	53
木材科学与技术	131	173	462	119
林产化工加工工程	6	8	22	7
林产化学加工工程	29	46	125	34
林业经济管理	63	94	235	69
其　他	187	515	1156	255
2. 林业院校和科研单位其他学科专业	256	1023	2169	380
动物学	7	12	22	5
材料学	0	6	16	0
草业科学	1	19	33	0
测试计量技术及仪器	0	11	20	0
车辆工程	1	6	12	4

（续）

学校名称	毕业生数	招生数	在校学生数	毕业班学生数
道路与铁道工程	14	35	93	30
地图学与地理信息系统	0	27	57	0
发育生物学	0	9	10	0
高分子化学与物理	0	7	19	0
管理科学与工程	7	29	77	24
国际贸易学	0	14	22	0
化学工艺	0	9	17	0
环境工程	0	8	13	0
环境科学	10	67	122	11
环境与资源保护法学	38	22	79	27
会计学	32	27	77	23
机械电子工程	5	3	3	0
机械设计及理论	24	49	129	49
计算机应用技术	11	69	118	29
检测技术与自动化装置	0	10	21	0
结构工程	0	1	4	0
科学技术哲学	0	17	27	0
控制理论与控制工程	10	11	34	11
旅游管理	10	37	88	26
伦理学	0	15	26	0
马克思主义理论与思想政治教育	0	7	15	0
农产品加工及贮藏工程	2	21	43	3
农业电气化与自动化	0	5	10	0
农业生物环境与能源工程	8	11	30	9
企业管理	7	21	56	10
桥梁与隧道工程	0	14	32	0
人口、资源与环境经济学	0	20	25	0
设计艺术学	0	67	113	0
生理学	0	8	15	0
生物化工	4	12	27	8
生物化学与分子生物学	12	38	120	27
生物物理学	0	15	24	0
生药学	0	6	15	0
食品科学	0	24	29	0
特种经济动物饲养	12	26	46	12
统计学	8	19	47	10
外国语言学及应用语言学	0	25	37	0
微生物学	0	40	56	0
细胞生物学	0	20	29	0
遗传学	3	19	45	7
英语语言文学	11	24	72	26
载运工具运用工程	9	17	62	14
植物营养学	0	5	9	0
制浆造纸工程	10	27	51	15
自然地理学	0	12	22	0

注："其他"包括：林业工程新学科专业、林学新学科专业及林业院校、科研单位设置的生态学、植物学、土壤学、城市规划与设计4个学科专业。

2005/2006 学年初普通高等林业院校和其他高等院校林科分学校本、专科学生情况

单位:人

学校名称	毕业生数			招生数			在校学生数			毕业班学生数		
	计	本科生	专科生	计	本科生	专科生	计	本科生	专科生	计	本科生	专科生
总　　计	**36 954**	**23 767**	**13 187**	**51 135**	**32 842**	**18 293**	**168 018**	**119 423**	**48 595**	**40 748**	**25 393**	**15 355**
一、普通高等林业院校	**18 216**	**15 947**	**2 269**	**22 710**	**21 622**	**1088**	**83 468**	**80 444**	**3024**	**18 373**	**17 306**	**1067**
北京林业大学	3602	3093	509	3465	3465	0	13 344	13 257	87	3290	3203	87
东北林业大学	4013	3669	344	4582	4100	482	17 851	16 604	1247	4306	3849	457
南京林业大学	3590	3241	349	3672	3610	62	15 620	15 333	287	3844	3675	169
中南林学院	3215	3085	130	5241	4727	514	17 649	16 794	855	3365	3365	0
西南林学院	1981	1432	549	2858	2828	30	9131	8583	548	1807	1453	354
浙江林学院	1815	1427	388	2892	2892	0	9873	9873	0	1761	1761	0
二、森林公安高等专科学校	**711**	**0**	**711**	**1540**	**0**	**1540**	**3593**	**0**	**3593**	**871**	**0**	**871**
南京森林公安高等专科学校	711	0	711	1540	0	1540	3593	0	3593	871	0	871
三、其他高等院校(林科)	**18 027**	**7820**	**10 207**	**26 885**	**11 220**	**15 665**	**80 957**	**38 979**	**41 978**	**21 504**	**8 087**	**13 417**
北京城市学院	37	0	37	90	0	90	272	0	272	91	0	91
北京联合大学	20	0	20	12	0	12	45	0	45	13	0	13
北京农学院	136	136	0	120	120	0	523	523	0	150	150	0
北京农业职业学院	68	0	68	40	0	40	184	0	184	103	0	103
中国农业大学	125	34	91	53	53	0	375	248	127	188	61	127
天津滨海职业学院	37	0	37	54	0	54	143	0	143	47	0	47
天津城市建设学院	0	0	0	60	60	0	204	204	0	43	43	0
天津科技大学	38	38	0	0	0	0	92	92	0	39	39	0
天津农学院	148	75	73	231	116	115	703	423	280	231	115	116
保定职业技术学院	86	0	86	68	0	68	210	0	210	74	0	74
沧州职业技术学院	28	0	28	48	0	48	93		93	33	0	33
承德职业学院	72	0	72	98	0	98	297	0	297	92	0	92
河北北方学院	94	0	94	82	0	82	237	0	237	70	0	70
河北工程学院	62	0	62	57	57	0	229	102	127	127	0	127
河北科技师范学院	125	125		59	59		333	333		124	124	0
河北农业大学	405	273	132	575	441	134	1938	1227	711	691	313	378
河北农业大学现代科技学院	0	0	0	76	76	0	145	140	5	5	0	5
河北政法职业学院	0	0	0	104	0	104	297	0	297	193	0	193
河北职业技术学院	32	0	32	0	0	0	125	0	125	82	0	82
衡水学院	63	0	63	82	0	82	128	0	128	46	0	46
衡水职业技术学院	24	0	24	19	0	19	43	0	43	0	0	0
廊坊师范学院	0	0	0	44	0	44	44	0	44	0	0	0
廊坊职业技术学院	0	0	0	68	0	68	85	0	85	0	0	0
唐山职业技术学院	54	0	54	48	0	48	164	0	164	52	0	52
中国环境管理干部学院	0	0	0	139	0	139	391	0	391	143	0	143
长治职业技术学院	20	0	20	29	0	29	62	0	62	20	0	20
山西林业职业技术学院	284	0	284	292	0	292	902	0	902	301	0	301
山西农业大学	153	89	64	417	121	296	1109	527	582	296	179	117
山西农业大学信息学院	0	0	0	93	93	0	191	191	0	0	0	0
山西师范大学	0	0	0	91	91	0	264	264	0	0	0	0
运城学院	0	0	0	46	0	46	138	0	138	44	0	44
内蒙古民族大学	0	0	0	55	55	0	212	212	0	45	45	0
内蒙古农业大学	347	268	79	627	597	30	2314	2095	219	517	406	111
阜新高等专科学校	34	0	34	18	0	18	70	0	70	32	0	32
辽东学院	0	0	0	105	0	105	159	0	159	0	0	0
辽宁工程技术大学	0	0	0	54	54	0	100	100	0	0	0	0
辽宁科技学院	71	0	71	102	0	102	301	0	301	97	0	97

（续）

学校名称	毕业生数			招生数			在校学生数			毕业班学生数		
	计	本科生	专科生	计	本科生	专科生	计	本科生	专科生	计	本科生	专科生
辽宁林业职业技术学院	63	0	63	675	0	675	1131	0	1131	196	0	196
辽宁农业职业技术学院	177	0	177	177	0	177	405	0	405	58	0	58
沈阳大学	0	0	0	70	34	36	137	101	36	0	0	0
沈阳大学科技工程学院	0	0	0	33	33	0	61	61	0	0	0	0
沈阳建筑大学	23	23	0	56	56	0	159	159	0	29	29	0
沈阳农业大学	308	270	38	277	200	77	1010	807	203	246	184	62
沈阳农业大学科学技术学院	58	58	0	73	73	0	363	363	0	91	91	0
铁岭农业职业技术学院	0	0	0	60	0	60	60	0	60	0	0	0
北华大学	138	138	0	201	201	0	650	650	0	145	145	0
长春大学	76	0	76	74	74	0	185	127	58	58	0	58
吉林农业大学	215	151	64	341	277	64	1452	1229	223	371	275	96
吉林农业大学发展学院	29	29	0	148	148	0	524	524	0	79	79	0
吉林农业科技学院	243	0	243	101	59	42	370	122	248	102	0	102
延边大学	19	19	0	50	50	0	131	131	0	0	0	0
大庆职业学院	0	0	0	45	0	45	62	0	62	0	0	0
大兴安岭职业学院	23	0	23	28	0	28	187	0	187	117	0	117
东北农业大学	410	320	90	177	177	0	899	828	71	281	229	52
黑龙江八一农垦大学	0	0	0	116	116	0	336	336	0	0	0	0
黑龙江大学	0	0	0	107	107	0	201	201	0	0	0	0
黑龙江林业职业技术学院	150	0	150	151	0	151	997	0	997	285	0	285
黑龙江农垦林业职业技术学院	34	0	34	305	0	305	498	0	498	108	0	108
黑龙江农业工程职业学院	134	0	134	81	0	81	431	0	431	193	0	193
黑龙江农业经济职业学院	34	0	34	98	0	98	205	0	205	0	0	0
黑龙江农业职业技术学院	119	0	119	202	0	202	296	0	296	94	0	94
黑龙江生物科技职业学院	0	0	0	104	0	104	196	0	196	25	0	25
黑龙江畜牧兽医职业学院	14	0	14	0	0	0	62	0	62	23	0	23
佳木斯大学	0	0	0	37	37	0	88	88	0	0	0	0
牡丹江师范学院	0	0	0	17	17	0	17	17	0	0	0	0
齐齐哈尔大学	0	0	0	25	25	0	101	101	0	0	0	0
上海建桥职业技术学院	0	0	0	50	0	50	118	0	118	0	0	0
上海交通大学	48	48	0	0	0	0	38	38	0	38	38	0
上海农林职业技术学院	181	0	181	186	0	186	368	0	368	88	0	88
上海商学院	142	0	142	42	0	42	199	0	199	86	0	86
同济大学	0	0	0	27	27	0	61	61	0	0	0	0
硅湖职业技术学院	13	0	13	77	0	77	138	0	138	25	0	25
淮阴工学院	24	0	24	0	0	0	62	0	62	23	0	23
江苏农林职业技术学院	228	0	228	242	0	242	671	0	671	202	0	202
金陵科技学院	175	32	143	167	0	167	387	0	387	56	0	56
南京农业大学	64	64	0	58	58	0	271	271	0	94	94	0
南通农业职业技术学院	0	0	0	101	0	101	161	0	161	0	0	0
苏州大学	0	0	0	29	29	0	61	61	0	0	0	0
苏州科技学院	83	83	0	61	61	0	271	271	0	66	66	0
苏州农业职业技术学院	150	0	150	145	0	145	485	0	485	186	0	186
徐州工程学院	43	0	43	63	63	0	222	63	159	80	0	80
徐州师范大学	0	0	0	35	35	0	153	153	0	0	0	0
扬州大学	87	87	0	110	110	0	459	459	0	114	114	0
扬州大学广陵学院	0	0	0	37	37	0	60	60	0	0	0	0
扬州环境资源职业技术学院	0	0	0	58	0	58	246	0	246	31	0	31

（续）

学校名称	毕业生数			招生数			在校学生数			毕业班学生数		
	计	本科生	专科生	计	本科生	专科生	计	本科生	专科生	计	本科生	专科生
钟山职业技术学院	34	0	34	26	0	26	110	0	110	28	0	28
杭州万向职业技术学院	70	0	70	82	0	82	250	0	250	94	0	94
嘉兴职业技术学院	98	0	98	104	0	104	312	0	312	130	0	130
金华职业技术学院	9	0	9	97	0	97	285	0	285	0	0	0
丽水学院	177	0	177	73	53	20	510	53	457	191	0	191
丽水职业技术学院	46	0	46	84	0	84	248	0	248	84	0	84
宁波城市职业技术学院	0	0	0	33	0	33	237	0	237	109	0	109
温州职业技术学院	0	0	0	0	0	0	28	0	28	0	0	0
浙江大学	29	29	0	25	25	0	97	97	0	30	30	0
浙江万里学院	30	0	30	0	0	0	50	0	50	17	0	17
安徽城市管理职业学院	0	0	0	75	0	75	75	0	75	0	0	0
安徽建筑工业学院	59	59	0	64	64	0	248	248	0	58	58	0
安徽科技学院	0	0	0	58	58	0	117	117	0	0	0	0
安徽林业职业技术学院	0	0	0	278	0	278	413	0	413	23	0	23
安徽农业大学	412	357	55	363	286	77	1353	1020	333	443	296	147
安庆职业技术学院	0	0	0	30	0	30	54	0	54	18	0	18
巢湖职业技术学院	0	0	0	37	0	37	56	0	56	0	0	0
池州职业技术学院	21	0	21	38	0	38	86	0	86	20	0	20
淮南师范学院	0	0	0	44	44	0	44	44	0	0	0	0
黄山学院	148	0	148	153	58	95	401	58	343	107	0	107
六安职业技术学院	0	0	0	81	0	81	81	0	81	0	0	0
宿州职业技术学院	32	0	32	71	0	71	132	0	132	36	0	36
皖西学院	0	0	0	0	0	0	31	0	31	31	0	31
芜湖职业技术学院	78	0	78	101	0	101	305	0	305	74	0	74
宣城职业技术学院	0	0	0	36	0	36	50	0	50	0	0	0
福建林业职业技术学院	0	0	0	212	0	212	618	0	618	217	0	217
福建农林大学	372	322	50	421	421	0	1518	1518	0	261	261	0
福建农业职业技术学院	0	0	0	130	0	130	312	0	312	114	0	114
福建师范大学福清分校	33	0	33	0	0	0	45	0	45	45	0	45
福州黎明职业技术学院	0	0	0	49	0	49	80	0	80	0	0	0
龙岩学院	46	0	46	120	0	120	305	0	305	59	0	59
三明学院	81	0	81	33	0	33	153	0	153	87	0	87
漳州职业技术学院	49	0	49	51	0	51	129	0	129	45	0	45
东华理工学院	0	0	0	16	0	16	16	0	16	0	0	0
赣南师范学院	0	0	0	0	0	0	17	0	17	17	0	17
江西财经大学	16	0	16	67	0	67	191	0	191	18	0	18
江西环境工程职业学院	0	0	0	0	0	0	54	0	54	16	0	16
江西教育学院	0	0	0	0	0	0	57	0	57	0	0	0
江西农业大学	151	151	0	210	155	55	549	494	55	104	104	0
江西农业大学南昌商学院	28	28		90	90		228	228	0	0	0	0
江西生物科技职业学院	0	0	0	35	0	35	111	0	111	21	0	21
九江学院	80	0	80	0	0	0	86	0	86	39	0	39
南昌高等专科学校	0	0	0	44	0	44	85	0	85	0	0	0
南昌工程学院	0	0	0	113	62	51	146	95	51	0	0	0
宜春学院	87	16	71	197	122	75	416	244	172	59	0	59
滨州学院	0	0	0	38	0	38	38	0	38	0	0	0
滨州职业学院	32	0	32	101	0	101	164	0	164	42	0	42

（续）

学校名称	毕业生数			招生数			在校学生数			毕业班学生数		
	计	本科生	专科生	计	本科生	专科生	计	本科生	专科生	计	本科生	专科生
东营职业学院	0	0	0	63	0	63	96	0	96	19	0	19
莱阳农学院	221	221	0	271	200	71	878	746	132	236	203	33
莱阳农学院黄海科技学院	0	0	0	0	0	0	3	3	0	0	0	0
聊城大学	0	0	0	37	37	0	72	72	0	0	0	0
临沂师范学院	26	0	26	168	113	55	437	211	226	68	48	20
平原大学	0	0	0	83	0	83	211	0	211	68	0	68
青岛求实职业技术学院	0	0	0	117	0	117	117	0	117	117	0	117
山东建筑工程学院	0	0	0	74	74	0	206	206	0	0	0	0
山东农业大学	595	318	277	553	354	199	2395	2050	345	361	285	76
山东农业大学东岳学院	0	0	0	0	0	0	106	106	0	45	45	0
山东省农业管理干部学院	0	0	0	150	0	150	150	0	150	0	0	0
潍坊科技职业学院	40	0	40	61	0	61	404	0	404	150	0	150
潍坊学院	0	0	0	65	0	65	133	0	133	14	0	14
潍坊职业学院	182	0	182	605	0	605	1028	0	1028	212	0	212
安阳工学院	0	0	0	51	0	51	88	0	88	0	0	0
河南科技大学	102	0	102	85	85	0	456	182	274	131	0	131
河南科技大学林业职业学院	136	0	136	386	0	386	1013	0	1013	217	0	217
河南科技学院	77	57	20	29	29	0	501	501	0	145	145	0
河南农业大学	202	202	0	114	114	0	664	664	0	189	189	0
河南农业职业学院	0	0	0	191	0	191	389	0	389	0	0	0
河南省广播电视大学	0	0	0	62	0	62	62	0	62	0	0	0
黄淮学院	0	0	0	65	0	65	65	0	65	0	0	0
濮阳职业技术学院	0	0	0	25	0	25	25	0	25	0	0	0
三门峡职业技术学院	22	0	22	48	0	48	178	0	178	48	0	48
商丘职业技术学院	62	0	62	68	0	68	206	0	206	59	0	59
信阳农业高等专科学校	182	0	182	150	0	150	497	0	497	190	0	190
许昌职业技术学院	0	0	0	43	0	43	120	0	120	0	0	0
长江大学	193	193	0	166	141	25	471	446	25	184	184	0
恩施职业技术学院	19	0	19	26	0	26	93	0	93	32	0	32
湖北民族学院	44	44	0	25	25	0	138	138	0	48	48	0
湖北三峡职业技术学院	0	0	0	45	0	45	156	0	156	61	0	61
湖北生态工程职业技术学院	64	0	64	290	0	290	585	0	585	146	0	146
湖北生物科技职业学院	48	0	48	78	0	78	189	0	189	53	0	53
华中农业大学	117	117	0	224	224	0	808	808	0	135	135	0
荆州职业技术学院	17	0	17	46	0	46	121	0	121	50	0	50
随州职业技术学院	0	0	0	20	0	20	20	0	20	0	0	0
武汉科技大学城市学院	0	0	0	90	0	90	90	0	90	0	0	0
武汉科技大学中南分校	0	0	0	26	0	26	49	0	49	0	0	0
武汉民政职业学院	0	0	0	72	0	72	132	0	132	0	0	0
武汉软件职业学院	0	0	0	14	0	14	14	0	14	0	0	0
武汉生物工程学院	411	0	411	299	37	262	1377	37	1340	643	0	643
长沙特殊教育职业学院	4	0	4	7	0	7	47	0	47	29	0	29
湖南环境生物职业技术学院	285	0	285	359	0	359	934	0	934	270	0	270

（续）

学校名称	毕业生数			招生数			在校学生数			毕业班学生数		
	计	本科生	专科生	计	本科生	专科生	计	本科生	专科生	计	本科生	专科生
湖南农业大学	174	174	0	205	160	45	811	626	185	238	148	90
湖南农业大学东方科技学院	0	0	0	72	72	0	224	224	0	59	59	0
生物与机电工程职业技术学院	87	0	87	154	0	154	541	0	541	198	0	198
怀化职业技术学院	27	0	27	6	0	6	28	0	28	68	0	68
吉首大学	67	0	67	41	41	0	166	78	88	88	0	88
邵阳职业技术学院	0	0	0	14	0	14	18	0	18	2	0	2
湘西民族职业技术学院	0	0	0	14	0	14	28	0	28	0	0	0
益阳职业技术学院	0	0	0	40	0	40	86	0	86	0	0	0
永州职业技术学院	49	0	49	21	0	21	67	0	67	25	0	25
岳阳职业技术学院	0	0	0	55	0	55	77	0	77	0	0	0
番禺职业技术学院	25	0	25	0	0	0	0	0	0	0	0	0
佛山科学技术学院	0	0	0	27	27	0	27	27	0	0	0	0
广东海洋大学	62	40	22	156	156	0	519	519	0	113	113	0
广东省农业管理干部学院	0	0	0	121	0	121	292	0	292	70	0	70
广州城市职业学院	0	0	0	23	0	23	54	0	54	31	0	31
华南农业大学	280	280	0	370	370	0	1422	1422	0	334	334	0
惠州学院	0	0	0	30	30	0	134	79	55	0	0	0
韶关学院	74	0	74	0	0	0	85	0	85	45	0	45
深圳职业技术学院	116	0	116	72	0	72	287	0	287	116	0	116
顺德职业技术学院	60	0	60	131	0	131	291	0	291	48	0	48
私立华联学院	0	0	0	0	0	0	27	0	27	19	0	19
阳江职业技术学院	0	0	0	45	0	45	88	0	88	0	0	0
湛江师范学院	0	0	0	51	51	0	51	51	0	0	0	0
肇庆学院	45	0	45	25	25	0	67	26	41	41	0	41
广西大学	178	178	0	296	296	0	1096	1096	0	265	265	0
广西农业职业技术学院	126	0	126	209	0	209	684	0	684	277	0	277
广西生态工程职业技术学院	259	0	259	107	0	107	565	0	565	290	0	290
广西职业技术学院	0	0	0	31	0	31	31	0	31	0	0	0
桂林工学院	0	0	0	29	29	0	79	79	0	0	0	0
海南大学	0	0	0	70	70	0	227	227	0	52	52	0
海南师范学院	17	0	17	0	0	0	0	0	0	0	0	0
海南职业技术学院	0	0	0	38	0	38	126	0	126	59	0	59
华南热带农业大学	67	67	0	165	95	70	655	366	289	203	75	128
西南大学	315	210	105	233	191	42	1013	893	120	339	261	78
重庆三峡职业学院	36	0	36	77	0	77	145	0	145	68	0	68
重庆文理学院	47	0	47	232	113	119	563	260	303	88	0	88
涪陵职业技术学院	0	0	0	51	0	51	69	0	69	8	0	8
成都理工大学	0	0	0	49	49	0	99	99	0	0	0	0
成都农业科技职业学院	43	0	43	153	0	153	171	0	171	18	0	18
达州职业技术学院	0	0	0	5	0	5	12	0	12	0	0	0
广安职业技术学院	0	0	0	51	0	51	51	0	51	0	0	0
眉山职业技术学院	8	0	8	93	0	93	96	0	96	0	0	0
绵阳师范学院	0	0	0	121	50	71	151	50	101	0	0	0
内江职业技术学院	0	0	0	47	0	47	65	0	65	8	0	8
南充职业技术学院	0	0	0	50	0	50	66	0	66	2	0	2
四川大学	0	0	0	21	21	0	65	65	0	0	0	0

（续）

学校名称	毕业生数			招生数			在校学生数			毕业班学生数		
	计	本科生	专科生	计	本科生	专科生	计	本科生	专科生	计	本科生	专科生
四川理工学院	0	0	0	53	0	53	53	0	53	0	0	0
四川农业大学	993	801	192	549	496	53	2170	2003	167	615	563	52
西昌学院	560	0	560	108	0	108	330	0	330	94	0	94
西华师范大学	83	83	0	44	44	0	189	189	0	62	62	0
西南交通大学	0	0	0	56	56	0	165	165	0	0	0	0
西南科技大学	0	0	0	61	0	61	164	0	164	0	0	0
宜宾职业技术学院	0	0	0	87	0	87	197	0	197	38	0	38
安顺职业技术学院	12	0	12	28	0	28	90	0	90	62	0	62
贵州大学	134	134	0	163	163	0	514	514	0	110	110	0
贵州师范大学	0	0	0	136	47	89	681	193	488	447	48	399
贵州师范大学求是学院	0	0	0	7	7	0	17	17	0	3	3	0
黔东南民族职业技术学院	220	0	220	12	0	12	118	0	118	106	0	106
黔南民族师范学院	1	0	1	0	0	0	0	0	0	0	0	0
黔南民族职业技术学院	94	0	94	9	0	9	49	0	49	20	0	20
思茅师范高等专科学校	53	0	53	30	0	30	125	0	125	31	0	31
云南广播电视大学	0	0	0	40	0	40	40	0	40	0	0	0
云南林业职业技术学院	0	0	0	333	0	333	460	0	460	127	0	127
云南农业大学	182	128	54	238	238	0	700	700	0	120	120	0
云南农业职业技术学院	0	0	0	219	0	219	219	0	219	0	0	0
云南热带作物职业学院	0	0	0	93	0	93	93	0	93	0	0	0
云南师范大学文理学院	0	0	0	75	75	0	88	75	13	0	0	0
西藏大学农学院	53	31	22	161	161	0	456	387	69	99	30	69
安康师范专科学校	45	0	45	60	0	60	170	0	170	97	0	97
汉中职业技术学院	0	0	0	18	0	18	18	0	18	0	0	0
商洛师范专科学校	0	0	0	16	0	16	16	0	16	0	0	0
西安东方亚太职业技术学院	0	0	0	0	0	0	1	0	1	0	0	0
西北工业大学	32	0	32	0	0	0	0	0	0	0	0	0
西北农林科技大学	873	570	303	393	393	0	1825	1376	449	697	339	358
延安大学	0	0	0	45	45	0	168	148	20	0	0	0
延安大学西安创新学院	0	0	0	72	72	0	104	104	0	0	0	0
杨凌职业技术学院	230	0	230	39	0	39	164	0	164	90	0	90
榆林学院	60	0	60	60	0	60	209	0	209	63	0	63
甘肃林业职业技术学院	150	0	150	300	0	300	1249	0	1249	443	0	443
甘肃农业大学	217	217	0	151	151	0	655	655	0	128	128	0
甘肃农业职业技术学院	0	0	0	53	0	53	53	0	53	0	0	0
河西学院	24	0	24	0	0	0	0	0	0	0	0	0
青海大学	44	44	0	48	48	0	178	178	0	26	26	0
宁夏大学	53	46	7	0	0	0	153	153	0	64	64	0
巴音郭楞职业技术学院	0	0	0	9	0	9	72	0	72	30	0	30
石河子大学	77	77	0	72	72	0	228	228	0	45	45	0
塔里木大学	76	40	36	69	69	0	511	460	51	152	152	0
新疆农业大学	231	226	5	291	208	83	906	796	110	267	240	27
新疆农业大学科学技术学院	0	0	0	61	61	0	102	102	0	0	0	0
新疆农业职业技术学院	33	0	33	86	0	86	401	0	401	160	0	160
伊犁师范学院	0	0	0	35	0	35	55	0	55	0	0	0

2005/2006学年初普通高等林业院校和其他高等院校林科分专业本、专科学生情况

单位:人

专业名称	毕业生数			招生数			在校学生数			毕业班学生数		
	计	本科生	专科生	计	本科生	专科生	计	本科生	专科生	计	本科生	专科生
总　计	**36 954**	**23 767**	**13 187**	**51 135**	**32 842**	**18 293**	**168 018**	**119 423**	**48 595**	**40 748**	**25 393**	**15 355**
一、林科专业	**21 910**	**11 248**	**10 662**	**30 605**	**14 846**	**15 759**	**96 165**	**53 444**	**42 721**	**25 155**	**11 458**	**13 697**
1. 林业工程类	2159	1622	537	2259	2002	257	8385	7157	1228	1950	1506	444
森林工程	249	249	0	255	255	0	1248	1248	0	321	321	0
木材科学与工程	1421	1184	237	1475	1374	101	5084	4778	306	1025	945	80
林产化工	437	189	248	529	373	156	1704	1131	573	507	240	267
林业工程类新专业	52	0	52	0	0	0	349	0	349	97	0	97
2. 森林资源类	5062	3096	1966	6008	3772	2236	20 505	14 271	6234	5116	3017	2099
林学（含师范类）	3408	1982	1426	3870	2304	1566	13 141	8906	4235	3297	1891	1406
森林资源保护与游憩	1151	819	332	1743	1161	582	5857	4382	1475	1430	966	464
野生动物与自然保护区管理	355	192	163	395	307	88	1374	934	440	330	160	170
森林资源类新专业	148	103	45	0	0	0	133	49	84	59	0	59
3. 环境生态类	14 268	6169	8099	21 998	8732	13 266	65 870	30 611	35 259	17 749	6595	11 154
园　林	13 709	5610	8099	21 095	7829	13 266	62 850	27 591	35 259	17 263	6109	11 154
水土保持与荒漠化防治	559	559	0	903	903	0	3020	3020	0	486	486	0
4. 农林经济管理类	421	361	60	340	340	0	1405	1405	0	340	340	0
农林经济管理	421	361	60	340	340	0	1405	1405	0	340	340	0
二、林业院校非林科专业	**15 044**	**12 519**	**2525**	**20 530**	**17 996**	**2534**	**71 853**	**65 979**	**5874**	**15 593**	**13 935**	**1658**
安全工程	0	0	0	0	0	0	45	45	0	0	0	0
包装工程	81	81	0	144	144	0	582	582	0	87	87	0
播音与主持艺术	87	87	0	0	0	0	337	337	0	90	90	0
材料成型及控制工程	0	0	0	63	63	0	63	63	0	0	0	0
材料化学	0	0	0	49	49	0	183	183	0	41	41	0
测绘工程	0	0	0	117	117	0	252	252	0	0	0	0
测控技术与仪器	0	0	0	61	61	0	172	172	0	0	0	0
车辆工程	0	0	0	61	61	0	163	163	0	0	0	0
城市规划	492	492	0	379	379	0	1950	1950	0	487	487	0
地理信息系统	0	0	0	310	310	0	873	873	0	64	64	0
电气工程及其自动化	97	74	23	166	107	59	386	327	59	70	70	0
电子商务	112	0	112	198	30	168	445	182	263	0	0	0
电子信息工程	281	281	0	360	360	0	1334	1334	0	345	345	0
电子信息科学与技术	63	63	0	59	59	0	245	245	0	63	63	0
电子信息科学与技术类新专业	77	0	77	59	59	0	121	121	0	0	0	0
动　画	49	49	0	20	20	0	256	232	24	24	0	24
动物科学	0	0	0	40	40	0	83	83	0	0	0	0
动物医学	0	0	0	52	52	0	137	137	0	0	0	0
俄　语	0	0	0	21	21	0	86	86	0	0	0	0
法　学	559	526	33	413	413	0	2000	2000	0	512	512	0
法　语	0	0	0	186	186	0	186	186	0	0	0	0
高分子材料与工程	110	110	0	211	211	0	752	752	0	131	131	0
工程管理	87	87	0	245	245	0	821	821	0	195	195	0

（续）

专业名称	毕业生数			招生数			在校学生数			毕业班学生数		
	计	本科生	专科生	计	本科生	专科生	计	本科生	专科生	计	本科生	专科生
工商管理类	646	566	80	681	681	0	2564	2564	0	612	612	0
工业工程	51	51	0	50	50	0	203	203	0	41	41	0
工业设计	482	454	28	500	500	0	1951	1951	0	436	436	0
公共事业管理	0	0	0	112	112	0	266	266	0	53	53	0
管理科学与工程类新专业	0	0	0	61	61	0	121	121	0	0	0	0
广告学	126	126	0	231	231	0	1181	1181	0	167	167	0
国际经济与贸易	572	462	110	467	467	0	3015	3015	0	645	645	0
过程装备与控制工程	0	0	0	57	57	0	157	157	0	0	0	0
汉语言文学	76	76	0	122	122	0	319	319	0	55	55	0
化　学	57	57	0	46	46	0	155	155	0	34	34	0
化学工程与工艺	197	197	0	290	290	0	1054	1054	0	206	206	0
环境工程	176	176	0	204	204	0	825	825	0	242	242	0
环境科学	414	414	0	377	377	0	1427	1427	0	348	348	0
会计学	507	320	187	667	441	226	2816	2612	204	672	672	0
机械类新专业	0	0	0	50	50	0	143	143	0	0	0	0
机械设计制造及其自动化	735	677	58	856	778	78	2843	2581	262	706	547	159
计算机科学与技术	1098	779	319	959	959	0	3148	3027	121	925	835	90
建筑环境与设备工程	94	94	0	62	62	0	225	225	0	47	47	0
交通工程	127	127	0	155	155	0	571	571	0	123	123	0
交通运输	459	412	47	456	456	0	1625	1598	27	416	389	27
金融学	69	69	0	153	153	0	581	581	0	66	66	0
经济学类	40	0	40	650	650	0	650	650	0	0	0	0
旅游管理	565	565	0	635	635	0	2098	2004	94	513	457	56
农村区域发展	0	0	0	49	49	0	137	137	0	0	0	0
轻化工程	154	154	0	223	223	0	782	782	0	167	167	0
热能与动力工程	29	29	0	55	55	0	138	138	0	28	28	0
人力资源管理	86	86	0	247	247	0	645	645	0	104	104	0
日　语	47	47	0	196	196	0	691	691	0	117	117	0
社会工作	0	0	0	49	49	0	143	143	0	0	0	0
摄　影	98	98	0	62	62	0	578	578	0	179	179	0
生态学	0	0	0	83	83	0	263	263	0	0	0	0
生物工程	249	199	50	159	159	0	838	797	41	255	214	41
生物技术	411	411	0	288	288	0	1601	1601	0	445	445	0
生物科学	125	125	0	253	253	0	564	564	0	104	104	0
生物科学类新专业	0	0	0	33	33	0	123	123	0	31	31	0
食品科学与工程	198	198	0	323	323	0	1049	1049	0	230	230	0
市场营销	247	247	0	370	290	80	1328	1126	202	337	294	43

（续）

专业名称	毕业生数			招生数			在校学生数			毕业班学生数		
	计	本科生	专科生	计	本科生	专科生	计	本科生	专科生	计	本科生	专科生
数学与应用数学	73	73	0	60	60	0	301	301	0	47	47	0
数学与应用数学(师)	0	0	0	51	51	0	51	51	0	0	0	0
体育教育	0	0	0	39	39	0	39	39	0	0	0	0
通信工程	73	73	0	60	60	0	268	268	0	88	88	0
统计学	117	117	0	166	166	0	456	456	0	98	98	0
土地资源管理	0	0	0	61	61	0	119	119	0	0	0	0
土木工程	662	598	64	901	826	75	3300	3071	229	691	630	61
物理学	54	54	0	48	48	0	166	166	0	38	38	0
物流工程	25	0	25	129	129	0	206	206	0			
心理学	0	0	0	69	69	0	248	248	0	58	58	0
信息管理与信息系统	284	284	0	368	368	0	1689	1689	0	340	340	0
信息与计算科学	0	0	0	237	237	0	994	994	0	112	112	0
行政管理	0	0	0	51	51	0	261	261	0	63	63	0
艺术类新专业	248	210	38	127	127	0	574	543	31	126	126	0
艺术设计	1048	985	63	1180	1096	84	4129	4012	117	1025	992	33
印刷工程	0	0	0	47	47	0	194	194	0	55	55	0
应用化学	0	0	0	57	57	0	90	90	0	0	0	0
英　语	506	468	38	648	597	51	2385	2287	98	522	475	47
政治学与行政学	65	65	0	52	52	0	220	220	0	64	64	0
中药学	0	0	0	61	61	0	206	206	0	0	0	0
资源环境与城乡规划管理	222	222	0	248	248	0	994	994	0	248	248	0
自动化	83	83	0	360	360	0	1288	1288	0	265	265	0
公安学类新专业	448	0	448	0	0	0	1231	0	1231	551	0	551
教育学类新专业	69	0	69	0	0	0	0	0	0	0	0	0
经济犯罪侦查	0	0	0	0	0	0	86	0	86	0	0	0
景观建筑设计	29	0	29	71	0	71	160	0	160	36	0	36
农　学	87	0	87	0	0	0	83	0	83	46	0	46
轻化工程	37	0	37	0	0	0	0	0	0	0	0	0
网络工程	0	0	0	102	0	102	102	0	102	0	0	0
侦查学	74	0	74	670	0	670	907	0	907	132	0	132
植物生产类新专业	74	0	74	0	0	0	87	0	87	87	0	87
治安学	237	0	237	870	0	870	1369	0	1369	188	0	188
种子科学与工程	78	0	78	0	0	0	77	0	77	37	0	37
农业资源与环境	60	60	0	0	0	0	45	45	0	45	45	0
环境生态类新专业	0	0	0	48	48	0	88	88	0	0	0	0
园　艺	161	161	0	304	304	0	1150	1150	0	218	218	0

2005/2006学年初普通中等林业(园林)职业学校和其他中等职业学校林科分学校基本情况

单位:人

学校名称	毕业生数	招生数	在校学生数	毕业班学生数
总　　计	**29 173**	**30 300**	**81 066**	**27 119**
(一)中等林业(园林)职业学校	**16 688**	**18 253**	**45 654**	**14 338**
北京市园林学校	444	484	1877	506
北京市丰台区城市园林建设学校	492	374	1435	615
天津市园林学校	225	160	456	145
山西林业职业技术学院	209	268	851	335
内蒙古扎兰屯林业学校	337	224	635	163
内蒙古大兴安岭林业学校	196	360	921	321
大兴安岭林业管理局职工中专	21	21	87	26
辽宁省园林学校	286	27	294	202
辽宁林业职业技术学院中专部	604	90	456	186
吉林市林业职工中等专业学校	49	58	181	40
吉林省露水河林业局教师进修学校	0	0	0	0
三岔子林业局教师进修学校	0	0	0	0
临江林业局职业高中	19	0	0	0
白山市林业职业高中	0	104	188	84
延边林业学校	243	350	858	337
延边林业集团黄泥河林业有限公司技工学校	0	110	276	119
黑龙江省伊春市铁力市双丰林业局职业高中	96	102	308	138
黑龙江省伊春市乌伊岭林业局职业高级中学	0	20	50	0
伊春市朗乡林业局职业高中	70	70	260	120
桃山林业局职业高中	44	8	35	27
阿木尔林业局职业高中	0	22	55	16
黑龙江农垦林业职业技术学院	1306	918	1479	420
黑龙江林业职业技术学院(中专部)	1300	2456	2929	198
黑龙江省伊春林业学校	333	433	1441	807
黑龙江省齐齐哈尔林业学校	503	488	1388	480
黑龙江省林业卫生学校	328	1023	2156	271
上海市园林学校	466	267	1086	193
安徽林业职业技术学院	156	48	231	82
浦城县石陂林业职业中学	56	90	183	41
福建省龙岩林业职业中专学校	110	199	544	135
福建林业职业技术学院	0	79	966	443
福建三明林业学校	666	902	2462	909
西峡县林业高中	156	39	385	220
河南省林业学校	750	466	1515	555
河南省驻马店市汝南园林学校	366	708	1382	583
湖北省黄冈林业学校	282	1010	1722	305
湖北省园林工程学校	123	225	623	238
广东省林业学校	620	580	1688	600
广西林业成人中等专业学校	452	547	1346	265
广西梧州林业学校	230	215	631	170
广西壮族治区桂林林业学校	453	380	1334	463
贵州省林业学校	765	364	829	185
云南林业职业技术学院(中专部)	744	430	1288	596
云南省思茅林业学校	242	330	1124	584
陕西省榆林林业学校	613	605	1820	582
陕西省林业广播电视学校	832	220	620	400
甘肃林业职业技术学院	586	452	1358	381
甘肃省小陇山林业职工中等专业学校	0	0	0	0
甘肃省庆阳林业学校	307	465	1519	335
甘肃省庆城县太白梁林业学校	93	122	156	114
宁夏林业学校	398	1045	1685	292

（续）

学校名称	毕业生数	招生数	在校学生数	毕业班学生数
新疆林业学校	117	295	541	111
(二)其他中等专业学校(林科)	**12 485**	**12 047**	**35 412**	**12 781**
北京市东城区职教中心学校	144	61	135	49
北京市东方职业学校	96	74	208	66
北京市古城旅游职业学校	81	27	120	59
北京市花园路职业高中	32	52	135	53
北京市远大职业高中	37	28	144	73
北京农业职业学院(中专部)	108	73	268	115
北京市昌平职业学校	56	122	302	128
平谷区第一职业学校	6	3	20	12
延庆县第一职业学校	40	28	75	22
河北政法职业学院	151	23	155	112
河北省高邑县职业技术教育中心	77	0	95	68
无极县综合职业技术教育中心	49	76	246	114
河北省平山县职教中心	133	41	212	127
唐山职业技术学院	9	0	31	18
唐山市第一职业中专	12	0	0	0
滦南县杨岭中学	396	146	689	350
迁西县职教中心	17	50	360	20
卢龙县职业技术教育中心	19	0	0	0
曲周县职业技术教育中心	200	0	100	100
邢台市工业学校	23	0	0	0
邢台市开发区职业技术学校	0	50	150	0
邢台县成人中等专业学校	0	25	96	0
广宗县职业技术教育中心	50	0	0	0
临西县职业技术教育中心	200	1218	2018	400
清苑县职业技术教育中心	0	98	219	57
望都县职业技术教育中心	100	111	211	0
宣化县职业技术教育中心	20	41	137	63
尚义县职业技术教育中心	30	16	117	70
涿鹿县宝峰寺林业中学	77	25	115	60
承德职业学院	0	0	38	26
沧州职业技术学院	0	11	22	0
廊坊市职业技术学院(北校区)	178	36	295	45
衡水科技学校	2	31	62	8
枣强县第一高级职业技术中学	0	100	200	0
武邑县农业技术中学	0	0	22	17
太原农业学校	67	0	40	0
山西省农业广播电视学校	0	0	59	0
山西省城乡建设学校	82	0	116	83
山西林业职业技术学院	129	130	453	187
王庄堡高职中	50	0	0	0
长治县职业高级中学校	75	72	270	82
大宁县职业高级中学	0	23	31	8
石楼职业中学	5	10	64	24
内蒙古水利学校	0	30	138	58
内蒙包头市土右旗职业技术教育中心	10	15	52	30
赤峰农牧学校	0	0	82	82
鄂尔多斯市农牧学校	22	0	6	6
鄂托克旗蒙古族职业中学	0	17	40	16
兴安盟农牧学校	0	0	35	0
哈拉黑职业高中	45	30	80	30
多伦职教中心	40	80	223	47
沈阳市城市建设学校	0	4	17	0
辽宁省农业技术学校	26	68	141	25

（续）

学校名称	毕业生数	招生数	在校学生数	毕业班学生数
沈阳市于洪区职教中心（职教中心）	19	0	22	22
沈阳市于洪区职教中心	0	80	80	0
法库县职业技术高级中学（职教中心）	47	32	58	26
辽宁师范大学附属中等职业学校	55	0	0	0
大连市城建学校	92	63	377	204
辽宁省农广校大连分校	0	1	9	0
辽宁省农广校抚顺分校	4	6	10	4
抚顺市农业特产学校	176	61	273	175
本溪商贸服务学校	28	32	125	49
农广校本溪分校	0	66	66	0
农广校丹东分校	0	56	56	0
东港市职教中心（职教中心）	28	0	0	0
农广校锦州分校	0	2	2	0
辽宁省农业经济学校	96	22	169	62
大石桥市中等职业技术专业学校	0	90	183	63
阜新公路学校	6	0	0	0
阜新市农业学校	0	0	79	39
辽宁省农广校辽阳分校	0	0	24	0
辽宁省农广校铁岭分校	0	155	155	0
铁岭农业职业技术学院中专部	114	104	394	126
农广校朝阳分校	11	184	186	1
建平县中等职业技术专业学校	25	22	47	25
喀左县中等职业技术学校	0	108	127	19
辽宁省农广校葫芦岛分校	0	9	31	17
长春市双阳区第三职业成人教育学校	0	7	7	0
榆树农村成人中等专业学校	31	0	21	21
德惠市第四职业中学	40	25	50	25
吉林实验中等专业学校	28	0	0	0
吉林农业科技学院	0	0	54	54
吉林省畜牧业学校	92	0	121	90
通榆县技工学校	0	0	20	20
黑龙江畜牧兽医职业学院	4	9	43	24
黑龙江农业经济职业学院	40	0	9	0
黑龙江农业职业技术学院	2	53	132	79
哈尔滨市旅游职业学校	62	23	57	14
黑龙江农垦职业学院	0	172	172	0
黑龙江省佳木斯桦南县职业技术教育中心学校	0	0	16	0
孙吴县职业高级中学	0	10	10	0
绥化市北林区西长镇农技职业中学	52	60	184	64
望奎县职业技术教育中心学校	0	0	0	0
大兴安岭职业学院（中专部）	142	3	798	146
上海文恩职业技术学校	0	0	59	25
上海市群益职业技术学校	142	42	208	108
上海市农业学校	85	77	116	39
上海市竖河职业技术学校	52	73	119	0
南京市中等专业（走读）学校	36	13	65	29
南京城建中等专业学校	97	38	66	28
南京市江宁职业技术教育中心	20	0	0	0
徐州生物工程高等职业学校	40	76	302	33
徐州市农业干部中等专业学校	16	0	17	7
江苏省常州建设高等职业技术学校	54	108	250	43
苏州农业职业技术学院	0	54	54	0
南通农业职业技术学院	0	21	69	0
江苏广播电视中专连云港分校	0	0	41	41
江苏省东台第二职业高级中学	10	22	65	22

（续）

学校名称	毕业生数	招生数	在校学生数	毕业班学生数
江苏省扬州商业学校	21	0	25	25
扬州环境资源职业技术学院	0	77	211	0
镇江市中等专业学校	0	0	23	12
江苏农林职业技术学院	0	0	89	32
杭州万向职业技术学院中专部	0	0	38	38
浙江省农业广播电视学校	73	29	45	16
杭州市旅游职业学校	166	145	407	114
杭州市萧山区第二中等职业学校	87	19	189	68
建德市新安江职业学校	6	0	0	0
宁波城市职业技术学院中专部	0	24	24	0
奉化市职业技术学校	0	13	13	0
温州农业学校	67	109	250	33
嘉兴职业技术学院中专部	43	0	0	0
海盐县职业中等专业学校	17	0	22	22
海宁市职业高级中学	27	0	35	35
湖州现代农业技术学校	0	41	78	0
浙江省湖州市安吉职业教育中心学校	0	0	42	0
绍兴市农业学校	18	153	494	253
新昌县大市聚镇职业中学	0	0	39	39
浙江海洋学院中专部	16	0	0	0
丽水职业技术学院中专部	16	52	166	14
安徽城市建设学校	0	0	0	0
蚌埠市城乡建设成人中专学校	0	0	26	26
五河县城郊高级职业中学	101	72	244	92
五河县双忠庙职业高中	54	80	198	51
五河县河口高级职业中学	112	60	262	90
安庆职业技术学院	0	3	3	0
潜山县职业技术教育中心	0	0	33	33
安徽省茶叶学校	10	7	36	20
安徽省滁州市第一职业高级中学	44	0	0	0
宿州职业技术学院	0	12	24	0
巢湖职业技术学院中专部	0	0	18	0
池州职业技术学院中专部	0	20	20	0
福建省农业广播电视学校	21	89	123	5
福建生态工程职业技术学校	0	0	30	30
福建省福州市环境保护职业中专学校	39	32	125	59
福建省农业学校	20	0	0	0
福建农业职业技术学院(中专部)	0	6	31	12
福州市农业学校	8	0	0	0
思明区成人中专	25	0	0	0
湖里中学	28	0	42	42
三明市农业学校	37	33	114	33
福建省漳州市农业学校	56	106	258	60
南平市农业学校	42	0	92	92
福建省龙岩市农业学校	19	30	51	0
福建省宁德市农业学校	27	7	53	10
江西省南昌城市建设学校	0	7	7	0
江西生物科技职业学院(中专部)	0	0	62	39
修水县职业高级中学	0	45	45	0
江西省通用技术工程学校	0	0	44	31
江西环境工程职业学院(中专部)	54	93	416	161
江西省井冈山应用科技学校	78	0	13	13
江西农业工程职业学院(中专部)	48	24	158	77
崇仁县职业教育中心	14	0	0	0
弋阳县职业高级中学	0	90	90	0

（续）

学校名称	毕业生数	招生数	在校学生数	毕业班学生数
山东省城市建设学校	0	28	80	20
山东省特殊教育中等专业学校	0	0	45	32
济南第八职业中等专业学校	16	0	37	17
济南市农业学校	0	0	0	0
山东省济南卫生学校	0	0	33	0
山东省青岛第二十中学	20	0	47	26
淄博职业学院中专部	0	0	20	20
山东省枣庄市农业学校	12	3	25	18
东营职业学院	0	25	37	0
山东省商务科技学校	24	23	100	45
山东省烟台农业学校	143	133	581	292
栖霞市农业广播学校	0	0	6	6
潍坊职业学院	29	14	76	30
高密市职业中等专业学校	117	0	242	106
山东省济宁农业学校	26	0	0	0
梁山县第二职业高级中学	50	45	245	100
山东省文登第三职业中等专业学校	0	0	13	0
莒县职业中等专业学校	0	0	100	100
山东省德州农业学校	0	38	75	0
山东省聊城建设学校	0	0	4	4
河南省农业学校	91	0	153	93
登封市第二中等专业学校	0	30	30	0
河南省农业经济学校	0	23	72	24
嵩县教师进修学校	0	0	58	58
安阳工学院中专班	0	49	89	0
河南省安阳农业学校	0	13	63	13
清丰县第二职业高级中学	0	0	50	50
商丘职业技术学院中专部	0	15	21	0
永城市成人中等专业学校	80	0	125	85
永城市第一职业高级中学	130	0	210	160
永城市第二职业高级中学	80	0	100	100
信阳林校	219	162	536	215
光山县中等职业学校	175	196	723	347
西华县成人中等专业学校	0	100	190	90
沈丘县刘庄店职业高中	0	0	39	0
湖北省农业广播电视学校	62	0	0	0
长江职业学院	0	0	7	7
湖北生态工程职业技术学院	52	67	226	77
武汉市建设学校	0	0	20	20
武汉市农业学校	33	56	144	44
十堰市应用科技学校	22	0	0	0
竹溪县职业教育中心	51	271	556	164
湖北三峡科技学校	93	0	151	129
荆门市职教中心	50	0	10	10
长沙市城建职业中专学校	22	32	70	16
湖南生物机电职业技术学院中专部	32	19	68	33
长沙特殊教育职业学院中专部	20	13	52	20
湖南环境生物职业技术学院中专部	136	219	442	124
衡阳市生物与信息学校	0	0	23	0
湖南省隆回县职业中等专业学校	17	0	20	20
岳阳职业技术学院中专部	0	0	130	130
岳阳县职业中等专业学校	27	0	9	9
常德职业技术学院中专部	28	52	128	39
湖南同德职业学院中职部	18	0	19	19
澧县职业中专学校	73	0	150	51

（续）

学校名称	毕业生数	招生数	在校学生数	毕业班学生数
益阳职业技术学院	0	55	228	130
郴州市理工职业技术学校	39	0	26	26
永州职业技术学院中专部	27	27	34	3
娄底市机电工程学校	18	17	41	12
湘西民族职业技术学院中专	5	21	96	37
龙山县第一职业中学	22	0	0	0
广州市市政建设中等专业学校	63	115	237	70
广州市土地房产管理学校	64	49	122	42
广州市农业中等专业学校	22	44	96	17
广东省农业广播电视职业技术学校	0	0	25	25
广州市番禺区工贸职业技术学校	59	66	197	66
广东省韶关农业学校	14	0	4	4
深圳市龙岗区大鹏华侨中学	33	0	0	0
珠海市第一中等职业学校	34	54	117	19
广东省惠州农业学校	20	38	96	20
梅州市农业学校	35	71	230	28
阳东县塘坪中学	0	162	162	0
南宁市第四中等职业学校	56	34	114	38
广西农业职业技术学院	119	0	92	58
柳州市第一职业中等专业学校	0	35	35	0
广西生态工程职业技术学院	344	0	120	120
广西城市建设学校	0	0	41	27
广西桂林农业学校	10	134	277	50
广西钦州农业学校	14	52	96	27
广西百色农业学校	0	5	30	10
海南职业技术学院	0	0	6	0
重庆三峡职业学院	91	0	45	45
涪陵职业技术学院	17	0	26	26
重庆市立信职业高级中学	56	0	49	49
重庆市城市建设工程学校	33	30	100	46
重庆市农业学校	0	0	0	0
重庆市勉仁职业教育中心	40	80	154	34
酉阳县职业教育中心	0	35	35	0
成都市建设学校	25	58	169	49
成都农业科技职业学院	150	123	123	0
郫县友爱职业技术学校	4	0	18	0
都江堰市职业中学	42	47	101	30
自贡市农业学校	0	45	110	34
四川省绵阳农业学校	17	38	89	11
广元市利州中专	31	0	153	75
内江职业技术学院	68	19	70	34
四川省乐山市竹根职业中专学校	22	0	0	0
南充职业技术学院	26	3	67	39
眉山职业技术学院	67	0	15	11
宜宾职业技术学院	0	26	65	0
凉山州农业学校	0	0	14	0
贵州省贵阳农业学校	14	52	85	0
贵州省农业广播电视学校	38	0	4	4
赤水市旺隆职业中学	0	0	53	53
安顺职业技术学院	0	0	5	0
安顺市农业广播电视学校	0	0	5	5
德江县民族职业技术学校	20	0	40	40
黔南民族职业技术学院中专部	11	0	0	0
云南省水利水电学校	48	0	0	0
云南建设学校	0	21	53	32

（续）

学校名称	毕业生数	招生数	在校学生数	毕业班学生数
云南农业职业技术学院（中专部）	47	22-	163	74
云南热带作物职业学院（中专部）	85	13	186	74
云南农业大学（中专部）	44	0	20	20
云南科技信息职业学院（一贯制）	7	10	23	13
云南省农业广播电视学校	208	0	71	71
昆明市农业学校	100	185	331	58
昆明市第二职业中等专业学校	46	422	692	124
嵩明县职业高级中学	50	0	87	87
保山中等专业学校	21	0	12	0
云南省昭通农业学校	35	0	0	0
景谷县职业高级中学	31	0	0	0
西盟县高级职业中学	0	24	24	0
耿马县职业教育中心	0	50	50	0
云南省楚雄农业学校	43	0	22	15
云南省红河州农业学校	131	105	296	71
云南省文山农业学校	39	46	85	0
文山县职业高级中学	23	27	69	21
富宁县民族职业高级中学	13	0	44	0
云南省大理农业学校	27	29	70	20
云龙县民族职业高级中学	0	20	20	0
西藏自治区农牧学校	0	0	76	41
陕西省城乡建设学校	0	0	0	0
陕西省农业广播电视学校	46	26	43	17
陕西省宝鸡农业学校	46	49	124	29
三原县职业教育中心	13	0	27	27
旬邑县职教中心	203	165	320	155
白水县职业中等专业学校	40	0	75	0
延安职业技术学院	109	24	209	142
志丹县职业高中	380	570	1010	440
汉中职业技术学院	56	13	44	0
陕西省安康农业学校	67	0	45	45
商南县高级职业中学	67	0	49	49
山阳县职业教育中心	43	50	189	35
杨凌职业技术学院	0	35	35	0
甘肃省水利水电学校	30	0	0	0
甘肃省农业广播电视学校	40	17	57	40
甘肃省农业广播电视学校（职业高中）	14	0	47	7
甘肃农业职业技术学院（原中专）	32	0	90	39
甘谷县职业技术学校	0	2	2	0
平凉农业学校	0	29	76	0
酒泉市银达职业中学	0	0	0	0
青海省西宁市城西区职校	0	31	31	0
宁夏农业广播电视学校	0	13	54	41
固原市农业学校	284	213	236	206
十三师职业中学	30	30	90	30
新疆维吾尔自治区农业学校	64	25	157	0
巴音郭楞职业技术学院	64	9	47	9
英吉沙县职业高中	5	40	42	2
泽普职业高中	20	0	20	20
岳普湖县职业高中	60	50	50	0
伽师县职业高中	3	12	12	0
皮山县职业高中	4	1	3	2
洛浦县职业高中	15	0	11	11
塔城财贸学校	0	6	6	6

2005/2006学年初普通中等林业(园林)职业学校和其他中等职业学校林科分专业基本情况

单位:人

专业名称	毕业生数	招生数	在校学生数	毕业班学生数
总　计	**29 250**	**30 325**	**81 181**	**27 179**
(一)林科专业	**22 029**	**21 675**	**59 498**	**20 313**
林产化工	32	169	169	0
林特产品加工	119	1509	1817	184
林　业	7147	7334	20 257	7170
木材加工	231	250	595	183
森林保护	73	0	0	0
森林旅游	18	46	125	20
森林资源与林政管理	1348	334	1082	471
水土保持生态环境	131	30	159	79
园　林	12 776	11 923	35 096	12 155
农林类新专业	154	80	198	51
(二)非林科专业	**7221**	**8650**	**21 683**	**6866**
播音与节目主持	71	43	108	51
财经类新专业	48	12	203	68
城镇建设	29	0	49	49
电气技术应用	0	241	352	33
电子电器应用与维修	75	42	125	31
电子技术应用	0	237	340	25
电子商务	279	386	1077	352
电子与信息技术	0	22	38	16
法律事务	435	114	453	255
饭店服务与管理	0	23	23	0
服装设计与工艺	0	13	13	0
服装设计与工艺	10	0	21	21
工商行政管理事务	0	115	137	0
工业与民用建筑	42	21	80	42
工艺美术	32	30	98	32
公安保卫	139	10	58	38
公路与桥梁	34	104	201	37
供用电技术	0	92	181	0
焊　接	0	52	72	20
护　理	69	552	1017	63
化学工艺	0	35	35	0
环境监理	46	0	0	0
会　计	500	489	1302	382
机电技术应用	91	625	1001	134
计算机及外设维修	14	0	21	21
计算机及应用	1329	1480	4090	1631
计算机网络技术	266	406	1287	530
加工制造类新专业	215	116	220	27

（续）

专业名称	毕业生数	招生数	在校学生数	毕业班学生数
建筑经济管理	1	0	11	1
建筑装饰	19	33	132	75
交通运输类新专业	0	185	185	0
口腔工艺技术	100	93	198	56
旅游服务与管理	284	184	965	371
美术设计	30	21	65	17
模具设计与制造	130	226	456	142
能源类新专业	0	40	40	0
农业水利技术	1	0	36	31
其他新专业	59	463	827	113
汽车运用与维修	31	55	182	41
汽车制造与维修	55	30	116	50
商贸与旅游类新专业	92	172	409	205
商品经营	27	0	0	0
商务外语	150	1	208	120
社会公共事务类新专业	0	0	182	182
生态环境保护	337	91	91	0
师　范	0	24	62	0
食品生物工艺	0	64	145	35
市场营销	0	0	136	94
数控技术应用	0	132	148	0
数控技术应用	0	33	151	46
水利水电工程技术	42	11	19	8
水文与水资源	2	0	0	0
土木水利工程类新专业	1	0	14	13
卫生保健	60	74	250	96
文化艺术与体育类新专业	30	7	16	8
文　秘	1171	380	1290	502
物业管理	63	59	143	32
小学教育	94	9	56	29
信息技术类	73	11	314	215
休闲体育服务与管理	0	0	17	17
畜牧兽医	0	0	12	9
养　殖	69	11	128	55
医学生物技术	69	60	229	106
医药卫生类新专业	75	289	686	55
音　乐	0	1	8	2
幼儿教育	0	0	31	0
园　艺	264	136	258	68
治安管理	48	46	105	0
中药制药	0	0	28	28
中　医	10	51	66	0
种　植	96	398	609	147
助　产	14	0	2	1
资源与环境类新专业	0	0	55	38

2005/2006 学年初普通中等林业

学校名称	教职工总计	校本部			
		合计	专任		
			计	正高级	副高级
合　　计	**4352**	**4338**	**2514**	**3**	**652**
北京市园林学校	111	111	63	0	9
北京市丰台区城市园林建设学校	234	234	133	0	34
天津市园林学校	137	137	59	0	20
涿鹿县宝峰寺林业中学	20	20	18	0	0
山西林业职业技术学院	0	0	0	0	0
内蒙古扎兰屯林业学校	117	117	84	0	22
内蒙古大兴安岭林业学校	203	203	106	0	38
大兴安岭林业管理局职工中专	26	26	20	0	4
辽宁省园林学校	43	43	38	0	5
辽宁林业职业技术学院中专部	0	0	0	0	0
吉林市林业职工中等专业学校	27	27	22	0	7
通化市林业学校	25	25	10	0	3
吉林省露水河林业局教师进修学校	4	4	2	0	0
三岔子林业局教师进修学校	8	8	7	0	1
临江林业局进修学校	40	40	36	0	8
临江林业局职业高中	102	102	81	0	4
白山市林业职业高中	54	54	40	0	3
延边林业学校	89	89	50	0	6
延边林业集团黄泥河林业有限公司技工学校	38	38	18	0	0
松江河林业有限公司教师进修学校	0	0	0	0	0
黑龙江省伊春市铁力市双丰林业局职业高中	36	36	30	0	9
黑龙江省伊春市乌伊岭林业局职业高级中学	8	8	8	0	2
伊春市朗乡林业局职业高中	39	39	26	0	6
伊春市朗乡林业局教师进修校	20	20	6	0	1
桃山林业局职业高中	15	15	13	0	11
黑河市林业职工中专	0	0	0	0	0
阿木尔林业局职业高中	18	18	14	0	0
黑龙江农垦林业职业技术学院	0	0	0	0	0
黑龙江省伊春林业学校	157	148	74	0	43
黑龙江省齐齐哈尔林业学校	164	161	68	0	47
黑龙江省林业卫生学校	151	151	77	0	30
上海市园林学校	180	180	81	0	7
安徽林业职业技术学院	0	0	0	0	0
浦城县石陂林业职业中学	16	16	6	0	0
福建省龙岩林业职业中专学校	28	28	18	0	2
福建三明林业学校	107	107	73	0	31
西峡县林业高中	57	57	43	0	3
河南省林业学校	209	207	127	0	35
河南省驻马店市汝南园林学校	105	105	65	0	24
湖北省黄冈林业学校	186	186	87	0	28
湖北省园林工程学校	104	104	46	0	16
广东省林业学校	215	215	125	0	42
广西林业成人中等专业学校	60	60	14	0	0
广西梧州林业学校	71	71	57	0	5
广西壮族治区桂林林业学校	106	106	78	0	11
广西林业干部学校	25	25	12	0	2
贵州省林业学校	169	169	85	0	17
贵州省林业干部学校	0	0	0	0	0
云南林业职业技术学院(中专部)	0	0	0	0	0
云南省思茅林业学校	57	57	42	0	6
陕西省榆林林业学校	237	237	111	0	24
陕西省林业广播电视学校	113	113	89	3	17
甘肃林业职业技术学院	0	0	0	0	0
甘肃省小陇山林业职工中等专业学校	18	18	12	0	5
甘肃省庆阳林业学校	96	96	71	0	12
甘肃省庆城县太白梁林业学校	10	10	10	0	1
宁夏林业学校	82	82	50	0	23
新疆林业学校	215	215	109	0	28

（园林）职业学校教职工基本情况

单位：人

职工数						校办厂（场）职工	附设机构人员	兼任教师（不在教职工数中）
教师			教辅人员	行政人员	工勤人员			
讲 师	助理讲师	教 员						
1072	**649**	**138**	**387**	**690**	**747**	**14**	**0**	**524**
23	22	9	8	23	17	0	0	62
61	33	5	24	53	24	0	0	0
30	9	0	12	18	48	0	0	0
14	4	0	0	1	1	0	0	0
0	0	0	0	0	0	0	0	0
36	26	0	4	8	21	0	0	0
37	28	3	18	29	50	0	0	0
10	6	0	2	2	2	0	0	15
15	18	0	0	3	2	0	0	0
0	0	0	0	0	0	0	0	4
13	2	0	0	1	2	0	0	0
6	1	0	0	15	0	0	0	0
2	0	0	0	2	0	0	0	0
6	0	0	0	1	0	0	0	0
24	4	0	0	4	0	0	0	0
37	22	18	10	5	6	0	0	0
21	16	0	8	4	2	0	0	0
22	17	5	8	19	12	0	0	0
17	1	0	6	6	8	0	0	3
0	0	0	0	0	0	0	0	0
6	11	4	1	3	2	0	0	0
3	3	0	0	0	0	0	0	0
15	4	1	2	8	3	0	0	2
4	1	0	0	8	1	0	0	0
2	0	0	0	2	0	0	0	0
0	0	0	0	0	0	0	0	0
12	1	1	0	3	0	0	0	0
0	0	0	0	0	0	0	0	0
28	3	0	9	30	35	9	0	0
14	6	1	14	32	47	3	0	0
28	13	6	30	25	19	0	0	0
61	13	0	40	29	30	0	0	0
0	0	0	0	0	0	0	0	0
2	4	0	0	4	0	0	0	0
5	5	6	0	4	6	0	0	0
22	19	1	3	16	15	0	0	79
21	19	0	1	3	10	0	0	0
58	24	10	5	24	51	2	0	0
18	20	3	5	5	30	0	0	3
28	20	11	23	53	23	0	0	0
13	13	4	3	30	25	0	0	13
47	31	5	22	31	37	0	0	33
13	1	0	2	27	17	0	0	8
32	13	7	4	3	7	0	0	13
40	27	0	10	15	3	0	0	0
10	0	0	13	0	0	0	0	0
38	30	0	18	38	28	0	0	0
0	0	0	0	0	0	0	0	0
0	0	0	0	0	0	0	0	0
16	20	0	3	5	7	0	0	7
45	42	0	37	26	63	0	0	24
23	20	26	12	12	0	0	0	220
0	0	0	0	0	0	0	0	0
6	1	0	0	4	2	0	0	0
26	26	7	0	12	13	0	0	0
4	4	1	0	0	0	0	0	0
11	13	3	6	11	15	0	0	31
47	33	1	16	33	57	0	0	7

（林业教育信息统计由人教司统计处供稿）

林业对外开放

【综　述】　2005年，国家林业局的国际合作与交流工作继续本着服从国家外交需要和服务于林业建设的原则，紧紧围绕"相持阶段"林业生态建设，按照国际合作司和对外合作项目中心确定的"管理、渠道、项目、服务、信息、协调"12字方针，不断拓展合作领域，积极开展对外经济合作，广泛参与多边国际活动，维护国家权益，国家林业局2005年的国际合作与交流工作在2004年的基础上，又取得新进展。全年新争取和落实无偿援助项目74个，受援金额3180.2万美元，其中：双边66个项目，金额为3100万美元；多边8个项目，金额为80.2万美元；通过积极努力，新签署《中华人民共和国国家林业局和斯洛伐克共和国经济部林业领域合作谅解备忘录》、《中日林业主管部门关于高层定期会晤的备忘录》、《中华人民共和国国家林业局和巴西联邦共和国环境部林业生物多样性保护合作的谅解备忘录》、《中华人民共和国国家林业局和大韩民国山林厅关于东北虎繁殖合作的协议》、《中华人民共和国国家林业局和捷克共和国农业部关于林业合作的协议》5个双边部门间林业合作协议（备忘录）；共审批540批/2097人次出访和来华，其中：派出342批/1500人次（含部长级代表团12个），请进198批/597人次；新办理护照170本，办理赴港通行证28本。　（黄一川）

对外科技交流与合作

【《中日林业主管部门关于高层定期会晤的备忘录》】　2005年7月18日，国家林业局局长周生贤与日本农林水产省林野厅长官前田直登在北京签署了《中日林业主管部门关于高层定期会晤的备忘录》，为中日两国的林业合作向更广领域、更深层次发展奠定了良好基础。　（刘立军）

【《中华人民共和国国家林业局和大韩民国山林厅关于东北虎繁殖合作的协议》】　为配合我国外交需要，2005年11月13～18日，国家林业局局长周生贤局长随胡锦涛主席出访韩国。期间，签署了《中华人民共和国国家林业局和大韩民国山林厅关于东北虎繁殖合作的协议》；根据韩方意愿，中国政府向韩国政府赠送一只东北虎。　（刘立军）

【《中华人民共和国国家林业局和巴西联邦共和国环境部林业生物多样性保护合作的谅解备忘录》】　2005年10月13日，国家林业局党组成员、中国林科院院长江泽慧与巴西环境部部长玛丽娜·席尔瓦在北京签署了《中华人民共和国国家林业局和巴西联邦共和国环境部林业生物多样性保护合作的谅解备忘录》；江泽慧院长代表中国林科院授予玛丽娜部长中国林科院名誉博士学位，国家林业局局长周生贤及有关部委的领导出席了授学位仪式。　（黄晓光）

【《中华人民共和国国家林业局和斯洛伐克共和国经济部林业领域合作谅解备忘录》】　2005年6月1日，国家林业局副局长李育材与斯洛伐克共和国经济部部长在北京签署了《中华人民共和国国家林业局和斯洛伐克共和国经济部林业领域合作谅解备忘录》。

（刘立军）

经济技术交流与合作

【中日无偿资金合作宁夏治沙造林项目】　项目于2000年12月21日经两国政府换文正式批准确立，日方共提供无偿援助资金17.11亿日元，项目在5年执行期（2001～2005年）共完成治沙造林4000余公顷。2005年6月25日在银川举行了日援宁夏造林项目竣工仪式，商务部、日本驻华使馆、日本国际协力机构中国事务所派官员出席了竣工仪式。宁夏自治区政府主席马启智会见了出席仪式的中日双方代表，自治区政府副主席赵廷杰出席了竣工仪式。

（刘立军）

【中日无偿资金合作山西造林项目】 项目于2003年3月13日经两国政府第一次换文正式确立，并于2005年第四次换文启动实施，日方将提供援助金额3.69亿日元，用于山西造林，项目执行期为5年，项目将在山西临汾地区的4个县范围内展开，项目完成以后将造林近5000公顷。 （刘立军）

【中德财政合作宁夏造林项目】 在2005年6月的中德混委会上，中德财政合作宁夏造林项目列入实施计划，德方将提供700万欧元用于防沙治沙。同时确定了德国政府向宁夏项目提供200万欧元的政府贷款和80万欧元的赠款用于防沙治沙项目。这也是国家林业局国际合作司近年来首次利用外国政府优惠贷款开展的造林项目，为今后争取优惠贷款开展林业项目打下良好基础。 （刘立军）

【中德财政合作湖北造林项目】 项目于1996年正式启动实施，2004年项目活动全部结束。项目共完成造林19 691.3公顷、封山育林19 065.9公顷、修建谷坊280座、沙凼11 332个、护坡墙8783米、建沼气池4075个、节柴灶12 426座、林道106千米。项目建设总投资9943.1万元人民币（其中：德方援助1200万马克，中方配套和投劳3656.3万元人民币）。项目在长江三峡湖北段的宜昌、长阳、兴山、秭归、五峰、巴东县实施，治理总面积35 245公顷。项目经过8年的实施，给项目区带来了诸多变化：①改善了项目区的生态环境，项目区的森林覆盖率由项目实施前的67.6%提高到72.2%，加之水保工程、灌草种植使项目区的水土流失面积减少了18万公顷，水土流失量减少了930万吨。②保护了项目区的森林资源，项目建设中修建节柴灶12 426座、沼气池4075个，每年可节省薪柴2000万千克，这不仅减少了森林资源的消耗，也改善了农户的生活条件。③促进了项目区的经济发展，项目实施以来有4.6万户农民受益，农户参与项目活动达到150万工日，解决了项目区农民的短期就业问题；项目新造的经济林的果园、茶园亩产值已达1000～1500元，使项目区人均纯收入较项目实施前增加了400～800元。④项目区的野生动植物数量有所增多。在项目区，经布点测算，项目县的野生动物增长率为3.34%，项目区为11.65%，野生植物种类比项目实施前增长了5倍。⑤培养了一批有技术、懂管理的林业专业人才，项目广泛开展了技术培训和咨询专家的咨询活动，共举办培训班449期，培训技术人员和农民2.9万人次。⑥提高了项目区农民保护生态意识。 （沈素华）

【中德财政合作云南造林项目】 该项目总投资约9221.6万元人民币，其中：德方援助1200万马克，中方配套3119.41万元人民币；项目完成造林22 620公顷，其中：防护林17 861公顷、经济林4759公顷；封山育林7410公顷；建设采种基地988.2公顷；治理土壤面蚀376.6公顷；完成节柴改灶20 700户；建设培训中心、林场、种子库等设施的面积共12 873平方米，修建林区公路52千米；建设苗圃温室360平方米，塑料大棚3600平方米，蓄水池300平方米，晒场5200平方米；修建瞭望塔6座，防火隔离带40.5千米。同时改善了各县有关单位的办公及种苗检测设备条件。项目于2004年全部完成建设和投资任务。

项目区位于云南省金沙江流域的昭通市、鲁甸县、会泽县、宣威市、沾益县和寻甸县。项目的成功实施给云南省林业带来了诸多变化：①改善了项目区生态环境，项目区森林覆盖率由原来的13.8%增加到63%，土壤流失量减少约900万吨，水土流失得到了遏制。②节柴改灶项目的实施，保护了森林资源，每灶每年节柴按1立方米计算，项目区每年减少薪材消耗2万立方米。③增加了农民经济收入。④提高了当地农民的林业科技知识和生产技能。⑤培养和锻炼了林业干部技术队伍 （沈素华）

【中国森林资源政策和森林资源管理项目】 在2005年6月的中德混委会上，确定了实施中国森林资源政策和森林资源管理项目，德方将提供300万欧元的资金支持，将以往海南省经贸委申报的技术合作项目提升为国家层面实施。这将是今后开展双边技术合作项目的大趋势，也是中德双方管理机构对国家林业局工作的认同。 （刘立军）

【非洲林业官员培训项目】 由北京林业大学申请、国家林业局向商务部申报的非洲林业官员培训项目，经商务部批准，于2005年11月10～29日实施，商务部为此提供了120万人民币的资助，以非洲为主共有18个国家的33名林业官员来华研修。这是国家林业局利用外援资金开展国际合作的新尝试，为今后执行类似项目积累了经验。 （刘立军）

【国际热带木材组织援助项目】 国际热带木材组织第三十八和第三十九届理事会会议分别于2005年6月19～21日和11月7～12日在刚果和日本召开。我国向两届理事会会议共提交了两个项目和一个预备项目并获得项目资金，共计45.5万美元，即：创建和支持中国热带森林环境服务市场项目、中国热带林火监测和卫星遥感管理系统项目及起草中国红树林可持续经营示范项目建议书预备项目。此外，由广东省林科院起草并提交到第三十九届理事会的旨在提高经济和生态效益的热带地区次生林经营研究与示范项目也获得了会议批准。 （张忠田）

【中意内蒙古应用瓦勒拉尼系统技术开展示范区造林项目】 意大利环境和国土资源部与国家林业局签署的《里约三公约协调和可持续发展领域合作备忘录》自2004年签署并设立第一个项目——敖汉青年造林项目后，于2005年8月1日又达成一项新项目——由国家林业局调查规划设计院执行的在内蒙古自治区应用瓦勒拉尼系统技术开展示范区造林项目。意方将出资42万欧元用于购买意大利机械化深耕集雨系统和提供培训，并在此基础上开展利用该系统设备进行造林的活动，以进行后续的碳汇项目合作。项目预期5年，第一年将进行设备引进和项目研究。 （刘 昕）

多边国际交流与合作

【出席联合国防治荒漠化公约第七次缔约方大会】 2005年10月17~28日大会在肯尼亚内罗毕举行。来自176个国家、37个国际组织约3000名代表参加了会议。由国家林业局副局长李育材任团长，外交部、国家林业局、国家环保总局、驻肯尼亚使馆、常驻联合国环境规划署代表处组成的中国代表团出席了本次会议。全国人大常委会委员王涛院士出席了议员圆桌会议。

我国积极参与了会议全过程，并在高级别会议上，李育材发言介绍了我国在荒漠化治理与监测方面的进展，表达了我方对本次会议焦点问题的立场和看法。会议期间，李育材还与荒漠化公约执行秘书迪亚罗先生、联合国环境规划署执行主任托普菲尔先生会面，就拟于2006年在中国举办防治荒漠化妇女会议、加强南南合作、加强与环境规划署在土地退化方面的合作等事宜进行了交流。李育材还应约与巴西环境部副部长、尼日利亚环境部长、索马里环境部副部长就加强双边合作等事宜进行了会谈。 （刘 昕）

【出席湿地公约第九次缔约方大会】 2005年11月8~15日大会在乌干达首都坎帕拉举行。来自公约132个缔约方、18个国际组织近千名代表参加了本次会议。由国家林业局副局长赵学敏任团长，国家林业局、外交部、水利部和香港特别行政区代表组成的中国政府代表团出席了本次会议。

会议主要审议了本届常委会的工作报告，科技委的工作，以及全球履约情况，审议并通过了2006~2008年的财务预算，确定预算增长为3%。会议还对当前出现的禽流感问题增加了临时议题，就预防和控制禽流感作出决议。大会共通过25项决议，并通过《坎帕拉宣言》。会议还选举了新一届常委会成员，中国以全票当选亚洲区域代表进入常委会及其下属财务委员会。会议决定下届缔约方会议于2008年9~11月间在韩国举办。会议期间还举行了拉姆萨尔湿地保护奖的颁奖仪式，中国科学院的蔡述明教授获拉姆萨尔科学奖。围绕“水资源管理中的湿地合理利用”和“湿地管理中的文化与知识”等主题，会议期间还举行了学术研讨会。

中国代表团团长、国家林业局副局长赵学敏在参加部长级会议期间分别就本次会议的主要议题和《坎帕拉宣言》发言阐述我国立场和观点，并对我国采取的湿地保护方面的政策措施和履约进展进行了宣传。会议期间，赵学敏与湿地公约秘书长布里奇华特先生、湿地国际总裁珍妮女士进行了会面，就加强我国与公约的合作、预防和控制禽流感、高原湿地和泥炭地的保护等问题进行了交流。并应印度林业部部长的要求，与其进行了双边会晤。 （刘 昕）

【举办湿地公约亚洲区域会议】 为更好地参与公约多边活动，国家林业局与湿地公约秘书处合作，于2005年5月13~16日在北京举行了湿地公约亚洲区域会议。亚洲26个湿地公约缔约国的政府代表、部分非缔约国政府代表以及世界自然基金会等10多个非政府组织的100多位代表参加了本次会议。

作为湿地公约第九届缔约方大会（COP9）的准备会议，亚洲区域会议对亚洲湿地保护与发展的主要问题、采取的措施、取得的经验以及如何推动本区域的湿地生物多样性保护、维护区域权益进行了广泛而深入的讨论，对与亚洲区域相关的COP9决议草案进行了讨论表决。

会前，国家林业局周生贤局长会见了湿地公约秘书长布里奇华特博士。副局长赵学敏出席会议开幕式并代表国家林业局致辞。会议期间，中国代表团作了中国湿地保护的报告，介绍了我国湿地保护的成绩和经验，得到各国代表团的赞誉。会议的举办，既履行了我国的国际义务，又进行了高层交流，增进了了解，扩大了对外宣传。 （严成高）

【出席森林景观恢复国际研讨会】 2005年3月31日至4月6日，国家林业局党组成员、中国林科院院长、国际竹藤组织董事会联合主席江泽慧教授率中国林业代表团一行6人赴巴西、秘鲁和英国出席国际会议并进行双边访问。

在巴西期间，江泽慧一行应邀出席了在佩特罗伯

利兹召开的森林景观恢复国际研讨会，并作了《中国退化土地与退化森林生态景观恢复》的主题报告。江泽慧还拜会了巴西环境部部长席尔瓦女士和外交部副部长乌盖内伊先生，分别就巴西加入国际竹藤组织及开展中巴双边林业合作交换了意见。巴表示愿积极考虑加入国际竹藤组织。双方还达成一致尽快启动中巴林业及生物多样性保护的合作框架协议。

在秘鲁期间，江泽慧拜会了秘鲁国会主席阿劳斯先生和农业部部长曼里克先生，就中秘林业合作、充分发挥国际竹藤组织作用方面进行了友好会谈。秘方表达了希望加强与中国在林业以及竹藤加工利用领域科技合作的愿望。代表团还访问了秘鲁自然资源研究院，并考察了帕拉卡斯自然保护区。

在英国期间，江泽慧与国际竹藤组织董事会主席贝赞松先生进行了会面，就遴选该组织新总干事和新董事人选等问题进行了会谈。江泽慧一行还访问了英国帝国理工学院，与对方就进一步加强在木材科学领域的合作、互派访问学者、联合培养研究生等交换了意见。（刘　昕）

【出席联合国粮农组织第十七次林业委员会会议】 2005年3月14～28日，国家林业局副局长雷加富率团出席了在意大利罗马举行的粮农组织第十七次林业委员会会议暨部长级会议。雷加富分别在两个议题讨论中发言，呼吁加强国际合作，促进森林可持续经营和森林防火工作，同时就森林可持续经营提出了五点原则：坚持国家主权和国际义务相结合的原则；坚持发展权和国家行动统一的原则；坚持政府发挥主导作用的原则；坚持实现共同发展的原则；加强国际合作，突出重点的原则。（鲁　德）

【出席联合国森林论坛第五次会议暨部长级会议】 2005年5月15～27日，国家林业局副局长祝列克率团出席了在美国纽约举行的联合国森林论坛第五次会议。会上，祝列克进行了3次发言。

会议期间，祝列克会见了新西兰、印度尼西亚、芬兰林业部部长，俄罗斯自然资源部林业司司长以及IUCN总裁，就共同关心的问题和加强合作事宜交换了意见。在会谈中，祝列克阐述了我国政府关于非法采伐、国际森林问题的原则立场，介绍了我国林业建设取得的成就，表明中国愿意同各国加强林业合作，促进林业的共同发展。（鲁　德）

【举办丝绸之路濒危野生动植物种国际贸易公约履约执法研讨会】 国家濒管办和濒危野生动植物种国际贸易公约（CITES）秘书处为加强CITES的履约执法工作密切协作，于2005年8月22～25日在乌鲁木齐共同主办履约执法研讨会。CITES秘书处约翰·塞勒和国家濒管办孟宪林副主任分别主持会议和讨论。来自尼泊尔、印度、巴基斯坦、阿富汗、吉尔吉斯斯坦、乌兹别克斯坦、哈萨克斯坦、俄罗斯、蒙古和中国（包括香港、澳门特别行政区）10个国家的政府履约管理机构和科学机构、执法机构、CITES秘书处、国际野生动植物贸易研究委员会、国际爱护动物基金会、保护国际、国际野生生物保护学会、环境调查局、国际拯救老虎基金、野生动物援助基金、中国野生动物保护协会等国际和国家保护组织，以及我国外交、林业、海关、公安部门及新疆、西藏、福建等省（区）海关、林业、边防、口岸办、检察院、法院等相关部门和单位共70多名代表与会。

会议以CITES履约执法为主题，并重点围绕加强本地区各国之间的合作，以及高鼻羚羊、藏羚羊、大型猫科动物、猎隼等物种的保护管理和贸易控制等问题进行讨论交流，在各缔约国自身采取有力措施和作出努力的基础上，增加各国政府之间、政府部门和非政府机构之间多种形式的密切配合和共同行动，从而推动公约在本地区的执行。（史蓉红）

【出席欧洲与北亚林业执法与行政进程谈判】 2005年11月22～25日国家林业局派团参加了在俄罗斯圣彼得堡召开的欧洲与北亚林业执法与行政进程会议。将近50个国家派代表出席了此次会议。会议经过磋商形成了《圣彼得堡宣言》和宣言所附的指导性行动方案。会议期间，中国代表团多次重申我方提出的关于打击非法采伐的七项原则。得到与会代表的认同和支持，既提高了我国的影响力，又很好地维护了我国的利益。（张忠田）

【参加有关《国际热带木材组织协定（ITTA）》谈判】 《1994年国际热带木材组织协定》后续协定谈判第二次和第三次会议分别于2005年2月14～18日和6月27日至7月1日在瑞士日内瓦召开。商务部和国家林业局联合组团出席了这两次谈判会议。国家林业局积极配合和协助商务部门做好会前对案和会上谈判工作。在关键技术问题上，如热带木材生产国和消费国的主要分歧在新协定范围、热带木材定义、理事会的组织结构、接纳观察员，财务账户的设立和经费分摊，理事会的组织结构问题，充分发挥专业业务部门的优势，有效地配合了商务部门的谈判工作，维护了我国在该组织中的利益。（张忠田）

【国际竹藤组织任命新总干事】 国际竹藤组织总干事伊恩·亨特博士于2005年12月31日卸任，为选聘新总干事，竹藤组织董事会组成了由主席贝赞松博士、联合主席江泽慧、董事库克先生为成员的遴选委员会，通过公布招聘广告、筛选候选人和进行面试，提名胡根多恩女士为新总干事候选人。竹藤组织理事会于2005年8月17日批准了董事会的提名。胡根多恩女士，荷兰籍，曾任国际植物遗传资源研究所副总干事，她于2006年1月1日起担任国际竹藤组织总干事，任期4年。 （刘 昕）

【关注林权：中国集体林政策研究国际研讨会】 由国家林业局经研中心、中国农业大学、美国森林趋势组织主办，中国林业经济学会、福建省林业厅协办的关注林权：中国集体林政策国际研讨会于2005年1月11～14日在福州和北京召开。来自40多个机构的110多位国内外专家、学者和有关部门领导参加了会议。

与会代表在开放、活跃的学术交流气氛中，针对中国集体林发展的实际情况，围绕如何强化林权以促进可持续发展、促进生态保护、公司+社区模式发展的政策选择、林业生产要素的流转、林权改革的理论与实践开展了广泛、深入的讨论。

随后，代表们深入国家林业局集体林区改革试点福建三明永安市，考察调研了全国首家林业要素市场及其设立的“五个中心”，到乡（镇）听取了乡（镇）组织服务、多种经营主体、创办的行业协会、林农代表等从不同角度对永安林权制度改革的经验介绍。代表们就林权改革的实际效果及影响、林农的切身感受及评价等进行了座谈，并对一些热点、难点问题进行了讨论，会议代表还走访了参加改革的林农。

针对永安实地考察的情况，围绕进一步研讨中国集体林的改革方向和途径，于1月14日在北京又举行了一个总结性的会议。

（经研中心体制改革研究室）

【出席欧洲和北亚地区林业执法和森林管理进程部长级会议预备会】 2005年6月6～8日，应俄罗斯自然资源环境部邀请，国家林业局经研中心主任张蕾出席了在莫斯科举行的欧洲和北亚地区林业执法和森林管理进程部长级会议预备会议。本次会议是欧洲和北亚地区各国政府及相关部门积极参与此进程的第一次预备会议。会议的主题是，动员国际木材生产者、消费者和各国政府，承诺制止非法采伐、非法贸易和一些国家林业部门的腐败问题。同时希望加强国家和地区间（包括政府部门和私营企业间）合作，共同抵制非法森林采伐和非法木材贸易。来自欧洲和北亚15个国家和地区近150名政府官员、政府观察员、国际组织官员和专家参加了会议。代表们围绕全球以及欧洲和北亚地区在制止非法采伐和非法贸易的成功经验，确定各相关国家对林业执法和森林管理进程的政治承诺和相关活动。此外，会议还对各国如何启动欧洲和北亚地区林业执法和森林管理进程宣言和行动计划展开讨论。 （经研中心综合业务室）

民间国际交流与合作

【综　述】 2005年，国家林业局对外合作项目中心本着外事工作要“为国家总体外交战略服务、为加快我国林业发展服务”的精神，积极探索我国林业国际合作与交流的新思路，不断开创林业民间合作与交流的新局面。①双边合作。小渊基金项目数量又有了新的突破，争取到52个新项目，日方援助资金达5亿日元，项目扩大到了22个省（区）；同时，根据国家林业局与韩国韩中文化青少年未来林中心签署的林业合作意向书，接待了韩国优秀大学生植树访华团在宁夏和北京开展的植树绿化活动；实施了国家林业局与国际纸业签署的合作协议，开展了互访和人员交流等合作活动，取得了积极的成效；落实了国家林业局与澳大利亚国际商会签署的关于业务培训、森林公园建设与管理等6方面的合作协议的部分内容，组团赴澳大利亚进行了森林经营和人工林栽培考察，为双方下一步开展合作奠定了基础。②多边合作。国家林业局与世界自然基金会、湿地国际和美国大自然保护协会先后召开了合作年会及项目磋商会，落实合作项目26个，项目内容主要包括自然资源和野生动植物保护，项目涉及全国12个省（区）；对外合作项目中心还先后与国际林业研究中心、野生救援组织以及保护国际正式签署合作协议，建立了合作关系，确定了合作年会制度，并将森林可持续经营及认证、林业政策法规研究、林业碳汇和能力建设等列为重点合作领域。 （孙念军）

【小渊基金项目少年儿童绘画比赛颁奖典礼】 2005年10月10日在长沙举行。湖南省副省长杨泰波，国家林业局国际合作司司长曲桂林、对外合作项目中心常务副主任金普春以及日本小渊基金事务局次长田中正则、日本林野厅计画课长山田寿夫、日本驻华大使馆参赞百崎贤之以及来自全国21个省（区、市）林业、青联、对外友协、工会、建设、环保部门的小渊基金项目负责人、30名获奖学生、当地学生代表和日方合作伙伴代表参加了颁奖典礼。

根据中日民间绿化合作委员会会议精神以及小渊基金项目磋商年会达成的共识，在全国正在实施的48个小渊基金项目区经初选后提交了262幅少年儿童绘画作品。2005年5月21日，小渊基金项目少年儿童绘画作品比赛参赛作品评审会在北京举行。经过

评委的现场投票表决，吉林洮南生态绿化项目区洮南市第四中学三年级学生周先驰、北京环保志愿者生态林项目区北京市西城区展览路第一小学四年级学生蒋博杰、内蒙古鄂尔多斯生态绿化项目区鄂尔多斯新世纪学校六年级学生任楷获一等奖，同时选出二等奖8名，三等奖14名，特别奖1名及优秀奖26名。

（许强兴）

【中日民间绿化合作委员会第六次会议】 2005年6月6日在日本东京举行。国家林业局和外交部共同组团出席会议。会议回顾了过去一年中日双方小渊基金项目合作的业绩，探讨了小渊基金项目今后合作的方向、领域和重点。

会议强调，小渊基金项目合作应确保造林成效，加强项目造林地后期管护；尽快编制项目造林档案，明确项目造林地权属；同时积极吸引广大群众，特别是广大青少年参加，提高他们的绿化环保意识，加强对项目合作的宣传和普及推广工作。（许强兴）

【与韩国韩中文化青少年未来林中心签署合作意向书】 2005年2月24日，国家林业局与韩国韩中文化青少年未来林中心在北京签署了林业合作意向书。根据该合作意向书，韩中文化青少年未来林中心将定期组织韩国优秀大学生来华开展植树绿化活动，积极促成韩国企业财团投资中国林业建设。同时，中韩双方将积极开展与林业相关的考察交流和专题研讨活动。4月，韩国优秀大学生植树访华团在宁夏和北京开展了植树绿化活动。在宁夏期间该团的大学生与当地林业专家、大学生召开了沙漠化防治研讨会，宁夏自治区政府主席马启智、副主席赵廷杰会见了植树访华团主要成员。在北京期间，植树访华团来到北京八达岭林场，与来自清华大学、北京林业大学、北京外国语大学、中国传媒大学的100多名大学生挥锹培土，共植友谊树。（许强兴）

【出席国际林联第二十二届大会】 2005年8月5～12日，以中国林科院院长江泽慧为团长的中国林业科技代表团一行6人赴澳大利亚参加了国际林联第二十二届大会。本次会议的主题是：和谐的森林：把传统和技术联系起来。来自世界各有关国际组织、林业科研单位及有关国家的代表约2600人参加了会议。会议邀请了世界著名科学家对森林可持续经营、森林认证、气候变化以及一些其他相关技术议题作了详细的介绍并展开了热烈的讨论。会上，江泽慧作了题为《中国西部土地退化及治理》的发言，宣传了中国生态建设所取得的成就。（胡元辉）

【与国际林业研究中心签署合作谅解备忘录】 2005年4月4日，国家林业局副局长李育材和国际林业研究中心总干事大卫·卡墨卫兹在北京签署了《国家林业局与国际林业研究中心合作谅解备忘录》。国际林业研究中心董事会主席安吉拉·克伯女士出席了合作备忘录签署仪式并与李育材举行了工作会谈。国家林业局和国际林业研究中心的合作目标是提高中国林业研究与政策分析水平，加强林业技术与信息交流，推动中国林业可持续发展。国际林业研究中心将利用其专家和技术优势，为中国林业可持续发展寻求信息、技术和管理等方面的支持。国家林业局将为国际林业研究中心在中国开展与林业合作有关的工作提供必要的支持。双方将围绕中国林业发展中出现的主要问题开展林业研究和政策分析活动。在今后的5年中，双方将在森林可持续经营和认证，林业政策研究，林业技术研究，林业碳汇与气候变化，森林与生物多样性保护研究，木质、非木质林产品与当地社区、居民的发展，林业与扶贫，林权与税费制度，林业和产业发展，林业投融资以及双方共同感兴趣的其他领域开展合作。（王　智）

【与保护国际签署合作协议】 国家林业局与保护国际于2005年7月25日在北京签署了《中华人民共和国国家林业局与保护国际基金会合作框架协议》。保护国际将利用自身的优势和影响，为双方合作寻求和提供信息、技术、方法及资金方面的支持。结合中国林业和生物多样性保护工作的总体规划和现状，以及目前中国生物多样性保护的重点和需求，双方今后将在森林资源的保护、规划和可持续利用，保护区建设和管理，野生动植物和湿地保护，政策法规和能力建设等领域进一步加强合作。（肖望新）

【与野生救援协会签署合作框架】 2005年8月19日，国家林业局与野生救援协会总裁史蒂文·特伦特先生在北京共同签署了《国家林业局和野生救援协会合作框架》，赵学敏副局长出席了签字仪式。根据该合作框架，国家林业局与野生救援协会将在野生动物物种及其栖息地的保护以及野生动物及其产品的贸易等方面开展合作。野生救援协会将为合作项目的开展寻求资金和技术支持。（郑　重）

【与湿地国际召开合作项目年会】 国家林业局与湿地国际－中国办事处2005/2006年合作项目年会于2005年8月30日在北京举行。来自国家林业局保护司、对外合作项目中心和湿地国际－中国办事处的代表参加了会议。与会双方回顾了上一年度所开展的工作及实施的项目，双方对上年度的合作表示满意。经充分协商并根据双方的工作重点以及资源和资金情况，讨论并确定了国家林业局与湿地国际2005/2006年的重点合作领域及拟开展的合作活动。会上双方代表共同签署了《国家林业局与湿地国际2005/2006年合作项目年会会议纪要》。（王　智）

【与世界自然基金会合作项目年会】 国家林业局与世界自然基金会2005年合作项目年会于2005年9月20日在北京举行。来自国家林业局有关司（局）、直属单位，有关省林业厅及世界自然基金会北京办事处、香港分会等单位的35位代表参加了会议。会议回顾了国家林业局与基金会2005年度合作项目执行情况，并对过去一年的合作表示满意。会议通过了2005年度合作项目，双方决定在大熊猫及其栖息地的保护、湿地保护、森林保护与可持续经营、生物多样性保护、公众意识和能力建设等领域展开合作，切实将中国林业建设的需要和基金会的优势有效地结合起来。会后双方签署了《中华人民共和国国家林业局与世界自然基金会2005年合作项目年会谅解备忘录》。

（郑 重）

【国际热带胶合板大会】 由国际热带木材组织和国家林业局共同主办，国家林业局对外合作项目中心承办于2005年9月26～28日在北京举行。来自亚洲、非洲、欧洲、美洲的30多个国家的140多名代表出席了会议。会议就热带胶合板生产的原材料供应、技术发展、热带胶合板市场、贸易面临的机遇和挑战以及企业承担的社会责任等问题进行了广泛而深入的讨论，会后部分代表赴杭州参观考察了热带胶合板生产企业。

（王 智）

林业世界银行贷款项目

【综 述】 贫困地区林业发展项目，在各级政府的正确领导下，经过各级项目办及参与项目的广大林农的共同努力，截至2005年底超额完成了各项任务，取得了显著成效，该项目已按照国家的有关规定和世行的要求进行竣工验收。2005年林业持续发展项目进入实施中期，根据项目文件规定，2005年10月世行检查组对项目进行了中期评估检查，检查结果：项目符合设计要求，项目实施质量令人满意，得到世行项目官员的好评。已竣工的林业发展项目、国家造林项目和森林资源发展和保护项目，为确保项目实现最终目标，各项目省（区）及项目单位一方面搞好项目后续管理，强化保护和管理措施，通过抚育间伐和落实防火、防病虫害、防乱砍滥伐的“三防”体系，确保项目林成林、成材；另一方面抓还贷工作，各项目省（区）正按照项目还款计划，采取各种有效措施，筹集资金按期还贷。准备立项的人工林资源培育项目，在世行、国家发改委和财政部等部门的支持和帮助下，立项前期准备工作正按程序有序进行。

（世行中心）

【世行贷款林业项目实施20年回顾】 从20世纪80年代中期开始，我国利用世行贷款先后实施了林业发展项目、大兴安岭森林火灾恢复项目、国家造林项目、森林资源发展和保护项目、贫困地区林业发展项目、林业持续发展项目和两个全球环境基金赠款项目。经过各级林业部门和广大林农的共同努力，20年来，项目取得了令人瞩目的成就：利用世行贷款近8.97亿美元，营造高标准人工林390多万公顷。项目的实施，为保护生态环境、增加社会就业、促进经济发展、帮助山区农民脱贫致富和加快林业开放作出了重要贡献。

促进了速丰林建设事业的发展 项目把发展集约经营人工林作为重要目标。20年来，共营造速丰林270多万公顷。质量明显高于同期营造的其他人工林，实现了真正意义上的速生丰产，达到了商品林业优质高效的目标，从而加速了森林后备资源的培育，为缓解国内木材供需矛盾奠定了雄厚的物质基础。项目初步探索出了一整套发展人工商品林的管理办法和技术措施，为在全国范围内大规模开展速丰林工程建设提供了有益的借鉴。

促进了林业管理水平的提高 项目加强了各级林业部门的机构能力建设，总结、摸索出了一套行之有效的人工林建设、管理制度：①以“报账制”为核心的造林质量管理制度；②检查验收制度；③资金使用和管理制度；④完善了造林操作规程；⑤建立了技术标准体系。实践证明，这些管理制度和方法不仅为项目的顺利实施提供了保证，而且对整个林业发展产生了很大的示范和辐射作用，并被一些其他林业项目所吸纳，全面提高了整个林业行业的管理水平，在一定程度上使我国人工林建设真正实现了从数量型、粗放型到效益型、集约型的根本性转变。

促进了科技兴林的进程 项目探索和建立了一系列科研与生产紧密结合的办法，初步建立起一套科技兴林的运行机制。项目构建了从上到下、协调运作的科研推广体系，取得了一批具有领先水平的科研成果。项目借鉴了大量国内外先进的林业生产技术，狠抓了新品种、新技术、新成果的推广应用，使新技术新成果覆盖造林营林全过程，促进了高新技术成果向生产力的尽快转化，示范带动了我国人工商品林向“两高一优”方向发展。同时，项目还采取多种办法和方式，进行了多层次的科技培训，提高了建设者和林农的技术水平。

促进了林业的对外开放 项目利用外资营造了大

面积的人工林，并在良种繁育、造林技术、管理措施、水土保持、自然保护区管理、生物多样性保护、木材加工等方面与国外进行了广泛的交流与合作。项目引进了国际上先进的管理理念、管理方式和科学技术，提高了国内林业的经营管理水平。项目培养了一批熟悉国际惯例、具有开放思维、懂经营、会管理的人才，为吸引外资、促进林业的全面对外开放打下了坚实的基础。

促进了农村经济的发展 项目为贫困地区的开发注入了巨额资金，增强了广大林农的效益意识和风险意识，大大提高了林业的经济效益，促进了当地的经济发展，加快了农村脱贫致富步伐。国家造林项目实施总结报告显示，项目实施期间，平均为每个县的农民带来直接劳务收入721万元，增加就业机会62万人·日。项目人工林采伐后，还将平均增加每个县的长远经济收入2.3亿多元。这将有力地帮助当地林农增加收入，提高生活水平，尽早脱贫致富。

（王成祖）

【物资设备采购和管理】 ①贫困地区林业发展项目的物资设备采购工作，主要由各项目省（区）以询价采购方式采购项目造林所需的化肥，共完成尿素、复合肥、过磷酸钙等化肥采购11 300吨，满足了当年项目造林和幼林抚育的用肥。据统计，项目执行6年来，截至2005年底，共采购化肥156 428吨，各种车辆392辆，办公设备608台（套），育苗设备97台（套），基本完成项目规定的物资设备采购任务，并全部投入使用，确保了项目的顺利实施。②林业持续发展项目进入实施中期，物资设备采购工作主要是对采购计划进行调整和补充，调整后的采购计划已得到世行的批准。完成了林业持续发展项目保护区管理部分其中5个保护区的300套野外成套装备，184台（套）防火设备及用品的询价采购，另外还通过询价采购，为四川西部调查队采购1辆野外调查用的面包车，确保了保护区野外调查工作的开展。（苏　宁）

【贫困地区林业发展项目】 经过6年的实施，2005年12月31日全面竣工。2005年3月世行项目检查组来华对实施项目例行检查时，就贫困地区林业发展项目按时竣工与中方达成了一致意见，并对项目竣工报告的准备、竣工验收程序和时间表等向世行中心提出了具体要求。根据世行的意见并结合我国政府建设项目竣工验收的要求，世行中心向12个项目省（区）编制印发了《贫困地区林业发展项目竣工准备工作指南》，并举办了竣工验收、第三次典型农户调查、幼林质量摸底调查、人工林后期管理等培训班，使竣工工作有序推进。为加强竣工工作的组织和协调，世行中心于2005年10月成立了项目竣工领导小组，组长由世行中心主任王成祖兼任，副主任姜喜山兼任副组长，下设由有关处室组成的竣工报告编写组，具体负责竣工报告的编写工作。（王　宏）

【对外联络工作】 2005年世行贷款项目对外联络工作，主要是围绕正在实施的贫困地区林业发展项目和林业持续发展项目进行的。应财政部的邀请，以世行北京代表处刘瑾女士为组长的项目检查组一行4人，于2005年3月14～28日，赴江西和湖北两省，重点检查了贫困地区林业发展项目的实施情况。检查组对两个省的世行项目实施情况给予了充分肯定。2005年林业持续发展项目，按照该项目文件规定已进入中期实施阶段。2005年10月10～20日，应财政部的邀请，世行派出了以世行东亚乡村发展局默罕默德·N. 本拉里先生为组长的林业持续发展项目中期评估组。评估组一行5人，重点检查了林业持续发展项目的实施情况，并听取了各级项目管理部门对项目实施情况的汇报，还与各级项目管理人员进行了广泛讨论、交换意见。检查组在华期间，还赴湖南、湖北和贵州省，实地考察了人工林营造部分和由全球环境保护基金赠款资助的自然保护地区管理部分的项目实施进度和质量，对项目启动以来的执行情况给予了充分肯定，同时也对项目实施过程中存在的问题提出了改进意见。项目中期评估后，世行批准了世行中心对人工林营造和自然保护地区管理部分提出的项目内容、贷款和赠款使用进行部分调整的意见。（刘新倩）

【林业持续发展项目国际技术咨询与培训工作】 根据林业持续发展项目自然保护区管理部分国际技术咨询工作计划，应国家林业局邀请，英国籍的农村社会学专家Richard Timothy Sobey先生，2005年继续在湖北、湖南、海南、贵州、四川、甘肃和云南等7省的自然保护区，提供农村社会学调查方面的咨询服务。此项技术咨询服务已于2005年5月结束。

2005年国家林业局世行中心组织林业持续发展项目营造林部分的辽宁、河北、山西、山东、安徽、湖北、湖南、四川和甘肃等9省的各级林业项目单位的林业工程技术人员、项目管理人员和财政部门的项目管理人员共计22人，分别赴德国、新西兰、美国进行了为期7天的林业技术考察；安徽省林业厅世行贷款项目办公室1名项目管理人员赴澳大利亚完成了89天林业项目管理方面的短期培训任务。2005年11月，国家林业局林业持续发展项目自然保护区管理办公室（简称中央项目办），组织林业持续发展项目自然保护区管理部分的湖南、湖北、云南、四川、贵州、甘肃和海南省林业厅（局）和中央项目办等9名项目管理人员，赴加拿大进行为期16天的短期培训。

（刘新倩）

【项目资金使用情况】 贫困地区林业发展项目2005年12月31日竣工，整个项目使用信贷资金7404.93

万个特别提款权（SDR），占协定信贷总投资额7430万个SDR的99.66%；整个项目已使用贷款资金9447.68万美元，占协定贷款总额度1亿美元的94.5%。2005年，项目使用信贷资金355.88万个SDR，占协定信贷总投资额7430万个SDR的4.79%；项目使用贷款资金1736.33万美元，占协定贷款总额度1亿美元的17.36%。

截至2005年，林业持续发展项目已使用贷款资金4174.37万美元，占协定贷款总额度1亿美元的44.46%，其中2005年使用贷款资金2041.68万美元。（董　晖）

【国家造林项目还贷工作】　世行中心利用国家给予天保工程区世行贷款债务政策支持的有利时机，采取加大宣传力度、各级政府和财政部门配合等多种措施，督促各级项目单位按时偿还非天保工程区部分的到期债务，取得了较好效果。截至2005年12月31日，国家林业局已下发了15期到期债务还款通知，累计通知到期债务金额折合人民币约19.25亿元，其中，人民币部分债务为16.16亿元，直接用汇部分债务为3717.3万美元；项目单位累计偿还到期债务折合人民币约17.31亿元，其中包括14.67亿元人民币、3188.94万美元，还款完成比率为90%。继国家出台天保工程区世行贷款债务支持政策之后，天保工程区以外的重点公益林区世行贷款项目还贷难的问题日益突出，引起了世行中心和财政部有关部门的高度重视。为此，世行中心对包括国家造林项目在内的4个项目20个项目省（区）进行了一次全面调查。在此基础上，世行中心与财政部有关部门组织联合调查组，就重点公益林区的世行贷款项目债务问题进行调查。（刘玉英）

【林业持续发展项目中期评估工作】　根据2005年3月26日世行检查组备忘录的要求，世行项目检查组于2005年10月10～20日，对林业持续发展项目进行了中期评估。为开展好项目的中期评估工作，向世行全面地、系统地汇报项目进展情况，全面部署中期评估工作，世行中心下发了《关于做好林业持续发展项目中期评估的通知》，并编制了项目中期总结报告编写提纲。由于各级项目主管部门的共同努力和卓有成效的工作，特别是湖北、湖南和贵州等省精心准备了考察现场，使中期评估取得了成功。世行中期评估组对世行中心、各项目省、保护区项目工作人员在项目中所开展的工作以及项目的实施质量表示非常满意。截至2005年6月30日，国家林业局及7个省13个保护区共开展了保护地区管理部分18项活动内容。项目累计实际总支出461.8万美元，其中赠款累计实际支出350万美元，占赠款资金总额1600万美元的22%。（陈京华）

林业工作站建设

【林业工作站建设综述】 2005年，以开展林业站重点县建设为手段，以培育和保护森林资源为重点，强化林业站职能作用，稳定基层林业站，理顺管理体制，加强职工培训，全面提高林业站工作的整体水平，为推进林业又快又好发展提供坚实的基础保障。着重抓了以下几项工作。

全力争取出台有关加强林业站建设的文件，做好林业站机构队伍稳定工作 中央林业决定的颁发，为进一步加强林业站建设提供了有力的政策依据，抓住这一机遇，总站积极与有关部委联系。在2004年与中央编办对黑龙江、吉林、宁夏、湖北等4省（区）的林业站建设情况的联合调研的基础上，进一步加大了工作力度，在局领导、局有关部门的大力支持下，先后十几次到有关部门进行协调沟通，多次向国务院办公厅汇报情况，经过坚持不懈的努力，就林业站建设的有关问题与相关部门达成了共识，有望在国家出台的文件中对乡（镇）林业站的机构、编制、经费等问题予以明确。同时还密切关注各地林业站机构动态，一旦出现新情况，按照局党组的要求及时汇报，并积极做好指导及各方面的协调工作，如安徽省总站反映，全省有18个县（市、区）在进行农村税费改革后的乡（镇）机构改革试点，庐江县有将林业站合并到农业服务中心的趋势，和省林业厅的同志一道去做工作，通过和庐江县委、县政府领导沟通，庐江县在制定的改革试点方案中，设置8个区域性林业站，由县林业局管理。同时，还联合全国总工会农林水利工会对全国林业站情况进行了调研，并拟以全国总工会办公厅名义向有关部门和领导报送调研报告。

积极做好全国林业站会议筹备工作 根据局党组的要求，2005年下半年积极筹备全国林业站工作会议，会议的各项筹备工作基本完成。

抓好林业站重点县建设，继续抓好合格县建设 从2005年开始，林业站建设的重点从抓合格县建设转移到抓林业重点工程区林业站建设项目（以下简称重点县建设），这项工作与示范县建设内容基本一致，为此，将24个示范县建设经验汇编成册，下发各地学习参考，要求各地借鉴全国林业站建设示范县试点工作经验，按照项目建设内容和示范县建设标准，本着“突出重点、体现特色”的原则，切实组织实施好重点县建设项目。通过林业站重点县建设，使重点县林业站达到“管理规范、设施完善、队伍精干、办事高效、保障有力”的目标，全面提高了林业站建设的整体水平。2005年全国组织实施的100个重点县建设进展顺利。在抓好2005年重点县建设的同时，及时编制上报了2006年重点县建设投资项目。

按照局里提出的“十五”期间要全面完成合格县建设的要求，2005年，继续加大了合格县建设力度。4位站领导继续选择几个合格县建设进度较慢的省（区）作为联系点，督促其加快合格县建设步伐。2005年全国共有11个省（区）申报了112个2004年度合格县，组织检查验收后，局里已发文确认。到2005底，全国林业站建设合格县达到2185个，合格县比例超过90%，北京、河北、山西、辽宁、吉林、黑龙江、安徽、福建、山东、河南、湖北、广东、广西、重庆、陕西、甘肃、宁夏等17个省（区、市）全面完成了合格县建设任务。

加强林业站行风建设 为继续加大纠正林业站行业不正之风和反腐倡廉工作的力度，巩固和扩大2004年纠风工作的成果，在认真总结2004年林业站纠风和执法检查工作的基础上，根据局2005年行风建设的总体要求，开展了以“塑造林业站新形象，创建文明窗口单位”为主要内容的林业站行业先进性教育主题实践活动。要求林业站强化思想宗旨教育，加强制度建设，切实为群众办实事。通过主题实践活动，基层林业站人员的职业道德水平得到了提高，为民服务的意识得到了加强，工作作风得到了明显改善，进一步塑造了林业站“艰苦创业、无私奉献、依法行政、文明服务”的新形象，林业站逐步成为群众欢迎、部门放心、政府重视的文明窗口单位。评选了100个林业站为文明窗口单位。

狠抓培训工作，不断提高林业站职工的整体素质 为进一步加强和规范乡（镇）林业站岗位培训工作，全面推进持证上岗制度，不断提高林业站人员管理水平。根据林业站人员素质的现状，结合培训工作实际，从加强管理，规范内容，开展培训活动等工作入手，积极探索林业站人员培训的有效途径，切实抓好林业站人员岗位培训和学历教育工作。2005年，四川、北京、广西、河北、山西、宁夏、青海、江西、安徽、广东、上海、海南等省（区、市）都开展了林业站人员岗位培训活动，举办了不同形式的培训班。总站亦针对首批重点工程区林业站重点县建设项目工作，举办了两期重点县林业站管理人员培训班，培训人员近百名，有力地促进了项目建设，提高了人员素质。

同时，为夯实培训工作基础，进一步规范岗位培训内容，总站组织编写了4门统编教材，作为“十一五”期间林业站站长岗位培训的指定教材。

努力做好林政案件稽查工作和林权纠纷调处工作 为加大对破坏森林资源案件的查处力度，切实加强了对破坏森林资源案件的受理和督查督办的工作力度。一是做好群众举报的受理工作，根据领导批示及时批转和督办林政案件。2005年，共受理并批转各地查处的群众举报林政案件541件。其中，局领导批示的15件。要求各地反馈查处情况的166件，已反馈159件，反馈率为95.8%，比2004年反馈率提高30%。二是做好群众来访的接访、接待和电话接访。对举报电话和来访全部认真做好记录及时报领导批转各地查处。三是不定期编发《森林资源行政案件稽查简报》，及时将林政案件稽查动态报送局领导和资源司领导。四是组织督查组赴各地督查、督办。共组织6个督查组到10多个省（区）进行督查、督办，有力地促进重大案件的查处。五是配合资源司组织开展打击破坏森林资源专项行动，参与完成专项行动办公室的日常工作，提供了典型案例，带队对重点案件进行的督办。六是做好全国林政案件统计分析工作，按时完成了上半年全国林政案件统计分析和报告工作，11月23～24号，在西安召开全国林政案件统计分析会，完成了全年的林政案件统计分析报告。七是和资源司、稽查办、经研中心联合开展了林业行政案件发生的深层次原因及对策研究课题研究，撰写了课题研究报告。八是根据回良玉副总理在《国内动态清样》(2698期)《尚志市农林纠纷的问题》的批示精神，派出调查组进行了专题调查并提交调查报告。九是参加了对福建、浙江两省林权纠纷进行的调处。通过督查，进一步加大了对破坏森林资源案件的查处力度，并督促有关省（区、市）加强和改进森林资源保护管理工作，2005年重大举报案件明显下降。

（马广仁）

【全国林业站建设合格县工作】 按照国家林业局对全国林业站建设合格县工作的部署和要求，没有完成合格县建设任务的省(区、市)，把合格县建设作为加强林业站建设的一项重要工作，采取有效措施，广泛筹集建设资金，充分调动各地合格县建设的积极性。有关省(区、市)林业主管部门对2004年达到合格县标准的县(市、区)进行了自下而上的逐级检查、验收、申报。在此基础上，国家林业局对所申报的合格县进行了认真审核，于2005年12月确认内蒙古自治区托克托县等112个县(市、区)为2004年全国林业工作站建设合格县。至此，全国林业站建设合格县的数量达到2185个，占有规划建站任务县的90%，17个省(区、市)全面完成了合格县建设任务。

2004年全国林业站建设合格县

内蒙古自治区（15） 呼和浩特市赛罕区 托克托县 赤峰市红山区 扎鲁特旗 额尔古纳市 陈巴尔虎旗 伊金霍洛旗 乌兰察布市集宁区 商都县 兴和县 察哈尔右翼中旗 锡林浩特市 苏尼特右旗 东乌珠穆沁旗 西乌珠穆沁旗

江西省（1） 浮梁县

湖南省（14） 宁乡县 石门县 益阳市赫山区 常宁市 衡南县 衡山县 衡东县 东安县 祁阳县 武冈市 邵东县 邵阳县 中方县 涟源市

广西壮族自治区（16） 南宁市邕宁区 马山县 全州县 柳江县 贵港市港北区 贵港市港南区 贵港市覃塘区 平南县 玉林市玉州区 博白县 上思县 大新县 天等县 龙州县 宜州市 来宾市兴宾区

重庆市（10） 大渡口区 北碚区 巴南区 合川市 江津市 大足县 荣昌县 垫江县 彭水苗族土家族自治县 秀山土家族苗族自治县

四川省（10） 成都市青白江区 郫县 内江市市中区 马尔康县 盐源县 德昌县 普格县 金阳县 冕宁县 木里藏族自治县

贵州省（5） 遵义市汇川区 余庆县 普安县 贞丰县 册亨县

云南省（14） 龙陵县 华坪县 墨江哈尼族自治县 澜沧拉祜族自治县 巍山彝族回族自治县 双柏县 牟定县 永仁县 泸西县 绿春县 元阳县 红河县 河口瑶族自治县 屏边苗族自治县

陕西省（16） 延川县 子长县 宜君县 韩城市 澄城县白水县 泾阳县 扶风县 麟游县 镇巴县 榆林市榆阳区 靖边县 绥德县 米脂县 清涧县 商洛市商州区

甘肃省（10） 民乐县 成县 康县 文县 西和县 两当县 东乡族自治县 积石山保安族东乡族撒拉族自治县 卓尼县 夏河县

新疆维吾尔自治区（1） 额敏县

（张志刚）

【全国林业站人员培训教育工作】 2005年，在国家林业局有关司（局）的大力支持和各省（区、市）各级林业站主管部门的共同努力下，林业站培训教育工作稳步推进。一是根据《基层林业站站长岗位培训指导性教学大纲》和《基层林业站站长岗位培训指导性教学计划》的要求，结合林业站培训工作的实际需要，总站着手编写了林业站站长及主要岗位人员岗位培训教材，至2005年底，已完成了《林木栽培技术》教材初稿的编写工作。二是总站根据林业站的重点工作举办了3期培训班，其中：举办了2期重点工程区林业站建设项目管理人员培训班，共有97名县级林业站管理人员参加了培训；举办了1期全国省级林业站站（处）长培训班，有40名省级林业站站（处）长参加了培训，收到了良好的效果。三是积极推进各省（区、市）的林业站岗位培训工作。2005年按照培训工作的要求，结合工作实际，

积极推动各省（区、市）开展林业站人员岗位培训工作。截至 2005 年底，四川、北京、广西、河北、山西、宁夏、青海、江西、安徽、广东、上海、海南等省（区、市）林业站主管部门都举办了不同形式的林业站人员培训班，开展了岗位培训活动。四是组织完成了赴澳大利亚、新西兰基层林业机构管理体制的考察任务，筹办赴澳大利亚林业分类经营管理培训团的有关工作，共有 32 名林业站管理人员参加了培训考察。五是制定申报了 2006 年赴德国森林分类经营管理技术培训团的培训项目计划。

在搞好林业站岗位培训的同时，各省（区、市）的林业站主管部门也把加强林业站人员继续教育，提高职工素质作为工作的重点抓紧抓实，取得了明显成效。据统计，2005 年各省（区、市）共完成培训林业站站长 12 410 人，站员 36 619 人。参加中央农业广播电视学校、林业大中专班、专业证书班学习的林业站职工本年毕业生达 6206 人，在校生人数为 7881 人，本年新入学人数为 2538 人。在各级林业站主管部门的共同努力下，2005 年底，全国的 142 815 名长期职工中，具有大专以上文化程度的有 41 199 人，占 29%；中专、高中文化程度的有 78 831 人，占 55%；初中以下文化程度的有 22 785 人，占 16%，大专以上文化程度的林业站人员比例较 2004 年度提高了 3 个百分点，林业站职工的整体素质有了进一步的提高。（董　原）

【完善林业站站务信息报送制度】 为扩大宣传林业站在林业建设和农村经济社会发展中的重要作用，激励广大林业站职工立足岗位，敬业奉献，不断加强宣传工作的力度，2004 年总站建立了林业站站务信息报送制度，要求全国各省级林业站主管部门切实加强林业站的宣传工作。经过一年的努力，各省级林业站主管部门已配备了林业站站务信息员，添置了电脑，全国林业站站务信息报送系统已基本建立，对扩大林业站的宣传影响，促进基层林业站之间的经验交流，起到了重要作用。为进一步做好林业站站务信息的沟通、交流工作，规范林业站站务信息管理，在征求各省级林业站主管部门意见的基础上，经过认真研究讨论，总站于 2005 年又制定了《全国林业站站务信息报送制度工作细则（试行）》，对林业站站务信息的报送内容、报送要求、编发、质量评价、信息通报、工作机制等方面进行了规范，使林业站站务信息的管理工作逐步走向制度化、规范化的轨道。对各地提供的大量的站务信息，总站及时编发，定期通报采纳情况，并对在信息报送、宣传工作中表现突出的先进单位和个人进行年度表彰，极大地促进了林业站站务信息工作。2005 年共报送信息 146 条，比 2004 年增加了 3 倍多。国家林业局对总站在林业政务信息方面的工作给予充分肯定，总站以及总站的信息员被评为 2005 年度林业政务信息工作先进单位和先进个人。（祝　浩）

林业计划统计

林业计划

【林业基本建设投资】 2005年，国家调整财政政策取向，由积极财政政策转向稳健的财政政策，林业基本建设投入继续保持较高水平。国家累计安排林业基本建设投资655 993万元，其中，国债投资566 999万元，预算内投资88 994万元。投资结构如下：天保工程100 000万元；退耕还林工程286 010万元（包括前期工作费2655万元）；京津风沙源治理工程林业项目52 738万元；野生动植物保护及自然保护区建设工程29 285万元；三北和长江流域等防护林工程77 438万元；种苗项目11 200万元；森林防火、森林公安、森林病虫害防治项目45 500万元；科技教育项目17 621万元；林业工作站、木材检查站等林业基础设施建设36 201万元。 （计资司计划处）

【《全国湿地保护工程实施规划(2005～2010年)》】 2005年8月，国务院批准了《全国湿地保护工程实施规划（2005～2010年）》。

规划目标 到2010年，通过加大湿地自然保护区建设和管理等措施，我国50%的自然湿地、70%的重要湿地得到有效保护，基本形成自然湿地保护网络体系；通过我国一些重要区域湿地的恢复示范工程，使这些湿地的自然湿地面积萎缩和功能退化的趋势得到初步遏制；同时，较大程度地提高我国湿地资源监测、管理、科学、宣教和合理利用能力。

主要建设内容 优先开展湿地的保护和恢复、合理利用的示范项目以及必要的能力建设。

保护工程 一是保护区建设。重点对我国现有已建湿地类型的国家级保护区、国家重要湿地范围及周边敏感区域内已建的地方级保护区和少量新建保护区进行建设。我国现有湿地类型自然保护区433处，已投资建设了30多处。规划期内还要投资建设222处，其中，现有国家级保护区、国家重要湿地范围内的地方级及少量新建保护区共139处。二是在全国范围内抢救性保护13个野生稻保护小区。三是对4处人为干扰特别严重的国家级湿地自然保护区的核心区实施移民。

恢复工程 重点对国家级自然保护区和国家重要湿地区域内的退化湿地进行恢复，共恢复各类湿地58.8万公顷。一是湿地生态补水。在吉林向海，黑龙江扎龙、洪河，山东黄河河口、南四湖、黄河禹门口—潼关段河滩，河北白洋淀、衡水湖，新疆塔里木河下游，内蒙古黑河下游居延海，江苏太湖，云南滇池等12处重要湿地实施生态补水示范工程。二是湿地污染控制。在污染严重、生态价值较大的江苏阳澄湖、溱湖，新疆博斯腾湖，内蒙古乌梁素海等4处开展富营养化湖泊生物控制示范，选择大庆、辽河和大港油田进行开发湿地的保护示范。三是湿地生态恢复和综合整治工程。湿地生态恢复和综合整治工程包括退耕（养）还泽（滩）、植被恢复、栖息地恢复和红树林恢复4项工程。其中：退耕（养）还泽（滩）示范工程4处，总面积11万公顷；湿地植被恢复工程7处，总面积31.6万公顷；栖息地恢复工程13处，总面积24.3万公顷；红树林湿地恢复工程，总面积1.8万公顷。

可持续利用示范工程 在典型地区，建立国家级农牧渔业综合利用示范区10处，农牧渔业湿地管护区40处，南方人工湿地高效生态模式研究示范区2处，滨海湿地养殖优化和生态养殖工程3处，红树林合理利用示范区2处，湿地公园示范区2处。

能力建设工程 通过整合、调整现有中央级湿地资源调查监测、科技研究和宣传教育方面的有关机构和职能，对已有的职能和业务进行深化，并根据目前湿地保护迫切需要，进一步建立和完善我国的湿地资源调查监测体系，加强国家和地方湿地科研机构建设，初步建立湿地宣教培训体系，开展相关的培训活动。

投资情况 2005～2010年总投资90.04亿元(不包括地方事业费21.6亿)。中央投资总计42.36亿元。其中，基建投资36.44亿元，财政投资5.92亿元。地方投资47.69亿元。基建投资主要用于湿地保护工程、湿地恢复示范工程、合理利用示范工程的基建补助以及能力建设中的基础设施建设及大型仪器设备购置。财政投入主要用于能力建设，包括调查、监测、人员培训、项目运行，仪器设备维护，开展国际合作和履行湿地公约等方面。

按项目分：湿地保护工程42.29亿元，其中，中央基建投资16.02亿元，地方投资26.27亿元；湿地恢复工程36.15亿元，其中，中央基建投资15.34亿元，地方投资20.81亿元；可持续利用示范工程需要中央补助基建投资4.24亿元，其余为地方自筹和贷款解决；能力建设工程7.35亿元，其中，中央基建投资0.83亿元，财政投资5.92亿元，地方配套0.60亿元。 （计资司规划处）

【《全国防沙治沙规划（2005～2010年）》】 2005年，国务院第八十一次常务会议审议通过了《全国防沙治沙规划（2005～2010年）》，国家林业局会同国家发改委、财政部、国土资源部、水利部、农业部、国家环保总局等部门以林计发［2005］148号文下发到全国各有关省（区、市）政府和新疆生产建设兵团。

规划目标 在规划期内，在全面保护现有林草植被的基础上，划定若干个沙化土地封禁保护区，封育保护面积372万公顷，完成治理任务1300万公顷，力争到2010年，重点治理地区生态状况明显改善。

主要建设内容 本着因地制宜、因害设防、保护优先、积极治理的原则和生物措施、工程措施相结合的方式进行沙化土地综合治理。建设内容分为沙化土地封禁保护区建设、营林造林、草地治理、小流域综合治理和水源和节水灌溉工程建设、生态移民和小城镇建设与农村能源建设、沙产业发展等6项内容。

沙化土地封禁保护区建设 在我国现有沙化土地中，有地质时期形成的大沙漠（八大沙漠）、沙地（四大沙地）和戈壁，自然条件严酷，植被盖度很低，人为活动少或基本没有人为活动，对这些地区实行全面的封禁。同时，将沙漠周边，人为破坏严重，沙化扩展加剧，生态区位重要，应当治理而当前又不具备治理条件的沙化土地划定为若干个沙化土地封禁保护区，采取禁伐、禁樵、禁牧、禁垦和禁止狩猎及有计划的移民搬迁等措施，保护现有林草植被，促进林草植被的自然恢复，遏制沙化扩展，维护生态安全。

营林造林 营造林是预防土地沙化和治理沙化土地的有效措施之一。按沙化土地的不同类型，采用人工造林、封山育林、飞播造林和乔、灌、草相结合的方式，建立绿洲外围基干林带，农田、牧场林网，防风固沙林和水土保持林，同时实行退耕还林，防治土地沙化，遏制沙化土地蔓延。

沙化草原治理 草原沙化是我国沙化土地的重要类型。在沙化土地治理中，将已经沙化的草原和具有明显沙化趋势的草原纳入本规划的治理范围，通过改变牧区畜牧业发展方式及生产经营模式，实行草畜平衡制度，推行划区轮牧、季节性休牧、在生态脆弱区和草原退化严重地区实行围封禁牧、舍饲和退耕还草，保护和恢复沙化草原草地植被。

小流域综合治理和水源、节水灌溉工程建设 在水土流失严重、土地沙化突出的农区和农牧交错区，除实施生物措施外，应实行以淤地坝、小型水利水保工程、基本农田与人工草地等工程建设为重点的小流域综合治理，搞好水源和节水灌溉工程建设，改善农牧业生产条件，促进农村结构调整，为退耕还林还草、封育保护创造有利条件。

生态移民、小城镇建设及沙区农村能源建设 生态移民、小城镇建设和农村能源建设是退耕退牧还林还草，恢复和保护沙区植被必要和有效的措施之一。对沙化严重地区的农牧民实行有计划有步骤地异地搬迁，统筹规划建设一批小城镇，发展风能、太阳能、沼气、节柴节煤灶等解决农村能源，减轻沙区生态压力，巩固治沙成果，促进生态、经济协调发展。

沙产业发展 利用沙区光、热、风、土地资源优势，在地表水资源允许的条件下，发展适合沙区生长且具有较高利用价值的林木，种植饲料、发展养殖、人工培育沙区中草药和食用植物资源，通过公司+农户+基地发展，使国家生态目标与农牧民增收致富、企业增效、政府增税有效结合，有利于巩固治沙成果，同时也便于吸纳社会资金投资防沙治沙工作。

投资情况 一是国家重点实施的治理工程，即沙化土地封禁保护区建设，京津风沙源治理工程、三北防护林四期工程、退耕还林退牧还草工程、草原沙化防治工程等国家重点项目，按照国务院和有关部门批准的规划，由中央、地方和社会多渠道筹集资金。中央投资根据国家财力在年度计划中确定。二是区域性和试点示范项目，即全国防沙治沙综合示范区建设、黄河故道沙化土地综合治理项目、南方湿润沙地示范点建设项目，主要依托国家重点工程进行建设。三是沙产业发展，主要靠调动多元投资主体的积极性，吸引民间资本投入，同时给予治沙贴息贷款扶持。

（计资司规划处）

【利用外资】

积极利用外资，加快林业生态建设 我国林业利用外资渠道不断拓宽，贷款规模逐步加大，在有效补充了国内林业建设资金的同时，也进一步促进了林业经营管理体制的完善，拓展了林业发展的思路，有力推动了林业的对外开放和高速稳定发展。2005年，我国林业利用国外贷款达1.67亿美元，其中内蒙古、陕西、山西、湖北、甘肃、江西等生态造林项目利用日本政府贷款1.11亿美元，贫困地区林业发展项目和林业可持续发展项目利用世界银行贷款0.56亿美元。同时，国家林业局发布了《关于加强林业利用国际金融组织和外国政府贷款投资项目管理工作的通知》，为进一步引导和规范林业利用国外贷款工作创造了有利条件。

加大林业“走出去”步伐 以中国与俄罗斯森林资源开发利用合作为主的林业“走出去”战略进一步取得成效。2005年，在北京和圣彼得堡分别召开了中俄森林资源开发利用常设工作小组第四次会议和第二届中俄投资促进会议，进一步提升了对俄森林资源开发在两国经贸合作中的地位；我国林业专家正在开展中俄森林资源开发合作规划编制工作；国有森工企业也进一步加大了中俄森林资源合作开发力度。

同时，我国政府十分注重保护世界森林资源、维护森林资源开发利用秩序，国家林业局参加了在俄召开的欧洲和北亚森林执法和管理部长级会议，进一步宣传了中国林业成就，表明了中国积极保护全球生态、严厉打击木材非法采伐和贸易的立场和态度，维护了国家形象。

积极开创有利环境，促进林业外经贸持续快速发

展　林业外经贸的快速发展已成为带动我国林业经济增长、促进林业产业和生态建设协调发展的重要力量。2005 年，我国主要林产品进出口总额达 383.18 亿美元。国家林业局进一步加大力度，积极为林业外经贸发展创造有利环境。一是配合综合部门就农产品对外贸易问题进行专题研究，分析提出涉农林产品进出口现状、潜力及发展措施，并对涉及林业的有关文件和技术目录进行修改完善，从而进一步争取了国内政策支持，为下一阶段林业外经贸的快速发展创造了条件。二是全力应对“WTO 后过渡期”，重点开展林业 WTO 技术性贸易措施工作，积极组织林业行业应对国外技术贸易壁垒，并积极参与到相关国际会议、经贸谈判以及区域经贸合作和国际规则制定修订等进程中，为我国林业在参与国际事务中争取更多的话语权。三是结合国内外经贸新形势，会同商务部和海关总署完善了进口原木加工锯材出口试点管理办法，并积极推广此项工作，努力带动地方经济发展。

规范管理林业机电产品进出口，全面保障林业发展　国家林业局机电办进一步加大了林业机电产品进出口管理力度，下发了《国家林业局关于加强机电产品进口管理工作的通知》；同时，国家林业局机电办严格执行国家规定，以积极引进先进技术设备、保障林业行业发展为出发点，全年为林业系统办理汽车、科研和办公设备、木材加工设备等进口审批登记 25 批次，总计金额 291 万美元，极大地满足了林业生产建设需要。（计资司外经处）

【农业综合开发】

1. 开展了《农业综合开发林业建设“十一五”规划》的编制工作。研究确定了农业综合开发林业项目“十一五”指导思想，即：以邓小平理论和“三个代表”重要思想为指导，深入贯彻中央经济、中央农村工作会议及中央林业决定精神，树立和落实科学的发展观，转变经济增长方式，围绕提高农业综合生产能力，注重速度、质量、效益的统筹协调，积极调整优化产业结构和资源配置，创新机制，强化指导，以重点地区生态建设、村屯绿化美化和发展名优经济林花卉为重点，加快改善区域生态和农业、农村生产生活条件，提高优质林产品有效供给能力，充分发挥示范和带动作用，促进全面建设小康社会和社会主义新农村目标的早日实现。

2. 完成 2004 年农业综合开发林业项目统计工作。为进一步加强农业综合开发林业项目的统计工作，按照国家农发办有关要求，编制完成了 2004 年农业综合开发林业项目统计报表。

3. 完成 2005 年农业综合开发林业项目计划的编报和下达工作。2005 年，国家林业局共批复农业综合开发中央财政资金 16 050 万元，其中：林业生态示范项目 8850 万元，名优经济林花卉项目 7200 万元。

4. 发布农业综合开发林业项目申报指南。为明确国家林业局农业综合开发项目投资方向及申报的有关要求，避免项目申报单位因不明政策而造成不必要的损失，根据《国家农业综合开发部门项目管理办法》，编制了农业综合开发林业项目申报指南，并在全国范围内发布。

5. 布置了 2002～2004 年名优经济花卉项目检查验收工作。下发通知要求各有关省（区、市）进行项目自查，国家林业局在此基础上进行抽验。

（计资司开发处）

【国家林业局省级联系点及援疆援藏】　2005 年 3 月 21 日，国家林业局在贵州省威宁县召开了国家林业局、贵州省省级林业联系点第五次联席会议。会议由贵州省人大常委会副主任黄康生主持，全国人大常委会副委员长、民进中央主席许嘉璐出席了会议并作了重要指示，国家林业局副局长赵学敏、贵州省副省长禄智明分别代表国家林业局和贵州省政府发表了讲话。中央纪委驻国家林业局纪检组组长、局党组成员杨继平出席会议。会议在充分肯定 2004 年联系点工作的基础上，提出了 2005 年联系点 6 项重点工作，对下一步联系点工作的开展起到了积极的指导意义。

2005 年 7 月 7 日，国家林业局在浙江省温州市召开了浙江林业现代化省级联系点第三次联席会议。国家林业局局长周生贤出席会议并作了讲话。会议充分肯定了浙江林业建设取得的显著成效，并针对全国林业发展形势，提出要对联系点工作思路进一步系统谋划，加快推进浙江林业现代化进程，为经济发达省（区）率先基本实现林业现代化探索出更多的可资借鉴的经验。

2005 年 8 月 25 日，国家林业局与新疆维吾尔自治区党委、政府以及新疆生产建设兵团共同在乌鲁木齐市召开第二次林业援疆工作座谈会，国家林业局局长周生贤出席会议并作讲话。国家林业局党组成员、中国林科院院长江泽慧以及自治区领导艾斯海提·克里木拜、张庆黎、符强、陈雷等出席了会议。会议在深入贯彻中央 11 号文件的基础上，充分总结了第一次林业援疆座谈会以来新疆林业工作取得的成绩和经验，认真分析新疆林业建设所面临的新形势，提出了国家林业局今后援疆工作的重点任务。

2005 年 6 月 15 日，国家林业局在拉萨市召开了“十一五”林业援藏实施方案暨西藏林业“十一五”发展规划座谈会。国家林业局副局长李育材和自治区政府副主席次仁出席会议并分别作了讲话。国家林业局相关单位、自治区有关部门、武警西藏森林总队、各地（市）及重点县林业局长、自治区林业局领导及处室负责人 70 多名参加了会议。会议重点对西藏“十一五”期间的林业发展问题进行了研究讨论。

2005 年 10 月 13 日，国家林业局与西藏自治区林业局在北京联合召开《西藏高原生态保护和建设工程规划》大纲评审会。国家林业局副局长李育材参加了会议。（计资司开发处）

【林业扶贫开发】 根据全国扶贫工作会议及局领导有关指示精神，2005 年 9 月 27～29 日，国家林业局在贵州省黔南州都匀市召开全国山区综合开发暨林业对口扶贫工作会议，李育材副局长出席会议并发表讲话。会议在全面总结“八七”扶贫攻坚计划实施以来林业定点扶贫工作取得的显著成绩和成功经验的基础上，研究部署了下一步林业定点扶贫工作的具体任务。

2005 年 11 月 21～29 日，在南京森林公安高等专科学校举办了第十一期黔桂九万大山地区林业定点扶贫培训班。国家林业局副局长李育材亲自在开班式上授课。来自黔桂九万大山地区 6 地（市）林业局长、19 个林业定点扶贫县的主管县长和林业局长、黔桂两省（区）林业厅（局）的有关同志共 48 名学员参加了培训。 （计资司开发处）

【环境保护】 2005 年，根据国家环保总局关于编制《2004 年中国环境状况公报》要求，在总结 2004 年国家林业局开展环保工作的基础上，形成了《2004 年中国环境状况公报》林业部分，并报送国家环保总局。同时，编制完成了《中国环境年鉴》林业部分。 （韩 非）

【建设项目批复情况】

重点火险区综合治理项目 2005 年，国家林业局共审批重点火险区综合治理项目 65 个，批复总投资 47 751 万元，其中，中央投资 35 350 万元，地方配套投资 12 401 万元（见下表）。

序号	项目名称	批复投资（万元）		
		合 计	中 央	地 方
		47 751.0	**35 350.0**	**12 401.0**
1	北京市密云水库水资源保护林地区森林重点火险区综合治理项目	686.0	412.0	274.0
2	河北省燕山森林重点火险区综合治理项目	1318.0	791.0	527.0
3	河北省太行山中部森林重点火险区综合治理项目	1164.0	698.0	466.0
4	山西省晋城森林重点火险区综合治理项目	358.0	215.0	143.0
5	山西省晋中森林重点火险区综合治理项目	257.0	154.0	103.0
6	内蒙古满归森林重点火险区综合治理项目	700.0	560.0	140.0
7	内蒙古绰尔森林重点火险区综合治理项目	729.0	583.0	146.0
8	内蒙古呼伦贝尔市岭西森林重点火险区综合治理项目	880.0	704.0	176.0
9	内蒙古呼和浩特市新城区大青山森林重点火险区综合治理项目	207.0	166.0	41.0
10	内蒙古乌兰察布市森林重点火险区综合治理项目	503.0	402.0	101.0
11	内蒙古乌拉特后旗森林重点火险区综合治理项目	224.0	180.0	44.0
12	内蒙古阿拉善盟森林重点火险区综合治理项目	776.0	621.0	155.0
13	内蒙古包头梅力更重点火险区综合治理项目	484.0	387.0	97.0
14	吉林省通化老岭森林重点火险区综合治理项目	890.0	712.0	178.0
15	吉林省长白山西坡森林重点火险区综合治理项目	1557.0	1246.0	311.0
16	吉林省白城德龙岗森林重点火险区综合治理项目	670.0	536.0	134.0
17	黑龙江大兴安岭加格达奇森林重点火险区综合治理项目	684.0	684.0	0.0
18	黑龙江大兴安岭阿木尔森林重点火险区综合治理项目	461.0	461.0	0.0
19	黑龙江省鸡密虎森林重点火险区综合治理项目	651.0	521.0	130.0
20	黑龙江省宁海林穆森林重点火险区综合治理项目	955.0	764.0	191.0
21	黑龙江省勃利森林重点火险区综合治理项目	626.0	500.0	126.0
22	黑龙江省呼玛森林重点火险区综合治理项目	453.0	362.0	91.0
23	黑龙江省完达山区域农场森林重点火险区综合治理项目	424.0	339.0	85.0
24	安徽省皖西大别山森林重点火险区综合治理项目	1157.0	695.0	462.0
25	福建省三明市森林重点火险区综合治理项目	1762.0	1058.0	704.0
26	福建省漳州市森林重点火险区综合治理项目	707.0	424.0	283.0
27	江西省赣南森林重点火险区综合治理项目	992.0	595.0	397.0
28	江西省赣中森林重点火险区综合治理项目	850.0	510.0	340.0
29	江西省鹰潭市森林重点火险区综合治理项目	626.0	376.0	250.0
30	山东省黄河三角洲森林重点火险区综合治理项目	390.0	234.0	156.0
31	河南省太行山森林重点火险区综合治理项目	805.0	483.0	322.0

（续）

序号	项目名称	批复投资（万元）		
		合 计	中 央	地 方
32	湖北省随州市森林重点火险区综合治理项目	483.0	290.0	193.0
33	湖北省鄂西南森林重点火险区综合治理项目	915.0	732.0	183.0
34	湖北省鄂西北森林重点火险区综合治理项目	1395.0	837.0	558.0
35	湖南省平江等九县森林重点火险区综合治理项目	1729.0	1038.0	691.0
36	广东省粤西森林重点火险区综合治理项目	1809.0	1086.0	723.0
37	广西贺州森林重点火险区综合治理项目	460.0	368.0	92.0
38	广西梧州森林重点火险区综合治理项目	508.0	406.0	102.0
39	海南省黎母山森林重点火险区综合治理项目	981.0	589.0	392.0
40	重庆市南川市森林重点火险区综合治理项目	103.0	82.0	21.0
41	重庆市涪陵区森林重点火险区综合治理项目	120.0	96.0	24.0
42	重庆市武隆县森林重点火险区综合治理项目	103.0	82.0	21.0
43	重庆市石柱土家族自治县森林重点火险区综合治理项目	122.0	98.0	24.0
44	重庆市渝北等五区森林重点火险区综合治理项目	565.0	452.0	113.0
45	贵州省黔南州森林重点火险区综合治理项目	1645.0	1316.0	329.0
46	云南省滇西南森林重点火险区综合治理项目	706.0	565.0	141.0
47	云南省滇东北森林重点火险区综合治理项目	606.0	485.0	121.0
48	云南省滇东森林重点火险区综合治理项目	605.0	484.0	121.0
49	云南省滇东南森林重点火险区综合治理项目	678.0	542.0	136.0
50	西藏昌都森林重点火险区综合治理项目	1758.0	1758.0	0.0
51	陕西省西安黑河森林重点火险区综合治理项目	225.0	180.0	45.0
52	陕西省商洛蟒岭森林重点火险区综合治理项目	220.0	176.0	44.0
53	陕西省宝鸡市秦岭森林重点火险区综合治理项目	249.0	199.0	50.0
54	陕西省渭南华山韩城森林重点火险区综合治理项目	194.0	155.0	39.0
55	陕西省安康秦巴森林重点火险区综合治理项目	284.0	227.0	57.0
56	陕西省咸阳旬邑森林重点火险区综合治理项目	100.0	80.0	20.0
57	甘肃省小陇山森林重点火险区综合治理项目	782.0	626.0	156.0
58	甘肃省永登县（连城保护区）森林重点火险区综合治理项目	303.0	242.0	61.0
59	宁夏六盘山森林重点火险区综合治理项目	857.0	686.0	171.0
60	青海省大通回族土族自治县森林重点火险区综合治理项目	128.0	102.0	26.0
61	青海省海东森林重点火险区综合治理项目	284.0	227.0	57.0
62	青海省黄南州森林重点火险区综合治理项目	304.0	243.0	61.0
63	内蒙古红花尔基林业局防火公路建设项目投资估算表	2882.0	2400.0	482.0
64	西南航空护林总站丽江航空护林站迁址重建	481.0	351.0	130.0
65	黑龙江省沾河顶子森林重点火险区综合治理二期工程	2221.0	1777.0	444.0

森林防火物资储备项目 共审批森林防火物资储备建设项目30个，批复总投资11 901万元，全部由中央投资（见下表）。

序号	项目名称	批复投资(万元)	
		合 计	中 央
		11 901.0	**11 901.0**
1	北京市大兴区等国家级森林防火物资储备建设项目	361.0	361.0
2	河北省石家庄市、承德市国家级森林防火物资储备建设项目	326.0	326.0
3	山西省西北部、东南部国家级森林防火物资储备建设项目	346.0	346.0
4	内蒙古自治区赤峰市等国家级森林防火物资储备建设项目	528.0	528.0
5	内蒙古大兴安岭乌尔旗汉等林区国家级森林防火物资储备建设项目	413.0	413.0
6	黑龙江省牡丹江市国家级森林防火物资储备建设项目	587.0	587.0
7	吉林省辉南县等国家级森林防火物资储备建设项目	627.0	627.0

（续）

序号	项目名称	批复投资（万元）	
		合 计	中 央
8	河南省伏牛山林区国家级森林防火物资储备建设项目	697.0	697.0
9	黑龙江省森工牡丹江、伊春林区国家级森林防火物资储备建设项目	649.0	649.0
10	大兴安岭国有林区国家级森林防火物资储备建设项目	518.0	518.0
11	江西省景德镇市等国家级森林防火物资储备建设项目	571.0	571.0
12	福建南平市等国家级森林防火物资储备建设项目	533.0	533.0
13	广东省新兴县国家级森林防火物资储备建设项目	511.0	511.0
14	浙江省杭州市等国家级森林防火物资储备建设项目	411.0	411.0
15	广西壮族自治区上林县等国家级森林防火物资储备建设项目	426.0	426.0
16	四川省川西林区国家级森林防火物资储备建设项目	409.0	409.0
17	安徽省岳西县等国家级森林防火物资储备建设项目	349.0	349.0
18	湖南省郴州市和湘西自治州国家级森林防火物资储备建设项目	303.0	303.0
19	贵州省开阳县等国家级森林防火物资储备建设项目	301.0	301.0
20	甘肃省酒泉市等国家级森林防火物资储备建设项目	274.0	274.0
21	山东省沂源县等国家级森林防火物资储备建设项目	265.0	265.0
22	湖北省荆州市等国家级森林防火物资储备建设项目	232.0	232.0
23	海南省海口市国家级森林防火物资储备建设项目	217.0	217.0
24	青海省西宁市、黄南州国家级森林防火物资储备建设项目	105.0	105.0
25	新疆维吾尔自治区阿勒泰市等国家级森林防火物资储备建设项目	495.0	495.0
26	新疆生产建设兵团农九师等国家级森林防火物资储备建设项目	51.0	51.0
27	云南省德宏州等国家级森林防火物资储备建设项目	512.0	512.0
28	陕西省秦巴林区国家级森林防火物资储备建设项目	282.0	282.0
29	辽宁省沈阳市等国家级森林防火物资储备建设项目	333.0	333.0
30	宁夏回族自治区银川市等国家级森林防火物资储备建设项目	269.0	269.0

森林重点治安区设备设施项目 共审批森林重点治安区设备设施项目6个，批复总投资14 847万元，全部由中央投资（见下表）。

序号	项目名称	批复投资（万元）	
		合 计	中 央
		14 847.0	**14 847.0**
1	黄河上中游天保工程森林公安重点治安区设备购置项目	2504.0	2504.0
2	西南天保森林公安重点治安区设备购置项目	2419.0	2419.0
3	东北、内蒙古国有林区森林资源保护森林公安重点治安区设备购置项目	2713.0	2713.0
4	藏羚羊等野生动物保护森林公安重点治安区设备购置项目	2316.0	2316.0
5	中东部候鸟等野生动植物保护森林公安重点治安区设备购置项目	2436.0	2436.0
6	沿海地区打击走私贩卖野生动植物森林公安重点治安区设备购置项目	2459.0	2459.0

国家级自然保护区建设项目 国家级自然保护区建设项目39个，批复总投资27 086万元，其中中央投资19 790万元，地方配套投资7296万元（见下表）。

序号	项目名称	批复投资（万元）		
		合 计	中 央	地 方
		27 086.0	**19 790.0**	**7296.0**
1	安徽牯牛降国家级自然保护区二期工程建设项目	1021.0	613.0	408.0
2	浙江凤阳山－百山祖国家级自然保护区基础设施建设项目	882.0	529.0	353.0
3	广西猫儿山国家级自然保护区基础设施建设项目	1025.0	724.0	301.0
4	广西十万大山国家级自然保护区基础设施建设项目	1559.0	806.0	753.0
5	北京松山国家级自然保护区二期工程建设项目	602.0	361.0	241.0

（续）

序号	项目名称	批复投资(万元)		
		合　计	中　央	地　方
6	内蒙古额济纳胡杨林国家级自然保护区基础设施建设项目	951.0	737.0	214.0
7	内蒙古黑里河国家级自然保护区基础设施建设项目	908.0	726.0	182.0
8	内蒙古大青沟国家级自然保护区二期工程建设项目	688.0	550.0	138.0
9	河南省黄河湿地国家级自然保护区三门峡管理分局基础设施建设项目	1053.0	506.0	547.0
10	河南黄河湿地国家级自然保护区洛阳管理分局基础设施建设项目	805.0	429.0	376.0
11	河南省太行山猕猴国家级自然保护区焦作管理局基础设施建设项目	976.0	516.0	460.0
12	河南伏牛山国家级自然保护区老君山管理分局基础设施建设项目	411.0	247.0	164.0
13	河南伏牛山国家级自然保护区南召宝天曼管理分局基础设施建设项目	581.0	349.0	232.0
14	云南黄连山国家级自然保护区基础设施建设项目	1046.0	811.0	235.0
15	云南文山国家级自然保护区基础设施建设项目	885.0	708.0	177.0
16	云南哀牢山国家级自然保护区南华管理分局扩建项目	506.0	405.0	101.0
17	宁夏白芨滩国家级自然保护区二期工程建设项目	829.0	663.0	166.0
18	宁夏贺兰山国家级自然保护区扩建工程	786.0	629.0	157.0
19	黑龙江宝清七星河国家级自然保护区基础设施建设项目	705.0	564.0	141.0
20	四川察青松多白唇鹿国家级自然保护区基础设施建设项目	596.0	442.0	154.0
21	四川蜂桶寨国家级自然保护区基础设施建设项目	588.0	400.0	188.0
22	四川贡嘎山国家级自然保护区基础设施建设项目	809.0	515.0	294.0
23	四川美姑大风顶国家级自然保护区基础设施建设项目	320.0	277.0	43.0
24	西藏色林错黑颈鹤国家级自然保护区基础设施建设项目	761.0	761.0	0.0
25	新疆西天山国家级自然保护区基础设施建设项目	686.0	542.0	144.0
26	重庆大巴山国家级自然保护区基础设施建设项目	832.0	614.0	218.0
27	甘肃敦煌西湖国家级自然保护区基础设施建设项目	759.0	487.0	272.0
28	甘肃祁连山国家级自然保护区保护站点危房改造工程	600.0	480.0	120.0
29	贵州麻阳河国家级自然保护区基础设施建设项目	776.0	621.0	155.0
30	内蒙古汗马国家级自然保护区二期工程建设项目	378.0	302.0	76.0
31	山东黄河三角洲国家级自然保护区湿地监测工程	405.0	243.0	162.0
32	甘肃白水江保护区保护大熊猫及其栖息地基础设施建设项目	300.0	300.0	0.0
33	甘肃白水江保护区水电管网更新改造工程	219.0	219.0	0.0
34	甘肃白水江保护区职工周转宿舍用房建设项目	401.0	401.0	0.0
35	陕西佛坪保护区大熊猫野外研究基地	300.0	300.0	0.0
36	陕西佛坪保护区管理局站址危房改造工程	628.0	628.0	0.0
37	卧龙保护区中国保护大熊猫研究中心饲养场扩建工程	673.0	673.0	0.0
38	卧龙保护区沙湾花红树沟地质灾害防治工程	216.0	216.0	0.0
39	海南霸王岭国家级自然保护区二期工程建设项目	620.0	496.0	124.0

森工非经营性建设项目　共审批森工非经营性建设项目109个，批复总投资54 417万元，其中，中央投资43 546万元，地方配套投资10 871万元（见下表）。

序号	项目名称	批复投资(万元)		
		合　计	中　央	地　方
		54 417.0	**43 546.0**	**10 871.0**
1	黑龙江省山河屯林业局完全中学改扩建工程	691.0	346.0	345.0
2	黑龙江省柴河林业局第一小学集中办学改扩建工程	418.0	209.0	209.0
3	黑龙江鹤立林业局中心小学集中办学建设项目	1035.0	828.0	207.0
4	黑龙江绥棱林业局中心小学集中办学建设项目	965.0	772.0	193.0
5	黑龙江翠峦林业局中心小学新建项目	777.0	622.0	155.0
6	黑龙江八面通林业局小学集中办学建设项目	829.0	663.0	166.0
7	黑龙江朗乡林业局第一小学集中办学改扩建项目	792.0	634.0	158.0

（续）

序号	项目名称	批复投资(万元)		
		合 计	中 央	地 方
8	黑龙江新青林业局永红小学集中办学改扩建项目	404.0	323.0	81.0
9	黑龙江绥阳林业局第二小学集中办学建设项目	812.0	650.0	162.0
10	黑龙江带岭林业实验局第一中学集中办学改扩建项目	570.0	456.0	114.0
11	黑龙江上甘岭林业局第一小学集中办学改扩建项目	648.0	518.0	130.0
12	黑龙江铁力林业局第三初级中学改扩建项目	300.0	240.0	60.0
13	黑龙江汤旺河林业局第二中学改扩建 项目	511.0	409.0	102.0
14	黑龙江亚布力林业局第二小学集中办学项目	815.0	652.0	163.0
15	黑龙江大海林林业局职工医院改造项目	314.0	251.0	63.0
16	黑龙江兴隆林业局职工医院改扩建项目	442.0	354.0	88.0
17	黑龙江通北林业局职工医院改造项目	386.0	309.0	77.0
18	黑龙江山河屯林业局局址给排水管网改造建设项目	894.0	715.0	179.0
19	黑龙江金山屯林业局局址给水改扩建项目	1060.0	848.0	212.0
20	黑龙江双丰林业局局址给水改扩建项目	624.0	500.0	124.0
21	黑龙江沾河林业局局址北岗区及铁西区排水管网改扩建项目	1523.0	1218.0	305.0
22	黑龙江生态工程职业学院教学实验楼建设项目	2520.0	2016.0	504.0
23	黑龙江牡丹江林业中心医院设备更新改造项目	570.0	456.0	114.0
24	黑龙江穆棱林业局第一小学改扩建项目	480.0	384.0	96.0
25	黑龙江苇河林业局第二小学改扩建项目	403.0	322.0	81.0
26	黑龙江桃山林业局第二小学改扩建项目	413.0	330.0	83.0
27	黑龙江乌马河林业局第一中学集中办学改扩建项目	703.0	562.0	141.0
28	黑龙江迎春林业局第一中学集中办学改扩律项目	537.0	430.0	107.0
29	黑龙江五营林业局第二中学改扩建项目	785.0	628.0	157.0
30	黑龙江东京城林业局第三小学集中办学改扩建项目	606.0	485.0	121.0
31	黑龙江方正林业局第三小学集中办学改扩建项目	878.0	702.0	176.0
32	黑龙江海林林业局小学集中办学改扩建项目	950.0	760.0	190.0
33	黑龙江美溪林业局职工医院改扩建项目	418.0	334.0	84.0
34	黑龙江沾河林业局职工医院改造项目	357.0	286.0	71.0
35	黑龙江林口林业局职工医院改扩建项目	319.0	255.0	64.0
36	黑龙江乌伊岭林业局职工医院改扩建项目	342.0	274.0	68.0
37	黑龙江红星林业局职工医院改扩建项目	336.0	269.0	67.0
38	黑龙江友好林业局局址给水改扩建项目	1123.0	898.0	225.0
39	黑龙江桦南林业局局址给水改扩建项目	854.0	683.0	171.0
40	黑龙江双鸭山林业局局址给水改扩建项目	336.0	269.0	67.0
41	黑龙江东方红林业局局址给水改扩建项目	1275.0	1020.0	255.0
42	内蒙古牙克石林业局第一中学改扩建项目	1187.0	950.0	237.0
43	内蒙古森工库都尔林业局第一小学改扩建项目	458.0	366.0	92.0
44	内蒙古阿里河林业局中学改扩建项目	370.0	296.0	74.0
45	内蒙古甘河林业局第二中学改扩建项目	370.0	296.0	74.0
46	内蒙古莫尔道嘎林业局中学改扩建项目	365.0	292.0	73.0
47	内蒙古得尔布尔林业局中学改扩建项目	501.0	401.0	100.0
48	内蒙古大杨树林业局职工医院改扩建项目	348.0	297.0	51.0
49	内蒙古吉文林业局职工医院改扩建项目	296.0	237.0	59.0
50	内蒙古绰尔林业局职工医院改造项目	283.0	226.0	57.0
51	内蒙古图里河林业局医院改造项目	288.0	230.0	58.0
52	内蒙古伊图里河林业局职工医院改造项目	258.0	206.0	52.0
53	内蒙古满归林业局医院设备更新改造项目	204.0	163.0	41.0
54	大兴安岭实验中学改扩建项目	239.0	191.0	48.0

（续）

序号	项目名称	批复投资(万元)		
		合 计	中 央	地 方
55	大兴安岭林业科学研究所基础设施建设项目	250.0	200.0	50.0
56	大兴安岭林业调查规划设计院改扩建项目	150.0	120.0	30.0
57	大兴安岭塔河林业局第一中学改扩建项目	559.0	447.0	112.0
58	大兴安岭呼中林业局第三中学改扩建项目	556.0	445.0	111.0
59	大兴安岭松岭林业局第一中学改扩建项目	670.0	536.0	134.0
60	大兴安岭图强林业局第二小学改扩建项目	550.0	440.0	110.0
61	大兴安岭新林林业局第一小学集中办学改扩建项目	561.0	446.0	115.0
62	大兴安岭西林吉林业局第三小学改扩建项目	550.0	440.0	110.0
63	大兴安岭韩家园林业中心医院改扩建项目	246.0	197.0	49.0
64	大兴安岭加格达奇林业局局址给排水管网建设项目	331.0	264.0	67.0
65	大兴安岭十八站局查班河林场场址给水建设项目	547.0	437.0	110.0
66	大兴安岭塔河林业局瓦拉干林场场址给水建设项目	858.0	686.0	172.0
67	大兴安岭农工商联合公司振兴分公司给水建设项目	373.0	298.0	75.0
68	大兴安岭松岭林业局局址给水管网扩建项目	676.0	540.0	136.0
69	云南省林业生态工程规划院给排水改造工程	202.0	162.0	40.0
70	云南林业中西医结合医院消防给水改造工程	155.0	124.0	31.0
71	云南华坪林业局饮水工程	211.0	169.0	42.0
72	云南楚雄林业局给排水改造工程	173.0	138.0	35.0
73	云南广南县清水江林业局饮水工程	220.0	176.0	44.0
74	云南中甸林业局给排水改造工程	161.0	129.0	32.0
75	云南漾江林业局给排水及供电改造工程	225.0	180.0	45.0
76	云南南盘江林业局给水及供电改造工程	222.0	178.0	44.0
77	吉林省林业勘察设计研究院附属设施设备改造项目	344.0	275.0	69.0
78	吉林省延边林业学校改扩建项目	670.0	536.0	134.0
79	吉林森工(集团)总公司业务用房附属设施改造项目	449.0	359.0	90.0
80	吉林大石头林业局小学集中办学项目	752.0	602.0	150.0
81	吉林露水河林业局小学集中办学项目	626.0	501.0	125.0
82	吉林黄泥河林业局一小集中办学建设项目	652.0	522.0	130.0
83	吉林泉阳林业局小学集中办学项目	676.0	541.0	135.0
84	吉林敦化林业局小学集中办学项目	725.0	580.0	145.0
85	吉林八家子林业局小学集中办学项目	626.0	501.0	125.0
86	吉林汪清林业局初级中学改扩建项目	838.0	670.0	168.0
87	四川省黑水林业局饮水工程	158.0	126.0	32.0
88	四川省凉北林业局五一一林场饮水工程	80.0	64.0	16.0
89	四川省木里林业局第一、六营造林管护处饮水工程	107.0	86.0	21.0
90	四川省雷波林业局屏边退休职工居住点饮水工程	80.0	64.0	16.0
91	四川省炉霍林业局饮水工程	205.0	164.0	41.0
92	陕西省长青林业局供水供电工程改造项目	170.0	136.0	34.0
93	甘肃省小陇山林业实验局林场给排水工程建设	306.0	245.0	61.0
94	四川省林业厅机关办公区基础设施改造工程	230.0	184.0	46.0
95	四川省林业调查规划院综合楼外墙改建工程	139.0	111.0	28.0
96	四川省炉霍林业局职工医院改扩建工程	85.0	68.0	17.0
97	四川省壤塘林业局职工医院改扩建项目	130.0	104.0	26.0
98	四川省甘孜藏族自治州丹巴林业局职工医院改建工程	152.0	122.0	30.0
99	四川省观音桥林业局饮水工程	191.0	153.0	38.0
100	四川省南坪林业局饮水工程	258.0	206.0	52.0
101	四川甘孜藏族自治州道孚林业局饮水工程	210.0	168.0	42.0

（续）

序号	项目名称	批复投资（万元）		
		合　计	中　央	地　方
102	吉林松江河林业局集中办学改扩建项目	828.0	662.0	166.0
103	吉林白石山林业局小学集中办学建设项目	675.0	540.0	135.0
104	吉林大兴沟林业局小学集中办学建设项目	610.0	488.0	122.0
105	吉林和龙林业局小学集中办学建设项目	678.0	542.0	136.0
106	内蒙古林业精神病院改扩建工程	405.0	324.0	81.0
107	陕西省宁西林业局给排水设施改造工程项目	203.0	162.0	41.0
108	陕西省龙草坪林业局给排水设施改造工程项目	191.0	153.0	38.0
109	甘肃省白龙江林业管理局职工医院房屋维修改造项目	449.0	359.0	90.0

林木种苗项目　共审批林木种苗项目57个，批复总投资8454万元，其中，中央投资5770万元，地方配套投资2684万元（见下表）。

序号	项目名称	批复投资（万元）		
		合　计	中　央	地　方
		8454.0	**5770.0**	**2684.0**
1	陕西省西乡县马尾松等林木采种基地建设项目	145.0	116.0	29.0
2	陕西省城固化香、漆树采种基地建设项目	132.0	106.0	26.0
3	陕西省略阳县杜仲良种基地建设项目	120.0	96.0	24.0
4	陕西省宜川县白皮松采种基地建设项目	128.0	102.0	26.0
5	山东省鱼台县杞柳良种基地建设项目	140.0	84.0	56.0
6	山东省平邑油松、麻栎采种基地建设项目	176.0	106.0	70.0
7	山东省菏泽市刺槐等林木良种基地建设项目	168.0	100.0	68.0
8	山东省东营市刺槐采种基地建设项目	161.0	96.0	65.0
9	山东省平原县白蜡、国槐林木良种基地建设项目	169.0	101.0	68.0
10	山东长岛黑松采种基地建设项目	164.0	98.0	66.0
11	山东潍坊地区构树林木良种基地建设项目	175.0	105.0	70.0
12	湖南保靖县马尾松二代良种基地建设项目	131.0	105.0	26.0
13	湖南常宁湿地松二代林木良种基地建设项目	132.0	80.0	52.0
14	湖南鹤城马尾松二代种子园项目	130.0	78.0	52.0
15	湖南浏阳市鹅掌楸、闽楠采种基地建设项目	135.0	81.0	54.0
16	湖南宁远县金叶白兰等阔叶树采种基地建设项目	104.0	62.0	42.0
17	湖南韶山木兰科林木良种基地建设项目	155.0	93.0	62.0
18	江西萍乡市小坑林场红楠林木良种基地建设项目	198.0	118.0	80.0
19	江西省苦楝、香樟等良种基地建设项目	154.0	92.0	62.0
20	江西省宜丰县闽楠良种基地建设项目	140.0	84.0	56.0
21	安徽省林科所沙河醉榆等林木良种基地建设项目	115.0	69.0	46.0
22	安徽省青阳县楸树林木良种基地建设项目	176.0	105.0	71.0
23	安徽省砀山县梓树等良种基地建设项目	128.0	77.0	51.0
24	安徽省宁国市银杏良种基地建设项目	122.0	73.0	49.0
25	湖北襄樊市楸树采种基地建设项目	110.0	66.0	44.0
26	湖北省林业科技推广中心桤木采穗圃建设	120.0	72.0	48.0
27	湖北荆州市榆树采种基地建设项目	102.0	61.0	41.0
28	湖北武穴四股平林场柏木采种基地建设项目	149.0	89.0	60.0
29	湖北恩施自治州厚朴采种基地建设项目	122.0	98.0	24.0
30	湖北孝感市乌桕等林木良种基地建设项目	151.0	90.0	61.0
31	湖北槭树科林木良种基地建设项目	172.0	103.0	69.0
32	湖北省咸宁市苦槠采种基地建设项目	100.0	60.0	40.0

（续）

序号	项目名称	批复投资(万元)		
		合 计	中 央	地 方
33	湖北鄂州市臭椿采种基地建设项目	110.0	66.0	44.0
34	湖北竹县九华山县林场日本花柏采种基地建设项目	145.0	87.0	58.0
35	吉林汪清红皮云杉、鱼鳞云杉良种基地建设项目	150.0	120.0	30.0
36	吉林双阳柞树采种基地建设项目	158.0	126.0	32.0
37	吉林白城樟子松采种基地建设项目	130.0	104.0	26.0
38	吉林白山市椴树等林木良种基地建设项目	140.0	112.0	28.0
39	贵州独山县枫香良种基地建设项目	178.0	142.0	36.0
40	贵州黔南州林木种质资源基因收集库建设项目	160.0	128.0	32.0
41	内蒙古乌审旗河南苗圃沙地柏良种基地建设项目	95.0	76.0	19.0
42	内蒙古赤峰市蒙古岩黄蓍林木良种基地建设项目	155.0	124.0	31.0
43	内蒙古森工甘河林业局兴安落叶松良种基地建设项目	150.0	120.0	30.0
44	内蒙古森工阿里河林业局西伯利亚红松良种基地建设项目	237.0	190.0	47.0
45	黑龙江美溪林业局山杨良种基地建设项目	150.0	120.0	30.0
46	北京市白皮松等林木良种基地建设项目	110.0	66.0	44.0
47	青岛日本落叶松采种基地建设项目	158.0	95.0	63.0
48	重庆市林木良种繁育中心建设项目	500.0	400.0	100.0
49	河南修武县臭椿林木良种基地建设项目	139.0	83.0	56.0
50	河南汤阴县楝树良种基地建设项目	130.0	78.0	52.0
51	广西百色市枫香采种基地建设项目	110.0	88.0	22.0
52	辽宁绥中县前卫林场栓皮栎槲树良种基地建设项目	140.0	112.0	28.0
53	辽宁紫杉林木良种繁育基地建设项目	126.0	101.0	25.0
54	宁夏吴忠干旱带林木良种基地建设项目	150.0	120.0	30.0
55	河北唐山翔云岛耐盐碱植物采种基地建设项目	108.0	65.0	43.0
56	上海市林木种苗质量监督检验中心建设项目	135.0	81.0	54.0
57	河南省信阳市南湾试验林场枫香采种基地建设项目	166.0	100.0	66.0

直属单位基础设施建设项目(含初步设计) 共审批直属单位建设项目69个，批复总投资30 222万元，其中，中央投资29 951万元，地方配套投资271万元(见下表)。

序号	项目名称	批复投资(万元)		
		合 计	中 央	地 方
		30 222.0	**29 951.0**	**271.0**
1	中国林科院哈尔滨林机所流动专家公寓改扩建工程初步设计	293.0	293.0	0.0
2	北京林业管理干部学院学员宿舍二号楼维修改造工程初步设计	228.0	228.0	0.0
3	西山绿化基地森林防火及外环境附属设施改造初步设计	287.0	287.0	0.0
4	中南林业调查规划设计院业务用房维修改造及加固等初步设计	470.0	470.0	0.0
5	局森防总站办公楼消防设施更换改造项目初步设计	43.0	43.0	0.0
6	中国林科院沙林中心灌溉系统改造工程初步设计	339.0	339.0	0.0
7	中国林科院哈尔滨林机所基础设施改造工程初步设计	189.0	189.0	0.0
8	中国林科院亚林所所区排水系统改造工程	275.0	275.0	0.0
9	中国林科院热林所海南尖峰岭国家级森林生态系统定位研究站初步设计	306.0	306.0	0.0
10	中国林科院热林所海南东寨港红树林湿地生态系统定位研究站初步设计	116.0	116.0	0.0
11	中国林科院森环森保所鸟环中心业务用房维修改造项目初步设计	215.0	215.0	0.0
12	中国林科院京区大院职工食堂翻建工程初步设计	855.0	855.0	0.0
13	中国林科院亚林所职工食堂改造工程初步设计	164.0	164.0	0.0
14	中国林科院桉树中心大院围墙及挡土墙改扩建工程初步设计	71.0	71.0	0.0
15	卧龙自然保护区给排水公用基础设施初步设计	820.0	820.0	0.0
16	中国林科院亚林中心职工食堂危房改造项目初步设计	181.0	181.0	0.0

（续）

序号	项目名称	批复投资(万元)		
		合　计	中　央	地　方
17	西北林业调查规划设计院院区室外附属基础设施改造	536.0	536.0	0.0
18	中国林业出版社图书仓库建设项目初步设计	750.0	750.0	0.0
19	中国林科院热林所尖峰岭试验站电力改造工程初步设计	181.0	181.0	0.0
20	中国林科院资昆所白蜡生态经济林建立及试验示范项目总体设计	204.0	204.0	0.0
21	中国林科院光桐良种繁育中心建设项目初步设计	204.0	204.0	0.0
22	陕西佛坪国家级自然保护区基础设施建设项目初步设计	633.0	633.0	0.0
23	国家林业局经济研究中心胜古南里业务用房维修改造工程初步设计	115.0	115.0	0.0
24	中国林科院沙林中心采暖系统改造工程初步设计	155.0	155.0	0.0
25	中国林科院华林中心基础设施发行工程初步设计	400.0	400.0	0.0
26	中国林科院北京九龙山自然保护区基础设施建设项目初步设计	507.0	507.0	0.0
27	西南困难立地抗逆性优良乔灌木树种选择及快繁技术试验示范总体设计	240.0	240.0	0.0
28	局森防总站森林植物检疫隔离试种苗圃建设项目初步设计	198.0	198.0	0.0
29	华北石质山地植被恢复与重建综合配套技术试验示范项目总体设计	167.0	167.0	0.0
30	三峡库区植被优化配置与可持续管理技术体系建设项目总体设计	248.0	248.0	0.0
31	中国林科院亚林所松花粉提取物及软胶囊制剂中试项目初步设计	143.0	100.0	43.0
32	中国林科院林化所研究生及专家公寓建设项目初步设计	471.0	471.0	0.0
33	中国林科院热带林业研究所所区挡土墙工程初步设计	175.0	175.0	0.0
34	全国森林资源数据库示范建设项目网络结构拓扑图设计	989.0	989.0	0.0
35	四川高寒湿地生态系统定位研究站建设项目初步设计	155.0	155.0	0.0
36	江西大岗山国家级森林生态系统定位研究站建设初步设计	300.0	300.0	0.0
37	中国林科院兴林抑螺试验基地建设项目总体设计	214.0	150.0	64.0
38	中国林科院河西走廊重盐碱地治埋技术示范项目总体设计	143.0	100.0	43.0
39	南方林木种子检验中心种苗质量监测设备购置项目	209.0	209.0	0.0
40	三北局培训中心和职工食堂改扩建项目	375.0	375.0	0.0
41	局森防总站热网工程建设项目	126.0	126.0	0.0
42	中国林科院林化所食堂改扩建工程	498.0	397.0	101.0
43	中国林科院（南京）科技工业园基础设施工程	1251.0	1251.0	0.0
44	中国林科院泡桐研究开发中心科研办公楼维修工程	355.0	335.0	20.0
45	中国林科院热带森林植物种质资源保存库建设工程项目	2943.0	2943.0	0.0
46	中国林科院亚热带林业实验中心机关院区道路改造工程	155.0	155.0	0.0
47	中国林科院热带林业试验中心职工食堂重建项目	127.0	127.0	0.0
48	中国绿色时报社综合新闻采编业务信息系统建设项目	425.0	425.0	0.0
49	局调查规划设计院监测及信息处理自动建设项目	336.0	336.0	0.0
50	北京林业管理干部学院培训学员宿舍建设	1745.0	1745.0	0.0
51	东北航空护林中心基础设施改造项目	293.0	293.0	0.0
52	中国林科院国家林业局现代林业机电工程实验室改造工程	332.0	332.0	0.0
53	中国林科院亚热带林业研究所研究生及专家公寓建设项目	418.0	418.0	0.0
54	中国林科院资源昆虫研究所试验站改扩建项目	356.0	356.0	0.0
55	中南林业调查规划设计院院区附属配套工程	512.0	512.0	0.0
56	局工程质量监督和造价管理总站业务用房改造及设备更新	148.0	148.0	0.0
57	林产规划设计院调整业务综合用房抗震加固加层工程概算	408.0	408.0	0.0
58	中国林科院亚热带森林植物种质资源保存库建设工程项目	793.0	793.0	0.0
59	调整局驻乌鲁木齐、西安森林资源监督专员办事处业务用房概算	124.0	124.0	0.0
60	中国林科院北京林机所科研业务用房建设项目	1115.0	1115.0	0.0
61	天津办事处办公用房项目	119.0	119.0	0.0
62	杭州办事处办公用房项目	61.0	61.0	0.0
63	中国林科院图书馆建设项目	2919.0	2919.0	0.0

（续）

序号	项目名称	批复投资(万元)		
		合 计	中 央	地 方
64	安徽太平竹木材料天然耐腐性研究基地建设工程	776.0	776.0	0.0
65	国家林业局宣传中心业务设备更新购置项目	151.0	151.0	0.0
66	中国保护大熊猫研究中心雅安碧峰峡基地职工工作周转房建设项目	330.0	330.0	0.0
67	林产规划设计院院区改造工程(变配电及天然气)项目初步设计	410.0	410.0	0.0
68	中国林业出版社北侧业务用房改造工程	289.0	289.0	0.0
69	局幼儿园附属用房、西山绿化基地电话总机及消防喷淋改造工程	143.0	143.0	0.0

林业科技教育基础设施建设项目 共审批重点实验室与质检中心设备购置项目8个,国家级森林生态系统定位研究站22个,林业科技推广中心站1个,三北科技推广与中试星火项目12个,批复总投资8330万元,全部由中央投资(见下表)。

序号	项目名称	批复投资(万元)	
		合 计	中 央
		8330.0	**8330.0**
1	哈尔滨林业机械研究所营林机械质量监督检验站基础设施建设项目	100.0	100.0
2	局制材研究重点实验室改造工程	223.0	223.0
3	局热带林业研究重点实验室设备补充购置项目	89.0	89.0
4	局森林保护学重点实验室设备购置项目	107.0	107.0
5	局林化产品质量监督检验站设备购置项目	103.0	103.0
6	亚热带林木培育重点实验室设备购置项目	170.0	170.0
7	国际竹藤网络中心重点实验室设备购置项目	295.0	295.0
8	四川森林生态与资源环境研究实验室设备购置项目	141.0	141.0
9	山东昆嵛山森林生态站基本观测仪器及配套设施建设项目	185.0	185.0
10	长江三峡库区(秭归)森林生态站基本观测仪器及配套设施建设	161.0	161.0
11	河南宝天曼森林生态站主要观测仪器更新及配套设施建设	195.0	195.0
12	黄河小浪底库区森林生态站基本观测仪器及配套设施建设项目	166.0	166.0
13	青海共和荒漠生态站基本观测仪器及配套设施建设项目	100.0	100.0
14	青海三江源湿地生态站基本观测仪器及配套设施建设项目	136.0	136.0
15	四川诺尔盖湿地生态站湿地观测系统配套设施建设项目	121.0	121.0
16	珠江三角洲森林生态系统定位研究站建设项目	153.0	153.0
17	云南元谋荒漠生态站基本观测仪器及配套设施建设项目	143.0	143.0
18	浙江杭州湾森林生态系统定位研究站基础设施建设项目	153.0	153.0
19	贵州喀斯特森林生态定位站基础设施建设项目	218.0	218.0
20	广东沿海防护林森林生态系统定位站建设项目	244.0	244.0
21	海南尖峰岭森林生态系统定位站	195.0	195.0
22	海南东寨港湿地生态定位研究站	145.0	145.0
23	江西大岗山森林生态定位站	119.0	119.0
24	河南宝天曼鸡公山生态定位研究观测点基础设施建设	93.0	93.0
25	新疆天山森林生态系统定位研究站设备购置建设项目	176.0	176.0
26	辽宁冰砬山暖温带—中温带过渡型森林生态系统定位研究站基础设施建设项目	169.0	169.0
27	甘肃森林生态定位站碳汇观测配套设施建设	178.0	178.0
28	陕西秦岭森林生态定位站碳汇观测配套设施建设项目	186.0	186.0
29	湖南省会同森林生态定位研究站碳汇观测配套设施建设项目	153.0	153.0
30	内蒙古大兴安岭森林生态定位站碳汇观测配套设施建设项目	139.0	139.0
31	西北天然林区珍贵树种及非木质资源高效栽培技术集中示范项目	74.0	74.0
32	竹材无公害防腐技术示范项目	90.0	90.0
33	棕榈藤人工林集约经营与采收技术应用开发项目	71.0	71.0

（续）

序号	项目名称	批复投资(万元)	
		合 计	中 央
34	胭脂虫培育示范推广及加工中试星火项目	79.0	79.0
35	林业专用多功能微生物肥料开发与应用推广项目	81.0	81.0
36	三峡库区小流域生物综合治理技术中试星火项目	46.0	46.0
37	沿海红树林快速恢复与林带结构优化技术示范中试星火项目	124.0	124.0
38	木材加工剩余物连续热解气化能源技术开发中试星火项目	67.0	67.0
39	林产品有机挥发物检测技术示范中试星火项目	71.0	71.0
40	绿化苗木多功能介质加工及商业化生产新技术中试星火项目	139.0	139.0
41	油、气钻井用抗高温稀释剂塔拉磺化单宁加工示范中试星火项目	82.0	82.0
42	三北防护林体系建设工程困难立地造林综合配套技术	839.0	839.0
43	林业重点工程区科技推广站建设项目	1811.0	1811.0

森林资源连续清查、林业工作站、木材检查站设备购置建设项目 木材检查站1个，林业工作站建设项目2个，共审森林资源连续清查项目1个，批复总投资7202万元，全部由中央投资(见下表)。

序号	项目名称	批复投资(万元)	
		合 计	中 央
		7202.0	**7202.0**
1	206个全国一级木材检查站建设项目	2270.0	2270.0
2	南方重点工程区林业工作站	1921.0	1921.0
3	北方林业重点工程区等林业工作站建设项目	1811.0	1811.0
4	全国森林资源清查2006年专用设备购置项目	1200.0	1200.0

林业有害生物预防体系建设项目 共审批森林资源连续清查设备购置项目37个，批复总投资44 684万元，其中：中央投资32 268万元，地方配套投资12 416万元(见下表)。

序号	项目名称	批复投资(万元)		
		合 计	中 央	地 方
		44 684.0	**32 268.0**	**12 416.0**
1	河南省杨树食叶害虫等林业有害生物预防体系基础设施建设工程	1417.0	850.0	567.0
2	辽宁省美国白蛾等有害生物预防体系基础设施建设项目	1239.0	991.0	248.0
3	吉林省松蚧虫等林业有害生物监测预警体系建设	1491.0	1193.0	298.0
4	天津市美国白蛾等林业有害生物预防体系基础设施建设项目	890.0	534.0	356.0
5	重庆市松毛虫等林业有害生物预防体系基础设施建设项目	1281.0	1025.0	256.0
6	宁夏森林鼠害等林业有害生物预防体系基础设施建设项目	1324.0	1059.0	265.0
7	陕西省松蠹虫等林业有害生物预防体系基础设施建设项目	1409.0	1127.0	282.0
8	青海省森林鼠害等林业有害生物预防体系基础设施建设项目	1270.0	1016.0	254.0
9	新疆维吾尔自治区森林鼠害等林业有害生物预防体系基础设施建设项目	1282.0	1026.0	256.0
10	安徽省松材线虫等有害生物预防体系基础设施建设项目	1487.0	892.0	595.0
11	海南省松象虫等林业有害生物预防体系基础设施建设项目	851.0	681.0	170.0
12	北京市美国白蛾等林业有害生物预防体系基础设施建设	1014.0	608.0	406.0
13	黑龙江省杨树天牛等林业有害生物预防体系基础设施建设工程	1365.0	1092.0	273.0
14	江西省松象虫等林业有害生物预防体系建设工程项目	1487.0	892.0	595.0
15	四川省松毛虫等林业有害生物预防体系建设项目	1436.0	1149.0	287.0
16	云南省松蠹虫等林业有害生物预防体体系建设工程项目	1195.0	956.0	239.0
17	浙江省松材线虫等林业有害生物预防体系基础设施建设项目	1243.0	746.0	497.0
18	福建省松蚧虫等林业有害生物预防工程基础设施建设	1244.0	746.0	498.0
19	湖南省松象虫等林业有害生物预防体系建设工程	1316.0	790.0	526.0
20	山西省松蠹虫等林业有害生物预防体系基础设施建设	1456.0	873.0	583.0

序号	项目名称	批复投资(万元)		
		合　计	中　央	地　方
21	河北省美国白蛾等林业有害生物预防体系基础设施建设项目	1449.0	869.0	580.0
22	内蒙古杨树天牛等林业有害生物预防体系基础设施建设工程	1308.0	1046.0	262.0
23	广东省松蚧虫等林业有害生物预防体系建设项目	1115.0	669.0	446.0
24	广西壮族自治区松象虫等林业有害生物预防体系基础设施建设项目	1402.0	1122.0	280.0
25	贵州省松毛虫等林业有害生物预防体系建设工程项目	1496.0	1196.0	300.0
26	湖北省松毛虫等林业有害生物预防体系基础设施建设	1460.0	876.0	584.0
27	山东省杨树食叶害虫等林业有害生物预防体系基础设施建设	1422.0	853.0	569.0
28	甘肃省森林鼠害等林业有害生物预防体系建设工程项目	1390.0	1112.0	278.0
29	江苏省杨树食叶害虫等林业有害生物预防体系建设项目	1459.0	875.0	584.0
30	上海市松材线虫等林业有害生物预防体系建设工程项目	1009.0	605.0	404.0
31	黑龙江森林工业总局杨树天牛等林业有害生物预防体系建设工程项目	597.0	478.0	119.0
32	内蒙古大兴安岭杨树天牛等林业有害生物预防体系基础设施建设工程	1003.0	882.0	121.0
33	大兴安岭林业集团公司杨树天牛等林业有害生物预防体系建设项目	964.0	964.0	
34	新疆生产建设兵团森林鼠害等林业有害生物预防体系建设项目	872.0	698.0	174.0
35	西藏自治区松蠹虫等林业有害生物预防体系建设工程项目	1312.0	1312.0	
36	青岛杨树食叶害虫等林业有害生物预防体系建设项目	589.0	353.0	236.0
37	海南省森林病虫害防治设备设施购置项目	140.0	112.0	28.0

（计资司建设管理处）

“十五”林业成就

“十五”林业产业产值状况　　单位:万元

年　份	总产值	一　产	二　产	三　产
2001	4090.48	2703.7	1241.62	145.16
2002	4634.24	2911.72	1485.69	236.83
2003	5860.33	3518.08	2007.43	334.82
2004	6892.21	3887.54	2561.12	443.55
2005	8458.74	4355.56	3486.54	616.64
2001～2005	**29 936.00**	**17 376.60**	**10 782.40**	**1777.00**

“十五”全国造林面积　　单位:千公顷

年　份	造林面积		
	合　计	人工造林	飞播造林
2001	4953.04	3977.32	975.72
2002	7770.97	6896.04	874.93
2003	9118.89	8432.48	686.41
2004	5598.08	5018.89	579.19
2005	3647.94	3231.56	416.39
2001～2005	**31 088.92**	**27 556.29**	**3532.64**

“十五”全国林业重点工程完成造林面积

单位:千公顷

年份	合计	天然林资源保护工程	退耕还林工程		京津风沙源治理工程	三北及长江流域等防护林建设工程							速生丰产用材林基地建设工程
			退耕还林工程合计	其中:退耕地造林		小计	三北防护林体系工程	长江中上游防护林体系工程	沿海防护林体系工程	珠江流域防护林体系工程	太行山绿化工程	平原绿化工程	
2001	3160.18	948.08	870.99	386.14	217.32	1034.92	541.71	162.72	90.90	27.05	141.29	71.25	88.87
2002	6777.38	856.08	4423.61	2039.77	676.38	775.63	453.76	110.29	55.71	46.55	76.15	33.16	45.68
2003	8262.79	688.26	6196.13	3085.93	824.43	533.54	275.30	108.75	38.56	44.71	50.05	16.18	20.43
2004	4802.85	641.45	3217.54	824.90	473.27	448.32	232.34	113.28	30.18	31.76	30.92	9.85	22.27
2005	3119.37	424.81	1898.36	667.39	418.51	368.20	217.89	65.94	22.68	30.67	28.52	2.50	9.49
2001～2005	**26 122.57**	**3558.68**	**16 606.63**	**7004.13**	**2609.91**	**3160.61**	**1721.00**	**560.98**	**238.03**	**180.74**	**326.93**	**132.94**	**186.74**

“十五”全国林业重点工程实际完成投资及国家投资

单位:万元

年份	指标	总计	天然林资源保护工程	退耕还林工程	京津风沙源治理工程	三北及长江流域等重点防护林体系建设工程							野生动物植物保护及自然保护区建设工程	速生丰产用材林基地建设工程
						合计	三北防护林四期工程	长江流域防护林二期工程	沿海防护林二期工程	珠江流域防护林二期工程	太行山绿化二期工程	平原绿化二期工程		
2001	实际完成投资	1 795 799	949 319	314 547	183 275	303 066	102 468	53 406	40 026	10 678	16 169	80 319	20 917	24 675
	其中:国家投资	1 355 797	887 717	248 459	59 283	145 743	56 163	22 736	14 425	6499	8832	37 088	12 109	2486
2002	实际完成投资	2 558 004	933 712	1 106 096	123 238	316 711	139 272	45 837	41 164	17 657	17 151	55 630	39 261	38 986
	其中:国家投资	2 250 647	881 617	1 061 504	120 022	157 582	66 512	27 942	13 839	15 481	10 920	22 888	28 460	1462
2003	实际完成投资	3 339 160	679 020	2 085 573	258 781	232 083	85 437	41 442	29 155	13 136	10 436	52 477	52 406	31 297
	其中:国家投资	2 978 139	650 304	1 926 019	239 513	136 239	49 105	27 758	20 127	11 083	8097	20 069	25 609	455
2004	实际完成投资	3 510 242	681 985	2 142 905	267 666	352 661	86 801	108 872	51 946	11 922	13 048	80 072	44 465	20 560
	其中:国家投资	2 983 123	640 983	1 920 609	261 857	135 782	44 127	25 904	29 705	9797	11 268	14981	22 133	1759
2005	实际完成投资	3 616 302	620 148	2 404 111	332 625	192 556	85 231	53 607	23 029	9134	14 620	6936	51 452	15 410
	其中:国家投资	3 223 975	584 777	2 185 928	325 408	91 292	41 252	12 808	19 704	7039	10 095	394	24 450	12 120
2001～2005	**实际完成投资**	**14 819 508**	**3 864 184**	**8 053 232**	**1 165 585**	**1 397 078**	**499 209**	**303 164**	**185 320**	**62 527**	**71 424**	**275 434**	**208 501**	**130 928**
	其中:国家投资	**12 791 681**	**3 645 398**	**7 342 519**	**1 006 083**	**666 638**	**257 159**	**117 148**	**97 800**	**49 899**	**49 212**	**95 420**	**112 761**	**18 282**

"十五"全国迹地更新面积

单位:千公顷

年 份	迹地更新面积	其中:人工更新
2001	515.29	386.57
2002	379.00	298.37
2003	285.99	220.87
2004	319.31	271.26
2005	407.55	326.95
2001~2005	**1907.14**	**1504.02**

"十五"全国木材、竹材及木材加工、林产化学主要产品产量

年 份	木材(万立方米)	竹材(万根)	锯材(万立方米)	人造板(万立方米)	其中:三板(万立方米)				松香(吨)	栲胶(吨)	紫胶(吨)
					合 计	胶合板	纤维板	刨花板			
2001	4552.03	58 146	763.83	2111.27	1819.15	904.51	570.11	344.53	377 793	9446	431
2002	4436.07	66 811	851.61	2930.18	2271.94	1135.21	767.42	369.31	395 273	9132	561
2003	4758.87	96 867	1126.87	4553.36	3778.09	2102.35	1128.33	547.41	443 306	11 970	1078
2004	5197.33	109 846	1532.54	5446.49	4302.00	2098.62	1560.46	642.92	485 863	12 113	1117
2005	5560.31	115 174	1790.29	6392.89	5151.61	2514.97	2060.56	576.08	606 594	7668	779
2001~2005	**24 504.61**	**446 844**	**6065.14**	**21 434.19**	**17 322.79**	**8755.66**	**6086.88**	**2480.25**	**2 308 829**	**50 329**	**3966**

"十五"全国林业系统固定资产投资完成额

单位:万元

年 份	投资完成总额	营林固定资产投资			森工固定资产			
		合 计	基本建设	更新改造	合 计	基本建设	更新改造	其 他
2001	2 095 636	1 919 835	1 916 182	3653	175 801	61 071	63 968	50 762
2002	3 152 374	2 976 388	2 961 367	15 021	175 986	101 037	39 574	35 375
2003	4 072 782	3 892 793	3 884 708	8085	179 989	67 196	59 867	52 926
2004	4 118 669	3 989 023	3 984 506	4517	129 646	55 980	35 139	38 527
2005	4 593 443	4 419 596	4 397 842	21 754	173 847	69 678	72 280	31 889
2001~2005	**18 032 904**	**17 197 635**	**17 144 605**	**53 030**	**835 269**	**354 962**	**270 828**	**209 479**

"十五"全国林业系统基本建设投资完成额

单位:万元

年 份	林业系统基本建设投资完成额					
	合 计	其中:国投	营 林		森 工	
			合 计	其中:国投	合 计	其中:国投
2001	1 977 253.0	1 538 650.0	1 916 182.0	1 514 627.0	61 071.0	24 023.0
2002	3 062 404.0	2 511 947.0	2 961 367.0	2 487 550.0	101 037.0	24 397.0
2003	3 951 904.0	3 123 465.0	3 884 708.0	3 092 898.0	67 196.0	30 567.0
2004	4 040 486.3	3 220 609.4	3 984 506.3	3 198 943.4	55 980.0	21 666.0
2005	4 467 519.7	3 505 283.7	4 397 841.7	3 483 791.7	69 678.0	21 492.0
2001~2005	**17 625 490.0**	**13 922 793.1**	**17 166 359.0**	**13 798 184.1**	**459 131.0**	**124 609.0**

营林生产统计

林业产业总产值
（按现行价格计算）

单位：万元

指 标 名 称	合 计	指 标 名 称	合 计
总 计	**84 587 419**	④竹、藤、棕、草制品制造	1 575 286
一、第一产业（农、林、牧、渔业）	**43 555 608**	（3）木质、竹藤家具制造	4 279 612
其中：1. 农业	23 949 160	（4）木、竹浆造纸及纸制品业	5 137 686
其中：花卉	3 863 639	（5）林产化学产品制造	786 615
茶、桑、果	15 312 069	（6）专用设备、仪器仪表制造业	29 339
中药材	1 601 187	（7）木、竹、藤工艺品制造业	1 539 664
2. 林业	17 034 266	（8）建筑材料制造业	84 861
（1）林木的培育和种植	6 197 799	（9）其他	682 277
（2）木材采运	3 940 579	3. 电力、煤气、水的生产供应业和建筑业	408 102
①商品材	2 801 317	**三、第三产业**	**6 166 398**
②农民自用材	510 785	1. 交通运输、仓储及邮政业	372 646
③农民烧材	628 477	2. 信息传输、计算机服务、软件业、科学研究、技术服务和地质勘查业	78 665
（3）竹材采运	943 743	3. 批发零售业与住宿餐饮业	2 425 339
其中：小杂竹	201 988	4. 租赁、商务服务业、居民服务及其他服务业	352 558
（4）林产品的采集	5 952 145	5. 水利、环境和公共设施管理业	2 296 286
其中：野生植物采集	506 905	其中：自然保护区（包括森林、湿地、荒漠生态和野生动植物类型）管理	181 007
3. 畜牧业	1 508 702	野生动植物保护	38 755
其中：狩猎和捕捉动物	72 121	森林风景名胜区管理	1 841 116
其他野生动物饲养繁殖	523 924	6. 教育、卫生、社会保障、社会福利业、文化、体育和娱乐业	197 785
4. 林业服务业	465 801	7. 金融业、房地产业、公共管理和社会组织	443 119
二、第二产业	**34 865 412**	补充资料：全部山区县茶、桑、果产值	5 256 520
1. 采矿业	231 993	全部丘陵县茶、桑、果产值	4 213 337
2. 制造业	34 225 318	森林旅游业	2 385 397
（1）非木质林产品加工制造业	2 927 990		
（2）木材加工及木、竹、藤、棕、草制品业	18 757 274		
①锯材、木片加工	2 611 491		
②人造板制造	10 940 219		
③木制品制造	3 630 278		

全国历年造林面积

单位:千公顷

年份	造林面积			年份	造林面积		
	合计	人工造林	飞播造林		合计	人工造林	飞播造林
1949~1952	1707.33	1707.33	—	1986	5274.00	4158.20	1115.80
1953	1112.93	1112.93	—	1987	5414.20	4207.27	1206.93
1954	1166.20	1166.20	—	1988	5533.27	4574.80	958.47
1955	1710.53	1710.53	—	1989	5023.33	4109.53	913.80
1956	5723.27	5723.27	—	1990	5208.47	4353.34	855.13
1957	4355.07	4355.07	—	1991	5594.47	4751.80	842.67
1958	6098.67	6098.67	—	1992	6030.40	5083.70	946.70
1959	5449.67	5442.67	7.00	1993	5903.40	5044.40	859.00
1960	4143.93	4136.93	7.00	1994	5992.66	5190.24	802.42
1961	1441.33	1432.33	9.00	1995	5214.61	4629.35	585.26
1962	1198.73	1188.73	10.00	1996	4919.38	4314.96	604.42
1963	1530.13	1516.03	14.10	1997	4354.93	3737.75	617.18
1964	2911.33	2893.23	18.10	1998	4811.05	4086.00	725.05
1965	3425.33	3403.23	22.10	1999	4900.71	4276.85	623.86
1966	4533.33	4351.83	181.50	2000	5105.14	4345.01	760.13
1967	3904.00	3540.99	363.01	2001	4953.04	3977.32	975.72
1968	3413.33	2858.81	554.52	2002	7770.97	6896.04	874.93
1969	3479.33	2753.31	726.02	2003	9118.89	8432.48	686.41
1970	3884.00	2976.48	907.52	2004	5598.08	5018.89	579.19
1971	4525.13	3404.40	1120.73	2005	3637.68	3221.29	416.39
1972	4635.73	3473.33	1162.40				
1973	4982.87	3925.47	1057.40	1949~1952	1707.33	1707.33	—
1974	5002.47	4114.74	887.73	1953~1957	14 068.00	14 068.00	—
1975	4973.73	4437.66	536.07	1958~1962	18 332.33	18 299.33	33.00
1976	4925.73	4323.06	602.67	1963~1965	7866.79	7812.49	54.30
1977	4793.27	4218.54	574.73	1966~1970	19 213.99	16 481.42	2732.57
1978	4496.33	4125.73	370.60	1971~1975	24 119.93	19 355.60	4764.33
1979	4489.27	3910.27	579.00	1976~1980	23 256.60	20 517.60	2739.00
1980	4552.00	3940.00	612.00	1981~1985	31 520.54	27 639.47	3881.07
1981	4110.07	3681.00	429.07	1986~1990	26 453.27	21 403.14	5050.13
1982	4495.60	4115.80	379.80	1991~1995	28 735.54	24 699.49	4036.05
1983	6324.40	5603.13	721.27	1996~2000	24 091.21	20 760.57	3330.64
1984	8253.67	7290.74	962.93	2001~2005	31 078.66	27 546.03	3532.64
1985	8336.80	6948.80	1388.00	1949~2005	250 444.19	220 290.47	30 153.73

注:1985年以前,造林成活率达到40%即统计造林面积,以后为达到85%以上统计。

全国历年迹地更新面积

单位：千公顷

年　份	迹地更新面　积	其中：人工更新	年　份	迹地更新面　积	其中：人工更新
1949～1952	22.53	22.47	1986	577.40	485.13
1953	16.53	16.07	1987	703.50	586.93
1954	38.80	30.07	1988	636.90	542.60
1955	39.20	31.87	1989	719.10	571.20
1956	94.13	48.47	1990	671.50	537.67
1957	55.80	44.07	1991	664.10	539.60
1958	391.13	193.67	1992	673.60	565.70
1959	560.33	342.13	1993	739.20	609.00
1960	483.73	301.93	1994	722.70	608.73
1961	157.07	103.53	1995	750.96	638.95
1962	106.33	86.00	1996	794.75	683.27
1963	183.00	146.87	1997	798.38	659.39
1964	206.53	170.20	1998	806.30	665.93
1965	238.93	210.87	1999	1042.83	585.75
1966	321.00	227.00	2000	919.80	568.31
1967	303.00	278.27	2001	515.29	386.57
1968	240.00	209.73	2002	379.00	298.37
1969	233.00	200.00	2003	285.99	220.87
1970	325.00	265.13	2004	319.31	271.26
1971	307.53	253.00	2005	407.55	326.95
1972	319.00	259.53			
1973	356.73	293.40	1949～1952	22.53	22.47
1974	362.00	318.27	1953～1957	244.46	170.55
1975	422.00	366.67	1958～1962	1698.59	1027.26
1976	420.80	374.33	1963～1965	628.46	527.94
1977	416.40	369.53	1966～1970	1422.00	1180.13
1978	458.40	390.93	1971～1975	1767.26	1490.87
1979	409.33	355.27	1976～1980	2126.86	1859.59
1980	421.93	369.53	1981～1985	2580.47	2191.00
1981	442.60	371.80	1986～1990	3308.40	2723.53
1982	438.80	375.27	1991～1995	3550.56	2961.98
1983	508.80	422.93	1996～2000	4362.06	3162.65
1984	552.00	476.07	2001～2005	1907.14	1504.02
1985	638.27	544.93	1949～2005	23 618.79	18 821.99

全国营林生产主要指标2005年与2004年比较

指标名称	单　位	2005年	2004年	2005年比2004年增减（%）
一、营林情况				
（一）造林面积	公顷	3 647 943	5 598 078	-34.84
1. 按经济成分分				
（1）公有经济造林	公顷	1 569 192	2 745 072	-42.84
①国有经济造林	公顷	778 463	1 116 015	-30.25
②集体经济造林	公顷	790 729	1 629 057	-51.46
（2）非公有经济造林	公顷	2 078 751	2 853 006	-27.14
2. 按造林方式分				
（1）人工造林	公顷	3 231 556	5 018 885	-35.61
其中：竹林面积	公顷	87 533	82 058	6.67
（2）飞播造林	公顷	416 386	579 194	-28.11
3. 按林种用途分				
（1）用材林	公顷	607 547	871 132	-30.26
其中：速生丰产林	公顷	229 079	309 792	-26.05
（2）经济林	公顷	337 816	456 691	-26.03
（3）防护林	公顷	2 678 214	4 210 768	-36.40
（4）薪炭林	公顷	16 074	49 966	-67.83
（5）特种用途林	公顷	8291	9522	-12.93
（二）年末实有封山（沙）育林面积	公顷	21 984 528	21 585 588	1.85
其中：本年新封	公顷	2 636 461	2 002 141	31.68
1. 无林地和疏林地封育面积	公顷	9 985 831	9 002 889	10.92
其中：本年新封	公顷	1 755 849	1 196 546	46.74
2. 有林地封育面积	公顷	7 272 723	7 432 555	-2.15
其中：本年新封	公顷	546 107	518 419	5.34
3. 灌木林地封育面积	公顷	4 725 974	5 150 144	-8.24
其中：本年新封	公顷	334 505	287 176	16.48
（三）迹地更新面积	公顷	407 546	319 310	27.63
其中：人工更新面积	公顷	326 952	271 262	20.53
（四）低产低效林改造面积	公顷	328 060	279 516	17.37
（五）零星（四旁）植树	万株	214 246	271 139	-20.98
（六）幼林抚育作业面积	公顷次	17 327 735	14 778 920	17.25
（七）幼林抚育实际面积	公顷	9 879 241	8 994 905	9.83
（八）成林抚育面积	公顷	7 827 100	7 712 957	1.48
其中：中、幼龄林抚育面积	公顷	5 010 578	5 271 530	-4.95
（九）抚育改造出材量	万立方米	837.71	1096.01	-23.57
其中：中、幼龄林抚育出材量	万立方米	670.80	900.22	-25.48
（十）林木种子采集量	吨	68 690	63 424	8.30
（十一）当年苗木产量	万株	2 872 799	4 018 174	-28.50
（十二）育苗面积	公顷	545 191	558 805	-2.44
其中：本年新增育苗面积	公顷	185 892	230 546	-19.37
（十三）年末实有母树林面积	公顷	343 755	309 582	11.04
（十四）年末实有种子园面积	公顷	98 291	99 196	-0.91
二、主要林产品产量（含自用）				
1. 生漆	吨	14 316	9641	48.49
2. 油桐籽	吨	368 688	381 428	-3.34
3. 油茶籽	吨	875 022	874 861	0.02
4. 乌桕籽	吨	30 466	22 542	35.15
5. 五倍子	吨	20 308	11 052	83.75
6. 棕片	吨	60 617	64 194	-5.57
7. 松脂	吨	767 134	673 310	13.93
8. 竹笋干	吨	463 154	443 543	4.42
9. 核桃	吨	499 074	436 862	14.24
10. 板栗	吨	1 031 857	922 735	11.83
11. 紫胶（原胶）	吨	1897	5246	-63.84

各地区按造林方式和按林种用途分的造林面积

单位:公顷

地区	总计	按造林方式分		按林种用途分				
		人工造林	飞播造林	用材林	经济林	防护林	薪炭林	特种用途林
全国合计	**3 567 942**	**3 151 556**	**416 386**	**607 547**	**337 816**	**2 598 214**	**16 074**	**8291**
北京	12 186	10 186	2000	230	875	9262	—	1819
天津	3591	3591	—	650	316	2625	—	—
河北	304 766	276 098	28 668	51 158	19 896	232 274	1238	200
山西	140 260	112 728	27 532	672	4045	135 410	133	—
内蒙古	383 833	283 219	100 614	8914	1716	373 203	—	—
内蒙古集团	3434	3434	—	3268	166	—	—	—
辽宁	126 489	126 489	—	20 711	5252	99 644	882	—
吉林	31 049	31 049	—	1309	398	28 540	536	266
吉林集团	164	164	—	127	37	—	—	—
黑龙江	84 661	84 661	—	11 840	458	71 700	12	651
龙江集团	—	—	—	—	—	—	—	—
上海	3827	3827	—	—	147	3393	—	287
江苏	54 687	54 687	—	9679	8692	36 305	—	11
浙江	20 341	20 341	—	3635	4300	12 231	89	86
安徽	36 095	36 095	—	15 027	4488	15 727	739	114
福建	24 218	24 218	—	15 364	3212	5386	189	67
江西	47 589	47 589	—	20 736	3911	22 142	333	467
山东	141 141	141 141	—	47 470	42 674	49 559	633	805
河南	186 715	173 381	13 334	77 295	39 000	69 530	737	153
湖北	177 946	177 946	—	56 848	31 712	86 839	1873	674
湖南	136 479	136 479	—	30 208	10 175	95 116	11	969
广东	18 337	18 337	—	13 084	754	3885	608	6
广西	123 970	123 970	—	89 405	8247	26 308	2	8
海南	32 380	32 380	—	23 119	3243	5755	218	45
重庆	109 272	109 272	—	21 524	11 946	74 735	1067	—
四川	241 883	179 142	62 741	31 936	18 788	188 814	767	1578
贵州	135 597	132 183	3414	7976	4177	123 413	—	31
云南	207 923	163 598	44 325	34 847	39 270	132 475	1331	—
西藏	13 488	13 488	—	320	1681	10 357	1130	—
陕西	198 853	89 372	109 481	8923	1840	187 034	1056	—
甘肃	247 601	234 335	13 266	1400	6585	239 616	—	—
青海	46 748	46 748	—	—	—	46 415	333	—
宁夏	112 924	108 580	4344	—	8356	103 149	1419	—
新疆	163 053	156 386	6667	3227	51 662	107 372	738	54
新疆兵团	26 063	26 063	—	1	11 139	14 923	—	—
大兴安岭	40	40	—	40	—	—	—	—

注:全国合计造林面积中包括军事管理区 80 000 公顷人工营造的防护林。

林业重点工

指　　标	总　计	天然林资源保护工程	退耕还林工程	京津风沙源治理工程	合　计
一、本年完成造林面积	**3 109 106**	**424 808**	**1 898 360**	**408 246**	**368 202**
（一）按造林方式分					
1. 人工造林	2 705 711	118 377	1 898 360	333 953	345 533
2. 飞播造林	403 393	306 431	—	74 293	22 669
（二）按林种用途分					
1. 用材林	361 185	8414	328 321	6544	8418
2. 经济林	177 627	10 588	109 916	7090	50 033
3. 防护林	2 549 313	405 806	1 444 216	393 603	305 687
4. 薪炭林	18 093	—	14 506	600	2987
5. 特种用途林	2888	—	1402	409	1077
二、低产低效防护林改造面积	**22 957**	**—**	**—**	**—**	**22 957**
三、年末实有封山育林面积	**10 756 173**	**5 461 491**	**1 550 364**	**13 695 413**	**2 374 805**
其中：本年新封	2 375 719	741 866	1 055 847	333 941	244 064

指　　标	总　计	天然林资源保护工程	退耕还林工程	京津风沙源治理工程	合　计
一、全部林业投资完成额	**3 616 302**	**620 148**	**2 404 111**	**332 625**	**192 556**
其中：国债资金	688 398	104 376	395 859	81 585	91 292
中央财政专项资金	2 523 988	480 402	1 790 069	243 823	—
二、本年资金来源总计	**3 581 432**	**694 166**	**2 191 096**	**390 730**	**224 495**
1. 上年末结余资金	95 727	59 897	20 016	1956	9825
2. 本年资金来源合计	3 485 705	634 269	2 171 080	388 774	214 671
其中：地方配套资金	184 801	56 873	42 686	4909	71 323
（1）国家预算内资金	3 271 041	619 148	2 121 899	388 083	101 709
其中：国债资金	660 940	104 564	349 061	138 225	48 864
中央财政专项资金	2 382 159	494 851	1 722 183	147 283	8056
（2）国内贷款	12 173	—	—	—	11 100
（3）利用外资	4190	—	—	—	466
（4）自筹资金	87 575	—	—	—	86 790
（5）其他资金	110 726	15 121	49 181	691	14 606
三、群众投工投劳（折资）	**45 642**	**—**	**—**	**—**	**45 642**

程建设情况

单位：公顷，万元

三北及长江流域等重点防护林体系建设工程						速生丰产用材林基地建设工程
三北防护林四期工程	长江流域防护林二期工程	沿海防护林二期工程	珠江流域防护林二期工程	太行山绿化二期工程	平原绿化二期工程	
217 891	**65 938**	**22 676**	**30 671**	**28 524**	**2502**	**9488**
207 891	65 938	22 676	30 671	15 855	2502	9488
10 000	—	—	—	12 669	—	—
2261	2973	461	2090	100	533	9488
46 785	1906	128	945	269	—	—
165 986	60 108	22 082	27 636	27 906	1969	—
2335	647	5	—	—	—	—
524	304	—	—	249	—	—
8510	**6099**	**1743**	**5383**	**200**	**1022**	—
1 528 292	**379 481**	**36 887**	**204 088**	**226 057**	—	—
98 212	49 348	10 986	46 984	38 534	—	—

三北及长江流域等重点防护林体系建设工程						野生动植物保护及自然保护区建设工程	速生丰产用材林基地建设工程
三北防护林四期工程	长江流域防护林二期工程	沿海防护林二期工程	珠江流域防护林二期工程	太行山绿化二期工程	平原绿化二期工程		
85 231	**53 607**	**23 029**	**9134**	**14 620**	**6936**	**51 452**	**15 410**
41 252	12 808	19 704	7039	10 095	394	14 755	532
	—	—	—	—	—	9695	—
89 635	**75 418**	**25 319**	**12 669**	**14 519**	**6936**	**64 140**	**16 805**
1333	1708	2388	4396	—	—	3967	66
88 302	73 710	22 931	8273	14 519	6936	60 173	16 739
24 663	26 200	14 464	170	5761	66	7659	1351
43 952	12 535	18 928	7023	12 365	6906	39 554	649
29 527	8292	6754	3361	930	—	20 227	—
1859	3376	198	648	1925	50	9785	—
10 100	1000	—	—	—	—	—	1073
466	—	—	—	—	—	1424	2300
28 186	54 602	2833	1099	40	30	—	785
5598	5573	1170	151	2114	—	19 195	11 932
38 406	**2790**	**1056**	**302**	**3054**	**34**	—	—

地区	年末实有封山(沙)育林面积							
	总计	其中:本年新封	无林地和疏林地封育面积		有林地封育面积		灌木林地封育面积	
			合计	其中:本年新封面积	合计	其中:本年新封面积	合计	其中:本年新封面积
全国合计	**21 933 862**	**2 585 794**	**9 935 164**	**1 705 182**	**7 272 723**	**546 107**	**4 725 974**	**334 505**
北京	119 729	9017	46 535	2067	40 012	4724	33 182	2226
天津	22 014	3534	—	—	22 014	3534	—	—
河北	846 237	216 530	804 448	206 506	23 065	5200	18 724	4824
山西	475 406	133 375	363 103	105 194	45 600	14 785	66 703	13 396
内蒙古	1 985 016	294 140	1 728 976	294 140	154 935	—	101 105	—
内蒙古集团	142 612	—	18 935	—	123 677	—	—	—
辽宁	68 478	68 478	68 478	68 478	—	—	—	—
吉林	297 800	12 634	26 581	2000	264 547	9467	6672	1167
吉林集团	69 429	—	—	—	69 429	—	—	—
黑龙江	845 958	89 998	37 364	37 364	808 339	52 379	255	255
龙江集团	755 960	—	—	—	755 960	—	—	—
上海	—	—	—	—	—	—	—	—
江苏	13 914	—	—	—	13 877	—	37	—
浙江	752 352	34 187	46 593	10 105	643 858	22 479	61 901	1603
安徽	469 404	47 646	139 414	8620	274 472	35 342	55 518	3684
福建	379 808	14 363	194 112	2825	176 699	11 407	8997	131
江西	610 095	60 553	106 232	6499	463 861	53 232	40 002	822
山东	216 406	12 192	32 193	2241	128 701	5102	55 512	4849
河南	385 912	78 493	264 270	76 841	64 979	1374	56 663	278
湖北	1 673 087	100 308	560 020	41 068	862 500	41 260	250 567	17 980
湖南	949 911	20 967	232 828	20 967	685 669	—	31 414	—
广东	173 707	1764	38 428	1544	20 731	122	114 548	98
广西	3 179 005	96 417	401 830	59 928	766 593	3013	2 010 582	33 476
海南	316 113	7667	34 599	3755	219 825	3912	61 689	—
重庆	352 543	77 294	309 353	55 945	31 135	14 434	12 055	6915
四川	1 046 200	294 953	669 622	150 651	208 255	93 914	168 323	50 388
贵州	717 992	131 933	689 214	103 155	10 766	10 766	18 012	18 012
云南	2 187 894	188 385	1 211 902	71 197	632 898	55 187	343 094	62 001
西藏	450 463	92 803	20 780	9613	147 940	34 411	281 743	48 779
陕西	748 544	156 391	208 854	68 819	374 367	59 613	165 323	27 959
甘肃	495 578	96 066	349 102	87 592	62 582	5270	83 894	3204
青海	457 224	64 443	408 214	61 522	38 716	887	10 294	2034
宁夏	251 754	44 200	150 247	34 373	8913	—	92 593	9827
新疆	1 445 318	137 063	791 872	112 173	76 874	4293	576 572	20 597
新疆兵团	86 543	14 667	81 780	14 667	350	—	4413	—
大兴安岭	—	—	—	—	—	—	—	—

注:全国合计中包括军事管理区 50 667 公顷无林地和疏林地新封山育林。

主要指标完成情况

单位：万元

迹地更新面积		低产低效林改造面积	幼林抚育作业面积（公顷次）	成林抚育面积		育苗面积		当年苗木产量（万株）
合 计	其中:人工更新面积			合 计	其中:中、幼龄林抚育面积	合 计	其中:本年新增育苗面积	
407 546	**326 952**	**328 060**	**17 327 735**	**7 827 100**	**5 010 578**	**545 191**	**185 892**	**2 872 798.99**
636	636	344	43 834	35 985	33 364	15 393	826	10 051.26
—	—	—	83 986	54 565	32 311	5213	772	6450.08
7810	7724	1942	820 734	377 229	248 114	53 859	19 337	285 382.00
243	243	7898	268 272	52 526	45 725	32 590	16 084	169 956.00
32 055	14 296	4697	1 294 520	717 378	442 519	8326	4935	223 178.93
24 335	10 629	—	50 513	124 748	124 748	86	27	14 616.40
—	—	—	—	—	—	14 872	6156	224 220.00
20 809	11 357	2069	464 442	188 673	164 776	2758	999	50 367.40
13 444	4849	122	77 605	19 390	16 510	165	39	8319.49
793	793	9130	1 033 669	223 346	165 916	13 723	4414	235 151.47
—	—	9130	235 488	149 102	91 672	990	110	96 337.47
—	—	—	41 425	37 665	16 007	16 792	1255	16 185.16
2624	2624	510	244 416	251 207	198 026	69 141	9784	101 971.24
17 604	14 776	7831	84 301	221 450	85 807	56 004	5237	75 903.19
3967	—	62 812	1 006 538	448 187	239 579	31 088	7812	50 887.95
80 464	80 464	7948	222 691	151 146	81 904	535	388	26 280.00
7165	5212	26 699	582 746	77 172	48 357	11 220	3871	85 358.24
5077	4892	11 404	1 440 673	836 276	587 814	71 663	31 057	244 924.50
841	120	6915	1 239 022	959 920	614 959	28 653	18 200	201 169.04
2261	2261	5548	807 730	276 761	198 548	24 613	6983	43 537.28
22 827	13 380	52 009	884 851	274 883	220 272	16 081	4893	46 206.64
95 893	92 464	46 302	174 566	122 177	93 990	1968	961	31 773.91
53 571	45 807	13 811	513 190	211 267	124 301	1885	1317	65 406.13
7296	7296	—	24 333	—	—	6900	6900	10 395.70
—	—	1653	256 018	177 404	94 099	3086	1454	32 027.52
3367	3197	4685	980 250	172 890	145 478	7530	3762	96 780.87
267	84	53	573 278	79 398	65 038	1782	1349	41 957.04
13 207	10 926	2634	80 258	16 535	15 378	3748	3201	75 024.52
2044	1844	—	—	—	—	201	42	1182.86
272	—	1908	805 153	322 834	172 472	17 204	8095	152 147.52
—	—	2352	464 642	171 999	92 769	13 874	9123	202 548.54
—	—	—	95 401	—	—	2976	838	27 134.37
—	—	52	538 611	311 682	234 251	3442	1278	3.48
6556	6556	46 854	2 238 088	1 022 034	514 868	8012	4519	35 937.15
119	119	—	269 638	109 047	68 210	1907	704	5432.65
19 897	—	—	20 097	34 511	33 936	58	50	3299.00

各地区主要林产品产量

单位:吨

地区	生漆	油桐籽	油茶籽	乌桕籽	五倍子	棕片	松脂	竹笋干	核桃	板栗	紫胶(原胶)
全国合计	**14 316**	**368 688**	**875 022**	**30 466**	**20 308**	**60 617**	**767 134**	**463 154**	**499 074**	**1 031 857**	**1897**
北京	—	—	—	—	—	—	—	—	13 787	21 853	—
天津	—	—	—	—	—	—	—	—	442	312	—
河北	—	—	—	—	—	—	—	—	47 032	107 079	—
山西	—	—	—	—	—	—	—	—	53 432	62	—
内蒙古	—	—	—	—	—	—	—	—	—	—	—
内蒙古集团	—	—	—	—	—	—	—	—	—	—	—
辽宁	—	—	—	—	—	—	—	—	25 576	42 326	—
吉林	—	—	—	—	—	—	—	—	2888	288	—
吉林集团	—	—	—	—	—	—	—	—	68	—	—
黑龙江	—	—	—	—	—	—	—	—	—	—	—
龙江集团	—	—	—	—	—	—	—	—	—	—	—
上海	—	—	—	—	—	—	—	—	—	—	—
江苏	—	—	170	9	—	—	—	686	151	20 535	—
浙江	—	162	43 361	13	—	754	1940	142 267	—	60 428	—
安徽	220	3208	9743	356	5	1683	5433	15 865	6300	68 786	—
福建	892	20 928	72 597	1145	124	12 162	72 299	153 497	112	49 134	119
江西	355	16 160	189 020	268	123	5140	93 164	6921	3255	25 706	2
山东	—	—	—	—	—	—	—	—	20 465	218 095	—
河南	955	45 802	8079	2557	1709	—	266	30	25 339	112 351	—
湖北	4413	10 315	9928	10 669	814	1830	8334	3139	9051	128 099	—
湖南	3022	42 523	374 516	6703	10 298	9282	32 850	20 026	3761	35 545	101
广东	29	5193	30 470	253	—	1640	154 593	17 825	—	8637	342
广西	71	60 372	117 363	133	142	2616	301 943	18 770	339	45 951	—
海南	—	—	—	—	—	58	3836	803	—	—	—
重庆	794	20 041	1991	3032	1461	2735	4795	5354	3272	5991	—
四川	725	30 314	2464	1953	1152	6290	2911	62 190	59 272	14 105	126
贵州	1328	81 669	10 558	2948	1943	4733	4882	9542	6840	12 286	54
云南	404	18 883	4618	147	153	8901	79 663	5555	91 200	21 277	1135
西藏	—	—	—	—	—	—	—	—	622	—	—
陕西	1047	12 577	144	280	2289	2761	225	684	63 790	30 778	18
甘肃	61	541	—	—	95	32	—	—	29 675	2209	—
青海	—	—	—	—	—	—	—	—	86	24	—
宁夏	—	—	—	—	—	—	—	—	627	—	—
新疆	—	—	—	—	—	—	—	—	31 761	—	—
新疆兵团	—	—	—	—	—	—	—	—	140	—	—
大兴安岭	—	—	—	—	—	—	—	—	—	—	—

森工生产统计

全国森林主要工业产品产量2005年与2004年比较

主要指标	单位	2005年	2004年	2005年比2004年增减（%）
全部木材产量	万立方米	5560.31	5197.33	6.98
原　木	万立方米	5022.87	4712.09	6.60
薪　材	万立方米	537.45	485.24	10.76
全部竹材产量	万立方米	115 173.85	109 846.36	4.85
全部人造板产量	万立方米	6392.89	5446.49	17.38
其中：胶合板	万立方米	2514.97	2098.62	19.84
纤维板	万立方米	2060.56	1560.46	32.05
刨花板	万立方米	576.08	642.92	-10.40
全部锯材产量	万立方米	1790.29	1532.54	16.82
全部松香产量	吨	606 594	485 863	24.85
全部松节油产量	吨	65 272	52 996	23.16
全部栲胶产量	吨	7668	12 113	-36.70
全部紫胶产量	吨	779	1117	-30.26

林业系统木材、木材加工及林产化学主要工业产品销售实际平均价格

指标名称	单位	本年实际		
		产品销售实际平均价格	产品销售收入	产品销售量
木　材	元/立方米	522	11 903 810 787	22 786 867
毛　竹	元/根	7	1 599 783 056	220 605 314
锯　材	元/立方米	821	3 338 702 501	4 068 387
木　片	元/实积立方米	471	1 107 604 409	2 350 708
木地板	元/平方米	122	6 680 218 969	54 759 126
胶合板	元/立方米	1614	5 578 344 415	3 456 705
硬质纤维板	元/立方米	1245	341 032 546	273 974
中密度纤维板	元/立方米	1313	6 872 568 842	5 234 491
刨花板	元/立方米	984	1 206 539 964	1 225 818
松　香	元/吨	5625	859 532 732	152 810
栲　胶	元/吨	5088	33 811 540	6646
紫　胶	元/吨	18 799	14 794 811	787

各地区全部工业主要产品产量

地区	木材（万立方米）	竹材（万根）	锯材（万立方米）	人造板（万立方米）				松香（吨）	栲胶（吨）	紫胶（吨）
				合　计	其　中					
					胶合板	纤维板	刨花板			
全国合计	**5560.31**	**115 173.85**	**1790.29**	**6392.89**	**2514.97**	**2060.56**	**576.08**	**606 594**	**7668**	**779**
北　京	3.19	—	0.00	0.00	0.00	0.00	0.00	—	—	—
天　津	—	—	0.00	0.00	0.00	0.00	0.00	—	—	—
河　北	51.42	—	99.82	902.04	408.90	140.75	112.50	—	—	—
山　西	4.79	—	1.25	0.22	0.03	0.00	0.19	—	—	—
内蒙古	340.97	—	85.01	48.68	5.08	14.56	24.70	—	1760	—
内蒙古集团	244.82	—	1.74	26.31	0.10	9.22	16.22	—	1760	—
辽　宁	147.07	—	60.04	84.08	13.89	40.09	17.91	—	—	—
吉　林	422.08	—	114.43	114.49	27.90	22.11	31.18	—	—	—
吉林集团	90.75	—	6.69	40.13	1.83	11.53	25.56	—	—	—
黑龙江	495.73	—	58.12	71.44	5.70	16.85	37.48	—	—	—
龙江集团	401.06	—	54.30	71.01	5.48	16.85	37.48	—	—	—
上　海	—	—	0.00	0.00	0.00	0.00	0.00	—	—	—
江　苏	57.90	555.34	70.92	1144.57	555.67	248.96	54.03	—	—	—
浙　江	175.27	11 706.08	279.73	505.78	288.14	96.11	5.93	2692	—	—
安　徽	327.51	6314.97	43.69	255.72	87.99	98.73	22.18	1146	—	—
福　建	627.88	25 847.00	117.93	358.65	128.33	131.10	19.97	47 321	—	—
江　西	503.17	6043.19	79.06	172.60	40.94	64.23	18.49	60 738	—	—
山　东	72.08	—	228.06	1209.72	460.65	425.93	129.37	—	—	—
河　南	63.98	903.81	68.98	212.11	87.23	62.53	33.15	725	—	—
湖　北	160.00	3015.68	27.21	146.56	18.57	90.99	12.17	4934	—	—
湖　南	488.45	10 889.56	160.51	221.94	118.00	41.00	7.30	18 528	—	—
广　东	362.15	11 179.55	48.24	340.05	58.55	261.60	15.69	71 141	—	20
广　西	503.26	19 638.64	62.10	339.56	134.00	166.05	12.28	328 300	5838	—
海　南	70.04	994.18	11.86	10.92	1.57	6.56	2.79	3584	70	—
重　庆	1.77	153.36	12.69	9.06	1.64	7.07	0.35	530	—	—
四　川	85.66	2032.44	35.51	95.48	20.67	58.66	6.09	3367	—	95
贵　州	55.01	310.48	16.39	54.36	34.79	6.06	4.58	3373	0	—
云　南	222.41	14 159.54	86.30	79.35	14.95	50.10	6.98	60 215	—	664
西　藏	30.62	—	8.55	0.00	0.00	0.00	0.00	—	—	—
陕　西	24.73	1430.03	0.03	9.21	0.00	8.91	0.00	—	—	—
甘　肃	3.88	—	0.00	0.80	0.00	0.80	0.00	—	—	—
青　海	2.12	—	0.00	0.00	0.00	0.00	0.00	—	—	—
宁　夏	—	—	0.00	0.00	0.00	0.00	0.00	—	—	—
新　疆	33.69	—	0.00	0.00	0.00	0.00	0.00	—	—	—
新疆兵团	4.43	—	0.00	0.00	0.00	0.00	0.00	—	—	—
大兴安岭	223.49	—	13.84	5.48	1.77	0.80	0.78	—	—	—

林业系统工业总产值和销售产值

（按现行价格计算）

单位:万元

指　　标	工业总产值	工业销售产值
总　计	**3 414 624**	**2 796 757**
其中:国有单位	1 112 007	1 066 312
集体单位	233 956	156 027
国有集体联营	35 573	32 190
股份合作	816 223	643 587
外商投资	124 433	69 792
港澳台投资	248 630	141 991
按主要行业分		
(一)采矿业	77 258	72 473
(二)非木质林产品加工制造业	112 540	111 400
(三)木材加工及木、竹、藤、棕、草制品业	2 121 113	1 632 205
1. 锯材、木片加工	335 152	262 261
2. 人造板制造	1 370 422	1 024 366
其中:(1)胶合板制造	350 228	224 364
(2)纤维板制造	503 108	494 516
(3)刨花板制造	182 077	165 715
3. 木制品制造	362 208	310 882
4. 竹、藤、棕、草制品制造	53 331	34 696
(四)木质、竹、藤家具制造	239 337	131 153
(五)木、竹浆造纸及纸制品业	204 592	189 694
(六)林产化学产品制造业	95 064	91 034
(七)专用设备、仪器仪表制造业	11 159	10 386
(八)木、竹、藤工艺品制造业	18 212	16 459
(九)建筑材料制造业	31 158	29 731
(十)电力、燃气及水的生产和供应业	69 495	67 137
(十一)其他	434 696	445 085

林业系统各地

（按现行

地　区	总　计	在总计中						采矿业	非木质林产品加工制造业		
		国有单位	集体单位	国有集体联营	股份合作	外商投资	港澳台投资			合 计	锯材、木片加工
全国合计	**3 414 624**	**1 112 007**	**233 956**	**35 573**	**816 223**	**124 433**	**248 630**	**77 258**	**112 540**	**2 121 113**	**335 152**
北　京	2462	2462	—	—	—	—	—	—	—	—	—
天　津	—	—	—	—	—	—	—	—	—	—	—
河　北	58 988	2302	4590	—	46 185	—	2600	2945	508	42 487	120
山　西	262	262	—	—	—	—	—	—	—	257	—
内蒙古	69 535	63 114	4122	—	—	—	2299	—	—	32 213	400
内蒙古集团	69 535	63 114	4122	—	—	—	2299	—	—	32 213	400
辽　宁	115 245	47 595	27 436	522	21 802	6251	528	7232	1088	65 683	16 879
吉　林	300 991	131 207	3915	—	160 156	—	—	8831	8280	235 377	25 667
吉林集团	125 611	12 488	—	—	113 123	—	—	—	—	102 816	5356
黑龙江	116 110	52 634	2367	—	1430	6551	234	14 630	2442	73 819	11 905
龙江集团	47 546	40 363	584	—	—	4998	234	—	472	25 080	531
上　海	15 170	—	—	—	—	—	—	—	—	12 870	—
江　苏	702 099	19 320	64 430	3990	102 431	50 000	100 000	—	—	518 440	45 221
浙　江	14 773	3266	—	590	4000	—	—	180	668	12 361	1250
安　徽	90 271	31 790	710	4180	32 251	21 273	—	1384	1554	80 943	7937
福　建	167 283	50 275	1192	197	19 059	1210	6542	199	—	138 465	584
江　西	38 257	12 252	557	373	2900	2038	695	1558	1918	19 962	3249
山　东	199 287	158 287	—	—	—	—	41 000	—	—	128 609	—
河　南	72 006	1589	—	—	43 388	—	—	3000	10	49 740	34 279
湖　北	226 723	54 673	47 991	8245	64 567	2780	47 290	160	7619	166 418	19 331
湖　南	486 633	103 671	32 886	10 671	232 930	32 278	18 943	21 706	53 776	212 402	74 141
广　东	81 541	41 493	13 722	—	6969	960	—	3814	50	45 712	31 717
广　西	227 703	188 824	1282	—	2029	—	26 017	3	—	102 570	8141
海　南	57 661	8208	148	6805	10 188	1092	—	—	31 049	19 104	19 104
重　庆	30 670	65	—	—	—	—	2471	—	—	6352	1545
四　川	97 187	8249	5852	—	40 803	—	—	773	—	30 687	3942
贵　州	46 374	18 381	6703	—	21 290	—	—	160	3481	30 323	7345
云　南	41 237	33 115	1901	—	3845	—	11	99	97	12 148	2048
西　藏	2277	302	—	—	—	—	—	—	—	1156	1156
陕　西	18 741	18 741	—	—	—	—	—	—	—	13 322	—
甘　肃	834	834	—	—	—	—	—	—	—	725	—
青　海	—	—	—	—	—	—	—	—	—	—	—
宁　夏	—	—	—	—	—	—	—	—	—	—	—
新　疆	—	—	—	—	—	—	—	—	—	—	—
新疆兵团	—	—	—	—	—	—	—	—	—	—	—
大兴安岭	134 304	59 096	14 152	—	—	—	—	10 584	—	68 968	19 191

区工业总产值

价格计算）

单位:万元

按主要行业分													
木材加工及木、竹、藤、棕、草制品业						木质、竹、藤家具制造	木、竹浆造纸及纸制品业	林产化学产品制造业	专用设备、仪器仪表制造业	木、竹、藤工艺品制造业	建筑材料制造业	电力、燃气及水的生产和供应业	其他
人造板制造				木制品制造	竹、藤、棕、草制品制造								
小计	其中												
	胶合板制造	纤维板制造	刨花板制造										
1 370 422	**350 228**	**503 108**	**182 077**	**362 208**	**53 331**	**239 337**	**204 592**	**95 064**	**11 159**	**18 212**	**31 158**	**69 495**	**434 696**
—	—	—	—	—	—	—	—	—	—	—	—	—	2462
—	—	—	—	—	—	—	—	—	—	—	—	—	—
42 325	1200	23 000	18 125	42	—	26	3860	1421	—	—	320	—	7421
257	—	—	257	—	—	—	—	5	—	—	—	—	—
25 675	—	12 394	13 225	6138	—	—	33 118	898	—	—	1134	325	1847
25 675	—	12 394	13 225	6138	—	—	33 118	898	—	—	1134	325	1847
38 537	11 389	21 084	—	10 057	210	19 067	1702	4	—	—	6750	—	13 719
87 879	11 481	20 590	52 673	120 945	886	5218	2858	12 391	625	—	719	8267	18 425
57 635	4583	7329	45 611	39 825	—	321	2808	11 194	—	—	—	98	8374
29 129	898	4998	18 077	32 475	310	1805	95	—	1667	—	261	18 021	3370
24 207	—	4998	18 077	342	—	1275	95	—	1667	—	—	17 865	1092
1600	1600	—	—	11 270	—	—	—	—	—	—	—	—	2300
418 848	115 410	6340	13 929	37 825	16 546	103 434	10 000	—	400	1732	384	150	67 559
4000	—	4000	—	7111	—	—	—	—	—	102	—	458	1004
65 069	24 551	32 487	8031	5097	2840	840	—	251	—	—	2627	—	2672
124 448	12 110	104 263	5976	12 145	1288	—	—	8449	6790	—	—	125	13 255
14 842	5747	4512	2971	994	877	110	—	368	—	185	70	114	13 972
124 483	9759	99 036	15 688	4126	—	—	—	—	—	—	—	—	70 678
11 370	2816	1571	1261	2250	1841	5420	7150	—	—	325	60	148	6153
122 993	67 811	49 043	1445	13 065	11 029	7522	20 979	2161	357	7531	5422	—	8554
103 547	68 927	6260	18 201	22 973	11 741	55 051	12 357	4221	720	3121	7005	8491	107 783
9227	3035	4300	1191	3589	1179	6022	—	747	—	216	—	14 632	10 348
94 429	3332	81 718	4978	—	—	—	61 900	53 443	600	5000	1012	947	2228
—	—	—	—	—	—	175	190	76	—	—	—	654	6413
3271	3271	—	—	636	900	17 984	—	500	—	—	—	665	5169
2391	1910	350	—	23 452	902	2675	48 010	680	—	—	2054	1277	11 031
16 404	—	4994	5515	3975	2599	4386	—	2500	—	—	1764	—	3760
9471	1800	7461	30	446	183	—	2373	3709	—	—	—	64	22 747
—	—	—	—	—	—	—	—	—	—	—	—	—	1121
13 322	—	13 322	—	—	—	—	—	1623	—	—	—	—	3796
725	—	725	—	—	—	109	—	—	—	—	—	—	—
—	—	—	—	—	—	—	—	—	—	—	—	—	—
—	—	—	—	—	—	—	—	—	—	—	—	—	—
—	—	—	—	—	—	—	—	—	—	—	—	—	—
—	—	—	—	—	—	—	—	—	—	—	—	—	—
6180	3181	660	504	43 597	—	9493	—	1617	—	—	1576	15 157	26 909

林业系统各地

（按现行

地区	总计	在总计中									
		国有单位	集体单位	国有集体联营	股份合作	外商投资	港澳台投资	采矿业	非木质林产品加工制造业	合计	锯材、木片加工
全国合计	**2 796 757**	**1 066 312**	**156 027**	**32 190**	**643 587**	**69 792**	**141 991**	**72 473**	**111 400**	**1 632 205**	**262 261**
北京	2452	2452	—	—	—	—	—	—	—	—	—
天津	—	—	—	—	—	—	—	—	—	—	—
河北	52 724	2296	90	—	45 085	—	2080	2945	370	41 593	120
山西	110	110	—	—	—	—	—	—	—	105	—
内蒙古	70 248	63 649	3951	—	—	—	2648	—	—	32 557	403
内蒙古集团	70 248	63 649	3951	—	—	—	2648	—	—	32 557	403
辽宁	110 007	45 483	25 597	522	20 450	5557	528	4545	1088	63 839	17 379
吉林	296 497	130 853	3648	—	156 452	—	—	8848	8210	230 452	25 178
吉林集团	123 487	12 533	—	—	110 954	—	—	—	—	100 578	5478
黑龙江	113 215	50 067	2367	—	1237	6799	234	14 650	2379	72 284	11 800
龙江集团	45 721	38 620	584	—	—	5299	234	—	462	24 712	531
上海	8350	—	—	—	—	—	—	—	—	8350	—
江苏	230 947	18 391	—	3990	14 167	—	—	—	—	104 109	3521
浙江	14 682	3253	—	590	4000	—	—	180	681	12 252	1219
安徽	86 253	28 902	553	3654	31 425	21 624	—	1433	780	79 537	7706
福建	164 207	46 666	1159	202	19 259	1260	6677	213	—	136 257	589
江西	37 394	11 257	392	373	3279	2038	379	1528	1753	19 923	3273
山东	196 924	158 924	—	—	—	—	38 000	—	—	129 590	—
河南	64 062	1049	—	—	40 376	—	—	2400	37	45 524	32 278
湖北	216 760	53 983	43 650	6068	15 334	2780	47 290	155	7643	161 746	16 762
湖南	436 382	90 884	31 454	9986	216 890	28 283	15 940	21 082	53 776	183 657	56 511
广东	73 506	38 543	13 072	—	2512	960	—	3729	50	39 599	27 081
广西	221 536	183 064	1267	—	2057	—	25 757	3	—	98 545	8303
海南	57 154	8302	148	6805	10 188	491	—	—	31 049	18 503	18 503
重庆	22 475	51	—	—	—	—	2447	—	—	4407	1500
四川	90 210	8541	6469	—	36 478	—	—	854	—	27 240	1907
贵州	46 873	18 834	6703	—	21 336	—	—	160	3481	30 756	7387
云南	40 712	30 629	1871	—	3062	—	11	99	103	13 377	1893
西藏	2071	302	—	—	—	—	—	—	—	1156	1156
陕西	18 370	18 370	—	—	—	—	—	—	—	12 787	—
甘肃	885	885	—	—	—	—	—	—	—	782	—
青海	—	—	—	—	—	—	—	—	—	—	—
宁夏	—	—	—	—	—	—	—	—	—	—	—
新疆	—	—	—	—	—	—	—	—	—	—	—
新疆兵团	—	—	—	—	—	—	—	—	—	—	—
大兴安岭	121 751	50 572	13 636	—	—	—	—	9649	—	63 278	17 792

区工业销售产值

价格计算）

单位：万元

按主要行业分													
木材加工及木、竹、藤、棕、草制品业						木质、竹、藤家具制造	木、竹浆造纸及纸制品业	林产化学产品制造业	专用设备、仪器仪表制造业	木、竹、藤工艺品制造业	建筑材料制造业	电力、燃气及水的生产和供应业	其他
人造板制造				木制品制造	竹、藤、棕、草制品制造								
小计	其中												
	胶合板制造	纤维板制造	刨花板制造										
1 024 366	**224 364**	**494 516**	**165 715**	**310 882**	**34 696**	**131 153**	**189 694**	**91 034**	**10 386**	**16 459**	**29 731**	**67 137**	**445 085**
—	—	—	—	—	—	—	—	—	—	—	—	—	2452
—	—	—	—	—	—	—	—	—	—	—	—	—	—
41 435	1140	22 600	17 695	38	—	24	3650	1421	—	—	320	—	2401
105	—	—	105	—	—	—	—	5	—	—	—	—	—
25 846	—	12 859	12 922	6308	—	—	33 027	1268	—	—	1213	325	1858
25 846	—	12 859	12 922	6308	—	—	33 027	1268	—	—	1213	325	1858
36 887	11 162	19 930	—	9363	210	18 424	1702	4	—	—	6750	—	13 655
85 689	11 292	18 886	52 428	118 719	866	5528	2861	12 463	625	—	676	8199	18 635
55 640	4574	5878	45 082	39 460	—	335	2811	11 276	—	—	—	98	8389
28 525	742	5445	16 936	31 649	310	1941	120	—	1206	—	200	16 874	3561
23 839	—	5445	16 936	342	—	1411	120	—	1206	—	—	16 718	1092
850	850	—	—	7500	—	—	—	—	—	—	—	—	—
98 617	1120	—	3076	1245	726	9580	—	—	380	712	364	130	115 672
4000	—	4000	—	7033	—	—	—	—	—	102	—	441	1026
65 042	24 066	33 176	7800	3949	2840	760	—	251	—	—	2499	—	993
122 970	12 020	102 534	6170	11 363	1335	—	—	7805	6666	—	—	125	13 141
14 718	7993	2877	2586	1096	836	110	—	348	—	150	70	47	13 465
121 809	9057	98 096	14 656	7781	—	—	—	—	—	—	—	—	67 334
9698	2860	1180	936	2138	1410	4618	6495	—	—	170	60	122	4636
122 499	66 031	55 998	470	10 976	11 509	3890	20 675	973	310	7531	5422	—	8415
95 478	61 784	6105	18 041	21 290	10 378	50 345	11 472	4188	510	2621	6313	8479	93 939
9060	2868	4300	1191	2280	1178	6022	—	747	—	173	—	14342	8844
90 242	3246	77 699	4629	—	—	—	60 570	52 597	689	5000	952	936	2244
—	—	—	—	—	—	175	284	76	—	—	—	654	6413
2447	2447	—	—	109	351	17 405	—	—	—	—	—	201	462
1856	1458	280	—	23 457	20	568	46 597	612	—	—	2040	1277	11 022
16 762	—	5257	5610	4063	2544	4386	—	2575	—	—	1764	—	3751
10 826	1667	9033	30	475	183	—	2241	3115	—	—	—	64	21 713
—	—	—	—	—	—	—	—	—	—	—	—	—	915
12 787	—	12 787	—	—	—	—	—	1738	—	—	—	—	3845
782	—	782	—	—	—	103	—	—	—	—	—	—	—
—	—	—	—	—	—	—	—	—	—	—	—	—	—
—	—	—	—	—	—	—	—	—	—	—	—	—	—
—	—	—	—	—	—	—	—	—	—	—	—	—	—
—	—	—	—	—	—	—	—	—	—	—	—	—	—
5436	2561	692	434	40 050	—	7274	—	848	—	—	1088	14 921	24 693

林业系统独立核算工业企业增加值

（按生产法、现行价格计算）

单位：万元

指标	工业总产出				工业中间投入						本年应交增值税	工业增加值
	合计	生产成品价值	对外加工费收入	在产品、自制半成品期末期初差额价值	合计	直接材料费	制造费用中的中间投入	管理费用中的中间投入	销售费用中的中间投入	财务费用		
总计	**1 529 715**	**1 454 331**	**67 833**	**7551**	**1 185 302**	**874 819**	**117 508**	**80 762**	**80 752**	**31 461**	**57 004**	**401 417**
在总计中：国有	629 305	621 123	6656	1526	499 025	363 027	60 997	31 950	25 273	17 778	25 536	155 816
在总计中：												
一、木材加工企业	979 382	947 012	26 915	5455	773 592	573 669	87 501	50 615	39 883	21 924	38 225	244 015
二、林产化学企业	91 125	90 770		355	79 499	69 921	1520	4128	2414	1516	3369	14 995
三、专用设备、仪器仪表制造企业	19 881	17 918	1692	271	17 483	13 833	997	1016	1193	444	635	3033

林业系统各地区独立核算工业企业增加值

（按生产法、现行价格计算）

单位：万元

地区	工业总产出				工业中间投入						本年应交增值税	工业增加值
	合计	生产成品价值	对外加工费收入	在产品、自制半成品期末期初差额价值	合计	直接材料费	制造费用中的中间投入	管理费用中的中间投入	销售费用中的中间投入	财务费用		
全国合计	**1 529 715**	**1 454 331**	**67 833**	**7551**	**1 185 302**	**874 819**	**117 508**	**80 762**	**80 752**	**31 461**	**57 004**	**401 417**
北京	2462	95	2359	8	847	513	24	324	24	-38	136	1751
天津	—	—	—	—	—	—	—	—	—	—	—	—
河北	50 688	42 337	4520	3831	41 959	34 335	5765	781	827	251	1016	9745
山西	262	262	—	—	539	147	141	131	33	87	2	-275
内蒙古	69 535	69 535	—	—	52 503	43 543	3002	2878	2828	252	5333	22 365
内蒙古集团	69 535	69 535	—	—	52 503	43 543	3002	2878	2828	252	5333	22 365
辽宁	—	—	—	—	—	—	—	—	—	—	—	—
吉林	226 003	224 692	880	431	171 521	98 533	26 025	9242	34 511	3210	6403	60 885
吉林集团	125 611	124 333	847	431	97 359	77 589	4426	5557	8208	1579	5174	33 426
黑龙江	51 957	51 048	934	-25	39 737	31 560	2035	2274	2636	1232	1552	13 772
龙江集团	47 546	46 637	934	-25	35 730	29 009	1238	1783	2576	1124	1356	13 172
上海	—	—	—	—	—	—	—	—	—	—	—	—
江苏	57 352	4052	53 000	300	52 778	41 960	389	4973	5215	241	948	5522
浙江	619	619	—	—	551	422	69	21	39	—	17	85
安徽	46 114	46 099	—	15	41 688	33 229	3726	1262	2101	1370	2362	6788
福建	145 987	144 973	792	222	122 724	105 633	4030	6291	5242	1528	7738	31 001
江西	31 618	31 321	263	34	22 612	16 650	2953	1900	819	290	1409	10 415
山东	199 287	198 279	576	432	162 963	130 060	19 826	2797	5441	4839	2833	39 157
河南	45 388	44 471	514	403	31 357	18 841	10 338	1432	578	168	1794	15 825
湖北	84 723	84 061	506	156	74 694	53 161	8891	4640	6553	1449	4875	14 904
湖南	104 588	102 459	1054	1075	83 771	60 287	4067	14 377	3158	1882	3226	24 043
广东	—	—	—	—	—	—	—	—	—	—	—	—
广西	164 078	163 834	41	203	128 489	107 765	7165	3699	3106	6754	6169	41 758
海南	30 401	29 800	601	—	1270	532	10	381	113	234	482	29 613
重庆	2471	2471	—	—	1929	1334	68	235	245	47	99	641
四川	10 970	10 896	74	—	9409	6747	1675	542	124	321	547	2108
贵州	17 475	16 006	1202	267	14 161	9394	1868	1187	830	882	825	4139
云南	33 095	32 927	168	—	26 769	22 273	1064	1777	924	731	1591	7917
西藏	2277	2277	—	—	2087	682	438	956	9	2	706	896
陕西	17 227	16 679	349	199	12 672	9402	549	1250	380	1091	857	5412
甘肃	834	834	—	—	1089	819	21	93	9	147	28	-227
青海	—	—	—	—	—	—	—	—	—	—	—	—
宁夏	—	—	—	—	—	—	—	—	—	—	—	—
新疆	—	—	—	—	—	—	—	—	—	—	—	—
新疆兵团	—	—	—	—	—	—	—	—	—	—	—	—
大兴安岭	134 304	134 304	—	—	87 183	46 997	13 369	17 319	5007	4491	6056	53 177

林业系统各地区国有独立核算工业企业增加值

（按生产法、现行价格计算）

单位：万元

地区	工业总产出				工业中间投入						本年应交增值税	工业增加值
	合计	生产成品价值	对外加工费收入	在产品、自制半成品期末期初差额价值	合计	直接材料费	制造费用中的中间投入	管理费用中的中间投入	销售费用中的中间投入	财务费用		
全国合计	**629 305**	**621 123**	**6656**	**1526**	**499 025**	**363 027**	**60 997**	**31 950**	**25 273**	**17 778**	**25 536**	**155 816**
北京	2462	95	2359	8	847	513	24	324	24	-38	136	1751
天津	—	—	—	—	—	—	—	—	—	—	—	—
河北	1883	1867	—	16	1599	1297	124	71	82	25	88	372
山西	262	262	—	—	539	147	141	131	33	87	2	-275
内蒙古	63 114	63 114	—	—	48 871	41 221	2766	2410	2481	-7	5170	19413
内蒙古集团	63 114	63 114	—	—	48 871	41 221	2766	2410	2481	-7	5170	19 413
辽宁	—	—	—	—	—	—	—	—	—	—	—	—
吉林	80 057	80 024	33	—	60 745	24 870	22 809	5109	6025	1932	1782	21 094
吉林集团	12 488	12 488	—	—	11 018	6458	1210	1511	1538	301	553	2023
黑龙江	41 824	40 946	903	-25	31 051	24 346	1512	1681	2319	1193	1152	11 925
龙江集团	40 379	39 501	903	-25	29 822	23 891	1048	1466	2316	1101	1054	11 611
上海	—	—	—	—	—	—	—	—	—	—	—	—
江苏	552	552	—	—	478	400	39	23	15	1	48	122
浙江	—	—	—	—	—	—	—	—	—	—	—	—
安徽	14 696	14 696	—	—	13 079	10 709	1010	384	587	389	692	2309
福建	31 766	31 215	551	—	31 215	25 236	348	3436	1602	593	1736	2287
江西	6804	6521	263	20	5160	2882	764	1059	426	29	206	1850
山东	158 287	157 279	576	432	131 922	107 010	13 921	2296	4821	3874	1808	28 173
河南	—	—	—	—	—	—	—	—	—	—	—	—
湖北	2113	1467	501	145	1620	897	228	232	263	—	108	601
湖南	32 511	30 952	836	723	30 638	21601	3143	3764	1770	360	1328	3201
广东	—	—	—	—	—	—	—	—	—	—	—	—
广西	102 051	102 002	41	8	74 786	58 654	6003	2541	1983	5605	4275	31 540
海南	684	684	—	—	290	80	10	142	58	—	32	426
重庆	—	—	—	—	—	—	—	—	—	—	—	—
四川	7272	7198	74	—	6346	5029	714	300	93	210	185	1111
贵州	10 798	10 796	2	—	9822	7062	1073	449	415	823	729	1705
云南	5735	5567	168	—	5023	3855	274	457	186	251	396	1108
西藏	2277	2277	—	—	2087	682	438	956	9	2	706	896
陕西	4227	3679	349	199	3285	2137	406	432	202	108	349	1291
甘肃	834	834	—	—	1089	819	21	93	9	147	28	-227
青海	—	—	—	—	—	—	—	—	—	—	—	—
宁夏	—	—	—	—	—	—	—	—	—	—	—	—
新疆	—	—	—	—	—	—	—	—	—	—	—	—
新疆兵团	—	—	—	—	—	—	—	—	—	—	—	—
大兴安岭	59 096	59 096	—	—	38 533	23 580	5229	5660	1870	2194	4580	25 143

林业系统各地区独立核算木材加工企业增加值

（按生产法、现行价格计算）

单位：万元

地区	工业总产出				工业中间投入						本年应交增值税	工业增加值
	合计	生产成品价值	对外加工费收入	在产品、自制半成品期末期初差额价值	合计	直接材料费	制造费用中的中间投入	管理费用中的中间投入	销售费用中的中间投入	财务费用		
全国合计	**979 382**	**947 012**	**26 915**	**5455**	**773 592**	**573 669**	**87 501**	**50 615**	**39 883**	**21 924**	**38 225**	**244 015**
北　京	—	—	—	—	—	—	—	—	—	—	—	—
天　津	—	—	—	—	—	—	—	—	—	—	—	—
河　北	42 452	34 496	4500	3456	35 278	29 709	4969	251	348	1	678	7852
山　西	257	257	—	—	523	142	141	120	33	87	2	-264
内蒙古	32 838	32 838	—	—	23 985	19 481	1194	1437	1671	202	2024	10 877
内蒙古集团	32 838	32 838	—	—	23 985	19 481	1194	1437	1671	202	2024	10 877
辽　宁	—	—	—	—	—	—	—	—	—	—	—	—
吉　林	149 140	147 862	847	431	106 982	66 528	23 372	6546	8090	2446	5163	47 321
吉林集团	100 279	99 001	847	431	71 926	56 785	3337	5000	5526	1278	3959	32 312
黑龙江	23 143	22 645	523	-25	20 519	14 331	1331	1469	2287	1101	1015	3639
龙江集团	22 011	21 513	523	-25	19 421	13 752	950	1331	2287	1101	993	3583
上　海	—	—	—	—	—	—	—	—	—	—	—	—
江　苏	17 352	552	16 800	—	16 278	14 000	39	1623	615	1	88	1162
浙　江	619	619	—	—	551	422	69	21	39	—	17	85
安　徽	43 123	43 108	—	15	38 997	30 813	3622	1118	2074	1370	2223	6349
福　建	134 716	134 147	379	190	112 922	97 188	3592	5773	4919	1450	7546	29 340
江　西	15 962	15 932	—	30	11 762	8854	1612	823	307	166	765	4965
山　东	128 609	127 628	549	432	111 117	91 402	9787	2125	4231	3572	1588	19 080
河　南	43 388	42 631	514	243	29 494	18 441	10 083	435	374	161	1747	15 641
湖　北	82 725	82 649	20	56	73 170	52 331	8678	4414	6298	1449	4764	14 319
湖　南	44 807	43 659	796	352	36 615	26 935	2886	4367	1869	558	1760	9952
广　东	—	—	—	—	—	—	—	—	—	—	—	—
广　西	78 172	78 163	1	8	56 630	46 659	3297	1856	1331	3487	3341	24 883
海　南	939	338	601	—	177	—	—	174	3	—	19	781
重　庆	2471	2471	—	—	1929	1334	68	235	245	47	99	641
四　川	208	193	15	—	224	161	26	28	9	—	19	3
贵　州	16 241	14 772	1202	267	13 072	8407	1837	1133	824	871	769	3938
云　南	12 484	12 316	168	—	10 278	7872	741	936	305	424	736	2942
西　藏	2277	2277	—	—	2087	682	438	956	9	2	706	896
陕　西	13 322	13 322	—	—	9674	7468	181	843	178	1004	539	4187
甘　肃	834	834	—	—	1089	819	21	93	9	147	28	-227
青　海	—	—	—	—	—	—	—	—	—	—	—	—
宁　夏	—	—	—	—	—	—	—	—	—	—	—	—
新　疆	—	—	—	—	—	—	—	—	—	—	—	—
新疆兵团	—	—	—	—	—	—	—	—	—	—	—	—
大兴安岭	93 303	93 303	—	—	60 239	29 690	9517	13 839	3815	3378	2589	35 653

林业系统各地区独立核算林产化学企业增加值

（按生产法、现行价格计算）

单位：万元

地区	工业总产出				工业中间投入						本年应交增值税	工业增加值
	合计	生产成品价值	对外加工费收入	在产品、自制半成品期末期初差额价值	合计	直接材料费	制造费用中的中间投入	管理费用中的中间投入	销售费用中的中间投入	财务费用		
全国合计	**91 125**	**90 770**	**—**	**355**	**79 499**	**69 921**	**1520**	**4128**	**2414**	**1516**	**3369**	**14 995**
北京	—	—	—	—	—	—	—	—	—	—	—	—
天津	—	—	—	—	—	—	—	—	—	—	—	—
河北	1421	1421	—	—	1225	1032	107	45	21	20	60	256
山西	5	5	—	—	16	5	—	11	—	—	—	-11
内蒙古	2362	2362	—	—	2146	1694	56	363	27	6	209	425
内蒙古集团	2362	2362	—	—	2146	1694	56	363	27	6	209	425
辽宁	—	—	—	—	—	—	—	—	—	—	—	—
吉林	11 194	11 194	—	—	10 088	9543	180	1	364	—	431	1537
吉林集团	11 194	11 194	—	—	10 088	9543	180	1	364	—	431	1537
黑龙江	4998	4998	—	—	4482	3913	102	198	246	23	302	818
龙江集团	4998	4998	—	—	4482	3913	102	198	246	23	302	818
上海	—	—	—	—	—	—	—	—	—	—	—	—
江苏	—	—	—	—	—	—	—	—	—	—	—	—
浙江	—	—	—	—	—	—	—	—	—	—	—	—
安徽	—	—	—	—	—	—	—	—	—	—	—	—
福建	1513	1513	—	—	1395	1302	9	33	43	8	57	175
江西	575	575	—	—	114	54	10	30	5	15	12	473
山东	—	—	—	—	—	—	—	—	—	—	—	—
河南	2000	1840	—	160	1863	400	255	997	204	7	47	184
湖北	35	35	—	—	31	30	—	1	—	—	3	7
湖南	6202	6202	—	—	5160	3636	82	1096	119	227	115	1157
广东	—	—	—	—	—	—	—	—	—	—	—	—
广西	52 278	52 083	—	195	46 039	42 803	420	770	899	1147	1718	7957
海南	266	266	—	—	163	80	10	55	18	—	32	135
重庆	—	—	—	—	—	—	—	—	—	—	—	—
四川	190	190	—	—	126	50	6	58	11	1	20	84
贵州	1234	1234	—	—	1089	987	31	54	6	11	56	201
云南	5229	5229	—	—	4019	3334	108	232	311	34	236	1446
西藏	—	—	—	—	—	—	—	—	—	—	—	—
陕西	1623	1623	—	—	1543	1058	144	184	140	17	71	151
甘肃	—	—	—	—	—	—	—	—	—	—	—	—
青海	—	—	—	—	—	—	—	—	—	—	—	—
宁夏	—	—	—	—	—	—	—	—	—	—	—	—
新疆	—	—	—	—	—	—	—	—	—	—	—	—
新疆兵团	—	—	—	—	—	—	—	—	—	—	—	—
大兴安岭	—	—	—	—	—	—	—	—	—	—	—	—

林业系统各地区独立核算专用设备、仪器仪表制造企业增加值

（按生产法、现行价格计算）

单位：万元

地 区	工业总产出				工业中间投入						本年应交增值税	工业增加值
	合 计	生产成品价值	对外加工费收入	在产品、自制半成品期末期初差额价值	合 计	直接材料费	制造费用中的中间投入	管理费用中的中间投入	销售费用中的中间投入	财务费用		
全国合计	**19 881**	**17 918**	**1692**	**271**	**17 483**	**13 833**	**997**	**1016**	**1193**	**444**	**635**	**3033**
北 京	—	—	—	—	—	—	—	—	—	—	—	—
天 津	—	—	—	—	—	—	—	—	—	—	—	—
河 北	—	—	—	—	—	—	—	—	—	—	—	—
山 西	—	—	—	—	—	—	—	—	—	—	—	—
内蒙古	—	—	—	—	—	—	—	—	—	—	—	—
内蒙古集团	—	—	—	—	—	—	—	—	—	—	—	—
辽 宁	—	—	—	—	—	—	—	—	—	—	—	—
吉 林	7609	7576	33	—	7370	5970	307	252	815	26	205	444
吉林集团	5764	5764	—	—	5931	5048	23	80	780	—	195	28
黑龙江	1727	1316	411	—	1596	1144	182	227	43	—	54	185
龙江集团	1727	1316	411	—	1596	1144	182	227	43	—	54	185
上 海	—	—	—	—	—	—	—	—	—	—	—	—
江 苏	400	300	60	40	159	97	30	12	10	10	40	281
浙 江	—	—	—	—	—	—	—	—	—	—	—	—
安 徽	—	—	—	—	—	—	—	—	—	—	—	—
福 建	6790	6345	413	32	6033	5300	224	204	241	64	37	794
江 西	—	—	—	—	—	—	—	—	—	—	—	—
山 东	—	—	—	—	—	—	—	—	—	—	—	—
河 南	—	—	—	—	—	—	—	—	—	—	—	—
湖 北	386	—	386	—	231	170	24	35	2	—	14	169
湖 南	—	—	—	—	—	—	—	—	—	—	—	—
广 东	—	—	—	—	—	—	—	—	—	—	—	—
广 西	600	560	40	—	553	204	6	60	20	263	33	80
海 南	—	—	—	—	—	—	—	—	—	—	—	—
重 庆	—	—	—	—	—	—	—	—	—	—	—	—
四 川	87	87	—	—	86	72	—	3	—	11	5	6
贵 州	—	—	—	—	—	—	—	—	—	—	—	—
云 南	—	—	—	—	—	—	—	—	—	—	—	—
西 藏	—	—	—	—	—	—	—	—	—	—	—	—
陕 西	2282	1734	349	199	1455	876	224	223	62	70	247	1074
甘 肃	—	—	—	—	—	—	—	—	—	—	—	—
青 海	—	—	—	—	—	—	—	—	—	—	—	—
宁 夏	—	—	—	—	—	—	—	—	—	—	—	—
新 疆	—	—	—	—	—	—	—	—	—	—	—	—
新疆兵团	—	—	—	—	—	—	—	—	—	—	—	—
大兴安岭	—	—	—	—	—	—	—	—	—	—	—	—

林业系统国有独立核算大中型工业企业经济效益指标

指标名称	单　位	本年实际	计算依据	
			子　项	母　项
一、总资产贡献率	%	5.2	89 469	1 722 993
二、资本保值增值率	%	107.4	607 396	565 674
三、资产负债率	%	55.3	1 154 627	2 086 243
四、流动资产周转率	次	1.4	812 278	595 475
五、成本费用利润率	%	2.0	15 265	746 534
六、全员劳动生产率	元/人	36 661	2 167 821 423	59 132
七、产品销售率(%)	%	97.1	773 442	796 828

林业系统国有单位从业人员和劳动报酬主要指标 2005 年与 2004 年比较

主要指标	单位	2005 年	2004 年	2005 年比 2004 年增减%
一、企事业机关单位个数	个	**47 483**	**47 880**	**-0.83**
其中:1. 林业	个	41 979	42 392	-0.97
2. 工业	个	514	534	-3.75
二、从业人员年末人数	人	**1 424 048**	**1 465 026**	**-2.80**
其中:1. 林业	人	1 218 911	1 253 442	-2.75
其中:木材及竹材采运业	人	504 416	528 490	-4.56
国有林场	人	363 573	370 919	-1.98
2. 工业	人	51 788	56 541	-8.41
其中:木材加工及竹藤棕草制品业	人	31 345	31 653	-0.97
林产化学产品制造业	人	2200	3236	-32.01
三、在岗职工年末人数	人	**1 382 078**	**1 410 040**	**-1.98**
其中:1. 林业	人	1 180 692	1 203 433	-1.89
其中:木材及竹材采运业	人	499 542	523 949	-4.66
国有林场	人	354 889	360 120	-1.45
2. 工业	人	50 794	55 173	-7.94
其中:木材加工及竹藤棕草制品业	人	30 478	30 796	-1.03
林产化学产品制造业	人	2177	3200	-31.97
四、在岗职工年工资总额	千元	**12 669 112**	**11 879 427**	**6.65**
其中:1. 林业	千元	9 779 994	9 212 814	6.16
其中:木材及竹材采运业	千元	2 920 621	2 833 985	3.06
国有林场	千元	3 075 981	2 909 134	5.74
2. 工业	千元	439 699	470 003	-6.45
其中:木材加工及竹藤棕草制品业	千元	265 753	278 697	-4.64
林产化学产品制造业	千元	23 882	25 326	-5.70
五、在岗职工年平均工资	元	**9326**	**8563**	**8.91**
其中:1. 林业	元	8448	7802	8.27
其中:木材及竹材采运业	元	6070	5642	7.58
国有林场	元	8766	8079	8.50
2. 工业	元	8608	8462	1.73
其中:木材加工及竹藤棕草制品业	元	8739	9011	-3.02
林产化学产品制造业	元	10 671	7638	39.71

劳动工资统计

林业系统各地区按行业分

地　区	总计	合计	企业	事业	机关	国有经济 小计	木材及竹材采运企业
全国合计	48 115	47 483	2754	41 534	3195	41 527	968
北　京	137	136	1	118	17	111	—
天　津	88	88	3	75	10	77	—
河　北	1501	1499	65	1270	164	1283	—
山　西	2162	2162	18	2017	127	1954	—
内蒙古	1642	1604	40	1457	107	1433	17
内蒙古集团	88	52	25	26	1	25	17
辽　宁	1764	1762	18	1657	87	1623	—
吉　林	1550	1527	262	1191	74	1398	17
吉林集团	32	21	21	—	—	7	7
黑龙江	2116	1980	171	1709	100	1653	40
龙江集团	254	189	111	68	10	52	40
上　海	34	31	1	30	—	31	—
江　苏	774	738	53	651	34	700	—
浙　江	1198	1185	33	1057	95	1018	—
安　徽	1544	1533	68	1329	136	1321	7
福　建	1970	1902	269	1505	128	1568	180
江　西	2345	2330	427	1704	199	1989	329
山　东	2580	2579	23	2427	129	2384	—
河　南	1506	1502	22	1320	160	1273	3
湖　北	2100	1933	143	1701	89	1735	13
湖　南	3062	3040	163	2731	146	2660	91
广　东	2254	2231	124	1888	219	1790	19
广　西	2071	2061	208	1720	133	1676	1
海　南	308	308	33	259	16	260	9
重　庆	1289	1287	11	1230	46	1217	1
四　川	3855	3835	228	3407	200	3429	83
贵　州	2342	2342	109	2113	120	2171	88
云　南	2449	2435	124	2112	199	2093	37
西　藏	62	56	5	15	36	15	—
陕　西	1747	1743	52	1577	114	1565	12
甘　肃	1469	1468	16	1356	96	1302	3
青　海	402	402	4	346	52	339	1
宁　夏	386	386	1	362	23	356	—
新　疆	1270	1268	41	1102	125	1069	8
新疆兵团	—	—	—	—	—	—	—
局直属单位	138	130	18	98	14	34	9
大兴安岭	63	55	18	24	13	18	9

企、事业及机关单位个数

单位:个

单位合计								
农林牧渔业								采矿业
国有林场	国有苗圃	林业工作站	木材检查站	种苗站	病虫害防治站	治沙站	其　他	
4405	**1917**	**22 504**	**2461**	**803**	**1495**	**76**	**6898**	**22**
25	13	13	2	3	7	1	47	—
1	9	52	1	2	1	—	11	—
130	162	574	23	39	55	3	297	—
222	136	1106	68	49	87	3	283	—
299	97	595	50	46	75	11	243	—
2	—	—	—	—	—	—	6	—
176	47	910	45	46	63	—	336	—
301	48	699	50	10	43	—	230	—
—	—	—	—	—	—	—	—	—
372	80	658	55	49	80	—	319	1
—	2	—	—	4	2	—	4	—
3	2	23	—	—	—	—	3	—
66	50	347	31	1	16	—	189	1
104	14	640	74	20	59	—	107	—
142	71	585	125	13	81	—	297	1
101	58	822	51	16	36	9	295	—
233	67	827	248	24	61	2	198	—
148	147	1736	37	53	82	—	181	—
88	89	610	94	41	80	4	264	1
245	47	790	147	45	69	2	377	—
180	86	1579	309	49	45	1	320	1
212	61	1058	181	19	46	—	194	13
164	74	644	148	41	66	—	538	—
22	6	115	68	—	10	—	30	—
76	18	935	85	12	34	—	56	—
190	127	2401	160	31	67	1	369	2
92	41	1445	132	45	83	—	245	—
139	39	1370	73	34	52	4	345	—
7	2	—	6	—	—	—	—	—
232	107	487	127	39	38	2	521	—
219	117	478	52	54	70	9	300	—
70	26	117	7	3	13	3	99	—
70	22	195	4	9	20	1	35	—
75	54	691	8	10	55	19	149	—
—	—	—	—	—	—	—	—	—
1	0	2	0	0	1	1	20	2
—	—	1	—	—	—	—	8	2

地区	国有经济							
	制造业							
	小计	非木质林产品加工业	木材加工及竹、藤、棕、草制品业					林产化学产品制造
			计	锯材、木片加工	人造板制造	木制品制造	竹、藤、棕、草制品制造	
全国合计	**476**	**11**	**300**	**122**	**83**	**83**	**12**	**47**
北　京	—	—	—	—	—	—	—	—
天　津	—	—	—	—	—	—	—	—
河　北	16	3	5	2	1	2	—	5
山　西	7	—	3	—	2	1	—	2
内蒙古	2	—	2	1	1	—	—	—
内蒙古集团	1	—	1	—	1	—	—	—
辽　宁	8	—	5	—	1	4	—	—
吉　林	14	—	8	3	3	2	—	1
吉林集团	7	—	4	2	2	—	—	1
黑龙江	30	—	17	5	10	2	—	—
龙江集团	17	—	11	2	7	2	—	—
上　海	—	—	—	—	—	—	—	—
江　苏	—	—	—	—	—	—	—	—
浙　江	—	—	—	—	—	—	—	—
安　徽	15	—	11	3	4	3	1	1
福　建	39	—	17	5	9	2	1	6
江　西	39	1	18	4	10	3	1	3
山　东	12	—	7	—	6	1	—	—
河　南	4	—	1	—	—	1	—	—
湖　北	12	—	9	3	—	6	—	1
湖　南	54	2	37	16	15	5	1	3
广　东	39	1	23	10	—	13	—	5
广　西	20	—	10	2	6	2	—	5
海　南	6	—	4	3	1	—	—	1
重　庆	4	—	2	—	1	1	—	—
四　川	99	—	87	57	1	24	5	6
贵　州	14	2	8	2	4	2	—	2
云　南	14	—	9	—	4	3	2	5
西　藏	5	—	5	5	—	—	—	—
陕　西	15	1	8	—	3	5	—	1
甘　肃	3	—	3	—	1	1	1	—
青　海	—	—	—	—	—	—	—	—
宁　夏	1	—	—	—	—	—	—	—
新　疆	4	1	1	1	—	—	—	—
新疆兵团	—	—	—	—	—	—	—	—
局直属单位	0	0	0	0	0	0	0	0
大兴安岭	—	—	—	—	—	—	—	—

（续）

单位合计								
专用设备、仪器仪表制造业	工艺品制造业	其　他	电力、燃气及水的生产供应业	建筑业	交通运输、仓储及邮政业	信息传输、计算机服务和软件业	批发和零售业	住宿餐饮业
5	**2**	**111**	**16**	**70**	**51**	**13**	**456**	**97**
—	—	—	—	—	—	1	—	—
—	—	—	—	—	—	—	—	—
—	1	2	—	—	4	—	12	—
—	—	2	—	—	1	—	23	4
—	—	—	—	1	—	1	4	4
—	—	—	—	1	—	1	2	2
—	—	3	—	—	—	—	4	4
—	1	4	—	2	5	—	7	6
—	—	2	—	1	—	—	2	1
2	—	11	2	34	9	—	35	20
2	—	4	2	33	2	—	14	6
—	—	—	—	—	—	—	—	—
—	—	—	1	1	—	—	—	1
—	—	—	—	1	—	—	14	1
—	—	3	—	3	1	—	31	1
2	—	14	1	7	5	—	35	9
—	—	17	2	1	2	—	5	3
—	—	5	—	2	—	—	7	2
—	—	3	—	—	—	—	8	1
—	—	2	—	4	1	—	25	2
—	—	12	1	2	6	—	18	14
—	—	10	7	—	2	—	33	2
1	—	4	1	2	3	11	144	3
—	—	1	—	—	—	—	1	—
—	—	2	—	—	—	—	4	—
—	—	6	—	2	1	—	10	4
—	—	2	—	2	3	—	—	—
—	—	—	—	1	6	—	25	3
—	—	—	—	—	—	—	—	—
—	—	5	—	1	1	—	9	3
—	—	—	—	1	1	—	—	2
—	—	—	—	—	—	—	—	—
—	—	1	—	—	—	—	—	—
—	—	2	—	2	—	—	2	1
—	—	—	—	—	—	—	—	—
0	0	0	1	1	0	0	0	7
—	—	—	1	1	—	—	—	5

地　区	国有经济							
	金融业	房地产业	租赁和商务服务业	科学研究、技术服务和地质勘查业			水利、环境和公共设施	
				计	其　中		计	其
					科技交流和推广服务	规划设计管理		自然保护区管理
全国合计	**1**	**10**	**40**	**679**	**227**	**107**	**524**	**341**
北　京	—	—	—	1	—	—	4	1
天　津	—	—	—	—	—	—	—	—
河　北	—	—	—	13	6	1	6	3
山　西	—	—	—	24	4	4	12	7
内蒙古	—	1	2	19	2	3	14	12
内蒙古集团	—	1	2	2	—	—	—	—
辽　宁	—	—	—	20	7	3	14	10
吉　林	1	—	—	7	1	2	5	4
吉林集团	1	—	—	—	—	—	—	—
黑龙江	—	2	7	21	1	2	15	4
龙江集团	—	1	4	14	—	2	1	—
上　海	—	—	—	—	—	—	—	—
江　苏	—	—	—	—	—	—	—	—
浙　江	—	—	—	45	31	3	10	10
安　徽	—	—	—	12	5	—	11	9
福　建	—	3	—	43	13	15	20	17
江　西	—	1	13	49	17	9	19	8
山　东	—	—	—	13	—	—	29	6
河　南	—	—	1	38	4	2	9	6
湖　北	—	—	3	47	18	6	8	2
湖　南	—	—	1	78	34	10	44	30
广　东	—	—	1	56	20	2	55	36
广　西	—	—	4	32	12	4	23	19
海　南	—	—	—	8	4	—	11	9
重　庆	—	—	—	4	3	—	6	3
四　川	—	—	3	25	14	8	50	33
贵　州	—	1	1	8	5	3	20	17
云　南	—	—	—	26	9	5	62	57
西　藏	—	—	—	—	—	—	—	—
陕　西	—	—	1	20	6	8	7	2
甘　肃	—	—	—	26	6	3	22	10
青　海	—	—	—	7	1	4	4	4
宁　夏	—	—	—	1	—	1	4	4
新　疆	—	1	—	9	4	1	36	14
新疆兵团	—	—	—	—	—	—	—	—
局直属单位	0	1	3	27	0	8	4	4
大兴安岭	—	1	2	2	—	2	1	1

（续）

单位合计								
管理业中野生动植物保护	居民服务和其他服务业	教育	卫生、社会保障和社会福利业	文化、体育和娱乐业	公共管理和社会组织	国际组织	集体经济单位合计	其他各种经济单位合计
111	**47**	**83**	**37**	**18**	**3316**	**—**	**324**	**308**
2	1	1	—	—	17	—	1	—
—	1	—	—	—	10	—	—	—
—	1	—	—	—	164	—	2	—
1	1	5	4	—	127	—	—	—
1	—	4	6	3	110	—	25	13
—	—	2	6	3	4	—	23	13
3	1	1	—	—	87	—	2	—
1	3	4	—	—	75	—	12	11
—	1	—	—	—	1	—	—	11
3	10	23	9	2	107	—	121	15
—	5	15	9	1	13	—	55	10
—	—	—	—	—	—	—	—	3
—	—	—	—	—	34	—	25	11
—	—	1	—	—	95	—	—	13
1	1	—	—	—	136	—	3	8
1	3	3	2	—	164	—	41	27
7	1	2	—	1	203	—	7	8
—	—	1	—	—	129	—	—	1
1	3	3	—	1	160	—	4	—
6	1	1	2	—	92	—	18	149
10	1	1	1	—	158	—	16	6
9	4	2	1	5	221	—	10	13
4	—	4	1	1	136	—	8	2
2	2	—	—	—	20	—	—	—
—	—	1	—	—	51	—	1	1
15	6	3	1	—	200	—	12	8
3	1	1	—	—	120	—	—	—
3	—	5	1	—	199	—	9	5
—	—	—	—	—	36	—	—	6
5	4	2	1	—	114	—	2	2
11	1	4	4	—	102	—	1	—
—	—	—	—	—	52	—	—	—
—	—	1	—	—	23	—	—	—
22	—	2	2	—	140	—	—	2
—	—	—	—	—	—	—	—	—
0	1	8	2	5	34	0	4	4
—	—	5	2	2	13	—	4	4

林业系统各地区按行业分

地区	总计	国有经济					
		合计	企业	事业	机关	小计	木材及竹材采运企业
全国合计	**1 462 364**	**1 382 078**	**622 966**	**682 585**	**76 527**	**1 165 539**	**499 542**
北京	5030	4982	33	4127	822	3996	—
天津	1140	1140	62	922	156	922	—
河北	22 081	22 054	1399	17 229	3426	16 983	—
山西	23 930	23 930	297	21 600	2033	19 895	—
内蒙古	143 608	129 256	77 422	49 284	2550	118 554	71 017
内蒙古集团	95 193	80 847	76 879	3699	269	74 158	71 017
辽宁	25 426	25 395	1037	23 105	1253	22 346	—
吉林	156 288	147 152	107 059	37 559	2534	133 856	80 159
吉林集团	45 246	36 688	36 688	—	—	31 643	31 643
黑龙江	349 496	313 895	248 655	60 972	4268	286 352	233 873
龙江集团	290 881	257 016	246 715	8787	1514	234 646	233 873
上海	987	777	7	770	—	777	—
江苏	20 871	18 019	3156	14 412	451	17 415	—
浙江	13 583	13 462	627	10 880	1955	10 257	—
安徽	26 644	26 260	3223	21 526	1511	21 846	491
福建	30 935	27 615	7003	16 918	3694	19 368	4568
江西	58 339	56 994	12 074	38 650	6270	46 763	9652
山东	31 235	30 035	4830	23 046	2159	22 290	—
河南	29 739	29 690	477	24 832	4381	23 063	81
湖北	31 881	27 039	2206	22 475	2358	22 120	91
湖南	54 554	53 800	5173	42 140	6487	38 395	1916
广东	38 547	38 237	7238	25 016	5983	27 326	442
广西	53 167	52 687	9765	41 039	1883	40 577	13
海南	6270	6270	2933	2942	395	5269	1253
重庆	8695	8672	303	7171	1198	6907	15
四川	61 695	60 635	23 858	31 632	5145	49 580	17 972
贵州	24 553	24 553	3324	19 236	1993	20 358	2222
云南	47 365	46 465	13 294	26 358	6813	31 668	7463
西藏	1353	1323	231	665	427	883	—
陕西	36 429	35 139	4844	28 397	1898	30 651	2863
甘肃	37 116	37 078	8730	26 613	1735	28 698	3277
青海	9980	9980	246	9321	413	9295	199
宁夏	9784	9784	80	9478	226	8295	—
新疆	19 093	19 007	3495	14 275	1237	16 083	1246
新疆兵团	—	—	—	—	—	—	—
局直属单位	82 550	80 753	69 885	9995	873	64 751	60 729
大兴安岭	74 846	73 049	69 885	2522	642	63 951	60 729

在岗职工人数

单位：人

单位合计								
农林牧渔业								采矿业
国有林场	国有苗圃	林业工作站	木材检查站	种苗站	病虫害防治站	治沙站	其　他	
354 889	**35 574**	**131 290**	**21 777**	**6651**	**10 098**	**816**	**104 902**	**1511**
868	1490	340	30	57	119	25	1067	—
61	199	207	10	41	7	—	397	—
6618	2029	2668	181	339	459	45	4644	—
8414	2126	4096	403	301	557	28	3970	—
35 129	2891	3736	300	432	661	103	4285	—
2485	—	—	—	—	—	—	656	—
12 490	976	3912	366	336	477	—	3789	—
40 196	2266	4396	390	166	335	—	5948	—
—	—	—	—	—	—	—	—	—
42 781	2007	2387	334	280	372	—	4318	62
—	588	—	—	79	19	—	87	—
266	195	263	—	—	—	—	53	—
12 007	1451	2199	266	32	122	—	1338	121
4435	234	3105	915	130	368	—	1070	—
11 212	2828	3211	1302	41	447	—	2314	68
6101	368	4355	755	55	115	33	3018	—
24 255	1354	5456	2836	171	396	3	2640	—
7339	2242	9437	440	347	586	—	1899	—
9541	2121	4808	1711	497	696	19	3589	5
9141	739	6059	1341	336	527	22	3864	—
13 013	1865	13866	3513	468	325	18	3411	200
16 023	728	5741	1252	105	253	—	2782	390
27 316	642	3149	1386	271	310	—	7490	—
1988	67	495	340	—	53	—	1073	—
3235	105	2650	206	70	178	—	448	—
9386	1056	9578	806	239	357	9	10177	109
5125	357	9057	736	185	305	—	2371	—
5420	179	10615	497	362	295	54	6783	—
856	15	—	12	—	—	—	—	—
12 874	1537	5241	1001	762	571	133	5669	—
13 906	1370	2572	354	501	634	47	6037	—
4236	398	947	50	12	108	27	3318	—
4594	893	1196	13	43	95	10	1451	—
6027	846	5420	31	72	267	218	1956	—
—	—	—	—	—	—	—	—	—
36	0	128	0	0	103	22	3733	556
—	—	108	—	—	—	—	3114	556

地区	国有经济							
	制造业							
	小计	非木质林产品加工业	木材加工及竹、藤、棕、草制品业					林产化学产品制造
			计	锯材、木片加工	人造板制造	木制品制造	竹、藤、棕、草制品制造	
全国合计	**40 614**	**194**	**30 478**	**5590**	**18 631**	**4967**	**1290**	**2177**
北　京	—	—	—	—	—	—	—	—
天　津	—	—	—	—	—	—	—	—
河　北	674	38	242	3	206	33	—	31
山　西	188	—	154	—	152	2	—	17
内蒙古	2684	—	2684	20	2664	—	—	—
内蒙古集团	2664	—	2664	—	2664	—	—	—
辽　宁	831	—	713	—	443	270	—	—
吉　林	7484	—	5654	3303	413	1938	—	12
吉林集团	4639	—	3430	3299	131	—	—	12
黑龙江	4317	—	3728	422	2769	537	—	—
龙江集团	4004	—	3558	288	2733	537	—	—
上　海	—	—	—	—	—	—	—	—
江　苏	—	—	—	—	—	—	—	—
浙　江	—	—	—	—	—	—	—	—
安　徽	1310	—	1221	75	892	94	160	10
福　建	1115	—	1017	59	917	6	35	44
江　西	1317	6	913	58	681	96	78	15
山　东	4716	—	3860	—	3642	218	—	—
河　南	327	—	7	—	—	7	—	—
湖　北	406	—	238	200	—	38	—	4
湖　南	2463	54	2117	725	1274	77	41	42
广　东	821	—	478	180	—	298	—	38
广　西	4353	—	1968	87	1874	7	—	1070
海　南	4	—	4	4	—	—	—	—
重　庆	235	—	234	—	206	28	—	—
四　川	2457	—	1655	407	140	163	945	542
贵　州	947	24	876	17	830	29	—	7
云　南	1926	—	1721	—	820	875	26	205
西　藏	13	—	13	13	—	—	—	—
陕　西	1058	67	160	—	69	91	—	140
甘　肃	836	—	804	—	639	160	5	—
青　海	—	—	—	—	—	—	—	—
宁　夏	80	—	—	—	—	—	—	—
新　疆	52	5	17	17	—	—	—	—
新疆兵团	—	—	—	—	—	—	—	—
局直属单位	0	0	0	0	0	0	0	0
大兴安岭	—	—	—	—	—	—	—	—

（续）

单位合计								
专用设备、仪器仪表制造业	工艺品制造业	其　他	电力、燃气及水的生产供应业	建筑业	交通运输、仓储及邮政业	信息传输、计算机服务和软件业	批发和零售业	住宿餐饮业
547	**245**	**6973**	**8669**	**7422**	**1914**	**198**	**9648**	**2830**
—	—	—	—	—	—	8	—	—
—	—	—	—	—	—	—	—	—
—	230	133	—	—	40	—	103	—
—	—	17	—	—	7	—	319	157
—	—	—	—	248	—	124	292	205
—	—	—	—	248	—	124	242	161
—	—	118	—	—	—	—	50	89
—	15	1803	—	56	134	—	164	308
—	—	1197	—	13	—	—	101	50
340	—	249	3529	4198	453	—	713	432
340	—	106	3529	4151	130	—	518	138
—	—	—	—	—	—	—	—	—
—	—	—	12	15	—	—	—	5
—	—	—	—	3	—	—	236	170
—	—	79	—	63	10	—	1126	30
7	—	47	8	464	86	—	752	197
—	—	383	18	27	49	—	33	57
—	—	856	—	8	—	—	40	66
—	—	320	—	—	—	—	47	15
—	—	164	—	127	3	—	220	21
—	—	250	18	23	99	—	429	276
—	—	305	277	—	36	—	951	12
200	—	1115	28	148	213	66	2682	85
—	—	—	—	—	—	—	30	—
—	—	1	—	—	—	—	42	—
—	—	260	—	1134	20	—	327	113
—	—	40	—	15	123	—	—	—
—	—	—	—	62	624	—	954	57
—	—	—	—	—	—	—	—	—
—	—	691	—	8	9	—	120	30
—	—	32	12	17	8	—	7	116
—	—	—	—	—	—	—	—	—
—	—	80	—	—	—	—	—	—
—	—	30	—	32	—	—	11	1
—	—	—	—	—	—	—	—	—
0	0	0	4767	774	0	0	0	388
—	—	—	4767	774	—	—	—	291

地区	金融业	房地产业	租赁和商务服务业	科学研究、技术服务和地质勘查业			国有经济 水利、环境和公共设施	
				计	其中		计	其
					科技交流和推广服务	规划设计管理		自然保护区管理
全国合计	**47**	**310**	**2169**	**26 912**	**3955**	**5742**	**16 518**	**14 037**
北京	—	—	—	37	—	—	77	42
天津	—	—	—	—	—	—	—	—
河北	—	—	—	374	162	74	449	302
山西	—	—	—	597	41	66	379	207
内蒙古	—	69	905	1129	131	417	383	352
内蒙古集团	—	69	905	61	—	—	—	—
辽宁	—	—	—	298	130	21	509	479
吉林	47	—	—	914	91	705	1187	1179
吉林集团	47	—	—	—	—	—	—	—
黑龙江	—	46	147	3218	6	269	358	82
龙江集团	—	26	96	3021	—	269	12	—
上海	—	—	—	—	—	—	—	—
江苏	—	—	—	—	—	—	—	—
浙江	—	—	—	597	299	77	242	242
安徽	—	—	—	161	36	—	109	96
福建	—	28	—	900	104	187	423	284
江西	—	2	432	1175	476	97	435	328
山东	—	—	—	299	—	—	445	207
河南	—	—	2	1118	82	120	348	223
湖北	—	—	17	902	336	87	724	694
湖南	—	—	72	2027	468	94	2455	2298
广东	—	—	19	1395	278	163	634	412
广西	—	—	209	1196	270	271	738	691
海南	—	—	—	176	70	—	151	128
重庆	—	—	—	95	29	—	119	47
四川	—	—	93	727	186	176	645	471
贵州	—	5	12	449	225	224	442	430
云南	—	—	—	1614	136	563	2093	1985
西藏	—	—	—	—	—	—	—	—
陕西	—	—	7	326	80	76	169	119
甘肃	—	—	12	1141	257	130	1013	816
青海	—	—	—	108	12	69	164	164
宁夏	—	—	—	38	—	38	1044	1044
新疆	—	103	—	629	50	255	289	221
新疆兵团	—	—	—	—	—	—	—	—
局直属单位	0	57	242	5272	0	1563	494	494
大兴安岭	—	57	228	353	—	353	54	54

（续）

单位合计 管理业 中 野生动植物保护	居民服务和其他服务业	教　育	卫生、社会保障和社会福利业	文化、体育和娱乐业	公共管理和社会组织	国际组织	集体经济单位合计	其他各种经济单位合计
1116	**1057**	**9593**	**6195**	**592**	**80 340**	**—**	**43 219**	**37 067**
21	33	9	—	—	822	—	48	—
—	22	—	—	—	196	—	—	—
—	—	—	—	—	3431	—	27	—
1	11	288	56	—	2033	—	—	—
29	—	442	1317	131	2773	—	9531	4821
—	—	275	1317	131	492	—	9525	4821
30	9	10	—	—	1253	—	31	—
8	16	261	—	—	2725	—	1038	8098
—	4	—	—	—	191	—	460	8098
173	175	2612	2464	30	4789	—	28 982	6619
—	152	2311	2464	22	1796	—	27 448	6417
—	—	—	—	—	—	—	—	210
—	—	—	—	—	451	—	81	2771
—	—	2	—	—	1955	—	—	121
10	26	—	—	—	1511	—	49	335
3	49	121	17	—	4087	—	258	3062
55	17	336	—	2	6331	—	212	1133
—	—	12	—	—	2159	—	—	1200
3	20	334	—	30	4381	—	49	—
30	12	21	107	—	2359	—	118	4724
91	2	669	12	—	6660	—	62	692
101	30	313	6	12	6015	—	157	153
47	—	479	6	5	1902	—	139	341
23	20	—	—	—	620	—	—	—
—	—	7	—	—	1267	—	15	8
153	179	62	30	—	5159	—	573	487
12	36	173	—	—	1993	—	—	—
74	—	418	236	—	6813	—	337	563
—	—	—	—	—	427	—	—	30
50	176	275	412	—	1898	—	1030	260
134	125	1182	923	—	2988	—	38	—
—	—	—	—	—	413	—	—	—
—	—	101	—	—	226	—	—	—
68	—	284	10	—	1513	—	—	86
—	—	—	—	—	—	—	—	—
0	99	1182	599	382	1190	0	444	1353
—	—	642	599	135	642	—	444	1353

林业系统各地区按行业分

地区	总计	合计	企业	事业	机关	国有经济	
						小计	木材及竹材采运企业
全国合计	**13 131 875**	**12 669 112**	**3 942 282**	**7 426 147**	**1 300 683**	**9 565 410**	**2 920 621**
北京	143 286	141 996	692	102 619	38 685	97 816	0
天津	19 574	19 574	1114	15 650	2810	15 873	0
河北	234 192	233 934	13 099	176 070	44 765	169 738	0
山西	252 024	252 024	1778	222 270	27 976	197 214	0
内蒙古	1 251 958	1 170 755	603 848	526 342	40 565	1 032 538	546 163
内蒙古集团	733 011	651 823	599 593	48 822	3408	576 674	546 163
辽宁	243 584	243 453	7201	215 932	20 319	203 892	0
吉林	1 256 712	1 152 855	814 442	295 318	43 095	984 846	598 128
吉林集团	433 696	332 693	332 693	0	0	281 275	281 275
黑龙江	1 762 524	1 665 741	1 003 741	582 563	79 437	1 318 453	908 068
龙江集团	1 277 131	1 189 483	989 142	162 814	37 527	915 633	908 068
上海	24 638	22 118	242	21 876	0	22 118	0
江苏	190 508	163 855	29 049	128 673	6133	155 924	0
浙江	353 436	351 584	7381	269 971	74 231	243 767	0
安徽	250 138	245 383	19 892	200 717	24 773	199 830	1783
福建	443 188	403 620	89 776	246 492	67 352	257 403	48 465
江西	512 434	500 658	89 426	321 176	90 056	368 633	72 504
山东	366 268	354 268	26 486	289 087	38 694	275 406	0
河南	248 492	248 181	2648	201 391	44 143	181 278	394
湖北	256 814	229 213	13 875	183 577	31 761	180 291	814
湖南	558 599	551 161	40 393	421 744	89 024	343 111	12 935
广东	554 578	551 206	74 701	332 320	144 185	322 394	4076
广西	546 048	542 447	96 998	414 738	30 711	387 958	78
海南	64 833	64 833	26 383	31 164	7286	50 447	11 579
重庆	96 784	96 632	2909	75 807	17 916	72 300	208
四川	638 145	634 626	212 064	341 050	81 511	491 934	189 011
贵州	272 256	272 256	30 206	210 471	31 579	206 749	17 634
云南	612 888	602 261	134 758	361 656	105 847	400 993	75 549
西藏	21 010	21 010	2347	5768	12 895	8115	0
陕西	348 033	339 475	39 818	277 070	22 588	291 270	23 252
甘肃	411 547	411 333	56 945	326 005	28 382	299 901	19 044
青海	106 933	106 933	6013	93 153	7767	94 368	5786
宁夏	96 436	96 436	621	93 118	2697	77 311	0
新疆	243 271	241 701	46 419	173 658	21 625	191 631	16 665
新疆兵团	0	0	0	0	0	0	0
局直属单位	750 743	737 592	447 018	268 701	21 873	421 910	368 486
大兴安岭	518 335	505 184	447 018	46 870	11 296	395 570	368 486

在岗职工年工资总额

单位：千元

单位合计								
农林牧渔业								采矿业
国有林场	国有苗圃	林业工作站	木材检查站	种苗站	病虫害防治站	治沙站	其 他	
3 075 981	**332 538**	**1 485 192**	**265 579**	**91 261**	**145 048**	**15 511**	**1 233 679**	**22 042**
24 841	27 466	10 685	822	1800	4095	1076	27 031	0
1065	2670	3388	179	753	125	0	7692	0
67 870	17 275	26 303	2796	3206	5195	548	46 544	0
78 083	19 060	39 381	3542	4246	6268	279	46 355	0
329 597	31 012	45 709	3959	6695	9732	1349	58 322	0
21 667	0	0	0	0	0	0	8844	0
95 925	7558	38761	4860	4047	6403	538	45 800	0
268 370	13 841	37 860	4634	1613	4180	215	56 004	0
0	0	0	0	0	0	0	0	0
310 720	13 301	26 223	3355	4486	5090	0	47 209	1065
0	3699	0	0	1537	376	0	1952	0
5453	4887	9643	0	0	0	0	2135	0
90 924	10 667	36 528	3234	221	1928	0	12 422	1440
80 142	6008	85 256	23 869	5565	12 221	0	30 704	0
83 379	19 338	42 839	16 742	616	6396	0	28 736	131
89 316	4737	62 249	10 122	1366	2028	540	38 580	0
157 326	12 620	58 631	31 179	2404	5259	475	28 234	0
97 226	22 935	108 033	4857	6034	9057	0	27 264	0
72 169	15 522	36 207	14 869	4542	6020	2111	29 443	28
61 635	7945	52 519	13 111	3101	5333	99	35 735	0
81 745	14 344	146 020	38 148	5513	4326	184	39 897	3200
182 119	7289	61 883	15 241	3101	5555	0	43 130	9661
232 804	6982	35 778	15 535	3757	4737	0	88 286	0
17 867	344	4771	3331	0	577	0	11978	0
32 770	1691	25 228	2203	863	2257	0	7080	0
84 062	9022	90 640	8604	2673	4683	89	103 149	985
52 765	4101	79 280	17 402	2410	4452	0	28 705	0
66 279	2644	140 538	8253	6004	4829	816	96 081	936
7705	410	0	0	0	0	0	0	0
122 938	12 204	48 998	9151	7202	5347	1354	60 825	0
136 914	12 226	33 181	4189	7196	9279	538	77 335	0
39 015	5458	14 519	780	200	1940	511	26 159	0
42 118	8306	12 322	145	482	1123	116	12 699	0
61 328	10 675	69 068	467	1161	3650	3606	25 012	0
0	0	0	0	0	0	0	0	0
1511	0	2750	0	0	2962	1069	45 132	4596
0	0	1929	0	0	0	0	25 155	4596

地区	小计	非木质林产品加工业	木材加工及竹、藤、棕、草制品业 计	锯材、木片加工	人造板制造	木制品制造	竹、藤、棕、草制品制造	林产化学产品制造
	国有经济 制造业							
全国合计	**347 825**	**1820**	**265 753**	**41 350**	**174 169**	**41 329**	**8905**	**23 882**
北京	0	0	0	0	0	0	0	0
天津	0	0	0	0	0	0	0	0
河北	6936	158	3592	42	3500	50	0	237
山西	976	0	760	0	736	24	0	74
内蒙古	24 976	0	24 976	120	24 856	0	0	0
内蒙古集团	24 856	0	24 856	0	24 856	0	0	0
辽宁	5844	0	4884	0	2194	2690	0	0
吉林	64 838	0	53 723	29 458	4694	19 571	0	223
吉林集团	38 422	0	30 609	29 414	1195	0	0	223
黑龙江	27 701	0	24 318	1613	20 138	2567	0	0
龙江集团	26 537	0	23 943	1486	19 890	2567	0	0
上海	0	0	0	0	0	0	0	0
江苏	0	0	0	0	0	0	0	0
浙江	0	0	0	0	0	0	0	0
安徽	9710	0	8931	340	7167	566	858	50
福建	23 845	0	22 797	339	22 267	26	165	438
江西	8214	54	5686	438	4213	675	360	62
山东	24 974	0	20 237	0	18 927	1310	0	0
河南	1692	0	0	0	0	0	0	0
湖北	1707	0	1078	818	0	260	0	16
湖南	18 731	1123	15 300	4296	10 143	607	253	300
广东	7534	0	3827	1558	0	2269	0	272
广西	57 402	0	29 854	593	29 194	67	0	12921
海南	14	0	14	14	0	0	0	0
重庆	2243	0	2232	0	2016	216	0	0
四川	15 064	0	9539	1360	843	363	6973	5003
贵州	11 042	131	10 392	169	9988	235	0	54
云南	18 329	0	16 428	0	8439	7739	250	1901
西藏	0	0	0	0	0	0	0	0
陕西	8783	293	1149	0	539	610	0	2330
甘肃	6081	0	5843	0	4313	1485	45	0
青海	0	0	0	0	0	0	0	0
宁夏	621	0	0	0	0	0	0	0
新疆	564	60	193	193	0	0	0	0
新疆兵团	0	0	0	0	0	0	0	0
局直属单位	0	0	0	0	0	0	0	0
大兴安岭	0	0	0	0	0	0	0	0

（续）

单位合计								
专用设备、仪器仪表制造业	工艺品制造业	其　他	电力、燃气及水的生产供应业	建筑业	交通运输、仓储及邮政业	信息传输、计算机服务和软件业	批发和零售业	住宿餐饮业
3262	**2413**	**50 695**	**69 833**	**59 827**	**16 958**	**2246**	**85 775**	**29 861**
0	0	0	0	0	0	329	0	0
0	0	0	0	0	0	0	0	0
0	2346	604	0	0	236	0	786	0
0	0	141	0	0	65	0	2672	2222
0	0	0	0	1947	0	1315	3010	1883
0	0	0	0	1947	0	1315	2834	1409
0	0	960	0	0	0	0	180	403
0	67	10 825	0	782	1096	0	2962	3107
0	0	7590	0	392	0	0	1851	839
1696	0	1687	27 042	17 190	3086	0	7888	4753
1696	0	898	27 042	16 854	611	0	6683	1605
0	0	0	0	0	0	0	0	0
0	0	0	115	195	0	0	0	48
0	0	0	0	13	0	0	2867	1950
0	0	729	0	429	23	0	6259	275
65	0	545	97	7557	569	0	9246	2595
0	0	2413	88	230	470	0	307	306
0	0	4737	0	32	0	0	386	1094
0	0	1692	0	0	0	0	275	171
0	0	614	0	830	18	0	980	153
0	0	2007	121	174	792	0	4372	1749
0	0	3435	2454	0	223	0	8948	79
1501	0	13 127	110	1357	2728	602	21 290	785
0	0	0	0	0	0	0	72	0
0	0	11	0	0	0	0	368	0
0	0	522	0	17403	158	0	2652	889
0	0	464	0	121	1158	0	0	0
0	0	0	0	588	6255	0	9536	799
0	0	0	0	0	0	0	0	0
0	0	5011	0	80	61	0	562	235
0	0	238	76	100	19	0	32	1067
0	0	0	0	0	0	0	0	0
0	0	621	0	0	0	0	0	0
0	0	311	0	510	0	0	125	13
0	0	0	0	0	0	0	0	0
0	0	0	39 730	10 290	0	0	0	5283
0	0	0	39 730	10 290	0	0	0	2893

地　　区	国有经济							
	金融业	房地产业	租赁和商务服务业	科学研究、技术服务和地质勘查业			水利、环境和公共设施	
				计	其　中		计	其
					科技交流和推广服务	规划设计管理		自然保护区管理
全国合计	**1700**	**4472**	**26 074**	**499 792**	**61 048**	**129 093**	**230 781**	**196 400**
北　京	0	0	0	1879	0	0	2262	912
天　津	0	0	0	0	0	0	0	0
河　北	0	0	0	5537	2484	1365	5894	4164
山　西	0	0	0	10 122	885	845	4304	2680
内蒙古	0	695	11 347	18 402	1689	7431	6327	5955
内蒙古集团	0	695	11 347	834	0	0	0	0
辽　宁	0	0	0	5101	2337	340	7429	7034
吉　林	1700	0	0	19 974	2446	15144	16 485	16 421
吉林集团	1700	0	0	0	0	0	0	0
黑龙江	0	318	1775	55 866	31	4051	5219	951
龙江集团	0	0	593	52 892	0	4051	223	0
上　海	0	0	0	0	0	0	0	0
江　苏	0	0	0	0	0	0	0	0
浙　江	0	0	0	20 978	10 871	3239	6567	6567
安　徽	0	0	0	2613	563	0	1305	1147
福　建	0	279	0	16 968	2380	3437	6486	3553
江　西	0	10	4375	15 048	5857	1451	6320	4596
山　东	0	0	0	6285	0	0	7306	5325
河　南	0	0	123	11 997	414	2578	3264	2344
湖　北	0	0	94	8747	3193	1018	3595	3268
湖　南	0	0	763	26 379	5066	1570	35 809	34401
广　东	0	0	215	30 230	3824	7372	10 799	5633
广　西	0	0	1148	19 228	3370	4665	10 364	9262
海　南	0	0	490	1645	874	0	1616	1339
重　庆	0	0	0	1204	282	0	1213	402
四　川	0	0	1282	10 409	2576	2569	7782	5281
贵　州	0	82	169	10 781	3631	7150	6098	5884
云　南	0	0	0	23 339	1953	8066	26 516	25 503
西　藏	0	0	0	0	0	0	0	0
陕　西	0	0	29	3018	600	757	2651	2029
甘　肃	0	0	52	19 482	4699	2002	13 882	11 358
青　海	0	0	0	2156	240	1367	2642	2642
宁　夏	0	0	0	509	0	509	14126	14126
新　疆	0	2166	0	10 505	783	4070	4156	3257
新疆兵团	0	0	0	0	0	0	0	0
局直属单位	0	922	4213	141 390	0	48 098	10 365	10 365
大兴安岭	0	922	3643	7414	0	7414	714	714

（续）

单位合计								
管理业中								
野生动植物保护	居民服务和其他服务业	教　育	卫生、社会保障和社会福利业	文化、体育和娱乐业	公共管理和社会组织	国际组织	集体经济单位合计	其他各种经济单位合计
18 183	**14 512**	**192 327**	**102 492**	**15 675**	**1 381 511**	**0**	**144 598**	**318 165**
913	692	333	0	0	38 685	0	1290	0
0	374	0	0	0	3327	0	0	0
0	0	0	0	0	44 806	0	258	0
19	135	5868	469	0	27976	0	0	0
348	0	4986	18 891	1376	43 062	0	40 290	40 913
0	0	3740	18 891	1376	5905	0	40 275	40 913
395	89	195	0	0	20 319	0	131	0
64	291	5605	0	0	51 168	0	5039	98 818
0	140	0	0	0	8073	0	2185	98 818
3269	2950	48 050	51 488	545	92 352	0	71 087	25 696
0	2729	42 067	51 488	440	44 086	0	63 392	24 256
0	0	0	0	0	0	0	0	2520
0	0	0	0	0	6133	0	891	25 762
0	0	30	0	0	75 411	0	0	1853
139	35	0	0	0	24 773	0	238	4517
41	378	2614	0	0	75 583	0	3132	36 436
1004	84	5370	0	34	91 167	0	2287	9489
0	0	90	0	0	38 694	0	0	12 000
24	281	4764	0	166	44 143	0	311	0
327	72	249	706	0	31 771	0	1167	26 434
968	13	21 511	8	0	94 429	0	501	6937
2441	207	13 512	41	622	144 286	0	2422	950
1102	0	8045	192	123	31 115	0	883	2718
277	86	0	0	0	10 463	0	0	0
0	0	69	0	0	19 234	0	63	89
2288	1489	634	324	0	83 620	0	2454	1065
215	584	3893	0	0	31579	0	0	0
601	0	6067	3056	0	105 847	0	1806	8820
0	0	0	0	0	12 895	0	0	0
621	958	4048	5192	0	22 588	0	8558	0
2230	1434	16 569	8731	0	43 906	0	214	0
0	0	0	0	0	7767	0	0	0
0	0	1172	0	0	2697	0	0	0
899	0	5105	128	0	26 798	0	0	1570
0	0	0	0	0	0	0	0	0
0	4359	33 545	13 266	12 808	34 916	0	1574	11 577
0	0	12 257	13 266	2593	11 296	0	1574	11 577

林业系统按行业分职工伤亡事故情况

国民经济行业	轻 伤（人次）	重 伤（人次）	死 亡（人）
总　　计	**862**	**91**	**170**
一、农、林、牧、渔业	**735**	**71**	**152**
其中：国有林场	111	11	52
木材及竹材采运业	577	38	9
二、采矿业	**0**	**0**	**0**
三、制造业	**86**	**12**	**4**
1. 木材加工及竹、藤、棕、草制品业	80	9	4
2. 林产化学产品制造业	2	2	0
3. 专用设备、仪器仪表制造业	1	0	0
4. 建筑材料制造加工业	2	0	0
5. 其他制造业	1	1	0
四、建筑业	**16**	**0**	**1**
五、其他	**25**	**8**	**13**

固定资产投资统计

林业系统固定资产投资2005年主要指标与2004年比较

指标名称	2005年	2004年	2005年与2004年比较(%)
林业固定资产投资完成额(万元)	**4 593 443**	**4 118 669**	**11.53**
其中：国家投资	3 528 122	3 226 063	9.36
一、基本建设投资完成额	4 467 520	4 040 486	10.57
其中：国家投资	3 505 284	3 220 609	8.84
二、更新改造投资完成额	94 034	39 656	137.12
其中：国家投资	22 758	4417	415.24
三、森工其他投资完成额	31 889	38 527	-17.23
其中：国家投资	80	1037	-92.29
四、本年新增固定资产	1 590 725	1 299 151	22.44
营林固定资产投资完成额(万元)	**4 419 596**	**3 989 023**	**10.79**
一、基本建设投资完成额	4 397 842	3 984 506	10.37
其中：国家投资	3 483 792	3 198 943	8.90
（一）按构成分：建筑安装	223 696	207 135	8.00
设备工器具购置	55 357	49 368	12.13
其他费用	4 118 789	3 728 003	10.48
（二）按用途分：营造林业	3 287 342	2 867 564	14.64
木材及竹材采运业	83 725	86 227	-2.90
木材加工及竹藤棕草制品业	7691	8155	-5.69
其　他	1 019 084	1 022 560	-0.34

（续）

指标名称	2005 年	2004 年	2005 年与 2004 年比较(%)
（三）本年新增固定资产	1 453 760	1 199 094	21.24
二、更新改造投资完成额	21 754	4517	381.60
其中：国家投资	20 374	3199	536.89
（一）按构成分：建筑安装	96	201	-52.24
设备工器具购置	79	393	-79.90
其他费用	21 579	3923	450.06
（二）按用途分：营造林业	13 523	2070	553.29
木材及竹材采运业	—	28	—
木材加工及竹藤棕草制品业	—	256	—
其　他	8231	2163	280.54
（三）本年新增固定资产	2228	681	227.17
森工固定资产投资完成额（万元）	**173 847**	**129 646**	**34.09**
一、森工基建基本建设投资完成额	69 678	55 980	24.47
其中：国家投资	21 492	21 666	-0.80
（一）按构成分：建筑安装	40 339	35 273	14.36
设备工器具购置	19 835	13 902	42.68
其他费用	9504	6805	39.66
（二）按用途分：营造林业	5101	3078	65.72
木材及竹材采运业	20 597	18 060	14.05
木材加工及竹藤棕草制品业	25 696	9930	158.77
其　他	18 284	24 912	-26.61
（三）本年新增固定资产	56 819	40 950	38.75
二、森工更新改造投资完成额	72 280	35 139	105.70
其中：国家投资	2384	1218	95.73
（一）按构成分：建筑安装	28 541	20 323	40.44
设备工器具购置	38 520	11 994	221.16
其他费用	5219	2822	84.94
（二）按用途分：营造林业	449	601	-25.29
木材及竹材采运业	10 255	9024	13.64
木材加工及竹藤棕草制品业	46 593	6104	663.32
其　他	14 983	19 410	-22.81
（三）本年新增固定资产	39 485	30 753	28.39
三、森工其他投资完成额	31 889	38 527	-17.23
其中：国家投资	80	1037	-92.29
（一）按构成分：建筑安装	17 200	26 859	-35.96
设备工器具购置	11 255	8431	33.50
其他费用	3434	3237	6.09
（二）本年新增固定资产	38 433	27 673	38.88

林业系统各地区林业固定资产投资完成情况

单位:万元

地 区	总 计	营林固定资产投资			森工固定资产投资			
		合 计	基本建设	更新改造	合 计	基本建设	更新改造	其他投资
全国合计	**4 593 443**	**4 419 596**	**4 397 842**	**21 754**	**173 847**	**69 678**	**72 280**	**31 889**
北 京	109 188	109 188	109 188	—	—	—	—	—
天 津	5139	5139	5139	—	—	—	—	—
河 北	225 131	225 131	224 956	175	—	—	—	—
山 西	174 345	174 345	174 345	—	—	—	—	—
内蒙古	417 279	400 559	400 559	—	16 720	999	—	15 721
内蒙古集团	61 673	44 953	44 953	—	16 720	999	—	15 721
辽 宁	121 087	121 087	121 087	—	—	—	—	—
吉 林	188 849	128 124	128 124	—	60 725	31 127	19 083	10 515
吉林集团	87 324	44 574	44 574	—	42 750	23 455	8780	10 515
黑龙江	197 979	181 176	181 176	—	16 803	13 200	3603	—
龙江集团	144 070	127 267	127 267	—	16 803	13 200	3603	—
上 海	81 293	81 293	81 293	—	—	—	—	—
江 苏	235 276	235 276	235 128	148	—	—	—	—
浙 江	13 148	13 086	13 086	—	62	50	—	12
安 徽	69 897	68 670	67 407	1263	1227	1207	—	20
福 建	79 789	42 925	42 925	—	36 864	1102	33 934	1828
江 西	39 642	39 470	39 470	—	172	105	55	12
山 东	162 168	162 168	162 168	—	—	—	—	—
河 南	106 248	106 248	106 248	—	—	—	—	—
湖 北	142 392	141 269	140 730	539	1123	834	168	121
湖 南	124 664	124 664	124 664	—	—	—	—	—
广 东	39 888	39 888	39 888	—	—	—	—	—
广 西	173 203	162 200	162 200	—	11 003	4881	6122	—
海 南	37 864	37 864	37 864	—	—	—	—	—
重 庆	211 195	211 195	211 184	11	—	—	—	—
四 川	469 701	465 107	465 107	—	4594	3454	334	806
贵 州	198 246	198 246	198 246	—	—	—	—	—
云 南	201 479	194 490	175 709	18 781	6989	5923	254	812
西 藏	5832	5832	5832	—	—	—	—	—
陕 西	144 717	144 239	143 402	837	478	478	—	—
甘 肃	253 385	253 385	253 385	—	—	—	—	—
青 海	72 868	72 868	72 868	—	—	—	—	—
宁 夏	38 196	38 196	38 196	—	—	—	—	—
新 疆	138 149	137 918	137 918	—	231	231	—	—
新疆兵团	57 768	57 768	57 768	—	—	—	—	—
局直属单位	115 207	98 351	98 351	0	16 856	6087	8727	2042
大兴安岭	89 766	72 910	72 910	—	16 856	6087	8727	2042

林业系统各地区按事业分的营林基本建设投资完成额

单位:万元

地　区	合 计	造 林	封山(沙)育林	迹地更新	森林管护	低产林改造	中、幼龄林抚育	种苗工程	森林防火	森林病虫鼠害防治
全国合计	**4 397 843**	**2 101 982**	**162 822**	**16 876**	**353 032**	**12 764**	**51 210**	**85 847**	**68 256**	**40 132**
北　京	109 188	45 063	864	832	19 565	100	2373	4292	6102	2187
天　津	5139	3500	420	—	—	—	—	210	480	420
河　北	224 956	166 767	13 817	899	5849	42	184	1107	545	680
山　西	174 345	26 324	11 210	170	7367	—	559	1623	640	1333
内蒙古	400 559	161 536	26 699	100	44 355	—	117	2139	4847	2571
内蒙古集团	44 953	—	—	—	17 961	—	57	—	316	56
辽　宁	121 087	96 213	2142	474	11 664	1012	650	2757	1471	1745
吉　林	128 124	27 746	968	1802	17 447	436	2716	2420	3308	1261
吉林集团	44 574	224	187	1775	3578	436	2547	782	557	70
黑龙江	181 176	27 789	6798	—	28 202	—	775	1858	5236	904
龙江集团	127 267	—	—	—	21 585	—	70	430	2920	201
上　海	81 293	74 418	—	—	2000	—	1400	50	—	210
江　苏	235 128	150 782	3673	170	2617	169	1331	6831	5124	1524
浙　江	13 086	3363	939	70	40	70	90	398	2326	1034
安　徽	67 407	42 118	2456	324	5366	384	1040	1227	733	357
福　建	42 925	18 652	483	4266	4262	214	681	1633	2191	1190
江　西	39 470	20 492	1729	128	2681	531	4704	1686	1540	327
山　东	162 168	79 053	907	1159	5126	1094	16541	26 981	4791	8648
河　南	106 248	60 890	2460	—	3635	4	50	1443	170	136
湖　北	140 730	97 300	7221	840	8029	148	1128	3694	1623	416
湖　南	124 664	106 720	803	310	1837	157	396	5570	2682	536
广　东	39 888	1883	265	601	457	6812	351	853	2780	755
广　西	162 200	64 606	1823	1331	11291	288	1563	1896	1047	496
海　南	37 864	17 123	225	1295	4805	310	1825	150	684	1320
重　庆	211 184	163 220	6396	—	6322	—	70	232	1434	885
四　川	465 107	308 202	23 968	—	40 495	—	50	9642	2835	1677
贵　州	198 246	13671	6790	186	10 632	40	1386	300	1280	1124
云　南	175 709	65 378	7000	4	27 642	236	772	2714	3252	806
西　藏	5832	2321	855	—	2538	—	—	20	—	1
陕　西	143 402	67 143	9548	490	16 534	—	1824	788	3004	343
甘　肃	253 385	70 695	7424	—	12 608	—	12	296	1928	1036
青　海	72 868	13 612	6313	—	10 734	—	—	775	295	208
宁　夏	38 196	29 726	787	—	4206	—	—	335	20	746
新　疆	137 918	75 676	7839	1425	18 855	717	8572	1644	1913	2676
新疆兵团	57 768	35 535	1213	85	3853	—	6232	712	262	2116
局直属单位	98 351	0	0	0	15 871	0	50	283	3975	2580
大兴安岭	72 910	—	—	—	15 871	—	50	283	3975	224

（续）

地　　区	林业工作站	森林公安	森林公园	野生动植物保护及自然保护区	花　卉	林政及木材检查站	林业调查规划设计	林业教育	林业科技及重点实验室	其　他
全国合计	**9627**	**35 940**	**44 178**	**34 895**	**12 548**	**7350**	**8865**	**57 065**	**11 400**	**1 283 053**
北　京	222	502	654	6273	80	226	1319	32	619	17 883
天　津	36	23	—	50	—	—	—	—	—	—
河　北	169	30	226	823	25	37	38	1	100	33 617
山　西	139	505	40	355	—	66	377	307	774	122 556
内蒙古	272	449	10	1642	30	183	616	640	326	154 027
内蒙古集团	—	28	—	—	—	—	—	—	—	26 535
辽　宁	173	81	—	406	1536	164	552	—	47	—
吉　林	287	4870	10	1523	—	61	140	8793	107	54 229
吉林集团	10	1665	—	—	—	50	120	2637	—	29 936
黑龙江	144	13 335	470	576	—	75	102	26 350	—	68 562
龙江集团	—	13 189	110	12	—	—	—	26 330	—	62 420
上　海	576	10	600	20	—	—	84	—	—	1925
江　苏	296	193	509	425	1344	183	297	39	100	59 521
浙　江	72	195	799	2741	2	158	44	—	—	745
安　徽	110	14	30	70	490	27	75	—	23	12 563
福　建	674	385	4170	562	6	587	73	15	64	2817
江　西	179	79	—	158	527	153	193	2	2	4359
山　东	144	120	830	30	408	148	54	24	380	15 730
河　南	179	280	325	1785	424	40	1	3	26	34 397
湖　北	791	222	352	1108	6803	68	95	26	176	10 690
湖　南	360	155	232	2740	85	452	95	75	286	1173
广　东	298	246	14734	1079	20	89	847	4	155	7659
广　西	275	176	412	1112	27	104	152	111	262	75 228
海　南	36	100	—	558	307	174	—	135	—	8817
重　庆	211	1296	18 804	1351	80	34	33	8	25	10 783
四　川	227	314	12	2835	200	15	251	—	672	73 712
贵　州	1276	358	527	836	5	471	151	2	214	158 997
云　南	508	1498	29	1299	39	283	219	84	210	63 736
西　藏	—	2	—	4	—	6	5	5	—	75
陕　西	970	690	—	940	—	74	66	180	306	40 502
甘　肃	139	2546	350	907	5	—	493	2310	147	152 489
青　海	338	69	10	829	—	—	230	—	183	39 272
宁　夏	—	—	—	—	—	—	—	—	60	2316
新　疆	526	727	11	643	105	1052	105	172	514	14 746
新疆兵团	216	60	2	44	—	22	52	15	256	7093
局直属单位	0	6470	32	1215	0	2420	2158	17 747	5622	39 928
大兴安岭	—	6470	—	258	—	452	193	14 058	294	30 782

（林业计划统计中统计表部分由计资司统计信息处提供）

林业财务和会计

【林业财务和会计综述】 2005年，各级林业计划财务部门充分发挥职能作用，紧紧围绕国家林业局2005年重点工作和以生态建设为主的林业发展战略，突出主线，服务全局，努力做好各项扶持政策争取工作，将“慎用钱”的要求贯穿于各项工作的始终，努力探索长效机制和治本之策，切实加强了队伍建设，全面完成了各项任务，重点工作有了新的突破。

加强协调，广筹资金 2005年，林业投入总量大幅度提高，投资结构得到调整。中央级林业资金投入达到467.9亿元，较2004年增加9.1%。其中，国家预算内基本建设资金65.6亿元（含国债投资56.7亿元），中央财政资金336.6亿元，农业综合开发资金1.7亿元，信贷资金64亿元。投资继续向六大林业重点工程倾斜，共安排了356.4亿元，占全部资金的76.2%，其中，天保工程57.9亿元，退耕还林工程257.9亿元，京津风沙源治理工程29.9亿元，三北及长江流域等防护林建设工程7.7亿元，野生动植物保护及自然保护区建设工程2.9亿元。六大林业重点工程以外的林木种苗、护林防火、病虫害防治等基本建设资金11.1亿元，中央森林生态效益补偿基金20亿元。

与此同时，努力开辟新的资金渠道。以落实国务院领导有关指示精神为契机，向国家发改委专题报送了增加三北工程投资的建议；以湿地规划实施为契机，积极争取湿地建设资金；拟定了《林业“十一五”中央政府投资重点领域需求建议方案》。争取部门预算资金投入不断增加，2005年财政部批复下达各项财政事业费8.25亿元，年中预算执行中追加1.16亿元，总计9.41亿元，比2004年同口径增加1.17亿元，增长14.2%。同时，积极争取“十一五”期间引进国际先进林业技术项目资金、世行贷款项目管理费的延期工作，做好2005年非贸易非经营性购汇人民币限额支出预算的追加工作。

继续完善天保工程相关政策 ①协调中国银监会和各有关债权金融机构，推进天保工程银行债务免除工作，取得突破性进展。中国银监会、国家林业局联合下发《关于下达天然林保护工程区森工企业金融机构债务免除名单及免除额（第一批）的通知》，对731家森工企业88.11亿元债务予以免除。木材加工等企业的债务免除政策协调问题，以及第二批森林采伐企业的债务免除问题也取得实质性进展。②争取新疆全面停止山区天然林采伐后的财政扶持政策，得以妥善解决，中央财政新增专项投入1.53亿元。③争取吉林省森工院墙企业职工安置的财政扶持政策，得以妥善解决，中央财政新增专项投入2.15亿元。④争取中央财政对地方财政预算内减收补助政策，经报请国务院批准，明确2005～2007年继续维持现行转移支付办法不变，新增中央财政投入51.3亿元。⑤继续争取天保工程区混岗职工安置、下岗职工再安置政策和落实医疗、失业、工伤、生育4项保险补助政策，并向财政部争取专项资金，推进了问题的解决。同时，认真做好上访职工的政策解释工作，化解矛盾。

继续落实中央森林生态效益补偿基金政策 ①颁发了《关于编制中央森林生态效益补偿基金实施方案的通知》。②联合财政部组织了3个调研组，对6个省（区）落实中央森林生态效益补偿基金工作进行调研。③联合财政部，分南方、北方两片，两次召开全国中央森林生态效益补偿基金座谈会，总结经验、明确思路。④向财政部报送了2004～2005年实施中央森林生态效益补偿基金总结报告，并积极争取2006年森林生态效益补偿基金增加10亿元、扩大补偿面积1333.33万公顷等相关工作，并得到了财政部的大力支持。

积极争取有利于林业发展的扶持政策 ①积极协调财政部、国家税务总局，争取2005年底已经到期的以“三剩物”和次小薪材为原料生产加工的综合利用产品，增值税即征即退的优惠政策在“十一五”期间继续延续。②争取支持国有林场改革的相关政策。③积极争取全国森林公安、林业检法机构的编制和经费纳入财政预算政策。

规范管理，探索完善“慎用钱”长效机制 ①进一步强化制度建设，规范各类资金的运行。②积极探索林业项目的科学审批机制，对重大项目安排实行了集中审批制度。③认真组织开展思想和制度专项整顿活动。④组织开展了林业行业和机关直属单位在保持共产党员先进性教育活动中开展“慎用钱”主题实践活动。⑤以《财政违法行为处罚处分条例》学习、贯彻为契机，进一步加大局机关、直属单位和各省（区、市）培训工作力度。⑥认真做好资金监管并组织好资金稽查工作。

规范部门预算编制和批复，维护预算严肃性 及时组织批复下达2005年国家林业局部门预算，并在两方面得到改进：做到一个单位一本预算，所有收支都在单位预算中反映；对各省（区、市）的项目支出预算也做到一本预算批复下达，能完整反映中央部

门预算资金的安排情况。（袁卫国）

【天保工程森工采运企业债务免除】 中国银监会、国家林业局于2005年6月联合下发《关于下达天然林保护工程区森工企业金融机构债务免除名单及免除额（第一批）的通知》，免除731家森工企业金融机构债务88.11亿元。这标志着天保工程区森工企业因林木禁伐或限伐造成无力偿还金融机构债务的主要问题得以妥善解决，对减轻森工企业债务负担、促进森工企业体制改革和机制创新等将起到重要作用。本次免除金融机构债务的731家森工企业，全部为森林采伐企业。按照有关规定，债务免除后，这些企业需按实际免除额转增企业国有资本金。各债权银行、资产管理公司免除天保工程区森工企业贷款本息所造成的损失，前者从银行提取的呆账准备金中核销，后者作为资产管理公司的处置资产损失处理。（段亮红）

【《项目和资金安全运行责任书》】 为确保国家林业局各司（局）、直属单位项目和资金安全运行，严格按照《会计法》、《预算法》、《审计法》、《公务员法》及《财政违法行为处罚处分条例》等有关财经法律、法规的规定，组织项目实施和管理使用资金，切实将国家林业局党组提出的“慎用钱”要求落到实处。2005年，国家林业局主管计财工作的局领导受局长委托代表国家林业局与机关司（局）及直属单位签订《项目和资金安全运行责任书》。《责任书》从正面提出项目和资金管理的规范要求，明确了双方责任及违规违纪相应的调控和处罚措施。

（沈和定）

【国家林业局机关事业单位津贴补贴清理和规范工作】 2005年，根据中央办公厅、国务院办公厅转发《中央纪委、中央组织部、监察部、财政部、人事部、审计署〈关于做好清理规范津贴补贴工作的意见〉的通知》精神和《财政部人事部关于印发行政事业单位津贴补贴清理审核报表的通知》要求以及国家林业局清理津贴补贴工作的统一部署，开展了国家林业局行政事业单位的津贴补贴清理工作，及时将国家林业局行政事业单位津贴补贴清理审核报表上报国家有关部门，为改革行政事业单位工资制度和规范收入分配制度做好基础性工作。（吴　今）

【强化引进国际林业先进科学技术项目支出预算的监督检查】 2005年，国家林业局要求各项目单位对“十五”期间的引进国际林业先进科学技术项目（简称“948”项目）资金使用和管理进行自查，在各单位自查的基础上，选择对20个项目承担单位的121个项目资金进行重点抽查。重点检查：引进经费是否按合同书的规定使用；引进任务完成后对结余的引进经费的安排使用情况；中央配套经费的安排使用情况；地方配套经费的落实到位情况及安排使用情况；项目经费使用的合法合规情况；项目经费的使用绩效及存在的问题等。对重点抽查中发现的问题及时进行了通报，要求项目单位限期提报整改措施，落实整改要求，做好整改工作，确保项目实施和资金安全使用。（徐旺明）

【加强和规范财政拨款结余资金管理工作】 2005年，根据财政部《中央部门财政拨款结余资金管理规定》及部门预算编制的相关要求，为强化财政拨款结余资金管理，规范资金的使用，提高财政资金的使用效益，国家林业局对局本级和直属单位截至2004年底的财政拨款资金结余情况进行统计，对不同情况进行实地核查、走访和分析，提出加强财政拨款结余资金管理的意见和建议，并按《中央部门财政拨款结余资金管理规定》要求，将国家林业局财政拨款结余资金报财政部备案和审批。（伍祖祎）

【资金使用和项目管理检查】 针对近年来国家林业局机关、直属单位在项目和资金管理中存在的突出问题，以及相持阶段林业发展对资金的特殊要求，为进一步加强项目和资金管理、管好用好林业各项资金，从2004年底开始至2005年6月底，国家林业局在局机关和直属单位开展了以“管好资金、用好权力”为主题的思想和制度专项整顿活动。活动历经思想动员、自查自纠、检查督查、总结整改4个阶段。在活动开展的过程中，局机关和各直属单位都成立了以一把手为组长的专项整顿领导机构，组织学习有关财经法规，强化内部制约机制，规范办事程序，完善资金收支审批手续，对本单位2004年项目管理和资金使用情况进行了认真的自查自纠。在此基础上，国家林业局分3批组织了15个检查小组，70人次，对所有直属单位的项目管理和资金使用情况进行了全面的检查，对检查发现的问题进行了认真的梳理和分析，并提出了有针对性的整改措施。（王　强）

【全国林业行业财政资金收支状况】 2005年，全国林业行业资金总投入535.32亿元，其中：中央投入393.91亿元（其中基本建设投入65.60亿元），地方投入141.41亿元。全年实际到位486.94亿元，实际支出481.44亿元，年末结余39.04亿元。

林业行业资金投入 2005年，中央及地方对林业行业投入总计535.32亿元，其中：

1. 中央投入393.91亿元，其中：基本建设投入65.60亿元；财政事业投入328.31亿元，主要包括：天保工程财政专项资金47.78亿元；退耕还林粮食补助折现226.21亿元，现金补助26.39亿元；中央森林生态效益补偿基金20亿元；贫困国有林场扶贫资金1.5亿元；林业有害生物防治补助费2亿元。

2. 地方投入141.41亿元，其中：省级投入54.93亿元，地（市）级投入32.84亿元，县级投入53.64亿元。按财政预算科目划分，包括：基本建设11.67亿元；财政事业资金129.74亿元，其中主要是林业支出112.29亿元（主要包括行业管理经费62.01亿元，森林救灾经费7.98亿元，天保经费6.13亿元，退耕还林2.28亿元，森林生态效益补偿基金10.52亿元）。

林业行业资金收支 2005年，中央及地方对林业行业投入到位486.94亿元，实际支出481.44亿元。具体情况如下：基本建设资金到位52.65亿元，支出50.89亿元。财政资金到位434.29亿元，支出430.55亿元。其中，林业支出到位437.77亿元，支出410.21亿元。主要包括：行业管理经费到位62.48亿元，支出61.97亿元；森林救灾经费到位9.09亿元，支出8.99亿元；森林生态效益补偿基金到位33.44亿元，支出30.65亿元；退耕还林财政补助资金到位232.72亿元，支出231.92亿元；支援不发达地区支出类到位1.87亿元，支出1.79亿元。

（段亮红）

【天保工程专项资金收支状况】 2005年，天保工程实施单位和林业主管部门共收到财政专项资金63.98亿元，其中，中央财政投入47.78亿元；地方财政配套5.66亿元，企业自筹8.13亿元，其他收入2.41亿元。

全年天保工程财政专项支出65.64亿元，年末累计结余11.09亿元（2004年末结余12.75亿元）。

各项资金具体收支情况分别为：

森林管护事业费 收入23.34亿元，其中：中央投入20.39亿元，地方配套1.97亿元，企业自筹0.85亿元，其他收入0.13亿元，支出264 150万元。

政社性支出补助费 收入19.94亿元，其中：中央投入14.52亿元，地方配套0.69亿元，企业自筹2.51亿元，其他收入2.22亿元。其中教育经费支出7.63亿元，医疗卫生经费支出3.98亿元，公检法司经费支出6.67亿元，政府经费支出1.99亿元。

养老保险社会统筹补助费 收入13.39亿元，其中：中央投入12.05亿元，地方配套0.32亿元，企业自筹0.96亿元，其他投入0.06万元。共计支出121 632万元。

下岗职工基本生活补助费 收入0.28亿元，其中：地方配套0.25亿元，企业自筹0.03亿元。共计支出0.53亿元。

一次性安置补助费 收入7.05亿元，其中：中央投入0.82亿元，地方配套2.43亿元，企业自筹3.80亿元。共计支出6.27亿元。（段亮红）

【全国育林基金收支状况】 2005年全国育林基金（林价）收入43.3亿元，支出44.9亿元，具体情况如下：

1. 总收入43.3亿元，其中：提取19.5亿元，占总收入的45.1%；征收18.6亿元，占总收入的42.9%；营林产品销售净收入转育林基金0.9亿元，占总收入的2.1%；其他收入4.3亿元，占总收入的9.9%。

2. 总支出44.9亿元，其中：①营林生产支出10.6亿元，占总支出的23.6%，包括森林更新及造林支出6亿元（整地支出1.3亿元，采伐迹地更新支出1.2亿元，幼林抚育支出1.2亿元）、成林抚育支出2.3亿元、营林生产其他支出2.3亿元；②营林管理费支出17.4亿元，占总支出的38.8%：营林管理费支出5.6亿元（其中经营林场（所）管理费1.8亿元）、森林保护费支出4.8亿元（其中护林防火支出2.9亿元，病虫害防治支出0.8亿元）、森林资源清查支出0.5亿元、低产林改造支出0.4亿元、天然幼壮林支出0.6亿元、营林"三项费用"支出1.9亿元（其中营林道路支出1亿元，营林设施0.6亿元，营林设备0.3亿元）、营林费用其他支出3.7亿元；③其他支出16.9亿元，占总支出的37.6%。其中弥补机构经费不足6.8亿元。（段亮红）

【全国森工企业财务状况】

损益状况 2005年全国森工企业财务报表汇总20个省（区），其中6省（区）盈利，14省（区）亏损。汇编企业1136家，其中亏损企业666家，亏损面为58.63%，与2004年同期相比（以下简称同比）减少4.76%。全国森工企业实现主营业务收入156.5亿元，同比增加9.7亿元；营业成本107.9亿元，同比增加6.1亿元；管理费用37.9亿元，同比增加0.9亿元；财务费用3.8亿元，同比减少1.5亿元。全国森工企业盈亏相抵，全行业净亏损1.0亿元，同比减亏0.4亿元，其中：亏损企业亏损额为8.0亿元，减少亏损1.3亿元。至2005年末，全国森工企业历年累计未弥补亏损82.5亿元，同比增加12.1亿元，增幅为17.11%。

2005年全国森工企业拖欠职工工资和离退休人员经费11.9亿元，同比减少7.8亿元，涉及职工42.6万人。

上交税收状况 2005年全国森工企业交税5.4亿元，其中增值税4.1亿元，所得税0.3亿元，营业税0.6亿元，资源税、城建税、消费税、印花税等共计0.4亿元，同比减少1.9亿元。森工企业利用"三剩物"和次小薪材综合利用产品执行增值税即征即退政策，上交税收1亿元，返还0.9亿元，返还比例为90%。

资产负债状况 2005年末全国森工企业总资产679亿元，其中流动资产290亿元、固定资产322亿元，总负债487亿元，其中短期借款79亿元、长期借款79亿元，所有者权益192亿元，资产负债率为71.72%。

产品产业结构状况 2005年全国森工企业总业务收入179.1亿元，同比增加7.3亿元，其中：林业产品收入115.4亿元，占总收入的64%；非林非木产品收入为63.7亿元，占总收入的36%。全年总销售利润44亿元，同比增加2.9亿元，其中：林业产品销售利润40.5亿元，占总利润的92%；非林非木产品销售利润3.5亿元，占总利润的8%。

林业产品收入与利润的具体情况为：①种植业实现收入78.4亿元，占林业产品收入的67.9%，实现利润33.9亿元，占林业产品利润的77%；②养殖业实现收入0.2亿元，占林业产品收入的0.1%，实现利润0.03亿元，占林业产品利润的0.06%；③初加工产品实现收入8.6亿元，占林业产品收入的7.4%，实现利润3.3亿元，占林业产品利润的7.5%；④“三剩物”和次小薪材加工产品实现收入28.1亿元，占林业产品收入的24.6%，实现利润3.3亿元，占林业产品利润的15.44%。

主要产品生产销售情况

木　材　全年生产量为1277万立方米，同比减少41万立方米，减幅为3.11%；销售量为1374万立方米，同比减少54万立方米，减幅为3.78%。木材销售收入为74.7亿元，同比增加5.2亿元，增幅为7.41%。平均售价为543.39元/立方米，同比提高56.62元/立方米。实现销售利润32.9亿元，同比增加4.3亿元，增幅为15.06%。每立方米木材销售利润为239.93元，同比增加39.28元。

锯　材　全年生产量为14.5万立方米，同比减少5.6万立方米，减幅为27.86%；销售量为18.5万立方米，同比减少1.1万立方米，减幅5.61%。实现销售收入2.37亿元，同比增加0.31亿元，减幅15.37%。平均售价为1280.7元/立方米，同比提高232.94元/立方米。实现销售利润0.03亿元，同比增加0.06亿元。每立方米锯材销售利润为18.59元，同比增加32.11元。

纤维板　全年生产量为88.4万立方米，同比减少12.6万立方米，减幅为12.48%；销售量为88.9万立方米，同比减少8.8万立方米，减幅9.01%；实现销售收入11.7亿元，同比减少1.2亿元。平均售价为1325.51元/立方米，同比增加0.58元/立方米。实现销售利润0.82亿元，同比减少0.69亿元。每立方米锯材销售利润为92.38元，同比减少62.14元。

胶合板　全年生产量为3.5万立方米，同比增加1万立方米，增幅为40%；销售量为3.6万立方米，同比增加1万立方米，增幅为38.46%。实现销售收入0.97亿元，同比增加0.31亿元，增幅为46.40%。平均售价为2694.17元/立方米，同比增加146.09元/立方米。实现销售利润247万元，同比减少43万元。每立方米胶合板销售利润为68.61元/立方米，同比减少42.93元。

刨花板　全年生产量为56.6万立方米，同比增加15.8万立方米，增幅为38.73%；销售量为57.5万立方米，同比增加15.9万立方米，增幅为38.22%。实现销售收入6.7亿元，同比增加2.98亿元，增幅为80.04%。平均售价为1165.27元/立方米，同比提高270.68元/立方米。实现销售利润7550万元，同比增加5504万元。每立方米刨花板销售利润为131.30元/立方米，同比增加82.12元。

（段亮红）

【全国国有林场财务状况】 2005年全国国有林场汇总30个省（区、市），汇编林场户数4138户，其中：被纳入中央森林生态效益补偿范围的1308户，纳入国家天保工程实施范围的1212户。国有林场林地总经营面积4918万公顷，其中有林地面积3153万公顷；在职职工总人数46.3万人，离退休人员17万人。

资产负债情况 截至2005年末，全国国有林场资产总额242亿元（不含林木资产），其中：流动资产107亿元，比2004年增加13.1亿元，占资产总额的44.2%，其中：货币资金30.9亿元，比2004年增加6.2亿元；应收账款11.2亿元，比2004年增加0.3亿元；其他应收款45.2亿元，比2004年增加4.8亿元。固定资产107.6亿元，比2004年增加6亿元，占资产总额的44.5%。

截至2005年，全国国有林场负债总额186.8亿元，比2004年增加10.6亿元，其中流动负债135.7亿元，比2004年增加13.3亿元，占负债总额的72.6%；短期借款17.5亿元，比2004年增加1亿元；应付账款7.7亿元，比2004年增加0.5万元。长期负债51.1亿元，比2004年减少2.7亿元。

全国国有林场所有者权益总额395.6亿元（含林木资产），其中实收资本69.8亿元。

利润情况 2005年全国国有林场盈亏相抵，盈利3.28亿万元，比2004年减亏2347万元。

增收因素：

1. 主营业务收入596 361万元，比2004年增加81 039.4万元。

2. 营业税金及附加2022万元，比2004年减少4168万元。

3. 财务费用13 240万元，比2004年减少2656.4万元。

4. 承包户上交净收入48 486.7万元，比2004年增加10 843.5万元。

5. 补贴收入44 535.5万元，比2004年增加8347.4万元。

6. 营业外支出41 339.3万元，比2004年减少434.2万元。

合计增收 107 488.9 万元。

减收因素：

1. 营业成本 273 963 万元，比 2004 年增加 39 639.2万元。

2. 营业费用 22 758 万元，比 2004 年增加 2255.6 万元。

3. 投资收益 2819 万元，比 2004 年减少 411.5 万元。

4. 育林基金及维简费 67 538 万元，比 2004 年增加 6428.5 万元。

5. 管理费用 312 398.6 万元，比 2004 年增加 42 197.1万元。

6. 其他业务利润 45 668 万元，比 2004 年减少 1524 万元。

7. 营业外收入 34 368.1 万元，比 2004 年减少 690.4 万元。

8. 以前年度损益调整 3968.8 万元，比 2004 年增加 814.1 万元。

合计减收 93 960.4 万元。

缴税情况　2005 年全国国有林场营业税金及附加 5261 万元，比 2004 年减少 3586 万元，其中：农业特产税 535 万元，比 2004 年减少 4171 万元，减幅 88.63%；营业税 2947 万元，比 2004 年减少 148 万元，减幅 4.78%；应交增值税 7838 万元，比 2004 年增加 884 万元，增幅 12.71%；所得税 2198 万元，比 2004 年增加 267 万元，增幅 13.83%。

主要产品销售情况

1. 原木销售量 745.8 万立方米，比 2004 年增加 2.2 万立方米，销售收入 36.8 亿元，比 2004 年增加 4.31 亿元，收入增加 13.31%；木材单价 493.33 元/立方米，比 2004 年上升 57.12 元/立方米。

2. 锯材销售量 7.9 万立方米，比 2004 年减少 3.4 万立方米；销售收入 6279 万元，比 2004 年减少 608 万元，销售单价 797.85 元/立方米，比 2004 年上升 189.70 元/立方米。

3. 纤维板销售量 46.5 万立方米，比 2004 年增加 10.4 万立方米；销售收入 52 501 万元，比 2004 年增加 13 394 万元；销售单价 1128.56 元/立方米，比 2004 年上升 44.31 元/立方米。

4. 刨花板销售量 7393 立方米，比 2004 年减少 3768 立方米；销售收入 504 万元，比 2004 年减少 341.8 万元；销售单价 681.73 元/立方米，比 2004 年降低 164.07 元/立方米。

营造林及其资金来源情况　2005 年全国国有林场营造林总面积 78.6 万公顷，比 2004 年减少 58.4 万公顷，其中，速生丰产林 6.4 万公顷，比 2004 年减少 8.8 万公顷；生态公益林 23 万公顷，比 2004 年增加 5.7 万公顷。用于营林及其管护的资金总额 23.9 亿元，比 2004 年增加 0.9 亿元，其中，林业事业费 4.9 亿元，比 2004 年增加 1 亿元；专项拨款 5.5 亿元，比 2004 年增加 0.7 亿元；基建拨款 2.9 亿元，比 2004 年减少 0.8 亿元；林业项目借款 1 亿元，比 2004 年减少 0.7 亿元；育林基金 4.7 亿元，比 2004 年增加 0.3 亿元。

存在问题

1. 资金紧张，后劲不足。全国国有林场负债总额 186.8 亿元，资产负债率高达 77.2%。

2. 职工生活困难，社会保障问题突出。2005 年全国国有林场在职职工工资总额 36.6 亿元，年人均工资 7905 元/人，共拖欠职工工资 7.7 亿元，比 2004 年减少 0.4 亿元，拖欠离退休人员工资 2.4 亿元。

3. 木材产品仍是国有林场的主要经济来源。2005 年全国国有林场营业收入总额 71 亿元，其中：木竹营业收入 36.8 亿元，占营业收入总额的 51.83%；多种经营营业收入 11.4 亿元，占 16.06%；表明国有林场目前仍主要依赖森林资源，从事木材生产，产业结构不合理，产品结构单一。（闫春丽）

【全国国有苗圃财务状况】　2005 年全国国有苗圃汇总 30 个省（区、市），汇编苗圃户数 1841 户，国有苗圃经营面积 25.9 万公顷，其中育苗面积 3.5 万公顷，有林地面积 15.9 万公顷，农耕地 3.2 万公顷。职工总人数 3.9 万人，离退休人员 1.4 万人。

资产与负债情况　2005 年末，全国国有苗圃资产总额 28.6 亿元，流动资产 13 亿元，占资产总额的 45.5%，其中：货币资金 2.9 亿元，比 2004 年增加 0.2 亿元；应收账款 1.4 亿元，比 2004 年增加 0.06 亿元；其他应收款 4.4 亿元，比 2004 年增加 0.01 亿元。固定资产 13.2 亿元，比 2004 年增加 0.2 亿元，占资产总额的 46.2%。

2005 年末，全国国有苗圃负债总额 18.2 亿元，比 2004 年减少 0.1 亿元，其中：流动负债 13.8 亿元，比 2004 年增加 0.2 亿元，占负债总额的 75.8%，其中：短期借款 2.1 亿元，长期负债 4.4 亿元，比 2004 年减少 0.2 亿元。

2005 年末，全国国有苗圃所有者权益 13.6 亿元，比 2004 年增加 0.1 亿元，其中：实收资本 10.5 亿元。

利润情况　2005 年全国国有苗圃盈亏相抵，亏损 5109 万元，比 2004 年增亏 4631 万元，分析如下：

增收因素：

1. 营业成本 40 655 万元，比 2004 年减少 7361 万元。

2. 营业税金及附加 281 万元，比 2004 年减少 153 万元。

3. 其他业务利润 3076 万元，比 2004 年增加 149 万元。

4. 承包户上交净收入 2874 万元，比 2004 年增加

239万元。

5. 营业费用4641万元，比2004年减少437万元。

合计增收8339万元。

减收因素：

1. 主营业务收入53 855万元，比2004年减少10 042万元。

2. 财务费用1560万元，比2004年增加506万元。

3. 投资收益97万元，比2004年减少16万元。

4. 育林及维简费266万元，比2004年增加26万元。

5. 营业外收入4453万元，比2004年减少193万元。

6. 补贴收入7209万元，比2004年减少167万元。

7. 管理费用24473万元，比2004年增加1048万元。

8. 营业外支出4374万元，比2004年增加642万元。

9. 以前年度损益调整423万元，比2004年增加330万元。

合计减收12 970万元。

上交国家税金情况 2005年全国国有苗圃营业税金及附加678万元，比2004年减少53万元，其中：农业特产税11万元，比2004年减少158万元；营业税505万元，比2004年增加11万元，应交增值税283万元，比2004年增加97万元。

存在问题 资金紧张，后劲不足。2005年全国国有苗圃资产负债率63.6%，偿债能力差。

（闫春丽）

林业审计

【局直属单位内部审计人员业务培训班】 2005年10月26～28日，局审计中心与北京市内部审计协会在北京林业管理干部学院举办了国家林业局直属单位内部审计人员业务培训班。本次培训的主要对象是各直属单位持有《内部审计人员岗位资格证书》的人员，各单位主管内部审计的领导以及各单位内部审计人员。局审计中心主任刘雪平主持开班仪式，局党组成员、中央纪委驻局纪检组组长杨继平到会作了讲话。他重点强调审计工作的重要性，指出审计工作是维护单位资金安全运行，预防腐败行为的重要环节，并预祝培训班取得圆满成功。随后，北京市内部审计协会秘书长崔洪亮发表讲话，他介绍了北京市内部审计协会的主要职能以及工作情况，希望今后与国家林业局加强合作，共同推进内部审计工作的发展。

培训课程由北京市内审协会协助安排。主要内容有国家审计署法制司彭新林讲解《财务违法行为处罚条例》；中天恒会计师事务所李三喜、秦国伟讲解《党政领导干部经济责任审计》。

学习期间，由审计中心领导组织学员分成3个小组进行讨论，大家介绍了本单位开展内部审计工作的具体情况，交流了工作经验。（张天威）

精神文明建设

林业纪检监察

【概　述】　2005年，国家林业局党风廉政建设和反腐败工作坚持认真按照党中央、国务院的指示精神和中央纪委监察部的总体部署要求，紧密联系林业工作实际，以确保各项反腐倡廉任务落到实处为目标，以中央开展保持共产党员先进性教育活动为契机，以落实《建立健全教育、制度、监督并重的惩治和预防腐败体系实施纲要》为重点，深入探索工作思路和有效方法，有力地推进了林业党风廉政建设和各项工作的开展。

坚决贯彻落实党中央和国务院指示精神，积极协助党组部署安排反腐倡廉工作　党的十六届五中全会、中央纪委五次全会和国务院第三次廉政工作会议召开后，国家林业局党组和行政班子高度重视，全面履行责任主体的职责，认真学习和贯彻党中央和国务院指示精神。驻局纪检组监察局积极协助局党组做好林业反腐倡廉各项工作的动员部署和贯彻落实。①抓好"三个会议"精神的传达学习，认真贯彻落实中央的总体工作部署和要求。国家林业局党组书记、局长周生贤先后主持召开党组会和党组扩大会，传达和学习党的十六届五中全会、中央纪委五次全会和国务院第三次廉政工作会议精神及胡锦涛、温家宝同志的重要讲话和吴官正同志的工作报告，紧密结合林业部门的实际，认真研究了贯彻落实的具体措施。②开好"三个工作会议"，组织、协调和指导好直属机关各单位和林业行业落实反腐倡廉各项任务。2月份，局党组先后召开了局直属机关党的建设和机关建设工作会议、国家林业局党风廉政建设责任制领导小组扩大会议暨部门联席会议，对机关各职能部门的反腐倡廉工作进行了动员部署和任务分解。9月份，召开了全国林业系统党风廉政建设工作会议，对林业系统在党的先进性建设中加强党风廉政建设、贯彻落实《实施纲要》和推进纪检监察机构统一管理改革进行了总结、交流和指导。③及时制定印发了"四个文件"，对全年工作进行全面安排。年初，协助局党组及时制定印发了《国家林业局党组关于局直属机关2005年党风廉政建设和反腐败工作实施意见》、《关于深入做好2005年全国林业系统党风廉政建设和反腐败工作的通知》、《国家林业局2005年党风廉政建设和反腐败工作实施方案》。9月，协助局党组制定并下发了《中共国家林业局党组关于落实中共中央〈建立健全教育、制度、监督并重的惩治和预防腐败体系实施纲要〉的具体意见》及任务分工方案，对2005～2007年构建惩防体系的工作进行了具体安排。

全力协助党组精心组织开展先进性教育活动，扎实推进党风廉政建设　在开展保持共产党员先进性教育活动中，紧紧抓住这一重要机遇，在全力协助局党组抓好先进性教育活动的同时，坚持把党风廉政建设寓于先进性教育活动之中，有力地推进了各项工作的深入开展。①积极参与，在参与中发挥监督与协助作用。②把反腐倡廉纳入先进性教育活动的目标和要求。③把加强反腐倡廉贯穿于先进性教育活动的全过程。在学习动员阶段，把反腐倡廉列入先进性教育学习阶段的重要内容，广泛组织开展了学习教育，并组织3场先进事迹报告会；在分析评议和整改提高阶段，把反腐倡廉纳入党性分析和领导班子查找突出问题和整改的重点。④在直属机关和林业系统开展了"严管林、慎用钱、质为先"主题实践活动。⑤以用好权力、管好资金为重点，开展了思想和制度专项整顿，派出14个检查组，对65个司（局）级单位资金管理进行了逐个检查。⑥协助局党组在整改中制定了党风廉政建设责任制实施细则、干部监督联席会议制度、落实《实施纲要》具体意见等6个长效机制。通过开展先进性教育，对增强各单位党政领导班子和领导干部履行抓党风廉政建设的责任意识，加强教育和监督，健全制度和解决突出问题起到了积极的推动作用。

紧密结合林业部门实际，认真贯彻落实《实施纲要》和《具体意见》　2005年，中央颁布《实施纲要》后，局党组高度重视，把学习贯彻《实施纲要》作为一项重要政治任务，摆上林业工作的重要位置，纳入机关党的先进性建设的整体格局，精心谋划，统筹安排，采取一系列有力措施，确保了贯彻落实工作的顺利进行。①加强领导。及时成立了落实《实施纲要》领导小组，局党组书记为组长，驻局纪检组组长为副组长，驻局监察局长和机关党委常务副书记为办公室主任，机关纪委书记和人教司长为副主任，16个有关司（局）和直属单位为成员。②加强学习、调研、培训和探索。把《实施纲要》纳入全体司（局）级干部、各督导组、监督评价组人员培训班培训内容，分3期培训320人；把《实施纲要》

纳入先进性教育活动的学习专题，并探索构建惩治和预防腐败体系的新经验。③集中力量制定落实纲要的具体意见和任务允工方案。16个司（局）和直属单位与起草小组反复研究修改，3次征求局党组和各基层党组织意见，并召开部分省（区）林业厅纪检组长座谈会，两次召开领导小组会讨论，经局党组会议研究，用近3个月时间制定局党组的《具体意见》及任务分工方案。④大力抓好宣传贯彻。国庆节前，局党组召开了直属机关基层党组织负责人、纪委书记、离退休干部各党支部书记会议，机关党委和驻局纪检组监察局召开了京外直属单位党建工作会议进行宣传贯彻，局党组委托驻局纪检组监察局召开了全国林业系统党风廉政建设工作会议，贯彻《实施纲要》和局党组的《具体意见》，以会代培，指导各级林业部门制定具体意见及统一管理改革工作。10月开始，把《实施纲要》纳入局党校教学内容。11月初，在举办的直属机关专兼职纪检干部培训班上进行贯彻。

全面开展反腐倡廉宣传教育，不断促进领导干部廉洁自律、廉洁从政 结合开展先进性教育活动和贯彻落实《实施纲要》，驻局纪检组监察局进一步加强了反腐倡廉宣传教育。①在教育的内容上，坚持以学习“三个代表”重要思想为主线，以坚定理想信念为核心，以树立马克思主义的世界观、人生观、价值观和正确的权力观、地位观、利益观为根本，以艰苦奋斗、廉洁奉公为主题，以立党为公、执政为民为目标，深入开展党的基本理论、基本路线、基本纲领和基本经验教育，广泛进行理想信念、从政道德、党的宗旨、党纪政纪和法律法规教育。②在教育的形式上，坚持通过专题学习、开展知识答题、举办展览、组织观看录像、诫勉谈话、正反面典型教育等多种形式，把反腐倡廉教育纳入各级党组织理论学习中心组学习内容，纳入局党校教学计划和领导干部理论集训内容，纳入机关党的建设和“三会一课”，广泛深入地组织开展教育活动。③坚持把反腐倡廉教育纳入保持共产党员先进性教育和贯彻落实《实施纲要》的全过程，积极协助局党组举办林业系统先进典型事迹报告会和林业形势任务教育活动，取得了较好的教育效果，在全体党员、干部和职工中进一步形成了以廉为荣、以贪为耻的风尚，廉洁从政意识明显提高。

狠抓反腐倡廉制度建设，严格规范权力运作和从政行为 结合党的先进性建设和落实《实施纲要》及《具体意见》，驻局纪检组监察局坚持狠抓了机关反腐倡廉制度体系建设。①在先进性教育的过程中，结合建立健全党的先进性建设的长效机制，积极协助局党组在整改提高阶段制定或修订了5个文件，即：《中共国家林业局党组关于加强党组自身建设的规定》、《国家林业局落实党风廉政建设责任制实施细则》、《中共国家林业局党组关于加强直属机关党的先进性建设的意见》、《国家林业局干部监督联席会议制度》、《国家林业局落实〈建立健全教育、制度、监督并重的惩治和预防腐败体系实施纲要〉的具体意见》。②坚持把反腐倡廉制度建设纳入机关制度建设中，把反腐倡廉的目标和要求贯穿于机关五大建设、依法行政、政务公开、干部考核、组织纪律等各项制度和环节，《具体意见》中有关2005年制度建设的任务已经完成。③加强了驻局纪检组监察局内部自身制度的建设。根据派驻机构统一管理后新形势、新任务、新要求，驻局纪检组监察局进一步完善了《驻局纪检组监察局工作规则》、《驻局纪检组监察局及其内设机构主要职责》、《驻局纪检组监察局各级人员职责和权限》、《驻局纪检组监察局会议制度》、《驻局纪检组监察局信访工作规定》、《驻局纪检组监察局案件查处工作规定》等12项内部规章制度。

强化对领导班子和党员干部的监督检查，确保权力正确行使 根据中央对派驻机构实行统一管理改革的总体要求和部署，2005年驻局纪检组监察局进一步加大监督工作的力度，紧紧围绕贯彻执行党的路线、方针、政策情况，坚持民主集中制、领导班子议事规则和民主生活会制度情况，干部任免、重大林业项目安排和大额度资金使用等重大事项集体决策情况，以及履行党风廉政建设责任制职责、遵守廉洁自律各项规定的情况等开展了监督检查活动。①在先进性教育中，积极探索监督的新渠道。除成立督导组和巡查组外，从党组到基层，都成立了由民主党派、群众、离退休干部组成的监督评价组，形成了一个职责、任务、方法明确的党内监督和群众监督体系，积累了群众监督、党务公开的新经验，进一步拓展了监督的渠道和内容。②严格执行中央纪委五次全会狠刹“五股歪风”的要求，严格执行国家林业局党组提出的“六不准”规定，对公务接待、出国考察、资金管理进行重点检查，加强教育，与有关部门齐抓共管，对违反规定的举报线索及时进行初核和调查。③认真开展专项清理整顿和检查工作。春节、“五一”期间对廉洁自律情况进行了联合检查。积极落实用公款为个人购买商业保险、干部拖欠公款、津贴补贴及报刊管办分离和发行的专项清理工作。开展了以加强资金管理为重点的思想和制度专项整顿，对各单位林业资金使用和项目管理情况进行了集中检查。

进一步加大违纪违法案件查办力度，严肃惩处违法违纪人员 针对违纪违法案件发生的新情况、新特点和新变化，驻局纪检组监察局认真贯彻落实中央纪委关于依法依纪办案的文件精神，积极探索严格依纪依法办案的工作机制和具体措施，进一步加大了惩处工作的力度。①加强信访工作，加强案件线索的分析排查。结合贯彻落实《信访条例》，根据《中国共产党纪律检查机关控告申诉工作条例》和《关于监察机关实施〈信访条例〉的说明》，进一步完善了驻局纪检组监察局信访举报的处理机制和谈话提醒制度。

截至2005年11月30日，驻局纪检组监察局共接收举报171件（次），其中驻局纪检组监察局直接受理57件（次），转有关单位办理114件。②在严格依纪依法办案的同时，加大惩处工作力度。驻局纪检组监察局2005年共查办案件22件，处分13人，其中司（局）级干部4人，处级干部5人，其他4人。③对2001年至2005年间直属机关违法违纪案件进行了整体分析，向局党组提交了专题报告和建议，充分发挥了查办案件的治本作用。

坚持以改革统揽反腐败工作，积极推进源头治理和预防腐败工作向纵深发展　党中央颁布惩防体系《实施纲要》之后，驻局纪检组监察局积极协助局党组认真宣传、贯彻《实施纲要》，及时制定出台落实纲要的《具体意见》和《任务分工方案》，用发展的思路和改革的办法推进林业惩防体系建设，在源头治理上采取了一些新措施，进一步提高了局机关和林业行业有效预防腐败的整体能力和水平。①在干部人事改革方面，规范慎用人：由人教司牵头建立干部联席会议制度；干部公示制度延伸到处级干部；制定了干部谈话、诫勉和函询办法；行政违纪案件调查后，由人事部门实施处分决定；自查了贯彻干部选拔任用条例情况。②在财政体制改革方面，规范慎用钱：坚决执行“收支两条线”及国库集中支付制度；重新制定了《中央林业财政贷款贴息资金管理办法》，进一步明确了职责；认真执行《财政违法行为处罚处分条例》；制定了《国家林业局政府采购工作程序》；各司（局）和直属单位主要负责人都与局领导签订了资金安全运行责任书；驻局纪检组监察局还查出设“小金库”的单位4个，进行了清理和责任追究。③在行政审批制度改革方面，规范慎用权：参与制定了国家林业局《全面推进依法治林实施意见》；开设了行政许可网站，公示了34项行政许可项目办理情况；参与制定行政许可违规违纪责任追究办法，进一步规范了行政审批程序。

围绕林业中心任务开展行政监察工作，在服务林业建设中发挥职能作用　2005年，局党组作出了我国生态建设状况处于治理与破坏相持阶段的科学判断，并提出了相持阶段林业工作的基本思路。驻局纪检组监察局组织全体干部认真学习贯彻相持阶段林业工作的总体部署，积极探索和研究林业纪检监察工作围绕林业中心任务发挥作用的有效途径，完成了各项行政监察工作任务。①配合有关业务司（局）开展打击破坏森林资源专项行动，对六大林业重点工程资金的使用情况和造林质量进行监督检查，对破坏森林资源、虚报冒领骗取国家资金及重大造林质量责任事故等案件进行了重点督查督办，严格进行责任追究。②围绕深化机关思想、组织、作风、制度、业务建设，提高林业部门行政能力、依法行政水平、行政效率等，坚持把党风廉政建设各项规定要求寓于机关日常管理、工作运行、规章制度之中。③会同有关司（局）认真开展贯彻《行政许可法》、《全面推进依法行政实施纲要》的检查，推进林业行政综合执法试点，对党员干部和公务员参与林业开发建设情况进行了深入调研，着力解决行政效率低下、办事推诿、资源浪费等问题，规范党员干部和公务员参与林业开发建设的行为，促进机关司（局）和事业单位工作人员的勤政廉政。

以维护人民群众切身利益为出发点，认真抓好纠风工作　2005年，围绕落实科学发展观和构建社会主义和谐社会的要求，驻局纪检组监察局积极协助有关司（局），从保护人民群众的切身利益出发，妥善处理好林业行政管理与人民利益之间的关系，指导林业系统开展一系列的纠风工作，在维护好人民群众利益方面取得了一些进展。①积极推进政务公开工作，通过电子网络、公报等形式将局机关34项林业行政许可项目及办理情况进行了公示。②进一步巩固了治理林业系统公路“三乱”成果，推进“三站一所一办”的规范化建设，加强林业行业行风建设。③会同有关司（局）对“托管造林”的问题进行了认真研究，有针对性地采取了一些措施。④会同有关司（局）对实施六大林业重点工程中群众反映的一些问题进行了调查和督办，积极维护了广大人民群众的利益。

坚持理论与实践相结合，积极开展调查研究和信息工作　2005年初，驻局纪检组监察局对调研和信息工作进行了专门安排，结合检查工作、查办案件、参加会议等，深入基层，深入问题，开展有重点、有针对性地调查研究，加强对先进性教育整改工作的落实。全年驻局纪检组监察局下基层10多次，形成各类工作报告10余篇，获奖论文1篇，形成了研究和思考问题的良好氛围，有力地促进了工作创新。此外，信息工作坚持对上级及时汇报新情况、新做法，对下级及时掌握情况、组织经验交流，提升了工作的主动性和积极性。

加强干部队伍自身建设，不断提高履行监督与协助职责能力　全面加强自身思想、组织、制度、作风和业务五项建设是驻局纪检组监察局始终坚持的工作内容之一。①加强了思想建设。通过开展先进性教育和经常性的学习、讨论和交流活动，增强了干部的政治意识、履行职责意识和当先进、做模范意识。②加强了组织建设。新调入1人，借调1人，配齐了3个室主任，内部轮岗3人。③加强制度建设。建立和完善了内部工作制度，对驻局纪检组监察局工作规则、职责、办案、信访等12项内部规章制度进行了修改。④加强作风建设。驻局纪检组监察局领导以身作则，全体干部进一步形成了严守纪律、深入实际、艰苦奋斗、爱岗敬业的好作风。⑤加强业务建设。重点加大培训力度，先后安排18人次参加中央纪委和国家林业局各类培训班及党校学习。2005 年，驻局纪检组监察局有 2 人分别被评为国家林业局优秀党务工作者、优秀共产党员，驻局纪检组监察局还被评为东城区检察院举报有功单位。

【全国林业系统党风廉政建设工作会议】 2005 年 9 月 17～19 日，全国林业系统党风廉政建设工作会议在江西井冈山召开。这次会议是国家林业局党组决定召开的一次重要会议。会议认真传达贯彻了中央颁布的《建立健全教育、制度、监督并重的惩治和预防腐败体系实施纲要》和《国家林业局党组落实〈实施纲要〉的具体意见》，总结交流了在保持共产党员先进性教育活动中加强党风廉政建设的经验，对林业系统派驻纪检监察机构实行统一管理工作提出指导性意见，并对年底前林业反腐倡廉工作作出了部署。局党组成员、中央纪委驻国家林业局纪检组组长扬继平受局党组委托作了讲话。江西省纪委副书记胡波在会上致辞。中央纪委、监察部机关派人参加会议指导。江西省林业厅介绍了江西林业建设情况，江西省吉安市纪委、井冈山市政府有关领导和山西、吉林省林业厅等 9 个单位的与会代表先后发言。各省（区、市）林业厅（局）和各森工集团的纪检组组长（纪委书记）、监察室主任（监察处处长），武警森林指挥部及国家林业局机关有关司（局）的同志共 80 多人参加了会议。

会议提出，贯彻落实《实施纲要》既是全党的一项重要任务，也是各级林业部门当前必须认真抓好的一项迫切任务。中央颁布的《实施纲要》，是当前和今后一个时期深入开展党风廉政建设和反腐败工作的指导性文件，是我们党对执政规律和反腐倡廉工作规律认识的进一步深化。贯彻落实好《实施纲要》，是加强党的执政能力建设和先进性建设、巩固党的执政地位的必然要求，是构建社会主义和谐社会的重要政治基础，是打赢相持阶段林业建设攻坚战的重要保证。国家林业局党组制定了《落实〈实施纲要〉的具体意见》，召开了直属机关主要负责人会议进行贯彻部署，同时要求林业系统各部门认真贯彻落实，深入推进林业反腐倡廉工作，切实把各级林业部门建成勤政、务实、廉洁、高效的指挥部，为实现林业持续快速协调健康发展提供强有力的政治保证。

《局党组落实〈实施纲要〉的具体意见》，是依据《实施纲要》，紧密结合我国林业相持阶段和林业部门实际制定的，具有较强的系统性、可操作性和指导性。①在指导思想和总体要求上明确了“三个紧紧围绕”，即围绕党的先进性建设和提高党的执政能力，围绕以生态建设为主的林业发展战略，围绕机关五大建设；把握“三个坚持”，即坚持立党为公、执政为民的党执政本质，坚持从严治党、从严治政的党执政方针，坚持标本兼治、综合治理、惩防并举的反腐倡廉工作方针；加强“三种能力建设”，即不断提高依法行政、廉洁从政的水平和拒腐防变能力；确定“一个目标”，即建设为民、务实、廉洁的林业建设领导机关，为打赢相持阶段林业建设攻坚战，推进林业加快发展提供政治保证。②在主要目标上，分“三个阶段”部署，即本着近期具体、中期原则、远期宏观的要求贯彻落实。③在工作原则上，做到“六个坚持”，即坚持教育、制度、监督并重，坚持以改革统揽惩防腐败工作，坚持近期目标与长远规划相结合，坚持突出重点与整体推进相结合，坚持谁主管、谁负责，坚持发挥各级党组织和党员队伍的作用。

【纪检监察干部培训班】 2005 年 11 月 8～11 日，驻国家林业局纪检组监察局与局直属机关党委、纪委在京举办了局直属机关纪检监察干部培训班。这期培训班是国家林业局党组贯彻中央建立健全惩治和预防腐败体系实施纲要具体意见的落实措施，也是局党组部署加强机关党风廉政建设和反腐败斗争的又一重要举措。局党组成员、中央纪委驻局纪检组组长、机关党委书记杨继平作了《认真履行职责，有效发挥作用》的讲话。驻局纪检组副组长、监察局局长刘双来作了《深入做好相持阶段林业反腐倡廉工作》的报告。中央纪委四室副主任于贤成作了案件检查工作的讲座，北京市东城区人民检察院副检察长杨淑雅作了有效预防职务犯罪的讲座，机关纪委书记蒋周明就中央《建立健全教育制度监督并重的惩治和预防腐败体系实施纲要》和局党组《贯彻实施纲要的具体意见》进行辅导，财政部条法司张德钧处长解读了《财政违法行为处分条例》。为进一步增强培训的生动性和实效性，参加培训的近 80 名直属机关纪检监察干部参观了北京市团河监狱。

（林业纪检监察由杨轩供稿）

局直属机关党的建设和机关建设工作

【综　述】 2005 年，局直属机关党的建设和机关建设工作，按照“建设一流队伍、培育一流作风、创造一流业绩”的目标，围绕实施以生态建设为主的林业发展战略和林业的中心任务，扎实开展保持共产

党员先进性教育活动，大力加强机关思想、组织、作风、业务、制度五大建设和党风廉政建设，不断提高党组织和党员队伍的创造力、凝聚力和战斗力，促进了机关和林业各项事业健康发展。

集中全力组织开展保持党员先进性教育活动，全面加强机关党的先进性建设 按照党中央的统一部署，2005年1月17日至6月8日，在局机关和在京直属单位集中开展了保持共产党员先进性教育活动，历时143天。局党组和38个基层党组织共2692名党员参加了集中教育活动，其中：在职党员1594名，参加率100%；离退休党员1061名，参加率93%。经民主测评，群众对全局先进性教育整体评价满意率和基本满意率为100%，对局属38个基层党组织平均满意率和基本满意率为99.5%，完成了先进性教育的各项任务，达到了局党组提出的提高党员素质、加强党组织建设、改进机关作风、推进廉洁从政、促进林业发展的目标要求，得到了中央先进性教育活动领导小组协调三组和中央第三十督导组的充分肯定。4月5日，国家林业局作为中央国家机关4个部委之一，参加了贺国强同志主持召开的先进性教育活动座谈会；7月和9月，国家林业局分别在中央国家机关党工委、纪工委召开的有关会议上介绍了经验。

深入学习动员，夯实思想基础 从局党组到各基层党支部层层召开了动员部署会，组织党员认真学习了《保持共产党员先进性教育读本》和中央的规定文件以及胡锦涛总书记有关党员先进性教育、党的先进性建设的重要讲话，完成了10个专题的学习，党员平均学习时间98.6小时，其中集中学习时间67.8小时；举办培训班23期、培训骨干786人次，举办专题报告会223场次，其中局党组举办7期、培训骨干480人次，先进事迹报告会3场；党员领导干部讲党课173次，撰写体会文章570篇，其中66篇汇编成文集下发党员学习，全体党员普遍写了心得体会，基层党组织都制定了保持党员先进性的具体要求，并汇编成册下发。

认真分析评议，找准存在问题。各级党组织始终坚持高标准、严要求，认真扎实地做好分析评议的各项工作。各单位召开座谈会177个，发函2207件，走访1402人次，征求意见2175条，提炼存在的突出问题330个；党员开展谈心11 848人次，人均4.5次；在职全体党员、898名离退休党员（占85%）、30名流动党员撰写了党性分析材料；党组织领导班子召开了专题民主生活会，党支部召开了专题组织生活会，对党员进行了评议并作出了评议意见。

突出整改提高，狠抓工作落实 每个党组织都制定了整改方案，每个党员都制定了整改措施，本着是什么问题就解决什么问题，什么问题突出就重点解决什么问题的原则，集中时间、集中精力抓好整改提高工作。在整改提高阶段，各单位对查找出的896个问题，解决了231个，着手解决331个，列入计划解决262个，对需要协调解决的72个问题及时向上级作了反映，为职工群众办实事118件，建立健全制度机制208项。广泛开展了“严管林、慎用钱、质为先”的主题实践活动，局机关先后派出93个工作组、245人次下基层，帮助基层解决突出问题90个，为基层单位落实资金8200万元。

持续抓好整改，巩固扩大成果 先进性集中教育结束后，6月中旬至9月底，各单位又及时组织开展了巩固扩大整改成果工作，继续抓好整改落实。一是进一步完善了整改方案。把整改的任务分解到每个班子成员，落实到处室，落实到每个工作人员。二是集中解决了一些突出问题。局党组解决了林业系统森林公安编制及经费、湿地办事业机构设置及人员编制、争取国家免除天保工程区森工企业88.11亿元债务等11个突出问题，落实了37条群众意见和建议，其他各单位集中解决突出问题311个。三是继续加强了长效机制建设，完成了“两优一先”评比表彰、林业形势任务教育、部分党组织改选换届、入党积极分子培训等工作。四是进一步明确了相持阶段林业工作的基本思路和措施，提请国务院作出了加快防沙治沙的决定。

在组织实施先进性教育活动中，各级党组织始终坚持以下几点：

1. 高度重视，周密部署。及时成立了组织领导机构，明确了党组织主要负责人为先进性教育第一责任人，全面领导教育活动的开展。在具体工作部署上，各单位始终坚持超前谋划，精心准备，精心部署，做到先进性教育活动开始有总动员和总体实施方案，每个阶段有阶段动员和阶段实施方案，重要工作环节有具体要求。局党组先后召开党组会12次，全局动员部署大会5次，制定工作实施方案7个，下发做好重要环节工作的通知6个，并实行实施方案双重制，既有全局性的总体安排又有党组自身的安排，确保了教育活动稳步推进，顺利开展。

2. 加大宣传，营造氛围。在先进性教育活动期间，局先进性教育领导小组办公室摘编学习辅导资料2册，汇编经验材料2册、学习体会文集1册，共约45万字；编发简报68期，上报专报50期，被刊用32期次，其中被中央先进性教育活动领导小组办公室转发专报1期，摘刊4期，紫光阁网站刊用25期，《人民日报》刊用体会文章2篇。局举办先进性教育宣传专栏5期，《中国绿色时报》开辟了“林业先锋”专栏，刊发先进性教育活动信息129条。国家林业局网站开辟了“党员先进性教育”专栏，发布各类信息218条，为先进性教育活动营造了浓厚的舆论氛围。

3. 严格要求，务求实效。各级党组织普遍成立领导小组及其办公室、督导组、监督评价组，从上到下构建了领导、督导、监督3个组织体系。共成立督导组11个、23人，监督评价组35个，178人。局党组还成立了2个巡查组，专门负责对京外直属单位先进性教育活动的巡查工作。3个组织体系认真履行职责，领导小组及其办公室负责全面领导和组织策划，督导组负责全程指导和跟踪检查，监督评价组积极参与监督和评估成果，各司其职，各负其责。每个阶段结束时，各单位自觉做到及时组织“回头看”，认真检查本阶段各项工作任务的落实情况，确保了先进性教育活动的质量和效果。

4. 积极探索，总结经验。各级党组织坚持边实践、边探索，及时总结并形成了6条基本经验。一是必须坚持把先进性建设作为机关党的建设的一项长期的根本任务；二是必须坚持充分发挥基层党组织在先进性建设中的战斗堡垒作用，形成层层推动的工作格局；三是必须坚持把先进性建设的着力点放到提高基层党组织解决自身问题的能力上；四是必须坚持把党员教育贯穿于先进性建设的全过程；五是必须坚持把党风廉政建设作为先进性建设的重点来抓；六是必须坚持紧紧围绕机关思想、组织、作风、制度、业务五大建设和推进林业中心任务的完成开展党的先进性建设，保证林业事业健康发展。

5. 领导带头，层层推动。党组坚持率先垂范，学习动员阶段率先组织学习，集中专题学习5次；分析评议阶段率先召开民主生活会，开展批评与自我批评；整改提高阶段率先制定整改方案，宣布为机关办6件实事；巩固和扩大成果期间，率先制定《突出问题整改方案》和《征求意见整改实施方案》，将聚集的4个层面13类19个突出问题和征求到的5个方面53条意见，逐一落实到局党组每位同志。局党组书记、局长、局先进性教育领导小组组长周生贤处处以身作则，第一个为机关党员讲党课，第一个为机关干部职工作形势报告，第一个深入沿海省（区）进行沿海防护林体系建设调研，并亲自检查党组承诺的6件实事的落实情况。党组其他同志也都带头讲党课，带头征求群众意见，带头撰写党性分析材料，带头深入到分管单位现场办公落实整改，以自身的模范作用，影响和推动先进性教育活动的深入开展。

适应新形势新任务的要求，认真抓好思想理论建设

不断强化理论武装工作 2005年，局党组理论学习中心组共安排了15次专题理论学习，集中学习了党的先进性建设、科学发展观、构建和谐社会、群众观念和群众路线、党风廉政建设等理论和生态建设进入治理与破坏相持阶段有关理论，选学了马克思、列宁、毛泽东、邓小平、江泽民等领导人的部分原著，重点学习了党中央关于搞好党员先进性教育、加强党的先进性建设的有关文件和胡锦涛总书记的重要讲话。每次学习坚持做到有1名党组同志作中心发言，组织了8次理论学习体会交流。各级党组织坚持每月至少安排1次中心组理论学习，及时组织学习党中央、国务院的重要会议、文件精神以及局党组的重要决策部署，机关处级以上党员干部都撰写了1～2篇学习心得，局党组汇编了部分司（局）级领导干部理论文集。

积极宣传贯彻党的方针政策和重要会议精神 认真部署学习《中共中央关于加强党的执政能力建设的决定》和《中共中央国务院关于加快林业发展的决定》，及时收集整理并下发有关学习参考资料，帮助党员干部进一步领会两个决定的精神实质和内在联系，增强“加强执政能力建设、推进加快林业发展”的自觉性和坚定性。党的十六届五中全会和中央经济工作会议召开后，分别下发了通知，要求各部门各单位按照局党组的部署和贾治邦局长的要求，认真总结2005年的工作，谋划好2006年的工作，把干部职工的思想统一到党中央的重大方针政策上来。

认真组织开展抗日战争暨世界反法西斯战争胜利60周年系列纪念活动 直属机关党委、团委分别召开了座谈会，组织机关全体干部职工参观了《纪念抗日战争胜利60周年大型主题展览》、《12·13侵华日军南京大屠杀史实展》以及《纪念陈云同志诞辰100周年展览》，观看了纪念抗战胜利60周年教育题材影片《太行山上》，为全局参加过抗战的130名老战士、老同志颁发中国人民抗日战争胜利60周年纪念章，并慰问了部分抗战老同志。全局各单位共召开座谈会、报告会16场次，参观展览800多人次，考察学习39批次。

适时开展林业形势任务和法制宣传教育 按照局党组的部署，6～10月，在直属机关集中开展以“总结前5年，展望后5年，开创新局面”为主题的林业形势教育活动。局党组同志率先作形势报告6场，各司（局）和直属单位主要领导作形势报告54场，请专家学者讲座14次，组织专题研讨43次。中央国家机关工委《党建工作简报》专刊介绍了国家林业局开展教育活动情况。局党组举办了《公务员法》学习讲座，分4批对机关公务员和直属单位主要负责人进行了培训，开展了对部分省林业系统“四五”普法教育情况的检查，组织机关干部职工进行了“四五”普法教育答卷，还组织开展了植物新品种保护法颁布宣传周活动。

认真落实司、处级党员领导干部进党校轮训制度 举办司（局）级干部专题培训班3期、培训310人次，处以上党员领导干部进修班2期、培训74人，其中4名民主党派成员参加了培训。组织2期党校学员分别考察了延安、井冈山两个爱国主义教育基地。国家林业局党校被中央党校中央国家机关分校授予教学管理先进单位称号。组织部级和司（局）级干部参加中央国家机关工委举办的形势报告12场次，配

合有关部门推荐和组织党政干部参加中央党校、国家行政学院的在职学习和轮训，大力支持和鼓励干部职工参加学历教育，推进学习型机关和学习型组织建设。

切实抓好党的组织建设，不断提高党组织和党员队伍的创造力、凝聚力和战斗力

认真落实党的各项工作制度 指导12个直属党支部进行了换届选举，发展新党员3名，预备转正党员21名。局举办了两期党支部书记（党委书记）培训班，系统学习了党员先进性教育、党的先进性建设有关文件，探讨了加强局直属机关党的先进性建设的思路；召开了京外直属单位党组织主要负责人座谈会，交流了京外直属单位先进性教育和开展党建工作的经验，举办了入党积极分子培训班，对29名被列为发展对象的人员进行系统培训。

高质量地组织好党员领导干部民主生活会 4月中旬，结合先进性教育，局党组以分析个人党性为主题，召开了民主生活会，党组每个同志系统回顾了“三讲”以来个人的思想、工作、作风等方面的情况，开展了严肃认真的批评与自我批评。各单位普遍召开了党员领导干部民主生活会，党支部组织生活会，全体党员和党员干部分别对照党章规定的党员义务、党员领导干部的职责和党员先进性具体要求，主动查找存在问题。各级党组织都召开了提高升华会，党组织领导班子细化了整改方案，党员个人完善了整改措施，提高了民主生活会的质量。

扎实推进制度机制建设 各级党组织紧紧抓住先进性教育这一契机，坚持一边搞教育，一边建制度。局党组建立健全了《中共国家林业局党组关于进一步加强党组自身建设的规定》、《国家林业局关于继续深入落实〈中共中央国务院关于加快林业发展的决定〉的意见》、《中共国家林业局党组关于加强直属机关党的先进性建设的意见》、《国家林业局党风廉政建设责任制实施细则》、《国家林业局干部监督联席会议制度》和《中共国家林业局党组关于落实〈建立健全教育、制度、监督并重的惩治和预防腐败体系实施纲要〉的具体意见》等9项制度和长效机制，按照先进性的标准，对局机关党的建设、机关建设以及党风廉政建设进行了严格规范。各单位从实际出发，也普遍建立或着手建立本级党组织自身建设，党员学习、教育、管理、联系群众和党内民主参与等方面的制度和措施。先进性教育期间，局属38个基层党组织共建立制度176项，正在建立的98项，全局上下初步形成了党的建设的长效机制体系。

切实加强离退休干部党的建设工作 先进性教育活动期间，各级党组织严格按照中央的部署和局党组的要求，认真组织离退休干部党员的学习教育，对行动不便的坚持上门送学，上门征求意见；对在外地探亲、休养的，主动写信、邮寄学习资料，做到工作到家，服务到位，确保了教育覆盖面100%。每个季度组织一次离退休干部集体参观活动，为每一位年满80岁的老同志送生日蛋糕，积极创造条件关心他们的健康和生活，充分发挥余热，保持良好心态。

积极组织开展“争先创优”活动 6月初，在局机关和在京直属单位广泛开展了“两优一先”评选活动，评选出了19个先进基层党组织、50名优秀共产党员和30名优秀党务工作者，在局先进性教育活动总结大会上进行了表彰。

认真做好统战工作和机关稳定工作 组织各民主党派认真学习贯彻《中共中央关于加强统一战线工作的决定》，及时召开了九三学社等民主党派和无党派人士会议。开展了对局机关和在京直属单位归侨、侨眷人员的调查摸底，并进行重新登记造册，积极帮助协调和筹备组建局侨联组织。年初和先进性教育期间局党组委托局直属机关党委两次召开党外人士代表座谈会，通报林业建设形势和党员先进性教育情况，征求党外人士的意见。国家林业局民盟支部荣获中国民主同盟会全国委员会先进支部称号。各级党组织认真落实党中央和局党组关于同“法轮功”等邪教组织斗争的工作部署，全年共收缴“法轮功”反动宣传品109件，其中光盘6张，均按规定作出了处理。

不断加强党风廉政建设，推动机关反腐倡廉工作深入开展

强化机关反腐倡廉教育 各级党组织和纪检部门坚持把反腐倡廉教育纳入先进性教育的总体方案，及时组织学习了《中共中央关于建立健全教育、制度、监督并重的惩治和预防腐败体系实施纲要》《江泽民论党风廉政建设和反腐败斗争》，中央纪委三次、四次全会精神以及胡锦涛总书记在全会上的讲话，紧紧围绕“用好权力、提高能力”这一主题，深入开展了坚定理想信念、坚持群众路线和群众观念、树立正确的政绩观等专题学习，并针对局机关近几年发生的几起重大违纪违法案件，适时开展了警示教育。

开展了机关思想制度专项整顿 2004年12月底到2005年4月，在局机关集中开展了思想制度专项整顿，局党组先后派出4批14个工作组，对各单位的财务、会计账簿、资金往来、银行账户以及财会人员资格等进行了全面清查，对违规违纪资金，该追回的尽最大努力追回，该归垫的及时归垫，集中解决了机关资金使用管理存在的10个方面的问题。党组下发了进一步加强资金管理的通知。整顿结束，各司（局）各直属单位主要负责人分别与局分管领导签订了项目资金安全运行责任状。同时，开展了对用公款购买个人商业保险、干部拖欠公款、津贴补贴发放执行情况以及报刊管理发行的清理核查，完善了规章制度，规范了管理。

认真制定局党组落实反腐败惩防体系《具体意见》 局党组及时成立了贯彻落实中央《实施纲要》

和制定《具体意见》领导小组及其办公室，9月份形成了局党组关于落实《中共中央关于建立健全教育、制度、监督并重的惩治和预防腐败体系实施纲要》的具体意见及分工方案。修订和完善了局党风廉政建设责任制实施细则、干部监督联席会议、领导干部离任经济责任审计以及干部戒勉、谈话、函询等廉政制度和工作机制。各级党组织共建立和完善反腐倡廉工作制度78项，9月份，组织全体党员进行了学习中央《实施纲要》答题活动，国家林业局被中央国家机关纪工委评为优秀组织奖，2名个人被评为先进个人，其中1名还被中央纪委评为先进个人。

认真处理群众来信来访，严肃查处违纪违法案件　截至11月底，共收到举报信、举报电话和接待群众来访171次，其中驻局纪检组监察局和局直属机关纪委直接受理57件，转有关单位处理114件。局直属机关党委、纪委配合中央纪委和驻局纪检组监察局查处了2004年国家审计署审计发现的国家林业局有关部门、直属单位在使用林业治沙财政贴息贷款中存在的违纪违规问题，对相关责任人给予了党纪政纪处分。同时，对中国林业出版社在1名职工骗取单位支票案件中涉及到的相关责任人，进行了责任追究。2005年，共有13名党员干部受到党纪政纪处分，其中司（局）级干部5人，处级以下干部8人。

认真落实派驻纪检监察机构统一管理的要求，进一步强化直属机关纪委的职能　中央纪委监察部实行对派驻纪检监察机构统一管理后，局直属机关党委、纪委积极配合驻局纪检组监察局开展调查研究、制定工作方案和完善配套措施。11月份还对局直属机关纪委书记、纪检监察干部进行了专门培训，以进一步适应在新的体制机制下认真履行职责，有效开展工作。

认真指导做好工会、共青团、妇联和体协工作，积极组织开展社会捐助活动

认真做好工会和妇女工作　指导工会贯彻落实《工会法》和《中央国家机关工会工作办法》，建立并坚持机关后勤事务联席会议制度。组织职工坚持做工间操以及登山、钓鱼等健身活动，举办了趣味运动会和篮球、广播操等体育比赛，活跃了机关的文化体育生活。组织国家林业局代表团参加中央国家机关第二届职工运动会，获得银牌1枚、铜牌1枚，6个项目进入前8名的好成绩。指导局机关妇联召开妇女工作会议，就如何做好新形势新阶段机关妇女工作作出了部署，提出了要求。积极举办妇女法律知识、健康知识以及职工家庭子女教育等专题讲座，不断丰富和拓宽妇女职工的知识面。

认真做好共青团的工作　指导健全和按期改选团的组织，保持团组织的工作活力。11月底至12月底，在局机关和在京直属单位团组织和广大团员中集中开展了以学习“三个代表”重要思想为主要内容的增强共青团员意识主题教育活动。局直属机关党委、团委成立了增强团员意识教育领导小组和督导评价组，召开了动员部署大会，举办团组织书记培训和专题团课，指导教育活动不断引向深入。国家林业局直属机关团委被团中央授予全国增强团员意识主题教育活动先进单位称号。

大力支持中国林业体协的工作　积极指导组织好中国林业体协秘书长会议，认真扎实地做好参加第十次全运会的各项筹备和参赛工作，并从人力物力上给予大力支持和保证。中国林业代表团在南京第十届全国运动会上取得了中央国家机关行业协会代表团总成绩第四名的好成绩，并获得体育道德风尚奖。

积极开展募捐和送温暖活动　先后组织了向印度洋海啸受灾地区募捐和对社区贫困家庭学生、实行计划生育的贫困母亲捐款以及向贫困地区、受灾群众冬季紧急捐赠等重大捐助活动。同时，开展了“博爱在京城”、“亲情中国”、“10月扶贫济困月”等募捐活动。7月份，直接组织了向身患癌症的湖北省五峰土家族自治县五峰镇林业站站长余祥胜捐款活动，捐款9万多元。全年共组织捐助活动8次，捐赠衣被达2万件，款项23多万元。特别是在12月中旬开展的向贫困地区、受灾群众紧急捐助活动中，全局干部职工行动迅速，人人献爱心，一次性捐款6.7万元，冬衣、被4539件。春节前夕，各级党组织主动慰问老党员和困难党员，共给老党员和困难党员补助48 500元。

【国家林业局直属机关党支部（党委、总支）书记干部培训班】　2005年4月13～15日国家林业局先进性教育活动领导小组举办国家林业局直属党支部（党委、总支）书记培训班。中央纪委驻局纪检组组长、局党组成员、局先进性教育活动领导小组副组长杨继平，中央督导组侯建中分别在开班仪式上讲话。培训班进一步学习党章和胡锦涛总书记关于党的先进性建设的专题报告及中央林业决定。局各司（局）、直属单位的党支部（党委、总支）书记，局督导组、巡查组、评价组的负责人，局先进性教育活动领导小组成员、办公室全体人员参加了培训。

【国家林业局京外直属单位主要负责人座谈会】　2005年9月20～23日，京外直属单位主要负责人座谈会召开。会议深入学习国家林业局党组扩大会暨全国林业厅（局）长电视电话会精神；学习《中共国家林业局党组关于加强直属机关党的先进性建设的意见》和《中共国家林业局党组关于落实〈中共中央建立健全教育、制度、监督并重的惩治和预防腐败体系实施纲要〉的具体意见》；总结交流各单位近两年内党的建设和思想政治工作情况，特别是先进性教育活动中加强直属机关党的先进性建设的先进经验、成功做法及存在的问题，进一步加强直属机关党的先进性建设。京外直属单位的主要负责人和设党委单位的专职副书记，有关单位负责人参加了座谈会。

【国家林业局团干部主题教育活动培训班】 2005年12月6~7日，国家林业局直属机关增强团员意识主题教育活动领导小组举办了主题教育活动团干部培训班。培训班学习了党的十六届五中全会和团中央、中央国家机关团工委及国家林业局有关文件精神，听取了中国青年政治学院刘立思教授的辅导讲座，对2005年团的工作和前一阶段增强团员意识主题教育活动开展情况进行了交流，并就下一步团的工作主要是增强团员意识主题教育活动的有关工作进行了研讨。

【国家林业局开展保持共产党员先进性教育活动大事记（2005年1~6月）】

1月7日 局党组决定成立局保持共产党员先进性教育活动领导小组，局党组书记、局长周生贤任组长，中央纪委驻局纪检组组长、局党组成员杨继平任副组长，领导小组下设办公室，具体负责全局党员先进性教育活动的组织实施工作。

局先进性教育活动领导小组办公室召开预备会，研究起草局党组和全局开展先进性教育活动具体实施方案。局先进性教育活动领导小组成员、办公室人员参加了会议。

1月11日 国家林业局召开保持共产党员先进性教育活动会议，研究局先进性教育活动办公室成员分工及筹备工作。局先进性教育领导小组成员、办公室人员出席了会议。

1月13日 局直属机关党委召开常委会，专题研究局直属机关党员先进性教育活动安排。局直属机关党委常委参加了会议。

1月14日 局党组成员参加胡锦涛总书记的先进性教育专题报告会。

中央先进性教育活动第三十督导组组长杨胜群带督导组成员到国家林业局，听取局先进性活动领导小组有关工作汇报，正式进驻国家林业局。

1月17日 局党组召开直属机关开展保持共产党员先进性教育活动动员部署大会。局党组书记、局长、局保持共产党员先进性教育活动领导小组组长周生贤作了动员讲话。中央督导组组长、中央文献研究室副主任杨胜群出席会议并讲话。中央纪委驻局纪检组组长、局党组成员、局保持共产党员先进性教育活动领导小组副组长杨继平主持会议。局党组成员赵学敏、江泽慧、雷加富、祝列克、张建龙出席会议。

1月20日 局先进性教育领导小组召开会议，专题研究学习动员阶段安排意见，局先进性教育领导小组成员、办公室人员出席会议。

1月21日 局党组理论学习中心组组织学习胡锦涛总书记在新时期保持共产党员先进性专题报告会上的重要讲话。局党组中心组全体成员、局先进性领导小组成员参加了学习。

1月24~27日 局先进性教育活动领导小组在北京林业管理干部学院举办两期局先进性教育活动骨干培训班，中央督导组成员侯建中到培训班指导，局先进性教育领导小组成员、办公室人员，局督导组、巡查组成员，局机关及在京直属单位先进性教育领导小组成员、办公室成员、联络员参加了培训。

2月1日 局党组理论学习中心组举行学习会，学习胡锦涛总书记在中央纪委五次全会上的重要讲话和中央政治局常委、中央纪委书记吴官正的工作报告。讨论通过《国家林业局党组自身先进性教育活动学习动员阶段安排意见》。

局党组书记周生贤主持学习会并对春节前后党员先进性教育活动作出部署。局党组成员赵学敏、江泽慧、雷加富、祝列克、张建龙，中央驻局督导组成员侯建中，局先进性教育领导小组成员及机关有关司（局）负责人参加了学习。

2月3日 中央督导组组长杨胜群、督导组成员侯建中和李东梅参加了局资源司党支部保持党员先进性教育活动专题学习和讨论，国家林业局副局长雷加富、原林业部副部长刘于鹤作为普通党员参加了学习。

2月17日 国家林业局成立监督评价小组，并召开第一次全体会议，中央纪委驻局纪检组组长、局党组成员、局先进性教育活动领导小组副组长杨继平在会上讲话。局机关工会负责人及部分专家、民主党派和无党派人士、离退休干部、普通党员、非党处级干部代表参加了会议。

2月18日 局先进性教育活动领导小组召开局机关和在京直属单位党员先进性教育活动学习动员阶段学习经验交流会。局党组书记、局长、局教育活动领导小组组长周生贤，中央先进性教育活动办公室指导协调三组副组长许东，协调组成员朱伟定，中央驻局督导组组长杨胜群，督导组成员侯建中、李东梅出席会议。中央纪委驻局纪检组组长、局先进性教育活动党组成员、局先进性教育活动领导小组副组长杨继平主持会议。

2月21日 中央驻国家林业局督导组参加中国林科院召开的分党组中心组学习（扩大）会议。局党组成员、中国林科院院长江泽慧作中心发言，院分党组成员谈了学习“三个代表”重要思想的体会。

局党组成员、副局长赵学敏主持召开局保护司、国家濒管办、中国野生动物保护协会等3个单位党支部先进性教育联席学习讨论会，提出要通过先进性教育活动，进一步做好治理与破坏相持的关键阶段的自然保护工作。

2月22日 局党组书记、局长、局先进性教育活动领导小组组长周生贤在局机关作《党员先进性和党的先进性》专题党课。在京的局党组成员、局机关全体党员、离退休干部局党支部书记、局院内直属机关处级以上党员干部、局院外直属单位领导班子成员、各单位联络员、中央驻局督导组成员和局监督评价小组成员到会听课。

2月24日 国家林业局邀请全国模范公务员"森林卫士"罗启辉来京为局机关及在京直属单位的党员作先进事迹报告。局党组书记、局长、局保持党员先进性教育活动领导小组组长周生贤，局党组副书记李育材，局党组成员赵学敏、江泽慧、杨继平、张建龙以普通党员身份听取了报告，并在会前集体会见了罗启辉。

2月25日 局党组召开座谈会，征求部分省（区、市）林业部门主要负责人对国家林业局工作的意见和建议。局党组书记、局长、局保持党员先进性教育活动领导小组组长周生贤主持座谈会。中央驻局督导组组长杨胜群，督导组成员侯建中出席会议。局党组副书记李育材，局党组成员赵学敏、杨继平、祝列克参加了会议。

局党组理论学习中心组进行集体学习。局党组书记、局长周生贤主持学习并作了题为《树立正确的政绩观不断提高执政能力》的中心发言。局党组副书记李育材、局党组成员赵学敏、江泽慧、杨继平、雷加富、祝列克、张建龙，武警森林指挥部政委闫文彬，中央第三十督导组成员侯建中，局先进性教育活动领导小组成员、监督评价组负责人参加学习。

2月28日 局党组理论学习中心组进行集体学习，局党组副书记、副局长李育材作了题为《坚持群众路线，增强群众观点》的中心发言，党组中心组成员、各司（局）主要负责人参加了学习。

2月28日 局党组成员、副局长张建龙给分管单位和部门的全体党员讲了题为《关于保持共产党员先进性的几点思考》的专题党课。

3月1日 局先进性教育活动领导小组召开会议，讨论分析评议阶段工作方案。

局先进性教育活动领导小组邀请局部分民主党派人士、无党派人士、普通党员、非党群众和离退休干部代表召开座谈会，再次征求他们对机关和林业工作的意见。

3月2日 局先进性教育活动领导小组举办中央国家机关杰出青年、国家林业局机关赴新疆挂职锻炼干部郭青俊先进事迹报告会。局党组成员、局保持党员先进性教育活动领导小组副组长杨继平主持报告会，局党组成员赵学敏、雷加富、祝列克、张建龙，全国政协委员刘于鹤，中央驻局督导组成员侯建中出席报告会。

3月3日 局党组召开会议，研究分析评议阶段的工作方案，局党组成员及局先进性教育活动领导小组全体成员出席会议。

3月6~8日 局先进性教育活动领导小组指导各单位开展学习动员阶段"回头看"，对全体党员学习情况进行测试。

3月7日 局先进性教育活动小组向中央督导组汇报局学习动员阶段基本情况和分析评议阶段工作方案。局先进性教育活动领导小组成员及办公室部分人员参加了汇报会。

3月9日 局先进性教育活动领导小组召开会议。会议议题：一是总结学习动员阶段工作；二是部署分析评议阶段任务。局先进性教育活动领导小组成员及办公室人员，各部门、各单位领导小组组长、联络员参加了会议，中央先进性教育活动领导小组办公室协调三组同志及中央督导组成员到会指导。

3月11日 国家林业局制定了《保持共产党员先进性教育"质为先"主题实践活动工作方案》，对"质为先"主题实践活动进行部署。提出要通过"质为先"主题实践活动促进营造林质量进一步提升。

3月14日 国家林业局召开保持共产党员先进性教育活动学习动员阶段总结暨分析阶段动员部署评议大会。局党组书记、局长、局先进性教育活动领导小组组长周生贤、中央驻局督导组组长杨胜群在会上讲话。中央纪委驻局纪检组组长、局党组成员、局保持党员先进性教育活动领导小组副组长杨继平主持大会，局党组副书记李育材、局党组成员赵学敏、祝列克、张建龙，原林业局副部长、全国政协委员刘于鹤，中央督导组成员侯建中、李东梅、姚惟民、马洪东、董振瑞出席会议。

局在京直属机关全体在职司（局）级以上干部，各司（局）各直属党支部委员、直属单位的党委委员、党办主任，离退休干部局各党支部书记、基层党委、党总支和党支部书记，局先进性教育活动领导小组办公室，局督导组、巡查组、监督评价组全体成员约470人参加了会议。

3月24日 国家林业局发出通知，决定从即日起至4月28日在全国开展营造林质量管理先进单位和先进个人评比活动，进一步推进保持共产党员先进性教育"质为先"主题实践活动的深入开展。

3月25日 中央纪委驻局纪检组组长、局党组成员、局保持共产党员先进性教育活动领导小组副组长杨继平主持召开局先进性教育领导小组会议，研究分析评议阶段的有关工作，中央督导组成员姚惟民出席会议，局先进性教育领导小组成员、办公室全体人员参加了会议。

3月29日 局先进性教育活动领导小组办公室召开会议，分析第二阶段工作进展情况，研究下一阶段的工作任务，进一步明确分工。局先进性教育活动领导小组及办公室全体成员参加了会议。

3月30日 国家林业局决定开展保持共产党员先进性教育活动“严管林”主题实践活动。日前，国家林业局、公安部联合召开全国打击破坏森林资源专项行动电视电话会议，最高人民检察院、公安部、中央第三十督导组等单位负责人到会指导。会议宣布，从4月1日起至6月15日，在全国范围内开展打击破坏森林资源专项行动。会上，副局长赵学敏宣布了国家林业局挂牌督办的10起破坏森林资源案件。国家林业局组成3～5个督察组，对公布的10起破坏森林资源案件进行重点督办。

4月1日 国家林业局成立了由机关工会负责人、离退休干部、民主党派人士、无党派人士和普通党员组成的7个群众监督评价组。局党组及机关各司（局）、各在京直属单位党组织共成立了有197人参加的30个监督评价小组，形成了自上而下全覆盖的监督评价体系。

局党组召开会议。会议内容：中央督导组组长杨胜群向党组反馈中央督导组与局各司（局）及有关直属单位负责人、老干部代表谈话情况；张建龙副局长汇报为局机关办5件实事的进展情况；审定先进性教育活动分析评议阶段后半期党组自身工作安排意见。局先进性教育活动领导小组成员、局监督评价组负责人、局机关服务局负责人列席了会议。

4月5日 局党组书记、局长、局先进性教育活动领导小组组长周生贤参加由中共中央政治局委员、中央先进性教育领导小组组长贺国强主持召开的中央先进性教育活动工作座谈会。

4月7日 局党组决定组织开展“慎用钱”主题实践活动，用党员先进性教育成果促进资金安全管理水平的进一步提高。

4月11日 局党组召开专题民主生活会。中央督导组负责人到会指导，局先进性教育活动领导小组成员、局监督评价组负责人列席了会议。

4月12日 国家林业局召开局党组专题民主生活会情况通报暨分析评议阶段“回头看”工作部署会议。会议通报了局党组专题民主生活会情况和对国家林业局存在突出问题的整改措施，局党组书记、局长、局保持共产党员先进性教育活动领导小组组长周生贤作了讲话。中央纪委驻局纪检组组长、局党组成员、局先进性教育活动领导小组副组长杨继平主持会议。局党组副书记李育材，局党组成员雷加富、祝列克、张建龙及中央督导组马洪东出席会议。局督导组、巡查组成员，局先进性领导小组办公室成员，离退休干部代表，各司（局）和在京直属单位先进性教育活动领导小组组长参加了会议。

4月13～15日 局先进性教育活动领导小组办公室在北京林业管理干部院举行局直属党支部（党委、总支）书记培训班。中央纪委驻局纪检组组长、局党组成员、局先进性教育活动领导小组副组长杨继平，中央督导组侯建中分别在开班仪式上讲话。局各司（局）、直属单位党支部（党委、总支）书记，局督导组、巡查组、评价组的负责人，局先进性教育活动领导小组成员、办公室全体人员参加了培训。

4月18日 局先进性教育活动领导小组召开各司（局）、各直属单位先进性教育领导小组联络员会议，传达学习中央先进性教育办公室文件精神。

4月28日 国家林业局召开先进性教育活动分析评议阶段工作总结暨整改提高阶段动员大会。局党组书记、局长、局保持共产党员先进性教育活动领导小组组长周生贤在会上讲话。中央驻局督导组组长杨胜群，局党组副书记李育材，局党组成员赵学敏、江泽慧、雷加富、祝列克、张建龙出席会议。局党组成员、中央纪委驻局纪检组组长、局保持共产党员先进性教育活动领导小组副组长杨继平主持会议。各司（局）和在京直属单位领导班子成员、联络员、各基层党支部书记，局督导组、巡查组、监督评价组成员，局先进性教育活动领导小组办公室工作人员参加了会议。

4月29日 局先进性教育活动领导小组举办整改提高阶段工作培训会议，局先进性教育活动领导小组副组长杨继平主持会议并讲话。局先进性教育活动领导小组及办公室成员，局督导组、巡查组、监督评价组成员参加了培训会议。

5月9日 局党组书记、局长、局保持共产党员先进性教育活动领导小组组长周生贤会见了山东省劳动模范、淄博市原山林场场长孙建博，局党组副书记李育材，局党组成员江泽慧、杨继平、雷加富、祝列克参加了会见。

5月10日 局先进性教育活动领导小组在局机关礼堂举行孙建博事迹报告会。

5月12～18日 中央保持共产党员先进性教育活动驻国家林业局督导组组长杨胜群及督导组全体成员，赴贵州省考察林业重点工程建设和“严管林、慎用钱、质为先”主题实践活动情况。中央纪委驻国家林业局纪检组组长、局党组成员、局直属机关党委书记杨继平陪同考察。

5月23日 局党组召开先进性教育活动整改提高阶段工作经验交流会议，局党组书记、局长、局保持共产党员先进性教育活动领导小组组长周生贤在会上讲话，中央纪委驻局纪检组组长、局党组成员、局保持共产党员先进性教育活动领导小组副组长杨继平主持会议。中央第三十督导组成员侯建中，局党组副书记李育材，局党组成员赵学敏、江泽慧出席会议。会上，局造林司、保护司、政法司、计资司、工作总站、宣传中心等6个党支部和中国林科院分党组、北京林业管理干部学院党委介绍了本单位先进性教育活动整改工作的基本做法和收获。局机关各司（局）、在京直属单位先进性教育活动领导小组组长、联络员，局先进性教育活动领导小组及办公室成员，局督导组、巡查组成员，局监督评价组成员，离退休干部局党委委员和各党支部书记参加会议。

5月26日 局党组书记、局长、局保持共产党员先进性教育活动领导小组组长周生贤，中央纪委驻局纪检组组长、局党组成员杨继平到局机关幼儿园、局机关单身职工浴室、局机关老干部活动站、局公务员职工宿舍楼施工现场实地检查局党组为机关职工办5件实事的落实情况。

6月6日 局党组召开局先进性教育活动整改提高阶段工作情况通报会，局党组书记、局长、局保持共产党员先进性教育活动领导小组组长周生贤通报了局先进性教育活动总体工作情况，重点是整改工作落实情况。中央第三十督导组组长杨胜群出席会议并讲话。中央纪委驻局纪检组组长、局党组成员、局保持共产党员先进性教育活动领导小组副组长杨继平主持会议。局党组成员赵学敏、江泽慧、雷加富，中央督导组成员侯建中、李东梅、姚惟民、马洪东出席会议。

6月8日 局党组召开保持共产党员先进性教育活动工作总结暨"两优一先"表彰大会。局党组书记、局长、局保持共产党员先进性教育活动领导小组组长周生贤在会上讲话，局党组成员杨继平宣读国家林业局直属机关党委关于表彰2003～2005年度"两优一先"的决定。中央先进性教育活动领导小组办公室指导协调第三组组长张德成，中央第三十督导组组长杨胜群出席会议并讲话。局党组副书记、副局长李育材主持会议。局党组成员赵学敏、江泽慧、雷加富、祝列克，中央先进性教育活动领导小组办公室指导协调第三组成员刘韬，中央第三十督导组成员侯建中、李东梅、姚惟民、马洪东出席会议。

6月9～10日 局先进性教育活动领导小组召开监督评价组座谈会，全面总结局先进性教育活动监督评价组工作。会议由局党组成员、中央纪委驻局纪检组组长、局保持共产党员先进性教育活动领导小组副组长杨继平主持，局督导组和巡查组的全体人员参加会议。

6月14日 局党组向中央先进性教育活动领导小组办公室上报《中共国家林业局党组关于国家林业局开展保持共产党员先进性教育活动的总结报告》（林发［2005］15号）。

6月16日 局党组下发《关于印发〈中共国家林业局党组关于加强党组自身建设的规定〉的通知》（林发［2005］17号）和《关于印发〈中共国家林业局党组关于加强直属机关党的先进性建设的意见〉的通知》（林发［2005］18号）。

6月20日 局党组决定用半年时间，在局直属机关集中开展以"总结前五年，展望后五年，开创新局面"为主题的林业形势教育活动。在形势教育活动期间，局党组领导分别举行6场形势报告会，全面总结"十五"期间的林业工作，研讨"十一五"期间林业建设的思路、对策和措施，为科学制定林业"十一五"规划明确方向，奠定基础。

（局直属机关党的建设和机关建设工作由刘玉梅供稿）

林业宣传

【综　述】 2005年，林业宣传工作以"树立科学发展观，促进林业大发展"为主题，以六大林业重点工程进展和科教兴林、依法治林、林业改革、防沙治沙、资源保护、林业产业等为重点，坚持正面宣传为主，加强舆论监督，运用多种形式，大力宣传"十五"林业建设成就，宣传以生态建设为主的林业发展战略，营造与时俱进、奋发向上的浓厚氛围，为加快林业发展创造了良好的舆论氛围。

发挥主流媒体的强势作用，推进林业大格局宣传的形成 2005年，林业新闻宣传报道的数量和质量都有了新的突破。一年来，《人民日报》一版刊发林业的消息、评论明显增多，且位置显著，有多篇林业报道引起中央领导的高度关注，二版、六版等要闻版经常有林业新闻报道刊登，呈密集宣传态势；层次高、要求高、容量有限的《求是》杂志仅在2005年就刊发3篇局领导的林业理论文章。截至2005年底，中央主要新闻单位刊（播）发的各类林业报道和专题就达4000多篇（条），大幅超过了2004年的数量。在2005年，中宣部将林业内容纳入落实科学发展观大型系列宣传当中，给予重点宣传，同时，还专门为盛世兴林典型宣传，绿色海疆万里行，神农架林区天然林保护和野生动植物保护，防沙治沙系列宣传，"时代先锋"——张和民等5项林业选题制定专题宣传计划，下发了通知，要求中央主要新闻单位和各地相关新闻单位重点宣传报道，这是其他行业没有做过的事情，也是林业宣传的一个重要突破。针对这些重点林业宣传活动，温家宝、回良玉、贺国强、刘云山、华建敏等中央和国务院领导先后作出重要批示。中宣部还为生态宣传进行了新的定位："宣传保护生态环境关系最广大人民的根本利益，关系中华民族发

展的长远利益”。林业宣传真正纳入了党的宣传、国家的宣传大局。

树立全国林业宣传工作“一盘棋”的思想 盛世兴林典型宣传活动，绿色海疆万里行大型宣传活动，跨越时空——新疆生态行大型电视科普宣传活动，回顾前五年、展望后五年，开创新局面——“十五”林业建设成就大型系列宣传活动等宣传战役不仅组织中央新闻单位开展了宣传，还要求基层林业宣传部门紧密配合，联合开展宣传。为组织好这些宣传战役，国家林业局宣传办向各地下发通知，明确任务，强化措施，要求各地结合实际，制定宣传计划，组织开展相应的宣传活动，上下联动，形成合力，共同推动全国林业宣传工作。2005 年 11 月 16～19 日，举办了为期 3 天的首次全国林业宣传干部业务培训班，邀请国务院新闻办公室、新华社、人民日报社、中央电视台等单位的有关领导和资深记者为各省（区、市）的林业宣传骨干授课，不仅提高了宣传干部的业务水平，还为全国林业宣传干部之间的交流与合作创造了条件，同时也增强了凝聚力，加强了林业行业宣传管理工作。

拓宽宣传渠道，凝聚社会各界关心支持林业的力量 2005 年，进一步加强了与全国人大、全国政协、中央各民主党派、全国工商联、中国光彩会、中国农林水利工会等单位的联系。2005 年“两会”期间，289 名全国人大代表、全国政协委员，组织提交林业提案、议案 168 件，其中林业机构提案、建议达 27 件；与民进中央、全国工商联、中国农林水利工会等民主党派、人民团体形成了联席会议工作制度，分别召开联席会议，共同研究推进林业工作，全国人大常委会副委员长、民进中央主席许嘉璐在联席会议上指出：“加强生态建设是构建社会主义和谐社会的根本途径”；进一步推进与全国政协以及致公党中央、民建中央、民盟中央等民主党派的联合工作机制。针对林业重大问题、焦点问题，联合组成分别由全国人大常委会副委员长许嘉璐，全国政协副主席罗豪才、张梅颖等领导带队的调研组，分别赴安徽、贵州、青海等地考察林业工作，并向中央提出了加强林业建设，加快林业发展的建议；联合全国工商联、中国农林水利工会开展联合表彰、宣传活动，特别是与中国光彩会联合开展的光彩事业国土绿化贡献奖评选表彰活动，在全社会引起较大反响，并得到中央领导的高度关注。国家林业局与全国人大、全国政协、各民主党派中央、人民团体联合开展工作已成为多渠道进行林业宣传的工作模式，收到良好的宣传效果。

创新宣传方式，提高宣传效果 2005 年，强化了新闻发言人制度。通过召开新闻发布会，由新闻发言人发布重大新闻，强化林业宣传的主导性，把过去的宣传管理变为宣传营销。一年来，围绕第六次全国森林资源清查结果、第三次全国荒漠化和沙化监测结果和大陆同胞赠送台湾同胞大熊猫等热门问题，先后 4 次由国务院新闻办公室、国务院台湾事务办公室组织召开新闻发布会，特别是针对宣传“十五”林业建设成就，连续 4 次召开国家林业局新闻发布会，这些新闻发布会的召开不仅向社会公众和国际社会及时通报情况，展示林业建设成就，还增加了林业工作的透明度，加大了向公众宣传的力度，提高了宣传的质量和有效性，受到国务院新闻办公室和中央新闻单位的好评。同时，还充分利用网络等新兴媒介，通过人民网、中国网对新闻发布会进行网上同步直播，并在国家林业局局域网开辟了“‘十五’回眸”和“关注森林”两个网络宣传专栏，扩大宣传林业建设成就的影响力。

抓点带面，着重打造林业宣传品牌 关注森林活动、中国城市森林论坛是近年来努力打造的两个品牌。目前，这两项活动社会影响力越来越大，品牌效应日益凸显，成为拓宽林业宣传，增进社会了解和关注支持参与林业发展的有效途径。2005 年 3 月，召开了第二届关注森林总结表彰大会暨 2005 年关注森林启动大会，在会前，全国政协主席贾庆林接见了会议代表并作重要讲话；针对沿海防护林和自然保护区建设问题，2005 年 12 月，组织关注森林组委会有关领导赴海南、广东进行高层调研，继续发挥为中央科学决策服务的重要作用；2005 年组织开展的关注森林——全国林业书法大赛，关注森林——《刘少奇论林业》一书出版发行座谈会、关注森林——绿我中华全国征文大赛等 10 项关注森林活动继续发挥着宣传鼓舞的作用；辽宁、湖北等省还成立了省一级的关注森林活动组委会并在 2005 年组织开展了丰富多彩的宣传活动，不断把关注森林活动引向深入。2005 年 8 月 23 日，在沈阳召开的第二届中国城市森林论坛，全国共有 76 个城市，其中包括 4 个直辖市、20 个省会城市派出了代表团，代表人数达 450 人。在本届论坛上，还颁布了《国家林业局城市森林评价指标》，为引导各地积极开展城市林业建设，创建国家森林城市起到了积极作用。在连续举办两届中国城市森林论坛之后，“让森林走进城市，让城市拥抱森林”的理念在全社会形成广泛共识，很多城市把争办论坛，争创“森林城市”作为本届政府的重要工作写进当地人大、政府工作报告。中国城市森林论坛的成功创办，不仅把林业工作社会化，调动了各地市长们关心、支持、参与林业工作的积极性，拓宽了林业建设领域。

文艺宣传、图书出版宣传有重大突破 一年来，在文化宣传方面，由著名词曲作家创作、著名歌唱家演唱的《盛世兴林之歌》、《我爱祖国大森林》两首林业歌曲已制作成 MTV，并在中央电视台播出 30 次；收集整理了近几年来创作演唱的林业公益歌曲，制作出版《盛世兴林——中国林业公益歌曲集锦》，开创了林业文艺公益歌曲宣传的先河；中国绿化博览会——“十五”林业建设成就展设计新颖，形式活泼，在南京展出后获得广泛好评，获得组委会颁发的室内展特别奖；展示林业“十五”建设成就和介绍中国林业概况的中英文宣传邮品折页，不仅成为国家林业局赠送国际友人的纪念品，还被送往我国驻外使领馆，外交部还专门来索取邮折，成为向国际社会展示我国生态建设成就的重要宣传品；在开展保持共产党员先进性教育活动期间，针对不同的主题和阶段，先后5次举办图片文字展览。在图书出版方面，本着出好书，出精品的原则，组织编写了《走向和谐——中国林业“十五”回眸》，《森林与人类》、《全国林业厅局长访谈录》，《第二届关注森林获奖作品选》等图书。

抓好重大典型宣传 林业的不断发展使林业行业不断涌现出了一大批先进典型，正是这些先进典型感染激励和吸引着越来越多的社会力量投入林业事业，推动着林业建设。不畏生命危险、保护森林资源的重庆市奉节县林业局原局长罗启辉，热爱野生动物保护事业的四川卧龙自然保护区管理局局长、“大熊猫之父”张和民，身残志坚、勇于探索国有林场改革新路的山东淄博原山林场场长孙建博就是其中的优秀代表。经推荐，罗启辉被中宣部列入全国重点人物宣传典型，并被授予模范公务员称号；张和民作为中宣部推荐的“时代先锋”的典型，在全国广为宣传；孙建博的先进事迹经国家林业局宣传办组织采访并在新华社内参报道后，引起温家宝总理的高度重视，批示要求“总结经验，供其他国有林场改革所借鉴”，全国绿化委员会、人事部、国家林业局联合授予孙建博全国林业系统先进工作者荣誉称号。

整合林业宣传资源，服务中心，服务大局 加强林业宣传的舆论导向和舆论监管力度，为林业大局服务。局属报刊是宣传林业工作的主要舆论阵地，但长期以来，各自为战，资源有效利用不够，宣传合力不足。为此，加强沟通联系，注重发挥林业报刊的舆论宣传联动作用，在2005年开展的保持共产党员先进性教育活动和绿色海疆万里行等多项上下联动的宣传活动中，组织局属一报九刊联合开设了《林业先锋》等专栏和其他专题报道，强化舆论导向，发挥了林业主流媒体的规模宣传效应。

强化制度建设，大力加强林业宣传归口管理 为引导社会舆论，创造林业建设更为有力的发展环境，国家林业局宣传办加强了国家林业局报刊图书和新闻采访的归口管理工作，统一宣传口径，趋利避害。2005年，按照新闻出版总署的统一部署，组织有关专家建立了报刊和图书审读队伍，开展对局属报刊和图书出版的定期审读和通报工作，并定期向局属报刊和中国林业出版社通报有关中央精神，加强编辑质量方面的制度建设，落实中央报刊管理规定，强化林业报刊和图书的归口管理工作；为做好与社会相关部门联合宣传调研林业工作，制定了《国家林业局宣传办公室关于联合调研的工作制度》，使宣传调研工作更加规范化。围绕林业重大政策措施和森林火灾、森林病虫害、候鸟禽流感等突发事件，为及时向全社会通报信息，增加政府工作的透明度，还制定了《中央新闻媒体林业新闻信息通报制度》、《国家林业局林业突发公共事件新闻发布应急工作方案》，规范应急时期林业新闻的发布工作。（曹　靖）

林业出版

【中国林业出版社】 “十五”期间，中国林业出版社，努力为林业工作大局和行业发展做好服务。以加快发展和加强管理为主题，以产业和产品结构调整为主线，以改革开放和科技进步为动力，启动、组织实施整体转型改制并取得实质性进展。

面对行业发展和市场竞争，准确定位、立足发展、调整结构，为行业和社会做好科技出版服务。紧紧抓住“基本解决生存问题，为进一步发展创造基础与条件”这一要务，面对日趋激烈的市场竞争，准确定位，扩大规模，规划今后，确立了在图书产品结构和市场营销格局中以特色、优势和品牌站稳脚跟，树立好产品形象，占有一定的市场份额，走内涵式的发展道路。近五年来（截至2005年9月底），共出版图书1903种，比“九五”期间的1790种多113种。年均出版图书401种，比“九五”年均出版图书358种多43种。其中，共出版新书1321种，比“九五”期间的1128种多193种；共重印图书582种，比“九五”期间的662种少80种（如加上2005年第四季度重印品种数，大致相当）。图书生产码洋总计28 470万元，比“九五”期间的15 401万元多13 069万元。年均生产码洋5994万元，比“九五”期间的年均3080万元增加2914万元；销售码洋（不含补贴转销售）总计15 398万元，比“九五”期间的7176万元增加8222万元；年均销售码洋3241万元，比“九五”期间的1435万元增加1806万元。发行部（营销中心）回款总计7448万元，比“九五”期间的3796万元增加3652万元，年均回款1568万元，比“九五”期间年均回款760万元增加808万

元。图书重印率年均为31.6％，比“九五”期间的37.1%少5.5个百分点。

经申报，有12种选题项目被批准列入“十五”国家重点图书出版规划，现已完成7种，它们是《中国木本植物种子》、《天山野果林资源》、“城市绿化美化建设系列丛书”等，正在运作中的有《中国两栖类动物》、《中国主要树种造林技术》（第二版）。

经社编务会议研究列选的社级重点图书有《中国林业发展报告》（系列）、《世界林业》、《中国马尾松》、《苏州古典园林艺术》、《林木遗传育种》等314种，凸显了中国林业出版社科技出版所涉及的主要学科领域。现已出版168种，实现率为53%，在行业和社会读者群中产生了极大的学术影响。

“十五”重点选题规划，在全面总结“九五”选题规划执行情况，广泛开展市场调研和深入研讨的基础上，主动适应图书市场的变化，加大了选题结构调整的力度，提出了反映中国林业出版社专业学术方向和图书特色、优势的选题框架及骨干选题，较好地体现了党的十五大提出的“新闻出版业要加强管理，优化结构，提高质量”的指导方针，突出了实施精品战略，推进出版工作阶段性转移，为林业行业、科技、教育的发展和满足社会多层次读者的需求做好科技出版服务。规划共列重点骨干选题266种（套、系列），形成了中国林业出版社主要出版方向，共九大类图书选题，即：林业与环境、经济、政策、法规及发展战略类；森林资源与经营和林产品开发利用类；野生动植物资源和自然保护与利用类；园林园艺与环境景观类；家具与室内环境设计类；自然和历史文化遗产与旅游类；科普与生活、休闲和保健类；少儿科普知识类，以及史料和综合工具书类。从规划执行的情况看，总体上是比较好的，也由此取得了近五年来良好的社会效益和经济效益。新出版的图书中，农林专业类的科技图书占到81.5%。

坚持正确的出书方向，认真落实出版方针，努力提高出版物的编校质量，加大编辑技术含量的投入，使多种林业版图书荣获全国和省部级奖励。《中国森林（1～4卷）》获第五届国家图书奖及第十届全国优秀科技图书一等奖；《中国树木奇观》获第十四届中国图书奖；《中国沙漠化防治》获第十届优秀科技图书三等奖；《林木遗传育种学》、《中国野鸟》获第十一届优秀科技图书二等奖，《中国木本植物种子》、《园林植物病虫害防治图鉴》、《林产化学工业全书（1～3卷）》获第十一届优秀科技图书三等奖；《中国森林的变迁》获第四届全国优秀科普作品奖三等奖；《中国可持续发展林业战略研究（总论·森林问题卷·战略卷·保障卷）》、《勇战火魔奏凯歌——内蒙古北部原始林区7·28雷击火扑救纪实》等5种（套）获第二届梁希林业图书奖；《中国林业年鉴》在第二届中央级年鉴编纂出版质量评比中荣获一等奖；《Microsoft Excel在商务与管理中的应用》被评为2003年度引进版、输出版优秀图书。另外，《流域管理学》获教育部2002年普通高等学校优秀教材奖；《森林培育学》、《中国花卉品种分类学》等23种教材在中国林业教育学会首届林科类教材评选中分别获得一等奖、二等奖和优秀奖。

围绕实施西部大开发战略和组织实施六大林业重点工程，推进中国林业的历史性转变，为国家林业局的中心工作做好服务，组织出版了一批林业科技、学术技术、政策法规及社会宣传类图书。其中，有局重点出版项目《中国可持续发展林业战略研究（总论·森林问题卷·保障卷·战略卷）》（共四卷，261.7万字）、《中国林业的历史性转变》、《充满希望的十年——新时期中国林业跨越式发展规划》、《中国可持续发展林业战略研究调研报告》、《〈中共中央国务院关于加快林业发展的决定〉有关重大问题调研报告》、《可持续发展建言集》（每年一册）、《退耕还林和天然林资源保护工程的社会经济影响》（中、英文版）、《森林司法》、《林业法规与行政执法》、《当代世界林业》、《国家林业局领导干部财政法规学习手册》、《退耕还林条例》及其《释义》、《中国林业法律实用手册》（第二版）、《中国林业发展报告》（中、英文版每年各一册）、《中国森林资源报告》、《中国森林资源清查》、《国家林业重点生态工程社会经济效益监测报告》、《中国林业年鉴》、《中国林业统计年鉴》等35种（套）。

完成的大型科技出版工程项目有：《中国森林》（共4卷，362.8万字）、《中国树木奇观》、《中国树木志》（共4卷，832万字）、《中国木本植物种子》、《林产化学工业全书》（共3卷，438万字）、《中国沙产业》、《林业科学数据集（第一集）》、《中国森林图集》等。同时，为林业建设提供科技支撑服务的出版物有：《“九五”国家重点科技攻关林业项目重大成果汇编》、《林木遗传育种学》、《天山野果林资源》、《中国森林重大生物灾害》、《中国马尾松》、《中国的退耕还林工程》、《森林分类经营》、《森林可持续经营》、《中国桉树》（第二版）、《中国天然林资源保护工程》、《中国红松天然林》、《中国经济林栽培区划》、《造林绿化与气候变化：碳汇问题研究》、《中国森林气象学》、《中国干果》、《中国黄土高原植被建设与水土保持》、《阔叶树种栽培》、《温带森林生态系统》、《沙漠数量经营学引论》、“森林可持续经营丛书”、“中国森林生态网络体系工程建设研究系列著作”、《世界贸易木材原色图鉴》、《中国落叶松属木材》、《中国南方商品木材彩色图鉴》、《科技木——重组装饰材》、《中国竹工艺（第二版）》等42种。

作为中国林业出版社具有特色、优势的图书类别之一，在园林、园艺与环境景观方面，加强了多层次、立体化开发，形成了比例适当、科学合理的图书结构，该领域重大项目的出版成绩显著，如“中国名花品种图志”系列、“中国名花专著”系列、《园林植物病虫害防治图鉴》、《世界园林乔灌木》、《园林植物栽培手册》、《世界花卉鉴赏》、《中国长白山野生花卉》、“著名设计院（所）风景园林与景观规划设计经典”系列等；同时，在推进该领域的学术研究和产业发展方面还出版了一系列重要著作，在社会上形成了一定的品牌优势，如“环境科学系列丛书”、《圆明园遗址的保护和利用》、《法中历史园林的保护及利用》、《苏州古典园林艺术》、《江南名园录》、《江南园林假山》、“中国盆景艺术丛书”、“城市绿化美化丛书”、“绿地空间”系列、《中国花卉品种分类学》、《中国盆景文化艺术史》等学术专著，以及《园林绿化 ISO9001 质量体系与操作实务》等技术规程类工具书；《园林花卉学》、《园林工程》等重点教材；“现代园林设计丛书”、“植物造景艺术丛书”、“城市绿化美化丛书”、“城镇园林绿地设计丛书”等实用技术类图书，均取得了良好的社会效益和经济效益。同时，在野生动植物和自然保护方面，出版了“自然保护区考察集”系列、《中国湿地保护行动计划》、《自然保护区工程项目建设标准》、《大熊猫走廊带研究》、《中国扬子鳄及世界鳄类的保护现状与未来》、《中国野生哺乳动物》、《中国野鸟》、《中国猛禽》、《中国普氏原羚》、《中国珍稀昆虫图鉴》、《中国哺乳动物和亚种分类名录与分布大全》、《常见龟鳖识别手册》、《常见鸟类识别手册》、《中国外来入侵种》、《中国珍稀野生花卉》、《中国自然保护区管理手册》、《开发建设中的生物多样性原则》等26种以及自然保护区系列丛书、全球环境基金中国自然保护区管理项目培训教材等原创性图书，产生了较大的社会影响。

在宣传林业和普及全民绿化知识方面，积极配合林业工作大局，及时完成了局里交办的重大项目《再造秀美山川的壮举——六大林业重点工程纪实》、《勇战火魔奏凯歌——内蒙古北部原始林区 7·28 雷击火扑救纪实》、《湿地：人与自然和谐共存的家园——中国湿地保护》等书的编辑出版，组织出版了《防沙治沙基本知识问答》、《绿风浩荡》、《治沙英雄石光银》、《播撒绿色的使者——2003 年全国林业劳动模范和先进工作者》、《沙海中的绿色丰碑》、《全国青少年绿化知识普及教育 300 问》、《归程何处——生态史观话文明》、《情趣大熊猫》、“地球的另类公民”系列、“动物园的故事”系列等，在宣传林业的重要地位、弘扬务林人的艰苦奋斗、改革创新精神，普及生态和林业知识，服务林业工作大局中发挥了重要作用。为加快林业技术的普及与推广，还出版了一些技术普及读物，如《工业人工林的培育和高效利用》、《杨树用材林新品种》、《林木良种指南》、《退耕还林技术模式》、《中国竹子培育和利用手册》、《华北落叶松速生丰产林培育技术》、《节水抗旱造林》、《林木工厂化育苗技术》、《三北地区抗旱造林实用技术 400 问》、《太行山生态林业实用技术》、《防沙治沙实用技术》、《樟子松造林技术》、《水源保护林技术手册》、《中国生物防火林带建设》、“现代育苗技术丛书”等。

认真履行科技出版工作者的社会职责，“面向市场，服务‘三农’，服务大众”，组织出版了“农民权益保护法律政策读本”系列、《退耕还林还草政策手册》、《中国热带主要树种栽培技术》、《穴盘种苗生产》、《答果农问》、《鲜切花百合生产原理及实用技术》、《新农药应用指南（第三版）》、《秋淡季蔬菜生产实用技术》、《新编实用兽医临床指南》、“现代育苗技术丛书”、“野生动物养殖丛书”、“药食兼用中药材动植物养殖与种植丛书”、“特种动物养殖与利用技术丛书”、“绿色证书培训教材”系列、“牧草天地丛书”、“农家致富实用技术丛书”、“新编科技实用技术文库”等 23 种（套），因此于 2004 年被新闻出版总署授予服务“三农”优秀出版单位称号。为提高城乡居民生活质量、改善生活环境，组织、编辑出版了大量的科普读物，如“环境保护提示丛书”、“温馨家园花卉装饰”系列、“大自然珍藏”系列、“盆景培育造型与养护”系列、“百花盆栽图说丛书”、“大众花卉丛书”、“我的养花经验采撷”系列、“宠物 100”系列、“走近自然”系列，《我的未知世界》等。还出版了《乐从杯家具设计大赛获奖作品选集》、《室内装饰设计》、《家庭室内装饰技巧》、《装饰工程施工》、《室内装修工程》等家具与室内装饰类图书，出版了“中国森林旅游”系列、“中国旅游名胜诗话丛书”、“中原旅游指导丛书”等旅游类实用书，从不同的视角给人们以自然历史和社会文化的启迪。

较好地组织了东京国际书展、法兰克福书展和北京国际图书展览会的参展和版权贸易洽谈活动，对外出版国际合作进入了实际运作阶段。“十五”期间，分别从美国、英国、澳大利亚、德国、法国、韩国、日本等国家引进版权 36 种。从目前已引进版权出版图书的情况看，发展态势良好，可以发展成为新的经济增长点。同时，继《中国的鸟》之后，《荷花·王莲·睡莲》一书的版权卖出已与韩国的胡萝卜版权代理公司初步达成协议。对外图书销售工作又有了新的进展，中国林业出版社图书销往欧洲、美国、加拿大等 10 多个国家和地区。此外，还加强了外版图书的出版合作业务，如与美国开展了《中国森林昆虫》、《中国森林病害》、《中国天敌昆虫》、《中国木本植物种子》、《中国猛禽》和《中国雉鸡》等图书的合作出版工作。

随着国家面向 21 世纪教育教学改革的深入，林

业教育和林业建设的发展都对林业教材的建设与出版提出了新的要求。为适应各类林业建设人才培养的需要，组织出版了“面向21世纪教材”、“‘十五’规划教材”，其中有国家“十五”规划教材和北京市精品教材，同时开始了电子教材的编写以及国外优秀原版教材的引进工作。组建了森林资源类与生物技术类教材编写指导委员会、木材科学和家具与室内设计艺术教材编写指导委员会、园林专业教材编写指导委员会、中药与药用植物类教材编写指导委员会、食品科学与安全系列教材编写指导委员会，为确保教材编写质量、及时出版以及教材出版后的使用提供了保证。共出版教材3个系列，八大门类；大学本科教材119种，职业教育教材48种，岗位培训教材32种，加快了教材建设和出版节奏，从不同层面为林业队伍的人才培养提供全方位的服务，起到了重要作用。同时，在职业培训、国家公务员录用、中小学教材教辅和乡土教材等方面拓展市场，形成了《中小学教学艺术丛书》、《公务员录用考试系列》、贵州省黔东南州和北京市崇文区地方教材等系列图书，产生了较好的市场效应。

中国林业出版社较好地体现了“恪守绿色，服务科技；拓展市场，奉献精品”的出版理念；形成了“立足林业，面向社会，具有品牌特色和市场优势，中等发展规模的专业科技出版社”的发展方向；明确了5～10年的发展目标任务和“保证重点，服务科技，稳定教材，服务教育，主攻以实用技术和知识科普为主的科技图书，服务行业与社会”的工作方针；提出了与中国林业出版社出版规模和效益结构相适应的、较为合理的图书品种结构，即教材教辅类图书（农林高校、高职、中专）占25%，其余为一般科技图书，其中农林科技类占20%，实用技术和知识科普类占80%；经整合，按板块组合，提出了市场图书主打品种特色和方向：大林业，园林园艺、教育教学、动植物资源开发利用与自然保护等8个主要方面的图书出版方向和领域。（张柏涛）

【《中国果树志·草莓卷》】 邓明琴，雷家军主编。本书是《中国果树志》系列图书中的一卷。《草莓卷》是对草莓属资源进行调查研究的一份阶段性总结，也是一部我国首次全面系统反映我国草莓事业发展的科学论著。重点介绍了草莓属植物的种类和特征、中国原产和引入的野生草莓种类和特征以及草莓品种资源等内容。对草莓的起源与进化、生物学特性、栽培技术及我国草莓的栽培历史与现状也进行了论述。

【《中国果树志·板栗·榛子卷》】 张宇和等主编。本书为《中国果树志》系列图书中的一卷。本卷分别介绍了板栗、榛子的经济价值和栽培历史；栗属的分类、地理分布、生物学物性以及栽培技术特点等，重点介绍了各种品种资源。

【《蚕丝生物学》】 向仲怀主编。本书是有关蚕丝生物学的专著。主要介绍了蚕的发生和分化、蚕的生长发育和变态、蚕的生态和环境、蚕的营养与人工饲料、家蚕的突变、蚕的基因组、蚕的基因工程和染色体工程、蚕卵壳蛋白的分子生物学、血液和卵蛋白质的分子生物学、蚕的数量性状遗传、蚕的病原和病理、蚕丝纤维、蚕丝分子生物学、蚕丝蛋白质化学等。

【《中国的退耕还林工程》】 李育材著。本书以生动翔实的原始资料，从退耕还林工程的试点到全面启动，从政策、措施、实施过程到技术规范等多个角度和层面真实地、立体地反映了退耕还林工程的全貌，再现了近年来中国生态保护和建设活动的生动场景，为今后人们客观地、准确地评价退耕还林工程打下了重要的基础。

【《展览温室与观赏植物》】 胡永红等编著。本书介绍了展览温室的理念、历史；温室环境与植物生长发育的关系及其控制系统；展览温室室内布展与室内观赏植物等，并附有世界知名展览温室的介绍。

【《可持续发展建言集(2004)》】 全国政协人口资源环境委员会办公室编。本书收集诸多全国政协委员关于人口、资源、环境方面的建言报告，内容分为人口、资源、环境以及调研报告，这些报告有较高的价值。

【《中国牡丹品种图志(西北、西南、江南卷)》(中、英文版)】 李嘉珏主编。本书分为总论和各论两部分。总论介绍牡丹的种质资源、品种起源、品种演化、品种分类、品种改良与牡丹产业发展；各论介绍西北牡丹品种群的概况、栽培技术、主要园艺品种329种；西南牡丹概述、栽培技术、品种介绍20种；江南牡丹概述、栽培技术、品种介绍35种；其他地区牡丹介绍，品种49种。书后附有品种名索引。

【《2004国家林业重点生态工程社会经济效益监测报告》】 国家林业重点工程社会经济效益测报中心，国家林业局发展计划与资金管理司编。本书内容包括2004国家林业重点工程投资社会经济效益监测总报告、天然林资源保护工程、退耕还林工程、京津风沙源治理工程及附录。

【《杨树栽培实用技术》】 陈章水编著。本书内容包括杨树的遗传特性、无性系杂交、引种、分布、生物学特性、栽培技术条件及杨树品种的材积和生产价值等。

【《格局在变化——树木引种与植物地理》】 王豁然等编著。本书从植物地理学观点出发，阐述中国的树木引种与世界主要地区的植物区系之间的关系，同时以具体引种的例证研究作为佐证和说明。内容分为总论、美洲树种引种驯化、大洋洲树种引种驯化、欧洲和地中海气候区树种引种驯化、亚洲树种引种驯化、外来植物的生物入侵等6方面。

【《中国林业检疫性有害生物及检疫技术操作办法》】 国家林业局植树造林司，森林病虫害防治总站主编。本书是配合国家林业局新公布的19种林业检疫性有害生物编写的专著。主要介绍了各检疫性有害生物的分布、寄生植物、经济重要性、症状及形态特征、发病规律及生活史、适生范围及防治措施，以及各检疫性有害生物的具体检疫技术操作办法。

【《中国兰花名品档案——建兰》】 刘清涌，吴森源编著。建兰是兰花中重要的一类，本书介绍了160种建兰名品，包括特征、特点、名贵等级、资源等。本书以档案的形式给建兰建档。在注意完整性、类别性、系统性之外，还突出各个兰花品种的个案，使之具有对兰花品种的收集、整理、鉴定、资料记载、图片显示、数据统计等多种功能的效用。

【《城市道路绿化景观设计与施工》】 陈相强主编。本书综述了我国城市道路绿化景观的现状与发展趋势、道路类型及绿化景观设计、道路绿化树种及行道树的配置；介绍了行道树的种植时机、栽培管理、大树移植方法以及行道树整形修剪、病虫防治等内容；收集了我国各地适用的行道树名录。全书结构严谨、内容新颖、论述透彻、图文并茂，集科学性、实用性和知识性于一体，是一本具有较高学术水平和应用价值的好书，对我国城市园林的健康发展有十分重要的指导意义。

【《中国杨树栽培与利用》】 尹伟伦主编。本书是我国近12年杨树科学研究和生产发展成果的汇总。它包含有我国杨树资源、育种、分子生物学、栽培生理、育苗技术、造林技术、杨树生态、抚育管理、经营管理、采伐更新、加工利用、林业经济以及国家杨树发展政策等多学科的科研成果和产业化成果。

【《中国主要经济树种栽培与利用》】 胡芳名，谭晓风，刘惠民主编。该书总结了当前全国栽培利用和引进的主要经济树种111种（类）。全书按树种的主要用途分为十类：果木类、油料类、药用类、淀粉与糖类、芳香油料类、饮料类、调料类、工业原料类、竹类、其他类。每个树种（类）大体按概况、植物学特征、主要种类及其分布、生物学特性、栽培技术、主要病虫害防治、采收贮藏与加工利用等进行系统的描述，对当前我国经济林的栽培、生产与加工具有一定的指导意义。

【《常见蛇蛙类识别手册》】 费梁等编著。本书以简明文字和图片，介绍了常见蛇蛙类的名称、分类地位、保护级别、分布、形态特征和习性。共收录蛙、有尾类等两栖类动物14科34属50种，蛇、鳄、蜥蜴等爬行类动物14科38属52种，其中多为国内和国际贸易中常见的种类。通过对本书的查阅，可快速地识别有关物种，了解该物种有关内容。

【《中国干果》】 郗荣庭，刘孟军主编。本书分为总论和各论两部分。总论主要阐述了干果的基础理论，其内容包括干果的含义，分类和特点，栽培历史和现状，国内外干果生产、科研及营销动态，我国的干果种类及其自然分布，育苗和建园，主要栽培技术要点和病虫害防治以及产后商品化处理加工利用等；各论则对各干果树种的特色知识和技术进行了系统、简明的介绍，内容包括中文名称、别名、英文名、学名，起源和演化，经济利用价值，栽培历史，生产现状和展望，自然地理分布和适生区域，主要品种及优良类型，植物学特征及生物学特性，农业技术特点，采收及商品化处理等。

【《湿地：人与自然和谐共存的家园——中国湿地保护》】 赵学敏主编。本书精选文章70余篇，图片400余幅，分7个部分，科学诠释了湿地的内涵、功能及其价值；真实记录了我国政府长期以来对湿地保护的战略性思考，以及新时期对湿地保护工作的重视；多角度展示了我国湿地保护工作的纲领性文件和具有里程碑意义的决策和规划；权威发布了我国国际重要湿地的最新信息；全方位介绍了我国湿地理论研究和保护管理实践的成果以及湿地保护工作在社会各界产生的广泛影响。

【《美国林业百年》】 美国林业百年编委会编。本书详尽记录了美国林业法律、政策、技术、管理等各个方面的发展概况，记录了美国务林人兢兢业业的奋斗史，是一部发达国家林业发展的历史见证。编译出版的《美国林业百年》，是中美两国森林健康合作的一个重要成果，对于帮助我国务林人和全社会从历史的角度认识发达国家林业发展规律，正确理解中国生态建设处于“治理与破坏相持阶段”的关键时期，科学、准确地把握这一阶段的特点和工作重点，研究制定工作思路、法律法规、政策机制、保障措施有一定的借鉴作用。

【《美国城市设计》】 （美）戴维·戈斯林，玛丽亚·

克里斯蒂娜·戈斯林著；陈雪明译。本书对美国城市设计起源、演化及对世界各国的影响作了深入的研究，内容丰富，对我国城市设计有一定的借鉴作用。

【《世界景观设计——文化与建筑历史》】 （美）伊丽莎白·巴洛·罗杰斯著；韩炳越，曹娟等译。《世界景观设计——文化与建筑历史》是一本集文化、建筑、景观设计历史于一体的大型综合性图书，是世界园林史学方面的重要著作，对我国园林建筑有重要的参考价值。分为上下两册。上册介绍了史前、远古与现代人的景观，古典世界的景观设计和古典主义复兴等内容。下册介绍了中国园林与日本园林、现代城市的产生、古典装饰风格的美国以及国家公园、现代主义和城市规划等内容。

【《上海常见鸟类图鉴》】 上海野生动物保护协会主编。主要介绍了上海常见鸟类的种类、名称、分布、习性、形态特征、分类地位、相似种的鉴别方法等，并配有精美的图片。

【《中国盆景文化史》】 李树华著。本书介绍了中国盆景艺术的起源与形成、中国植物盆景文化史、中国山石盆景文化史、中国盆景盆钵文化史、中国盆景文化走向世界等内容。

【《中国森林资源报告(2005)》】 国家林业局编。本书是国家林业局从1999年到2003年，历时5年，组织完成了第六次全国森林资源清查。在此基础上，编辑出版了本书。简要介绍中国森林、林木、林地的现状、分布和变化情况，以及森林资源保护与发展策略，旨在为各部门和社会公众加深对中国森林资源的了解提供服务。

【《中国森林资源》】 雷加富主编。本书从现实国情和林情出发，宏观评价了森林资源生长发育的自然、气候、社会环境，系统地阐述了森林资源的演变、数量、质量和分布，分析了森林资源保护与发展的形势，并提出了具体的目标和措施。为国内外读者提供一个了解中国森林资源历史、现状的窗口，是广大林业工作者的一部重要参考文献。

【《中国森林资源清查》】 肖兴威主编。本书是一部论述我国森林资源清查技术和发展史的专著。较全面地论述了森林资源清查的抽样技术、调查方法、高新技术应用、组织管理、发展趋势、全国及各省（区、市）森林资源清查情况，系统总结了几十年来我国森林资源清查技术的发展历程和经验，向世人展示了我国森林资源清查的过去、现在和未来，填补了我国林业调查史上的空白。

【《中国森林资源图集》】 肖兴威主编。本书主要介绍了全国及各省（区、市）的森林资源总体分布；人工林、天然林分布及状况，还介绍了六大林业重点工程状况。

【《2005中国林业发展报告》】 国家林业局编。本书为国家林业局中国林业发展报告系列白皮书之一，主要介绍了2005年中国林业发展的状况，包括重大成果、生态建设、产业发展、林业投资、支撑和保障、国际合作与交流、政策与法制、林产品市场等几方面的内容。

【《中国根雕艺术》】 徐华铛主编。本画册共收集了近年来约600幅根雕精品，分为四大部分：中国根雕的历史和现状；中国根雕的两种类型（自然型、雕刻型）；中国根雕的主要种类和欣赏（树根雕、竹根雕、阴沉木雕）；中国根雕作品集萃。

【《中国荷花品种图志(中文版)》】 王其超，张行言编著。本书为科技图册，全彩色精装。内容包括：中国荷花种源及其分布；栽培简史；形态与结构；生物学特性与生态习性；繁殖与栽培管理；品种改良；荷花品种分类新系统；品种与园林应用；品种形态、性状记载标准；介绍了608个品种，并配有彩色图片。附录包括了清《荷谱》及注释；荷花品种中英名称对照表。书后附有索引，便于读者查找。

【《林业科学数据集(第一卷)》】 中国林科院，中国测绘科学研究院编。本书介绍了森林资源、森林灾害、森林生态环境监测、林业重点工程和林业科技基础信息等林业科学数据库。是科技部“科学数据共享工程”的“林业科学数据共享试点”项目所取得的一项重要的技术成果。

【《森林生态学》】 （加）金明仕（Kimmins，J. P.）著；曹福亮编译。本书为影印版教材。内容分为7篇23章。第一篇介绍了人类与森林以及林学的发展关系，第二篇是关于生态系统和生态系统能量流动和物质循环的基本功能。第三篇集中介绍了生态演替阶段。第四篇研究了生物多样性、群落和群落生物过程，这些过程决定了各种不同的生物多样性的数量和在生态演替的生物控制。第五篇介绍生态演替是在干扰作用下系统内部发生的过程。第六篇简单介绍了生态系统管理和景观生态学出现的领域。第七篇探索了人类如何才能运用前几篇的知识解决林业争论的焦点问题，并将其应用于预测模型构建，用于预测人类不同生产经营方式的长期结果。

（林业出版中新书介绍由刘若云供稿）

林业报刊

【中国绿色时报】 2005年，《中国绿色时报》在提高办报质量、打造品牌、加强自身管理等方面呈现出五大变化：

定位更加清晰、内容布局更加合理 2005年《中国绿色时报》努力在打造行业独特竞争力上下功夫，在梳理行业优势和细分行业读者的前提下，对报道内容、板块栏目及设计风格都作出了较大调整，在实现差异化竞争、寻求自身特色都进行了有益的探索。

创新了分配制度，采编管理按绩效考核运行，促进了报纸质量的提高 《中国绿色时报》2005年度首次实施了以优稿优版奖励和差错处罚进行绩效分配管理的办法。考核8个月，有效地促进了报纸质量的提高。一是记者写稿量较上一年度明显增多，对热点新闻、延伸性报道的关注明显提高，稿件质量提高；二是编校差错量明显减少；三是记者、编辑的策划能力明显增强。

主体新闻的策划实施异彩纷呈，战役性报道、组合性宣传增多 2005年国家林业局党组提出生态建设相持阶段理论后，报社就相持阶段理论、认知到实践等方面先后掀起了4次宣传高潮；针对“十五”成就报道，报纸连续3个月开展了大规模的成就回顾宣传；为使2005年我国首次召开的全国绿化博览会盛会成为实现报社“经济”和“宣传”双赢的一次有益尝试，报社整合了多个部门的资源，以专栏、专刊、摄影专版、系列报道等多种形式，实施了规模宏大、内容和组织形式有所创新和突破的组合性报道战役，受到了各方的好评。2005年，报纸还围绕国家林业局中心工作在“两会”报道、防沙治沙、海防林建设、林权制度改革、共产党员先进性教育、资源管理、湿地及野生动物保护等方面还加强策划报道；在防控禽流感、赠台大熊猫等热点新闻宣传方面也作较多的努力，吸引了读者的眼球。

报社“赠台大熊猫乳名征集宣传活动”扩大了报社的影响力 报社赠台大熊猫乳名征集宣传活动是由国家林业局、对台办主办，中国野生动物保护协会协办，由中国绿色时报社承办，并将活动的办公室设在报社。由于这项活动的社会意义深远，知名媒体新浪网、台湾网、中央电视台、《人民日报》纷纷要求加入该项活动承办，活动期间各合作媒体宣传时必须冠有《中国绿色时报》承办名称，有效地扩大了报社的社会影响力。

报纸获奖作品颇丰，知名度增加 2005年《中国绿色时报》有许多优秀作品获奖，其中，有13件作品、专栏、版面和论文获中国产业报协产经好新闻奖，有一组系列特别报道获好新闻一等奖；“绿色时评”专栏获新闻名专栏一等奖。另有一作品获得由中国环境新闻工作者协会和拜耳（中国）有限公司联合举办的2005年拜耳青年环境记者奖参赛作品优秀奖，并获得免费出国的机会。报社还有另外两作品获由中国产业报协会组织的2005年头版头条新闻大赛三等奖和优秀奖。 （梅 青）

林业专论

人与自然和谐相处是社会发展赋予林业最根本的时代重任

全国绿化委员会副主任
国家林业局局长　周生贤

（2005年3月9日）

构建社会主义和谐社会，是我们党从全面建设小康社会、开创中国特色社会主义事业新局面的全局出发提出的一项重大战略任务，适应了我国改革发展进入关键时期的客观要求，体现了广大人民群众的根本利益和共同愿望。统筹人与自然和谐发展，走符合中国国情、可持续发展的现代化道路，是构建和谐社会的重要标志之一，是实现全面建设小康社会宏伟目标的必然选择。以科学发展观为指导，服从和服务于现代化建设的大局，走生产发展、生活富裕、生态良好的文明发展道路，是构建和谐社会赋予林业最重要、最根本的时代重任，是以生态建设为主的林业发展战略的出发点和根本目标，是指导新时期林业发展的灵魂。

一、人与自然和谐是人类社会的共同价值取向和最终归宿

人与自然的关系反映着人类文明与自然演化的相互作用及其结果，人类的生存与发展依赖于自然，同时文明的进步也影响着自然的结构、功能及演化，经历了由和谐到失衡、再到新和谐的螺旋式上升过程。在原始社会，人与自然和谐共处，由于社会的生产力水平十分低下，这种和谐更多地表现为人对自然的敬畏和被动服从，和谐关系的主导因素是自然。到了农业文明时期，人与自然关系在整体上保持和谐的同时，出现了阶段性、区域性的不和谐。随着人口的增加和生产力的逐步提高，人类开始不安于自然的庇护和统治，在利用自然的同时试图改造和改变自然，而这种改造和改变往往伴随着很大的盲目性、随意性和破坏性。工业文明的出现，使社会生产力有了质的飞跃，人类利用自然的能力极大地提高。这时，人类对自然的理念也发生了根本的改变，由“利用”变为了“征服”，“人是自然的主宰”的思想占据了统治地位。笛卡尔就认为，借助科学“我们就可以使自己成为自然的主人和统治者”。但是，令人叹惜的是，由于盲目自大，人类成了破坏与自然和谐相处的主体，对自然的征服和统治变成了对自然的掠夺和破坏，对自然资源无节制的大规模消耗，带来污染物的大量排放，最终造成自然资源迅速枯竭和生态环境日趋恶化，能源危机、环境污染、水资源短缺、气候变暖、荒漠化、动植物物种大量灭绝……灾难性恶果严重威胁着人类的生存与发展，人与自然和谐正面临着有史以来最严峻的挑战。

征服自然在给人类带来巨额财富的同时，也造成了巨大的灾难，这与当初人类征服自然的初衷背道而驰，巨大的反差促使人类开始反思自己的行为和观念。革命导师站在了这一思考的前列，从哲学和实践的层面深入探讨人与自然的关系。马克思在《1884年经济学哲学手稿》中批判黑格尔时指出，他只看到了劳动的积极方面，而没有看到它的消极方面。恩格斯更是一针见血地指出，“不要过分陶醉于我们对自然界的胜利，对于每一次这样的胜利，自然界都报复了我们。”马克思和恩格斯都认为人与自然必须和谐相处，马克思说过：“人同自然界的完成了的本质的统一，是自然界的真正复活。”恩格斯认为，“我们连同我们的肉、血和头脑都是属于自然界，存在于自然界的；我们对自然界的整个统治，是在于我们比其他一切动物强，能够认识和正确运用自然规律。”从20世纪60年代开始，人类对自身与自然关系的反思和认识迅速提升，1972年，联合国发表了《人类环境宣言》，郑重声明只有一个地球，人类在开发利用环境的同时，也承担着维护自然的义务；90年代以后，以《里约热内卢环境与发展宣言》、《二十一世纪议程》、《关于森林问题的原则声明》、气候变化框架公约和生物多样性公约为代表的一系列具有里程碑意义的纲领性文件和国际公约的问世，标志着实现人与自然和谐发展已成为全球共识。

追求和谐相处，是中华民族传统文化的精髓，具有十分深厚的文化底蕴，是中国哲学的根本范畴。大道中生，和而不同。与西方文明的“争”字特质相反，中华传统文化的特质在于一个“和”字。这种“和”的哲理，充分体现在道家的“太和”思想、儒家的“中和”思想和佛家的“仁和”精神之中。《易经》高度赞美并极力提倡和谐思想，北宋思想家张载指出：“太和所谓道，中涵沉浮、升降、动静相感之性。”《中庸》语：“中也者，天下之大本也。和也者，天下之达道也。”而最形象、最生动的表述，则要数“太极图”。在太极图中，阴阳鱼合抱共含，两条鱼的内边结合得天衣无缝，外边则共同构成一个正圆。这个太极图告诉我们：第一，任何一个事物都包含着两个对立面；第二，两个对立面相互包含，并在一定的条件下相互转化；第三，两个对立面协调吻合，共同构成一个和谐的整体。这三点内涵中，第三点最为重要，因为从中可以引申出这样一个道理：在一个统一体中，凡是有利于对方的，便有利于整体的和谐统一，最终有利于自己；反之，凡是有损于对方的，便有损于整体的和谐统一，最终有损于自己。学者把它称为“太极和谐原理”。这个原理，对于认识和把握人与自然的关系极为深刻、极为重要。人类本来就是大自然中的一员，人类起源于自然、生存于自然、发展于自然，人与自然本是一个须臾不可分离的有机整体，与自然和谐相处、和谐发展是人类发展的题中之义。整体是基，共处是形，和谐是本。破坏自然就是损害人类自己，保护自然就是呵护人类自己，改善自然就是发展人类自己。

二、人与自然和谐的核心是确立以生态建设为主的发展战略

本质上，追求人与自然和谐的过程就是发展人与自然关系的过程。和谐的重要性是在它受到破坏之后才更加深刻地被人类认识，进而采取行动去扭转和改变造成不和谐的因素，寻求和建立新的更高层次的和谐。人与自然的关系是一个运动着的矛盾统一体，由和谐到不和谐，再到更高层次的和谐，是人与自然关系矛盾运动的必然规律。今天我们所讲的追求人与自然和谐，绝不是要回到原始社会式的和谐，而是要在社会生产力有了飞速发展、社会财富极大增长、人们生活水平显著提高的基础上，寻求和建立与之相适应、相匹配的新的更高水平的和谐。和谐会伴随社会进步而不断升华，因此人与自然和谐的本质是动态的、演变的，追求和谐的过程就是人类不断认识自然、适应自然的过程，就是人类不断修正自己的错误、调整与自然关系的过程，也就是人类在不断发展自己、提高自己的同时不断改善自然、完善自然的过程，是一个由必然王国走向自由王国的过程。在当今世界，人与自然和谐相处、和谐发展的关键，是端正人的思维，校正人的认识，调整人的行为。

如果说，当今世界人与自然和谐发展的主题是保护自然、恢复自然、改善自然的话，那么，生态就是人与自然关系中的关键环节，保护生态、恢复生态、改善生态是当前统筹人与自然和谐的重中之重。生态和环境是当今各种自然因素的集中体现：所有的生物都要在地球生态环境中生存和发展；生态是所有的资源（包括能源、原材料）运行的环境载体，是许多可再生资源孕育和循环的母体；几乎所有的自然问题都要在生态和环境中展现。林业在人与自然和谐相处、和谐发展中承担着重大的历史使命。地球三大生态系统中，有两个在林业工作的职能范围中：森林是陆地生态系统的主体，对维护陆地生态安全、保护生物多样性发挥着支柱作用，被称为“地球之肺”；湿地在维护水资源平衡、保护生物多样性等方面同样具有巨大的生态功能，被誉为“地球之肾”，它既是一个完整的生态系统，又是联接海洋和森林生态系统的纽带和桥梁。森林和湿地两大生态系统是我国国土最重要的生态系统，是国家全面发展、民族繁荣进步、百姓安居乐业的生态安全屏障。

中国进入工业化中期和全面建设小康社会发展阶段，人与自然不和谐的程度逐步加深，经济社会发展对林业的要求也因此发生着根本改变。一是社会对林业的需求发生了重大变化。基于森林在维护生态平衡、保护自然生态、改善生态环境方面的巨大作用，治理、保护和改善生态环境，已逐步取代“木材生产”而成为国民经济和社会发展对林业的第一位要求。二是经济增长模式的转换，使国民经济发展对林业的要求发生根本改变。人们从惨痛的教训中领悟到，以牺牲资源、牺牲环境而换来的经济增长是短暂的，更是得不偿失的，只有不破坏生态环境、不浪费自然资源、不损害后代利益的发展才能是可持续发展，追求可持续发展已成为世界经济发展的大趋势。三是科学的进步和思想观念的更新，使社会公众对林业作用的认识全面提高。科学的发展，使人们对生态环境和对森林的认识逐步深化，特别是经过“九八”洪水的教训之后，社会公众对森林和林业作用的认识产生了质的飞跃，对生态环境问题的关注达到了前所未有的程度。

在生态环境恶劣的历史条件下，如果依然把木材生产做为林业的主要任务，砍掉的就不再是树木，而是砍掉了人与自然血脉相连的纽带，砍掉了支撑人与自然脆弱平衡的立柱，砍掉了林业部门在经济社会发展中的立足之本。只有把生态建设作为首要任务，才能使林业建设适应新时期国民经济发展和人民生活提高的需要，才能使林业事业承担起维护人与自然和谐共处的历史重任，才能使林业部门找到在促进人与自然和谐发展中的位置。保护生态、改善生态必然成为林业战线最重要的历史使命，全力加强生态建设也就成为林业工作的核心任务。正因为如此，《中共中央国务院关于加快林业发展的决定》中明确提出，“在贯彻可持续发展战略中，要赋予林业以重要地位；在生态建设中，要赋予林业以首要地位；在西部大开发中，要赋予林业以基础地位。”时代要求林业确立“以生态建设为主”的发展战略。

三、人与自然和谐的重点是准确把握相持阶段的发展规律

数千年来，我们的先哲在人与自然关系上创建了深邃而卓越的和谐理论，积累了丰富的精神财富。然而社会实践过程则与丰富的理论很难在实践中达到统一，随着人对自然征服能力的提高，自然资源变为现实财富的速度不断加快和规模不断扩大，最终超越了生态环境的承载力并导致生态功能急剧下降。人与自然的和谐程度始终处在不断衰退过程中，留下来的发展印迹是一条随时间变化不和谐程度加深的曲线。在这条曲线上，不和谐的下降速度或快或慢，有的时候依靠自然力的作用得到某种程度的恢复，但很难找到主动改变生态环境，将丰富的理论融入实践，促进人与自然和谐的典型范例。

当我们站在各种生态危机严重威胁到生存与发展的历史时刻，当我们在重大的生态灾难面前深刻反思选择什么样的发展方式时，一场在中国历史上从没有过的追求人与自然和谐的伟大实践开始启动。整合林业建设工程，调整林业生产力布局，果断结束以木材生产为主、确立以生态建设为主的发展战略。延续了数千年的发展进程第一次出现了转折，生态治理与破坏进入了相持阶段。这是迄今为止，中国和谐理论和实践结合的重大成果，是改变数千年来人与自然关系发展轨迹的开端。相持阶段对中国来说来之不易，在构建和谐发展道路上具有划时代意义。

在我们看到历史性转折的重大意义的同时，也必须看到相持阶段所具有的脆弱性、不确定性、反复性、不平衡性和艰巨性。如同在运动中推一个物体上坡面，推动物体运动需要一个大于物体重量的力，推上坡面则需要更大的力，如果向上运行时物体体积不断加大，就必须再加大推力，当上推的力与下滑的力相等时，物体处在“相持”状态。而一旦上推力不足，物体就会向下滑动，并且下滑的能量与物体的重量和坡长、坡度成正比，上升的点越高，下降的速度越快，下滑的势能越大。中国生态建设的相持阶段就如同被推向高点的物体，继续加大力度，就会顺利通过最艰难的发展阶段，如果在这一点上削弱力量，其后果不堪设想。相持阶段影响建设向前推进的因素来自多个方面：

——中国实施大型生态工程建设不是一个自然过程，是在特殊的历史条件下，借助重大历史事件凝聚全民族意识，采取的一种超常规措施，并且充分利用制度优势强制性回避了许多矛盾。同时，我们采取了世界上最严格的资源保护措施和资源利用的限制措施。

——传统需求并没有因为限制森林利用而改变，相反，对木材及林产品的需求随着经济的快速增长而不断扩大，森林保护与利用的矛盾始终存在并在发展中日益积累，利用资源发展经济的冲动和致富的强烈愿望始终威胁着已经取得的成果。

——处在不同发展水平的利益群体对森林有着与所处状态相适应的目标和期望，并且在实践中不同利益群体围绕森林利用方式的利益冲突越来越明显，解决矛盾的难度越来越大，成本越来越高。

——建设积累的成果越来越大，保护和发展的双重任务考验着决策者的智慧和决心，既要让保护者得到利益，又要让建设者具有持续的动力，都要求增加建设投入，建立与发展阶段相适应的投入机制。

——推进生态建设采用的是超常规的发展方式，主要依靠的是政府投入，保持平稳发展的内生力量还不够大，制度基础十分薄弱。

相持阶段是我们付出巨大代价所取得的带有很大的脆弱性和不确定性的和谐，这种和谐虽不稳定，但它是构建稳定和谐的必然过程。相持阶段是对智慧和决心的考验，只要我们准确把握了这一阶段的特征，选择正确的措施，沿着通向稳定和谐的道路谋求发展，我们的前面将是希望。通向和谐的道路只有一条，那就是发展，舍此别无他途。

四、人与自然和谐的关键是抓住机遇加快林业发展

人与自然和谐相处、和谐发展的关键是发展，是在发展中寻求和谐，在发展中建立和谐，在发展中完善和谐，在发展中升华和谐。自然的承受能力是有限度的，自然的自我修复能力是有限度的，我们虽然通过大规模的生态建设取得了阶段性的重大成果，迎来了中国历史上从未出现的历史拐点，但是，构建和谐社会赋予林业的任务更重，要求更高，发展难度更大。处在相持阶段，必须以更大的决心和力度推进生态建设，进一步建设自然、改善自然、完善自然，建立人与自然新的更高水平的稳定和谐。加快发展、加快生态建设，是统筹人与自然和谐发展的关键所在。

相持阶段的林业发展，是在“盛世兴林”背景下中国林业的时代性发展。进入全面建设小康社会发展阶段这一客观事实充分说明，我国的国民经济和社会发展已经进入了新中国建立以来最好的发展时期，可以说是“欣逢盛世”；而在这样的历史时刻，国家又赋予林业如此重要的地位和任务，则显示了“加快兴林”的任务更加急迫，林业在推进经济发展和社会进步中应当承担更重的责任，作出更多的贡献。在这个意义上讲，“盛世兴林”是国家建设大局交给林业部门的时代重任，是广大务林人光荣而艰巨的历史使命。盛世兴林，首先是国家建设大局对林业发展提出了新的更高要求，同时为林业发展提供了前所未有的历史机遇。对林业需求的重大转变正昭示着中国林业的发展方向已经发生了历史性的转变，加快林业发展步伐已成为全社会的共同要求。同时，社会经济发展水平的提高、综合国力的增强，也为林业发展提供了坚实的物质基础和强有力的经济支持。盛世兴林，使得林业战线的历史责任更加重大。尤其是处在生态治理与破坏相持阶段的林业，如何更好地服务于构建和谐社会的大局，这是正确认识和处理局部与整体关系、自觉服务于盛世兴林大业的关键。林业是国民经济与社会发展的组成部分之一，国民经济的整体是林业的生存之基、发展之源。林业一定要把自己放在经济社会发展的全局中来认识、来运作，积极调整和完善自己的工作，主动适应和服务全国发展的大局。只有这样，林业才能获得源源不绝的发展动力。

相持阶段的林业发展，是以满足国民经济发展需求、服从并且服务于构建和谐社会目标、以生态建设为主的全新发展。进入新世纪，林业在经济社会可持续发展中的地位受到空前重视，生态需求已经成为社会对林业的第一需求。全力推进由以木材生产为主向以生态建设为主的历史性转变，这是一个极为深刻的变革，它标志着中国林业以生态建设为主新时代的到来。相持阶段标志着林业发展进入了充满希望而又任务艰巨的关键时期。我们一定要把加强生态建设真正摆上林业建设中的主体位置，把天然林保护、防沙治沙、防护林建设、退耕还林、野生动植物保护和自然保护区建设等重大生态建设任务放到特别重要的地位，走以生态建设为主的林业可持续发展道路，通过若干年的努力，逐步建立起以森林植被为主体、林草结合的国土生态安全体系，进而促进以山川秀美为重要标志的生态文明社会的早日形成。

相持阶段的林业发展，是紧紧抓住机遇、面对困难加大力度的发展。目前我国生态环境的现状与国民经济和人民生活的需求相比，与经济社会可持续发展的要求相比，与实现人与自然和谐相处的紧迫性相比，差距十分明显。相持阶段，生态还处在不稳定阶段，前进的阻力不但存在，而且随条件的变化有时还难以驾驭；发展的成果越大，受到各种反弹因素的影响也越多；国家经济处在重要的爬坡阶段，人们对追求经济发展的愿望十分强烈，把握不好，就可能使林业建设的指导思想、工作重点出现动摇，并导致一系列的连锁反应。相持阶段，工作前进每一步，都须付出巨大的代价。重任在肩，困难在前，时不我待，不发展不行，发展慢了不行，一般性地发展也不行，惟一的选择，就是加快生态建设的步伐，加大力度推进林业发展，尽快满足经济社会发展对生态环境的要求。发展是实现新的林业发展战略的主线，是相持阶段的主旋律。在这个关键阶段，政策不能动摇、精神不能松懈、干劲不能减弱。必须保持清醒的头脑，把机遇变成责任，把挑战变成动力，把成绩看成压力，把问题看成潜力，积极推进林业大发展、快发展、全方位发展。

相持阶段的林业发展，是以深化改革为动力、以科学技术为支撑、以法制建设为保障的持续发展。改革是解放和发展林业生产力最重要的因素，要以改革的深化来为加快发展注入强大动力。改革的重点是要破除那些束缚林业生产力发展、制约林业生产者积极性的陈规陋习，确立以物质利益原则为动力、以市场规律为指导、以规范管理为保障的新的林业经营机制。当前要重点突破林业产权制度改革、林业分类经营管理体制改革、重点国有林区森林资源管理体制改革和林业综合执法改革等四项林业改革重点任务，以创新添活力、以改革促发展。科教兴林、依法治林是新时期加快林业发展的两个最新标志和特征。离开科技进步推动的林业只能是低水平的林业，甚至是盲目和带有极大风险的林业；而没有法制约束的林业则是不稳定，甚至是会偏离以生态建设为主战略目标的林业。

人与自然和谐是以往社会发展的期望，当今社会发展的实践，未来社会发展的目标，是贯穿人类社会发展进程并引导社会发展的真谛。人类曾经在追逐自身利益的过程中有意无意地破坏了发展的和谐，修正自身错误的智慧往往又因为眼前利益的诱导而失去方向，在错误的道路上走得更远，以至于将自己带入了空前的危机中。然而，“地球上最美丽的花朵，是人类的智慧，是独立思考着的精神”，当人们冲破了利益障碍，认识到和谐中蕴含的无限生机时，经过洗练的智慧将会更加坚定，并转变为指导社会发展的行为。以生态建设为主的林业发展战略，正是从不和谐向和谐转变的具体行动，是建立更高层次和谐的实践，因此必将引导中国林业走上健康、和谐、稳定、快速发展的可持续发展轨道，必将对我国经济社会全面、协调、可持续发展产生深刻的影响。

各省、自治区、直辖市林业

北京市林业

【概　述】　2005年，首都绿化林业建设以科学发展观统领全局，紧紧抓住保持共产党员先进性教育活动的有利契机，深化改革，开拓创新，加强管理，积极推进机制创新、努力转变林业增长方式，全面提升绿化林业建设和管理水平，圆满地完成了年度计划任务。北京市林业局承办的为市民办实事工程、市政府折子工程、市政府扶持“三农”工作折子工程等全部按时高质量完成。

绿化造林　全市完成绿化造林1.07万公顷，栽植各种树木1792万株。城区新增绿地426公顷。创建花园式单位400个。全市林木覆盖率达到50.5%，城市绿化覆盖率42%；人均绿地达到46平方米。第一道绿化隔离地区新增绿化面积200公顷。第二道绿化隔离地区新增绿化面积0.18万公顷。三北防护林四期工程造林0.13万公顷。小城镇绿化186.67公顷。京津风沙源工程营造水源保护林和水土保持林0.4万公顷，爆破造林0.2万公顷，封山育林0.67万公顷。实施彩叶工程0.1万公顷。全民义务植树469万株。

山区生态林管护得到加强　全面实施山区生态林管护机制，以公路、铁路和重要林区、风景区为重点，加大山区生态林抚育工作的力度，共完成生态林抚育8.06万公顷，为年度计划任务的111.4%。

林业富民工程取得实效　林业产业产值突破40亿元。全市新发展果树0.42万公顷，果品产量达8.2亿千克、果品收入19.7亿元。全市累计育苗1.56万公顷、产苗3.7亿株，创产值4.8亿元。花卉生产面积达0.29万公顷，年产值6.1亿元，全市蜂产品产值10亿元。森林旅游业实现产值8000万元。

切实加强森林资源管理　本年度发生森林火警8起，一般森林火灾1起，实现了“确保不发生重特大森林火灾，确保不发生人员伤亡事故”的预期目标。加大了危险性森林病虫害防治力度，森林病虫害成灾率控制在3‰以内。积极开展林业专项执法行动，查破案件1097起，严厉打击了破坏森林资源的违法犯罪行为。

加强野生鸟类监测，切实做好禽流感防控工作　针对防控禽流感的严峻形势，以候鸟途经的河流、大型水面、湿地为重点，制定严密监测方案，完善应急预案，设立市、区（县）级监测点82个，已监测过境鸟类23万多只。同时加大对非法猎捕、经营野生鸟类的执法检查，全力封堵和切断候鸟传播疫病途径，未发现异常情况。

【“十五”期间绿化林业工作基本经验】

着眼全局抓绿化林业工作，发挥林业在生态环境建设中的主体作用　把绿化林业建设作为实施“新北京、新奥运”战略构想，构建和谐社会的首善之区的重要内容，努力寻找与首都经济、社会发展的结合点，得到了各级领导和全社会的重视与支持。市委、市政府把林业建设作为生态建设最根本、最长期的措施，明确了林业在贯彻可持续发展战略中的重要地位，在生态建设中的首要地位，在山区建设中的基础地位，实施领导干部任期绿化目标责任制，大幅增加绿化林业投入，5年来市政府共投入绿化林业方面的专项资金达25.6亿元，有力地推动了全市绿化林业建设的快速健康发展。

坚持绿化林业建设与经济发展相结合，促进城乡协调发展　坚持把绿化林业建设作为扶持“三农”工作，推进城乡一体化进程的重要内容，围绕构建和谐社会，发展循环经济的新理念。通过落实生态林补偿、占地补偿政策，反哺对首都生态建设作出巨大贡献的农民群众，切实保护农民利益；同时在确保生态效益的前提下，充分利用区位优势，紧紧抓住北京市政府实施“221”计划的有利契机，大力发展绿色产业，实施林业富民工程。

坚持大工程带动大发展，实现绿化林业跨越式发展　注意充分发挥重点工程对林业建设的骨干带动作用。集中力量，重点抓了城市绿化隔离地区绿化工程、“五河十路”绿色通道建设工程、京津风沙源治理工程、野生动植物保护和自然保护区建设工程等一批对首都生态环境全局有重大影响的工程，工程累计造林达12.33万公顷，为5年人工造林总和的94%，从而使绿化造林的目的更明确了，重点更突出了，质量和效益更高了，对首都林业跨越式发展发挥了巨大的推动作用。

坚持科技兴林，以先进技术支撑绿化林业　广泛开展绿化林业科技交流与合作，加大了科技支撑力度，建立国家级林业标准化示范区12个，取得市级以上科技成果50项，提高了重点工程质量；加快了

“数字首都林业”建设，逐步将现代化的数字技术和网络手段应用于林业生产和林业管理等领域；坚持植物材料的多样性，多林种、多树种、多植物、多色彩、多层次，逐步推进人工造林自然化。林业的科技贡献率33.02%，处于全国的领先水平。

坚持依法治林，绿化林业健康发展 加强立法，制定了《〈北京市森林资源保护管理条例〉实施办法》。依法规范造林、管林、用林行为，严厉打击破坏森林及野生动植物资源违法犯罪活动，有效地保护了森林资源。提高林业行政执法队伍素质，加强森林公安队伍和林政稽查队伍建设，加强区（县）林业行政执法工作，进一步加大林业执法力度，逐步推行林业综合执法和集中行政处罚，严格森林和野生动植物资源保护管理。开展专项打击行动，共查处各类林业案件2652起，查破率达98.8%，有力地打击了林业违法犯罪行为。

坚持开展全民义务植树运动，动员全社会投身首都绿化事业 深入开展全民义务植树活动，加强宣传教育，提高首都市民生态意识、绿化意识、环境意识，动员全社会关心和支持林业，不断丰富和完善义务植树的形式，提高适龄公民履行义务的覆盖面，提高义务植树的实际成效。5年累计义务植树2200万株。

坚持优化绿化林业发展环境。深入开展“实践‘三个代表’重要思想、优化发展环境”主题教育活动，加强政治理论学习，加强精神文明建设，加强党风廉政建设，加强政务公开工作等，进一步提高干部队伍素质，切实转变职能，增强执政能力和执政水平，有力地推动了首都绿化林业建设的健康、协调、可持续发展。

“十五”期间首都绿化林业建设取得了巨大的成就，但面对北京要率先在全国基本实现现代化的目标，面对实现“新北京、新奥运”的任务，面对社会经济发展对生态环境质量更高的要求，绿化林业建设还存在较大差距。主要表现在：一是绿化林业建设总体水平需要进一步提升。二是森林资源保护管理水平需要进一步提高。三是林业基层基础建设需要进一步加强。

【“十一五”绿化林业工作】 “十一五”是全面落实科学发展观，构建和谐社会，建设首善之区的重要时期；是实现“新北京、新奥运”战略构想和“绿色奥运”目标的关键时期；是实施《北京市城市总体规划》，建设生态城市，全面提升绿化林业质量水平的发展时期。绿化林业工作要坚持“一个中心、两个转变、三优原则、四高要求”（即：以建设生态城市为中心，实现林业增长方式和管理方式的转变，坚持生态优先、结构优化、景观优美的原则，高标准规划、高质量建设、高水平经营、高效能管理）的发展思路，把稳步增加森林资源总量，提升森林资源生态效能作为首要任务，把推进城乡一体化进程，促进郊区经济社会发展作为重要任务。

指导思想和原则 “十一五”时期全市绿化林业工作的指导思想是：以邓小平理论和“三个代表”重要思想为指导，用科学发展观统揽全局，深入贯彻落实《关于加快北京市林业发展的决定》，以建设生态城市为目标，确立生态建设、生态安全、生态文明的绿化林业全面、协调、可持续发展战略，构筑功能比较完备的三道绿色生态屏障，建设五大体系（生态体系、产业体系、保障体系、文化体系和服务体系），为建设空气清新、环境优美、生态良好、人居和谐的现代化国际都市而努力奋斗。

基本原则 坚持生态优先，环境优美，结构优化，生态效益、经济效益和社会效益相统一，实现林业的全面发展；坚持政府主导，市场调节，科学经营，兴林富民，实现城乡林业的协调发展；坚持改革创新，全面统筹，因地制宜，严格保护，实现林业的可持续发展；坚持科教兴林，依法治林，工程带动，创建精品，实现林业的跨越式发展。

发展目标和任务 主要目标是全面推进五大体系建设（高标准林业生态体系、高效益绿色产业体系、高水平森林资源安全保障体系、高品味森林文化体系、高效能绿化服务体系），基本形成协调统一、功能健全、运转规范的五大系统（经营林业系统、生态保护系统、景观美化系统、森林休闲系统、资源监测系统）。到2010年，全市林木绿化率达到53%，森林覆盖率达到37%，新增林地5.06万公顷，新增森林面积2.57万公顷，宜林荒山基本实现绿化，城市、平原、山区三道绿色生态屏障作用明显，形成城市青山环抱、市区森林环绕、郊区绿海田园的优美景观。

【林业大事】

1月13日 首都绿化委员会第二十四次全体会议在市政府召开。首都绿化委员会主任、市长王岐山主持会议并讲话。绿办主任宋希友汇报了2004年首都绿化美化建设情况和2005年工作安排意见。绿办副主任王苏梅汇报了2004年度首都绿化美化先进集体、积极分子评比结果。

首都绿化委员会副主任、国家发改委副主任刘江，首都绿化委员会副主任、建设部部长汪光焘，首都绿化委员会副主任、国务院副秘书长、国务院机关事务管理局局长焦焕成，首都绿化委员会副主任、财政部副部长廖晓军，首都绿化委员会副主任、中国人民解放军副总参谋长张黎，首都绿化委员会副主任、副市长吉林、牛有成出席会议。

1月28日 全市退耕还林座谈会召开，参加会议的有市发改委，市财政局，市农委山区办，市林业局计财处、果树处、科教处、治沙办的有关领导，密

云、怀柔、延庆、昌平、门头沟、房山、平谷7个工程区（县）林业局（果办）的主管局长（主任）和14个重点乡（镇）的主管乡（镇）长、林业站长参加了会议。市林业局副局长康德铭出席会议并讲话。

2月1日 北京市果树产业协会召开会议。

2月16日 根据国务院《植物检疫条例》、国家林业局《植物检疫条例实施细则（林业部分）》和《森林植物检疫对象确定管理办法》的规定，北京市林业局经过广泛征求意见，在林业有害生物危险性综合评价指标分析和专家论证的基础上，确定并发布了栗山天牛、锈色粒肩天牛、松褐天牛（又名松墨天牛）、根结线虫病、杨锦纹截尾吉丁（又名杨锦纹吉丁）、银杏超小卷蛾、日本松干蚧、梨园蚧、白蜡窄吉丁（又名花曲柳窄吉丁）等9种高度危险的林业有害生物为北京市补充林业检疫性有害生物。从2005年3月1日起生效，2003年公布的北京市补充森林植物检疫对象名单同时废止。

3月25日 以"以人为本，共建绿色家园"为主题的共和国部长义务植树活动，在永定河畔的丰台区老庄子乡举行。来自全国绿化委员会、中央各部门、国务院各部委和首都绿化委员会的182名部级领导，在北京市领导的陪同下，栽下油松、白皮松、连翘等树木1500多株。

4月2日 是北京第二十一个全民义务植树日，有200多万干部群众前往各植树点，加入植树造林、绿化首都的行列。

北京市领导王岐山、于均波、程世娥、龙新民、强卫、杜德印、阳安江、孙政才、翟鸿祥、马振川，市政府秘书长刘晓晨等也参加了植树活动。

当日，全市军民共植树170多万株，养护树木330多万株，清扫绿地708万平方米，并设宣传咨询站490个，发放宣传材料68万份，出动绿色小信使近14万人。

4月9日 由北京野生动物保护协会、北京爱鸟协会主办，北京六十五中学协办的未成年人生态道德教育暨2005年"爱鸟周"和"宣传月"启动仪式在北京六十五中学举行。

同日，北京市京津风沙源治理2004年总结大会暨2005年工作动员会在怀柔区召开。市发改委、市财政局、市国土局、市农委、市水务局、市林业局、市农业局、市审计局、市环保局、市粮食局、农发行北京分行、燕波监理公司、达华监理公司以及怀柔、密云、门头沟、昌平、平谷、延庆、丰台、房山、顺义9个工程区（县）主管领导和有关人员，以及各新闻媒体的记者参加了会议。副市长牛有成出席会议作讲话。

5月28日 北京市农委、市林业局、顺义区政府、北京市果树协会、北京日报报业集团、北京百万市民观光果园采摘活动组委会联合举办了"迎奥运北京名优果品评选推荐活动"樱桃专场评比，对京郊各区（县）果园选送的68个样品进行了严格的测试和品评。顺义区南彩镇双河果园选送的"红灯"樱桃一举夺魁，获得了单项评比一等奖和全场金奖。

7月11日 北京市林木品种审定委员会正式成立。委员会由从事林木改良、培育、生产、管理、使用等方面的20名专家和负责人组成，作为开展全市林木品种审（认）定的惟一机构，负责北京区域内林木品种审定（认定）工作。

9月21日 在延庆县八达岭温泉度假村举行北京松山国家级自然保护区交接仪式。市林业局局长宋希友、副局长史贵升及市林业局相关处室，延庆县县长孙文锴、副县长徐凤翔及相关局局长以及松山管理处主任李成荣、副主任许亚民出席会议。根据京编办事［2005］82号文件，北京松山国家级自然保护区管理处由延庆县政府直属事业单位调整为北京市林业局所属差额拨款事业单位，从2005年10月1日起，整建制移交北京市林业局管理。

10月7日 第六届中国花卉博览会在四川成都落下帷幕。北京展团以"展北京风貌、圆奥运梦想"为主题，重点展示北京花卉产业现代化生产水平、花卉科技成果及名特优新花卉品种。此次花博会北京展团共获得一等奖25项，二等奖58项，三等奖97项，优秀奖42项；取得团体总分第一名的成绩，荣获了大会惟一的团体金奖。

（北京市林业由黄桂林供稿）

天津省林业

【概　述】

发展与成就

植树造林　2005年农村植树造林继续保持良好发展势头，造林任务超额完成。全市农村共完成人工造林面积8133.3公顷，占2005年计划任务的101.9%，其中：防护林6666.67公顷，用材林666.67公顷，经济林800公顷。全年完成幼林抚育10 000公顷，封山（沙）育林4000公顷，育苗466.67公顷。按照全市2001～2010年造林绿化总体规划和2005年造林工作安排，突出抓了三项纳入国

家的重点生态工程：①三北防护林四期工程，完成人工造林6900公顷。②京津风沙源治理工程，完成人工造林133.33公顷，封山育林4000公顷，中幼龄林抚育4666.67公顷。③沿海防护林体系建设工程，重点以生态经济林建设为重点，2005年完成人工造林433.33公顷。此外，文明生态村建设共栽植乔木105.6万株，建设绿地7316平方米。

林政资源管理工作　天津市林业发展的保障能力得到稳步提高，依法治林和森林资源的管护工作成效显著。①加强了林地管理及毁林案件的查处工作，开展了打击破坏森林资源专项行动。全市共办理各类建设工程征占用林地手续14项，合计征占用林地20.51公顷。共发生林业案件88起，全部得到及时处理。②林权登记发证工作进展顺利。2005年，全市林权登记发证共受理申请8049余份，登记5400余份，发放林权证1100余份，发证面积200余公顷。③加强了林木采伐管理。完成了天津市"十一五"期间年森林采伐限额编制工作，相关成果已经市政府审核后上报国务院审批。④坚持依法治林，进一步加强林业法制工作，为加快林业发展提供法律保障。2005年天津市林业局组建了内部法制机构，完善了行政许可审批、收费公示、收费票据管理及审批文件档案管理等相关制度。制定了《天津市林业局2005年依法行政实施意见》和《天津市林业局2005~2007年立法计划》。⑤全力抓好森林防火工作。2005年天津市境内共发生森林火警16起，过火面积26.5公顷，受害森林面积2.26公顷，烧毁树木3230株。全年16起森林火警中有3起为外来火，由于发现早，扑救及时，未造成重大损失，取得了连续15年无重大森林火灾的可喜成绩。

森林病虫害防治　2005年森林病虫害防治工作取得明显成效。全年共完成美国白蛾治理作业面积51 573.33公顷。对宝坻区美国白蛾发生重点区域开展了飞机防治作业，此次飞防共进行11天，使用"运五"固定翼飞机共完成了7条林带和两条河道护堤林的飞防作业任务，飞行27架次，作业面积2000公顷。与此同时，强化了对外来林业有害生物的预防。适时启动了监测预警网络体系，组建了天津市重大外来林业有害生物防控领导小组，制定了《天津市重大外来林业有害生物应急防控预案》。此外，成功地实施了对外环线绿化带林木病虫害的应急治理，治理面积666.67公顷。通过对外环线绿化带林木病虫害的治理，外环线绿化带的林木病虫害基本上得到控制，收到了较好效果，保护了来之不易的绿化成果。

野生动植物保护管理　2005年天津市野生动植物、自然保护区和湿地保护与管理工作进一步得到加强。①成功举办了以"人与自然和谐发展"为主题的天津市第二十四届"爱鸟周"宣传活动，提高了公众对野生动物保护事业认知度和保护意识。②强化野生动植物进出口管理，认真核发允许进出口证书，并按照《行政许可法》的要求，认真执行行政审批程序，严格依法行政。③建立了陆生野生动物疫源疫病监测站，在鸟类迁飞通道、迁飞停歇地和集群活动区设立了4个国家级及市级监测点，对天津市各自然保护区、湿地陆生野生动物疫源疫病进行监测。④为全面掌握大黄堡湿地野生动植物资源现状，开展了为期1年的科学考察活动，目前基本完成了前期考察工作。大黄堡湿地自然保护区已经市政府批准为市级湿地自然保护区。

科教兴林　在林业科技方面，重点抓了以下4方面工作：①"两院一校"合作项目进展顺利。完成了天津市现代化林木种苗基地建设、林木种子（苗）质量鉴定检测技术应用和天津市林业生态建设规划3个项目的验收，以及天津市森林资源管理与监测地理信息系统的验收准备。②完成了《无公害农产品板栗生产技术规程》及《无公害农产品金丝小枣生产技术规程》两个地方标准的验收审定、2005年天津市地方标准制定的申报、农业部行业标准《鸭梨》、《晚香玉》及《葡萄贮藏技术规程》的验收审定等方面工作。③组织其他项目的申报。积极申报了国家林业局"948"项目和农田防护林、用材林新品种繁育与推广等林业科技成果推广项目6项、天津市农业科技成果转化与推广项目6项以及转抗天牛基因杂种毛白杨环境释放与中间试验重点科学技术研究计划项目的申报。此外，2005年还认真抓了花卉管理、经济林管理、乡（镇）林业站的管理等工作，积极参加了全市科技周活动。

依法治林　2005年天津市林业局对林业执法主体和林业行政处罚事项进行了清理，对林业行政执法人员资质进行了认定，并组织了专业法律的培训。组织市人大代表视察全市野生动物保护和管理工作。《天津市野生动物保护条例》已于10月17日在市政府第五十七次常务会上通过，填补天津市野生动物保护管理地方法规的空白。同时，正在积极争取市政府出台《义务植树与绿化费管理办法》。

林木种苗　2005年天津市林木种苗生产在规模上实现了跨越式发展，年产苗木1亿多株，苗木供需关系由求大于供发展到供大于求。同时，林木种子行政执法工作全面开展。按照《种子法》的要求，认真做好林木种苗生产、经营许可证的发放工作。发放林木种子生产许可证213个，经营许可证148个。此外，为了更好地贯彻落实《种子法》，经市人大批准，准备在2006年出台《天津市实施中华人民共和国种子法条例》，目前正在积极着手相关调研工作。

全国展会　在首届中国绿化博览会上，天津代表团获得了室内布展银奖、插花布展银奖、个人插花比赛优秀奖和组织工作奖；在第六届花卉博览会申报的

三大类18个项目中，获得银奖2项、铜奖10项、优秀奖1项、组织奖1项，同时获得组委会颁发的组织奖，获奖率在72%以上。此外，在沈阳举办的首届中国杯插花花艺大赛，取得团体第二名，个人第七名。

存在问题 近年来，天津市林业建设虽然取得了很大成就，但从总体上看，仍然存在着一些问题和困难。从天津市的情况看，可以说林业当前正处在社会地位明显上升，而发展空间受到制约的新阶段。

所谓社会地位上升，主要表现在：①党中央、国务院高度重视林业工作，出台了中央林业决定，启动了林业六大工程，加大了对林业的投入；②市委、市政府党政领导高度重视林业工作，对搞好天津市林业绿化工作多次作出批示，强化了林业机构，稳定了队伍，出台了相关文件，多次召开会议推动林业工作；③天津市财政投入加大，除常规投入逐年增长外，近年来还单列预算，投巨资建设大型生态工程；④社会公众关注程度高，生态、绿色、绿化、林业已成百姓的热门话题；⑤林业部门这几年工作力度较大，建设了一批重点生态工程，积累了一些工作经验。

所谓发展受到制约，主要表现在：①天津市生态建设用地没有从规划上得到真正解决，特别是基本农田的保护政策，使林业发展受到了 定程度的限制。②近年来粮食政策优惠，农民种粮的积极性空前高涨，而植树造林积极性不高。③造林成本越来越高，林业投入力度不够，虽然国家对林业的投入有较大幅度的提高，但地方投入增幅与整个国家对林业的投入不相适应，林业投资满足不了现代林业发展的需要。特别是国家对管护的资金投入很少，政策落实力度不够，退耕农户管护林木、巩固成果的积极性没有充分调动起来。④执法力量不足，机构还不健全。特别是森林公安机构，由于受编制的限制，至今只有牌子没有队伍，使有些案件不能及时有效地查处。⑤林业基础设施还比较薄弱，有待进一步完善。林木种苗等基础设施建设还不能完全适应新形势发展的要求，造林良种使用率偏低，森林资源管护工作薄弱，森林防火基础设施还很不完善，森林火灾的扑救能力还比较弱。⑥林业系统的干部职工从思想观念、工作水平、敬业精神上还不适应新的形势。 （宗晶莹）

【全民义务植树活动】 2005年，天津市领导和有关部门负责人参加了在河东区“桥园”开展的义务植树活动。同时，市高校万名师生和市直机关单位参加了在西青、东丽、静海、官港公园义务植树基地开展的义务植树活动。各区（县）、各有关部门采取多种形式组织开展义务植树活动。据统计，2005年春季全市共完成义务植树700万株，参加义务植树的人数达到近200万人。通过组织市领导和青年学生以及机关干部参加义务植树活动，在全市掀起了春季植树造林的新高潮。 （宗晶莹）

【行政许可审批服务】 2005年天津市林业局为规范林业依法行政和行政审批，将保留的34项行政许可事项全部进驻市政府行政许可服务中心大厅，实现一个窗口对外办理行政许可，增加工作透明度，提高工作效率，受到各方面好评，满意率100%。2005年共受理各类行政审批事项1841件，全部在规定时限内办理，办结率100%，在市行政许可中心行政效能综合考评中，排名在前十位；在全市开展的“加快开放型经济服务月”活动中，天津市林业局46号窗口被评为企业和群众满意的“优秀服务窗口”。主要做法：①成立了行政效能监察领导小组。②选派一名党员干部，负责日常工作。③建立岗位责任制，确保了依法行政，严格管理。④对进驻中心的全体人员进行了业务培训。 （宗晶莹 弓维钧）

【绿化造林重点工程】 2005年是全市林业“十五”计划的最后一年，5年来共完成营造林87 860公顷（核实合格面积58 533.33公顷），其中：封山育林24 680公顷，飞播造林5333.33公顷，人工造林58 406.67公顷。据测算，工程区林木覆盖率从2000年的15%提高到17.5%。分工程完成情况如下：①京津风沙源治理工程：涉及蓟县，完成营造林37 013.33公顷，其中：封山育林24 680公顷，飞播造林5333.33公顷，人工造林2333.33公顷，退耕地造林4666.67公顷及相应种苗基地建设。②三北防护林体系建设工程：涉及宁河县、静海县、武清区、宝坻区、东丽区、津南区、西青区、北辰区8个县（区）。5年来共完成造林43 733.33公顷，核实合格面积18 600公顷。③沿海防护林工程：涉及塘沽、汉沽、大港3个区。5年来，共完成造林7066.67公顷，核实合格面积2920公顷。

按照全市林业“十五”计划，天津市营造林在按规划全面落实造林任务的同时，通过实施重点造林工程，集中力量，突出重点。2001～2005年全市主抓了以下4项重点绿化工程：

津西北防沙治沙工程 天津市地处九河下游，历史上海河上游的永定河、潮白河、蓟运河等河流多次泛滥，在天津西北部的武清、宝坻、西青、北辰区形成大面积的沙地。从2001年开始，天津市将津西北防沙治沙工程列入三北防护林四期工程的重点工程，并列入天津市重点生态建设工程。5年来共完成治沙造林近13 333.33公顷，相继建设了宝坻牛家牌青南治沙工程、津西北防风固沙林带工程、海河沙区封沙育林工程等治沙工程等市级重点工程。

“625”绿色通道及津蓟高速公路（宝坻段）绿色通道工程 2002年开始在京津塘、京沈、京沪、津保、唐津、津滨6条高速公路两侧实施“625”绿色通道工程，京津塘、京沈、京沪3条高速公路在原有绿化的基础上，又将绿化带拓宽到200米。经过两年的建设，6条高速公路绿色通道共完成造林4060公顷。

津蓟高速公路（宝坻段）绿色通道工程从2003年开始实施，林带宽25~200米，已绿化长度28千米，截至2005年完成造林666.67公顷，工程还在实施中。

外环线外侧绿化带工程 外环线外侧绿化带工程是天津市市级造林绿化重点工程，涉及东丽、津南、西青、北辰4个郊区，2002年根据天津市生态环境建设的总体规划，在原有绿化的基础上对外环线外侧绿化带进行了重新规划设计，启动了以植树造林、拆迁、清脏治乱、鱼池周边环境整治、外环河整治为重点的外环线生态建设工程。2002~2003年完成生态林建设666.67公顷，从根本上改变了外环线外侧的生态环境，成为保护天津市市区的一道生态屏障。

七里海生态林工程 七里海生态林工程涉及天津市的宁河县，也是天津市的市级重点工程，2001年开始实施，该工程采取机械化挖坑的作业方式，其标准为80厘米见方，在造林品种上因地制宜，选用苏柳、中林杨、冀廊杨、无性系洋槐等新品种混交造林，5年来共完成造林600公顷。七里海湿地被列入天津市古海岸与湿地国家级自然保护区，建设七里海生态林，对保护七里海湿地具有十分重要的意义。

（宗晶莹）

【野生动物保护纳入规范化、法制化管理轨道】 天津市野生动物资源十分丰富。据最新调查统计结果显示，目前全市有记录的野生动物有880多种（不包括昆虫类），其中：鸟类有389种，分属19目68科，占全国鸟类种数的29.08%，兽类动物有41种，两栖类动物有7种，爬行类动物有19种。现有国家重点保护野生动物48种，国家保护的有益的或者有重要经济、科学研究价值的陆生野生动物即“三有”保护动物300多种。

2005年，野生动物保护管理工作得到进一步的完善与规范，按照《行政许可法》的要求，认真执行行政审批程序，规范了行政许可事项，全年共完成行政审批项目235项。同时，按照国家林业局和国家濒管办的要求，对全市93家进出口企业进行备案登记，统一编制了进出口企业备案登记编号，建立了进出口企业管理档案，规范了进出口企业管理的工作程序。在认真履行濒危野生动植物种国际贸易公约，严格执行审批办证制度的同时，积极做好野生动植物及其产品允许进出口证明书从申请、审核、核发到管理费收取各环节工作。全年共核发证书2286份，其中签发允许进出口证明书1068份，出具“非《进出口野生动植物种商品目录》物种证明”1218份。进一步规范了野生动植物进出口、野生动物驯养繁殖和经营利用等方面的管理。此外，为了加快地方性野生动物保护和利用的立法步伐，积极探索制定体现天津特点的野生动物保护的地方性法规，《天津市野生动物保护条例》已于10月17日在市政府第五十七次常务会上通过，列入2005年地方立法计划。此外，湿地保护工作得到进一步加强。2005年，大黄堡湿地自然保护区已经市政府批准为市级湿地自然保护区。为使湿地资源得到有效保护，市政府办公厅下发了《关于加强我市湿地保护管理的通知》，成立了《天津市湿地保护领导小组》，进一步明确了各部门在湿地保护和利用方面的管理职权和责任。与此同时，按照国家“十一五”林业发展总体规划，沿海滩涂湿地已经纳入国家沿海防护林建设范围。（宗晶莹）

【森林病虫害监测预警网络体系】 2005年，天津市森林病虫害防治工作坚持“预防为主，科学防控，依法治理，促进健康”的防治方针，积极将工作重心转向以“预防为主”的轨道。从2005年起组建以国家级和市级中心测报点为骨干，以市级专家组为技术保障的“二网、三区、一中心”的监测预警体系。其中，“二网”是由198名监测员组成的监测网和由13个区（县）级预测预报站组成的预报网，具体负责全市各区（县）美国白蛾的监测和预警预报工作；“三区”是在全市根据地域、生态及林分组成等具体情况，将全市划分为3个监测预警中心管理区，每个管理区由组长和副组长负责指挥和协调工作；“一中心”是成立天津市美国白蛾监测预警中心，负责全市的美国白蛾监测预警工作。目前，全市共建成国家级测报点9个，市级中心测报点3个，建立的200人组成的监测队伍、形成了监测预报网络。

（宗晶莹）

【森林防火】 2005年天津市境内共发生森林火警16起，过火面积26.5公顷，受害森林面积2.26公顷，烧毁树木3230株。全年16起森林火警中有3起为外来火。自进入森林防火期以来，针对春耕生产、清明节、“五一”、“十一”节期间火源管理难度大的问题，市林业局及时下发通知，要求各区（县）加强野外用火管理，规范用火行为，加大防火宣传，避免扑火伤亡事故发生。通过采取狠抓野外火源管理，强化队伍建设，逐级落实责任，加强督导检查等有效措施，预防和控制了森林火灾的发生，取得了连续15年无重大森林火灾和无人员伤亡事故的可喜成绩。

为进一步科学、有效地指导天津市森林火灾扑救工作，针对天津市实际情况，市护林防火指挥部办公室及时修订《天津市扑救森林火灾预案》，组织编制了《森林防火工作手册》，内容包括《森林法》等有关法律、法规和天津市扑救森林火灾预案及防火常识等有关内容，并已发放到各有关单位。与此同时，启动了《天津市森林防火系统建设项目实施方案》，该

实施方案使天津市防火阻隔系统、信息指挥系统、物资储备系统、扑火机具装备等方面得到进一步加强，全面提升了天津市扑救森林火灾综合能力。

（宗晶莹　隋建鹏）

【天津花卉产业】　天津花卉产业重点扶持以良种培育、科技含量高的龙头企业和规模较大的花卉市场。重点发展鲜切花、高档盆花及观赏植物。全市现有花卉种植面积2210公顷，其中：切花切叶508公顷，盆栽植物486公顷，观赏苗木455公顷，草坪639公顷，其他122公顷。现有大中型花卉市场19个，花卉企业51家，拥有现代化温室38万平方米，日光温室90万平方米，大棚51万平方米，遮阴棚4万平方米。花农5388户，从业人员1万余人，专业技术人员1295人。年销售额近2亿元。其中规模较大的中北镇曹庄花卉市场，面积达3万平方米，东方花市营业面积为5000平方米；中等规模的有东兴花卉市场、滨江花卉市场、水上村花卉市场、宝鸡道花卉市场、北宁花卉市场等、均匀分布于市中心6区。花卉企业中，规模最大的为200公顷，其他均在10～30公顷左右，所有制形式分为国营、集体、个人和外资四种。

（宗晶莹　赵　越）

【汉沽区——玫瑰香葡萄之乡】　2001年汉沽区被国家林业局命名为“中国经济林之乡”（玫瑰香葡萄之乡），经过多年建设，目前该区成为全国最大的玫瑰香葡萄集中生产地，2005年葡萄种植面积达到2666.67公顷，占全区耕地面积的63.5%，优良品种面积达到2000公顷，年产葡萄8.3万吨，产值1亿多元。在主产区茶淀乡建立了6.67公顷的玫瑰香系列葡萄品种32个，2002年为全区提供优良品种苗木40万株，利用RAPD技术筛选出具有茶淀牌玫瑰香特色的大粒玫瑰香葡萄新品种5个，为品种的更新换代奠定了基础。截至2005年，建立了7个葡萄加工厂，1000余座家庭保险冷库，年加工、贮藏能力提高到2.5万吨，初步形成了以葡萄种植、贮藏、加工为核心的产加销一条龙，贸工农一体化新格局，为带动周边葡萄生产水平的提高和实现葡萄产业化发展起到积极的示范作用。

（宗晶莹）

【天津大黄堡湿地自然保护区】　2005年9月30日，经天津市政府批准，正式建立市级天津大黄堡湿地自然保护区。该保护区位于天津市武清区境内，北起崔黄口镇南曹家岗路，南至上马台镇王三庄，东到大黄堡乡与宝坻区接壤，西至津围公路与曹子里乡界，包括大黄堡乡大部、上马台北半部和崔黄口南半部。保护区总面积11 200公顷，其中，核心区面积3947公顷，缓冲区面积3475公顷，实验区面积3778公顷。该保护区是华北地区尤其是京津地区为数不多的大型芦苇沼泽地以及多种珍惜鸟类的栖息地。经有关专家实地考察，保护区内现有鸟类167种，兽类16种，两栖爬行类12种，鱼类25种，昆虫119种，植物238种。其中有黑鹳、丹顶鹤、白鹤、白头鹤、大鸨等国家重点保护动物33种，保护区内还分布着数量众多的国家二级保护植物野生大豆。

（宗晶莹）

河北省林业

【概　述】　2005年，河北省林业局以贯彻落实中央和省委林业决定为主线，以开展保持共产党员先进性教育活动为契机，树立和落实科学发展观，高扬“树正气、讲团结、求发展”主旋律，上下同心，攻坚克难，重点突破，整体推进，全省林业建设继续保持快速健康的发展态势。

林业重点工程建设　2005年，全省各地克服了国家退耕还林工程任务计划下达晚、气候干旱等不利因素，充分发挥主观能动性，积极推进造林绿化和林业重点工程建设。共完成造林合格面积30.5万公顷，占全年计划的103.9%；完成新封山育林面积21.7万公顷，占年计划108.3%；义务植树1.1亿株，占全年计划的110%。造林绿化继续保持了快速发展的势头。①质量管理措施硬。严格按照国家技术规定编制作业设计，把好作业设计审批关，强化了工程造林专业队施工，在任务分配、确定施工单位、种苗供应、造林机具采购等环节引入竞争机制，降低了成本，保证了质量。强化了种苗基础地位，全省建设了一批不同生态区域、不同树种类型的林木良种繁育基地。加强了林木种苗质量监督检验工作，提高了良种壮苗使用率，有效地确保了造林质量。②造林重点调整快。充分利用闲散地、废弃地、撂荒地植树造林，加强农田林网建设，围绕“文明生态村”建设，加大了河渠、村庄周边绿化力度，为改善人居环境、保障农业生产发挥了重大作用。③封山育林效果好。认真贯彻《河北省封山育林条例》，大力推广封造结合、封改结合、飞封结合等模式，有效地促进了封山育林工作。④社会造林机制活。各地普遍推行公司造林、大户造林，大力发展非公有制林业，促进社会各界参与造林绿化，初步形成了多主体、多层次、多形式的造林绿化格局。衡水市明确提出“不种一片无主林、不植一棵无主树”，非公有制造林占总造林任务的

98%以上。

林果产业 河北省林业局在2005年以促进农民增收为目标，狠抓果树结构调整和果品提质增效工作，果品生产呈现出“布局结构逐步优化、质量效益进一步提高、综合生产能力显著增强、农民增收持续增长”的良好态势。全省果品产量达到了93.5亿千克，占目标任务112.5%；完成以黄金梨、冬枣等为主的名特优果树发展和树上调结构13.1万公顷，完成全年任务的131.1%；新发展速生丰产林基地6.67万公顷，为年计划的100%。全省规划的六大原料林基地已初具规模。新发展花卉面积0.24万公顷，总面积已达2.4万公顷。林木种苗、森林旅游、野生动植物养殖、蚕桑等产业均得到较快发展。林业产业总产值达到410.3亿元。①果品增收示范村建设取得新进展。在果品生产关键季节，省林业局组织省内有关院校和科研院所专家深入示范村进行巡回技术指导和培训，实实在在地为果农解决果品生产和经营的技术问题，受到广大果农和基层林业部门的欢迎和好评。②果品无公害生产进程加快。全省累计完成果树产地环评认定133公顷，检测认定完成73.3万公顷。加快了无公害果品检测体系和果品质量监督检验体系建设。2005年全省共检测650个批次。对11个市流通市场的20个品种、360个果品样品进行抽检。全省11个设区市中已有9个市的果品检测机构得到市编办批准，并已挂牌开展工作。③果品生产技术管理与服务进一步加强。将过去以追求产量为主的技术路线，改变为以提高质量和效益为主的技术路线。对梨、红枣等主要树种进行“树开心、枝拉平”等技术路线革新，推进棚架式和错季栽培方式改进。④林板（纸）一体化建设得到较快发展。河北省人造板产业发展研讨会和河北省速生丰产用材林建设现场会召开，省林业局制定了《河北省平原区千万亩速生丰产林基地建设实施方案》。以“产品上档，产业升级”为重点，坚持强化质量内涵和扩张规模并重，抓龙头企业建设，推动林板（纸）产业发展由数量增长型向质量效益型转变。

森林资源保护 ①森林防火工作取得阶段性胜利。省林业局领导班子成员按照全面落实“防火责任全体担，工作安排全覆盖，检查督导全方位，值班调度全天候”的“四全”要求全部投入森林防火工作第一线，并抽调机关和直属单位干部100多人组成防火检查督导组深入基层检查督导森林防火工作。做到了火情及时发现，信息及时反馈，人员及时调度，火灾及时扑救。经过全省上下的艰苦努力，特别是广大防火人员的连续奋战，夺取了防火工作的阶段性胜利。全省森林火灾受害率为0.06‰，没有超过0.3‰的控制目标，没有发生大的森林火灾和人员伤亡事故。②林业有害生物防治扎实开展。2005年召开了全省林业有害生物防治工作会议，明确了全省林业有害生物防治工作的指导思想、目标任务和重点工作。积极开展危险性林业有害生物工程治理和重点生态区域的灾害防控，重点组织了京、津、冀3省（市）美国白蛾联防联治，参加了冀、辽两省飞机防治松毛虫联合作业，取得了很好的防治效果。全省重点防治森林病虫鼠害26.6万公顷，森林病虫害成灾率控制在0.5%以下，防治率达到了77.9%以上，种苗产地检疫率达到了95.6%以上，监测覆盖率达到了81%以上。③野生动植物保护及自然保护区建设得到加强。全省林业系统的自然保护区已达到16处（其中国家级保护区4处），面积40万公顷，占全省国土总面积的2.1%。全力以赴加强野生鸟类禽流感监测，编制了《河北省陆生野生动物疫源疫病监测体系建设方案》，制定并启动实施了《河北省陆生野生动物疫源疫情应急预案》，对8个市的重点地区进行了督导检查，全省未发现野生鸟类、家禽感染禽流感疫病。

林业执法 2005年，河北省林业系统开展了“林业法制行动年”活动。①加强了林业执法机构建设。全省保定、张家口、石家庄、承德4个市经当地编制部门批准成立了林业行政综合执法大队，秦皇岛、唐山、衡水、廊坊、邯郸、邢台、沧州7个市林业局在内部组建了林业行政综合执法大队先行开展工作。全省有23个县（市、区）经当地编制部门批准组建了林业行政综合执法队，有54个县（市、区）在内部组建了林业行政综合执法队。各地积极加强森林公安机构和队伍建设，20多个县新设和加强了森林公安机构。②加大林业执法力度。坚持执法就要办案的方针，召开了全省林业行政综合执法改革汇报会，根据“林业法制行动年”活动的安排部署，先后组织开展了多项打击破坏森林资源专项行动，查处了一大批野外违法用火、破坏森林资源等方面的案件，打击了违法犯罪分子。全省森林公安机关共查处各类森林案件3787起（其中刑事案件52起），处罚6804人次，破坏森林和野生动植物资源及假冒伪劣种苗案件得到有效遏制。③强化了林业普法宣传。深入开展了基层普法工作，通过印发法律小册子、张贴墙报标语形式，“送法上门”，“送法入户”，多渠道、多形式加强了林业法律法规的宣传普及。

林业基础建设 认真落实“科教兴林活动年”实施方案，启动了技术培训、科技下乡、专家咨询、科技示范、科技推广、科技攻关六大科技行动，二类调查、林业站建设等林业基础建设取得了初步成效。①专家咨询工作全面展开。2005年成立了河北省林业局专家咨询委员会，制定了《河北省林业局专家咨询委员会工作规则》，确定了专家人选，为河北林业重大政策和项目的实施提供了智力支撑。②科技攻关与推广成效明显。黄冠梨鸡爪病、干旱地区造林模式和技术、无公害果品生产等五大攻关课题均已列入

国家和河北省科技计划，一些项目已取得了阶段性成果。积极开展林果“16推”工作，大力推广果品生产先进适用技术和优良品种，完成梨、苹果、葡萄无公害果品生产技术推广0.67万公顷。无公害果品、林木种苗、病虫害防治、花卉等56项标准，已经全部通过专家审定。③林业站建设取得突破。重点工程区林业站建设项目进展顺利，林业站管理机构和队伍建设得到加强。廊坊、承德、张家口3市加挂了林业工作站管理总站的牌子，其他市都明确了林业站管理机构和人员。加强了扩权县级林业站管理机构建设，认真组织开展了基层林业站管理体制改革试点工作，并取得了初步成效。④二类调查工作全面完成。适应资源管理的需要，把森林资源二类调查作为重要的基础性工作，集中力量，保障投入，实施外业调查面积6.7万平方千米，全面完成了外业调查、内业汇总分析和成果制作工作，掌握了全省森林资源底数，为各级领导决策、森林经营和林地保护提供了硬件基础。

林业改革　①在林业产权制度改革方面，积极推进集体林产权制度改革。组织有关市、县人员赴福建、江西等省就集体林产权制度改革工作进行考察、学习，结合河北实际，深入谋划全省集体林产权制度改革工作，制定了《河北省人民政府关于进一步推进集体林产权制度改革的意见》，并经省政府常务会讨论通过，已进入全面实施阶段。②在分类经营改革方面，重点抓了国家重点公益林区划界定核实工作。召开了全省国家重点公益林区划界定调整工作会议，完成了所有项目县（单位）的地块调整工作，初步实现了重点公益林区划界定与二类调查数据体系的统一。③在国有林场改革方面，召开了国有林场改革与发展座谈会，开展了国有林场改革发展调研工作，组织人员对重庆、四川国有林场改革工作进行考察，代省政府草拟了《河北省人民政府关于推进国有林场改革的意见》，为下一步推进国有林场改革奠定了基础。

存在问题　①造林难度越来越大，造林投资相对不足。造林地块逐步向山区干旱阳坡、平原地区荒沙荒滩、沿海地区盐碱化土地等造林困难地区转移，造林施工难度越来越大，造林成本越来越高，造林投资相对不足。人口聚集区、生态脆弱部位绿化水平相对较低，人居环境较差。②林果产业化经营水平不高，质量和效益偏低。果品集约化生产水平不高，二、三产业发展滞后于基地建设，果品产业综合效益较低，林板加工规模企业少，布局分散，产品技术含量不高，档次较低，与产业发展要求还不相适应。③森林资源保护形势不容乐观，随着森林面积不断增加，森林防火和森林病虫害防治任务逐年加大，现有防灾减灾的能力与实际需要还不适应。④林业改革的任务还十分繁重，要取得工作的突破性进展、还必须下大气力。

（孙　阁　张建国）

【退耕还林工程】　河北省退耕还林工程自2000年在张家口、承德两市6县开始试点，2002年全面启动实施。由于宣传深入，措施得力，坚持政策引导和农民自愿退耕相结合，退耕还林工作进展顺利，并初见成效。2000～2004年，全省共计完成退耕还林任务1 094 450公顷，其中：完成退耕地还林473 183公顷，完成匹配荒山造林621 267公顷。为进一步了解退耕还林工程政策实施效应，河北省林业局与河北省农村调查队在退耕还林重点地区张家口、承德两市的沽源、尚义、怀安、平泉和围场5县，选取农村住户调查500个农户中，2002年开始退耕还林的108个农户，利用住户抽样调查资料对其跟踪监测，同时开展了问卷访问专项调查，退耕农户对退耕还林的满意度高。①退耕还林政策得到了退耕户的普遍认同。据对108个退耕的农户问卷调查，89.8%的农户愿意退耕还林，只有10.2%的农户因2004年农业丰收、粮食价格较高认为退耕还林补贴收入不如种粮收入高而不愿退耕还林。由于农户的广泛支持，保证了退耕还林工程的顺利实施。②退耕还林工程造林质量较好。河北省退耕还林工程在坚持生态优先的基础上遵循统筹规划原则，大力推广“宜林则林、宜草则草、林草间作、乔灌草相结合”，从而保证了国家《退耕还林条例》中规定的生态林与经济林比例。据问卷调查，退耕还生态林的面积占78.7%，退耕还经济林面积占12.0%，退耕还草占9.3%，三者比例为78.7:12.0:9.3，符合生态效益优先的原则，基本达到了国家所规定的生态林和经济林8:2的比例。全省各地在退耕还林工程中，实施规范管理，应用科技造林，坚持“谁退耕、谁造林、谁管护、谁受益”的政策，建立抚育管护目标管理责任制，把幼林抚育工作落实到户，从而提高了退耕造林质量。据问卷调查，退耕还林户3年的造林成活率分别达87%、90%和81%，均超过了国家的验收标准。③农户对退耕还林状况满意程度较高。全省实施退耕还林以来，向农户兑现粮食6亿多千克，兑现补助现金8000多万元，兑现种苗费6亿多元，涉及200多万户。由于退耕还林钱、粮补贴兑现及时，极大地调动了广大退耕农民的积极性。据问卷调查，大部分农户对退耕还林状况表示满意，其中，44.4%的农户表示非常满意，49.1%的农户表示基本满意，满意率达到了93.5%。④退耕地区生态环境有所改善。随着退耕还林工程的启动实施，全省新增林地面积和牧草地面积增加，坡耕地和沙化耕地得到绿化，水土流失得到初步治理，风沙危害得到初步遏制，退耕地区的生态环境得到初步改善。据住户抽样调查，退耕户所在9个村林地面积由2001年的4046公顷增加到2004年的5837公顷，3年增加1790公顷，增长44.2%；牧草地面积由1113.6公顷增加到1421公顷，增加307公顷，增长27.6%。

【外籍林业专家获“燕赵友谊奖”】 2005年9月15日，河北省林业局、省外国专家局代表省政府为河北省德援二期项目咨询专家、首席技术顾问石迪文颁发“燕赵友谊奖”，表彰石迪文在德援二期项目建设中作出的杰出贡献。中德财政合作河北二期小农户造林项目是德国政府无偿援助河北省的第二个生态造林项目，总投资8000万元人民币。项目于2003年7月正式启动实施，石迪文在河北工作近10个月约300天，在他的大力支持下，德援二期项目自实施以来，项目进展顺利，开局良好。石迪文为项目顺利启动和实施作出了巨大贡献，解决了许多项目启动初期存在的难题、制定了操作性很强的项目文件、开展了卓有成效的培训、发挥了重要的外联作用。

【省林业局百人督导组督导春季生产】 2005年3月，河北省林业局组成百人督导服务组，分别由局领导带队，分赴全省各地开展春季生产督导服务，以确保各项林业生产任务的顺利完成。为使这次督导服务工作取得实效，省林业局制定了督导服务方案，明确了具体督导服务内容、方法和要求。督导服务主要内容是：①森林防火工作，重点是各地森林防火行政领导责任制落实等情况。②全省林业局长会议贯彻落实情况。主要是会上明确的措施和重点工作的落实情况。③春季造林。重点是工程造林、全社会办林业、义务植树等情况。④林果产业发展的情况。⑤结合开展的保持共产党员先进性教育活动，了解林果农的需求，征求基层干部群众的意见和建议。督导工作从3月初开始到4月30日结束，森林防火督导到5月31日结束。

【全省林业行业民主评议行风活动】 河北省林业局作为河北省政府职能部门之一，2005年全面开展了林业行业民主评议行风活动。主要内容是以林业建设为中心，以提高各级林业干部的执政能力为着眼点，以解决制约河北林业发展和发生在老百姓身边的、严重损害群众利益的不正之风为重点，转变观念，转变职能，转变作风，提高执法水平、行政效率和服务质量，为林业改革发展排阻清障，为人民群众排忧解难，取得行风建设的新成效，推进林业全面、快速、协调、可持续发展，为构建“和谐河北”作出积极贡献。民主评议行风工作的重点是：①明确各级林业部门一把手是第一责任人，对民主评议行风工作负总责，班子成员按照“谁主管谁负责、管行业必须管行风、抓机关必须抓基层”的要求，各负其责，齐抓共管。严格落实工作责任制，把行风建设的任务、标准分解落实到单位、个人，确保事事有人抓，处处有人管，一级抓一级，层层抓落实的良好局面。②推进机关效能建设。全省各级林业部门按照“廉洁、勤政、务实、高效”的标准和“提速、提质、为人民、促发展”的要求大力加强机关效能建设，本着有什么问题就解决什么问题，针对本单位实际，主要解决好“办事难”、“行为不规范”、“文山会海”和“迎来送往”、“素质不高”、“作风不实”、“效率低下”六个方面的问题。③解决制约林业发展和人民群众反映的突出问题。树立“群众利益无小事”的观念，认真解决群众反映的问题。要继续解决好造林质量、资源保护、落实退耕还林政策等方面存在的问题，积极为群众办实事、办好事，搞好科技下乡，为农民提供急需的技术指导、咨询和服务。④搞好民主评议经常性工作。要坚持从平常事、身边事做起，树立新风正气。要重视并认真做好经常性工作：如公开承诺、参加“阳光热线”节目、组织“阳光服务”活动、搞好“行风网站”建设、配合“聚焦行风”工作、公开单位监督电话、聘请民主评议代表、组织自查自纠活动、开展基层所站评议、进行承诺成果公示等。⑤积极探索民主评议长效工作机制。研究制定《河北省林业系统民主评议考核奖惩办法》，对各市林业局和各单位进行考核。依据《河北省民主评议工作规范》，积极探索、不断完善现有的工作制度，形成符合自身工作特点，具有鲜明特色，能够在单位长期运行、促进自身建设的行风建设长效机制。⑥努力扩大林业行业社会影响。主动向人大、政协部门汇报情况，组织人大代表、政协委员视察林业建设，向行评员发放征求意见函，专访行评员，召开行评员座谈会；加强与新闻媒体的联系，充分发挥新闻媒体的作用，加强对社会各界和广大人民群众的宣传，使全社会了解林业，关心林业、参与林业、支持林业。⑦切实抓好林业队伍建设。要结合保持共产党员先进性教育活动，组织广大干部职工特别是各级领导干部，认真学习邓小平理论和“三个代表”重要思想，大力开展党的宗旨和政绩观教育。重视加强基层站所的建设，采取多种形式教育行政执法人员严肃工作纪律，自觉接受社会各界的监督，转变作风，主动在方便群众，延伸服务上采取措施，提高工作效率和服务水平，做到依法行政，文明执法，热情服务，不谋私利。

【省林业局就行风建设向社会公开承诺】 河北省林业局为更好地贯彻落实中央和省委林业决定，推进全省林业全面、快速、协调、可持续发展，在开展行风建设和民主评议活动中，向社会郑重承诺：①通过召开新闻发布会、组织推介会、网上招商等多种形式，完成公开拍卖荒山、荒滩、荒地13.33万公顷。不断提高造林质量，全年完成造林合格面积36.67万公顷，封山育林新封9.33万公顷。②通过开展果品增收示范村建设、推进无公害质检体系建设、扶持龙头企业等措施，完成果树结构调整面积10万公顷，新

增出口创汇基地20万公顷。新增速生丰产林基地6.67万公顷，林板总产量保持1000万立方米，生产规模继续保持全国首位。③严厉打击乱砍滥伐林木、乱批滥占林地等违法行为，对群众举报投诉的案件依法处理，案件查处率达到95%以上。④搞好技术培训和服务。省、市、县林业部门分别举办培训班，培训人数分别不少于2000人次、1000人次、5000人次，面向林果农开展技术普及培训。组织搞好科技下乡活动，省林业局组织2次、各市、县（市）林业局分别组织3次送科技下乡集中活动，直接为农民提供技术服务和技术支持。

【林业宣传“八大行动”】 2005年，河北省林业局根据《关于深入宣传贯彻中央和省委林业决定的实施方案》，遵循“总结前五年，展望后五年，开创新局面”的原则，重点组织策划并实施了林业宣传“八大行动”。①林业重点工程宣传行动。以“世界防治荒漠化和干旱日”宣传为契机，组织多家新闻单位对河北省京津风沙源治理工程进行了重点宣传报道。开展绿色海疆万里行有关宣传活动，对秦皇岛市沿海防护林工程区、沧州湿地等地进行了专题采访报道。②全社会办林业宣传行动。在“3·12”植树节期间，省林业局与河北日报报业集团共同组织策划营造“读者林”主题活动。利用《河北日报》、河北电视台等媒体开辟专版和专栏，对全民义务植树进行深入报道。③依法治林宣传行动。组织多家新闻媒体对打击破坏森林资源专项行动进行了跟踪报道。据统计，4~6月各种新闻媒体对此次专项行动共宣传报道60多条次。④科教兴林宣传行动。组织林果专家在河北电台《希望田野》、《农科大讲堂》栏目开辟时段向广大林农果农传播林果专业技术知识。⑤林果产业宣传行动。组织召开了全省果树春季管理信息发布会，采取部门领导、果树专家和果农网上互动的方式将国家政策及果树春季管理技术宣传到最基层。⑥森林资源保护宣传行动。在春季和秋冬季森林防火宣传活动中，与省内四大新闻媒体保持密切联系，为森林防火工作营造了良好的舆论氛围。组织河北电视台等6家新闻媒体，对省林业局拉网式突击检查有害物种加拿大一枝黄花行动进行采访报道。⑦生态文化宣传行动。编辑出版了《新世纪河北林业丛书》之《燕赵务林英雄谱》，深入挖掘了近年来为燕赵大地林业建设作出突出贡献的务林人的先进事迹和感人故事。组织张家口市青年晋剧团大型现代晋剧《天漠滩》参加了第三届北京国际戏剧演出季，通过演出向全社会形象地宣传了河北省基层干部包村和包京津风沙源工程治沙治穷的典型事迹。⑧林业行风建设宣传行动。组织新闻媒体对省林业局开展保持共产党员先进性教育活动及林业系统共产党员先进典型进行了宣传报道，有力地促进了全局保持共产党员先进性教育活动的开展。 （贾宏谱）

【林业专家咨询委员会成立】 2005年10月，河北省林业专家咨询委员会正式成立。专家咨询委员会作为河北省林业局的最高决策咨询机构，是全局的高级智囊团和高级顾问班子，主要职责是参与全省林业系统有关重大政策、重要工作和重要规划的咨询论证工作。河北省林业局专家咨询委员会主任由武国堂担任，副主任由白顺江、张静、葛会波（常务）担任，委员由高尔兵、田魁祥、王志刚、王同坤、罗德尼·史蒂文斯（Rodney Stevens）、高宝嘉、刘孟军、张玉星、孙世芳、李保国、张新忠、周庆华、吴跃峰等13人担任。成立专家咨询委员会，是河北省林业发展史上的一件大事，也是加强省林业局行政能力建设的一项重大举措，对于提高省林业局党组和局领导班子科学决策水平，促进全省林业事业持续健康快速发展将产生重要影响。

【强化林业人才和科技工作】 2005年3月17日，河北省林业局召开全省林业人才暨科技工作会议。会议的主要任务是贯彻落实全国林业人才工作会议精神，研究部署全省林业人才和科技工作。省林业局领导班子成员，各市林业局长、人事科长、科技处长、技术推广站长、林业研究所长，河北农业大学的特邀代表，局机关各处室和直属单位主要负责人等120多人参加了会议。

【林业行政综合执法改革】 2005年，河北省林业局把全面深化林业行政综合执法改革作为中心工作，以推进综合执法改革为突破口，进一步加强林业行政执法工作，通过执法改革，逐步建立适应全省林业发展实际的林业行政执法新体制。坚持“政策制定职能与行政处罚职能相对分开、行政处罚职能与监督检查职能相对分开”的原则。坚持因地制宜的原则，创新不同的执法模式，不搞一刀切。在体制上，坚持精简、统一、效能原则，建立运转灵活的行政执法管理体制和运行机制。省林业局专门设立综合执法监察处，全省共设立了66个林业行政综合执法改革重点县，一年来通过执法改革，初步取得了以下成果：①理顺了执法体制，整合了执法力量，初步解决了多头执法和分散执法问题。②精简了执法队伍，降低了执法成本。③加大了执法力度，提高了办案效率，遏制了破坏森林资源违法行为。④提升了办案质量，树立了林业执法的权威和形象。

【林业法制年活动】 2005年，河北省林业系统开展以“推进依法治林，巩固绿化成果”为主题的“林业法制行动年”活动。省林业局和各市制定了“林业法制行动年”实施方案，方案包括了第一阶段的准备、部署、宣传和发动工作和第二阶段的专项行动、第三阶段的整改总结等。各市依照方案成立了“林业法制行动年”活动组织机构，明确了人员，制定了工作方案，印发了工作考核评议办法和考核评分表。各单位还开展了标志性的林业法制年专项活动。开展专项行动期间，全省各级林业主管部门共受理各类森林案件830起，其中：刑事立案49起，侦破26起，查处行政案件781起。刑事拘留12人，逮捕4人，行政处罚802人次，治安罚款3.27万元，林业行政罚款212万余元，清理宾馆、饭店，检查木材交易市场、木材加工厂共计1356处，收缴野生动物1360只（头），收缴木材3179立方米，查处非法占用林地近百公顷。

【打击破坏森林资源专项行动】 为贯彻落实国家林业局、公安部《关于开展打击破坏森林资源专项行动的通知》和有关会议精神。2005年，河北省林业局、省公安厅联合发出《关于开展打击破坏森林资源专项行动的通知》，对全省专项行动作出了安排部署。专项行动打击的范围是：2003年1月1日以来的违法占用林地（湿地）、毁林开垦，超限额采伐、盗伐林木、滥伐林木，非法收购经营加工和非法运输木材，乱捕滥猎和非法收购、倒卖野生动物，乱采滥挖野生植物，违法野外用火，违法放牧等破坏森林资源行为。打击的重点是企业法人和单位法人以及政府部门利用职权非法征占用林地、湿地违法犯罪活动。为了切实开展好这次专项行动，省林业局、省公安厅成立了专项行动领导小组，组长由省林业局、省公安厅主要领导担任，相关部门任成员单位，领导小组办公室设在省林业局林业综合执法监察处。制定了工作方案，公布了举报电话和省专项行动挂牌督办案件。通过此次专项行动依法严厉打击一批破坏森林资源重大案件，遏制破坏森林资源违法犯罪高发的态势，实现森林资源管护形势的根本好转。

【沿海防护林体系建设座谈会】 2005年6月，河北省林业局召开了全省沿海防护林体系建设座谈会。会议的主要内容是贯彻落实全国沿海防护林体系建设座谈会精神，对今后一个时期全省沿海防护林体系建设进行再动员、再部署，秦皇岛、唐山、沧州3个市、17个县参加了座谈会。河北省沿海防护林一、二期工程的实施，在一定程度上遏制了沿海地区生态状况恶化的势头，在一定程度上缓解了海啸和风暴潮等自然灾害的危害，但建设任务仍十分艰巨。

【河北省最美的地方】 2005年，河北省《燕赵都市报》和《中国国家地理》杂志联合举办评选“中国最美的地方之河北最美的地方”评选活动。根据读者投票以及专家意见，本次活动评选出的“河北最美的地方”依次为：承德避暑山庄、北戴河、白洋淀、塞罕坝、嶂石岩。另外，山海关、西柏坡、小五台山获得“专家特别推荐奖”。此次评选活动的举办，对公众了解以上地区丰富而独特的旅游资源起到了积极的推动作用，同时，也提高了上述地区的知名度，促进了旅游发展。

【京、津、冀联防联治美国白蛾会议】 2005年3月20日，在河北省三河市组织召开了京、津、冀部分县（市、区）森防站长联防联治交流会。北京市、天津市和河北省林业局林保站（森防站）的负责人及北京3个县、天津3个县、河北廊坊5个县（市、区）的森防站长参加。会议交流了美国白蛾的发生和防治情况，各县（区）代表重点介绍了各自的防治经验。就加强京、津、冀3省（市）相邻县（市、区）之间的联系和信息交流，增进防治美国白蛾的协作关系达成共识。

【果王评选】 2005年10月，第九届中国（廊坊）农产品交易会暨2005中国国际农业博览会在河北省廊坊市召开。由河北省林业局组织，邀请河北农业大学，河北省农林科学院，河北科技师范学院等单位的果树专家组成果王评选专家组，开展了果王评选活动。经过专家组认真评选，有17个参选品被评为第九届中国（廊坊）农产品交易会暨2005中国国际农业博览会果王。

【参加首届中国绿化博览会】 2005年9月26日至10月16日，首届中国绿化博览会在南京市举行。河北省组团参展并取得较好成绩：河北省绿化委员会获组织工作奖；室内展区——“绿色河北”获金奖；室外景点——“燕赵魂”获优秀奖；河北省林科院培育的中华金叶榆获名优植物银奖；沧州市林业局参展的冬枣获名优植物优秀奖；清苑县林业局参展的山楂盆景获盆景艺术优秀奖。

【9家苗圃成为全国无检疫对象苗圃】 2005年，国家林业局依据《全国无检疫对象苗圃建设要点》检查验收并确认了32家苗圃为全国无检疫对象苗圃，共中河北省9家苗圃位列其中。这9家苗圃是：邢台市实验苗圃、唐山豪门园林有限公司苗圃、承德县上板城苗圃、滦平县虎什哈国营苗圃、孟滦林管局八英庄林场苗圃、衡水市中心苗圃、阜城县国有苗圃场、故城县国营里老苗圃场、武邑县海开苗木蔬菜示范基地。建立无检疫对象苗圃是发展优质高效林业的重要基础，是防止森林植物检疫对象和其他危险性病虫传播蔓延的重要措施，也是苗圃自身发展的需要。获得无检疫对象苗圃称号的苗圃，将享有在植树造林中优先使用其生产的苗木；每年跟踪检查保持荣誉者，对

其苗木检疫收费实行减免等优惠政策。

【全面清缴加拿大一枝黄花】 2005年2月份，河北省林业局和石家庄林业局出动森防检疫、林政和森林公安工作人员联合石家庄市有关新闻单位，对石家庄市100多家花店、花卉市场和花卉批发集散地进行拉网式突击检查，依法查缴加拿大一枝黄花，并将收缴到的黄花集中销毁。同月，河北省其他各市也积极行动起来查缴加拿大一枝黄花。这些加拿大一枝黄花主要来自广东、云南等地，均未经植物检验检疫部门检验检疫，属违章调运，非法经销。加拿大一枝黄花，又名“黄莺”，原产北美，属外来入侵的有害植物。1935年作为观赏植物引入中国，目前已在我国南方一些省份的农田、绿地、河滩、公路、沟渠等地带泛滥成灾。该植物根系发达，繁殖力强（单株每年可形成2万多粒种籽），疯狂与其他植物争夺生长空间，抑制其他植物的生长，被称为“生态杀手”和“霸王花”，难于根除，对生态环境和物种安全构成了严重威胁。河北省开展专项清查活动，目的是控制、消灭疫情，防止疫情在全省进一步传播蔓延，保护全省植物安全。同时，旨在向花商、花农和消费者宣传加拿大一枝黄花的危害性及经销的违法性。省、市森防检疫部门一年来多次对花卉生产基地、批发商和经销户进行监控清查，基本上杜绝河北省境内生产、经销、使用加拿大一枝黄花现象的发生。

【6县（市）获“中国经济林之乡”称号】 2005年，国家林业局命名了第三批“中国经济林之乡”，全国共有73个县（市、区）受到命名，其中，河北省有6个县（市）被命名。分别是：行唐县——“中国行唐大枣之乡”，盐山县——“中国红枣之乡”，承德县——“中国仁用杏之乡”，涉县——“中国核桃之乡”，阜城县——“中国杏梅之乡”，邢台县——“中国板栗之乡”。命名“中国经济林之乡”活动旨在提高经济林产品质量，实施名牌战略，扩大各地名特优经济林产品的知名度和社会影响，调动广大群众发展经济林的积极性，进一步加快经济林建设步伐。截至2005年，河北省已有36个县（市）被国家林业局命名为“中国经济林之乡”，其中，枣乡7个、梨乡6个、板栗之乡5个、桃乡4个、葡萄之乡3个、仁用杏之乡3个、苹果之乡2个、核桃之乡2个、磨盘柿之乡2个、樱桃之乡1个、杏梅之乡1个。

【可持续发展林业战略研究论文评审会】 2005年。河北省林业局、河北省林学会联合召开了可持续发展林业战略研究论文评审会，评委会8位专家对参评的53篇论文进行了评审。按照学术性、前瞻性、普及性，优中选优的原则，从论文的选题、社会影响等几个方面，及其对生产和社会的贡献大小，共评出获奖优秀论文32篇，其中，一等奖8篇，二等奖16篇，三等奖8篇，荣誉奖21篇。

【7家涉林企业获“中国纤维板行业百强企业”称号】 2005年，中国林产工业协会和国家统计局联合向社会推出“中国纤维板行业百强企业”，河北省7家企业榜上有名。这7家企业是：安平县森和木业有限公司、藁城市鑫鑫木业有限公司、河北宏泰人造板有限公司、河北深州长城木业有限公司、河北省冀州市华林板业有限责任公司、易县亚林板业有限责任公司、易州板业集团第二中密度纤维板有限公司。推出“中国纤维板行业百强企业”，旨在贯彻落实国家宏观调控措施和名牌发展战略，推动行业发展重点由量的增长逐步转变到质的提升，提高行业透明度，增强行业的国内外市场竞争力，达到行业可持续、科学的发展。这次中国纤维板行业百强企业评审结果，主要是以国家统计部门的基本数据为基础，通过国家和省级行业组织及有关部门、单位的考评推荐产生。

【参加第六届中国花卉博览会】 由中国花卉协会和四川省政府联合主办的第六届中国花卉博览会暨第四届中国花卉交易会于2005年9月28日至10月7日在成都市召开。河北省的参展工作荣获了第六届中国花卉博览会铜奖和最佳组织奖。共有科技成果，鲜切花、盆花、盆景、干花、插花、花灌木等12大类共197项展品参展，共获奖75项，其中，金奖3项（石家庄市裕华区君子兰花卉基地的君子兰——金丝兰、石家庄市燕赵种业园艺花卉研究所的高山杜鹃——神州红星、保定市金萨工艺品有限公司的干花作品——春之彩）、银奖17项、铜奖33项、优秀奖22项，奖牌总数居全国第五。

【群众参与防风固沙防护林造林项目签约】 2005年9月，河北省群众参与防风固沙防护林造林项目第三年度实施协议书签字仪式在保定市满城县举行，河北省林业局副局长葛会波代表中方、日本海外林业咨询协会主任研究员黄胜泽代表日方出席了座谈会。河北省群众参与防风固沙防护林造林项目第三年度实施协议书，约定项目工程主要内容包括：平整土地66.6公顷，工程造林66.6公顷；工程总投资1341.5万日元，其中：日中民间绿化合作委员会资助840万日元，国内配套折合501.5万日元。通过项目续建事宜座谈，初步商定续建项目实施地点在满城县漕河上游的浅山丘陵区，工程规模是造林200公顷，建设防火带6500米，项目总投资4000万日元，其中：日方资助2500万日元，中方配套折合1500万日元。

【塞罕坝小学生防火纠察队成立】 为了加大森林防

火力度，河北省塞罕坝机械林场多措并举，把调动小学生参与力所能及的森林防火工作当作加强林区防火工作的一项重要内容，强化场校配合，成立了小学生防火纠察队。2005年，该场投入资金先后在各林场周边30所学校组建小学生纠察队56支，队员已发展到695人，配备了宣传喇叭73个，扩音机11部，小学生纠察警旗103面，袖标300个。为调动小学生参与防火的积极性，使小学生防火纠察队能持续有效地坚持下去，林场在元旦、“六一”儿童节、教师节等节日期间，都为学校购买大量的图书等学习用品，支持学校的基础设施建设。还举办防火知识竞赛，对于优胜者给予适当的物质和精神奖励。小学生纠察队自成立以来已累计纠正违章用火1840次，宣传29 263次，受教育人数达4万余人次，为林场的森林防火宣传工作的顺利开展，确保国家森林资源安全作出了重要贡献。

【雾灵山被命名为全国林业科普基地】 2005年，河北省雾灵山国家级自然保护区被中国林学会命名为全国林业科普基地。这是该保护区继1995年成为中国人与生物圈网络成员、1999年被国家林业局等4部局授予全国自然保护区管理先进集体、2002年被中宣部等4部委授予全国青少年科技教育基地称号之后，获得的又一殊荣。雾灵山国家级自然保护区始建于1984年，1988年5月经国务院批准晋升为国家级自然保护区，是河北第一处国家级自然保护区。保护区总面积14 246.9公顷，森林覆盖率80.3%，保护对象为温带森林生态系和猕猴。保护区始终不断加大自然资源和生态环境保护力度，保护区的生态多样性、物种多样性和遗传多样性得到了有效保护，在维持生态平衡、改善自然环境、保护自然“本底”和濒危物种方面发挥了重要作用，雾灵山已成为京津地区的重要的水源涵养地。

【丰宁县发现原始鸟类化石】 2005年3月20日，中国地质科学院地质研究所研究员季强及其研究群体向新闻界发布了一条消息：在河北省丰宁满族自治县境内晚中生代的地层中首次发现了世界上最原始的鸟类化石。这一发现是140多年世界鸟类起源研究史上的重大突破，季强等人将其正式命名为华美金凤鸟。华美金凤鸟的化石标本保存十分完整，鸟体从头到尾长约54.8厘米，与始祖鸟一样，全身被覆着清晰的羽毛印痕。研究人员经历用了半年多的时间，运用目前国际通用的软件，对华美金凤鸟的205个特征进行了支序分析。表明华美金凤鸟与始祖鸟为姊妹群关系，比始祖鸟略微原始，处在恐龙向鸟类演化过程中一个非常关键的位置，是世界上迄今为止所发现的最原始的初鸟类。丰宁县华美金凤鸟的发现，取代了19世纪60年代初在德国发现的始祖鸟，成为最新的鸟类“祖先”，专家称其为“天下第一鸟”。它的发现，为恐龙演化为鸟类进一步提供了论据。

【保定重大森林案件联合执法队成立】 为有效打击各类破坏森林资源和野生动植物资源的违法犯罪活动，树立林业行政执法人员的地位和执法形象，2005年，河北省保定市林业局组建保定市重大森林案件联合执法队。重大森林联合执法队主要担负全市重大森林案件、疑难案件、因地方保护主义影响查案受阻的案件、群众上访强烈及影响恶劣案件的查处工作。执法队成员都是从各县（市）林业局和林业派出所抽调的政治思想好，业务素质高，具有独立办案能力，身体健康的林业执法人员和森林公安干警，共有24人，实行动态管理和调整，平常在原单位工作，遇有重大森林案件发生或重大森林案件线索，统一听从市森林公安局的调动和指挥。

【赵州雪梨成为绿色名牌】 2005年，河北省赵县绿色食品基地送检国家农业部农产品质量监督检验测试中心的雪梨样品所检29项指标全部达标，标志着赵县雪梨已跻身全国绿色食品的名牌行列。这批受检梨果完全达到绿色食品NY/T844－2004最新标准要求。检验报告显示：所检29大项40小项指标全部合格，其中：重金属铅、镉、汞、铬及16种限用农药666、DDT、乐果、1605、4049、3911、杀螟硫磷、倍硫磷、溴氰菊酯等含量为零，二氧化硫含量远远低于标准限量。检测结论一公布，赵县200公顷基地所生产的500万千克优质雪梨3天内即被订购一空，价格比普通梨高出一倍多，每公顷增经济收益30 000元以上，总增收超过400万元。

【黄骅冬枣成为国家地理标志】 2005年10月，河北省政府、中国林学会和中国经济林协会共同主办了黄骅冬枣——中国原产地域保护产品高层研讨会，黄骅冬枣成为国家地理标志，目前，我国贵州茅台酒、西湖龙井茶、绍兴黄酒等539种产品成为国家地理标志。国家地理标志成为地方经济发展新的增长点，被当作一个城市的形象名片而备受推崇，地理标志在全世界被广泛应用。

（河北省林业除署名外均由孙阁撰稿）

山西省林业

【概述】

发展与成就

造林绿化　全年完成营造林27.39万公顷。其中：人工造林11.27万公顷，飞播造林2.75万公顷，封山育林13.37万公顷。完成干果经济林5.05万公顷。义务植树8006.48万株。完成育苗3.26万公顷，其中新育苗1.61万公顷，苗木总产量17亿株。

森林资源保护　天保工程全面落实"四到市"的管理与考核办法，推行"建站管护"、"家庭托管"成功经验，管护责任制得到认真落实，管护网络不断健全，管护成效明显提高，天然林资源得到全面的休养生息。森林资源管理方面，组织开展了全省森林资源第五次连续清查、二类资源调查工作。认真贯彻执行国家和省有关林地管理的政策法律法规，制定了《关于进一步加强征占用林地审核审批管理的通知》、《关于进一步加强林木采伐管理的通知》，集中查处了一批久拖不决的侵占林地案件，国家林业局挂牌督办的太原市森林公园高尔夫球场、浑源县大理石厂非法占用林地案件和群众举报的中阳县暖泉镇毁林修路案，盂县西烟镇西村、静乐县庄车坪村毁林等案件得到查处，有关单位作了深刻检讨，有关责任人受到了党纪政纪处分。相继组织开展了"春雷一号"综合整治行动、打击破坏森林资源专项行动、林区禁种铲毒行动和林区禁毒人民战争，共查处各类破坏森林案件1715起，打击处理违法犯罪人员3902人次，没收木材1109立方米，挽回经济损失385万元。针对全省森林火灾发生早、来势猛、范围广、等级高、延续时间长的情况，多次召开电视电话会议，进行安排部署，强化防火意识，明确防火责任，落实防火措施。阳曲、盂县发生森林火灾后，省委书记张宝顺多次指示，省委副书记云公民、常务副省长范堆相亲临省森林防火指挥中心或现场指挥扑救。由于领导重视，措施得力，使森林火情高发势头得到迅速遏制，最大限度地减少了火灾损失。全省发生重大森林火灾1起，一般森林火灾54起，森林火警13起，过火面积2451公顷，受害森林面积1248公顷。全省林业有害生物防治工作以提高御灾减灾为中心，全面加强监测预警、检疫御灾、防治减灾三大体系建设，大力推进无公害防治。全年防治林业有害生物12.64万公顷，成灾率控制在8.7‰，无公害防治率达到60.9%，灾害测报准确率和种苗产地检疫率分别达到81.5%和97.5%。运城、晋城市9个县发生7.47万公顷白蚁危害后，及时组织专家深入实地，摸清发生和危害规律，研究防治方案，积极封堵，加强监控。

林业产业建设　①森林旅游保持旺盛的发展态势。在2004年新建黑茶山、桦林背、安泽、蔡家川4个省级森林公园，总数达到38个的基础上，2005年又有省林职院太原东山实验林场、平顺西沟、岢岚县三井国营林场、原平五峰山、五台山森林经营局杨莫岭、高平市七佛山申请建设森林公园。阳城县政府、蟒河村委会与蟒河保护区联合开发蟒河自然景区达成意向；中条山森林经营局与沁水县政府合作开发历山景区正式签署协议。全年森林旅游总人数达到277.2万人，门票收入3497.6万元，分别比2004年增长5%和11%。②干果经济林继续稳步发展。依托退耕还林、京津风沙源治理、三北防护林、太行山绿化等国家林业重点工程，新发展干果经济林5.05万公顷，使全省干果经济林面积达到100万公顷，总产量达到7亿千克。③林木种苗产业呈现多元化发展格局。全省苗木总产量达到17亿株，其中非公有制成分育苗占70%，已成为全省苗木生产的主力军；种苗合格率达到86.4%，比2004年提高9个百分点。④速生丰产林基地建设取得突破进展。临汾宏德纸业有限公司5.33万公顷速生丰产原料林基地建设项目进入省发改委审批程序，运城鑫源骏达木业有限公司2万公顷速生丰产原料林基地建设项目业经省发改委正式立项。⑤退耕还林后续产业开发有了新进展。晋北风沙区的牧草和灌木饲料林已达6.67万公顷，成为雁门塞外发展生态畜牧业的重要饲料基地。40多万公顷的退耕地有望形成农村规模最大、组织化程度最高的特色产业。⑥花卉产业有了新的进展。参加了在成都市举办的第六届中国花卉博览会暨第四届中国花卉交易会，获得各类奖项78个，其中：一等奖5个，二等奖11个，三等奖31个。

科技兴林　全省实施科教兴林"363"计划，即努力提高苗木优质率、造林成活率和林木保存率，着力提高员工素质、推广实用技术、积极组织攻关、突出成果转化、加强基础建设、鼓励实践探索，把好规划设计、栽植施工、管理管护关，推动林业科教工作上新台阶。围绕破解制约林业发展的难题——治旱、封禁和鼠兔之害，组织有关技术人员攻关，开展研究，全年有4项成果获省科技进步二等奖。在种苗建设上，组织筛选了一批适生的优良品种、乡土树种，加大推广应用，特别是红枣、核桃、花椒等经济林优良品种的普及率达到90%以上；加大良种壮苗、定植大苗、容器育苗的培育力度，培育容器苗3.6亿袋。在造林上，全面推广了径流林业、覆盖林业、容器育苗造林等抗旱造林实用技术，加快了植物蒸腾抑制剂、保水剂、GGR植物生长调节剂等新材料的应用步伐，特别是在退耕还林、天保和京津风沙源治理等国家重点工程建设中，以混交林营造、植被配置、良种繁育、防沙治沙等科研成果为支撑，加大实用技术和科技成果的组装配套和推广应用力度，有效地提高了造林的成活率和保存率。在太行山低效林改造上，针对针叶树多、纯林多的实际，采取林中补空、林缘植阔、阳坡造灌的低产林改造模式，有效地促进了林分稳定性和森林景观的形成。在造林检查验收、森林资源调查和保护监测上，广泛应用了地理信息技术、遥感技术和卫星定位技术和电子实时监测和视频传输等高新技术，不仅有效地提高了调查精度，缩短了调查时间，降低了调查成本，而且使吕梁山森林经营局和太原市数十万公顷森林资源实现了实时、快捷、全天候、可记录的监控，促进了全省森林资源保护与管理水平的提升。在推广实用技术、推动科技成果转化的同时，加强了市级与省直森林经营局科技队伍建设，省直森林经营局，大同、晋城、吕梁、忻州、长治市林业局成立了科技科，其他市也在积极组建之中。建立了全省林业科技专家人才库、科技成果数据库，搭建起一个科技服务的平台。开展了以贴近基层、贴近群众、贴近实际为主题的林业科技下乡活动，对市、县林业科研人员、工程技术人员、经营管理人员、民营从业人员、林农等林业建设者，就林业科技发展、重点工程建设总体布局以及植被恢复、经济林栽培管理、林业生态工程技术体系、林业工程规划设计等开展培训，努力提高林业建设者的整体素质。全省先后组织技术服务小分队3859人次，培训指导基层生产人员和林农6万人次，赠送技术图书和单项资料8万余册（份），帮助基层解决2100多个生产技术问题。启动实施大规模教育培训工程，全年共培训1万余人次。

林业改革　①加快民营林业发展。省财政拿出240万元扶持87户民营林业大户，通过民营林业大户的示范带动，激励更多的人参与到林业建设。全省民营林业发展面积达到113.3万公顷，经营面积在33.3公顷以上的造林大户有2600多家。②林业综合执法试点稳步开展。由2004年的2个扩大到7个，新增太岳山森林经营局、吕梁山森林经营局为以森林公安为主的试点，安泽县、襄垣县为以资源林政为主的试点，壶关县为重新组建执法队伍的试点。③全面开展了木材检查站的清理整顿工作，撤销40个，新增1个，木材检查站由原来的174个减少到135个。④林业内部体制改革稳步推进。独立执法的省森林公安局和省直森林经营局公安分局、派出所的组建工作基本完成，市、县两级林业公安队伍正在组建，全省林业公安队伍的总人数达到1925人，为森林资源保护、查处林业案件提供了司法保证。省直森林经营局在继续争取理顺管理体制的同时，经中国银监会、国家林业局批准，豁免债务3237万元，省财政为林区转制补贴1000万元，极大地减轻了林区负担。6个事业单位完成了人事制度改革试点，通过竞争上岗，全面实行了聘用制，建起了能上能下、多劳多得、人尽其才、才尽其用的用人机制，实现由身份管理向岗位管理转变，调动了工作人员的积极性。

林业对外开放　在继续抓好中德财政合作山西造林项目、中德林业技术合作项目、日元贷款造林项目、林业世行贷款项目和日本政府无偿援助造林项目的同时，利用日本小渊基金在汾河二库库区建设生态造林绿化基地项目正式启动，全省引进外资造林项目达到6个，造林0.36万公顷，年报账资金达1.2亿元；引进培育了美国紫叶矮樱、亚美尼亚仁肉两用杏、西班牙香花槐、旱地油瓜等新树种、新品种。与日本中日林业生态培训中心初步达成了在山西设立培训点项目的意向；与比利时EXOTIC公司就凤梨种苗合作事宜进行了磋商；与日本向山兰苑就大花蕙兰种苗在太原生产事宜进行了洽谈。参加了在南京市举办的首届中国绿化博览会，展示了山西的根祖文化和大好风光，开阔了视野，扩大了交流。

林业投资　全年林业融资总量达到187 980.69万元，比2004年增加3.7%。其中：国家投资150 364.95万元，省级投资16 034.6万元，外资项目报账资金13 335.84万元，征收林业建设基金2561.3万元，林业“三项”贷款落实5684万元。

【重点林业工程建设】

黄河中上游天然林资源保护工程　按照远山设卡封堵、近山承包管护的总体要求，大力推广了建站管护、家庭托管的管护机制，以管护责任状、管护合同的形式，把森林管护的任务、目标、责任、资金4项指标层层分解落实到山头地块、人头户头，国有林区、林场以建站管护为主、承包管护为辅，集体林区以承包管护和家庭托管为主、建站管护为辅的管护体系进一步加强。公益林建设上，改飞播造林为封山育林，完成营造林4.73万公顷。工程区人员平稳分流，从事森林管护和公益林建设的职工占在职职工总数75%；981名林区职工通过一次性补偿得到比较满意的安置，通过发展自营经济、多种经营和传统产业项目改造等方式，1707名林区职工分流到其他岗位；12 048名林业职工纳入各级养老保险社会统筹，参保率达98%。积极调整林区经济产业结构，以森林旅游、林木种苗、林下资源为主的后续产业竞相发展。

退耕还林工程　2005年，全省完成退耕还林8.73万公顷，其中：退耕地还林1.40万公顷，荒山荒地造林3.33万公顷，封山育林4万公顷。为了推动这项工程的实施，按照省政府总负责和地方政府分

级负责的要求，省政府与各市、各市与工程建设县层层签订了退耕还林责任书，严格实行“目标、任务、粮食、资金、责任”五到县，落实各级政府一把手负责制。省退耕办制定出台了《山西省退耕还林工程管理工作制度》、《关于进一步加强退耕还林群众信访工作的通知》、《关于规范工程管理、提高营造林质量的意见》等制度、管理办法，有效地促进了退耕还林工程的管理；组织有关人员开展退耕还林粮食补助资金兑现情况大检查；全省采取以市划片、分期培训方法，以《退耕还林条例》和各项管理办法为主要内容，开展了大规模的培训，对全省11个市、100个工程县（市、区）的林业局局长、副局长、科（站）长、信息统计、档案管理人员、财会人员600多人就政策措施要求、管理程序、资金的使用与管理、技术模式应用、建设标准、实施方案和作业设计的编制与审批、县级自查验收、信息统计及档案管理等方面进行了针对性的培训。9月份，省林业厅在安泽县召开了全省退耕还林工作会议，认真总结了全省实施退耕还林6年来的工作，分析了工程建设中存在的问题，对今后退耕还林工作进行了安排部署。

京津风沙源治理工程　全年完成营造林10.51万公顷，其中，退耕地还林2万公顷，宜林荒山荒地造林1.93万公顷，农田林网0.33万公顷，飞播造林2.63万公顷，封山育林3.62万公顷。围绕贯彻落实《防沙治沙法》，开展了形式多样的专题宣传。10月24日，《中国绿色时报》第二版以“青山绿水留山西，蓝天白云送京津”为题，专题报道了山西京津风沙源治理工程建设成就。在工程建设中，全省举办科技、技术培训50场次，培训一线技术骨干和群众8万余人次。15个项目实施县（区、局）全面实行了技术承包制、报账制和监理制，大力推广应用了径流林业整地、带土栽植和容器育苗造林等实用技术，促进了造林质量的提高。9月下旬，省政府召开了全省京津风沙源治理工程阶段性总结表彰大会，表彰了20个先进集体，100名先进个人，现场颁发奖金12万元，命名了山西省风沙源治理十大优质工程。同时，对工程建设落后的4个县进行了批评，4个县的县长在会上作了表态发言。

三北防护林体系建设四期工程　全省完成营造林1.36万公顷，其中：人工造林1.13万公顷，封山育林0.23万公顷。全面加强工程管理，开展造林实绩核查，使用GPS（卫星定位仪）核对小班面积，及时通报了检查结果和发现的问题，针对性地提出整改意见。积极开展实用技术培训，举办各种培训活动30余场次，1万余名基层干部和群众受到培训。认真贯彻落实温家宝总理在中央人口资源环境工作座谈会上关于“继续抓好三北防护林体系建设为重点的防护林工程”的批示精神，协助中央政策研究室、国家林业局和中央电视台联合拍摄《走三北》大型系列专题片摄制组，在山西省隰县、中阳县分别以“生态经济型防护林体系建设在山西”、“三北防护林体系建设效益高、成绩大”为主题拍摄了专题片。9月份，中国科学院院士、中科院生态环境研究中心研究员冯宗炜，中国科学院院士、中国林科院首席科学家唐守正，新华社新闻摄影部采访中心副主任、主任记者陈树根，对山西省三北防护林体系建设情况进行了实地考察，专家组认为，山西省三北防护林体系建设思路清晰、方法科学、措施得力，成绩显著，对全国三北防护林体系建设具有很好的借鉴和启示作用。

太行山绿化示范工程　全年完成营造林1.48万公顷，其中，人工造林0.6万公顷，封山育林0.88万公顷。全面加强工程建设和管理，进一步加大径流林业、根宝蘸根等抗旱造林系列技术的推广应用。针对取消农民“两工”制度的实际，积极吸纳造林大户参加重点工程建设，使其享受国家补助政策，形成国家和个人共同造林，实现了个人财富积累、国家生态优化的双赢目标。

野生动植物保护及自然保护区建设工程　全省按照“类型齐全、布局合理、结构优化、重点突出”的要求，加快野生动植物保护及自然保护区建设，先后对山西六棱山、恒山、贺家山、红泥寺、管头山、翼城翅果油树等6处省级自然保护区开展了调查、规划和评审，12月6日，经省政府批准建立。至此，全省自然保护区数量由38处增加到了44处，保护区面积占全省国土面积的比例由6.74%提高到了7.28%。强化野生动物管理，制定出台了《山西省动物园安全规范》、《山西省狩猎场管理办法》。尽最大努力遏制湿地面积萎缩、功能退化趋势，省政府成立了全省湿地保护工作领导组，召开了领导组会议和全省野生动植物和湿地保护工作会议，组织有关单位和专家编制了《山西省湿地保护工程规划（2005～2030年）》。强化全民野生动物保护意识，开展了“爱鸟周”活动，举办了野生动物摄影大赛，征集野生动物摄影作品405幅。并制作大型展板23块，2万余人参观了摄影作品展。

【一环两区十二县林业示范区建设】　一环两区十二县林业示范区建设包括太原市环城林带建设，大运高速公路带，运城市、晋城市两个区，大同南郊、怀仁、原平、清徐、柳林、介休、高平、黎城、阳泉郊区、襄汾、夏县、新绛等12个重点县（区、市）。2005年，省财政拿出500万元专项资金进行建设，完成植树任务96万株。在实施中，各地创新发展思路，发展特色林业。运城市按照“小康林业”的建设思路，以中条山、吕梁山和稷王山三大生态工程建设，苹果、红枣、柿子三大经济林基地，果品储藏、人造板加工和工业用材林基地建设三大林产工业为方向，推动林业快速发展。晋城市以小康园林村镇建设为突破口，市政府出台《关于加快推进小康生态园林化建设的意见》，对每个园林村投资10万元，扶持30个生态园林村建设。阳泉郊区以“身边增绿”为重点，完成通道绿化200千米、绿化生态文明村20个，建设花园式企业30个、园林化学校30个、园林化机关10个。大同市南郊区投资160万元，绿化通道45千米，建设农田林网0.07万公顷，绿化村庄15个，绿化单位40个。介休市积极推进大运高速公路绿化，在绵山段绿化13.21千米，补植主林带6.2万株，绿化村庄12个。夏县以“点上绿化成景、片上绿化成阴、面上绿化成林、路上绿化成带”为目标，加快农田林网、道路、村庄绿化，积极发展干果经济林和速生丰产林，初步实现了农田林网化、村镇园林化、通道林阴化、庭院花果化。

【重点生态公益林森林生态效益补偿制度启动】 2004年12月10日国家林业局全面启动森林生态效益补偿基金制度电视电话会议的召开，标志着全国森林生态效益补偿基金制度的实质性确立，是我国林业发展史的一件具有里程碑意义的大事。山西省天保工程区以外10 694.67公顷重点公益林纳入第一批中央森林生态效益补偿基金补偿范围，涉及省直杨树丰产林实验局、太行山森林经营局和长治、晋城、朔州等8个市的30个县（市、区）及省煤炭工业局所属部分林场，年补偿基金1233万元。省林业厅成立了以马双柱副厅长为办公室主任，资源处刘虎山处长、省国有林管理局刘俊局长为副主任的山西省重点公益林管理办公室，办公室设在省国有林管理局。在高平市开展了试点，制定出台了《山西省森林生态效益补偿基金项目管理办法（试行）》、《森林生态效益补偿基金管理办法》、《森林生态效益补偿基金会计核算办法》和《重点公益林管护制度规定》等制度和办法，推动了重点公益林生态效益补偿资金制度的落实。同时，建立了山西省省级森林生态效益补偿基金补偿制度，实施范围包括管涔、太岳的1778公顷重点公益林，年补偿基金120万元。2005年6月16日，省林业厅、省财政厅联合召开了全省森林生态效益补偿基金项目启动会议，全面安排部署重点生态公益林森林生态效益补偿工作。

【森林公安机构扩编】 2005年3月4日，省编制委员会办公室、省林业厅、省公安厅联合下发《关于组建大同市公安局森林公安分局四个国营林场派出所的通知》（晋编办字［2005］6号），确定在大同市4个国营林场组建森林公安派出所。至此，全省森林公安机构增加到251个，其中，设1个省森林公安局、9个省直森林经营局森林公安分局、11个市森林公安分局、230个森林公安派出所；全省森林公安民警编制达到1925人。

【森林公安机构执法职责与机制】 2005年11月1日，省高级人民法院、省人民检察院、省公安厅、省林业厅联合下发了《关于森林公安机关办理森林及陆地野生动物刑事、治安和林业行政处罚案件有关规定的通知》（晋林安发［2005］171号），明确规定：森林公安机关的工作职责包括侦查辖区内破坏森林和陆地野生动物资源的刑事案件，查处辖区内涉及林业的治安案件以及法律法规授权的林业行政处罚案件和上级林业行政主管部门委托授权的其他林业行政处罚案件。从执法的权限、程序、渠道给予了明确，赋予了森林公安机关独立、完备的刑事侦查权和劳动教养报批权，使森林公安机关由纯管理型机关转变为管理兼实战型机关。标志着全省森林公安机关的执法职能和机制取得了历史性、实质性的突破和进展。

【林业有害生物监测预警体系建设】 2005年9月6日，省林业厅制定出台了《山西省林业有害生物监测预警体系建设方案》（晋林防检发［2005］129号），提出了全省林业有害生物监测预警体系建设的总体思路，要坚持“预防为主，科学防控，依法治理，促进健康”的防治工作方针，以各级森防站为基础，建立省、市、县（市、区）、乡镇（林场、苗圃）和省、省直森林经营局、林场、管护站（作业队）四级林业有害生物监测网络，把林业有害生物监测任务落实到护林员、林业员肩上，划定监测范围，对林业有害生物做到提前预警。同时，以国家级和省级中心测报点为骨干，固定专人对一些重要林业有害生物开展全面调查监测，科学测报，提高对测报对象的短、中、长期预测预报的准确率，为早发现、早除治提供决策依据。在建设内容和标准上，对市（森林经营局）、县级森防站、测报网点均提出了明确的要求。省森防站在安泽县开展了林业有害生物监测预警体系建设试点工作。

【规范造林专业队伍】 加强营林绿化工程施工队伍的规范管理，是提升林业工程建设质量的保障。根据《山西省营林绿化工程施工单位资质管理办法》标准，2005年山西省林业重点工程质量监督站先后对20支营林绿化施工队伍，从资产情况、技术和管理能力、人员素质、施工设备以及施工业绩等5方面进行了评审认定。目前，全省共有136支营林绿化施工专业队伍通过了资格认证。其中：具有一级资质的专业队伍达到59支，二级资质60支，三级资质17支。

【林权登记发证工作】 林权登记发证工作是一项政策性强，涉及面广、情况复杂，工作难度较大的基础性工作。2005年3月28日，省林业厅下发了《关于加快全省林权登记发证工作的通知》（晋林资发

［2005］45号）。全省筹集专项资金1065.43万元，组织发证人员5964人，在119个县（市、区）全部开展了工作，完成登记申请受理面积363.86万公顷，占林业用地总面积的52.7%；勘验面积324.85万公顷，占林业用地总面积的47.1%，登记勘验四旁树3946.44万株；公示林地面积277.11万公顷，占林业用地总面积的40.1%。省直林区林权登记发证工作基本完成。

【林业大事】

1月24日 省政府成立了山西省湿地保护管理工作协调领导组，省委常委、常务副省长范堆相任组长，省政府王茂设副秘书长、省林业厅杜创业厅长任副组长。

2月16日 省政府授予省林业厅2004年目标责任制完成先进单位称号。

2月19日 全省林业局长暨党风廉政建设工作会议在太原召开。会议对2004年林业工作及党风廉政建设工作先进单位进行表彰奖励，对2004年工作进行全面回顾，对2005年工作进行了安排部署。杜创业厅长作了《瞄准大目标推动新发展》的报告，杨保庆副厅长、谢占杰组长分别就计划财务工作和党风廉政建设作了工作报告。

2月24日 省林业厅下文同意组建岢岚县土寨国有林场和保德县三山国有林场，全省国有林场总数达到223个。

3月1日 根据省机构编制委员会办公室（晋编办字［2004］279号、晋编办字［2004］290号）批复，山西省国营林场管理局更名为山西省国有林场管理局，增挂山西省天然林保护工程管理中心牌子；山西省造林局增挂山西省退耕还林管理中心牌子。

3月11日 省政府召开省森林防火指挥部成员会议，研究部署全省森林防火工作。省委常委、常务副省长、省森林防火指挥部总指挥范堆相对全省森林防火工作作出具体安排部署。

3月25日 省委、省政府印发《关于加快林业发展的意见》（晋发［2005］9号），提出了建设“绿色山西”的宏伟目标，并分四个阶段实现“绿色山西”的战略部署。

4月27日 昔阳县赵壁乡白羊峪村发生森林火灾。在扑救过程中，3名群众因窒息死亡。

5月13日 省政府召开第一次湿地保护管理工作协调领导组工作会议，对全省湿地保护工作进行了安排部署。

7月7日 省林业科技进步奖励委员会办公室组织有关专家，召开了2004年度山西省林业科技进步奖评审会。通过评审，有17项科技成果获得了奖励，其中：一等奖8项，二等奖9项。

7月10日 经省机构编制委员会办公室（晋编办字［2005］135号）批准，山西省自然保护区管理站机构规格由科级升格为处级单位。

7月16日 山西省第一个大型林纸一体化项目——山西宏德林纸一体化建设项目在洪洞县华林乡启动。

7月21日 省林学会第十次会员代表大会在大同召开。会议选举杨保庆巡视员为省林学会第十届理事会理事长，吉久昌副厅长为省林学会第十届理事会常务副理事长。

8月2日 省委副书记、代省长于幼军到省林业厅进行调研。提出要集中全省的人力、物力、财力发展林业，用10年时间，使林业有一个跳跃性发展，有一个大的突破，实现平均每年增加一个百分点的目标。

8月7日 杜创业厅长参加山西广播电台政风行风热线直播节目，为节目组题写“借助热线，广播绿风，共同打造秀美山河”的题词。

8月11日 马双柱副厅长、周洪副厅长率省森林防火指挥部办公室等有关人员，对在“5·1”森林火灾扑救中作出重要贡献的山西武警部队进行慰问。

8月23~25日 国家林业局李育材副局长就林业投融资体制改革及非公有制林业发展在山西省进行调研。省委常委、常务副省长范堆相会见李育材副局长。

9月19日 由省森林防护指挥部、省森林公安处、省林业案件举报中心合并，新的省森林公安局正式组建。

9月26日 省政府召开全省京津风沙源治理工程阶段性总结表彰大会。会议传达了第七次省部联席会议精神及贯彻落实情况，对在工程建设中涌现出的20个先进单位、10个优质工程、90个先进个人和十大标兵进行了表彰奖励。省委常委、常务副省长范堆相出席会议并作了讲话。

9月29日 省政府召开全省天保工程中期总结表彰大会。对7年来全省天保工程进行全面的总结和表彰，对今后5年天保工程建设进行再动员、再部署。省委常委、常务副省长范堆相出席会议并作讲话。

10月12~13日 省林业厅与省林学会联合组织召开全省小康林业学术研讨会。围绕林业在全面建设小康社会中的历史任务、小康林业建设的基本特征以及主要内涵、发展要求进行研讨。收到学术论文99篇。

10月14日 经省机构编制委员会办公室（晋编办字［2005］209号）批准，成立山西省林业产业管理中心，正处级建制，全额事业编制6名。

11月11日 省林业厅召开全省林业系统防控高致病性禽流感工作电视电话会议，周洪副厅长对防控监测工作提出了要求。

11月23日　省林业厅印发《山西省林业系统监测防控高致病性禽流感工作方案》，对全省林业系统监测防控高致病性禽流感工作提出了具体的监测防控措施。

12月6日　省政府下发《关于建立六棱山等6个省级自然保护区的批复》（晋政函［2005］200号），批准建设六棱山、恒山、贺家山、管头山、红泥寺、翼城翅果油树等6处省级自然保护区。至此，全省野生动植物自然保护区达到44处，其中：国家级自然保护区4处，省级自然保护区40处。

12月13日　省林业厅召开全省林木种苗执法检查表彰大会，周洪副厅长作《抓住难得机遇依法治种强化监督增强信心推进我省种苗事业持续健康发展》的工作报告。省人大农工委杨补兰副主任应邀参加了会议。

12月16日　梁滨副省长到关帝山森林经营局进行调研，对全省森林防火工作提出"要加大监测力度，确保信息畅通，做好充分准备"的要求。

（山西省林业由谢英杰、钟盛升供稿）

内蒙古自治区林业

【概　述】

发展与成就

生态建设　2005年，全区共完成人工造林28.3万公顷，飞播造林10.1万公顷，封山（沙）育林29.4万公顷，义务植树5660万株。育苗0.87万公顷，其中新育0.5万公顷，容器育苗2.4亿袋。造林、封（沙）育林、飞播造林按工程分：退耕还林工程人工造林26.6万公顷，占计划的100.6%。其中：退耕地还林14.4万公顷，占计划的100%；荒山荒地造林12.2万公顷，占计划的101.3%。封山（沙）育林9.6万公顷，占计划的102.4%。京津风沙源治理工程完成人工造林1.2万公顷，占计划的101.1%；飞播造林3.3万公顷，占计划的100%；封山（沙）育林10.2万公顷，占计划的100.4%。天然林保护工程飞播造林6.8万公顷，占计划的112.6%；封山（沙）育林9.5万公顷，占计划的100.8%　。

森林资源保护管理　①野生动植物保护及自然保护区建设方面。认真实施野生动植物保护及自然保护区建设工程，新建哈腾套海国家级自然保护区1处；组织对6处批准为自治区级的自然保护区进行科学考察。②森林草原防火取得较好成绩。全区共发生森林火灾173起，其中火警65起，一般火灾106起，重大火灾1起，特大火灾1起（由雷击引发），受害森林面积4300公顷，森林火灾受害率0.2‰。发生草原火灾244起，其中：火警218起，一般火灾23起，重大火灾2起，特大火灾1起，受害草原面积3.18万公顷，草原火灾受害率0.4‰。③全区共发生森林病虫鼠害69.5万公顷，成灾面积3.5万公顷，成灾率2‰。完成有效防治面积55.1万公顷，防治率为79%。④全区共发现和受理各类森林和野生动物案件21 501起，侦破和查处21 419起，查处率99.6%；共查处各类违法犯罪人员25 492人次，挽回经济损失2678.7万元。

林业科技　①加强技术指导与服务。采取年终考评、评聘结合等措施，积极鼓励和组织干部技术人员，到生产第一线包工程、包项目，开展技术指导和技术服务。②开展形式多样、内容丰富的营造林综合技术培训。共举办各类培训班800多期，培训人员达20多万人。③积极推广应用抗旱造林系列技术。广泛采取苗木浸泡、坐水栽植、覆膜造林、容器苗应用、培抗旱堆、开沟深栽等抗旱造林技术措施。指令性推广了抗旱造林系列等8项适用技术，累计推广完成50.9万公顷，是下达任务的151%，全区林业技术推广覆盖率达到76.2%。④林业科研和科技成果转化工作得到进一步加强，科技成果转化率达到40%以上。

存在问题　①森林资源总量不足，分布不均，质量不高，效益偏低，生态系统脆弱。②受自然条件和经济条件所限以及国家林业重点工程布局的影响，各地林业发展不平衡，局部生态恶化的趋势尚未得到有效控制。③个别地区没有处理好保护生态与发展经济的关系，存在着边治理边破坏现象，乱征滥占、乱砍滥伐、乱捕滥猎、乱采滥挖等破坏森林资源的问题仍没有从根本上解决。④林业产业发展相对滞后，结构不尽合理，对经济社会发展的支持和保障能力有限。

【注重造林质量，提高建设成效】　在2004年质量管理活动的基础上，2005年对质量管理活动和内容做了进一步明确，深化了营造林质量管理。①采取科学设计、良种壮苗、合理整地、科学造林、及时抚育等措施，实现管理的规范化、制度化。积极推行招标制、报账制、监理制、责任制等管理制度的试点工作，引入竞争机制，创新管理模式。②严格执行国家标准和自治区地方标准，确保各项标准在工程设计、组织实施、检查验收和档案管理中得到认真贯彻执行。③进一步加强种苗生产管理工作。认真贯彻执行

《种子法》和《内蒙古自治区林木种苗条例》，加强种苗的行业管理和市场管理。加大了林木种苗质量监督抽查力度，协助国家检查组对3个盟（市）5个旗（县）进行了监督抽查，自行组织对7个盟（市）18个旗（县）进行了质量监督抽查。④抓好补植工作。针对2005年旱灾严重的实际，狠抓了新造林和历年造林地的补植。据统计，全年共实施补植28.7万公顷。

【完善政策，活化机制】 2005年，自治区林业厅认真落实国家、自治区有关政策精神，以加快林业生态建设步伐、改善生态、促进农村牧区经济增长、提高人民生活水平为目的，以活化宜林“三荒”地使用权为重点，积极探索与新形势发展需求相适应的林业经营管理体制和运行机制，鼓励扶持非公有制林业发展，充分调动了各方面造林绿化的积极性。组织开展了国有苗圃改革试点，为全区国有苗圃改革提供经验。帮助巴彦淖尔市推行了项目管理和造林“直补”两项改革。指导通辽市建立了林木资产评估机构，规范了活立木流转，合理确定活立木价格。

【重点公益林生态效益补偿】 2005年，全区认真落实森林生态效益补偿基金制度，完成了森林区划界定地块落实、管护责任区划定、责任制落实、管护人员招聘和盟（市）、旗（县）实施方案编制等基础性工作，落实国家生态效益补偿资金2.37亿元。启动了自治区、盟（市）、旗（县）地方公益林生态效益补偿，落实补偿资金1200万元。

【国有林场扶贫】 2005年，国家补助国有林场扶贫资金1000万元，根据国家对贫困国有林场的扶持政策，筛选并落实贫困林场脱贫项目47个。

【荒漠化和沙化土地监测】 据内蒙古第三次荒漠化、沙化土地监测成果显示，截至2004年，全区荒漠化土地面积为6224万公顷，占自治区总面积的52.6%；与1999年相比，全区荒漠化面积减少161万公顷，年均减少32万公顷。全区沙化土地总面积4159万公顷，占自治区总面积的35.16%；与1999年相比，全区沙化土地减少了49万公顷，年均减少9.8万公顷。

【全国防沙治沙现场会在鄂尔多斯市召开】 2005年7月12～13日，全国防沙治沙现场会在鄂尔多斯市召开，国家林业局局长周生贤出席会议并作了讲话。周生贤高度评价了内蒙古的防沙治沙工作及取得的成绩，指出内蒙古防沙治沙有5条重要经验：①各级党委、政府高度重视生态建设和防沙治沙工作；②妥善处理生态建设与经济发展的关系，把生态建设和防沙治沙工作放在区域经济和社会发展全局之中来部署和安排；③通过优惠政策、活化机制，调动了社会各界特别是广大农牧民参与防沙治沙的积极性；④一切从实际出发，因地制宜，采取不同的治理模式，选择不同的发展道路；⑤各族干部群众持之以恒，长期艰苦奋斗、不懈努力，大搞植树造林，大力防沙治沙。

【清理整顿大青山矿业生产秩序】 为制止和打击滥采石、乱挖矿等破坏林草植被的违法行为，进一步加强大青山生态保护和建设，2005年9月12日，自治区人民政府下发了《关于进一步加强大青山生态保护和建设有关事宜的通知》（内政字［2005］221号），按照通知要求，9月27～29日和11月2～4日，自治区林业厅会同自治区环境保护局、国土资源厅、监察厅和煤炭管理局组成联合督查组，对呼和浩特市、包头市和乌兰察布市的大青山矿业生产秩序清理整顿专项行动的开展情况进行了两次督查。此次专项行动查明，大青山范围内共有采石采矿点468个，已关停247个。其中，呼和浩特市境内有采石采矿点156个，已关停68个；包头市境内有各类矿点312个，已关停179个；乌兰察布市境内没有采石采矿点。 （内蒙古自治区林业由乔云、张爱军供稿）

内蒙古森林工业集团

【概　述】 2005年，内蒙古森工林区牢固树立和落实科学发展观，坚持生态优先，把发展作为第一要务，突出深化改革，加快结构调整，致力于建设比较完备的生态体系和比较发达的产业体系，切实维护职工群众的根本利益，大力构建社会主义和谐林区，推进林区经济社会向又快又好发展的新阶段迈出了坚实的步伐。2005年，林区提前完成“十五”计划确定的奋斗目标和工作任务，使“十五”期间成为森林资源恢复最好、经济增长最快、职工收入增加最多、招商引资力度最大、基础设施条件改善最显著的时期。

2005年，实现林业产业总产值50.1亿元，同比增长16.0%。实现地区生产总值26亿元，同比增长15.5%。实现工业增加值14亿元（含森林采运），同比增长10.0%。实现非林非木产业产值24.2亿元，同比增长16.3%。实现林产工业产值10.5亿元，同比增长31.5%。实现全部收入34.8亿元，实现利税3.5亿元。

2005年，人工造林56 000公顷，根河、金河火烧迹地更新7667万公顷，抚育间伐12.23万公顷，病虫害防治8.6万公顷。生产木材225.3万立方米，虫害木清理14.2万立方米。生产人造板26.3万立方米，锯材1.7万立方米，栲胶系列产品1760吨，纸浆8.3万吨。

【生态建设】 ①认真实施天保工程。继续推行以家庭生态林场和沟系承包为载体的森林资源管护承包责任制，从整体上提高生态建设水平和林间林下资源的综合开发能力，全年新建546户林区家庭生态林场，总数达到3793户，管护站达到668个，落实森林管护面积894.5万公顷。②加大野生动植物保护和自然保护区建设力度。总投资2500万元的金河汗玛自然保护区二期工程规划得到国家林业局批复，莫尔道嘎额尔古纳自然保护区晋升为国家级保护区，满归阿鲁等6处自然保护区晋级的前期工作已经完成，林区已建立各级各类自然保护区12处，国家森林公园8个。开展湿地资源调查，《林区湿地保护规划》进入审批程序。此外，积极预防禽流感疫情，开展了野生动物疫源疫病防控和监测工作。③编制完成《林区速生丰产用材林基地建设工程规划》，总投资2206万元的种苗示范基地建设工程，进入了设计阶段。④强化营林的基础地位。库都尔大果沙棘、吉文五味子等经济林、用材林、外来引种扩繁试验成功。林业有害生物防控减灾能力得到提高，各项林业有害生物防控指标均达到国家标准。根河、金河火烧迹地和阿尔山虫害木迹地得到清理与更新。"十五"期间共完成植树造林6.3万公顷。⑤森林防火基础设施建设得到加强。北部原始林区森林防火基础设施、国家级森林防火物资储备库及莫尔道嘎、得耳布尔、绰源、绰尔、满归5个重点火险区综合治理建设项目的启动，增强了防扑火的综合能力。全年森林火灾受害率仅为0.037‰，是近5年来成绩最好的一年。⑥森林资源培育和管护工作成效显著。第六次与第五次全国森林资源连续清查结果相比较，林区活立木总蓄积增长了8155万立方米，森林蓄积增长了6468万立方米，年均增长1294万立方米，可产生直接经济价值205.3亿元，相当于国家天保工程资金投入的5.7倍。有林地面积净增61.21万公顷，年均净增12.24万公顷。森林面积达到了808万公顷，森林覆盖率达到75.68%，比5年前提高了5.73个百分点。森林资源的培育与管护工作位于全国天保工程区的前列。

（徐　浩）

【深化改革】 2005年，继续调整和理顺生产关系，林区已经由单一的全民经济逐步向投资主体多元化和产权多元化的股份制经济转变。①产权制度改革实现突破。吸引民间资本和非公有制企业参与林区企业的改制、改组、改造，进一步对引资组建的玖龙兴安浆纸、中集木业、德盛纸业和整合资源组建的根河板业、茏丰公司的合作体制、管理机制进行了规范完善。②推进重点企业改革。在对已经实行整体改制的森源公司、光明机械厂、伊图里河兴林公司等继续进行规范的同时，重点对森天公司进行了整体改制。林区已完成82家中小企业的改制重组工作。③推进事业单位改革。对事业单位实行了企业化管理。对新组建的全国林业系统首家医疗集团和已改制的林业设计院，按照"构建投资主体多元化，运行机制市场化，管理方式企业化，发展方向产业化的法人实体和市场竞争主体"的要求，继续深化改革。④全力推进剥离社会职能工作。⑤科学调整企业组织结构和生产力布局。撤并了18个林场和一部分贮木场，把主伐生产萎缩的林场转型为管护站或经营所。⑥加强对根河、阿里河国有林管理分局的管理，继续深化试点工作，为全面推行资源管理体制改革积累了经验。

（吴世军）

【提升工业化水平】 2005年，以实现规模化、集约化经营为重点，调强调优重点项目，工业化水平显著提高。①与中集集团合作组建的内蒙古中集木业公司一期10万立方米集装箱底板项目全面投产，并建设完成与之配套的栲胶公司6000千瓦热电联产项目。在此基础上，双方还将合资建设年产60万~80万立方米集装箱底板项目，全部投产后将实现产值40亿元，实现利润3.2亿元，安置就业8000人。②玖龙兴安浆纸公司一期年产10万吨改扩建项目于2005年8月竣工投产，当年生产8.3万吨，实现产值3亿元，利税7700万元。二期30万吨扩建项目的前期工作已经开展。③对阿里河电工层压木生产线进行了改扩建，其产品国内市场占有率已经达到61%。④整合资源组建可年产30万立方米人造板的根河板业公司，2005年生产23.6万立方米，实现产值2.65亿元。⑤乌尔旗汗森工公司在俄罗斯投资的桦木旋切单板生产线已经开工建设，将为中集木业提供原料。2005年，林区已经基本形成以人造板、浆纸、集装箱底板等产品为主的工业经济格局。

中国内蒙古森林工业（集团）有限责任公司作为主发起人，对下属的根河板业公司和金河森工公司、莫尔道嘎森工公司的优良资产进行改制，并联合其他4家法人设立内蒙古大森林工业股份有限公司，申请上市和发行股票。股份公司于2005年3月登记注册，正积极运作上市。

【加快非林非木产业化步伐】 以完善体制、机制和打造名品名牌为重点，做强做大非林非木特色产业，

加快产业化步伐。非林非木产值由“九五”期末的11.9亿元提高到“十五”期末的24.2亿元。2005年重点扶持克一河食用菌培植与加工、图里河森健药业、龙丰公司大鹅加工、吉文与大杨树乳制品加工等非林非木龙头项目建设；积极推广金河森工公司“统一管理，分散饲养，风险自担，效益归己”的特种动物饲养机制，壮大金河北极狐养殖、阿龙山貂养殖等基地建设。通过上述龙头项目拉动了林区的乳、肉、食用菌、山野菜、中草药和特种养殖等非林非木产业基地的发展。2005年畜禽养殖总量达103万头只，獭兔、北极狐、貂、鹿、野猪等特种动物20万头只。食用菌培植3000吨，中草药种植136.67公顷。“十五”期间，扶持职工家庭经济4.8万户，其中年收入在7500元以上的家庭经济户达3.9万户。

矿业开发 林区把矿业作为天保工程实施后的重要接续产业、支柱产业，强力推进矿产资源的科学开发。广泛收集矿产资源信息，初步掌握了林区370余处矿产地、40余种矿产资源的概况，开始编制林区矿产开发规划。积极争取国家和自治区的支持，以招商引资、多元化经营的新体制、新机制进行开发，与新加坡高玛公司合资建设总投资450万美元，开采储量710万吨的绰尔铁矿项目，已完成前期立项、论证、审批等工作，即将进行探矿和基础设施建设；与黑牛王矿业集团合作开发储量300万吨的二道河子铅锌矿和储量80万吨的万年青铜矿项目，在完成探矿工作的基础上，由合作进入合资阶段，并开始建设选矿厂。

旅游开发 按照内蒙古自治区政府2005年3月26日在阿尔山召开主席办公会的部署，森工集团与兴安盟、呼伦贝尔市共同组建阿尔山柴河旅游开发公司，以“世界知名、国内一流”为目标，对阿尔山—柴河景区进行开发建设。阿尔山柴河旅游开发公司注册资金5000万元，董事会由7人组成，监事会由3人组成。在突出抓好阿尔山旅游景区开发的同时，从增加景区的人文内涵，丰富景区文化底蕴，打造绿色森林旅游品牌等方面入手，进一步加强了莫尔道嘎、阿里河、绰源等地的景点景区建设。

（闫志刚）

【对外开放】 2005年，先后有中集集团、美国中南公司、中水集团、新加坡高玛公司等知名企业落户林区。2005年，林区招商引资52个项目，已实施33个，全年引资、融资1.84亿元。林区产品远销韩国、日本、美国、瑞典等十几个国家和地区，创汇1180万美元。对俄经贸合作的内容、层次、范围逐步拓展，乌尔旗汗森工公司在俄罗斯建设旋切单板生产线，实现了林区在国外木材深加工零的突破。全年赴俄采伐木材35.6万立方米，过货25.9万立方米；加工板材1.1万立方米，过货0.3万立方米（境外销售0.8万立方米）；加工卫生筷子2.2万箱，过货2.2万箱；完成营业额1738.2万美元，派出劳务人员2190人；新批复采伐与加工合同4份，目前累计签约23份，总金额20 358.3万美元，林木采伐总量379万立方米。“十五”期间,. 林区累计融资9亿元；对俄森林采伐总量为152万立方米，过货128万立方米；完成创汇3.9亿元。

【企业管理】 ①强化项目和计划管理。增强了依法经营意识，认真落实项目法人责任制，严格履行基本建设程序，全面实行招投标制、监理制、合同制。对国债资金、林业重点项目投资、中央预算内投资的建设项目，进行了全面的监督检查。成立集团公司重点项目建设领导小组，对项目的立项、审批、投资、施工进行全过程监控，实行项目问责制。②强化财务和资金管理。进一步完善和落实“慎用钱”制度，严格控制了非经营性投资和企业自有资金的使用，企业自有资金主要用于扩大再生产和改善职工生活。③强化审计工作。突出在经济活动的事前、事中上的监控，重点对天保工程资金、基建投资项目、年度经济责任进行了审计核查。④纠正行业不正之风。在林木产品销售、基本建设、物资采购、干部人事调整、公职消费和中小学乱收费等方面开展了纠风工作。⑤强化统计信息化管理，全面完成了第一次经济普查工作。

【债务减免】 国家天保工程实施后，林区形成的28.6亿元不良债务中的19.7亿元纳入了核销范围。2005年，在确认的19.7亿元不良债务中，已经免除15.15亿元，其余的4.55亿元不良债务免除工作正在与金融机构协商，逐步予以落实。（张徐清）

【基础设施建设】 2005年，完成243千米的牙伊公路建设任务，实现全线通车；严格按照国家林业局的要求，组织实施北部原始林区防火基础设施工程建设，完成了二期工程任务；积极向自治区和交通部争取改善林区交通状况，将根—莫—白、根—满—漠等林区干线公路纳入了交通部“十一五”公路建设规划。“十五”期间，林区共完成交通、供热、医疗、学校、饮水、住房、防火等基础设施项目投资12亿元。

【职工生活】 2005年，按照13%的增幅继续为在岗职工增资，使在岗职工人均年工资收入达到了8118.9元，是历年来职工工资增幅最大的一年。在将企业职工养老保险全部纳入省级统筹的基础上，又把7家事业单位离退休职工养老保险也纳入了自治区统筹。85%的职工实行了医疗保险，失业保险正在逐步建立。经地企共同协商，大集体职工的养老保险纳入属地社会保障体系工作，进入了具体实施阶段。

“十五”以来，林区累计筹资6亿元为职工增长工资，职工工资比“九五”期末翻了一番；累计分流安置10多万名富余人员再就业；文教卫生等社会事业也取得长足进展。

【科学编制“十一五”规划】 林区“十一五”的预期目标是：到“十一五”期末，森林覆盖率达到77%以上，比“十五”期末提高1.3个百分点；林业产业总产值达到119.6亿元，比“十五”期末增长139%；地区生产总值（GDP）达到60亿元，比“十五”期末增长131%；实现全部收入74.5亿元，比“十五”期末增长133%；实现利税10亿元以上；森林采运、林木培育及管护、林产工业、非林非木四大产业的结构比重由“十五”期末的19∶6∶21∶54调整到“十一五”期末的9∶2∶26∶63；在岗职工年均工资翻一番，达到16 000元。

林区确定的“十一五”经济社会发展的主要任务是“加快三化进程，实现三个突破”，即：建设集装箱底板、人造板、浆纸、电工层压木及国家重要的商品材和木材精深加工五大基地，加快工业化进程；壮大旅游、矿产、特种养殖、中草药和绿色食品培育与加工六大产业，加快产业化进程；完成国有国营向产权多元化、行政隶属型管理向资产链接型管理和粗放经营向现代集约经营的三个转变，加快市场化进程。建立完备的生态体系，实现生态建设新突破；建立发达的产业体系，实现经济建设新突破；构建和谐林区，实现职工生活水平新突破。

【林业大事】

1月19日 内蒙古森工集团与黑龙江农垦大学达成合作框架协议，针对养殖的技术服务和技术人员培训开展校企合作，以科技为依托推进林区非林非木产业的发展。

1月 内蒙古林业医疗集团所属的林业总医院晋升为国家医疗行业最高等级的“三级甲等医院”，成为内蒙古自治区8家三级甲等医院之一。

3月1日 由全国政协人资环委、全国绿化委员会、国家林业局、国家广电总局、全国新闻工作者协会等部门共同评选的第二届关注森林奖和梁希林业宣传奖在北京颁奖，内蒙古森工集团9人获奖。

3月18日 经中国林产工业协会和国家统计局考评，根河板业公司荣膺“中国纤维板行业百强企业”。

3月26日 内蒙古自治区政府主席杨晶在阿尔山主持召开由森工集团、兴安盟、呼伦贝尔市、扎兰屯市和阿尔山市主要负责人参加的阿尔山—柴河旅游景区建设协调会，决定规划建设“国际知名、国内一流”的阿尔山柴河旅游景区。

4月25日 全国总工会授予根河森工公司工会全国模范职工之家荣誉称号，授予吉文森工公司吉库林场工会全国模范职工小家荣誉称号。

5月 国家级汗玛自然保护区二期工程总体规划获得国家林业局批复。汗玛保护区二期工程包括基础设施、动植物资源保护和科研监测等项工程建设，总投资2360万元。内蒙古大兴安岭林区已建立各级各类自然保护区12处。

5月27至6月5日 应内蒙古自治区政府邀请，由清华大学、北京大学、中国地质大学、北京林业大学等20余位专家组成的考察组，对阿尔山—柴河旅游景区的火山地质、人文地理等各类景观进行翔实的科学考察，开始对景区进行预计投资150亿元的总体规划。规划实施后，将把阿尔山—柴河景区打造成为“北方张家界”。

8月28日 内蒙古阿尔山柴河旅游开发有限责任公司在阿尔山举行成立仪式，标志着大兴安岭林区旅游资源的整合与开发进入了一个全新阶段，打造“国内一流、国际知名”旅游风景区的战略规划将全面启动。自治区政府副主席余德辉等为旅游开发公司揭牌。

9月7日 内蒙古森工集团和中国国际海运集装箱集团共同组建的内蒙古中集木业公司开业庆典在牙克石市举行，标志着国内首家落叶松集装箱底板项目一期工程全面投产。

10月28日 经内蒙古自治区国资委考核，内蒙古森工集团被评为自治区A级企业。

10月 林区“诺敏山”绿色食品商标被认定为内蒙古自治区著名商标，“诺敏山”牌系列产品被中国名优品牌推广中心评为中国名优品牌，证明林区的食用菌、山野绿色食品得到了市场的青睐，已具有一定知名度和良好的市场信誉，也标志着林区非林非木产业的发展已进入品牌的培育与推广阶段。

11月3日 内蒙古自治区对森工集团党政领导班子进行调整充实。在原班子成员中调整岗位3名，改任助理巡视员1名，退休1名；新任职7名。

11月 阿里河森工公司层压木厂的“安澜”牌商标被评为内蒙古著名商标，“安澜”牌电工层压木获得中国名牌产品称号。

12月9日 国家质量监督检验检疫总局授予“根河”牌刨花板国家免检产品。

12月12～18日 中瑞合作项目阿尔山柴河旅游开发课题组在林区开展调研。课题组将利用1年时间，采用“行动学习”的全新方式，把实践与培训相结合，通过对阿尔山柴河生态旅游的可持续发展问题进行深入研究，培养管理人才。

（内蒙古森林工业集团除署名外均由陈林涛供稿）

辽宁省林业

【概 述】 2005年，在省委、省政府的正确领导下，继续深入贯彻中央林业决定和省委实施意见，全面落实国家振兴东北老工业基地战略部署，实施生态立省，建设绿色辽宁，以科学发展观和生态建设相持阶段理论为指导，以深化集体林产权制度改革和推进工程造林、加强资源管护为重点，紧紧围绕生态建设提质、产业发展提速的两大林业体系建设目标，实施东、中（南）、西（北）三大区域战略，提升了辽宁林业建设水平。

全省共完成人工造林面积29.6万公顷，是全年计划任务的111.2%，其中，退耕还林19万公顷，三北防护林四期工程3.7万公顷，世行和德援造林6万公顷，沿海防护林0.9万公顷。飞播造林3万公顷，封山育林21万公顷，均超计划完成任务。林业育苗面积1.5万公顷，生产苗木21亿株，其中，容器育苗2亿杯，造林4.6万公顷。全民义务植树1.15亿株。非公有制造林21.6万公顷，占全省人工造林面积的73%。实现林业产值260亿元。经2004年度全国人工造林更新实绩核查，综合得分跻身全国前6名，比2000年度提高了24位；森林防火、森林病虫害防治、林业种苗建设、野生动植物保护、林业站建设、关注森林活动和国有场圃管理等工作，分别受到省委、省政府和国家林业局的表彰；省林业厅先后受到国家林业局表彰10余次，并实现了省直目标管理的十连优；沈阳被命名为国家森林城，大连、本溪被授予全国林业系统先进集体称号，锦州被评为全国平原绿化先进市。

主要成效

集体林产权制度改革　以省政府名义出台了《关于深化集体林产权制度改革的意见》（辽政发［2005］39号），自2005年下半年，用2~3年时间，基本完成全省集体林产权制度改革任务，逐步建立产权明晰、经营主体到位、责权划分明确、利益保障严格、流转程序规范、监管服务有效的林业产权制度。在本溪市开展的集体林产权制度改革试点工作已取得明显成果，共完成集体林产权制度改革试点面积2.4万公顷，占应参与改革面的98.2%，实现了“山有其主、主有其权、权有其责、责连其利”的目标，促进了林业生产力的快速发展。抚顺、丹东、朝阳、铁岭和营口等市相继召开了启动会议，林改工作在全省全面推开。

省级森林生态效益补偿制度　继续禁止对全省天然林和人工公益林进行商业性采伐，对140万公顷重点生态公益林实施补助。积极争取省政府的重视和支持，省财政安排1827万元生态效益补偿启动资金，建立了省级生态公益林补偿制度，对地处辽宁西北部风沙区生态条件极为脆弱的40.6万公顷地方公益林进行补偿，形成了国家和省共同保护生态公益林的格局。

天然林保护建设　为继续保护好全省天然林资源，巩固“十五”以来天然林保护成果，加大“十一五”期间的林业生态建设力度，以省政府名义下发了《关于加强天然林保护建设工作的通知》（辽政发［2005］25号），制定出台了“十一五”期间的天然林保护建设的政策，提出了对天然公益林继续严格禁止商业性采伐，对天然商品林实行科学营林、集约经营，适当放宽发展林地经济等一系列后继政策。

“十一五”林业规划和五个专项规划　按照辽东、辽西北和辽中南3个区域林业建设的重点，具体编制了东部果材林富民工程、西北部沙漠化治理工程、中南部重点村镇绿化家园工程等区域项目规划和沿海防护林体系建设规划、全省林业产业发展规划，为全省“十一五”林业建设发展绘制了蓝图，并积极争取列入国家和省“十一五”规划。

森林资源保护和管理　完成了9900万公顷森林资源二类调查外业工作。严格执行森林资源保护管理的法律法规和森林采伐限额政策，对违法征占林地进行了全面清理，收缴森林植被恢复费4364万元。严厉打击林业“两乱”，查处各类森林案件4495起，挽回经济损失278万元。进一步修订完善了森林防火预案，全省共发生森林火灾230起，森林火灾受害率为0.03‰，没有发生重大森林火灾和扑火人员伤亡事故。对林业有害生物实施工程治理，防治林业有害生物52万公顷，防治率82.72%。有效地防治了栗山天牛虫害，保护了森林资源。建立候鸟监测站点166个，初步形成了迁徙鸟类监测网络。

林地经济发展资金和项目　争取省政府投入1500万元资金用于发展林地经济，投入1500万元资金用于红松果材林育苗补助。辽东山区11个林业重点县（市、区）的22个国有林场完成育苗基地面积16.2公顷，红松育苗量达到1.22亿株，红松苗木基地的嫁接苗木生产能力达200万~300万株。实施了以发展板栗、榛子、胡桃楸和林蛙为主的4大类林地经济项目，建设规模3.9万公顷，分布在174个乡（镇），带动3440户农户。以省政府办公厅名义印发了《关于加快辽东山区林业产业发展的有关政策》，为林业产业发展提供了政策保障。

《湿地保护条例》立法论证及考察调研工作　积

极组织省人大代表对湿地立法进行考察调研，完成《辽宁省湿地保护条例》的草拟工作。《辽宁省湿地保护条例》的立法计划列入省人大法制委2006年立法计划，在积极开展立法调研活动的基础上，力争2007年发布实施。

主要举措

实施三大区域林业发展战略，加强分类指导　根据全省林业生态建设实际，划分为辽东、辽西北和辽中南3个区域，实施分类指导，分区施策，并根据三区的特点，研究确定了红松果材兼用林、防沙治沙和林草一体化及村屯绿化、花卉苗木等工程建设项目，为“十一五”林业的快速发展奠定了基础。

坚持造林“四个结合”，切实加强质量管理　按照全省林业发展的总体规划，坚持封飞造相结合、乔灌草相结合、带片网相结合、封山育林与人工造林相结合的“四结合”原则，实行多种造林形式并举，尽量保护原有植被，对适宜封育的地区，以封山育林为主，人工造林和补植为辅，走自然林业的路子，大大加快了荒山荒沙的绿化步伐。

坚持打防并重，严格保护森林资源　严格执行森林资源保护管理的法律法规和森林采伐限额政策，从注重对破坏森林案件的查处工作转移到加强资源管理的基础工作上来；从注重事前审批转移到注重事后和事中的监管上来；从单纯注重运用行政手段转移到注重法律、行政和经济手段并用上来；从对森林资源的被动保护为主转移到主动预防为主上来。严厉打击林业“两乱”，严格征占用林地审核审批制度，对违法征占林地进行了全面清理。进一步落实了森林防火行政首长负责制，在全省启动并全面开通了森林火灾报警电话“12119”。

积极推进集体林产权改革，充分调动发展林业的积极性　省政府成立了以胡晓华副省长任组长的林业产权制度改革工作领导小组，3月份在本溪召开了全省集体林产权制度改革试点启动大会，经过半年的积极工作，至9月份，试点工作取得圆满成功。集体林产权制度改革进一步明晰了集体林木的所有权和林地使用权，放活了经营权，落实了处置权，确保了收益权，依法维护了林业经营者的合法权益，集体林从资源变成了资产，充分调动了农民造林、营林护林和发展林地经济的积极性。

坚持生态和产业两手抓，促进林业协调健康发展　坚持生态建设产业化，产业发展生态化，对辽西北地区突出脆弱生态区域的重点治理，围绕防沙治沙和林草畜一体化，大力发展生态经济和沙产业；对辽东地区突出生态保护，在加大封山育林和森林经营的同时，调整和优化了林业产业结构，大力发展林业特色产业；对辽中南地区突出中部平原绿化、速生丰产林发展和南部沿海防护林建设，加快村屯、堤坝、道路绿化步伐，大力发展花卉种苗产业，增加了农民收入。

实施目标考核管理，充分调动各地林业工作积极性　根据中央林业决定和省委实施意见的有关要求，结合全省林业工作实际，制定了《省林业厅对市林业局目标考核办法》，对各市林业局林业工作作出较科学的目标考核评价，制定了严格的奖惩措施，充分调动了各地广大林业工作者的积极性，促进了各地林业建设。

加强业务技术培训，提高工作能力　先后组织对470多名市、县、乡林业局长、林业站长、营造林科（处、股）长及业务主管人员、林地林权管理人员、森林公安、外资项目技术人员进行了管理和相关业务培训等，极大地提高了全省林业干部和林业技术管理人员的科学判断形势、依法行政执政和驾驭工作全局的能力。

主要经验

坚持和完善科学的发展观，是促进全省林业建设和谐发展的前提　省委、省政府根据辽宁省东部、西北部和中南部林业建设的不同特点，提出了统筹规划，合理布局，分类指导，分区施策的林业建设思路，在辽东山区以生态保护和提高效益为主，大力开展天然林保护和水源涵养林建设，努力提高森林经营管理水平和林分质量，积极推进林业产业发展，充分发挥了森林资源的多种效益；在辽中南地区努力搞好农田林网、绿色通道及沿海防护林建设，加快城市和村屯绿化，加强湿地保护；在辽西北地区，通过大力实施退耕还林、防沙治沙、水土保持等工程，促进辽西北地区的生态状况有了明显改善，“两杏一枣”等经济林产业得到快速发展。

加强领导，强化政府行为是促进林业快速发展的关键　省委、省政府对林业发展极为重视，并放在重要位置，将林业发展业绩同领导干部政绩考核紧密结合起来，把植树造林作为省政府考核各市政府政绩的一项重要指标；省人大、省政协的主要领导和分管领导多次视察林业，加强林业法制建设，对林业提出的问题认真的解决。各级党委、政府把林业生态建设作为振兴老工业基地的一项重要工作，纳入重要日程，研究制定本地区的林业发展规划，落实具体措施，推动了全省林业建设工作。

突出重点，实施工程带动是促进林业快速发展的有效手段　以国家林业建设工程为重点，突出退耕还林工程、防护林体系建设工程、速生丰产林建设工程和野生动植物保护及自然保护区建设等工程的落实，大力开展工程造林、退耕还林和封山育林，提高了造林绿化的速度和质量；自费实施天然林保护建设工程，禁止天然林商业性采伐，全面压缩采伐指标，加强森林资源管护，使全省林业建设总体水平得到极大提高。

拓宽渠道，增加投入是促进林业快速发展的重要

保证 全省各级林业部门把握发展机遇，精心设计工程项目，积极争取国家对辽宁省林业的支持，有效带动了各级政府和全社会对林业的重视和投入。2005年国家投入辽宁省林业建设资金8.4亿元，其中新增中央专项资金0.2亿元，为辽宁省林业发展注入了活力。

深化改革，创新机制是促进林业快速发展的不竭动力 在本溪市开展集体林产权制度改革试点工作，实现了“山有其主、主有其权、权有其责、责连其利”的目标，为全省开展集体林产权制度改革工作提供了经验。明晰山林权属后，林农造林、护林、发展林地经济的积极性空前高涨。桓仁县铧尖子镇春季林改后新造林533公顷，相当于2004年的近3倍，出现了林农自觉护林、防火和制止在林地内乱埋滥葬的良好风气。

依靠科技，坚持依法治林是促进林业快速发展的重要基础 以科技为先导，大力发展“二杏一枣”等经济林和杨树速生丰产林的名特新优品种，调整树种林种结构及产业结构，积极推广先进实用新技术，进一步提高了林业发展水平和质量。认真贯彻执行《森林法》、《辽宁省实施森林法办法》和《关于禁止对天然林进行商业性采伐的通知》、《关于加强野生动植物保护和自然保护区建设的通知》等法律法规和部门规章，对天然林实行严格保护，对野生动植物及森林资源实行严格管理，走上依法治林的轨道。

存在问题 一是森林资源总量不足，森林资源结构不合理，树种单一，亟待加快营林步伐。二是生态脆弱地区农、林、牧矛盾突出，防沙治沙资金投入严重不足，防沙治沙任务十分艰巨。三是林业产业转型慢，森林资源利用水平不高，龙头企业较少，牵动力不强，林农增收缓慢。四是林业基础设施建设仍然比较薄弱。

【集体林产权制度改革】

改革起因 辽宁集体林面积558.3万公顷，占林业用地面积的88%，集体林在全省林业建设中具有举足轻重的地位。自实行“两权合一、统一经营”责任制以来，各地在集体林经营体制和经营形式改革方面做了很多探索，在一定时期内增强了林业发展的活力，资源总量得到了一定的增长。但由于过去的历次林业改革基本上没有触及集体林产权制度的深层内容，除自留山和转让的山林两项合计120万公顷外，绝大部分山林没有落实权属。有些连管护权也没有明确。全省集体山林经过历次改革总体都有其主，但是仍然存在法律意义上的不明晰。突出表现为“干部林”、“大户林”、“三定林”三种类型，造成长期以来林权主体缺位、经营主体错位、管理主体越位，导致责权利不统一、经营机制不灵活、利益分配不合理，严重挫伤了林农发展林业的积极性，阻碍了资金流、科技流和人才流等各种生产要素向林业的聚集，限制了林业的发展与壮大，束缚了林业资源潜能的充分释放，“两权合一”的产权制度深层次矛盾日渐突出，一是资源总量增长缓慢，二是林业收效比较低，三是资源保护面临困境。积极开展集体林产权制度改革，是林业领域稳定、深化和完善农村家庭联产承包责任制的重大突破，也是理顺林业生产关系，增强林业发展活力，调动社会各方面积极性，促进林业更快更好发展的关键。

改革试点 为了认真贯彻落实中央林业决定、《森林法》和《农村土地承包法》，解决全省集体林业当前存在的问题，2004年9月省林业厅厅长王文权带队，组织辽东山区4市林业局长和省林业厅有关处室负责人，前往福建省考察调研集体林产权制度改革工作，并及时向省政府提出了改革建议。2004年12月初，省林业厅制定了《集体林产权制度改革试点工作方案》。经省政府批准，于2005年3月1日在本溪市的本溪县东营房乡、桓仁县铧尖子镇和明山区大峪沟村等17个村正式启动集体林产权制度改革试点，7月份经省、市、县联合检查验收，试点工作全面完成。在试点的基础上，8月18日本溪市委、市政府召开了全面进行集体林产权制度改革动员大会，在全市近一半的乡（镇）开展了集体林产权制度改革工作。从改革试点实践看，这场改革领导重视，群众拥护，方法步骤严谨规范，政策执行准确，实现出乎意料的改革效果。一是明晰山林权属后林农造林、护林、发展林地经济的积极性空前高涨。二是历史遗留问题得到有效解决。三是深化林业产权制度改革的决心更加坚定。本溪试点赢得了广大林农和社会各界的普遍认同。胡晓华副省长在省林业厅《关于本溪市集体林产权制度改革试点进展情况的报告》上批示：“本溪市集体林产权制度改革路子对、得民心，有利于林业和林产业的共同发展。望深入总结经验，完善方案，适时在全省推开”。省人大常委会副主任杨新华在视察时，也给予了高度的评价。

改革目标 按照《辽宁省人民政府关于深化集体林产权制度改革的意见》（辽政发［2005］39号），全省集体林产权制度改革的总体目标是：从2005年下半年开始，用2~3年时间，基本完成全省集体林产权制度改革任务。

改革范围 从行政区域上，包括全省集体所有的林地、森林、林木，以及县级政府区划集体所有的宜林地。不仅包括林木，还包括林地；不仅包括有林地，还包括宜林地。从分类经营角度，主要包括商品林、一般公益林和重点公益林。只有特殊保护地区的公益林和权属有争议暂时难以解决的林木、林地暂不列入本次林改范围。

改革内容 主要包括明晰产权、放活经营、规范流转三方面内容，重在所有权、经营权、处置权、收益权等“四权”的落实。

改革步骤 第一阶段宣传发动、开展培训。通过各种形式，广泛宣传深化集体林产权制度改革的重大意义和有关政策，发动广大群众踊跃参与和支持改革。第二阶段调查摸底、制定方案。第三阶段组织实施、确权发证。改革工作基本结束后，由各级林业产权制度改革工作领导小组及时组织检查验收。

改革体会 一是必须强化政府行为。省政府成立了林业产权制度改革工作领导小组，出台了《关于深化集体林产权制度改革的意见》。省长张文岳在省政府第五十二次常务会上强调，必须加快推进全省林权制度改革。副省长胡晓华在本溪试点启动会、东部山区综合开发启动会和全省林业工作会上多次强调林改工作，形象地把明晰产权概括为“铁树开花，林地回家”。全省14个市全部成立了以市委书记或市长任组长的领导小组。已有8个市政府结合本地实际制定出台了改革政策。二是必须开展强大的舆论宣传。各市充分利用电台、电视台、报纸、宣传单等各种宣传媒体，广泛深入地宣传林改政策，使集体林产权制度改革工作家喻户晓，使林改工作取得了社会各界广大干部群众、特别是广大林农的理解、支持和参与。一些市、县政府先后召开动员大会，市、县领导班子主要领导参加会议作动员讲话，并亲自向广大林农讲解林改政策，有效调动了林农的林改积极性，起到了较好的指导促进作用。三是必须搞好全方位的指导服务。林业部门是执行林改政策和各项工作环节的重要部门，各级林业部门必须对林改工作加强指导力度。一要抽调林改专职人员，成立各级专门林改机构。二要制定林改工作方案，积极动员部署，及时开展林改指导。三要出台政策法律、操作规范、林权管理等全方位的指导材料，准确进行政策指导。四要广泛深入、全面系统地发动和开展培训，成立林改联络员队伍，深入实际开展联络指导服务。四是必须依法依规和充分尊重群众意愿。林改工作要始终坚持在法律法规允许的范围内，坚持公平、公开、公正的原则，坚持走群众路线，因村施策和充分尊重群众的意愿。改革工作中，村组的改革方案必须经过本集体经济组织成员的2/3或本集体经济组织成员代表的2/3同意方可实施。五是必须坚持改革与资源保护相结合。一要采取山林资源由承包者负责管护和由林业部门选派监管员严格监管巡护的双重管护措施。二要采取措施杜绝监守自盗，在承包合同中明确规定凡发现乱砍盗伐的必须及时上报，上报后被林业部门破案的林木归个人，否则林木归集体。三要开展打击破坏森林资源的专项行动，发现乱砍盗伐行为严肃处理。六是必须注重以改革促进发展。改革促进发展包括森林资源增加、农民增收、社会增效，是林改工作的出发点和归宿。试点乡村在改革中始终把促进发展作为改革目标，保证了改革的顺利进行。由林业部门帮助制定林业产业发展规划，规划符合实际切实可行，并积极为农民提供种苗、技术、信息等服务。通过党员干部以与农户开展“双结双带”、农民自有资金投入、小额贷款及争取上级产业发展启动资金等办法，为农民发展产业提供资金支持，积极促进了林下种植中草药材、山野菜及经济林的快速发展。

【国家森林城市——沈阳】 沈阳市作为重工业基地，在长期的传统工业生产模式下，由于忽视反哺生态，城市污染十分严重，曾被世界卫生组织列入全球十大重度污染城市名单。恶劣的生态环境不仅使城市品位、竞争力降低，也严重地制约了社会经济的发展。

2001年，新的一届市委、市政府面对老工业基地发展负担重、北方平原城市森林基础薄弱等不利因素和困难，大胆提出建设“森林城市”构想并付诸实践。5年来，城区新增绿地69平方千米，是2000年绿化面积总和的2.5倍；农村增加森林面积253万公顷，相当于新中国成立到2000年间51年的总和，初步实现“城外森林环绕，城内绿树成网”的森林城市景观，突出了北方平原城市的特点。

在战略定位上，着眼于城市的生存与发展 一是对传统工业进行大改造，走贴近生态的新型工业化发展之路，把建设“森林城市”作为新型工业化发展的重要载体来抓。二是加强生态环境建设，提升城市品位，把建设“森林城市”作为提升城市竞争力的有效措施来抓。三是从防治土地沙漠化的角度，把建设“森林城市”作为维护生态安全的根本保障来抓。

在建设目标上，提出三步跨越式发展计划 到2005年，建城区绿化覆盖率达到40%以上，绿地率达到35%以上，人均公共绿地面积达到10平方米，农村森林覆盖率达到27%以上，城乡一体的森林生态防护体系基本框架初步形成，生态环境恶化得到有效控制；到2010年，建城区绿化覆盖率达到45%以上，绿地率达到40%以上，人均公共绿地面积15平方米，农村森林覆盖率达到36%以上，森林生态防护体系初见规模，生态环境开始好转；到2020年，建城区绿化覆盖率达到50%以上，绿地率达到45%以上，人均公共绿地面积15平方米，农村森林覆盖率稳定在45%左右，森林城市防护体系趋于完备，城乡生态环境得到整体改善，步入良性循环。

在总体布局上，构建了“一山、两网、三环、四核、五楔”的主体框架 一山：即以棋盘山风景区、世博园、东陵公园、老石沟森林公园等1000余平方千米的东部青山生态群；两网：即纵横交错的公路铁路、河流沟渠两侧的路网和水网；三环：一是城市远郊通过实施退耕还林、三北工程造林、速生丰产林等林业重点工程建设，建设带、片、网、点相连接的环城森林生态圈。二是城市近郊结合环城高速公路

绿化、治理土地污染等，发展近郊森林公园、生态绿地等形成网点式环城森林带；三是城市中心区的浑河、南运河、新开河、卫工明渠四条环城水系，在治理水污染、提高水质的基础上，沿岸建设滩地森林公园、绿化带、线形绿地，形成市区环形生态廊道；四核：即城区内各公园、斑块森林、庭院绿地和水体绿化；五楔：即在东北部、北部、西北部、西南部、东部5个方位规划建设大型森林绿地，与郊野森林相连接。

在主导功能上，实施六个重点工程 一是实施防沙治沙工程，保护城市生态安全；二是实施东部青山半入城工程，优化城区生态；三是实施中心区公共绿地建设，改善城区环境；四是实施单位庭院和居住地绿化工程，美化人居环境；五是实施线状绿地建设工程，完善城市绿化网络；六是实施治污增绿工程，维护市民生命健康。

在提高森林城市建设品位上，突出三个建设 一是突出水体景观建设。通过污水治理、滩地搬迁等综合整治，建设一批多景观的线形公园和休闲绿地。二是突出文化内涵建设。对昭陵、福陵等多项保护性历史建筑内外的违章建筑进行拆除，并按原有风格进行绿化。三是突出精品公园、绿地建设。

在推进建设上，推行五项超常规措施 一是超常规发展，开展史无前例的绿化攻坚活动。2002年确定为“绿化年”，大打城乡造林绿化攻坚战。2003年以后开展了“项目年”、“环境年”和“工业年”活动，开展大规模的植树绿化。二是超常规拆迁。对沈阳老城区建筑密集、违章建筑和临时建筑，市政府发布了相关规定。三是超常规立法，把“森林城市”建设以法律的形式规范下来。四是超常规投入，推进森林城市建设。5年来，共投入资金55亿元，每年都在10亿元以上。五是超常规植树，开展冬季植树活动。

2005年8月23日，第二届中国城市森林论坛会在沈阳召开。国家林业局授予沈阳市国家森林城市称号。

【林业大事】

1月21日 全省市林业局长会议在沈阳召开。会议以把握发展机遇，推进历史性转变，全面提高辽宁林业建设质量和水平为主题，认真落实全省农村工作会议和全国林业厅（局）长会议精神，全面部署年度工作。

2月21日 省林业厅公布白杨透翅蛾、青杨天牛、双条杉天牛、柳蝙蛾、花曲柳窄吉丁、板栗疫病等7种为辽宁省补充林业检疫性有害生物。

3月11日 2005年中国北方春季林业种苗花卉交易会在沈阳举行。

3月30日 省妇联、省绿委会、省林业厅联合下发了《关于在全省妇女中开展增收致富美化家园活动实施方案的通知》。

4月7日 省政协主席郭廷标、副主席张毓茂等领导与100多名省政协委员，在铁岭县李千户乡参加关注森林营造政协委员林义务植树活动。

4月8日 省委书记、省人大常委会主任李克强，沈阳军区政委姜福堂，省长张文岳，省政协主席郭廷标等党政军领导，参加沈阳市义务植树活动。

5月18日 省林业厅下发《关于实行省对市林业工作目标考核的通知》，自2005年开始，对市林业工作实行目标考核。

5月29日 由省政协副主席徐文才带队的省政协委员及新闻记者，在沈阳、本溪、抚顺和朝阳开展了历时3天的关注森林、聚集荒漠大型视察和采访活动组。

6月24日 辽宁省正式全面启动中央森林生态效益补偿基金制度和省级森林生态效益补偿基金制度，对全省的国家级和省级生态公益林实行补偿。

7月18日 全省市林业局长会议在阜新召开，会议以深入贯彻中央林业决定精神，加快推进全省林业改革和发展为主题。重点研究了集体林改革和“十一五”林业发展规划。

9月7日 省政府下发了《关于加强天然林保护建设工作的通知》，决定自2006年到2010年，继续加强对天然林的保护和建设工作，巩固和发展天然林保护成果，为辽宁老工业基地振兴，促进经济和社会可持续发展提供生态保障。

9月8日 省政府在本溪市召开东部山区综合开发工作会议。副省长胡晓华在会上指出：辽宁将继续完善天然林保护政策，以深化集体林产权制度改革为动力，以加快林地资源开发为重点推进辽东山区的综合开发进程。

9月19日 辽宁省委宣传部和省林业厅联合组织《辽宁日报》、辽宁人民广播电台、辽宁电视台和《辽宁林业》杂志等省内多家重要媒体，在丹东、大连、营口、盘锦、锦州和葫芦岛6个市开展了历时5天、行程近2000千米的关注森林——绿色辽宁海疆行大型新闻采访活动。

10月1日 辽宁省在全国率先启用“12119”免费森林防火报警电话，标志着辽宁森林防火工作向规范化和现代化稳步推进。

11月16日 省林业厅举办全省林业形势教育——集体林产权制度改革专题报告会，厅长王文权作了题为《贯彻落实中央林业决定，抓住林业发展机遇，推进以林权为核心的全省集体林改革》的专题报告。

12月23日 在国家林业局《关于全国营造林实绩综合核查结果通报》中，辽宁省2004年度全国人工造林更新实绩核查结果排名第六位；2004年度全国三北工程营造林实绩核查结果排名第六位；2004年度全国长防工程营造林实绩核查结果排名第五位；2004年度退耕还林工程人工造林实绩综合评分排名第五位。 （辽宁省林业由常中威撰稿）

吉林省林业

【概　述】　2005年，全省重点生态工程完成或超额完成了阶段性目标。全省林业实现社会总产值234亿元，按可比口径实际增幅达到6%。实现连续25年无重大森林火灾目标。

1. 2005年初，省林业厅提出了坚持生态建设和产业发展并重，实施三大区域发展战略的林业建设新思路，并以此确定了全年工作任务。①东部山区速生丰产林建设项目顺利启动。编制并上报国家林业局批准《吉林省速生丰产用材林建设项目试点方案》；项目贷款通过国家开发银行评审；确定首批6家试点单位，完成项目规划设计，制定下发速生丰产林项目规划设计管理办法、投资建设计划管理办法和招投标管理办法，项目运作机制基本形成；试点改培采伐限额已经下达。②中部防护林更新改造工程探索了行政推动、市场运作相结合的造林新机制。在操作上以县为单位，落实县、乡、村责任制，实行公开拍卖、全额抵押、资金统管、采造挂钩、落实产权、大苗造林、足额更新的运作方式，提高建设标准，扩大防护面积，增加经济加入，创造农村联产承包后农田防护林更新改造新模式，为三北防护林建设找到一条新路。2005年国家林业局在吉林省召开三北防护林现场会，吉林省在会上介绍了经验。③西部生态草产业化工程迈出坚实步伐。省种苗中心与北京时代投资集团合资合作，成立了吉林省科尔沁生态草产业集团有限公司，公司采取股份制经营，注册资金5000万元。一期工程主体项目计划建设一座年加工饲草5万吨，贮备量10万吨，亚洲一流现代化生态草加工厂。积极动员社会力量参与荒漠化认治，加强同台商、韩国环境运动联盟合作，举办“千手观音牵手社会各界治荒漠”大型募捐晚会，募集资金214万元，基金会全年总共募集资金337.9万元。实现造林种草8.7万公顷，5年累计实现造林种草95.8万公顷，有近10万多农户受益。天保工程区木材降产全部到位，年采伐木材量由387.8万立方米下降到217.5万立方米，调减幅度达到43.9%，8年累计减少采伐木材1032.1万立方米。共分流安置职工12.3万人，其中一次性安置职工5.2万人，金融机构第一批债务免除运作完成，免除森工企业债务11.7亿元，工程区生态经济社会状况发生深刻变化。

2. 适应由木材生产为主向生态建设为主转变要求，林业经济在经历了单一木材生产难以维系的震荡后，经过市场化改革、适应性调整和多元化探索，出现了新的转机。①充分利用得天独厚的林地资源优势，一大批种植业、养殖业、采集业基地发展迅速，各类加工企业不断兴起，产业链条延长，区域主导产业正在形成。加大林区矿产资源、特产药材资源和食品资源的开发力度，形成一批新的经济增长点。主打长白山品牌，开发一批各具特色的森林公园、自然保护区等旅游线路，形成点、线、面结合配套成龙的旅游产业新格局。②支持两大林业企业集团加快推进企业战略重组，产业集群化趋势初步显现。实木复合地板、人造板、家具生产、矿泉水开发等产业实现了优化整合，林木产品加工深度提升，品牌优势日益显现，产品质量和市场占有率提高。③对公益林建设，普遍采取“先造后买”方式，实行职工家庭承包，民营造林，有效降低造林成本，提高造林质量；鼓励专业大户民营造林，加快商品林的发展。立足丰富的林地和多种森林资源，放活经营权和使用权，通过承包、租赁、招商引资，合资合作等方式，发展多种经营、立体开发，改变过去那种集体兴办、统一经营、效益不高的低水平开发方式，民营林业经济迅速发展。

3. 坚持从调整生产关系入手，突破体制障碍，推动林业快速发展。①指导支持森工企业综合改革。到2005年9月，完成改制单位279家，占应改革企业总数的53%，其中：资产并购重组83家，国有控股参股82家，退出国有58家，出售56家，涉及资产11.5亿元，改革后的企业向经营主体多元化，投资主体社会化，经营机制市场化大大迈进了一步。全省森工企业共分离出社会事业单位87家，收回资金7000多万元，企业减少支出4000余万元。②制定出台《吉林省生态效益补偿基金制度实施方案》，完成重点公益林区划界定、任务分解、管护聘任、资金拨付和资金使用审核工作，全省有140万公顷重点公益林纳入中央首批森林生态效益补偿范围，下拨到位资金1.115亿元。2005年8月，国家林业局、财政部在吉林省召开了中央生态效益补偿基金座谈会，肯定吉林省落实生态效益补偿基金制度的工作经验。③开展国有林流转政策研究和试点准备，省政府起草《关于加强集体林权制度改革的意见》。④组建红石、汪清国有林管理分局，理顺体制，强化职能，在解决国有林业企业一手管资源、一手砍资源问题方面迈出了

坚实的步伐。

4. 林业行业管理水平进一步加强。①制定并颁布实施《吉林省生态草建设管理办法》和《吉林省林木种子经营管理条例》，完成《龙湾保护条例》立法准备工作。严厉打击涉林犯罪行为，组织开展了封杀餐桌野味、林海飓风1~5号行动、打击破坏森林资源专项斗争等集中统一行动，共查处各类案件12 807起，其中森林刑事案件1058起，打掉团伙39个，处理违法人员13 216人次，收缴木材5800立方米，挽回经济损失600多万元，有效遏制了涉林犯罪势头。林业有害生物防治率由“九五”末期的70%提高到78%，成灾率控制在5‰之内；野生动植物和湿地资源得到有效保护，新增国家级自然保护区2处，省级自然保护区5处，全省国家和省级自然保护区增加到17处，总面积达到223.33万公顷，占国土面积的11.9%。②加强对重点工程资金的审计和稽查，严肃查处生态建设资金违规违纪问题。对35个项目单位进行资金审核，共查处违规资金169.5万元，其中挤占挪用103万元，清理归位资金率达到期100%。推进简政放权、转变职能工作，首批下放行政审批项目33项，第二批拟下放的审批项目19项，共有31项审批权直接下放到县（市），占林业审批项目的63%。（省林业厅办公室）

【十年绿化美化吉林大地活动取得阶段性成果】截至2005年，按照省人大决定和省政府通知要求，在全省深入开展的十年绿化美化吉林大地活动已经进入中期评估阶段。造林总量实现历史性突破。5年来共造林种草95.8万公顷，完成同期规划任务的265%，是“九五”期间造林面积的3倍；封山育林51.7万公顷，完成规划任务的161%；森林抚育54.9万公顷，完成规划任务的103%。中部地区防护林体系更新改造步伐加快，功能显著提高，保障了农牧业的稳产高产；西部地区大规模开展了生态草建设，提前6年超额完成省政府下达的治理任务，植被迅速恢复，生态状况明显改善，风沙盐碱得到进一步遏制；东部地区通过开展天保工程、坡耕地退耕还林，森林资源总量持续增长，林分质量提高，生态功能增强，水土流失现象大幅度减少。全省现有森林每年创造的生态价值约250亿元，为生态省建设和老工业基地的振兴创造了良好的环境条件和资源支撑。义务植树向纵深发展。5年来共有4231万人次参加义务植树，植树1.9亿株，完成规划任务的111%。共扩建和新建义务植树基地1871个，面积1.2万公顷，分别完成规划任务的110%和161%。共办各级领导绿化点1100处。林业重点工程成效显著。天保工程区木材产量调减到位，森林管护面积达372万公顷，12.3万富余职工得到了妥善分流安置，工程区森林资源得到休养生息，经济社会出现新的转机。退耕还林（草）工程完成60多万公顷，退耕农户获得直补金8年累计20多亿元，每户每年人均增加收入近百元，带动了农村经济结构调整和地方经济发展。三北防护林四期工程完成12.9万公顷，加快了防沙治沙、农田防护林建设和大江大河流域治理步伐。农田防护林更新改造工程，两年共改造防护林4734.9公顷，采伐林木72.1万立方米，新增加农田防护林带面积581公顷，农民增加现金收入3亿多元。生态草建设完成34.67万公顷，提前6年超额完成省政府下达的任务。生态草治理区荒漠化趋势出现逆转，植被覆盖率大幅度提高，生物多样性得到明显恢复。据统计，仅松原市的一类草原比2000年增加了8000公顷。城乡绿化美化再上新水平。城市新增绿地2113.7万平方米，完成规划任务的123%。绿化标准和品位不断提高，在广场、街路、游园、庭院绿化美化方面涌现出一大批精品工程。县城新增绿地1374.2万平方米，完成规划任务的210%。城乡结合部普遍营造了大规模的绿化带和环城林，构筑了城市外围的生态屏障。农村以村屯绿化为重点的四旁绿化不断发展，许多乡村的环境面貌发生了彻底改变。共完成高标准绿化美化村屯4568个，完成规划任务的105%。部门造林绿化美化取得明显成效。共完成公路绿化5836.9千米，铁路绿化372.3千米，江河绿化3416.4千米，分别完成规划任务的183%、185%和295%。

（省林业厅办公室）

【吉林龙湾被纳入中国生物圈保护区网络成员】2005年，经中国人与生物圈国家委员会批准，吉林龙湾国家级自然保护区被正式纳入中国生物圈保护区网络正式成员。（省林业厅办公室）

【吉林省林业技工学校隶属关系更改】2005年6月，经省编委批准，原隶属于吉林森工集团的吉林省林业技工学校划归吉林省林业厅管理。

（省林业厅办公室）

【长春市林业】

植树造林和营林生产 为加快长春林业的发展，长春市政府作出了《关于加快林业发展，推进生态建设若干问题的决定》。为提高城郊造林绿化的档次和水平，在城区推行了造林绿化申报制。这些政策的制定和宣传，极大地调动了广大干部群众造林绿化的积极性。经过广大干部群众的共同努力，2005年全市共完成植树造林6000公顷，其中，人工造林4589公顷。完成重点工程补植造林4000公顷；封山育林1500公顷，其中，本年新封1000公顷；完成幼林抚育19 060公顷；中幼林抚育8821公顷；全民义务植树1279万株；绿化公路、乡路270.8千米；绿化江河堤防229.2千米。育苗1520公顷，其中，本年新育187公顷；生产苗木2105万株，其中，杨、柳大苗1600万株。林业总产值127 989万元，其中，第一产业产值73 331万元，第二产业产值32 139万元，第三产业22 519万元。

农田防护林更新改造工程 为提高全市农田防护林的防护效益，2005年，全市加快了农田防护林更新改造的步伐，将农田防护林更新改造指标由2004年的15万立方米增加到23万立方米。在2004年确定的农安、德惠、绿园和宽城4个试点县（市、区）的基础上，又将榆树、九台、朝阳3个市（区）扩进试点范围。采用了以点带面的办法，认真推广了农安、德惠、绿园和宽城4个试点县（市、区）农田防护林更新改造中确定的“五项原则”，即：生态稳定原则，过熟优先原则，砍次留优原则，集中连片原则，采造挂钩原则。“四项机制”，即：建立木材竞价销售机制，增加林木收入；建立工程造林机制，实行包栽包活；建立造林资金保障机制，推行保证金专储；建立或立木流转机制，实现所有制多元化。各县（市、区）按照全市要求，采取了早动手，栽优质大苗，实行工程承包和蘸生根粉、灌浆造林、地膜覆盖、强剪侧枝等技术措施，精心组织了农田防护更新改造，确保了造林质量。全年共完成农田防护林更新改造面积1050公顷，新植农田防护林带700余条（其中千米以上的林带200余条），栽植杨柳树大苗180余万株，成活率达90%以上，一次造林就成林。9月16～18日，国家林业局三北局在长春市召开了三北地区农田防护林体系建设现场会，会议组织三北地区16个省（区、市）的代表参观了德惠市、农安县农田防护林更新改造工程现场和长春市环城绿化带工程，国家林业局副局长祝列克、国家林业局三北局局长陈凤学、吉林省副省长杨庆才、省政府副秘书长张宝田到会并作了讲话，副市长李伟代表长春市介绍了农田防护林更新改造经验。

城郊高标准生态林工程 为加快城郊林业建设的步伐，提高城郊生态建设水平，促进长春经济可持续发展，从2002年起，在城区规划实施了《城郊高标准生态林工程》。2005年是该工程实施的第四年。为调动广大干部群众造林绿化的积极性，2005年，制定并实行了《长春市城郊生态林申报管理办法》。

大黑山水土保持林工程 为加快全市生态建设，长春市把大黑山水土保持林工程作为全面推进造林绿化的重点工程，在九台、双阳的宜林荒山荒坡，开展了以退耕还林、宜林荒地造林和封山育林为主的水土保持林工程。九台市把冠下造林和疏林地造林作为造林的重点，采取国营林场、乡镇、个人和国社合作造林一起上，全市完成造林面积1000公顷。其中，国有林场造林500公顷。双阳区以退耕还林、宜林荒地造林和封山育林为主，完成造林面积达1000公顷，其中，25度以上的坡耕地退耕还林467公顷；封山育林1000公顷，为大黑山水土保持奠定了较好的基础。

绿色通道工程 按照国务院和省绿色通道建设的总体规划，2005年，长春市坚持把绿色通道建设作为推进全市造林绿化的重点工程，积极协调公路、交通等部门，先后投资1378.4万元，重点实施了黑大线榆树段、吉长公路南线、榆陶公路、德九公路、农德公路、双蒋公路的绿化，将一条条公路和铁路建成了绿色长廊。为加固水库堤防和作好江河沿岸绿化，协调水利部门加大了水库和江河沿岸绿化力度，重点对石头口门水库、新立城水库和松花江、饮马河、拉林河、新开河、伊通河等主要江河堤防进行绿化和补植。据统计，2005年全市完成绿色通道建设总长度600余千米，造林绿化面积450余公顷，栽植各种苗木150余万株。

全民义务植树 在吉林省省会绿化委员会的组织下，围绕十年绿化美化吉林大地目标，坚持开展了全民义务植树活动。3月12日，在全国植树节到来之际，在全市先后开展了“绿化长春、美化家园”签名、“绿化募捐仪式”和“鼎力增林添绿，共建秀美家园”宣传活动，进一步增强了广大人民群众的生态环保意识。4月12日，在吉林省省会绿化委员会的组织下，由吉林省委、省政府、省人大、省政协、省纪检委和长春市委、市政府、市人大、市政协、市纪检委五大班子领导及省军区、省武警总队、长春军分区首长，净月潭开发区管委会机关干部、职工、净月潭开发区中、小学生，总计600多人参加了长春净月潭春季义务植树活动。在吉林省省会绿化委员会的倡导下，紧紧抓住春季植树造林的黄金季节，以营造家庭林、大学生林、记者林、“三八”林为载体，大力开展了全民义务植树活动。据统计，全市义务植树1279万株，建设义务植树基地39块，市区新增绿地面积113公顷，绿化村屯290个；县城新增绿地面积29.2公顷。全市森林覆盖率达14.27%，市区绿化覆盖率41.5%。

森林资源管护 认真贯彻“三分造七分管”的原则，全市在抓好造林绿化的同时，狠抓了依法治林和森林资源管护。

1. 强化了森林防火的组织领导，实现了连续22年无重大森林火灾目标。①对全市森林防火指挥部领导成员进行了调整，并划分了责任区，落实了森林防火责任制，制定了森林防火紧急预案，与各县（市、区）签订了森林防火责任状。②坚持了早部署、早动员、早预防的措施，先后两次召开全市森林防火工作会议，加强了森林防火的宣传，向全市下发《吉林省人民政府森林防火命令》5000余份，下发各种宣传单25 000份，张贴标语25 000条，出动宣传车600多台次。③投资40万元在二道区的东风林场、双阳区的甩弯子林场建设了2座防火瞭望塔。④强化野外火源控制，在森林防火戒严期和重要防火日，对重点林区实行了死看死守，先后组织460余人次对重

点林区进行大规模防火检查，查处违规人员120多人，批评教育600多人。

2. 坚持开展了严厉打击破坏森林资源的专项斗争。全年共查处各类破坏森林资源的案件128起，其中，行政案件117起，刑事案件11起。抓捕违法犯罪嫌疑人19人。

3. 坚持开展野生动物保护工作。结合“爱鸟周”活动，悬挂爱鸟宣传条幅100幅，集中力量打击非法捕鸟4次，放飞野生鸟类700余只。

4. 按照国家和全省的统一部署，依法清理整顿木材加工厂点600余家，核发《木材加工（经营）许可》470个。

5. 加强森林病虫鼠害的防治。紧紧围绕林业有害生物监测预警、防治减灾、检疫御灾和应急反应体系建设及对杨树枝干病虫害的治理，先后成立了市、县两级森林病虫害工程治理领导小组，组织200名乡级森林病虫害的防治人员进行了专项业务培训，实施了以防治日本松干蚧和杨树枝干害虫为重点的防治工程，共完成治理面积4360公顷。

林业资金投入 为确保长春林业持续稳定发展，长春市林业局千方百计争取造林资金，采取了三种方法，力争解决制约林业建设的“瓶颈”问题。①实行了造林申报制。在城郊，对申报和完成造林任务的农户，不分所有制形式，只要经过林业主管部门审批备案和质量检查合格的，均可按照1.5∶1的比例进行了配套补贴，2005年，市、区两级政府投资400万元对申报造林验收合格户进行补贴。②积极争取国家重点生态建设项目投资。2005年，共争取到国家三北四期、退耕还林、封山育林、宜林沙荒地造林和小型公益林建设等项目投资400万元。③从农田防护林更新改造预留育林资金中拿出70%投入到造林绿化上。④积极鼓励社会投入。据统计，2005年，全市造林绿化投入资金共计9000万元，其中，国家对重点工程建设投资800万元；各级财政投资600万元；林业、水利、公路、交通、园林等部门投入4000万元，社会团体投入600万元，群众和个体投入3000万元。

林业综合审批 为增强林业行政管理和行政权力运用的透明度，按照全市统一要求，在“五一”节前，将《林木种苗生产、经营许可证》、《木材加工（经营）许可》、《木材运输证》、《征占用林地审批》项目纳入长春市政务中心4楼A厅林业综合审批窗口。为方便群众，提高办事效率，对外印制了《林木种苗生产、经营许可证》、《木材加工（经营）许可》、《木材运输证》、《征占用林地审批》服务指南，并在政府信息网站对外公开了办理程序和办理时限，既简化了办事程序，又方便了群众。全年共办理《林木种苗生产经营许可》20件、《木材加工（经营）许可》95件、出省《木材运输介绍信》272件、省内《木材运输介绍信》94件。

企业改制 按照国家和省、市关于加快国有企业改制的整体要求，保证长春林业国有企业改制的顺利进行，长春市林业局成立了国有企业改制领导小组，针对长春市绿化美化工程公司、长春市林业局干部培训班、长春市劳动服务公司、长春市苗圃这4家企业的实际状况和国企改革的方针政策，经过多次认真调查研究和听取干部职工意见和建议，制定了《长春市林业局关于国有企业改革方案》和《关于改制企业经营管理若干问题的规定》，经市国资委批准，按照国有企业改制的政策和要求，对这4家企业进行了资产清查、债务清查、债权清查、职工人数清查。请有资质的审计事务所、资产评估事务所对这4家企业依法进行审计和资产评估。2005年底前，完成了长春市绿化美化工程公司、长春市林业局干部培训班、长春市林业局劳动服务公司3家企业的改制工作。

（张建军）

【白城市林业】 2005年，全市总土地面积257.45万公顷，林地面积30.08万公顷，有林地25.77万公顷，活立木蓄积1321万立方米，森林覆盖率10.8%。

2005年全市共完成造林2.51万公顷，生态草1.31万公顷，义务植树305万株，植桑8933.33公顷，嫁接苗建园2600公顷。城市新增绿地2.37万平方米，县城新增绿地70.93万平方米，绿化村屯111个，绿化县乡公路187.2千米，绿化江河堤岸963.5千米。

瀚海桑田工程 2005年全市计划植桑0.5万公顷，其中，嫁接苗建园2667公顷，实生苗造林2333公顷。全市共完成植桑计划的179%，其中实生苗造林6333.33公顷；全市育苗169.33公顷，打抗旱井320眼，新建蚕舍近5万平方米，培育嫁接苗1412万株，共投入资金3539万元。全市成功试养桑蚕2500多张，直接经济效益215万元。

森林采伐更新机制 2005年全市4个县（市、区）被省确定为农防林更新改造试点县。全年农防林更新改造采伐6.6万立方米，枯死木采伐近3.3万立方米。

森林资源管护 实现了无重大森林火灾。开展了打击破坏森林资源的专项行动，共查处各类森林案件46起，其中：森林刑事案件10起，森林行政案件34起，行政罚款35人，收缴木材60多立方米，罚款9.6万元。

重点项目建设 按照市政府关于开展重点项目“百项工程攻坚”活动的要求，经过认真筛选，市林业局将瀚海桑田工程、退耕还林工程和生态草建设工程作为局重点项目，瀚海桑田工程全年完成投资3539万元，是计划的115%；退耕还林工程计划投资3200万元，在未接到国家计划的情况下，已完成投资4000万元，完成退耕还林工程2.04万公顷。

（白城市林业局办公室）

【松原市林业】 截至2005年末，全市林地面积333 528公顷，有林地面积188 728公顷，活立木总蓄积16 990 656立方米，森林覆盖率9.04%。2005年，全市林业总产值为51 133万元。

2005年，全市完成造林3260.46公顷，其中，完成三北四期人工造林2000公顷，封山育林1000公顷，完成农田防护林更新改造造林260.46公顷；完成补植面积12 197.4公顷，重造面积3467.5公顷；完成绿色通道工程公路绿化207千米，江河绿化29千米；完成义务植树333万株；完成村屯绿化39个。林业资源保护进一步加强，林业产业经济得到较快发展。

林业重点生态工程

林业重点生态工程补植补造工作 全市共完成退耕还林补植面积6486.69公顷、重造面积2376公顷，完成三北防护林工程补植面积5710.5公顷、重造面积1091.5公顷，完成生态草地造林补植面积1012.2公顷、重造面积436.7公顷。

农防林更新改造工程 2005年，农防林更新改造工程在全市铺开。具体实施上，狠抓了四方面工作：①设计地块实行逐级审批制。②更新改造实行保证金制，即由林地使用者交纳10 000元/公顷的造林保证金。③更新造林质量与采伐指标使用挂钩。④加强对林木拍卖、抵押、销售资金的监管。

三北四期工程造林 认真组织实施了“万亩民兵林”防沙治沙工程。2005年4月17日，在前郭县东三家子乡，吉林省军区“万亩民兵林”建设工程正式启动，省委书记王云坤、省军区政委张福才、省军区司令员岳惠来、市委书记杨绍明、市长蓝军等党政军领导以及6个地区、8个建设单位的5000名预备役官兵参加了造林，利用近一周的时间，高质量、高标准地完成造林435公顷，共栽植杨树、山杏、樟子松等117万株。

林业产业经济

草业经济 积极引进优质草种，加快草种改良步伐，提高生态草产量。2005年，全市的生态草产量达20余万吨，可实现收入8000万元。

养殖业 依托丰富的生态草资源，结合全市招商引资工作，市林业局在前郭县深井子林场开发建设了奶牛、獭兔养殖项目。1～8月份又吸引中国江山绿源草产业有限公司与敖东鹿茸业有限公司合作，投资1.28亿元，在长岭县兴建了长岭肉食鹿产业化基地，从事肉鹿饲养、繁殖和加工。

木材加工业 全市共有木材加工企业300余家，以扶余县弓棚子木业园区为龙头，推进木材加工业规模化、集约化发展。该园区已引进省内外木材加工企业60家，年实现经济收入2.5亿元。

森林资源管护

林业严打专项行动 深入开展了打击破坏森林（湿地）资源专项行动和打击猎捕陆生野生动物违法犯罪专项行动。2005年，全市共查办各类林业案件180起，其中，刑事案件22起、行政案件158起；行拘48人，刑事处罚13人；挽回直接经济损失12.92万元。

森林防火工作 广泛宣传森林防火知识，提高全民防火意识。全面落实森林防火领导责任制，坚持实行24小时值班、领导带班和森林火险零报告制度。突出重点区域、重点时段、重点防护林种、重点防范对象，在戒严期和高火险时段实行野外用火管制，实现了连续25年无重大森林火灾的目标。

森林病虫害防治工作 2005年，全市完成森林病虫害防治面积21 612公顷，防治率达73%，造林苗木检疫率达到95%以上。

野生动物和湿地资源保护工作 以松花江、第二松花江、嫩江、拉林河流域为重点，深入市场、餐馆、饭店，严厉打击非法猎捕、收购、销售、经营野生动物的行为，有力地保护了野生动物和湿地资源。

（张云东）

【四平市林业】 2005年，全市林业用地面积28万公顷（国有林地14.87万公顷），其中有林地面积19.87万公顷。全市森林覆盖率为14.3%。活立木总蓄积量为1339万立方米，年净生长量超过60万立方米，每年可为社会提供6万左右立方米木材。

2005年，四平市林业局坚持以科学发展观为指导，深入贯彻省委、省政府《关于加快林业发展若干问题的决定》，坚持以生态建设为中心，以生态建设、森林保护、资源管理、产业发展和基础建设为重点，加大指导力度，加强宏观管理，圆满地完成了年度任务。

造林绿化 全市完成造林种草面积1.35万公顷，其中造林0.75万公顷，围封生态草0.6万公顷。补植造林1.65万公顷。全民义务植树365万株。农防林更新改造完成整地0.15公顷；四平城区270家单位庭院绿化进一步提高；城区南环路造林任务圆满完成，植树5.2万株，树木成活率达到98%。

森林资源管理 制定了《关于加强林木采伐管理的通知》、《城区森林资源管理的意见》等加强森林资源管理的制度，重新组建了市林业局调查设计队；对全市2002年以来的采伐迹地进行了严格检查；实行了政务公开、阳光审批制度，积极帮助协调解决四平至叶赫等基本建设工程项目占地事宜。全市共清理整顿木材加工点731家，完成支持经济建设占地审批项目3件，占用林地0.12万公顷。

森林保护 制定了市级《森林火灾事故应急预案》、《森林火险预警响应细则》和《高森林火险等级应对细则》，实现全市连续25年无重大森林火灾目

标。开展了严打专项行动，全年发生种类林业案件741起，同比下降8%，查处741起，查处率100%，打击处理2300人，收缴林木460立方米，为国家挽回经济损失126万元；森林有害生物普查工作任务基本完成，森防“四率”达到省定标准，未发生重大森林病虫鼠害。

林业产业发展 营林、种植、养殖、建材、果品、加工和服务等七大主导产业稳步发展，规模逐步扩大。全市林业系统已建立各类产业基地28处，其中：养殖基地12处，包括养鹿基地3处、存栏930只，养牛基地1处、存栏200头、出栏2000头，养鹅基地8处、4万只；中草药基地1处，面积2公顷；经济林基地2处，面积80公顷，年产量500多吨；木材加工基地3处，年加工木材3000立方米；苗木基地7处，面积146.67公顷，年出苗量达2500万株；森林旅游基地1处——双辽市一马树森林公园，一期工程建设已经完工；矿泉水和商品林基地各1处。全年完成总产值2亿元，利税150万元。

（孙红英）

【通化市林业】 2005年，全市林业用地面积1 044 915公顷，占全市幅员面积1 530 793公顷的68.26%。森林总蓄积69 334 245立方米，森林覆盖率为62.96%，有林地面积933 225公顷。2005年全市完成造林任务12 200公顷，占造林计划的122%。其中，国家重点工程完成7733.33公顷。红松阔叶林完成8733.33公顷，占计划的131%；栽植红松1389万株，占计划的198%。完成补植造林2.51公顷，占计划的377%。乡村水泥路绿化2027千米，占计划的122.8%。绿化铁路19千米，绿化江河两岸20千米，城市和县城新增绿地33.2公顷，绿化村屯53个。全民义务植树完成631.2万株，占计划的108%。

2005年共发生山火5起，其中一般性火灾2起，火警3起，森林受害面积6.25公顷，损失林木112立方米，处理相关责任人20人。火案查处率、森林受害率和火灾面积控制率都达到省、市规定要求，实现了连续51年无重大森林火灾的目标。

2005年全市共查处各类森林案件1041起，其中刑事案件105起，重大案件5起。打处涉案人员1130人，其中追究刑事责任182人，收缴木材390.9立方米，共为国家挽回经济损失523万元。森林病虫害防治检疫完成监测面积56万公顷，发生面积18.2万公顷，防治面积8.93万公顷。检疫林木种子76吨、苗木3140万株，木材24万立方米，收缴检疫费18.8万元。对全市18个木材检查站和503家木材加工厂进行了检查和整顿，堵住了黑材销赃渠道，维护了木材流通领域的正常秩序。野生动植物和哈泥湿地保护管理工作逐步走上正轨，作为市区生产生活用水的水源源头湿地得到了很好保护。对非煤矿产开发秩序及生态环境专项治理取得成果。对没有办理各类手续，且规模小、效益低，对环境破坏严重的未经林业部门批准的95家企业予以取缔；对有一定规模，安全条件符合规定，又是当地政府的纳税大户129家企业限期补办手续；对办理各类手续齐全9家企业予以保留。

全市已有78个乡（镇），351个村，对18 703个农户进行了各种形式的林权制度改革。全市组建了8个私有林场，拍卖、转让、租赁、承包集体林25.6万公顷。使全市私有林比例从2000年底的13.7%，现已达到41.3%，提高了27.6个百分点。

2005年，通化市林业局按照市委、市政府提出的建设和谐通化，抓发展、抓落实，抓好重点项目建设的要求，努力在重点项目建设上下功夫，局领导班子千方百计抓项目，跑项目，争取资金。①在局产业办设立了全市林业系统重点项目储备库，已储备项目25个，项目总投资27 926.86万元。其中，国家补贴7978.8万元，省级补贴1854万元，软贷款和其他贷款9100万元，自筹资金14 994.02万元。②积极做好招商引资工作。2005年年市政府下达给市林业局招商引资任务1800万元，实际完成2160万元，占计划的120%。③编制了全市林业“十一五”规划和全市生态公益林补偿基金管护、林木种子检测、野生动植物保护等投资规划和计划。

（通化市林业局办公室）

【延边林业集团】

经济效益 2005年，实现林业产业总产值691 023万元，同比增长3.6%。实现工业总产值120 887万元，同比增长13.7%。实现工业产品销售产值118 423万元，同比增长11.2%。完成工业增加值42 543万元，同比增长12.1%、工业产品产销率达98%。实现销售收入180 504万元，与2004年基本持平。实现利润2082万元，与2004年基本持平。外贸进出口总额5970万美元，同比增长16%。其中，出口5642万美元，同比增长11.8%。在岗职工年人均工资达6665元，比2004年人均增加583元，实现了全州连续25年无重大森林火灾。

木材生产 2005年，生产木材1 571 856立方米，完成计划的98.0%，其中，集团1 294 783立方米，木材采集完成1 248 605立方米，同比减少6219立方米，减幅0.4%；商品材缴库完成1 294 783立方米（含病腐木187 081立方米，速生丰产林16 760立方米，救灾材5 000立方米），同比增加114 148立方米，增幅9.7%。剩余物生产223 603吨；供应113 937吨，完成全年调拨计划的114.5%。森林采运产值完成90 774万元，完成年度计划的130.3%，同比增加20.3%。

林产工业 2005年，林产工业完成现价产值102 974万元，完成年度计划的100.6%，同比增长10.8%。生产锯材72 665立方米，完成年度计划的

103.6%，同比减少3.8%；生产胶合板17 945立方米，完成年度计划的115.9%，同比增长4.3%；生产纤维板23 588立方米，完成年度计划的107.2%，同比增长1%；生产刨花板55 687立方米，完成年度计划的101.2%，同比减少8.6%；生产细木工板18 283立方米，完成年度计划的133%，同比减少15.3%；生产木制工艺品27 419件（幅），完成年度计划的137.1%，同比增长151%；生产复合地板2 596 228平方米，完成年度计划的127.9%，同比增长25.5%。实现销售利润78 276万元，同比下降20.3%。

林业生态建设 2005年种苗生产计划育苗面积111.67公顷，实际完成116.67公顷。完成计划的100%。计划育苗产量12 000万株，实际完成12 817万株，完成计划的106%。其中产成苗2733万株。更新造林计划更新造林面积16 747公顷，实际完成16 185公顷，完成计划的96.6%。其中人工造林面积计划984公顷，实际完成面积1 601公顷，完成计划的162.6%。采伐迹地更新计划15 832公顷，实际完成面积14 584公顷。完成计划的92.1%。义务植树计划面积110公顷，株数27万株，实际完成面积458公顷，株数140万株。四旁植树计划19.5万株。实际完成23.6万株。完成计划的121%。成林抚育计划成林抚育面积40 298公顷，实际完成面积21 100.5公顷。完成计划的52.4%。

林地经济 2005年，林地经济总产值实现43 026万元，完成年度计划的101%。主要产品产量：粮食作物10 630吨；人工食用菌栽培6200万袋（段）；人工食用菌产量1800吨；人工中草药种植1471公顷；饮品原料培植面积4 237.6公顷；畜类存栏689 857头，出栏47 984头；禽类存栏37.1万只，林蛙放养15.5亿只，商品蛙销售3800万只；鱼类存量713吨，销售150吨；红松籽产量2830吨；山野菜采集量2 814吨；食用菌采集量552吨；中草药采集量50吨。

林业投资及招商引资 2005年，林业建设投资总额53 861万元，同比减少10.9%，其中集团46 022万元，同比增加0.7%；在总投资中，国家投资36 974万元、技术改造投资2363万元、育林基金投资3265万元。2005年招商引资到位资金10 532万元，同比减少23.2%，其中国外境外引资1394万元。

企业改革 2005年按照省、州国企改革攻坚的总体部署紧紧围绕林业与工业分离、生态与产业分离、主业与辅业分离的企业改革目标，不断深化企业改革，使延边林业企业改革工作取得了前所未有的突破，各企业所属林产工业厂家已大部分完成了企业改制任务，企业辅业与主业分离工作也按照年初制定的计划全面铺开，完成改制任务。改制的企业基本做到了改制操作到位、政策落实到位、职工身份置换到位、国有资本退出到位。以股份制为主要形式，推进集团直属公司的股份制改造，集团公司直接组织实施了集团直属物资分公司、林业建筑勘测设计院和帽儿山植物园的股份制改造工作。物资分公司以评估后的净资产272.39万元为基础组建了吉林延边林业集团物资有限公司，其中集团持41万元（占总股本的15.06%）股份，其余的231万多元净资产全部用于支付职工身份置换补偿金和职工购股、配股，54名职工全部与集团公司解除了劳动关系。林业建筑勘测设计院将评估后的130万元净资产全部用于支付职工身份置换补偿金和安置退休人员，设计院全部39名职工与集团公司解除了劳动关系，组建了民营延边大恩建筑设计勘测有限公司。对于连年亏损的帽儿山植物园，集团公司按照延边州委［1998］4号文件关于国有资产出售的优惠政策的规定，将帽儿山植物园整体出售给集团内部18名职工，组建了民营延吉市帽儿山植物园有限责任公司，国有资本全部退出。积极推进林业企业主辅分离工作，以原国家经贸委等八部委［2002］859号文件为依据，以精干壮大主业，放开搞活辅业为目标，采取因企制宜、一厂一策、宜股则股、宜售则售的改革模式，与企业一起制定和完善改革方案及各项规章制度，依法保证国有资产的安全和维护职工的合法利益，最大限度地保证社会的稳定，使企业改革工作得以顺利进行，已经完成改制的单位有：白河森林食品公司、白河设计室、白河鹏远装饰公司、白河物业公司、白河路桥公司、白河建筑公司、和龙林业胶合板厂、和龙爱家木业、和龙立志木制品厂、和龙铁通中心、和龙百里山泉矿泉水厂、和龙包装箱厂、亚光昌林分公司、亚光木制品厂、亚光吉森木业、天桥岭服务公司、天桥岭食品加工厂、天桥岭物资供应处、黄泥河物资公司、黄泥河林鹰公司、黄泥河制材厂、安图人造板厂、大兴沟物资公司成品油经销公司等单位股份制改造，白河燃料供应处、安图兴业楼、安图物资供应处等企业资产出售。2005年底，全面完成延边林业企业主辅分离辅业改制83家的改制任务。截至2005年11月，又有3000余名职工通过身份置换与林业企业解除了劳动关系。抓好行政执法基础工作，加强行政执法人员队伍建设不断提高行政执法人员的素质。全州11个林业局8个县（市）林业局从事行政执法工作的60余人参加了培训。开展法律宣传工作。在林管局主领导的带领下于7月9日组织16人参加了州政府、延吉市政府，在延吉市时代广场举行的法律咨询宣传会，在现场散发了《植物新品种保护条例》、《植物新品种保护条例实施细则（林业部分）》150余份，法律宣传单2000多份，提高了公民、法人或其他组织对林业在国民经济发展过程中重要地位的认识。坚持以质量认证为依托，进一步完善质量管理体系，集团加大了质量管理体系认证和环境管理体系认证力度，在下属企

业中特别是林产工业产品及食品等直接涉及人身健康的产品生产企业实行强制认证，并全过程参加了3家企业的质量认证工作。到2005年共有13家企业通过了ISO9001质量管理体系认证，有3种产品通过了产品质量认证；共有4家企业通过了ISO14000环境管理体制认证，有8种产品通过了环境标准认证。为完善质量管理体系及争创名牌产品奠定了坚实的基础。

职工生活改善 2005年，林区总人口298 628人，其中，集团279 843人；2005年末在册职工104 016人，其中，集团95 539人。职工工资。林业职工工资收入连续多年持续增长，在岗职工年人均收入有较大提高。在册在岗职工平均工资6832元/人，比2004年增加689元/人，其中，集团6730元/人，比2004年增加648元/人；拖欠职工工资3439.1万元，比2004年减少1358.6万元。居住条件。林区总住宅面积665.1万平方米，人均居住面积达22.27平方米/人，其中，集团636.8万平方米，人均居住面积达22.75平方米/人。 （于 萍）

吉林森林工业集团总公司

【概 述】 2005年，在全力推进改革的同时，紧紧抓住经营管理不放松，向管理要效益。针对原材料涨价、人民币升值、运力紧张、冬季封冻晚等不利因素，通过科学组织生产、强化营销手段，注重内部挖潜、节能降耗等一系列有效措施，全面完成了各项经营指标，收入和效益均实现高增长。全年实现营业收入304 356万元，创历史新高，比预算增加50 184万元，超收19.7%；实现净利润4194万元，比预算增加726万元，增长20.9%。各成员单位创收增效能力进一步提高。松江河公司通过对木材生产与销售效益化管理，有效开发三大绿色产业，实现营业收入3亿元，实现利润2016万元，比预算增加669万元。三岔子林业局以改革为动力，调整组织结构，减少核算单位，压缩非生产人员，节支增效成效显著。露水河林业局坚持向严细化管理要效益，积极开展招商引资，经济运行质量明显提高。白石山林业局紧紧抓住木材生产成本和售价两个中心环节，效益增幅较大。股份公司在顺利完成股权分置改革的同时，积极开拓市场，加强营销管理，实现了较好的收益。红石分公司加强木材生产和经营管理，充分发挥了股份公司收益主体作用，实现利润6000万元；露水河分公司克服原料紧张等困难，加强生产管理，完善销售网络，较好地完成了收益指标；三岔子分公司坚持以质量管理为中心，全面加强“四大系统”建设，实现质量和收益双丰收；北京分公司积极发挥龙头作用和地缘优势，在产品开发和市场开发上有新的突破；金桥公司克服原材料涨价、人民币升值等困难，注重内涵挖潜，以清洁生产为核心强化经营管理，创造了较好的经济效益。财务公司资金调控和保障能力增强。物资供销中心积极实行大宗物资采购，2005年降低采购成本780多万元，提高了集团整体效益。保险公司积极拓展保险业务，实现保额和收入双增长。5家分别管理企业在推进改革的同时，严格管理，较好地完成了控亏指标。

改革成效 按照省委、省政府改革攻坚要求，结合集团实际，在历时一年的时间里，从宣传发动，调查摸底，审计评估到方案制定，直至集团改革方案得到省政府专题会议讨论通过和省国资委批复，在时间紧、任务重、难度大的情况下，集团上下团结一致，群策群力，规范操作，合力攻坚，基本实现了“四到位、一基本”的目标，改革取得了历史性突破，集团获得省国资委系统改革攻坚优秀组织奖。截至年底，争取省政府财政支持和企业自筹改革成本9.8亿元，处理各类资产损失10多亿元。已有20家子公司完成改制，涉及三级单位161家，其中整体出售转制民营71家，保留部分国有股20家，管理层收购13家，撤销9家，移交42家。有44 415人与原企业剥离。有37 581人与原企业解除关系，其中现金补偿32 361人，用净资产量化补偿5220人，原在岗职工解除劳动关系人员中有近70%已在改制后的非国有企业重新就业。移交社会管理4699人，待移交2135人。改革后，在册职工38 798人，其中公伤长病内退7826人。这次改革是集团历史上涉及人数最多、动用资产量最大、触及面最广的一次重大改革，也可以说是一次革命，通过改革，解决了长期困扰集团发展的历史包袱问题，减轻了负担，做实了资产，为集团建立新体制、新机制，全面进入市场，加快发展打下了坚实的基础。各单位在改革攻坚中，不等不靠，主动出击，开拓进取，创造出很多好的经验和做法。松江河、临江林业局在改革攻坚中认识高，办法多，行动快，克服了解除劳动关系人员多、资产处置数量大等各种困难，出色完成了改革攻坚任务。三岔子、湾沟林业局辅业改制非常彻底。松江河、三岔子林业局被省国资委评为改革攻坚先进单位。在改革攻坚中，集团高度重视信访工作，做到领导有力，责任到位，重点突出，措施有效，化解了各种矛盾，没有发生一起进京到省上访案件，为改革创造了稳定环境，省委、省政府给予了充分肯定和高度评价。白石山林业局、红石林业局在改革成本紧张，职工承受能力较弱的情况下，通过艰苦工作，圆满完成了改革任务，保持了企业稳定；4个城市加工厂结合改革攻坚，积极配合上级主管部门落实天保一次性安置政策，为集团大局稳定作出了贡献。

项目建设 围绕做大做强主导产业，累计投资87 324万元（含天保资金34 498万元），其中：争取国家资金47 356万元，企业自筹39 968万元，新上林产工业项目2个。争取国家和省里预算资金1413万元、开发行软贷款3000万元、东北老工业基地改造资金500万元、各种贴息402万元、国家科研项目资金38万元。按照年度投资计划，金桥木业三岔子胶合板分公司地板改造项目完成投资786万元，7月份正式生产。江苏刨花板项目克服异地建厂的诸多困难，积极协调地方政府和各施工队，保证了工期和质量；河北永清刨花板项目主体厂房已经完成；临江刨花板一期改造已基本完成，高能耗问题得到有效解决；北京强化地板扩建及门业续建项目顺利完成年度计划；红石复合地板改造项目一期已进入试生产阶段。按照集团加快林特资源产业发展的意见，资源综合开发在森林中药材、森林食品、森林矿产、森林旅游开发方面有新进展，2005年实现总产值5.18亿元，利润1.02亿元，安置人员1.92万人。三岔子、红石铁矿项目已开展前期工作，红石、松江河国家森林公园项目获得批复。松江河公司抢抓长白山旅游开发机遇，温泉医院及相关景点和设施建设已纳入整体规划并开始实施。速生丰产工业原料林项目建设经过3年试点，累计造林1900多公顷，经过验收，速生效果明显，为下一步大面积推广积累了宝贵经验。

（刘凤德）

【吉林森林工业股份有限责任公司】 2005年，全部营业收入累计实现125 737万元，比2004年同期增加9595万元，增长8%，完成年度预算的117%；主营业务收入累计实现120 978元，比2004年同期增加8945万元，增长8%，完成年度预算的116%；主营业务利润累计实现28 958万元，比2004年同期增加995万元，增加4%，完成年度预算的101%；利润总额累计实现9812万元，比2004年同期减少1115万元，减少10%，完成年度预算的100%；其中净利润累计实现9081万元，比2004年同期减少900万元，减少9%。完成年度预算的101%。

刨花板生产能力扩大13万立方米，为主业快速发展奠定了基础 2005年是公司发展史上投资较大发展较快的一年，新建了江苏丰县刨花板和河北永清刨花板项目，收购了临江刨花板厂并对原生产线进行了改造，扩大了北京强化地板、北京门业的生产能力，完成了露水河、红石油炉和管道改造工程。新建项目和技术改造总投资达14 166万元。在建设过程中加强了投资可研和预算工作，设备采购和工程发包实行了招标管理，在钢材大幅度涨价的情况下，有效地控制了预算。江苏丰县刨花板项目，克服了天气炎热、雨水多、工期紧张、生活条件艰苦等诸多困难，有效地协调设备制造、安装、土建施工、工程设计、政府、银行、电力等外部环境，保证了工期，保证了质量，保证了一次试车成功。在内部管理方面加强了现场管理、技术管理和队伍建设，树立了吉林森工在丰县的良好形象。

强化了折旧资金的计划管理 有效地压缩了非生产性支出，把有限的资金用在重点项目上。为了集中资本发展主业，经董事会研究决定退出药业，将健今药业转让给临江林业局，使主业更加突出。

成功地完成了股权分置改革，企业转制和调整取得了新进展 根据中国证监会《上市公司股权分置改革管理办法》要求，在全国试点结束后，作为省内上市第一家公司进行股改。由于集团和公司高度重视、精心组织，12月8日股东大会以流通股股东92.26%的高票率通过，成功地完成了股权分置改革获得了全流通。这一改革任务的完成对消除分置、形成共同的利益基础，对于提高质量促进公司的健康发展具有重要的历史意义。在推进股权分置改革的同时，按照省政府和集团的要求，红石林业分公司加大了改革转制工作力度，对3家加工厂转换机制实施高风险抵押承营，与员工解除劳动关系转换身份1241人。进出口分公司与经济技术开发公司合并，撤销经济技术开发公司。对大连吉日铭木完成了转让，卸掉了历史包袱。

不断提升企业管理水平 2005年煤电油运及原材料大幅度涨价，各成员单位千方百计降低成本，努力提高售价。红石分公司加强木材销售管理，适应市场行情及时调整价格，木材立方米售价达到911.03元，同比提高111.83元，增加收入2270万元，创历史最高水平，保证了红石分公司实现利润5900万元，为完成股份公司的整体经营目标作出了贡献。三岔子分公司坚持高标准、严格考核、严细管理。5万立方米均质刨花板的设计生产能力，达到8万立方米的产量。全年停机仅有97小时，创出同行业一流水平。生产成本也比预算降低，各项指标全面超额完成年度计划。通化分公司积极开拓外部市场，甲醛、胶黏剂产品连续几年大幅度增长，靠规模效益降低了固定成本，有针对性地开展节能降耗竞赛活动，发动职工提合理化建议，水、电、煤消耗同比大幅度降低。露水河分公司在原料不足的情况下，精心组织生产经营。临江分公司完成平稳收购之后，边生产边改造，主动克服原材料不足等困难，8个月实现利润260万元，较好地完成了年度经营目标。公司财务、审计管理不断加强。成立了审计部，全面开展了审计工作，强化了内部监控。整体资金管理卓有成效，使用了网上银行结算系统，加快了资金周转。有效调剂内部存贷

款，财务费用大幅度节约。总结交流了露水河分公司车间成本核算的经验，公司整体财务基础管理工作不断完善。注重协调外部环境，学习用好有关政策，免缴防洪基金，全年节约支出 40 万元。人事管理不断加强，安全生产同比取得较好成绩。各加工企业产品质量管理水平不断提高，公司上下品牌意识有所增强。2005 年吉林森工“露水河牌”刨花板被国家质检总局评为 3 年免检产品。吉林森工被推选为中国刨花板专业委员会理事长单位。（张玉岩）

【露水河林业局】 2005 年，按照省国企改革和集团总公司改革攻坚的总体部署，积极筹措改革成本，企业改革取得新的突破，三项制度改革工作得到进一步深化，已有 10 个单位实行了不同方式的改制。经营管理工作扎实有效。坚持以经营促发展，以管理促效益的工作思路，把“四个一”、“五个新”、“四节”活动贯穿到经营和管理工作的始终。加大了木材生产调度指挥和生产组织的力度，提高了优质材比重。通过细分材种进一步细化了价格，提高了木材售价，木材平均售价创历史最高水平，回款率达 100%。加强了企业内部管理，全局承营单位均较好地完成了年初局下达的承营指标，经济增长彰显新活力。一是盘活森林资源，继续对红松果实采集权和林参间作用地等实行竞价承包，取得了良好的生态效益、经济效益和社会效益。二是招商引资取得明显成效，引进了北京普照机电设备有限公司的资金和人参加工业的国际领先技术，进一步完善了与中森药业及香港惠记集团合资建设的中草药种植基地的项目建设。三是大力发展森林旅游业。露水河国家森林公园建设日趋完善，旅游服务质量不断提高。（徐树军）

【湾沟林业局】 2005 年，实现营业收入 12 060 万元，实现利润 600 万元，在岗职工年平均收入达到 8200 元，比 2004 年增长 5.1%。

企业改革方面，按照省里“四到位一基本”的总要求，先后对医院、宾馆、物业管理处、建安公司、多种经营公司、电信公司、水泥厂、湾沟木材加工厂、仙人桥木加公司等 9 家企业单位实施了改制，对汽运公司、设计队实行主业精干。森林资源培管护方面，实行营林作业质量一票否决制，严格执行三级验收制度。积极推进天保工程，共完成退耕还林 933.33 公顷。努力提高森林综合产出能力，优化森林结构，累计营造红松果林达 1627.3 公顷。资源综合开发方面，全局已开发沟系 86 条，面积达 3400 多公顷，种植中草药 134.53 公顷，发展肉牛 1026 头，梅花鹿 421 头，绒山羊 423 只，林蛙存量百万只。已取得了大安煤矿、四平黄铁、二道大甲砬子铁矿上报探矿资料和三岔子林业局施业区铁矿开采的前期资料，为今后实施矿产资源开发打下了良好的基础。精神文明建设方面，年累计总投资 4749 万元，实施了新建小区路面地砖铺设、水泥硬化和局址一条街规划工程，绿化面积达到 2.1 万平方米。（刘恒岩）

【三岔子林业局】 2005 年，实现营业收入 22 169 万元，实现净利润 1922 万元，在岗职工年人均收入 11 524元，同比增加 3434 元。改革攻坚顺利平稳进行。一是基本解决了主辅分离和分离企业；办社会职能问题。在供水、供电顺利移交给地方主管部门后，供热改革顺利完成移交地方工作。学校、职工医院、宾馆、体育馆、养老院的资产和人员、环保和城管职能已全部移交给江源县政府。二是木加公司、建筑公司、通讯业等已完成了转制工作。三是认真做好劳动合同到期人员的解除、终止和续订合同工作。共续签劳动合同 1972 人，无岗等待续签劳动合同 242 人，解除劳动合同 247 人。产业结构调整稳步推进。一是发展森林资源培育业。总投资 203 万元。全年完成更新造林 2466 公顷，幼林抚育 1355 公顷，育苗 37 公顷，产苗总量 598 万株。二是以市场为导向，整合木材加工产业。加大产品结构调整力度，使经济效益有了较大的增长，全年实现利润 200 万元。（沈　光）

【白石山林业局】 2005 年，实现社会总产值 28 000 万元，实现营业收入 18 633 万元，实现净利润 566.0 万元。在岗职工平均工资达 8100 元，平均增长率达 8.5%。按照省国资委和集团公司的总体部署，筹集改革成本 5808.9 万元，完成了对 13 个单位的改制任务，为企业建立现代企业制度创造了条件。适应由以木材生产为主向生态建设为主转变要求，以结构调整为主线，大力推进产业转移，变资源优势为经济优势，构造新型林业经济格局。开展了第二轮林地有偿承包发包工作，进行小流域综合治理，大力发展立体经济。全局签合同 417 份，有偿承包职工 1273 余人，年收获成年雌蛙 400 多万只，散播人参 2000 公顷，栽植人参 60 公顷；年产红松籽 480 吨，培植木耳达 3400 万袋、冻蘑万袋、滑子蘑万袋，木灵芝达 7.5 万段。全局实现产值 9000 万元，实现收入 3000 万元。季节性安排劳动力 3000 余人。先后被国家林业局、中国农林水利工会全国委员会评为全国林业系统合理化建议和技术革新最佳先进集体；被中国企业文化促进会评为 2005 年全国企业文化建设工作先进单位；被中华全国总工会授予模范职工之家称号；被国家林业局评为全国绿化工作先进集体；被吉林省委、省政府评为精神文明先进单位。（李树斌）

【泉阳林业局】 2005 年，实现营业收入 14 172 万元；实现利润 658 万元。一是企业改革稳步进。按照一厂一策、先易后难的原则，对人造板厂、全新公司等木加单位采取整体出售；对生活服务公司、环境管理处、物资公司、机械厂、通讯处5个单位实行转制民营改造；对职工医院和宾馆采取了股份制方式的改制；在保留科技、多种经营管理职能的基础上，撤销了劳务中心、科技中心、多种经营管理处3个单位；对已实行股份制改造或民营的供热公司等10个单位进行了经营体制完善，职工与企业全部解除了劳动关系，并使过去挂靠林业局的燃料公司、网络公司等单位相继办理了规范独立的公司，实行自主经营；完成了教育移交工作以及啤酒厂与泉阳泉饮品公司的整合重组。对改制单位的内退、工伤及编外等人员的劳动关系落实了管理渠道，建立了管理机构。有3752人与企业解除了劳动关系，改制后，全局现在册职工人数为2323人。培育新的经济增长点。2005年，根据全面北五味子人工栽培规划，制定了《泉阳林业局推广北五味子人工栽培实施方案》，实施大棚育苗80万株，新增栽植面积达54.13公顷。示范基地被国家命名为北五味子人工栽培标准化示范区，研制的北五味子资源保护开发应用技术被国家林业局列为国家级科研项目。与上海第二军医大学商定委托开发以五味子核为主要原料的深加工项目已获得集团批准。在人参种植业方面，积极倡导无公害种植。重点扩大了无公害人参的种植。为开发利用养殖水域资源，发挥沟系生态效益、经济效益和社会效益，使林蛙养殖业向规模化、产业化方向发展，做好了前期的准备工作。加大政策的扶持力度，为职工就业增收创造条件，全年共优惠职工416万元。在多种经营方面总投入1750万元，投工达40多万个，安置劳力2000余人。资源综合开发共完成产值约1500万元，获利润500余万元。（安宝国）

【松江河林业有限公司】 2005年，实现营业收入3.02亿元；实现净利润2016万元；在岗职工人均工资收入9521元，比2004年增长811元，增幅9.3%；全年基本建设总规模完成7461万元，比2004年增长2145万元。重点推进了改革攻坚工作。按照上级部署，对所有的木材加工单位、建筑安装公司、线路公司、职工医院、液化气站、环境管理处的卫生绿化队、房地产管理处的物业公司和维修队实现了资产整体转让。对林海雪原饮品公司和网络公司实行了国有股全部退出。对水电热管理处和旅游公司实行了以量化资产转换职工身份为主要形式的股份制改造，组建了供水供热有限公司和长白山温泉旅游服务有限公司。顺利完成了4所学校整体移交当地政府的前期准备工作，完成了理顺林业公安经费开资渠道的前期工作。上海营信房地产公司的法人投资股份比例正在调减。还撤销了敬老院，拿出资金，对15名托养老人给予了妥善安置。为适应改制后机关工作的高效运行，对公司机关业务相近、职能交叉的有关部门进行了撤并，对超编人员进行了妥善分流。将设计室推向社会，实行民营。通过这次改革，松林公司最终保留员工总数将由改革前的13 108人缩减到4300人左右，减幅为67%。这次转换身份的员工中，用货币资金置换身份的有6902人，货币资金支出总额达14 972万元，其中集团总公司拨付到位1925万元，公司自筹13 047万元。（吴在军）

【红石林业局】 2005年，完成工业总产值3.48亿元，完成木材生产20万立方米，销售商品材20万立方米，木材平均售价911元/立方米，实现利润5901万元。更新造林完成2985公顷，幼林抚育完成1188公顷，中密度纤维板完成产量56 167立方米。企业被评为全国精神文明建设先进单位，全国企业文化建设先进单位，全国安康杯竞赛优胜企业，全省模范职工之家，参加全国总工会举办的安康杯竞赛获优秀组织奖，团委被评为吉林省“五四”红旗标兵团委，工会继续保持了全国，模范职工之家、吉林市五星级样板职代会光荣称号。（李元伟）

【临江林业局】 2005年，实现营业收入1.8亿元，实现利润913万元，在岗职工人均年收入增长5.3%，达到6813元。资源综合开发以香菇为主的食用菌培植项目在各林场推开；营林基础产业战略深入实施，率先提出的“以林养林”的森林培育思想得到省林业厅肯定，大面积人工幼龄林透光抚育试点工作初见成效；精神文明建设再创佳绩，荣获全国企业文化建设工作先进单位、吉林省企业文艺工作达标单位称号；局工会、离退休职工管理处、森林公安局分别荣获全国模范职工之家、全国老龄工作先进单位、全国森林公安系统优秀公安局称号；王保文被公安部授予任长霞式公安局长称号；计划生育工作荣获全国计生协会先进单位称号。改革攻坚取得全面胜利。参加改革的单位22个，人员7902人，支付改革成本23 320万元；其中：资产置换1642人，资产量化3731万元；一次性安置5300人，发放经济补偿金9731万元。（张全民）

黑龙江省林业

【概　述】　2005年，全省共完成造林20.9万公顷，占计划103.5%。其中：人工造林完成12.66万公顷，占计划11万公顷的115.0%（其中退耕地造林完成2.68万公顷，占计划2.67万公顷的100.5%；两荒造林完成3.35万公顷，占计划3.33万公顷的100.6%；三北防护林完成1.68万公顷，占计划1.67万公顷的100.1%；森工完成3.4万公顷，占计划3.33万公顷的102.1%；亚行项目造林完成0.18万公顷；一般造林完成1.37万公顷）；封山育林完成9.01万公顷，占计划9万公顷的100.1%（其中：三北防护林完成封育0.33万公顷，占计划0.33万公顷的100%；退耕还林完成封育8.67万公顷，占计划8.66万公顷的100.1%）。义务植树完成6800万株，占计划6600万株的103.0%。

【森林资源保护】　2005年，为有效地控制森林资源过量消耗，结合全省森林、林木采伐管理的实际情况，制定了一系列管理办法，强有力地规范了森林、林木采伐管理行为，使森林采伐限额管理工作做到了有法可依、有章可循。组建伐区调查设计队伍，实现了采伐单位自行设计到由专业队伍设计的根本转变，设计精度和调查质量有了大幅度的提高。建立伐区拨交验收制度，采一块、拨交一块、验收一块，把住了采伐源头质量关。林木采伐许可证发证人员持证上岗，基层推荐的发证人员由省林业厅统一组织培训，经考试合格获得资质后，方能上岗发证，把住了发证质量关。开展了“三总量”检查，重点检查各地采伐限额执行情况，加大伐前、伐中检查和伐后验收的力度，扩大了检查的范围，增加了检查的内容，确保限额采伐制度的顺利实施。2005年全省林木采伐消耗蓄积265.2万立方米，占批准商品材计划的99%；出材158万立方米，占国家下达计划的99%，没有突破国家下达的采伐限额和年度木材生产计划。制定了“十一五”期间年森林采伐限额的编制方案，召开专项会议进行部署，组织由基层林业专业人员参加的编限培训班，组织具有资质的业务部门进行测算，对编制成果聘请专家进行论证，保证限额编制成果的真实可靠。

林业行政案件管理得到强化　按照国家林业局的统一部署，在全省范围内开展了打击破坏森林资源专项行动。省林业厅和省公安厅联合组织召开了全省打击破坏森林资源专项行动电视电话会议，对本次活动进行安排部署，并确立了4起挂牌案件。联合制定了《全省打击破坏森林资源专项行动方案》，明确任务和要求，并成立了以省林业厅韩连生厅长为组长的打击破坏森林资源专项行动领导小组，下设办公室。为确保专项行动取得实效，组织了由资源林政、野生动植物、森林公安部门主要领导参加的6个专项行动督察组，对全省各地专项行动的开展情况进行了全面检查。共发现各类破坏森林案件638起，查处594起，结案率93.1%。其中：查处林业行政案件556起，侦破林业刑事案件38起，其中重特大案件8起。行政处罚642人次，移交司法机关81人，收缴木材1727.30立方米，没收野生动物11 739只（头），收缴罚款148.07万元，没收违法所得12.42万元，共挽回经济损失167.23万元。特别是对基层反映强烈、社会影响较大的黑河市爱辉区罕达气煤矿滥伐林木、铁力市毁林建墓等多起破坏森林资源案件的查处，实行催办制度，分级管理，逐级落实责任，使案件能够及时得到处理。2005年，全省共查处各类破坏森林资源违法案件2677起，查处率达98.75%。木材经营加工和运输管理得到加强。在木材运输管理工作中，开发并使用了全省统一的软件，实现了木材凭证运输的微机化管理。根据《森林法》的有关规定，对全省木材凭证运输的范围提出了具体要求，并定期进行检查，发现问题及时纠正、及时处理。全面开展了木材经营加工单位清理整顿工作。对生态工程区、林区腹部没有采伐任务的林场范围内的加工厂（点），一律取缔或搬迁，对其他厂（点）重新调整布局。在清理整顿中，全省共取缔、关闭木材经营加工厂（点）1174个，扭转了木材经营加工行业厂（点）过多、过密的混乱局面。为加强木材检查站的管理，整顿和规范木材检查站建设，采取明查和暗访相结合的方式，对牡丹江、鸡西、七台河、大兴安岭等市（地）木材检查站的站容站貌、制度建设和执法人员的执法程序、法律法规运用及文明执法情况进行了重点检查。

资源林政管理基础建设力度加大　完成了依兰县、兴凯湖保护区、集贤县、双鸭山市区、丹清河林场等地共计32万公顷的森林资源二类调查工作。在调查中全部采用“3S”技术开发，运用掌上电脑进行数据采集，实现了森林资源调查外业无纸化，提高了调查工作效率，保证了调查工作的质量。加强内业建设，及时建立森林资源档案，并设专人管理，进行数据更新，保证了森林资源数据的准确性。完成了全省第七次森林资源连续清查任务。全年发生各类森林病虫害22.88万公顷，森林病虫害成灾面积0.21万公顷，成灾率0.033%；防治森林病虫鼠害19.57万公顷，防治率达到85.52%；监测覆盖率达到89%；检疫率达到95%。

【造林绿化】 2005年，各级领导把造林绿化放在地方经济和部门建设持续发展的高度，摆上重要日程，真抓实干，强力推进。及时研究造林绿化面临的新问题，探讨解决问题的新举措。亲自部署造林绿化工作，层层签订责任状，明确责任，落实任务。据统计，全系统共签订责任书240份，签订造林绿化合同1.1万份。各级领导亲赴造林绿化现场，率先垂范，解决实际问题，检查指导造林工作。

采取多种方式，广泛宣传，增强舆论氛围 全省各地、各部门认真分析和把握当前造林绿化面临的大好形势，抓住国家重视生态建设的有利机遇，充分利用广播、电视、电台、报纸等新闻媒体，大张旗鼓地宣传造林绿化在生态建设中的首要地位及造林绿化在可持续发展中的重要地位；宣传本地、本部门生态建设的现状和紧迫性；宣传党中央、国务院关于大力植树造林，改善生态环境的方针政策以及所采取的一系列重大举措，营造有利于造林绿化的社会舆论氛围，提高广大人民群众的绿化意识。

狠抓造林管理，努力提高造林质量 加强退耕还林的全过程管理，提高造林质量，全省的造林质量逐年得到了明显提高。从2005年春季的造林情况看，各地始终将"提高造林质量的意识"贯穿退耕还林的全过程。提早预安排，落实造林前的各项准备工作。2005年造林计划下达的晚，大部分地（市）和部门都在计划下达之前进行预安排，提早做好造林前的充分准备。绥化市从2004年伏季开始，就有计划地开展残次林改造，积极落实退耕还林工程造林地块，全市2004年伏秋整地近1.33万公顷，为2005年春季造林提前启动奠定了基础。齐齐哈尔市在春季造林前，成立了7个退耕还林工程建设推进组，深入到县（市、区）进一步落实造林前的各项准备工作。高标准选择造林苗木。各地抓住近年苗木市场供大于求，价格较低的机遇，严把苗木质量关，实行苗木采购招投标制度，优中选优确定造林苗木。大庆市2005年造林全部使用地产优质壮苗，杨树全部选用了二根二干或三根二干苗木，樟子松绝大多数选用5年生以上容器苗，高标准栽植。2005年春季造林中，全省在普遍采用浸苗、浸根、泥浆造林法等抗旱造林成功技术的同时，大力推广使用了保水剂、生根粉、覆膜造林等造林先进适用技术，增加退耕还林科技含量，显著地提高了苗木成活率。造林前各地还召开不同层次的高标准造林现场立标会、推进会，树立高标准造林样板。加大新植林的抚育管护力度，建立了有效的管护机制。各地按照谁经营、谁受益、谁管护的原则，都制定了抚育管护制度，签订了管护合同。

退耕还林"回头看"活动成效显著 年初省林业厅下发了《关于在全省开展退耕还林"回头看"活动的通知》，各地高度重视此项工作，切实加强领导，制定了实施方案，成立了领导小组，抽调业务骨干，深入退耕还林工程现场，对退耕还林实施以来的工程造林进行了一次全面的检查，认真查摆问题，不怕丑、不护短，发现问题，边查边改。哈尔滨、齐齐哈尔、绥化、黑河等市，结合退耕还林"回头看"活动，对全市的近3年的各项重点工程造林都进行了全面复查，抓住春季造林任务少、苗木充足、降雨充足的有利时机，对不合格的造林地块进行了全面补植、补造，巩固了退耕还林成果，提升了退耕还林的整体水平。

转换机制，创新模式，调动全社会、全民参与造林的积极性 各地充分认识到了转换造林机制是适应新形势下退耕还林健康发展的必然之路，进一步解放思想，转换机制。通过造林机制的转换和成功造林模式的推广，使造林主体得到了更多的实惠，调动了社会各界和广大群众参与造林的性。

深入推行以"谁造谁有、谁经营谁受益"为核心的造林机制 大力推行个体造林、股份合作造林、承包造林等非公有制造林新机制，增强了广大人民群众植树造林的积极性。林业部门积极探索，努力推广成功的造林模式，增加群众造林的经济效益。牡丹江市2005年重点推广红松坚果林基地培育，成立了红松果林研究所，大力推广红松果林建设，仅城区营造樟子松和红松面积达373.33公顷，占当年人工造林面积的60.2%。造林机制的转换，科学造林模式的推广，调动了群众参与、投资退耕还林的积极性，推动了全省退耕还林事业的健康发展。

坚持和谐发展的战略，整体推进，突出重点，全面实施生态治理 各地始终坚持以人为本，和谐发展的战略，以改善人们生活、生存环境为目标，以工程造林为依托，集中连片，规模治理，全面推进本地区的退耕还林工作。在全面推进的同时，以生态脆弱区治理为重点，采取科学有效地措施，取得了很好效果。大庆市为提高防护效益，在风沙危害地区营造大面积片林，杜尔伯特蒙古族自治县"西北风口"治理区营造千亩以上片林9块，大同区一块退耕还林面积就达266.67公顷。

【野生动植物保护】 2005年，完成了以黑嘴松鸡为主要保护对象的中央站、以马鹿为主要保护对象的双宝山、以湿地为主要保护对象的绥滨3处省级自然保护区的申报工作。完成了黑河胜山省级自然保护区晋升国家级的申报工作。

积极应对禽流感疫情，建立健全了野生动物疫源疫病监测体系并经受住了严峻的考验 迁徙候鸟是高

致病性禽流感传播的重要途径，全省处于候鸟迁徙的大通道上，防控工作任务十分艰巨。设立了扎龙、兴凯湖国家级自然保护区和嫩江高峰、尚志帽儿山等9个国家级监测站点，凤凰山等25处省级野生动物疫源疫病监测站，形成了遍布全省的监测网络。召开了全省野生动物疫源疫病监测站点布设和监测会议，部署了监测任务。制定了应急预案，将监测任务层层落实到人，建立24小时畅通的信息通道。监测到2起野鸟死亡事件，并在第一时间上报禽流感防控指挥部和当地防疫部门，并采取控制措施，排除了险情。

以推行野生动物专用标识为重点，加强野生动植物利用的监督管理 对全省麝、熊、虎、豹等敏感物种的驯养繁殖及产品库存情况进行调查核实登记，全面摸清了全省敏感物种驯养繁殖及产品库存情况。对全省利用野生动物及其产品的生产企业进行清理整顿和开展标记试点工作，自2005年7月1日起，凡生产、销售的含天然麝香、熊胆粉成分的中成药全部实行了中国野生动物经营利用管理专用标识制度。取缔了一批无证饲养繁育场点，解救数只黑熊、马鹿以及各种鸟类130余只，加大了宾馆、饭店、集贸市场违法经营野生动物的查处力度，使乱捕滥猎、违法经营现象基本得到了遏制。对国家重点保护野生植物松茸实行了采集证制度，加强了松茸的采集、收购和出口的管理。强调了红松籽产地证明的管理工作，有力保护了红松资源。

加大了湿地保护执法力度，查处一批破坏湿地案件 针对耕地租金上涨，小规模违法开垦湿地案件增多的现象，在全省范围内加大了执法力度。查处了挠力河自然保护区内违法开垦湿地、大兴农场毁湿挖沟、大佳河自然保护区破坏湿地等案件，及时遏制了毁湿开垦有所抬头的势头。湿地保护管理体制建设取得新进展。根据刘学良副省长的指示，与佳木斯市政府协调，完善洪河、八岔岛两处国家级自然保护区的管理体制。八岔岛国家级自然保护区已经正式划归林业部门管理，洪河自然保护区理顺管理体制的工作在进行中。扎龙国家级自然保护区管理体制建设工作取得初步进展，形成了扎龙自然保护区管理体制建设方案，并已经上报省政府。

【森林防火】 2005年，全省共发生森林火警火灾103起（春防11起，夏防50起，秋防42起），其中：火警91起，一般森林火灾10起，特大森林火灾2起，过火林地面积24 308.1公顷，森林过火率1.27‰。查明火因的火灾有82起，其中：野外吸烟11起，占火灾总数的10.7%；烧荒8起，占火灾总数7.8%；计划烧除跑火1起，占火灾总数的1%。各级森林防火部门在每个防火期到来之前，对森林防火工作都进行周密、细致的部署，做好防扑火的各项准备工作。在春秋两防前，分别召开了全省春、秋季森林防火工作会议，提出了全省森林防火工作目标，对森林防火工作进行全面部署。会同省气象局，在每个防期前召开森林防火火险形势分析会，认清火险趋势，超前部署工作。各级森林防火指挥部对防扑火人员的扑火技能、无线通讯、网络技术、办公管理等各方面的知识进行了培训，并重点对扑火安全常识和野外避险自救能力进行了有针对性的培训。共举办各类培训班420期，培训各类专职森林防火人员5万多人次。春秋两个防期共落实77架航空护林飞机，其中：直升机30架、固定翼巡护飞机21架、化学灭火飞机26架，在监测林火和快速运送扑火兵力工作中发挥了重要作用。

加强检查，认真排查森林火险隐患 各级政府和森林防火部门，按照国家林业局和省政府的统一部署，通过明访方式，开展了经常性的防火检查。省领导多次深入林区检查指导森林防火工作。春防期间，副省长、省政府森林防火指挥部总指挥刘学良，省政府副秘书长师伟杰，省林业厅厅长韩连生等领导，先后5次深入牡丹江、佳木斯、黑河、伊春、大兴安岭及森工系统重点林区，检查、指导森林防火工作。省森林防火指挥部成员认真履行职责，深入包片区域检查指导森林防火工作。认真开展“三清”工作。各地积极组织公安、森警、森林防火人员，进入林区排查火险隐患，排除人为火源，并将此项工作贯穿于各防期的始终。全年共开展“三清”行动530多次，出动20 140人，车辆850台次，清出各类作业点500多个、无证作业人员8320人、车辆750台次、非法采金船60多条。清明节期间，全省共出动处级以上干部860人次，出动检查人员7900多人，劝阻上坟烧纸280人，没收打火机等点火器具2000多件，取得了清明节战役的全面胜利，清明节期间全省无火情发生。

加大投入，森林防火基础设施建设水平有新提高 省森林防火指挥部在可视化扑火指挥系统二期工程建设中，规划建设森林火险预测预报、VSAT卫星地面站、地理信息、森林防火可视调度、指挥中心配套完善及火场应急通讯等6个系统工程，计划投资1100万元。可视调度建设已投资156.61万元，对省防火办，全省13个市（地）防火办，森工总局、农垦总局防火办及武警森林总队等17个单位进行联网，实现了电视电话会议功能。

齐心协力，成功扑救北部林区草甸森林火灾 秋防中后期，由于火源管理不力、防范措施不到位以及天气异常等原因，致使北部大兴安岭、黑河林区各发生一起特大草甸森林火灾。经过武警森林部队官兵和广大林业干部职工共同努力，成功地进行了扑救。

【林业科技】 2005年，组织完成了国家林业局、省级攻关项目优良用材树种真桦引进、半干旱风沙区防护林体系构建技术研究、东北稀有野生经济植物人工栽培扩繁及开发利用技术研究、退化地生态环境修复与植被建设技术研究4个课题；组织森林资源与环境动态监测研究，半干旱地区耐干旱、耐盐碱灌木树种选育研究，黑龙江省平原防护林树种引进与繁育技术研究等6个省科技进步奖的课题申报，其中黑龙江省平原防护林树种引进与繁育技术研究，城市园林绿化树种引选及繁育技术的研究两个项目被列入本年度全省科技攻关计划；组织审定和编制了2005年度厅级科研计划。厅级科研项目共计52项，其中：延续项目37项，新立项目15项；2005年绿化树种山新杨快速繁殖技术研究获黑龙江省科技二等奖，黑龙江省西部半干旱地区复合农林业植物新品种引选及栽培技术研究，金山绣线菊、金焰绣线菊引种及繁殖技术的研究，黑龙江省森林分类区划界定应用系统研究，樟子松枯梢病综合防治技术4项成果获黑龙江省科技三等奖。

【世界自然基金会为张左己省长颁奖】 近几年来，黑龙江省林业厅与世界自然基金会扩大了交流领域，共同举办了黑龙江——献给地球的礼物、东北及内蒙古地区高保护价值森林应用研讨会、新闻媒体赴黑龙江采访活动、绿色龙江使者行等活动，基金会资助建立了萝北太平沟等3处省级自然保护区。世界自然基金会对黑龙江省的生态保护工作取得的成绩给予了高度肯定，并建议全省将新建的24处总面积为180万公顷的自然保护区作为一个礼物，献给地球。2005年6月8日，为表扬黑龙江省在生态建设方面作出的贡献，基金会将“黑龙江——献给地球的礼物”奖颁发给张左己省长。

【森林生态效益补偿】 2005年全省在中央级森林生态效益补偿没有扩大范围的情况下，利用省级森林生态效益补偿基金856万元启动了8个县（市）11个单位54个林场19万公顷的重点公益林管护经营工作，使全省地方重点公益林区的国有林场全部实行了森林生态效益补偿。目前，全省重点公益林管护面积达到了216.4万公顷，补偿资金1.45亿元。其中，中央级生态补偿1.25亿元，管护重点公益林191.4万公顷；省级生态补偿2000万元，管护生态公益林38.52万公顷，其中：重点公益林30.93万公顷，一般公益林7.59万公顷。全省已划分管护责任区10 787个，确定管护人员11 624人。

【三江平原湿地保护项目】 总投资32 000万元，利用亚洲开发银行资金2714万美元（其中：1500万美元亚行贷款用于速生丰产用材林建设；1214万美元赠款用于三江湿地保护），丰产林建设总规模为5.5万公顷。该项目列为黑龙江省重点工程项目，范围涉及13个市（县）和6处保护区。2005年已完成了丰产林建设11 200公顷。完成总投资4260万元（其中：造林投资1718万元、幼林培育投资2542万元）。6处保护区完成退耕还湿1100公顷。

【林业有害生物普查】 全省共设立普查固定标准地6788块，临时标准地13 931块，总普查面积为469.64万公顷，踏查453 017.6千米，查出有害生物520余种，其中有害昆虫460种，有害病源近30种，有害植物30多种，新发现林业有害生物6种。建立了林业有害生物管理数据库，基本掌握了全省林业有害生物的发生、分布、危害特征和发生发展规律。在全省范围内开展了产地检疫大检查、目标管理检查、林业有害生物普查推进等专项检查，各项工作取得了显著成效。据统计，这次全省有3328人参加了普查；调查了2080个苗圃，9706个行政村，373个国有林场以及228个贮木场；投入普查资金达423.94万元，共查出有害生物520多种，其中有害昆虫460种，有害病源近30种，有害植物30多种；查出林业有益天敌生物近50种，其中：天敌微生物5种、有益动物16种、有益昆虫22种；采集标本11 361枚，其中：昆虫标本8951枚、病害标本883枚、植物标本1028枚、其他标本438枚，拍摄照片28 967张；采集天敌标本859枚，其中：有益昆虫451枚、致病病原标本34枚、有益动物321枚、其他30枚。确定在全省危害较为严重的林业有害生物20种，新发现林业有害生物有6种，外来有害生物栗山天牛在全省首次被发现。

【哈尔滨市林业局】 全市林业系统设有19个区（县）林业（农林）局，197个乡（镇）林业站，74个国有林场，国有林业供养人口10万人，林农28万户。全市有林地面积99.867万公顷，森林总蓄积8254万立方米，森林覆盖率44%。

“十五”以来，以“努力快发展，全面建小康，振兴哈尔滨，林业作贡献”为总体要求，统领全行业，一心一意谋发展，埋头苦干促发展，全市林业建设取得较好成绩。①生态建设步伐加快。全市完成20.7万公顷。其中：退耕还林4.33万公顷、两荒造林2.83万公顷、封山造林2.75万公顷、三北四期3.15万公顷、常规造林2.1万公顷、行业绿化5.5万公顷。绿化公路7 887千米，绿化村屯2 740个。生态环境得到进一步改善。②森林质量不断提高。培育森林18.66万公顷，比“九五”增长了68.7%。其中：重点培育红松果材兼用林0.6万公顷、抚育中幼龄林8.13万公顷、低价林改造0.2万公顷。彻底结束了只采不育的历史，走出了一条提高林分质量和森林效益的新路子。③资源保护管理依法有序。实现连续18年无森林火灾，没有重、特大森林和野生动物疫情发生。森林案件发案率持续下降，森林损失逐年

减少，林区治安秩序良好，继续保持“双增长”。④林业经济实现较快发展。2005年，全市林业实现总产值50.8亿元。其中国有林业实现产值14.9亿元、利润5405万元，比“九五”末分别增长了96.1%和190%。⑤职工和林农收入增加。2005年，林区职工家庭人均收入达到5445元，较“九五”末增长了118%。职工生活条件明显改善，有线电视、程控电话、自来水入户率达到80%以上。林农家庭人均收入达到4576元。全系统养老保险、医疗保险覆盖面达到60%。⑥林区面貌发生明显变化。国有林区经营活跃，生产发展，社会安定。交通、供电、环境等基础设施建设明显改善。改建完成林场办公室（楼）46处。全行业数字化林业建设步伐加快。干部群众安居乐业，振兴林业的积极性空前高涨。

【造林绿化竞赛先进单位表彰】 2006年3月14日黑龙江省政府授予大庆市政府、哈尔滨市政府、绥化市政府、延寿县政府、林口县政府、杜尔伯特蒙古族自治县政府、龙江县政府、宾县政府、安达市政府、海伦市政府、大庆市大同区政府、依安县政府、青冈县政府、肇源县政府、望奎县政府、木兰县政府、呼兰区政府、桦南县政府、尚志市政府、绥化市北林区政府、密山市政府、阿城市政府、海林市政府、萝北县政府、五常市政府、鸡东县政府、8511农场、红色边疆农场、四方山农场、嫩江农场、克山农场、林口林业局、乌马河林业局、双鸭山林业局、方正林业局、山河屯林业局等36个单位2005年度全省造林绿化竞赛先进单位荣誉称号。

（黑龙江省林业由崔祥娟供稿）

黑龙江省森林工业

【概　述】 2005年，龙江森工在国家林业局和省委、省政府的正确领导下，调整后的森工总局领导班子团结带领森工各级组织和职工群众用科学发展观统领全局，用新思路谋发展、促改革，按照“确立一个奋斗目标、实现两个可持续、坚持三个并举、兼顾四个统一、发展六大支柱产业、实施七大战略”的总体发展思路，全面完成了2005年各项主要经济指标和森工“十五”经济与社会发展目标，各项工作都有很大起色和较大进步。林区经济总量增长，生态建设、产业发展、改革开放、企业管理、社会事业、民主法治、精神文明建设、党风廉政建设都取得了显著成效。

【主要经济指标】 2005年主要经济指标完成情况：林业产业总产值计划159亿元，完成164亿元，完成年计划的103%，比2004年多完成12.2亿元，同比增长7.7%。全行业亏损4632万元，比2004年减少亏损1711万元，减亏27%。木材生产计划409万立方米，完成401万立方米，完成计划的98%，比2004年增加6.4万立方米。木材销售年计划419万立方米，完成381万立方米，完成计划的91%，比2004年少完成6.3万立方米。实现销售收入23.5亿元，比2004年多收入3.3亿元。每立方米木材平均售价达到617元，比2004年提高102元。营林生产年计划造林3.33万公顷，完成3.4万公顷，完成计划的102%；造林面积合格率达99.5%，造林成活率达95.5%。多种经营完成产值及收入88.4亿元，比2004年增加5.9亿元，增加7%。林产工业实现产值38.4亿元，比2004年增加2亿元。森林生态旅游，全年基础设施建设投入5.7亿元，比2004年多投入4.5亿元；全年接待游客62万人次，收入2.4亿元。对俄森林资源开发，全年完成采伐52万立方米，加工10.7万立方米，分别比2004年提高69.8%和28.9%；输出劳务2045人，比2004年增加545人。

【营林生产】 全林区共计完成更新造林3.4万公顷，完成计划任务的102.4%，其中：营造丰产林1618.87公顷，完成计划任务的105.6%；育林费更新造林31 376.53公顷（退耕还林3126.33公顷，常规造林19 262公顷，迹地更新8988.2公顷），完成计划任务的104.2%；营造民有林3151.07公顷。累计育苗面积665.53公顷，完成计划的101.2%。义务植树达838.3万株，人均植树7.7株。造林合格率达到100%。始终贯彻以营林为基础的方针，按照“质为先”的要求，认真执行各项营林生产技术规程，健全了技术管理和监督协调指导体系，强化质量意识，营造林质量管理做到“七个到位”（思想认识、生产组织和质量责任、春造基础工作、2004年秋整地、技术培训、劳动力落实、管护措施）。严把“四关”（调查设计关、苗木质量、栽植质量、检查验收），抓造林质量，实行了造林质量“一票否决制”、抵押金制、保证金制、育林费追缴制、奖惩制，全面提高营造林质量。严抓细管，确保育苗作业质量。狠抓标准化、规范化作业，加强苗圃生产作业质量管理。已建成国家级森林病虫害防治检疫中心测报点

12处，国家级标准站27处；森林物候气象站45个、气象哨114个，提高了预测预报工作的准确性，控灾减灾能力得到提高。通过科学经营，原有的一些无林地、疏灌林地、“四不像伐区”等低效劣质林分，已演替为结构复杂、密度合理、物种丰富、功能完备的优质高产、高效林，增加了森林植被，丰富了生物物种，优化了森林结构，减少了水土流失，有效地遏制了生态恶化的趋势，环境状况明显改善。

【多种经营】 2005年，森工多种经营工作思路正确、发展健康、稳中有进、进中有快。“四项原则”（实事求是，私有为主、公有为辅，以效益为中心，因地制宜、规模发展）、“十六字方针”（富民产业、民办公助、民有民营、民富企安）日益转化为林区多种经营健康快发展的实践。多种经营体现“两个拉动”的功能，即：大面积拉动就业，大幅度提高从业人员收入这两个方面显现成效。尽管受到一些不利因素的影响（禽流感疫情、自然灾害、粮豆和木耳市场价格低于往年），但发展形势是喜人的。

主要经济指标 多种经营产值及收入完成88.4亿元，完成计划的108%；利润13.3亿元，完成计划的123%。

主要产品产量 木耳产量2.4万吨，完成计划的133%；山野菜采集量2.2万吨，完成计划的110%；药材种植面积12万公顷，完成计划的100%；农业播种面积22.07万公顷，完成计划的101%；畜牧业养牛22万头，养羊37万只，养猪85万头，养禽1404万只，分别完成计划的115%、108%、104%和107%。其中，黑木耳产业增势强。地栽木耳达7亿袋，产量近2.4万吨，比2004年增长60%，成为名符其实的全国最大的木耳生产基地。其中“三江”林区4亿袋，产量1.6万吨，产值实现5.1亿元。“三江”林区销售木耳近1.06万吨，实现收入3.4亿元。

2005年共争取各项政策性扶持资金2005.7万元，同比增长455.8万元，增长22.7%。其中：落实农业综合开发资金1374万元，比2004年增加324万元；国家粮食直补资金352.9万元，比2004年增加83万元；水稻良种补贴资金178.8万元，比2004年增加28.8万元；绿色食品专项扶持发展资金40万元，比2004年增加40万元，各林业局比2004年减少80万元（全省绿办支配总量减少3700万元）；对俄农业开发扶持资金60万元，比2004年增加60万元。这些资金的争取到位，为森工多种经营产业注入了新鲜“血液”，有力地推动了产业的快速发展。

【森林旅游】 2005年，森林旅游工作按照总局党委扩大会议精神及全省旅游工作方案的要求，坚持“高水平规划、高起点建设、高效能管理、高效益经营”的方针。以“保重点、慎投入、多宣传、少赔钱”的经营理念，最大限度地发挥森林的生态效益、经济效益和社会效益，努力创造最佳业绩，推动森工旅游业健康快速发展。

2005年接待游客62万人次，完成计划的180%；旅游收入达2.35亿元；实现利税5000万元，完成计划的160%；其中夏季漂流旅游接待游客30万人次，实现利税1500万元。旅游业拉动就业人数8000人。旅游景区开发建设共投入资金5.7亿元。其中：企业投资5000多万元，占总投资的10%；社会融资7000万元，占总投资的12%；向上争取资金4.5亿元，其中省政府旅游发展金投入2571万元，占总投资的5%。

2005年加快了旅游基础设施建设。哈尔滨—五常—山河屯的公路已于2005年10月正式通车。新建了五营国家森林公园新门景区主体建筑，开发了老黑顶山旅游区，新建了500米步道、10千米蒸汽小火车观光线和20公顷虎园观赏区。乌马河林业局新建了梅花河旅游度假区物流中心和门景区，完成了生态园一期工程，建成别墅13个，农家院7处；上甘岭林业局新建了钟、鼓、锣3处景点，并继续扩建二龙湖景区。铁力林业局新建了映山湖生态园，对漂流码头公路进行了升级改造。翠峦林业局新建了旅游滑草场和1处综合楼，安装了300米的拖牵式索道。东京城林业局引资、投资400万元，新建占地面积1500平方米，建筑面积3000平方米的星级宾馆1座，并对鹿苑岛宾馆进行全面的环境、设施改造，外部环境做了总体规划，道路、树木、花草、亭阁及路灯都重新改建。装修后的局招待所已经达到星级宾馆水准。湖北经营所占地面积3500平方米的湖滨游乐广场项目也正式投入使用。柴河威虎山国家森林公园投入440万元建旅游餐厅、旅馆800平方米，修建公路2千米，并购置了2艘价值40万元的游艇，扩建了停车场4000平方米，景区游览步道600米，新增加游览景点8个。大海林局对雪乡风景区、太平沟风景区、梨花屯风景区、海浪河风景区及旅游公路都进行细致规划，并已修建改造完成。东方红林业局在珍宝岛森林公园投资60万元建设了两栋680平方米的欧式旅馆、修复了水湿地至珍宝岛公路、修复了珍宝岛路线旧址、进一步完善了局宾馆住宿餐饮和五林洞地区的住宿条件。投资34万元购置了两台旅游中客专搞旅游运输。清河林业局对通往景区的3条公路升级改造进行了规划设计，计划投资5000万元，延长里程60千米。鹤北林业局继续加大对联营红松母树林主景区建设，2005年共投资58万元，建设了通往地下湖区的木制板道1600延长米，地下湖景观大门1座。2005年又投资1万余元，对梧桐河漂流进行了维修维护。桦南林业局投资3万元，延伸七星峰公路1千米。投资1万元完成了登山路上障碍物的清理，

并设立了七星峰简介牌以及七星峰旅游景点图板，使游人可直达七星峰脚下。

【木材生产销售】 2005年是全省森工木材生产工作取得较大进步，木材生产管理水平全面提高，木材销售效益再创历史新高的一年。通过深化改革，强化管理，真抓实干，狠抓伐区作业质量和木材产品质量，严把运输关，实行生产成本科学管理，大力推进木材生产销售信息化，在合理造材、成本管理、信息化3个环节上，实现每立方米增收10元，全系统增收3个4000万元的目标，使有限的资源创造了最大的经济效益。

开展软件研究工作 研究开发了黑龙江省森工林区林木采伐管理信息系统软件，提高了林木采伐管理工作的科技含量和现代化水平。该软件已经广泛应用于伐区调查设计、伐区审批、伐区拨交验收及各级伐区作业和调查设计质量检查工作中，标志着全省森工林区林木采伐管理工作已由手工管理过渡到微机管理。

全面完成木材生产任务 2005年木材生产计划为409.05万立方米，其中伊春为135.61万立方米，牡丹江、松花江、合江所属及带岭24个林业局为271.08万立方米。2005年全省森工木材生产实际完成401.3万立方米，完成全年计划的98.3%，同比增加6.91万立方米。其中伊春林管局所属林业局完成132.71万立方米，同比增加2.82万立方米；"三江"林管局所属及带岭林业局完成264.33万立方米，同比增加4.13万立方米；总局直属林场完成2.36万立方米；伊春林管局直属林场完成1.9万立方米。全省森工40个林业局完成397.04万立方米。

木材生产目标管理取得显著成效 2004年制定的《木材生产目标管理考核实施办法》激发了各单位锐意进取，勇于争先的干劲和决心。抽检"三江"所属和带岭24个林业局伐区总面积3578公顷，丢件子7.9立方米，比2004年减少14%；平均每公顷丢件子0.002 619立方米，比2004年减少了0.0063立方米；经济材比重达到了84.9%，优质材比重达到60.4%，加工原木一、二等材比重达到了72.16%，合理造材综合合格率达到了97.8 %；商品化综合得分达到98.1分；木材平均售价达到了617元，比财务计划524元提高93元，同比提高102元。

木材生产以产营销取得显著效益 紧紧围绕市场需求组织生产畅销价高的树材种，在提高木材售价上狠下功夫。不断细分细化径级段，精挑细选，增加新品种，提高效益。在小径材上做文章，动脑筋，想办法，细分细化，将16厘米以下的划分为3种规格，即16厘米、14～11厘米、10～8厘米，单独设区，单选清归，使小径材卖上了高价。调整采伐时间，组织夏秋采，降低生产成本。

合理造材取得显著成效 各生产单位把合理造材作为提高质量、促进企业增效的关键环节来抓，采取不同形式举办合理造材培训班和技术大比赛活动，促进了检验员学习技术的热情和积极性，业务水平不断提高。建立了合理造材奖惩责任体系，配备专职量材、造材员，生产适销对路的品种。

【林产工业】 2005年通过不断深化企业改革，调整产品结构，强化企业管理，森工林产工业呈现出健康发展的良好态势。全省森工林产工业总产值完成38.4亿元，比计划多完成3.2%，比2004年提高5.5%。林产工业产品销售利润完成1.5亿元，比计划少完成1400万元，比2004年降低15.7%。4户直属林产工业企业上缴816万元，完成年度计划，比2004年增加上缴216万元，增加36%。

主要产品产量：家具4.9亿元，比2004年增加28.9%；胶合板3.5万立方米，比2004年增加6%；刨花板38万立方米，与2004年持平；细木工板14万立方米，比2004年增加10.2%；中密度纤维板16万立方米，比2004年降低11.1%；硬质纤维板3.5万立方米，比2004年增加20.69%。

2005年按照科技含量高、经济效益好、资源消耗低、环境污染小的要求对部分企业的设备进行改造和更新。牡丹江厂、兴隆中密度纤维板公司和绥化复合板厂各新建热油炉1座，分别对干燥、铺装、热压、制胶等进行了系统检修，利用生产废料、筛漏、砂光粉尘等做燃料，降低了产品的成本，刨花板用汽成本平均降低了71.72元/立方米。海林林业局装饰材料厂，万成木业公司，双丰林业局、乌马河林业局家具厂，东京城集成材厂，迎春实木门厂利用天保转产项目资金进行了改扩建，实现了规模效益。绥化复合板厂同黑龙江省林产工业研究所合作研制的EO胶已投入生产，产品市场前景看好。牡丹江木材加工厂自制环保型胶，产品提高了档次，促进了销售。

【资源保护和管理】 2005年，森林资源管理工作按照"严管林"的要求，加强森林资源管理，特别加强了森林资源采伐限额管理，按照《森林法》规定的严审、严批、严查的要求，确保了不超限额采伐。继续实施保工程，森林管护面积完成8 775 094公顷，管护人员123 388人。全年天保工程实际到位资金120 766万元，其中：财政专项资金的中央投资为114 766万元，地方配套资金6000万元。2005年国家下达木材产量限额409.70万立方米，蓄积消耗限额658.65万立方米。实际生产木材401.30万立方米，比计划限额少生产8.4万立方米，没有发生超年度森林资源采伐限额。

开展打击破坏森林资源专项行动取得明显成效。2005年3月份，按照国家林业局、公安部打击破坏森林资源专项行动电视电话会议要求，制定了《黑龙江省森林工业总局开展打击破坏森林资源专项行动工作方案》，通过召开联席会议、对重点案件挂牌督办、总结经验教训、建立长效机制等措施，使专项行动取得明显成效。在专项行动中，全省森工林区共查处各类破坏森林资源案件576起，其中林业行政案件541起，森林刑事案件26起。

【森林防火】 2005年森林防火工作，坚持“预防为主、积极消灭”的森林防火方针，全面贯彻国家、省和总局有关森林防火工作的部署，不断加强对森林防火工作的领导，进一步落实森林防火责任制，广泛开展森林防火宣传教育，强化火源管理，抢前抓早，狠抓落实，做了大量扎实有效的工作。各地坚持强化各级领导的森林防火意识，全面落实森林防火责任制。在森林防火工作中始终坚持突出火源管理这个重点，抓重点火险区森林防火这个关键。坚持预防为主，不断加大森林防火基础工作和监督检查的力度。全年共发生12起森林火警，过火总面积105公顷，过火区域全部为荒山草地，无林火损失，没有发生一般及重、特大森林火灾，实现了既定目标，森林防火工作取得全面胜利。

【法制建设】

加强领导，引入达标竞赛机制，全面落实行政执法责任制 始终把全面落实行政执法责任制工作作为提高全系统依法行政水平的重要手段，作为推进各项行政工作的一条主线。加强了组织领导。各单位成立了行政执法责任制领导小组，主要领导亲自挂帅，并组织了专门机构和人员具体承办。各林管局按照总局的部署，分别召开了全区法制工作现场会议。细化了指标，逐项分解落实责任。把行政执法责任制考核目标细化为6大项、36小项，涵盖了森工法制工作的全部内容。各单位逐项细化分解，落实到各具体执法单位和执法人员，建立了责、权、利相统一、相制约的责任机制。加强了保障措施。各单位建立健全了行政执法和监督检查的各项规章制度，用制度来规范各项行政执法行为。加大了检查考评的力度。采取了条块结合、上下结合、明暗结合、内外结合等方式进行严格检查。严格兑现奖惩，根据考评情况，对全系统行政执法责任制实施情况做出综合评价，并纳入总局年度责任制目标的考核结果，一并兑现奖惩。

明确行政执法职能，依法全面履行法定职责 印发了《黑龙江省森工系统行政执法职能及依据》，明确了森工具有的123项行政执法职能的执法类别、执法依据、执法范围、执法单位以及各项目的省级主管部门，各林业局又把123项行政执法职能逐项细化分解到有关执法单位，责任落实到人。按照《行政许可法》的要求，对行政许可项目进行了全面清理，明确了森工行政许可(审批)的内容，重点清理了没有法律法规依据的收费、年检，以及由此派生的乱收费、乱审验、乱检查，并将清理结果予以公布和上报。

加强制度建设，规范行政执法行为 制定了《黑龙江省森工系统规范性文件制发备案管理办法》，加强了规范性文件的审查和备案。制定了《黑龙江省森工系统行政执法监督办法》等5项制度，加大了对具体行政执法行为的监督。制定了《黑龙江省森工系统行政许可统一受理统一送达制度》等7项制度，进一步规范了行政许可的受理、实施、监督检查等程序和要求。印发了《黑龙江省森工系统行政执法文书规范》，对森工行政执法文书的制作填写进行了具体的规范。制定了《黑龙江省森工系统行政执法案卷评查工作方案》，开展了案卷评查工作。

加强法制宣传和学习，提高了法制工作队伍素质 各级领导带头和党委中心组集中学习了法律知识，全年达40余次。各单位充分利用各种形式全方位宣传，增强了广大干部群众依法行政的意识和能力。举办了全省森工系统依法行政知识大赛，加大了执法人员培训考核和持证上岗工作力度，加强了法制工作机构，自身基础建设。

【林业大事】

1月28日至12月27日 全省森工各级党组织、广大党员积极响应党中央和省委的号召，分两批次组织开展了保持共产党员先进性集中教育活动，森工“三江”林区及直属单位共有54 987名共产党员受到了教育。

3月17日 经省委常委会议决定：张效廉同志任黑龙江省政府省长助理、省森林工业总局（中国龙江森林工业集团总公司）党委书记。

于长辉同志挂任黑龙江省森林工业总局（中国龙江森林工业集团总公司）副局长（副总经理），挂职时间两年。

7月25日 经总局2005年第四次局长办公会议决定：马鞍山林场划归兴隆林业局管理。

9月19日 总局党委召开扩大会议提出确立“一个奋斗目标、实现两个可持续、坚持三个并举、兼顾四个统一、发展六大支柱产业、实施七大战略”的总体发展思路。一个奋斗目标，即：率先基本实现林业现代化、全面建设林区和谐社会。实现两个可持续，即：资源可持续利用，做到青山常在、永续利用；经济可持续发展，实现经济效益、社会效益、生态效益协调发展。坚持三个并举，即：坚持生态优先、项目立局、产业强企并举，走新型工业化道路。兼顾四个统一，即：兼顾森工林区经济增长速度、结构、质量、效益四者有机统一。发展六大支柱产业，即：加快发展森林生态营造管护、林木产业、绿色生物工程及新北药业、绿色生态种植和养殖业、绿色产

品物流、森林生态旅游等六大支柱产业，促进增长方式由粗放型向集约型转变。实施七大战略，即：实施用材林资源保护培育、林木产业集团化、绿色生物工程及新北药业、绿色生态种植和养殖业、森林生态旅游、城镇化集聚、对俄森林资源开发等七大战略。

9月28日 2005年第十三次总局党委会议决定在全省森工系统开展向优秀共产党员、海林林业局第一中学校长崔国胜同志学习活动。

11月3日 中共黑龙江省委组织部以黑组任字［2005］187号文件，同意省森工总局（中国龙江森工集团总公司）副局长（副总经理）李作文、牡丹江林管局（牡丹江林区分公司）党委书记王旭升同志退休。（黑龙江省森林工业由姜东涛供稿）

大兴安岭林业集团公司

【概　述】

营林绿化 2005年，全面完成大兴安岭林业集团公司林木良种基地建设项目、兴安落叶松、樟子松采种基地建设项目、林木种苗检测加工贮藏等基础设施建设项目。大兴安岭林业集团公司危险森林有害生物预防体系建设项目已经得到国家林业局审批立项。数字营林综合管理系统的软件开发工作已经完成，已有5个林业局终端实现了联网试运行。2005年完成总面积为5513.2公顷的成沟系管、育、用一体化经营试点工作；进行了1280公顷的景观林抚育试验，效果明显；完成人工造林2040公顷，大苗造林130.34万株，绿色通道16.79万株，植被恢复31 400平方米，义务植树128万株，超计划完成8万株，人均5株，尽责率76%，义务植树26万人次，花灌木30.1万株，草坪23.5万平方米，草花60万株（盆）；完成抚育伐生产38 535公顷，为计划的100%；林业有害生物成灾率0.16‰，低于国家林业局下达的指标4.84个百分点，防治率85.65%，高于指标10.65个百分点，监测覆盖率91.98%，高于指标6.98个百分点；种苗产地检疫率99.3%，高于指标9.3个百分点。

绿色食品生产 2005年，将绿色食品标准申报的范围向山特产品和畜牧产品延伸，共申报8大系列90种产品，全部被认证为有机食品。截至2005年末，全区获得绿色（有机）食品标志认证的产品106个，其中有机食品和AA级绿色食品101个，居黑龙江省各地（市）之首。在发展绿色食品产业过程中，初步形成专家跟踪指导、养殖小区和养殖大户带动、千家万户小群体大规模发展的格局。全区黑木耳养殖超过1亿袋，产量3500吨，销售收入1.4亿元。新林林业局、韩家园林业局的系列鹿产品均被认证为有机食品。野生浆果采摘量近1万吨，销售收入1.2亿元，同比增长50%。加大绿色食品的精深加工产品开发，提高产品科技含量，全年新开发精深加工产品28个，同比增长80%。其中，松涛鹿苑公司生产的纳米鹿产品系列、鹿胎素胶囊填补了本区畜禽精深加工产品的空白。富林公司开发的珍宝胶囊、珍宝营养粉，兴安有机食品公司开发的黑耳康源软胶囊均为国家专利高科技产品，结束了本区黑木耳等山特产品原字号、简单加工销售的历史。绿源蜂业公司研制的芪蜂胶囊通过了省科技成果鉴定、省新产品鉴定。绿色食品销售体系已初步完善，区内市场20处，国内经销场所126处，国外经销场所28处，产品远销韩国、美国、俄罗斯等10个国家和地区。通过总代理店+连锁店+电子商务相结合的方法，逐步建立起区外销售网络，总代理商由30个增加到53个，同比增长78%，在山东等5省建立的绿色食品连锁店，由8家增加到14家，同比增长75%。2005年全区完成按绿色食品标准监控种植面积4.2万公顷，同比增长5%，完成绿色食品总产量12.6万吨，同比增长9.2%，销售收入实现4.89亿元，同比增长26%。

境外采伐 2005年，大兴安岭地区各林业局在春季对俄森林采伐工作结束后转入机械设备检修、申办劳务指标、伐区踏查定点、运材道路维修、贮木场改造和人员出境手续等项工作。呼中林业局、十八站林业局、韩家园林业局、图强林业局克拉斯诺亚尔斯克采伐作业队于11月初全部过境，11月下旬开始生产。西林吉林业局在派出一个整建制林场出境采伐的基础上，又扩大生产规模，增加9套设备，前期生产准备工作已经就绪。研发新项目，开辟境外采伐新领域，大兴安岭林业集团公司与俄罗斯阿穆尔州阿维根公司经过洽谈，购买阿维根公司50%股权和230万立方米森林资源开采权，由林业集团公司借资600万元，阿木尔林业局自筹600万元，扶持阿木尔林业局在俄罗斯注册独资公司，生产设备已经过境。至11月末，8个林业局已争取到国家专项政策资金5400万元。全区有31支队伍在俄罗斯从事森林采伐，输出劳务1600人，过境设备544台（套），生产木材30万立方米，完成年度计划的86%。

林下资源保护与利用 探索林下资源保护与利用的新途径，以国有林地产权不变为前提，将林下资源采取有偿转让的方式，由林业职工自己经营管理。各林业局结合实际，因地制宜，通过承包、招投标等方式，将林下资源的采集权、经营权有偿转让给个人。全区10个林业局中有6个林业局先后开展了林下资源有偿转让，转让面积60万公顷，共收取资源有偿转让费500多万元。2004年，呼中林业局率先在全区推行偃松资源有偿转让的新机制，将施业区内6万多公顷的偃松资源全部面向职工承包管护经营，共签订3年期的承包合同122份，林业局收取有偿转让费256万元。2005年，呼中林业局又将13万多公顷蓝莓、越橘两种林下资源采取竞价方式有偿转让给个人，收取承包费160万元。西林吉林业局前哨林场对14块林地、面积722公顷的蓝莓、越橘资源面向职工竞价转让3年期限的采集经营权，收取有偿转让费27 100元，林下资源收入100多万元，是转让前的3倍。

发展特色种养业 发挥林区地缘、资源优势，发展绿色、特色经济。引进适合林区发展的新品种、新项目，建立品种基地，发展特色经济。图强林业局种狐、种貂、种獭兔分别存栏37 500只、16 000只、30 000只。漠河县加快发展山野资源开发利用，鼓励职工群众对山野产品进行有序采摘，采摘浆果3850吨，实现产值1540万元。韩家园林业局在基层单位建立9个鹿养殖分厂，鹿存栏4165头，鹿产业产品已形成7大类20个品种，同时进行獭兔养殖基地建设，獭兔存栏23 912只。呼中区养殖黑木耳2000万袋，总产量750万千克，收入3300万元。至2005年末，大兴安岭地区共建100万袋养殖小区36个，20万袋养殖大户80个，小群体大规模养殖户2000户。全区各地认真实施生态发展战略，合理利用管区林下资源。图强林业局坚持分类实施，因地制宜，科学立项，一站一品，全局131个管护家庭从业人员310人，占管理承包户的84%；加格达奇林业局职工家庭管护43个，295名在管护中从事特色种养业，各管护区利用林下资源种植北药296.6公顷，基本形成林药间作、果药间作的发展格局；塔河县通过开展“以十户带百户，以百户带全局”活动，调动职工从事种养业的积极性。至2005年末，在全区管护人员中，有1132户发展种养业，实现产值680万元。全区特色动物养殖已发展到马鹿、梅花鹿、鸵鸟、孔雀、飞龙、獭兔等20多个品种，25万多头（只）。全区从业户数4万余户，从业职工和家属6万多人，累计安置下岗职工1.2万人。

国有企业改革 2005年，确定对37家企业进行改革，主要采取鼓励职工集体入股、管理层收购、面向社会公开出售、引入民营资本及外资等形式退出国有股权，置换员工身份，至2005年末，有15家小企业按照“三个退出”标准完成了改制，盘活资产7224.5万元，剥离债务2867万元，收回资金481.9万元。全区把林场撤并和发展民营林场工作作为重点，制定《深化林场改革意见》，至10月末，又撤并2个林场、3个贮木场，建立了生态保护示范区，使全区林场布局更加合理化。韩家园林业局和图强林业局通过招商引资的方式，分别组建了外河民营生态林场和额丘民营林场。十八站林业局在坚持国有林地产权不变、用途不改和国有林地有偿管护、林下资源有偿使用等原则指导下，把林下资源开发的经营权有偿转让给职工群众。

【中国工程院东北水资源项目组来本区考察】 2005年7月11日，以中国工程院院士、全国政协原副主席钱正英为组长的中国工程院东北水资源项目组，就呼玛河流域水电梯级开发进行考察。项目组成员有：中国科学院院士、中国工程院院士、重大工程课题组组长潘家铮，中国工程院院士、中国科学院地理科学与资源研究所研究员石玉林，中国工程院院士、水利部原副总工程师、项目顾问徐乾清，中国工程院院士、水资源课题组组长陈志恺，中国科学院院士、中国科学院地理科学与资源研究所研究员刘昌明，水利部总工程师刘宁及有关水利专家。项目组到呼玛县实地察看了拟建三间房水库上坝址和下坝址，详细了解了呼玛河流域水电梯级开发情况。在拟建三间房水库坝址，项目组详细询问了呼玛河水资源总量，年径流量、拟建水库的库容量及水电站发电量情况。并重点听取了松辽水利委员会关于呼玛河流域水电梯级开发和地区水利工作情况汇报。项目组认为，呼玛河流域水资源和水能资源的开发利用，不仅对大兴安岭经济社会发展有着重要意义，而且对东北地区核心腹地的松花江、辽河流域的经济社会可持续发展和生态环境的进一步改善具有十分重要的意义。项目组建议，各有关单位要在深入调查的基础上，科学规划，分步实施，加大呼玛河流域水电梯级开发力度，大力促进经济发展。

【大兴安岭地区森林环境价值】 2005年7月，《黑龙江省大兴安岭森林资源价值评价暨纳入绿色GDP核算研究》编写完成。经专家初步测算，大兴安岭地区森林环境价值年约780亿元。7月30日，来自国家11个部委局及15所科研院校的30多位专家汇集加格达奇，对全区森林资源价值评价暨纳入绿色GDP核算进行了专题研讨。大兴安岭地区作为国家重点国有林区，率先启动森林资源价值核算。在2002年从地区层面，提出对森林资源价值进行评价，探索将森林资源价值纳入绿色GDP核算的研究，并组织地区林科所科研人员，邀请北京林业大学专家组成黑龙江省大兴安岭森林资源评价暨纳入绿色GDP核算研究课题组联合攻关。3年来，课题组在深入研讨2003年联合国综合环境经济核算和国家统计局海南省森林资源价值核算研究案例的基础上，联系区域特点，对大兴安岭地区森林的价值进行科学的评价，

计算出基于森林的绿色 GDP，较准确地反映了地区社会经济发展对森林资源的影响。研讨中，专家认为，大兴安岭作为全国最大的国有林区，其生态地位非常重要，生态服务价值巨大，对维护区域生态平衡和国家生态安全发挥着重要作用。本项研究数据来源可靠，评价体系比较合理，计算方法比较可靠，整个研究具备了一定的科学性，达到国内区域性同类研究的领先水平，为大兴安岭林业可持续发展和区域经济社会振兴提供了基础性条件。

（大兴安岭林业集团公司由王艳、刘庚正撰稿）

上海市林业

【绿化建设】 2005 年，上海市绿化系统广大干部职工在市委、市政府的领导下，贯彻“创新年、管理年、突破年、落实年”的要求，充分发挥“撤二建一”的体制优势，进一步加快发展，强化管理，转变职能，深化改革，推进绿化建设和管理取得了新的成效。①绿化建设。以实现 3 年环保行动计划为目标，克服土地资源紧缺、动拆迁成本过高、资金需求缺口较大等困难，大力推进绿地建设，基本实现了 2005 年初确定的目标，年内全市新建各类绿地 2100 公顷，其中公共绿地 1000 公顷。全市建成区绿化覆盖率达到 37%，人均公共绿地达到 11 平方米。②重点工程建设。上海滨江森林公园进入全面建设，基本完成一期工程建设；按照“一区一策”原则，创新机制、明确政策，启动新一轮环城生态专项建设；上海辰山植物园前期工作进展顺利，成立了管理机构，取得了土地规划许可证，开展了动拆迁工作。③公园免费开放工作。4 月 1 日，中山、长风、鲁迅等 23 座综合性公园实行免费开放，全市共有 122 座公园实行了免费开放，占全市公园总数的 86.5%；市绿化行业成功建成“上海市文明行业”。④公园绿地管理网格化。按照“城乡一体化”要求，进一步健全了专管员的管理制度，全市 227 个街道、镇和独立工业区，配备了绿化专管员；老公园改造开始启动。⑤以全民义务植树活动建立了 52 个义务植树点，15 000 多人参加义务植树活动，7000 多市民参与认建认养树木绿地，募集资金 80 多万元；组织实施老居住区绿化调整，解决了一批反映强烈的树木生长影响居民生活的问题。⑥科技创新和信息化建设。“春景秋色”示范工程建设稳步实施，年内完成 28 块示范点建设，应用色叶开花乔灌木约计 60 万株；绿化信息核查工作全面推开。（茅国梁）

【上海市人均公共绿地面积达 11 平方米】 2005 年是“十五”计划的最后一年，上海市绿化建设抓住城市枢纽型、功能性、网络化重大基础设施建设机遇，绿化覆盖率达到 37%，人均公共绿地面积达到 11 平方米，城市生态环境继续改善。2005 年全市绿化建设以实施第二轮环保 3 年行动计划为切入点，抓住中心城区旧区改造、城市产业结构优化、郊区农业结构调整等契机，重点推进实施了一批重点项目。继续推进中心城区绿化建设，年内建成了芷江西路绿地、罗城路绿地、周家嘴路安国路绿地、上海南站广场绿地、苏州河滨河绿地等一批大型绿地。按照“一区一策”原则，全力推进外环生态专项建设，年内完成建设面积 200 公顷。基本完成上海滨江森林公园一期建设任务；启动了炮台湾湿地公园建设；完成了上海辰山植物园前期筹备和动拆迁工作。建立崇明东滩、九段沙两处国家级自然保护区，建成海湾国家森林公园。（茅国梁）

【上海市政府与中国科学院将合作共建上海辰山植物园】 2005 年 8 月 29 日，上海市政府、中国科学院签订合作共建上海辰山植物园协议书，占地 202 公顷的植物科研园区将成为本市重要生态基地，全面提升城市绿化行业水平。全国人大常委会副委员长、中科院院长路甬祥，上海市委副书记、市长韩正出席签约仪式。中科院副院长江绵恒，上海市副市长杨雄在协议书上签字。坐落于松江区佘山镇的辰山植物园是集科研、科普教育和观赏游览于一体的综合性植物园。作为增强城市综合竞争力的一项基础生态工程，该植物园将建设成为生物多样性、生态保育和植物引种驯化研究、示范的重要基地，有利于保护并丰富现存野生植物资源和植物品种，也将形成万紫千红的观赏植物，为营造优美城市景观提供基础。建成后的辰山植物园不仅将成为城市标志性园区，同时也是上海“科教兴市”主战略的实施基地之一和生物多样性实践的重要科技支撑基地。它还将作为华东区系植物研究、生态系统和景观系统研究展示的重要窗口，承担起向公众传播植物科学、生态科学的功能。

（茅国梁）

【上海市 122 座公园免费向市民开放】 2005 年 4 月 1 日起，全市 23 座综合性公园向市民免费开放，全市免费开放公园共达 122 座，占全市公园总数的 86.5%。市、区（县）绿化管理部门针对免费开放后公园存在的安全隐患和综合管理上的盲点，积极落实公园免费开放的后续管理措施。①加快法规修订。

及时修订《上海市公园管理办法》和《上海市公园游园守则》，使之更具可操作性，符合新的管理要求。②加强部门协调。绿化部门积极联系治安和城管部门，通过联合发文、开协调会等形式，进一步明确城管、警署对公园作为公共场所的管理职责，真正建立起有效的社会联动共管机制。③探索管理模式。探索采用国际通行的风险管理模式，尝试以保险方式转嫁损失风险的办法，对公园绿地内动态、高空、高速以及可能危及人身安全的游艺机和游乐设施的运行实施监督和管理。④增加管理投入。市绿化局及时拨付公园管理资金，弥补公园免费开放后减少的门票收入，确保公园治安、保洁、绿化养护、设施维护等工作正常运转；对部分综合性公园配备巡逻专用车辆等技防设备。⑤完善长效机制。进一步推进“三位一体”管理模式，不断深化完善“三位一体”长效管理机制，增加志愿者数量，优化志愿者类别，强化街道社区对公园进行综合管理的职责。⑥规范内部管理。公园各级管理部门进一步推进公园作业市场化，强化合同管理，规范服务；进一步完善公园的内部管理制度建设，加大治安、保卫、保洁、绿化等管理力度，保障游客安全，提高公园服务质量。(茅国梁)

【“江孜上海林卡”胜利落成】 “江孜上海林卡”是一座占地面积11公顷的开放式公园，位于西藏自治区江孜县城中心，为西藏自治区第一座县级公园。该公园作为上海林业援藏项目，由上海市绿化管理局负责建设，总投资500万元。2005年7月31日，江孜县委、县政府隆重举行“江孜上海林卡”竣工典礼，日喀则地区、江孜县有关领导、公园建设者代表以及数百名藏族群众参加了竣工典礼。江孜县县长巴桑向上海市绿化管理局赠送了的锦旗；向上海市绿化管理局委派赴藏的公园建设者颁发荣誉证书。“江孜上海林卡”的建成，得到了西藏自治区、日喀则地区、江孜县各级领导和江孜人民的高度评价和一致好评，认为这是藏汉民族团结、沪藏人民友谊的结晶，是上海人民为江孜人民办的一件好事、实事。

(茅国梁)

【上海绿化行业成功建成市文明行业】 在2005年5月25日上海市精神文明建设工作会议上，绿化等8个行业被命名为上海市2003～2004年度文明行业。上海市绿化系统在创建文明行业过程中主要做了以下几个方面工作：①加快推进绿化发展。人均公共绿地面积从2000年的4.6平方米上升到2004年的10.1平方米，城市绿化覆盖率从22%上升到36%。全市现已建成3000平方米以上公共绿地800多块，环线内500米绿化服务盲区已基本消除。2003年底，上海市成功实现建成“国家园林城市”目标。②推进公园免费开放。到2005年，全市141座公园已有122座实行免费开放，产生了良好的社会效应。③有效解决群众关注的热点难点问题。针对市民反映部分公园绿地管理和服务存在“不方便、不安全、不热情”问题，及时推出了具有针对性的7条便民、利民措施；并建立了“三级巡查”制度，使各项便民、利民措施在每个公园得到了有效落实。④实现绿地管养全覆盖。在全市161个街道（建制镇）各设立了1名由专业技术人员担任的绿化专管员，实行责任到人的网格化管理，解决绿地失养失管现象取得了较为明显的成效。⑤大力推进老居住区绿化改造，完成了737个老居住区绿化改造，逐步缓解老居住区绿化少、质量差的矛盾。⑥探索和推行“公园—社区—志愿者”三位一体管理机制，在全市近60个公园建立了党建工作指导站（临时党支部），建立了570支12 000多人的绿化志愿者队伍。⑦把创建文明行业工作融入到各区创建文明城区工作之中，开创了条块资源整合、优势互补、文明共建的工作新局面，建立了“市民评判、社会评价、科学评定”的行业考评机制，运用机制建设推动行业创建水平的不断提升。

(茅国梁)

【上海共青森林公园升格为国家级森林公园】 2005年12月23日，国家林业局作出关于准予设立上海共青国家森林公园的行政许可决定。上海共青国家森林公园位于上海市杨浦区，东濒黄浦江，西临军工路，占地面积131公顷，其中公共开放绿地124.7公顷。共青森林公园由南、北两园组成。北园：即森林公园。以植物造景为主，植树近35万株，品种250多种，配以丘陵、草地、湖泊、溪流、密林、野丛等，构成了富有野趣幽深的自然空间；形成了松涛幽谷、秋林爱晚、丛林原野、盈湖泛舟、浦江览胜等十大景区，呈现了“自然、野趣、宁静、粗旷”为特色的人工森林景观。南园：即万竹园。以竹文化为主题，拟造了一个“江南竹韵，清静通幽”的秀丽竹景；万竹园地势起伏，青冈株密，清溪悠悠，小桥流水，翠竹送香，形成了一派“日出清清荫，月照倩倩影”的竹趣盎然的自然风光。共青森林公园开放20年来，先后获得首批上海市五星级公园、连续五届上海市文明单位、全国十佳游乐场、国家AAAA级旅游景点等称号。(茅国梁)

【全面启动绿化信息核查工作】 为了摸清全市绿化家底，实现绿化信息化、数字化、科学化管理，也为城市网格化管理提供基础数据，2005年全市绿化部门开展了全市绿化信息核查工作。该项工作以绿化管理地理信息系统（LAGIS2.0版）为平台，以徐汇区为试点，成功完成原型开发和试点工作。为在全市19个区（县）绿化管理部门中得以全面推广应用，市成立了由建设、交通、铁路、农业、水务、房地、市政、绿化等部门组成的绿化信息核查工作组织机制，并开展技术培训。各区（县）形成了由分管区

（县）长牵头，区（县）绿化局统筹安排，各部门合作参与的工作格局，各区（县）相当重视，稳步推进核查工作，有的区（县）还运用GPS技术来提高核查精度和加快核查进度。到2005年底，已完成全市141座公园、近100万棵行道树、1464棵古树名木、1007棵古树名木后续资源和外环线绿带的信息核查工作。绿化信息核查工作完成后，各级绿化管理部门今后可以借助GIS系统，对本辖区域的绿化信息进行空间和数量变化的分析，了解植物配置的关系，为绿化规划、病虫害防治和生态环境质量分析提供辅助依据，有效提高绿化养护管理水平。（茅国梁）

【林业建设】 由于受国家强调基本农田保护的宏观政策调控，林业建设用地矛盾突出，土地资源的制约成为林业发展的瓶颈。2005年，郊区新增林地6667公顷。全年林业建设与管理方面主要抓了以下工作：①编制完成了《上海市沿海防护林建设规划》、《上海市湿地保护与建设规划》、《上海市森林资源林政管理规划》等专项规划。②以实施上海市环保三年行动计划为抓手，重点推进黄浦江水源涵养林等生态公益林建设，全年完成生态公益林建设面积6000公顷。③以严格保护森林资源，服务城市社会经济发展为宗旨，加强森林资源林政管理，认真执行国务院批准的森林采伐限额，严格征占用林地、林木采伐、林木迁移的行政审批管理。④着眼于建立森林资源管理长效机制，在深入调查研究的基础上，形成了绿林一体、城乡统筹、覆盖全市的绿化林业有害生物防治、森林防火、野生动物疫源疫病防控预警体系建设指导意见和应急预案。⑤加快森林资源管理信息化建设，充分发挥森林资源二类调查成果的作用，完成了森林资源管理系统开发。⑥积极推进林业养护万人就业项目，全年新增上岗人数超过4000人，提前完成市政府下达林业养护万人就业任务。⑦加强经济果林和苗木花卉管理指导，组织开展了全市优质桃评比活动，推进林木和果品保险工作。⑧配合禽流感防治工作，全市建立了15个野生动物疫源疫病监测点，加强野生动物疫源疫病监测与防控工作。（茅国梁）

【经济果林成为市郊农民收入重要来源】 近年来，随着全市生态环境建设的加快推进和农业结构的不断调整，上海郊区经济果林快速发展。到2005年底，全市经济果林面积达到2.4万公顷，其中投产面积1.73万公顷，总产量37.8万吨，总产值11.95亿元，占全市农业总产值的5.1%，占种植业总产值的15%。按种植面积分，依次为柑橘、桃、梨、葡萄和草莓，分别占全市经济果林面积的39.9%、31.8%、8.4%、7.6%；按产值分，依次为桃、柑橘、葡萄和草莓，分别占全市经济果林产值的48.8%、25.5%、12.2%和5.6%。经济果林平均每公顷产值49 710元，相当于种植水稻每公顷产值的约3倍；其中投产面积平均每公顷产值68 970元，相当于种植水稻每公顷产值的约4.5倍。（茅国梁）

【湿地系统规划研究报告编制】 按照上海2010年基本建成生态型城市的环境建设总体要求，本着全面落实科学发展观，合理布局，分期实施，政府调控，市场调节，动态保护，合理围垦，重点突破，全面推进的基本原则，2005年上海市林业局会同上海复旦大学编制了《上海湿地系统规划编制研究报告（讨论稿）》，并通过了专家评审。

上海地处长江三角洲东缘，位于我国南北海岸线中心，拥有丰富的湿地资源，由于地处亚太地区候鸟迁徙路线中部，上海湿地保护和合理利用已引起国际社会高度关注。在全球变暖、台风北移、野生动物传播疫源疫病等潜在压力下，保护城市周边湿地，维护城市生态安全已成为一项紧迫任务。因此，上海市林业局依据相关法律、法规、文件、规划和资源调查，对上海市2006～2020年的湿地保护利用进行了规划研究，近期到2010年上海世博会。

湿地系统规划的总体目标是初步形成国际重要湿地、国家级自然保护区、湿地公园以及具有特殊科学研究价值栖息地的保护网络。到2010年，规划建设自然保护区、湿地公园、具有特殊科研价值的栖息地面积占国土面积的比例达到9.57%，湿地保有率从现有的22%提高到30%，基本保持长江口、杭州湾湿地以及内陆主要湖泊湿地生态特征和生态服务功能，为生态型城市提供比较优异的基础生态空间，为上海举办2010年世博会奠定良好的环境基础。到2020年，规划建设自然保护区、湿地公园、具有特殊科研价值的栖息地面积占国土面积的比例达到12.77%，湿地保有率不少于50%，同时在考虑公众利益的前提下，沿江、沿海湿地的圈围速度要低于自然湿地年增长速率1%～2%，确保有广泛完整的河流、湖泊湿地和人工湿地景观存在，为地区综合发展和湿地持续管理留足空间，分阶段进行规划和实施。

规划将上海的湿地划分为“两带两圈多点”。“两带”为城市生态安全带和城市生态调控带；“两圈”为崇明—长兴—横沙“三岛联动”圈和九段沙新生湿地保护圈；“多点”是根据生态敏感性和生物多样性保护的要求，重点保护一些零星分布在市域范围内的湿地生态系统。“两带两圈多点”的区划通过21块保护区、示范区和湿地公园以及零星分布在市区的公园湿地、绿地的布局来体现。（刘健莺）

【上海湿地立法前期调研启动并顺利完成】 为加强全市湿地保护和建设工作，上海市林业局会同有关部门于2004年11月正式启动了上海湿地立法前期调研工作：①组织编制湿地立法工作方案及调研提纲；②

先后通过委托复旦大学和上海交通大学分别开展《上海保护与利用现状的研究》、《国内外湿地保护立法比较研究》等两个专题的课题研究，启动了立法调研有关专题研究工作；③联合全市高校等科研机构共同实施了自1999年以来全市最大一次的湿地资源调查。对全市主要类型的天然湿地及水鸟资源现状进行了同步调查，进一步完善充实了相关基础数据资料；④组织市人大城建环保委和相关科研院所专家对上海市和其他省市的湿地保护和湿地立法情况进行实地调研，深化了对课题研究的目的、内容等方面的认识，取得了较好的成效。2005年12月8日《上海保护与利用现状的研究》、《国内外湿地保护立法比较研究》两个课题正式结题并通过专家评审。至此，上海湿地立法调研第一阶段工作顺利结束。下一步上海市绿化局（市林业局）将在两个研究课题的基础上组织起草《上海湿地立法调研报告》以及《上海湿地保护管理条例（草案）》，并向市政府法制办报告，进一步推动上海市的湿地立法各项工作的开展。

（官　蕾）

【崇明东滩和九段沙晋升为国家级自然保护区】 经国家级自然保护区评审委员会评审通过，国务院国办发［2005］40号《国务院办公厅发布河北柳江盆地地质遗迹等17处新建国家级自然保护区的通知》批准同意上海市崇明东滩鸟类自然保护区和九段沙湿地自然保护区晋升为国家级自然保护区，实现了上海市国家级自然保护区“零”的突破。

上海市崇明东滩鸟类自然保护区位于长江入海口，祖国第三宝岛崇明岛的最东端，处于被世界自然基金会（WWF）列为具有国际重要意义生态敏感区——长江河口与东海形成“T”型结合部的核心部位，为亚太候鸟南北迁徙的重要通道，地理位置十分重要。崇明东滩有记录的鸟类达265种，仅越冬的候鸟有80多种，数量200万~300万只之多。1999年7月，湿地国际亚太组织已正式接纳崇明东滩为东亚-澳大利亚涉禽保护网络成员单位，2002年1月被湿地国际秘书处正式确认为国际重要湿地，使崇明东滩成为我国致力于全球湿地和迁徙水鸟保护的重要湿地。

九段沙位于长江口水道南北槽分界，处于长江口深水航道的南沿，浦东国际机场的东北侧，属新生的河口冲积型岛屿，目前尚无人居住，保持了生态环境的原始状态。九段沙主要由上沙、中沙、下沙三部分组成，它东向东海，西接长江，西南与西北分别与浦东、横沙岛隔水相望，保护区总面积约450平方千米。专家在九段沙已发现14种珍稀水生哺乳类动物，其中白鳍豚和中华白海豚为国家一级保护动物；已记录到的鸟类有113种，其中12种为国家二级保护鸟类。

（谢一民）

【国家有关部门领导关心崇明东滩鸟类自然保护区建设】 2005年，国家环保总局副局长祝光耀及国家科技部部长徐冠华分别对崇明东滩鸟类自然保护区进行了实地考察，国家林业局副局长赵学敏在上海参加长江中下游湿地保护工作会议期间专程听取了保护区近期工作汇报。祝光耀认真听取了保护区负责人关于国际重要湿地和自然保护区基本情况的介绍，并实地考察了自然保护区缓冲区和部分核心区，在充分肯定自然保护区建设和管理所取得的成绩的同时，与保护区管理处就保护区对滩涂作业人员所采取的管理办法、保护区经费的来源及与周边社区的关系等问题交换了意见；徐冠华在参观考察完保护区后对保护区积极开展高校合作，努力搭建科研平台给予了高度的赞扬。

（朱丽莎）

【江浙沪皖建立陆生野生动物保护管理联席会议工作机制】 为深入贯彻国家林业局、公安部打击破坏森林资源专项整治行动有关工作要求，切实推进上海及其周边地区野生动物的保护管理工作，2005年8月1~2日，江苏省林业局野生动物保护管理站、浙江省林业厅野生动植物保护处、安徽省林业厅野生动物保护处和上海市林业局野生动植物保护处、浙江省野生动植物保护管理站、安徽省野生动物保护管理站、上海市野生动物保护管理站，江、浙、沪三省毗邻的江苏省苏州市，浙江省嘉兴市、嘉善县、桐乡市，上海市青浦区、金山区、嘉定区农委，上海市工商行政管理局市场处、检查总队，上海市城市管理执法总队等有关单位负责人，在上海市青浦区淀山湖森林度假村，就黑斑蛙、蟾蜍等野生动物的非法运输、加工、销售问题召开了三省一市野生动物保护管理工作联席会议。

会议针对当前江浙沪皖三省一市地理位置毗邻，野生动植物资源类似。非法捕捉、收购、运输、加工、销售野生动物现象均有所抬头的现状，就如何建立野生动物保护管理省际合作联络协调机制达成了共识。三省一市野生动物保护管理部门共同商定，加强野生动物保护管理工作应采取集中整治与长效管理相结合的原则，加强配合协作，加强执法管理协作配合；进一步加大省市间野生动物保护管理信息交流力度，实现保护与管理工作资源的共享，构建信息共享、经验交流与团结协作的工作平台。

会议还商定以本次联席会议为开端，今后每年定期由上海、江苏、浙江、安徽三省一市野生动物保护主管部门根据工作需要轮流主办，每年至少召开一次野生动物保护管理工作联席会议，切实推进三省一市野生动物保护管理工作。

（官　蕾）

【上海市制定出台天然麝香、熊胆原料定点保管的管理制度】 根据国家林业局、卫生部、国家食品药

品监督管理局、国家工商行政管理总局、国家中医药管理局联合下发的《关于进一步加强麝、熊资源保护及其产品入药管理的通知》（林护发［2004］252号）文件精神，上海市林业局、卫生局、食品药品监督管理局在2005年联合对全市天然麝香、熊胆等敏感物种原料及其产品库存进行了全面调查摸底。调查摸底涉及全市7家养殖企业（单位）、400余家医院和1400余家药品生产经营企业。在摸清库存底数的基础上，上海市林业局、卫生局、食品药品监督管理局将有关调查结果联合上报给国家林业局、卫生部和国家食品药品监督局。经国家林业局同意上海雷允上药业有限公司及其生产的"雷氏牌"六神丸为国家允许使用天然麝香原料的定点生产企业和定点药品。根据全市天然麝香、熊胆原料及其产品库存和生产经营现状，市林业局、市卫生局、市食品药品监督管理局联合向全市各区（县）农委、卫生局、食品药品监督管理分局下发《关于加强本市天然麝香、熊胆原料使用管理工作的通知》，对有关原料库存单位、生产使用企业及定点临床使用医院就保管天然麝香、熊胆原料及定点使用申报程序作了明确规定。

（官　蕾）

【野生动物保护科普宣传教育工作】 2005年全市野生动物的保护宣传力度进一步加强，采取合作的方式开展了多次宣传教育活动，主要包括：开展了"爱鸟周"宣传系列活动，主要包括举办爱鸟护鸟小明星评选活动、野生动物保护宣传图片校园巡回展，在上海野生动物园举行了小天鹅环志和小天鹅放生仪式，在奉贤区五四农场举办上海市第八届中学生野外观鸟竞赛等一系列的活动。组织协助"欧莱雅杯"关心母亲河，拯救白鳍豚系列科普活动，活动历时6个月，通过参观自来水厂和污水处理厂，听科学家关于白鳍豚的讲座，参加"水之旅"绿色环保夏令营，开展关于白鳍豚的绘画、书法、征文等科普活动让上海的小朋友们了解人类的行为和白鳍豚命运的关系，从小培养他们良好的生态意识，善待生命和野生动植物，形成良好的行为规范，并通过"大手牵小手"，带动市民共同构建人与自然的和谐社会。积极组织参与"蟒蛇帕勃罗看动物"生物教师培训活动，来自上海77所野生动物保护特色学校的40余名生物教师参加了培训，培训主要选用美国生物教育教材《蟒蛇帕勃罗看动物》，通过介绍学生活动和游戏教学的方式，包括参观动物园和野外活动、观看音响教材等活动，让教师在课堂教授中寓教于乐，充分挖掘学生学习、认知兴趣，使学生意识到人与动物、植物、自然环境间互相依赖共存的关系，从而达到规范自己和周围人群行为的目的。合作开展"湿地·水鸟"影像展，展览围绕"湿地·水鸟"主题，以"湿地上海"作为切入点，借助爱普生完美的数码影像技术生动表现湿地的各种生态服务功能及效益，以及湿地与城市发展、城市建设、城市生活的密切关联性，进一步普及湿地保护知识，提高公众湿地保护的意识。

（金惠宇）

【野生动物资源调查工作】 2005年进行二次越冬水鸟调查，分别由市林业局和世界自然基金会组织进行。1月份林业局调查显示全市各重要水鸟栖息地内共有水鸟66种，59 555只；2月份长江中下游水鸟调查共记录到水鸟46种，20 004只。开展花鸟市场鸟类经营现状监测。2005年春秋两季共出动人员34人次，对全市8个花鸟市场监测点组织进行了全市首次花鸟市场鸟类经营情况的全面普查，掌握了其经营鸟类的具体种类和数量等大量的第一手资料。开展全市鹭科鸟类现状调查。为了充分了解全市鹭科鸟类的栖息现状，先后对崇明、松江、浦东、金山、南汇等区（县）的鹭科鸟类繁殖聚集地进行了实地调查，并确定了全市多个较大的鹭鸟繁殖地，为进一步开展相关的生态研究奠定了基础。开展全市两栖类资源监测。组织相关专家在1996～2000年全市野生动物资源调查的基础上，选择其中的较具代表性的南汇下沙沉香和南汇航头檀香二个调查点进行了监测工作，在2个监测点内共记录到两栖类4种，206只，监测结果显示目前监测点内的两栖动物品种与数量与上次资源调查基本持平。南迁及越冬水鸟全市同步调查工作。调查共记录水鸟90种，41 027只。其中水鸟数量较为集中的区域分别为崇明北湖、东滩鱼蟹塘、东滩保护区和奉贤边滩；调查中发现部分在上海市越冬的鸥、鸭等已有少量个体已在上海市境内出现；水鸟栖息地正逐步从自然湿地为主向自然湿地与人工湿并存的方向转变。

（金惠宇）

【打击破坏森林资源专项行动野生动物部分成果】 2005年4月1日至6月15日，按照《上海市林业局、上海市公安局关于开展打击破坏森林资源专项行动的通知》精神及两局联合召开的上海市森林资源保护管理工作会议的要求，全市野生动物主管部门在公安、工商、综合治理办等有关部门的支持配合下，对铜川路、沪西、真如、曹阳等水产批发市场进行联合执法行动，对凤阳、万商、曹阳等大型的花鸟批发市场进行了突击执法检查。行动中，全市共出动318人次，出车54次，检查饭店、餐饮店85家，中心城区花鸟市场3家，大型水产批发市场2家，农贸市场、销售农户、交易点95处，共查获青蛙（包括蟾蜍）3014千克，各种蛇类1572条（约1570千克），鸟类2100只（其中国家二级保护野生动物游隼1只），刺猬1只，收缴网具4张，有效地遏制了上海市破坏野生动物资源的不法行为。

（金惠宇）

【野生动植物进出口】 据国家濒危物种进出口管理办公室上海办事处统计数据显示：2005全年上海办

事处共签发允许进出口证明书、物种证明共计6137份，与2004年相比增加了11.6%，涉及金额共计为252.2亿元。至2005年11月底统计数据显示，四省一市中登记备案的从事进出口的企业共计1103家，其中上海地区的企业为738家，占总企业数量的67%；从业人员共计54 340人，其中上海地区企业的从业人员为40 298人，占74%（企业自报专门从事野生动植物种及其产品加工和贸易人数）。

（张秩通）

【崇明东滩鸟类环志和彩色旗标系放数量达到历史新水平】 2005年崇明东滩鸟类自然保护区全年共环志和旗标鸟类37种5739只（春季32种3825只，秋季35种1794只），与2004年相比增加了148.4%，其中包括5只国家二级保护动物小杓鹬，以及在国内首次捕获并环志的红颈瓣蹼鹬和大沙锥，积累了大量有关鸻鹬类的基础生物学资料，澳大利亚、新西兰、美国及中国香港、台湾等地共观察到东滩系放的鸟类79只。至本次环志结束，崇明东滩鸟类自然保护区共环志放飞鸻鹬类和燕鸥类43种，共9789只，其中环志鸻鹬类的种类和数量为全国之首，受到了国际研究组织及国内同行的一致肯定和赞扬。2005年的环志和彩色旗标系放工作呈现两个新特点，一是与高校研究所开展合作，即与复旦大学生物多样性研究所开展合作；二是请国外专家进行专业指导，请澳大利亚涉禽研究组开展专业的指导。（马　强）

【首次越冬水鸟调查】 为全面了解上海地区越冬鸟类的种类、数量、分布状况及其面临的威胁，2005年1月，市林业局组织开展首次越冬水鸟调查，在各重要水鸟栖息地内共调查到水鸟的种类66种，数量为59 555只。

从鸟类的种类分布来看,崇明岛和九段沙的水鸟种类分别为45种和33种,分别占本次记录到的水鸟种类的68.2%和50.0%。从鸟类的数量分别来看,九段沙和崇明岛的水鸟数量分别为31048只和23 163只,分别占本次记录到的水鸟数量的52.1%和38.9%。崇明岛和九段沙共记录到水鸟59种、54 211只，占本次调查记录到种类的89.4%和数量的91.0%。这表明崇明岛和九段沙是水鸟最重要的分布区域。

从鸟类的群体优势来看，鸭类、鸻鹬类和鸥类是上海地区冬季主要的水鸟类群。这3个类群的水鸟总数为55 493只，占本次调查记录到水鸟总数的93.2%。其中鸭类41 248只，占全部水鸟总数的69.3%，为是数量最多的水鸟类群；鸻鹬类9030只，占全部水鸟总数的15.2%，鸥类5215只，占全部水鸟总数的8.8%。

本次调查记录到的数量最多的5种水鸟为：斑嘴鸭12 662只，黑腹滨鹬5055只，红嘴鸥2409只，银鸥1848只，绿翅鸭1768只。这5种常见水鸟占本次记录到的水鸟总数的40%。

本次调查在崇明东滩记录到白头鹤91只（2005年1月中旬在崇明东滩记录到白头鹤116只），超过国际重要湿地的物种数量的1%标准（10只）；记录的白腰杓鹬数量为311只，接近国际重要湿地的物种数量的1%标准（350只）。在九段沙记录的水鸟数量为31 048只，超过国际重要湿地的2万只以上水鸟的标准。在崇明东滩自然保护区及邻近地区（围堤内人工湿地）记录的越冬水鸟数量也近2万只。

（金惠宇）

【崇明东滩可持续管理项目】 为了进一步加强崇明东滩的建设和管理，推进崇明东滩在全球迁徙鸟类资源保育和湿地持续管理方面的能力建设，2003年7月，国家林业局保护司、世界自然基金会（WWF）、上海市农林局经协商决定在崇明东滩开展为期3年的可持续管理项目。在项目主管单位的领导的关心和指导下，在项目专家的大力支持下，项目取得了初步的成果。截至2005年12月底，各项规划、计划的编制工作已基本完成，共有近20名的专家、学者参与了专项规划或计划的编制工作，并与香港米埔自然保护区开展了双向交流，促进了保护区管理人员的能力建设。项目的实施推进了保护区的基础设施建设、通行证管理制度以及区域协调机制的建设，尤其是通行证管理办法颁布实施以来，甘肃、广东、辽宁、江苏、安徽等省的自然保护区主管部门纷纷组团前来崇明东滩考察交流，对湿地类型自然保护区实施通行证管理制度予以充分肯定。

在项目实施过程中，还开展了崇明东滩鸟类国家级自然保护区区徽的征集活动，共收到来自全国25个省（区）的221位作者的300多幅设计作品，推动了保护区对外宣传和形象提升；制作完成了一分钟公益广告片，并在沪—崇18艘摆渡船上实现滚动播放；推进了东滩湿地专题网站的建设和维护工作，完成了码头灯箱广告制作和发布、宣传展板制作、IP电话卡制作等工作。2005年保护区共接待市内外新闻媒体采访报道20多批次，中央电视台还专门制作了《超级捕手》专题片，受到了社会各界的高度关注和好评。（汤臣栋）

【《中国湿地保护》首发仪式在沪举行】 由国家林业局主编，中国林业出版社出版的《湿地：人与自然和谐共存的家园——中国湿地保护》，于2005年1月15日在上海书城举行首发仪式。国家林业局、中国林业出版社和中国野生动物保护协会的负责人、在沪参加长江中下游湿地保护工作座谈会的省（市）林业厅（局）负责人，以及上海市湿地保护专家、新闻记者等100多人参加了首发仪式。本书主编、国家林业局赵学敏副局长在仪式上为广大读者签名售书。本书图文并茂，既有科学性又通俗易懂，是近年

来全面宣传介绍我国湿地资源及其保护现状的优秀读物。出版该书和在上海举办首发仪式的目的，是为了把湿地的重要作用告诉社会大众，引起人们进一步关注保护湿地保护人类家园。 （谢一民）

【长江中下游湿地保护工作会议】 为推进长江中下游地区湿地保护工作，国家林业局于 2005 年 1 月 15～16 日在上海召开长江中下游地区湿地保护座谈会。会议讨论研究长江中下游湿地保护的工作思路，分析当前湿地保护面临的困难和问题，部署该地区下一阶段湿地保护的重点工作。国家林业局副局长赵学敏在座谈会上作了题为《采取综合措施全面加强长江中下游湿地保护工作》的讲话。上海、江苏、浙江、安徽、福建、江西、湖北和湖南 8 省（市）林业厅（局）主管湿地保护工作的厅（局）长，保护处（站）长，中科院、复旦大学、华东师范大学、中国林科院、国家林业局调查规划设计院、中国野生动物保护协会、国家林业局中南林业调查规划设计院有关领导专家 70 余人出席了座谈会。 （谢一民）

【《预防和控制野生鸟类传播禽流感工作方案》启动】 针对青海湖部分候鸟发生禽流感疫情和加强全市野生动物疫源疫病监测工作，市绿化管理局于 2005 年 5 月 8 日发布并启动《上海市预防和控制野生鸟类传播禽流感工作方案》。《方案》规定在上海市鸟类主要停歇地、繁殖地和越冬地的 8 个区（县）布设第一批 15 个监测站点，对候鸟等野生鸟类的种类、数量和分布区域；监测区域野生鸟类迁徙规律、迁徙形式和环志状况；监测区域野生鸟类活动状况及异常情况实行全面监测。方案还规定了统一的监测时间、监测物种，建立了监测信息报告制度，报告制度分为日报告和周报告，春冬季实行日报告制度，秋季实行周报告制度。按照“早、快、勤、严”的监测原则，配合当地动物防疫部门，严防候鸟等野生鸟类传播禽流感。 （谢一民）

【陆生野生动物疫源疫病监测体系建立】 2005 年，全市初步形成市、区林业行政主管部门组织协调，市、区野生动物保护管理站技术指导，各级监测站点实施监测的陆生野生动物疫源疫病监测体系框架。2005 年市、区两级投入资金 90 万元在全市鸟类迁徙主要停歇地、繁殖地和越冬地布设 35 个监测站，其中：国家级监测站 2 个，市级监测站 16 个，区级监测点 15 个。全市各监测站点实行严格的监测信息报告制度。2005 年，35 个监测站点共开展近 3500 次监测，提交监测信息快报近 2000 份，采集检测样本近 700 份，编印全市鸟类监测信息分析报告 5 期。监测结果表明，全市未发生候鸟等野生鸟类传播禽流感情况。 （谢一民）

【结合禽流感监控加强鸟类保护工作】 针对候鸟等野生鸟类可能传播高致病性禽流感的严峻形势，市绿化管理局加强对野生鸟类保护工作力度。2005 年出动执法人员 318 人次，20 余次对南汇、奉贤、崇明和金山等区（县）鸟类保护工作进行检查督促，并会同当地林业部门检查饭店、市场和滩涂湿地 100 处，查获违法猎捕野生鸟类 2100 余只、媒鸭 715 只、各种网具 502 张、捣毁猎鸟窝棚 30 余个，放飞鸟类 1200 余只。全年受理举报案件 128 起，收容救护游隼、猫头鹰和小天鹅等野生鸟类 5 种 25 只。有力地配合了高致病性禽流感监测防控工作，并加强了野生动物保护管理。 （谢一民）

【《上海市湿地保护和恢复规划》编制完成】 2005 年，上海市绿化管理局联合国家林业局华东林业调查规划设计院编制完成《上海市湿地保护和恢复规划》，并报送国家林业局审批。规划以上海生态安全、湿地生态系统保护和湿地生态系统恢复为重点，提高湿地抵御台风、风暴潮等自然灾害的能力，保护湿地生态系统，恢复湿地生态功能，加大湿地生态系统保育力度，增强湿地保护行业能力建设，形成适应特大型城市湿地保护体系和符合生态型城市需要的湿地基础生态空间，促进上海经济社会和环境的全面协调健康发展。根据上海湿地资源分布、城市生态安全、湿地生态系统保护、社会经济发展需要和湿地生态功能恢复能力，规划提出在全市建立 3 个湿地保护和恢复功能区，沿长江江口、杭州湾海岸带建立生态安全调控带：建设 200 米以上沿海基干林带和其他预防或减弱台风、风暴潮等自然灾害设施，沿一线大堤保留 1000～3000 米宽度的人工湿地区域；湿地生态系统保护区：杭州湾北岸—长江口建立自然保护区、湿地公园和具有特殊科研价值栖息地等，形成杭州湾北岸湿地保护带和长江口湿地保护圈，使市域范围内的国际、国家重要湿地得到有效保护，自然湿地保有率不小于 34%，自然保护区占国土面积达到 13%～15%；退化湿地修复和重建区：在崇明三岛、黄浦江上游饮用水源区、南汇、金山边滩进行退化湿地修复重建，建立湿地公园、生态恢复园等。规划目标是通过 10 年建设和保护，形成国际、国家重要湿地、自然保护区、湿地公园和具有特殊科研价值栖息地的湿地保育网络，基本保持长江河口、杭州湾湿地和内陆主要湖泊湿地的生态特征和生态服务功能，为生态型城市提供良好的基础生态空间。 （谢一民）

江苏省林业

【概　述】

植树造林　2005年，全省造林10..2万公顷，其中成片造林5.9万公顷，“四旁”植树折合4.3万公顷，全面完成年初目标任务。全省城市新增绿地1.1万公顷，其中公共绿地3000公顷。全省参加义务植树2820万人次，尽责率72.7%，义务植树1.1亿株。2005年全省植树造林的突出特点是：①重点工程发挥了核心作用。5项重点工程占成片造林总面积的94.2%。其中江河湖海生态防护林2.7万公顷、绿色通道0.6万公顷，丘陵岗地森林植被恢复1.0万公顷、杨树基地林0.9万公顷、经济林0.4万公顷。②“三荒四沿”成为新造林的主战场。全省宜林荒山荒地造林3.4万公顷，沿水、沿路、沿城、沿厂造林2.2万公顷，占全省成片造林总面积的94.1%。③非公有制造林继续呈上升态势。全省非公有制造林面积占造林总量的85.9%。④三大区域造林整体推进。苏北5市成片造林面积2.8万公顷，占全省的46.6%，苏中3市成片造林面积1.3万公顷，占全省的22.7%，苏南5市成片造林面积1.8万公顷，占全省的30.7%，三大区域均衡发展、整体推进。⑤造林质量明显提高。经核查，全省造林面积核实率101.85%，同比增加11.34%；上报合格率99.42%，同比增加10.22%。

林政管理　全面推进林权登记发证工作。省级以上生态公益林、国有林场、森林公园及自然保护区等区域范围内林地和林木的林权登记发证率大幅提高；修改和完善林权登记发证信息管理系统，建立林木、林地信息管理系统，提高林地林权信息化管理水平。切实加强林地保护管理。规范征占用林地的申请及审核审批的权限和程序，认真把好建设项目占用征用林地审核审批关。全年共审核审批建设项目占用征用林地132起，面积482.523公顷，征收森林植被恢复费3200万元，占用林地审核率、森林植被恢复费解交率均为100%。规范林木采伐管理。出台了《关于进一步明确林木采伐管理有关问题的通知》，推行森林、林木采伐管理人员持证上岗制度，进一步下放了审批权限、简化审批程序，提高了工作效率。加强木材检查站建设，规范木材运输管理。推进木材检查站标准站建设，完成4家木材检查站迁址工作。完成了木材运输管理信息系统的研发。积极开展木材行业协会活动，筹备成立地板专业委员会，组织申报中国纤维板行业百强，举办首届江苏木业发展论坛等。对近30家企业申请人造板生产许可证进行了现场审查，并会同省安监局赴徐州、淮安两市对木材加工企业安全生产问题进行督查。

森林病虫害防治　全省主要林木病虫害发生面积8.5万公顷，其中虫害发生面积6.4万公顷，病害发生面积2.08万公顷，防治面积7.1万公顷。积极开展松材线虫病防治，实际除治松材线虫病面积1.9万公顷，清除疫木41.9万株，灭虫处理病枝材21 964吨，疫情监测面积9.3万公顷。继续实施松材线虫病疫木定点处理和安全利用，新增疫木安全利用定点企业4家。组建了9支森林病虫害防治专业队，建立杨树病虫害防治技术综合示范区。严把造林苗木质量关，同时加强对杨树新造林病害的预防，为有效控制全年的杨树食叶害虫危害奠定了良好基础。狠抓病虫情预测预报，全年各测报点累计发出林木病虫情报200多期，计8000余份。继续开展林业有害生物普查。制定了《江苏省林业有害生物灾害处置应急预案》。

森林防火　认真贯彻省政府办公厅《关于加强森林防火工作的通知》精神，切实加强森林防火工作的组织领导。增加投入，改善基础设施。据不完全统计，2004年冬季以来，各级财政投入森林防火资金5000多万元。全省新添置风力灭火机1000余台、灭火水枪500支、灭火弹5万余只、三号工具3000把；新增对讲机300余部、车载台120部、基地台35个，新建林火远程数码电视监控系统1套、防火瞭望台2座、护林（检查）站40多个，新开辟防火通道100余千米，新建生物防火隔离带80多千米。火灾受害面积400.1公顷，在火灾发生率高于全国平均水平2.9倍的情况下，受害率和控制率均大大低于全国平均水平。积极消除火源隐患，全年累计平迁散坟15万座。加强队伍建设，组建成立了一支200人的省级武警森林灭火突击队，同时，在7个森林防火重点市的武警部队成立了7支、总人数达500人的武警森林灭火突击队，大大增强全省扑救森林火灾的综合能力。

野生动植物及湿地资源保护　湿地保护管理工作稳步推进。召开了全省湿地保护管理工作会议，认真贯彻落实全国湿地保护管理工作会议和国务院办公厅及省政府办公厅《关于加强湿地保护管理的通知》精神，着手组建全省湿地保护联席会议制度。完成全省湿地资源调查，并组织编写了《全省湿地保护规划》和《全省沿海地区湿地恢复与保护规划》。全省新建3处市、县级湿地自然保护区，1处国家级湿地

公园已经通过专家组验收。继续加强野生动植物保护。增列部分野生动物为省重点保护野生动物。大丰麋鹿国家级自然保护区麋鹿种群已达819头，并经批复实施了保护区二期工程建设项目。规范野生动植物经营利用，推进野生动物产品标记试点管理，对11家乐器生产企业进行登记核查，争取列入第五批标记试点管理序列。加强对麝、熊资源保护及其产品入药管理。对全省麝、熊等敏感物种养殖存栏情况、原料库存情况及制成品库存情况进行了初步调查。加强野生动物疫源疫病监测。制定和实施了全省野生动物疫源疫病防控应急预案。制定了野生鸟类疫源疫病防控应急预案，积极开展候鸟监测，

林业产业 全省林业发展迅猛，产业的质量和效益稳步提升：①林业产业发展的政策扶持加大。在宿迁市召开了全省林业产业化现场观摩活动，总结交流发展林业产业化的经验，研究部署今后一个时期林业产业化工作。组织编制了全省“十一五”林业产业发展规划。重点扶持了一批林业龙头企业，延长林业产业链，增加附加值，提高资源的综合利用率。林业龙头企业队伍继续壮大，带动作用明显增强。依托行业协会，积极开展各种活动，为木材加工企业服务。组织开展了2005年省十佳地板品牌推广活动，推荐8家企业进入中国纤维板行业百强。②非公有制林业产业主体地位已经形成。进一步落实税费优惠政策和林木采伐管理规定，取消不合理收费，吸引多元主体投资造林，加快推进非公有制林业的发展。在一系列优惠政策措施的鼓励、支持下，外商、民营和个体等非公有制企业发展迅猛，逐渐成为全省林业产业的主体。全省已有1000多家规模不等的企业和个人进入非公有制造林领域，投入资金20多亿元。全省非公有制造林占新造林面积85%以上。全省现有的6000多家木材加工经营企业中，非公有制企业占绝大多数，非公有制木材加工投资的比重占93%。③林业产业效益稳步提升。全省实现林业产值605亿元。其中：木材加工业总产值418亿元，林木种苗总销售额93亿元，野生动植物驯养繁育加工利用产业总产值75亿元，森林公园园区内产值15亿元，竹业产值4亿元。④产业基地规模不断扩大。全省新增杨树成片林3.3万公顷、银杏林0.5万公顷、林木种苗1.3万公顷、竹林400公顷。杨树成片林累计达62.3万公顷；银杏林累计达31.6万公顷；林木种苗累计达7.3万公顷；竹林基地累计达3.7万公顷。

依法治林 《江苏省生态公益林条例》已完成立法调研和起草工作，并已按要求提交省人大。《江苏省林业有害生物预防与控制管理办法》被列为2005年立法计划中抓紧研究并适时提请审议的项目。推进依法行政，规范行政行为。贯彻实施《全面推进依法行政实施纲要》，制定并下发了《江苏省林业局关于贯彻落实国家林业局〈全面推进依法治林实施纲要〉的意见》，就制度建设、规范行政行为、加强行政行为监督等工作向林业系统提出了具体要求。进一步落实《江苏省林业局行政许可工作管理办法》，制定了《江苏省林业局规范性文件备案审查制度》，草拟了《江苏省林业局行政许可文书办理规则》和《江苏省林业局行政许可印章管理意见》。加强执法监督，努力提高林业行政执法水平。下发了《关于进一步规范林业行政复议、行政应诉案件统计报表工作的通知》，要求各地建立定时报送制度，明确专人负责，认真做好案件统计工作。

生态公益林管理 实施《江苏省省级生态公益林区划界定办法》，全面完成江苏省重点公益林的区划界定工作，启动了市（县）级生态公益林的区划界定工作。据区划成果显示：全省生态公益林面积共有45.2万公顷，其中，国家级公益林为7万公顷，省级公益林27.8万公顷，市（县）公益林10.4万公顷。认真贯彻落实《江苏省生态公益林补偿资金使用管理办法》，中央生态补偿基金420万元和省级公益林补偿资金2000万元已经全部补偿落实到位。加强生态公益林的管护，与管理责任单位和责任人签订管护合同。

科技兴林 共组织实施林业三项工程项目21项，重点围绕全省林业资源培育和开发利用中种质资源创新、困难立地造林树种选择、造林技术和模式应用、森林资源监测与保护的科学方法和手段、林木花卉种苗生产的全程质量标准等问题开展转化与推广工作。组织开展了林业外来生物风险评估体系的构建、耐盐抗风刺槐新优品种选育等科技攻关工作。全面实施《江苏省林业科技项目管理暂行办法》，强化了林业科技项目的申报、检查、总结和验收工作，全年共组织完成了1项科技部成果转化项目、4项省林业三项工程项目、3项省科技厅项目的验收。召开了江苏省林学会第九次会员代表大会暨第九届理事会第一次会议，选举产生了第九届理事会等。继续以林业自学考试为重点，扎实开展林业教育培训工作。

行政执法 开展打击破坏森林资源专项行动。下发了《江苏省林业局、公安厅关于开展打击破坏森林资源专项行动的通知》，并设立打击破坏森林资源专项行动办公室。与公安厅联合下发了《关于公布全省打击破坏森林资源专项行动挂牌督办案件的通知》，对5起破坏森林资源重大案件进行挂牌督办。全年共发生各类林业行政案件总数3277起，查处3209起，案件查处率达到97.92%，案件总数比2004年度出现大幅减少趋势。收缴木材4607立方米，收缴并放飞各种野生鸟类活体4000余只、蛇类1000余千克、蛙类3000余千克，没收违法所得金额166.89万元，处以罚款679.92万元，责令赔偿损失39.79万元，补征林业金费1811.08万元，挽回经济损失2530.79万元，责令补种树木12.3558万株，行政处

罚人数 3123 人次。

森林公安队伍体系建设 与省公安厅召开专题座谈会，同意省林业局森林公安处列入省公安厅第二十六处；在省辖市林业主管部门内设森林公安处（分局）。提出全省森林公安队伍建设的总体方案，并请求解决森林公安专项编制。加大教育训练力度，举办刑事侦查专业大专专业证书培训班，提高民警综合素质。

【省委、省政府领导批示要求持之以恒推进绿色江苏建设】 在省林业局《关于绿色江苏建设有关情况的报告》上，省委副书记张连珍、副省长黄莉新分别于 2005 年 1 月 26 日和 1 月 27 日作出批示，对绿色江苏建设取得的成绩给予充分了肯定，对今后绿色江苏建设提出了明确要求。省委副书记张连珍批示：近年来，全省林业系统认真贯彻落实省委、省政府关于推进绿色江苏建设的决策部署，做了大量扎实有效的工作，取得了新的成绩，应予充分肯定。推进绿色江苏建设是落实科学发展观，建设以人为本、全面协调可持续发展新江苏的重要举措；是改善生态环境和人居环境，提高人民生活质量，建设生态省的重要内容；也是推进农业结构调整，发展农业产业化经营，增加农民收入的重要方面。希望大家总结经验、发扬成绩，咬住目标、加大力度，坚定不移地推进绿色江苏建设，全面完成森林覆盖率倍增计划，为实现全省“两个率先”的目标作出更大贡献。省政府副省长黄莉新批示：加快发展林业，是改善生态环境、建设生态文明的战略措施，是调整农业结构、促进农民增收的有效途径，是绿化美化人居环境、提高生活质量的迫切要求，也是促进全省率先全面建设小康社会、率先基本实现现代化的客观需要。近几年来，全省大力实施林业“双五”工程，加快造林绿化步伐，取得了显著成绩，森林覆盖率逐年增长，林业产业蓬勃发展，林业产权制度改革日益深入，林业发展水平不断提高。各地各部门要紧紧抓住农村产业结构调整和城市化进程加快的历史性机遇，动员全社会力量，加快推进绿色江苏建设，促进全省林业工作再上新的台阶，努力把江苏省建设成青山常在、碧水长流、清新怡人的绿色江苏。

【全省林业系统工作会议】 2005 年 1 月 30 ~ 31 日在宿迁召开。会议对 2004 年绿色江苏建设的成绩进行了认真总结，并对 2005 年绿色江苏建设的重点工作进行了全面部署。会议认为，2004 年是全面推进绿色江苏建设的第一年，全省各地按照省委、省政府的要求，加强林业工作的领导，加大措施落实力度，绿色江苏建设取得新的进展。全省完成造林面积 10.53 万公顷，林业产业效益显著提升，全省实现林业产值 566.4 亿元，同比增长 34%。绿色江苏建设推进稳步，开局良好。会议确立了 2005 年林业建设建设目标：全省完成造林 10 万公顷，四旁植树 1 亿株，新建和完善农田防护林网 40 万公顷，森林覆盖率增加 1 个百分点以上；省级生态公益林补助政策到位、管理规范化；森林火灾受害率控制在0.31‰以下，林业有害生物成灾率 4‰以下，湿地保护工作取得新进展；林业总产值同比增长 10% 以上的目标任务。

【首支武警森林灭火突击队组建】 为加强江苏省森林消防队伍建设，提高扑救森林火灾的综合能力，按照省政府黄莉新副省长的要求，武警江苏省总队专门成立了一支由 200 名官兵组成的扑火突击队，省防火办为其配备了风力灭火机 50 台、灭火水枪 100 支、灭火弹 1000 只、扑火服（含手套、头盔、作战靴）200 套等器材、装备。为提高这支队伍的战斗力，使官兵们系统地掌握扑救森林火灾的技术要领、战术运用和扑火安全知识，2005 年 3 月 17 ~ 18 日，江苏省护林防火指挥部与武警江苏省总队共同举办了一期武警森林灭火突击队扑火知识培训班。武警江苏省总队成立的森林灭火突击队，是全省在武警部队中成立的第一支森林灭火专业队伍，将大大增强全省扑救森林火灾的综合能力，充分体现了武警江苏省总队领导对森林防火工作的高度重视和支持，标志着全省森林防火工作又上了一个新的台阶。

【苏州市委书记王荣强调农村绿化工作】 2005 年，省委常委、苏州市委书记王荣在视察相城区和常熟市农村绿化工作后提出了 4 点要求：①调动政府、群众和社会 3 种力量。各级党委和政府都要高度重视，加大投入，这是一项义不容辞的责任；要动员群众积极参与植树造林，将其作为倡导城市精神、促进社会文明的一个重要方面来弘扬；要多渠道引进社会资本，积极探索市场化运作之路。②坚持规划先行。植树造林不是简单的、自发性的搞些绿地，要有统一规划，包括主干道绿化后两侧的农田、沟塘都要整治，搞综合利用，尽可能放大规划效应。③讲究科学。植树造林是个高投入的工程，要根据不同的工程要求，不同的区域布局，不同的区域特色，科学地推进农村绿化。④力求效益。植树造林代价很大，要求很高，不能搞花架子，搞形式主义，要抓好种、养、管各个环节，确保造林绿化的社会效益、经济效益和生态效益。

【绿色江苏建设现场会】 2005 年 3 月 3 ~ 4 日，省政府召开全省绿色江苏建设现场会，传达贯彻李源潮书记、梁保华省长、张连珍副书记关于绿色江苏建设的讲话精神，总结 2004 年绿色江苏建设，部署 2005 年绿色江苏建设再上新台阶的工作措施。黄莉新副省长出席会议并讲话。黄莉新强调在工作措施上要突出

4个重点：①突出布局调整。把建设布局重点转向农田林网、道路林网、水系林网建设及城镇、村庄绿化，并切实加大荒山、荒地、荒滩植树造林力度。②突出分类指导。苏南地区重点抓好城乡绿化一体化，苏中地区重点推进农田林网建设，苏北地区在扩大林业产业规模的同时，更加注重优化树种结构。③突出科技兴林。加大科技推广力度，加强工程质量管理，努力提高营林水平。④突出创新机制。要创新林业投资、管护和经营机制，大力发展非公有制林业，鼓励各种投资主体投资发展林业。全面推进林业分类经营管理，不断增强林业发展活力。为确保实现全年工作目标，各地各部门必须加强组织领导，加大舆论宣传，强化责任考核，增加资金投入，强化依法治林。当前要积极行动起来，迅速掀起春季植树造林高潮。会议组织参观了张家港、江阴、泰兴市和射阳县的城市绿化、绿色通道、农田林网建设等造林绿化现场。会上，省绿化委员会还对2004年20个绿色江苏建设先进县（市、区）和100个绿色江苏建设先进乡（镇）进行了表彰。

【全省打击破坏森林资源专项行动】 按照国家林业局、公安部《关于开展打击破坏森林资源专项行动的通知》的统一部署。从2005年4月1日起，省林业局与省公安厅联合在全省范围内开展打击破坏森林资源专项行动。经全省上下联动，各相关部门紧密配合，开展打击破坏森林资源专项行动有声有色，初战告捷。据不完全统计，截至2005年底，全省各级有关部门在这次行动中共出动2200多人次，查处各类林政案件148起。其中林地、林木案件68起，非法运输木材和非法收购、经营、加工木材51起，乱捕滥猎野生动物和非法收购、出售、运输、携带野生动物及产品等其他案件21起；处理各类违纪、违法人员94人，收缴木材726立方米，木炭2.6吨，木材制品25件，野生动物274只，野生动物等其他制品22件；没收违法所得和收（缴）罚款119.4万元。

【全省湿地保护管理工作会议】 2005年10月20～21日在姜堰市召开。国家林业局赵学敏副局长到会并作讲话。省政府副秘书长吴沛良出席会议，并代表黄莉新副省长讲话。会议明确，今后一个时期全省湿地保护管理工作的指导思想是，以“三个代表”重要思想为指导，认真落实科学发展观，坚持以保护湿地生态系统和改善湿地生态功能为重点，按照积极保护、科学恢复、突出重点、合理利用、持续发展的原则，全面实施《全国湿地保护工程规划》和《江苏省湿地保护工程规划》，努力实现湿地保护事业快速健康发展，为构建和谐社会，实现经济社会可持续发展作出更大的贡献。到2010年，全省重要或典型湿地得到初步恢复与保护，湿地面积与数量下降的趋势得到初步遏制，规划新建湿地自然保护区25处，投资建设湿地保护区35处，全省40%以上的自然湿地得到有效的保护，基本形成湿地自然保护区网络体系，初步建立起湿地保护的管理、法制、科研、监测体系。到2020年，规划新建湿地自然保护区45处，投资建设湿地自然保护区60处，使60%以上的自然湿地得到有效保护，湿地保护与利用步入良性发展的轨道，形成完善的自然湿地保护网络体系，湿地保护管理能力显著提高。会议要求，充分认识加强湿地保护管理的重要性和必要性，正确处理和把握好保护发展与开发利用、长远利益与眼前利益、经济效益与生态效益的关系，把加强湿地保护管理作为促进江苏经济社会可持续发展的重要举措，努力开创湿地保护事业的新局面。（江苏省林业由陈卫中供稿）

浙江省林业

【“十五”浙江林业建设成就显著】 林业在经济社会发展中的战略地位进一步确立。2003年中央林业决定出台后，省委、省政府及时研究制定了《关于全面推进林业现代化建设的意见》，提出了全面推进林业现代化建设的战略目标。各级政府坚持全面、协调、可持续的科学发展观，进一步制定和落实有效措施，切实加强林业工作。社会各界对“林业是一项重要的公益事业和基础产业”、“在贯彻可持续发展中，要赋予林业以重要地位；在生态建设中，要赋予林业以首要地位”的认识更加深刻，对加快林业发展的要求更加迫切，参与林业建设的热情日益高涨，林业在经济社会发展全局中的战略地位真正得到确立。

认真实施重点林业生态工程，森林生态状况明显改善 5年累计完成造林更新面积17.3万公顷。稳步推进城乡绿化一体化，全省城镇扩绿1.6亿平方米，40个县（市）达到了高标准平原绿化标准，142个村被命名为省级绿化示范村。认真实施沿海防护林工程等国债建设项目，5年累计投资2亿多元，完成13万公顷的建设任务，森林防护功能进一步提高。加快绿色通道建设步伐，累计建成绿色通道1.38万千米。加大林种树种结构的调整，启动了阔叶林发展试点工程，全省新造林面积中阔叶林和针阔混交林造林的比重达到了80%以上。按照分类经营的总体要求，实施了重点生态公益林建设工程，2004年全面启动了森林生态效益补偿基金制度，向全社会公布了194.96万公顷重点生态公益林，制定出台了《浙江省重点生态公益林管理办法》和《浙江省森林生态效益补偿基金使用管理办法》，按每亩每年8元的标准落实了补偿资金。各地落实封育措施、明确管护人员、落实管护责任、发放补偿资金、开展生态效益监测。全省森林生态状况明显改善，森林资源总量不断增加，到2004年，全省森林面积达到584.42万公顷，活立木蓄积量1.94亿立方米，单位面积蓄积43.76立方米/公顷，森林覆盖率60.5%。

积极推进林业产业化经营，效益林业迅猛发展 以林业名特优新基地和森林食品基地建设为抓手，建设各类林业特色基地215个，面积达14.47万公顷，有效地发挥了示范辐射作用。花卉苗木业快速发展，种植面积已达8.7万公顷，年产值超60亿元。以木竹加工为主的林产加工业稳步发展，具有一定规模的林业龙头企业303家，形成了一批具有区域特色的产业带。新建国家森林公园10个、省级森林公园26个，全省省级以上森林公园已达83个，经营面积34.27万公顷，年接待游客超1300万人次，经营收入37亿元。野生动物驯养繁殖有了新进展，驯养繁殖企业有1000多家。林业产业组织化程度大大提高，组建各类林业行业协会137个、林业农民专业合作社208家，成立了股份制担保公司，探索开展贷款担保等融资服务。全省林业行业总产值突破千亿元大关，位居全国前列。

全面加强森林资源保护，可持续发展能力不断增强 进一步规范林地林木管理，全面清理整顿违法征占用林地、违规挪用森林植被恢复费等行为，严格执行森林采伐限额管理和木材凭证运输制度，开展了采伐消耗结构管理改革试点，改毛竹限额采伐管理为计划管理，有力地促进了林地林木资源的严格保护和合理利用。进一步加强野生动植物和湿地保护，组织开展了全省野生动植物的调查工作，加快自然保护区和保护小区建设步伐，全省已建县级以上森林和野生动物类型的自然保护区和保护小区373处，面积达16.67多万公顷，建立了西溪国家湿地公园和下渚湖省级湿地公园。开展严打整治和专项斗争，严厉打击破坏森林和野生动植物资源的违法犯罪行为。不断强化森林防火工作，实施了浙南、浙西和杭州地区森林重点火险区综合治理工程和百乡千村万支专业森林消防队伍工程建设。不断加强林业有害生物防治工作，认真实施主要森林病虫害治理工程，加大松材线虫病除治力度，开展了全省林业有害生物普查，加强对外来有害生物入侵的检疫监管，全省森林病虫害成灾率控制在5‰以下，防治率、监测覆盖率和种苗产地检疫率达到95%以上。加强林业应急机制建设，建立完善了重大林业生态破坏事故、重大森林火灾、野生动物突发事件、重大林业有害生物灾害以及重大山林纠纷等应急处置预案。

大力推进林业科技进步，科技支撑能力显著提高 加强重点林业科学研究，森林生态体系构建、种苗工程、竹木加工、林（特）产品综合利用、林产品安全生产与标准化、野生动植物保护与利用、数字林业、林业发展战略等8个重点领域的研究有新的突破，取得了一批具有自主知识产权的科技成果。科技成果推广又有新进展，已建国家林业局林业科技示范区1个，科技和标准化建设示范县6个，建立各类示范点205个，示范面积5333.3万公顷，推广面积8.87万公顷，辐射面积12.73万公顷。开展了森林食品基地建设和森林食品产品认定（证）试点工作，初步建成了森林食品标准体系，加快了林业质量标准和检验检测体系建设。全面推进浙江省政府与中国林科院科技合作，完成了浙江林业现代化发展战略研究项目。目前，全省科技发展对林业经济增长的贡献率为49%，林业重点工程项目、竹产业和种苗花卉业等全省林业支柱产业的科技贡献率达到55%以上。

切实加强林业基础性工作，林业管理服务体系不断健全 森林公安队伍正规化建设继续加强，“固本强基”工程建设成效显著，森林公安民警的综合能力和整体素质不断提高。基层林业工作站得到稳步发展，基层林技员的工资待遇和社会保障得到逐步落实，强化了组织、管理、指导、服务的职能。林木种子种苗工作不断加强，开展了省级林木种苗生产示范基地、林木良种基地、林木采种基地和市级中心苗圃等林木种苗工程建设，林木种苗保障能力显著增强。林业发展规划体系逐步完善，林业信息化服务体系建设扎实推进，开展了森林资源动态监测试点工作，启动了森林灾害远程视频监控系统建设，为促进林业持续健康发展提供了有力的保障。林业人才队伍能力建设进一步加强，以素质能力为重点，大力加强林业人才培训，共组织各类培训班135期，培训干部3300多人次。

【全面启动森林生态效益补偿基金制度】 2005年是全省全面实施森林生态效益补偿基金制度的第一年。按照《浙江省重点生态公益林管理办法》和《浙江省森林生态效益补偿基金管理办法》的有关规定和要求，全面落实森林生态效益补偿基金制度。全省重点生态公益林损失性补偿资金发放已基本到位；“三书一合同”签订率已达100%，其中签订县乡管护责任书1222份，乡村管护责任书12 006份，监管责任书2195份，护林员管护合同11 988份；共招聘护林员14 783名。

【迹地更新年活动】 针对不少地方火烧迹地、采伐迹地和森林病虫害除治迹地没有得到及时更新的问题，把迹地更新放在十分突出的位置，2005年开展了迹地更新年活动，制定下发了《关于切实加强迹地更新工作的意见》，召开了全省迹地更新年电视电话会议，成立了由省林业厅厅长挂帅的全省迹地更新年活动领导小组，提出及时更新火烧、采伐、病虫害除治等各类迹地，确保完成3.33万公顷的迹地更新任务，逐步健全和完善迹地更新监督管理的长效机制，努力实现采造挂钩、烧造平衡、除造同步的管理目标，加快构建森林生态安全的保障体系。全年共完成迹地更新3.77万公顷。对在迹地更新年活动中任务完成好、措施有力、成效明显的45个县（市、区）进行了通报表彰。

【林业产业】 围绕“巩固提高一产、培育壮大二产、积极发展三产”和“打造五大基地”的总体要求，加快林业产业结构的战略性调整，2005年全省林业行业社会总产值达到1060.74亿元。起草制定了《浙江省林业产业发展规划》和《发展节约型林业产业促进节约型社会建设的意见》，引导林业企业更新发展观念，转变增长方式，依靠科技进步和创新，调整优化产业和产品结构；制定了《浙江省省级林业重点龙头企业认定监测管理暂行办法》，明确省级林业重点龙头企业的申报的标准、认定、监测办法等，认定省级林业重点龙头企业107家，扶持省重点林业龙头企业53家，引导企业进一步扩大经营规模，提高技术装备水平和创新能力，提高管理水平，增强市场竞争力，增强出口创汇能力，增强带动基地农户能力；组织起草《浙江省林业企业信用评价指标体系》、《浙江省林业企业信用评价和管理办法》，在全省林业企业开展信用评价工作，促进林业企业增强信用意识。积极开拓市场，组织浙江竹产品在国际竹藤网络中心进行展示；成功举办浙江省竹炭竹醋液产品推介会、2005年中国（杭州）国际木材采购商供应商贸易大会、2005年中国（嘉善）国际木制品展示交易会、2005年浙江（江山）木材交易洽谈会；组织林业行业企业参加2005年浙江（上海）名特优新农产品展销会、全国森林食品大会、全国笋竹资源高效深度开发高级研讨班、2005年中国生态旅游国际论坛等。

加强林产品市场行情信息系统建设 建立面向国内外市场的林业产业信息搜集、分析、加工、发布系统，设立信息采集点81个，制定信息采集、发布管理办法，对全省14大类94种200多个规格的林产品价格行情信息在网上实行动态发布，对全省林业产业发展进行动态监测，向林产品生产经营者提供及时、准确、有效的市场信息。

加强交流合作 先后组织接待国际国内产业交流32批585人次，其中境外9批、34个国家、126人次。

指导协会开展工作 积极培育品牌，组织开展香榧、地板品牌推介工作；开展行业自律，组织竹地板、竹胶板质量和行业标准采标抽查；积极扶持林产协会和林业专业经济的发展，提高产业发展的组织化程度，扶持林业专业经济合作组织23家，宣传贯彻《浙江省农民专业合作社条例》；积极构筑林业担保融资平台，缓解林业企业原料收购、技术改造等贷款担保融资难的问题。

【森林资源管理】 2005年，浙江省全面启动了森林资源动态监测体系建设。淳安等5个试点县均已完成了外业调查工作，有的已建立了地理信息系统。

发布浙江省森林资源状况 在2004年森林资源连续清查的基础上，编制了《浙江省森林资源报告》，省政府新闻办公室举行浙江省森林资源状况新闻发布会，首次向社会公开森林资源状况，展示林业建设成就，介绍林业为生态建设和经济社会发展所作的贡献。

配备林政执法车辆 为加强木检执法的基础设施建设，改善木材运输巡查大队的执法条件，树立良好的执法形象、提升综合执法能力，为全省木材运输巡查大队和自然保护区统一配备了具有“中国林政”执法标识的林政执法车72辆。

开展浙江省低丘缓坡土地利用研究 组织开展了浙江省低丘缓坡土地利用研究课题的各项工作。摸清了低丘缓坡土地的资源现状，提出了利用原则和方向，对可供建设用地的能力进行评价，并提出依法、有效利用低丘缓坡土地的措施建议，为全省土地利用总体规划修编提供了重要依据。

开展了林地保护利用规划编制的试点工作 根据《森林法》的有关规定，在衢州市柯城区、临安市开展了林地保护利用规划编制的试点工作。两市（区）均按计划顺利完成了任务，并通过了专家的评审。

开展了生态道德教育活动 由省绿委、林业厅、文明办等8个单位联合下发了《关于开展生态道德教育的意见》。这个《意见》得到了中国野生动物保护协会的充分肯定，向全国印发推广。组织开展了全省首批生态道德教育基地命名工作，天目山国家级自然保护区等32个单位被命名为全省首批生态道德教育基地。

出台了林地审批及管理的新措施 认真贯彻落实国家林业局《关于进一步加强森林资源管理工作的意见》精神，本着便民高效的原则，出台了林地审批及管理的新措施。

继续开展林木采伐管理制度改革试点 松阳、桐庐、武义、天台4县年采伐总量和主伐量均比2004年下降17%以上；直接增加林农收益1880余万元，林业规费增收380余万元；解决了长期存在的允许采伐自用材、烧材却不允许销售的问题，消除了林农的后顾之忧，调动了林农的造林积极性；各县办证率提高，发案率下降，木材流通领域的秩序进一步规范。

【淳安县加强生态公益林保护管理】 淳安县是一个集库区、老区于一体的山区县，拥有林业用地面积35.87万公顷，生态公益林14.45万公顷，森林蓄积量1115万立方米、覆盖率达73.9%，是全省林业用地和生态公益林面积最大的县。2005年开始，为切实管好、用好生态公益林管护资金，建设和保护好生态公益林，组建了专职巡山护林员队伍，制定了巡山制度，开展了打击破坏森林资源的专项行动，生态公益林得到了很好的保护，取得明显成效。其主要做法是：①建立巡山护林员队伍，从源头上预防森林火灾和盗伐、滥伐林木。②强化生态公益林资金管理，用好生态公益林管护资金。③开展保护森林资源专项行动，切实维护森林生态体系的安全。

【宁波市全面推进农村绿化】 2005年，宁波市为了扎实推进社会主义新农村工作，按照市委、市政府提出的建设生态市的要求，以创建"园林式"村庄为抓手，全面开展了农村绿化建设，促进了城乡统筹发展和社会主义新农村建设，取得了较大的成效。主要做法是：①出台政策措施，推进"园林式"村庄创建工作。②依靠示范带动，全面推进农村绿化。至2005年，全市共建成150个市级"园林式"村庄，新增绿地面积424万平方米。③多方投入资金，努力改善农村人居环境。全市总投入资金1.34亿元。

【林业大事】

1月4日 省委书记、省人大常委会主任习近平，省委副书记、省纪委书记周国富，副省长茅临生在省林业厅厅长陈铁雄陪同下考察林业工作。

1月21日 省政府召开浙江省全面启动森林生态效益补偿基金制度电视电话会议。副省长茅临生、省林业厅厅长陈铁雄、省财政厅副厅长沈继宁分别在会上讲话。省政府副秘书长俞仲达主持会议。

2月17日 全省开展迹地更新年活动电视电话会议在杭州召开。

3月1日 省林业厅、杭州市林水局和富阳市林业局的领导、机关干部及省林业厅事业单位、中国林科院亚林所的干部职工共计200多人在杭千高速公路富阳市陈家畈段的山坡上参加义务植树劳动，建设义务植树基地。

3月4日 省、市党政军领导梁平波、周国富、乔传秀、夏宝龙、王国平、张曦、斯鑫良、陈敏尔、章猛进、王辉忠、俞国行、徐宏俊、陈加元、张蔚文、王玉娣和孙忠焕，省军区王加木、张玉书少将到杭州高新区（滨江）六和公园参加义务植树劳动。种树间歇，周国富接受了记者的采访。

3月11日 省林业厅举行森林公安局挂牌仪式。

4月30日 全国第一个国家湿地公园——杭州西溪国家湿地公园正式开园。省委书记、省人大常委会主任习近平为开园仪式发来贺信；省委副书记、省长吕祖善宣布湿地公园开园；国家林业局副局长赵学敏，省委常委、杭州市委书记王国平分别致辞。省委常委、省军区政委马以芝，全国政协委员、原林业部副部长沈茂成，省林业厅厅长陈铁雄等出席。开园仪式由杭州市市长孙忠焕主持。

7月5~6日 全国绿化委员会副主任、国家林业局局长周生贤率团一行8人来温州、台州考察沿海防护林建设和效益林业发展情况。副省长茅临生、省人民政府副秘书长俞仲达、省林业厅厅长陈铁雄陪同考察。

7月7日 国家林业局、浙江省政府在温州召开率先实现林业现代化省级联系点第三次联席会议。

8月9日 省委组织部（浙组干［2005］16号文）决定任命祁宏为省林业厅党组成员，免去陈蓬的省林业厅党组成员。

8月15日 省政府（浙政干［2005］27号文）决定任命祁宏为省林业厅副厅长，免去陈蓬的省林业厅副厅长职务。

9月9日 由省林业厅、中国林科院、安吉县政府联合主办，浙江省林学会、湖州市林业局、安吉县林业局联合承办的"浙江省第二届林业科技周"活动在安吉县开幕，全省11个市设立的分会场同时启动。省人大常委会副主任徐宏俊出席开幕式。

9月23日 浙江省野生动植物保护协会在杭州召开成立大会。省人大常委会副主任李志雄出席会议，副省长茅临生为大会发来了贺信。选举省林业厅厅长陈铁雄任会长。

10月21~23日 由浙江省林业厅、金华市政府、中国花卉报社主办的首届中国长三角花卉园艺博览会暨第三届中国苗木交易会在金华举行。国家林业局副局长祝列克、浙江省副省长茅临生、省人大常委会副主任徐宏俊、原省人大常委会副主任许行贯、省林业厅厅长陈铁雄、副厅长陈国富、金华市委书记徐止平等出席开幕式。

11月5日 副省长茅临生在杭州会见了汤加王国林业大臣哈乌基尼马·西奥尼·皮阿乌阿费一行。省林业厅陈铁雄厅长、邢最荣副厅长参加会见。

11月10日 由国家林业局、浙江省政府和中国林学会联合举办的首届中国林业学术大会在杭州隆重开幕。国家林业局党组成员、中国林科院院长、中国林学会理事长、本次学术大会主席江泽慧，在大会上作学术报告。国家林业局副局长、本次学术大会副主席张建龙，浙江省委副书记周国富、中国科协党组成员苑郑民在开幕式上致辞。副省长、本次学术大会副

主席茅临生也在会上作了学术报告。开幕式由全国人大常委会委员、中国工程院院士、中国林学会副理事长、本次学术大会副主席王涛主持。来自全国各地的林业专家、学者和科技管理人员1500余名代表参加大会。中国林学会12个分会（专业委员会）分别就林业发展的热点问题展开了研讨。

12月7日 浙江省新闻办公室召开浙江省森林资源状况新闻发布会。省林业厅厅长陈铁雄就全省森林资源状况向社会作了发布。省新闻办副主任黄明辉主持会议。省林业厅厅长陈铁雄、副厅长叶胜荣分别回答了记者的提问。

12月21日 省政府（浙政发［2005］66号文）表彰了浙江省民族团结进步模范集体和模范个人。省林业厅荣获浙江省民族团结进步模范集体称号，省林业厅厅长陈铁雄、副厅长邢最荣荣获浙江省民族团结进步模范个人称号。（浙江省林业由方少华供稿）

安徽省林业

【概　述】

发展与成就

植树造林　2005年，全省共完成人工造林6.53万公顷，其中重点工程人工造林5.26万公顷，占计划的101.9%；封山育林46.94万公顷，其中当年新封47 646公顷；迹地更新3967公顷，低产低效林改造62 812公顷，零星四旁植树1.81亿株，义务植树1.1亿株。育苗31 088公顷，其中当年新增育苗7812公顷，生产苗木50 888万株，采集林木种子1002吨，

营造林重点工程扎实推进。退耕还林完成4.7万公顷，其中：造林0.76万公顷，封山育林3.94万公顷；退耕还林“回头看”共补植、补造5.3万公顷。完成长防林1.83万公顷，其中：造林1.06万公顷，封山育林0.79万公顷。新续建省级林木种苗示范基地和良种繁育中心67公顷，林木采种基地0.69万公顷，林木良种基地933公顷。万里绿色长廊二期工程完成线路绿化1444千米，林带建设1588千米。

森林资源保护　一是严格森林采伐限额管理。全年森林采伐消耗量为503.5万立方米，控制在省政府下达的616.8万立方米考核目标以内。二是全面完成森林资源二类调查。阜阳、亳州、宿州、淮北、芜湖、铜陵、马鞍山等市开展了森林资源二类调查，全省17个市二类调查已全面完成，为制定“十一五”规划提供了翔实的基础资料。三是规范征占用林地审核审批。在开展征占用林地清理整顿和执法大检查的基础上，在林业部门内部建立了征占用林地及时报告、规范申报、层级审查、协同督办的工作机制。全年共受理各类工程征占用林地的申请187起，到年末共依法审核审批152起。四是开展保护资源严打整治。省林业厅与省公安厅一起，联合组织开展了打击破坏森林资源违法犯罪专项行动，共发现、清理和依法查处各类破坏森林资源的违法犯罪案件2345起，其中省林业厅挂牌直接督办4起毁林案件。五是坚持森林防火警钟长鸣。面对森林火灾频繁发生的严峻形势，牢固树立“以人为本，安全第一”的思想，进一步强化领导，完善森林防火行政领导责任制，层层明确责任，加大督促检查力度。强化宣传，突出火源管理，加强重点时段、重点地区和重点人群排查，切实把火源管理的各项举措落到实处。全省共发生森林火灾325起（其中森林火警185起，一般森林火灾140起），受害森林面积1168.9公顷，森林火灾受害率0.381‰，控制在省政府下达的0.5‰目标任务之内。六是强化林业有害生物防治。全省未出现大面积的林业有害生物灾害，据统计，2005年全省林业有害生物共发生26.15万公顷，实际成灾面积500公顷，成灾率0.12‰；防治面积21.04万公顷，防治率80.44%；实际监测面积1097.3万公顷次，监测覆盖率84.42%；实际种苗产地检疫面积0.5万公顷，种苗产地检疫率91.40%，均控制在年度管理目标之内。松材线虫病预防与除治工作，共完成松材线虫病发病松林强度择伐除治5238.6公顷，清理枯死树168 502株，占计划数的100%，皆伐除治730.07公顷，占计划数的93.1%，较好地完成了国家林业局下达的松材线虫病治理年度除治任务。七是加强野生动植物保护。年末林业系统实有自然保护区29处，年末实有自然保护区面积457 077公顷；其中国家级4处，面积112 359公顷；年末实有自然保护小区个数270个，面积59 000公顷。同时，突出加强野生动物疫源疫病监测，建立了4个国家级和14个省级监测站点，积极做好禽流感防治工作。扬子鳄野外放归试点工作情况良好。

林业改革开放　深入贯彻落实中央林业决定，结合安徽实际，在探索、试点中稳妥地推进有关改革。一是林业综合行政执法试点工作。在总结泾县、祁门县第一批试点县经验的基础上，开展了第二批宁国市、黄山区、潜山县、含山县、南陵县等5个县（市、区）的试点工作。二是林权制度改革。开展了以退耕还林工程为重点的林权登记发证工作，发证面积33.57万公顷，占2002～2004年实际完成工程造林合格面积的79.8%。三是国有林场改革。努力探

索国有林场走出困境的办法，部分市、县已初步积累了成功经验；出台了《安徽省国有林场商品林采伐销售招投标管理暂行办法》，受到了各国有林场和广大职工的拥护，执行情况良好。四是分类经营改革。重新编制完成了公益林区划方案，全省编制公益林面积246万公顷，其中：国家公益林120.77万公顷，省级公益林114.83万公顷，市级公益林1.67万公顷，县级公益林8.73万公顷；省级公益林投资力度进一步加大，当年省财政投入850万元。五是森林公安管理体制改革。认真贯彻国务院办公厅通知要求，经过争取和协调，从2006年起森林公安的支出将列入同级财政预算，其编制将纳入公检法专项编制。

与此同时，不断扩大林业对外开放。抓好在建外资项目的实施，加强林业国际交流与合作，积极引资引智。实施外资项目7个，当年实际利用外资金额1164万美元。世行四期项目、德援二期项目、松材线虫抗性育种项目执行情况良好。其中世行四期项目营造林2.53万公顷，其中：新造林0.74万公顷，中幼林抚育1.29万公顷，竹林垦复0.5万公顷。德援二期项目完成用防林1067公顷、经济林800公顷、庭院林业2591户，封山育林续封0.9万公顷。

林业产业经济 2005年全省林业总产值229.31亿元，其中：第一产业产值145.61亿元，占63.50%；第二产业产值78.53亿元，占34.24%；第三产业产值5.18亿元，占2.26%。

全年共生产木材327.51万立方米，其中，乡、村及其以下各级组织、农民采伐280.34万立方米；生产竹材6314.97万根，其中毛竹5656.73万根、蒿竹658.24万根；生产小杂竹960 802吨；水果产量1 244 960吨，干果产量144 614吨，林产饮料产品38 781吨，林产调料产品77吨，森林食品97 541吨，木本药材14 758吨。

主要林果、林副产品产量：苹果260 912吨，梨571 924吨，葡萄158 208吨；红枣6915吨，核桃6300吨，板栗68 786吨；毛茶38 598吨，食用菌94 194吨；生漆220吨，油桐籽3208吨，油茶籽9743吨，乌桕籽356吨，五倍子5吨，棕片1683吨，竹笋干15 865吨。

大力发展木竹及林产品加工业。年末全省从事林业加工经营的单位10万多家，其中中密度纤维板等人造板工业快速发展，现已有生产线50条，年生产各类人造板256万立方米，并形成了一批具有较强牵动力和示范辐射作用的林业龙头企业。全年共生产锯材43.69万立方米，木片17.20万实积立方米；生产人造板255.72万立方米，其中：胶合板87.99万立方米，纤维板98.73万立方米，刨花板22.18万立方米，其他人造板46.83万立方米；生产木地板1156.97万平方米，卫生筷子253 564标准箱，人造板表面装饰板215.21万平方米，单板3874万平方米；生产松香1146吨，松节油361吨，冰片16吨，木炭23 675吨，活性炭1122吨。同时围绕林纸一体化，组织对沿江、沿淮地区速生丰产林基地开展了调研，完成了安庆皖西南林纸有限公司和阜阳安徽太岛两个林纸一体化项目原料林基地建设的调研论证。围绕林业产业化发展，筛选了20家林业产业发展龙头企业，召开座谈会并予授牌，并争取金融部门择优予以支持。

大力发展苗木花卉产业。举办了第四届安徽省花卉博览会，及2005年中国·合肥苗木花卉交易大会、芜湖清水苗木花卉交易大会；省政府组团参加了首届中国绿化博览会和第六届中国花卉博览会，均取得了较好的成绩。年末全省有苗木花卉基地面积达2.33万公顷，温室面积达88万平方米；年生产绿化苗木达15亿株，盆栽植物1070万株，鲜切花（叶）1645万支，草坪720万平方米；花卉市场133个，花卉企业525家、花农44 680户，苗木花卉产业从业人员达20万人，年产值达14亿多元。

森林旅游等林业三产发展良好。开发了一批新的旅游景点，旅游接待能力和服务水平进一步提高，2005年底全省共有森林公园43处，其中国家级27处；森林公园年接待游客200万人次，年直接旅游收入6000多万元，森林旅游业产值达58 848万元。

林业发展保障 一是科技保障。经过认真筛选和组装配套，重点推广了一批技术成熟、适用面广、效益好的林业新技术。通过潜山县、黄山区、全椒县等9个林业科技示范县和10个省森林生态网络体系建设示范点的建设，不断强化科技示范力度。围绕林业重点工程，全面推行林业标准化工作。组织实施林业科技推广“2111”示范工程，加强对林业科技示范户的指导与扶持。二是人才保障。先后举办了全省性的各类培训班10多次，并多次组织参加国家林业局组织的培训班或以会代训；完成了省有关部门的年度调学培训任务；大力发展林业教育，积极培养后备林业人才，安徽林业职业技术学院新生招生形势良好。三是法治保障。完成了《安徽省森林公园管理条例》、《安徽省实施〈种子法〉条例》和《安徽省古树名木管理办法》3个立法草案的调研和起草工作。四是资金保障。全年国家和省共安排各项林业建设资金12.04亿元，较好地保障了林业建设资金投入。进一步加强项目资金管理，省林业厅抽调30多人，对全省10个县（区）2001～2004年安排的林业重点项目资金进行了稽查。五是宣传保障。通过多种形式，多方宣传林业的地位与作用；尤其是省林业厅新一届领导班子组成后，提出了“重塑形象”的要求，以宣传林业“十一五”为手段，面向领导、面向社会，广泛宣传林业在建设和谐社会、建设社会主义新农村中的重要地位。

存在问题 一是在前几年的大规模重点工程造林

之后，国家调整了退耕还林政策，重点造林项目减少，一些地方无所适从，造林速度放慢；同时，造林质量不高，森林经营的意识没有树立。二是森林资源保护任务艰巨，突出表现为国家对耕地实行最严格的保护政策后，一些地方在经济发展中占用林地和湿地的现象有所抬头；随着森林资源的增加和林下植被的增多，森林防火的形势严峻；随着禽流感的发生，野生动物疫情的监测任务加重。三是林业产业发展较慢，林业企业小、散、弱，特别是人造板工业出现无序竞争的倾向，给森林资源带来较大的压力。四是林权改革滞后，林业生产要素流转不够规范，对非公有制林业的发展带来制约。

【安徽省“十一五”林业发展规划】 坚持以科学发展观统领林业发展全局，以“生态产业、绿色富民”为主题，以促进生态的良性循环和农村经济发展、农民增收为根本出发点，以改革为动力，以优化林业结构为主线，以科技进步和外向带动为手段，加强林业生态体系和林业产业体系建设，加快全省林业由传统林业向现代林业的转变。到2010年，全省生态、产业体系基本形成，林业生态建设取得明显进展，初步走向生态的良性循环。通过集约经营，林分质量明显提高，森林资源得到有效保护，林业产业发展比例协调，主导产业优势初步显现。公益林和商品林布局结构趋于合理。主要发展目标如下：①全省有林地面积达到390万公顷，林木蓄积量增加到2.0亿立方米以上，林木覆盖率达到33.3%以上，森林覆盖率达到28.66%；②林业总产值达到600亿元以上，林农的林业收入有较大幅度的增长；③不断提高林分质量，森林单位面积蓄积量由50.8立方米/公顷增加到60立方米/公顷；④林业科技贡献率由“十五”末的33%提高到45%；⑤林业在生态省建设中的地位更加突出，公众对林业生态的满意度达到80%以上。发展重点是主抓“五四四三”，即“五大生态工程”、“四大产业工程”、“四项重点项目”和“三大保障体系”建设。①“五大生态工程”。一是长江、淮河和巢湖流域生态防护林工程，二是退耕还林和封山育林工程，三是平原绿化和防沙治沙工程，四是江淮分水岭地区生态治理工程，五是绿色长廊工程。②“四大产业工程”。一是商品林基地建设，二是林产工业，三是林产品系列开发，四是森林旅游。③“四项重点项目”。一是安徽沿江沿淮林纸一体化建设工程，二是安徽苗木花卉产业化发展工程，三是安徽林业“百千万”增绿增效示范工程（在全省扶持100家林业龙头企业、1000个林业生态建设示范村和10 000个林业科技小康示范户），四是大别山绿色扶贫示范区安徽林业建设工程。④“三大保障体系建设”。一是森林资源保护体系，二是种苗基础工程体系，三是科技支撑体系。

【参加全国绿博会和花博会取得优异成绩】 首届中国绿化博览会于2005年9月26日至10月16日在南京举办，第六届中国花卉博览会于2005年9月28日至10月7日在成都举办。安徽省以省政府名义参展，赵树丛副省长、王首萌副秘书长分别任团长并率团参展。在首届绿化博览会上，安徽省共获得12项大奖，其中：金奖5项，银奖2项，优秀奖4项，并荣获组织工作奖，奖牌数居全国各省（区、市）首位，也是室外、室内同时获得金奖的极少省份之一。在第六届中国花卉博览会上，安徽省组织参展工作得到了组委会的充分肯定，获最佳组织工作奖；室外展馆“皖风”和室内展馆“徽韵”同时荣获设计布置二等奖，送展作品包括科技成果、花卉、盆景、赏石等，获奖总数达到43项之多。其中，获一等奖2项、二等奖5项、三等奖14项、优秀奖22项。

【肥西县大力发展苗木花卉产业】 其主要措施：一是以政府引导为外部力量，强化服务全面推进。县委、县政府将苗木花卉产业作为全县农业六大特色产业之一，摆上突出位置，强力推进。二是苗木花卉交易大会为有力抓手，宣传造势扩大影响。该县连续3年承办了中国·合肥苗木花卉交易大会，为苗木花卉产业提供展示舞台，努力扩大肥西苗木花卉在全国市场上的知名度与影响力。三是以建设专业市场为主要载体，打造品牌带动销售。四是以培育协会组织为主要途径，优化经营促进发展。2005年全县协会已有各类团体会员100多个，个体会员4000多人。培育了300多个苗木花卉生产经营大户，逐步形成“公司+协会+基地+农户”的产销一体化经营模式。五是以科技创新为发展方向，提升档次增强竞争力。六是以生态旅游为产业补充，开发资源延伸链条。

其主要特点是：一是生产基地规模大。以“三岗”为中心的苗木花卉生产基地，面积达1万公顷，其中2005年新完成苗木基地建设面积1467万公顷。二是苗农中介数量多。县内苗木花卉经营户2万多户，各类专业公司200多家，专业经纪人2200多人，成立苗木花卉专业协会4个。三是产品基地特色明显。基地以桂花、香樟、广玉兰、腊梅、高杆女贞、红叶李等六大类高中档苗木为主导，共有400多个品种，“三岗”牌苗木享誉全国；全长25千米的苗木花卉景观大道已建成，横穿基地核心区的14千米的水泥路已开通，基地内占地6.67公顷的苗木花卉精品园建设已完成建设，农家乐生态园项目初步完成。四是产销交易势头旺。年交易苗木近5亿株，交易额达5亿元，产品销往全国除台湾、西藏外的各省（区、市）以及部分国家。

【广德县做大做强竹产业】 广德县是“中国竹子之乡”，近年来该县将竹产业作为推进农业结构调整、实现农民增收的重要突破口，竹产业不断提速增效，2005年实现产值8.5亿元，竹产业已成长为县域经济的支柱产业之一。其主要做法是：一是夯实基础，大力扩张竹资源总量。一方面积极引导新造竹林，一方面调整竹林结构、改造低产竹林，同时营造生态竹林、建设竹林景观带。自1996年申报“中国竹子之乡”以来，全县竹林面积增加1.33万公顷，2005年已达到4.8万公顷，立竹1.6亿株，其中毛竹3.73万公顷、立竹1亿株，小径竹面积1.07万公顷、立竹6000万株。二是多管齐下，倾力做大竹加工业。通过强化政策扶持，实施项目拉动，积极拓展市场，引导竹产业集聚发展。全县已初步形成了以13家龙头企业为核心，200多家规模企业为主干，1300多家加工作坊为基础的竹加工体系，竹产品已发展到竹地板、模板、家具、工艺扇 、雕刻等30余个品种，成为全省最大的竹产品生产、加工、出口基地。三是外引内联，积极拓宽竹产业投入渠道。县委、县政府成立了县竹产业发展领导小组，将竹产业作为招商引资重点鼓励类产业，通过招商引资、激活民资等办法，促进竹加工业生产、管理水平的提升，竹产业结构更加优化，产品结构逐步升级。全县已有8家企业成为市级龙头企业。四是延伸链条，着力提升竹产业综合效益。重视竹生态建设和竹旅游开发，充分发挥竹业的经济效益、生态效益和社会效益。将发展竹产业与建设社会主义新农村有机结合起来，在城乡建设中尽量体现竹乡特色。坚持高标准建设竹乡生态旅游景点。在卢湖竹海、太极洞景区、横山国家森林公园等旅游项目开发上尽可能使用竹种、竹材，凸显竹乡特色，以展示竹乡人文内涵，打造竹乡品牌。深入挖掘竹文化内涵。积极开展竹文化交流，将竹文化和竹经济、竹生态相结合，打造竹文化大县。依托竹文化，发展旅游业，一批以竹文化为底蕴的农家乐、回归自然等特色旅游悄然兴起。

【林业大事】

1月26日 安徽省野生动植物保护协会第四届会员代表大会在合肥召开。会议选举产生了第四届理事会、常务理事会和理事长、副理事长及秘书长，汤坚任第四届理事会理事长。新一届理事会设立宣传、科技、野生动物养殖和野生植物4个专业会员会。

1月29日 省森林防火指挥部召开全体成员会议。省森林防火指挥部副指挥长、省政府副秘书长王首萌主持会议，省森林防火指挥部指挥长、副省长赵树丛发表了讲话。

3月1日 省委书记郭金龙，省长王金山，省委副书记杨多良，省委常委、合肥市委书记车俊，省委常委、省委秘书长张学平，副省长赵树丛，省政府秘书长张俊等，来到国家林业科技创新基地（合肥林业科技示范园）参加义务植树。

3月10日 省暨合肥市党政军领导、机关干部职工、部队官兵1200多人来到合肥市包河区大圩乡的义务植树基地参加义务植树。省委副书记杨多良，省委常委、常务副省长任海深，省委常委、合肥市委书记车俊，省委常委、省委宣传部长臧世凯，省政协副主席赵培根，省委常委、省军区司令员王明礼等省党政军领导参加植树。

3月10～11日、13～14日 省政府分别在阜南县和太湖县、黄山市召开北片、南片春季植树造林现场会。省委副秘书长刘玉尧主持会议，副省长赵树丛作了讲话。会上，赵树丛代表省政府与17个市签订了2005～2007年森林防火责任状。

4月5日 由安徽省林业厅、安徽大学、安徽省野生动植物保护协会、安徽省动物学会、合肥市林业局和颍上八里河自然保护区联合举办的第二十四个“爱鸟周”活动启动暨八里河保护区捐赠安徽大学黑天鹅放养、安徽大学八里河教学科研基地揭牌仪式，在安徽大学举行，

4月28日 由安徽省林业厅、滁州市政府、安徽省花卉协会共同举办的第四届安徽省花卉博览会在滁州市举行。省人大常委会原主任孟富林、省政协副主席卢家丰以及省林业厅、滁州市的领导出席开幕式。

5月10～12日 省林业厅在宁国、黄山市召开了全省林业大户现场观摩座谈会。

5月18日 省委副书记王明方在省委副秘书长刘玉尧、省委政研室副主任刘奇等人陪同下，专程到省林业厅调研，厅领导以及厅机关各处室、厅直各单位负责人参加会议。

6月1～12日 在沈阳举行的首届中国杯插花花艺大赛中，安徽省选手成绩优异。合肥市的王刚勇夺桂冠，并将代表中国参加亚洲杯插花花艺比赛；芜湖市的吴茂生获得第六名；此外安徽省还获得团体第二名。

7月29日 省长王金山在合肥会见了嘉汉林业国际有限公司董事长、首席执行官陈德源先生一行。副省长赵树丛、副秘书长王首萌等参加会见。

8月17日 省林业厅在合肥召开全省林业局长会议，主要传达国家林业局党组扩大会暨全国林业厅（局）长电视电话会精神，总结上半年各项林业工作进展情况，推进下半年各项重点工作，厅领导班子成员及各市林业局长、厅直各单位负责人、厅机关全体工作人员共150多人参加了会议。

9月1～4日 受13号台风“泰利”影响，安庆、六安、巢湖市普降暴雨到特大暴雨，造成山体滑坡、山洪暴发和严重内涝。这次灾害突发性和特殊性强，造成损失十分严重。全省林业系统直接经济损失达1亿元以上。

9月29日 经省政府同意，省林业厅和黄山市

人民政府在北京组织召开了《黄山松材线虫病三道防线建设项目建议书》论证会。

11月4~6日 由国家林业局场圃总站特别支持，安徽省林业厅和合肥市政府共同举办的2005年中国合肥苗木花卉交易大会在合肥召开。省委常委、合肥市委书记孙金龙，省政协副主席赵培根，省委副秘书长李祖顺，省林业厅厅长韩柏泉参加开幕式。

11月23日 省政府召开全省森林防火工作电视电话会议，省森林防火指挥部指挥长、副省长赵树丛到会并作讲话。省森林防火指挥部成员单位负责人，市、县政府分管负责人、森林防火指挥部成员、防火办主任参加会议。

12月9日 省万里绿色长廊工程建设指挥部召开全体成员会议。省林业厅厅长韩柏泉通报了全省近年来万里绿色长廊建设的主要成就以及2005年长廊建设取得的成绩，省政府副秘书长王首萌、省万里绿色长廊建设指挥部全体成员单位负责人出席会议，赵树丛副省长出席会议并作讲话。

（安徽省林业由安徽省林业厅办公室供稿）

福建省林业

【概 述】 2005年，全省完成植树造林总面积13.8万公顷，与2004年相比翻了一番。其中：荒山造林面积2.42万公顷，人工迹地更新面积8.06万公顷。全民义务植树6652万株，占年计划的96.7%。全省累计完成大田苗280.8公顷，培育容器苗、组培苗1.1亿株。全年完成商品林生产627.8万立方米，共销售商品材624.4万立方米，其中省内销售454.5万立方米，省外销售169.9万立方米。完成毛竹生产1.6亿根。人造板产量351万立方米，其中：纤维板140.7万立方米，刨花板16.6万立方米，胶合板127万立方米。生产锯材111.1万立方米，木片53.8万立方米。松香产量6.5万吨，纸及纸浆制品220万吨。全年林业产业总产值达920亿元。

生态建设 2005年，全省植树造林呈现四大特点：一是非公有制经济成为造林主力军，全省非公有制经济造林面积6.72万公顷，占人工造林总面积的64.1%；二是速生丰产林建设继续升温，共完成速丰林造林面积6.76万公顷，总投资2.97亿元；三是企业办基地进程加快，全省参与办原料林基地的企业达110家，已建成原料林基地22.67万公顷，新加坡金鹰国际集团林浆纸一体化项目正式启动；四是树种结构不断优化，阔叶树纯林和针阔混交林、竹林造林比重达60%，珍贵、乡土树种造林成为新亮点。据国家林业局造林核查，2004年，全省人工造林更新实绩综合合格率居全国第一。

2005年，省政府召开了全省沿海防护林体系建设工作会议，省林业厅下发了《关于开展沿海防护林保护建设机制改革试点工作意见》和《关于开展非规划林地植树造林工作的通知》，确定东山、福清、长乐和平潭等县为机制创新试点。17个中央国债沿海防护林建设项目县共完成人工造林1万公顷。

全省286.27万公顷生态公益林经营区已建立管护责任区19 141个，选聘护林员18 324人。根据生态区位的脆弱性和重要性，将生态公益林划分为3个保护等级，实行分级保护、分类施策，提高补偿标准。在省财政生态效益补偿范围中，一级保护生态效益补偿标准每亩提高到4.5元，二级补偿标准提高到2.6元。开展生态公益林限制性经营试点，如通过林下种植、养殖和发展森林旅游等，增加林农收入。永泰县设立了县级森林生态效益补偿基金，以政府投入为主，受益者合理承担。

2005年，全省累计参加义务植树1788.6万人次，尽责率达95%。城市建成区新增园林绿地面积512.8公顷，城市和县城建成区绿化覆盖率分别提高到35%和30%，人均公共绿地面积分别提高到8.12平方米和6平方米，厦门市获全国文明城市称号，泉州、漳州两市被评为国家园林城市。全省完成绿色通道建设里程1621.4千米。在国家林业局举办的首届中国绿化博览会上，以“携手共建绿色海峡西岸”为主题，创建“福建盼归园”，共获得三金、二银、四优秀等奖项。

林业产业 2005年，全省竹业开发项目进展顺利，全年新造中小径竹面积0.3万公顷，新建丰产竹林2.71万公顷，竹业总产值可达114亿元。第二批重点扶持的49家龙头企业规模大、实力强，有6家企业年销售收入超亿元。“福人”牌强化木地板、“红梅”牌家具等10个产品获省名牌产品称号。全省共有36个林产品获省名牌产品称号。全省林业合同利用外资8.5亿美元，实际利用外资2.3亿美元。林产品出口交货值达120亿元。

资源管护 2005年，森林防火取得较好成绩。全省共发生森林火警和森林火灾309起，其中重大火灾2起。过火面积5220.2公顷，受害面积3428.9公顷。森林火灾发生率、过火率和受害率分别比2004年下降了72.4%、75.7%和73.7%。全省森林病虫害发生面积29.31万公顷。主要林业有害生物防治面积17.01万公顷，防治率达94.9%，监测率95%。危险性病虫害得到基本控制，加拿大一枝黄花被有效铲除。全省共查处林业行政案件48 833起，刑事案件1288起，为国家挽回经济损失8000多万元。全省共调处各类涉林纠纷4973起，面积6.13万公顷。

科技兴林 第一期种苗科技攻关顺利，选育出高产脂、红心松（杉）等9个优良树种、660个优良繁殖材料，建立各类实验林549.27公顷。实行“统一供种，合同管理，资金扶持，统一调拨”的种苗供应管理制度。1999年以来国家下达的68项种苗国债项目，有65个项目进入建设实施阶段，累计完成投资10 250万元。全省培训农民林业技术员6315人。先后与中国林科院、南京林业大学等科研院校签订了全面科技合计协议，搭建合作平台。第一期数字林业工程建设任务基本完成。

深化改革 2005年底，集体林权制度改革明晰产权和确权登记主体任务已基本完成。全省共完成明晰产权的村占有改革任务村总数的99.5%。完成明晰产权面积，占应改革面积的97%。集体商品林林权登记面积占应登记面积的95%。

各地认真落实《福建省人民政府关于调整林地使用费稳定国有林场和林业采育场经营区的通知》，有效解决了村场矛盾。执行新的林价比例分成，林农每年可从国有林场和采育场获得新增林地使用费达750万元和100万元，相当于国有林场和采育场当年免除的农业特产税。

林区公路改革顺利启动，第一批省级专项补助资金2000万元已拨入专户。顺昌、永安、永定3个试点县林区公路已平稳移交交通部门。

省林业工程公司改革改制正式启动，一、二公司改革基本完成，解除劳动关系328人，占公司在职人数的30.6%。

森林公安派出所民警通过公务员过渡考试，开始办理转制手续。

存在问题 ①林业有害生物发生及防治形势不容乐观。突出表现在林业有害生物种类增多，发生面积居高不下。监测经费渠道不畅，监测防治和检疫技术落后，危险性病虫害控灾能力较低，林业有害生物入侵并造成危害机率不断增大。②涉林信访纠纷较多。集体林权制度改革进程中显现的一些深层次问题，使一些纠纷和矛盾集中暴发，全省涉林信访明显增加，个别地方还出现群众性越级上访事件，解决难度大。③林业受灾严重。2005年自然灾害频繁，全省林业系统因灾直接经济损失达8.44亿元。 （陈玉华）

【“十五”林业建设成就】 “十五”以来，福建林业坚持举改革旗，走创新路，加快资源培育，推进产业发展，完善设施建设，提高保障能力，各项工作取得显著成效。特别是《中共福建省委、福建省人民政府关于加快林业发展建设绿色海峡西岸的决定》出台，更为全省林业发展指明了方向。目前，全省有林地面积764.94万公顷，森林覆盖率62.96%，比“九五”末提高了2.44%，仍居全国首位；活立木总蓄积量4.97亿立方米，比“九五”末增长18.9%，居全国第七位。年产商品材628万立方米，竹林产量2.56亿根，居全国第一。人造板、纸浆、松香等主要林产品产量位居全国前列。森林旅游、花卉等新兴产业迅速崛起。“十五”前4年，林业产业总产值年平均增长速度为10.7%。

“十五”以来，全省加快生态林业建设步伐。共完成生态公益林区划界定面积286.26万公顷，占全省林地面积的30.7%，累计投入森林生态效益补助（补偿）资金5.61亿元。沿海防护林体系四期工程建设实施顺利，共投入资金1.7亿元。沿海地区共完成造林更新面积8.5万公顷，森林覆盖率达58.53%。全省3324千米海岸线初步建成带网片相结合的沿海绿色屏障。生物多样性保护进一步加强，野生动植物保护和自然保护区建设的法律、法规体系不断完善。目前全省已建立国家级自然保护区10处，省级22处，市（县）级61处，自然保护小区3322处，保护面积达80.26万公顷，占全省土地总面积的6.55%，居华东地区首位。全省累计参加义务植树人数8924.2万人次，共植树3.54亿株。绿色通道和城乡绿化一体化建设成效显著，城市建成区绿化覆盖率由“九五”末的32.89%提高到35%；城市人均公共绿地面积由“九五”末的7.02平方米，提高到8.12平方米。

积极推行“以二促一带三”的产业发展战略，林业产业持续、快速、健康发展。全省已建成速生丰产林、竹林、珍贵树种、名特优经济林、种苗和花卉、森林食品和药材等资源培育基地。拥有规模以上的林业工业企业1178家，加工产品200余种。培育福人木业有限公司、永安林业（集团）股份有限公司等大中型骨干企业20多家。创立了“福人”、“蓝豹”、“平川”、“万家利”、“涌泉”、“青山”等20多个知名品牌。以森林旅游为主的第三产业迅速发展，年创社会旅游总产值5亿多元。松木、杉木和阔叶树造林比重调整为3:4:3，新造林中非公有制比重超过50%，林业工业产值中非公有制比重超过70%。全省林业行业外资新增项目720个，合同利用外资12.1亿美元，实际利用外资6.48亿美元，分别比“九五”末增长142%和116%。林产品进出口额累计达64.7亿美元，比“九五”末增长19.8%。

“十五”期间，福建林业深化以集体林权制度改革为核心的各项改革，集体林权制度改革明晰产权和确权登记的主体任务已基本完成，并全面转入督查验收阶段。林业分类经营、林业税费和投融资体制改革都取得重大突破。每立方米木材税费由改革前占木材

销价的60%，下降到18%。累计发放森林资源资产抵押贷款22.53亿元。全省加大森林资源管护力度，提高了依法治林的水平。科技攻关和推广也取得新的成绩。成立了省林业生产力促进中心。全省共获省级科技奖100多项，优秀新产品奖3项。创新种苗科研项目运作及管理机制，聘请省内外林业科研专家300多人，对11个树种（类）开展攻关，取得了阶段性成果。（陈玉华）

【集体林权制度改革】 福建省是典型的“八山一水一分田”的南方重点集体林区，全省80%以上的山林属集体所有。2003年，福建省在全省范围内全面启动集体林权制度改革。至2005年底，全省已基本完成集体林权制度改革明晰产权和确权登记的主体任务。据统计，到2005年底，全省已完成明晰产权村11 602个，占有改革任务村总数的99.5%；完成明晰产权面积500.04万公顷，占应改革面积的97%；集体商品林林权已登记面积500.78万公顷，占应登记面积的95%。全省年还利于民、反哺林业资金达18.58亿元。其中，减免税费8.81亿元，木竹产销见面增收5.57亿元，省级财政反哺林业的转移支付2.9亿元，补助村级运转1.3亿元。

林改后，林业发展了，林农增收，村财保障，林区和谐，显现出了一派社会主义新农村的喜人景象。一是加快了林业发展。林农造林育林护林积极性高涨，许多地方出现了“争山争苗”造林的喜人现象，社会投资造林比重不断提高。许多地方自发成立了各种各样的护林防火协会，全省盗伐、滥伐林木现象和森林火灾发生率大幅减少。二是改善了林农生活。林农成了集体山林真正的主人，对林业敢于投入，舍得投入，“把山当田耕，把林当菜种”，加强了科学管理，增加了收入。三明、南平等主要林区的农户从林业发展中获得的收入已占其家庭收入的一半左右。三是推动了乡风文明建设。一些地方通过林改收益的二次分配，解决了老有所养、幼有所教、病有所医、困有所帮的问题，社会保障体系逐步完善。村集体经济组织通过盘活森林资源资产，合理规范收取林地使用费和参与现有林的收益分成，确保了村集体在林业上有持续稳定的收入来源。南平、三明等主要林区村财平均增收3万~5万元，主要林区县达10多万元，沿海地区平均每个村也在万元以上。同时，林改有效解决了山林纠纷等历史遗留问题，密切了农村干群关系。邻里之间、干群之间和谐相处。四是促进了民主管理。林改不但提高了干部依法行政水平，也增强了群众依法维权意识，村民们主动参与集体事务管理，加快了农村民主化进程。林改还从源头上铲除了村官腐败的土壤，有效杜绝了村干部“暗箱操作”乱卖山乱花钱的现象。村干部作为村集体内部成员，也与群众一起公开透明地参与分山分林，促进了农村社会的和谐发展。

集体林权制度改所取得的成效，得到了社会各界的充分肯定。中央电视台、《人民日报》、《瞭望》等多家新闻媒体进行了多次的宣传报道，全国20多个兄弟省（区、市）共8000多人组团来学习考察。2005年1月，关注产权——中国集体林政策国际研讨会在福州召开。6月，中国集体林产权制度改革研讨会在三明市召开。与会专家学者认为：福建为全国树立了一个榜样。

改革的基本内容 2003年4月，福建省政府下发了《关于推进集体林权制度改革的意见》，并于2003年5月28日召开了全省集体林权制度改革动员部署大会，对林改工作作了具体部署和安排。

改革的总体目标 从2003年开始，用3年的时间，全省基本完成集体林权制度改革任务，实现“山有其主、主有其权、权有其责、责有其利。”

改革的范围 主要是林木所有权和林地使用权尚未明晰的集体商品林及县级政府规划的宜林地，生态公益林和权属有争议的林地、林木，暂不列入改革范围。

改革的主要内容 一是通过折股量化、股权到户（联户）或以人口、农户为单位均分、均包等形式，把集体林木所有权和林地使用权明晰到户、联户或其他经营主体；二是通过承包、租赁、股份合作、折价转让等多种形式，建立以林农为主体的微观经营主体，放活山林经营权；三是通过简化林政管理的手续，放宽商品林采伐限制，实行木竹自主经营，落实林业经营者对林木的处置权；四是通过降低木竹税费，还利于民，确保林业经营者的收益权。

改革的方法步骤 一是宣传发动，提高认识。制定改革实施方案，组建改革工作队伍。二是试点先行，制定方案。在改革全面铺开之前，先行开展试点工作。在试点的基础上，以村为单位，制定具体实施方案，经村民会议或村民代表会议讨论通过后方可付诸实施；三是规范操作，有序推进。在林木所有权、经营权和林地使用权落实后，依法签订书面合同，明确双方权利义务，及时发换林权证，并建立和健全档案制度，确保质量。

改革的主要做法

依法依规 主要是两大法规：一是《农村土地承包法》，二是《村民委员会组织法》。

分类指导 将全省分三类进行指导，一是依赖性强的，原则上均山，实现实物意义上的“耕者有其山”；二是依赖性一般的，采取多种形式，首先保证本集体经济组织内部有耕山意愿的林农有山可耕，另外也可将剩余山林发包给外村能人、经济组织，使没有耕山意愿的村民也得到一定的经济补偿，确保生产资料第一次分配的公平；三是依赖性不强或没有什么依赖性的，经村民代表会议通过，用公开竞争的方式

发包给企业或大户经营。通过林改二次分配，保证村民实现货币形式的“耕者有其山”。

尊重历史 注意保持政策的稳定性和连续性，对已明确林权，并为实践证明是行之有效且大部分群众满意的经营形式，均予以维护；对自留山政策、“谁造谁有”等政策依法落实、完善；对在改革前签订的合同，只要是符合国家法律政策，转让行为规范，合同真实有效并依约履行的，均予以维护；对合同有不完善和不规范的地方，采取“动钱不动山”的办法进行利益调整。

以民为本 以群众“愿意不愿意、满意不满意、答应不答应”为标准，只要不违反法律政策，采取哪种改革模式、利益怎么分配、疑难问题如何解决等，都由老百姓说了算，任何部门都不得横加干涉、包办代替。

利益兼顾 一方面，坚持把大头留给林农，确保老百姓通过改革能得到实惠；另一方面，引导林农自觉交纳林地使用费。保证村集体的合法收益和基层组织的正常运转，提高村集体经济组织的公共服务能力。

稳定第一 一是妥善处理历史遗留问题。二是坚持先易后难、稳步推进。三是认真处理好山林纠纷问题。

改革进展情况 在林改明晰产权和确权登记的主体任务已经基本完成后，认真组织开展林改检查验收工作。到2005年底，全省已完成县级林改自查11 267个村，占有改革任务村总数的96.6%；已完成33个县（市、区）的省、市联合抽查工作。同时，各地还积极根据林改后的新情况，因地制宜地推进相关配套改革，并在六个方面取得了突破：

一是林业投融资改革，省政府出台了《关于加快金融创新，促进林业发展的指导意见》，省林业厅与人行、保监局分别签订了合作备忘录，全面推进林权证抵押贷款和森林保险业务。近3年全省森林资源抵押贷款投入林业达22.53亿元，促进了林业由资源经营向资本经营转变。

二是林业合作经济组织建设，一方面，积极引导以亲情、友情、资金、技术为纽带，组建家庭林场、股份林场等新型合作经济组织建设；另一方面，积极鼓励企业通过租赁、合作、联办、委托等多种形式，与林农合作建工业原料林基地，实现林业生产的规模化和集约化。全省各类新型合作组织达1000多家，企业办原料林基地面积达22.67万公顷。

三是资源保护体系建设，各地普遍制定乡（村）规民约，成立民间护林防火防病虫害组织，建立森林灾害应急反应机制和防治服务网络，逐步形成生态公益林以政府为主、商品林以业主为主的群防群治的森林“三防”体系。

四是科技支撑，初步建立了“统一供种，合同育苗，资金补助，定向供应”的种苗供应管理制度，采取首席主持人招标等新的机制，整合省内外300多名专家，实施了种苗科技攻关，开展了农村林技员培训，开通了“96355”林业服务热线。

五是社会化服务体系建设，主要林区成立了各类营销协会、护林联防协会、科技服务组织和木竹检尺中心、资源评估中心、伐区设计中心等中介机构，提高了林业生产的服务水平和组织化程度。

六是林权流转，继永安市成立全国第一家林业要素市场后，全省40多个主要林区县都相继成立了林权登记交易服务中心，省人大重新修订了《福建省森林资源流转条例》，促进了林业生产要素的规范、有序流转和森林资源的优化配置，有效盘活了森林资源。同时，采取了限期（1个轮伐期流转）、限量（部分林权流转）、现货（现有近成熟林流转）等办法，防止林农过快失山失地，巩固林改成果。

（陈明剑）

【沿海防护林体系建设】 1988年，福建省全面启动沿海防护林体系工程建设。1998年，福建省委、省政府对新世纪沿海防护林体系建设工作进行再动员、再部署。至2005年底，全省沿海31个县（市、区）有林地面积达137.67万公顷，森林覆盖率58.53%，绿化程度92%。基本建成了“带、网、片”相结合，生态、经济、社会效益相统一的多功能、多效益的综合森林防御体系。沿海地区水土流失面积减少为2329平方千米，比1998年减少了62.2%。沿海城市建成区绿化覆盖率由1998年的28.6%提高到34.5%，城市人均拥有绿地面积由6.5平方米上升至8.1平方米。沿海防护林真正成为沿海地区人民的“生命林”和“保安林”。主要几项工作经验：

突出重点，突破难点 近几年来，针对沿海防护林建设的薄弱环节，各地集中力量抓好沙荒风口、沿海基干林带断带、农田林网、老林带更新、护路护岸林和红树林等重点骨干工程建设。全省44个沙荒风口中，除了个别难度非常大的风口外，其他风口基本都得到了初步治理。沿海地区流动沙丘面积从50年代的4.85万公顷减少到0.16万公顷，沙改田面积由1.29万公顷增加到4万公顷。许多寸草不长的沙荒，如今已变成吨良田。大陆海岸沿海基干林带达2582千米，占全省大陆海岸线3324千米的77.7%，占宜林海岸线长度的95.3%。

调整林种树种，提高林分质量 沿海防护林体系初步实现了从单一型树种结构向多种树种混交型结构转变。积极引进厚荚相思、马占相思等作为内侧木麻黄老林带更新树种。大力提倡采用乡土阔叶树种混交造林，以相思类、木荷为主要树种的阔叶树和针阔混交造林比例占72.5%。“十五”期间，全省共营造红树林面积0.1万公顷，沿海地区建立湿地类型的自然保护区39处，保护面积18.73万公顷。其中涉及红

树林的自然保护区12处，保护面积5.53万公顷。沿海20个平原绿化县在原达标的水平上，逐步朝着城市园林化目标推进。

坚持多渠道筹措资金 采取“国家补一点，省里投一点，市县挤一点，乡村筹一点，银行贷一点，群众出一点”的办法，多方筹集海防林建设资金。1998年以来，累计投入资金达13.24亿元，其中部省投入4.6亿元，市、县（区）投入3.04亿元，华侨集资、群众投工、投劳5.6亿元。

加大管护力度 先后制定了海防林重点工程项目管理暂行办法，造林质量管理及行政责任追究制度实施办法、国债项目监理办法、竣工验收办法等一系列规范性文件。出台了《福建省沿海防护林条例》，健全森林“三防”机构。2005年4月，省林业厅制定了《关于开展沿海防护林保护建设机制改革试点工作的意见》，决定在福清、平潭、东山3县（市）开展试点，将沿海防护林划分为特殊保护、重点保护和一般保护三种类型，实行分级保护，分类管理，巩固沿海防护林的建设成果。（林福平）

【非规划林地植树造林】 福建省于1992年基本消灭宜林荒山。按照征占用林地占补平衡的要求，难以在现有的林地范畴内落实异地恢复森林植被。2005年10月，省林业厅根据《森林法》和《森林法实施条例》的相关规定，结合本省实际，组织制定了《关于非规划林地植树造林的若干规定》。《规定》共十六条，主要内容：

范　围 非规划林地林木是指农村居民在自留地和房前屋后种植的个人所有的零星林木，包括村旁、河溪旁、路旁（除铁道、高速公路、国道、省道外）、沟渠旁、田旁和基本农田外的抛荒地、旱地、坡耕地等种植的林木。

组织实施 县级以上林业主管部门负责非规划林地植树造林的组织实施，技术指导，并给予适当补助。在非规划林地上种植的林木，以村为单位由乡（镇）林业站负责单独建档。充分利用一切闲散地块，因地制宜，见缝插绿。种植密度根据不同树种确定，零星种植原则上株距不小于2.5米，双行以上的行距不小于2.5米，以100株折合1亩计算。

扶持政策 非规划林地原则上不纳入林地范畴管理，不需申办林权证。在非规划林地上种植的林木，实行“谁造，谁有，谁管理，谁受益”的政策，允许疏转、继承，任何单位和个人不得侵占；不纳入森林采伐限额管理，但可按规定计算森林覆盖率。

采伐运输 在非规划林地上种植的林木需采伐的，不必申办《森林采伐许可证》，由业主自主确定采伐年龄、采伐方式。但应于采伐前将采伐地点、树种、数量等书面报送当地乡（镇）林业站备案，并在当地公示，备案和公示15天后业主方可实施采伐。免收各种林业规费。林木采伐后需要运输的，凭当地乡（镇）林业站的证明在本县范围内运输；出县的，应凭当地乡（镇）林业站的证明办理《木材运输证》。

省林业厅要求各级林业主管理部门做好宣传发动，加强对非规划林地植树造林的组织指导。并计划2006年从省级留成的森林植被恢复费中安排500万元开展非规划林地的植树造林。凡营造珍贵树种的每亩补助50元，乡土阔叶树种每亩补助40元，其他树种每亩补助30元。（陈玉华）

【南平市加快发展林业产业集群】 近年来，南平市林业突出工业，做大本级，加快发展林业产业集群，确立支柱产业地位，取得明显成效。2005年，全市实现林业总产值110.2亿元，比2004年增长11.6%。其中工业产值63.5亿元，比2004年增长15.8%。全年完成商品材产量259.94万立方米，竹材产量6808万根，人造板产量111.69万立方米。完成纸、纸板、纸浆产量44.29万立方米。全市林业行业出口创汇企业发展到56家，出口林产品达五大类55个品种。全年出口创汇7439万美元。比2004年增长12%。2005年新办具有一定规模的林产加工企业65家，项目投资额在500万元以上的有51家。一大批成长型的林产工业规模企业脱颖而出，有年产值达亿元以上的中竹、王斌、明良、沪千、丽人、福人、金松和年产值达5000万元以上的绿源、万木林、元立、颖食、亚达、特艺、伊士曼等共45家。形成了以木材纤维为原料的制浆造纸工业，以三板为主的人造板工业，以松脂加工、木材热解、化工合成、天然香料为主的林产化学工业，以笋制品加工为主的绿色食品工业等较为完善的林产工业体系。主要做法：

突破工业发展瓶颈 改造提升传统林业产业，提高林产工业的规模效应。全市林产加工企业发展到2611家，其中规模以上企业241家。林产工业产值持续两位数递增。规模以上企业产值54.8亿元，占工业产值的86.3%。

发展五大支柱产业 ①木制品工业。重点发展家具、工程结构用材、竹木复合板和木竹工艺品、餐具产品等。②制浆造纸工业。重点发展新闻纸和以纸袋纸为主的各类包装用纸。③林产化工业。重点发展松香脂类和改性树脂，竹炭制品，天然香料和以竹叶黄酮、紫山醇等为主的药用产品。④森林绿色食品工业。重点发展风味笋、锥栗加工和山野菜加工等系列产品。⑤森林旅游业。重点以武夷山“双世遗”为龙头，实施名山名牌战略。

突出木竹产业集群 2005年，下发了《南平市人民政府关于加快木竹产业集群发展的实施意见》、《关于加强木材运输管理和强化木材加工企业服务工作的意见》及《南平市林业局关于进一步加强木材运输管理工作的通知》。在原材料管理上实行“管出放进”，在产业发展上“扶大放小”等扶持政策。策划一批具有南平林业资源优势、市场前景广阔的项目。规划若干个木制品产业专业园区，引导企业向园区集聚。

扶持壮大龙头企业 一是主动服务龙头企业，建立联系协调制度，帮助企业争取项目资金。二是配合有关部门做好林业企业资源综合利用认定，指导企业规范内部管理。2005年全市共有54家林业企业通过认定，享受森林资源综合利用增值税即征即退优惠政策，全年退税额达4080万元。三是围绕“五大支柱产业”，高起点地新建一批、扶持一批、培养一批产业关联度大、技术水平高、带动力强的龙头企业。促进企业的单体优势转化为产业的群体优势。四是龙头企业节能改造。全市90%以上的中密度纤维板生产企业，改燃煤为燃加工下脚料，做到了60%的能源靠生产线自行供给。40%采用当地的木竹加工的下脚料，做到100%利用。全市仅此一项，就节约燃煤8.2万吨，节约成本3300万元。

做强做大本级经济 强化对大洲工业园区入驻企业与落地在建项目的服务。努力改善林业投资结构，积极鼓励和引导非公有制经济参与林业国有企业改革，逐步提高私有资本在林业经济中所占的比例。2005年大洲工业平台实现年产值1.72亿元，上缴税收1013万元，林业两金270万元，解决963人就业。

（许少雄）

【莆田秀屿建成进口木材检疫除害处理区和国家级木材贸易加工示范区】 莆田市秀屿港位于福建省沿海中部，与台湾省仅一水之隔，莆台合作前景广阔。秀屿港为国家一类口岸，水陆交通便捷。2004年9月，国家质检总局批准在秀屿港区设立木材检疫除害处理区，这是我国目前惟一的海港进口木材检疫除害处理区。处理区建设分两期实施，一期工程为年除害处理进口原木150万立方米的处理区，面积11.33公顷，总投资5500万元。处理方式以原木剥皮和熏蒸为主。于2004年12月1日开工，2005年10月27日正式投入使用。二期工程建设与木材除害处理区相配套的4万吨级码头，现已立项，即将动工建设。

2004年10月，福建省政府决定在秀屿港区建设木材贸易加工区，作为木材检疫除害处理区的配套项目，并被列为2005年省级重点项目。该建设项目总体规划占地面积0.13万公顷，近期规划0.07万公顷，首期开发建设333.33公顷。加工区建成后，首期计划引进企业50家，年创产值50亿元。

2005年2月11日，福建省林业厅，莆田市政府、福建出入境检验检疫局联合举办了首届中国·莆田秀屿国家级木材加工区招商会。签约引资项目21个，总投资16.7亿元，其中利用外资项目4个，投资1.01亿美元。至2005年底，签约落户木材加工区项目达49个，总投资33.4亿元。其中12个项目已交纳土地定金，预约用地190.67公顷，总投资8.74亿元。已有5家企业进区开工建设，预计2006年下半年投入生产。

（陈怀甫）

【厦门城市林业】 近年来，厦门市积极探索城市林业发展新机制，努力建设布局合理、植物多样、空气清新、景观优美的生态园林城市。2005年，加大林分改造和建设力度，全市共完成林分改造和新造林面积1200公顷。建设73.33公顷的生态景观林示范片和17.33公顷的滩涂红树林示范片。其他生态林建设在数量和质量上都有较大提高。先后获中国人居环境奖、联合国人居奖、国际花园城市、全国文明城市等称号。

明确定位 2001年，厦门市以省级沿海城市林业研讨会为契机，明确定位发展城市林业，绘制城市林业建设蓝图。市委、市政府出台了《关于加块城市林业发展，建设生态园林城市的决定》，提出以特色森林形成独特的城市景观和自然山川地貌为基础，以大面积森林为基调，以园林精品为点缀，以道路海岸河流绿廊为纽带，在城郊发展森林公园，在城边建设环城绿化带，在城区建设有一定面积的片林，构筑城郊、城边、城区协调配置的绿化生态圈。

广泛发动 一是加大城市林业的宣传力度，不断提高全社会对发展城市林业的认识。二是开展企业绿色文化工程活动。在建成国贸凤凰林、住总白鹭园之后，又推出8块街头绿地供企业“认、养、建”。三是开展“青山挂白”治理工作、关停城区周边、工业区周边和国省道两侧一重山无证采石场。并由市、区政府和业主单位共同筹措资金，分期分批恢复森林植被。几年来共关停采石场300多家。共筹措资金2000多万元，恢复森林植被面积466.67公顷。四是增加资金投入，几年来，先后安排国债资金建设项目1400万元，共完成人工造林更新面积629.2公顷，封山育林3297.53公顷，改造林分582.33公顷。五是军民联动，共建绿色家园。累计完成植树造林、疏林地补植和林分改造533.33公顷，植树78万株。

强化管护 一是加强林业行政、森林公安和植物检疫专业执法队伍建设，加大执法力度，有效地保护城市森林资源。二是对城市林业建设工程实行责任制管理，加强检查监督，确保工程建设质量。三是认真落实森林防火措施，加强森林病虫害防治工作。四是抓好生物多样性保护工作，重点落实白鹭自然保护区、同安金光湖天然林保护区和坂头、汀溪水库水源涵养林保护区的建设管理。启动了红树林恢复工程，高标准建设集美区和翔安区两片红树林。目前这两片红树林景观已初步形成。

（厦门市林业局）

【张宪明个体承包山林3867公顷】 张宪明系福建

省浦城县富岭镇富岭村人，从1994年开始承包山场，至今共租山造林667公顷，转让活立木3200公顷，成为造林大王。目前张宪明的林子已陆续按政策指标进行间伐，经济效益显著。据专家按当前的林价估算，他的“绿色银行”存有可持续增长资金上亿元。2004年，被评为南平市十大造林标兵，并当选为浦城县第十一届政协委员。

1994年，张宪明承包了100公顷的松杂混交林，这是他承包的第一片山场。2001年国家开始推行集体林权制度改革，鼓励民营规模造林。此时他所经营的森林面积已达1267公顷。2001年9月，张宪明成立了浦城森茂林场。2003年，他在建阳市水吉镇一次性中标购买（转让）杉木林1467公顷。至今张宪明共经营杉木林、松木林、阔叶林、绿化林以及药材等3867公顷。

森茂林场组建了造林、砍伐、防火3支专业队伍，共120余人。专业队人员均由林业部门严格培训上岗。进行科学造林，促进林分结构合理，造林成活率达100%。投入30多万元资金，开通营林便道50多千米，建设标准的防火林带。组织专业防火队长年巡逻护林，同时这支防火队也是县里的一支护林防火生力军。随着集体林权制度改革的深入，张宪明造林营林的积极性也越来越高。建立了富岭森茂木材加工厂、上海智卿木业有限公司，年创产值500多万元。并着手在建阳市创办一个年产值千万元以上的木制品深加工企业。

2005年，他捐资20万元为家乡铺设水泥路，投资210万元开发匡山景区旅游，还捐资15万元用于富岭村老年活动中心建设，并表示今后将每年捐资15万元以上用于发展老人事业。　（王树瑜）

【林业大事】

1月11日　由中国农业大学、国家林业局经济研究中心、美国森林趋势组织等联合举办的中国集体林政策研究国际研讨会在福州召开，有国内和美国、澳大利亚、印度等国的专家参加了会议。

1月31日　全省林业政务信息网建成并安装试运行，9个设区市林业局和部分数字林业建设试点县（市）可在本地实现信息的发布、上传、下载和浏览等各种功能。

2月7日　福州鸟语林内一对东方白鹳在人工驯养下孵出3只幼鸟。3月20日后幼鸟体型接近成鸟，并表现出初飞的迹象。这是东方白鹳在本省首次繁殖成功。

6月14日　国家林业局林策发［2005］88号文批复，正式实施海峡西岸（三明）现代林业合作实验区总体方案。这是全国第一个闽台林业合作实验区。

7月上旬《人民日报》、中央电视台等10多家中央新闻媒体联合举行的关注森林——绿色海疆万里行活动，深入东山、长泰、泉州、惠安、平潭和福鼎等地采访沿海防护林建设。

10月2日　百年不遇的19号台风“龙王”正面袭击福州。福州国家森林公园、省林业工程公司、福人木业有限公司受灾严重，林业系统受灾直接损失1.6亿多元。

11月17~18日　中国红豆杉产业可持续发展国际论坛在三明市举行。该论坛由国家濒管办、国家林业局林业基金管理总站、福建省林业厅、三明市政府联合举办。

11月27~29日　第七届海峡两岸花博会暨农洽会在漳州举行。此届花博会的主题是“花会漳州，情系两岸，以花为媒，项目为先”。

12月1日　福建省政府与中国林科院全面科技合作协议书在福州正式签约。

12月7日　省林业厅与世界自然（香港）基金会、云霄县林业局联合启动漳江口与香港米浦共建自然保护区项目，香港汇丰银行将对漳江口自然保护区项目资助100万元港币。　（陈玉华）

江西省林业

【概　述】　2005年是江西林业改革力度最大、成效最明显、发展最快的一年。一年来，在省委、省政府的正确领导下，在国家林业局的关心指导下，江西林业以林业产权制度改革为总抓手，进一步解放思想、锐意进取、鼎新革故、真抓实干，全面落实“希望在山”的要求，全省林业改革与发展取得了辉煌成就。

森林培育　2005年全省共完成人工造林面积47 589公顷，新增封山育林60 553公顷，人工更新5212公顷，低产低效林改造26 699公顷，分别比2004年增加（减少）-18%、106%、283%、-38%。人工造林面积减少的主要原因是国家退耕还林工程计划的骤减。人工造林面积中按林种分，用材林20 736公顷，经济林3911公顷，防护林22 142公顷，薪炭林333公顷，特种用途林467公顷，分别比2004年增（减）5.9%、8.2%、-34.6%、-66.3%、629.7%。用材林、经济林、防护林、薪炭林和特种用途林的比重由2004年的33.7%、6.2%、58.3%、1.7%和

0.1%调整为43.6%、8.2%、46.5%、0.7%和1.0%。与2004年对比，主要是用材林比重上升了10个百分点，防护林下降了11.8个百分点。生态林与用材林平分秋色，林种结构进一步改善。按所有制形式分，全省公有制经济造林面积为16 598公顷，占造林总面积的34.9%，其中：国有经济造林11 819公顷，集体经济造林面积为4779公顷；非公有制经济造林30 991公顷，占总造林面积的65.1%，比重逐年攀高，成为江西省人工造林的主力军，充分体现了江西省林业产权体制改革后社会办林业积极性的高涨。

2005年末江西省育苗面积为11 220公顷，本年新增育苗面积3871公顷，比2004年略有增加。由于林权制度改革，社会造林积极性空前高涨，社会造林面积大幅增长，苗木供不应求，表现为卖方市场。

退耕还林工程 2005年国家下达江西省退耕还林工程造林计划33 332公顷，其中：荒山荒地造林26 669公顷，退耕地造林6663公顷，封山育林33 336公顷，各项指标完成率均达100%。退耕还林工程造林面积占全省当年造林面积的70.0%，在林业重点工程造林比重中独占鳌头，与2004年比较，比重下降了近6个百分点。

2005年，江西省退耕还林工程粮款兑现的退耕地总面积184 270公顷，当年共兑现粮食18 113 553吨，其中当年新退耕地兑现粮食6370吨；当年共兑现现金额4630万元，其中当年新退耕地生活费兑现金额278万元，当年粮款兑现涉及530 429退耕户。截至2005年底，江西省退耕还林工程累计兑现粮食579 702吨，退耕地累计生活费兑现金额19 370万元。

2005年，江西省完成退耕还林工程总投资64 600万元，其中：粮食折资52 147万元，种苗费5893万元，其他费用6560万元。工程资金来源主要为国家预算内资金，其中：国债资金8518万元，中央财政专项资金42 819万元，这两项资金比重占总投资额的97.52%。

重点防护林工程 2005年，江西省完成重点防护林工程造林5796公顷，其中：长防林造林5344公顷，珠防林工程452公顷。本年新增加封山育林面积9963公顷，低效林改造面积3955公顷。全省重点防护林工程完成投资3047万元，其中：长防林工程2747万元，珠防林工程300万元。在投资来源中，国家投资为2115万元，占69.4%，是最重要的投资渠道；群众投劳折合资金245万元，相当于总投资的8.1%。

野生动植物保护及自然保护区建设工程 截至2005年底，江西省建成各类自然保护区141处，其中：国家级自然保护区5处，省级自然保护区25处；建成各类自然保护小区1329处；自然保护区面积达11.50万公顷，其中国家级保护区面积为8.50万公顷，占全部保护区面积的10.91%。全省拥有5处珍稀野生植物培植基地，均为植物园。全省建立各级野生动植物保护管理机构102个，从事野生动植物及保护区管理的职工为5567人，其中1198人为专业技术人员，占职工总人数的22%。

2005年，江西省新增国家级森林公园5个和省级森林公园2个，使全省省级以上森林公园达75个（其中：国家级33个、省级42个），面积为39万公顷。目前，江西省有陆生野生动物845种，已知高等植物5115种，占全国总数的18%，其中15种被列入《国家重点保护野生植物名录（第一批）》。

2005年，野生动植物保护及自然保护区建设工程共完成投资1828万元，在投资来源中，中央财政专项资金481万元，其他资金452万元。

绿色通道工程 2005年江西省创建了一批“绿化、彩化、香化、果化”的绿色通道建设样板工程，使绿色通道成为集生态、经济、观赏于一体的绿色风景线和致富线，全省共投入绿色通道建设资金1966万元，绿化里程5481.47千米，其中：高速公路绿化407.26千米，国道绿化1191.63千米，省道绿化2384.18千米，县乡道绿化1858.40千米。

义务植树与城乡绿化 江西省各级党委、政府切实加强对义务植树工作的组织领导和宣传发动，推动全民义务植树运动深入开展。各级党政领导率先垂范，带头履行植树义务，进一步激发了人们参与国土绿化的热情。2005年春季，省四套班子领导及省、市机关干部400余人，参加了全民义务植树活动。2005年全省参加义务植树人数2058.34万人次，植树9562.23万株，尽责率85.1%。各地按照“城区园林化，郊区森林化，道路林阴化，庭园花园化”的城乡绿化一体化建设目标要求，广泛开展生态林、绿化带和隔离区绿化建设，进一步提升了国土绿化建设整体水平。宜春市被推荐为全国绿化模范城市候选对象，奉新等4个县被推荐为全国绿化模范县候选对象，南昌印钞厂等7家单位被推荐为全国绿化模范单位候选对象；丰城曲江煤炭开发有限责任公司等20家单位被评为全省绿化模范单位，中共江西省委党校等57家单位被评为省园林化单位。2005年，全省城市绿化覆盖率达31.01%，人均公共绿地达7.37平方米。

江西省各相关部门按照分工负责制的要求，扎实推进部门绿化工作。南昌市铁路局投入391万元，绿化铁路里程359千米；共青团省委积极组织广大青少年参加“青少年绿色活动”，投入230万元，建立绿化示范点10个，绿化面积653公顷；水利部门投入436.52万元，绿化江河沿岸26.66千米，绿化江湖库区900公顷；煤炭集团公司投入1079.79万元，绿化矿山80公顷。

森林资源保护 江西省深入开展了“绿色旋风行动”，共查处各类破坏森林资源违法犯罪案件2.6万起，收缴非法木材5.29万立方米，收缴野生动物23 059只，为国家挽回直接经济损失1.04亿元。建立了地方生态公益林补偿机制，各级财政安排补偿资金达3000多万元。进一步加强了森林防火工作，全年共发生森林火灾330起，受害森林面积0.87万公顷，分别比2004年下降70%和66%。

林业产业及总产值 2005年，江西林业经济总量增长显著。全省林业产业总产值（按现价计算，下同）3 837 166万元，比2004年增加766 137万元，增长率为24.95%，高于全省“十五”期间平均增长速度24.50%。按产业分析，第一产业产值为183.30亿元，比2004年增长21.52亿元，增长率为13.30%；第二产业产值为140.20亿元，增长37.79亿元，增幅为36.90%，第三产业产值为60.22亿元，增长17.31亿元，增幅为40.34%。第一产业发展平稳，第二、三产业继续保持高速增长势头，增长额构成总产值增长的主体，占全部增长额的72%。产业结构进一步趋于合理、科学，产业比重由2004年的52.7%、33.3%、14.0%调整为47.8%、36.5%、15.7%，第二、三产业产值比重首次突破50%。

从产值主要数据分析，江西省2005年林业经济运行呈现以下特点：

第一产业平稳发展，增速回落，比重继续下降。2005年全省第一产业产值为1 883 047万元，比2004年增加265 180万元，增长16.30%，占总产值的49.07%，比2004年增加了1.27个百分点。拉动第一产业增长的三大因素分别为花卉、茶桑果和林产品。2005年，花卉产值188 026万元，比2004年增加58 508万元，增长45.17%，占总产值的4.90%；茶桑果产值451 628万元，比2004年增加73 990万元，增长19.59%，占总产值的11.77%；林产品的产值为411 717万元，比2004年增加51 762万元，增长14.38%，占总产值的10.73%。三项增长额占第一产业增长额的69.48%。

第二产业快速发展，增速明显，比重持续上涨。2005年，江西省第二产业产值为1 401 960万元，比2004年增加377 883万元，增长36.90%，占总产值的36.54%，比2004年提高了3.19个百分点，其增长额占据当年产值增长部分的半壁江山，比重达49.32%。在第二产业增长额中，制造业增长起着绝对作用。其中：非木质林产品加工业产值为154 657万元，比2004年增加51 627万元，增长50.11%；木材加工及木竹棕草制品业产值699 204万元，比2004年增加156 887万元，增长28.93%，在总产值中的比重提高到18.22%。木质竹藤家具制造、木竹浆造纸等行业较2004年也有较大程度的增长，产值分别为224 132万元、115 329万元，增长幅度分别为26.36%、114.16%，在总产值的比重继续维持在8.9%。

第三产业迅猛发展，比重继续加大。2005年，江西省第三产业产值为602 159万元，比2004年增加173 074万元，增长40.34%，占总产值的15.69%，比2004年提高了1.72个百分点。带动第三产业产值快速攀升主要是：森林旅游持续升温，产值达180 042万元，比2004年增长74.33%，增长额占到总增长额的一成；比重也逐年攀升，在总产值中的比重由2004年的3.36%提高到4.69%，上升了1.33个百分点。

2005年，江西省单位林地面积产出为16.05元/公顷，比2004年上升了3.2元/公顷。总体来看，全省林业产出依赖林地程度逐渐减弱，林业重点地区单位林地面积产出偏低，非林业重点地区产出偏高。2005年，全省单位林地面积产值的最高、最低分别为南昌市74.61元/公顷、赣州市9.74元/公顷，两者相差7.7倍。

林业产业强县不断涌出。2003年、2004年江西省超过5亿元林业产值的县（市、区）分别为6个、14个，全省县（市、区）平均产值为59 015万元、67 871万元。2005年超过5亿元林业产值的县（市、区）有24个，平均产值为73 803万元，南昌市辖区、井冈山市、遂川县等3县（市、区）林业产业总产值突破10亿元大关。

木竹产品产量 2005年，江西省木材产量为503.17万立方米，比2004年增长9.61%，其中：原木产量为396.48万立方米，占全部产量的78.80%，比2004年增长9.05%；薪材产量为106.69万立方米，占全部产量的21.18%，比2004年增长11.75%。按生产单位分，村及村以下各级组织和农民个人生产的木材产量为292.62万立方米，占份额最重，达63.74%，林业系统产量为132.95万立方米，仅占28.96%。

江西省竹材产量为6043.19万根，小杂竹31.28万吨，分别比2004年增（减）22.0%、-10.09%。在全部竹材产量中，村及村以下各级组织和农民个人生产的竹材产量达3265.24万根，占总量的54.03%，林业系统产量为132.95万根，仅占总量的2.20%。

主要经济林产品及花卉 2005年，江西省水果产量为1 385 440吨，其中柑橘类作为江西省主要水果品种，占据72.57%的份额，产量达1 005 351吨；江西省生产林产饮料产品9813吨，其中毛茶产量为8623吨；生产林产调料产品504吨，木本药材66 888吨；生产森林食品65 431吨，其中：食用菌43 213吨，山野菜7389吨。

2005年，江西省生产各类切花切叶5468万支，盆栽植物6431万盆，观赏苗木1229万株，食用（药用）花卉（干重）28万千克，工业花卉等（鲜重）

55 840 千克，花卉用种子 20 525 千克，草坪 1220 万平方米。

截至 2005 年底，江西省共有各类花卉市场 161 个，花卉企业 870 家，其中大中型企业 87 家。共有 9550 户农民、37 905 人专门从事花卉苗木生产，其中专业技术人员达 2881 人。全省共建有控温温室 186 012 平方米，日光温室 454 370 平方米，遮阴棚 1 023 930 平方米，各项指标较 2004 年均有一定幅度的增长。

林业工业产品产量 2005 年，江西进一步加强了非木质林产品统计工作的力度，统计产品目录设计更为详尽。2005 年全省茶油产量 35 788 吨，产值为 54 289 万元；笋罐头 26 488 吨，产值 8679 万元；食用菌及山野菜加工 17 075 吨，产值 7792 万元；中药材加工 1986 吨，产值 26 161 万元；水果、坚果加工 13 553 吨，产值 11 867 万元。这五类产品产值共计 108 788 万元，占江西省非木质林产品加工制造业产值的 70.34%，与 2004 年比重基本相当。2005 年非木质林产品加工制造业在第二产业的比重为 11.03%，比 2004 年增加 1 个百分点，占总产值的 4.03%。

2005 年江西省锯材产量 790 601 立方米，比 2004 年减少了 14.35%。木片产量 274 415 实积立方米，比 2004 年增加了 155.03%。

全省人造板产量略有缩减。2005 年全省人造板产量为 172.6 万立方米，比 2004 减少 15.39 万立方米，减幅为 8.2%，其中中密度纤维板产量减少 0.44 万立方米、其他人造板产量减少 5.73 万立方米。

木地板产业发展平稳。2005 年，全省木地板产量为 1018.10 万平方米，与 2004 年产量基本持平。其中：实木地板 270.44 万平方米、实木复合地板 67.10 万平方米、强化木地板 0.93 万平方米、竹地板 469.81 万平方米、竹木复合地板 147.32 万平方米。竹地板及竹木复合地板作为江西省地板类的主打产品，比 2004 年产量翻番，比重占地板总量的六成。实木地板产量在连续 3 年下滑后开始呈现微弱的反弹趋势，产量 244.84 万平方米，比 2004 年增加 18.73 万平方米，8.28% 增幅难能可贵。

2005 年，江西省单板产量为 539.48 万平方米，比 2004 年增长 342.28 万平方米，增长主要原因一方面是江西省当年招商引资引进多家单板加工企业，产量明显增大；另一方面是由于部分规模不大的小企业往年统计不全。

2005 年，江西省共生产松香类产品 69 507 吨，松节油类产品 28 537 吨，樟脑 56 吨，木炭 13 023 吨，活性炭 8454 吨，分别比 2004 年增长（减少）39.78%、-0.9%、75%、41.98%、39.44%。

2005 年，江西省主要木材、竹材及林化工业产品销售平均价格比 2004 年有所上涨，主要原因是全省推开林权制度改革，林木、林地全面升值，资源流转价格大幅度上升。尤其是松香产品在经历 8 年市场低迷后创造多项辉煌，单价由 2004 年的每吨 3613 元涨到 6576 元，涨幅高达 82%。由于此价格显示为全年均价，不足以完全体现 2005 年松香行业的辉煌成绩。据生产企业反映，2005 年产量增加，销售形势大好，价格喜人，最高单价达 8700 元，年内价格上下波动近 3000 元，均创历史最高水平。

林业建设投资 2005 年江西省林业投资呈现以下 3 个特点：①资金总量继续保持增长态势。全省 2005 年到位各类林业建设资金总量为 103 703 万元，与 2004 年相比，林业建设资金总量减少了 3.35 亿元，减幅为 24.4 %，到位资金减少的主要原因是各市、县相继成立会计核算中心，实行国库集中拨付，资金到达建设单位时间相对滞后。其中：国家预算内资金 64 635 万元，以林业治沙贴息贷款为主体的国内贷款 10 240 万元，利用外资 8395 万元，自筹资金 6360 万元，其他资金 13 938 万元。②林业建设资金依然以中央投入资金为主体。中央投入资金达 64 810 万元，占资金总量的 62.55%。其中：国家预算内基建资金 1533 万元，国债资金 9044 万元，中央财政专项资金 52 758 万元。③林业建设资金使用投向以林业重点工程为主。全省退耕还林工程、防护林工程和野生动植物保护和自然保护区建设工程投资为 49 254 万元，占总投资的 47.54%。

林业招商引资 2005 年江西省林业利用外资项目为 46 个，利用外资 1082 万美元，主要集中在营造林、木竹材加工和花卉种苗等竞争较为激烈的行业上。其中：营造林 553 万美元，占 53.9%，主要集中在中德造林、日元政府贷款造林和企业造林项目上。2005 年江西省林业招商引资形势依然喜人，全省国内招商引资项目总计为 1200 个，实际到位资金 275 100万元。按建设项目分：营造林 43 256 万元，占 15.72%，木竹材加工 130 273 万元，占 47.35%，林产化工 22 500 万元，非木质林产品加工 417 万元，花卉种苗 5410 万元，科学研究 33 万元，其他 70 883 万元。

林业系统机构及从业人员 截至 2005 年底，江西省林业系统共有各种经济性质单位 2345 个，比 2004 年增长 4.69%，其中：国有经济单位 2330 个，集体单位 7 个，其他各种经济单位 8 个。单位数量变化的主要原因是木材检查站、林业工作站、森林病虫害防治站等进行标准化建设，部分单位从非独立核算单位转为独立核算单位。

2005 年末，江西省林业系统共有在册职工 101 645人，比 2004 年增加 3.1%，其中：在岗职工 58 339人，比 2004 年减少 1170 人，减幅为 0.2%，减少原因主要是木材及竹材采伐企业和国有林场进行改制，职工身份转换，这两种单位在岗职工减少人数

占在岗职工减少总数的90%以上。

2005年，江西省林业系统在岗职工人均工资9078元，比2004年增长735元，增幅为8.81%，是2000年的1.90倍，与全国林业从业人员工资基本持平（2004年全国8349元，江西8322元），但仍远低于全国城镇单位在岗职工年平均工资（2004年16 024元）。 （李木兰）

【林改试点县（市）试点工作】 2004年9月至2005年4月，崇义、铜鼓、遂川、德兴、浮梁、武宁、黎川7个林业产权制度改革试点县（市）的试点工作结束。经省检查验收组实地检查验收，7个试点县（市）林改工作的主要考核指标基本完成，达到了林改试点的预期目标，并为全省林改工作提供了宝贵的经验。7个试点县（市）考评得分均在90分以上，全部通过验收。7个试点县完成林权证发放45.2万本，发放率达67.5%。①明晰产权。各试点县（市）坚持以村小组为操作单元，充分尊重群众意愿，民主决策改革形式。7个试点县（市）落实山林权属的集体商品林面积共772 353.33公顷，占应划分落实总面积的94%，其中分山到户面积590 780公顷，占72%；“分股不分山”的面积181 573.33公顷，占22%。②减轻税费。各试点县（市）从2004年9月1日起，全面落实了“两取消、两调整、一规范”的政策，使广大林农从林改中得到实惠。7个试点县（市）政策性让利达1.39亿元，如加大财政转移支付和林改后木竹价格上涨因素，7个试点县（市）农民人均实现增收234.7元。③放活经营。各试点县（市）认真贯彻执行省委、省政府制定的政策举措，真正让林农自主凭证采伐生产，自由销售，打破了地区封锁和地方保护主义措施。在林改试点期间，7个试点县（市）共调处山林纠纷8560起，涉及山林面积近5.2万公顷。④规范流转。各试点县（市）普遍实行了“三个暂停”的做法（即：在林改政策未被林农掌握之前暂停林地林木流转；在林权勘界公示之前暂停林木采伐审批；在落实协商让利之前暂停木竹放行）。对林改前已经流转的山林，各试点县（市）都认真细致地做工作，修改或完善签订的流转合同（协议），使林农得到更多的实惠。铜鼓、遂川、黎川等县新建了木竹交易中心、林业要素市场，以规范森林资源流转有序进行。 （秦 军）

【林业产权制度改革】 2005年4月16日，省委、省政府在南昌召开全省林业产权制度改革工作会议。出席会议的有省委、省人大、省政府、省政协的领导，省林改领导小组成员及省直有关部门的负责人，各市、县（区）党政领导和林业局长，以及新闻媒体记者等500多人。省委书记孟建柱、省长黄智权、省委副书记彭宏松，国家林业局副局长雷加富到会讲话。省人大常委会副主任彭崑生、省政协副主席倪国熙出席会议，副省长危朝安作工作报告。会议总结了7个林改试点县工作，动员和部署了全省全面推开林业产权制度改革工作。

截至2005年底，江西省林改已完成外业勘界勾图870.62万公顷，占应勾图面积的94.5%；有79 035个村小组完成了二榜公示，占48.0%；内业输入计算机工作已全面展开。在林改政策的拉动下，2005年个体和企业投资造林积极性高涨，社会投资造林资金达到4.26亿元。同时，山林价值大幅增长，荒山租赁由林改前每年每公顷不足0.53元，提高到1.33元；荒山流转价格由林改前的平均每公顷3.33元，提高到8元，有的高达13.33元，平均增值140%。杉木林流转价格由林改前每公顷40元上升到86.67元，高的达226.67元；毛竹林租赁每公顷年租金由林改前的225元上升到了1200多元。2005年全省林改政策性让利达到11.27亿元，农民林业现金收入同比增长42.3%。全省各级财政将林业部门的行政事业费3亿多元全部纳入财政预算，取消的木竹农特税1.64亿元全部由省财政通过转移支付补给，取消各地收费项目后由省财政每年安排4185万元转移支付补助给乡（镇），省财政从2005年起按照每个村1万元、每个乡10万元的标准再安排转移支付近4亿元。林改还一揽子解决了林业自身的发展问题，全省100个县（市、区）中，有87个县的林业局机关行政事业经费全部列入了财政预算，其他县部分列入；全省88个县的森林公安经费，有86个全部列入了财政预算；全省有64个县的木材检查站经费全部列入了财政预算，9个县部分列入；有62个县的林业工作站经费全部列入财政预算，10个县部分列入。江西省原有山林权属纠纷62 629起，争议面积26.74万公顷，林改期间，已调处51 761起，面积19.93万公顷，调处率达到82.6%。2005年，全省森林案件同比下降了45%，森林火灾发生数量和受灾面积分别下降70%和66%，违章运输木材案件下降22%。 （秦 军）

【森林消防队伍建设】 针对林业产权制度改革后森林防火工作的新形势，江西省切实加强了专业森林消防队伍建设。①抓好专业森林消防队伍的组建。按照以县建队原则，要求每个林区县（市、区）都要组建一支专业森林消防队，并提出了建队的具体标准和相关支持措施。仅2005年，新建专业森林消防队伍45支，基本实现了县县都有专业队。②抓好森林消防队伍的稳定。督促各地解决专业森林消防队的机构、编制和经费，现有96支专业森林消防队中，已有70支专业队核实人员编制1877人，有70支专业队经费列入了财政预算。③抓好专业森林消防队伍的管理。制定了专业森林消防队伍管理办法和跨区域扑火办法，规范了调动程序，实施有偿扑火服务。同时解决了专业森林消防队运输车辆免征养路费问题，提高了消防队赶赴火灾现场的效率。截至2005年底，全省已建立专业森林消防队96支，队员2548人。

（钟世富）

【林业严打整治】 2005年，江西省森林公安机关共受理各类森林案件18 426起，查处18 124起。其中：立森林刑事案件1589起，破案1384起；受理林业行政案件16 837起，处理16 740起。处理违法人员21 037人次。其中：提请逮捕723人，劳教26人，拘留565人，警告237人，补种树木1377人，行政处罚13 583人，其他处罚4526人。收缴各类违法木材55 690立方米，收缴各类野生动物23 059只（头），其中国家二级保护野生动物2819只（头），为国家挽回直接经济损失13 511.1万元。

按照国家林业局、公安部的统一部署，4月1日至6月15日，省林业厅联合省公安厅、省人民检察院开展了打击破坏森林资源违法犯罪活动（代号“绿色旋风行动”）。为确保全省林业产权制度改革的顺利进行，6月25日至12月31日，省林业厅又联合省高级人民法院、省人民检察院、省公安厅开展了“绿色旋风二号行动”。在这两次行动中，全省森林公安机关充分发挥了主力军的作用，共查处森林案件17 068起，其中：刑事案件1382起，林业行政案件15 686起；查处违法人员20 682人，摧毁犯罪团伙29个，处理成员103人；收缴木材5万多立方米，为国家挽回直接经济损失8544余万元。

（谢绍平　许小军）

【江西林业院士行活动】 为提升江西省林业建设科技水平，加快实现江西林业在全国率先跨入可持续发展新阶段的奋斗目标，2005年4月江西省邀请了张新时、王明庥、张齐生、蒋有绪、冯宗炜、宋湛谦6位中国科学院、中国工程院院士在江西开展林业院士行活动。院士们先后到铜鼓、高安、崇义、泰和、吉安等地考察林业建设情况，4月14日院士们参加了江西省林业“十一五”规划院士座谈会，院士们对江西林业“十一五”发展规划及方向提出了意见建议。座谈后，省长黄智权、省委副书记彭宏松、副省长胡振鹏会见应邀前来参加“江西林业院士行”活动的院士们，并进行了会谈。4月15日上午，江西省政府举行了林业顾问聘请仪式，聘请沈国舫、张新时、王明庥、马建章、张齐生、蒋有绪、冯宗炜、宋湛谦等8位院士为省政府林业顾问，副省长胡振鹏为受聘院士颁发聘书并致辞，省林业厅刘礼祖厅长主持会议；聘请仪式结束后，江西省林业厅和中国林学会共同举办了“希望在山”院士论坛，省委书记孟建柱、副书记彭宏松亲临论坛听取院士报告。孟建柱在论坛结束时作重要讲话，论坛由副省长胡振鹏主持。

（李　新）

【林业大事】

1月1日　省政府决定，从2005年起，启动省级生态公益林补助项目，由省财政每年安排1000万元资金，用于省级生态公益林保护管理。

1月7日　全省林业工作现场会在黎川县召开，副省长危朝安，省林业厅厅长刘礼祖等出席会议并讲话。

1月11日　省委副书记、省长黄智权到铜鼓县排埠镇永丰村视察林业产权制度改革工作。

2月16日　省委书记孟建柱在全省农村工作会议上提出：“希望在山，潜力在水，重点在田，后劲在畜，出路在工”的20字农业发展思路，并提出了具体要求。

2月28日　全省设区市林业局长会议在南昌召开，副省长危朝安出席会议并讲话。

3月31日至4月1日　省委书记孟建柱到遂川县视察林业产权制度改革工作。

4月3日　省领导孟建柱、黄智权、王君、彭宏松、钟起煌等同省、市400余名机关干部、驻赣官兵、当地群众一起，到南昌市红谷滩新区卧龙山进行春季义务植树活动，共栽种2000余棵桂花树。

4月13～15日　国家林业局副局长雷加富一行7人在省委副书记彭宏松等的陪同下在江西省调研林业工作。

4月15日　省绿化委员会、省林业厅在江西艺术剧院举行绿色希望——大型公益文艺晚会。晚会以人与自然和谐发展，携手共建绿色家园为主题，分绿色的梦、绿水青山、绿色家园、绿色畅想4部分，深受观众欢迎。

4月30日　资溪县林业局局长张国文、上饶县董田乡苗木种植户林远泉被国务院授予全国劳动模范称号。

6月24日　省林业厅、省高级人民法院、省人民检察院、省公安厅联合召开全省“绿色旋风二号行动”电视电话会议，部署开展打击非法占用林地、盗伐滥伐林木、非法运输和收购木材等违法犯罪行为。副省长危朝安，省林业厅厅长刘礼祖、副厅长肖河，省高级人民法院副院长薛江武，省人民检察院副检察长邓文定，省公安厅副厅长章凯旋出席会议并讲话。

同日，省绿化委员会召开第二十三次全体成员会议，总结回顾了2004年全省国土绿化工作，部署了当前和今后一段时期的国土绿化工作，副省长、省绿化委员会主任危朝安讲话，省军区副司令员卢立银，省林业厅厅长刘礼祖、副厅长魏运华出席会议。

6月28日　省委书记孟建柱、副书记彭宏松、副省长危朝安等到省林科院进行调研工作。

7月3～7日　国家林业局副局长张建龙一行到井冈山、崇义、上犹、遂川、靖安等县（市）考察

与调研林业产权制度改革工作。

8月6日 全省森林防火指挥长培训班在南昌举办，副省长、省政府森林防火总指挥部总指挥危朝安到会讲话。

8月31日 经省政府审定，省林业厅公布新的《江西省重点保护野生植物名录》，其中：一级保护植物有4种，二级保护植物有27种，三级保护植物有120种。

9月22～23日 全省林业产权制度改革座谈会在吉安市召开，省委副书记彭宏松，副省长危朝安出席会议并讲话。

9月26至10月16日 由全国绿化委员会、国家林业局和江苏省政府共同主办的首届中国绿化博览会在南京举行，江西省组团参展，参展的室外景点——赣之韵获金奖、室内布展获银奖和组织工作奖。

10月26～27日 全省营造林工作现场会在宜春市召开，会议代表参观了高安、宜丰、万载等地的造林现场，省委副书记彭宏松、副省长危朝安出席会议并讲话。

10月27～28日 全省林业产权制度改革试点县配套改革现场会在铜鼓县召开，省林业厅领导刘礼祖、龙远飞、郭家等出席，刘礼祖讲话。

10月28日 江西省首家林业产权交易中心——铜鼓县林业产权交易中心挂牌成立。

11月3日 省政府决定命名景德镇市、萍乡市、武宁县、大余县、吉安县为江西省园林城市。

12月1日 省人民代表大会常务委员会作出《关于加强森林资源保护和林业生态建设的决议》。

12月23日 经国家林业局审查批准九连山、岩泉、云碧峰、景德镇、瑶里5处为国家级森林公园。

12月28日 江西省首家林业要素市场——遂川林业要素市场正式成立并开业。它是集林业信息发布、森林资源资产评估、林地林木交易实施、林业中介服务为一体的综合性管理与服务机构。

（李　明）

山东省林业

【概　述】 2005年是实施“十五”计划的最后一年，全省各地认真贯彻落实省委、省政府《关于加快林业发展建设绿色山东的决定》，以科学发展观统领林业建设，积极培育林木资源，调整林业结构，加强森林资源保护，完成了“十五”规划的各项目标任务，全省林业建设保持了快速协调健康发展的态势。全省有林地面积达到293万公顷，林木蓄积量8800万立方米，农田林网化面积达到386万公顷，占宜林网面积82.5%，森林覆盖率达到24%。

全年完成造林14万公顷，封山育林面积1.6万公顷，新建农田林网18.5万公顷，完善农田林网38.5万公顷，发展农林间作1万公顷，四旁植树1.6亿株，林木育苗面积7.1万公顷，花卉种植面积2.7万公顷。果品产量149亿千克，人造板年产量1300万立方米，森林旅游门票收入7亿多元。全省林业产业总产值达到620亿元。

【森林资源管理】 2005年11月9日，全省依法治林保护森林资源工作会议召开，明确了“十一五”期间全省依法治林和森林资源保护管理工作的指导思想、任务目标、政策措施。2005年，在冠县、博兴县进行了农田防护林采伐更新试点，在商河县、胶南市和郯城县开展了林业综合行政执法试点。经省政府批准，对木材检查站布局进行了调整，撤销了3处，新建了4处，对1处的站址做了调整。全年审批征占用林地项目159项，同意使用林地1642.9公顷，征收森林植被恢复费9958万元。开展了打击破坏森林资源的专项行动和冬季行动，查处各类破坏森林和野生动植物资源违法犯罪案件9036起，其中：刑事案件98起，行政案件8839起；处理各类违法犯罪人员12 551人，其中：逮捕44人，行政拘留188人，行政罚款8146人；收缴各类违法木材399立方米，挽回经济损失1244.98万元。

山东省森林资源管理信息系统于2005年12月1日正式开通，实现了林木采伐许可证、木材运输证的微机发证，通过网络接收掌握全省发证数据，使山东省森林资源管理的信息化水平走在了全国的前列。

【有害生物防治与野生动植物保护】 2005年，制定完成了《山东省重大林业有害生物灾害应急预案》。完成了全省林业有害生物普查，全省共设线路调查点28 642个，标准地9104块，采用GPS定位，查出主要林业有害生物52种，拍摄彩色照片3009幅，撰写技术报告170份，绘制林业有害生物分布图612份。绘制完成山东省国（境）外传入、外省传入、本地危害严重、危害木材的四类林业有害生物分布图及山东省林业有害植物分布图；划定检疫性林业有害生物的疫情区、保护区。落实林业有害生物防治目标管理责任制，全年林业有害生物成灾率控制在0.26‰，防治率达到84%，监测覆盖率达到95.52%，种苗产地检疫率达到98%。同时，根据统一部署，加强了野生动物疫源疫病监测防控，严防禽流感传播。

【森林防火】 2005年，山东省共发生森林火灾90起，其中，森林火警50起，一般森林火灾40起，未发生重大以上森林火灾，受害森林面积242.7公顷，烧死烧伤树木22.45万株，森林火灾受害率0.09‰。4月23日，省政府森林防火指挥部在新泰市召开全省森林防火工作现场会议，省政府森林防火指挥部总指挥、副省长陈延明就抓好森林防火进行了部署，提出了阶段性目标。本年度各级共下达火灾隐患整改通知书1120余份，下达加强森林防火工作建议书440余份。有32个单位，72名个人，因森林防火工作成绩突出受到了省政府森林防火指挥部的表彰奖励，同时也有35名行政领导干部因森林防火工作失职，酿成森林火灾而受到了党纪、政纪处分。依法查处烧地边地堰、上坟烧纸、林内吸烟、野炊等各种违法用火3000余起，依法处理2200多人。查处森林火灾案件78起，行政处罚35人，刑事处罚6人，截至2005年底，泰山、崂山等八大山系主要林区的远程林火视频监控网络已基本完成，建林火监控中心31个，安装监控探头139个，有效监控面积达1万多平方千米；建省级扑火物资储备库5处，建永久性瞭望台300座，各类专业森林消防队伍122支。

【林木种质资源保护工程启动】 2005年12月23日，来自北京林业大学、南京林业大学、东北林业大学和山东师范大学、山东农业大学的专家对《山东省林木种质资源发展总体规划（2006~2010年）》和《山东省林木种质资源库建设实施方案》进行了论证，提出了具体的意见和建议。2005年，山东省林木种质资源库建设正式启动。一期工程由省财政厅投资400万元，以山东省主要乡土造林树种，珍稀、濒危、重要的经济树种资源的收集、保存、测定、评价和利用为主要建设内容。

【第二届中国林产品交易会】 由国家林业局、山东省政府主办，山东省林业局、菏泽市政府承办，2005年9月19~22日在菏泽市举办。山东省副省长陈延明、国家林业局副局长雷加富出席开幕式并致辞。来自美国、日本、法国、韩国、意大利等48个国家和地区及国内17个省（区、市）的企业和业内人士参加了交易会。交易会设参展展位810个，与会人员14.12万人，签订招商引资和贸易合同（协议）12项，合同协议额39亿元，其中，外资4820万美元，现场商品销售额406万元。

【林业科技】

山东省林业科技贡献奖 2005年11月9日，全省林业科技与人才工作会议在济南召开。会议出台了《关于加快林业科技发展的意见》，表彰了60个林业科技工作先进集体，150名林业科技工作先进个人，梁玉堂、赵兰勇、邢世岩、刘国兴、幕宗昭、张敦论、姜岳忠、邢尚军、侯立群、许景伟10人获得山东省林业科技贡献奖，每人奖励5000元。

林业生态工程“泰山学者”岗位 2005年10月22日，由省政府在山东省林科院设立。主要目的是吸引和聚集国内外高层次的林业科技专门人才，构建山东林业科技创新团队及创新技术平台，开展国家指定的有关生态防护林工程体系、沿海生态防护林工程体系、瘠薄荒山绿化、黄河三角洲生物多样性保护与生态体系构建等林业生态工程建设理论和应用技术研究，为山东生态省建设和林业科研事业发展提供强有力科技支撑。

山东省林科院两篇论文被SCI收录 2005年，山东省林科院《研究P在土壤微域中迁移的简易方法》和《N对P在红壤中迁移和转化的影响》两篇论文被SCI收录。SCI科学引文索引（Science Citation Index）是美国科学情报研究所出版的一部世界著名的期刊文献检索工具，是自然科学领域基础理论学科方面的重要的期刊文摘索引数据库。SCI是科研评价的一种依据，论文被SCI收录，代表山东省林科院技术人员具有较高的研究能力和较强的学术水平。

【省经济林技术咨询专家顾问组成立】 为进一步做好经济林技术推广工作，2005年山东省经济林技术咨询专家顾问组成立。专家顾问组由全省从事经济林工作的教学、科研、推广等方面的10位知名专家组成，主要职责是接受生产者信函、电话等形式的技术咨询，不定期召开会议研究解决技术难题，及时为农民群众提供各种形式的技术服务。10月15日，顾问组在泰安召开了第一次技术研讨会，对近年来不少果农反映的杏树死亡、甜樱桃砧木、核桃嫁接、冬枣病害等技术问题进行了探讨，制定了技术方案。

【青岛市林业园林合并】 2004年7月，青岛市委、市政府决定，调整林业、园林管理体制，撤销市林业局、市园林环卫管理办公室，将原市林业局的职能与市园林环卫管理办公室承担的城市园林绿化管理职能合并，组建市林业局，挂市城市园林局牌子，为市政府工作部门，正局级规格。一年多的实践证明，这种管理体制，对城乡统筹，以城带乡，以乡促城，加快国土绿化发挥了重要作用。

【鲁西林业重点治安区设施设备建设项目】 2005年，该项目启动，项目涉及东营、滨州、德州、菏泽、聊城5个市级森林公安机关、28个县（市、区）级森林公安机关、2个林场派出所，管护森林70万

公顷。项目装备各类通讯设备100台（部），各类信息办公设备172台（套），勘查取证器材120个（套），警械、防护器材505支（副、套），进一步提高了预防、打击破坏森林和野生动植物资源违法犯罪的能力，在保护森林和野生动物资源及维护林区社会稳定方面将发挥重要的作用。

【中国（青州）花卉博览交易会】 2005年9月25日至10月6日在潍坊青州举办。本届花博会共设园景厅、展示厅、交易厅等6个展厅，总面积达10万平方米，设置摊位近2000个，有花卉、盆景、根雕、奇石、园林器械、鱼鸟、科技图书等十大类品种参展交易，参展客商2.3万人，参观人次达46.1万人，交易额1亿多元，招商引资达40亿元。会展期间，还成功举办了第三届全国仙客来生产与营销高级研讨会，来自日本、美国、荷兰和国内近70名代表参加了研讨。研讨会对当前的仙客来国际国内市场形势以及生产、管理技术进行了分析交流，提出了许多意见和建议。

【中国（昌邑）北方绿化苗木博览会】 2005年9月19日在昌邑市开幕，10月7日闭幕，历时20天。博览会以“传播绿色文化，构建和谐社会”为主题，以苗木园艺企业信息交流、产品交易为重点，搭建产需平台，开展国内外苗木业合作，促进科技信息交流，推动文化旅游和招商引资。博览会除设立展位展示产品外，还举办了专家讲座、企业论坛、招商项目推介签约、书画展和园林摄影艺术展等活动。展会期间，有600多家单位参展，来自荷兰、美国、德国等国家，以及国内河南、安徽、天津、内蒙古等客商1万多人参会，30多万人次参观博览会，会上签订苗木购销合同630多笔，交易额2.08亿元，招商引资项目17个，总投资额13.66亿元。博览会上举办了全国绿化委员会办公室授予昌邑市中国北方绿化苗木基地称号挂牌仪式。

【烟台村镇绿化】 为统筹城乡绿化美化，改善农村生态环境、人居环境和生产条件，拓宽农民致富渠道，推进社会主义新农村建设，烟台市制定不同类型的造林绿化模范镇、示范村建设标准，开展了创建“造林绿化模范镇”、“造林绿化示范村”活动。农民群众积极参与，立足于镇情、村情，因地制宜掀起了绿化驻地、美化家园的热潮，涌现出一批造林绿化先进典型。2005年底，烟台市绿化委员会表彰了5个造林绿化模范镇、20个示范村。

【滨州发展高酸苹果产业】 高酸苹果是生产高档果汁的必需原料，与普通鲜食苹果相比，具有结果早、丰产性能好、适应性强、抗性强、管理较为简便、效益高的特性。种植高酸苹果，与粮棉比较经济效益高，平均每亩比种粮多收入500元，比种棉多收入300元。滨州市采取与企业签订最低保护价、宣传引导、科学规划、林地拍卖、政府出资购买高酸苹果树苗、种植高酸苹果户连续3年给予土地补助费等措施，鼓励发展高酸苹果，2005年全市新发展高酸苹果4180公顷，基地总面积已达到5333.33公顷，计划用3年时间建成1.33万公顷城郊型高酸苹果基地，成为农民增收、社会增效的新型产业。

【德州植树总量全省第一】 2005年，全市当年新造林7467公顷，植树总量达6280万株。经省林业局造林实绩核查，合格率达到99.9%，名列全省第一，实现了植树总量全省“三连冠”。

【齐河县发展林间种养业】 用宽行距农林间作代替农田林网收到了不影响机械作业、不占用耕地、增加粮食产量、增加农民收入，改善生态环境的效果，创出了一条平原农区林业发展的新路子。同时，综合利用林下空间，发展林菌、林药、林粮、林菜、林草间作和林禽养殖，2005年已发展到13 333公顷，亩增收最高可达2万元，提高了林地的综合产出效益。

【烟台市森林防火】 烟台市对森林防火工作十分重视，政府成立了主要领导担任总指挥、各部门一把手任成员的森林防火指挥部。市政府森林防火指挥部设立了编制3人的专职办公室。烟台市及所属13个市（区）、105个重点防火乡（镇）分别建立了20～200人的森林扑火专业队，配备了必要的交通、通讯和扑火机具。以市政府森林防火指挥部办公室为中心、辐射13个市（区）和昆嵛山林场的森林防火电子指挥中心建成并投入使用，全市电视图像监控点总数达到14个，监控面积达到10.7万公顷，占全市生态公益林总数的45%。建立了森林火灾责任追究制度，2005年对春季发生的几起较大森林火灾相关人员进行责任追究，30名镇、村干部和市（区）部门负责人受到党纪、政纪处分。

【莱芜市荒山绿化】 莱芜市山区面积占全市总面积的83.4%，加快荒山绿化对于改善全市的生态面貌具有重要意义。在对林业承包大户的利益动机进行了充分调查研究的基础上，2005年，莱芜市出台了《关于进一步加快四条道路两侧绿化的实施意见》，明确了造林绿化的主要任务、造林质量、利益机制、奖励政策、实施程序和领导责任。严格按照“申请、立项、造林、验收、兑现”五道程序进行管理，把造林绿化纳入科学化、规范化工程管理轨道，大大提高了造林的质量。采用了大户承包造林、政府返租倒包造林、创办示范点引导造林、公开招标专业队造林、大户造林与工程造林有机结合等形式，特别是在实施工程造林，创办示范点方面，市、区林业部门都抓了一个66.67公顷的高标准绿化点，市林业局还通过招投标的办法完成了口镇狼山、屋栏山、火石山片的高标准造林，带动了全市的造林绿化。造林完成后，按照检查验收结果兑现奖惩，实现了政府投资的效益最大化。

【济宁市民营林业】 按照“明晰所有权，搞活使用权，放开经营权，保护受益权”的原则，本着“谁造谁有”，“合造共有”，“谁经营、谁投入、谁受益”的原则，通过承包、租赁、拍卖、收购等多种形式，发展民营林业，并保持强劲增长的态势。到2005年底，全市林产品生产加工储运销售企业（户）发展到1万多家，木材年加工能力300万立方米，果品年加工储藏能力5万吨，带动林产品基地13.33公顷、连接农户12 000多户、专业村150多个。9月28日，市政府召开全市民营林业工作会议，对103家民营林业大户和示范户进行了表彰奖励。

【临沂市林业局获省模范公务员集体称号】 2005年1月，临沂市林业局被山东省政府授予山东省模范公务员集体光荣称号。

（山东省林业由刁训禄撰稿）

河南省林业

【概　述】 2005年，河南林业工作坚持以邓小平理论、“三个代表”重要思想和科学发展观为指导，以开展保持共产党员先进性教育活动为动力，继续深入贯彻落实中央林业决定和《中共河南省委河南省人民政府贯彻〈中共中央国务院关于加快林业发展的决定〉的实施意见》，各项林业工作取得了较大成效。全省完成营造林26.93万公顷，为年度目标26.67万公顷的101%。组织实施了一批林业重点建设工程，共完成退耕还林、重点地区防护林、天然林保护工程营造林和外资造林等工程造林23.70万公顷，占国家下达计划任务22.90万公顷的103.41%。完成中幼林抚育22.43万公顷。新建和完善农田林网116.73万公顷，完成县级以上通道绿化2437.3千米，完成林业大田育苗2.87万公顷，新建成26个高标准平原绿化县。严格执行了征占用林地审核审批和林木采伐限额管理制度，征占用林地审核审批率达到100%，高于目标15个百分点；严格禁止了天然林商品性采伐，继续对天保工程区因工程建设等需采伐的人工林实行单报单批制度，全省林木采伐控制在限额以内，伐区凭证采伐率、发证合格率达到了100%和96.5%，分别高于目标10个百分点和6.5个百分点。完成了“十一五”森林采伐限额编制工作，开展了森林资源二类调查试点。狠抓了森林防火责任制和各项预防措施的落实，森林火灾受害率0.1‰，低于0.5‰的目标，没有发生重特大森林火灾和人员伤亡事故。加强了对林业有害生物灾害的监测和防治，有效控制了杨树食叶害虫的蔓延，共防治各类林业有害生物34.87万公顷，防治率为77.7%，成灾率4.24‰，低于10‰的目标。联合省发改委编制的《全省湿地保护发展规划》已通过省政府批准，新建立国家级自然保护区1处，1处申报国家级自然保护区通过国家评审，3处申报省级自然保护区通过省级评审；新建国家级森林公园1处、省级森林公园9处；全年共救护野生动物33万余只（含放生），其中国家和省级重点保护野生动物8.5万余只，救护治愈率达86%。制定了《河南省重大陆生野生动物疫病防控应急预案》，全省共设立了24个国家和省级野生动物疫源疫病监测点，实行了疫源疫病信息日报告和零报告制度。全省新发展速生丰产林1.80万公顷，为目标任务的108%；新发展经济林3.90万公顷，经济林产品年产量达到66.5亿千克，分别为目标的117%和147.8%。全省园林绿化苗木和花卉生产面积达到3.13万公顷，为目标的109.3%。森林旅游业接待游客直接收入突破2亿元，比2004年增长25%。全省完成林业总产值273亿元，较2004年增长14.22%，高于目标4.22个百分点。林纸一体化项目实施进度明显加快，濮阳、焦作两个制浆项目（30.8万吨）已投产，其中濮阳林纸一体化项目已通过国家林业局的调研评估，并被国家有关部门列为重点扶持对象。首次开展了“河南省林产品十大品牌”评选活动，评选出“河南省林产品十大品牌”和“河南省林产品知名品牌”各8个。

采取的主要措施：①进一步推进了依法治林。配合省人大修订出台了3个林业地方法规，修订了故意毁坏森林、林木的刑事立案标准。召开了全省依法治林工作会议，安排部署了当前和今后一个时期河南省林业系统依法行政工作。制定印发了《河南省林业厅关于全面推进依法治林的实施意见》。加强了林业普法工作，对各省辖市林业“四五”普法教育工作进行了检查验收。组织参加了《全面推进依法行政实施纲要》大型宣传活动，开展了省林业厅行政执法人员培训。按照“严管林”的要求，严格执行国

家林业局破坏森林资源责任追究制度和重大案件报告制度，采取领导包案、异地查处、派驻督查组等办法，加大了对违法运输木材和乱捕滥猎野生动物、乱砍滥伐林木、乱垦滥占林地等案件的查处力度，全年共组织开展了4次打击破坏森林资源专项行动，全省共查处各类林业案件13 307起，其中重特大刑事案件42起，打击处理违法犯罪人员18 459人。全省林业系统没有发生大的公路“三乱”事件。②有效实施了科技兴林。编制印发了《河南省林业科技创新规划》，组织实施国家和省级林业科研、林业科技推广和林业重点工程科技支撑等项目共75个，组织引进和推广林业新技术10项，引进林果新品种20多个，完成制定和修订林业地方标准15项，建设林业科技示范园7个，启动了1个林业科研重点实验室建设项目；加强了科技合作，与中国林科院开展科技合作项目15个；开展了创建林业精品工程工作，人工造林精品率由2004年的12.75%提高到51.37%；广泛开展送林业科技下乡活动，全省共组织送科技下乡2200多次，培训林农和林业职工62万多人次。③不断深化了林业体制改革。国家首批补偿河南省的36.67万公顷重点公益林已落实到山头地块，补偿资金已拨付到实施单位。进一步加快了宜林“四荒”招标拍卖步伐，全省共拍卖宜林“四荒”23.63万公顷。启动了工程造林招投标试点，4个试点县已完成招标试点造林364公顷，吸收各类社会投资3725.28万元。国有林场改革试点工作取得初步成效，组织开展了林业综合执法改革试点；制定了《河南省林业科学研究院科技体制改革总体方案》和《河南省林业厅厅属企业改制工作总体方案》，改革和改制工作正按有关要求和步骤有序开展。

存在问题：少数地方质量不高，造林面积核实合格率较低；森林资源保护形势严峻，乱砍滥伐林木、违法占用林地案件时有发生，重特大破坏森林资源的刑事案件呈增长趋势；林业投入还远不能满足发展需要，特别是省级重点公益林生态效益补偿资金、省级重点林业生态工程项目建设资金以及国家重点工程要求地方配套的资金尚未完全落实到位。

【河南省重点保护植物名录】 2005年1月17日，河南省政府《关于公布河南省重点保护植物名录的通知》（豫政［2005］1号）公布了《河南省重点保护植物名录》。这次公布的的名录中，涉及蕨类植物、裸子植物、被子植物3大类36科98种。

蕨类植物：团羽铁线蕨、蛾眉蕨、过山蕨、荚果蕨、东方荚果蕨；

裸子植物：巴山冷杉、铁杉、白皮松、高山柏、三尖杉、中国粗榧；

被子植物：河南鹅耳枥、铁木、华榛、米心水青冈、石栎、胡桃楸、青钱柳、大果榉、青檀、太行榆、领春木、河南蓼、紫斑牡丹、杨山牡丹、矮牡丹、金莲花、铁筷子、灵宝翠雀、河南翠雀、黄连、黄山木兰、望春花、朱砂玉兰、野八角、黄心夜合、猴樟、川桂、天竺桂、大叶楠、紫楠、竹叶楠、山楠、天目木姜子、黄丹木姜子、豹皮樟、黑壳楠、河南山胡椒、枫香、山白树、杜仲、红果树、椤木石楠、太行花、河南海棠、金钱槭、杈叶槭、重齿槭、飞蛾槭、七叶树、天师栗、珂楠树、暖木、铜钱树、河南猕猴桃、紫茎、陕西紫茎、银鹊树、刺楸、大叶三七、河南杜鹃、太白杜鹃、灵宝杜鹃、玉铃花、郁香野茉莉、蝟实、太行菊、万年青、七叶一枝花、延龄草、扇叶杓兰、毛杓兰、大花杓兰、天麻、独花兰、霍山石斛、细茎石斛、细叶石斛、曲茎石斛、河南石斛、黑节草、河南卷瓣兰、建兰、多花兰、绞股蓝、大果冬青、小叶冬青、独根草。

【全省林业工作会议】 2005年1月27～28日，全省林业工作会汉在郑州召开。会议传达贯彻了全国林业厅（局）长会议精神，总结了2004年全省林业工作，安排部署了2005年全省林业建设任务，听取了各省辖市林业（农林）局及部分扩权县（市）林业局关于2005年工作思路的汇报。2005年全省林业工作的总体思路：坚持以邓小平理论、“三个代表”重要思想和科学发展观为指导，以《绿色中原建设规划》、《河南省林业产业2020年发展规划纲要》和《河南省2020年林业科技创新规划》确定的年度任务为目标，以林业体制、科技和管理创新为动力，以作风建设、依法行政和构建和谐机关为保证，把省委、省政府和国家林业局对林业建设的要求落到实处。2005年全省林业工作的目标任务是：抓好森林资源培育，进一步改善生态环境；加强森林资源保护，巩固林业建设成果；加快林业产业发展，积极促进农民增收。2005年全省林业工作的重点是：继续推进林业体制、科技和管理创新；保障措施是：着力加强作风建设、依法行政和构建和谐机关。

【连康山国家级自然保护区】 2005年2月21日，国务院办公厅下发了《关于发布河北柳江盆地地质遗迹等17处新建国家级自然保护区的通知》（国办发［2005］40号），批准新建17处国家级自然保护区，河南省连康山国家级自然保护区名列其中。河南省林业系统管理的国家级保护区已增加到7处，总面积达24.63万公顷，约占全省国土总面积的1.47%。连康山自然保护区是1982年经河南省政府批准建立的省级自然保护区，该自然保护区位于河南省南端，江淮之间，地处北亚热带，属湿润气候区，森林植被属北亚热带常绿、落叶阔叶林类型，为河南省典型的综合性森林生态类型，属北亚热带向暖温带过渡带森林生态系统。保护区内有陆栖脊椎动物300余种，其中哺乳动物30多种，爬行动物中仅蛇类就有10多种，国家重点保护的野生动物有金钱豹、白冠长尾雉、大鲵、金雕等。

【中德合作河南省农户林业项目评估】 2005年3月9日，中德合作河南省农户林业项目评估备忘录签字仪式在郑州举行，河南省财政厅副厅长鲁轶、林业厅副厅长乔新江和德国复兴银行评估团团长赫尔根（Hilliges）先生分别代表各方在备忘录上签字。评估团在豫期间，先后赴南召县、鲁山县、嵩县和卢氏县进行了现场考察和社会经济调查，并访问了贫困农户；在省、县两级分别召开了由财政、林业、畜牧、水利和扶贫等部门参加的座谈会，对项目执行机构的实施能力、国内资金配套能力、林业资源、环境状况、贫困状况、县乡林业机构支持服务能力等方面进行了评估。通过多次讨论与座谈，双方就项目的机构建设、实施目标、建设内容、执行计划安排、资金筹措与拨付和监测评价等达成了共识。该项目主要建设内容包括：人工造林1.5万公顷、封山育林1.7万公顷、森林经营管理示范1000公顷、4个小流域综合治理示范点、技术支持服务体系建设、国际国内技术咨询和物资设备采购等。项目总投资额为1200万欧元，合1.2亿元人民币；其中，德方将无偿捐赠600万欧元，合6000万人民币；河南省配套6000万元人民币。

【中日青年灵宝市生态绿化工程】 2005年3月18日，由日中绿化交流基金资助的中日青年灵宝市生态绿化工程竣工，揭碑仪式在灵宝市盘东黄河滩举行。全国青联和三门峡市有关方面负责人、日本东京青年会议所日中友好之会代表团成员参加了揭碑仪式。仪式结束后，日本东京青年会议所日中友好之会代表团成员和灵宝市2000余名青年志愿者一起参加了植树劳动，工程累计造林820公顷。

【获奖林业科技成果】 在2005年4月12日召开的全省科学技术奖励大会上，16项林业科技成果获奖，其中杨树食叶害虫综合控制技术组装配套研究、种苗工厂化生产技术研究与示范、沉水樟等木本植物的克隆及应用技术、野生酸枣接大枣可持续丰产关键技术研究与组装配套、沙壤土林业设施育苗新技术研究、观赏桃品种资源的收集、评价、创新及高效利用、豫东平原道路绿化现状与对策研究等7项成果获省科技进步二等奖。河南省林业产业体系建设与实施对策研究，甜柿早实优质高产栽培技术研究与推广，黑杨优良无性系豫林K-38号、K-32号、K-13号和K-35号选育研究，黄河小浪底库区退耕还林地林草药种类选择与间作套种模式研究，矮化密植苹果园病虫害综合防治技术研究，石榴早果优质丰产高效益栽培综合技术研究与示范推广，美国黑琥珀李推广及早期丰产栽培技术研究，大枣产业化技术研究与开发，银杏优质丰产栽培及加工技术研究等9项成果获省科技进步三等奖。

【全国国有林场、森林公园建设暨改革宣传工作座谈会】 2005年4月16~17日，全国国有林场、森林公园建设暨改革宣传工作座谈会在郑州召开。来自全国部分国有林场和森林公园的代表及《人民日报》、新华社、中央人民广播电台、中央电视台、《经济日报》等中央媒体的记者70多人参加了会议。中央纪委驻国家林业局纪检组长、国家林业局党组成员、国家林业局宣传工作领导小组副组长杨继平到会并作了讲话。与会代表交流了国有林场、森林公园建设中取得的成绩和遇到的困难，探讨了如何充分利用新闻媒体的力量，搞好宣传报道，提高国有林场和森林公园知名度等问题。

【全国“爱鸟周”活动】 2005年4月17日，全国“爱鸟周”活动暨河南省启动仪式在郑州举行。国家林业局副局长赵学敏、河南省领导、国家濒管办常务副主任陈建伟、中国野生动物保护协会秘书长陈润生、国家林业局湿地办常务副主任印红、郑州市政府副市长王林贺、河南省林业厅厅长赵顷霖、河南省野生动物保护协会会长李德臣出席了启动仪式。河南省从1982年起，把每年的4月21~27日确定为“爱鸟周”，今年是第二十四届“爱鸟周”，主题是“鸟·人·自然——和谐发展”。来自青海、陕西、河北、湖北、江苏、安徽等省的林业厅（局）、野生动物保护协会的负责人，河南省各省辖市林业局保护科（站）长，郑州市三中等34所中学和郑州大学、河南农业大学、中州大学等17所高校及各界群众共5000余人参加了本次活动。

【国家林业局赵学敏副局长考察河南林业】 2005年4月17~18日，国家林业局赵学敏副局长在省政府张同立副秘书长、省林业厅赵顷霖厅长陪同下，先后到洛阳国家牡丹园、河南省林业学校、黄河湿地国家级自然保护区孟津管理分局、省野生动物救护中心调研。

【加拿大代表团考察宝天曼生物圈保护区】 2005年5月26~27日，加拿大生物圈保护区代表团一行5人，在加拿大国际发展署公共部门项目高级顾问李得来先生、（中国）人与生物圈国家委员会秘书长韩念勇先生等陪同下，对宝天曼生物圈保护区进行了考察。考察活动是加拿大国际发展署（CIDA）中国自然保护区生态旅游可持续发展政策的能力建设项目考察活动的一部分。代表团参观了宝天曼自然博物馆，

听取了宝天曼生物圈保护区关于该区生物多样性现状、生态监测、生态旅游、社区发展、存在的问题和挑战等方面的介绍，重点对宝天曼的平坊服务区、蛮子庄生态定位研究站、秋林瀑布旅游线进行了考察。

【中国林场协会沈茂成会长调研河南国有林场工作】2005年5月31日至6月7日，原中央纪委委员、全国政协委员、林业部副部长，现任中国林场协会会长沈茂成到河南省调研国有林场立法及改革工作。沈茂成一行先后深入济源市漭河林场、栾川龙峪湾林场、南阳黄石庵林场、禹州林场、兰考林场实地考察了国有林场森林资源培育保护和经营管理状况，与当地政府及林业主管部门负责人、林场场长就国有林场立法和改革发展问题进行座谈，并出席了6月7日在郑州召开的有部分林场场长参加的座谈会，围绕国有林场立法的必要性、立法应解决的主要问题展开讨论。沈茂成还到部分森林公园、自然保护区和省野生动物救护中心对森林旅游、野生动植物保护管理工作进行了考察。

【中国蚕业区域经济发展研讨会】　2005年8月25日在河南省三门峡市召开。会议由北方蚕业经济技术协作区第十四届年会、中国蚕业鄂豫皖蚕业经济研究会第十届年会和中南5省蚕业科研所协作会联合举办。来自中国丝绸协会、中国蚕业研究所、中国蚕学会等单位的专家、学者及辽宁、河北、甘肃、安徽等19个省的蚕业主管部门、科研单位、蚕桑企业共140余名代表参加了研讨会。三门峡市副市长乔心冰介绍了三门峡市概况以及桑蚕业历史、发展现状等，中国丝绸协会副会长陈亦庆、中国蚕业研究所副所长李奕仁、中国蚕学会常务理事刘桥分别作了《中国丝绸上半年进出口形势和下半年市场预测》、《中国蚕业的标准化生产与先进技术》、《大有发展前途的沙地蚕桑业》等专题报告，与会代表围绕各地蚕业发展情况、存在问题与不足、生产科学技术等问题进行交流研讨。会议期间，代表们还参观考察了卢氏县横涧乡淤泥河村养蚕基地及卢氏县大山蚕业有限公司等。

【湿地保护工程规划】　2005年9月3日，河南省政府《关于批转河南省湿地工程规划（2005～2030年）的通知》（豫政〔2005〕39号）批转各地组织实施省林业厅、发改委、财政厅、科技厅、国土资源厅、农业厅、水利厅、环保局等部门编制的《河南省湿地保护工作规划（2005～2030年）》。规划到2010年，全省新建湿地自然保护区6处，使全省湿地保护区达到20处，其中重点建设国家级保护区3处，建设国家重要湿地6处；富营养化湖泊生物治理2处；实施水资源调配和管理工程3项；符合退耕（牧）条件的，退耕（牧）还泽（滩、草）0.6万公顷，恢复野生动物栖息地1万公顷；建立湿地可持续利用示范区20处，实施生态移民480人。到2020年，全省新建湿地自然保护区3处，使全省湿地保护区达到23处，其中重点建设国家级保护区4处，建设国家重要湿地7个，建设国际重要湿地1个；油田开发湿地保护示范区1处，富营养化湖泊生物治理1处；实施干旱区水资源调配和管理工程3项，符合退耕（牧）条件的，退耕还泽0.8万公顷，恢复野生动物栖息地0.6万公顷；建立湿地可持续利用示范区10处；使全省90%以上重要湿地得到保护，60%以上天然湿地得到良好保护，天然湿地无净损失，湿地生态环境得到明显好转。到2030年，使全省湿地保护区达到26处，国家重要湿地达到7个，国际重要湿地达到3个，使95%以上重要湿地得到有效保护；完成湿地恢复工程4万公顷，在全省范围内建设35处国家湿地保护与合理利用示范区。建立比较完善的湿地保护、管理与合理利用的法律、政策和监测科研体系，形成较为完整的湿地保护、管理、建设体系。

【省人大常委会副主任夏清成调研林业产业】　2005年9月7日，河南省人大常委会副主任夏清成在濮阳市委书记吴灵臣、市长梁铁虎、市人大常委会主任黄廷远的陪同下，到濮阳龙丰纸业有限公司调研。夏清成先后到濮阳龙丰纸业有限公司备料车间、湿浆车间、化机浆主控室、污水处理厂察看，听取了公司负责人的汇报，了解了公司试车调试、木材供应、成品浆销售及项目的下一步发展规划，并就生产中存在的难点问题进行了探讨。

【全国重点地区速生丰产林工程建设现场会议】2005年9月13～14日，国家林业局在河南省召开全国重点地区速生丰产林工程建设现场会议。国家林业局副局长张建龙出席会议并作了题为《全面加快速丰林工程建设，为打好相持阶段攻坚战提供有力保障》的讲话，国家林业局速丰办主任王成祖主持会议。河南省政府省长助理马万令、省政府副秘书长张同立、省林业厅厅长王照平出席会议。来自全国18个重点省（区）林业厅（局）和4个森工集团、林业龙头企业和种苗项目补助单位的代表参加了会议。河南省林业厅有关单位和18个省辖市林业部门负责人、中央和河南省有关新闻媒体的代表参加了会议。与会代表实地考察了焦作市温县、孟州黄河滩区速生丰产林工程建设现场，河南省焦作市、河北省衡水市等6个省（区）的代表在会上作了典型发言。会议印发了国家林业局出台的《关于加快速生丰产林用材林基地工程建设的若干意见》。

【国家林业局张建龙副局长考察河南林业】　2005年9月15日，国家林业局张建龙副局长到濮阳实地考察了濮阳县西辛庄村和范县辛庄乡速生丰产林基地、龙丰纸业公司和中原绿色庄园，并听取了濮阳市有关方面的工作汇报。

【全国民营企业家林业培训班】 2005年9月19～22日，国家林业局与中国光彩事业促进会联合在郑州举办了第二届全国民营企业家林业培训班。中央纪委驻国家林业局纪检组长、国家林业局党组成员杨继平，全国工商联副主席、中国光彩事业促进会副会长谢伯阳出席培训班开幕式并讲话。来自全国的30多位热爱造林绿化事业并投身林业建设的民营企业家参加了培训，国家林业局政法司、基金总站、宣传办、速丰办、经研中心等部门和单位的同志从林业法律法规、国家林业政策、林业发展形势等多方面对学员进行了培训。培训结束后，学员们还赴兰考县参观了当地民营企业家兴办的林场、苗圃等。

【第五届中原花木交易博览会暨鄢陵生态旅游节】 2005年9月26日上午在鄢陵国家花木博览园隆重开幕。全国政协副主席、全国关注森林组委会主任张思卿，河南省委常委、宣传部部长孔玉芳发去贺电。全国人大常委、内务司法委员会委员赵地，河南省人大常委会副主任李长铎，河南省副省长贾连朝，河南省政协副主席郭国三，全国政协委员、外事委副主任委员王淑贤，全国人大环资委委员刘海荣，中国妇女发展基金会副会长康泠，河南省政协原副主席邵令方等领导到会祝贺。副省长贾连朝宣布第五届中原花木交易博览会暨鄢陵生态旅游节开幕，许昌市政府市长毛万春致开幕词。来自中国农业大学、北京林业大学的花木专家，美国西亚斯园林规划工程设计有限公司、台湾胜富利有限公司、香港御温泉有限公司、中国青山钢铁公司、北京九州鸿运有限公司等100多家国内外知名企业的代表，中央电视台、《中国花卉报》和省内各主流媒体、全省18个省辖市报社、电视台的编辑记者及各界群众参加了开幕式。第五届中原花木交易博览会暨鄢陵生态旅游节由河南省林业厅、农业厅、旅游局、花协、许昌市政府主办，鄢陵县政府承办，鄢陵国家花木博览园协办。主题是“绿色·人文·和谐”。会徽是以蝴蝶、蜡梅、绿叶、花盆为设计元素的人性化蝴蝶。吉祥物是啄木鸟“贝贝”。鄢陵生态旅游节于9月26日至10月31日举办，推出花都生态一日游、二日游等休闲游以及以“走进花都、融入自然、认识花卉”为主题的青少年科普游、中老年赏花休闲游等一系列的特色旅游活动。

【全省森林防火工作电视电话会议】 2005年10月27日，河南省政府召开全省森林防火工作电视电话会议，总结春夏季森林防火工作情况，分析森林防火工作形势，部署全省的森林防火工作。省长助理刘其文在会议上讲话，要求各级各部门：①坚决克服松懈麻痹思想，对今冬明春的森林防火工作做到早部署、早落实。②切实抓好火源管理措施、各级政府护林防火指挥部指挥长和指挥部成员单位及林区护林防火人员责任、防扑火应急预案、森林消防队伍、森林防火经费、基础设施建设等保障措施的落实。③切实加强对森林防火工作的领导，各级政府一把手要在森林火灾的预防和扑救措施上落实到位，主管领导要将此项工作作为重中之重来抓，确保今冬明春全省不发生大的森林火灾。会上，省林业厅厅长王照平回顾了春夏季森林防火工作情况，指出了工作中存在的突出问题，分析了当前森林防火工作面临的形势。会议由省政府副秘书长张同立主持。省护林防火指挥部全体成员参加了会议，18个省辖市、40个重点火险县政府护林防火指挥部成员在各市分会场收听收看了会议。

【日本政府贷款河南黄河中游生态公益林建设项目】 2005年10月31日至11月4日，以宫崎卓先生为团长的日本国际协力银行评估团对河南造林项目进行了预评估。项目建议书于2004年2月被国务院批准，并列入2003～2005年日本政府贷款备选项目计划。评估团先后赴伊川县、灵宝市和延津县进行了现场考察和社会经济调查，对项目执行机构的实施能力、国内资金配套能力、林业资源、环境状况、贫困状况、县乡林业机构支持服务能力等方面进行了评估，在郑州与河南省发改委、财政厅、林业厅、环保局等部门进行了多次讨论与座谈，双方就项目的机构建设、实施目标、建设内容、执行计划安排、资金筹措与拨付和监测评价等达成了共识。项目总投资为8.3亿元人民币，其中利用日本政府贷款74亿日元（折合7000万美元）。项目涉及河南省的71个县（市、区、场），主要包括人工造林、封山育林、低效低产林改造、幼中林抚育等营造林工程及相配套的辅助工程。

【全省冬季植树造林电视电话会议】 2005年11月18日，河南省政府召开全省冬季植树造林电视电话会议，省军区、发改委、财政厅、人事厅、交通厅、国土资源厅、建设厅、教育厅、商务厅、水利厅、农业厅、林业厅、煤炭局、环保局、广电局、畜牧局、河务局、武警河南总队、省总工会、团省委、省妇联、郑州铁路局、新郑机场管理有限公司等绿化委员会成员单位及河南日报社、河南电视台和河南人民广播电台的记者近60余人参加了会议。省长助理刘其文出席会议并讲话。刘其文在讲话中要求：一要保证把造林绿化任务分解到位。二要保证林业政策和改革措施落实到位。三要保证各级领导责任落实到位。省林业厅长王照平在会上通报了2005年以来的全省造林绿化工作情况，安排部署了2005年全省冬季植树造林工作。

【鄂豫皖3省6县护林联防会议】 2005年12月25~26日，鄂、豫、皖3省的金寨、麻城、霍邱、叶集、固始、商城6县（市、区）等第三十九次护林防火联防会议在商城县召开。会议讨论通过了《第三十九次护林防火联防协议》，表彰了2003~2004年度护林联防先进单位和个人，麻城、霍邱、叶集、金寨、固始、商城6县（市、区）林业局负责人分别报告了护林联防工作。鄂、豫、皖3省6县（市、区）护林防火指挥部的领导成员，河南省信阳市林业局、湖北省黄冈市林业局、商城县政府、毗邻地区国有林场和有关乡（镇）的负责人参加了会议，会议代表120余人。

【林产品知名品牌评选】 2005年12月27日，河南省林业厅根据企业申报、省辖市林业部门推荐，省林业厅评审委员会评审结果，授予河南黄河林业股份有限公司生产的“飞航”牌强化木地板；河南省新郑奥星实业有限公司生产的“好想你”红枣粉、枣干、枣片；长垣县宏力高科技农业发展有限公司生产的“宏力”牌红提葡萄；三门峡湖滨果汁有限责任公司生产的“湖滨”牌浓缩果汁；河南省宛西制药股份有限公司生产的“伏牛山牌”山茱萸；河南宏达木业有限公司生产的“光强”牌胶合板；河南（固始）正和工艺品集团生产的“正和”牌柳编；宁陵县中亚工艺厂生产的“中艺”牌白蜡杆工艺品等8个林产品为2005年河南省林产品十大品牌；授予郸城天工木业有限责任公司生产的“刘氏板业”刨花板、郑州市东湖人造板有限公司生产的“老木”牌刨花板、三门峡金象地板制品有限公司生产的“皇家圣泰尔”木地板、洛阳市中心苗圃生产的“华煜”牌催花牡丹、漯河市南街村工艺品有限责任公司生产的“灰姑娘”牌工艺梳子、襄城县景春堂中药饮片进出口有限公司生产的“景春堂”牌中药饮片、洛宁佳美木业有限公司生产的“佳美人”牌三聚氰胺饰面板、洛阳豫良木业制品有限公司生产的“豫良”牌（饰面）刨花板等8个林产品为2005年河南省林产品知名品牌。

【全民义务植树】 2005年，全省参加义务植树人数4134.53万人次，义务植树1.6亿株。3月19日上午，河南省委书记、省人大常委会主任徐光春，省长李成玉，省领导支树平、范钦臣、李柏拴、李克、王明义、李长铎、李志斌、张以祥、王菊梅、史济春、刘新民、张涛、曹维新、陈义初、毛增华、曹策问、于桂生等和省市直属机关的干部一起来到郑州市国家森林公园，参加义务植树活动。在植树现场，徐光春接受了记者采访。3月10日上午，王全书、孔玉芳、李克、夏清成、吴全智、秦玉海、张洪华、郭国三、刘孟合等省党政军领导，在郑州市惠济区邙岭与近千名干部群众一起参加了义务植树活动，植树3000多株。2月23日，郑州市召开省会全民义务植树暨造林绿化会议，河南省及郑州市有关领导出席会议。

【林业有害生物防治】 2005年，全省共发生各种有害生物44.90万公顷，发生率12.5%。其中杨树食叶害虫15.38万公顷，大小蠹4.60万公顷，杨树蛀干害虫3.23万公顷，马尾松毛虫2.54万公顷，栎树食叶害虫0.94万公顷，刺槐食叶害虫0.90万公顷，草履蚧0.49万公顷，中华松针蚧、松扁叶蜂1.03万公顷，经济林病虫害9.13万公顷。全省共防治林业有害生物34.87万公顷，防治率77.7%，其中飞机防治面积5.24万公顷。防治杨树食叶害虫13.37万公顷，大小蠹1.81万公顷，杨树蛀干害虫2.42万公顷，马尾松毛虫0.32万公顷，栎树食叶害虫0.59万公顷，刺槐食叶害虫0.77万公顷，草履蚧0.46万公顷，中华松针蚧0.53万公顷，其他病虫害防治2.87万公顷。实际成灾面积1.53万公顷，成灾率4.24‰，低于10‰的目标要求。全省实施病虫监测面积385.49万公顷，监测覆盖率85.01%，高于85%的目标要求。全省完成产地检疫林木种子9.57吨，花卉21 799万株，苗木2.38万公顷。调运检疫苗木84 389万株，花卉3317万株，林木种子277.40吨，木材214.90万立方米，果品14 954.8吨，药材1488.96吨。复检苗木4594.6万株，花卉577万株，林木种子8.09吨，木材26.33万立方米，果品83.74吨，药材8.69吨。处理违章事件175次。共建成国家级无检疫对象苗圃11个，种苗产地检疫率83.4%，高于80%的目标要求。

【林业严打专项行动】 2005年2月5日至3月5日，在全省开展了“追逃”专项行动。各级森林公安机关运用“光盘比对”、“网上追逃”等现代化信息通讯技术，强化措施，深挖线索，周密部署，重拳出击，全省共抓获各类逃犯41人，其中：“网上追逃”抓捕6人，地方公安上网逃犯4人。4月15日至5月30日，在全省开展了“禁种铲毒”专项行动。各级森林公安机关共出动警力1.2万人次，铲除毒品原植物罂粟7.9万株，查获非法种植人员1920人，刑事拘留190人。4月1日至6月15日，省林业厅、省公安厅联合在全省组织开展了打击破坏森林资源违法犯罪专项行动。4月12日召开了全省打击破坏森林资源专项行动电视电话会议，公布了省挂牌督办的8起破坏森林资源案件。全省共查处各类林业案件5212起，其中刑事案件617起，刑事拘留1158人，逮捕706人，收缴木材3.1万立方米。11月15日至12月30日，省林业厅、省公安厅在全省组织开展“区域性专项整治涉林违法犯罪”行动。全省各级森林公安机关共出动警力6899人次；查处各类林业案件1066起，打击处理1217人，其中刑事拘留131人；清理木材市场及加工点959个；收缴木材791.3立方米；取缔矿点、炭窑91处；查获野生动物13.2万只（头）。

【森林生态效益补偿】 2005年，国家安排河南省第一批重点公益林面积36.67万公顷，分解落实到10个省辖市、31处县（市、区）、13处自然保护区实施单位和22个国有林场。其中：国有林区16.62万公顷、集体林区13.13万公顷、非公有制（个人及其他所有制成分所有）林区6.92万公顷，共涉及19 027个小班，确定护林员3747名。河南省财政安排补偿基金100万元，在汝阳县建立了1.33万公顷省级公益林补偿试点。制定了《河南省森林生态效益补偿基金管理办法》、《河南省重点公益林护林员管理办法》、《河南省重点公益林管理办法》、《河南省重点公益林资源监测细则》和《河南省重点公益林管护省级复查办法（试行）》等，规范了重点公益林管理行为。（河南省林业以上部分由徐忠供稿）

【全国绿化先进集体焦作市园林绿化管理局】 焦作市园林绿化管理局是焦作市的城市绿化行政主管部门，下辖绿化队、人民公园、月季公园、雕塑公园、园林养护所、盆景园、园林绿化基地等7个事业单位；内设办公室、规划设计室、生产技术科、计划财务科等科室，现有园林职工840名。

局党委书记、局长李天雄

近年来，焦作园林绿化干部职工在局党委书记、局长李天雄的带领下，团结实干，艰苦奋斗，拼搏进取，城市绿化事业突飞猛进，绿地率、绿化覆盖率、人均公共绿地均达到了国家园林城市标准，焦作已经从一个地地道道的煤城变为一个草青、花香、绿树掩映的绿城。目前，焦作城市公共绿地布局合理，功能完善，各具特色，全部免费开放。现有大型公园、绿地广场12座，街头游园400余座；城市道路绿化注重生态效果，绿化普及率达到100%，省级绿化达标率达到82%；庭院绿化水平显著提高，创建市级园林单位297个、省级园林单位3个；全民义务植树活动如火如荼开展，沿山、沿路、沿河建设了10多条数十千米长，贯穿城市的大型绿色通道。

焦作园林绿化管理局先后获得了省级园林城市、全国绿化先进集体、全国创建国家园林城市先进集体、省文明单位、市创建国家优秀旅游城市记功单位等市级以上荣誉30多项。（韩红军）

湖北省林业

【人工造林与封山育林】 2005年全省共完成人工造林18.03万公顷，占年度计划20万公顷的90.15%。在人工造林中，用材林5.89万公顷，其中，竹林面积0.65万公顷、速生丰产林1.33万公顷；经济林3.17万公顷；防护林8.72万公顷；薪炭林0.19万公顷；特种用途林0.06万公顷。全省完成封山育林面积167.31万公顷，其中，连封156.78万公顷，本年新封10.53万公顷。

【义务植树】 2005年全省共有2546万人参加义务植树活动，植树10 702万株，占年度计划1亿株的107.0%；植绿篱2074.9万米，铺草坪78.8万平方米；乡（镇）以上各级领导办绿化点1500个，完成造林2.15万公顷；建义务植树基地946个，完成造林1.56万公顷。

【绿色通道建设】 2005年全省绿色通道建设共植树18 411.5万株，折算面积1.31万公顷，新达标里程6213千米。北京至珠海、黄石至黄梅高速公路两旁植树是2005年绿色通道建设的重点工程，其中京珠高速公路湖北段339千米，已完成建设任务。省林业局与京珠高速公路指挥部协商落实了绿色通道建设资金。共核实兑现京珠高速绿色通道建设资金400万元。黄黄高速公路是2005年全省“五大绿化攻坚战役”之一，经过艰苦努力，黄黄绿色通道建设全线贯通，可视范围内荒山疏林补植任务全面完成，其中高速公路林带栽植杨树32.08万株，荒山疏林补植湿地松136.2万株、枫香5.8万株。

【潜江市推广林下种养模式】 2005年潜江市林业局推广林下种养模式为林农年增收800余万元。一是林下种植油菜、棉花、大豆、花生等农作物。在杨树幼龄期4年内在林下间作油菜；1~2年换茬在林下间作棉花、大豆、花生等作物。全市新造林地林下间作率达到85%，间作面积达到0.25万公顷，每公顷平均增加收入2250元，为林农增加收入570万元。二是林下养鸡、养鸭、养羊。全市有河渠林地面积近1万公顷，这些林地临近河道，水、草资源丰富，是养

鸡、养鸭、养羊的理想场所。该市高石碑、浩口、龙湾、运粮湖乡（镇）等地农民充分利用河渠林地发展林下养殖业，全市林下养殖户达到160多户，年收益200万元以上。三是林下种绿化苗、中药材、蔬菜。3~4年林地郁闭后，在林下换茬种植耐阴绿棕榈、大叶黄杨等绿化苗和耐阴半夏中草药等，林农在房前屋后的林地种植白菜、萝卜、大蒜与生姜等，提高了林地的利用率。

【荆门市加强造林管护】 2005年，荆门市在加强造林管护工作上，注重“三落实”。一是落实管护主体，执行“谁造、谁有、谁经营、谁受益”政策。对集体多年造林不见林的地方，实行登记造册，建立台账。对没有管护主体林地，明确管护主体。对规模小、管理质量不高的造林地，通过林业部门牵线搭桥，集中流转到造林大户经营管理。二是落实管护责任。属于工程造林的，林业局与每块造林地的造林户签订管护责任状，不属于工程造林的，实行登记造册，指派技术员包片服务。对造林大户跟踪技术指导，提高造林成活率和保存率。三是落实管护措施。对能间作的新造林地，组织农民因地制宜搞好间作，引导农民在速生丰产林基地间作棉花、花生、黄豆等，加强林地管护。

【部门绿化】 2005年4月26日，省绿化办组织召开了省直、部门绿化工作座谈会。5月23日，省绿化办下发了《关于部署开展部门（单位）绿化大检查的通知》并制定了实施方案，省绿委各成员单位、有关大专院校、大型厂矿企业之间进行了交叉绿化大检查，受检的34个部门（单位）综合评分均达到90分以上，平均得分96分。武钢集团紧紧围绕“品种、质量、环境、效益”的企业经营方针，开展全方位、立体式、大规模的厂容绿化活动，年投资4000多万元建景观带、景观广场，渣山造林、矿山绿化在全国冶金行业独树一帜，中央政治局委员俞正声称赞武钢环境“像公园一样美丽”；省水利系统充分利用管辖的长江干堤1557千米、汉江干堤727千米、水库灌区干渠10 190千米堤防土地资源优势，累计投入绿化资金近亿元，植树3000多万株，宜林地绿化覆盖率达到98%以上。省林业局组织妇女参与“三八”绿色工程活动，全年共建“三八”林、巾帼林义务植树基地253个，兴办林业产业实体62个。

【孝感市林业局推进“万树村”建设】 孝感市林业局把“万树村”建设确定为2005年春植树造林重点，要求每个村充分利用村旁宅旁空闲地和荒山荒滩及路、渠、河等植树1万棵，所有权归农民或村集体。在春季植树造林的黄金季节，为了做到保持共产党员先进性教育活动和“万树村”建设两不误、两促进，市林业局组织全体机关20多名党员，自备干粮，自带工具，到安陆市烟店镇竹篔村植树造林，同村民一道造林栽植意杨3000余棵，向农民宣传林业法律法规，指导农民科学栽培和管护，把林业信息和技术送到农民手中。通过这样有意义的活动。使机关党员干部锻炼了党性，贴近了民心，以实际行动推进了“万树村”建设活动的开展。

【武汉市启动绿色庭院建设工程】 武汉市委. 市政府决定从2005年开始，正式启动绿色庭院建设工程。计划到2010年全面建设绿化庭院示范村湾500个，植树2000万株，折合面积0.3万公顷，受益农户2万户，实现每户年增收1000元以上的目标。2005年安排20个村湾开展绿色庭院试点工作，新造林株数8万~10万株，造林面积80公顷以上，造林以橘、柿、枣等经济林树种为主。绿色庭院工程以自然村为单位，平均每个农户造林株数不低于100株或造林面积不低于0.13公顷。每个自然村湾新造林面积不少于3.3~5.3公顷。在新造林中，经济林（含苗木花卉）比例不低于90%，苗木合格率达到90%以上，良种使用率达到80%以上，工程造林成活率、保存率分别达90%和85%以上，作业设计率、自查验收率、建档率均达到100%。每个绿色庭院村湾配套完成硬化主干道建设，改厕改水同步达标。通过工程建设使村湾绿化率达到70%以上，农村居住环境明显改善。对验收合格村湾，每公顷由市政府补贴种苗费7500元。工程建设由审计部门加强审计监督。

【苗木花卉】 2005年，全省完成育苗面积2.46万公顷（其中，留床育苗1.76万公顷，本年新增育苗面积0.70万公顷），占计划任务的103.8%，出圃合格苗木4.35亿株；完成容器育苗3198万袋。全省完成花卉种植面积2.17万公顷，销售19 377万支（盆、株），销售金额12.55亿元。省种苗站所属的种苗场新栽苗木面积15.3公顷，引进新品种812株，完成大棚扦插苗近50万株，同时建立现代化玻璃温室560平方米，确保了新苗成活率。全年实现苗木营销总额150万元。

【外资造林】 2005年全省外资项目完成人工造林面积6.39万公顷，封山育林面积7.82万公顷，分别占计划任务的129.52%和144.13%。日元贷款造林项目县（市、区）当年完成人工造林面积5.96万公顷，封山育林核实面积7.82万公顷，面积核实率和合格率分别为99.3%和97.8%，项目平均造林成活率为89.7%，一级苗使用率为92.7%，栽植质量合格率为92.7%，环保达标率为92.3%。德国政府援助二期项目，完成了各项准备工作，省林业局于2005年6月9日召开了启动会，该项目先后举办省、市、县级培训班11次，培训项目管理人员和农民265人次；完成了项目进口车辆的采购任务。世行贷款三期项目于2005年12月31日正式关账，标志着项目实施阶段结束。省林业局在7月中旬召开了全省世行三期项目竣工验收工作会议，对项目后期工程和竣工验收进行了安排部署；完成了项目造林后两个年度的抚育检查、化肥的采购使用以及2003年、2004年度造林的补充报账等项工作；世行三期项目阳新县科技示范区建设实现了既定目标，2005年8月通过了国家林业局世行中心组织的竣工验收。全省世行四期项目完成造林合格面积0.17万公顷，面积核实率和合格率分别为93.9%和91.9%。该项目平均造林成活率为92.8%，一级苗使用率为95.8%，栽植质量合格率为98.7%，环保达标率为100%。

【高效经济林建设】 2005年全省完成高效经济林3.17万公顷；中药材产业基地造林4.18万公顷、省林业局在板栗嫁接战役中，帮助指导林农嫁接板栗4万公顷、3500余万株，受到栗农的欢迎。

【国有林场建设】 2005年，全省175个国有林场完成人工造林0.73万公顷，中幼林抚育0.87万公顷，育苗0.16万公顷，维修林区公路（林道）2317千米，实现经营收入1.06亿元，利税0.2亿元。其中省管太子山林场管理局2005年实现经济总收入7000多万元，比2004年增长12%，实现利税500万元，比2004年增加20%以上；该管理局全年新造林完成61公顷，超额计划数35%，播种育苗完成0.74公顷，新造林抚育完成313.07公顷。国有桂花林场管理局2005年实现总产值（收入）3000万元，其中，加工企业产值（收入）达到1300万元，竹木销售收入达到700万元，打工经济等自营经济收入达到1000万元；干部职工人平均年收入达到16 000元；营林生产完成造林520公顷，其中，栽楠竹320公顷，造生物防火林带100公顷，栽植马尾松、杉木及其他树种100公顷。完成商品材采伐12 000立方米，完成苗木生产66.67公顷，楠竹择伐20万根，完成中幼林抚育0.13万公顷次，完成防火线（道）复修250千米，计面积400公顷。省国有林场管理工作站2005年指导国有林场整合与低成本扩张，督办全省国有林场养老统筹工作，切实保障职工利益。全省经整合后的175个国有林场中，有138个林场办理了职工养老保险。

【襄城区建林业强区】 近年来，襄樊市襄城区累计完成成片造林0. 5万公顷，完成湾子林、四旁植树、田间林网植树共计216万株，完成绿色通道108千米，优化和完善了林业发展的战略布局，构建了农业和农村发展的生态屏障，巩固和提高了农业综合生产能力，加快了农村全面建设小康的进程。

【红安建设生态家园】 2005年，红安县实施4万公顷板栗基地工程、百里生态长廊工程、绿色村庄工程等三大工程，拉开绿色生态家园建设序幕。红安有7.2万公顷林地，3.3万公顷低丘岗地，土地贫瘠，旱灾、寒灾频发，近几年，红安开展以小流域治理和山丘岗地开发为主体的林地建设，以板栗为主的经济林种植面积每年以0.3万公顷的速度增长。全县经济林面积达27万公顷，林业产业成为农民脱贫致富的支柱产业。

【天然林保护】 2005年国家给湖北省21个县（市、区）天保工程区下达公益林建设任务4.53万公顷，其中，封山育林4.03万公顷，人工造林0.5万公顷，天保区全面完成了当年公益林建设任务。全省已完成天保工程富余职工一次性安置计划12 033人，占省下达计划14 341人的83.9%。国家批准全省111家森工企业的3.78亿元债务纳入第一批核销范围，这些企业的债务核销工作已基本完成；在全省21个天保工程县（市、区）开展了打击破坏森林资源的专项行动，严厉打击了乱砍滥伐、毁林开荒、乱占林地、乱捕滥猎的违法犯罪行为；省林业局组成3个复查组，对兴山、长阳、宜都、鹤峰、来凤、竹溪、神农架等7个县（市、区）2004年度天保工程实施情况进行了省级复查。6月份，配合国家林业局天保工程检查及资金稽查组，对房县、五峰、宣恩等3个县天保工程建设及资金使用情况进行了检查和稽查。

【神农架林区实施天保工程见成效】 2000年3月神农架林区开始实施天保工程以来，累计完成人工造林0.97万公顷，封山育林面积2.11万公顷，森林覆盖率由实施工程前的63.7%恢复到2005年的88%，核心保护区达到96%以上。林区严格执行天然林全面禁伐，6000多名林业职工放下斧具转为植树造林。多年未见的野生动物又重现山林，神农架的生态开始逐步恢复。

【生态公益林效益补偿】 全省第一批启动的40万公顷重点生态公益林补偿共涉及11.20万个农户与单位，其中，国有林面积7.17万公顷、140个单位；集体林面积22.59万公顷、3103个单位；个体林面积10.24万公顷、10.88万个农户，已签订管护合同面积和份数占应签合同面积和份数的60%。2005年11月23日，省林业局在武汉召开了全省重点生态公益林区划界定和管理工作会议。会议总结了全省国家重点生态公益林前一段工作，研究了进一步加强国家重点生态公益林保护和管理的办法和措施，对省级公益林区划界定、落实国家和省级生态公益林补偿政策

等工作进行了安排部署。本次会议采取以会代训的办法，对参会的各市（州）、县林业局主管局长、生态补偿管理业务骨干进行了培训。

【退耕还林】 2005年全省83个县（市、区）退耕还林计划为13.2万公顷，其中，坡耕地造林3.87万公顷、封山育林9.33万公顷；全省共完成退耕还林任务13.23万公顷，占计划的100.2%，其中，坡耕地造林3.87万公顷，占计划的100%；宜林荒山荒地造林8.27万公顷；封山育林1.09万公顷。省林业局组织各项目区认真开展了退耕还林"回头看"，对2000~2004年已退耕还林68.13万公顷进行了补植补造和抚育管理。三峡库区绿化带建设项目中，长江迎水面第一道山脊重点攻坚部位25度以上坡耕地0.48万公顷全部停止耕种并造上了林，三峡库区绿化带退耕还林战役圆满完成；12月中旬省政府在随州市曾都区召开了全省退耕还林工作现场会；省林业局对黄冈、咸宁等财政部门粮食补助资金下拨和兑现情况进行了专门检查。财政部门在发放退耕还林补助现金时，为每个退耕农户在农村信用社设立了一个专门账户，办理了存折即"一卡通"，直接把资金划拨到账户上，避免了从补助现金中抵扣费用的现象。

【老河口市建设防沙治沙示范区】 老河口市2005年被列为国家防沙治沙综合示范区后，采取五项措施建设防沙治沙示范区。一是实施砂梨品种改良项目，对0.53万公顷砂梨及时采取高接换优良品种改良措施进行品种改良；二是大力发展杨树速生丰产林，完善沙化土地区域治理；三是营造防风固沙护岸林，防止水土流失；四是建设沙区农田防护林，营造防护林带、林网及四旁植树；五是配套建设100公顷优良果树新品种采穗圃和33公顷防沙治沙专用苗圃，为防沙治沙工程建设提供苗木保障。

【长江防护林】 2005年全省有22个县（市）实施长江防护林工程，完成人工造林1.17万公顷、封山育林0.29万公顷，分别占计划任务的100%、100%；完成低产低效林改造面积5548公顷；零星四旁植树1.12亿株。全省长防林工程主要营造林树种为国外松、意杨、水杉、池杉以及兼用林树种如核桃、板栗、橙、柚等。

【自然保护区建设】 2005年省林业局组织开展了七姊妹山省级自然保护区晋升国家级自然保护区的科学考察和总体规划的编制与申报工作、神农架大九湖国家湿地公园总体规划的编制申报，丹江口库区、武汉市沉湖、保康县五道峡、阳新县网湖、宜昌市大老岭、房县野人谷等6处晋升省级自然保护区报告和总体规划的修改、上报省政府审批工作；省林业局与省环保局等在全省开展了自然保护区专项执法检查。组织国家级、省级自然保护区和部分市（州）林业局负责人参加了国家林业局及国际组织举办的自然保护区技术培训与考察学习。2005年省林业局组织开展了洪湖、龙感湖等两处省级湿地自然保护区晋升国家级保护区的申报工作，其中龙感湖保护区已通过了国家级自然保护区评审委员会的评审。

【襄樊市加强自然保护区建设】 2005年7月，襄樊市政府印发《关于切实加强野生动植物保护和自然保护区建设的通知》，确定按照"分级管理、分级负责"的原则，将市、县两级自然保护区所需经费分别纳入市、县两级财政预算。市编制、计划、财政、环保、国土、林业、气象等政府职能部门紧密配合，充分发挥职能作用，协同做好自然保护区建设的科学考察、项目制定与申报、审核审批及实施工作。全市已建自然保护区28处，其中，市级10处、县级3处、省级小区15处。保护区面积达8.16万公顷，占国土面积的4.13%。使一批分布集中的原始次森林、重要湿地、珍稀野生动植物及人文自然景观得到有效保护。

【洪湖湿地自然保护区建设】 省林业局曾会同荆州市政府和省直有关部门就《洪湖湿地自然保护区围网养殖拆除方案》、《荆州市洪湖渔业管理局人员分流方案》、《荆州市洪湖湿地自然保护区管理局机构方案、人员设置方案》等方案上报省政府审批。2005年4月，省长办公会专题研究了《关于洪湖湿地自然保护区围网养殖拆除方案》等具体事项，决定在3年内安排专项资金4900万元用于围网拆除、渔民和富余人员的安置，其中，2005年6月初已下拨专项经费2701万元，至12月底，已完成围网拆除1.01万公顷；省机构编制委员会于2005年4月20日正式批复荆州市编委，同意组建新的荆州市洪湖湿地自然保护区管理局，为正县级事业单位，定编85人；2005年上半年，保护区管理局机构组建运行，其人员经费、工作经费已纳入省级财政预算。

【湿地保护与管理】 2005年省林业局开展了《湖北省湿地保护工程实施规划》的编写、《湖北省自然保护区网络建设规划》的编制、《湖北省洪湖湿地自然保护区管理办法》起草、修改与《湖北洪湖湿地保护与恢复工程项目可行性研究报告》的编制、评审及上报工作；配合省发改委编制了《湖北省洪湖湿地生态建设综合规划》上报省政府。2005年省林业局加大了对湿地保护管理问题的调研与督查工作。派员深入武汉市沉湖、神农架大九湖、长江故道石首市天鹅洲、鄂州市梁子湖、黄梅县龙感湖等重要湿地，对社会反映的湿地自然资源和生态环境遭受破坏的问题进行了调研与督查。

【石首天鹅洲湿地中心暨麋鹿馆建成】 2005年，投资260多万元的天鹅洲长江故道湿地中心暨麋鹿馆在石首建成；该中心是石首市政府在世界自然基金会和汇丰银行支持下建成的，展厅面积1800平方米，有动物标本和模型150多种，大小展板110块，是长江流域最大的湿地中心。2005年正值麋鹿回家20周年，拯救麋鹿并帮助麋鹿返还故里的英国十四世贝福特公爵在两年前已经去世，他的儿子罗宾勋爵携夫人来到石首，前往保护区实地考察麋鹿野生种群及其栖息地。经过10多年的努力，石首天鹅洲麋鹿保护区麋鹿数量从引进之初的94头发展到640头。这些麋鹿完全摆脱了对人的依赖，成为世界上最大的野生麋鹿种群。

【野生动植物保护与管理】 2005年省林业局与武汉市共同举办了第二十九届"爱鸟周"宣传教育活动；派员调查处理了仙桃市太子湖发生的野生动物死亡事件。为防止"非典"疫情传播，争取省和地方政府拨款500多万元对全省人工驯养繁殖果子狸问题进行了妥善处理，组织专人赴恩施州、十堰市、宜昌市、襄樊市、荆门市等重点区对一次性处置人工饲养果子狸情况进行了检查，截至2005年4月底，全省10 607只果子狸已全部处置完毕。全省当年共办理了野生动物驯养繁殖、经营利用和运输等行政许可事项28项。其中新办国家重点保护野生动物驯养繁殖许可证4份，办理年检30份；省级重点保护野生动物驯养繁殖许可证1份；新办国家重点保护野生动物特别经营许可证11份，办理年检22份；省级重点保护野生动物经营许可证年检1份。办理野生动物出省运输证27份。出具《野生动物及其产品鉴定证明书》3份，物种证明29份。

【野生动物救护】 2005年省野生动物救护中心共救护各类野生动物11种110只(头、条)，救护的成活率达到82.6%，其数量比2004年60只(头、条)增加了83.3%，成活率比2004年提高了12.6%；同时开展繁殖野生动物2111头（只），其中：美洲雁1824只，绿头鸭238只，其孵化率和成活率分别为93.2%和98.1%，较2004年分别增长19.7%和0.2%。

【野生动物疫源疫病监测与防控】 2005年3月20日省林业局成立了湖北省野生动物疫源疫病监测领导小组，组建了湖北省陆生野生动物疫源疫病监测专家小组。全省17个市（州）和81个县（市、区）林业主管部门，相应成立了野生动物疫源疫病监测领导小组和专家小组，有的县（市）还成立了副县长、副市长任指挥长的野生动物重大疫源疫病监测指挥部。2005年7月15日制定了《湖北省处置陆生野生动物疫源疫病监测工作方案》和《湖北省处置陆生野生动物重大疫源疫病应急预案》，将疫情分为三级。发生一级疫情时，省林业局应急指挥机构启动省级应急预案；发生二级疫情时，市（州）林业局应急指挥机构启动市（州）级应急预案；发生三级疫情时，疫情发生县（市、区）林业局应急指挥机构启动相应应急预案。据统计，全省17个市（州）林业局和属于国家级和省级野生动物疫源疫病监测站点的县（市）林业局，均修订和完善了《工作方案》和《应急预案》；根据全省鸟类本底调查情况和监测重点，在国家林业局确定湖北省野生动物救护中心，恩施州动植物保护站，洪湖、黄梅县龙感湖和鄂州市梁子湖湿地自然保护区等5个国家级监测点基础上，省林业局设立了十堰市丹江口、黄石市阳新县网湖、武汉市沉湖和涨渡湖、荆州市长湖、神农架自然保护区及宜昌市、咸宁市、咸宁市咸安区、襄樊市、孝感市、荆门市、宜昌市长阳县林业局野保站，仙桃市、石首市林业局等15个省级监测点。国家和省级20个监测点主要分布在全省以候鸟为主的野生动物活动的重点区域和重点通道开展监控，与农、卫、公、商等九大部门开展联防联控。

【森林公园建设】 2005年全省省级以上森林公园94个，其中，国家级森林公园22个，省级森林公园72个。省森林公园管理办公室于2005年9月5日在浠水三角山国家森林公园召开了全省森林公园工作会议，推动了全省森林公园建设发展。省森林公园管理办公室完成了孝感市双峰山、荆门市千佛洞等2个国家级森林公园和黄石市东方山、咸宁市桂花等2个省级森林公园的可研报告编制、评审及申报工作，并获得国家林业局的批准。

【神农架保护区建珍稀植物园】 2005年神农架保护区与三峡大学合作建设关门山珍稀植物园，对国家一级保护植物珙桐、红豆杉，省级保护植物小叶黄杨、银鹊树、高山杜鹃以及神农架的江边一碗水、扣子七、八角莲、头顶一颗珠，开口箭、细辛等十几种珍稀药材进行了扦插和移栽。共移栽珙桐苗、七叶树0.2公顷，扦插红豆杉0.2公顷12 000多株、小叶黄杨1500多株、高山大小杜鹃300多株，播种山楠树种籽、银鹊树种籽等。移栽、扦插及播种的苗长势良好。

【中日营造黄州区防护林】 2005年，由日本民间团体福岛县绿化协力队资助200万日元的黄州防浪林项目一期工程已顺利完成，经日方检查后已经签署由该民间团体资助300万日元的二期工程项目继续实施。

【仙桃市建设园林生态城市】 2005年仙桃市政府加大公益事业投入力度，增加1070万元改造城区119

条背街小巷。拨出300多万元将穿过城区的四新河改造成排放合理的地下管渠。投资1亿多元在城区仙下河、汪洲河两岸植树、置景、建广场。新增与改造绿化面积138万平方米。为群众营造休闲娱乐长廊，巨资打造水乡园林生态城市。

【林产工业】 2005年全省人造板产量132.6万立方米，比2004年增长3.65%。其中：胶合板7.5万立方米，比2004年增长12.37%；刨花板8.3万立方米，比2004年增长6.66%；中密度纤维板76.5万立方米，比2004年增长2.12%；细木工板40.3万立方米，比2004年增长4.49%。全省竹木地板总产量1673万平方米，比2004年增长18.91%；装饰板120万平方米，比2004年增长11.11%。木浆及木浆纸产量10.65万吨，比2004年增长12.31%；木制家具350万件（套），比2004年增长8.02%。全省林产工业总产值达62.69亿元，实现利税9.59亿元，分别比2004年增长10.55%和9.52%。各类林产品出口创汇额达5180万美元，比2004年增长31.8%。其主要林产品产量生漆4413吨、油桐籽10315吨、油茶籽9928吨、乌桕籽10 669吨、五倍子814吨、棕片1840吨、松脂8334吨、竹笋干3139吨、核桃9051吨、板栗128 099吨。省林业局从3月份开始组织2005年林产品湖北名牌认定的申报工作，全省数十家细木工板、装饰板、强化复合木地板、水果、食用菌、茶叶、森林药品等生产企业踊跃申报，其中13家企业获得了2005年度湖北名牌的认定，使全省获得湖北名牌的涉林产品生产企业达到了31家。2005年省林业局直属企业省林业集团和省木材总公司两家企业的改制方案已获得省国有改制领导小组批准。2005年6月1日，省国资委和省林业局在省木业集团公司召开专题会议，研究企业改制实施方案，当年集团总公司下属的福杨公司51.26%的股份已全部由职工认购完毕，实现了国有资本在福杨公司的完全退出，省木业集团公司2005年完成工业品产量5万立方米，完成产值1亿元，实现销售收入9281万元，比2004年增长3.9%，实现利税800万元。

【林业安全生产】 2005年省林业局围绕安全生产工作“以人为本，安全第一”的主题，进一步加大了安全生产的工作力度，在加强指导、督促全省林业系统面上安全生产工作的同时，重点抓好局直属企业事业单位的安全工作，省林业局与13个直属单位签订安全生产目标责任书，并在年终考评中实行一票否决，局直各单位积极组织和参加“安全生产月”活动，开展安全生产工作大检查。

【桂花林管局驯养繁殖野猪】 桂花林管局承担开发特种野猪繁殖技术2005年取得成效。该局野猪驯养繁殖基地从建设到采种、育种、驯化、繁殖历经一年，已有优良种母猪20头，驯养纯公野猪2头，繁殖特种野猪仔50头，实现了较好的经济收入。

【随州市食用菌出口】 随州市林业主管部门会同当地党委领导和商务部门，组织专人深入到各出口企业，积极为企业排忧解难，出谋划策．通过用足、用活各项优惠政策，进一步强化食用菌出口措施，稳定了食用菌出口。2005年全市新增两家食用菌出口企业，达到了历史上最多的17家，食用菌已累计出口2576万美元，占全市出口额的78%；占农业出口总额的88.26%。

【第二届林业博览交易暨林产品进超市对接会】 2005年11月11～13日，湖北省第二届林业博览交易暨林产品进超市对接会在武汉和平大世界举办。这次林博会由省林业局主办、省花木盆景杂志社与武汉和平科技集团公司共同承办，省商务厅协办，并由省商务厅组织一批大型超市进驻交易会，促进林产品销售渠道建设。省委、省人大、省政府、省政协、省直有关部门以及武汉市政府和相关部门领导出席了开幕式并参观了展览和交易，第二届林交会按照建立和谐社会和循环经济的要求，突出了“生态、产业、商贸、富民”四大主题。这次林交会展示展销的产品包括人造板类、竹藤制品类、林产化工类、林副产品类、森林食品类、野生动物人工驯养繁殖类、野生药材类、森林旅游类、优良种苗类、绿色包装新材料类、技术设备、家具、工艺品、林业书刊等15大类，品种达1万种以上。参加本次林交会的企事业单位中，规模以上林工企业140家，年产值过千万元的林工企业90家，年产值过亿元的涉林企业20家；有48家全省林业产业龙头企业和6家全国百强中密度纤维板企业参加了本次林交会。35家大型商场、超市，8家进出口贸易公司，12家大专院校、工矿企业、部队后勤服务中心来到展会看样订货、交流信息。本次林交会接待观展、购物及商务活动等人员达6.2万人次，现场交易及合同成交额1809万元。签署各项销售意向和协议金额6.12亿元。林交会评选出新产品奖18个，产品金奖59个，畅销产品奖54个。

【竹山掀起林业产业基地建设高潮】 竹山县2005年新建林业产业基地0.5万公顷，改造管理老基地0.4万公顷。该县始终牢固树立“林业为民，产业富民”的方针，以大林业的思路和工业及市场理念谋划全县林业产业基地建设。一是从市场、效益、生态的角度筛选主导品种。以肚倍．茶叶、笋竹两用林、日本花柏等为重点，精心打造林业知名品牌，创造品牌，走品牌兴林之路；二是坚持以生态建设为中心，把林业产业建设与农民致富增收，生态环境改善、林业项目争取结合起来；三是以林业经济示范户带动农民、林业龙头企业带动产业发展的模式推进林业产业化建设，在全县培植100个林业经济示范户、10个林业产业化龙头企业，使林业产业化步入良性发展轨道。

【野生动物养殖与进出口管理】 2005年全省已发展野生动物（陆生）驯养繁殖及其产品加工企业155家，年产值达8亿多元，其中杂交野猪养殖户37家，驯养繁殖野猪8611头，全年野猪出栏可达13 760头。省林业局加大全省野生动植物产品的进出口业务管理工作，2005年已办理国家监管的野生动植物进出口15份，非监管30份，涉及30余个单位近110个（类）物种，进出口涉及的国家和地区近12个，进出口贸易额达500余万元。同时组织宜昌德威鹿业公司和武汉市申报第三批全国野生动物经营利用管理专用标识试点单位，并已获得国家林业局的批准。

【森林旅游】 2005年全省森林旅游业实现总收入9.18亿元，其中湖北省森林旅行社的森林旅游产业实现经营收入501.80万元，创利润58万元；全年组织旅游人数4685人次，其中有3批30人次出国业务考察任务。根据市场需求进一步开辟了神农架野马河漂流项目等多条森林特色旅游线路及红色旅游线路

【参加首届中国绿化博览会】 首届中国绿化博览会于2005年9月26日至10月16日在南京举办，湖北省展区包括面积约3000平方米的室外景区和面积80平方米的室内景区。省林业局成立筹展小组，制定参展方案，开展室外景区的规划设计和室内作品征集，组织室外景区“楚苑”工程施工和“绿染荆楚”电视专题片摄制工作；从4月19日进场到9月初竣工，室外景点“楚苑”建设和室内布展任务圆满完成；此次博览会湖北共获得了组织奖、室外景点金奖、室内布展优秀奖以及1个盆景艺术银奖、2个优秀奖等6个奖项，在获奖数量和档次上位居各省（区、市）前列，受到了全国绿委、国家林业局和绿博会组委会的高度赞扬和好评。

【参加第六届中国花卉博览会】 2005年9月28日至10月7日，湖北省组团参加了中国花卉协会在四川省成都市温江区举办的第六届中国花卉博览会。湖北省组织了武汉市花木盆景奇石协会，荆州、荆门、咸宁、宜昌、孝感、襄樊、黄石、鄂州花木盆景协会，荆门市花卉苗木协会以及本会各专业委员会和分会等29个单位参加了这届花博会，参展作品460件，申报评奖261项，获奖126项，获奖率为47.51%。其中，获等级奖88项，获奖率为33.71%，高出全国平均获奖率3.71个百分点。其中，获金奖6项、银奖34项、铜奖48项，优秀奖38项；本届花博会设团体奖10名，其中金奖1名、银奖3名、铜奖6名；组委会采用积分办法评选团体奖，即根据各省（区、市）获各类金、银、铜奖得分数量算出总分，按总分排名。全国31个省（区、市）和深圳市花协，共有38个单位申报参评，经过评委评审，组委会批准，北京市荣获金奖，湖北省和辽宁、河南荣获银奖。设组织奖38个，湖北省荣获了最佳组织奖。参加这届花博会，湖北省参展作品的数量、获等级奖作品的数量、获金奖、银奖的数量都比历届多，获团体奖的名次也比上届有所前进，取得了满意的成果。

【森林防火】 2005年全省共发生森林火警火灾1066起，其中，火警730起，占68.5%；一般火灾333起，占31.2%；重大火灾3起，占0.3%；受害森林面积1728公顷，占全省森林面积的0.28‰，森林受害率控制在0.3‰以内；全省县（市）以上已组建专业森林消防队20支，半专业森林消防队371支。省防火办于2005年10月举办了全省森林防火办公室主任培训班；当年国家投资400多万元，对全省重点火险区内火情的预测预报、瞭望监测、信息指挥等系统进行了更新改造，并购置了一批扑火机具、设备装备基层，全省共建设防火隔离带4200千米，生物防火林带1200千米，提高了抵御重特大森林火灾的能力。武汉市林业局投资1000多万元，在全市森林火灾高发地区建设森林火灾实时监控系统，省防火办根据省领导指示，修订了《湖北省重特大森林火灾应急预案》，起草了《湖北省森林防火行政首长负责制管理办法》，并报省政府审定。各地对森林火灾负有责任的领导进行了责任追究。经省纪委、监察厅研究同意，黄石市纪检、监察部门对阳新2005年3月8日森林火灾有关责任人作出处理，阳新县副县长柯某、排市镇镇委书记杨某等7人分别被给予纪律和行政处分，强化了各级领导行政责任。咸宁市、蕲春县、来凤县、丹江口市等地出台了《森林防火行政领导责任追究规定》，使森林防火行政领导责任追究有章可循。咸宁市纪委、监察局根据《规定》，对全市21名负有责任的领导干部给予了党纪政纪处分。全省各市（州）及大部分县完成了森林防火地理信息系统数据采集任务。11月份，为期两年多建设时间的森林防火地理信息系统在省防火办投入试运行，提高了防控森林火灾的能力。

【五峰后河国家级自然保护区连续21年无火灾】 五峰后河国家级自然保护区总面积40 964公顷，森林覆盖率高达91.3%。从1984年建立保护区来，实行严格火源管制，聘请20多名专兼职护林员，组建了专业扑火队，拨出专项经费对护林员、扑火队员进行防火培训，印制防火宣传资料，全面构筑保护区

“防火墙”，实现了后河自然保护区连续21年无森林火灾。

【森林病虫害防治】 2005年全省森林病虫害发生面积25.85万公顷，防治面积19.62万公顷，防治率达到75.91%，全省森林病虫害成灾率控制在2.84‰以下，监测覆盖率达到93.47%，产地检疫率达到94.23%，超额完成了国家林业局下达的目标任务。松材线虫病仍然控制在疫区范围内；在2005年松材线虫病秋季普查中，恩施疫点发生面积和病死树数量相对2004年上升。恩施市对死树清理工作已全面完成，共清理枯死木5329株，将疫情控制在原有疫区范围内。武汉市森防部门加强对洪山疫点疫情监测。省森防总站在全省范围内开展松褐天牛诱杀，疫情没有出现反弹；对萧氏松茎象治理工程推广宜城示范区的经验；对马尾松毛虫等主要森林病虫害防治派出调查组深入到襄樊、黄冈、孝感、宜昌等地开展虫情调查，督促重点地区制定防治方案，积极开展有效防治，使越冬代后松毛虫发生较为平稳，没有造成大的损失；对杨树病虫害的防治将防治任务指标以任务书的形式下达到重点县（市），并要求林业局负责人签字承诺，将防治任务和责任落实到人；在防治的关键时期，派出防治督导组到荆州、宜昌等地进行防治督办，重点加强对高等级公路和重点堤防林的检查和督办，较好地控制了杨树病虫害危害。对2005年新发生的病虫害如巴东县竹节虫、荆州区樗蚕、神农架栗瘿蜂等，及时督导除治，加强技术指导，取得了较好除治效果。

【荆州市研制“护林宝”药签】 2005年，荆州市森林保护站经过多年研究和反复试验，研制出了“护林宝”新型药签配方及其规模化生产工艺，不仅填补了磷化锌毒签禁用后替代产品的空白，而且与其他防治方法相比，对杨树天牛的杀虫效果有显著提高，比药剂注孔、干基打孔等防治办法害虫死亡率提高15个百分点以上。该站结合杨树生产实际，制定了“护林宝”药签防治杨树天牛简便、实用的“看、刮、掏、插、封”等技术操作规程。该药签推广应用面积达到22万公顷以上，推广范围涉及湖北、湖南、河南、四川、甘肃等省。

【森林公安队伍建设】 2005年省森林公安局强化公安民警的岗位练兵活动，认真落实“三个必训”，组织业务知识考试，举办全省森林公安机关刑侦、治安、法制工作业务骨干培训班，编发《湖北森林公安法制论坛》专刊，加大对森林公安执法权的督促落实力度，及时指导市（州）县森林公安机关与当地政法委和公、检、法等部门联系协调，进一步明确和落实森林公安执法权。全省已有29个市（州）县森林公安机关开始独立行使刑事、治安执法权。7月25日至8月10日，在全省森林公安机关中组织开展了“规范执法行为，促进执法公正”专项整改活动等重点工作大检查；按照“下管一级”的规定，对襄樊、恩施等地森林公安机关领导班子调整进行了考核；对全省160多个森林公安派出所进行了等级评定，并向国家新申报了1个一级派出所，4个二级派出所，获得了国家批准。在等级评定工作的推动下，全省整合了一批森林公安派出所，实现了警力集中；一些地方将设置在林场的森林公安派出所剥离出来，实行县以下森林公安机关垂直管理，理顺森林公安管理关系。在确定宜昌市夷陵区森林公安分局、竹山县森林公安分局、英山县森林公安分局、安陆市森林公安分局为全省森林公安基层基础业务建设试点的基础上，各市（州）、县森林公安机关相应采取以点带面的方法，分别选择1～2个森林公安派出所作为基层基础业务建设工作的试点；3月份十堰市编委发文，在十堰市林业局公安科的基础上组建十堰市森林公安局，为副县级行政机构，核定编制15名；所辖各县（市）设立森林公安分局，为副科级行政机构。全省市（州）森林公安机关，除鄂州外，其余的已全部更名为森林公安局或森林公安分局；县（市）森林公安机关已有66个更名为森林公安分局，更名率86%；全省166个森林公安派出所，理顺垂直管理的有101个，全省森林公安整体面貌发生了重大改观。全省15个市（州）森林公安局（分局、科）、16个县（市、区）森林公安分局、3个森林公安派出所接入了森林公安信息网。

【森林公安查处案件】 2005年，全省森林公安机关共受理森林和野生动物案件7951起，查处7841起，其中，刑事案件388起，行政案件7453起，综合查处率为98.6%，处理各类违法犯罪人员8706人次，为国家挽回直接经济损失3736.3万元；全年省森林公安局发督办函33件，转办单6件，实地督办16次，重点督办查处了恩施非法猎捕运输珍贵濒危野生动物案、枣阳非法采伐林木案、大冶非法占用林地采矿案、襄樊市张仲军林木被毁案、洪湖市非法狩猎及经营野生动物案、巴东县野三关镇非法采伐林木案、通山县厦铺镇非法采伐珍贵林木案等46起有影响的案件，其中43起案件已查处到位。

【天门市打击破坏森林资源专项行动】 2005年4月1日至6月15日，天门市全体森林公安干警侦破、查处各类破坏森林和野生动植物案件30起，其中，积案10起，新发案件20起；行政处罚23起，其中行拘1人；移送司法4人；收缴木材165.7立方米，木材制品72件（套），减少林木损失243立方米，追缴赃款3.89万元，行政罚款5.92万元：清理有违法行为的木材加工点4个、动物交易所4个、酒店240家。

【林业执法专项行动】 森林公安机关在2005年4月1日至6月15日，积极开展打击破坏森林资源专项行动，期间组织开展了为期一个月的城市、公路护路行动。全省森林公安机关共出动警力38 357人次，查处森林和野生动物案件2821起，其中，刑事案件175起，治安案件89起，林业行政案件2557起，逮捕、刑拘犯罪嫌疑人127人，行政拘留93人，林业行政处罚2777人次，为国家挽回直接经济损失1840.9万元。武汉、黄石等地森林公安机关开展了“护蛙行动”，恩施、宜昌等地森林公安机关组织开展了“清理整顿建设工程非法占用林地行动”，咸宁、黄石、孝感、黄冈等地森林公安机关开展了“集中查处森林火灾案件行动”、荆州、潜江、孝感等地森林公安机关组织开展了“保护野生动物专项行动”、神农架林区、宜昌、襄樊等地森林公安机关开展了“追逃行动”，荆门、随州、宜昌、襄樊等地森林公安机关组织开展了以保护栎树林为重点的“惊蛰行动”，随州市森林公安机关组织开展了“狠刹征占用林地建坟风行动”等，全年各市（州）森林公安机关共组织开展区域性严打整治行动23个。全省森林公安机关组织开展了打击林区非法种植毒品原植物的禁种铲毒专项行动，共出动警力8730人次，车辆2178台次，清理国有林场、站、苗圃及林区基层单位929个，清理林区重点人员23 000余人，清理森林面积333.33万公顷，未发现非法种植毒品原植物和制毒、贩毒情况。

【五峰森林公安分局被授予全国优秀森林公安局称号】 2005年9月公安部、国家林业局作出决定，授予五峰土家族自治县森林公安分局为全国优秀森林公安局称号。五峰土家族自治县森林公安分局现有干警17人，承担着全县18.3万公顷森林管护任务，平均每名干警达1.1万公顷。该局成立20年来认真贯彻落实“从严治警，严格执法”的方针，强化“立警为公、执法为民”的服务意识，始终坚持政治建警的道路，全力实施“向作风要警力，向素质要效力，向形象要威力”形象工程，积极开展“破除特权思想，争当人民满意民警”等专项活动，有力维护了林区社会治安秩序的稳定，确保了全县森林资源的安全，创下了自建局以来无冤、假、错案、无败诉案件、无森林火灾的优异成绩。

【恩施州林业局荣获全国森林资源管理先进单位称号】 恩施州林业局在实施天保工程、退耕还林工程、野生动植物保护和自然保护区建设等林业重点工程以来，坚持依法治林。查处林业刑事、行政案件4843起，为国家挽回经济损失3000多万元。2005年全州森林覆盖率达67%、活立木蓄积达5000万立方米，2005年恩施州林业局荣获全国森林资源管理先进单位光荣称号。

【林业行政案件】 2005年全省共发生林业行政案件13 417起，查处13 244起，案件查处率为98.71%。全省林政案件的发生总数与2004年相比下降了32.8%，省林业局直接调查督办的案件54起，结案40起，结案率为74.1%；转到各市（州）、县查处的案件104起，结案82起，结案率78.8%。案件按类型分：乱砍滥伐林木案96起，滥占林地案17起，乱收滥购木材案13起，林地林权纠纷案9起，违规执法案10起，失火毁林案5起，乱采滥挖案2起，毁林烧炭案1起，其他林业案件3起；省林业局于2005年4~6月，与省公安厅、国家林业局驻武汉森林资源监督专员办联合在全省开展了打击破坏森林资源专项行动。全省各地在专项行动中共受理破坏森林资源案件4451起，查结4249起，处理违法人员4326人，其中，行政拘留93人，刑拘78人，逮捕49人，收缴木材6137立方米，木炭20吨，野生动物19 080只，罚款1675.8万元，补缴森林植被恢复费2791.11万元，为国家挽回经济损失4400多万元。在专项行动中，省林业局挂牌督办森林资源资源案件6起，市（州）林业局挂牌督办森林资源重点案件166起，已全部办结。针对群众举报少数地区存在非法生产经营白炭的问题，省林业局11月2日下发《关于进一步贯彻落实鄂政发［2002］13号文件精神坚决禁止毁林烧炭的通知》，要求各级林业主管部门把杜绝毁林烧炭纳入资源管理重点，对发现和举报的房县、广水、通山等市（县）发生的几起非法烧炭案件进行了查处。

【森林采伐】 2005年全省共采伐森林蓄积520万立方米，占年森林采伐限额的72%；完成木材生产计划165万立方米，占国家下达的木材生产计划的96%；2005年3月底完成了“十一五”采伐限额编制并上报国家林业局、省政府。根据近两年天保区人工商品林采伐试点的情况和有关县（市）政府的要求，经研究确定在原有试点县（市）基础上扩大试点范围，2005年3月向国家林业局上报了《省林业局关于天保工程区2005年开展人工商品林采伐试点的请示》，6月份国家林业局批复并下达了五峰、远安、兴山、长阳、利川、建始、宣恩、鹤峰、恩施、竹山、保康等11县（市）的人工商品林采伐试点。省林业局成立了采伐试点领导小组，制定了《天保工程区人工商品林采伐试点实施方案》；于7月上旬在利川市召开了采伐试点现场会，下达11县（市）人工商品林采伐试点计划81 769.87立方米。2005年

1月宜昌市、恩施州等地遭受了50年未遇的特大雪灾，经请示国家林业局批准下达天保区恩施州和宜昌市的灾害木采伐计划蓄积88 700.7立方米。省林业局对非天保工程区的黄冈、咸宁、松滋、罗田等市（县）下达了雪灾木采伐计划8120立方米。对群众举报来凤县白岩山药材场借采伐灾害木之机采伐健康林木的问题，及时进行了查处；按照国务院三峡建设委员会和国家林业局的部署，为保证三峡库区能顺利蓄水156米和水布垭库区顺利蓄水发电，确保大坝和库区安全，12月4日组织召开了三峡库区和水布垭库区林木清理工作会议，对林木清理工作的技术、标准、程序、要求以及检查验收等进行了安排部署；组织省林勘院于11月和12月对汉川、通山两县（市）2004年森林采伐限额执行情况和2005年天保工程区恩施、兴山、竹山、保康等县（市）人工商品林采伐试点情况及天保区开展人工商品林采伐试点的8个县（市）和5个雪灾木采伐县（市）进行了检查。省林业局对省水利厅河道管理局所管辖的堤防防护林采伐管理进行了调研，适当增加了省水利厅林木采伐指标蓄积量2.5万立方米。针对监利、洪湖两县（市）阻隔堤在采伐林木过程中出现的纠纷，派人及时与省水利厅有关部门进行了调查处理。针对武汉市河道堤防管理局未办证先采伐江滩林木的问题，省林业局督办省水利厅及时纠正错误行为并向全省水利系统下发了通报。

【林地管理】 2005年全省征收森林植被恢复费1.9亿元；省林业局组织完成了宜万铁路、武合铁路、武康铁路、随岳高速公路（中段、北段）、沪蓉西高速公路等一批重点工程占用林地审核申报工作，其重点工程的审核办证率达到100%，征收植被费占全省总额的70%以上。恩施、宜昌、随州、荆门、武汉、十堰6个市（州）征收植被费都超过1000万元，最多的恩施州达6700万元；全省共组织352个工作组，开展了为期两个多月的专项行动，查处违法占用林地案312起，罚款和补收植被恢复费2791万元。联合国家林业局驻武汉森林资源监督专员办，组织专人稽查，查处了大冶、麻城等市（县）的一批重点典型违法占用林地案件。2005年全省有74个县（市、区）开展了征占用林地审核办证工作；组织参加了全国3期征占用林地管理培训班；下发了《关于重点建设工程临时占用林地审批问题的紧急通知》和《关于依法加强征占用林地审核审批管理的通知》，对临时占用林地的办理、违法占用林地的处理、申报材料的组织等进行了规范。全省各项建设工程征占用林地的办证率以及办证的合格率不断提高。截至2005年12月底，全省上报和办理建设工程征占用林地审核手续462宗，面积2951.5公顷，征收森林植被恢复费1.9044亿元，与2004年1.28亿元相比上升48.43%。

【林权登记发证】 2005年9月，省林业局下发《关于在全省开展林权登记发证情况调查的通知》，在全省部署开展了林权发证情况县市自查工作。11月28日，省林业局向全省印发《全省林权登记发证工作检查验收方案》，部署了全省林权登记发证检查工作。

【林业站改革】 2005年全省有21个县（市、区）已经完成林业站改革，有39个县（市、区）对林业站的机构、编制、经费等系列问题已发文明确；省林业局认真贯彻落实省委17号和51号文件精神，加强林业站改革工作的指导和协调；组织调研组到十堰、黄冈、咸宁、襄樊、宜昌对林业站改革情况的调查，及时掌握基层改革的动态和问题，向省委、省政府和有关部门提交了《关于全省林业站改革进展情况的调研报告》，将林业站改革情况作为重要督查内容之一。2005年5月31日至6月1日，省林业局在南漳县组织召开了全省林业站工作会议，会议总结交流了林业站改革和建设的具体经验和做法，对下一步林业站改革和发展提出了具体要求和目标。组织实施了国家林业局批复同意夷陵、南漳、赤壁、罗田为2005年全国林业站建设重点项目，项日总投资144万元。

【赤壁市改革乡（镇）林业站机构】 赤壁市林业局本着公开、公平、公正的原则，重锤敲开林业站机构改革的大门。在这次改革分流的156人中、引入竞争机制、“阳光操作”，分理论考试、民主测评、党委推荐三个步骤进行。考核文化素质、业务能力；评议德、能、勤、绩表现。局党委按照综合素质推选，90%由个人考试和群众评议决定，做到了责任明确，纪律严肃，操作稳妥。出台优惠安置政策：一是组建木材经销公司返聘部分分流人员，让他们“分流不下岗”；二是区别对待，大龄职工可自愿申请提前内退，享受一定待遇，不参与竞岗；三是既未上岗又未被返聘的原在岗人员发放半年的生活费，让重新择业期间生活有保障；四是分流人员养老保险费应由单位缴纳部分仍由单位缴纳，减轻后顾之忧。

【森林资源清查与监督】 2005年省林业局配合国家林业局西北林业调查规划院开展了森林资源调查、核查和监督工作，对巴东、丹江口、通山、江夏、监利、仙桃、蕲春、枣阳、神农架等9个县（市）营造林综合核查、林地征用占用情况进行检查。2005年国家林业局驻武汉森林资源监督专员办被国家林业局评为全国打击破坏森林资源专项行动先进单位。4月11日专员办与湖北省林业局、湖北省公安厅联合召开电视电话会议，动员和部署全省打击破坏森林资源专项行动，以湖北省宜万铁路违法征占用林地案件等全省挂牌查处的6起案件为重点，专员办共督办案件20余起，对武汉市蔡甸区、麻城市违法征占用林地项目44项，面积427公顷已全部查处到位。2005年专员办依法调查督办各类林业行政案件99件，开展了洪湖、龙感湖、沉湖重要湿地及神农架、星斗山国家级自然保护区为主要对象的专题调研活动，加强了监督检查的力度。

【咸宁保护桂花资源】 2005年咸宁市林业局出台保护和发展桂花资源的政策. 对乱挖乱销桂花原树行为加以严惩。该市结合国家退耕还林的优惠政策，对桂花苗木生产经营实行奖励制度，实行退耕还“桂”。咸宁市的桂花种植面积已由1999年的0.23万公顷增长到2005年的0.33万公顷，桂花原树已经稳定在150万株以上，苗木经营户也由600户增加到3000多户。

【编辑出版《湖北古树名木》】 2005年省林业局对全省古树名木普查中采集到的资料进行汇编整理，选出具有代表性的古树名木800余株，编印出版了《湖北古树名木》。该书按保护类别进行分类、编号，对掌握全省古树名木资源现状，制定古树名木管理和保护措施，具有一定的指导意义。

【木材流通管理】 2005年全省各地对3648个木材经营单位、2238个木材加工单位进行了年检换证。省林业局下发了《省林业局关于对天保工程区木材加工企业进行清查的紧急通知》，要求各天保县（市、区）采取措施，严格按照要求以乡（镇）为单位核准1~2家木材加工企业，其余的全部关停；组织4个工作组对全省重点林工企业森林资源监督管理现状和森林资源监督员制度执行情况进行了为期10天的调研。针对重点森工企业森林资源监督管理工作普遍不到位、原材料供应严重短缺互相争夺激烈、乱收滥购情况严重、林业规费大量流失、特别是个别县违规操作为企业收购无证材“倒办证”等问题，加强了对重点森工企业森林资源监督管理的措施；向省政府上报了全省木材检查站设置调整方案，加强了行风建设，全年没有发生林业公路“三乱”问题。

【依法治林】 2005年全省林业系统重点普法对象参考率和成绩合格率均达到90%以上。省林业局共制发林业法律、法规解释性函件20多件，解答基层林业部门和有关单位、群众关于法律、法规方面的咨询80多次；办理国家林业局和省人大、省政府法制办提出的相关法规草案征求意见10多件（次），共提出修改意见30多条；修改制定了《湖北省林业局行政执法责任规定》、《湖北省林业行政执法过错责任追究规定》、研究制定了《湖北省林业局行政许可工作管理办法》；全省共换发《林业行政执法证》1000多个，对调离执法岗位和不能继续从事林业行政执法的人员，及时收回执法证；全年共发放执法文书1300多套；共接受10起法院、检察院介入的林业行政案件的咨询，并妥善得到解决；对国家林业局新增的丹江口、松滋、兴山、宣恩、京山等5县（市）林业综合行政执法改革试点单位，开展试点工作培训及改革方案的制定工作。

【林业科技】 2005年共争取各项科研项目经费600万元，其中：中央经费150万元，省级经费450万元；科研课题20项，其中：国家林业局项目13项，省科技厅项目7项，重点推广了10项林业先进实用技术，有10项林业科研成果获得省政府科技奖励，其中日本落叶松遗传改良与人工林培育技术研究和水杉、池杉良种繁育与推广2项获省政府科技进步一等奖；鄂西三峡农林复合结构优化技术研究和杉木优良变异类型——罗田垂枝杉的发现及其利用研究2项获省政府科技进步二等奖；保康野生紫薇种质资源保存、评价及开发利用研究，乌天麻与红天麻花期相遇调控及天麻原种高产栽培技术研究，鲁山杨等4个杨树品种的引种试验与推广应用，板栗早熟优质品系选育的研究，长江中游护岸护堤林优良类型推广应用和宜昌薄皮马尾松的发现与研究成果推广应用6项获省政府科技进步三等奖。培训林农100万人次；2个“948”项目即省林科院承担的美国西加云杉和省种苗站承担的日本山地杨项目通过国家林业局科技司组织的专家验收；对秭归、安陆、石首等林业标准化示范县进一步加大了工作力度；筛选出板栗丰产栽培技术等10项先进技术推广；重点抓杨树、湿地松等10个品种的示范园建设；开展了以板栗嫁接战役为主体的林业科技下乡活动。在历时50多天的时间里共组织全省30多个县（市）、122个专业服务队共计技术人员2618人，开展林农培训52万人次，完成了面积4.02万公顷总计36 187 253株的嫁接任务。湖北省速生丰产林工程技术研究中心正式运行，成立技术委员会，聘请一批优秀的林业专家为项目技术顾问，将中心划分为杨树新品种培育及开发，湿地松、火炬松优良新品系选育及开发，日本构树引种及快速繁育，林木病虫害防治及植物营养，产业化开发等5个课题组。省林木育种中心组织对四倍体刺槐快繁研究、鹅掌楸开发利用技术研究、杨树造林新技术推广应用等课题验收与鉴定；开展湖北省林木种质资源平台技术标准研制、“黑珍珠”树莓的引种与丰产栽培技术研究、湖北省主要造林树种苗木质量分级标准研制等自主筛选课题研究。

【林业教育】 2005年省林业局与北京林业大学、省

生态工程职业技术学院与北京林业大学签订协议，开展林业科技合作和在职研究生联合办学协议，其中研究生联合办学已开班，学员45人。2005年湖北生态工程职业技术学院共招收新生1158人，其中，全日制普通大专生1046人、在职研究生48人、成教本专科生64人。湖北省园林工程技术学校招中专技校生354人，大专生120人；校办产业产值突破600万，职业技能鉴定658人次，各类短期培训868人次，当年毕业生就业人数达到200人，是该校历史上人数最多的一年，毕业生就业率达96%，专业对口率为80%，就业质量普遍提高。该校所属的省林产工业总公司全年实现销售收入383万元，利润25.3万元。

【对外交流】 2005年3月省林木育种中心选派了2人赴日本进行优质果梅经营管理技术培训；通过省外专局申报、日本福岛县认可，省林科院选送1人赴日进行为期半年的林业技术研修。省林业局接待日本友人于11月3日来武汉开展了太子山林管局子弟小学助学活动期间，日本福岛县郡山市日中友好协会与湖北省对外友好协会签订了援助金额为230万日元的太子山林管局子弟小学助学五年计划协议书。组织了4个出国（境）团组的组织和考察任务。省林业局全年接待外宾36人次。接待了日本福岛县绿化协力队代表团、日本国际协力银行和日本山口大学考察团和日本福岛县郡山市日中友好协会代表团。6月14日副省长韩中学会见并宴请了世界自然基金会（WWF）英国分会主席罗柏特先生、6月19日副省长刘友凡会见了日本JICA中国事务所所长木村信雄先生。2005年省林业外资项目管理办公室先后接待了以项目经理刘瑾女士为组长的世界银行第三期林业贷款项目检查组、以项目经理本拉里先生为组长的世行四期项目检查组、以麦克森先生为组长的德国KfW银行项目考察组和以长濑诚先生为组长的日本国际协力银行项目检查组，每个检查组对湖北的项目执行情况给予了充分肯定。

【林业预算外资金征收与管理】 2005年全省共完成林业预算外资金征收22 160万元，其中，完成森林植被恢复费征收18 960万元；林业两金征收3200万元。完成下拨森林植被恢复费17 424.3万元。上缴省财政专户资金4083万元，其中，森林植被恢复费为3803万元，林业两金为280万元，专户缴存率为100 %。全年省林业局预算外资金2635万元，完成率比2004年净增835万元。全省共落实林业贷款资金9730万元，落实贴息资金481.6万元。组织3次外资造林项目报账，报账范围涉及到88个县（市、区），报账资金共计为16 695万元，实际到位资金15 915万元。共清理并归还国家林业局林业周转金20万元。

【重点工程资金稽查】 2005年湖北省林业工程资金稽查办公室针对天保工程、国债长江防护林工程、日本政府贷款造林项目、林业规费的征收等项目开展了稽查，稽查面占各项目区30%的县（市）以上。

【资金与计划管理】 2005年到位各类资金150 633万元，其中，退耕还林121 900万元、天保工程14 421万元、国债长防林资金1100万元、国债种苗资金334万元、国债重点防火区综合治理1569万元、国债森林病虫害防治资金350万元、中央预算内基本建设资金1449万元、省预算内基本建设资金1230万元、农业综合开发资金880万元、森林生态效益补助资金3100万元、中央财政资金1200万元、省级财政专项资金3200万元；2005年共落实财政事业费4753万元，其中，人员经费1491万元，离退休经费1271万元，公用经费197万元，项目经费1794万元。省林业局编制了《湖北省林业“十一五”规划和2020年远景目标》与2006年部门预算，完成了2004年度林业统计年报和2005年林业统计半年报，加强了统计数据的质量管理及对口支援三峡、援藏、扶贫和农业综合开发工作。

【林业规划设计与资格认证】 2005年林业调查规划设计单位资格认证工作取得新进展，全年完成了13家市（县）级林勘院（队）申报林业调查规划设计单位资格认证的审查发证工作，规范了市（县）级林勘院队的业务技术要求，省林勘院2005年全院共签订各类勘察设计（施工）合同218项，实现产值3091.5万元。

【林业重点工程监理】 2005年省林业勘察设计院林业重点工程监理公司完成了对麻城、红安等11个县（市）的退耕还林工程监理，完成了对长阳、五峰等4个县（市）的天保工程监理，完成了对谷城、枣阳等26个县（市）世行贷款项目和日本政府贷款造林项目的监理。

【石漠化监测】 全省岩溶地区石漠化监测工作于2005年3月启动，经过5个月的工作，在8月底省林业勘察设计院完成了56个县（市），668个乡（镇）的省级汇总和成果出数，并制定了治理规划。本次石漠化监测利用现代资讯手段，建立了专门的石漠化专题网络，编写了《石漠化监测教程》，加强信息交流，远程指导县（市、区）进行软件操作，加强数据分析和逻辑检查，保证了内外业工作质量。

【林业宣传】 2005年全省林业系统在各级新闻单位发表稿件超过1万篇（条）。省林业宣传中心发表新闻521篇（条），其中：在中央电视台一套节目发表新闻11条，在《人民日报》、《光明日报》、《经济日报》等权威媒体发表新闻28篇，在中央电视台《焦点访谈》和《经济半小时》等栏目播发了神农架天然林保护和野生动植物保护建设成就的典型报道，在《中国绿色时报》发表稿件100多篇，摄制了《绿染荆楚》、《洪湖湿地》、《魅力湿地》等9部电视专题片及2005年湖北省林业系统春节文艺晚会等大型节目在湖北电视台播出，在湖北林业网站刊用稿件1152篇。省林业局获得全国政协、全国绿委等6部委联合授予的关注森林组织奖，并获得18项国家级新闻大奖；省林业局的春节文艺晚会节目被湖北电视台授予观众喜爱的文艺晚会奖；中国绿色时报社和湖北电视台授予省林业宣传中心所属的记者站为先进记者站称号。

【林业期刊】 2005年，《湖北林业》（半月刊）24期、《花木盆景》（半月刊）24期、《绿色大世界》（绿色时尚）12期均按时或提前出版，无脱期或误期，无重大编校责任问题，杂志质量有明显的提高，发行、广告收入呈递增状态，发行渠道保持了原有的邮局订阅、邮局零售优势渠道的通畅和稳定，加大了发行“二渠道”的拓展和挖掘，二渠道发行量在总发行量中的份额逐年提高。已与国内各地50多家知名书商、批发商建立了良好的合作关系，“二渠道”网络不断延伸发展，杂志也随着发行渠道的扩大、通畅进入到千家万户。《湖北林业》按各订数按期准时分寄到各林业局，在由各林业局及时分发到基层林业单位。2005年《花木盆景》杂志完成了“稳中有升”发行总目标，“花卉园艺版”继续保持了发行量的稳定；“盆景赏石版”发行量在稳定的基础上有较大的提高；《绿色大世界（绿色时尚）》则在期刊市场上站稳了脚。每月均能按时出版、邮寄杂志，基本无拖欠等差错出现，保证读者在第一时间拿到刊物；对因邮寄遗失而没有收到杂志的读者做到耐心解释补寄及时，在广大读者中树立良好的服务形象。

【林业信息化建设】 2005年“金盾工程”、森林防火地理信息系统在全省启动。省林业局为78个市（县）的81个单位装备了微机、传真机、打印机等办公设备，全省森林公安网和湖北森林防火网已基本建成并正式投入使用，15个市（州）森林公安局（分局、科）、16个县（市、区）森林公安分局、3个森林公安派出所接入了森林公安信息网，所有市（州）、县均完成了森林防火地理信息系统数据采集任务，实现了森林公安信息管理由人工管理向微机管理转变。为做好林业产业信息收集和发布工作，省林业局每月编发了一期《湖北林业产业信息》，综合了国内外林业产业发展动态、国家产业发展方向、行业发展前景分析、市场行情等，为领导和有关处室研究林业产业发展提供了参考信息。为提高天保工程建设质量，进一步规范工程管理，省林业局在充分总结神农架开展天保工程信息管理系统试点经验的基础上，组织开发了湖北省天保工程信息管理系统软件，在全省天保工程区全面推行信息化管理。各地将森林管护、政策性社会性支出、养老统筹等人员信息输入了该系统，通过网络上报各类人员信息和报表，保证了信息传递的准确性和时效性，大大提高了全省天保工程管理的工作效率，在2005年召开的全国天保工程信息系统培训班上，湖北省神农架天保工程地理信息系统在大会上被作为典型介绍。省林业局开设湖北林业网站，全面启动了湖北省陆生野生动物疫源疫病监测体系建设，全省陆生野生动物疫源疫病监测工作从零开始。森林保护工作从指导和解决全省测报信息软件着手，对森防单元代码编制、辅助数据库建立、软件报表填写方法等作了统一要求，提高了上报数据的真实性和准确性。确保了全省整体上报率达到100%。省花木盆景协会在武汉花卉网和一品红两个网站上，制作了湖北花协网页，在网页上详细地介绍了省花协及其所属的几个专业委员会和职业培训中心的情况。省林业局加大了对湿地资源的调查和信息化工作，省湿地保护区网络管理中心、世界自然基金会（WWF）武汉办公室和中科院地球物理测量研究所共同合作建立湖北湿地保护区网络管理信息系统，通过该系统，在全省湿地资源调查的基础上，汇总并初步整理全省湿地资源数据，进一步做到并实现全省湿地资源的信息化。省林业工作站管理总站为发挥桥梁纽带作用，以《湖北林业站网讯》为抓手，对全省林业站改革和建设进行了宣传报道，全年编印《网讯》4期，发放6400余份。《网讯》开辟了林业站之窗、站长风采、先进人物之窗等专栏，加强了对基层林业工作站的宣传与管理。

【监利县林业局被授予省级文明单位称号】 监利县林业局被湖北省委、省政府授予2005年度省级文明单位称号。2001～2005年该局开展文明单位创建工作以来，全县共完成造林绿化面积2.8万公顷，年均人工造林绿化0.56万公顷，全县有林地面积4.8万公顷，其建设速度和规模名列全省平原县（市）前列；林产工业稳中求进，共完成林产工业总产值11.31亿元，实现利税1.61亿元，成为全县经济发展的支柱产业。文明单位创建工作，不仅促进了全县林业和社会经济的快速发展，同时，也进一步提高了林业的社会形象和地位。局机关庭院实现了绿化美化，改善了办公环境，提高了办事效率。

【党风廉政建设】 2005年收到和有关部门转来的人民来信计28件，按业务内容和干部管理权限转办了18件，自查核实了10件，全部办结。对于署实名举

报件，严肃认真、高度负责，细致深入地调查核实。省林业局对全省林业系统下发了《关于加强春节期间廉政建设的通知》。省太子山林管局纪委书记罗中元被省委授予全省纪检干部先进工作者称号。

【林业档案与信息】 2005年，全省市、县两级林业局和省林业局直属单位的档案达省二级以上的比例达到98.2%。新增省一级1个即咸宁市林业局，全省省一级达32个；新增省特级1个即南漳县林业局，全省省特级达4家。严格按照保密法和有关部门的要求，对局机关和局直各单位的保密、内保、计算机网络安全等工作进行了全面督查。加强了对“三密”文件和重点部门部位、环节的安全保密工作，没有发生泄密、失密和文件丢失现象。与省保密局联合转发了国家林业局、国家保密局《关于林业工作保密范围规定》，顺利通过了省保密局保密管理工作大检查。全年共编发《湖北林业信息》137期、《林情专报》81期。所发信息被国家林业局采用1016条，被省委、省政府办公厅采用48条，省委、省政府领导批示2条。

【人事管理】 截至2005年底，省林业局直属14个单位共1464名职工全部与用人单位签订了人事关系聘用合同和岗位聘用合同，并在省人事厅办理了鉴证登记手续。经省编委、省人事厅审核，省林科院等6个事业单位面向社会公开招聘工作人员，通过考试、考核与体检，共引进优秀大学毕业生16人，其中研究生3人。9月1～30日，举办了全省市（州）、县林业局长第八期培训班，共有45名学员参加了培训。新选派了3名优秀科技人员担任第八批科技副县、市长。新成立了省林业干部培训中心、省林科院森林生态研究室、省林业局生态公益林管理办公室、省野生动物疫源疫病监测中心等机构。至2005年底省林业局直系统共有女干部322人，占干部总数的31.8%。

【林业工会与后勤工作】 2005年新组建了九峰野生动物园、国家林业局驻武汉森林资源专员办事处和省森林旅行社基层工会组织，发展工会会员186人；在湖北省第十三届“兴农杯”运动会上，省直林业工会代表队获得团体总分第一名，组织扶贫送温暖200多人次、15万元。省林业局机关被湖北省绿委、湖北省直机关绿委授予园林绿化“花园式”单位称号；机关后勤中心车队被武汉市政府授予武汉市道路交通安全先进集体称号。

【林业社团组织】 2005年6月13日省林学会所属的用材林专业委员会、经济林专业委员会、林业教育专业委员会、林木育种专业委员会、森林保护及防火专业委员会、林产品加工专业委员会、森林旅游专业委员会和园林花卉专业委员会等8个专业委员会经省民政厅审核获准成立。编印出版了《湖北省第三届林业科技论坛论文汇编》。组织全省会员代表参加首届中国林业学术大会，5项科技成果有4项入围，其中有两项获奖，即省林科院罗治建竹林土壤——植物营养特性及优化施肥技术研究项目、湖北长江大学程水源提高银杏叶黄酮含量的调控技术研究与示范项目荣获首届梁希科学技术奖三等奖，省林学会获得到了首届梁希组织单位贡献奖。

省花木盆景协会组织各专业委员会和分会参加第六届中国花卉博览会；举办了9期园艺师培训班，培训学员277人；经省劳动和社会保障厅批准，已办理职业资格证书148人。其中：高级园艺师132人、园艺师12人、中级园艺工4人；协会所属的盆景、奇石、兰花、花卉与插花、市场管理等5个专业委员会新发展会员86人。

省兰花协会于2005年4月1～4日，与省林业局、中科院武汉植物园、省花木盆景协会兰花专业委员会在中科院武汉植物园联合举办了首届湖北省兰花博览会；于10月15～16日，在宜昌市召开了首届中国兰文化高层论坛，论坛由中国兰花协会、湖北省兰花学会和宜昌市政府联合主办，宜昌市林业局、市兰花协会承办。

省野生动物保护学会于2005年4月1日，在武汉西北湖广场举办了第二十三届“爱鸟周”宣传活动；在中科院武汉植物园举行了中小学生观鸟赛；在东湖鸟语林举办了鸟类知识竞赛活动。协会个体会员总数达到12 086名，其中，女性会员2874人，学生会员1255人，高级职称会员592人，团体会员102个，并全部实现了会员资料电脑数字化管理。协会于2005年再次获得中国野生动物保护协会组织发展工作先进集体荣誉称号。

省林业工程勘察设计协会对40家具备林业调查规划设计资格证书进行了年审，开展了优秀工程勘察设计评选活动，共评选出黄冈市下巴河大桥二阶段施工图设计等一、二、三等奖15个项目，开展了学术考察与调研活动。

省林业经济学会自2005年起，开办了会刊《湖北林业经济》杂志双月刊，共编辑出版了六期，开办了特别关注、理论研究、资源管理、绿色保健等9个栏目。

【宜昌召开首届中国兰文化高层论坛】 2005年，由中国兰花协会、湖北省兰花协会、宜昌市政府主办，宜昌市兰花协会和宜昌市林业局承办的首届中国兰花高层论坛在宜昌举行。论坛围绕兰花资源的开发与保护、发掘兰文化的内涵，进行了认真探讨，论坛发表了《中国兰文化宜昌宣言》。《宣言》指出：要认真完善兰花基地规划布局和结构，使已经开挖下山的兰花得到充分的保护利用；要大力培育兰花消费市场，倡导诚信经营，推动兰花出口，完善兰花产业标准，使兰花在加快经济发展中发挥应有的作用。

（湖北省林业由彭锦云供稿）

湖南省林业

【概　述】　2005 年，国家和省级投入 29.21 亿元。人工造林 28.8 万公顷，义务植树 1.13 亿株。营造林实绩综合核查居全国首位。有林地面积增加 15.4 万公顷，达到 1018.3 万公顷；森林覆盖率达到 55%；活立木生长量 3016 万立方米，产出 1860 万立方米，蓄积量增加 1156 万立方米，达到 3.79 亿立方米；毛竹生长量 2.26 亿株，产出 2.06 亿株，蓄竹增加 0.2 亿株，达 19.04 亿株。林业产业总产值 454 亿元。

中央林业决定贯彻落实不断深入　6 月，国家林业局下发《关于继续深入落实〈中共中央国务院关于加快林业发展的决定〉的意见》之后，省林业厅迅速下发了《关于进一步加强深入落实中央林业决定和我省意见的通知》，兴起了贯彻落实《决定》和《意见》的新高潮。到年底，14 个市（州）和 80 个县（市、区）召开了高规格的林业会议，42 个县出台了政策性文件。

林业改革迈出实质性步伐　一是林业产权制度改革迈出新步。省林业厅制定了《湖南省森林、林木和林地使用权流转暂行办法（试行）》等 8 个政策性文件。资兴市探索森林资源流转方法，流转林地 2.05 万公顷，吸引社会资金 1.2 亿元。推开了林地林权登记换发证工作。经国家验收的 43 万公顷退耕还林地完成发证核实工作。85 个县（市、区）启动了面上换发证工作，完成换发证面积 433 万多公顷。长沙市率先完成林地林权登记换发证。开展了森林采伐管理改革试点。产权制度改革促使了非公有制林业发展。全省 90% 以上的造林为各种不同形式参与的非公有制造林。二是综合行政执法改革进一步深入。在会同、桃江两县继续试点的基础上，国家林业局确定浏阳、株洲、洞口、北湖、祁阳等 5 个县（市、区）为第二批林业综合行政执法试点县，省林业厅增设沅江、龙山、桑植、双峰、澧县、洪江等 6 个省级试点单位。三是森工企业和国有林场改革有新进展。省直 6 家森工企业完成了资产评估、财务审计、方案制定等改制基础工作，改制方案得到了省国企改革领导小组批准，为全省第一家。全省国有林场近万名职工发展多种经营项目 3560 个，拥有非公有林 1.47 万公顷，非公有制产值达到 2.5 亿元。已参加养老保险的林场 140 个，参保职工 38 680 人，分别占国有林场总数的 78%、职工人数的 74%。四是顺应国家投融资体制改革拿出了新办法。年内，争取到中央项目投资 21 亿元。省财政投入达到 1.2 亿元。新增金融机构对林业项目贷款资金 4.8 亿元。省里还取消了 7 项林业行政事业性收费项目。

林业创新能力有所增强　一是尽力拓宽林业发展空间。省林业厅党组将全省林业发展思路科学地定位为“瞄准一个目标，实施‘三三’战略，推进九项工程，建设两大体系”。一个目标是到“十一五”期末森林覆盖率达到 57%，森林蓄积量达到 4.3 亿立方米；实施“生态、经济、社会三大效益一齐要、一、二、三次产业一齐上、林业、林农、林区‘三林’问题一齐抓”的“三三”战略；推进退耕还林、防护林、野生动植物保护及自然保护区、生态公益林、绿色通道、速生丰产林、种苗和花卉、林产工业、森林和湿地生态旅游等九项工程；建设完备的森林、湿地生态体系和发达的林业产业体系。省林业厅启动了湖南林业发展战略研究与规划和“十一五”规划编制工作。省政府聘请中国林科院江泽慧院长、彭镇华教授牵头组织林业发展战略研究与规划，与中国林科院在北京隆重举行了启动会，签订了合作协议书，在长沙联合召开了第一次专家会议。与此同时，认真组织了“十一五”规划编制。省林业厅下发了《关于进一步加强调查研究工作的通知》，组织开展了生态湖南建设、“三林”问题、林业在社会主义新农村建设中的地位和作用等前沿研究。受省政府委托组成综合调研组，对洞庭湖区杨树发展对区域经济和生态环境影响进行了调查，使多年困扰东洞庭湖保护区核心区的问题初步缓解。二是不断提高依法行政水平。《湖南省湿地保护条例》经省人大常委会会议通过。完成了《湖南省森林、林木和林地使用权流转办法》等政府规章的立法前期工作。《湖南省林业厅规范性文件管理规定》、《湖南省林业行政许可过错责任追究暂行办法》等制度出台。省政府公布了林业行政许可审批项目 34 项，非行政许可审批项目 1 项。根据“十五”森林资源二类调查成果，召开了全省首次森林资源状况新闻发布会。三是不断创新森林资源管理方法。高标准完成了“十一五”森林资源采伐编限工作。编限成果被国家林业局推荐为全国范本。为了规范征占用林地管理，省政府办公厅下发了《关于切实加强森林植被恢复费征收使用管理的通知》。省林业厅在部署各地自查工作基础上，对 9 个县（市、区）违法征占用林地进行了重点稽查。

66个项目依法补办了使用林地审核手续，补交森林植被恢复费700多万元。全年共办理征占用林地审核项目1116宗361公顷，森林植被恢复费征收基本到位。开展了规范木材生产计划安排行为的“阳光行动”。从7月1日起，全省运输证、采伐证、林权证、植物检疫证全部实行网上电子办证。结合落实中央对农民“两补一免”政策，森林生态效益补偿金由财政把补偿资金直接划拨到了银行，林农凭存折到银行直接领取，保障了林农利益。修订了《湖南省统一凭证运输木材具体名录》、《湖南省木材经营加工许可证管理办法》，开展了扩大出省木材运输证核发委托权范围的试点。完成了9503家木材经营单位、8828家木材加工单位经营加工许可证的年审，查处违章经营加工单位2380家，没收木材2万立方米，补交林业规费790万元。全年发生行政案件59 968起，查处59 011起。开展了创建全省林业站“文明窗口单位”活动。50个林业站被评为“文明窗口单位”。3月20日至4月19日的“火案一号”行动，出动警力2.3万人次，破获各类案件1972起，打击处理违法人员1716人。4月11日至6月15日的打击破坏森林和湿地资源专项行动，出动警力4.68万人次，破获、查处各类案件3592起，打击处理违法犯罪人员4415人，收缴木材6850立方米、野生动物1.4万只（条），处理2003年以来的违法使用林地案件1120起。全省森林公安机关共破获森林案件18 355起，依法打击处理违法犯罪人员23 733人，挽回直接经济损失13 344万元。检察机关共受理批捕案593件727人，已审结591件723人；受理起诉案798件971人，已审结779件938人。审判机关共审结涉林刑事案件701件，判处罪犯852人；民商案件1032件、诉讼标的9695万元；行政案件154件，解决争执山林面积1190公顷；其他案件617件；执行非诉林业行政执行案件322件。四是创新应对自然灾害机制。针对早春遭受大雪冰冻灾害的严峻情况，开展了雪压木竹的清理和采伐指标的争取工作。经过努力，国家增加湖南省商品材采伐限额233.55万立方米和毛竹采伐限额12 225.14万根，并等量增加年度木材生产计划。灾区林农短时间内完成了规模宏大的雪压、冰冻木竹清理工作。省政府出台了《关于进一步加强森林防火工作的通知》。各级政府提升了森林防火工作地位、全民意识、科技水平和应急能力。7个市（州）把森林防火工作纳入“双文明”目标管理考核实行“一票否决”，9个市（州）建立健全了下包一级的责任制，40个县（市、区）由党政一把手担任森林防火指挥部指挥长，1179个乡（镇）把森林防火责任书签到了村组和农户。全省有1321位市级和县级领导检查了森林防火工作，有1815位市级和县级领导指挥了森林火灾扑救。国家森林防火投入达到2600多万元；各级财政投入达到1650万元。8个市（州）和75个县（市、区）落实了每公顷0.5元的森林防火投入。森林火警火灾发生3058起，受害森林面积1.18万公顷，死亡21人，分别比2004年下降36%、31.6%和8%。制定了《湖南省林业生物灾害应急预案》和《湖南省防控林地红火蚁疫情应急预案》等预案。组织了松材线虫疫情发生区除治战役，达到发生面积和枯死松树双下降的成效。将松针褐斑病、红火蚁等7种病虫害定为补充林业检疫性有害生物。实施了萧氏松茎象、竹类害虫等国家级和省级治理工程。林业有害生物发生面积22万公顷，防治面积16.13万公顷。

重点工程进展顺利 退耕还林工程完成国家下达造林任务18.47万公顷，其中退耕地造林6.47万公顷，荒山造林6万公顷，封山育林6万公顷，新增投资19.23亿元。防护林工程完成营造林2.48万公顷。在86个县开展了石漠化监测工作，摸清石漠化总面积占国土面积的17.3%。野生动植物保护及自然保护区工程完成壶瓶山、莽山、珍稀雉类繁殖基地等国家重点项目，完成基本建设投资1556万元，制定了《湖南省野生动物疫源疫病应急处理预案》。设立国家级监测点6个、省级监测站18个，临时监测点1612个。生态公益林工程完成投资1.81亿元，对214万公顷生态公益林实行了补助。编制了中央森林生态效益补偿基金公共管护支出规划和实施方案。推行了林农分户和基层单位双层管护制度。长沙市、蓝山县等地启动了地方森林生态效益补偿工作。绿色通道工程投入资金1200万元，新建绿化林带292千米，植苗840公顷138万株。速生丰产林工程完成营造林15.6万公顷。种苗和花卉工程完成育苗2067公顷，生产合格苗6.1亿株。省林木种苗繁育示范中心建设有了新进展。新增花卉3000公顷，年产绿化苗木1.02亿株，盆栽植物300万盆，切花1840万支，草坪1000万平方米，药用花卉215万千克，总面积达到4万公顷，年总产值21亿元。成功组团参加第六届中国花卉博览会和首届中国绿化博览会。林产工业工程生产人造板190万立方米、林纸80万吨、地板900万平方米、家具120万件、松香2.5万吨、森林食品20万吨（含茶油9.8万吨）、林药16万吨。省级林产工业龙头企业达到49家。新树立林产品十大品牌。泰格林纸集团跻身全国纸业四强。森林和湿地生态旅游工程步上新台阶。森林公园引进资金3000多万元，新建了一批基础设施和旅游项目。新增省级公园3个，共接待游客710万人次，实现旅游收入6.5亿元，创社会产值37.8亿元。

营造林质量管理加强 省林业厅出台了中幼林抚育间伐实施意见，试点面积1.73万公顷。38个毛竹基地县建基地2.53万公顷，高标准示范林3400公顷。营造林提高了封山育林、低产低效林改造份量，增加了松树、杨树、毛竹、桉树、桤木等速生丰产林的比重。洞庭湖区杨树林达到26.67万公顷，湘西地区桤木林达到6.67万公顷，湘南地区桉树林达到3万公顷。

科技不断地融入生产 召开了全省林业人才工作会议，出台了《关于加强林业人才工作的意见》。科技投入达到6000万元，实施科技项目102项，建立试验示范基地48个，研制、开发新技术、新品种12个，建立试验示范林1万公顷。与中国林科院的科技合作不断深化，开辟了“人工林木材新品种、新技术研究与开发”合作新领域。杨树、桉树、桤木等短周期工业原料林新品种选育与丰产技术研究取得突破。油茶、毛竹等主要经济树种良种丰产栽培及加工利用技术研究居国内领先水平。油茶良种区域化试验项目区达到南方8省。成功开发出UF-G低毒粉状脲醛树脂、淡竹叶饮料、速生杨复合地板等新产品。实施成果转化项目31项，推广新品种、新技术90项。建立31个桉树树种、72个种源、242个家系的种源试验和种子园50公顷。林业信息化建设提速。实现国家、省、市（州）、县（市、区）与乡（镇）林业站五级联网，全系统的办公正向电子化、网络化、无纸化方向发展。全年鉴定科技成果8项，申请林业专利4项，制定、修订林业标准8项。获省科技进步一等奖1项、二等奖2项、三等奖4项，梁希科学技术奖二等奖和三等奖各1项，梁希科普奖集体奖和个人奖各1项。

招商引资工作有新突破 合同引进资金46亿元，到位资金9.92亿元。林业系统对外贸易额为9800万美元。6个引智项目、1个“948”项目获得国家支持。

存在问题 一是森林、林地、湿地资源供给与经济发展的需求矛盾尖锐，管理难度加大；二是林业改革的压力大。林业资源培育和管护的有关配套改革政策有待完善，基层林业机构和企业改革缺乏改制成本，改革的难度较大。三是林业基础设施依然比较薄弱，资金投入压力大。林业站不够稳定。四是中幼林抚育间伐工作难以推开，林地生产力处于较低水平。林业科技对社会的贡献率不高。做大做强林业产业的任务艰巨。五是干部职工的教育有待加强。

（蒋红星）

【曾庆红副主席赞扬湖南林业】 2005年4月6～7日，中央政治局常委、国家副主席曾庆红到湖南督导保持共产党员先进性教育工作。在听取省委、省政府工作汇报时，他对湖南造林绿化工作给予充分肯定。他说：“我今天在飞机上看到湖南的丘陵山坡都是树，郁郁葱葱，我感到非常高兴。这些年我发现湖南的植树造林、绿化工作有显著的成绩。过去就不是这个情况。以前，我们到越南，经过湖南、江西、广东，我们这边都是秃的，但是往越南、老挝那边都是青翠一片，特别是欧洲国家山上都是树，但是我们现在也差不多了。这对我们长远的生态环境、造福子孙后代确实是有战略意义的。” （胡 锋）

【《湖南林业发展战略研究与规划》】 2005年7月29日，《湖南林业发展战略研究与规划》启动会在国家林业局举行。国家林业局党组成员、中国林科院院长江泽慧和湖南省政府副省长杨泰波出席会议并签署协议书。国家林业局党组成员、副局长雷加富主持会议。10月30日，省政府和中国林科院在长沙召开了第一次专家会议，部署了研究计划。 （胡 锋）

【《湖南省湿地保护条例》】 2005年7月30日，《湖南省湿地保护条例》经省十届人大常委会第十六次会议通过，自2005年10月1日起施行。湖南成为全国第三个出台湿地保护条例的省份。《条例》主要对湿地的界定、湿地保护应当坚持的原则、湿地保护的管理体制、保护措施和湿地的开发利用、重要湿地的保护和法律责任等方面做了规范。 （贺志辉）

【首次石漠化土地监测】 2005年2～9月，湖南省根据国家林业局统一部署，开展了首次石漠化土地监测工作。监测范围为除长沙市外的13个市（州）、86个县（市、区）。为此，省林业厅成立了石漠化监测工作领导小组，制定了《湖南省岩溶地区石漠化监测工作方案》、编制了《湖南省岩溶地区石漠化监测操作细则》以及《湖南省岩溶地区石漠化监测外业技术要点》等文件。湖南省林业调查规划设计院为技术负责单位。监测采用卫星遥感、全球卫星定位系统和现地调查相结合的方法进行图斑区划和石漠化程度评定，运用地理信息系统进行图斑与数据的分析处理和信息管理。县级监测单位负责完成小班区划和外业调查。据监测，全省石漠化土地面积191.67万公顷，其中石灰岩地区石漠化面积147.87万公顷，紫色页岩地区石漠化面积43.8万公顷。（何友军）

【营造林实绩综合核查受表彰】 2005年6～8月，国家林业局委托中南林业调查规划设计院对湖南2004年度人工造林、更新实绩进行了核查（含当年封山育林实绩核查和2000年封山育林成效调查），对2001年度人工造林、更新保存状况进行了调查，并对2004年度退耕还林工程进行了实绩核查。根据国家林业局林资发［2005］224号文件关于核查结果的通报，湖南营造林各项综合评分为全国第一。

（何友军）

【退耕还林工程核查】 2005年，国家林业局对湖南退耕还林工程进行了核查。抽查了城步、岳阳、会同、醴陵、湘潭、雁峰、鼎城、永顺、宁远和桂阳等县（市、区），核实率99.6%，核实合格率100%，

人工造林实绩综合评分总分99.69，全国排名第二。（刘正平）

【林业信息化建设一期项目验收】 湖南林业信息化建设第一期项目于2002年初启动。按照“一年起步、二年展开、三年基本到位”的总体思路，2005年全部完成。2005年4月5日，省政府信息化工作办公室主持召开了验收会。中国科学院院士唐守正、陈火旺分别担任验收委员会主任、副主任。验收委员会认为，第一期项目建设符合《湖南省林业信息化工程总体规划方案》的要求，采用技术路线先进，具有很好的实用性、先进性和可扩展性，总体在国内同行业处于领先水平。（胡 锋）

【全省绿化先进单位和个人评比表彰】 2005年8～12月，省绿化委员会、省人事厅、省林业厅组织开展了全省绿化先进集体、绿化先进个人评比表彰活动。评选长沙县政府、攸县政府、湘乡市政府、绥宁县政府、鼎城区政府、桑植县政府、赫山区政府、汝城县政府、江华瑶族自治县政府、保靖县政府、靖州苗族侗族自治县政府、衡阳市财政局、新化县地方税务局、岳阳市风景园林局、常张高速公路建设开发有限公司、柘溪水电站、绥宁县妇女联合会等17个单位为全省绿化先进集体，骆秀富为全省绿化劳动模范，许仲新、葛汉栋为全省绿化先进工作者，王芝萍、谢小平、周雄、魏立刚、黄能超、王松云、吴克平、杨乔生、王向明、彭成初、杨志干、甘功宁、曹峰、王一农、杜彩云等15位同志记一等功。（蓝成云）

【参加首届中国绿化博览会】 2005年9月26日至10月16日，首届中国绿化博览会在南京市举行。湖南组织省内绿化企事业单位和花木之乡参加了室外造景、室内综合展览、插花展览、地带性植物展览和花卉苗木暨园林绿化机具交易会等多项展览、展示及交易活动，获得金奖1项，银奖2项，优秀奖2项和组织奖1项。（蓝成云）

【参加第六届中国花卉博览会】 2005年9月28日至10月7日，第六届中国花卉博览会在成都市举行。经过认真组织、精心制作，湖南展区获得金奖4项，银奖6项，铜奖11项，优秀奖10项。其中，室内布展和室外造景均获得金奖，成为本届花博会上此两项惟一获得“双金”的省份。（黎玉才）

【全国植物园学术年会】 2005年9月11日，全国植物园学术年会在长沙举行。年会的主题是“生物多样性保护与景观建设和谐发展”。与会代表围绕植物引种栽培与景观建设、特色专类园的建设与发展、植物园建设与城市可持续发展、植物园的科普教育与生态旅游、植物多样性保护的理论与实践等方面进行深入研讨和广泛交流。来自于国内外53个植物园的150多名专家代表与会。（胡 锋）

【第十届中国竹子之乡联谊会】 2005年10月28日，第十届中国竹子之乡联谊会在益阳市举行。会间，中国竹产业协会召开了第四次会员代表大会，选举产生了中国竹协第四届理事会。中国竹产业协会会长江泽慧到会讲话。（胡 锋）

【湖南省森林火灾应急预案实战演练】 2005年11月15日，省森林防火指挥部在全省森林防火会议上组织了《湖南省森林火灾应急预案》实战演练。演练现场设在永州市零陵区七里店办事处日升村贺家山林场。根据森林火灾的发生、发展，依次启动了预案规定的森林火灾Ⅳ、Ⅲ、Ⅱ级响应程序，参演的村民、森林消防专业队、民兵应急分队和森林防火指挥部成员单位在各级扑火指挥部的统一指挥下，快速反应，协同作战，使用风力灭火机、油锯、消防机动泵、森林消防车、直升机等现代灭火设施设备，成功扑灭了森林火灾。全省森林防火会议与会代表通过卫星视频和移动微波传输系统观摩了整个演练过程。演练情况同时通过湖南林业电子政务网直接传输到国家林业局和省林业厅。（杨跃前 刘师雄 徐 艺）

【中国洞庭湖湿地管理与可持续发展国际研讨会】 2005年11月22～23日，由世界自然基金会和湖南省人大农委、湖南省林业厅联合主办的中国洞庭湖湿地管理与可持续发展国际研讨会在长沙举行。省人大常委会副主任庞道沐出席并讲话。省林业厅葛汉栋厅长致辞。会议收到学术论文50余篇。与会国内外专家展开了热烈讨论。（胡 锋）

【张家界国际森林保护节】 2005年12月10日，由省林业厅和张家界市政府联合主办的以“自然、人文、和谐、发展”为主题的中国湖南张家界国际森林保护节在张家界市举行。省人大常委会副主任庞道沐宣布开幕。杨泰波副省长、张家界市委刘力伟书记为张家界城市吉祥物“娃娃鱼”揭幕。省林业厅葛汉栋厅长代表组委会致辞。森保节期间，召开了全省绿化表彰暨自然保护区工作会议。举行了中央电视台国际频道搭台张家界市与新西兰基督城进行市长国际连线、“走进森林、保护森林”大型境外媒体采风、娃娃鱼科学报告会及娃娃鱼产业发展研讨会、森林之旅百分百寻宝行动、全省茶艺师技能大赛暨名优茶评比和“湖南省十大名茶”评选等一系列活动。（胡 锋）

【7项林业收费取消】 2005年，省财政厅、省物价局《关于公布取消162项行政事业性收费项目和4项转经营服务性收费项目的通知》（湘财综［2005］19

号）决定：自2005年5月1日起，取消木材运输证工本费、林木采伐许可证工本费、驯养繁殖许可证工本费、特许猎捕证工本费、猎狩证工本费等5项中央立项的林业行政审批收费项目和木材经营许可证工本费、木材加工许可证工本费等2项由省财政厅、省物价局立项的林业行政事业性收费项目。（谢异平）

【湖南省林业站建设合格县达到91个】 2005年，经县、市两级申报，省林业厅验收，国家林业局抽查确认，宁乡、石门、赫山、常宁、衡南、衡山、衡东、东安、祁阳、武冈、邵东、邵阳、中方、涟源等14个县（市）达到了全国林业站建设合格县标准。至此，全省已有91个县（市）达到全国林业站建设合格县，占规划建设任务的90%。（蒲少华）

【林业有害生物防治协会成立】 2005年12月20日，湖南省林业有害生物防治协会成立大会暨第一届会员代表大会在长沙召开。会议讨论通过了协会章程，选举产生了第一届理事会，选举理事31人、常务理事18人。（黄向东）

【林业有害生物普查】 2005年，湖南省完成林业有害生物普查外业补充调查和内业整理工作。普查实际面积175.96万公顷，踏查线路25703条，调查贮木场1162个，调查苗圃24291.25公顷，调查的标准地数量11351个，标准地详查面积，采集的标本5426份，代表林分面积704.75万公顷。普查中新发现本地有害生物171种，外来林业有害生物19种。（戴立霞）

【补充林业检疫性有害生物名单制定】 2005年，根据《植物检疫条例》规定，结合全省林业危险性有害生物发生危害特点，在风险评估的基础上，省林业厅将松针褐斑病、毛竹枯梢病、柑橘溃疡病、板栗疫病、萧氏松茎象、红火蚁、加拿大一枝黄花定为湖南林业补充检疫性有害生物。（戴立霞）

【贫困林场脱贫项目】 2005年，湖南争取中央财政扶贫资金500万元，新启动了大围山林场、青石岗林场、岣嵝峰林场、四明山林场、河伯岭林场、桐山林场、塔市林场、荆竹山林场、大同山林场、江垭林场、宋坪林场、水口山林、九嶷山林场、龙山林场、齐眉界林场、高望界林场等16个贫困林场脱贫项目。（蔡兵）

【《关于进一步加强森林公园保护和建设的通知》】 2005年8月20日，湖南省政府办公厅出台了《关于进一步加强森林公园保护和建设的通知》。《通知》明确指出：森林公园所有建设项目的定点和设计方案必须遵照有关规定报林业主管部门审查同意；森林公园保护和建设要纳入国民经济和社会发展规划，加大投入；森林公园纳入公益事业单位管理，由当地编委核定编制后，所需管理经费纳入财政预算，实行定项或定额补贴；所有森林公园归口林业行政部门主管；设立森林公园或风景名胜区，两者不得交叉、重叠。（张长虹）

【省林业人才工作会议】 2005年12月15日，湖南省首次林业人才工作会议在长沙召开。会议传达了全国林业人才工作会议、全省人才工作会议精神，安排部署了“十一五”林业人才工作、科技和教育工作，表彰奖励了林业人才工作、科技教育工作先进集体和先进个人，颁发了《关于加强湖南林业人才工作的意见》。（谢丽）

【林业工程职称改革】 2005年，湖南省加大了林业工程改革工作力度，规定：县以下企事业单位的专技人员既可参加全国外语统考，也可参加由人事部门与主管部门联合组织的专业科技英语培训考试，且合格成绩都长期有效；县以下具有大专学历的，取得中级职称满7年后，可正常申报高级职称；县以下的专技人员，既可提供公开发表的论文，也可提供5000字以上的专业工作研究文章；对工作能力强、业绩突出、群众公认但在学历、外语、论文等方面达不到规定要求的，试行特别评审。根据新的评审政策，2005年全省参加林业高级职称评审的有99人，通过81人。（唐小翔）

【《百位三湘林人访》出版】 2005年10月8日，由葛汉栋和蒋红星、刘溅根历时9年撰写的《百位三湘林人访》一书由湖南人民出版社出版。该书作者向读者推介了战斗在林业战线或关心、支持林业的三湘林人的先进事迹和奋斗历程，讴歌了他们不畏艰辛、不辞劳苦、勇于拼搏的精神风貌，也真实地记录了湖南林业的一段发展史。（刘溅根）

【郴州运用直升机防治森林病虫害】 2005年5月，郴州市运用直升机喷洒“绿色威雷”防治松褐天牛，共飞21架次，防治面积1000公顷，开创了湖南运用直升机防治森林病虫害的先河。（李果）

【绥宁县黄桑自然保护区晋级为国家级自然保护区】 2005年7月23日，国务院办公厅国办发［2005］40号文件批准绥宁县黄桑自然保护区由省级升格为国家级自然保护区。黄桑自然保护区始建于20世纪80年代初期，总面积1.26万公顷，自然生态原始，山峦叠嶂、沟壑深邃，具备植物的典型代表性、物种的稀有性、生物的多样性、古老的自然性和植物区系的过渡性，是全球同纬度区区保存最为完好的亚热带湿润气候区森林生态系统。在3个植被型组、9个植被型、41个群系中，有中国特有属23属、特有种735种、国家重点保护植物21种；同时，有陆栖脊椎动

物223种、两栖类16种、鸟类114种。26种野生动物、59种野生植物被列入濒危野生动植物种国际贸易公约。木兰科、八角科等原始类群保存较多。

（戴求同）

广东省林业

【概　述】　2005年，全省各地认真贯彻落实省委、省政府《关于加快建设林业生态省的决定》和全省林业工作会议精神，开拓创新，真抓实干，林业工作取得新成绩。全省林业用地1100万公顷；活立木蓄积量3.67亿立方米；森林覆盖率57.5%。

林业生态县建设　各地根据《广东林业生态省建设规划》，认真编制市、县林业生态建设规划和“十一五”建设规划。按照《广东省创建林业生态县实施方案》的要求，积极开展创建林业生态县活动，大力保护和培育森林资源，加快林种树种结构调整，加强生物多样性保护和森林景观建设，提高生态功能等级和森林质量。省政府对第二批验收达标的郁南等8个县（市、区）和第三批验收达标的封开等10个县（市、区）授予了林业生态县称号。

造林绿化　全省完成造林作业面积19.7万公顷，新封山育林3466.7公顷，中幼林抚育19.1万公顷。全省新育苗1733.3公顷，可供苗木4.2亿株。广州、汕头、韶关、东莞、中山、肇庆、云浮等地积极开展创建全国绿化模范城市、模范县、模范单位活动，其中东莞、广宁、郁南、南澳等地被授予全国绿化模范城市（县）称号。

义务植树　3月2日，在中央政治局委员、省委书记张德江，广州军区司令员刘镇武，省长黄华华等领导的带领下，来自省、广州市机关干部，解放军驻粤海、陆、空部队和武警部队官兵等共1000多人在广州科学城内开展了义务植树活动，拉开了2005年全省义务植树活动的序幕。全年全省参加义务植树2743.8万人次，植树8455.5万株，尽责率为79.2%。

林业重点生态工程建设　各地继续抓好沿海防护林、“四江”流域水源涵养林、绿色通道（深汕、京珠、开阳高速公路等）、红树林、自然保护区、城市林业等重点生态工程建设。完成绿色通道造林作业面积2533.3公顷；沿海防护林造林作业面积1400公顷；珠江防护林造林作业面积3333.3公顷，封山育林760公顷。

林地、林木保护管理　严格征占用林地的审核管理，规范林地使用权流转，坚决制止和查处违法使用林地行为；认真落实破坏森林资源责任追究制度和案件报告制度；组织森林采伐限额执行情况检查；加强木材运输监督检查和木材检查站管理工作。省政府召开林地林权登记换发证工作总结会议，对林地林权证换发管理工作进行总结部署。

自然保护区建设　认真实施省人大议案，加快自然保护区建设步伐，扩大有效保护范围，实施科学规范管理。省政府批准南雄恐龙化石群、始兴南山、兴宁铁山等为省级自然保护区。至此，全省森林、野生动植物及湿地类型自然保护区共有237处，保护面积107.2万公顷，其中：国家级自然保护区5处、省级43处，市（县）级189处。

野生动物保护管理　组织开展“世界湿地日”、“鸟节”、“爱鸟周”等宣传活动；推行标记试点工作，建立和完善野生动物市场准入制度，规范野生动物驯养繁殖管理；开展野生动物疫源疫病监测工作；加快野生动植物保护工程建设步伐；切实加强红树林湿地的保护管理；举办以“野生动物、人、自然和谐发展”为主题的野生动物保护宣传月活动。

打击破坏森林资源违法犯罪行为　全年全省森林公安机关共受理各类森林和野生动物案件6348起，查处5670起，收缴国家保护野生动物5.7万只（头），收缴木材6万立方米，为国家挽回直接经济损失3798多万元。

森林防火　全省各地进一步落实森林防火目标管理责任制，加强森林防火宣传和森林消防队伍建设，抓好春节、清明、“五一”、国庆、重阳等重点节假日的森林防火工作，强化野外火源管理、火情监测和值班调度指挥，加强督促检查，启动粤北重点火险区综合治理工程建设。省政府召开重点市（县）森林防火工作座谈会，部署森林防火工作。全年全省共发生森林火警火灾212起，受害森林面积1400公顷，山火次数、受害森林面积与2004年同期相比，分别下降了54.8%和50.1%。加强生物防火林带建设，全省营造生物防火林带57.671千米，面积7.4万公顷。

林业产业　坚持以市场为导向，以林业经济结构调整为主线，广泛运用林业科技成果，大力发展非公有制林业。大力推广黎蒴乡土树种，稳步推进商品林基地建设，全省已建成商品林基地256.7万公顷。全省从事林产品加工经营的单位2.13万家，从业人员300多万人。进一步做好利用外资的服务工作，全省林业实际利用外资1.27亿美元。做好全省森林公园规划，加大管理力度，提高森林公园的建设管理水平，并积极培育森林旅游市场，全省已建立各类森林公园360处，总经营面积92.5万公顷，其中：国家级森林公园20处，省级46处，市县级294处。

依法治林　协助起草《广东省湿地保护条例（草案）》，并做好有关调研和协调工作；完成《广东省林木林地权属争议处理办法（送审稿）》的起草和报审工作。扩大林业综合行政执法试点范围。加强执法监督，开展全省林业行政执法大检查。提高普法实效，增强依法治林能力。健全林业规范性文件的法制工作机构审查、层级监督备案制度和行政处罚案件统计制度。加强林业行政许可管理和政务公开工作。

科技兴林　继续推进区域性林业试验中心和广东高科技园区建设，开展广东重要乡土阔叶树种遗传改良、地带性森林群落恢复技术研究与示范、城市林业优良树种选育、森林生态效益监测等重点科技项目研究，强化林业实用技术推广，加快标准化建设步伐，加强林业对外交流与合作，全面提高林业工程建设的科技含量。沿海防护林体系综合配套技术获国家科学技术进步奖二等奖，南洋楹优良种质资源及栽培技术引进获省科学技术奖二等奖，省林业调查规划院森林生态宏观监测系统研究获省科学技术奖三等奖；另有2个项目获广东省农业技术推广二等奖，1个项目获三等奖。

【广东省委、省政府作出加快建设林业生态省的决定】　2005年2月6日，广东省委、省政府作出《关于加快建设林业生态省的决定》（粤发［2005］3号），明确提出了加快建设林业生态省的目标任务：到2010年，全省50%的县（市、区）建成林业生态县（市、区），全省森林覆盖率达到58%，建设高效生态公益林345万公顷、商品林基地312.5万公顷，森林资源综合效益总值达到8800亿元，建成以森林植被为主体的稳定、安全的生态屏障，林业产业实力明显增强；到2020年，全面建成林业生态省，全省森林覆盖率达到60%，森林资源综合效益总值比2003年翻两番，达到18 800亿元，建成完备的国土生态安全体系和发达的林业产业体系，实现生态良好、生产发展、生活富裕、人与自然和谐相处的目标。

【李容根副省长看望海丰森林火灾救火伤员】2005年1月18日，李容根副省长、周炳南副秘书长等领导代表省委、省政府到省人民医院看望了在海丰森林火灾中受伤的救火人员，并亲切慰问伤员家属。

【广东省首个湿地公园在肇庆挂牌】　2005年1月29日上午，广东省林业局、肇庆市政府联合在肇庆市七星岩牌坊广场隆重举行了广东“世界湿地日”纪念活动暨肇庆星湖湿地公园揭幕仪式，成立了广东省第一个湿地公园。

【广东4个单位被命名为全国林业科普基地】　2005年2月，广东大雾岭省级自然保护区、广东省林科院、广东茂名森林公园、广东高要市林木良种繁育高新技术中心等4个单位被中国林学会命名为全国林业科普基地。

【国家林业局赵学敏副局长到广东调研】　2005年2月17～20日，国家林业局、国家发改委一行8人在国家林业局副局长赵学敏带领下，到广东开展沿海防护林和湿地保护专题调研。李容根副省长向调研组作了工作汇报。调研组对广东林业生态建设特别是沿海防护林建设和湿地保护给予了充分肯定，认为广东在自然保护区建设、湿地保护管理、沿海防护林及红树林建设中创出新经验，为全国林业发展作出了表率。

【湛江红树林国家级自然保护区管理局挂牌】　2005年4月，湛江红树林国家级自然保护区管理局正式挂牌运作。湛江市是我国主要的红树林天然分布区，全市有红树林面积7800公顷，占全国红树林面积的33%，占广东省红树林面积的78%。

【打击破坏森林资源专项行动】　2005年4月22日，省林业局、省公安厅联合召开打击破坏森林资源专项行动电视电话会议。会议决定从4月22日开始，在全省范围内开展一次打击破坏森林资源专项行动，依法打击重大破坏森林资源的违法犯罪行为。

【首次发布林业生态状况公报】　2005年5月，广东省首次发布了《2004年广东省林业生态状况公报》。公报指出，2004年是广东林业生态建设具有里程碑意义的一年，省委、省政府召开了全省林业工作会议，提出了建设林业生态省的宏伟目标，确立了以生态建设为主的林业可持续发展道路。一年来，林业生态建设稳步推进，森林资源管理水平不断提升，生态保护措施逐步到位，森林生态功能日益增强，全省生态状况明显改善，人居环境进一步优化。全省森林生态效益的总价值达6205.38亿元。

【“两广”谋求人造板业大发展】　2005年6月16～17日，广东、广西两省（区）人造板行业座谈会在东莞市召开。会上，通报了两省（区）人造板生产销售情况，交流了人造板生产经营经验，分析了行业发展趋势和面临的困难，提出了行业发展的意见和建议。会议认为，两省（区）处于泛珠三角合作区核心位置，人造板生产发展非常迅速，市场广阔，互补性、互助性、相融性极强，需要进一步加强联系、密切合作，谋求人造板业的大发展。

【绿色海疆万里行新闻采访团采访广东林业】 2005年7月8~11日，绿色海疆万里行新闻采访团深入湛江、茂名、江门、广州等市，就广东省沿海防护林体系建设的成就和经验以及在沿海防护林体系建设中遇到的问题和困难进行采访报道。采访团认为，广东省以防护林带、农田林网、山地绿化、居民点绿化和道路绿化连成一体的沿海防护林体系，对沿海的经济、生态安全等方面产生了巨大作用，不愧为中国南海岸的“绿色长城”。

【大型桉树论坛在肇庆举行】 2005年8月1~2日，由国家林业局速生丰产用材林基地建设工程管理办公室、广东省林业局、中国林科院热带林业研究所和中国林学会桉树专业委员会主办，肇庆市林业局承办的国内首个大型桉树论坛——广东（肇庆）桉树论坛在肇庆市举行。论坛的主题是：科学认识，坦诚交流。来自各有关方面的专家、学者400多人，以科学严谨的态度，从生态环境、经济价值、社会效益等多个方面为“桉树”正名，他们认为，大面积种植桉树利大于弊。

【李容根副省长调研林业工作】 2005年7月19日，李容根副省长深入到肇庆市高要蛟塘镇和肇庆市林科所调研林业工作。李容根强调，要大力推进科技兴林，带动林业产业化发展，抓好珍贵苗木基地的发展，促进肇庆市林业全面发展。

【组织开展森林火灾隐患大排查活动】 2005年10月10日，广东省森林防火指挥部发出通知，决定从10月10日开始在全省范围内组织开展为期60天的森林火灾隐患大排查活动。要求各地积极贯彻落实2005年全国森林防火工作座谈会和省政府办公厅《关于做好今冬明春森林防火工作的通知》精神，及时消除火灾隐患，减少火灾发生，切实做好今冬明春森林防火工作。

【广东省林木种苗示范基地通过验收】 2005年11月18日，广东省林木种苗示范基地项目竣工验收委员会召开验收会议，通过了广东省林木种苗示范基地的验收。省林业局局长邓惠珍出席验收会议，她指出，省级林木种苗示范基地项目是全省林木种苗工程的核心，在其中发挥着不可替代的带动作用。希望省级林木种苗示范基地以这次项目竣工验收为契机，勇于创新，加快发展，争取在现代化育苗、优良乡土树种繁育、城市林业树种培育、林业生物肥料研发等领域进入全国先进行列，把示范基地建设成为全省林木种苗行业的信息中心、龙头企业和现代林业的示范平台，带动全省林木种苗良种繁育体系建设，为建设林业生态省和绿色广东作出应有的贡献。

【12项广东省地方标准通过专家审定】 2005年11月，广东省质量技术监督局在广州召开广东省地方标准审定会，通过了油茶丰产栽培技术规程、橄榄丰产栽培技术规程、笋用云南甜竹丰产栽培技术规程、粉单竹丰产栽培技术规程、红树林造林技术规程、水源涵养林营造技术规程、利用森草净防除薇甘菊技术规程、柚木栽培技术规程、乐昌含笑栽培技术规程、加勒比松栽培技术规程、速生丰产林基地建设技术规范、广东省主要阔叶树种子质量分级等12项省地方标准的审定。

【与越南林学会开展林业交流合作】 2005年12月14日，越南林学会代表团到广东考察。双方互相介绍了林业建设情况以及林学会情况，并就如何开展林业交流合作交换了意见。双方都表示，要进一步发展双方林学会的交流与合作，促进双方在林业科技、生态建设、林业经济发展等方面的交流与合作，推动双方林业的发展。

【全国政协人资环委、国家林业局联合调研组到广东调研自然保护区建设情况】 2005年12月15~18日，全国政协人资环委、国家林业局联合调研组一行，到广东就自然保护区建设情况进行了调研。调研组听取了广东省林业局、惠州市政府和广东内伶仃福田自然保护区负责人的汇报，实地考察了惠州市象头山国家级自然保护区和深圳市内伶仃福田国家级自然保护区。全国政协人资环委陈邦柱主任等对广东自然保护区的建设和管理给予高度评价，认为广东省自然保护区的建设和管理已走在全国前列，许多经验和做法值得各省借鉴。

【营造林实绩连续5年受表彰】 国家林业局组织开展全国营造林实绩综合核查，并通报了2005年全国营造林实绩综合核查结果。广东营造林实绩突出受到了国家林业局表彰。自2001年起，广东省已连续5年受到国家林业局的通报表彰。

【林地保护管理工作受表彰】 国家林业局组织有关单位对全国200个县级单位2004年以来占用林地情况进行了检查。广东等7省的项目（面积）审核率和森林植被恢复费收缴率连续两年达100%，受到国家林业局的通报表彰。

【林木种苗检验水平和检测能力受表扬】 2004年11月至2005年2月，国家林业局对全国28个省级林木种苗质量检验机构和内蒙古、吉林、龙江、大兴安岭森工林木种苗质量检验机构的检验水平和检测能力进行了考核，广东等6省省级林木种苗质量检验机构的考核成绩在95分以上，受到了国家林业局的通报表扬。

【荒漠化和沙化监测工作受表彰】 2005年，国家林业局表彰第三次全国荒漠化和沙化监测工作先进集体和先进个人。广东林业调查规划院生态监测分院被评为第三次全国荒漠化和沙化监测工作先进集体，广东省生态公益林管理中心张苏峻被评为第三次全国荒漠化和沙化监测工作先进个人。

【打击破坏森林资源专项行动受表彰】 2005年7月，国家林业局通报表彰在全国打击破坏森林资源专项行动中涌现出来的先进集体和个人，其中：广东省林业局、广州市林业局、韶关市林业局、肇庆市林业局4个单位被授予全国打击破坏森林资源专项行动先进单位，广东有4位同志被授予全国打击破坏森林资源专项行动先进个人。

【8人荣获全国优秀护林员称号】 2005年，国家林业局、中国农林水利工会全国委员会联合表彰优秀护林员。广东林业系统钟成玖、钟水鉴、刘永权、黎泰基、黎建强、周锦文、黄招平、卢镜全等8人被授予全国优秀护林员称号。

【林业宣传获国家表彰】 在第二届关注森林奖评选中，广东省林业局获关注森林组织奖，8件作品分别获得关注森林新闻奖一、二、三等奖，1件作品获得关注森林文化艺术奖。

【参展绿博会获奖】 2005年9月26日，首届中国绿化博览会在南京隆重开幕。广东参展的室外景点“南粤和园”被绿博会组委会评为室外景点类金奖，室内展区被绿博会组委会评为室内布展类金奖，广东省绿化委员会获得组织工作奖，另有多个项目荣获盆景艺术类、名优植物类银奖和优秀奖。

【造林绿化工作受国务院表彰】 在2005年全国造林绿化表彰动员大会上，广东一大批单位和个人受表彰。东莞市荣获全国绿化模范城市称号，广宁县、郁南县、南澳县荣获全国绿化模范县称号，另外有6个单位荣获全国绿化模范单位光荣称号，9个单位被评为全国绿化先进集体，6人被评为全国绿化劳动模范（先进工作者）。

【绿色生态惠州建设】 2005年11月24日，惠州市委、市政府出台《关于建设绿色生态惠州的意见》。决定从2006年起，利用3年时间，投资4.15亿元，在市区基本建成4个城市森林公园，惠东、博罗和龙门县在县城周边分别建成1个城市森林公园；建设以市区三环路为中心，9条出口公路为射线的“一环九线”绿色长廊；建成东江生态休闲公园；抓好潼湖湿地自然保护区建设；建设沿海防护林和滨海红树林；抓好采石取土场复绿；抓好全市公路路基绿化以及公路两旁的山地绿化，基本完成“裸体山”绿化任务；建设村庄风景林（树）；抓好城市绿化，使城市人均公共绿地面积达8平方米以上，城市绿化覆盖率达到38%以上，城市道路绿化率达95%以上，全市园林单位占60%以上；全市森林覆盖率达到60%以上，绿化率达到92%以上。11月25日，该市召开动员大会，正式拉开了建设绿色生态惠州的序幕。

【东莞市创建全国绿化模范城市】 近年来，东莞市委、市政府将创建全国绿化模范城市作为该市建设“生态绿城”、“一年一大步、五年见新城”的重要目标之一，全市上下积极行动，扎实推进“创绿”工作，于2005年10月顺利通过了检查，被全国绿化委员会授予全国绿化模范城市称号。

【林业工作重要会议】

全省林地林权登记换发证工作会议 2005年12月20日上午在广州市召开。会议总结了3年来全省换发林权证的工作，表彰取得显著成绩和突出贡献的先进单位和先进个人，部署今后工作。会议由省政府周炳南副秘书长主持，副省长李容根作了讲话，省林业局局长邓惠珍作了工作总结，省政协副主席王兆林出席会议。据统计，到2005年11月底为止，全省已换发林权证36万本，核定118万多宗林地，其中：已核发确认林地所有权的林权证面积960万公顷，占全省上报林地总面积的89%；已核发确认林地使用权的林权证面积800万公顷，占全省上报林地总面积的74.4%。

全省林业局长会议 2005年3月24日在江门市召开。会议传达了全国林业厅（局）长会议精神，学习贯彻中共广东省委、省政府《关于加快建设林业生态省的决定》，交流创建林业生态县经验，总结和部署全省林业工作。会议还对被省政府批准为林业生态县的郁南、新丰、始兴、阳春、四会、源城、惠城、白云等8个县（市、区）授牌。

全省依法治林工作会议 2005年5月31日在东莞市召开，这是广东省第一次召开规格高、规模大的林业法制工作专题会议。会议传达了全国依法治林工作会议精神，总结交流全省林业法制工作经验，研究部署全面推进依法治林工作。会议提出：紧紧围绕以生态建设为主的林业发展战略，深入开展林业法治行动，全面推进依法治林，努力实现立法由注重强化行政权力向注重维护经营者权益拓展、执法由多头分散向综合集中拓展、监督由注重事后追究向注重事前防范拓展、普法由内向型向外向型拓展，把林业的各项工作纳入法制化轨道。

全省林业科技教育人才工作会议 2005年11月17日在广州市召开。会议的主要任务是：贯彻落实有关会议精神，总结和交流“十五”时期全省林业科技、教育、人才工作的成绩和经验，分析林业科技、教育、人才工作面临的新形势和新任务，部署“十一五”全省林业科技、教育、人才工作。

全省生态公益林工作会议 2005年8月10日在阳江市召开。会议总结1999年以来全省生态公益林建设管理和效益补偿工作，研究部署今后一个时期的生态公益林管理工作。广东省1999年开始实施生态公益林效益补偿制度，成为全国惟一省级林业分类经营改革试验示范区。2005年，全省实施效益补偿的省级生态公益林面积达345万公顷，每年产生的主要生态效益折算成经济效益约为73.3亿元，受惠群众达2591万人。

全省自然保护区工作会议 2005年8月16日在深圳召开，这是广东省在建国后首次召开全省自然保护区会议。会议总结2000年省人大议案实施以来全省自然保护区建设所取得的成就，全面分析面临的形势与任务，部署当前和今后一段时期全省自然保护区建设管理工作。会议提出，2010年广东省要新建125处自然保护区，使全省自然保护区总数达到330处，陆地总面积127万公顷，占国土总面积的7.2%。省林业局局长邓惠珍作了讲话，副局长陈俊勤、邓梦柏，纪检组长倪南青，助理巡视员王惠恒等出席了会议。（广东省林业由彭尚德、谭成略、黎明供稿）

广西壮族自治区林业

【概　述】

林业生产 2005年，全区完成植树造林面积190 700公顷，占年度计划的94%。其中，荒山造林面积完成123 970公顷，迹地更新53 570公顷，低产林改造造林13 160公顷。植树造林按用途分，用材林150 590公顷，经济林13 250公顷，防护林26 760公顷，薪炭林85公顷，特种用途林8公顷。全区封山育林面积96 410公顷，占年度计划的93%。幼林抚育作业面积513 190公顷次。中幼龄林抚育面积124 300公顷。全区义务植树6115.8万株。全区实现林业产业总产值293亿元，比2004年同期增长18.6%，其中第一产业184亿元，比2004年同期增长9.5%，第二产业产值103亿元，比2004年同期增长39.18%，第三产业产值6亿元。木材产量503万立方米，人造板产量339万立方米，比2004年同期增长101.78%。木片产量82万立方米。松香产量33万吨。木浆纸产量62万吨，比2004年同期增长40.9%。

退耕还林工程 2005年，全区新增退耕还林工程建设任务15.07万公顷，其中，退耕地还林1.73万公顷、荒山荒地造林6.67万公顷、封山育林6.67万公顷。安排在79个县（市、区）和2个区直林场实施。退耕地还林任务用于优先解决超计划实施问题，荒山荒地造林任务重点支持速生丰产林发展，封山育林任务重点安排石漠化治理。

各地抓好历年工程造林面积的补植、补种和抚育管护工作。据各项目单位自查结果，新增的工程任务在年内完成13.86万公顷，占任务的91.98%（其中：退耕地造林1.65万公顷，占任务的95.11%；荒山荒地造林5.56万公顷，占任务的83.43%；封山育林6.65万公顷，占任务的99.74%）。余下少部分将于2006年上半年完成。而历年退耕地还林合格保存面积为19.51万公顷，占历年累计退耕地还林计划任务的95.65%。

2005年，自治区林业局继续深入开展营造林“保质提效行动”，下半年又在全区各市（县）全面开展营造林管理稽查工作，全面加强工程管理，提高造林质量和成效，进一步巩固退耕还林成果。此外，召开了全区工程封山育林工作会议和举办封山育林管理培训班，制定下发了《广西壮族自治区工程封山育林项目管理暂行办法》，从封山育林项目建设布局、项目管理、技术标准、封育措施、合格标准和检查验收等环节全面系统地进行规范。本年度全区对退耕还林县级作业设计严格把关，组织专家集中审核了设计成果，确保在突出重点的原则下，妥善处理超计划实施面积的遗留问题。同时，采取措施，进一步规范和加强工程造林检查验收工作，自治区林业局择优选定南宁达尔沃监理公司、南宁林业设计院2个单位承担完成2005年度退耕还林工程自治区复查工作，对全区40个工程县进行了抽查检查。继续在平果等10个县（区）的14个监测站（点）开展退耕还林工程效益监测，并对监测阶段性成果作了评价总结。

2005年国家共安排全区退耕还林各项补助经费87 660万元（包括历年退耕任务的继续补助部分），其中补助粮食折款69 720万元、现金补助6640万元、种苗造林补助费11 300万元。年内，全区已兑现粮食补助款22 429万元、现金补助1144万元、种苗和造林补助费1868万元。年初自治区政府下发了《关于加快退耕还林政策兑现工作的紧急通知》（桂政办电［2005］1号），并从自治区退耕还林工作领导小组成员单位中抽调人员，组织开展了政策兑现督查。8月，自治区政府办公厅发出了《关于全区退耕还林政策兑现情况的通报》（桂政办电［2005］243号），促使各地采取有效措施，加快了政策兑现步伐。

2005年，全区工程造林质量和成果巩固得到良好发展，大部分工程县的造林面积核实与合格情况比较稳定，与2004年自治区级复查的结果基本持平。主要问题是造林进度较往年稍慢，个别县任务完成较差和封山育林合格率较低；一些地方退耕还林成果巩固不力，复耕复垦、林粮间作现象依然存在；政策兑现以及林权证发放工作进度不理想。

速生丰产林建设 2005年，广西营造速生丰产林12.35万公顷。其中：荒山荒地造林8.09万公顷，迹地更新造林3.44万公顷，低产林改造造林0.82万公顷。按树种分，桉树、相思等工业原料林9.75万公顷，良种松、杉等大径级用材林1.97万公顷，任豆树、红锥、西南桦等珍贵用材林0.63万公顷。按投资主体分，林场（国有、集体）造林4.15万公顷，龙头企业造林2.88万公顷，农户造林5.32万公顷。全年完成造林投资129 585万元，其中：国家投资18 017万元，地方配套资金8768万元，国内贷款10 403万元，利用外资14 664万元，自筹资金46 485万元，其他资金31 248万元。

年内，广西继续推进林浆纸、林板一体化建设，拓宽融资渠道，落实有关政策与配套，吸引各类资金参与营造速生丰产林。区政府以桂政发［2005］14号文将广西速丰林建设列为广西11个农业优势产业发展之一。规划“十一五”期间新增速生丰产用材林66.67万公顷，每年计划完成速丰林造林13.34万公顷。其中：沿海林浆纸项目区域以速丰桉为主的短轮伐期浆纸材工业原料林31.67万公顷，其他区域以速丰桉、良种松、大叶栎等为主的短轮伐期浆纸材和人造板材工业原料林15万公顷，以速丰桉、良种松、杉、西南桦、任豆树等为主的大径级用材林14.67万公顷，竹林5.33万公顷。到2010年，全区速生丰产用材林将达到186.67万公顷以上，年生产商品木材达到2000万立方米以上，力争桉树速丰林的平均每公顷出材量达到120~150立方米，比现在增加一倍，发展节约型林业。此外，区政府办公厅又以桂政办发［2005］103号文规定从2005年起至“十一五”期间，每年在部门预算中安排一定的专项资金，对速丰林建设发展成效突出的市、县（市、区）进行奖励。

绿色工程 2005年全区绿色工程建设完成27 629.7公顷，占年度计划的107.4%。其中，宜林荒山造林6946.2公顷，退耕还林5024公顷，疏残林改造2194.5公顷，石山封山育林9135公顷，未达标补植2741公顷，退牧还林1481公顷。交通部门重点加强高速公路、国省干线公路绿化种植，完成绿化里程1712.1千米，占计划的148.5%。其中，种植榕树、紫荆、黄槐、樟树、阴香、杜英、速生桉、马占相思、台湾相思等乔木74.54万株，种植夹竹桃、大红花、小叶女贞、黄素梅等灌木38.32万株，直播台湾相思树种212千米，种植草皮40 000平方米，配套交通部西部科研项目种植绿化景观示范路15千米。铁路完成绿化里程63千米，占年度任务的153%，种植各种树木23.8万株。水利部门完成水库第一面坡植树绿化面积716公顷。

珠江防护林工程 年内广西19个工程县（市），共完成造林6137公顷，占计划任务的85.2%，其中：荒山造林5997公顷、低产低效林改造140公顷。按林种分，防护林4477公顷、用材林1449公顷、经济林211公顷。完成封山育林12 268公顷，占计划任务102.3%，其中无林地和疏林地封育7384公顷。共投入资金1636万元，其中国家投资1391万元。大多数项目单位将项目造林主要安排在高速公路两旁和生态地位重要、生态环境脆弱的荒山荒地，将封山育林安排在石漠化地区，突出生态建设的主导地位，确保重点防护林工程发挥应有的作用。举办了全区重点防护林建设与管理培训班。继续实行作业设计专家会审制度。各项目县在签订林地使用合同的基础上，采取专业队造林、造林承包制、质量包干制、招投标制、监理制和报账制等各种措施，加强造林和资金管理，提高建设质量和成效。

沿海防护林工程 年内广西8个工程县（市、区）完成人工造林2320公顷，占计划任务的100%。按林种分，防护林1864公顷、用材林456公顷、经济林15公顷。其中，年内完成红树林590.6公顷，占计划任务的98.4%，主要树种有无瓣海桑、秋茄、红海榄、白榄等。共投入资金966万元，其中国家投资660万元。各项目单位认真搞好造林作业设计，北海市各县全部应用GIS地理信息系统制作电子图库，提高工程管理水平。加强对造林工作的检查指导，把好质量关。强化项目资金管理，北海、防城港市由林业局、发改委、财政局、监察局等部门组成的监督检查组对项目的实施情况和资金使用管理情况进行督查，确保资金专款专用和工程建设成效。存在的主要问题是红树林造林成活率仍然偏低，特别是无瓣海桑受低温危害严重。

石漠化治理 2004年12月至2005年8月，全区组织完成了首次石漠化监测工作，涉及70个县（市、区）。制定了《广西岩溶地区石漠化监测操作细则》和《广西岩溶地区石漠化监测工作方案》。下发了《关于开展全区石漠化监测调查工作的通知》，176人参加石漠化监测技术培训班。9月1日，监测成果通过了由林业、国土、环保、科研、设计部门的专家组成的评审委员会的评审。

2005年3月25日、26日，自治区林业局分别在田阳县那坡镇永常村和凌云县东和乡白马村半站屯，

举行南方石漠化山地植被恢复技术应用示范建设项目启动仪式。田阳县示范点面积66.7公顷，投资100万元；凌云县示范点面积100公顷，投资83万元。示范项目由中国林科院亚林所负责技术指导，采用林农复合生态经济系统研究成果和多项先进实用技术，配合退耕还林工程进行实施。广西还结合退耕还林工程和珠江防护林工程开展石漠化治理工作，如退耕地造林优先安排在石山坡耕地，封山育林90%以上的任务安排在河池、百色、崇左、南宁等石山地区，以有效加快石漠化治理步伐。

封山育林 2005年，国家在退耕还林工程中首次安排封山育林任务，其中安排广西66 666.7公顷。各地开始按照新的《封山（沙）育林技术规程》开展封山育林工作。年内新增封山育林面积96 417公顷，其中：退耕还林工程完成63 700公顷、珠江防护林工程完成12 268公顷。按封育地类分，无林地和疏林地59 928公顷、有林地3013公顷、灌木林33 476公顷。年内，广西将封山育林作为营造林的一项重要工作来抓，严格把好作业设计关，将封山育林作为退耕还林工程造林作业设计审核的一个重点内容，确保按照高标准、严要求进行实施。2月初，自治区林业局派出调研组到大新、龙州、天等、凌云等石山县开展封山育林调研，总结各地的经验教训，研究改进封育管护措施。修改完善并印发了《广西工程封山育林管理暂行办法》，进一步规范和加强封山育林工作。7月5～7日，自治区林业局在凌云县召开了全区工程封山育林工作会议，对搞好以退耕还林配套66 666.7公顷封山育林为主的封山育林工作进行了具体布置，并对与会代表进行了培训，为高标准、高质量实施工程封山育林打下了基础。

种苗建设 据统计，2005年全区全年完成林木种子采收11.6万千克，完成育苗面积1400公顷，培育苗木数量约5.9亿株（其中：容器育苗约3.2亿株、良种苗木约2.3亿株）。4～5月份，经自治区林业局分别对全区的玉林、贵港、钦州、防城港、北海市以及六万林场、博白林场、七坡林场、钦廉林场、高峰林场和广西林科院等十几个单位的退耕还林、速生丰产林和重点工程造林种苗进行抽检。共抽查了1个种子样品，19个苗批，合格率为89.5%，比2004年抽检的合格率提高5个百分点。

2005年是广西实施种苗工程建设的第七个年头。全区共利用国债资金投入种苗基础设施建设的项目57个，总投资11 464万元（其中：中央投资8730万元，地方配套投资2734万元）。建设总规模8346公顷。8月份，自治区林业局成立林木种苗工程检查领导小组，并由计财处、种苗站、稽查办、质检站及广西林业勘测设计院等单位抽调有关人员组成检查组，在各市（林场）自查基础上进行全面检查。检查结果，至2005年6月底止，全区种苗工程已建成投产的项目31个，占种苗工程总数的56.4%；正在建设或即将建成投产的项目有18个，占种苗工程总数的32.7%；没有动工的项目6个，占种苗工程总数的10.9%。

2005年新建、续建林木种苗工程3处，其中：林木良种基地2处、林木采种基地1处，建设规模约554.3公顷。利用国债投资240万元，地方配套投资60万元。

打击破坏森林和野生动物资源违法行为 2005年，广西森林公安狠抓队伍建设，积极开展创建市级森林公安分局无违法违纪单位活动，进一步加强对市级森林公安机关领导班子的考核。2005年全区共有11个市级森林公安分局被评为无违法违纪活动单位。有14个市分局和18个区直所的领导班子接受了考核，2005年全区2个单位被评为全国森林公安系统优秀公安局、1个单位被评为全国森林公安系统优秀基层单位、15个单位被评为全区森林公安工作先进单位、1个单位获集体二等功、15个单位获集体三等功，1人被评为全国优秀人民警察、3人被评为全国森林公安系统优秀人民警察、33名民警获个人三等功。自治区森林公安局党支部被评为2005年度先进基层党组织。

全区森林公安机关开展了打击违法侵占用林地专项行动、“海鹰二号”行动、火案攻坚战等一系列打击破坏森林和野生动植物资源违法犯罪行为活动，同时还开展破案竞赛活动。据统计，2005年全区公安机关共受理各类森林案件12 090起、查处11 772起，其中刑事案件905起、侦破737起；受理林业行政案件11 185起，查处11 035起。打击处理各类违法人员13 547人，其中：逮捕568人，治安拘留360人，罚款4043人。通过查办案件共挽回直接经济损失3339.15万元，其中：收缴木材66 210.3立方米，收缴野生动物及其制品35 549只（头）（其中：国家一级保护野生动物93只、国家二级保护野生动物5618只）。打掉包括国家林业局挂牌督办的广西河池市金城江区覃后朝、韦海杰非法买卖木材票证案等涉林违法犯罪团伙一批。

重点公益林保护和管理 2005年，国家林业局、财政部确认全区国家级重点公益林面积383.8万公顷。2005年中央森林生态效益补偿基金安排广西补偿面积233.3万公顷，其中国家重点公益林补偿面积140.74万公顷，占国家级公益林面积36.7%。

2005年，对国家级重点公益林补偿范围进行调整并按统一合同样式重点签订了管护合同，经调整后补偿范围涉及103个县（市、区）、10个自治区直属林场、12个市属林场和10处国家级保护区。涉及农户1 006 837户，涉及林农4 441 715人，落实专职护林员23 270人。

2005年，自治区林业局、财政厅制定了《自治区级重点公益林区划界定办法》和《自治区级重点公益林区划界定技术实施细则》。各地按照林农自愿的原则，对自治区级重点公益林进行了区划界定，全区自治级重点公益林为134.73万公顷。经过对自治区级以上公益林进行重新区划界定和调整，广西自治区级以上公益林面积为518.53万公顷，占全区林地总面积的34.86%。

森林防火 2005年，全区各地全面贯彻落实全国春防现场会议、秋冬季森林防火工作电视电话会议精神，进一步深化地方行政首长负责制，精心安排部署，制定切实可行的措施，落实了预防为主、严防严守的工作责任，坚持“全社会抓保护、全民搞防火、政府负全责”的运行体系，实施了“以专为主、快速反应、重兵扑救、打早打小”战略战术，较好地构建起了思想教育、火源监管、火灾扑救的坚固防线。

2005年，全区共发生森林火灾688起，其中：森林火警351起，一般火灾337起，没有发生重大森林火灾；火场总面积13 091公顷，受害森林面积2466.6公顷，森林火灾受害率为0.25‰。因火灾烧毁成林蓄积153 218立方米、幼林99.5万株，其他损失折款195.3万元；出动扑火人工66 377工日，出动扑火车辆7014台次，支出扑火经费231.9万元；人员伤亡11人，其中：轻伤8人，死亡3人。已查明火因590起，火因查清率85.7%；已处理火灾案件404起，处理人数370人，其中移交公安机关刑事处罚人数88人。

与2004年同期相比，2005年全区森林防火工作取得了“三降”、“两减”、“双无”的好成效：森林火灾次数下降52.3%，火场总面积下降61.1%，受害森林面积下降64.4%；森林火灾受害率减少0.27个千分点，死亡人数减少82%；无重特大森林火灾、无重大人员伤亡事故。

林政资源管理 2005年，自治区林业局对森林采伐指标的分配、林木采伐许可、木材运输许可以及林地征占用审核审批等各项行政审批的申请条件、审批依据、审批程序和受理审批时限等进行全面的修改完善。

2005年，对木材生产计划指标的安排实行营造速丰林用地指标、中幼林抚育间伐、现有速丰林采伐和其他采伐指标分类管理，优先满足了国家建设用地、发展速丰林及受灾木采伐等所需指标。2005年共分5批编制下达木材生产计划850.5万立方米（出材534.5万立方米），并将自治区预留及国家林业局追加的266.2万立方米采伐限额指标追加给有关编限单位。加强木材生产计划、采伐证发放、采伐源头的监督管理等措施。国家林业局中南林业调查规划设计院对广西年度森林资源消耗量核查结果表明，广西已连续5年未发现超限额、超计划采伐情况。

2005年，先后完成了全区资源数据的审核、合理年采伐量的审定和限额建议指标的确定。经国务院批准，广西“十一五”期间年森林采伐总限额量比“十五”期间增加了882万立方米，占全国增加总量的1/3强，商品材采伐限额比“十五”期间增加1168万立方米，占全国增加总量的26%。

2005年4月1日至6月30日，在全区范围内组织开展了打击破坏森林资源专项行动。据不完全统计，全区专项行动共出动执法人员21 580人次，查处各类破坏森林资源案件3857起。其中，刑事案件147起，行政案件3710起。逮捕69人，刑事拘留78人，行政处罚3710人，没收违法所得235万元，罚款326万元，没收木材9728立方米。2005年全区共查处各类林业行政案件19 813起，案件查处率99.85%。

2005年广西进行了森林资源连续清查第七次复查。制定了《2005年广西森林资源连续清查第七次复查工作方案》、《2005年广西森林资源连续清查第七次复查技术方案》和《广西森林资源连续清查第七次复查工作责任管理与奖惩办法》，召开了全区森林资源连续清查第七次复查工作会议。完成了全区第七次连续清查复查4948个样地的外业调查。

2005年，组织开展全区2003年、2004年度《责任状》核查工作。组建自治区核查工作总队，组织64人的核查工作队对14个地级市28个县（市、区）和10个市属林场（保护区）2003~2004年度《广西壮族自治区“十五”期间领导干部任期森林资源消长目标责任状》及绿色工程执行情况进行全面核查。自治区政府对各市执行责任状的情况进行了通报，表彰百色市、钦州市为执行优秀市。

加强对木材运输证核发与管理的监督检查，进一步加强对木材运输的监督管理，规范木材流通秩序。同时，开展全区林业系统治理公路“三乱”工作。

林地管理 2005年，自治区林业局对自治区和国家审核审批的用地项目，力求做到审批前组织人员到现场核实，审批后派出执法人员跟踪检查监督。全年全区各级林业主管部门共依法审核审批工程建设项目占用征用林地438宗，面积2265.84公顷，收取森林植被恢复费14 896.04万元。抓好林权登记发证试点，优先完成退耕还林林权登记发证任务。2005年自治区在资金比较困难的情况下，挤出资金补助各市、县开展林权登记发证工作。

森林病虫害防治 2005年，广西林业有害生物防治工作投入资金150万元建设广西天牛防治体系基础设施实验室及药剂药械储备仓库。生产质量合格的白僵菌粉22.82万千克，采购储备林业有害生物防治专用药剂45吨，施药器械350台，为应急防治提供保障。提高基层森防技术人员素质，自治区共培训专业技术人员300多人次，各地也根据工作需要举办了

各种不同层次和类型的技术培训班。各地加强测报工作，2005年全区林业有害生物监测面积为980.68万公顷，监测率为90.00%；林业有害生物发生面积29.97万公顷，应防面积9.31万公顷，防治面积7.99万公顷，防治率为85.83%；种苗产地应施检疫面积1778.7公顷，完成1773.4公顷，检疫率为99.9%，查处检疫违章案件133起。设置松材线虫病重点监测点60个，一般监测点40个。加大对突发性林业有害生物的监测力度，如：入侵红火蚁、广州小斑螟、焦艺夜蛾、竹节虫、杉树螟蛾、油茶尺蠖等。制定试验推广灯光引诱和性诱监测技术方案，选择北流、玉州、全州、灵川、宾阳等5个市（县）作为承担松毛虫性诱监测林间试验点。

野生动植物保护管理 自治区林业局在“爱鸟周”、爱护野生动物宣传月期间举办了以宣传保护野生动植物和湿地为主题的摄影展、知识竞赛等系列宣传活动。实施白头叶猴、黑叶猴、雉类、苏铁和兰科植物等濒危物种的拯救保护工作，研究人工繁育雉类野化放归种群发展。依法强化野生动植物的猎捕、采集、收购、运输、加工经营和进出口的管理和监督。开展野生动植物利用产业普查，大力支持野生动植物人工培育和开发利用，全区有野生动植物养殖、经营企业370家，其中实验用猴存栏达50 000只，为全国第一大实验猴养殖基地。启动野生动物疫源疫病监测工作，共布设国家级监测站4处，省级监测站台13处。

自然保护区建设和管理 2005年，全区林业系统新建自然保护区3处，自然保护区数量达59处，面积为151.3万公顷，分别占全区自然保护区数量、面积的81.9%和96.4%，构筑了全区自然保护区的主体。其中国家级自然保护区7处，自治区级自然保护区37处，市级2处，县级13处。

2005年，自治区林业局组织自治区级评审委员会对拟晋升或功能区及范围调整的保护区进行了评审。经专家预审，确定了岑王老山、千家洞、九万山3处自治区级保护区符合建立国家级自然保护区条件，上报国家林业局统一报送国务院，并已获国家级自然保护区评审委员会评审通过。对金钟山、龙滩和崇左白头叶猴保护区申报国家级保护区工作已全部准备完毕。新建茅尾海红树林、雅长兰科植物、大桂山鳄蜥等3处自治区级自然保护区。摸清了姑婆山、龙虎山2处自治区级保护区的资源，并进行了功能区区划，根据当地重点项目建设要求，调整了龙山自治区级自然保护区功能区。

2005年国家林业局批复猫儿山、十万大山等2处国家级自然保护区基础设施建设项目可行性研究报告，批复的中央投资额度为1530万元，地方配套1054万元；自治区下达1410万元用于45处自治区级以上保护区的管护经费，从而增强了保护区设施建设和管护能力。

林业科技 年内由自治区林业局组织申报国家及省级科技项目30多项，获批准科技立项20项。其中重点工程科技支撑项目2项，得到国家财政和区财政对林业科技投入达600多万元。①以《石漠化治理科技示范项目技术方案》为依据启动了石漠化综合治理两个示范项目。年内国家林业局另安排全区石漠化治理示范项目，项目投资90万元，示范面积200公顷。②组织推广优良乡土树种造林技术。2005年新建优良乡土试验示范林333.33多公顷。2005年新建尾圆桉、尾赤桉示范林700公顷、相思100公顷，澳大利亚杂交松150公顷。

年内，全区共取得科技成果10项。其中，广西速丰桉数表研制、十万大山自然保护区生物多样性保护研究等居国内同类研究领先水平。广西速丰桉数表研制和无色松香酯类树脂的研制获2005年度自治区科技进步二等奖。

3月24～26日自治区林业局在田阳县那坡镇开展送科技下乡活动。据不完全统计，全年全区林业系统送科技下乡达1000多人次，分发石漠化综合治理技术等资料3000多份（册），枇杷果苗600多株，苏木种子150千克。

桉树、松脂、竹子、香料、花卉等方面产业化均取得显著的效果。特别是桉树育苗技术2005年在广西已形成了年产组培苗3500万株、扦插苗3.5亿株的生产能力，综合生产能力比2004年增长了15%以上，其组培及扦插育苗技术达到年产值8750万元，实现税利3500万元。同年新增桉树速丰林面积15万公顷。资源县、金秀县分别获全国杉木、八角标准化示范县称号。

年内，邀请了美国国际纸业、芬兰雅哥贝利、日本国际协力机构（JICA）、澳大利亚科工组织的专家30多人次来广西开展林业技术交流研究合作、举办论坛及讲座。同时组织林业科技人员专业考察团10个赴国外培训和学习考察。澳大利亚昆士兰林业局马可博士和拉斯特先生两次访问了自治区林业局，并就澳大利亚杂交松引种、产业开发等达成了初步协议。12月自治区林业局金大刚副局长率团赴澳大利亚考察杂交松项目。

12月在南宁召开广西林业科技大会。东门桉树项目组和广西林科院松树项目以及韦炬、韦元荣、吕郁彪、项东云、李春干和何强等人获科技重奖奖励。会议还表彰了26个2001～2005年度林业科技工作先进集体和94名先进个人。

林业宣传 2005年广西林业宣传围绕广西林业的中心工作，采取文字、图片、图像、网络、声音等多种宣传手段，以植树节、“爱鸟周”宣传等为契机，精心策划，认真实施为推动广西林业跨越式发展创造良好的舆论氛围。据不完全统计，仅自治区林业局在区内外报刊、电视台、电台等新闻媒体发表的林业新闻达85篇，组织专版和专题报道7个，全年共出版《广西林业》杂志6期。建立了自治区林业局的新闻发言人制度。加强了对自治区林业局先进性教育活动的宣传，时间长达半年，图片报道60多张，出版简报23期。在广西林业信息网络发表林业新闻142条，5.7万字，图片130幅。共出版《广西林业简报》12期，100多条信息，7.1万字。出版《广西六大林业重点工程采风摄影作品集》大型画册3000册。举办了全区林业系统宣传写作培训班。广西电视台《绿色新视野》栏目全年播出43期。

（蒋桂雄　黄伯高　刘海龙　肖爱祥　尹国平　覃英繁　吴小珊　张振球　余　钊　农永和　刘杰恩　邱承刚　陈　瑚　魏绣枝　蒋卫民）

【国有林场建设】 2005年广西有各级国有林场153个（含中国林科院热带林业实验中心），实行自治区、地级市、县（市、区）3级管理，其中自治区直属15个（含代管1个）、地级市属14个、县（市、区）管124个。年末职工36 314人，离退休职工17 620人。经营面积117.67万公顷，其中，有林地89.44万公顷，新造林未成林地13.8万公顷；森林活立木蓄积量5732.1万立方米。年末固定资产原值19.39亿元，比2004年增长3.2%；净值13.86亿元，比2004年减少1.3%。全年实现工农业总产值17.07亿元（按现行价计），比2004年增加18.5%。其中，第一产业11.22亿元，第二产业4.97亿元，第三产业0.72亿元。经济总收入12.97亿元，增加23.5%，缴纳税金3885万元，增长8.5%；上交林业基金2250万元，减少14.7%。153个国有林场中，有86个亏损，亏损额6652万元；有67个盈利，盈利额4859万元，盈亏相抵后净亏1793万元，比2004年减亏107万元。

营林生产 完成荒山造林5181公顷，迹地更新造林21 476公顷，低产林改造2855公顷。在造林面积中，营造速生丰产林41 671公顷（含对外租地营造速丰林15 890公顷），营造经济果木林717公顷。全区国有林场年末经济果木林总面积7.66万公顷，职工人均拥有经济果木林2.1公顷。幼林抚育作业面积16万公顷，实际面积8.98万公顷；育苗385公顷，其中年内新育170公顷。

林产品生产 生产木材169.68万立方米，比2004年减少7.9%；销售木材147.1万立方米，较2003年减少4%；年末库存木材49.85万立方米，较2004年增加17.8%。生产松脂1.1万吨，松香3万吨，生产八角0.37万吨，生产玉桂0.2万吨。纤维板18.2万立方米，木片出口1万绝干吨，比2004年减少38%，占全区木片出口总量7.88万绝干吨的12.7%，创汇107万美元，减少2.2%。

林区基本建设 年内全区国有林场林区基本建设设施主要有公路8796千米，林道19 509千米，防火线13 028千米，瞭望台314座，通讯线路里程2213千米。年末实有房屋建筑面积106 751万平方米，其中职工住宅63 398万平方米。

森林保护 年内，在森林防火、病虫害防治管理方面，狠抓队伍和基础设施建设，实行责任目标管理，取得较好成绩。年底全年无发生重大森林火灾；森林病虫害发生面积19 677公顷，发生率2%，防治面积16 851公顷，防治率98%。

科技兴林 年内，由东门林场承担的桉树引种改良及高产栽培综合技术研究获广西林业科技大会颁发的重奖。

职工自营经济 2005年，广西国有林场职工自营经济以提高职工自营经济效益为重点，积极探索鼓励和扶持职工自营经济的多种形式和途径，巩固和推动职工自营经济的健康发展。由于受进口水果的冲击，国内各类水果价格不断下跌，而木材价格不断上涨。2005年国有林场职工自营经济种植面积大幅度增加，种植品种也由经济果木林向速丰林逐步转移。水果产量较2004年增加，收入比2004年有所上升。据统计，2005年林场职工自营经济种植面积8.6万公顷，总收入2.1亿元，纯收入8982万元，人均年纯收入2897元；参加户数为21 814户，占总户数的70%；参加职工达31 010人，占职工总数的85%。国有林场从事自营经济的职工参加户数为2.2万户、参加职工3.1万人，自营经济逐渐成为增加职工收入的主要渠道。通过发展职工自营经济，部分职工生活正向小康迈进，已涌现出一批依靠科学，依靠勤劳致富的职工。如东门林场2005年职工自营经济收入最高一户达20万元，有60%的职工自营经济收入超过5万元。

林场改革 ①创新机制，强化措施，促进速丰林稳步发展。各林场不断完善各种造林机制，推行合作造林、股份造林、国有民营等新的经营模式，明确各方面的权责利，确保国家、集体、个人三者利益兼顾，全年营造速丰林4.17万公顷。②改进帮扶办法，职工自营经济逐步见效。针对当前专职从事自营经济的职工，受水果市场价格下跌的影响，收入较低，生产生活较为困难的情况，一些林场采取建立分类扶持机制（如发放生活补助、无偿提供肥、农药、实行价格补贴等）、调整经营重点、组织自营产品销售等措施，扶持职工自营经济，2005年职工自营经济人均年纯收入2897元，比2004年增长18%。③探索组织结构调整，走集团化的发展道路。由8个自治区直属林场的优良资产共同组建的广西高峰林浆纸业集团有限公司，于2002年11月挂牌成立。目前该集团已与芬兰斯道拉恩索公司达成建设120万吨浆、90万吨纸和纸板加工厂，配套建设16万公顷工业原料林

基地的林浆纸一体化项目协议，项目已于2005年12月底上报国家发改委申请核准并取得了阶段性成果。

存在问题 ①林地被侵占仍然是全区国有林场面临的一个相当严峻的问题。被侵占林地最严重的是东门林场，被侵占面积为6200公顷，占该场经营面积的30%。②国有林场职工的养老保险都未实行社会保险，基本生活待遇没有保障，后顾之忧得不到解决。③国有林场的生产生活基础设施简陋。由于地处山区，交通不便，有的林场分场还未通公路。有的林场职工目前的饮用水达不到国家规定的饮用水卫生标准，严重威胁着职工的身体健康，打水井、建水塔已成为当务之急。许多林场的电网及输电线路已老化，也急需改造和维修。④国有林场经济增长缓慢，负债较重，缺乏发展资金。（苏　丽）

【林业产业建设】 2005年全区木材产量503.25万立方米，同比增长3.1%；竹材产量19 638.64万根，同比增长9.3%。全区木竹综合利用加工业实现总产值49.47亿元，其中，人造板制造业产值33.96亿元，锯材、木片等加工业产值8.71亿元，木质家具等其他制造业产值6.33亿元。

人造板制造业 全区人造板产量339.56万立方米，比2004年同期增长101.57%。其中，胶合板134万立方米，比2004年同期增长12.69%；纤维板166.05万立方米，比2004年同期增长18.12%；刨花板12.28万立方米，比2004年同期增长49.21%。

林浆纸一体化 2005年，自治区党委、政府和各有关部门继续全力推进林浆纸一体化重大项目的组织实施，使钦州和北海两大林浆纸一体化项目前期工作取得了重大进展。11月7日，自治区政府主席陆兵主持召开了沿海两个大型林浆纸一体化项目协调会，研究解决金光集团钦州林浆纸一体化项目和斯道拉恩索公司北海林浆纸一体化项目原料林基地等问题。11月8日，自治区发改委、自治区林业局专门召开会议，对贯彻落实协调会精神进行了研究，就加快项目推进的相关问题提出了解决意见。

森林旅游 2005年全区主要森林旅游景区景点接待游客325.36万人次，同比增长13.29%，以门票为主的直接旅游收入达2.27亿元，同比增长11.27%。其中森林公园接待游客252.65万人次，同比增长9.99%，以门票为主的直接旅游收入达1.92亿元，同比增长4.92%。姑婆山、八角寨、大瑶山等国家森林公园利用旅游国债等方面资金，基本完成第一期建设，初步建成广西森林公园的精品，并成为当地的旅游精品项目。

松香生产 广西有松香生产企业110多家，年生产能力60万吨。据统计，2005年生产松香28.2万吨，生产松节油3.6万吨，生产松香、松节油深加工产品约6万吨，与2004年基本持平。松香及系列产品销售收入约26亿元，比2004年增长53%。农民采割松脂收入约18亿元，比2004年增长80%。全年提供出口松香、松节油及深加工产品近20万吨，占全国出口量的50%，占世界松香贸易量的35%。出口创汇约1.6亿美元，比2004年增长60%。

栲胶生产 广西有栲胶生产企业2家，年生产能力1.35万吨。2005年生产栲胶8088吨，比2004年增长近50%；生产其他深加工产品285吨，比2004年增长18.3%。产品销售收入4750万元，比2004年增长35.6%。栲胶企业主要产品品种有余柑栲胶、杨梅栲胶、橡碗栲胶、脱硫剂、没食子酸、单宁酸。产品主要应用于鞣革、医药、印染、冶金、石油等工业。（梁美玲　韦立敏　李建新）

【园林花卉和经济林】

园林花卉 2005年，广西园林花卉种植面积1.93万公顷，年产园林绿化苗木5000万株、鲜切花（叶）7亿枝（片）、盆栽植物2000万盆、草坪2500万平方米、工业食（药）用鲜花7万吨，实现销售额约17亿元。1月12日，自治区政府在贵港召开广西花卉产业工作现场会议，会议确定由自治区林业局对全区花卉产业进行管理，结束了长期以来广西花卉产业主管部门不确定的状况。4月19日，自治区政府出台《关于加快农业优势产业发展的若干意见》，将花卉产业列为广西2005年农业经济大力培育的11项优势经济产业之一。9月9日，自治区政府办公厅下发《关于印发广西壮族自治区农业新兴优势产业发展考评奖励暂行办法的通知》，设立广西花卉产业发展奖，以推动广西花卉产业发展。

广西组织参加了9月28日至10月7日在成都举办的第六届中国花卉博览会。广西展团共接待中外宾客超过30万人次，获得团体总分15名的历史最好成绩。其中获得金奖4项，二等奖6项，三等奖12项，优秀奖3项，获奖率高达46%。还获得最佳组织奖。

1月28日至2月9日，自治区林业局和南宁市政府在南宁会展中心举办第四届广西南宁春节花卉交易会。来自广东、云南、河南等花卉产销大省及本地的花卉大户170余家企业前来展销，实现销售收入近600万元。

经济林 截至2005年，广西经济林保存总面积214.59万公顷，当年新造林5.53万公顷，同比2004年净增1.06万公顷，面积总量列全国第一。按经济林的大类划分，其中，多年生木本果树林面积91.08万公顷、木本油料林面积33.8万公顷、调香料林面积50.94万公顷、工业原料林面积23.72万公顷、饮料林面积5.47万公顷、药材林面积2.85万公顷、其他森林食品林面积6.73万公顷。全年经济林初级产品总产量415万吨，总产值114亿元。广西经济林特色品种主要有八角、肉桂、油茶和油桐等。

（朱春林　余建成）

【农村能源和生态农业建设】 2005年，广西有农村能源行政管理机构519个，工作人员1606人。其中，省级机构1个，工作人员38人；地（市）级机构12个，工作人员49人；县级机构96个，工作人员545人；乡级机构410个，工作人员974人。农村能源技术推广机构866个，工作人员2038人。全年投入农村能源建设资金5.525亿元，其中：各级财政拨款1.74亿元，农户自筹2.76亿元，投劳折资1.02亿元。

沼气利用 新增建池户30.3327万户，年末全区累计260.0777万户，沼气池年产气量10.96亿立方米，建池户均产气量436.04立方米。开展沼气综合利用的建池户139.5298万户。利用沼液浸种播种面积9.9856万公顷，增产粮食7.1493万吨；利用沼液喂猪434.1563万头，节约饲料38 496.89吨；利用沼液养鱼8250.68公顷，增加产量8422.76吨；利用沼渣种菇8730.57万平方米，产量7914.50吨。推广"猪+沼+果（菜）"南方能源生态模式78.41万户，推广面积7.6621万公顷，年出栏牲畜617.93万头，年产蔬菜1000.70万吨，年产水果282.77万吨。建成大中型沼气工程123处，总池容1.05万立方米，年废弃物处理量485万吨，年产气量72.66万立方米，供气户数0.1778万户。建成生活污水净化沼气池343处，总池容1.44万立方米，年处理量94.07万吨，其中公厕污水净化沼气池数110处，总池容0.11万立方米，年处理量6.42万立方米；医院建污水净化沼气池8处，总池容0.05万立方米，年处理量5.71万吨；居民楼建污水净化沼气池152处，总池容0.16万立方米，年处理量6.31万吨，其他公共场所建污水净化沼气池73处，总池容1.12万立方米，年处理量75.63万吨。

微型水力开发 新增微型水力发电机730台，装机1685千瓦。年末全区有微型水力发电机3.19万台，装机总容量4.3927万千瓦，年发电量11 694.5万千瓦时，用电户6.6642万户。

地热利用 年末全区有地热利用点5处，利用地热种植作物0.73公顷，养殖0.31公顷。

风能利用 年末全区有小型风力发电机1344台，装机总容量447千瓦，年发电量182.61万千瓦时，用户数2526户。

太阳能利用 新增太阳能热水器2.65万平方米，年末累计12.17万平方米。

农作物秸秆优质化能源利用 年末全区有农作物秸秆气化站3处，供气户数447户，供气量52万立方米，利用秸秆量252.06吨。

省柴节煤炉灶推广 年末全区省柴节煤灶用户787.03万户，其中：商品灶476.72万户，型煤炉87.45万户。

农村能源教育培训 全年培训6.8178万人次，其中短期培训6.5853万人次，职业技能鉴定培训1655人次。

农村能源产业与技术服务 2005年，广西有农村能源生产企业44家，从业人员355人，固定资产579万元，流动资金696万元，年销售额992.4万元，实现利税66.33万元。服务企业166家，从业人员509人，固定资产651.6万元，流动资金1088万元，年销售额2615.58万元，实现利税353.11万元。

（李　遐）

【林业大事】

3月1日 自治区党政军领导曹伯纯、马庆生、刘奇葆、李纪恒、岳世鑫等和即将赴京出席全国人大、政协两会的部分代表和委员，广西军区、驻邕部队、武警官兵以及区直、南宁市机关干部共1700多人，到南宁市永宁村参加义务植树。

5月14日 全国人大常委会副委员长乌云其木格到田阳考察农村沼气，自治区人大常委会副主任林灿陪同。

7月8日 自治区政府副主席孙瑜率队赴京向国家林业局汇报广西抗洪救灾情况，国家林业局副局长雷加富等听取汇报。

8月19日 自治区政府主席陆兵批示，广西沼气生态家园建设工作是自治区政府为民办实事中一项重要工作，必须明确具体要求，到年终必须按质按量完成任务。

8月26日 自治区政府在浦北召开广西沼气生态家园建设工作会议，自治区政府副主席孙瑜出席会议。

12月22日 自治区政府副主席孙瑜率队赴京向国家林业局汇报工作，国家林业局党组书记、局长贾治邦，党组副书记、副局长李育材及有关司（局）领导听取汇报。

（蒋卫民）

海南省林业

【概　述】 2005年，在海南省委、省政府的高度重视下，经过各级林业部门和广大干部群众的共同努力，采取一系列重大措施，加速林业发展。通过实施天然林保护、封山育林、浆纸林、退耕还林、"三

边”防护林建设、自然保护区建设等重点工程，开展“绿化宝岛大行动”，建立森林生态效益补偿机制，海南林业建设实现了重大突破，取得了显著成就。2005年全省各类林地总面积206.67万公顷，其中：森林面积188.78万公顷；全省活立木总蓄积量11 400.3万立方米，其中：天然林蓄积量7519.9万立方米，占66.0%；人工林蓄积量3880.4万立方米，占34.0%。森林覆盖率达55.65%，比2004年增长0.75个百分点；全省林业总产值达168.72亿元，比2004年增长62.2%。

造林绿化 2005年全省共完成植树造林5.19万公顷，其中浆纸林4.24万公顷，同比增长386.5%，创历史最高水平；“三边林”4533.33公顷，其他林5200公顷，完成国债海防林2000公顷；全年共育苗1.2亿株，种竹200公顷，棕榈藤2000公顷，全省花卉总面积2533.33公顷，新增花卉面积266.67公顷；全省参加义务植树活动268.6万人次，共植树1096.2万株；全省沿海国家特殊保护林带2.19万公顷，占应造林绿化面积84.3%；造林绿化长度857.8千米，占应造林绿化总长度1105.5千米的77.6%。主要抓6个方面工作：①大力开展宣传培训工作，统一思想认识。2005年，省林业局共组织市（县）领导、乡（镇）书记、林业干部、企业负责人、造林大户等25批次3000多人赴广东湛江市参观，学习湛江市发展桉树经验。其中，临高、澄迈、儋州等7市（县）的书记、市（县）长亲自带队考察。与省委宣传部一起组织14家省内外新闻单位共20多名记者，赴湛江市和省内采访，并进行了大规模的系列报道；与省政府办公厅、省委宣传部联合举办有1200多人参加的桉树专家报告会；与省委组织部联合举办全省201名乡（镇）党委书记参加的林业培训班；举办了全省木材检查站长、林业工作站长培训班。②精心组织部署浆纸林建设工作。先后召开了7次全省浆纸林建设工作会议、备耕现场会、种苗工作会和有关座谈会，并多次下发文件，反复研究部署工作。年初成立了省浆纸林建设领导小组办公室，负责协调全省浆纸林日常工作。还专门派出18人组成6个工作组，省林业局领导班子和各处室与12个市（县）建立了联系点，加强对浆纸林建设的检查、督促和指导。同时，对各地种植浆纸林的进展情况每半个月通报公布一次，平均每10天编印1期浆纸林工作简报。要求各市（县）上报的造林面积必须通过GPS测量，省林业局还派专业技术人员进行核查，严禁乱报、虚报，确保面积的真实性和可靠性。③制定实施优惠政策，激发了广大群众种植浆纸林的积极性。为了使广大群众从种植浆纸林获得更多的实惠，省林业局提请省政府将浆纸林育林基金的征收标准由20%调减为5%。农民个体在四旁地、房前屋后和非林业用地上种植浆纸林，免征育林基金。同时，简化林木采伐审批手续，取消村委会、乡（镇）对林木采伐审核的两个环节。对浆纸林种植面积超过666.67公顷的，实行采伐限额和采伐设计单列，采伐树龄由林木经营者自行决定。加大资金扶持力度，允许浆纸林经营者以林地使用权和林木所有权作为抵押物向银行贷款用于浆纸林建设。④采取多种模式营造浆纸林。从2005年开始，省林业局明确规定，除金华公司种植的浆纸林外，其他形式种植的桉树、马占相思和木麻黄都视为浆纸林。积极推广和探索各种造林模式，采取金华公司种、企业种、公司+农户种、农户种、干部职工种、单位种等多种模式营造浆纸林，打破金华公司独家造林的僵局，掀起了全社会营造浆纸林的高潮。2005年种植4.24万公顷的浆纸林中，多种模式造林3.60万公顷，占总数的83%。⑤全力支持金光公司造林，搞好优质服务。多次召开协调会，带领有关部门到各市（县）现场办公，切实帮助金光公司解决林地落实和林地纠纷等实际问题。共帮助金光公司落实林地1.44万公顷，解决林地纠纷127宗，面积2533.33公顷。2005年8月份以来，针对农民对种苗的空前需求，省林业局派专人从湛江市调运良种良苗，保证了全省种苗的供应。2005年8月15日，省林业局、省科技厅联合举行了全省浆纸林科技下乡活动，将1000万株桉树优良苗木免费送给全省18个市（县）的农民种植，并编印10万本桉树技术手册，免费送给18个市（县）的农民。⑥全民义务植树运动得到深入扎实开展。通过在全省开展“绿化宝岛百万人大行动”等活动，全民义务植树运动得到蓬勃开展，全省义务植树热情高涨，在“3·12”植树节活动中，有220万人次参加植树，共植树1100万株。

森林资源管理 2005年全省突出抓好生态安全，强化严管林和依法治林，全年共办理林木采伐许可证3000多张，采伐面积1.34万公顷，采伐蓄积量100多万立方米，出材量70多万立方米，各项指标均控制在国家下达的采伐限额内；全年共核发林权证面积4.32万公顷；全省共有林地纠纷2647宗，面积3.45万公顷，完成林地纠纷调处1293宗，面积1.97万公顷，占57.3%，回收非法侵占林地300公顷；全年共审核审批各类征占用林地和临时占用林地85宗，面积607.92公顷，共收取森林植被恢复费1505.21万元，其中审核征占用林地68宗，面积360.23公顷，收取森林植被恢复费1004.98万元；审批临时占用林地17宗，面积247.69公顷，收取森林植被恢复费500.23万元；2005年全省共发生林业行政案件1039起，查处1002起，查处率为96.4%，案件发生率比2004年下降了20%。发生林业刑事、治安案件412起，查处338起，查处率为82%。全年共没收木材2395立方米，罚款265.7万元，补种树木1.1万株，取缔无证经营加工木材单位331家，收缴野生动物

680只（其中国家二级保护动物647只），刑事逮捕35人，行政处罚1043人。主要措施：①开展一系列大规模的专项行动，查处大案要案，严厉打击破坏森林资源的违法行为。加大案件的查处力度，开展打击破坏森林资源专项行动，从2005年4月15日到8月15日，比国家林业局要求延长2个月；向全社会公布督查督办的十大破坏森林案件，并进行直接督查督办，已结案8宗，有2宗案件正在查处之中；明确25度坡度以上种“黄金”都不行；与省政法委联合发文，要求各市（县）召开破坏森林资源案件的公捕公判大会。通过典型案件为突破口，重点打击，从而有效遏制了破坏森林资源的犯罪活动，震慑了违法分子，取得了明显成效。②强化森林资源管护。进一步规范森林采伐限额管理，严格控制年采伐限额，合理编制全省木材生产计划，强化林木采伐、生产季报制度，严格责任追究制度，加快林木确权发证工作，积极调处林权纠纷。加强林地保护，进一步规范林地管理，林地管理日趋法制化、规范化。③强化林地用途管制，严格审核审批征占用林地。加强对征占用林地的管理，严格执行《占用征用林地审核审批管理办法》，对各类工程建设项目征占用林地进行审核审批，坚持征占用林地“占补平衡”或“占补有余”的原则，确保全省林地面积不因征用占用而减少。在审核审批每宗征占用林地和临时占用林地项目时，做到上报材料齐全、合法，现场勘查真实、可行，森林植被恢复费足额收取，异地还林面积落实。④加强林业法制建设，完善林业法规体系。计划制定和修订《海南省生态公益林条例》、《海南省湿地保护条例》、《海南省林地林木流转办法》及《海南省木材管理条例》、《海南省森林防火条例》等9部法规和规章。完成《海南省森林公园管理办法》立法项目草案的调研、起草、修改和送审工作，完成国家林业局委托起草的《短轮伐期工业原料林采伐更新管理办法》立法草案。做好林业行政案件复议工作，受理林业行政复议案件1宗。同时，认真做好市（县）林业主管部门有关林业行政复议案件的指导工作，及时纠正错误，切实维护了当事人的合法权益。⑤加强木材市场清理整顿。在全省范围内开展为期3个月的木材经营加工单位清理整顿专项打击行动。这次专项整治行动声势浩大，是建省以来规模最大的一次针对木材经营加工领域的专项执法行动，成立专项工作组，配备专门工作用车，拨出专项经费，省林业局从直属各单位和全省18个市（县）林业主管部门抽调50名森林公安干警和木材管理执法人员参加了这次统一行动，纪检、监察、公安、法院等部门和乡（镇）政府领导积极配合，此次专项行动共清查木材经营加工点1043个，取缔无证木材经营加工单位331家，查处存在违法行为的有证木材加工单位35家，没收非法木材1083.7立方米，暂扣或查封木材627.69立方米，罚款150.37万元，拆除各种木材加工设备260件（套），2家非法木材加工单位被移交当地森林公安机关立案调查。这次专项行动形成了强大的社会震慑力，产生了良好的社会影响，取得了明显成效。⑥加强生态公益林管理。成立了生态公益林管理办公室，组织有关人员赴广西、广东、福建等省（区）考察学习，研究制定和完善生态公益林的管理办法和管护措施。在东方、陵水、定安等3个市（县）开展重点公益林试点工作，然后在全省展开。全省已全部完成重点生态公益林的区划界定工作，其中：完成中央财政补偿重点公益林区划界定面积31.77万公顷，省级财政补偿重点公益林区划界定面积1.5万公顷。完成了11个市（县）的重点公益林定员、定岗、定额和6个市（县）的重点公益林定员、定岗。已落实重点公益林管护人员2527人，其中：技术人员196人，管理人员636人，专职护林员1439人，护林防火队人员256人。

森林防火 2005年，全省各地认真贯彻落实“预防为主，积极消灭”的森林防火工作方针和回良玉副总理在重点省（区）森林防火工作座谈会上的讲话精神，采取一系列行之有效的措施，经受了50年不遇特大干旱的严峻考验，确保全省2005年未发生重、特大森林火灾和人员伤亡事故，取得了较好的成绩。全年全省共发生森林火灾221起，其中：森林火警135起，一般森林火灾86起；火灾过火总面积1133.33公顷，实际受害森林面积533.33公顷，森林火灾受害率为0.29‰，继续将全省森林火灾受害率控制在0.3‰以内，实现了连续12年森林火灾受害率低于全国平均值的目标。

森林病虫害防治 2005年，全省林业有害生物发生面积1.87万公顷，成灾率2.3‰，无公害防治率92.0%，测报准确率75.0%，种苗产地检疫率80.0%。全省已发现的林业有害生物种类主要有：椰心叶甲、水椰八角铁甲、刺桐姬小蜂、红棕象甲、松毛虫、桉树和木麻黄青枯病、桉树小卷蛾、木麻黄龙眼蚁舟蛾、松梢螟、二疣犀甲、金钟藤等，其中椰心叶甲、水椰八角铁甲、刺桐姬小蜂为外来林业有害生物。椰心叶甲2002年传入海南省，是目前危害最严重的林业外来有害生物，危害椰子、槟榔等棕榈科植物；全省除白沙县外有17个市（县）发生疫情，染虫株数287万株，受害株数171万株。因此，防治椰心叶甲病虫害仍是2005年全省森防工作的重点，全省防治工作采用综合措施进行防治，紧紧依靠科研支撑，边研究、边试验、边防治，逐步总结出一条以生物防治为主、其他措施为辅的可持续控制思路，进一步加大了防治力度，取得了成效。①开展全省春季椰心叶甲防控大行动；②实行专业队伍操作，提高防治成效；③加大了天敌寄生蜂释放等生物防治力度，逐步实现椰心叶甲的可持续控制。全年共采取挂药包

（椰甲清粉剂）防治190万株，利用绿僵菌防治49万株，喷灌农药防治46万株，野外释放天敌（姬小蜂、啮小蜂）8600多万头，遏制了疫情的扩散速度，基本不死树，椰林景观得保护。

林业产业 2005年以森林生态旅游建设为突破口，带动林区商业、服务业的全面发展，积极推进第三产业建设。11月23日，省委宣传部、省林业局、省旅游局在尖峰岭召开了海南热带森林旅游新闻发布会，向社会隆重推介海南热带森林游，向外介绍热带雨林宝藏，海南继以海水、沙滩、阳光为特色的“蓝色旅游”之后，以奇峰峻岭、天然“氧吧”、生物多样性为特色的“绿色旅游”正在悄然兴起。如今，海南森林旅游初步形成了“七大旅游类型”，即热带雨林游、海上森林游、野生动植物游、珍稀特有物种游、热带花卉园林游、生态科技科普游、森林工业游。2005年林业总产值达168.72亿元，其中：第一产业111.67亿元，第二产业54.36亿元，第三产业2.69亿元。木材加工及木、竹、藤、棕、草制品产值达7.12亿元。花卉总产值达3.8亿元，销售额1.21亿元。尖峰岭、吊罗山、黎母山、蓝洋温泉、七仙岭5家国家森林公园共有旅游接待床位2047张，全年共接待游客24.04万人次，经营收入3304.9万元。

精神文明建设 2005年，全省林业系统全面开展形象工程建设，倡导优质服务，通过抓优质服务，转变机关作风，整顿队伍，提高林业整体素质，大力加强廉政建设，重点从依法行政、基建物资招标采购、资金安排、人事任免等源头预防和解决腐败问题。

【林业重点工程】

天然林保护工程 1998年，国家正式将海南省11个森工企业经营管理的31.93万公顷天然林列入全国天保工程重点实施地区，自2000年起，由原来的实施范围增加到45.9万公顷。几年来，全省各有关部门和各实施单位加强管理，按规定认真组织实施，共完成营造生态公益林2.05万公顷，封山育林2.2万公顷，抚育森林2.09万公顷，全省天然林从1997年的61万公顷增加到2005年的66万公顷，其中：尖峰岭、霸王岭、吊罗山、黎母山、五指山、鹦哥岭六大林区天然林面积20.75万公顷，占全省天然林总面积31.5%；抱龙、卡法、毛瑞、白马岭、猕猴岭、保梅岭、南高岭七大生态公益型林场天然林总面积5.18万公顷，占全省天然林总面积7.9%，使天然林资源得到有效的保护、恢复和发展。通过天保工程的实施，全省在天然林资源的保护、生态环境的建设、林区社会经济的发展、企业职工的分流安置、离退休人员的养老统筹等方面都取得很好的成效。

“三边”防护林工程 2005年，全省“三边”（城边、路边、海边）防护林工程任务4000公顷，其中：城边林1333.33公顷，海边林2000公顷，路边林666.67公顷；主要结合国债海防林和社会造林共同完成。全年全省完成“三边”防护林造林4533.33万公顷，占总任务的113.3%，其中，城边林完成1333.33公顷，占计划的100%；路边林完成666.67公顷，占计划的100%；海边林完成2533.33公顷，占计划的126.7%。完成国债海防林2000公顷，占计划的100%。

浆纸林工程 2005年，浆纸林工程建设是全省林业的中心工作，全省林业部门一把手亲自抓，分管领导具体抓，极大地推动了浆纸林工程进度，取了得突破性的进展，全年共完成4.24万公顷，是2005年计划3.33万公顷的127%，同比增长386.5%，创历史新高。

退耕还林工程 2005年，国家下达海南退耕还林任务2.67万公顷，全部为荒山荒地造林。为了保证退耕还林工程建设的顺利完成，全省按照“总结经验，搞好规划，完善政策，规范管理，巩固成果，提高质量”的工作思路，在规划设计、种苗准备、宣传发动、组织实施、政策兑现等方面展开工作，稳步推进退耕还林工程建设。全年全省共完成退耕还林造林面积2.67万公顷，占计划的100%。

自然保护区和森林公园建设工程 通过升级、扩建、新建等措施，自然保护区和森林公园建设已初具规模，至2005年，全省森林公园已达10个，其中：国家级7个，面积9.92万公顷；省级3个，面积7.14万公顷。全省各类自然保护区已达68处，保护面积达280.9万公顷，其中，已建成森林生态系统、野生动植物及湿地类型自然保护区27处，总面积23.16万公顷，占全省陆地总面积6.82%，其中：国家级自然保护区5处，面积6.82万公顷；省级17处，面积15.6万公顷；市（县）级5处，面积0.74万公顷。全省野生维管束植物4600多种，占全国的16%，其中：海南特有种600多种，被列为国家一级保护6种，国家二级保护42种；乔灌木1400多种，占全国28.6%，其中800多种属经济价值较高的用材树种；约有2500多种药用植物，占全国30%。全省野生陆栖脊椎动物580种，其中：两栖类39种，占全国13.7%；爬行类116种，占全国33%；鸟类348种，占全国29.3%；兽类77种，占全国18.6%；其中：21种为海南特有种，列入国家一、二类重点保护名录的野生动物102种，省级保护动物32种。全省红树林有林地面积3933.33公顷，红树林宜林地面积9600公顷，红树植物种类有8个群系、21个科、25个属、35种，其中有：真红树12科、16属、25种，半红树9科、10属、10种。全省有3032个动物养殖场，其中虎纹蛙养殖场3000个，年产2亿多只；实验动物养殖场3个，年产实验动物2500多只；龟鳖养殖场11个，年产龟鳖2884万多只；鳄鱼养殖场7个，年产鳄鱼近万条；老虎养殖场1个；其他动物养殖场10个；龟、蛙、猴、鳄鱼30多种野生动物的驯养繁殖取得成功。完成了昌江昌化岭（龙血树）、东方四更（黑脸琵鹭）和保梅岭等3个申报省级自然保护区的科学考察报告，通过了海南省级自然保护区评审委员会组织的专家论证。编写了抱龙、毛瑞、卡法、白马岭、南高岭和俄贤岭等6个森工林场申报省级自然保护区材料。会同《海南日报》、《南国都市报》等新闻媒体开展对关注坡鹿饥饿和坡鹿抢救的系列报道，引起了各级政府的重视和社会各界的关注与支持，并实施了有效的栖息地迁移扩建工程，从大田保护区迁移了116头坡鹿到东方赤好岭、183头到东方猕猴岭进行野放保护，目前野放保护的坡鹿生长状况良好。海南独有的濒危物种得到有效保护，海南坡鹿由原来的26只发展到1600多只，黑冠长臂猿发展到十几只。

【海南省浆纸林建设领导小组成立】 为进一步加强对全省浆纸林建设的领导，加快推进林浆纸一体化，2005年7月，省政府成立海南省浆纸林建设领导小组（琼府办函［2005］74号文）。江泽林副省长任组长；朱选成（省林业局局长）、林诗銮（省国土环境资源厅厅长）、吴亚荣（省农垦总局局长）为副组长；成员由周燕华（省林业局副局长）、秦忠文（省林业局副局长）、严之尧（省国土环境资源厅副厅长）、郭奕秋（省农垦总局副局长）组成。领导小组在省林业局下设办公室，负责日常具体工作。

【海南省重点公益林工程领导小组成立】 为加强对海南省重点公益林工程实施工作的领导，2005年12月，省政府成立海南省重点公益林工程领导小组（琼府办［2005］109号文）。江泽林副省长任组长；周公卒（省政府副秘书长）、朱选成（省林业局局长）为副组长；成员由傅勤（省监察厅副厅长）、林东（省审计厅副厅长）、曾德运（省财政厅副厅长）、何少群（省国土环境资源厅副厅长）、郭奕秋（省农垦总局副局长）组成。领导小组办公室设在省林业局，负责日常具体工作，办公室主任由省林业局局长朱选成兼任。

【新政策出台鼓励发展浆纸林】 为加大对浆纸林建设的扶持力度，加快林浆纸一体化步伐，推进生态省建设，2005年8月12日，省政府出台了《关于鼓励发展浆纸林若干政策措施的意见》（琼府［2005］45号）。《意见》要求，减免林业税费，简化林木采伐审批手续，加大资金扶持力度，调动各地发展浆纸林的积极性。《意见》规定，浆纸林（包括桉树、马占相思、木麻黄）育林基金的征收标准从目前的20%调减为5%。农民个人在四旁地、房前屋后和非林业用地上种植浆纸林，免征育林基金。对省内流通的浆纸材，除上述应征收的育林基金和0.2%的森林植物检疫费外，任何单位和个人不得巧立名目向经营者收费。简化林木采伐审批手续。取消村委会、乡（镇）对林木采伐审核把关的两个环节，凡持有《林权证》的单位和个人，可直接向林业主管部门申请林木采伐。浆纸林采伐审批，符合即申即批条件的采伐申请应及时办理采伐许可证；不符合即申即批条件的采伐申请，必须在受理后10个工作日内办结，具体办法由省林业主管部门制定。县级以上林业主管部门要保证浆纸林采伐限额。对浆纸林种植面积超过666.67公顷的，实行采伐限额和采伐计划单列，采伐年龄由林木经营者自行决定。《意见》指出，允许浆纸林经营者以林业使用权和林木所有权作为抵押物向银行贷款用于浆纸林建设。按照财政部、国家林业局《林业贷款中央财政贴息资金管理规定》，积极争取和落实中央财政贴息资金对海南省浆纸林建设的支持。为调动市（县）发展浆纸林的积极性，在金海纸浆厂投产的前5年，省财政每年以该公司当年上缴增值税地方留成部分的50%为总额，对市（县）进行转移支付。向各市（县）转移支付额度，根据浆纸原木销售金额计算。

【省林业局挂牌督办十大毁林案件】 为了将打击破坏森林资源专项行动引向深入，接受社会监督，狠狠打击各类破坏森林资源违法犯罪分子，有效遏制各类破坏森林资源违法行为，确保生态安全。2005年7月10日，海南省林业局向社会公布挂牌督办10宗毁林案件，即万宁市长丰镇张强、陈小雄违法经营加工木材案，琼海市通天螺岭毁林案，乐东仙人脚岭毁林开垦案，琼海市白石岭毁林案，临高昌拱博浦港滥伐海防林案，三亚梅山落岭水库盗伐“金光”林案，海口市马启钦非法收购野生动物案，白沙峨富岭“4·11”火灾案，南方农场周全虎、李海添滥伐林木案，霸王岭“2·24”盗伐林木案。这10宗挂牌督办案件中，既有2005年发生的新案，也有历史遗留久拖未决的旧案。从案件性质看，10宗案件涵盖了当前威胁海南省生态建设的几类破坏行为，有非法经营和加工林木案，有盗伐海防林案，有纵火案，有盗伐天然林改种经济林案，有非法收购野生保护动物案。至2005年底，10宗挂牌督办案件中已结案8宗，有2宗案件正在查处之中。

【省林业局制定发展浆纸林措施】 为推进2005年全省浆纸林工程建设，海南省林业局制定七项措施推进浆纸林工程建设。①支持金光集团种好浆纸林。②采取多种模式营造浆纸林。③制定优惠政策发展浆纸林。④林业部门承包种植浆纸林。⑤以科技支撑建设

浆纸林。⑥强化宣传培训推广浆纸林。⑦实施"走出去"发展战略扩大浆纸林。

【屯昌县专职森林消防队成立】 为了落实海南省政府办公厅《关于切实做好森林防火工作的通知》琼府办［2004］104号文精神，适应以人为本、科学高效地扑救森林火灾的新形势，屯昌县政府召开专题常务会议，决定成立一支25人组成的专职森林消防队，保护该县6.95万公顷森林资源安全，组成人员从近年退伍兵招聘或在林业、城监大队在职自筹工资年轻人员中调配。从2005年起，县财政把森林消防队经费列入地方财政预算，每年拨出森林消防队工资专款6.0万元、消防队的培训和扑火等经费3.0万元，并决定由县财政局出资为25名森林消防队员购买工伤保险。专职森林消防队由屯昌县森林防火指挥部、屯昌县林业局负责指挥及管理；交通工具、办公场所等由县林业局解决；扑火机具、个人防护设备，由省森林防火指挥部支援。

【吊罗山森林公园和热带森林博览园成为全国林业科普基地】 2005年1月5日，中国林学会命名了全国44个单位为全国林业科普基地，同时颁发证书和牌匾，海南省吊罗山国家森林公园和海南新绿神热带生物工程有限公司责任公司（海南热带森林博览园）名列其中，这将对海南林业科技的发展和开展科普教育产生积极的推动作用。

【林业大事】

1月7日 省林业局在澄迈县召开全省"三边"林浆纸林备耕现场会。省林业局领导、机关各处室领导、各市（县）林业局长及事业单位、直属林场、省林科所、省林业总公司、金华浆纸林公司的主要负责人参加了会议。会议组织参观学习了澄迈县公路桉树示范林和澄迈林场千亩桉树基地备耕现场，总结推广其做法和经验。省林业局副局长秦忠文主持会议，副局长周燕华做了2005年"三边"林、浆纸林造林备耕工作部署，局长朱选成作总结讲话。

3月10日 全省森林防火办公室主任会议在海口市召开，各市（县）林业局分管森林防火工作副局长、防火办公室主任；省林业局有关处室领导，以及省林业总公司、金华公司等造林企业代表参加了会议。省森林防火指挥部副指挥、省林业局局长朱选成出席会议并作讲话。会议就当前全省各地旱情日益加重，森林防火较为严峻的形势下，紧急部署全省的森林防火工作，进一步增强做好森林防火工作的责任感和紧迫感，扎实做好各项森林防火工作。

3月23日 针对某些媒体对海南林浆纸项目与桉树的不实报道进行正面回答和宣传，省政府在海口市举行海南省林浆纸一体化项目新闻发布会。省政府副秘书长周公卒，省林业局局长朱选成等出席会议并作讲话，省内及中央驻琼三十几家新闻媒体记者参加。省政府副秘书长周公卒就海南省林浆纸一体化项目推进以来的有关情况做了通报说明，指出海南推进林浆纸一体化项目是科学的、正确的，是符合海南生态省建设长期战略的，是符合全省人民根本利益的，是海南践行科学发展观的具体体现。

4月11～13日 为树立和落实科学发展观，构建和谐社会，进一步落实全国林业厅（局）长会议精神，正确把握"治理与破坏相持阶段"的林业发展规律，明确林业发展思路，增强全省乡（镇）基层干部驾驭林业工作的本领，省委组织部和省林业局在海口市联合举办全省第一期乡镇党委书记林业培训班。来自全省各乡（镇）党委书记、各市（县）林业局局长以及省林业局机关各处室、事业单位负责人共140多人参加了培训班。江泽林副省长和省委组织部助理巡视员林宁出席开班仪式并作讲话，省林业局局长朱选成作总结发言。

4月24～28日 省委组织部、省林业局在海口市联合举办第二期乡（镇）党委书记林业培训班。全省乡（镇）党委书记、各市（县）林业局长以及省林业局机关各处室、事业单位负责人共100多人参加了培训班。江泽林副省长、省委组织部和省林业局的领导出席培训班并作讲话。通过举办两期乡镇党委书记林业培训班，使全省201名乡（镇）党委书记全部接受了培训，提高了发展和保护林业的意识与责任。

5月16～18日 全国绿化委员会副主任、国家林业局局长周生贤，国家林业局副局长赵学敏、祝列克，国家林业局及国家发改委有关司（局）负责人就海防林建设情况在海南进行考察调研。海南省委书记、省人大常委会主任汪啸风，省委副书记、省长卫留成，省委常委、常务副省长吴昌元，副省长江泽林等会见了周生贤一行。汪啸风向周生贤一行介绍了海南的林业产业规划和林业建设情况，感谢国家林业局多年来对海南林业发展的大力支持，希望国家林业局继续支持海南林业建设。周生贤表示，今后将从6个方面支持海南的林业建设：加强天然林保护，特别是热带雨林的保护；退耕还林；野生动植物保护，特别是湿地保护；速生用材林建设；森林防火、病虫害防治、林业站等林业基本建设；林业种苗基地建设。

5月31日 为有效遏制近期全省森林火灾的高发态势，扭转森林防火工作的被动局面，海南省森林防火指挥部在琼中县召开全省森林防火紧急现场会。全省18个市（县）分管森林防火工作的副市（县）长、林业局领导，琼中、昌江、白沙、东方和乐东等5个市（县）政府负责人，省森林防火指挥部成员、省政府办公厅、省林业局、四大林区林业局，海南金华林业公司等单位共130多人参加了紧急会。会议由省林业局朱选成局长主持，省政府周公卒副秘书长出席并作讲话。

6月20日 由省委宣传部、省政府办公厅、省林业局联合举办的推进林浆纸一体化工程报告会在省人大会堂召开。省委常委、宣传部长周文彰，省政府副省长江泽林出席报告会，会议由省政府秘书长许俊主持，省委常委、宣传部长周文彰作讲话，邀请中国林科院首席科学家白嘉雨、中国林学会桉树专业委员会主任杨民胜等8名林业专家作专题报告。各市（县）分管林业工作的副市（县）长和林业局长，省林业、农业、国土环境资源、交通、农垦和省人大环资委、省政协人资环委等部门的主要负责人，博士产业园的部分博士，省直机关干部，以及媒体记者共约1200多人参加了报告会。

7月4日 由中央电视台、新华社、《人民日报》等数十家中央新闻媒体组成的绿色海疆万里行宣传报道组开始对海南省沿海防护林的生长与保护情况进行为期5天的采访活动。省委常委、宣传部长周文彰对各媒体记者表示欢迎，并希望记者们在做好先进典型、成功经验等正面宣传报道的同时，也要对发现的问题及时进行舆论监督，以有利于海南省有关部门改进工作。此次关注森林——绿色海疆万里行宣传报道活动由中宣部、全国人大环资委、全国政协人资环委等12个中央部门共同组织并于6月23日正式启动。该活动以宣传保护中国沿海防护林为主（包括湿地和红树林），为即将实施的沿海防护林建设工程做好舆论引导工作准备。

7月14～15日 省政府在海口市召开全省浆纸林工作现场会。各市（县）政府分管林业领导、林业局，省政府直属有关单位、省林业局各处室及直属林场负责人100多人参加了会议。江泽林副省长出席会议并作讲话，省林业局局长朱选成通报了全省浆纸林工作进展情况。会议组织与会代表参观了澄迈县浆纸林和公路林建设基地。

8月10日 江泽林副省长深入万宁东澳、陵水英州等地检查浆纸林工作。江泽林在听取万宁和陵水关于浆纸林各项工作开展情况的汇报后，实地察看了浆纸林造林现场。江泽林强调，各市（县）要按照今年省政府下达的浆纸林计划，高质量、高标准完成造林任务。市（县）领导要高度重视，把浆纸林工作作为一件大事来抓，主要领导亲自抓，分管领导具体抓，充分调动农民群众种植浆纸林的积极性，切实维护农民群众的根本利益。

8月15日 省林业局、省科技厅联合举行全省浆纸林科技下乡活动启动仪式。省林业局秦忠文副局长主持，省科技厅肖杰厅长、省林业局周燕华副局长分别作讲话，省林业局局长朱选成宣布活动启动。省林业局和省科技厅等有关单位近150人参加了启动仪式。此次科技下乡活动中，共将1000万株桉树优良苗木免费赠送给全省18个市（县）的农民种植，并编印10万本桉树技术手册，免费赠送给18个市（县）的农民，省林业局还组织科技小分队，分赴全省各市（县）开展各项科技指导活动。

8月16～17日 江泽林副省长在省林业局朱选成局长及儋州市政府领导、白沙县政府领导的陪同下，深入儋州市白马井、白沙县牙叉镇等地检查浆纸林工作。在听取了儋州、白沙两市县政府领导关于2005年浆纸林工作的情况汇报后，实地察看了儋州市白马井镇黄丰村委会禾雷村26.67公顷低产林高标准改造以及白沙县牙叉镇南仲村10.67公顷桉树基地高产栽培现场。江泽林强调，各市（县）政府一定要高度重视浆纸林工作，抢抓时机备好耕，及时造上林。尤其是要转变观念，搞好规划，充分利用残次林、低产林扩大浆纸林种植面积；要坚决保护好天然林，决不能以破坏天然林为代价来种植浆纸林；要在保护天然林的基础上，千方百计，大力发展浆纸林。同时，各市（县）政府要迅速组织精干力量，加大林地纠纷调处力度，加快造林进度；市（县）各有关单位要通力合作，全力以赴完成2005年浆纸林造林任务。年底省政府将对完成任务较好的市（县）给予表彰奖励，实行年底总核算，以造林面积的绝对值和超额完成的幅度为主要评比依据。

8月18～19日 海南省林业局在海口市召开全省推进浆纸林工程座谈会。各市（县）林业局长、省直属林场场长、金华林场场长、造林企业、造林大户等150多人参加会议。省林业局局长朱选成作了讲话。会议认真贯彻落实省领导的重要指示精神，深入分析当前全省浆纸林发展形势，找准存在的突出问题，全力以赴，确保完成2005年3.33万公顷造林任务。

9月16日 海南省林业局在临高县召开全省浆纸林“三高一完成”工作现场会。各市（县）林业局长、省直属林场场长、金华林场场长等100多人参加了会议。省林业局局长朱选成出席会议并作了主题为《高标准、高产量、高效益，超额完成浆纸林任务》的讲话。

9月22日 为进一步加强重点生态公益林的建设、保护和管理，逐步提高其生态功能等级，构建以森林生态系统为主体的国土生态安全体系，推进生态省建设。海南省林业局在海口市召开全省重点公益林工作会议。各市（县）林业局、保护区、直属林场主要负责人和一名业务人员参加了会议。省林业局局长朱选成出席会议并作讲话。

11月14～15日 为早动员、早部署今冬明春全省浆纸林及生态安全工作，海南省林业局在尖峰岭召开全省今冬明春浆纸林建设暨林业生态安全工作会议。各市（县）林业局局长、森林公安局局长，省林业局机关各处室、直属事业单位、浆纸林工作组主要负责人，省直属林区林场主要负责人、派出所所

长，金华林业公司及其各经营区主要负责人，种苗企业经理等100多人参加了会。省林业局局长朱选成出席会议并作讲话。

11月23日 海南省委宣传部、省林业局、省旅游局联合在尖峰岭召开海南热带森林旅游新闻发布会。省委宣传部、省林业局、省旅游局有关负责人，20多家中央及地方新闻媒体，省内知名旅行社以及与森林有关的景点景区负责人参加了新闻发布会。国家林业局副局长李育材，省委常委、宣传部长周文彰出席新闻发布会并作讲话。在新闻发布会上，尖峰岭、五指山、霸王岭、海南热带野生动植物园等单位负责人对所在景区进行了推介。

12月14日 针对当前各种破坏森林资源的违法犯罪活动，为有效保护森林资源和野生动物资源，全省严惩破坏森林资源犯罪专项治理公开处理大会在儋州市召开。这是继白沙、琼中之后，第三次在市（县）召开打击破坏森林资源犯罪专项治理公开处理大会。参加会议的有海南省森林公安局、儋州市公检法的有关负责人，松涛水利管理局领导及库区派出所领导，海南金华林业公司儋州经营区负责人，各乡（镇）分管领导、各林业站站长、各国营、地方农场主管政法领导及派出所所长，南丰镇党委机关干部职工、各村委会以及南丰中学全体学生等1000多人。

（海南省林业由王雪撰稿）

重庆市林业

【概　述】 2005年，重庆林业工作在国家林业局的大力支持下，在重庆市委、市政府的正确领导下，认真坚持科学发展观，全面提高林业执政能力，紧紧围绕全面建设小康社会的奋斗目标，坚持以“绿山富民活行业”为己任，求实创新，开拓进取，加快推动“打造绿色重庆，建设生态家园”战略目标的实施，大力推进林业生态建设和林业产业建设，着力深化林权制度改革，取得了令人可喜的成绩。全市有1680万人次参加全民义务植树活动，义务植树7100万株，新建义务植树基地180个，面积达406.7公顷。完成营造林182 000公顷，其中：新完成人工造林104 666.7公顷，封山育林77 333.3公顷。完成大田育苗2000公顷，培育各种苗木1.87亿株。全面加强了森林资源的保护管理，森林采伐限额控制在84.7万立方米以内，森林资源得到有效管护。林业产业稳步发展，全市林业产值实现109亿元，比2004年增长38%。编制完成了《重庆市“十一五”林业发展规划》；开展了岩溶地区石漠化的监测和规划工作，完成了《重庆市岩溶地区石漠化监测报告》，为治理石漠化工作打下了基础。

【退耕还林工程】 按照“巩固成果，确保质量，完善政策，稳步推进”的总体要求，进一步规范退耕还林工程管理，出台《重庆市退耕还林工程检查验收办法》和《重庆市退耕还林工程目标考核办法》，对检查验收机制和考核机制进行了规范和统一。采取切实可行措施，强化了退耕还林后续产业的发展，开展了退耕还林效益监测试点；加强工程管理，严格检查验收，组织开展了市级复查工作，委托西北林业调查规划设计院对12个区（县）退耕还林工程进行了复查验收。狠抓政策兑现，有效地促进了退耕还林工程建设，全面完成了国家下达的退耕还林工程任务，全市完成退耕还林147 333.3公顷，其中：坡耕地造林54 000公顷，荒山造林46 666.7公顷，封山育林46 666.6公顷。

“十五”期间，全市退耕还林工程在39个区（县、市）实施，涉及240万农户，近1100万农民。据统计，全市已完成退耕还林任务926 000公顷，其中：退耕造林407 333.3公顷、荒山造林472 000公顷、封山育林46 666.7公顷。退耕还林工程取得初步成效：①促进了退耕区域森林覆盖率的增加，水土流失得到初步遏制，保持水土功能明显增强，生态条件明显改善。②拉动了农村经济的快速发展，农村经济结构和农业产业结构得到较好调整，退耕地区农民普遍增收。2004年为全市农村实现增收84 462万元，为退耕农民人均实现增收83.6元（不含国家和市补助资金）。拉动效果最明显的江津市，抓住退耕还林的机遇，注重发展花椒产业，2005年花椒收入超过5亿元，为该市农民人均实现增收450元，为退耕农户人均实现增收800元。

【库周绿化带建设工程】 为保障三峡库区及长江下游生态安全，促进库区经济社会可持续发展，增加库周植被，改善库区生态状况，2005年重庆市全面启动实施三峡库区周边绿化带建设工程。该工程是备受社会各届关注的生态工程。各级党委和政府高度重视库周绿化带建设工程，采取措施，强化管理，落实责任，着力推进了工程进度。市政府出台了关于加强绿化带建设的通知、管理办法和关于鼓励社会各界、广大市民参与建设的相关政策，规范和加快了工程建设。各项目区（县）切实加强了对工程建设的领导，层层签订目标责任制，强化科技手段，狠抓工程管理，突出抓了云阳示范段工程建设，高标准、高质量建成了866.7公顷的示范段、33.3公顷示范园。通过22个项目区（县）广大干部群众的共同努力，真抓实干，全市完成工程造林41 333.3公顷。同时开展了库周绿化建设工程社会捐资造林工作，收到社会捐资135.7万元。

【百万亩笋竹工程】 2005年，重庆市百万亩笋竹工程发展良好，新建笋竹产业基地12 000公顷，使全市优质笋竹基地达到60 000公顷，带动20多万农民增收。为推动笋竹产业发展，一是调整了笋竹产业发展规划，笋竹重点建设区（县）由22个调整为15个；二是在荣昌召开了有政府有关部门、金融机构、林业龙头企业参加的百万亩笋竹产业化工程现场会，市委常委、副市长陈光国到会并作了讲话；三是重庆市林业局出台了《关于加快竹产业发展的意见》，确定了竹产业发展的目标、布局、重点和政策措施。四是大力扶持了笋竹加工企业的发展。全市以竹笋、竹材、竹叶为加工原料的笋竹加工企业37家，开发笋竹新产品60多个。笋竹食品加工能力1000吨以上的笋竹企业18家，年产值超亿元的企业5家。培育命名市级笋竹产业龙头企业7家。笋竹产值由2000年的1.2亿元增加到2005年的9.6亿元。

【速丰林工程】 为解决重庆市林业产业发展的原材料供给问题，使全市森林资源得到合理配置，2005年加强了对速丰林工程的宏观指导，完善了速丰林发展的政策环境。一是与市发改委联合印发了《重庆市林纸一体化产业发展指导意见》，为造纸工业发展提供了政策支持，培植林板（纸）加工企业16家；二是制定了《重庆市速生丰产林基地建设规划》，明确了“十一五”速丰林发展的规模、范围、进度、技术措施、组织管理、投资等内容；三是召开了重庆市速丰林工程建设座谈会，出台了《重庆市林业局关于加快速丰林工程建设的意见》。四是狠抓速丰林基地建设，全年新建速丰林基地42 000公顷。

【天保工程】 2005年，全面加强了天保工程区2 388 000公顷森林资源的保护管理，一是认真贯彻《重庆市天然林资源保护工程森林资源管护办法》，继续强化了各级天保工程管理机构建设，同时完善了以“七落实”为主要内容的森林管护责任制，全市完善和新签订森林管护合同17 966份，落实管护人员18 953人。二是狠抓森林资源管理工作。在石柱、武隆、綦江、永川、万盛、丰都、城口、彭水等8个县（市）开展了人工商品林采伐试点，严格森林采伐管理；依法推进林地流转，强化征占用和临时使用林地监管，坚决查处征占用林地的违法行为，切实加强了林地管理；加强了木材流通管理，开展了一次性筷子生产和流通的清理整顿，依法取缔木材违法经营、加工行为。三是以专项行动为龙头，严厉打击了破坏森林资源的各种违法犯罪行为。重点开展了打击破坏森林资源违法犯罪的专项行动和以自然保护区及森林公园为重点的林业行政执法专项检查活动，全市森林公安机关受理各类森林案件6498起，侦破查处6449起，其中刑事案件37起，挂牌督办案件9起，打击处理各种违法犯罪人员5055人次，逮捕犯罪嫌疑人59人。通过工程实施，有效地促进了全市森林资源的“四增长”、生态功能的增强、生态恶化的遏制、生物种类及数量的增多和生物多样性的恢复，林区经营格局和经济结构得到了有效调整。

【野生动植物保护工程】 2005年，积极开展了野生动植物保护管理工作。石柱大风堡自然保护区申报国家级自然保护区通过了国家评审；新建了云阳七曜山市级自然保护区和秀山太阳山市级自然保护区，至此，全市已建立森林和野生动植物类型自然保护区45处，其中，国家级3处、市级16处、县级26处，保护区面积占全市幅员面积的10.15%。编制了《重庆市湿地保护规划》，并着手了长寿湖国家湿地公园的筹建；开展了以禽流感为重点的野生动物疫源疫病监测防治，按照国家林业局布点设立了长寿、缙云山两个监测站；开展了三峡库区濒危特有植物抢救保护工作，积极推进了三峡植物园的建设，目前，全市典型的原生地带性森林植被及珍贵稀有的野生动植物资源得到了有效保护，生物多样性得到了很好恢复，三峡水库珍稀植物得到了有效抢救，促进了人与自然的和谐发展。开展缙云山国家级自然保护区立法调研工作和保护野生动物受伤害补偿纳入地方性立法调研工作。推进了野生动植物产业的发展，加强了红豆杉产业发展的指导，强化了对美联制约、黑格远大、天地药业、赛康生物、重庆野生动物世界、重庆动物园、重庆鳄鱼养殖中心、大足百鸟园等野生动植物龙头企业的发展服务。

【林业科技】 2005年，林业科技工作取得新突破，制定了《重庆市林业局关于进一步深化林业科技改革与发展的意见》，切实加强了对科技工作的领导，继续实施林业科技“五五”工程。开展了科技“三下乡”科普宣传活动，大力培训林业科技实用人才。集中财力物力，结合林业科技推广中心站的建设，有效地整合科研课题、科技推广项目、示范基地、示范区（县）等林业科技示范项目，最大限度地发挥科技示范作用。有针对性地开展林业科研试验工作，重点开展了三峡库区难利用造林地等5项科研课题；大胆探索林业科技成果的转化形式，使之成为产业化。高度重视林业质量监督工作，推行标准化、推行监理制、加大林产品安全监督执法力度。加强林科院建

设，充实调整了领导班子。狠抓了重庆市植物园和各地林业科普基地的示范作用，大力推广林业新技术和新品种，2005 年全市新建科技推广示范基地 20 000 公顷，完成 10 个市级科技示范基地的建设。全面完成了林业有害生物普查和林木种质资源普查工作。加强了包括财务、退耕、林业有害生物防治、执法、监测、资源管理、种质资源调查、木材检查等 1748 名各类林业技术人员和管理人员培训，大大提高了林业技术人员和管理人员科技水平。

【森林火灾】 2005 年，全市切实加强了森林防火工作。1 月，市政府召开了第九次森林防火指挥部全体成员会议，对全年的森林防火工作进行了全面的安排部署。市领导陈光国、项玉章在春节前分别到垫江、丰都县检查森林防火工作。在森林防火的关键季节，市森林防火指挥部组织了 20 个工作组 60 多人到各区（县）督促检查森林防火工作，督促各地强化工作措施，落实目标责任制，加强对重点林区、重点地段的管理，千方百计严防森林火灾的发生。切实加强了森林防火基础设施建设，完成了 15 个重点林区（县）扑火物资储备库建设和主城区视频监控指挥系统建设的可行性研究工作。在 8 个区（县）开展了森林火灾扑救现场演练，对各区（县）森林防火指挥长及办公室主任进行了培训。森林防火工作成效显著，全年共发生森林火灾 117 起，杜绝了重特大森林火灾的发生，其中：森林火警 93 起，一般火灾 24 起；火场总面积 348 公顷，受害森林面积 135 公顷，森林火灾受害率为 0.06‰，大大低于 0.3‰的控制目标。

【林业有害生物防治】 2005 年，进一步加强了林业有害生物防治工作，实行“预防为主，科学防控，依法治理，促进健康”的方针，积极促进森林质量的提高。全市主要林业有害生物发生面积 154 300 公顷，其中：病害 38 133.3 公顷，虫害 100 833.3 公顷，鼠、兔害 15 333.3 公顷。危害严重的种类主要是松材线虫病、松毛虫、蜀柏毒蛾、鞭角华扁叶蜂和竹节虫、黄脊竹蝗、松纵坑切梢小蠹、冠瘿病、罗氏鼢鼠、马尾松腮扁叶蜂、杨树叶部病虫害、云班天牛等。全市共防治各类林业有害生物 131 333.3 公顷，防治率 83.9%；林业有害生物成灾面积 7813.3 公顷，成灾率 3.5‰，低于 5‰的控制目标。建立了林业有害生物灾害应急预案，修改完善了《重庆市省际调运森林植物检疫委托资格年检办法》、《重庆市松材线虫病防治办法》和《重庆市森林植物检疫登记管理办法》等有害生物防治规章。狠抓以松材线虫病为重点的危险性林业有害生物的预防和除治工作，完成了主城区现场检疫点建设，松材线虫发生区范围缩小，发生面积减少。完成了林业有害生物普查和重庆市林业检疫性有害生物补充检疫对象名单的审定和公布；开展了国外引种隔离试验监管工作；研究开发了重庆市林业有害生物管理信息系统并在涪陵区试点应用，该系统得到了国家林业局的高度评价。

【国有林场】 2005 年，重庆市林业局把国有林场的改革和发展列为重点工作，组织了 20 多个工作组，100 人深入到全市国有林场开展了全方位大调研活动，形成了内容丰富、资料翔实的调研成果。在此基础上，重庆市政府出台了《关于深入推进国有林场发展与改革的意见》，并于 6 月召开了全市国有林场发展与改革工作会，各区（县、市）政府分管领导、林业局局长、国有林场场长及市级相关部门负责人参加了会议。这是重庆直辖以来国有林场召开的最高规格的会议，全面部署了国有林场发展与改革工作。重庆市林业局制定出台了《关于在国有林场开展自营经济竞赛活动的通知》和《关于在国有林场开展管护站达标竞赛活动的意见》，争取市级以上资金 2000 余万元，启动了《全市国有林场基础设施建设规划》，开展了市、区（县）林业局机关及领导干部“帮扶国有林场脱贫及管护站达标”的竞赛活动，指导国有林场开展撤、并、放工作，全市国有林场由 100 个撤销、合并为 77 个，其中 72 个已纳入财政预算管理。国有林场脱贫工作取得新进展，全市又有 10 个国有贫困林场实现了脱贫。

【林权制度改革】 2005 年，深入推进了以林权制度改革为重点的林业体制改革工作。由于历史、体制和政策等方面的原因，占全市森林总面积 80% 左右的集体林、个体林中仍有相当一部分山林权属不清，投资林业的经营主体的权益仍然得不到真正保障，致使林业经营机制不活，产业规模小，结构单一，非公有制林业发展滞后。为加快林业改革，调整与林业生产力发展不相适应的生产关系，2005 年下半年，重庆市林业局把林权制度改革摆上了重要议事日程，成立了以局长周克勤为组长、分管局长为副组长，局相关处室负责人为成员的重庆市林权制度改革领导小组，下大力量开展林权制度改革工作。组织调研组到江津、合川、彭水、城口等地开展调查研究，7 月中旬和 8 月初又到全国林权制度改革试点省福建和江西进行考察学习，邀请市人大常委会视察了一些区（县）的林权改革工作。接着又在巴南、永川、巫山和秀山 4 个区（县、市）开展了林权制度改革试点。为了向社会通报和宣传林权制度改革，使林改工作得到社会各界更多的了解和支持，编印了《重庆市森林资源流转管理办法》、《重庆市森林资源流转指南》、《重庆市森林资源优惠政策》等资料，利用电视、报刊、网络等媒体，广泛宣传林权制度改革的相关政策、主要内容、具体要求和工作措施，同时组织了森林资源流转新闻发布会、部分涉林企业负责人座谈会、林改工作务虚会和首届森林资源流转会。为适应林改工作需要，经市政府资产评估资格评审委员会批准，成立了重庆市首家森林资源资产评估机构——重庆绿环森林评估有限公司。为全面推进林权制度改革，调动全社会发展林业的积极性，重庆市政府下发了《关于全面推进林权制度改革的意见》，重庆市人大常委会第二十次会议作出了《关于进一步完善林权制度加快林业发展的决定》。林权制度改革的核心内容是：围绕“明晰所有权，放活经营权，落实处置权，确保收益权”的基本思路，进一步理顺和明晰林业产权，盘活森林资源资产，规范森林资源管理，保护林业生产者和经营者的合法利益，加快林业发展。用2~3年的时间，基本完成全市林权制度改革任务，建立起“产权归属清晰、经营主体到位、责权划分明确、利益保障严格、流转规范有序”的现代林业产权制度。

【森林资源流转】 按照《重庆市森林资源流转管理办法》，2005年9月，在巫山县举办了重庆市首次森林资源流转洽谈会，有力促进了全市森林资源流转，加快了全社会办林业的进程。据统计，2005年全市总共流转森林资源面积4666.7公顷。从流转对象看，包括国有、集体和个人的森林、林地、林木。有林地、林木、景观的综合流转，也有某一方面的单一流转；从受让方看，有企业、林业单位、个人参与流转；从流转形式看，包括承包、租赁、转让、拍卖、联营、入股等多种形式。很多有实力的企业纷纷参与森林资源流转，投资森林旅游开发、林产品加工、林木基地建设等，取得了丰硕成果，全社会参与林业建设的积极性空前高涨。

【林业分类指导】 根据重庆市委、市政府提出的“三大经济区域、四大工作板块”的工作指导思路，切实加强了重庆林业工作的分类指导。重庆市林业局建立了片区联系会议制度，将全市划分为主城区、渝西走廊区、三峡库区和民族地区四大片区，明确了联系局领导和联系处室的责任，以片区联系制度作为推进工作的重要手段。同时，为了突出重点，分类施策，建立了森林资源大县工作联系制度。对森林面积在10万公顷以上的巫溪、城口、奉节、酉阳、石柱、云阳、彭水等7个森林资源大县实行固定联系制，每个局领导分别固定联系1个森林资源大县。为了切实搞好分类指导，上半年还相继召开了城市林业、民族地区林业、林业项目策划、林业综合执法和林业产业发展等5个专题座谈会，制定了各片区林业发展的政策措施。

【森林旅游】 2005年，重庆市加大了森林旅游的开发管理力度。一是9月24~26日在巫山县小三峡国家森林公园举办了重庆市第二届森林旅游节，开展了“森林之旅”、“小三峡森林之歌”、森林旅游商品交易会等活动，进一步提高了重庆森林旅游知名度，全年森林旅游接待游客1272万人次，是2004年的226%，实现旅游收入50 245万元，比2004年增长35%。二是狠抓了森林公园创建工作。全年新建国家森林公园1个，市级森林公园4个，目前，全市国家级森林公园达到22个，市级森林公园达到40个。三是大力招商引资，全年实现森林公园投资32 326.9万元，比2004年增加41%。四是下大力气理顺了森林公园管理体制，维护森林公园权益。

【花卉产业】 组团参加了中国第六届花卉博览会和中国首届绿化博览会，获最佳组织奖。完成重庆市花卉研发中心的组建任务。全市发展花卉种苗基地建设3333.3公顷。

【助农增收】 林业助农增收是“十一五”的重点工作，2005年重庆市林业局围绕助农增收主要完成了“两个规划”、“一个意见”：编制了《重庆市林业资源“十一五”加工规划》和《重庆市林业助农增收计划》，从生态建设和产业建设两方面帮助农民增收。出台了《重庆市林业局关于实施林业助农增收工程的意见》，争取到2010年，全市农民人均在林业建设中纯收入达到500元，比“十五”期末翻一番。

【林业执法改革】 2005年，全面推行了林业综合行政执法，在秀山县召开全市林业综合行政执法现场会。实行了林业行政执法责任制，强化林业主管部门内部监督，建立林业行政执法案件的评定考核、错案追究和评价督查制度。改革林业行政审批，明确各个审批环节的标准、条件、责任、权限、时限，减少审批人员的自由裁量权和审批随意性，凡法律法规等未作出明确规定的行政审批项目一律予以取消。

【林业队伍建设】 2005年，整合和调整了重庆市林业局机关对全市林业工作的指导力量。一是组建了宣传办，履行局党组宣传、局行政对外宣传和《重庆绿化》杂志编辑等职能。二是组建了国有林场改革发展工作领导小组办公室，负责全市国有林场的改革发展工作。三是组建了信访办，负责林业信访接待和处理工作。四是组建了重点工程建设办公室，负责全市退耕还林、天保工程和德援项目等林业重点工程建设工作。四是进一步理顺了森林公安管理体制，全市75个森林公安机构中，73个已全部推行或依照公务员管理。五是继续狠抓了乡（镇）林业站建设。全面完成了北碚、大足等10个区（县）林业站合格县建设；编制了4个重点林业县林业站建设规划，为部分乡（镇）林业站配备了摩托车，较好地改善了林

业站基础设施建设条件。

【林业网站开通】 2005年3月中旬，重庆市林业办公自动化系统及林业网站项目通过了达标验收。重庆林业网站的开通，加强了市林业局同区（县）林业局和直属单位的联系，加快了网站信息的更新，增强了重庆林业网站信息的实效性、知识性和可读性，为全社会了解重庆林业政策和工作动态信息提供了又一个窗口和平台。建立了每个工作日在重庆林业网站上发布重庆林业新闻制度。7月，重庆市林业局机关全面试行了办公自动化系统，并取得了初步成效。

【“十五”林业成就】 “十五”期间，重庆林业确立了以生态建设为主的发展道路，林业建设取得了巨大成就，实现了“七个增长”的可喜目标，全市林业站在了一个新的历史起点上。首先，表现在市委、市政府高度重视林业工作，下发了《关于贯彻〈中共中央国务院关于加快林业发展的决定〉的实施意见》，出台了一系列配套政策，历史性地转变了以木材生产为主的林业建设指导思想，确立了以生态建设为主的重庆林业发展道路，制定了“打造绿色重庆，建设生态家园”的宏伟目标。其次，表现在全面完成了林业“十五”计划，林业建设呈现出“七个增长”。5年来，全市完成营造林1 200 000公顷，比“九五”期间增长了2倍；林业用地面积达到4 078 666.7公顷，比“九五”期末增长了420 666.7公顷，真正达到“半壁河山”；森林面积达到2 478 000公顷，比“九五”期末增长了570 000公顷；森林覆盖率达到30%，比“九五”期末增长了7个百分点，是全国平均增长速度的4倍；活立木总蓄积量超过1.2亿立方米，比“九五”期末增长了近50%；争取国家和市本级财政对林业投入总量达70亿元，比“九五”期间增长了近10倍；林业产业总产值突破100亿元大关，达到109亿元，比“九五”期末翻了两番，增长了4倍。“十五”期间，对2 388 000公顷天然林资源实行了“七落实”的有效管护；全市建成各类标准化苗圃36个；建成森林及野生动植物类自然保护区45处，其中国家级3处；建成各类森林公园62个，其中国家级21个，常年接待游客1200万人次以上，带动近百万农民增收。总之，“十五”期间，是重庆市林业建设任务最重、发展速度最快、资源增量最大、保护力度最强、资金投入最多的5年，重庆林业已步入了加速发展的快车道。

（重庆市林业由张来国撰稿）

四川省林业

【概　述】 2005年，完成营造林51.62万公顷，为年度计划的129.05%；森林覆盖率在2004年27.94%的基础上增长1.04个百分点，达到了省政府确定的“增长一个百分点”的年度目标；实现林业总产值330亿元，为目标任务的117.86%；落实林业建设资金512 187万元，比2004年增长3.3%，其中：国家投资461 262万元，省级资金50 925万元。

以提高效益为中心，推动林业全面发展 2005年，采取了一系列重要举措，推动林业沿着数量与质量并举、更加注重成效的轨道健康发展。

天然林保护和退耕还林工程稳步推进 在依法管护好现有森林资源的基础上，完成国家下达四川省天保工程人工造林4.67万公顷，飞播造林96万公顷，封山育林24万公顷的任务。为提高工程管理水平，针对近几年天保工程实施中出现的新情况，起草了《关于进一步加强天然林资源保护管理工作的通知》，由省政府办公厅印发各地和有关部门执行。根据国务院办公厅关于切实搞好退耕还林“五结合”的要求，提出了四川的贯彻意见，为稳步推进退耕还林、巩固退耕还林成果提供了政策保障。完成退耕还林7.33万公顷、配套荒山造林6.4万公顷、封山育林5.33万公顷。在抓好工程造林的同时，采取多种形式开展全民义务植树，营造各种林木1.37亿株。

野生动植物保护及自然保护区建设成绩喜人 召开了全省野生动植物保护工作会议，对新形势下的保护工作和自然保护区建设进行了全面部署。各地按照会议要求，不断加强保护事业，推进保护区晋级升格和示范保护区建设。积极配合有关部门，开展申报大熊猫栖息地世界自然遗产、申请大熊猫为2008年北京奥运会吉祥物以及赠台大熊猫选送等工作，引起社会广泛关注。大熊猫人工繁育捷报频传，一年之内生产幼仔15胎21只，其中卧龙保护区繁殖13胎18只全部成活，创历史新高，取得了连续6年幼仔成活率100%的优异成绩。

产业发展提速增效 在深入调研和广泛征求意见的基础上，制定了《四川省林业产业发展出纲要》，由省政府下发各地执行。省林业厅印发了工业原料林培育业、林果种苗业、林产加工业、生态旅游业四大产业发展规划，加强对产业发展的宏观指导。各地按照“生态建设产业化、产业发展生态化”的思路，坚持从实际出发，建基地、扶龙头，立足优势搞开发，大力培育特色产业、新兴产业。2005年，全省

林业第一、二、三产业实现产值190亿元、100亿元、40亿元，同2004年相比，分别增长5.8%、26.4%和39.9%，二、三产业增幅较大，产业结构日趋合理。特别是四川省竹产业的发展，受到了中央主流媒体的关注，被作为落实科学发展观的典型，于7月29日在中央电视台《新闻联播》头条播出，引起很大反响。

为加快四川省林业产业发展，省林业厅组织21个市（州）林业局和省林业厅有关部门负责人到浙江进行专门考察。这次考察活动，使大家进一步开阔了视野，学到了经验，更加坚定了搞好林业产业的信心。同时，根据省旅游领导小组第五次会议决定，由省林业厅牵头，对21个市（州）景区的生态资源进行了系统分析与评价，并撰写了专题报告，为省委、省政府发展生态旅游决策提供了科学依据。省林业厅也召开了生态旅游发展座谈会，目的是通过群策群力，进一步理清思路，增添措施，把生态旅游产业不断向前推进。

商品林采伐和林产品经营顺利开展　2005年向国家林业局争取到人工商品林采伐110.4万立方米，比2004年增长26.9%，在84个县开展采伐试点，生产商品材56万多立方米，缓解了木材供需紧张的矛盾，支持了地方经济建设。进一步规范了木材及其他林产品及其他林产品加工和经营管理。为37家松茸出口企业发放了经营许可证，批准37家松茸出口企业出口松茸2204吨，野生动植物出口总额11.3亿元，出口创汇10.8亿元。

以巩固成果为重点，加强森林资源保护管理　随着生态建设的不断推进，从多方面采取措施，加强森林资源保护管理，巩固生态建设成果。

大力加强森林防火　2005年上半年，全省重点林区持续高温、干旱，森林防火形势十分严峻。省委、省政府高度重视，多次召开会议研究，安排部署，省林业厅也及时派出工作组进行督促检查，同时配合省人大对森林防火开展执法检查，积极做好预防工作。特别是5月17日至6月7日，凉山州木里县东孜乡、水洛乡、唐央乡和甘孜州九县上团乡连续发生4起重大森林火灾，国务院和省委、省政府以及国家林业局领导对此作了重要批示，省护林防火指挥部立即启动了处置重特大森林火灾应急预案，5名省林业厅领导先后赶赴火场第一线，指挥扑救工作。通过省、州联合指挥精心组织，广大警民连续奋战，成功地扑灭了4场森林大火，实现了科学扑灭林火和无一人员伤亡的预定目标。据统计，全省2004年共发生森林火灾232次，受害森林面积2266.67公顷，火灾损失率0.18‰，是“十五”期最高的一年，但仍远低于1‰的控制指标。

切实开展有害生物防治　按照“预防为主、科学防治、依法治理、促进健康”的森防方针，根据病虫情发生态势，实施了林业有害生物防治创新试点工作，首次采用了专用直升机，及时开展森林病虫灾害的预测、预报和防治。全省共发生森林病虫害面积69.47万公顷，防治面积62.33公顷，森林病虫害成灾率0.09‰，低于5‰的控制目标。

继续强化林地管理　一方面，坚持依法管理林地资源，防止林地流失和逆转。另一方面，加强与有关部门协调，积极出主意，想办法，保证了26个涉及使用林地和采伐林木的重点水电工程、交通工程项目及时办理手续；对12个新上的重点项目，加快了相关手续办理的前期工作。2005年经审核审批同意的工程项目，使用林地面积2516.6公顷，征收森林植被恢复费1.17亿元。

查处破坏森林资源的违法犯罪行为　2005年，森林公安、资源林政管理等执法部门共破获各类森林和野生动物案件8942起，查处8803起，收缴木材1.77万立方米，野生动物115万只，为国家和集体挽回经济损失8400多万元。

以严格执法为抓手，规范行政管理行为　坚持依法行政，规范管理，进一步拓宽了便民渠道，提高了办事效率，也为生态工程的顺利实施提供了有力保障。

全面推进政务公开　通过健全制度，完善管理，改进省政府政务服务中心林业窗口各项工作、加强电子政务建设、及时发布林业政务信息、公开办理事项、开通厅长信箱等方式，进一步畅通了林业主管部门与群众沟通的渠道，保障了人民群众的知情权、参与权、监督权等民主权利。同时，通过《阳光政务》政风行风热线节目，主要领导与人民群众直接沟通交流，倾听群众呼声，对群众反映的热点难点问题，认真进行现场解答，督促落实，以实际行动获得了人民群众的信任和好评。

认真清理上报林业行政许可事项　依法对涉及林业部门的行政许可项目、设定依据、审批机关、收费项目等内容进行了再次清理，按时上报了43项林业许可事项办事指南。进一步健全行政许可受理制度、审查审批制度、行政执法制度和责任追究制度等相关制度。对各种林业许可事项，做到了条条有答复，及时、优质、高效办理。

深入开展两大工程执法监察　按照省委、省政府党风廉政建设和反腐败工作部署，切实履行两大工程执法监察牵头职能，召开省级有关部门执法监察联席会议，组织开展了7个市（州）执法监察循环交叉检查，对3个市退耕还林粮食补助改为现金补助政策执行情况进行了暗访，督促2个县查处了违反退耕还林政策案件，追究了6人的党纪政纪责任，维护了农民权益，巩固了工程建设成果。

规范资金管理　2005年是国家林业局确定的“资金安全年”，省林业厅在积极争取资金的基础上，

从严规范资金管理，从立项决策、计划下达、资金拨付、结算支付到报账审核等各个环节，都坚持严格把关。同时加强资金稽查，对资金使用情况进行跟踪回访，保障资金落实到位。对资金到位差和2004年审计退耕还林资金中发现问题的单位进行督办，保证了资金安全运行。

【“十五”林业成就】 “十五”期间，是四川省林业发展速度最快、投资最多、变化最大的时期。5年累计成片造林256.85万公顷，为国家计划的101%，比“九五”期间增长44.3%；封山育林71.8万公顷，为国家计划的102.6%；落实林业建设投资227.5亿元，比“九五”时期的82.5亿元增长175.8%；森林覆盖率由24.23%提高到28.98%，增加4.75个百分点。生态面貌得到很大改善，建设长江上游生态屏障“五年初见成效”的目标如期实现。全省呈现出盛世兴林的大好局面。

全省生态建设实现历史性跨越，进入“治理大于破坏”的新阶段 在果断停止天然林采伐的基础上，继续对全省森林资源实行依法管护，管护面积由2000年国家批准天保工程实施方案的1920万公顷上升到2153.33万公顷（含灌木林），增长12.15%；每年减少森林资源消耗量1100万立方米，5年累计减少5500万立方米，相当于少采伐天然林面积39.2万公顷；森林火灾损失率连续5年控制在0.2‰以下。在保护好现有森林植被的同时，加快国土绿化，共计完成坡耕地退耕还林87.89万公顷，配套荒山造林82.07万公顷，天保工程公益林及其他造林1303.4万公顷，大批宜林荒山、陡坡耕地和疏林地已经披上绿装，沿江沿路到处绿树成荫，郁郁葱葱。根据清查资料，“十五”期间全省有林面积由1172.33万公顷增加到1401.87万公顷，新增229 653万公顷；活立木总蓄积由14.65亿立方米增加到15.82亿立方米，增长1.17亿立方米。全省森林面积居全国第四位，蓄积居全国第二位。随着森林资源的不断增加，边治理、边破坏的历史结束，水土流失严重的状况得到遏制，穷山恶水的面貌得到改变，生态建设进入“治理大于破坏”的新阶段。通过对不同生态区进行定位监测，全省5万多平方千米水土流失面积得到有效控制，每年减少土壤侵蚀量2.53亿吨；岷江、涪江每立方米河水的含沙量分别下降64.5%和85%。现有森林资源在涵养水源、保育土壤、固定二氧化碳和供给氧气等方面的综合服务价值，每年达1332.5亿元。生态面貌的改善，不仅为全省大开发、大开放特别是生态旅游的蓬勃兴起创造了有利条件，也为建设生态四川，促进人与自然的和谐奠定了坚实基础。

林业产业由恢复性增长进入加速发展的快车道，为助农增收发挥了重要作用 始终坚持把生态工程建设同产业开发紧密结合起来，面向市场需求，大力培育后续产业。“十五”期间，落实中央农业综合开发资金、产业示范基地建设专项资金、财政贴息资金4.6亿元，支持竹产业、名特优经济林和生态旅游业的发展。同时，大力发展非公有制林业，全省民营投入林业一、二、三产业资金累计达40多亿元，兴办林果、加工、营销等各类企业1万多家。到目前，全省已建立竹资源、速丰林、名特优经济林及种苗花卉基地233.33万公顷。一批龙头企业相继崛起，其中竹浆生产能力达100万吨以上，纸和纸板生产能力突破140万吨，人造板生产能力60万立方米，木竹地板生产能力超过1000万平方米。以生态旅游为主的第三产业蓬勃发展。2005年实现林业产业总产值330亿元，比2000年的119亿元增长177.3%，年均递增22.6%；农民从林业上获得人均纯收入230元，比2000年的126元增长82.5%，平均每年增加20.8元。特别是退耕还林工程的实施，不仅促进了农业结构的调整，而且直接增加了农民收入。“十五”期间，国家累计投入全省退耕还林资金125.7亿元，按640万退耕农户2400万人口计算，每年户均392.7元、人均104.7元。

森工问题进一步得到解决，推动了林区经济结构的战略性调整 森工问题是长期困扰全省稳定工作全局的一个突出问题，热点问题多，解决难度大。因而始终把维护稳定作为第一责任，积极主动地做好工作，把问题解决在萌芽状态，正确处理各种矛盾，妥善应对集体上访等突发事件，防止了内部问题社会化，局部问题扩大化。同时，积极争取国家支持，一次性安置森工企业富余人员2.4万余人；2005年第一批139家森工企业共豁免银行债务8.08亿元，占全省金融机构已核准13.7亿元的59%。省委、省政府高度重视森工问题，关心林业职工。省上在财力十分困难的情况下，先后拿出资金约1.5亿元，解决了森工离退休人员死亡丧葬费、死亡职工一次性抚恤金、遗属生活困难补助费、职工医疗保险、企业改制启动资金等问题，并出台了相关政策。2005年5月又在清理政策的基础上，由企业所在市（州）制定方案，筹措资金，解决退休人员反映最为强烈的统筹项目外费用问题，已经逐步兑现到人。通过这些工作和措施，维护了林区和社会稳定，为企业改革和林区经济发展提供了有力保障。各地抓住机遇，大力调整经济结构，推动林区“木头财政”向生态经济转变。重点天然林区阿坝州立足优势资源，把生态旅游作为支柱产业来抓，2001年仅从旅游业中就获得财政收入1.2亿多元，比实施天保工程前“木头财政”收入增加3000多万元。甘孜州坚持实施“旅游兴州”战略，2004年实现旅游收入12.4亿元，占GDP的30.7%，同1998年以木材生产为主的二产收入8.9亿元相比，增长39%。生态经济的发展，不仅增加了地方和群众的收入，又为解决森工问题，维护林区和社会稳定提供了物质基础。

野生动植物保护事业迈上一个新台阶，大熊猫拯救繁育结出丰硕成果 截至2005年，全省已建立各种类型的自然保护区115处，保护面积由280万公顷增加到745万公顷，占幅员的比例由5.78%上升到15.37%，保护区网络体系基本形成，90%以上的珍稀物种在自然保护区内得到有效保护。大熊猫拯救繁育硕果累累。全省现有野外大熊猫1206只，栖息地面积177万公顷，种群数量和栖息地面积分别占全国的76%和77%，人工圈养大熊猫146只，占全国的77%，三项都位居全国第一。目前全世界人工圈养大188只，其中卧龙就有103只，占54.8%。

在实现重点突破的同时，其他各项工作取得显著成效 根据国家林业局的部署和省领导的要求，全省林业产权制度改革、森工体制改革、国有林场改革、林业综合执法改革等试点工作已经全面启动，势头良好。行政审批制度改革持续推进，精简了审批环节，减少了审批项目。对外交流与合作全方位展开，5年累计引进外资2.15亿元，派出国（境）外考察350多人次，引进项目国内培训2000多人次，不仅促进了全省林业建设，更重要的是学到了不少先进管理经验。科学技术在推进生态建设和产业发展中发展了重要支撑作用。“十五”期间，获得国家和省科技进步奖31项，这些成果为全省林业发展提供了大批种质材料和实用技术；实施各类开发和推广项目160多项，建立试验示范面积22.67万公顷；科技成果转化率达到55%，比“九五”期提高了近20个百分点。人力资源能力建设进一步加强，建设学习型机关、学习型行业持续推进，5年来共培训各级各类从业人员250万人次，并形成了一支拥有700多名高级技能人才和5000多名中级技术人才为主的林业专业技术人才队伍。新建和改建骨干苗圃194个、良种基地90个，采种基地64个，目前苗圃经营面积、良种基地面积、采种基地面积达9.73万公顷。结合机构改革和林业发展需要，在重点林区建立乡（镇）林业工作站，非重点林区建立片区工作站，全省基层林业站达到3011个；建立健全科技推广站170个，森林病虫测报检疫站49个，森林公安机构413个。林业系统电子网络体系基本建成，为推进政务公开、实现资源共享、提高办公自动化水平和工作效率创造了有利条件。

林业建设任重道远，还面临不少困难和问题 “十五”期间，全省林业建设虽然取得了很大成绩，但还存在不少困难和问题。一是生态状况比较脆弱。现有森林资源分布与结构还不合理，新造人工林质量不高，功能不强；西部高寒山区、干热干旱河谷治理难度大，部分地方水土流失、土地沙化、石漠化等生态灾害仍较严重；森林火灾和病虫害对林草植被的威胁严重，生态建设和保护管理的任务还十分艰巨。二是产业发展水平低，大型龙头企业少，带动能力不强，“大资源、小产业”的状况突出。三是经营管理粗放。开发利用还处于初级阶段，投入产出率不高，整个林业经济还没有从根本上摆脱粗放型、低效益的增长方式。四是林区交通、通讯、用水、用电等基础设施较差，不适应林业生产特别是防火救灾的需要。五是林业改革、发展、稳定还面临一些深层次问题，特别是管理体制不顺、经营机制不活等问题还没有得到有效解决。

【省政府发出《关于进一步加强天然林资源保护工程管理的通知》】 四川省自1998年在全国率先启动天保工程以来，在各级党委、政府的高度重视和各有关部门的共同努力下，工程建设顺利推进，取得了显著的生态、社会和经济效益。为确保天保工程建设持续、健康发展，及时应对新形势下出现的新情况和新问题，进一步加强工程管理，省政府下发了《四川省人民政府办公厅关于进一步加强天然林资源保护工程管理的通知》（川办发［2005］44号），就进一步加强工程管理工作向各市（州）人民政府、省级有关部门提出了明确要求。

一是增强使命意识，谋划新发展。要以科学发展观统揽全局，认真贯彻以生态建设为主的林业发展战略，总结经验，分析问题，研究新情况，牢固树立工程意识、质量意识、创新意识，正确处理好改革、发展、稳定的关系。

二是强化工程管理，提高建设成效。要全面落实森林管护责任制，坚持依法治林，强化森林防火和有害生物防治工作，切实把好规划关、设计关、种苗关、施工关、检查验收关和幼林成林保护关，加强工程异地建设管理和档案管理。

三是坚持封闭运行，确保资金安全。要按照“专户存储、专项管理、专款专用、单独建账、单独核算”的要求，进一步健全和完善资金管理使用的内控制度，加大监管力度，确保资金高效、安全。

四是严格考核监督，制定奖惩措施。建立健全工程检查验收、考核、执法监察、情况通报和责任追究等各项制度，依据检查考核结果对天保工程建设任务、资金进行宏观调控。

五是坚持以人为本，保障职工权益。按照建立现代企业制度的要求积极推进森工企业改制，增加森工企业造血功能，保障职工合法权益。充分利用资源优势加快林业资源开发，促进工程区经济结构战略性调整。

六是推进改革创新，健全运行机制。进一步创新并健全部门协作、项目法人、招投标、监理、报账、奖惩和森林管护等工程建设运行机制，促进天保工程森林资源、质量和资金管理达到国家要求。并以实施天保工程为契机，大力推进森工企业改制，积极探索

社区共管。

七是加强组织领导，落实工作责任。认真落实天保工程政府首长责任制和目标管理责任制。各级人民政府对本地区天保工程负总责，政府主要负责同志是第一责任人，分管负责同志是主要责任人，坚持每年签定天保工程政府、部门“双线”目标责任书。加大执法监察力度，加强对责任制落实情况的监督检查。

【省政府领导视察唐家河自然保护区】 2005年4月13日，四川省省长张中伟率省级相关部门负责人专程到唐家河国家级自然保护区，实地视察了基础设施建设、天然林资源和野生动植物保护站点，参观了保护区内的岷山山系博物馆、阴平古道及三国古栈道遗迹等生态旅游项目，询问了大熊猫保护与监测情况，看望了保护区林业职工。张中伟指出，唐家河自然保护区天保工作成效显著，野生动物遇见率高，可以作为特色旅游来开发和宣传，具有很大的发展潜力，必将是广元经济发展特别是旅游业发展的一个重点。唐家河自然保护区建设与自然环境相协调，实现了与周边社区经济的良性互动，是近30年来唐家河工作人员共同努力的成果。发展唐家河生态旅游，将极大地改善周边村民的生产生活，并带动青川县乃至整个广元经济的较大发展。各级党委、政府和部门都要加大对唐家河各项工作的领导和支持，要将唐家河自然保护区纳入九寨沟旅游环线规划，继续加大天然林保护力度，严防森林火灾；要紧密依托现有资源，合理利用，在保护的前提下，充分发挥自身优势，利用项目带动发展。

4月23日，王怀臣副省长率省级相关部门主要领导，专程对唐家河自然保护区内生态旅游开发潜力进行实地考察，并听取了广元市委、市政府建设生态广元的专题工作汇报。王怀臣对唐家河保护区的工作给予了充分肯定，并指出：唐家河自然保护区要尽快制定高水平的旅游规划，要重点体现人与自然、人与动物和谐相处的特点，要在找准客源市场，进行科学市场定位的基础上，按照旅游的六大要素加快完善各项配套设施。要依托地方党委政府，共享公共资源，实现可持续发展，努力将唐家河打造成全省的旅游精品。同时要注重与全省以及广元市的旅游规划相衔接。王怀臣表示：省政府将搭建融资平台解决广元市以唐家河为龙头的生态旅游发展等问题并要求省交通厅要加快川北旅游线的交通建设。

【四川省和成都市党政军领导参加义务植树】 2005年3月22日，由四川省绿委、成都市绿委、成都市温江区共同组织的以“建设都市花园新区，营造最佳人居环境，实现人与自然和谐”为主题的省和成都市党政军领导义务植树活动，在成都市温江区第六届花博会主展馆园区室外景观绿地内开展。参加此次植树活动的有省委副书记、省长张中伟，省政协主席秦玉琴，成都军区副政委马子龙，成都军区空军副政委龚德宏以及陶武先、周光荣、王少雄、李登菊、李春城、黄寅逵、席义方、王荣轩、敬中春、陈德玉、陈文光、柯尊平、吴正德、阿称、何志尧、韩祥林等军地副省级以上领导干部。省和成都市党政机关，成都军区、成都军区空军、省军区、省武警总队、武警四川森林总队以及温江区的领导、机关干部、部队和武警官兵、少先队员共400余人参加了义务植树活动，共植树2000多株。

【获首届中国绿化博览会多项奖励】 由全国绿化委员会、国家林业局、江苏省政府共同主办的，我国绿化领域规格最高的国家级盛会——首届中国绿化博览会于2005年9月26日至10月16日在南京举办。全国31个省（市、区）、6个国家有关部门（行业），以及埃及、韩国、新加坡、墨西哥、荷兰等国家代表团参展。

四川省参加了本届绿博会室外景点展、室内综合展、植物名特优新展、花卉苗木暨园林绿化机具交易会等展览项目，并组织了全省绿化、林业系统的同志100多人到南京观摩了本届绿博会。经绿博会组委会评定，四川省获得组织工作奖、室外景点奖优秀奖、室内布展奖银奖等多项奖励，另外，成都香王园林公司选送的桂花获名优植物奖优秀奖。

【台湾国民党名誉主席连战及家人到卧龙参观大熊猫】 2005年10月27日，台湾国民党名誉主席连战携夫人及其家人在中台办陈云林主任、国家林业局赵学敏副局长、四川省委李崇禧副书记的陪同下到卧龙参观大熊猫，四川省林业厅杨冬生厅长、阿坝州委王超耀副书记也参加陪同。赵学敏向连战先生一行介绍了卧龙自然保护区的保护、科研及向台湾同胞赠送大熊猫工作的准备情况。卧龙自然保护区管理局局长张和民教授向连战先生一行逐一介绍了“入选”向台湾同胞赠送的11只大熊猫的情况。

【中国首只闯入都市的大熊猫放归自然】 2005年8月8日，中国首只闯入都市的野生大熊猫“盛林1号”被放归大自然。为掌握“盛林1号”回归自然后的栖息状况，科研人员为“盛林1号”佩戴了定期自动脱落的GPS颈圈，对其进行卫星和地面两种定位跟踪。国家林业局与四川省政府联合在都江堰龙溪虹口国家级自然保护区龙池保护站举行仪式，将“盛林1号”大熊猫成功放归自然。

来自国家林业局、中国科学院、四川省林业厅等单位的200多名科研和管理人员参与了对大熊猫“盛林1号”的跟踪、监测工作。根据监测，截至2005

年12月，大熊猫的活动范围趋于稳定，为6.71平方千米，证明大熊猫"盛林1号"已在放归区域找到一个相对固定的巢域范围并成功存活下来。

【首次使用直升机防治林业有害生物】 2005年5月16~21日，省林业厅在绵阳市、广元市、梓潼县、盐亭县和剑阁县，首次利用直升机开展林业有害生物防治试验取得了圆满成功，实现了四川省林业有害生物防治方法的历史性突破。

飞机防治林业有害生物是发达国家普遍采用的先进防治手段。至今为止，我国林业有害生物防治的工具仍以背负式和担架式常量喷雾机为主。直升机防治与常规人工喷雾防治相比，不仅具有功效高、用药少、喷洒均匀、效果好的特点，更重要的是能够彻底解决人工机具喷洒高度有限，成本高，防效差的缺陷。本次飞防试验主要以108国道沿线梓潼至剑阁段的古柏林区的大柏毛虫和蜀柏毒蛾为目标，范围包括梓潼县大庙山、梓潼林场、长卿山，剑阁县老君殿、翠云廊和盐亭县高山庙森林公园等。使用药剂有Bt.、阿维菌素、松毛虫CPV病毒、苦参、烟碱等无公害的环境型生物制剂，总施药面积2000万公顷。本次试验使用的Schweizer 300C轻型活塞式直升机是四川省林业部门利用专项国债资金从美国Schweizer公司购买的，价值300多万元。

【邻水县林业公安分局获全国森林公安系统优秀公安局称号】 2005年，邻水县公安局林业公安分局荣获全国森林公安系统优秀公安局称号。该林业公安分局自1998年成立以来，5次受到公安部、国家林业局、四川省林业厅的表彰，个人获上级表彰奖励25人次，有4人次荣立个人三等功，1人次被授予全国森林公安系统优秀人民警察称号，2004年林业公安分局又被四川省林业厅森林公安局确定为全省争创"三个一流"的省级示范单位。

邻水林业公安分局长期以来，坚持"以人为本，以制度管人"的队伍建设思路，全体干警苦练内功，凝聚一心，捍卫着76万公顷森林资源的安全。邻水的森林资源重点分布在38个乡镇和7个国有林场（所），涉及239个村、1973个社、林区住户46 698户20余万人，林区煤矿、窑罐厂、石灰厂、碎石厂达500个，从业人员3万余人，人员流动频繁，治安情况复杂，盗伐、滥伐林木等案件时有发生，增加了林区治安管理难度。分局成立以来，先后开展了"春雷行动"、"绿剑行动"、"天保行动"、"春季严打"、"坑木清查"、"多发案地段整治"、"两保一创"、"秋季严打"等系列专项行动，严厉打击了破坏森林、野生动植物资源等违法犯罪活动，办理各类案件1211件，其中刑事案件45件，收缴木材655.5立方米，挽回经济损失108.9万元，打击处理违法犯罪人员1320人次，依法追究刑事责任26人，治安拘留52人，有效遏制了林区违法犯罪活动，确保了森林资源安全。

【重要会议】

全省林业工作会议 2005年2月4日，省林业厅在成都召开了全省林业工作会议。省人大常委会副主任敬中春、省政协副主席阿称出席会议并作了讲话，陈文光副省长作了书面讲话，省林业厅厅长杨冬生作了题为《认清形势，增添措施，努力开创四川林业建设新局面》的主题报告。各市（州）林业局局长，省林业厅机关各处室和直属单位负责人，省级有关部门同志参加了会议。新闻单位记者到会采访。

这次会议的主要任务是：贯彻中央和省委经济工作会、农村工作会和全国林业厅（局）长会议精神，以邓小平理论和"三个代表"重要思想为指导，总结2004年林业工作，分析当前林业形势，部署2005年林业建设任务。

全省森林资源林政管理工作会议 为认真贯彻全国资源林政工作会议和《国家林业局关于进一步加强森林资源管理工作的意见》精神，2005年9月27~28日，省林业厅在攀枝花市召开了全省森林资源林政管理工作会议。全省21个市（州）林业局长、资源科（处）长和省林业调查规划院、厅相关处室负责人参加了会议。

省林业厅罗增斌副厅长作了《坚持严管林方针不动摇全面加强资源林政管理为建设长江上游生态屏障奠定坚实基础》的主题报告，全面总结了过去5年来全省资源管理工作的成绩和经验，提出了新形势下资源林政工作的思路、目标、任务和工作重点，对当前的资源林政工作作了具体安排。会议讨论了全省新时期、新阶段资源林政管理工作出现的新情况、新问题，研究了对策和措施。省纪委驻省林业厅纪检组组长赵光钦就资源林政管理工作人员廉洁从政、文明执法，纪检监察工作如何支持资源林政管理工作等方面的问题作了讲话。

会议对近年来在资源林政管理工作战线上坚持"严管林"方针，为保护森林资源，推进林业跨越式发展作出重要贡献的40个先进单位和70位先进个人进行了表彰。

全省林业科技工作会议 为全面总结"十五"经验，安排部署"十一五"全省林业科技工作，省林业厅于2005年11月29日在成都双流县召开了全省林业科技工作会议。21个市（州）林业局的分管局长、林科所长、推广站长（科技科长）、厅机关相关部门及有关直属企事业单位负责人共100多人参加了会议。杨冬生厅长出席会议并作讲话；郭亨孝副厅长作了题为《继往开来求实创新推动全省林业科技再上新台阶》的主题报告；省科技厅韩忠成副厅长

应邀到会指导并讲话；成都市委、市政府副秘书长金嘉祥出席会议并致辞。会上，成都市林业局、省林科院、攀枝花市林科所、天全县林业局、南江县林业局等6家单位作了经验交流发言；会议代表参观了成都市巨桉工业原料林基地和成都市林科所。

全省野生动植物保护工作会议 2005年4月22～23日在唐家河国家级自然保护区召开。21个市（州）林业局、13处国家级自然保护区、16处省级自然保护区管理机构、4个县林业局的主要负责人和国家林业局驻成都专员办、省林业厅有关处站的代表，共计100人参加了会议。会议传达贯彻了全国湿地保护管理工作会议和全国林业系统自然保护区建设管理工作会议精神，总结交流了全省自然保护区建设和湿地保护管理工作的成就和经验，表彰了先进，安排部署了当前和今后一个时期野生动植物保护工作。

省林业厅厅长杨冬生作了《围绕构建和谐社会目标进一步做好新形势下的保护工作》的讲话，副厅长戴柏阳作了《树立和落实科学发展观努力开创自然保护区建设和湿地保护管理工作新局面》的主题报告。

与会代表还实地考察学习了唐家河国家级自然保护区内部管理、生态检测、GIS系统和国际合作项目的做法和经验。

全省生态旅游发展座谈会 2005年12月8～9日在成都召开。省林业厅厅长杨冬生、副厅长戴柏阳、罗增斌等厅领导出席会议并讲话。各市（州）林业局、厅机关各处室局及有关部门负责人以及九寨、王朗、唐家河等景区代表参加了会议。

会议讨论了《关于加快四川省生态旅游发展的意见（讨论稿）》，分析了全省生态旅游资源现状，厅机关相关部门负责人就生态旅游发展理念、规划、招商引资、资源管理、项目管理、人才培训、产业统计等问题作了专题发言，九寨、卧龙、王朗、云湖等景区代表就生态旅游发展作了典型发言。

全省造林绿化工作暨核桃产业现场会 2005年9月23～24日在广元市召开。会议充分肯定了广元市在建设生态广元、发展生态经济方面的经验和做法，在全面研究部署全省造林绿化工作和退耕还林工作的基础上，突出两个主题：一是在新形式下如何按照城乡统筹的要求，搞好城乡绿化一体化，推进各地的生态建设上一个新的台阶；二是学习、借鉴朝天、南江等地的经验，促进核桃产业的大力发展。

会议要求：一是要加强领导，制定科学的发展规划，加快核桃产业基地建设。二是要强化科技支撑，提高核桃产业的科技含量。三是要创新运行机制，健全服务体系。四是要加强核桃品牌建设工作，积极申报原产地域保护，创建无公害、绿色食品基地。

全省林业系统办公室主任会议 2005年9月22～23日，省林业厅在绵阳市召开全省林业系统办公室主任会议。省林业厅戴柏阳副厅长、杜万全助理巡视员和各市（州）林业局、厅直属单位办公室主任以及厅机关有关部门负责人共60多人参加了会议。国家林业局办公室、省政府办公厅代表到会指导并讲话。

戴柏阳作了题为《围绕中心服务大局努力开创办公室工作新局面》的主题报告，分析了当前全省林业工作的形势，总结回顾了一年来全省林业系统办公室工作的成绩和经验，对当前和今后一段时期办公室工作的目标和任务进行了安排和部署。

全省森林防火工作电视电话会议 为认真贯彻国务院召开的全国重点省（区）森林防火工作座谈会议精神，切实做好全省春季森林防火工作。2005年2月5日上午，省政府召开了全省森林防火工作电视电话会议。会上，省护林防火指挥部副指挥长、林业厅厅长杨冬生通报了2004年工作和当前森林防火形势，对做好2005年春季，特别是春节期间的森林防火工作提出了具体要求。指挥长、副省长陈文光强调要进一步认识做好森林防火工作的重大意义，并着重做好以下几项工作：一要坚持预防为主，进一步强化火源管理；二要进一步明确职责，全面落实森林防火责任制；三要完善机制，切实提高扑火救灾应急反应能力；四要进一步加大检查力度，确保各项措施落实到位；五要加大投入，着力增强森林防火保障能力；六要充分准备，协同作战，确保不发生大的森林火灾；七要进一步加强值班调度工作，确保政令和信息畅通。

会议由省政府救灾办主任范敬超主持，省和成都市分管森林防火工作的行政领导、护林防火指挥部成员单位，各市（州）林业局局长、直属单位负责人、新闻单位记者参加了主会场会议。全省市（州）和重点县共设分会场114个，近2800人参加了会议。

全省森警依法规范职能任务工作会暨灭火作战表彰大会 2005年9月22～24日，省委、省政府在攀枝花市召开了武警四川省森林部队依法规范职能任务工作会暨灭火作战表彰大会。参加此次会议的有省林业厅、省防火办领导，西南航空护林总站领导，甘孜、阿坝、凉山、成都、攀枝花三州两市的分管市（州）长、林业主管部门负责人、森林防火指挥部办公室负责人及全省各市（州）武警森林部队代表。

会议传达了全国森林防火工作座谈会精神和森林部队信息化网络建设座谈会精神，凉山州、阿坝州、甘孜州、攀枝花森林支队分别就森林火灾灭火战斗进行了剖析和交流发言；参会代表现场观摩了部队信息化建设成果演示和实战演练。会议对全省武警森林部队灭火作战的9个先进单位和26名先进个人进行了表彰。陈文光副省长出席表彰大会并作了讲话。

林业新闻发布会 2005年12月20日，四川省政府新闻办在成都召开林业新闻发布会，向社会公布四川省“十五”林业建设成就及“十一五”林业发展的思路。省政府陈文光副省长到会作了讲话，省林业厅杨冬生厅长发布新闻。新华社、《四川日报》、四川电视台、香港《大公报》等中央、省市和香港地区的30余家媒体共40多名记者参加了新闻发布会。

全省林业“十一五”规划及项目管理座谈会 2005年4月11～12日在成都召开。省林业厅厅长杨冬生，副厅长鲁志明、郭亨孝出席了会议，厅办公室、计财处、造林处、资源处、科技处等处室负责人，21个市（州）林业局局长及计财科（处）长，厅直属企事业单位负责人及计财科科（处）长130余人参加了会议。会议总结了“十五”期间林业建设成就，讨论了“十一五”林业发展规划，安排部署了2005～2006年林业建设项目申报及管理工作，并就重点林区森林防火、森林病虫害防治、林木种苗和自然保护区等工程项目建设标准问题进行了技术培训。

安全生产领导小组扩大会议 2005年4月8日，省林业厅召开了林业厅安全生产领导小组扩大会议。厅长、厅安全生产领导小组组长杨冬生及厅安全生产领导小组全体成员、直属企事业单位主要负责人和分管领导共58人参加了会议。会议传达了《省政府关于采取切实措施遏制重特大事故的意见》，通报了2004年度林业安全生产工作和当前全省森林防火工作情况，安排布置了当前安全生产工作任务。杨冬生厅长、罗增斌副厅长作了讲话。

天保工程森林管护机制创新座谈会 为了进一步提高全省天保工程森林管护质量，创新森林管护机制，省林业厅于2005年9月5～7日在成都市召开了天保工程森林管护机制创新座谈会。副厅长罗增斌出席了会议，森林管护重点地区的8个市（州）及6个县、2个森工局和4个乡级森林管护站以及省林业厅相关部门共40余人参加了座谈会。

（四川省林业由李国明撰稿）

贵州省林业

【概　述】 2005年，贵州省完成营造林26.75万公顷，为计划的100.1%。其中，人工造林13.22万公顷，飞播造林0.34万公顷，封山育林13.19万公顷。营造林按工程分，退耕还林工程完成18.01万公顷（退耕地造林4.67万公顷，荒山造林6.67万公顷，封山育林6.67万公顷），为计划的100.0%；天然林资源保护工程完成5.29万公顷（飞播造林0.34万公顷，封山育林4.95万公顷），为计划的100.2%；防护林体系建设工程完成2.62万公顷（人工造林1.42万公顷，封山育林1.21万公顷）；其他工程完成0.84万公顷，为计划的100.6%。本年新育苗面积0.13万公顷，为计划的101.0%。完成义务植树2289万株，零星（四旁）植树1197万株。经国家核查，贵州省营造林质量位居全国前列。

全省生产商品材55.01万立方米，比2004年增长67.8%；生产人造板54.35万立方米（胶合板34.79万立方米、纤维板6.06万立方米、刨花板4.58万立方米，细木工板8.92万立方米），比2004年增长121.0%；生产锯材16.39万立方米，比2004年增长110.1%；生产木地板58.96万平方米，比2004年增长34.2%；生产生漆1328吨、油茶籽10 558吨、五倍子1943吨、棕片4733吨、干竹笋9542吨、板栗12 286吨、紫胶（原胶）54吨，产量较2004年均有不同程度的增长。生产毛竹310.48万根、松香3373吨、油桐籽81 669吨、乌桕籽2948吨、核桃6840吨，较2004年有所减少。

全省共完成固定资产投资19.82亿元，比2004年增长5.8%，全年共到位各类林业建设资金19.95亿元（含市、县两级配套6945亿元），比2004年增长2.7%。全省共实现林业总产值98.43亿元，为2004年79.52亿元的1.2倍。其中，第一产业产值74.43亿元，第二产业产值19.94亿元，第三产业产值4.06亿元。林业产业内部一、二、三产业结构比例从2004年的80:14:6调整为75:20:5，第二产业结构比重增加，产业发展活力进一步增强。

全省全年共发生森林火灾1148次，比2004年同期下降15.1%，森林火灾受害率为0.32‰，低于0.7‰的年度目标。全省林业有害生物发生面积为27.19万公顷，已防治22.79万公顷，防治率为83.8%，高于75%的年度管理目标。全省共发生林业行政案件9137起，查处9027起，查处率为98.8%，行政处罚8953人次，为国家挽回经济损失2014万元。林业刑事案件立案284起，破案228起，破案率为80.3%。

【贵州省出台《关于违反天然林资源保护和退耕还林法律法规行为的党纪政纪处分暂行规定》】 为规范贵州省天然林资源保护和退耕还林工程管理，严肃查处违反天然林资源保护和退耕还林法律法规行为。2005年2月19日，贵州省纪委、省监察厅印发了《关于违反天然林资源保护和退耕还林法律法规行为的党纪政纪处分暂行规定》（黔纪发［2005］4号）。《暂行规定》共18条，对贵州省行政区域内各级党组织、共产党员，各级国家行政机关、国家公务员和

国家行政机关任命的其他人员，以及国家行政机关依法授权或者委托的组织及其工勤人员以外的其他人员，违反天然林资源保护工程和退耕还林工程法律法规的行为作出了具体的党纪政纪处分规定。

【习水、绥阳、大沙河 、麻阳河等国家级、省级自然保护区纳入省级财政全额预算管理】 2005年3月，贵州省委副书记黄瑶到习水、麻阳河国家级自然保护区进行实地调研后，提出了《关于将习水、麻阳河保护区由差额拨款转为全额事业拨款和增加麻阳河保护区编制的建议》。3月25日，省委书记钱运录、省长石秀诗作出批示，要求省直有关部门会同地方政府通过调研，研究提出意见。4~5月，省林业厅会同省财政厅、省编办和保护区所在地政府对习水、麻阳河两处国家级自然保护区和绥阳宽阔水、道真大沙河两处省级自然保护区进行了深入调研，并联合向省政府呈报了《关于我省国家级、省级自然保护区编制、经费等有关问题的请示》。2005年9月19日，石秀诗省长主持召开第九十二次省长办公会议，研究了自然保护区编制、经费等问题，以第九十二期省长办公会议纪要明确：将习水、麻阳河、宽阔水、大沙河自然保护区管理局纳入省级财政全额预算管理；增加保护区的编制，习水保护区定编35人，麻阳河定编30人，宽阔水定编17人，大沙河定编18人。至此，贵州省7处国家级自然保护区和2处省级自然保护区已全部纳入省级财政全额预算，编制、经费问题得到了根本解决。

【国家林业局、贵州省政府省级林业工作联系点第五次联席会议】 2005年3月21日，国家林业局、贵州省政府第五次联席会议在贵州省威宁县召开，国家林业局副局长赵学敏、贵州省副省长禄智明出席会议并作讲话，应邀到会的全国人大常委会副委员长许嘉璐就加强贵州省和毕节试验区的生态建设作了重要指示。会议议定，2005年国家林业局在草海国家级自然保护区和毕节地区林业基础设施建设、黔西南州30万公顷金银花基地建设、国家直接收购个人投资营造的重点公益林试点等方面给予贵州重点支持。

【采取切实措施巩固退耕还林成果】 解决好退耕农户长远生计的问题，是巩固退耕还林成果关键。2005年12月，省委办公厅、省政府办公厅发出《关于切实搞好“五个结合”进一步巩固退耕还林成果的通知》(黔党办发［2005］22号)，要求把退耕还林的工作重点转移到搞好“五个结合”（即把退耕还林与基本农田建设、农村能源建设、生态移民、后续产业发展、封山禁牧舍饲等配套保障措施结合起来)，解决好农民吃饭、烧柴、增收等当前生计和长远发展问题上来。《通知》要求，各地要整合并统筹安排扶贫开发、农业综合开发、水土保持、以工代赈、中低产田改造、农村能源建设等项目资金，对退耕还林工程区实行山、水、林、田、路、电、气综合治理，整体改善农村生产生活条件，切实解决退耕农户长远生计问题。《通知》要求，各工程县政府要在全面调查退耕农户基本情况的基础上，组织当地发改、财政、农办、农业、林业、水利、国土资源等部门，编制完成退耕还林工程“五个结合”县级实施方案，并按照职能责成有关部门实施，采取综合配套措施，切实巩固退耕还林成果。为总结推广退耕还林“五个结合”经验，省退耕办确定都匀、习水、黎平、清镇、普定、印江、大方、水城、晴隆9个县（市）为首批退耕还林工程“五个结合”试点县。

【贵州省军区支援生态建设成绩显著】 西部大开发以来，省军区把参加生态建设作为军区系统支援和参与西部大开发的重要内容，积极主动与地方党委、政府协调，组织民兵预备役人员投身生态建设。各军分区（警备区）普遍成立了植树造林民兵师，成建制地大规模开展退耕还林、荒山造林，涌现出了关岭人武部造林民兵团等一批先进集体，“关岭经验”得到了国家林业局、全军绿委会的充分肯定。军区系统还组织民兵预备役人员积极参与森林管护和森林防火工作，在防止乱砍滥伐、毁林开垦和预防扑救森林火灾中发挥了重要作用。到2005年，省军区组织民兵预备役部队完成植树造林10.67万公顷、扑灭森林火灾200余起。军区系统共有6个单位、15人分获全军、成都军区绿化先进单位和先进个人称号，6人获全国绿化奖章，30个单位、43人分获省、市、县绿化先进单位和先进个人称号。

【开阳县杠寨林场兴建养猪基地】 开阳县国有杠寨林场是财政差额拨款的事业单位，实施天保工程后，为调整林场的产业结构，做好富余职工的安置工作，林场成立了国家、管理者和职工共同出资的兴林养殖股份有限责任公司。经过近一年的艰苦创业，已建设圈舍11 800平方米、生产管理用房1800平方米，修建草场12公顷，饲养种猪、母猪426头，安置富余职工30余人。2005年，养殖场共生产仔猪4500头，实现销售收入100万元，利润40万元，取得了较好的经济效益和社会效益。

【扎佐林场努力扩大后备资源】 始建于1958年的扎佐林场，原有经营面积5747公顷，到20世纪90年代初已全面完成了林场境内的荒山造林任务。为进一步扩大后备资源，增强发展后劲，扎佐林场打破自我约束、自我封闭的圈子，走出了一条向外发展、自我壮大的发展之路。2000~2005年，扎佐林场在白云区、修文县、惠水县等地通过承包、租赁荒山造林经营，购买中幼林的形式新增经营面积2535公顷，使林场经营总面积达到7682万公顷。不但帮助地方加快了荒山造林步伐，增加了农民经济收入，同时也增强了林场的持续发展能力，实现了国家得生态、农民获实惠、林场增资源的“三赢”局面。

【册亨县抢救移植龙滩电站淹没区古大珍稀树木】西部大开发重点项目龙滩水电站库区将淹没册亨县境内古大珍稀树木420株，绝大部分是有上百年树龄的古榕树，不少被当地政府列为保护对象。为保护好这些宝贵的自然遗产，册亨县与黔西南州榕森园林有限责任公司合作，对古榕树进行抢救性移植。从2005年10月开始将这420株古大珍稀榕树移植到册亨县钠福开发区生态植物园，为册亨旅游业增添了独特风景。部分古榕树移植到周边县（市）作园林风景树用。

【天保工程区森工企业金融机构债务得以免除】按照《国家林业局、财政部、中国银行业监督管理委员会关于进一步做好天保工程区森工企业金融机构债务处理工作有关问题的通知》的规定，经有关债权金融机构审核同意，2005年，第一批免去贵州省52个单位的金融机构债务18 075万元。同时，经过协调，国家财政部免除贵州世行国家造林项目到期债务4300万元。

【中央森林生态效益补偿基金在珠江流域全面启动】经国家有关部委批准，中央森林生态效益补偿基金2005年在贵州省珠江流域18个非天保工程县及茂兰自然保护区全面启动，列入中央森林生态效益补偿基金补偿范围的第一批重点公益林面积为600万公顷，每年补偿基金3050万元。截至11月底，全省18个非天保县和茂兰保护区共落实重点公益林管护责任人9879人，签订管护合同9879份，落实管护面积600万公顷，发放林权证22120份。补偿资金累计支出3085万元，其中：中央森林生态效益补偿基金3050万元，省财政配套资金35万元。

（贵州省林业由侯勇军撰稿）

云南省林业

【概　述】　2005年全省林业战线在省委、省政府的正确领导下，通过全体林业干部职工的努力，克服了雪灾、旱灾、森林火灾等严峻的自然灾害，林业各项工作健康发展。全省共完成营造林35.09万公顷，占年度计划任务33.73万公顷的104%。义务植树1.06亿株，为年计划的132.7%。种苗基地建设取得较大进展，造林良种使用率和基地供种率有明显提高。全省共发生森林火灾650起，受灾森林面积2264.4公顷，火案查处率88%。新建农村户用沼气池24.15万户，占年计划的120.75%；完成农村改灶9.66万户，占年计划数的193.2%。全年林业产值220亿元，林业投入共23亿元，加大了生态建设和产业发展力度。

生态建设　重点生态工程进展顺利。①天保工程完成森林管护1258.28万公顷，占年计划的105%，超额完成国家下达的森林管护任务。完成天保公益林建设16.01万公顷，占总任务的98.78%。②退耕还林工程完成14.42万公顷，占年度任务的99.2%（其中，退耕地还林3.21万公顷任务全面完成；荒山荒地造林完成5.31万公顷，占年计划的99.5%；封山育林完成5.9万公顷，占年计划的98.4%）。③长江、珠江、澜沧江、南汀河等江河流域防护林工程进展顺利，营造防护林7947公顷。④列为省政府“民心工程”之一的农村能源建设工程快速发展，完成新建沼气池24.15万户，农村节柴改灶完成9.66万户，减少了森林资源的低价值消耗，云南省已经成为西南地区和全国沼气发展的主要省（区）之一。⑤生物多样性保护工程进展较快，亚洲象、滇金丝猴、苏铁、古茶树等物种得到有效保护。加强了湿地保护与规划工作，成功申报了大山包、碧塔海、纳帕海、拉市海等4块国际重要湿地。西双版纳、高黎贡山列为联合国人与生物圈保护区，白马雪山等自然保护区列为世界自然遗产。林业系统管理的自然保护区已达135处，面积286万公顷，占全省林业用地总面积的11.8%。随着天保、退耕还林等一大批生态建设工程的实施，森林资源正在呈逐年增加趋势。全省已消灭森林赤字，实现有林地面积和森林蓄积量的双增长。森林（含灌木林地）覆盖率49.91%。活立木总蓄积量达15.48亿立方米，约占全国的1/8。

林业产业　①进一步修改完善了《云南省林业产业发展规划》，为发展林业产业、调整林业产业结构奠定了坚实基础。开展了《云南省油橄榄产业规划》、《云南省红豆杉产业规划》、《云南省核桃产业发展规划》等重点产业的专项规划工作，前两个规划已经完成。②根据省委、省政府领导指示及林业产业规划的要求，加大了以核桃为主的特色经济林建设力度，全年完成经济林4.27万公顷，用材林2.86万公顷。③坚持用现代工业化理念谋划林业产业，大力扶持林业产业龙头企业，组织评定了云南省两批共

39家林业产业省级龙头企业。对各州（市）上报的192个林业产业项目进行了形式审查、专业审查，提出扶持资金安排建议。④社会化造林积极性高涨，推动了林业产业的发展。在2004年全省完成的15.31万公顷人工造林中，按所有制分，国有造林1.48万公顷，占9.7%；集体造林5.94万公顷，占38.8%；非公有制造林7.69万公顷，占50.2%；其他造林0.2万公顷，占1.3%。⑤加强林业科技管理工作，加大林业科技推广力度，注重林业科技创新，加强国际间的林业科技交流合作。积极组织全省各州（市）林业系统开展了送科技下乡活动，广大基层林业科技人员积极深入乡村农户开展实用技术的咨询和现场培训，帮助千家万户依靠科技脱贫致富。2005年，全省林业产业发展形势喜人，全省林业产值达220亿元，增长15%。

林业改革、试点 ①根据国家林业局和财政部有关文件精神，经省政府批准，对全省森林分类区划重新进行了重大调整，确定了公益林和商品林的比例，生态公益林调整为1238.68万公顷，占全省林业用地面积的50.2%（其中国家重点生态公益林714.8万公顷），商品林1230.1万公顷，占全省林业用地面积的49.8%。同时，国家下达全省首批森林生态效益补助资金15 400万元已分解落实到各州（市），真正兑现了森林生态效益补偿。②出台了全省商品林管理办法。改革了商品木材采伐指标的管理办法，根据国家下达的商品材采伐指标，对造林大户优先给予保证，调动了广大农民造林、护林的积极性。③认真贯彻国务院、省政府和国家林业局关于推进行政执法体制改革精神，2004年在林业综合执法改革试点的基础上，2005年又在22个县（市）林业部门进一步扩大了试点范围。④在思茅、保山、德宏等州（市）的9个县（市）开展低产用材林改造试点，完成低产林改造913公顷。⑤在全省天保区继续开展了天保工程区人工商品林采伐试点，有效缓解了天保工程区商品材供需矛盾。⑥全省加大森林资源调查投入，开展了思茅和文山两州（市）森林资源二类调查工作，查清了两地森林资源家底，为科学有效管理森林资源和林业产业发展奠定了基础。

依法治林 ①认真贯彻《国务院全面推进依法行政实施纲要》和《国家林业局全面推进依法治林实施纲要》，成立了云南省林业厅依法行政执法责任制领导小组，制定了《云南省林业厅关于全面推进依法治林实施意见》，规范了依法行政的管理工作。②依法加强对林地、林木的管理。严格执行林地林木管理的法律、法规，进一步规范建设工程征占用林地审核审批管理，加强与交通、水利、电力等部门的沟通、宣传和服务，依法审核审批建设工程征占用林地。③按照国务院、国家林业局有关指示精神，组织开展全省范围内的征占用林地大检查。严肃查处未批先占、未批先砍等林政违法违纪案件。严厉打击盗伐偷运、乱占林地、偷捕盗猎等违法犯罪行为，按照国家林业局的统一部署，全省森林公安机关先后开展了打击破坏森林等专项严打整治行动，挽回经济损失660多万元。④精心组织、科学编制“十一五”采伐限额，促进森林资源保护和林业产业发展互动双赢。⑤森林防火成绩显著。2005年全省共发生森林火灾650起，受害森林面积2264.4公顷，受害率0.18‰；火案查处率88%。林火的发生与损失均在省政府下达的控制指标内，实现了连续6年无重大森林火灾和重大人员伤亡的奋斗目标。⑥根据全国禽流感等重大疫病的严峻形势，按照省委、省政府和国家林业局要求，在重大突发事件预案的指导下，全面开展了野生动物重大疫情预防和监测工作。⑦按时完成森林病虫害防治目标管理指标。全省林业有害生物共发生37.95万公顷，其中：病害5.45万公顷、虫害32.06万公顷、鼠害4373公顷，发生面积占全省有林地面积的3%。全省共防治林业有害生物22.59万公顷，其中：化学防治9.8万公顷、生物防治2.85万公顷、人工防治8.27万公顷、仿生制剂及其他防治1.67万公顷，防治率55%；森林植物及林产品调运检疫率达100%、种苗产地检疫率达99%、监测覆盖率达98%。全面完成了国家和省下达的各项森防目标管理指标。

林业资源 经2002年云南省森林资源清查第四次复查，全省现有林业用地面积2424.76万公顷，占全省土地总面积的61.54%，其中有林地面积1560.03万公顷；有活立木总蓄积量15.5亿立方米。全省森林覆盖率已近50%。全省拥有高等植物426科、2592属、17 000多种，科、属、种的数量分别占全国的88.4%、68.7%、62.9%。其中，有列为国家重点保护的野生植物120种，占全国总数的47.2%。全省有脊椎动物1737种，占全国总数的58.2%，其中陆生脊椎动物1366种。在我国公布的335种重点保护野生动物中，云南就有199种，占全国总数的59.4%，其中的亚洲象、野牛、绿孔雀、赤颈鹤等23种在我国仅云南独有。全省有竹类28属、220种，属、种数分别占全国总数的75%和55%，占世界总数的40%和25%。药材、花卉、香料、菌类的种类均居全国之首。省内从南到北、从低海拔到高海拔分布着从热带雨林到高山针叶林的105个主要的森林类型。（白成亮　武建雷）

【云南省首批林业产业省级龙头企业】 2005年，按照省委、省政府《关于加速林业发展的决定》的要求和全省发展林业产业的需要，各地组织推荐了林业产业省级龙头企业候选单位，经省林业厅组织专家评选和办公会议审定，公布18家企业为首批林业产业省级龙头企业。这18家企业是：昆明新飞林人造板有限公司、昆明森工有限责任公司、中国实验动物云南灵长类中心、云南楚雄州宏羚集团有限公司、南华县云华绿色食品开发有限责任公司、云南瑞江木业有限公司、云南陆良国康天然生物资源开发有限公司、云南陆良银河纸业有限公司、西双版纳金孔雀旅游集团有限公司、腾冲县古林木业有限责任公司、思茅红塔木业有限公司、思茅市卫国林业局、普洱林达木业有限责任公司、云南景谷林业股份有限公司、云南云景林纸股份有限公司、镇沅彝族哈尼族拉祜族自治县林产品有限责任公司、大理漾濞核桃有限责任公司、云南大理洱宝实业有限公司。（武建雷）

【云南省林业产业结构调整】 近年来，在天保、退耕还林等林业重点工程的牵引下，全省对林业产业结构进行了不断的调整。退耕还林工程从施工作业设计开始，就充分征求农民意愿，合理选择既能发挥生态效益，又能产生经济效益的树种，让退耕农户成为退耕还林地的主人，变过去“为国家、集体造林”为“为自己造林”，增强了造林积极性和责任心，确保了造林质量和成效。林业工程建设中，注重培植后续产业，促进农民增收。按照“生态建设产业化，产业发展生态化”的总体思路，在坚持生态优先的前提下，充分发挥全省气候多样性和生物多样性的优势，结合全省林业八大产业的培植，突出地方特色，在工程实施中积极发展竹子、思茅松、西南桦、桉树等兼用型用材林及制浆造纸原料林树种，大力采用核桃、八角、肉桂、青梅等特色生态经济林树种及印楝、杜仲等药用树种，营造了一批速生丰产、珍贵用材、干果、工业原料林基地，培植发展地方林业产业，促进了地方产业结构的调整和后续产业的培植。据不完全统计，2000～2005年，全省结合退耕还林工程实施发展竹子4.29万公顷；林果食用类核桃、花椒、板栗、八角、青梅等17.41万公顷；桉树、橡胶树、印楝等兼用型工业原料林16.91万公顷；薪炭林8.81万公顷；华山松、云南松、思茅松等兼用型用材林29.7万公顷；杜仲、金银花、肉桂等药用林2.33万公顷。（武建雷）

【连续6年无重大森林火灾】 据统计，2005年全省共发生森林火灾650起，其中：森林火警444起，一般森林火灾206起，死亡2人，轻伤9人。森林火灾次数为控制指标的43%；受害森林面积2264公顷，受害率0.18‰，为控制指标的18%；控制率3.5公顷/次，比控制指标低6.5公顷/次；火案查处率88%，高出控制指标3个百分点。林火的发生与损失均在省政府下达的控制指标内，并有效防止了重大森林火灾和重大人员伤亡的发生，实现了连续6年无重大森林火灾和重大人员伤亡的奋斗目标。

（武建雷）

【云南省已有各级各类自然保护区181处】 截至2005年，全省建立了各级各类自然保护区181处，总面积326.8万公顷，约占全省国土面积的8.3%。由林业部门管理的森林生态系统类型、野生动物类型、野生植物类型、湿地类型的自然保护区有135处，总面积286.1万公顷。其中：国家级保护区11处，省级保护区38处，州（市）级保护区59处，县级保护区27处。这些不同类型、不同级别自然保护区的建立，有效保护了云南的自然环境和自然资源，使全省绝大部分的自然生态系统及近90%的珍稀、濒危野生动植物种得到有效保护。西双版纳和高黎贡山2处国家级自然保护区被纳入世界人与生物圈自然保护区网络。大山包国家级自然保护区、碧塔海、纳帕海和拉市海4处省级自然保护区被列为国际重要湿地。白马雪山、高黎贡山国家级自然保护区，碧塔海、哈巴雪山、云岭省级自然保护区5处自然保护区被列为三江并流世界遗产自然保护区。省内湿地类型多样，湿地面积约为26万公顷（未包括海拔3800米以上的高山湿地）。有高原沼泽和沼泽化草甸、湖泊、季节性湖泊、河流等天然湿地类型及水库、池塘、水田等人工湿地类型。均处于大江、大河的源头，起着重要的“水塔”作用，境内有独龙江、怒江、澜沧江、金沙江、南盘江等水系及众多高原湖泊、沼泽湿地。（武建雷）

【林农通过退耕还林致富】 截至2005年，全省核桃种植面积已达30.67万公顷，年产核桃6万余吨，产值8亿元。仅漾濞县农民人均每年从核桃中可获取收入达545元，核桃等经济林木已被广大山区群众誉为“金果果”、“摇钱树”和“铁杆庄稼”。巧家县结合退耕还林工程建设，大力发展蚕桑、花椒、苦丁茶等特色产业，促进当地经济发展，使当地群众增收达800万元，为山区农民脱贫致富找到了路子。西双版纳20多万公顷橡胶加工，带动50万农场职工与农户增收，已成为当地财政收入的重要来源。红河州泸西县“杜仲+除虫菊”的林药结合退耕还林造林模式，前3年每公顷每年除虫菊可获益4500元，3年后，杜仲郁闭成林，除虫菊停止收益，但退耕农户又可采摘杜仲叶每公顷每年获益7500元。陇川县在退耕地还林中，大力种植麻竹，对老百姓竹笋收购实行保护价，每年每公顷地能获利6000～7500元。临沧地区结合当地实际，采用“桤木+茶叶”的林茶结合造林模式，用生态林模式建设生态茶园，提高茶叶质量。云县结合退耕还林和生态家园富民工程的实施，积极开发温带水果，发展生姜、黄草、龙胆草为主的南药，发挥小区域、小环境的独特优势，开发树头菜、白木瓜、花椒、泡核桃等生物资源，带动当地经济发展和农民增收致富。元谋县退耕还林与印楝产业开发相结合，鼓励大公司、大企业、造林大户承包退耕地和荒山荒地种植印楝，发展生物农药基地。昭通

市彝良县利用“公司+基地+农户”的管理机制，以“订单林业”的形式发展苦丁茶产业，同时与造纸和竹笋加工业相结合，大力发展竹产业，促进了企业发展和农民增收，实现企业和农户的“双赢”。怒江州泸水县和兰坪县退耕还林与州委、州政府提出的发展0.67万公顷木豆产业相结合，有效地推动了工程的实施。玉溪市新平县把退耕还林与恢复生态、农村产业结构调整和易地扶贫搬迁相结合，实行在高山发展核桃，中山发展竹子，山脚发展水果，江边发展印楝的综合生态治理方案。对生态环境特别恶劣的地区进行易地搬迁，从根本上解决这部分生存条件极端恶劣的贫困人口的温饱，同时较好地保护了生态环境。另外，德宏州、红河州发展竹子，曲靖市、玉溪市发展桉树都是结合本地实际，为山区群众增收和脱贫致富找到了新路子。（武建雷）

【铜壁关省级自然保护区稀有植物世界著称】 地处云南省德宏州瑞丽的省级铜壁关自然保护区属自然生态系统类别的热带森林生态类型的自然保护区，以保护阿萨姆娑罗双、东京龙脑香和白眉长臂猿等为标志的热带雨林和热带动植物及其生境为主要目标。其中，阿萨姆娑罗双、东京龙脑香为铜壁关自然保护区仅有。该保护区主要保护：①以阿萨姆娑罗双、东京龙脑香为代表的热带雨林及其生态环境。②以海拔210~2595米范围内，包括热带到温带的各种完整的森林生态系统的垂直带谱。③保护以白眉长臂猿、孟加拉虎、花冠皱盔犀鸟、伊江巨蜥、阿萨姆娑罗双、东京龙脑香和鹿角蕨等为代表的珍稀、濒危野生动植物物种种群及其栖息地。④我国惟一的伊洛瓦底江热带生物区系的野生生物物种及其遗传多样性。

（武建雷）

【红嘴鸥来昆越冬】 鸟类是人类的朋友，是大自然不可缺少的组成部分，在维护自然生态平衡和点化环境以及对人类的科学发展等方面都有重要的作用，为宣传热爱野生鸟类、提高公众对鸟类保护的意识，加强鸟类资源的保护工作，促进人口、资源、环境和经济的协调发展，昆明市林业局统一安排部署，组织由官渡、呈贡、晋宁、嵩明4个县（区）林业局配合昆明市鸟类协会及爱鸟护鸟志愿者近300人分成了29个小组，到昆明市滇池周边和昆明城中红嘴鸥相对集中的29个统计点开展红嘴鸥统计工作。据初步统计表明，2005年约有24 000只红嘴鸥飞入春城，比2004年同期增加了3000多只。（武建雷）

【云南松茸出口再创新高】 近年来，全省松茸产业得到了较快发展，生产的松茸出口到了日本等国家。为了提高松茸的市场竞争力，保证其良好的品质，全省进一步加强松茸资源的保护，规范松茸出口市场。同时，省林业厅与省商务厅等部门和松茸出口企业，积极研究讨论并部署2005年度松茸出口工作，为全省21家松茸出口企业在松茸上市之前发放了2005年松茸采集证。云南21家松茸出口企业顺利拿到了2005年1810吨松茸出口计划，其中鲜松茸1165吨，制品645吨，比2004年的鲜松茸985吨，松茸制品245吨相比有较大幅度增加。（武建雷）

【云南沼气建设年创经济效益超过12亿元】 多年来，全省农村沿袭樵采林木作为生活和生产（烤烟、制茶、烧砖等）能源的主要来源，尤其是一些原始的、落后的刀耕火种、烧火取暖的方式，对森林资源的破坏和消耗十分严重。目前，全省森林资源年消耗量仍然十分惊人，每年约为4000万立方米，其中森林资源低价值消耗的农村烧柴约为1745万立方米。据测算，农村户用沼气每户年可节柴2~3吨，全省建成的150万户沼气池，年可节约450万吨薪柴；同时提供3吨以上的优质有机肥。按每亩中幼林地薪柴量4吨计，相当于保护了7.3万公顷林地。按每户沼气年平均产气500立方米计，则全省农村每年相当于增加了54万吨标煤的优质能源。通过发展沼气，农户每年可节约薪柴或煤炭的支出500~800元，养殖（猪、鸡）增收100元以上，施用有机肥能改善产品质量并提高产量，同时减少了购买化肥、农药和节约电费等项的支出，平均创经济效益约千元。按此推算，全省沼气建设年创经济效益已经超过12亿元。农村沼气建设，有利于保护森林资源、促进养殖业的发展、改良土壤和培肥地力、增加农民的收入、发展生态农业、改善家庭和环境卫生、解放妇女和转移农村劳动力、推动农村精神文明建设。（武建雷）

【孔垂柱副省长对云南省森林资源林政管理工作作出重要批示】 2005年2月16日，针对全省资源林政管理工作出现的新问题，副省长孔垂柱批示：森林资源的林政管理法律性、政策性强，丝毫不得儿戏，它一方面反映政府是否依法行政，另一方面反映各级政府执政能力建设的水平，今后绝不允许再出现未批先占、未批先伐、未批先建、边施工边报批等情况。尽管此类事情很复杂，但林业主管部门要依法履行职责，先期介入，协助用林地单位做好相关的申报、批准等服务工作，对未批就伐等问题绝不能不闻不问，视而不见。要建立责任制，对明知故犯，未批就占、就伐等状况，要完善相应的劝告、通告、报告、追究等制度，确保林政资源的依法管理。要防止部分建设业主无视林业法规、乱占乱伐，经常捅娄子，影响省委、省政府的执政形象。必须明确，凡未批准使用林业用地就开工的项目，谁开工，谁负责，谁承担相应的责任。实际工作中要防止和避免办理开工相关手续时无视林业用地审批和林业部门积极支持不够等现象。

（武建雷）

【亚洲象遇害】 2005年11月，一头雄亚洲象在西双版纳被猎杀。这是继7月小亚洲象“然然”被夹伤，9月一幼亚洲象被杀害后发生的第三次亚洲象被害案件。11月3日凌晨，西双版纳州森林公安局接到保护区分局报告，在勐养自然保护区内发现一具象尸，象牙被盗走。经查，该雄性亚洲象约5～6岁，象尸左耳2厘米处有一弹孔，胸部有4个弹孔。经检验属五六式冲锋枪或半自动步枪弹头，所穿部位呈粉碎状。 （武建雷）

【云南省查获利用假票证盗伐案】 2005年，云南省发生近年来首起利用假票证盗伐林木案。在元江哈尼族彝族傣族自治县青龙厂镇查获假冒云南省木材运输许可证数量多达27张，伪造的允许运输木材总量达135立方米，相关涉案嫌疑人一并落网。据犯罪嫌疑人李某交代，他们此次使用的是1张假植物检疫证和1张数量为10立方米的假云南省木材运输许可证，这些木材是准备运往昆明销售的。随后，李某交出身上尚未使用的10张数量达45立方米的假运输许可证。森林公安警员在其家中查获总量达80立方米的假票证16份，并在玉溪市森林公安局的协助下，对位于红塔区棋阳路的制假窝点进行搜查，收缴了所有制假工具，并将两名涉案人员抓获归案，挽回经济损失近7万元。 （武建雷）

【云南省林业雪灾损失逾4.3亿元】 2005年2～3月，全省气温骤降，出现了大强度、广范围的降雪、降温、降雨天气，导致全省部分州（市）林业受灾严重。雪灾严重影响了天保工程、退耕还林、核桃基地、竹基地等建设成果的巩固和预期目标的实现，被雪压折的林木增加了森林火灾和病虫害发生的隐患。据不完全统计，全省受害各州（市）受灾林木面积为303.15万公顷，损失种苗3326万株，部分地区的基础设施遭到严重损坏，直接经济损失达43 731万元。 （武建雷）

【渝滇黔川4省（市）加强林业植物检疫合作】 2005年，重庆、云南、贵州、四川4省（市）签订了林业植物检疫合作协议，以防止林业有害生物传播蔓延。协议规定，在花卉检疫方面，同一品种、同一调运人所取得的检疫要求书半年内有效，各方按有效期内的检疫要求书实施检疫，互相认可；在过境方面，从本省（市）起运，通过其他省（市）继续运往本省（市）的植物和植物产品，不更换运输工具在5日内可凭《植物检疫证书》（省内）直接过境；从疫区调出的应施检疫的植物、植物产品，凭省（市）林业植物检疫机构出具的《除害处理合格证》和《植物检疫证书》可以调运等。4省（市）还将逐步建立长期有效的合作机制。以后每年召开一次协作会，以云贵川渝林业植物检疫协作组名义开展日常工作，并加强信息交流。 （武建雷）

【云南省表彰林业先进单位】

退耕还林工作先进单位 2005年1月13日，省天保工程及退耕还林领导小组决定对在退耕还林工作中成绩突出的单位给予表彰奖励。红河州政府获一等奖；楚雄州政府、昭通市政府获二等奖；丽江市政府、西双版纳州政府、保山市人民政府获三等奖。

部分州（市）天保工程受省级表彰 2005年1月云南省表彰和奖励对在2004年完成天保工程行政首长目标责任状规定的各项任务和指标较好的6州（市）：一等奖昆明市，奖金6万元；二等奖曲靖市和昭通市，奖金各4万元；三等奖大理州、楚雄州和西双版纳州，奖金各2万元。

省政府兑现2004年度森林防火目标管理责任状奖励 2005年，按照《2001～2005年云南省森林防火目标管理责任状》的规定和考核办法要求，省森林防火指挥部在各州（市）自检自查的基础上，对各地执行责任状情况进行了检查考核。根据考评结果，省政府决定兑现2004年度森林防火目标管理责任状奖励，总奖金50万元。考评成绩较好的为曲靖、昆明、楚雄3州（市）。

【外援项目】

GEF项目 2005年是GEF项目实施的第三年，项目活动任务重，技术要求高，属于边实施项目边总结经验的关键阶段。在国家林业局世行中心的关心和重视下，根据世行和中央项目办的有关要求，2005年完成了下达计划近60%的工作量（含土建部分），完成项目投资580多万元。

中荷合作项目 在荷兰住华使馆、国家商务部以及国家林业局的大力支持下，中荷合作云南省森林保护与社区发展项目（FCCDP）争取到了为期3年（2004年7月1日至2007年7月1日）的项目实施巩固期。项目巩固期的实施将把项目一期所取得的经验以及工作方法整合到云南省林业厅的常规工作中并进一步完善后，并在项目文件草案的基础上制定出实际可行的启动报告以作为项目巩固期的指导文件。该启动报告已于2005年9月获得了使馆的批复。

启动报告确定了发展目标、两个管理目标、9个策略以及29项活动内容。FCCDP一期制定的长期发展目标还继续有效，巩固期也将是实现该目标的具体延续，并将FCCDP成功经验与云南省林业厅及其下属林业部门常规工作进行整合提供了一个建设框架。同时，自然保护监测与研究中心、高原湿地研究中心的建立也为FCCDP一期所取得的成功经验的长期整合奠定了一个坚实的基础。

中德合作云南二期造林项目 2005年是中德合

作云南二期造林项目实施的第七年。截至2005年底，项目累计完成人工造林防护林13 019.36公顷（第一次报账面积），为计划数的100.1%，人工造林经济林3011.93公顷，为计划数的100.4%，节柴灶8000眼的计划任务在2004年前已全部完成，并通过报账验收。

世行贷款贫困地区林业发展项目 2005年，云南省世行贷款贫困地区林业发展项目的主要工作任务是开展项目竣工验收。经调查，截至2005年，全省共完成项目造林25 632公顷，占调整后计划任务25 574公顷的100.2%。其中：用材林13 288公顷，经济林9462公顷，竹林2882公顷。共计投入资金12 409.52万元人民币，其中：使用世行信贷资金272.56万个SDR和贷款资金452.92万美元，国内配套资金6568.27万元人民币。

FCCB项目 森林多重效益项目（简称FCCB项目）是保护国际（CI）、美国大自然保护协会（TNC）和国家林业局按照保护生物多样性、改善人类生存环境的宗旨，在全球生物多样性保护的关键地区之一的中国西南山地实施的森林、气候、社区、生物多样性项目。项目实施期为3年，2005年1月开始正式实施，当年援助资金11.2万元。按照工作计划，圆满完成了2005年的各项任务。一是确定高黎贡山自然保护区腾冲管理所管辖的林家铺作为项目试验点。二是按照统一的选点流程和方法，收集全省有关的信息资料后，根据生物多样性、气候、社区3个目标，选择一些生物多样性富集、植物生长量较大、社区发展有潜力的地区发放县级调查表和保护区调查表，开展初步调查。对回收的调查资料进行分析评估后，选择出适宜项目实施的备选县8个，经过实地考察，最终确定了项目优先发展县为腾冲、隆阳、玉龙、双江4个县。

中日民间绿化合作剑川大阪友谊林项目 早在2001年1月大阪日中友好协会应中国绿化基金会的邀请，对云南省剑川县剑湖进行了考察，签订了中日民间绿化合作剑川大阪友谊林项目协议。项目工程分3期，由于一、二、三期工程成效显著，项目又在2005年度延长了一年，2005年8月大阪日中友好协会派遣技术人员前来剑川对整个项目进行了检查和验收。至此，剑川县林业局全面完成了中日友谊林的建设。

同时，日方决定资助呈贡县林业局在滇池周围营建水源涵养林，即从2005年起共3期工程，每年一期，每期工程资助金额为600万日元（折合人民币约44万元），造林面积为60公顷，植树约17万～18万株，要求当年成活率90%以上，3年保存率达85%。该项目的管理模式与剑川大阪友谊林项目完全一样。在项目启动时，日方将组织日本志愿者前来项目点开展义务植树活动，每年8月底派大阪日中友好协会有关人员前来检查项目进展情况。呈贡县林业局于2005年已完成了项目第一期造林工程。

（邓俊秋　段远亮　肖　华　赵　平）

【林业大事】

1月5日 中央政治局委员、国务院副总理回良玉率领国家有关部、委、办、局负责人一行16人，赴大理、丽江、保山、德宏等州（市）进行农村工作视察、调研，省林业厅厅长李军随同前往。回良玉重点考察了林业建设和森林防火工作，看望了林场职工、公安民警和武警森林部队官兵。

1月10日 全国重点省（区）森林防火工作座谈会在昆明召开。会议由国务院副秘书长张勇主持。云南、黑龙江、福建、江西4省的领导介绍了各自抓好森林防火工作的做法；国家林业局局长周生贤通报了全国2004年的森林防火情况，安排部署了2005年的工作；中央政治局委员、国务院副总理回良玉作了重要讲话。

3月4日 省林业厅与美国大自然保护协会（TNC）、英国野生动植物保护国际（FFI）、世界自然基金会（WWF）、斯蒂米兰咨询公司（STIMULANS）等组织举行座谈会。

4月8日 省纪委常委、省监察厅副厅长郭永东，省公安厅查处经济犯罪侦查总队总队长蒋平到省林业厅召开干部大会宣布：自2005年1月31日省纪委、省监察厅对省森林公安局局长马胜实行“双规”以来查明，马胜涉嫌重大犯罪。由省公安厅直属局报请省公安厅于2005年4月5日批准实行逮捕查办。

6月13日 省委决定免去李军云南省林业厅厅党组书记、厅长职务，任命为云南省农垦集团责任有限公司副董事长、党委书记、总经理；免去雷翁团副厅长职务，任命为云南省社会科学联合会副主席。原红河州州长白成亮任省林业厅党组书记、厅长（待省人大常委会正式任命）；原昭通市市委副书记张林冲任省林业厅副厅长。同时宣布在白成亮按中组部要求挂职锻炼期间，由副厅长王德祥主持日常工作。

6月14日 厅党组书记白成亮主持召开了省林业厅领导班子重大调整之后的第一次党组会议。会议强调：今后云南省林业厅工作的指导思想是，按党的十六大提出的以人为本，一手抓生态建设、一手抓产业发展，全力以赴抓好云南林业工作，把云南林业做大做强。

6月29日至7月5日 根据国务院副总理回良玉对中央电视台《焦点访谈》栏目播出“谁在毁热带雨林”报道的重要批示和要求，国家林业局副局长李育材一行在省林业厅副厅长王德祥等的陪同下，赴思茅、大理等地调研。

7月1日 全国林业综合执法试点工作会议在曲靖市召开。省长助理丹珠昂奔到会致辞；国家林业局副局长张建龙在会上作了题为《认真总结经验不断创新机制继续推进林业综合行政执法试点工作》的讲话；云南等5个单位作了交流发言；会议还对曲靖市富源县林业综合执法试点工作进行了现场参观、考察。

9月29日 云南林业职业技术学院（原省林校）隆重举行建院50周年庆典。省长助理丹珠昂奔到会作重要指示；省林业厅党组书记、厅长白成亮作了讲话；国家林业局及有关兄弟省（区），省级相关部门领导到会或致电祝贺；全院教职员工及来宾3000多人参加了庆典。（刘昌芬）

西藏自治区林业

【概　述】 2005年，西藏林业工作在自治区党委、政府的正确领导下，在国家林业局等国家有关部门的大力支持下，认真贯彻落实中央林业决定和自治区党委、政府加快林业发展意见的精神，始终坚持“保护第一，适度利用，科学经营，依法治林”的工作思路，在生态保护与治理、森林和野生动植物及湿地保护、植树造林、基础设施建设等方面取得了一定的成效。

深入贯彻中央林业决定和中央十二号文件精神，进一步明确西藏林业发展思路 2005年，在学习贯彻区党委六届六中全会精神和中央林业决定及自治区林业意见的基础上，重点在制定法规制度上下功夫，出台了灌木林管理、食鼠动物保护升级等相关配套文件，配合区人大及有关部门对种苗管理、林政管理、自然保护区管理等配套法规进行了区内外调研工作，并提交自治区人大审议通过。

中央十二号文件把西藏林业生态建设列入全国重点治理区，充分说明了党中央、国务院非常重视西藏林业的建设和发展，为认真贯彻落实中央文件精神，促进西藏林业健康、持续、稳定的向前发展，重点在森林资源管护、加强林业人才队伍建设、增加农牧民收入等方面狠抓落实。

林业重点工程

天保工程　完成投资2371.3万元，完成生态公益林建设2343公顷，其中：人工造林876公顷，封山育林1467公顷。出圃各类苗木200万株。对17名工程管理人员和2715名管护人员进行了业务培训，提高了管理水平和实际操作技能。经国家林业局天保工程核查组核查，认为西藏天保工程进展顺利，资金管理基本符合国家有关规定，生态公益林等工程建设均达到国家核查要求和标准。在全国天保工程评比中名列第六位。

退耕还林工程　完成荒山造林6666.67公顷，投入资金500万元。同时完成了2003～2004年造林的省级复查，按规定兑现了钱粮。在退耕还林和荒山造林中增加了经济林木的种植比例，为后续产业打下了基础。

森林生态效益补偿基金工程　为保证全区森林生态效益补偿基金项目工作稳步推进并取得实效，自治区各级党委、政府给予了高度重视，自治区、地（市）、县三级政府都专门成立了项目领导小组和办公室，专门负责项目的组织、协调和管理工作，制定了项目实施、管理的一个方案、两个办法。已兑现资金4739.6万元，占总资金的66.9%，项目区群众管护积极性空前提高。

植树造林 2005年，全区共完成植树造林面积2.18万公顷，育苗266.67公顷，禁伐、封育15.85万公顷。各项指标好于往年。一是各级领导重视造林工作，群众造林积极性高。如：山南隆子县和日喀则谢通门县提出“生态立县”的目标，县委、县政府带领群众大规模开展造林绿化活动，取得了明显的成效。二是各项造林环节安排早，各项准备工作到位早。2004年10月，自治区林业局就召开造林工作会议，对2005年造林工作进行全面部署，调剂造林种苗，秋冬季完成了大部分挖坑等工作，保证了春季造林任务的顺利完成。三是“因地制宜、适地适树”。各地（市）按照自治区林业局要求，造林树种以藏青杨、银白杨、西藏垂柳、沙棘等乡土树种为主，大大压缩了病虫害严重、抗逆性差的树种，提高了造林质量。四是量力而行，稳扎稳打，逐片逐块推进。各地（市）改变了往年场面轰轰烈烈，只求数量不求质量的做法，浇水、网围栏等管护措施同步进行，栽植一片围封一片，提高了成活率和保存率。五是义务植树与工程造林相结合。为了解决往年义务植树成活率低的问题，在2005年的义务植树时，采取参加义务植树人员只需挖好坑，由林业部门组织栽树的办法，既降低了造林成本，又提高了造林成活率。

西藏林业“十一五”发展规划和“十一五”林业援藏项目方案 2005年6月，“十一五”林业援藏实施方案暨西藏林业“十一五”发展规划座谈会召开，在国家林业局的帮助下，完成了“十一五”林业援藏实施方案。提出了“十一五”林业援藏工作的指导思想和基本原则、主要目标和建设重点。计划续建项目5个，新建项目28个，探讨项目10个，总投资23亿元。按照自治区党委、政府的要求，在自治区发改委等部门的协助下，上报了西藏“十一五”

林业项目规划。共上报64个项目，计划总投资42.5亿元。

同时为加快西藏高原生态建设步伐，对西藏生态建设项目进行系统整合，完成了《西藏高原生态保护与建设工程规划思路》的编制。

森林资源管理 一是继续强化森林采伐限额管理，严格年度木材生产计划的实施和监督检查，严禁群众自用材上市流通。同时加强伐区管理，严格把守伐区审批、调查设计、验收和生产关，严禁无证采伐。二是严厉打击破坏森林资源的违法行为。特别是4月初至6月底的专项打击行动，成效显著。全区共查处各类案件113起，没收木材1430余立方米，挽回直接经济损失74.4万元。三是狠抓林地林权保护工作。针对全区实际，狠抓了对个别大型工程未批先征占用林地的违法行为的处罚力度，收取款和补缴植恢复费126万元，林地管理工作初见成效。四是森林防火工作成效突出。认真贯彻落实中央领导批示精神和全国森林防火会议精神，各级党委、政府及林业部门高度重视森林防火工作，层层落实森林防火目标责任制，加大了森林防火宣传力度。加强和完善乡（镇）森林防火突击队建设，投资250万元，购置了通讯器材和灭火器具配发到47个偏远或不通公路的乡（镇）。同时对防火突击队骨干进行了业务培训，提高了快速反应和扑救能力。

野生动植物、湿地保护和自然保护区建设 工布自然保护区工程建设项目已经国家发改委批准立项，2005年上半年完成了项目建设初步设计和上报工作，羌塘、雅鲁藏布大峡谷国家级自然保护区管理设施建设进入收尾阶段，正在开展二期项目的前期工作；芒康滇金丝猴、察隅慈巴沟国家级自然保护区的建设工程初步设计正在编制之中；完成了珠峰国家级自然保护区范围、功能区调整的规划、综合考察报告的编制和上报工作；根据国家林业局的工作部署，完成了《全国自然保护区发展规划》西藏部分的编写及上报工作。根据野外考察结果和西藏的实际，从自然保护区的重点布局、能力建设等方面提出了西藏的项目。通过加强管护和自然保护区建设，使野生动植物和湿地的保护得到有效加强，如藏羚羊被盗猎数量已从90年代每年约4000只减少到目前每年200只左右，没有发生大规模武装盗猎案件。进一步加强与相关部门的沟通、协作，共同做好野生动植物进出口管理工作，与武警西藏边防总队签订了《关于加强野生动植物进出口管理工作的联系配合办法》，加大了对西藏边境口岸监管工作力度。

农牧民增收渠道拓宽 2005年，在林业项目建设中积极吸收农牧民群众参与，通过培训农牧民群众，提高他们的业务技能，最大限度增加农牧民群众的现金收入。通过实施天保工程、退耕还林工程、植树造林、生态效益补偿基金等工程，全年直接为农牧民实现增收1亿元以上。

存在问题 森林资源等原生植被破坏严重，急需恢复；土地荒漠化和沙漠化仍呈扩展趋势；生物多样性面临严重威胁；生态环境十分脆弱；专业人才短缺；基础设施建设滞后。

【向巴平措主席视察狮泉河治沙工地】 2005年4月20日，自治区政府主席向巴平措，深入到狮泉河治沙工地视察工作。向巴平措仔细视察了治沙工地的苗木生长情况，听取了有关负责人关于治沙工地建设情况的汇报。他充分肯定了阿里地区林业局等有关部门在防沙治沙工作方面所取得的成绩，同时强调：生态环境是人民群众生存和发展的基础，在阿里开展植树造林，从事生态建设非常不容易。他要求继续加强阿里生态环境建设，创造良好的生态居住环境。他详细询问了治沙工地管护情况，要求阿里地区林业局加强治沙工地林木保护，及时浇灌水，防止牲畜进入践踏，争取使治沙工地成为狮泉河的绿色屏障，一定要把狮泉河的生态保护好、建设好。

【次仁副主席检查指导山南春季造林】 2005年2月21日，自治区政府次仁副主席、林业局张明兰副局长、财政厅农财处土登处长一行到山南地区检查指导春季植树造林工作。在检查过程中，次仁充分肯定了山南地区林业工作成绩，并对造林工作提出了要求：一是造林工作不能一味地追求规模，要根据实际，在保证质量的前提下完成。二是改变过去重栽轻管的做法，做好后续管理工作，保证成活率，做到栽一片成活一片。三是要把林业项目与农民利益相结合，在实施造林项目时尽量雇佣当地农牧民群众，以此来增加农牧群众的现金收入。四是整合资金搞好个体苗圃建设，在个体苗圃建设中要把分散的资金集中起来，并在技术和资金上给予一定的扶持和帮助，使之尽快产生效益。

【自治区领导高度重视拉萨林业工作】 2005年3月1日下午，自治区政府副主席次仁，自治区林业局局长阿布、副局长黄正秋、张明兰，拉萨副市长裴鹏霞等领导到拉萨市林业局，就拉萨周边地区造林绿化工程和全民义务植与市林业局领导交换了意见。次仁对拉萨市2004年的林业工作给予了充分肯定并就今后如何更好地发展拉萨林业作了指示，他指出：2005年，在国家投资大，区、市两级政府高度重视、区林业局大力支持的大好形势下，必须保质保量地完成好2005年的各项工作，要做到项目落实到村、规模落实到户、责任落实到人，使拉萨林业在规模上、质量上、形象上都有一个新的提高和突破，为迎接自治区成立40周年献礼。自治区林业局在资金投入上对拉萨市林业工作给予了大力倾斜，预拨了1000万元的

2005年工程造林（义务植树）款，同时对今后一段时期拉萨的林业工作提出了要求。

【阿里地区天然灌木林保护】 为了有效地保护、培育和合理利用阿里地区宝贵的灌木林资源，制止乱砍滥伐行为，2005年阿里地区出台了《关于进一步加强全地区灌木林资源保护与管理工作的意见》，这是阿里地区首次就天然灌木林保护作出的政策性意见。《意见》指出：灌木林是森林资源的重要的组成部分，不仅是重要的天然林，而且是保障国土安全的生态林，还是重要的薪炭林、饲料林和观赏林，也是野生动物的重要栖息地，是生物多样性的一种重要形式，在林业生产和生态建设中具有不可代替的作用。

《意见》提出了保护天然灌木林的几条具体措施：一是加大宣传力度，大力宣传灌木林在保护生态环境方面重要作用。二是对灌木林进行分类经营。三是对于典型性、代表性、处于生态脆弱区的天然灌木林生态系统，要建立自然保护区，实行严格的保护。四是鼓励单位、个人进行“三荒”治理，开展植树造林。五是对灌木林采伐作年度预算规划，对当地群众，由林业行政主管部门定地点、定时间、定数量和定监督措施。严禁连根砍伐，采伐要尊重自然规律。六是加强对灌木林地的保护与管理。任何单位和个人不得随意征用、占用灌木林地、不能随意改变林地用途。七是进一步加强农牧民能源建设，支持和鼓励代替能源工程建设。八是建立健全林业林政队伍，严厉打击破坏森林资源违法活动。九是将灌木林地区纳入森林资源管理。

【灭鼠药“溴敌隆”灭鼠效果表现良好】 近年来，随着造林地和封育面积的扩大，宜林“三荒”地林草植被不断增加，但鼠兔危害也日趋严重，对新造幼林造成了极大的危害，大大降低了造林成活率。据不完全统计，拉萨市各县（区）被鼠兔毁坏的造林面积达0.6万公顷。针对造林地鼠兔害严重的现状，拉萨市林业部门按照自治区林业局的安排，在2005年春季造林期间进行了各种灭鼠试验。经过对比试验，证实灭鼠药“溴敌隆”，效果较好，鼠兔中毒后绝大部分死在洞里，无二次中毒现象发生。据达孜和曲水两县造林地实地观测，使用“溴敌隆”之前，被鼠兔啃咬的新造幼树达50%。第一次投放“溴敌隆”后，偶尔发现个别苗木被啃咬；第二次投放“溴敌隆”后，几乎没有发现被新啃咬的苗木，林木保护效果良好。从实际情况看，灭鼠药“溴敌隆”非常适用于风大、日照强的高原气候环境，灭鼠效果明显。

【林芝地区在森林防火期实现森林火灾事故零发生】 2005年5月31日，全区2004年冬季至2005年春季森林防火期解除。自2004年11月15日进入森林防火期以来，林芝地区经过各级政府、当地驻军以及农牧民群众的共同努力，全地区仅发生森林火警事故5起，没有发生一起森林火灾（包括一般性森林火灾和重、特大森林火灾）。

【林芝地区天保搬迁生态安置土地治理项目】 2005年，为认真搞好天保搬迁后续工作，在林芝地委、行署的统一安排下，地区扶贫（农发）办向自治区扶贫（农发）办争取的天保搬迁生态安置土地治理项目获得批准。按每公顷平均8400元的标准对369.07公顷低产田进行改造，总投资310万元，涉及林芝、波密、米林、工布江达4县。其中米林县162户118.56公顷99.6万元，波密94户88.97公顷74.7万元，林芝县159户77.47公顷65.07万元，工布江达县80户84.07公顷70.62万元。

【拉萨市城区南北两山造林绿化规划】 2005年7月18日，北京市林业勘察设计院5人规划小组开始为拉萨市南北两山造林绿化进行规划。规划涉及的范围为三县一区，重点在拉萨南北两山，造林以第一山脊为界，封育可以延伸到第二山脊。规划内容主要是苗圃建设，宜林地造林，道路绿化，封山育林，配套机井、水车，停采砂、石、土场等。规划期限为15年。近期7年：2005～2012年；远期8年：2013～2020年。拉萨南北两山的造林绿化，有利于改善城市地下水资源条件，防治风沙危害和环境污染，促进近郊生态农业的发展，为市民提供理想的休息游乐场所、提高市民的生活质量，树立良好的窗口形象。

【昌都类乌齐马鹿自然保护区晋升为国家级自然保护区】 2005年，国务院办公厅批准类乌齐马鹿自然保护区为国家级自然保护区。保护区总面积为1206.146平方千米。其中：核心区面积为493.2平方千米，缓冲区面积254.417平方千米，实验区面积458.529平方千米。保护区内有野生动物4纲13目47科180种（其中国家一级重点保护野生动物11种，二级重点保护野生动物33种）、高等植物73科231属652种，植被类型完整，自然景观优美，具有极高的保护和科研价值。

【绿化美化拉萨窗口】 拉萨市“两桥一隧”位于雅鲁藏布江拉萨河南岸，是目前西藏桥隧工程规模最大，单位造价和科技含量最高的公路建设之一，是拉贡公路新改建工程，被称为“西藏区门第一路”，是西藏重要经济干线之一。两桥一隧（拉萨段）造林绿化工程，在保护现有植被的基础上，对拉萨市周边生态地位重要地段和生态脆弱区域，因地制宜地采取人工植树造林和封山育林等措施，恢复“两桥一隧”

周边林草植被。该工程设计有24个小林班，总绿化面积为49.64公顷。其中：阶（台）洪积扇24.82公顷，河漫滩24.82公顷。造林所需各类苗木111 844株，其中常绿树种11 303株，落叶树种80 541株，营养袋植苗2000株。绿化造林将于2006年开展，并配备相关的移动提灌设备，蓄水池和网围栏等设置。另外，除了大力进行人工造林外，对现有植被也采取禁伐和适当禁牧等措施进行保护。

【拉萨海关向有关单位移交调拨查获走私动物皮毛】 2005年6月14日上午，拉萨海关、自治区林业局、国家濒管办拉萨办事处在拉萨举行向科研单位移交调拨查获走私动物皮毛仪式。向中科院动物所、中科院青藏高原动物标本馆、东北林业大学和南京森林公安高等专科学校等4家单位移交了调拨的动物皮毛。调拨的动物皮毛，是2003年拉萨海关在“10·10”特大野生动物皮毛走私案件中查获的动物皮毛的部分，主要用于以上单位的教学、科研及宣传教育活动。国家濒管办、海关总署、国家林业局及西藏自治区有关部门领导出席了活动。中央电视台、《人民日报》等多家媒体对此次移交调拨查获走私动物皮毛仪式进行了报道。

【“6·17”世界防治荒漠化和干旱日宣传活动】 根据国家林业局防沙治沙办公室、宣传办公室的通知精神，自治区林业局精心组织了2005年6月17日第十一个“世界防治荒漠化和干旱日”宣传活动。一是制定了《西藏自治区开展第十一个“世界防治荒漠化和干旱日”宣传方案》。二是编印和散发了5000多册《防沙治沙法》和两万多份相关宣传资料。三是在6月17日的《西藏日报》上，组织刊登宣传专版。四是制作宣传图片展板和宣传横幅。五是以《防沙治沙法》为基本素材，请自治区人民广播电台播音员录制了磁带，利用宣传车在各个街道、居民社区进行轮回播放。六是邀请西藏电视台记者，制作专题片，于6月16日、17日在西藏电视台连续播放。

【全区造林现场会】 2005年9月，自治区林业局在日喀则、山南、拉萨3地（市）召开了全区造林现场会。参加造林现场会的有相关地（市）分管专员（市长）和7地（市）林业局主要负责人和营林处长，以及自治区林业局等相关部门负责人。在日喀则现场会参观学习了日喀则地区加措雄农田林网、谢土门县绿色通道、扎寺后山造林、地区中心苗圃、边雄乡人工造林、羌塘成片造林及农民苗圃等；在山南现场会参观学习了隆孜县退耕还林、猴子山峰造林、油库后山造林、桑伊曲菩原生植被保护、扎囊县扎其农民苗圃、“两桥一隧”江淮成片造林；在拉萨市现场会参观学习了林周县退耕还林，墨竹县和达孜县成片造林，堆龙县青藏铁、公路沿线成片造林，拉萨南北两山封育区，自治区科技苗圃培育和试种实验乡土树种工作；并学习了昌都镇周边造林，那曲比如县后山造林，阿里狮泉河治沙，林芝波密县林政等一批典型材料。

【森林公园建设】 2005年，巴松湖、色季拉2个森林公园旅游收入达720万元。其中：巴松湖国家森林公园2005年度旅游总收入为420万元，环境保护投入122万元，职工人数比2004年增7人达39人。导游人员比2004年增40人，社会从业人员比2004年度增74人。色季拉国家森林公园2005年度旅游总收入300万元，投入建设资金200万元，环境保护投入120万元，职工人数比2004年增8人达34人。导游人数比2004年增4人为14人，社会旅游从业人员比2004年增56人达471人。一年来两个国家森林公园共接待区内外游客24万人次。

【“十五”期间营造林】 “十五”期间全区营造林贯彻以保护原生植被为基础，以工程带动营造林为动力，不求声势、求实效，不求数量、求质量的工作思路，从原生植的保护到人工造林都取得了实效。全区“十五”期间共完成造林7.6万公顷，投资55 211.2万元，封育26.33万公顷，禁伐113.15万公顷；造林面积比“九五”期间增加了151%。

【天然林资源保护工程】 2000～2005年，国家共到位资金31 479万元，已完成投资28 797万元。累计完成生态公益林建设19 449.3公顷，占规划任务的94%；对120万公顷的森林实行了严格、有效的管理，共聘用森林资源管护人员2715人；配备了森林防火设备，加强了苗圃建设，生态搬迁工作已基本完成。6年来，工程区内未发生乱砍滥伐和森林火灾及病虫害的现象，森林资源得到了有效保护，森林生态逐渐呈良性循环的态势。

【退耕还林工程】 自2002年正式启动以来，国家已累计安排资金19 460万元，其中落实粮食及种苗资金16 100万元，荒山造林资金3360万元。完成退耕还林1.33万公顷，完成宜林荒山荒地造林面积2万公顷。

【“十五”期间种苗基地建设】 改扩建了自治区和大部分地区中心苗圃及重点县级苗圃，全区共增加苗圃33个，新增苗圃面积650.47公顷。全区苗圃面积达到1268.93公顷（育苗面积782.8公顷），比“九五”期间增加1倍。共出圃苗木约1.2亿株，是“九五”期间的2.1倍。成功培育乡土树种20余种。

【林业大事】

1月28日 自治区林业局举行迎新春团拜会，并在会上对22名2004年度优秀公务员和先进工作者进行了表彰。

3月12日 自治区党委副书记杨松、拉萨市委书记公保扎西率领自治区、拉萨市两级党政军领导赴拉萨市南北山与机关干部、中小学生、农牧民参加全民义务植树活动。

5月25～27日 全区林业局长座谈会议召开。会议研究讨论《西藏自治区林业发展“十一五”规划提纲》和《西藏高原生态保护与建设规划思路》。

6月15日 “十一五”援藏实施方案暨西藏林业“十一五”发展规划座谈会召开。国家林业局李育材副局长率考察组参加会议。

9月26日至10月26日 在南京市举办的首届中国绿化博览会中，西藏的以室外景观为主与室内民族特色相结合的展览获得了优秀奖。

10月 在成都温江举行的第六届中国花卉博览会中，西藏特有的野生花卉展览获得了组织奖，并获奖金10万元。（西藏自治区林业由陈平撰稿）

陕西省林业

【概　述】

植树造林 2005年，全省完成植树造林38.7万公顷，其中，人工造林20.6万公顷，飞播造林11万公顷，封山育林7.1万公顷。绿色通道绿化2900千米。新育苗1.4万公顷，义务植树人数968万人次，植树9434万株。

林业资金管理 2005年，全省落实国家和省财政投35.93亿元，比2004年增加2.24亿元，增长6.6%。其中：退耕还林工程27.64亿元，天然林保护工程5.98亿元，三北防护林体系建设工程0.36亿元，种苗工程420万元，其他工程和项目1.91亿元。根据国家投资方向和重点，共向国家林业局和省计委报送中央预算内林业投资项目等可行性研究报告40多个，批复总投资6285万元，其中中央投资5631万元。通过加强项目进度质量监督管理，抓重点工程建设，明确项目进度时限和质量要求，有力促进了项目实施。根据基本建设程序，组织有关单位和专家对省楼观台实验林场苗圃、杨凌职业技术学院中心苗圃等项目进行了竣工验收，各工程质量合格，并通过验收。

林业重点工程

退耕还林工程　2005年，按照“巩固成果、确保质量、完善政策、稳步推进”的总体要求，全省完成退耕还林22.7万公顷，占计划任务的96.5%，其中，退耕地还林11.5万公顷，荒山荒地造林6万公顷，封山育林5.3万公顷。3月中旬至5月下旬省林业厅抽调近百人组成10个检查组，开展了2005年退耕还林省级复查验收工作。抽查结果表明：全省1999～2003年退耕地造林面积保存率98.77%，合格保存率95.2%。2004年度全省退耕地造林抽样面积核实率98.28%，核实面积合格率95.64%；荒山造林抽样面积核实率95.65%，核实面积合格率92.14%，均达到了国家标准。全省退耕还林政策兑现进展顺利。全省累计向1505个乡（镇）208万户退耕户830万人发放退耕粮28.58亿千克，粮食兑现36.43亿元，现金补助9.96亿元，种苗补助费13.68亿元。省林业厅安排部署在全省范围内开展退耕还林成果巩固情况调查，对全省37个退耕还林重点县、305个乡（镇）、4013个村、27.45万个退耕户进行了详细调查，在广泛听取各部门意见的基础上，起草并经省政府印发了《关于进一步做好巩固退耕还林成果工作的通知》，对全省开展退耕还林成果巩固和后续产业发展提出了具体措施和要求。

天然林保护工程　2005年全年完成人工营造林1.3万公顷，封山育林7.5万公顷。全面落实了735.6万公顷天然林管护责任制，全省范围内继续禁止天然林商品性采伐。国家林业局已连续6年下达陕西人工商品林采伐计划为零指标，全省累计减少森林资源耗材3000多万立方米，相当于全省森林生长总量的2.3倍。认真组织完成全省天保工程省级复查和完成了2004年营造林实绩核查工作，发现问题，限期整改。根据天保工程“四到省”考核要求，省林业厅对全省天保工程建设情况进行了“四到省”自我考核。继续落实好全省国有林场职工生活保障，开展了林业职工的四项保险费用调查，认真抓好天保工程公益林建设示范和效益评价的探索试点工作。延安劳山林业局被批准列为全国第一批天保工程公益林建设示范点，为科学评价工程建设成效奠定了基础。

三北防护林体系建设工程　全年完成造林2.6万公顷，其中，完成补植补栽1万公顷，新造林1.6万公顷；封山育林0.7万公顷。省林业厅组织省市县三级技术人员，历时3个多月，对2004年度17个县（市、区）87 000公顷工程建设情况进行了检查验收，共检查了102个作业区，299个作业小班，抽查面积295.7公顷。及时开展补植补栽工作，补植补栽总面积1万公顷。在工程建设中，依靠科技，科学选

择树种，采取大坑栽树、大容器苗造林、套笼、截杆、覆盖（膜、土）等新技术措施，提高了新造幼林的成活率。据国家林业局的综合核查显示，陕西三北四期工程造林质量逐年提高，2005 年的面积核实率达到了 98.4%，面积合格率达到了 95.6%。完成了陕西省第三次荒漠化和沙化检测工作，公布了监测结果。监测结果显示：与 1999 年相比，全省荒漠化土地面积减少 125 749.9 公顷，沙化土地减少 20 812.3公顷，荒漠化和沙化程度在一些地方大大减轻。

野生动植物保护及自然保护区建设工程　全面启动了省政府批准新建的 10 处省级自然保护区建设。子午岭、化龙山、青木川、天华山自然保护区晋升国家级申报工作进展顺利，通过了国家林业局组织的专家评审，报送国家环保总局审核。朱鹮保护区经国务院批准晋升为国家级保护区。2005 年全省自然保护区扩大到 35 处，总体面积 94 万公顷，占全省国土面积的 4.5%。加强自然保护区的管理。对朱鹮等 6 处国家级自然保护区开展了执法检查。不断完善保护区各项管理制度，使野生动植物得到了有效保护，有力地促进了保护区的安全和稳定。朱鹮、大熊猫、金丝猴、羚牛等珍稀濒危物种种群数量扩大，朱鹮繁殖成活 206 只，种群数量增加到 800 只。繁育大熊猫幼仔 2 只，成活 1 只，全省大熊猫数量增加到 340 只。加强禽流感防控工作，省林业厅先后下发了《关于加强高致病性禽流感防控工作的紧急通知》、《关于做好当前陆生野生动物疫源疫病监测工作的紧急通知》等 6 份关于加强野生动物疫病防控工作的文件。经国家林业局批准陕西在省珍稀野生动物抢救饲养研究中心、朱鹮国家级自然保护区、榆林市动管站、潼关县森防站、横山县森防站和合阳湿地监测站建立 6 处国家级野生动物疫源疫病监测站点和 18 处省级野生动物疫源疫病监测站点，实行 24 小时值班、日报告和零报告制度，国家重点保护野生动物没有发生疫情。

平原绿化及绿色通道建设工程　2005 年以创建绿色家园的绿色工程为主题的生态体系建设成效显著，全省各地以城带乡，以乡促城，城乡联动，整体推进的绿化建设工程，使城乡生态功能和景观功能大大增强。西安市实施的“大绿工程”完成城区及城乡结合部造林绿化面积 68 467 公顷，独具特色的城市森林体系将逐步建成；咸阳市实施的“绿色家园”工程，绿化建设 867 个行政村，占全年 800 个行政村绿色家园建设计划的 108%；宝鸡市实施的“绿色宝鸡”工程使全市森林覆盖面从 48.6% 提高到 52%。绿化公路、铁路、河流、渠道重点台塬坡面 900 多千米，栽植树木 500 多万株，绿化治理坡面 113.3 公顷；延安市城区绿化覆盖率由 2000 年的 35.6% 提高到 55.2%。全省设市城市建成区绿地率、绿化覆盖率、人均公共绿地面积分别由 1995 年的 13.6%，21.7%，3.4 平方米提高到 2005 年的 24%，34%，7.0 平方米。绿色通道绿化 2900 千米，其中，国、省通道绿化 398 千米，县、乡公路绿化 1403 千米，铁路绿化 56 千米，河渠堤防绿化 1043 千米。

森林病虫害防治　全省森林病虫害发生面积 37.8 万公顷，有效防治面积 26.7 万公顷，防治率 70.66%，其中，无公害防治面积 16.3 万公顷，无公害防治率 68.66%；林业有害生物成灾面积 4.2 万公顷，成灾率控制在 4.93‰；应施监测面积为 540 万公顷，实施监测调查面积为 463.4 万公顷，监测准确率达到 85.81%；应施种苗产地检疫面积 1.4 万公顷，实施产地检疫合格面积 1.3 万公顷，林木种苗产地检疫率 89.8%。全面完成了国家下达的“四率”控制指标。省政府制定印发了《关于进一步加强林业有害生物防治工作的意见》，经省政府批准同意省林业厅印发了《陕西省重大林业有害生物灾害应急预案》，为防范和处置重大林业有害生物灾害事件提供了保障。工程治理方面：在宜川、黄龙、黄龙山、洛川、韩城等重点治理区完成红脂大小蠹巩固防治面积 1 万余公顷，防治效果平均达到 88%。对咸阳旬邑县、延安桥山林业局、铜川印台区、宜君县等地 7.9 万公顷油松林内出现红脂大小蠹危害的 868 株松树进行综合治理，彻底清除虫源，没有爆发成灾。一般监控区监测普查范围涉及 21 个县（区）和省森林资源管理局直属林业局，实施监测面积 18 万公顷，监测覆盖率达到 100%，产地检疫率和调运检疫率达到 100%，虫害木处理及除害处理效果均达到了 100%；完成杨树病虫害综合治理面积 7500 公顷，工程区监测覆盖率达到 100%。产地检疫率、调运检疫率均达到 100%，天牛虫害木处理及除害效果达到 100%。积极协调和组织做好新造幼林鼠兔害治理防治工作，工程区造林采用了药剂蘸根处理驱避鼠害，未成林地实施药剂毒杀、人工捕杀等方法，共防治面积 3.1 万公顷，防治区内害鼠由原来的每公顷 60～120 只下降到 6 只以下。采取设网围捕、套捕、不育剂防治等措施，捕杀林地野兔 50 万余只，在这些区域，鼠兔危害程度明显降低。森林病虫害防治基础建设不断得到加强。利用林业有害生物防治项目专项资金，在森防工程治理重点县，对省森防站、12 个市级森防站及 22 个县级森防站的松蠹虫防治体系进行建设，配备防治、检疫、测报设备仪器和喷药机械等，使全省对小蠹类害虫控制能力大大增强。完善已建成的 58 个森防标准站，35 个国家中心测报点，使基层森防站基础设施明显改善。

森林防火　2005 年，全省认真贯彻落实《国务院办公厅关于进一步加强森林防火工作的通知》和全国全省森林防火工作会议精神，加强组织领导，明确工作责任，狠抓措施落实。省委书记李建国、省长陈德铭、副省长王寿森等领导就森林防火工作多次作出重要批示，各级党委、政府把森林防火工作摆到更加突出的位置，全年共发生森林火灾71起，受害森林面积126.4公顷，损失林木727立方米，损失幼树1.88万株，森林火灾受害率0.019‰，低于国家0.2‰的控制指标。扑救森林火灾中未造成人员伤亡。森林防火关键时期，省林业厅派出6个检查组，检查各地防火措施的落实情况和发生的林火案件查处情况等。省、市、县三级共派出检查组231个，检查人员823名。在元旦、春节、清明、“五一”、“十一”等重点时段，各级森林防火主管部门及时下发通知，提出要求，落实责任，确保关键时段不发生大的森林火灾。各地充分利用广播、有线电视、录像，办宣传专栏、板报，出动宣传车，召开群众会议，刷写宣传标语，印制宣传画、宣传材料、护林公约等多种宣传形式和宣传手段，开展防火宣传活动，强化引导和教育，增加了林区广大干部群众的法制观念和防火意识。完成了省、市、县三级102个森林防火指挥中心建设工作，102套智能会议系统设备基本安装调试完毕，省指挥中心与10市、13个厅直单位指挥中心实现视频连接，全省森林防火办公软件框架搭设完成。国家安排投资近千万元的延安黄桥、铜川焦坪两个森林重点火险区综合治理项目顺利完成。

森林资源管理 按照国家林业局统一部署，2005年在全省开展了打击破坏森林资源违法犯罪专项行动、“绿剑禁毒行动”。全省打击破坏森林资源违法犯罪专项行动开展以来，对乱砍滥伐林木、乱征滥占林地、乱捕滥猎野生动物、乱采滥挖野生植物及非法运输木材等破坏森林资源违法犯罪行为进行了严厉打击。共查处破坏森林资源案件97起，清理整顿木材经营加工场所1300多个，收缴木材112.4立方米，补交植被恢复费1600多万元，挽回经济损失200多万元。全省各级森林公安部门积极做好森林刑事案件侦破工作，承担起保护森林和野生动植物的职责，重拳出击，加大大要案侦破力度，遏制破坏森林资源和野生动植物违法犯罪的态势。各级森林公安机关充分发挥林区禁毒斗争主力军作用，以综合治理为重点，以专项打击为龙头，以宣传教育为基础，以保持“无毒林区”为目标，认真组织开展“绿剑禁毒行动”，落实禁毒各项措施，收效明显。据统计，全省各级森林公安机关全年共出警180 352人次，各类林业立案案件4211起，查处4138起，综合查处率为98.26%，其中立刑事案件81起，破案76起，破案率93.8%，打击各类违法犯罪人员4681人次，收缴木材2618.63立方米，收缴各类野生动物470头（只），挽回经济损失397.768万元。组织开展全省森林公安机关“规范执法行为，促进执法公正”专项整改活动，重点整改森林公安队伍中存在的徇私枉法、权钱交易，违法办案、执法不文明，玩忽职守、执法不作为等突出问题。通过开展专项整改活动，全省各级森林公安机关执法能力明显增强，执法质量显著提高。通过对所属各单位115起林业刑事、行政案卷和14套执法基础台账随机抽查，没有发现不合格案卷，其中42起刑事案卷平均分为97.4，68起林业行政案卷平均分为96.8。全年共查处、督办破坏森林资源案件63起。查处、督办的森林资源案件比2004年度有所减少。

外资合作项目 德援陕西造林项目和日元贷款陕西造林项目主体造林任务基本作业完成，2005年全面转入造林的补植完善阶段和幼林管护等任务。德援陕西造林项目，完成造林补植70 000公顷，新造庭院林工程154户，营造经济林苗木4000多株。日元贷款陕西造林项目，人工造林补植重造72 267公顷，其中，补植33 733公顷，重造38 533公顷；飞播补植造林82 467公顷，复播0.4252公顷；封山育林2.7万公顷。两个项目的主体造林任务完成后，接受了德方和日方的监理检查，双方认为陕西项目造林质量高，林木生长良好，管理规范。

林业产业 2005年，全省各级林业主管部门把加快林业产业发展作为振兴区域经济发展的一项战略措施，结合实际调整林业产业结构，发挥资源优势，开展多种经营，在种植业、养殖业等方面收到实效。全省初步形成了渭北旱塬地区25个县以苹果、梨、核桃、花椒、红枣、柿子等为主的生产基地；陕南商洛、安康、汉中3市及宝鸡市的部分县以核桃、板栗、药、桑、茶为主的生产基地；陕北地区以红枣、杏、核桃、沙棘为主的生产基地。据统计，全省经济林面积达218.39万公顷，产量达1303.71万吨，产值181亿元。森林旅游业有了长足发展，全省共建森林公园66个，其中，国家级20个，省级46个。森林公园基础设施逐步完善，服务质量不断提高，森林旅游网络初步形成。全省全年森林公园共接待游客350多万人次，直接收入1.2亿元。速生丰产林、竹藤、花卉、森林食品、珍贵树种、野生动物驯养繁殖等新兴产业也呈蓬勃发展态势。延安市林业局以市直属的乔山、乔北、劳山、黄龙山四大林业局为基地，成立了延安绿源森林猪养殖有限责任公司，大力养殖森林猪，已发展养殖户203户，参与职工586人，养殖点207个，森林猪饲养量达到19 148万头。已出栏商品猪8380头；养牛1089头，羊937只，鸡8200只。全省国有、集体、个体苗圃有15 699个，年生产各种绿化苗木30多万株（袋）。全省花卉种植面积707公顷，年产值达2.96亿元。

林业科技 2005年，全省实施林业科技推广项目49项，完成各类林业实用先进技术推广面积27.4万公顷，是计划任务的136.9%。花椒良种丰产栽培技术推广项目获得了省政府农业科技推广成果一等奖，抗旱造林综合技术项目获得了省政府农业科技推广成果二等奖。根据陈德铭省长批示，抓好油橄榄引

种示范。邀请意大利油橄榄专家赴城固县和南郑县进行了考察，为陕西省油橄榄的发展提供技术支持。组织技术人员赴甘肃、四川等地考察，在此基础上引进了油橄榄良种4个品种1万多株成品苗木，在汉中、安康分别建立油橄榄良种示范园7.2公顷，整地26.7公顷。开展生物能源探索试验。在汉中、安康、商洛、咸阳、延安等市开展了生物质能源树种黄连木和文冠果的调查、选优、育苗和基地建设，完成了主要优良类型的物候观测、嫁接技术试验等。2005年，是十大技术推广项目实施的最后一年，全省推广苗木繁育技术、抗旱造林技术、ABT生根粉及绿色植物生长调节剂应用技术等十大技术19.7万公顷。大力开展科普宣传、林农绿色证书教育和关键岗位技术培训，全年共培训林农30万人次。组织开展“科技之春”宣传月和送科技下乡活动，共培训林农2万人次，发放各种技术资料1万余册。

种苗工程 2005年，全省共完成育苗面积1.5万公顷，其中新育苗面积1万公顷。总产苗量约29亿株，容器苗4.5亿袋，良种苗木1.6亿株。不断加强种苗行业管理，加快全省种苗工程项目建设进度。对恒温种子库、天保示范苗圃、省种苗质量监督检验中心等建设项目进行了重点检查，确保了工程建设质量和国债资金的有效运行。全省已建成种苗工程项目214个，在建项目41个。加强种苗行业管理，推进种苗产业化进程，搭建种苗市场交易平台，使全省种苗产业面向市场新的经营模式。省林业厅经过积极引导，并与内蒙古、宁夏等省（区）林业厅（局）成功主办了杨凌林木种苗暨林木器械交易会。来自北京、上海、山东、山西、河北等16个省（市）的企业及陕西、内蒙古、宁夏林业系统展团的110家单位参加，参展项目达600余项，交易额达1893万元，交易各类苗木、花卉及器械354万株（台），参展人数达3.6万人次。完成飞播用种质量检验687个种批，办理飞播使用证74个，保证了飞播造林用种质量和造林成效。

“十一五”规划编制工作 根据省政府、国家林业局等有关要求，为“十一五”时期全省林业工作再上新台阶打好基础，省林业厅组织人力，经过一年的努力，反复论证，编制完成了《陕西省林业发展“十一五”和中长期规划》（以下简称《规划》），该规划提出“十一五”全省林业工作的总体思路是：以邓小平理论和“三个代表”重要思想为指导，用科学发展观统揽林业工作全局，深入贯彻中央林业决定、省委、省政府实施意见和省委十届七次、八次会议精神，以建设生态省为目标，以确保森林资源安全为前提，以产业发展为突破口，以体制改革为动力，以科学技术为支撑，实施林业重点工程和林业产业发展带动战略，巩固成果，提高质量，突出重点，整体推进，努力构建比较完备的林业生态体系和比较发达的林业产业体系。为建设西部经济强省做出贡献。主要目标是：到2010年，力争年均新造林达到23.33万公顷（含封育），全省森林覆盖率达到41.7%，自然保护区面积占到全省总面积的5.8%，初步建立起布局科学，结构合理，多功能、高效益的林业生态体系；力争林业产业总产值达到220亿元，年均增长12.5%，初步形成类型多样、比例协调、效益良好、具有较强竞争力的林业产业体系。全省“十一五”期间，林业工作指导思想的核心是：坚持一个保护，狠抓三个提高，实施两个带动，推进产权改革。坚持一个保护，就是要把维护好现有生态体系，保护好森林资源安全作为当前和今后工作的首要任务；狠抓三个提高，就是要通过提高造林成活率、保存率和林分质量，巩固造林成果；实施两个带动，就是实施项目带动和产业带动；推进产权改革，就是以深化林业产权制度改革为突破口，带动整个林业改革。省林业厅还组织编制完成了《陕西省“十一五”生态建设专项规划》、《南水北调中线工程源头区林业生态建设规划》、《陕西省贫困国有林业扶贫规划》和《陕西省林业产业发展纲要》等专项规划。（王　莉）

【社会林业工程研究】 该项目从1997年实施，2005年结束。8年来，先后完成了陕西自然条件、林业资源、社会经济等社会林业工程发展现状研究，社会林业工程指标评价体系及主要类型划分研究，社会林业工程典型模式等各项研究工作。该项目按照自然状况、森林资源变化及社会经济状况等38个主要因子，对陕西106个县（市、区）建国以来实施的社会林业建设工程进行了系统调查研究，从中筛选出能够代表社会林业工程的16个主导因子，采用SPSS统计分析软件对全省社会林业工程进行了分析评价，并建立了评价指标体系。将陕西省社会林业划分了11个类型区，提出了吴旗封山禁牧社会林业工程类型等9个社会林业可持续发展模式，建成了西安、神木等开展退耕还林、天然林保护、封山禁伐禁牧禁猎、城乡绿化美化、承包造林与承包管护、速生商品林营造、林业实用技术的示范推广、林业的市场化产业化经营等13个中国社会林业工程科技示范单位，对不同类型的林业重点生态工程提出了相应的社会林业工程配套技术支撑体系、社会服务体系、政策法规保障体系，对新时期社会林业的可持续发展提供了科学依据。2005年，省科技厅组织专家对该项目进行了验收评议，专家一致认为，该项目达到了国内同类研究领先水平，其中建立的社会林业工程评价指标体系达到了国际先进水平。（鲜宏利　王　莉）

【陕西省第三次土地荒漠化和沙化监测】 本次调查监测采用航空遥感和实地调查相结合的办法，与以往只进行实地调查相比，效率和精度有较大提高。这次监测结果显示：全省荒漠化土地面积为2 987 801.8公顷（其中风蚀荒漠化面积1 431 732.1公顷，占荒漠化土地的47.9%；水蚀荒漠化面积1 470 482.4公顷，占荒漠化土地的49.2%；盐渍化土地面积85 587.3公顷，占荒漠化土地的2.9%）；全省沙化土地面积1 434 396.5公顷（其中流动沙地81 660.1公顷，占沙化土地总面积的5.7%；半固定沙地146 102.5公顷，占沙化土地总面积的10.2%；固定沙地1 164 617.8，占沙化土地总面积的81.2%；沙化耕地42 016.1公顷，占沙化土地总面积的2.9%）。与1999年全省第二次土地荒漠化和沙化监测结果相比：全省荒漠化土地面积减少125 749.9公顷，沙化土地减少20 812.3公顷。荒漠化和沙化程度减轻，极重度、重度荒漠化面积减少1 307 763.7公顷，所占比例由上次的54.9%下降为13.4%；流动沙地减少84 785.3公顷，半固定沙地减少121 932.9公顷，固定沙地增加180 546.1公顷。此外，监测结果显示，全省具有明显沙化趋势的土地33 219.4公顷。这些土地是临界于沙化与非沙化土地之间的一种退化土地，如不加快植树造林，恢复植被，进行有效保护，则极易转变为新的沙化土地。

（张新锐　王　莉）

【咸阳市创建“绿色家园”】　2005年，一个以“一村一片林，村在林中，林中有村”为主题的绿色家园建设，在咸阳市广大农村村镇全面展开。咸阳市委、市政府制定下发了《关于在全市开展绿色家园建设活动的实施意见》，明确了创建绿色家园指导思想、总体要求和目标任务，并将此项活动确定为市委、市政府为农民办实事的一项重要内容。建设绿色家园通过与林业重点工程、农业综合开发、建设高标准农田等有机结合起来，从建设绿色庭院、绿色村庄入手，向绿色道路、绿色校园、绿色县城拓展，实行林、田、路、村、城综合治理，同步绿化，形成点、线、片、网相结合的平原绿化新格局。跳出长期以来就造林抓造林、就工程抓工程的传统模式。咸阳市把绿色家园建设还同移民新村、小康村、文明村建设结合起来，同村容貌整治、帮助农民脱贫致富结合起来。在绿色家园建设中，引进造林公司参与建设，采取企业投资种苗，林业部门组织，农户栽植管护，成材后企业回购木材的合作方式，利用社会资金建设绿色家园，达到政府要绿、农民得利，企业获取原料的“三赢”共进，协同发展的目的。2005年全市共实施绿色家园建设867个行政村，占全年800个行政村绿色家园建设计划的108%。其中达到合格以上标准的827个，共绿化乡村道路、围村林、农田防护林林网2993千米。　（王　莉）

【宝鸡市开展“绿色宝鸡”创建活动】　创建“绿色宝鸡”是宝鸡市委、市政府提出的加快宝鸡现代化生态园林城市建设步伐，实现创建最佳人居环境与构建和谐宝鸡的战略目标，推进城乡一体化建设进程的一项系统工程。主要目标是：从2005年起到2010年，在全市范围内实现沿公路、铁路等主要干线两侧，沿库区周围等主要水系旁，沿沟坡、台塬等重点坡面，沿城镇、村庄及周边等“四沿”区域全面绿化美化。初步形成南北两山（秦岭、关山及千山）绿色屏障，渭河川塬绿色走廊，纵横交错的道路、水系绿色网络，创建生态园林型城镇的“绿色宝鸡”。全市森林覆盖率从现在的48.6%提高到52%。开展创建“绿色宝鸡”活动以来，全市绿化公路、铁路、河流、渠道重点台塬坡面900多千米，栽植树木500多万株，绿化治理坡面113.3公顷。　（王　莉）

【参加首届中国绿化博览会】　2005年，首届中国绿化博览会在南京举办。陕西成立了由副省长王寿森为组长的首届中国绿化博览会参展领导小组。经过严格筛选，展会共选出大型绿化成就图片160多幅，珍稀地带性特色植物太白杜鹃、珙桐等植物盆景60多盆，中国书协副主席钟明善、西安市书协副主席路毓贤书法作品2幅，中国美协会员刘永杰等3位教授山水画作品3幅，12个相关单位PPT宣传资料及广播电视专题片《绿满三秦》等作品参展。通过参展，陕西荣获首届中国绿化博览会组委会室内布展特等奖，植物展获名优植物银奖一个，优秀奖4个。（王　莉）

【完善退耕还林工程档案】　根据《陕西省退耕还林工程档案管理暂行办法》要求，各级林业部门在资金、人力和时间上积极投入，抓工程档案人员培训，抓工程建档，抓制度建设管理，抓检查验收，按标准完成了省、市、县三级退耕还林工程档案体系建设。2005年，省、市、县已经建立起三级退耕还林工程档案管理体系，全省10个市100个工程县（区）、1057个乡（镇）建立了退耕还林工程档案室、档案专用柜、架，落实建档经费1145万元，建立专用档案室或综合档案1167个，面积20 002平方米。市、县级基本实现了专室、专人管理的目标。各地按照《陕西省退耕还林工程档案管理暂行办法》，结合退耕还林工程的特点进行科学分类，形成了文书档案、技术档案和会计档案三大纸质档案类别。各类别中按照材料形成的规律和内在联系合理组卷，规范填写，保证档案资料的有机联系。据统计，全省共整理完成纸质档案179 739卷，74 292盒，音像档案7441盒，2230件，实物档案1234件。省、市、县三级累计培训档案人员6475人次。经过层层培训，全省上下组建成了一支1741人的专职或兼职工程档案管理队伍。在退耕还林信息系统建设中，全省应建设信息系统的89个工程县（区）均已开展了此项工作。据统计，4个县（区）的工程档案图形和数据档案录入全部完

成。37个县（区）完成了档案图形录入，9个县（区）完成了数据档案录入，对349人次进行了系统使用的培训。2004年，在市级自查的基础上，经过省级验收，按照档案目标管理评比要求，全省100个县（区）的退耕还林档案室，有44个达到优秀，10个为良好，6个为合格。其中延安市的9个县（区）退耕还林工程档案室被省档案局评定为省一级（即AAA级）档案室，西安市的8个县（区）档案室被评定为省二级（即AA级）档案室。（王　莉）

【林业大事】

1月18日　来自世界45个国家的400名国际友人在省珍稀野生动物抢救饲养研究中心举行亲穆仪大使国际中心关爱大熊猫活动。并为2003年人工繁殖的大熊猫冠名“亲穆仪”。

2月1日　省林业厅向宝鸡、安康两市林业局下发了《关于国家林业局命名凤县等三县为中国名特优经济林之乡的通知》。国家林业局命名陕西省凤县为中国花椒之乡、镇坪县为中国核桃之乡、平利县为中国漆树之乡。

3月5日　在西安花卉市场检疫发现外来危险性林业有害杂草加拿大一枝黄花鲜切花，3月18日，省林业厅发出紧急通知，在全省全面开展对加拿大一枝黄花的查处工作。普查结果表明，加拿大一枝黄花在全省10个市及杨凌区都有发现。全省采取了喷洒除草剂和人工铲除方法进行除治。据统计：约有80多万株被铲除，收缴15万株加拿大一枝黄花鲜切花。

4月2日　首例非法收购、运输、销售国家一级野生动物小熊猫的重大案件在汉中宁强告破。4只小熊猫被安全送往省珍稀野生动物抢救饲养研究中心饲养。

4月4日　首次在佛坪自然保护区内的大古坪发现朱鹮栖息活动。此后，又陆续在区内的龙潭、三官庙地区发现栖息活动。

4月12日　中央编办以中央编办复字［2004］116号批复，决定成立中华人民共和国濒危物种进出口管理办公室（国家林业局濒危物种进出口管理中心）西安办事处。省林业厅副厅长、厅党组成员孙承骞兼任西安办事处主任。

5月11日6时，省珍稀野生动物抢救饲养研究中心金丝猴“庆庆”顺利产仔。这是省珍稀野生动物抢救饲养研究中心在人工饲养条件下，第一胎成活首例。

6月4日　陈德铭省长前往楼观台国家森林公园、省珍稀野生动物抢救饲养研究中心考察，解决饲养研究中心工作中存在的困难和问题。

6月7日　省推行公务员制度领导小组办公室下发《关于对陕西省森林资源管理局机关实施国家公务员制度工作检查验收合格的通知》（陕公退办发［2005］3号），至此，省森林资源管理局顺利完成了参照国家公务员制度管理的工作。

7月22日　日本参议院对华援助项目考察先遣团一行20人，对咸阳市日元贷款项目造林成效进行现场检查和考察。并通过检查和考察。

7月23日　国务院发文（国办发［2005］40号）批准陕西省建立陕西汉中朱鹮国家级自然保护区。

8月2日　省林业厅向国家林业局上报《关于报送“十五”全省经济林建设工作总结的报告》。截至2005年全省经济林面积达到218.39万公顷，其中“十五”新增面积69.14万公顷。

8月6日　省珍稀野生动物抢救饲养研究中心大熊猫“雪雪”继2003年8月2日产仔“楼生”后，再次产下一对“龙凤胎”，其中一幼仔3天后夭折，另一胎幼仔生长发育状况健康 。

8月16日　由陕西省森林防火指挥部、省林业厅上报省人民政府审定的《陕西省处置重特大森林火灾应急预案》发布施行。

8月19日　省委组织部陕干字［2005］79号文，任命张社年省林业厅党组书记，免去权志长的厅党组书记。9月29日，省十届人大常委会第二十一次会议决定。张社年任省林业厅厅长，免去权志长省林业厅厅长职务。

8月22日　省林业厅、省财政厅联合下发《〈陕西省重点保护野生动物造成人身财产损害补偿办法〉实施细则》（陕林发［2005］248号），为全省开展重点保护野生动物造成人身财产损害补偿工作提供了具体办事程序和操作依据。

9月8日　全省绿色家园建设现场会在咸阳市旬邑县召开，各市林业局和40个平原县（市、区）林业局负责人参加了会议。咸阳市林业局、旬邑县人民政府和淳化县人民政府就创建绿色家园活动介绍了经验和做法。会议对全省创建绿色家园活动进行了安排部署。

9月12日　省林业厅批准新建宁东、王家山两处省级森林公园。

9月15日　经省政府同意，省林业厅制定的《陕西省处置重大林业有害生物灾害应急预案》，作为《陕西省突发公共事件总体应急预案》部门预案下发各市执行，《预案》对组织指挥体系、预警和预防机制、应急响应机制、评估体系与善后处理等进行规范，为防范和处置重大林业有害生物灾害事件提供了保障。

9月21～23日　国务院西部开发办在延安市组织召开全国退耕还林林“五结合”现场会。副省长王寿森、延安市委书记王侠就全省和延安市退耕还林“五结合”的做法向大会作了经验介绍。

10月31日　省人民政府成立陕西省防沙治沙工

作领导小组，领导小组办公室设在省林业厅。王寿森副省长任组长，郝福财副厅长兼任办公室主任。

11月7日 省林业厅制定并印发了《陕西省林业厅政务公开实施办法》。明确了政务公开的目的、任务、指导思想和基本原则，并对政务公开的内容、形式、基本程序做了具体规定。

11月8日 近年来安康、西安、商洛等地不断发生胡蜂伤人事件，已有715人受伤，36人死亡。国家林业局、省政府领导分别作出批示，要求高度重视胡蜂伤人事件，采取有效措施。对此省林业厅联合公安、卫生、农业等部门，制定了《胡蜂控制技术方案》下发有关市、县，积极开展综合治理。

11月8日 《陕西省湿地保护条例（草案)》，经省政府第二十六次常务会议讨论通过。11月29日至12月3日，省十届人大常委会第二十二次会议对《草案》进行审议，省林业厅厅长张社年就该草案向大会作了说明。

11月17日 省委组织部陕组干任［2005］201号文任命赵钰莹为中共陕西省纪律检查委员会驻省林业厅纪检组组长、厅党组成员。

12月8日 国家林业局公布全国第六次森林资源连续清查成果，陕西省林业用地面积1071.87万公顷，森林覆盖率32.55%。

12月21日 经省政府审核，省林业厅颁布了《陕西省重大沙尘暴灾害应急预案》。

12月23日 国家林业局准予行政许可决定书（林场许准［2005］966、967、968号）晋升千家坪、蟒头山、玉华宫3处国家级森林公园。

12月31日 全省朱鹮繁殖成活206只，其中野外126只，洋县饲养中心28只，省抢救中心52只。全省朱鹮数量达到800多只。（王　莉）

甘肃省林业

【概　述】 2005年，全省林业战线紧紧围绕省委、省政府总体工作思路，全面树立和落实科学发展观，以党员先进性教育活动为主线，以“产业年”活动为突破口，不断加强领导，狠抓工作落实，圆满完成了年度责任工作目标，全省林业建设呈现了良好的发展势头。据统计，全省共完成营造林33.91万公顷，占计划的100%。其中，人工造林22.54万公顷，占计划的100%；封山育林9.47万公顷，占计划的100%；飞播造林1.9万公顷，占计划的100%。完成义务植树7742.47万株，占计划的108%。完成育苗1.6万公顷、中幼林抚育8.97万公顷。按重点工程分：退耕还林工程完成25.51万公顷，占计划的100%。其中，退耕地造林12.17万公顷，占计划的100%；荒山造林7.33万公顷，占计划的100%；封山育林6万公顷，占计划的100%。天保工程完成5.03万公顷，占计划的100%。其中，人工造林1.33万公顷，占计划的100%；飞播造林1.9万公顷，占计划的100%；封山育林1.8万公顷，占计划的100%。三北四期工程完成工程建设任务3.37万公顷，占计划的100%。其中：人工造林1.7万公顷，占计划的100%；封山育林1.67万公顷，占计划的100%。野生动植物保护及自然保护区建设工程。报请省政府批准成立了阿夏、多儿、洮河、子午岭4处省级自然保护区，太统—崆峒山、连城两处省级自然保护区晋升为国家级自然保护区。肃北盐池湾、阿克塞安南坝、小陇山头二三滩等3处省级自然保护区申报晋升国家级自然保护区工作，已制定并上报了整改方案，上报国务院审批。拟新建的太子山等4处省级自然保护区，已通过省级保护区评审委员会评审。争取世界自然基金会项目资助，完成了省白龙江林管局舟曲插岗梁自然保护区区划工作和甘肃迭部多儿、甘肃白龙江阿夏两处省级自然保护区本底资源调查工作。争取省编委批准成立了甘肃敦煌西湖、甘肃民勤连古城两处国家级自然保护区管理机构。林业外资项目工程启动实施林业外资项目3个，使正在执行的项目达到了12个。其中：生态造林项目5个，技术合作项目7个。全年利用外资总额约1000万元，落实各级财政配套资金600多万元，参与农户达660户，完成人工造林合格面积1450万公顷。林业对外技术交流日趋活跃，有12批次60多名外国专家到甘指导林业发展，有100多名省内技术人员赴国外进修学习。举办各类培训班36期，培训项目管理和技术人员700余人次，参加项目培训的农民达1万余人次。

【狠抓造林质量】 在2005年全省林业重点工程建设中，认真组织“回头看”，建立检查—反馈—跟踪的管理机制，强化了造林质量监管工作，并大力推广容器育苗、嫁接改造等实用技术，严把造林“六关”，造林质量普遍提高。继续坚持省林业厅领导和有关处室分片承包责任制，在造林大忙季节，8名厅领导分别带领机关14个处室有关人员，深入到各自联系的地区和分工负责的示范县区生产第一线，检查指导工作，及时发现问题、解决困难、督促任务完成和造林质量的提高。市、县两级林业部门抽调专人长

住造林绿化第一线，进行检查指导，推动了造林绿化工作的顺利进行。各地对历年完成的工程质量认真进行了“回头看”，积极开展补植补造，已完成补植补造任务43.79万公顷。同时，加大了工程监理力度，对工程监理人员进行统一培训后，分赴各地开展全面的工程监理，签发监理指令共267份，全部得到整改落实。并于第三季度在全省范围内对退耕还林工程开展了重点解剖式检查，对抽中乡（镇）各年度的工程面积逐地块丈量实测，检查了苗木成活率和保存率等情况，并在全省林业产业建设现场会上对检查结果进行了通报，下发了“检查结果的通报”和“进行整改的通报”，逐市（州）指出了存在的问题并提出了整改要求和时限，受到省政府的高度重视。与此同时，2005年的核查验收工作采取了省、市联合交叉的方式，进一步提高了核查结果的透明度。10月初对参加核查验收的人员进行了培训，对核查验收工作提出了具体要求，11个核查组分赴各地开展核查验收工作，省林业厅还组成2个督查组对各组工作进行巡回督查，确保核查验收工作全面完成。省林业厅积极配合并陪同全国人大和省人大分别深入有关市、县，对全省的退耕还林工程进行了实地专题调研，人大调研组充分肯定了甘肃省退耕还林工程取得的成效，并提出了有益建议，对全省今后的退耕还林工作起到了很好的指导作用。为了进一步丰富全省的造林树种，不断扩大优良乡土树种和名优新经济林品种的繁育推广范围，省林业厅确定的宁县、环县、静宁县、甘谷县、会宁县、安定区等6个万公顷优良乡土树种繁育基地建设，在省、市、县三级林业部门的共同努力下，完成了计划任务。绿色通道、村镇绿化、农田林网、全民义务植树等面上造林绿化工作以及“绿我家乡，美我家园”活动等也都取得新的进展。经国家林业局对全国营造林实绩的综合核查，甘肃省2004年度人工造林更新实绩综合评分90.2，封山育林实绩综合评94.93，飞播造林实绩综合评分80.55，成绩在全国排名比较靠前，均居西部5省（区）前列。

【林业产业建设】 2005年，在加强林业生态建设的同时，围绕“产业年”主题实践活动，加大林业产业开发力度，促进全省林业产业建设取得了长足发展。在深入全省进行专题调研，并赴江西、福建等省学习考察、借鉴经验的基础上，通过积极筹备，省政府在天水、陇南召开了全省林业产业建设现场会议，陆武成副省长作了讲话，省林业厅马尚英厅长报告了工作，讨论了省政府《关于加快林业产业发展的意见》，会议通过参观现场，交流经验，分析形势，研究对策，有力地促进了全省林业产业的发展。在省政府领导的重视和关心下，通过积极争取，省编委批准增编3人，成立了产业办公室，加强了对全省林业产业工作的指导协调和组织管理。同时，各地大力发展具有本地特色的林业产业，优先发展生态用材兼用林和生态经济兼用林，进一步优化了布局，加快了城乡一体绿化步伐，使生态效益和经济效益实现了双增长。镇原、积石山、康县等3县被命名为第三批中国名特优经济林之乡。全省经济林总面积74.23万公顷，挂果面积45.66万公顷，总产量319.6万吨，总销量209万吨，总产值33.3亿元；森林公园73个，总经营面积达71.61万公顷，年接待游客373.3万人次，实现旅游收入6530.8万元；全省花卉栽培面积达3320万公顷，年产值5.6亿元；建成各类苗木繁育基地12 696个，培育树种90多个品种，年出圃苗木18亿株，产值4.5亿元。已建立野生动物繁育养殖基地100多处，野生动物繁育养殖2.5万多头（只），年产值800多万元；林产品加工年销售收入已达1.2亿元。通过精心部署，认真组织了兰洽会林业产业成就展、全国第六届花卉博览会和首届绿博会的各项参展工作，更好地宣传了林业、宣传了甘肃，充分展示了全省国土绿化和林业建设成果。在第六届花博会上，甘肃省获得了最佳组织奖和最佳室内设计特色奖，展品获奖42项，团体排名列西部12省（区、市）之首。在第四届中国花卉交易会展销中，甘肃省近10家花卉生产企业和销售公司参加并分别与多家外省花卉公司达成近500万元协议额的意向供销合同。甘肃省插花花艺人员参加了首届“中国杯”插花花艺大赛，获得团体优秀奖。

【森林资源保护】 2005年，重点严厉打击了破坏森林资源违法犯罪行为，强化了森林防火和林业有害生物防治工作，加强了林权颁证和采伐限额管理，全省资源保护管理形势稳定。在打击破坏森林资源专项行动中，共查处破坏森林资源违法案件1002起，挽回经济损失1372.5万元。省上挂牌办理案件55起，已依法查处34起。全省森林公安机关共查处各类案件1062起，打击处理各类违法人员1259人次，抓获犯罪嫌疑人190人，为国家挽回经济损失8.95万元。认真落实禁毒目标责任制，加强了林区禁毒工作，先后出动人员7156人次，发现非法种植毒品原植物地块926块，铲除毒品原植物12 750株，有效打击了在林区非法种植毒品原植物的违法行为。认真贯彻国务院《关于解决森林公安及林业检法编制和经费问题的通知》精神，制定实施方案，积极与有关部门汇报衔接，各项工作进展顺利。同时，加强了队伍建设，充实了各级森林公安派出所警力227人。采取得力措施，进一步加强了护林防火工作，11月份，省政府召开了全省森林防火工作会议，现场观摩了专业队伍扑火演练，省领导作了讲话，对森林防火工作进行了全面部署。全省全年森林火灾发生次数、受灾面积及受害率比2004年同期有较大幅度下降，共发生森林火警3起，火场总面积8.82公顷，受害森林面积仅1.016公顷。为进一步加强野生动植物保护工作，年初成立了甘肃省陆生野生动物疫源疫病检测实施领导小组，并下设办公室，新增省设检测点11处，组织开展了全省以禽流感为主的野生动物疫源疫病防控和监测工作。制定了全省林业有害生物应急预案，并组织召开了全省林业有害生物防治工作会议，安排部署了有害生物防治工作。同时，进一步加快了林业立法进程，《甘肃省全民义务植树条例》已通过省人大一审，《甘肃省森林公园管理条例》已完成省外调研。

【森林生态补偿】 2005年，通过积极争取和不懈努力，甘肃省森林生态效益补偿任务与资金争取工作取得了显著成效。年初国家下达甘肃省2004年、2005年重点公益林生态效益补偿面积133.33万公顷，补偿资金2亿元已到位。对未纳入中央财政补偿范围的部分市（县），甘肃省财政筹集500万元进行补偿。为切实做好这项工作，省政府专门下发了《甘肃省人民政府关于认真做好全省重点公益林森林生态效益补偿工作的通知》。省林业厅把落实森林生态效益补偿工作作为2005年全省林业重点工作来抓，加强领导、成立机构、抽调人员，狠抓落实。年初，省林业厅会同省财政厅，由厅领导带队组织有关人员，到先期开展公益林补偿试点的福建、安徽两省考察学习，结合全省实际，制定下发了工作方案、实施细则等制度和办法。举办了全省重点公益林核查培训班，来自市（县）林业部门及直属单位的业务骨干共260多人参加了培训。在此基础上，由省林业调查规划院负责，聘请西北林业调查规划院进行技术指导，从两院抽调150多名技术人员，以县（林场）为单位，对2004年8月各地申报的重点公益林区划界定成果进行了全面核查，经过3个多月的艰苦努力，将重点公益林落实到了山头地块，并建立健全了档案。同时，在泾川县开展了森林资源二类调查试点工作，为全省重点公益林补偿工作全面铺开总结了经验，探索了路子。经省政府审定，全省公益林补偿总面积达到137.33万公顷，共涉及全省14个市（州）的97个县（市、区、总场）和省林业厅11个直属单位。11月14日，省政府召开了全省重点公益林森林生态效益补偿启动工作电视电话会议，陆武成副省长作了讲话，省林业厅马尚英厅长、省财政厅陆代森副厅长分别就如何搞好生态效益补偿和基金管理使用提出了具体要求，对全省第一批重点公益林补偿工作进行了安排部署，明确了任务，靠实了责任，确保了森林生态效益补偿工作的顺利启动实施，促进了全省公益林生态效益由无偿使用向有偿使用的转变。

【林业项目工作】 在2005年国债发行规模减少、重点工程投资较往年有所调减的情况下，经过向国家林业局等有关部委积极汇报争取，国家下达甘肃省工程建设任务比年初投资计划增加了近1000万元，确保了全省林业建设的顺利进行。截至10月底，共落实中央和省级林业建设投资240 974.44万元，其中：中央投资220 045万元，省级投资7530.94万元，利用外资1000万元人民币，落实林业贴息贷款12 398.5万元。并根据国家林业局要求，编制完成了《甘肃省林业发展“十一五”和中长期规划纲要》。在精心组织实施好现有林业重点工程和重点项目的同时，按照有关项目管理要求，进一步加大了项目贮备、申报和管理等基础性工作。组织完成了国债投资和中央预算内投资的50个项目的可行性研究报告的编制及上报工作；完成了2005年中央预算内林业基本建设16个项目实施方案的编制及计划申报工作；完成了白龙江林区等7个项目初步设计的编制及批复工作；完成了6项科技推广项目、1项重点科技支撑项目、2项“948”项目的申报工作，目前已落实3项；对2006年计划向国家申报的科研推广项目组织筛选了13项已上报。根据国家林业局国有林场改革的有关精神，全面推进了全省国有林场改革的进程，并积极争取了国家和省上扶贫资金补助项目。为了加强对项目资金的管理工作，省林业厅于10月份组织人员对1999年以来总投资在300万元以上的种苗工程建设项目的实施及资金使用情况进行了检查，确保了各项建设资金的安全运行。

【“十五”林业成就】 “十五”期间，在省委、省政府的正确领导下，在国家林业局的大力支持下，全省各族人民群众和广大林业干部职工，紧紧抓住西部大开发的历史机遇，围绕大地增绿、农民增收的目标，坚持走大工程推动大发展，大产业带动大效益的路子，促使全省整个林业建设取得了较大成绩。

生态建设规模空前，造林质量显著提高 “十五”期间，全省完成营造林面积205.53万公顷，占建国以来至“九五”末全省累计造林总面积的一半以上。其中：完成退耕还林工程141.84万公顷，天保工程公益林建设35.84万公顷，三北四期工程18.76万公顷。特别是省政府设立了甘肃绿化奖章等4个高规格永久性奖项，推动了全民义务植树的深入发展，完成义务植树4.11亿株，累计达16.56亿株；村镇绿化步伐加快，县以上城镇绿化0.82万公顷，城区绿化覆盖率达13.8%；完成绿色通道建设2.59万千米。同时，造林质量有了显著提高，全省年均造林面积合格率达83%以上、保存率达97%以上，造林实绩综合评分在全国排名比较靠前。全省整个林业建设实现了以木材生产为主向生态建设为主的战略转变。

林业产业大幅提升，农民收入稳步增加 全省各

地把林业重点工程与农业综合开发、产业结构调整、农村扶贫相结合，坚持打特色牌、走优势路，大力发展林果、加工、种苗、花卉、旅游、养殖等六大支柱产业，积极开发绿色食品，建立健全质量认证体系，已培育出了平凉金果、天水蜜桃、陇南油橄榄等一大批陇货精品，有力地推动了林业产业化进程。据统计，2005 年全省林业总产值达 56.87 亿元，比“九五”末增长了 45%。经济林面积达 74.23 万公顷，年产值 33.3 亿元；花卉栽培面积达 3320 万公顷，年产值 5.6 亿元；年出圃苗木 15 亿株，产值 4.5 亿元；森林公园达 73 个，实现旅游收入 6530 万元。特别是广大林农群众依托林业产业增加了收入、得到了实惠。如武都区花椒面积已达 4.91 万公顷，年产花椒 850 万千克，占全国花椒总产量的 1/6，总产值达 2.04 亿元，人均收入 468 元。秦安县现有桃 4133.33 公顷，结果面积达 3066.67 万公顷，总产量 4113 万千克，总产值 5790 万元，户均 756 元，人均 116 元，都已成为农民增收的重要支柱产业。

依法治林进程加快，资源管护成效明显 按照每年出台 1～2 部，调研 2～3 部地方林业法规、规章的进度，不断加大立法力度，省人大、省政府相继制定了《甘肃省实施防沙治沙法办法》等 5 部地方法规规章，修订了 4 部地方法规规章，同时，省委、省政府制定了《关于加快林业发展的决定》、《关于在全省重点区域实施封山禁牧的意见》、《关于加快林业产业发展的意见》等一系列政策规定，使全省地方林业法规体系日臻完善，为推进依法治林进程提供了强有力的法制保障。建立公益林补偿机制，已落实公益林补偿面积 133.33 万公顷。加大封山禁牧力度，全省已实施封禁面积 846.67 万公顷，占应封禁面积的 53.05%。开展严打专项行动，累计查处各类案件 19 482 件，没收木材 11 400 立方米，为国家挽回经济损失 1040 万元。同时，新建野生动植物自然保护区 13 处，新增保护区面积 86.67 万公顷。审核审批征占用林地 171 项，收取森林植被恢复费 3080 万元，征占用林地审核率由 2000 年的 70% 上升到目前的 98% 以上。森林防火和病虫害防治进一步加强。

科教兴林步步深入，能力建设得到提高 5 年来，全省完成并获得省科技进步奖和省林业科技进步奖的科研成果达 133 项，其中，获省科技进步二等奖 11 项，三等奖 15 项；获省林业科技进步一等奖 18 项，二等奖 43 项。积极争取国家和省上各类林业科研推广项目共 71 项、资金 2400 多万元。大力推广容器育苗等实用技术面积达 16.67 万公顷，科技示范效益达 8000 万元，辐射带动效益约 5 亿元。颁布林业行业标准与技术规程 48 项，出版各类林业专著 20 余部。积极推广和广泛应用组织培养、容器育苗、嫁接苗、工厂化育苗以及带土栽植、泥浆蘸根、截干造林、地膜覆盖、生根粉浸根、单果管理、保水剂、“三水造林”等实用技术，使得造林质量大幅提高。省治沙所被省科技厅列为全省重点实验室和重点科研院所，并被国家科技部列为野外生态观测站。省林校升格为林业职业技术学院，并被财政部、教育部确定为国家示范性高职学院。庆阳林校被确定为国家级重点中专。这些为加快全省林业发展提供了有力的科技支撑。

林业投入持续增长，机构队伍不断壮大 认真贯彻省委、省政府发展抓项目的重大决策，坚持把抓项目摆在全省林业工作的首要位置，累计争取各类林业建设项目 292 个，落实中央和省林业建设总投资达 97.05 亿元，是“九五”投资总额的 5.5 倍。引进林业外资项目 16 项、受援资金达 9.85 亿元。创办各类非公有林业经济小实体 78 万个，累计直接投入资金 13 亿多元。同时，在机构改革中，通过积极争取，在保留省林业厅的前提下，还先后新增了退耕办、天保办、国土绿化处等厅机关内设机构，新建了尕海－则岔、敦煌西湖、民勤连古城、太子山等保护区管理机构，为林业事业的发展提供了组织保障。林业事业单位改革有了新的突破，通过实行中层干部聘任、竞争上岗等制度，增添了内部活力，加大了科研开发力度。坚持对厅直单位领导班子和领导干部年度工作和党风廉政建设责任制进行考核，对工作不力的领导班子和领导干部坚决进行组织调整，通过抓班子、带队伍，促使林业行业呈现出心齐气顺风正劲足林兴的大好局面。

存在问题 一是造林面积不断扩大，资源保护面临挑战。随着造林速度加快，森林面积不断扩大，森林管护工作任务随之加大。危险性林业有害生物不断扩散蔓延，常发性病虫害居高不下；林业基础设施建设滞后，森林资源存在较大的火灾隐患；一些地方和单位违法占用林地、在自然保护区和森林公园范围内批建地质公园和风景名胜区、以及要求改变林业单位管理权的现象时有发生。二是产业发展相对滞后，科技支撑还需加强。林业产业、产品结构不尽合理，二、三产业发育不充分，产业链条短，科技含量低，精深加工产品少，林业产值增长缓慢，特别是国有林场（圃）职工生产条件艰苦，生活十分困难。同时，由于林业科技投入不足，科技资源分散，科技人才缺乏，现有实用技术成果转化缓慢，林业科技的贡献率还不高。三是行业改革有待深入，资金投入仍然不足。由于林业改革处于攻坚阶段，现行林业管理和经营体制还不能适应市场经济发展的要求，同时，由于全省各级财政困难，国家生态工程地方配套资金基本不落实，林业产业开发没有资金投入，影响了林业发展的质量和速度，与经济社会发展对林业的要求不相适应。

（甘肃省林业由何熙撰稿）

青海省林业

【概 述】 2005年青海省林业生态建设工作，在省委、省政府的领导下，认真贯彻中央林业决定和全国林业工作会议精神，全面落实“依法治林、科技兴林”方针，着力提高造林质量，大力培育和保护资源，突出工作重点，强化措施落实，全面完成了林业生态建设各项任务，林业工作取得了新的成绩。

2005年，全省共完成营造林12.23万公顷，占计划任务的100.9％，完成林业总投资7.3亿元。其中：退耕地还林种草1万公顷，周边荒山造林种草4万公顷，封山育林4.33万公顷；三北四期工程造林0.77万公顷；天保工程人工造林2.13万公顷（封山育林2万公顷，人工造林0.13万公顷）。共完成义务植树1400.4万株，占计划任务的116.7%，同时，全年共防治森林病虫鼠害14.27万公顷，占计划任务的169%。林业技术推广工作五项重点技术共完成推广面积0.47万公顷，超额完成任务；省级林木种苗质量监督抽查林木种子合格率为91.2%，比2005年提高17.5%；苗木合格率为100%，比2005年提高8.7%。澳援项目顺利通过了中期评估；GEF－OP12项目进展顺利。森林防火责任制和防火措施得到全面落实，全年没有发生大的森林火灾。鄂陵湖、扎陵湖被列为国际重要湿地名录，建立祁连山省级自然保护区。编制完成《青海省林业发展“十一五”规划和中长期发展规划》、《青海省退耕还林后续产业发展规划》。

林业重点工程

退耕还林还草工程 全省共完成退耕还林工程任务9.33万公顷，其中：退耕地还林还草1万公顷，荒山造林种草4万公顷，封山育林4.33万公顷。共兑现退耕还林生活补助费4998万元，兑现粮食补助资金36 832万元。为确保工程建设质量和进度，年初省林业局派出4个检查组，分赴全省各地进行了为期一个月的种苗质量及造林质量检查工作。工程实施期间进行了不定期的检查监督，并督促各地及时对工程中存在的问题进行了整改。年底，又派出3个工作组，进行了退耕还林还草成效调查，省林业局一把手亲自带队对全省退耕还林工程进行了重点调研，及时了解各地退耕还林工作中存在的问题，并提出了进一步搞好退耕还林工程管理的具体措施。继续实行监理制，监理招投标制进一步趋于完善，监理合同的内容及监理细则等进一步明确，对监理公司的考核也得到了逐步规范。为把退耕地管护措施落到实处，各地认真贯彻省政府《关于保护生态环境实行禁牧的命令》、《关于禁止采伐天然林的通告》、《关于禁止采挖沙金的通告》、《关于禁止开垦土地的通告》，在全省退耕区实行禁伐、禁采、禁垦、禁牧。各地还结合实际，分别采取户退户管、大户承包、租赁开发管护和乡村集体统一组织管护、围栏封护等管护形式，加强对退耕地的管护工作。从2005年起，青海省退耕还林工程粮食补助全部改变为发放现金，为保证全省退耕还林粮食补助现金发放手续完备、制度健全，具有连续性和可操作性，并及时将退耕还林补助资金足额兑现到退耕户手中，省财政厅、省林业局、省农发行、省农行联合制定下发了《青海省退耕还林补助资金发放办法》，明确了粮变现后的补助款发放的有关要求和责任，监制印发了退耕还林验收证、补助款卡等，由当地农发行开设退耕还林还草补助资金专户拨付，退耕户凭退耕证、合格证到乡（镇）财政所领取领款卡，凭领款卡和个人有效证件可直接到指定农行领取现金存折。保证了补助政策及时兑现。进一步加强退耕还林档案管理工作，省林业局、省档案局制定了《青海省退耕还林工程技术档案整理及案卷构成的规定》、《青海省县级林业工程档案目标管理考核办法》，明确了档案整理的具体办法和技术要求，从国家林业局购置了退耕还林工程管理信息系统软件35套，下发给了各退耕还林工程县。编制了《青海省退耕还林后续产业发展规划》。

三北防护林建设工程 采取主要领导亲自抓，层层签订责任书，严格兑现奖罚，建立造林绿化目标责任制，依靠政府行为，发动全社会力量，实行国家补助与群众义务投工投劳相结合的办法，进一步加快防护林建设。继续推行三北造林工程项目管理试点改革，在2004年互助、大通、平安3县开展了三北造林工程项目管理试点的基础上，对三北防护林工程建设大果沙棘造林项目进行了招投标，使全省的三北工程造林体制进一步完善，吸引了非公有制企业参与林业生态建设。特别是在大果沙棘造林项目上，进行招投标造林，3家非公有制企业中标，造林规模达280公顷，当年造林成活率均在85%以上。在三北防护林工程建设中，高度重视种苗基础建设，进一步加强了省、县、乡、村四级育苗和个体育苗，大力发展采种基地，建立种子园等，全省建立苗圃2138处，经营面积0.35万公顷，其中国有苗圃107处，面积1040公顷，年均出圃各类苗木1.4亿多株；建立采种基地3300多公顷，年采种量达10万多千克。乐都、大通等县常规树种造林种苗达到了自给有余，确保了工程造林的种苗质量。在三北造林中，始终坚持“质为先”的方针，从作业设计、提前整地、种苗质

量、栽植、检查验收等层层把关。并在营造林工作中大力推广带土坨造林、泥浆蘸根、覆膜保墒、杨树深栽、截干造林、容器苗造林等林业适用技术，使用生根粉、保水剂等先进科技成果，提高科技含量，加大科技造林力度。强化工程档案建设、造林检查、督查督办，抽调工作组分赴工程建设县进行督促检查，发现问题及时指出，跟踪督查，限期整改，同时针对国家林业局综合核查时发现的问题及整改意见的落实情况进行督促检查，促进了全省造林任务保质保量地完成。对三北防护林四期工程和森林病虫害防治工作实行了监理制，监理人员在造林现场跟踪监督，对工程建设进行全过程监理，并按月报送工程监理月报，及时反映工程建设进度、经验和问题，将工程建设由过去的结果管理逐步转变为工程的全过程管理。从而保证了营造林工作各个环节的质量，规范了造林质量管理，提高了工程建设质量和成效。

天然林保护工程 全面完成了天保工程 2.13 万公顷（人工造林 0.13 万公顷，封山育林 2 万公顷）公益林建设任务，198.33 万公顷天然林资源得到管护，当年安排并落实 4795 名天然林管护人人员的管护经费。完成投资资金 1 亿多元。为了保证工程建设，青海省在工程区各县实行了行政领导负责制，把天保工程纳入到政府目标范围，层层落实管护责任和管护任务，形成了较为完备的局、场、站（县、乡、村）三级管护网络，实行责、权、利相结合，固定管护承包人员，实施责任追究制，末位淘汰制等激励制度，把森林资源的管护任务落实到人头、山头和地块。并对天保工程公益林建设项目进行试点改革，采取工程区相对集中，严格规范项目内容、申报程序和管理措施，工程项目实行法人制、监理制和招投标制等措施，强化了省级对公益林建设工程质量和资金使用的监管职能，从而有效地解决了以往公益林建设逐级分解任务计划、作业区分散、普遍存在着作业设计不规范、检查验收难度大、投资效益得不到充分发挥、对工程质量和资金使用缺乏全面、有效监管、且未建立起工程监测体系等诸多问题，工程管理机制创新呈现出新的亮点。同时，在择优确定的 12 个试点工程区内，设定公益林建设监测点。在编制作业设计时用 GPS 定点设置了无标志固定样地，并详细记录了固定样地乔木、灌木和草本的种类、多度、高度、盖度和郁闭度等调查因子。开展相关的生态效益、社会效益等方面的连续性的监测和记录，建立监测数据库，建成了天保工程公益林建设监测体系。在大通县宝库林场开展了中藏药材种植、黄南州麦秀林场森林旅游等天保工程后续产业发展试点。为确保资金安全运行，省林业局、省财政厅和省发改委开展了对天保资金使用情况的自查自纠，分两个阶段对全省2000～2004 年天保工程资金中国家预算内基本建设（国债）资金及地方配套投资、中央财政资金及地方配套投资的计划、到位、支出、使用和管理情况使用和管理情况进行联合大检查，督促对历年检查中发现资金问题进行了整改，确保了天保资金的安全有效运行。

野生动植物保护和自然保护区建设工程 开展了“世界湿地日”、“爱鸟周”、“野生动物保护宣传月”等宣传活动。2 月 2 日，由省林业局、国家林业局驻兰州专员办在西宁市共同举办了以“湿地的生物多样性和文化多样性”为主题的“世界湿地日”宣传活动。突出宣传三江源区湿地和青海湖国际重要湿地品牌，向广大公众宣传介绍青海的湿地资源、湿地保护措施，各界群众近千人在“保护高原湿地，爱我三江源”长卷上签名，支持湿地保护工作。“爱鸟周”期间，在青海湖鸟岛区域开展了以“鸟、人、自然——和谐发展”为主题的第二十三届“爱鸟周”活动。广泛宣传青海野生动物保护法律法规、普氏原羚拯救保护以及三江源自然保护区生态保护建设工程等知识，并在活动现场设立专家咨询服务台，组织大学生志愿者队伍发放各类宣传材料 4 万余份。10～12 月省林业局与青海人民广播电台新闻综合频率联合举办了“野生动物保护宣传月”活动。开辟了固定的栏目，宣传全省野生动植物拯救保护、自然保护区概况和工程建设、三江源保护区生态建设、普氏原羚保护工程、藏羚羊“申吉”，举办了“共有的家园人与自然和谐共处”广播有奖征文活动，共收到来自本省及全国各地的稿件 60 多篇。开展了藏羚羊申请 2008 年奥运会吉祥物宣传系列活动，成功申请藏羚羊成为了 2008 年北京奥运会吉祥物“迎迎”。

2005 年新建祁连山、大通北川河源两处省级自然保护区，全省共建立国家级自然保护区 5 处，省级自然保护区 5 处，保护区总面积占全省土地总面积的 29%。自然保护区一期工程进展顺利，三江源、青海湖、可可西里、孟达国家级自然保护区一期工程完成工程总投资 2684.06 万元。其中，青海湖国家级自然保护区已经完成黑马河保护站建设，综合业务楼也已建成。可可西里国家级自然保护区在新建成综合业务楼、不冻泉保护站、沱沱河保护站和救护中心的基础上，五道梁保护站建设进展顺利。孟达国家级自然保护区完成了拉木等 5 处保护站和防火隔离带工程的建设。总投资 75 亿元的三江源国家级保护区生态保护和建设项目启动实施，规划期内将实施生态保护与建设工程、农牧民生产生活基础设施建设工程、生态监测、科技支撑等三大项目。已启动实施了三江源保护区封山育林、鼠虫害防治、森林草原防火、生态监测、科技支撑等建设项目。委托国家林业局规划院编制了《隆宝国家级自然保护区建设总体规划》和《二期工程可行性研究报告》、《可可西里国家级自然保护区总体规划》和《二期工程可行性研究报告》、《青海湖国家级自然保护区建设二期工程可行性研究报告》、《孟达国家级自然保护区建设二期工程可行性研究报告》。

国家重点公益林建设 为了积极稳妥、有计划、有步骤地推进青海省66.67万公顷重点公益林建设工作，省林业局和省财政厅制定了《青海省国家重点公益林管理办法（试行）》、《青海省实施〈中央森林生态效益补偿基金管理办法〉细则（试行）》和《青海省第一批国家重点公益林管理实施方案编制指导意见》，编制了《青海省2004年中央森林生态效益补偿基金实施方案》，将管护任务和资金按生态区位分解到各县和实施单位。按国家要求编报了《青海省第一批国家重点公益林2005～2007年公共管护规划》和《青海省第一批国家重点公益林中央森林生态效益补偿基金2004年工作总结和2005年申请报告》。同时安排了第二批国家重点公益林申报的有关事宜。召开了全省国家重点公益林实施生态效益补偿启动会，举办了国家重点公益林建设与保护管理工作培训班。指导36个实施单位（县）编制完成了的2004年第一批国家重点公益林保护管理实施方案已通过审定，各实施单位根据下达的批复正在组织实施。2005年公益林补偿资金已全部下达到位。同时，向国家林业局申请第二批生态公益林补偿，特别是向国家林业局申请将青海省三江源区灌木林地全部纳入森林生态效益补偿基金范围。

全民义务植树 在全民义务植树活动中，各级领导率先垂范，带头义务植树，发挥了模范表率作用。省绿化委员会每年在西宁地区都要召开全民义务植树暨西宁南北山绿化动员大会，动员全社会参与植树造林活动，积极建立义务植树基地和领导绿化点，在2004年开展厅（局）长林植树活动的基础上，又发出倡议，组织开展了营造了人民警察林和护士林。通过全民义务植树，全省各地建起了一批像西宁南北山绿化基地、湟中县南朔山绿化基地、门源县老虎滩绿化基地、贵南县黄沙头绿化基地等一批的绿化样板和义务植树造林基地，有力地推动了全省国土绿化进程。全省完成义务植树1400.4万株，参加义务植树人数300.3万人次，尽责率95.5%。累计建立义务植树基地1877处，造林面积1.35万公顷。各级领导办绿化点2506个，造林面积2.86万公顷。全省绿色通道完成绿化726.8千米，植树195.1万株，投资311.04万元。其中，国省道，河渠堤坝，铁路沿线绿化里长341.8千米，植树52.6万株，投资111.94万元；县、乡道路绿化里程385千米，植树142.5万株，投资199.1万元。

森林资源管护 针对林牧矛盾突出，冬春季林内放牧的情况，为保护森林资源，巩固造林成果，组织人员深入县、乡检查“禁牧令”执行情况的“三级”自查和检查。县级自查检查了400多个乡镇；州（地）级检查了78个乡镇（林场）。省级对4个州13个县进行了检查，落实了各项管护措施，偷砍乱伐、牲畜进入林地毁坏林木等现象得到根本扭转。组织了3个工作组，对贯彻执行“禁牧令”，缓解林牧矛盾，强化林地管理开展了综合调研，提交了《青海省部分林业生态建设区林牧矛盾情况和落实〈禁牧令〉情况的调研报告》，通过调研了解森林资源保护工作中深层次的问题，提出了以草定畜、解决护林员报酬、生态补偿、科学区划禁牧区等缓解林牧矛盾的对策建议。为进一步规范和加强建设项目征占用林地管理，建立健全林地征占用管理的长效机制，结合打击破坏森林资源专项行动，与兰州专员办联合下发了《关于全面清理征占用林地项目的通知》，对项目占用林地审核审批服务，实行全过程跟踪服务，审核审批林地30起，面积295.4公顷。在森林资源管理中，严格执行《青海省林地、林权管理办法》、《青海省森林采伐限额管理办法》、《青海省绿化条例》、《青海省人民政府关于停止天然林采伐的通告》、《关于保护环境实行禁牧的命令》等一系列法规文件。使森林保护、林地、林木管理工作基本实现了法制化、制度化。加强基层林业管理机构和管护队伍建设。在林业公安机构，林业工作站、木材检查站、森林病虫害防治、护林防火等建设上狠下功夫，基本建成了林木保护、林地管理的行政管理和行政执法网络。加强宣传教育，提高全民的森林保护意识。

森林资源林政管理 编制完成了《青海省森林资源林政管理系统“十一五”及中长期规划》，提出了到2020年以前，实现全省森林资源林政管理队伍建设体系化，基础设施标准化，技术装备现代化，管理执法规范化的总体目标。加强了森林资源林政管理工作的业务培训。针对全省林业执法环境复杂，少数民族区域范围大，举办了一期培训班，对全省林政资源管理部门的领导进行了政策和业务培训。配合公安、交通和纠风办等单位开展整顿大检查，全省林业（木材）检查站无“三乱”现象，树立了林业系统良好的窗口形象。开展了林地确权发证工作，全省退耕还林地林权发证工作进展顺利，共发放林权证21.7万份，发证面积为17.07万公顷。开展森林资源二类调查工作，从6月中旬开始，在全省8个地（州、市）开展技术培训和技术指导工作，完成了以县为单位的技术培训，各县于7月中旬陆续开始了二类调查工作，有1000多名林业技术人员参加调查工作，9月底，所有参加县全面完成外业工作，年底全面完成了全省二类调查工作。

严打破坏森林违法犯罪行为 森林公安部门组织开展打击破坏森林资源的专项斗争，积极保护野生动植物资源，相继开展了“猎豹行动”、“严打专项行动”、“护草行动”、“冬季行动”等专项行动，有力地打击了破坏森林和野生动物资源违法犯罪活动，确保了林区、自然保护区治安形势的稳定。据统计，全省森林公安机关全年共查处各类森林和野生动物案件

1655起，其中：林业行政案件1622起，刑事案件33起，打击处理违法犯罪人员2150人次，收缴罚款94.69万元，挽回经济损失329.73万元。特别是4月1日至6月15日开展的打击破坏森林资源专项行动中取得了突出成绩。据统计，在专项行动中，共出动警力5017人次，车辆1352台次，查获各类案件436起，其中：林业行政案件425起，刑事案件11起，处理违法犯罪人员610人次，收缴木材319.7立方米，野生动物170头（只），罚款28.85万元，收缴植被恢复费4.7万元，挽回经济损失50.65万元。对省林业局和省公安厅挂牌督办的化隆县“8·15”盗伐林木案、祁连县“1·26”特大非法收购珍稀野生动物案、平安县“3·09”特大非法猎捕珍稀野生动物案和大通县“1·10”特大非法猎杀马鹿案等4起案件均被侦破。其中，3起已被人民法院判决，1起已移送检察院起诉。

林木种苗质量监管 2005年青海省被国家林业局确定为免检省份之一，全省完成新育苗840公顷，为计划任务的105%，采收各类林木种子15.4万千克。为确保种苗质量不下滑，切实组织开展好自查工作，省林业局从3月21日至4月10日对6个州（地、市），18个县，2个农场的林木种苗管理和种苗质量进行了抽查。共抽查林木种子5个树种34个种批，抽查苗木9个树种23个苗批，并将抽检结果反馈给被抽检单位。同时，对各地种苗质量抽查结果进行了通报。全省自查结果为：种子合格率92%，苗木合格率100%，对14个林木种苗工程项目进行了省级验收，累计验收种苗工程项目31个。8月份，分别对西宁市和海东、海北、海西、海南和黄南6个州（地、市）1998～2004年实施的19个种苗工程项目建设和资金使用管理情况进行了重点抽查。并对存在问题较多的黄南州尖扎县苗圃改扩建项目和海南州林业站柠条采种基地项目在全省进行了通报，对互助县北山林场圆柏种子园、母树林建设项目和海南州兴海县才乃亥苗圃改扩建项目进行了督办。同时，配合国家林业局林木种苗工程检查组，对大通县东峡林场青海云杉母树林等6个林木种苗工程建设进行了检查。严格按照《种子法》认真做好“两证”核发工作。累计发放《林木种子生产、经营许可证》565套，其中：《林木种子生产许可证》301套；《林木种子经营许可证》264套。 （林兆才）

宁夏回族自治区林业

【概 述】 2005年，全区林业职工克服持续干旱和资金严重不足等困难，全面完成了各项任务，共完成新造林面积24.57万公顷。其中，退耕还林20.53万公顷，三北四期工程造林2.9万公顷，天保工程完成新封0.73万公顷，人工模拟飞播造林0.41万公顷，义务植树2024万株。造林质量和工程建设成效明显提高，林业产业取得实质性突破，森林资源管理得到加强，全区林业建设呈现出稳步发展的势头。

2005年是“十五”计划的最后一年，“十五”期间宁夏林业取得快速发展，建设成效显著。5年全区共完成新造林核实合格面积105.57万公顷，相当于“九五”期间的3倍。其中，人工造林83万公顷，飞播造林4.94万公顷，封山育林17.63万公顷。5年内全区荒漠化、沙化面积分别减少7.3%和2.1%。与“九五”期末相比，全区森林覆盖率提高2.1个百分点，达到10.5%。

【退耕还林工程】 2005年国家安排宁夏退耕还林19.33万公顷，其中：退耕造林9.33万公顷，宜林荒山荒地造林6.67万公顷，封山育林3.33万公顷。经研究，退耕造林任务全部用于解决2003～2004年的遗留问题，荒山造林和封山育林主要围绕“大六盘”生态经济圈和水土流失、沙化严重的地区为重点进行安排。年内工程全面完成。2005年还完成补植造林21.4万公顷，其中：退耕地造林补植14.4万公顷，荒山荒地造林补植7万公顷。

此外，2005年还进行了以下工作：①对退耕还林后续产业摸底调查和后续产业发展战略研究，草拟了退耕还林后续产业发展规划；②“十一五”规划上报工作；③编制完成退耕还林工程成效政策卷、成效卷，全面反映了宁夏6年来退耕还林工程建设的情况；④抓紧做好粮、款兑现工作；⑤完成全区1/10 000地形图的整理、复印，为工程建设和规范退耕还林档案管理提供了条件。

【天然林资源保护工程】 国家林业局下达宁夏2005年的任务：飞播造林4000公顷，封山（沙）育林633.33公顷。根据宁夏实际，将任务调整为人工模拟飞播造林4000公顷，新封山（沙）育林0.73万公顷。实际完成人工模拟飞播造林合格面积3400公顷，新封山（沙）育林0.73万公顷。

此外，2005年还进行了以下工作：①对62.92万公顷有林地、灌木林地及未成林造林地，本着谁管辖，谁管护的原则，确定了管护责任区，明确了管护任务、目标、措施，并签订了管护责任书或承包管护合同；②按照《天然林资源保护工程“四到省”考核办法（试行）》的要求，自治区政府与全区24个县、市政府签订了2005年天保工程目标责任状；③完成了国家林业局对宁夏2004年度天保工程核查工作。

【三北防护林四期工程】 2005年围绕农田林网、绿色通道、村庄绿化和造纸原料林建设，加强了平原绿化工作，提升了平原绿化水平。全年共完成造林2.9万公顷，完成林网植树344万株，治沙造林0.9万公顷，银西防护林造林2360公顷。为加快贺兰山东麓和毛乌素沙地治理步伐，首次安排并完成了3533.33公顷的封山封沙育林任务。

【宁夏林业优势特色产业】 2005年新增优势特色果品基地1.47万公顷，果品总产量60万吨，全区经济林面积达15.07万公顷，实现总产值24亿元。其中：新增枸杞0.4万公顷，累计面积达2.53万公顷，总产量5万吨，枸杞加工转化能力达15%，总产值15亿元；新增葡萄0.13万公顷，累计面积达0.93万公顷（其中酿酒葡萄0.53万公顷），总产量6万吨（其中酿酒葡萄3万吨），加工葡萄酒4万吨（其中区内原料加工2万吨），宁夏鲜食葡萄红提首次进入欧盟市场，葡萄总产值达3.5亿元；新增红枣0.52万公顷，累计面积达1.67万公顷，总产量2万吨，总产值0.8亿元；新增高酸苹果333.33公顷，打破了近10年苹果面积逐年萎缩的状况，苹果总面积3.2万公顷，总产量36万吨，苹果加工近30万吨，总产值4亿元。

种苗建设成绩显著，2005年宁杞1号、4号（大麻叶状系）等良种成苗1200万株，其中枸杞优良无性系“0105”成苗100万株。灵武长枣、同心圆枣、中宁圆枣等良种成苗420万株。红提、赤霞珠等葡萄良种成苗140万株。其他杂果良种成苗24万株。山杏成苗1400万株。仁用杏成苗16万株。

示范园区建设又有新发展。在中宁舟塔建立了枸杞标准化生产示范园，长山头枸杞南移工程示范园（13.33公顷“0105”优系示范园），在原州区、海原、同心、红寺堡都建立了33.33公顷以上的示范园；红枣、葡萄、苹果等优势果树都在产区建立了示范园。

“十五”期间，宁夏林业优势特色产业有了长足发展，5年新增面积6.2万公顷，新增产量33万吨，新增产值18亿元，优势特色产业基地初具规模，形成了中宁枸杞、青铜峡葡萄、灵武长枣、彭阳杏等地域特色鲜明的产业布局和以中宁为核心，清水河流域、贺兰山东麓为两翼的枸杞产业带；以贺兰山东麓为主的葡萄产业带；以中部干旱风沙区的红枣产业带；以银川、吴忠、中卫城区为主的设施果品、花卉及其他特色产品产业带；黄土丘陵区的杏产业带。标准体系初步建立，“十五”期间先后制定了枸杞、红枣、葡萄、苹果、设施果树等方面的国家、行业、地方标准18个。龙头企业逐步增加，5年来引进和建立枸杞、葡萄等规模较大的产品加工企业35家，其中枸杞18家、葡萄8家、苹果浓缩果汁4家，其他5家，枸杞已形成以宁夏红、杞浓、圣杞乐、早康等为主体的枸杞酒、籽油、果汁、叶茶等果、籽、叶开发的10大类40多个产品，加工转化率达到总产量的15%；葡萄形成以西夏王、御马、贺兰山等为主体的葡萄酒加工企业，加工能力达5万吨；苹果已形成以茂源果汁、通达果汁、恒兴果汁等为主体的苹果浓缩果汁加工龙头企业，加工能力达110吨/小时，年加工能力达30万吨，占宁夏苹果总产量的80%以上。产业品牌受到保护和培育，申报“贺兰山东麓地区酿酒葡萄原产地域产品保护”和“宁夏枸杞原产地域保护”两个地理标识，启动实施了“中宁枸杞”证明商标。“宁夏红”、“杞农”、“西夏王”、“御马”、“茂源果汁”等企业品牌得到打造和培育。“十五”期间围绕优势特色产业，承担国家、自治区科技研究、示范与推广项目12项，共获得自治区科技进步二等奖1项，三等奖4项，首届梁希林业科学技术三等奖1项，这些科技项目的实施、支撑推动了产业的发展。

【关于加快发展后续产业巩固退耕还林退牧还草成果的若干意见】 为了进一步总结经验，完善措施，加快南部山区后续产业的发展，根据贯彻落实科学发展观的要求，2005年1月19日自治区党委、政府向全区发布了《加快发展后续产业，巩固退耕还林、退牧还草成果的若干意见》。《意见》分8个部分：①认真总结经验，巩固和扩大退耕还林、退牧还草成果；②积极稳妥地推进退耕还林工程，加快实施退牧还草工程；③依法加强对森林、草原资源的保护与管理；④坚持大搞基本农田建设，提高山区粮食自给能力；⑤加快培育和发展后续支柱产业，统筹解决农民增收问题；⑥加快科技创新和产业化经营，增强后续产业发展活力；⑦认真落实和完善相关政策，促进生态建设健康发展；⑧切实加强领导，确保山区生态建设取得显著成果。

【科学技术】

科技攻关与示范点建设 枸杞鲜果热泵低温干燥技术研究是提高枸杞产品附加值的瓶颈技术，已取得了阶段性成果，并已完成了成果登记；灵武长枣常温条件下保鲜技术研究是影响该产业发展的一项技术，这项研究已取得初步成效，前景较好；引黄灌区生态林业网络体系建设、“3S”技术在森林资源监测中应

用等技术研究正在开展中。在抓技术攻关的同时还抓了技术示范点建设，主要进行了两项，其一是盐池柳杨堡乡的沙生灌木良种区城试验示范；其二是在彭阳县王洼镇、同心县下马关镇、海原县树台乡建立了3个柠条饲料加工利用技术示范点。

科技项目申报与管理 共组织申报各类科技项目43项，其中，向国家林业局申报18项，向自治区申报25项。国家林业局及自治区各部门共批复下达科技项目13个，加上续建项目累计达30多个。通过抓管理，保证了各个项目能按计划健康有序地实施。组织有关人员到示范点检查项目执行情况，现场解决存在困难与问题，积极配合国家林业局对结题项目的评估验收，2005年有10个项目完成了合同规定的建设任务，全部通过了国家林业局专家委员会的验收。

林业标准化的制定 全年共进行了11个林业地方标准的编制，其中，《宁夏酿酒葡萄栽培技术规程》、《灵武长枣苗木繁育技术规程》、《鲜灵武长枣果实质量标准》、《灵武长枣规范化栽培技术规程》、《宁夏黄土丘陵区鲜食梨生产技术规程》、《宁夏黄土丘陵区造林技术规程》等6个地方标准已通过专家审定，由自治区质量技术监督局发布实施，另外5个标准正在组织专家制定。

科技培训及调查研究 全年共举办林业新技术培训班4期，全区120多名林业技术骨干参加了培训。深入固原等5市开展林业"十一五"科技调研，与一线的林业技术人员交流座谈，召开了自治区林业局科技顾问、老专家，农林科学院及局直单位科研、推广人员，宁夏大学教授、学者的林业科技座谈会，为制定宁夏"十一五"林业科技规划收集意见和建议。

科技推广及技术引进 全区已贮备科技推广项目10项，向科技部申报了白腊嫁接水曲柳系列技术资金转化项目，向国家林业局科技司申报了白腊嫁接水曲柳繁育及造林技术示范推广和高抗逆性杨树引种示范项目。对2000年以来实施的到期推广项目，已完成12个项目的验收准备工作，其中白蜡嫁接水曲柳技术示范等4个项目通过了国家林业局的验收。技术引进又有新发展，2001年从新疆引进的小叶白腊在平罗繁育试验，造林成活率达70%；从辽宁林科所引种试验小胡杨1号、2号育苗表现良好，育苗成活率达95%。从黑龙江省植物园首次引进了柞木、垂枝桦、偃伏涞木、柠锦槭、金叶风箱果等5个城市绿化树种，由于采取了苗木根系带土、细微包装等保护措施，在银川市区几个试栽点成活率均在80%以上。

科研成果 由宁夏林学会推荐的宁夏主要造林树种工厂化育苗和造林技术研究及枸杞标准化无公害生产技术研究成果首届梁希林业科技三等奖。

经宁夏回族自治区科学技术进步奖专业组评审，由宁夏林业局等单位完成的宁夏自然灾害防灾减灾重大问题研究和由宁夏农林科学研究院完成的酿酒葡萄优质、高效综合栽培技术研究获二等奖。由宁夏农林科学院、盐池县林业局等单位完成的盐池沙漠化土地综合治理技术示范推广、由宁夏果树技术工作站等单位完成的苹果优质高效配套生产技术研究与示范、由灵武市林业局等单位完成的灵武长枣品种特性及规范化栽培技术研究与示范、由宁夏林业研究所、盐池县林业局等单位完成的宁夏防沙治沙及沙产业技术开发获三等奖。

【林业调查规划】 森林资源连续清查第三次复查是2005年的重点工作，整个工作均按照《宁夏森林资源连续清查第三次复查外业技术细则》和技术方案进行，首先培训了技术骨干，组织了260人的调查队伍，对6000个样地进行了外业调查，对51 800个样地进行了判读，经西北林业调查规划院检查验收，符合技术要求和质量标准，数据录入汇总和成果报告已完成。

与西北院合作在彭阳县进行了二类调查试点工作，举办了SPOT卫星图像处理与纠正方法、地形图扫描矢量化采集和林业调查调绘软件使用培训班，完成了彭阳县SPOT遥感数据的编程处理并与地形图叠加以及区划、判读、外业调查和内业汇总工作，为彭阳县提供了可靠的依据，为2006年开展全区森林资源二类调查锻炼了队伍，积累了经验。

人工造林检查验收，2005年特别制定并执行了《宁夏造林检查验收工作十项纪律》和"廉政信息反馈卡"，收到良好效果。

完成了《宁夏"十一五"森林采伐限额》、《宁夏"十一五"湿地保护利用规划》、《石嘴山湿地保护利用总体规划》等3个规划和西北电网有限公司征占用林地等13个项目的可研报告编制。进行了宁夏能源化工基地绿化规划等5个新项目的规划设计及可行性论证。

【引进、实施林业外援项目】

新项目的引进 2005年有3个外援项目落户宁夏。一是德援二期项目有实质性进展，通过预考察、可行性研究、认定评审，12月16日签署了财政协议。该项目全称中德财政合作中国北方荒漠化治理，总投资16 654万元，其中：德国政府提供950万欧元的资金援助（无偿赠款700万欧元，低息贷款250万欧元），中方配套资金7154万元。二是小渊基金二期项目全面启动实施，项目地点仍在灵武白芨滩林场、实施期3年（2005～2007年），规划造林84公顷，外援资金180万元人民币，首批资金60万元已到位，已完成33公顷造林，栽植各类苗木40 177株，在大旱的情况下，平均成活率达到85%以上。同时新建林道4.2千米，铺设输水管道4千米，修建蓄水池一座，并完成了造林区域的整地和草方格的扎设。三是中日合作沙漠化调查项目顺利进行，这是日本绿化推进中心与宁夏合作进行的防沙治沙开发调研项目，投资少，每期不足10万元，本着小项目做精，大项目做好的原则，双方积极配合，进展顺利。

续建项目规划任务基本完成 中韩合作宁夏平罗县黄河滩水土保持林示范项目，是执行期最后一年，2005年新造林383公顷，成活率较高。面对2004年成活率高低不齐和黄河漫水造成的损失，已调整了方案，制定了补救措施。

加强完工项目的后续管理 国家黄河中游防护林建设项目（日援治沙项目）已在2004年全面完工，为了巩固成果，2005年安排了补植，督促各项目县加强管护工作，制定节余资金管理使用办法，确保项目后续管理，为了明确责任，5月召开了项目移交暨表彰总结大会，对项目进行全面总结，并对项目建设人员、护林员进行了表彰。

加强对外合作宣传 4月份，承办了第四届中韩青少年未来林的建设活动，这是第一次在北京以外地区举办的规模较大的大学生参加的外事活动，参加此次活动的前韩国驻华大使、韩国国家电视台、《韩国日报》、中国中央电视台、《人民日报》、中国国际广播电台记者和韩国优秀大学生代表、宁夏大学学生230多人，活动得到主办双方的赞扬，使韩方对宁夏增加了了解。6月份，借举办中华人民共和国黄河中游宁夏防护林建设竣工庆典之际，将3年来项目建设成果编辑成画册，赠送参加庆典的中外来宾，达到了宣传宁夏林业的目的。6月举办了中韩合作造林援助项目揭碑仪式。

【森林资源管理】 2005年，编报了全区“十一五”森林采伐限额计划。经国家林业局初审后，核定宁夏“十一五”期间合理年森林采伐限额56万立方米。2005年全区实际批准采伐申请16宗，共计采伐1587立方米，40 225株，主要为病虫木清理采伐和极少部分的征占用林地采伐。

加强林地资源管理。5月，自治区政府第五十八次常务会议讨论通过了《宁夏回族自治区林地管理办法》，并以第七十八号主席令公布，自8月1日起实施，抓住这一机遇与宁夏电视台合作，制作了5期加强林地管理专题节目，集中半个月反复播放，《宁夏日报》等媒体也进行了同步宣传，印制了5000份《办法》单行本发放全区各地。全年共办理征占用林地手续28件，面积137.33公顷，收取森林植被恢复费1200万元。

全力推进林权证发放工作。全区已发放林权证29万本，其中2005年发证16万本，超过历年发证总数13.5万本。

加强森林资源监测管理，2005年主要进行了森林资源连续清查第三次复查、二类调查试点、湿地资源调查、征占用林地检查等工作。

2005年是国家实行森林资源监督专员办制度的第二年，在兰州专员办的指导下，自治区林业局森林资源保护处和林政稽查总队积极开展森林资源监督管理工作，召开了第三次、四次与兰州专员办的联席会议，促使一些问题得到解决和纠正。联合自治区公安厅开展了为期3个月的打击破坏森林资源专项行动，在行动期间共受理各类破坏森林资源案件184起，查处184起。开展全区征占用林地清理整顿工作，深入基层调查研究，分析问题，解决问题。

【自然保护区建设】 2005年完成了贺兰山国家级自然保护区建设二期工程的验收，贺兰山国家级自然保护区扩建工程总体规划及可行性研究报告的审定、申报，并通过了国家林业局的审核批复，核定批复项目总投资786万元，其中中央财政预算内资金629万元。贺兰山国家级自然保护区博物馆被中国野生动物保护协会确定为全国青少年生态教育基地。完成白芨滩国家级自然保护区二期工程可行性研究报告的论证、申报，国家林业局已审核批复，核定批复二期建设工程项目总投资829万元，其中中央财政预算内资金专项投资663万元。罗山国家级自然保护区一期建设工程已经验收，二期建设工程可行性报告的编制、论证、上报工作也已完成。盐池哈巴湖自然保护区功能区调整的规划和论证申报，已得到自治区政府的正式批准。

生态旅游事业的发展，增强了保护区的“造血”功能，贺兰山苏峪口国家森林公园多方筹资，提高管理水平，开发新的旅游项目，提升文化内涵和品位，提高了知名度，游人大量增加，全年门票收入达到了400多万元，仅“五一”黄金周就达130万元。该公园已委托同济大学进行景区生态体系总体规划。六盘山、火石寨、哈巴湖等处也都成为宁夏生态旅游的主要景区，发展势头良好。

2005年还编制完成了《宁夏2006～2050年自然保护区建设体系规划报告》，全面系统地规划了宁夏自然保护区发展的建设目标、网络建设和功能建设。

【湿地保护管理】 2005年的工作重点是加强宣传，使全社会和广大人民群众增强对湿地保护工作重要性的认识，加强湿地资源的保护管理。2月2日国际湿地日在阅海湿地公园举办了以“湿地生物多样性和文化多样性”为主题的国际湿地日大型宣传活动，自治区人大、政协、有关厅（局）领导参加，各大新闻媒体都作了集中宣传报道，自治区林业局韩陕宁局长作了主题发言，并现场回答了记者就湿地保护的重要性、宁夏湿地资源状况，发展规划、目标等问题。2月12日，在《中国绿色时报》上组织了“宁夏湿地资源及保护管理情况”的专版向全国宣传。

宁夏电视台、《宁夏日报》制作了保护湿地《新闻话题》节目，进行同步宣传，引起了社会重视，为湿地保护奠定了基础。经深入调查研究，专家论证，各市、县沟通，并经自治区湿地领导小组审议通过，提请自治区政府首批公布30处湿地保护小区、湿地保护示范区和湿地公园名录。由区林勘院等单位编写完成了《宁夏湿地保护工程规划》，已得到自治区政府审批。完成了阅海、鸣翠湖湿地保护恢复工程的验收，开展了银川湿地恢复与利用技术的研究，已完成了成果审定，各市、县湿地保护恢复工程项目的总体规划，可行性研究报告的编写已先后开展起来，银川、吴忠、石嘴山和中卫市的湿地保护利用总体规划都已完成，吴忠滨河湿地、石嘴山星海湖湿地、银川市鸣翠湖湿地、阅海湿地的保护与恢复项目的可行性研究报告都已上报国家林业局。开展了自治区级湿地公园的申报、审批工作。银川市阅海湿地和银川市鸣翠湖湿地已作为宁夏首批国家级湿地公园上报国家林业局，由于各级政府的重视，大部分市、县（区）都制定了湿地保护、恢复、发展与利用规划，一些市、县还成立了湿地保护管理专门机构，自筹资金开展了湿地保护恢复工作，取得成效。

【野生动植物保护】 充分提高全民的保护意识和全社会的参与意识，才能使野生动植物保护工作取得实效，加强宣传教育是首要工作，2005年是宁夏第二十四个“爱鸟周”，在“爱鸟周”期间，组织了500多名中小学生和有关专家、新闻媒体的记者在银川鸣翠湖湿地公园进行了宣传活动启动仪式，全区各地采用张贴标语、散发传单、制作专题节目、演讲比赛等多种形式开展了宣传活动，增强了广大群众特别是青少年的保护野生动植物意识。针对宁夏野生动物养殖中存在的无证驯养、超许可证驯养和野生动物运输中存在的问题，开展了专项整治工作，全面清理整顿野生动物驯养繁殖场所，建立健全县级野生动物驯养繁殖监督管理机制和责任追究制度、野生动物驯养繁殖档案管理制度等。加强了与机场、火车站的协调，有效防止了野生动植物运输管理的混乱现象。8月，承办了西北地区野生动物保护协会年会暨西北、西南地区加强未成年人生态道德教育工作经验交流会。完成了宁夏野生动物保护协会换届选举的筹备工作。认真组织开展了陆生野生动物疫病疫源监测和禽流感防控工作，制定了宁夏陆生野生动物疫源疫病防控应急预案，建立了1个监测中心站，2个国家级监测站点，7个省级监测站点，并为国家级监测站点配备了基本的监测设备。与自治区防治重大动物疫病防控办公室积极协调配合，积极开展了禽流感防控工作，受到国家林业局检查组的表彰、肯定。

【森林防火】 2005年，是宁夏历史上旱情严重的一年，在整个防火期几乎没有有效降水，森林防火形势严峻。在春防期间，仅贺兰山就发生了12起森林火警，4月19日，自治区林业局召开了贺兰山沿山森林防火紧急工作会议，通报了火情，对有关责任人进行了追究。之后，全区各市、县，各森林防火重点单位召开了各种会议，传达了国家林业局、自治区有关防火精神，层层动员，层层发动，组织防火演练，开展了防火业务培训。经过广大林业职工和森林公安干警的努力，在2005年，除春防期间发生16起森林火警外，在大旱的严峻防火形势下取得连续57年无重大森林火灾的成绩。

【森林公安】 2005年根据自治区党委、政府的有关决定，经自治区编委同意，自治区林业局公安处更名为自治区林业局森林公安局，六盘山、贺兰山国家级自然保护区统一建立森林公安分局，11个县（市）设立森林公安派出所，罗山、白芨滩国家级自然保护区管理局新增设森林公安分局。六盘山自然保护区在原有3个派出所基础上，增设了秋千架、丰台、苏台3个派出所，贺兰山增设了红果子派出所。银川、石嘴山、中卫、固原4市的森林公安机构已批准设立，吴忠市的森林公安机构待调研后再解决。

在机构建立调整的同时，开展了“规范执法行为，促进执法公正”专项整治活动和“开门大接访”活动。为基层局、所装备了一批交通工具、刑侦设备及办公自动化设备，基层工作条件得到改善。贺兰山自然保护区森林公安分局大水沟派出所被公安部评为一级公安派出所，六盘山自然保护区森林公安分局局长杨智慧被评为全国优秀人民警察，贺兰山自然保护区森林公安分局被国家林业局森林公安局评为全国森林公安系统优秀公安局，大水沟派出所被评为全国森林公安系统优秀基层单位。

制定完成了《宁夏回族自治区林业局突发公共事件应急响应体系建设规划》，编纂出版了《宁夏自然灾害防灾减灾重大问题研究——林业灾害卷》。

全年全区森林公安机关共立各类案件325起。其中，行政案件311起，查处294起；刑事案件14起，查处11起。处理各类违法人员298人次。其中，逮捕4人，拘留17人。收缴木材27立方米，幼树1187株，野生动物436头（只），林业行政罚款46.7万元。

【林业有害生物防治检疫】 2005年，全区林业有害生物发生面积468.3万公顷，同比2004年减少5.1%。

2005年林业有害生物发生特点是：①森林鼢鼠、蒙古野兔主要发生在南部地区、面积328.5万公顷，同比2004年增加5.6%。东方田鼠、大沙鼠主要在中北部地区，发生面积20.87万公顷，同比增加69%；②杨树蛀干害虫发生平稳，其中杨树天牛发生面积

43.5万公顷，与2004年持平，危害得到有效控制，虫口密度下降到每株4.8头以下。芳香木蠹蛾、榆木蠹蛾危害严重；③杨树食叶害虫发生减少；④落叶松红腹叶蜂持续为害，发生面积略有上升，此害虫在固原市、六盘山林区连续8年发生危害，2005年发生11.87万公顷，与2004年持平；⑤沙棘木蠹蛾为害加重，面积增加，在彭阳县、西吉县发生10.58万公顷，同比2004年增加107%；⑥由于2005年是50年一遇的大旱，灰斑古毒蛾发生21.2万公顷，以轻度危害为主；⑦经济林病虫害发生面积逐年增加，主要有枸杞瘿螨、红蜘蛛、苹果腐烂病、枣大球蚧等；⑧危险性病虫害时有发生，2005年沟眶象、臭椿沟眶象和落叶松枯梢病等危险性病虫害在银川市郊、贺兰县、彭阳县、西吉县等地有少量发生，危害较轻。

2005年林业有害生物寄主有林地面积（包括新植未成林地和灌木林地）1735万公顷，应施监测面积为3384万公顷次，完成监测代表面积3008万公顷次，监测覆盖率88%，各级测报机构全年共发布林业有害生物趋势预报216次。应监测的主要林业有害生物是：森林鼠兔害、杨树蛀干害虫、杨树食叶害虫、落叶松红腹叶蜂、沙棘木蠹蛾、灰斑古毒蛾、云杉梢斑螟、枸杞瘿螨、臭椿沟眶象、落叶松枯梢病、松材线虫病等。

“四率”完成情况。2005年，宁夏林业有害生物发生面积468.3万公顷，成灾面积49万公顷，成灾率36‰；完成有效防治面积410万公顷，防治率87.6%，其中无公害防治面积250万公顷，防治率61%；测报准确率63.2%；种苗产地应施检疫面积6.9万公顷，完成6.6万公顷，种苗产地检疫率95.7%，共截获违章调运携带危险性病虫的植物材料15批次，全面完成了国家林业局下达的指标。

全区共设立1个自治区级、5个地（市）级测报中心，新设立9个省级中心测报点，加上国家林业局在宁夏设立的16个国家级测报点，组成了分级管理、分工负责、覆盖全区的监测预报网络，与国家4级监测预报网络系统接轨。

【宁夏林学会】 1996年10月15日宁夏林学会第五届会员代表大会以后，时经8年，第六届会员代表大会于2005年3月18日在银川召开。会议由自治区林业局副局长、第五届副理事长刘荣光主持。会议听取并审议了第五届理事会理事长孙长春所作的题为《发挥学会优势，推进科技创新，为实现我区林业建设跨越式发展的目标而努力》的工作报告。选举产生了宁夏林学会第六届理事会（由66位理事组成）。经理事会第一次会议，选举产生了由26名理事组成的常务理事会，理事长1名，名誉理事长1名，副理事长6名，秘书长1名（兼）。审议通过了由张浩秘书长所作的《宁夏林学会章程》修改草案的说明报告。理事会还聘任了副秘书长及各专业委员会主任。表彰奖励了18名林业优秀科技论文作者。会议最后听取了宁夏林业局局长、宁夏林学会第六届理事长韩陕宁作的题为《开拓创新，服务全局，努力将宁夏林学会的工作提高到一个新水平》工作报告。

【林木种苗工程项目验收】 2005年5月16日至6月23日，自治区林业局联合检查验收组对全区已完成种苗工程建设任务的27个项目单位进行了全面检查验收。检查验收的依据是《宁夏回族自治区林木种苗工程项目竣工验收暂行办法》，采取内业与外业相结合的方式，从任务完成情况、基建程序执行情况、资金使用和管理情况以及组织管理情况，实地检查建设内容与总体设计批复内容、资金使用与建设内容是否相符，进行综合评价、评定等级后形成验收报告。

共有24个项目通过了验收，其中平罗县园林场良种基地等5个项目被评为优质工程；青铜峡树新林场中心苗圃等17个项目被评为合格工程；彭阳县挂马沟林场骨干苗圃、吴忠市园林场良种基地2个项目建设任务大部分完成，因资金尚未到位进行了阶段性验收，工作质量合格；对六盘山中心苗圃、解放军96351部队苗圃、贺兰山管理局良种基地3个项目进行了重点检查。

9月16～23日，国家林业局场圃总站检查组，在宁夏进行了8天的检查验收，对14个项目进行实地查看，其中8个必查项目，4个抽查项目。检查组对宁夏林木种苗工程给予高度评价。

【森林生态效益补偿基金】 按照《国家林业局财政部重点公益区划界定办法》的要求，自治区林业局下发了关于做好森林生态效益补偿基金重点公益林面积落实工作的通知，明确各市、县（区）符合国家重点公益林区域范围界线和这次被列入森林生态效益补偿基金范围界线，将任务面积全部分配给各市、县（区）；各市、县（区）据此组织技术人员将任务面积落实到山头地块，数字上表，小班上图。根据《重点公益林认定核查办法》的要求，坚持生态优先，重点突出，按区域布局的原则，将中央补偿面积80.4万公顷，涉及全区5个地级市，13个市（县、区），42个乡（镇），18个国有林场，139个行政村，1096个小班，地方补偿面积44万公顷，涉及5个地级市，16个县级单位，31个乡（镇），6个林场，88个行政村，356个小班任务全部落实到山头地头。自治区及各项目实施市、县（区）都成立了森林生态效益补偿基金领导小组和办公室，自治区林业局与13个市、县（区）林业局签订了责任状，各市、县（区）林业局与42个乡（镇），18个国有林场和400余名护林员签订了管护合同，落实了管护责任。根据

财政部、国家林业局《中央森林生态效益补偿基金管理办法》，结合宁夏实际，制定印发了《宁夏回族自治区森林生态效益补偿基金管理实施细则》和相应的监督检查、工作考核、绩效评比、奖惩制度。

【全国防沙治沙综合示范区建设项目】 2005年，宁夏盐池县青山乡、中卫市城区、同心县下马关镇被国家林业局列入防沙治沙综合示范区建设项目实施范围，其中盐池县被列入毛乌素沙地跨区域防沙治沙综合示范区，3个示范区2005年开始建设，工程造林总任务1000公顷，盐池县已完成333.33公顷；中卫县城区在完成平沙造田、建设扬水泵站、干渠试水成功、完善造林地灌水配套设施的基础上，完成造林333.33公顷，其中碱碱湖示范区完成生态防护经济林233.33公顷，"西风口"示范区完成防护型用材林100公顷；同心县完成防沙治沙工程造林333.33公顷，涉及下马关镇北关村、甲家滩村和赵家庙村。经检查，3个示范区完成的1000公顷造林，均达到验收合格标准。

【青铜峡市规划建设10万公顷酿酒葡萄基地】 青铜峡市抓住自治区扶持特色优势产业的有利机遇，完成了10万公顷酿酒葡萄基地建设规划，规划建设期3年，在现有2万公顷的基础上，2005年发展3万公顷，2006年3万公顷，2007年2万公顷。规划区涉及三镇（即邵岗镇、青铜峡镇、峡口镇）一场（树新林场）。为确保规划的顺利实施，市委、市政府提出了"两条腿走路"的办法，即以御马公司为龙头的酿酒葡萄企业基地发展43 500公顷，由三镇一场的农户和造林大户发展56 500公顷，御马公司与种植户签订10年期的保护价收购合同，无偿提供苗木、技术培训。市政府安排专项资金对种植户补助，使酿酒葡萄的栽植和销售有保障。

【哈巴湖自然保护区通过国家级自然保护区评审委员会评审】 2005年，宁夏哈巴湖自然保护区通过了国家环保总局国家级自然保护区评审委员会评审，晋升为国家级自然保护区。

该保护区位于宁夏盐池县中北部，总面积8.4万公顷，其中：核心区3.07万公顷，缓冲区2.23万公顷，试验区3.1万公顷。在地貌上属于黄土高原向鄂尔多斯台地过渡地带；气候属于半干旱区向干旱区过渡地带；植被属于干草原向荒漠草原过渡地带；资源属于农区向牧区过渡地带。保护区有湿地面积2.18万公顷，是重要的水源涵养地和珍稀野生动植物生长栖息地。区内动植物资源丰富，有野生植物54科169属315种，其中：国家重点保护植物有6种，我国特有种3种；有脊椎动物25目，50科，140种，49个亚种，其中：有国家一级保护动物4种；二级保护动物18种，自治区保护动物27种。

宁夏哈巴湖自然保护区内物种多样性丰富，植物类型多样，动植物地理区系成分复杂，湿地资源丰富，四大过渡地带特征显著，是一处不可多得的天然种质基因库和自然科学研究基地，是西部荒漠生态中的瑰宝。

【西吉县月亮山森林保护工程】 西吉县月亮山21世纪初实施水源涵养林工程建设以来，坚持实行"合理布局，精心实施，严把质量，强化管理"的建设方针，封育管护1万公顷，新造林1万公顷，生态效益日渐显现。保护区内植被得到恢复，黄芪、柴胡、防风等珍贵药材增多，石鸡、鹰、鹿等野生动物已来此栖息，有7条原来干枯的沟道流出清澈泉水，断流10多年的葫芦河开始有了涓涓细流。

【银西防护林建设工程】 以防护功能为主，兼具生产、示范和观光作用的银川西部防护林建设工程，自2004年启动，建设顺利，成绩显著。该工程共分为3个项目区：①城市生态安全防护林体系区。主要建设四纵九横宽幅林带，五大生态防护林作业区，总造林面积600.4公顷，已造林50.67公顷，新栽补植树木71 229株。②荒漠、半荒漠地带区域性生态防护林示范区：主要以果、林、草间作型综合项目区建设为主，总面积390.63公顷，现已造林107.95公顷，共栽植乔灌木225 725株，种植苜蓿、沙打旺等牧草46.67公顷。③田园化城郊型生态旅游休闲示范区，总面积6.85公顷。

【美利纸业林纸一体化工程】 2005年，宁夏美利纸业林纸一体化工程，通过国家开发银行总行贷委会评审，批追贷款31.35亿元，为该项工程顺利实施提供了有力的资金保证。该项目是2004年8月12日经国家发改委批准并列入全国林纸一体化专项规划批复的项目，计划总投资45.34亿元，建设规模为新增造纸能力41万吨，主要建设年产26万吨涂布白卡纸和15万吨涂布印刷纸生产线各一条，配套建设杨木机浆30万吨，造纸原料基地3.33万公顷和2×50毫米热点站等项。2005年，一期建设的20万吨杨木机浆项目，30万吨涂布白卡纸项目和2×50毫米热点站项目开工建设。整个项目建成后，可实现年销售收入37亿元，利税7亿元。

【冰雹龙卷风灾害】 2005年5月30日，宁夏灵武市、永宁县、彭阳县、原州区遭受不同程度的冰雹袭击，特别是彭阳、原州两县（区）遭受历史罕见的大冰雹及龙卷风袭击，彭阳降雹持续20分钟，雹粒最大直径50毫米，一般直径30~40毫米，地面积雹厚度2~3毫米，同过程出现中度龙卷风，风力10~

11 级，大风呈 200 多米宽带状。这次灾害正值苹果、杏等果树幼果期，葡萄正值开花期，全区受灾总面积达 3160 公顷，占全区水果总面积的 8%，减产 1260 万千克，直接经济损失 1650 万元。以彭阳县、玉泉营农场损失最重，玉泉营农场酿酒葡萄受灾面积 933.33 公顷，占全场的 82%，直接经济损失 578 万元；彭阳县两个重点乡（镇）共有 41 700 株树木受灾，其中：用材林 20 700 株，经济林 21 000 株，主要受灾树种是杏、苹果、梨、桃、李等，直接经济损失 320 万元。永宁县受灾面积 2266.67 万公顷；减产 630 万千克，直接经济损失 800 万元，主要受灾树种是葡萄、苹果、枸杞、设施果树等；灵武市受灾面积 666.67 公顷，减产 500 万千克，直接经济损失 400 万元；原州区受灾面积 193.33，减产 65 万千克，直接经济损失 130 万元，主要受灾树种是酥梨。

【荒漠化沙化土地面积减少】 2005 年 6 月 16 日，自治区林业局举行土地荒漠化和沙化管理情况通报会，公布了第三次宁夏土地荒漠化和沙化监测结果：①截至 2004 年，全区荒漠化土地总面积为 297.4 万公顷，占自治区国土总面积的 57.4%，分布于全区 20 个县（市、区），与 1999 年相比，全区荒漠化土地面积净减少 23.3 万公顷，减少幅度为 7.3%，年均减少 4.6 万公顷；②截至 2004 年，全区沙化土地面积为 118.3 万公顷，占自治区国土总面积的 22.8%，分布在全区 18 个县（市、区），与 1999 年相同监测范围内的沙化土地面积相比，全区沙化土地面积净减少 2.54 万公顷，年均减少 0.5 万公顷；③荒漠化和沙化程度有所减轻。与 1999 年相比，轻度荒漠化土地面积增加 53 万公顷，中度荒漠化土地面积减少 4.2 万公顷，重度荒漠化土地面积减少 73.1 万公顷，极重度荒漠化面积增加 0.9 万公顷；④沙区植被覆盖度有所增加，随着三北四期、退耕还林、治沙等工程的实施，项目区内的林草覆盖度由建设前的 10% 提高到 30%，最高处达 70%。总之，宁夏荒漠化和土地沙化整体扩展趋势已得到初步遏制，实现了土地荒漠化面积逐年减少，治理速度大于沙化速度的历史性转变。

【林业综合行政执法试点工作】 根据《国家林业局关于继续开展第二批林业综合行政执法试点工作的通知》精神，宁夏林业局决定，在灵武市林业局、石嘴山市大武口区园林局、固原市原州区林业局开展林业综合行政执法改革工作试点。

试点工作遵循“政策制定职能与行政处罚职能、行政处罚职能与监督检查职能相对分开”、“权责一致”和“精简、统一、效能”的原则，主要采取三种形式：灵武市林业局以现有森林公安队伍明确为林业综合行政执法机构；石嘴山市大武口区园林局单独组建林业综合行政执法机构；原州区现有林政资源执法队伍为林业综合行政执法机构。实行综合行政执法后，其他机构（单位）不再承担查处行政案件职责。

【解放军青年林项目】 2005 年，国家级保护母亲河工程——宁夏吴忠青铜峡解放军青年林项目，在宁夏青少年生态教育实践基地青铜峡市陈袁滩镇黄河滩地项目区正式启动，自治区党委副书记刘丰富参加仪式并讲话，解放军总政治部青年局局长林卿代表共青团中央、总政治部为解放军青年林捐资 100 万元，并与自治区领导共同揭碑。该项目计划在陈袁滩镇黄河滩地植树造林 333.33 公顷，其中：水土保持林 200 公顷，生态经济林 133.33 公顷，计划一年完成。

【中日青年石嘴山市生态绿化示范林工程】 2005 年，由日本绿化交流基金（简称小渊资金）投资 210 万元的保护母亲河行动——中日青年石嘴山市生态绿化示范林工程，在宁夏平罗县正式启动。该项目是继 2004 年红寺堡开发区建设生态绿化示范林之后在宁夏实施的第二个保护母亲河工程，计划造林 666.67 公顷，分 3 年完成，2005 年投资 70 万元。

【枸杞新品种——宁杞 3 号】 2005 年，宁夏农科院申报的枸杞新品种宁杞 3 号，通过了由国家林业局植物新品种保护办公室组织的专家组植物新品种审查，成为宁夏首个受保护的林木新品种。

宁杞 3 号是继宁杞 1 号后的又一新品种，栽植 1~3 年，平均单位面积产干果比宁杞 1 号增产 99.91%，鲜果千粒重比宁杞 1 号增加 44.91%，特优级果率增加 89.8%，枸杞多糖、甜菜碱比宁杞 1 号分别增加 6.68%% 和 4.76%。较耐盐碱，生长快，发枝多，3 年生树高 1.61 米，冠径 1.31 米，根基粗 4.01 厘米，单株发枝 421 株，是宁杞 1 号的 2 倍。专家认为：宁杞 3 号是具备新颖性、特异性、一致性和稳定性并有适当命名的植物新品种。有望将来取代宁杞 1 号成为宁夏枸杞的新主栽品种。

【彭阳经验】 2005 年，十届全国人大三次会议上宁夏代表团提出了《关于在黄土高原类型区推广彭阳经验的建议》，引起了全国人大的重视，被列为重点办理建议。宁夏彭阳县以打造“绿色彭阳”为目标，把小流域综合治理作为改善自然环境的重点去抓，一任接着一任干，一张蓝图绘到底，改土治水，治穷致富，按照“山顶林草戴帽子，山腰梯田系带子，沟头库坝穿靴子”的立体治理模式，推行山、水、田、林路统一规划，梁、峁、沟、坡、塬综合治理。以机修为主，长年修与集中修并举，一个山头一个山头地推，一个流域一个流域地治，基本农田面积不断扩大。在北部干旱片带打井打窖，在沟底河道筑库打

坝，截流蓄水，充分利用有限的水资源，累计打井窖5.54万眼，建水利水保工程5600多处，可灌溉面积5300万多公顷。该县还坚持退耕还林（草）与荒山造林结合，按照“山顶沙棘、山桃株间混交，隔坡地埂苜蓿、柠条、山坡桃杏缠腰，庭院四旁广种核桃、花椒，河谷川台地发展苹果、梨、桃，杨柳、椿、槐下滩进沟上路道，土石质山区封造结合针阔混交”的林草布局模式，大规模植树种草。他们还坚持流域治理到哪里，道路就延伸到哪里，在流域内修路680千米，形成了“三纵两横”流域路网络，将全县所有流域有机地串接在一起。全县已累计治理小流域81条，治理水土流失面积1752平方千米，治理程度由建县初的11.1%提高到61%，林草覆盖率由建县初的3%提高到18.5%，基本农田由建县初的2万公顷增加到4.85万公顷，初步实现了天蓝、地绿、水清、景美、民富的目标。

（宁夏回族自治区林业由田原、李惠芳供稿）

新疆维吾尔自治区林业

【概　述】　2005年新疆林业取得显著成绩，实现了持续快速健康发展，圆满完成了各项目标任务。

全面完成造林绿化任务　全区共完成造林29.46万公顷，是计划任务的119.4%。其中，植苗造林14.46万公顷、封育14.33万公顷、飞播造林0.67万公顷。引洪灌溉平原天然林6.67万公顷，中幼林抚育2.67万公顷。完成育苗0.63万公顷，其中新育苗0.35万公顷。

加强森林资源保护管理工作　进一步加强了护林防火工作。完成了阿尔泰山林区重点火险综合治理工程，启动实施了天山西部林区重点火险综合治理工程，强化了林火监测系统，林火监测和防治能力进一步提高。2005年共发生森林火警火灾21起，其中：一般森林火灾1起，森林火警20起，受害森林面积39.79公顷。

积极开展森林病虫鼠害防治工作。认真贯彻落实“预防为主，科学防控，依法治理，促进健康”的有害生物防治工作方针，全面落实森防目标管理责任制，积极推进无公害防治工作。全区森林病虫鼠害发生面积22.04万公顷，完成防治面积19.5万公顷。森防“四率”全部达标，较好地完成了年度工作任务。

深入推进依法治林进程。认真学习贯彻《公务员法》、《行政许可法》，全面开展“规范执法行为，促进执法公正”专项活动。组织开展了打击破坏森林资源专项行动，取得了明显成效。共受理案件3645起，打击处理类违法犯罪人员3851人次，收缴木材546.9立方米，收缴野生动物645头（只）。

充分发挥科技支撑作用　紧密结合新疆林业生态建设和产业发展重点，大力开展技术推广、培训和服务工作。新上科研推广项目19个，落实资金893多万元。组织制定国家行业标准2项，自治区林业行业标准10项，修订自治区地方标准12项。编制完成了《新疆林业技术推广“十一五”规划》。积极开展科技培训工作，培训基层林业技术人员和农民17 000人次，取得了良好的效果。

由于新疆林业基础薄弱，任务艰巨，林业发展中还存在许多困难和问题。主要表现是：森林资源总量不足，分布不均，林龄、林种结构不尽合理的问题依然存在，局部环境改善大环境恶化的趋势还未从根本上扭转；林业产业规模小，产业化经营还处在较低层面上，林业产业发展与经济社会发展对林产品的多样化需求还有相当大的差距；林业改革滞后，体制不顺、机制不活、责权不清等问题仍很突出；重点工程及项目资金管理水平不高、不规范，工程项目的进度、质量、效益之间的关系处理的不协调、不科学；林业干部队伍的素质还不能完全适应新形势发展的需要等等。

（蔡立新）

【林业重点工程】　2005年，退耕还林工程完成造林14.26万公顷，其中：退耕地造林2.67万公顷，宜林荒山荒地造林3.26万公顷，封育6.33万公顷。工程涉及310个乡（镇）、1370个村、3.9万多家农户。各地抓住结构性调整的有利时机，总结成功经验，扎实开展抚育管护、检查验收、政策兑现、确权发证、档案建设等方面的工作，不断提高工程建设的管理水平，进一步巩固了退耕还林成果。三北四期工程完成造林1.01万公顷，其中：植苗造林4346.67公顷，封育5333.33公顷，飞播446.67公顷，超额完成了计划任务。天保工程全面落实管护责任制，进一步加大森林资源的管护力度，工程区森林管护任务全部落实到山头地块。积极开展后续产业发展、地方配套资金落实、森工企业债务、医疗等四项保险补助、混岗职工安置等工作，增强了工程区的发展后劲。野生动植物保护及自然保护区建设工程。组织完成了《新疆湿地保护工程规划（2005～2030年）》和《新疆自然保护区建设规划》，积极开展湿地规划的编制工作。新建了帕米尔高原湿地等2处湿地自然保护区。

完成11个森林、野生动物、湿地类型自然保护区的可研报告编制和论证工作。（朱　亮）

【新疆特色林果业产业化论坛】　2005年8月17日，由中国园艺学会，自治区党委农办，自治区农业厅、自治区林业局、农科院，巴音郭楞蒙古自治州党委、政府在库尔勒市联合举办了新疆特色林果业产业化论坛，这是中国科协2005年学术年会“新疆十大论坛”之一。自治区人大常委会副主任海里且姆·斯拉木到论坛致词，自治区副主席钱智作了书面讲话，区内外14位林果园艺专家应邀参加了论坛，其中8名专家学者在论坛上作了专题报告。论坛还征集到了60多篇论文。自治区有关部门领导，巴音郭楞蒙古自治州党委、政府及其各县（市）的有关领导，各有关部门负责人，各地（州）、市林业局负责人，征文作者代表等100多人参加了论坛。论坛由自治区党委副秘书长、农办主任唐定邦主持。论坛中，专家们紧紧围绕国际、国内林果业面临的形势、未来发展趋势，认真分析了新疆林果产业化发展所具有的优势和存在的主要问题，有针对性地提出了对策和建议。论坛上宣读了征集的论文获奖名单，有5篇获得一等奖，15篇获得二等奖，30篇获得三等奖。（蔡立新）

【新疆林果业发展目标任务和战略重点】　2005年11月21日，新疆特色林果业发展暨林果技能培训工作会议召开，会上出台了《自治区党委、人民政府关于加快特色林果业发展的意见》。会议确定到2010年，林果种植面积达到100万公顷，其中南疆环塔里木盆地达到80万公顷，果品产量达到1000万吨以上，果品贮藏保鲜率达到35%，加工率达到20%以上，果品及深加工产品产值达到300亿元以上，林果业布局进一步合理，结构进一步优化，竞争力进一步增强；到2015年，优质林果面积稳定在100万公顷以上，果品产量达到1500万吨，果品贮藏保鲜率达到45%以上，加工率达到35%以上，林果业在农民人均纯收入中的比重达到30%以上，主产区达到45%以上，初步建成比较完善的特色林果业产业体系。会议确定将重点建设南疆优势林果主产区和吐哈盆地、伊犁河谷、天山北坡特色林果基地。遵循林果业发展的客观规律，利用好各地独特的气候资源，发展特色林果业。按照适地适树、突出重点、规模发展的原则，突出发展香梨、红枣、核桃、葡萄等优势树种，积极发展巴旦木、开心果、酸梅、小浆果等特色树种，稳步发展石榴、苹果、杏、枸杞等传统树种，促进优势主导树种向适宜区集中。南疆要进一步优化区域布局，整合资源，继续扩大香梨、红枣、核桃、巴旦木、开心果、酸梅、石榴、苹果的种植，形成规模优势；巩固、完善和提升葡萄、杏等为主的林果基地。伊犁河谷和天山北坡重点建设以葡萄、枸杞、小浆果、苹果和其他时令果品为主的林果基地；吐哈盆地加快建设以葡萄、大枣等为主的林果基地。适应市场、消费和加工需求，合理配置干鲜果品比例、早中晚熟果品比例、鲜食与加工品种比例，实现品种资源的优势互补。（冯春林）

【森林生态效益补助资金工作】　2005年，按照突出重点、生态为主、全面启动的原则，将203.33万公顷国家重点公益林管护任务，分解下达到全区82个县、12个自然保护区。同时，根据森林资源区划情况，启动了地方公益林生态效益补偿制度，对全区133.33万公顷重点公益林实施补偿。各单位加强实施区域内的基础设施建设，完善森林资源管护工作制度，积极开展了管护人员培训，层层签订了责任书，使公益林的管理工作逐步走上规范化、制度化。

（师戈理）

【第二次林业援疆工作座谈会】　2005年8月25日上午，国家林业局和新疆维吾尔自治区党委、政府在乌鲁木齐联合召开第二次林业援疆工作座谈会。

自治区党委副书记、政协主席艾斯海提·克里木拜，自治区党委常委、秘书长符强，自治区副主席陈雷、钱智，新疆生产建设兵团副司令员胡兆璋以及国家林业局、自治区有关部门领导参加了会议。自治区党委副书记、常务副主席张庆黎主持会议。全国绿化委员会副主任、国家林业局局长周生贤，国家林业局党组成员、中国林科院院长江泽慧参加会议并作了讲话。

会议听取了钱智关于自治区贯彻落实林业援疆工作座谈会精神的情况汇报、胡兆璋关于兵团贯彻落实林业援疆工作座谈会精神情况汇报以及国家林业局计资司助理巡视员汤晓文关于国家林业局援疆办的工作汇报。

会议确定继续深入贯彻落实中央关于新疆发展与稳定的战略部署，总结了第一次林业援疆工作座谈会议以来林业援疆工作取得的成效，进一步研究、探索新疆发展与稳定中林业建设的有关问题，研究提出了2005年及“十一五”期间支持新疆林业发展的十项具体措施和政策。同时，为庆祝新疆50周年大庆，国家林业局决定为新疆林业建设做8件实事。

（蔡立新）

【“十五”期间林业生态建设】　“十五”时期，新疆林业坚持“生态效益第一”的思想，根据国家林业建设和自治区经济社会发展的总体要求，积极调整工作思路，优化林业生产力布局，林业生态建设步伐加快，造林绿化成效显著。全区累计完成造林面积147.57万公顷（不含兵团），育苗3.9万公顷，出圃合格苗木28.96亿株。山区人工更新造林、封山育林和森林抚育均超额完成计划任务，采伐迹地更新率、人工更新保存率分别达到99.6%和99%。森林覆盖

率由2000年1.92%提高到2.94%，绿洲森林覆盖率由12%提高到14.95%。全民义务植树运动深入开展，义务植树尽责率达85%。城市建成区绿化覆盖率由26.3%提高到31.8%。全区有12个地（州）、81个县（市）实现了农田林网化，45个县（市）达到了平原绿化标准，93%的农田得到了林网的有效保护。初步建成了以绿洲内部农田林网、绿洲外缘大型防风固沙林带、天然荒漠林和山区天然林为主体的立体绿色屏障。（蔡立新）

【林业大事】

1月31日至2月1日 自治区林业局（场）长会议在乌鲁木齐召开，自治区副主席钱智到会并作讲话。局长买买提·阿不都拉作工作报告，党委书记李湘林在会议结束时作总结讲话。

4月25日 全区发起普氏野马认养活动，该活动于5月25日结束。这是全区首次举行普氏野马认养活动。

4月29日 自治区林业局、公安厅、国家林业局驻乌鲁木齐森林资源监督专员办联合成立打击破坏森林资源专项行动领导小组，并挂牌督办了伊宁县阿西金矿非法占用林地案等7起破坏森林资源案件。

6月8日 自治区林果科技培训工作全面展开。自治区林业局在林果发展的重点区域——哈密、阿克苏、喀什、克州、和田等地（州），全面组织开展林果业科技培训活动。

7月1日 自治区打击破坏森林资源专项行动工作圆满结束，累计查处各类案件398起。

9月7日 中共中央政治局委员、自治区党委书记王乐泉就落实第二次林业援疆座谈会作出重要批示。

10月10日 新疆33个测报点被列为国家级林业有害生物中心测报点。

11月4日 自治区政府办公厅以新政办发［2005］188号文件正式下发了调整更名通知，自治区林业局调整为自治区林业厅，列为政府组成部门。

（朱　亮）

新疆生产建设兵团林业

【概　述】 2005年兵团林业进一步深化改革，开拓进取，求真务实，全面推进兵团林业快速健康发展。

植树造林 一是积极动员，做好春季造林准备工作。在开春造林前80%以上的造林地处于待植状态。二是及时下达造林任务，做好检查督促工作。2005年底，有林地面积33.13万公顷，森林覆盖率4.45%，比2004年提高了0.25个百分点。

林业产业 经济林、园艺生产面积达到138 930.13公顷，比2004年减少3.37%。经济林、园艺产业总产值26.53亿元，增长11%。

种苗体系 一是按照《新疆生产建设兵团师级林木种苗管理站标准站建设规范》要求，建立师级林木种苗管理站和林木种苗质量监督检验中心，已有7个师完成组建筹备工作。二是加强林木种苗监督和管理，规范林木种苗生产和经营活动，使兵团林木种苗生产和管理工作向着规范化、法治化迈进打下了坚实的基础。

规划编制 科学规划，统筹安排，做好规划编制工作。完成了《兵团林业生态建设“十一五”及中长期发展规划》，《兵团森林资源林政管理“十一五”规划和中长期规划》，《兵团退耕还林工程“十一五”规划》，《兵团三北防护林工程“十一五”规划》等编制工作，并上报国家林业局。

林业产权制度改革 进一步深化林业产权制度改革试点工作。当年社会资金造林622公顷，其中四师私有造林面积达到599公顷，促进了兵团非公制林业的发展。

森林资源管理和保护 一是进一步建立健全森林资源管理、保护执法体系，2005年新建森林公安派出所6个。二是进一步加强森林资源管理、保护基础设施建设。三是林地征、占用审批进一步规范，据统计，当年审核林地2宗，面积11.41公顷。四是林木采伐管理进一步强化，据统计全兵团当年采伐林木51 041立方米。五是森林防火工作进一步加强，2005年兵团没有发生重大森林火灾，确保了森林资源的安全。

监督检查，巩固成果 2005年10月13日至11月20日，历时39天，兵团林业调查规划设计院应用GPS以小班为单位采用现地实测法对各师、团2000年、2001年、2002年、2003年、2004年实施的退耕还林按历年实施面积≥2%的比例进行抽查；对2005年实施工程的团场进行条田、地块全面检查验收。11月20日至12月15日，共计25天，进行数据整理核算，完成了《新疆生产建设兵团2005年林业综合核查工作报告》、《兵团2005年林业综合核查结果各师评分表》和《兵团2005年林业综合核查结果各团场评分表》。通过对2000～2005年林业重点工程的复查、核查；形成了2005年林业核查结果通报，表扬了植树造林先进单位，同时对做得不好的单位进行点名批评；促进项目单位保质保量地完成林业各项工程。这种做法，得到兵团领导、国家林业局充分肯定，为兵团林业工程资金及时全额到位和下一步继续实施林业各项工程提供了科学依据。

技术推广 根据团场的生态区位特点，重点在盐碱地和荒漠化造林方面指导开展了科技研究及应用林业先进适用种植技术和节水灌溉技术。全兵团生态建设工程应用泵水涌泉灌溉技术完成2533.33公顷；应用滴灌技术完成造林3000公顷；一沟两行节水造林技术推广8000公顷；盐碱地造林技术1866.66公顷；林木病虫害综合防治技术应用30 666.66公顷；组织专业技术培训60期，培训人员1万多人次，极大地提高了林业职工的专业性技能和整体素质。

森林病虫害防治预测预报体系建设 一是2005年新建国家级森林病虫害预测预报中心点2个，分别建在农一师十团和农十三师黄田农场，11月通过兵团专家组检查验收，兵团国家级森林病虫害预测预报中心点达5个；新建兵团级森林病虫害预测预报中心点8个，兵团级森林病虫害预测预报站中心站16个；分别是农一师团梨圆蚧大青叶蝉，十五团春尺蠖、杨毒蛾；农二师二十二团星天牛、杨毒蛾，三十三团鼠害、春尺蠖；农三师四十八团大球蚧；农四师六十三团杨兰叶甲，七十一团鼠害、春尺蠖；农五师八十九团鼠害、春尺蠖；农七师一二四团鼠害，一三零团春尺蠖、杨梦尼夜蛾；农八师一二一团杨毒蛾；农十师一八一团沙枣木虱鼠害，一八三团杨毒蛾；农十二师三坪农场春尺蠖；农十三师火箭农场杨十斑吉丁预测预报站；至此，森林病虫害测报站点基本覆盖全兵团，森林病虫害测报网基本建立。二是继续抓好黄斑星天牛和鼠害防治工作。编制完成二师发生黄斑星天牛防控预案，六、七、八师鼠害防控预案，并根据实际规划实施，兵团投资200万元进行防治，使实施单位天牛和鼠害得到有效控制。

《兵团林业志》编撰 根据兵团领导安排，从2004年1月起至2005年底，兵团林业局组织开展编撰兵团林业志工作。兵团林业志文稿在兵团史志办的指导下，经过专家审议，进行了4次修改，最终定稿37余万字。已上报兵团史志办审定出版。

（贾寿珍）

【"十五"林业建设】 "十五"期间，兵团在党中央的正确领导下，在国家各部门的大力关怀和支持下，经过兵团干部职工群众艰苦努力，林业建设取得了前所未有的好成绩，进入了快速发展的新阶段。

植树造林实现历史性跨越 据统计：兵团2001～2005年完成植树造林20万公顷，是兵团2001年前植树造林累计保存面积的1.5倍，其中2003年当年人工造林达到6.67万公顷，创兵团历史最高水平。

林业重点建设工程进展顺利，发展良好 一是天保工程发展良好，保护天然林9.97万公顷，建立健全管护责任制，资源管理不断加强。二是退耕还林工程稳步推进。2000～2005年兵团共有162个团场承担退耕还林任务，完成退耕还林工程24.4万公顷，其中：退耕地造林10.93万公顷，宜林荒地造林6000公顷，封沙育林6.2万公顷。三是三北防护林工程健康发展。从2001年到2005年，国家给兵团下达的三北防护林任务共为5.10万公顷，其中：人工造林3.95万公顷，封沙育林1.15万公顷。截至到2005年，已完成5.35万公顷的任务，完成规划造林任务的105%。保护胡杨次生林6.67万公顷，已有134个团场实现了农田林网化。四是充分利用林业治沙贴息贷款，发展特色经济林情况。据统计，兵团"十五"期间累计利用林业、治沙贴息贷款7亿元，其中2004年约2亿元，种植经济林1万公顷。兵团以香梨、葡萄、红枣等特色经济林为主的基地已初具规模，全兵团共有经济林面积7.6万公顷，年产各类果品39万吨，年产值8.2亿元，占农业总产值的7.13%。五是重点公益林保护工作开始启动。兵团2004年区划界定重点公益林114.13万公顷，其中23.33万公顷已纳入中央森林生态效益补偿基金范围，下达补偿基金1765万元。目前，管护任务已全部落实到位，实行定人员、定面积、定范围、定抚育管护任务、定报酬、定责任、定奖罚、定合同，定期对管护人员进行考核的"八定一核"的管护责任制，并层层签订合同，使管护的各项工作落到了实处。六是野生动物及自然保护区建设工程已开展启动。兵团已批准成立了三师叶尔羌河流域、六师青格达湖和八师玛纳斯流域3处兵团级自然保护区，填补了兵团无自然保护区的空白，兵团野生动物及自然保护区管理体系已初步形成。

促进农业结构调整的进一步优化，"三足鼎立"的农业经济发展趋势初步形成 兵团"十五"期间特色经济林和畜牧业发展步伐加快。特别是实施退耕还林工程以后，有力地拉动了兵团特色经济林和畜牧业的快速发展。"十五"期间兵团特色经济林发展速度推进，5年累计发展特色经济林3.73万公顷。2005年，兵团特色经济林已累计发展到7.6万公顷。退耕还林工程的实施还有效地促进了"十五"畜牧业的发展。据不完全统计：10.93万公顷退耕还林地套种苜蓿饲草，折和面积约3.33万公顷，可新增饲养能力100万标畜。

林权改革稳步推进，非公有制林业发展势头良好 各师认真贯彻落实兵团党委关于深化农牧团场改革"1+3"文件精神，结合团场实际，在土地长期固定承包经营的基础上，因地制宜稳步推进林地、林木产权制度改革试点工作。2003年3月兵团林业局和体改委联合召开了兵团林业改革和发展研讨会，共商林业改革和发展大计，该会对推动林业改革起到了良好

的作用。会后一师、七师相继出台了《关于深化林业改革的指导意见》、《发展非国有制林业的若干意见》，在全兵团起到了示范带头作用。2003 年以来，各师先后开展了深化林业产权制度改革试点工作。如一师五团、九团将 2666.67 公顷国有防护林（干道林、国道林、片林）地使用权和林木所有权实现了转让，一次性收回资金 1000 多万元，为全面推进林权制度改革提供了经验。2004 年 8 月兵团林业局和党委政研室在一师联合召开了林权制度改革研讨会，总结和推广一师林权改革的经验和做法，收到了很好的效果。目前，国家、集体、个人发展林业的势头良好，潜力很大。

林业科技示范带动作用明显　“十五”期间，兵团结合实际，根据团场生态区位特点，重点在盐碱和荒漠化地造林方面进行科技研究和技术推广，取得丰硕成果，推动了干旱荒漠地区林业发展。一是开展了胡杨次生林恢复改造和经营研究、樟子松育苗技术研究、高寒地区枣树矮密早优高产高效栽培技术研究、干旱区生态经济型林业体系产业化示范工程、新疆生产建设兵团退耕还林高效经营模式推广（示范）项目的研究。“十五”期间，兵团林业完成科学研究 29 项，实用技术推广 18 项，其中获得各级奖励 19 项。工程建设科技成果贡献率和推广率达 35% 和 45%。二是完成农田防护林营造技术、盐碱地造林技术、胡杨林更新复壮技术、生物治沙技术和节水造林技术等科研成果转化，大力推广应用林业先进适用技术和节水灌溉技术。全兵团生态建设工程应用泵水涌泉灌溉技术完成 2533.33 公顷；应用滴灌技术完成造林 1666.67 公顷；一沟两行节水造林技术推广 8 万公顷；盐碱地造林技术 3866.67 公顷；林木病虫害综合防治技术应用 4.4 万公顷，生物固沙技术使农六师、农八师等地 2000 公顷沙地变成绿洲。三是林业队伍得到壮大。兵团林业科技人员达到 1800 人，兵团林业科学技术研究所于 2002 年正式在兵团农垦科学院挂牌，为推进兵团“科技兴林”战略，发挥了示范带动作用。四是每年各师、团、连队利用空闲时间，进行各种林业园林专业技术培训，共举办各类技术培训班 160 期，培训人员 18 万人次，极大地提高了林业职工的专业技能和整体素质。

生态治理成效显著　据新疆 2005 年荒漠化监测结果：新疆沙漠化土地已由 1999 年年均 4.5 万公顷降低到现在年均 1.04 万公顷，沙漠化土地每年增加的速度大幅度减缓；从沙化程度来看，虽然流动沙地略有增加，但固定沙地增加幅度较大，有 191.93 万公顷半固定沙地转为固定沙地，说明沙化土地的沙化程度在减少。兵团有一半的团场地处新疆两大沙漠边缘，在治理新疆土地沙化工作中，兵团人作出了积极的贡献。

森林资源管理和保护工作全面展开　一是严格执行林木采伐限额和许可证制度，“十五”期间累计采伐林木 16.36 万立方米，没有出现超限额、超计划采伐林木的现象发生；2005 年编制完成了“十一五”年森林采伐限额，已得到国务院的批准；“十一五”期间年森林采伐限额为 16.8 万立方米。二是林地征、占用审批进一步规范，对公益林、商品林及不同所有制林种分别出台了不同的采伐管理办法，森林资源管理进一步加强；“十五”期间累计审批林地 31 宗，面积 29.32 公顷。三是毁林案件查处力度进一步加大，5 年来处理林业行政、刑事案件 990 起，结案率达到 90%。四是森林防火工作进一步加强，兵团已连续 5 年未发生重大森林火灾，确保了森林资源的安全。

林业管理机构进一步健全和完善　一是以兵团林业工作管理总站为基础，分别成立了兵团林木种苗管理总站、林业工作管理总站（森林病虫害防治总站）和林业调查规划设计院，业务管理人员由原来的 22 人增加到 36 人；二是健全成立了 13 个师林木种苗管理站和林木种苗质量监督检验中心；三是 14 个师和 6 个天保工程区团场、八师石河子总场、三师图木舒克市分别成立了森林公安局和森林公安派出所；四是设立了 5 个国家级和 16 个兵团级森林病虫害预测预报站，林业管理机构的进一步完善，有效地保证林业各项工程和工作的完成。

回顾“十五”期间，主要有以下几点经验：

1. 重视和加强对林业工作的领导，坚持林业发展任期目标责任制。兵团各级党委、领导历来十分重视林业的建设和发展，把林业建设与发展摆在突出位置，列入各级党委和领导的重要议事日程。强调植树造林计划任务是指令性计划，各师、团场和单位必须完成。层层签订林业建设与发展目标责任制，部分师团还实行了林业建设一票否决制。把林业建设与发展作为“发展壮大兵团、致富职工群众”，全面建设小康社会的重要内容。

2. 坚持把林业放在生态建设的首位，发挥林业在经济社会发展中的重要作用。兵团自扎根新疆执行屯垦戍边任务起，就把植树造林、建立良好的生态系统放在突出的位置，并坚持不懈。兵团自力更生、艰苦奋斗 50 年，在新疆恒古荒源上建起了一道道、一片片绿色丰碑，积累了成功治理荒漠的宝贵经验。在新世纪全面建设小康社会的伟大进程中，在建设屯垦戍边新型团场的伟大实践中，持之以恒加强生态建设，加强植树造林，保护好森林资源，保障国土的生态安全，建设屯垦戍边新型团场，促进兵团经济社会的可持续发展。

3. 坚持科技兴林，为林业发展提供有力的技术支撑。加快林业发展，靠科技进步。兵团坚持以林业十大主体技术为核心，在继续推广容器育苗、全光照喷雾扦插、良种壮苗、截径流造林、丰产攻关、标准园建设、射流造林、生物防治等新技术，节水造林技术大面积推广，推广面积达到1万公顷，使造林速度和质量都大幅度提高。

4. 坚持生态建设与经济发展相结合的原则，促进物质文明和精神文明的共同进步。林业是经济和社会可持续发展的重要基础。在实施生态建设的过程中，特别是在实施退耕还林工程过程中，始终坚持因地制宜，从实际出发，在统筹规划、合理布局的基础上，遵循自然客观规律，采取宜林则林、宜灌则灌、宜草则草、宜药则药，宜造则造、宜封则封的原则，实行多林种、多树种、多层次、多功能、多效益的生态经济社会相结合的建设模式，实现林业生态、社会和经济效益的统一。确定了两种模式:在北疆垦区,实行林草,林牧结合,以牧促林,以短养长;在南疆和东疆垦区,实行林果结合,大力发展经济林或生态经济兼用树种,兼顾经济效益,确保林业可持续发展。

5. 坚持全民义务植树与大兵团作战相结合，组织广大干部职工群众更广泛地参与生态建设。

6. 坚持依法行政、依法治林，为林业的发展保驾护航。

7. 坚持严格检查验收，确保植树造林工作和林业建设工程的质量。检查验收就是落实植树造林工作和林业建设工程质量最有效的措施。2002年以来，兵团每年组织有关部门和林业调查规划设计院对各团场植树造林和林业工程建设质量进行全面积核查，每年检查结果都以兵团办公厅或绿委的名义下发通报，搞得好的，表扬奖励；搞得不好的，通报批评，限期整改，并实行宏观调控，起到了很好的效果。

（贾寿珍）

【林业大事】 2005年7月28日至8月1日，兵团林业局长座谈会在农九师召开，主管兵团林业的副局长杨江勇、林业局副处以上领导、兵团林业工作站管理总站、林木种苗总站、林业调查规划设计院的主要领导及各师林业局局长共计29人参加了会议，会议全面系统地总结了兵团2005年上半年各项造林工作，回顾往年兵团林业工作中取得的突出的成绩，对2004年植树造林、林业重点工程的开展情况、造林质量及核实率、林木的管护及责任落实、深化林业体制改革，各级领导的重视程度等方面进行了评价，对往年兵团各师林业工作取得主要成绩进行了肯定。并对2005年下一步林业工作的重点进行了安排、部署，就如何全面完成好2005年下半年林业各项工作提出了具体的要求和措施。会上听取了各师林业局就林业工作开展情况进行的汇报交流。一六一团、一六四团、一六五团、一六六团作为退耕还林、林权改制、非公有制林业发展的典型团场进行了现场经验介绍。

2005年8～12月，兵团林业局6次组织联合检查组，对农一、二、三、五、七、八、十师、十二师、十三师退耕还林、重点防护林工程、林业站、林木种苗站及质检中心和森林病虫害预测预报中心的建设进行检查；对部分湿地、边境天然林进行调研，并对每个师、团场存在的问题提出了解决办法。

（贾寿珍）

【植树造林】 2005年，兵团造林计划任务为25 333.33公顷，其中，三北防护林造林13 333.33公顷，退耕还林工程造林12 000公顷；宜林荒山封育13 333.33公顷。据统计，全兵团完成造林面积26 063公顷。其中，三北防护林造林11 996公顷，退耕还林工程完成12 000公顷；宜林荒地封沙育林完成13 333.33公顷；全兵团参加义务植树的干部职工达104.5万人，全民义务植树尽责率达到98.4%，义务植树3990万株。

抓紧落实植树造林任务 一是各级领导重视，积极动员，按照国家林业局及兵团的通知要求，做好春季造林准备工作，造林质量进一步提高。各师提前做好林业备耕工作，2005年开春造林前，80%的林地已处于待植状态。二是林木种苗工作管理和质量监督检查工作进一步加强，确保2005年造林用苗达到一、二级苗木标准。三是抓紧提高全民义务植树劳动的尽责率。要求层层做好动员、宣传，计划任务落实到条田地块，做好造林的服务、指导工作。在努力提高造林质量同时，注重抓好退耕还林后续产业的发展。四是通过召开兵团林业局长座谈会，进一步抓紧落实。五是加强了造林绿化的检查力度，督促各师进行春季造林绿化检查指导工作。

加强造林工作的监督检查 2005年10月13日至11月20日，由兵团林业局组织，委派兵团林业调查规划设计院组成核查小组，对当年兵团各师造林绿化情况进行了全面核查。同时，配合国家林业局完成了2000～2005年林业重点工程的复查、核查工作，为兵团林业工程资金及时全额到位和兵团下一步继续实施退耕还林等工程提供了科学依据。并对当年植树造林工作完成情况进行了通报，对完成情况较好的师、团提出了表扬。（滕晓宁）

【经济林园艺生产】 2005年，全兵团经济林园艺生产面积达到138 930.13公顷，比2004年减少3.37%（主要是加工番茄面积减幅较大）。经济林园艺产业总产值26.53亿元，增长11%。其中，经济林总面积达到7.1万公顷，当年新增1.57万公顷，果品总产45.9万吨，增加10.6万吨。特色经济林生产基地面积6万公顷，总产31万吨。果树总产值达9.8亿元。蔬菜种植面积48 350公顷，总产284.52万吨。其中，加工番茄种植面积2.6万公顷，总产199.74万吨，分别比2004年减少3.69公顷和81.5万吨。保护地面积0.16万公顷，总产11.4万吨，增加0.04公顷。西、甜瓜种植面积11 760万公顷，总产36.3万吨，面积和产量均比2004年的略有增加。其他类园艺作

物种植面积7820.13万公顷，总产2.23万吨，产值1.13亿元。2005年，经济林园艺生产主要工作如下。

实施优势资源转换战略，确定兵团经济林园艺产业发展的总体思路和目标 组织起草了《关于加快推进经济林园艺产业化促进兵团推进新型工业化发展的建议》。组织生产管理人员和科研、教学单位的专家以及龙头企业代表，召开兵团2005年经济林园艺产业化发展研讨会。按照加快推进兵团新型工业化和林业产业化的总体要求，提出了大力发展现代高效经济林园艺产业，重点实施特色经济林园艺产业化工程，加快提升产业整体水平的工作思路。到2010年，兵团特色经济林园艺业规模将达333 333.33公顷，总产850万吨以上，实现产值90亿元；干鲜果品商品率和加工率分别达到80%和30%以上，果蔬加工总量550万吨，加工、流通和相关产业实现产值220亿元。

积极申请项目资金，提高特色园经济林艺生产基地建设水平 2005年，兵团以建立具有技术示范作用的特色经济林园艺生产基地为工作重点，利用国家和兵团预算内经济林园艺项目资金，确定经济林、保护地、加工番茄、瓜类等不同种类的示范项目26个，投入资金达3000万元。新建标准化示范基地3333.33公顷。利用国家林业防沙治沙贴息贷款，安排特色经济林园艺生产基地建设等项目47个，贴息贷款发放额达3.34亿元，新增特色经济林5900公顷，新增设施园艺、特色蔬菜种植等1506.7公顷，享受国家中央财政贴息资金达2858.8万元。

深入开展丰产攻关活动 全面开展了经济林丰产攻关和加工番茄丰产攻关"两个丰产攻关"活动。经济林方面：一是加大了经济林标准化园建设的力度，全面推广6项主体技术，进一步修改完善了攻关办法；二是开展了专家技术咨询活动；三是召开了一次座谈会和开展了一次专题调研；四是围绕制约生产发展的关键问题，开展了技术攻关活动。2005年，全兵团完成果品总产45.9万吨，超过了兵团下达的第一攻关指标（2.5万吨）；经济林标准化园面积达13 533.3公顷，新技术和适用技术推广面积68 666.7公顷。加工番茄方面推广了育苗移栽、节水灌溉、精量半精量播种、密植丰产栽培和病虫害综合防治等项技术。全年兵团加工番茄种植面积为2.6万公顷，减少11 333.3公顷，总产199.74万吨，较2004年的256万吨，减少了约56.26万吨。

依靠经济林园艺方面的专家技术优势，全面提升经济林园艺产业整体发展水平 继续发挥经济林园艺专家的重要作用，组织石河子大学和塔里木大学及石河子蔬菜所的资深专家，先后开展了4次专家活动，深入南北疆各团场进行实地培训和现场讲座。

进一步加强与国家有关部门的业务联系，争取经济林园艺发展较好的外部环境 先后两次赴京进行专题汇报，与业务主管部门建立了良好的关系。

兵团经济林园艺产品的品牌意识和市场意识增强 兵团经济林园艺产品的品牌意识有了明显增强，如农九师为全师园艺产品统一注册了品牌。各师团在努力开拓国内市场的同时，对进入国际市场也进行了尝试，如农九师绿恒蔬菜、农五师北疆红提葡萄及农十四师的果品销往哈萨克斯坦。

深入实际调查研究，总结推广先进经验，全面指导兵团的经济林园艺生产 全年组织专题调研6次，深入基层调查指导工作，起到了及时总结经验，宣传推广典型，推进基层工作的积极作用。

加强国际交流和学习，提高自身的业务素质 2月，组织重点师的有关人员，赴西班牙、法国就蔬菜保护地生产问题进行了专题考察和培训。

10月，林业局派人参加了农八师组织的对美国加州DELANO市的葡萄生产与加工基地的考察，就葡萄的保鲜及冷链销售情况进行了调研，对美国鲜食葡萄的生产情况有了进一步的了解。（邵 燕）

【森林资源管理】 2005年围绕林业重点工作，抓好分类经营、林权发证、森林病虫鼠害测报体系建设等业务工作。

重点公益林管护工作起步良好，进展顺利 财政部、国家林业局2004年末安排兵团重点公益林23.33万公顷，专项管护资金1675万元，为保证重点公益林实施，一是组织、安排和指导兵团林业调查规划设计院对团场区划的重点公益林进行核查。二是加强与自治区林业局的联系，兵团林业局与自治区林业局联合下发《关于明确在重点公益林区划界定中兵地重复区划有关问题的通知》，较好地解决了兵地双方重点公益林重复区划管理的问题。三是根据核查结果，确定了49个生态区位重要、林种特殊的团场首先进入中央森林生态效益补偿基金范围。四是根据国家林业局的要求，组织、指导、审定重点公益林实施方案编制工作，并按时将《实施方案》分别上报财政部和国家林业局。五是配合财政部和国家林业局完成对兵团公益林管护情况调研。六是加强检查督促重点公益林管护工作的落实。9月17～30日和10月11～29日，对一、二、四、五、六、七、八、九师的39个团场进行了检查。全面了解了重点公益林管护工作的落实情况，39个团场大多数领导重视，机构健全，管理和管护人员落实，签订了管护合同；制作了宣传牌、管护责任区界碑、责任公示牌。目前23.33万公顷重点公益林已基本全部落实到位。

编制完成"十一五"期间年森林采伐限额 根据《森林法》、《森林法实施条例》的规定，按照《国家林业局关于编制"十一五"期间年森林采伐限额工作的通知》要求，结合实际，兵团13个师168个单位参加采伐限额编制工作，其中：一师20个单位，二师8个单位，三师17个单位，四师21个单位，五师11个单位，六师15个单位，七师11个单位，八师23个单位，九师10个单位，十师11个单位，十二师7个单位，十三师11个单位，十四师3个单位；四师天保工程区4个山区林场及农二师8个以胡杨林为主单位没有参加编限。根据新疆的树种种类及生长情况，确定兵团树种代码、防护林和用材林参数。依据森林采伐分区施策、分类管理、森林资源可持续经营、总量控制和分项管理的原则，按照不同森林采伐管理类型分别确定采伐管理策略，合理测算年采量。统一采用“模拟计算法”系统对用材林主伐和生态公益林更新采伐的合理年采伐量进行测算。测算结果：兵团“十一五”期间森林合理采伐量18.62万立方米，其中：国有林18.60万立方米，集体林0.02万立方米。按采伐类型分主伐1.39万立方米，抚育采伐0.53万立方米，更新采伐16.70万立方米。按消耗结构分商品材18.62万立方米，出材率55%，出材量10.24万立方米。按起源分人工林18.62万立方米，出材率55%，出材量10.24万立方米。已由国家林业局审核，经国务院批准执行。

提高人员素质，完善林业有害生物预测预报体系建设　一是组织兵团森防站编制了《新疆生产建设兵团林业有害生物预防体系建设项目可行性研究报告》，上报国家林业局，项目得到批复实施。其中：建中心测报站30个，建省级林业有害生物检疫检验和风险评估中心1个，建应急防控系统13个；总投资为872万元，其中中央预算内专项投资698万元，对进一步加强兵团各师森防站及30个团场预测预报中心起到重要的作用。二是组织编印《森林病虫害预测预报及防治》。该书收集了国家、自治区有关森林病虫害防治政策、法规和新疆主要森林病虫鼠害的生物学特性、调查方法、预测预报和防治方法及主要林业虫害标本的采集、制作等，对指导林业有害生物调查、防治具有十分重要意义。三是6月中旬在兵团农业技术推广站培训中心举办了首次森林病虫鼠害防治培训班，参加人员为5个国家级、16个兵团级林业生物预测预报中心的领导及业务技术人员，共计87人，聘请新疆农业大学林学系林业昆虫教授及自治区畜牧厅鼠害防治指挥部的专家授课。授课内容丰富、水平较高、效果非常好，达到了预期目的。四是抓住国家大力支持林业有害生物防治的契机，争取财政部林业有害生物防治专项经费。组织二、六、七、八、十、十三师制定了黄斑星天牛和鼠害防治预案，上报财政部，得到国家投资260万元。根据发生情况、危害程度，按照轻重缓急的原则，将资金安排到实施单位，对进一步加强林业有害生物防治提供了资金保证。五是根据国家林业局关于国家级林业有害生物预测预报中心建设标准，结合兵团实际，制定了兵团级林业有害生物预测预报中心建设标准，使兵团级林业有害生物预测预报中心建设达到标准化。

天保工程管理工作得到加强　根据国家林业局天保办的检查情况，针对兵团天保工程区存在的问题进行整改。一是严格按照《实施方案》要求，成立兵团天保领导小组，下设办公室，有4名专职人员。二是认真落实管护责任制，将天保区森林管护面积落实到具体人、落实到山头地块，分片包干，并签订管护承包合同，建立健全管护档案。三是整改工作到位，师、团加强领导和管理，责任落实，管护到位，未发生乱砍滥伐以及重大森林火灾，确保了森林资源的安全。截至2005年底，累计投入资金1167万元，其中：国家投资1134万元，团场自筹21万元。当年投资191万元，管护森林面积8298公顷。

林权证登记发证工作稳步推进　一是对2005年林权证颁发工作进行了全面的安排。二是继续开展了林权证颁发评比活动，总体来说，2005年林权证颁发工作又有了新的进展。据统计2005年，全兵团受理林权登记发证申请11 221份，审核批准颁发林权证8039份，发证面积达4.885万公顷，其中退耕还林工程发证5995份，面积4.44万公顷。

（贾寿珍）

【森林公安工作】　2005年，兵团森林公安工作在制度、队伍、防火装备、保护区建设等方面取得了较好的成效。一是全年共受理各类涉林案件420余起，处理290余起。其中刑事案件5起（劳教1人），全兵团范围通报毁林案件1起，共挽回经济损失260余万元，狠狠打击了破坏森林资源的违法犯罪活动。二是基层森林公安队伍建设取得了新的进展，三师图木舒克市、四师、八师的森林公安派出所办公设施建设基本完成，同时新招录民警9人，基层森林公安队伍建设迈出了坚实的一步。三是国家林业局下发兵团森林公安局国债资金188万元（兵团自筹38万元），用于四、十师防火物资储备库建设及兵团各师森林公安的基础设施建设。四是为全面贯彻落实《国务院办公厅关于解决森林公安及林业检法编制和经费问题的通知》（国办发［2005］42号），就如何科学合理设置基层森林公安机构、人员配备、地点选择和布局等问题，在全兵团范围内进行了调研工作，确定了初步方案，为兵团森林公安中长期建设和发展提供了依据。五是召开了林业案件分析暨林业执法经验交流会，此次会议以会带训，达到了预期目的。

兵团森林公安局受兵团森林防火指挥部委托，对四师3个山区林场及十师一八五团的森林防火情况进行了全面检查，详细掌握了基层森林防火基础设施建设、防火设备状况、防火预案、通讯设施等情况以及存在的问题，针对存在的问题提出了整改措施。

（万　冬）

林业人事劳动

国家林业局领导成员

局长、党组书记：周生贤（2005 年 11 月免职）
贾志邦（2005 年 11 月任职）
副局长、党组副书记：李育材
副局长、党组成员：赵学敏
党组成员：江泽慧
中央纪委驻国家林业局纪检组组长、党组成员：杨继平
副局长、党组成员：雷加富　祝列克　张建龙

新任国家林业局局长、党组书记

贾治邦　男，1946 年 11 月生，汉族，陕西吴旗人，1962 年 4 月加入中国共产党，大学文化。1965 年 9 月参加工作，历任中共陕西省志丹县委宣传部干事；陕西省延安无线电总厂生产科干事，宣传科副科长，厂办公室主任，车间主任、党支部书记，厂党委常委、革委会副主任、副厂长。1981 年 6 月至 1985 年 2 月任陕西省电子工业厅物资计划处副处长，中共陕西省顾问委员会办公厅经济研究处副处长。1985 年 2 月至 1988 年 6 月任陕西省政府办公室正处级秘书、综合处处长。1988 年 6 月至 1989 年 7 月任陕西省政府办公厅副主任。1989 年 7 月至 1990 年 8 月任陕西省政府副秘书长。1990 年 8 月至 1993 年 5 月任中共陕西省延安地委副书记、延安地区行署专员。1993 年 5 月至 1994 年 1 月任中共陕西省委常委、延安地委副书记、延安地区行署专员。1994 年 1 月至 1998 年 5 月任中共陕西省委常委、陕西省副省长。1998 年 5 月至 2002 年 5 月任中共陕西省委副书记、陕西省副省长。2002 年 5 月至 2003 年 1 月任中共陕西省委副书记、陕西省副省长、代省长。2003 年 1 月任中共陕西省委副书记、陕西省省长。2004 年 11 月任民政部副部长、党组副书记（正部长级）。2005 年 11 月任国家林业局局长、党组书记（正部长级）。是中共第十四届、十五届中央候补委员，十六届中央委员。

国家林业局机关各司（局）负责人

办公室

主　任：封加平
副主任：程　红　李世东
助理巡视员：闫立民

植树造林司（全国绿化委员会办公室综合组、长江流域防护林体系建设管理办公室）

司　长：魏殿生（兼全国绿化委员会办公室综合组组长、长江流域防护林体系建设管理办公室主任）
副司长：黎云昆　李怒云
关鼎禄（挂职，2005 年 7～12 月）
副组长：韩国祥
副主任：马爱国（兼副司长）
助理巡视员：黄正秋（援藏）
总工程师：吴　坚

森林资源管理司（全国木材行业管理办公室）

司　长：肖兴威（兼全国木材行业管理办公室主任）
副司长：王祝雄　苏春雨
常务副主任：孙　建（兼副司长）
助理巡视员：徐济德
司长助理：平　措（挂职，2005 年 7～12 月）
全国木材行业管理办公室副司局级调研员：
徐向一　董新民

野生动植物保护司（野生动植物保护及自然保护区建设工程管理办公室、湿地履约办公室）

司　长：卓榕生（兼野生动植物保护及自然保护区建设工程管理办公室主任）
副司长：刘永范（兼野生动植物保护及自然保护区建设工程管理办公室常务副主任）
副主任：贾建生（兼副司长）
总工程师：严　旬
湿地履约办常务副主任：印　红
助理巡视员：王　伟

森林公安局（森林防火办公室）

局长（主任）、分党组书记：杜永胜
巡视员、分党组成员：曹　真
副局长（副主任）、分党组成员：潘世学
张　萍　崔永环

政策法规司

司　长：汪　绚
副司长：卢昌强、文海中
助理巡视员：江机生
祁　宏（2005 年 9 月明确为副司局级，选派到浙江省挂职锻炼）

发展计划与资金管理司

司　长：姚昌恬
巡视员：王前进
副司长：郝燕湘（2005 年 1 月免职）
杨　超（在吉林省挂职）
杨　冬
刘金富（2005 年 1 月任职,试用期 1 年）
助理巡视员：张艳红（在贵州省挂职）
汤晓文

科学技术司

司　长：张永利
巡视员：李东升
副司长：胡章翠　靳　芳
赵建林（挂职，时间 2005 年 7～12 月）

国际合作司

司　长：曲桂林
巡视员：刘洪存
副司长：章红燕

人事教育司

司　长：马安全（2005 年 2 月任职）
副司长：高红电　杨连清　蓝增寿

直属机关党委

常务副书记：张希武
巡视员：刘玉来
副书记、纪委书记：蒋周明

国家林业局直属机关工会联合会

主席：杨建新

离退休干部局

局长、党委书记：孙传玉
副局长：薛全福
助理巡视员：秦德顺、雷堂华
正司局级干部：王宏祥　郭　涛　李玉华

机关服务局

局长、党委书记：焦德发
副局长：恽文田　于　利　王寿奎　周　瑄
副司局级调研员：张华山

中央纪委、监察部驻国家林业局纪检组、监察局负责人

组　长：杨继平
副组长、局长：刘双来
副局长：严晓凌
综合室主任：周　洪（2005 年 8 月任职）
第二纪检监察室主任：吴兰香

国家林业局直属单位负责人

国家林业局驻内蒙古自治区森林资源监督专员办事处

专员、党组书记：金永洪
副专员、党组成员：刘洪国　冯树清
党组成员：李国臣

国家林业局驻长春森林资源监督专员办事处

专员、党组书记：赵恩举
副专员、党组成员：李伟明　及瑞华

国家林业局驻黑龙江省森林资源监督专员办事处

专员、党组书记：姜春芳（2005 年 10 月免职）
王森业（2005 年 10 月任职）
副专员、党组副书记：王森业（2005 年 10 月免职）
副专员、党组成员：刘志忠　齐兴武

国家林业局驻大兴安岭林业集团公司森林资源监督专员办事处

专员、党组书记：曹国江

副专员、党组成员：王荣满　段光晨

国家林业局驻合肥森林资源监督专员办事处

专员：柳学军

国家林业局驻福州森林资源监督专员办事处

专员：孙国吉

副专员：何美成

国家林业局驻武汉森林资源监督专员办事处

专员：刘嗣上

国家林业局驻海口森林资源监督专员办事处

专员：王洪杰

国家林业局驻成都森林资源监督专员办事处

专员：石　峰

国家林业局驻贵阳森林资源监督专员办事处

专员：柏章良

国家林业局驻云南省森林资源监督专员办事处

专员：杨百瑾

副专员：万兆奇

国家林业局驻西安森林资源监督专员办事处

专员：谭光明

国家林业局驻兰州森林资源监督专员办事处

专员：刘东生

国家林业局驻乌鲁木齐森林资源监督专员办事处

专员：胡培兴

国家林业局国有林场和林木种苗工作总站

总站长：王维正（2005年2月免职调离）

副总站长：孔　明（2005年2月主持工作）　刘　红

总工程师：张建民

国家林业局林业工作站管理总站

总站长：马广仁

副总站长：林海涛　米海生　李近如

国家林业局林业基金管理总站

总站长：郝燕湘（2005年1月任职，正司局级，试用期1年）

副总站长：王翠槐　丁立新　路　健（2005年1月调任）

总会计师：韩　冰

国家林业局宣传中心

主　任：曹清尧

副主任：金志成　厉建祝

中国林业职工思想政治工作研究会秘书长：柳维河

国家林业局濒危物种进出口管理中心

主　任：赵学敏（兼）

常务副主任：陈建伟

副主任：孟　沙　周亚非　孟宪林

国家林业局天然林保护工程管理中心

主　任：张志达

副主任：张周忙　陈　蓬　贾　骞（2005年3月调离）　陈学军

总工程师：叶荣华

国家林业局退耕还林工程管理中心

主　任：张鸿文

副主任：张秀斌　李青松　刘树人　吴礼军（湖北挂职锻炼）

总工程师：杜纪山

防治荒漠化管理中心

主　任：刘　拓

副主任：王信建　罗　斌（内蒙古挂职锻炼）　臧春林（内蒙古挂职锻炼）　许　庆

总工程师：杨维西

国家林业局世界银行贷款项目管理中心

主　任：王成祖

副主任：姜喜山　王志高（广西挂职锻炼）　王连志

总工程师：陈道东

国家林业局科技发展中心

主　任：张永利（兼）

常务副主任：李东升（兼）

副主任：李　兴　李明琪

国家林业局经济发展研究中心

主　任、党委书记：张　蕾

副主任：王焕良　戴广翠　程　鹏

国家林业局人才交流开发中心

主　任：安丰杰

副主任：谢　颖(2005年1月退休)　高红电(兼)

国家林业局审计中心

主　任：刘雪平

副主任：辛运林　陈　彤

国家林业局对外合作项目中心

主　任：曲桂林（兼）

常务副主任：金普春

副主任：苏　明　吴志民

森林防火预警监测信息中心

主　任：张　萍（兼）

副主任：陈介平　王元法

森林资源监督管理办公室

主　任：肖兴威（兼）

常务副主任：王祝雄（兼）

副主任：张松丹　苏祖云

中国林业科学研究院

院长、分党组书记：江泽慧（兼，副部长级）

常务副院长、分党组副书记：张守攻（湖南挂职）

常务副书记、副院长、京区党委书记：李向阳

副院长、分党组成员：蔡登谷　金　旻　储富祥　刘世荣

正司局级调研员、分党组成员：宋　闯

纪检组组长、分党组成员：陈幸良

国家林业局调查规划设计院

院　长：李忠平

党委书记：王忠仁

副院长：王庆杰　刘国强　赵中南

副院长、党委副书记：张惠新

总工程师：张煜星

国家林业局林产工业规划设计院

院长、党委书记：于建亚

副院长：朱志强　李　鹏

党委副书记：石廷克

北京林业管理干部学院

院　长：周生贤（兼）

党委书记：彭有冬

常务副院长、党委副书记：王建子

副院长：刘家顺　方怀龙

党委副书记、纪委书记：黄桂荣

正司局级调研员：朱延福

中国绿色时报社

党委书记、社长：丁付林

总编辑：海相涛

副总编辑：张连友　曾联盟

正司局级调研员：万以诚（2005 年 12 月免职退休）

副司局级干部：杨　丹

中国林业出版社

社长、党委书记：张柏涛

总编辑：陈　利

副社长、党委副书记、纪委书记：李玉峰（援疆干部）

副社长、副总编辑：刘东黎

副总编辑：邵权熙

国际竹藤网络中心

主任：张建龙（兼）

常务副主任：岳永德

副主任：程　良

中国林学会

秘书长：李东升（兼）

常务副秘书长：李岩泉

副秘书长：沈　贵　尹发权

中国野生动物保护协会

秘书长：陈润生

副秘书长：李青文　赵胜利

中国花卉协会

秘书长：姜伟贤

副秘书长：王殿富　陈建武

中国绿化基金会

办公室主任：王维正（2005 年 2 月调任）

办公室副主任：王九渊　赵志营

国家林业局西北华北东北防护林建设局

局长、党组书记：陈凤学

副局长、党组成员：潘迎珍　张　炜　梁宝君

总工程师、党组成员：张文明

副司局级调研员：曹之治

国家林业局森林病虫害防治总站

总站长、党委书记：赵良平

副总站长：潘宏阳　郭丕毅

党委副书记：付　贵

总工程师：宋玉双

纪委书记：李永成

国家林业局东北航空护林中心

党委书记、主任：白胜文

党委副书记、纪委书记：李炳泉

副主任：李世奇　张宝柱

国家林业局西南航空护林总站

党委书记、总站长：郝佩和

副总站长：史永林　和　宏

南京森林公安高等专科学校

党委书记：周鸿升

校　长：苏惠民

党委副书记、纪委书记：王邱文

副校长：张治平　张南群

国家林业局华东林业调查规划设计院

院长、党委书记：傅宾领

党委副书记、纪委书记：周　琪

副院长、总工程师：何时珍（正处级）

副院长：丁文义（正处级）

国家林业局中南林业调查规划设计院

院长、党委书记：包拓华（2005 年 1 月免职退休）
周光辉（2005 年 1 月任职，正司局级，试用期 1 年）

副院长：周光辉（2005 年 1 月免职）　蒋云安

总工程师：熊智平（正处级）

党委副书记、纪委书记：周学武（正处级）

国家林业局西北林业调查规划设计院

院长、党委副书记：刘裕春

党委书记、纪委书记：康晓达

副院长：王金昌（2005 年 11 月开除）　彭长清

总工程师：李立球

国家林业局昆明勘察设计院

院长：杨开才

党委书记、副院长：刘文德

副院长：唐芳林

副院长、纪委书记：周红斌

副院长、总工程师：张敏琦

各省、自治区、直辖市林业厅（局）负责人

首都绿化办（北京市林业局）

局长、党组书记：宋希友

副局长、党组副书记：李树旺

副局长、党组成员：史贵升　甘　敬　康德铭　王苏梅

纪检组组长、党组成员：冯端翊

助理巡视员、党组成员：黄德峰　高士武

助理巡视员：张建民

天津市林业局（市绿化委员会办公室）

党委书记：程文武

党委副书记、局长（主任）：李森阳

助理巡视员：张宝恕

党委副书记：李春国

副局长：王宜民

河北省林业局

局长、党组书记：张树仁（2005年6月免职调离）

武国堂（2005年6月任职）

副局长、党组副书记：白顺江（2005年7月任党组副书记）

副局长、党组成员：杨新世（2005年5月免职）

张　静

纪检组组长、监察专员、党组成员：张振宇

副局长：葛会波

巡视员：曲宪忠（2005年5月免职退休）

杨新世（2005年5月任职）

助理巡视员：闫铁龙

山西省林业厅

厅长、党组书记：杜创业

副厅长、党组成员：王银娥　霍转业　马双柱　周　洪　吉久昌

副厅长、总工程师、党组成员：杨保庆

纪检组组长、党组成员：谢占杰

助理巡视员：姚文达　温普德

内蒙古自治区林业厅

厅长、党组书记：高锡林

副厅长、党组成员：曹文仲　田选明　呼　群

纪检组组长、党组成员：李树平

助理巡视员：谢振有　李纯英　杨俊平（2005年11月任职）

辽宁省林业厅

厅长、党组书记：王文权

副厅长、党组副书记：舒兴第（2005年6月免职）

副厅长、党组成员：金连成（2005年11月免职）

侯喜丰（2005年8月调任）

马志刚　黄庆宇

纪检组组长、党组成员：孔秀香（2005年5月免职退休）

张志茹（2005年12月任职）

巡视员：舒兴第（2005年6月任职）

金连成（2005年6月任职）

助理巡视员：郑福余

吉林省林业厅

厅长、党组书记：刘延春

副厅长、党组成员：王玉明　金德友　乔　恒　杨　超（挂职干部）

纪检组组长、党组成员：宣德义

党组成员：刘志田（2005年10月退休）

党组成员、森林防火专职副指挥：孙亚强

巡视员：魏连生（2005年8月退休）

助理巡视员：闫活承　尚静敏

黑龙江省林业厅

党组书记：赵向东（2005年2月免职）

厅长、党组副书记：韩连生（2005年2月任党组书记）

副厅长、党组成员：刘亚文　杨克杰　王凤友

省防火指挥部专职副指挥、党组成员：李树铭

纪检组组长、党组成员：王瑞斌

助理巡视员：李耀民　杨国亭　金　强（2005年2月调任）

上海市绿化管理局（上海市林业局）

党委书记：陈文泉

局长、党委副书记：冯经明（2005年11月免职调离）

马云安（2005年11月任职）

党委副书记、纪委书记：时建设

党委副书记：戴群华

副局长：沈兰全　陈　敏（2005年11月免职调离）

王孝泓　崔丽萍　夏颖彪（2005年11月调任）

江苏省林业局

局长、党委书记：夏春胜

副局长：严宏生　葛明宏　卢兆庆

纪委书记：邱昱东

浙江省林业厅

厅长、党组书记：陈铁雄

副厅长、党组成员：陈国富　邢最荣　叶胜荣

陈　蓬（2005 年 7 月结束挂职）
祁　宏（2005 年 8 月挂职）
副厅长：吴　鸿
纪检组组长、党组成员：陈炳龙（2005 年 7 月免职退休）
助理巡视员：张　钢

安徽省林业厅

厅长、党组书记：唐怀民（2005 年 9 月免党组书记、10 月免厅长）
韩柏泉（2005 年 9 月任党组书记、10 月任厅长）
副厅长、党组成员：程　鹏　赵　波
纪检组组长、党组成员：时思玉
总工程师：汤　坚

福建省林业厅

厅长、党组书记：黄建兴
纪检组组长、党组成员：柴喜堂
副厅长、党组成员：吕月良　陈家东（正厅级，2005 年 4 月免职）
黄家铭　张福寿（2005 年 8 月任职，试用期 1 年）
党组成员：兰思仁（2005 年 12 月任职）

江西省林业厅

党组书记：严金亮（2005 年 12 月免职）
厅长、党组副书记：刘礼祖（2005 年 12 月任党组书记）
副厅长、党组成员：龙远飞　肖　河　魏运华　郭　家
纪检组组长、党组成员：李正生
党组成员：黄晓春
助理巡视员：陈金生（2005 年 7 月退休）
詹春森（2005 年 7 月任职）

山东省林业局

局长、党组书记：孙庆传
副局长、党组副书记：贾崇福
副局长、党组成员：石效贵　丁希滨　田庆斌
纪检组组长、党组成员：辛福智
助理巡视员：吴庆刚

河南省林业厅

厅长、党组书记：赵顷霖（2005 年 4 月免党委书记、5 月免厅长职务）
王照平（2005 年 4 月任党委书记、5 月任厅长职务）
副厅长、党组成员：乔新江　王德启　张胜炎　弋振立　丁荣耀
纪检组组长、党组成员：乔大伟
巡视员、党组成员：李健庭
助理巡视员：万运龙　谢晓涛(2005 年 11 月任职)

湖北省林业局

局长、党组书记：吴先金
副局长、党组副书记：石　山
副局长、党组成员：左雄中　樊仁富　王述华　吴礼军（挂职干部）
总工程师、党组成员：刘晓洪
纪检组组长、党组成员：李德珍
巡视员：张和坤（2005 年 2 月退休）
助理巡视员：吴恒洲

湖南省林业厅

厅长、党组书记：葛汉栋
副厅长、党组副书记：李定一　邓三龙（2005 年 12 月调任）
副厅长、党组成员：黄旭国　胡长清　张守攻（2005 年 5 月挂职）
纪检组组长、党组成员：唐苗生
巡视员：赵爱群（2005 年 6 月免职退休）
刘绍祥
总工程师、党组成员：柏方敏
助理巡视员：文振军（2005 年 7 月任职）

广东省林业局

局长、党组书记：邓惠珍
副局长、党组成员：陈俊勤　邓梦柏　廖晓晨　张育文　郑伟仪（2005 年 10 月任职）
纪检组组长、党组成员、监察专员、直属机关党委书记：倪南青
助理巡视员：王惠恒

广西壮族自治区林业局

局长、党组书记：黎梅松
副局长、党组成员：廖培来　罗永魁　裴安道（2005 年 4 月免职退休）
王志高(挂职干部)
陈湘文(2005 年 9 月任职)
副局长：金大刚
纪检组组长、党组成员：黎先甫（2005 年 4 月免职退休）
王力生（2005 年 5 月任职）
助理巡视员：肖　超

海南省林业局

局长、党组书记：朱选成
副局长、党组成员：周燕华　秦忠文

重庆市林业局

局长、党组书记：周克勤
副局长、党组成员：何　平　邓东华　杨富权
副局长：张　洪
纪检组组长、党组成员：蒙和平
助理巡视员：李新国　王孝辉

四川省林业厅

厅长、党组书记：杨冬生

副厅长、党组成员：鲁志明 戴柏阳 罗增斌 郭亨孝

纪检组组长、监察专员、党组成员：

李春富（2005 年 6 月免职）

赵光钦（2005 年 6 月任职）

机关党委书记、党组成员：刘书贵

助理巡视员：余顺华（2005 年 2 月免职退休）

杜万全（2005 年 6 月任职）

贵州省林业厅

党组书记、厅长：张锦林

党组副书记、副厅长：张礼安

党组成员、纪检组组长：宋云忠

党组成员、副厅长：金小麒 汤向前

党组成员、机关党委书记：甘如一

副厅长：徐来富

总工程师：官国倍

云南省林业厅

厅长、党组书记：李 军(2005 年 6 月免职调离)

白成亮(2005 年 6 月调任)

副厅长、党组成员：张林冲（2005 年 6 月调任）

郭辉军 王德祥 冷 华

雷翁团（2005 年 6 月免职调离）

纪检组组长、党组成员：潘忠云

巡视员：赵克清（2005 年 4 月免职退休）

党组成员、森林公安局局长：马 胜（2005 年 1 月被双规、4 月被逮捕）

森林公安局局长：夏留常（2005 年 5 月调任，正处级）

西藏自治区林业局

局长、党组副书记：阿 布

副局长、党组成员：扎 西 布阿牛 张明兰

黄正秋（援藏干部）

陕西省林业厅

厅长、党组书记：权志长（2005 年 8 月免党组书记、9 月免厅长职务）

张社年（2005 年 8 月调任党组书记、9 月任厅长）

副厅长、党组成员：郝福财 朱巨龙 陈玉忠

孙承骞 高永民（2005 年 8 月任职）

总工程师、党组成员：王建阳

党组成员、陕西省森林资源管理局局长：郭道忠

党组成员、纪检组长:赵钰莹(2005 年 11 月调任)

助理巡视员：闫 宏

甘肃省林业厅

厅长、党组书记：马尚英

党组成员、副厅长：张生贤 骆洪元

副厅长：赵建林（2005 年 3 月任党组成员）

党组成员、纪检组组长：冯兴治

党组成员、总工程师：樊 辉（2005 年 6 月任党组成员、8 月任总工程师）

党组成员、省绿化委员会办公室副主任：魏至公

助理巡视员：尚振潭 段 巍(2005 年 12 月任职)

青海省林业局

局长、党组书记：李三旦

副局长、党组成员：王 谦 党晓勇 郑 杰

党组成员、纪检组组长：刘自山（2005 年 2 月任职）

宁夏回族自治区林业局

党组书记：孙长春

局长、党组副书记：韩陕宁

副局长、党组成员：刘荣光 李月祥 王洪界（2005 年 4 月调任）

纪检组组长、党组成员：郭玉堂

新疆维吾尔自治区林业厅（2005 年 9 月改林业厅）

党委书记、副厅长：李湘林

厅长、党委副书记：买买提·阿不都拉

党委副书记、纪委书记：严效寿

副厅长、党委成员：穆 汉 侯翠花 张小平

党委委员：许寿学（2005 年 5 月免职）

陈圣樱（2005 年 5 月任职）

副厅长：杨 丹（援疆干部，2005 年 8 月结束挂职）

李玉峰（援疆干部，2005 年 8 月任职）

（林业人事劳动以上部分由人教司供稿）

国家林业局干部人事工作

【综 述】 2005 年，国家林业局人教司，按照局党组关于林业工作的总体部署，大力加强直属机关干部队伍建设和各级领导班子建设，全力做好行业教育培训，不断强化行业人才工作和直属机关劳动工资工

作，努力开拓直属机关和行业机构编制管理工作的新局面，统筹协调，突出重点，在各有关部门的大力支持和直属机关各单位的大力配合下，圆满完成了既定的各项工作任务，取得了实实在在的成效。

干部管理工作

1. 以增强执政能力为重点，强化干部素质教育。举办了1期司（局）级领导干部和2期处级领导干部任职培训班，共培训干部118人，其中：司（局）级干部36人，处级干部82人。此外，2005年选派了16名司（局）级干部分别到中央党校、国家行政学院和局党校学习，通过国家外专局选派2名同志赴美国杜克大学进行为期4个半月的培训。

2. 完成挂职锻炼干部的选派和接收安排工作。根据中组部第五批援疆干部工作协调会精神和要求，组织完成了第五批援疆干部的选派工作。李玉峰等2名第五批援疆干部按计划于8月份进疆工作。与此同时，还选派了15名干部到基层挂职锻炼，其中：祁宏等6人到浙江、王志高等6人到广西，张守攻、罗斌、吴长江等3人分别到湖南省林业厅、内蒙古自治区鄂尔多斯市和河南省南阳市挂职锻炼。此外，按照中组部、统战部和国家民委的统一部署，2005年接收安排了来自西藏、甘肃和云南的3名干部来国家林业局挂职锻炼。同时本着积极支持，量力而行的原则，经与有关司（局）和单位协商，接收安排了来自西部地区、林业重点工程示范区以及革命老区的15名地方干部来国家林业局挂职锻炼。

3. 结合各司（局）和各单位年度考核和民主生活会情况，加大干部选拔任用和轮岗交流工作力度。全年对机关司（局）和直属的5个单位的领导班子进行考核，其中重点调整配备5个直属单位的一把手，新提拔司（局）级干部4人，其中正司（局）级干部2人，副司（局）级干部2人，对2名司（局）级干部进行了轮岗交流，同时，完成了对2004年选拔配备的李向阳等29个试用期满干部的全面考察，并按程序报党组批准后予以正式任用。重点对局办公室、政法司、计资司、基金总站、新组建的8个驻省（区）森林资源监督专员办事处等单位的处以下干部配备进行考核。2005年全年调整、任免局机关和直属单位处级干部36人，其中考察、提任正处级干部10人，副处级干部6人，处级干部轮岗交流10多人次，进一步加强了各单位中层领导班子。

4. 迎接中组部对国家林业局干部工作的检查。2005年下半年，中组部组织多个检查组对省（区、市）、中央国家机关部委贯彻执行《条例》、5+1文件和《意见》进行检查。在一周的检查时间里，中组部检查组和局党组交换了意见，听取了人教司的汇报，同20名同志进行了个别谈话，召开了座谈会，查阅了大量资料，对局党组提任干部工作进行测评，征求意见。检查结束后，检查组对国家林业局干部工作高度评价，认为国家林业局党组能认真贯彻中央干部路线，从战略上把握干部选拔任用工作，能站在国家生态建设战略全局的高度，用想干事、能干事、肯干事的人，坚持民主集中制，严格干部选拔任用工作程序，把握关键环节，把教育、培养、选拔、管理贯穿起来，把照顾老同志、使用中年同志、培养年轻同志结合起来，在落实上注重发挥人事部门职能作用，坚持用人标准，被提干部素质较高，群众认可。

5. 加强干部管理制度建设，强化干部选拔任用的监督管理机制。先后制定和印发了《国家林业局干部监督联席会议制度》、《国家林业局机构编制、干部职数管理办法（试行）》、《国家林业局干部谈话、诫勉、函询暂行办法》。

6. 干部调配工作。一是根据机关和直属单位的实际工作需要，报经人事部批准同意，以京外调干的渠道从京外调入了3名熟悉地方林情、具有丰富基层经验的干部。二是本着"以人为本"的原则，解决了17名干部的夫妻两地分居问题，使他们能全身心地投入到中心工作。三是积极落实军转干部安置这一政治任务，按照国务院军转办的统一部署，以高度的政治责任感完成了2005年4名军转干部的接收工作。四是为进一步充实国家林业局干部队伍，改善人才队伍结构，接收了103名高等学校应届毕业生到国家林业局在京单位工作。

7. 干部档案管理迈出了可喜步伐。为进一步加强干部档案管理工作，按照中组部干部档案管理的相关精神，人教司对7个直属单位档案管理工作进行了达标验收，确定了等次。为进一步贯彻落实全国干部档案工作会议精神，推动局属各单位干部档案管理工作，人教司于12月份召开了局干部档案工作会议。

干部教育培训工作

1. 根据2004年召开的全国林业人才工作会议的部署和局党组的要求，组织编制了《全国林业教育培训工作"十一五"规划》并已完成审定工作。

2. 根据局2005年培训计划，共组织举办了各类干部业务培训班60期，培训4000人次。其中，中东部地区、西部地区及林业产业建设等县级领导干部专题研究班3期，培训140人次；英语中级口语培训班1期、培训20人次；专业技术人员高级研修班1期，培训35人次；司、处级领导干部任职培训班3期，培训36人次（司级班1期、118人次，处级班2期、82人次）。

3. 指导协调中日林业生态培训中心项目的实施，成立了项目领导小组，确定了项目5个地方培训基地，先后组织实施了省级林业行政管理骨干培训班等6期培训班，对146名省级以上林业部门业务骨干进行培训；召开了多次项目研讨会，为项目下一步面向县级人员的培训打下了基础。

4. 行业职业教育工作方面，启动了高职高专教

育林科类专业教学改革与实践研究项目，召开了全国林业职业院校协作会议暨办学模式研讨会，组织完成了五年制高职园林专业17门核心课程教材的出版和三年制高职园林专业、三年制高职森林生态旅游专业主干专业课程教材的编写、审定工作。

5. 高等教育工作方面，积极筹备开展林业重点学科和重点专业的评选，组织协调了南京森林公安高等专科学校专业建设及评估工作，组织协调了南京森林公安高等专科学校专科招生和中国林科院研究生招生工作。

人才队伍建设及劳动工资管理工作

1. 组织编制《全国林业人才“十一五”和中长期规划》。为贯彻党的十六届四中、五中全会关于加强党的执政能力建设、实施科教兴国和人才强国战略的精神，落实全国人才工作会议和全国林业人才工作会议的部署，做好“十一五”期间和中长期林业人才工作，组织编制了《全国林业人才工作“十一五”和中长期规划》。规划根据林业改革和发展的要求确定了“十一五”和中长期林业人才工作的基本原则、工作思路和总体目标，提出了“十一五”和今后一个时期林业人才工作的重点建设任务和保障措施。

2. 全面加强高层次人才队伍建设。一是正式印发了《国家林业局关于加强林业人才工作的意见》。二是组织完成了2005年中国科学院、中国工程院院士初选工作。组织选拔推荐并经国务院批准国家林业局直属单位15名专家学者享受了国务院政府特殊津贴。三是继续做好青年科技人才的培养工作。根据中组部、团中央要求和国家林业局培养高层次复合型人才的需要，组织了第六批“博士服务团”成员人选的选派工作，选派了3名德才兼备的优秀人才分别到青海省、重庆市和江西省锻炼服务；按照中组部、教育部、科技部和中国科学院的要求，接收了6名“西部之光”访问学者到中国林科院进行为期一年的培训。成功开展了第八届中国林业青年科技奖的评选表彰工作。

3. 林业技能人才培养工作得到进一步加强。2005年林业行业职业技能人才培养和鉴定工作得到迅速发展。经劳动和社会保障部批准，新增林业职业技能鉴定站8个，使全国林业行业职业技能鉴定站增加到48个，全年共培养和鉴定林业技能人才1.4万余人次，比2004年增长了40.5%，其中高级工5794人次，技师1436人次，高级技师112人次。

4. 进一步规范表彰奖励办法，大力推进表彰奖励工作。一是在2004年工作的基础上，对《国家林业局表彰奖励工作规定》进行了进一步修改完善，并作为国家林业局表彰奖励工作的规范性文件正式印发。二是组织开展了优秀护林员、国土绿化光彩事业贡献奖、森林资源管理专项打击、全国国有林场建设等专项表彰奖励，完成了全国防沙治沙大会的奖励表彰筹备工作和授予孙建博同志全国林业先进工作者的表彰奖励工作。

5. 按照党中央国务院的要求，组织有关单位对局机关和直属单位补贴津贴发放情况进行了认真的清理。摸清了津贴补贴发放的项目内容、资金渠道、发放标准、执行人数和存在的问题，并提出了初步处理建议意见随材料一同上报了国务院，抄送了财政部、人事部。完成了直属事业单位工资正常晋升、工资计划管理、工资变动审批、机关人员工资统发、直属单位工资基金管理工作等，包括专家延长退休年龄的审批、提高专家退休费比例的审批工作等。

6. 不断加强职称工作。一是会同有关方面研究提出了在有关法律法规修订时，应当考虑增加森林资源资产评估、造林质量控制等林业工作方面的职业资格的立法建议，并会同计资司对如何尽快建立森林资源资产评估专业人才队伍进行了研究。二是进一步对林业工程系列专业技术资格评审条件进行了细化，实现了专业技术资格评审材料电子化。三是组织召开了国家林业局2005年度专业技术资格评审会议。

机构编制和社会团体管理工作

1. 加强机构编制工作的制度化建设，完善直属机关机构体系建设。制定并正式印发了《国家林业局机构编制和干部职数管理暂行办法》。2005年，中央编办正式批准成立了国家林业局湿地保护管理中心（中华人民共和国湿地履约办公室）；正式批准增加了4名国家林业局森林公安局直属机动队专项行政编制；正式批准将中国林科院森林生态环境研究所与中国林科院森林保护研究所合并为中国林科院生态环境与保护研究所，新成立了中国林科院新技术研究所。

2. 联合有关司（局），经与国务院办公厅、中央编办多次沟通，正式印发了国务院办公厅《关于解决森林公安及林业检法编制和经费问题的通知》（国办发［2005］42号），解决了长期困扰全国森林公安执法队伍的关键问题。

3. 为切实贯彻落实国务院关于加强动物防疫工作的指示，适应防治禽流感工作的需要，经研究并报局批准，在森防总站成立了国家林业局野生动物疫源疫病监测总站，与森防总站实行一套人马两块牌子；适应林业对台工作的需要，调整了局台湾事务办公室的设置，进一步明确国家林业局台湾事务办公室与国际合作司一套人马两块牌子，提升了机构的规格。

4. 进一步优化了局有关各司（局）和直属单位的内设机构设置和干部职数配备，不断理顺各单位的职能。根据党员先进性教育中干部群众的要求，重新明确了林业基金管理总站职能，并对其内设机构和干部职数进行了调整。在南京森林公安高等专科学校成立了国家林业局森林公安局野生动植物刑事物证鉴定中心；对国际竹藤网络中心、西南航空护林总站等单位的内设机构和干部职数进行了重新调整。

5. 社会团体工作。经多次与民政部民间组织管理局沟通，民政部批复同意成立了中国长城绿化促进会，并由国家林业局作为业务主管单位，具体业务挂靠造林司。同时，在广泛调研的基础上，组织起草了《国家林业局社团管理办法（试行）》（草案），并以书面形式征询有关方面的意见。

全力做好《公务员法》正式实施的准备工作

1. 为切实贯彻落实好全国实施公务员法会议精神，根据中组部、人事部有关要求，制定了《国家林业局贯彻全国实施公务员法会议精神实施方案》，成立了国家林业局实施公务员法领导小组及其办公室，为2006年正式实施公务员法奠定了工作基础。

2. 大规模开展了《公务员法》培训。人教司统一为机关公务员购买了《公务员法》单行本和释义，专门发文部署学习，并专门举办了学习培训班。在北京林业管理干部学院先举办骨干培训班，接着进行轮训。截至2005年，已举办了两期骨干培训班、5期轮训班，机关和参照管理的单位的在职干部全部参加了培训。

3. 摸清情况，为公务员重新登记和参照管理做好准备。一是对机关（含离退休干部局等单位）的人员配备现状进行调查，做到心中有数。二是对现比照公务员管理的和下一步拟报请上级主管部门批准参照公务员管理的单位和人员逐一进行研究，提出处理意见，适时提请党组研究。三是对现有的机构编制情况，特别是对非经上级主管部门批准成立的单位及其人员情况，进行认真清理，分别提出了处理意见，待报局研究。

（严　剑）

【享受政府特殊津贴人员】 根据人事部《关于开展2004年度享受政府特殊津贴人员选拔工作的通知》（国人部发［2004］92号）文件精神，2005年国家林业局开展了2004年度享受政府特殊津贴人员选拔推荐工作，经国务院批准，国家林业局所属单位15名专家享受2004年度政府特殊津贴。

2004年度享受政府特殊津贴人员

姓名	工作单位	性别	技术职称	从事专业
陈晓鸣	中国林科院	男	研究员	资源昆虫学
苏晓华	中国林科院	女	研究员	林木遗传育种生物技术
马乃训	中国林科院	男	研究员	竹子遗传育种
吕建雄	中国林科院	男	研究员	木材科学与技术
郑松发	中国林科院	男	研究员	红树林研究
巩智民	林产工业规划设计院	男	高级工程师	建筑学
丛静华	南京森林公安高等专科学校	男	教　授	森林防火机械
唐小平	局调查规划设计院	男	教授级高工	森林经理、生物多样性保护
王庆杰	局调查规划设计院	男	高级工程师	计算机应用与管理
曾伟生	中南林业调查规划设计院	男	教授级高工	林业调查、规划设计、林业数表
何时珍	华东林业调查规划设计院	男	高级工程师	森林资源监测和调查
陈国发	森林病虫害防治总站	男	教授级高工	森林保护
张　蕾	林业经济发展研究中心	女	教授级高工	林业经济政策、林业法律研究
范少辉	国际竹藤网络中心	男	研究员	森林培育学
张君颖	中国林学会	女	研究员	期刊编辑

（人教司人劳处）

【第八届中国林业青年科技奖获得者】 根据中组部、人事部、中国科协《关于开展第九届中国青年科技奖候选人推荐与评选工作的通知》（科协发组字［2005］62号）精神和《中国林业青年科技奖条例》的有关规定，2005年国家林业局组织开展了第八届中国林业青年科技奖的评选工作和第九届中国青年科技奖候选人的推荐工作。在各有关单位推荐的基础上，经中国林业青年科技奖专家评审委员会评审，并报中国林业青年科技奖领导工作委员会批准，马祥庆、王小平、卢孟柱、刘守新、任海青、张小全、陈永忠、张会儒、吴学谦、李显玉、张煜星、周宏平、罗治健、陶晶、曹金珍、曾伟生、傅光华、韩烈保等18名同志获得第八届中国林业青年科技奖，其中卢孟柱、吴学谦、李显玉、韩烈保、张小全、傅光华、张会儒等7名同志被推荐为第九届中国青年科技奖候选人。

（人教司人劳处）

局直属单位

国家林业局林业基金管理总站

【林业重点工程资金稽查】 2005年林业重点工程资金稽查工作按照“上下联动，扎实工作，把稽查工作向广度和深度推进”的总体要求，全面完成了年度稽查工作任务，促进了资金稽查职能作用的有效发挥。

1. 组织开展林业重点工程专项资金稽查工作，共派出19个工作组，84人次，稽查资金总额236亿元，重点抽查12.9亿元，查出违规违纪资金0.13亿元。主要开展了对广西、江苏、江西、山东4省（区）的野生动物保护工程资金稽查；对甘肃、吉林、辽宁、新疆、四川、陕西、江西、广西6省（区）2003～2004年度退耕还林还草工程资金稽查；对吉林、辽宁、甘肃、新疆4省（区）2001～2004年三北防护林四期工程资金稽查；对湖北、山东、江苏3省2001～2004年长江防护林和沿海防护林二期工程资金稽查工作。

2. 继续加大跟踪整改力度，督促存在问题整改到位。对湖北、河南、山西、宁夏4省（区）2004年天保工程资金稽查过程中查出的有关问题进行跟踪检查；对陕西、甘肃2省及佛坪、白水江2个自然保护区管理局2004年稽查过程中查出的有关问题进行跟踪检查；对河北、山西、吉林、内蒙古4省（区），龙江、大兴安岭森工（林业）集团以及新疆生产建设兵团森林防火项目和京津风沙源治理工程资金稽查中查出问题的整改落实情况进行跟踪检查。

3. 配合有关部门开展相关资金检查工作。派出11人次对国家林业局24个单位2004年度预算资金及自有资金使用情况和“十五”期间项目执行情况进行了检查；派出3人次配合国家发改委重大项目稽查办，对河南输变电项目、广东省和上海市沿海防护林工程资金进行稽查。

4. 做好对有关群众举报情况和典型案件的调查处理工作。对四川省剑阁县林业局职工反映的有关林业重点工程资金使用方面的问题进行了个案调查；参与对三北防护林建设局有关问题的核查。

5. 进一步规范、深化资金稽查业务工作。制定了《资金稽查工作规范实施细则》内部规章制度，对稽查工作组织实施的各个环节明确了要求和工作内容。修改、完善了资金稽查统计指标及相关内容，对稽查出问题的类别界定、内涵及稽查工作相关的指标进行了规范和统一。

【林业贴息贷款项目管理】 2005年，财政部、国家林业局联合出台了《林业贷款中央财政贴息资金管理规定》（财农［2005］45号），决定自2005年起，中央财政对各类银行（含农村信用社）发放的下述贷款项目和贷款单位进行贴息：①林业龙头企业以公司带基地、基地连农户的经营形式，立足于当地林业资源开发、带动林区、沙区经济发展的种植业、养殖业以及林产品加工业贷款项目；②各类经济实体营造的具有一定规模、集中连片的工业原料林贷款项目；③国有林场（苗圃）、集体林场（苗圃）、森工企业为保护森林资源、缓解经济压力开展的多种经营贷款项目；④林农和林业职工个人从事的林业资源开发和林产品加工贷款项目。贴息率根据中国人民银行规定的贷款利率在1.5%～6%之间适时调整，贴息期限仍不超过3年。

2005年，国家林业局下达林业贴息贷款项目建议计划46.5亿元，实际落实41.3亿元，中央财政贴息近1.7亿元。其中：速生丰产林实际贷款16.1亿元，占当年贷款总额的39%，经济林实际贷款8.2亿元，占当年贷款总额的20%，其他种植业和多种经营实际贷款17亿元，占当年贷款总额的41%。2005年，新贴息政策带动了非公有制林业贷款迅速增加，实际贷款近25亿元，占贷款总额的60%以上。各地利用林业贴息贷款及其配套资金营造速生丰产林19.9万公顷，抚育10.2万公顷次，整地未造林0.6万公顷，新造经济林4.9万公顷，改造经济林1.5万公顷，种植经济植物1.2万公顷，建设多种经营项目159个，扶持天保工程区内林业职工个体项目6300多个，创利税4.3亿元，安置就业人员15 215人。通过大力扶持林业龙头企业和非公有制林业发展，引导了更多的社会资金和民间资本进入林业建设领域，带动了农民脱贫致富，有效促进了林业生产要素的合理流动与组合，增强了林业产业发展的生机与活力。

【森林生态效益补偿基金管理】 2005年，为加强森林生态效益补偿基金管理，国家林业局下发了《关于重新明确国家林业局林业基金管理总站职能的通知》（林人发［2005］68号），赋予了林业基金管理总站森林生态效益补偿基金管理新的职能，即配合国家林业局计资司研究、完善补偿基金制度的政策措施，指导地方建立补偿基金制度，承办中央补偿基金使用的监督检查工作。基金总站根据新的职能，设立了森林生态效益补偿基金管理处，各地也先后设立了补偿基金管理机构。

2005年，中央财政继续安排20亿元中央森林生态效益补偿基金，对全国29个省（区）、单位的2666.67万公顷重点公益林进行了补偿。基金总站配合计资司，不断加强补偿基金和重点公益林资源管理工作，深入开展调查研究，积极参与森林生态效益补偿基金基础管理工作，使重点公益林得到了有效管护，促进了重点公益林区农民和林业职工增收。

（林业基金管理总站供稿）

国家林业局经济发展研究中心

【综　述】　国家林业局经济发展研究中心是为林业宏观决策服务的政策法律研究和决策咨询机构。于1994年12月31日正式成立，前身是中国林科院林业经济研究所。2002年，国家林业局又赋予其新的职责，将国家林业重点工程社会经济效益测报中心设在经研中心，全面负责国家林业重点工程社会经济效益的跟踪监测和评估工作。

1999～2005年，中心各项事业发展一年一个新台阶，是中心发展最快、成果最多的时期。作为林业宏观决策咨询机构，中心紧紧围绕林业改革与发展的大局，积极开展林业宏观战略、经济政策与法律问题研究，为国家林业重大决策提供咨询服务，发挥了应有的作用。

围绕局党组的中心工作，履行研究和服务职能，发挥参谋助手作用　参与事关林业改革与发展全局的重点课题研究、重大项目调研和重要决策文件的起草。包括：以大工程带动大发展的林业战略研究；中国可持续发展林业战略研究项目总论及4个专题的研究；《中共中央国务院关于加快林业发展的决定》起草和修改；中央林业决定和全国林业工作会议贯彻落实情况大型调研；《农村土地承包法》等重要法律法规的调研和立法协调工作；全国林业工作会议、局党组扩大会、全国林业法制工作会议等重要会议的文件起草。

积极参与或承担重大林业经济政策和发展战略研究起草工作　“十五”期间，参与或承担有关部委、局有关司（局）和单位重大林业经济政策以及发展战略研究60多项。参与林业区域战略研究、绿色GDP与森林资源核算研究、林业“十五”计划制定、林业“十一五”规划和中长期规划中4个专题研究、《林业产业政策规划纲要》和《林业产业政策要点》、林业行政审批制度改革等专题研究，发挥了积极的作用。

深入调查，为林业改革实践服务　为了总结研究基层改革实践，先后组织50余人次国内国际专家对南方集体林权改革和东北国有林区改革进行实地调研和召开多次座谈会，参与起草向中央和国务院有关部门提交改革建议和调研报告多篇。与有关司（局）和高层决策机构在福建共同举办了24个省（区、市）200多名代表参加的中国集体林产权制度改革研讨会，为林权改革起到了积极推动作用。2005年与中科院、世界自然基金会等单位共同举办了国有林区产权制度改革研讨会，受到中央、国务院有关决策部门的关注，取得了很好的效果。

创新研究和服务平台，为宏观决策提供科学依据　①配合计资司组织编写中国林业发展年度报告。该报告创刊以来已成为代表中国政府对外展示和宣传林业发展成就，把握发展趋势的权威性报告，得到国内外社会各界的广泛认可。②开展重点林业工程投资社会经济效益监测工作。为了及时反映国家林业大规模投入带来的社会经济效益，根据局党组的决定，中心与计资司、各有关工程办及22个省（区、市）通力合作，从2003年开始，选取200个县（森工企业）、1200多个农户、120户职工，对天保、退耕还林和京津风沙源治理工程实施的社会经济效益跟踪监测，填补了我国林业工程建设社会经济效益监测与评价的空白。

依托林业经济学会，组织开展林业经济理论研究　挂靠在中心的中国林业经济学会通过学术活动，以及林业技术经济、林业企业管理、林业统计、林业区域经济、城市林业经济、国外林业经济6个专业委员会学术活动，网络了一大批高层次林业经济理论研究人才，开展林业经济理论研究，取得了丰硕的成果。由中国林业经济学会主办的《林业经济》杂志，在国内外林业经济理论界发挥了重要的作用。

针对林业发展热点和难点问题广泛开展对外交流　针对林业发展热点、难点问题，先后组织召开了中国非公有制林业发展研讨会、中国林业与木业可持续发展国际研讨会、中国林业投融资国际研讨会等大型会议；邀请中央政策研究室等有关部委和机构、美国耶鲁大学、日本东京大学等教学研究机构的专家来局举办学术报告会30余场；同中科院、中国社科院等20余个国内研究机构和大专院校，以及联合国粮农组织、世行等14个国际组织和美国、澳大利亚等10多个国家开展了不同形式的合作研究与交流活动。

（张晓静）

国家林业局人才开发交流中心

【综　述】 国家林业局人才开发交流中心（简称国家林业局人才中心）是国家林业局1998年10月成立的具有行政职能的事业单位。主要职责是促进和推动林业人才资源开发，为林业建设提供人才支持和服务。国家林业局专业技术资格评定办公室、国家林业局职业技能鉴定指导中心、国家林业局工人考核培训中心、国家林业局就业指导中心均设在国家林业局人才中心。国家林业局人才中心现为中国人才交流协会常务理事单位，中国林业教育学会副秘书长单位，北京人才服务行业协会副秘书长单位。

国家林业局人才中心不断加强思想作风建设，主动转变观念、统一思想、凝聚力量，将行政职能逐步转变为面向林业行业和社会的人才公共服务业务，确立了“立足行业求特色、面向社会谋发展”的思路；积极探索制度机制建设，兼顾为机关提供无偿服务、为行业提供公益服务、为有关单位提供有偿服务的要求，将三者有机结合，逐步完善处室工作目标和经济指标责任制，初步形成了具有自身特色的管理制度和运行机制；着力抓好骨干队伍建设，坚持从自身做起，做好人才资源开发工作，盘活自有人才资源，充分挖掘职工内在潜力，初步试行了中层干部内部竞争上岗和轮岗制度。

做好国家林业局授权和委托的人事人才工作，为机关转变职能、高效运转提供支持和服务 完成国家林业局授权和委托的人事档案管理、因公出国（境）政审、毕业生接收、公务员培训、人事教育统计、林业专门人才调查预测、事业单位法人登记、公派出国留学申请、留学回国人员科技活动项目资助、政府特殊津贴发放及机关分流人员托管服务等工作，配合国家林业局人教司为国家林业局机关和直属单位在人事人才方面的运转提供支持和服务。

做好国家林业局职称评定工作，促进林业专业技术人才队伍建设 一方面，做好国家林业局职称评定工作。组织完成年度职称评定工作，逐步完善评定程序和方式，积极探索专业组细化评议方式和电子化评审手段。完成了工程、会计、经济、新闻、出版等系列的职称评定工作。为林业建设的国家队提供了专业技术人才保障。另一方面，承担了国家林业局职改办的日常工作，积极推动林业职称改革工作。国家林业局职称评定实现了由“评聘合一”到“评聘分开”的改革，实行了统一的专业技术资格评审。为下一步实现林业专业技术人才的统一评价，在全国推行林业专业技术资格制度创造了条件。

推动全国林业职业技能鉴定工作，加强林业技能人才队伍建设 先后召开了全国林业行业职业技能鉴定工作会议和全国林业行业职业技能鉴定工作研讨会，有力地推动了林业职业技能鉴定工作。加强了林业职业技能鉴定机构、国家职业标准、国家职业资格培训教材及职业技能鉴定试题库等基础建设，不断强化鉴定管理、规范鉴定行为、提高鉴定质量，实现了林业职业技能鉴定的证书网上查询认证。根据加强营造林质量管理的需要，在林业特有职业中新设了营造林工程监理员。

拓展人事代理、人才交流、人员培训等工作，为行业人才资源开发提供支持和服务 ①人事代理工作。开展了面向单位和个人的人事代理。单位人事代理，从单纯的人事档案保管，逐步拓展到社会保险、人事管理、工资核定等综合代理服务。个人人事代理，为林业系统流动人员提供人事档案管理、社会保险代理和流动党员管理等配套服务。通过人事代理工作，为代理单位人事制度改革创造有利条件，消除了流动人才的后顾之忧。②人才交流工作。具体负责筹建开通了中国绿色人才网（www. greenhr. gov. cn），为行业和社会提供了林业人事人才政务服务的网络平台；在高校脱钩以后，建立了全国林业院校毕业生供需协调机制，保证了林业人才队伍补充人员主渠道的畅通；积极探索中高级人才招聘业务，为各类单位选聘人才、为社会办林业提供支持和服务。③人员培训工作。开展了行业人员国内外培训，逐步形成了以林业知识更新、项目和资金管理、人力资源管理与人才队伍建设、行政办公室管理、财务管理等较为稳定的培训项目，为行业人员提高素质、开阔视野，不断满足新时期林业建设的需要创造了条件。

国家林业局人才中心2000～2002连续3个年度被北京人才交流协会评为优秀人才服务机构，被北京人才服务行业协会评为2005年优秀人才服务机构，2005年被中国人才交流协会评为第一届优秀会员，增强了在全国人才机构中的知名度和影响力。

2005年是国家林业局人才中心的轮岗年。为了盘活单位人才资源，挖掘职工潜力，加快人才培养，促进业务开展，实行了处室负责人轮岗制度。2005年1月1日，所有处室负责人全部轮岗到位。经过一年的实践，各处室负责人的能力得到了锻炼和提高、各项业务工作平稳发展、单位的凝聚力和创造力得到了增强，为单位业务发展和人才队伍建设创造了有利条件。

【职称评定】 国家林业局职改办积极推动林业职称改革工作，制定专业技术资格评定相关政策，修改完善评审条件，组建评委会专家库，逐步完善评定程序和方式，积极探索专业组细化评议方式和电子化评审手段。2003年，启动了国家林业局职称评定由“评聘合一”到“评聘分开”的改革，国家林业局专业技术资格实行了统一评审。

“十五”期间，国家林业局职改办和国家林业局专业技术资格评定办，完成了国家林业局工程、会计、经济、新闻、出版等系列的职称评定工作。职称评审通过630人次，其中，高级职称484人（其中正高级95人），中级职称139人，初级职称7人；认定中初级职称60多人。为林业建设的国家队提供了专业技术人才保障。2005年，职称评审通过141人，其中，评审通过高级职称108人（其中正高级37人），中级职称32人，初级职称1人；认定中初级职称32人。

【职业技能鉴定】 国家林业局职业技能鉴定指导中心，积极发挥组织协调作用，努力推进林业职业技能鉴定工作。先后召开了全国林业行业职业技能鉴定工作会议和全国林业行业职业技能鉴定工作研讨会，有力地推动了林业职业技能鉴定工作。

“十五”期间，全国增设16个林业职业技能鉴定站，调整撤并3个鉴定站，建立3个指导站，目前全国共设有林业职业技能鉴定站48个，指导站5个，鉴定站点的布局更加合理。组织编制了8个国家职业标准，加强了林业职业技能鉴定机构、标准、教材及试题库等基础建设，不断强化鉴定管理、规范鉴定行为、提高鉴定质量，实现了林业职业技能鉴定的证书网上查询认证。根据加强营造林质量管理的需要，在林业特有职业中新设了营造林工程监理员。“十五”期间，鉴定通过并颁发国家职业资格证书43 788人次，其中：高级技师241人次、技师4017人次、高级工11 810人次、中级工24 375人次、初级工3345人次，鉴定人数年均增长达到30%，为林业建设特别是重点工程建设提供了技能人才支持。2005年，审定出版了技师培训教材《营造林技术》。2005年鉴定通过并颁发国家职业资格证书14 060人次，其中：高级技师112人次、技师1436人次、高级工5794人次、中级工5859人次、初级工859人次，鉴定人数比2004年增长41%。

【人事档案管理】 在国家林业局人教司的领导下，国家林业局人才中心负责国家林业局人事档案室和国家林业局人才中心人事档案室的日常管理。人事档案室共管理人事档案近2500份。在加强档案室基础建设的基础上，按照中组部的要求，对档案进行了集中整理，解决了由于档案材料不全造成的利用档案的不便。根据工作中遇到的新情况、新问题，结合档案室的工作实际，制定和完善了有关规章制度和程序办法。按照保管档案的不同性质，将人事档案进行分类管理，确保各类档案均能妥善保管和合理利用。指导国家林业局直属单位开展了人事档案目标管理，不断提高国家林业局人事档案管理工作的整体水平。

【毕业生接收及就业指导】 接收大中专毕业生是国家林业局直属单位补充人才队伍的主渠道。由于林业是艰苦行业，国家林业局在京单位接收毕业生以京外生源为主体。但由于北京户籍管理的数量限制，在京单位接收毕业生一直受到进京户口指标不足的制约。通过积极主动地做好工作，争取到了人事部对国家林业局在京单位接收京外生源毕业生进京指标的倾斜。“十五”期间，国家林业局在京单位共接收毕业生523名，其中京外生源506名。2005年，国家林业局在京单位共接收毕业生83名。

林业院校毕业生是补充林业人才队伍的主渠道，林业院校毕业生就业状况，直接影响到林业院校专业设置、招生数量和生源质量，事关林业教育的兴衰。在高校脱钩以后，建立了全国林业院校毕业生年度供需协调会机制，每年召开一次农林院校与用人单位参加的供需协调和毕业生就业研讨会，保证了林业人才队伍补充人员主渠道的畅通。2005年3月1～2日，国家林业局人才开发交流中心和中国林产工业协会在浙江林学院联合举办了全国高等林业院校毕业生就业研讨会。

【留学回国人员科技活动项目资助】 留学人才是国家的宝贵财富，是我国人才资源的重要组成部分。为吸引留学人员回国和支持留学回国人员开展科技活动，根据人事部《留学人员科技活动项目择优资助经费申请与管理办法》，国家林业局积极组织开展留学回国人员科技活动资助项目申报工作。“十五”期间，经人事部批准，国家林业局获得留学回国人员科技活动资助31项次，资助经费113万元。2005年国家林业局获得留学回国人员科技活动资助5项，资助经费20万元。

【中国绿色人才网】 中国绿色人才网是国家林业局主办，国家林业局人教司和国家林业局人才中心承办，为社会提供人才招聘、求职等综合信息服务和人才人事政务服务的网站，2003年正式开通。中国绿色人才网设有《个人求职》、《单位招聘》、《毕业生专栏》、《资讯中心》等10多个一级栏目和20多个二级栏目，上网求职人员9000多人，招聘单位600多家。目前中国绿色人才网正在从以发布有关信息为主逐步向利用现代网络技术平台、发挥多功能网上人才服务转变，已开通了林业职业技能鉴定的证书网上查询系统。

【人事人才统计分析】 完成了国家林业局机关和直属单位人才、劳资、机构编制等年度统计的汇总上报工作。完成了全国林业教育年度统计的汇总工作。在完成上述年度统计工作的基础上，2004年完成了全国林业人才工作会议有关全国林业人才队伍状况调查的统计汇总工作，2005年完成了全国林业人才"十一五"和中长期规划有关全国林业人才预测的数据统计和预测工作。

【人员培训】 围绕六大林业工程建设，开展了行业人员国内外培训。"十五"期间，完成国内行业培训项目86期，培训5455人次；出国培训项目32项，培训391人次。通过培训，使行业人员提高素质、开阔视野，不断满足新时期林业建设的需要。2005年，完成国内行业培训项目25期，培训2466人次；承办出国培训项目6项，培训61人次。

受国家林业局人教司委托，国家林业局人才中心承办国家林业局机关公务员培训的具体工作。"十五"期间，共举办机关公务员培训项目17项，培训459人次。为选拔培养熟悉国际惯例和国际市场运作的公务员，先后举办了4期65人次的公务员外语培训班，提高了公务员处理涉外业务和进行国际交往的能力。2005年，举办了22人参加的公务员外语强化班，协助人教司开展了公务员培训登记工作，完成了局机关公务员培训基础信息录入工作。

（人才开发交流中心由路永斌供稿）

中国林业科学研究院

【综 述】 2005年，中国林业科学研究院（以下简称中国林科院）干部职工紧紧围绕年初全院工作会议的总体部署，围绕创建世界一流林业科研院所的目标，紧扣创新和产业化两大主题，抓住出人才、出成果、出效益三个重点，强化机制创新、学科建设、条件改善、国际合作4项任务，推进思想、组织、作风、制度、业务五大建设，全院改革发展各项工作取得重要进展。

科研项目和科技成果 2005年，全院在研项目（课题）571项，新增纵向科研项目218项（攻关课题4项，"863"项目3项，国家科技基础条件平台工作项目15项，国家基金项目18项，科技推广类项目54项，"948"项目29项，局重点项目11项，标准项目84项），经费同比增长19.34%。认定、鉴定科技成果67项，验收课题131项。获国家科技进步二等奖1项，省级科技进步二等奖1项，首届梁希林业科学技术奖9项（一等奖1项、二等奖4项、三等奖4项）。获授权专利15项，提出专利申请56项。发表科技论文823篇（国际刊物上发表27篇，国内期刊796篇），出版科技专、译著27部。

人才建设和研究生教育 2005年，先后制定了《院部职能部门领导干部年度目标考核办法》等一系列规章制度，并按照新办法对林化所等6个单位领导班子进行了换届，对院各部门、各所中心领导班子进行了年度考核。成立了合肥国家林业辐照中心和3个院级挂靠机构。76人通过专业技术资格评定，现全院在职职工中具正高级专业技术资格人员达182人，占科技人员总数11.4%。接收应届中专以上毕业生46名。现全院在职职工中，硕士以上学历人员476人，占科技人员总数29.8%。引进特聘专家3人。召开了第六届学位委员会，增列博士研究生指导教师11人，硕士研究生指导教师20人，现全院博士生导师80人、硕士生导师192人，进一步增强了培养高层次人才的能力。获得了风景园林硕士专业学位授予权，现专业学位授权点2个，授予12人首届农业推广硕士毕业生专业硕士学位；进站博士后17人，出站12人，在站博士后达50人。中国林科院林学博士后流动站获人事部全国优秀科研流动站称号。

国际合作与交流 2005年，共签署国际合作协议6个，新增国际合作项目30项，现在研国际合作项目39项。主办和承办了25次国际会议、培训班和研讨会，接待来院访问、考察、讲学、培训和开展项目合作的重要政府和国际官员及国际著名林业专家等外宾500多人次，派出出国讲学、访问考察、合作研究、出席会议、学习进修共计247人次。在国际组织中担任重要学术职务32人次。授予日本专家林良兴博士中国林科院客座研究员和加拿大籍华人周石榕博士名誉研究员称号。

基础设施和条件建设 2005年，先后完成了京区大院外电源改造、职工住宅楼"平改坡"、单身楼和路灯改造以及京区大院职工住宅楼楼宇对讲系统工程，完成了亚林中心"北苗南繁"种苗工程、京区大院科技报告厅改造工程、流动专家公寓和研究生公寓等项目竣工验收。正式启动浙江杭州湾湿地生态系统研究站的建设工作，争取到林业微生物资源标准化整理、整合及共享试点，自然保护区资源调查，生物标本整理整合及共享试点2项国家科技基础条件平台工作项目。在科研试验基地和资源管护工作方面，4

个实验中心全年造林面积644公顷，抚育面积2300公顷，森林资源二类调查工作通过了地方有关部门验收。陆续展开6处部级自然保护区基础设施建设，建立了森林防火应急处置预案和督查制度，实现了连续10多年无重大森林火灾，保障了林业创新基地的安全运行。

科技产业发展 2005年，完善产业制度，整顿调整院属企业。开展了木工所、亚林所、林化所产业发展现状、方向和股份制改造试点专题调研；制定和修订了《中国林科院关于加快产业发展的若干意见》等规章制度，以加强科技产业规范化管理；按照《院属公司调整重组实施方案》，对兴林公司进行了调整和重组工作，顺利完成中国林科院工程设计院更名，推进中林艺公司股权重组，强化国林公司的管理。全院现有各类公司56家，其中院直接管理的全资、控股和参股公司7家；各所、中心所属公司49家。直接从业人员831人。

【中国林科院分类改革通过国家验收】 2005年1月28日，中国林科院作为科技部社会公益类科研机构体制改革首批启动单位之一，通过了科技部、财政部、中央编办三部门的联合评估验收。评估专家组一致认为：中国林科院在结构调整、机制转变、人员分流、财务资产管理、创新能力建设等方面做了大量卓有成效的工作。分类改革的各项工作符合国家关于社会公益类科研机构改革的方针、政策，较好地处理了改革、发展、稳定的关系，工作扎实，改革成功，成效显著。在深化改革、加快发展方面进行了很多有益的探索，发挥了较好的试点示范作用，建议通过阶段性评估验收。科技部副部长李学勇，科技部秘书长张景安，中国林科院院长江泽慧出席会议并作讲话。

【林木种质资源收集、保存与利用研究荣获国家科技进步二等奖】 中国林科院顾万春研究员主持完成的林木种质资源收集、保存与利用研究成果获2005年国家科技进步二等奖。该研究耗时19年，围绕林木种质资源的收集、保存、测定、评价与利用相结合的宗旨，研究创建了我国的林木种质资源保存技术研究体系与保存库体系，作出了首创性贡献。在树种遗传多样性研究方面取得突破性成绩，抢救保存了一大批国家级珍稀濒危树种种质资源。在优异种质创新和资源保护、种质资源数据库建设等方面，创造了巨大经济、社会和生态效益。

【中国园项目】 2005年1月6日，召开了中方设计专家小组第五次会议，5月15～24日中国园项目设计工程专家组出访美国，设计工作取得阶段性重要成果。3月18日，江泽慧院长会见了美国华府中国园之友社访华考察团。1月7日、3月19日、6月10日、9月23日分别召开了中方建设领导小组第四、五、六、七次会议，在第六次会议上，讨论、修改并通过了《中国园项目中方建设管理办法》，同时，中国林科院副院长李向阳和扬州市副市长纪春明分别代表本院和扬州市政府签署了《中国林业科学研究院和江苏省扬州市人民政府关于中国园项目建设的谅解备忘录》；在第七次会议上，原则通过了《中国园建设项目建议书》。

【中国林科院获中央国家机关文明单位标兵称号】 2005年2月14日，中央国家机关精神文明建设协调领导小组印发《关于表彰中央国家机关2005年度文明单位、社会治安综合治理、绿化、计划生育、爱国卫生、交通安全先进单位和先进工作者的决定》（国机精［2006］3号），对2005年度文明单位创建、社会治安综合治理、绿化、计划生育、爱国卫生、交通安全方面取得突出成绩的单位和个人进行表彰。中国林科院在连续19年荣获中央国家机关文明单位和首都文明单位称号的基础上，被授予中央国家机关文明单位标兵称号，标志着中国林科院的精神文明建设迈上新的台阶。

【中国林科院2005年工作会议】 2005年2月25日，中国林科院工作会议在京召开。江泽慧院长作了题为《扩大改革成果加快发展步伐为创建世界一流的林业科研院所而努力奋斗》的主题报告。科技部党组副书记、副部长李学勇，北京市委常委、教工委书记朱善璐、国家林业局副局长张建龙出席会议并分别讲话。会上，举行了研究生院授牌仪式，李学勇、朱善璐为研究生院授牌，中国林科院常务副院长张守攻及国际竹藤网络中心常务副主任岳永德欣然接牌。

【中国林科院分党组作出《关于向全国先进工作者许传森同志学习的决定》】 2005年4月30日，2005年全国劳动模范和先进工作者表彰大会在北京人民大会堂隆重举行。中国林科院林业所高级工程师许传森被授予全国先进工作者称号。6月3日，中共中国林科院分党组下发《中共中国林科院分党组关于向全国先进工作者许传森同志学习的决定》（科发字［2005］9号）文件，号召全院党员、职工以许传森为榜样，学习劳模精神，在各自的工作岗位上创造一流业绩，为确保林业持续快速协调发展不断作出新的贡献。

【第五届学术委员会第一次会议】 2005年7月21日，中国林科院第五届学术委员会第一次会议召开。学术委员会主任委员、院长江泽慧主持会议，宣布第五届学术委员会组成名单，并分别为每个委员颁发聘书。副院长蔡登谷就中国林科院《规划大纲》框架编制情况作了说明，重点从“十五”回顾、规划依

据和指导思想及原则、主要发展目标、重点任务、保障措施与支撑条件及关于全院到2020年中长期发展规划纲要的编制等6个方面进行了汇报，参会人员并就此进行了讨论。参加会议的有新一届委员，院领导及院办公室、科技处、产业处、人教处、计财处相关负责人。

【林业战略研究项目】 2005年7月28日，《湖南林业发展战略研究与规划》正式启动；《浙江林业现代化发展战略研究》即将结束；《广州城市林业发展规划》已经完成；12月17日，《北京林业发展战略研究与规划》通过了评审。

【中国林科院新疆分院成立】 2005年8月20日，中国林科院新疆分院挂牌仪式在乌鲁木齐举行。院长江泽慧和新疆维吾尔自治区党委副书记努尔·白克力正式揭牌。中国林科院新疆分院是经国家林业局批复同意，依托新疆林业科学院成立的，实行一套人马，两块牌子的运行机制，将为中国林科院在生态退化区植被恢复与重建、防治荒漠化技术、高寒高原地区生态保护、山林生态与湿地定位观测、高抗逆树种选育、病虫害及鼠害防治、野生植物保护等领域更好地为新疆提供支持。

【承办首届国际生物经济高层论坛第八分会】 2005年9月14日，首届国际生物经济高层论坛在北京人民大会堂开幕。中国林科院具体承办第八分会——生物资源的开发利用。江泽慧院长担任分会主席并致辞。王涛、张齐生、宋湛谦等17位国内外知名专家就生物资源的培育、开发和加工利用等方面作主旨报告。

【中国林科院授予巴西环境部部长玛丽娜·席尔瓦名誉博士学位】 2005年10月14日，中国林科院举行了授予巴西环境部部长玛丽娜·席尔瓦名誉博士学位仪式。江泽慧院长主持仪式，并为玛丽娜·席尔瓦颁发名誉博士学位证书。教育部副部长、国务院学位委员会副主任委员吴启迪、科技部副部长李学勇、国家林业局局长周生贤及巴西驻华大使馆公使卡洛斯·哈多格等出席仪式并致辞。应邀出席授予仪式的还有中央编办、国务院学位委员会办公室、科技部、外交部、商务部、国家环保总局、国家林业局、北京市教育委员会以及巴西环境部、巴西驻华大使馆、国际竹藤组织、中国全球环境基金工作秘书处等部门领导和负责人。这对进一步推动中国巴西两国在林业和生物多样性保护及相关科技和教育等领域合作具有重要意义。

【首次研究生教育工作会议】 2005年10月15日，中国林科院召开首次研究生教育工作会议暨2005年研究生学位授予典礼，国家林业局、国际竹藤网络中心的有关领导，中国林科院有关领导和专家共80多人参加会议。会上，江泽慧院长作了题为《实施科教兴林和人才强院战略努力开创研究生教育工作新局面》的主题报告，国家林业局人教司司长马安全作了讲话，教育部高校学生司领导就研究生教育工作作了报告，李向阳副院长作总结发言。会议期间，举办了毕业研究生代表的学位授予典礼，讨论了拟下发的《中国林业科学研究院研究生管理规定》等文件。这次会议是中国林科院研究生教育历史上的里程碑。

【与福建省政府签订科技合作协议】 2005年12月1日，中国林科院与福建省政府在福州签订全面科技合作协议。院长江泽慧与福建省政府常务副省长刘德章分别代表双方在全面科技合作协议书上签字并致词。出席签约仪式的有福建省政府办公厅、国家林业局科技司、中国林科院、福建省林业厅等单位负责人。期间，双方还签署了全面科技合作首批项目协议书。这是继北京、天津、河北、内蒙古、广西等省（区、市）之后，中国林科院与省级政府签订的第十六个全面科技合作协议，它标志着中国林科院与福建省在林业科技方面的全面合作进入了一个崭新的阶段。

【与天津市政府举行全面科技合作座谈会】 2005年12月13日，中国林科院与天津市政府举行全面科技合作座谈会，会议由常务副书记、副院长李向阳主持。会上，院长江泽慧致欢迎辞并发表讲话，孙海麟副市长发表讲话；副院长金旻通报“十一五”期间院市科技合作项目领域，天津市林业局副局长王宜民通报双方科技合作工作情况、取得的成果和“十一五”期间院市科技合作的需求和意向。院领导和京区所、中心负责人及天津市政府相关负责人出席了座谈会。

（中国林科院由林泽攀供稿）

国家林业局调查规划设计院

【综　述】 2005年作为我国林业建设的国家级骨干技术队伍，规划院不断改善管理、狠抓成果质量，加强队伍建设，充分发挥科学技术优势，在资源监测、规划设计及信息化建设等领域有了长足的发展。

"十五"期间规划院不仅承担了大量国家林业局下达的指令性任务，还积极参与市场竞争，保持了生产任务和经济效益逐年稳定增长的发展势头。共完成各类生产项目955项（其中2001年承担238项，2002年承担133项，2003年承担163项，2004年承担206项，2005年承担201项）、科研项目65项。

【资源监测工作】

第六次全国森林资源清查汇总工作 该项目由规划院牵头，京外各直属院等多个单位参加，共汇总上亿组基础数据，取得了一系列丰硕的成果，为国务院新闻发布会提供了准确数据，为国家林业局党组作出我国生态建设进入治理与破坏相持阶段科学论断提供了的依据。同时，还完成了《中国森林资源报告》、《中国森林资源》宣传册、《中国森林资源》折页。并相继出版《全国森林资源统计1999～2003》、《第六次全国森林资源清查汇总专项分析报告》、《中国森林资源》、《中国森林资源清查》等近200万字的第六次森林资源清查资料，此外，还完成了国家林业局的重点课题森林资源连续清查生态环境指标体系的研究项目，该项目研究成功为在现有国家森林资源连续清查体系基础上，实现生态状况综合监测提供了技术支撑。

综合监测工作 综合监测工作有效地控制或消除了各重点工程之间的交叉重复及工程年度统计上报中的统计差、时间差、空间差等问题，对加强全国营造林质量的管理与监督，监测和评价全国林业重点工程建设的实绩与成效，为林业宏观决策及林业重点工程管理提供科学依据都具有重要的意义。规划院每年完成约80个县级单位20万公顷的综合核查任务；40个县级单位约300多个征占用林地核查项目；9个县（局）约300个有证采伐区的限额核查，实测证样圆面积约400公顷，实测无证样圆数约2000个；核查工作不仅任务量大，而且质量高，查出的问题多，占国家林业局通报整改的比例也最大。

资源调查工作 为国家林业局进一步加强保护管理提供科学依据的全国性多资源调查，其规模之大，涉及专业领域之广泛，调查的复杂程度和技术难度是前所未有的。规划院作为项目总的技术依托单位，全面承担了业务培训、技术指导和数据汇总分析工作，确保了国家林业局新闻发布会的成功举行。为完善和建立我国生态资源调查监测体系作出了贡献，同时也极大地提高了自身的队伍素质、组织能力和团结协作精神。

荒漠化监测

1. 圆满完成全国第三次荒漠化和沙化监测汇总工作。该项目作为院管重点项目，首先在全面总结第二次全国荒漠化和沙化监测工作的基础上，建立了第二次监测数据库和成果信息库，逐步开发了京津风沙源治理工程管理信息系统，为国家提高工程管理水平提供了信息平台和科技手段，并对监测方法、技术路线、评价指标等技术方面存在的问题进行了分析，认真做好了前期技术准备工作，对《全国荒漠化和沙化监测技术规定》进行了修订完善、编制《荒漠化和沙化专题图制图规范》，并对各省（区）的监测工作进行了技术培训和指导；其次，严格执行检查验收制度，严把监测成果质量关，对各省（区）的外业和内业质量进行了认真检查验收，保证了监测成果质量；三是及时调整人员结构，提高队伍的整体技术水平，为各项工作的全面展开奠定了良好的基础。最后完成了数据统计汇总、专题报告和监测总报告的编写、监测信息管理系统研建、荒漠化和沙化专题图编绘等汇总工作。2005年5月13日，第三次全国荒漠化和沙化监测主要成果通过了由国家林业局科技委组织的专家评审。6月14日，国家林业局召开新闻发布会，正式对外公布第三次全国荒漠化和沙化监测成果，产生了广泛的社会影响。

2. 开展了京津风沙源治理工程及工程区沙化土地监测及2002年、2003年度京津风沙源治理工程核查工作。从2001年开始，对涉及北京、天津、河北、山西和内蒙古5省（区、市）的75个县（旗），总面积46万平方千米的京津风沙源工程建设及工程区沙化土地进行了监测。主要内容是对每年京津风沙源治理工程的计划任务、完成情况、工程完成的质量（合格率）及工程区沙化土地的情况进行监测，为掌握工程的进展和质量、提高和加强工程的管理水平服务。沙化土地监测采用遥感与地面调查相结合、在计算机上用GIS软件对TM数据进行目视解译区划图斑的方法，工程监测采用地面实测的调查方法。规划院主要负责技术规程编制、技术培训与指导、监测质量检查及数据汇总与监测报告编写、信息管理系统建设工作，为京津风沙源治理工程建设和质量管理提供了科学依据和手段。

2002年、2003年，根据国家林业局、国家计委、农业部和水利部4部委局的安排，规划院还组织人员对京津风沙源治理工程进行核查，为决策部门在京津风沙源治理工程实施质量管理提供了依据。

3. 建立了沙尘暴监测和灾害评估系统，进行了沙尘暴预测、监测与灾害评估。建立了以环境、气象卫星数据和地面观测为信息源，以地理信息技术为手段的沙尘暴预测、监测和灾害评估系统，自从2001年系统运行以来，已连续5年为国家林业局及国家其他相关部门提供了及时可靠的沙尘暴发生、发展、灾害损失等方面的信息，通过对每一次沙尘天气的实时跟踪监测，对其发生、发展过程的影响范围、影响的人口以及农作物、畜牧业、交通、林业等损失情况等进行评价，并对沙尘暴发生发展的因素进行分析，为有关决策部门提供必要信息。

4. 实施了全国沙化典型地区定位监测工作。定位监测工作是全国荒漠化和沙化监测体系的重要组成部分，主要以现有生态研究站为依托，通过观测和收集气象、土壤、植被等方面的相关信息，为全国荒漠化和沙化宏观监测成果分析和沙尘暴监测工作提供基础数据支持。从 2002 年正式启动以来，已进行了 4 个年度的监测工作。主要内容包括定位监测技术规定编写和修改完善、每年对各定位站的工作进行技术指导和检查、年度定位监测成果汇总、监测报告的编写等。

【规划设计工作】 在规划设计领域，规划院坚持“信誉第一，质量为先”，立足生态建设，突出重点、分区施策、分类管理，积极应对国家投资体制改革的变化，突出在自然保护区建设、物种保护、湿地恢复、园林绿化与森林公园规划及林木种苗工程建设等方面的技术领先优势，锐意创新，大胆借鉴国内外先进经验，积极参与市场竞争，关注重点工程建设的各个环节，不断扩展业务范围。

在承担全国森林资源与森林生态监测系统建设“十五”计划及 2010 年规划、全国森林资源林政管理“十一五”规划、三北防护林四期工程规划、沿海防护林工程规划、森林资源规划设计调查主要技术规定、野生动植物保护“十一五”规划、全国经济林产业发展规划等全国重点规划的编制工作，及西部林业生态建设研究等专题研究工作之外，还主动参与航空、水利、铁路、交通等不同行业的生态建设工程，在市场细分中寻求机遇，全方位参与国家重点生态工程建设，服务于国家各行业的开发建设。

此外，还开展了多项森林分类经营和可持续经营工作。主持制定了森林分类经营的分区分类导则、国家重点公益林核查办法、生态公益林检查验收规程和国家公益林管理办法等，积极参与国家重点公益林数据汇总、申报指导、材料初审、外业核查等具体工作，还积极促成了国家林业局可持续试验示范区建设工作，并具体承担了吉林汪清试点的技术支撑工作，这些工作的开展为探索新时期森林经营管理技术、管理模式、管理机制，提高我国森林分类经营和可持续经营水平，具有重要的意义和影响。

同时，为贯彻落实中央林业决定及局党组扩大会议精神，适应林业产权制度改革的需要，按照局领导的要求，经过多次研究，重新挂牌成立资产评估处，恢复森林资源资产评估业务，对森林资源资产评估业务进行探索和尝试，积极推动森林资源资产的合法流转。2004 年、2005 年规划院秉承科学、公正、公平、独立的原则，完成了 10 余项森林资源资产评估业务，在社会上产生了很大的反响。

【信息化建设】 信息化工作主要以为国家林业局服务为宗旨，在局办公室的指导下，建成了局机关计算机网络平台及覆盖全国的林业专用网络，为局领导、全行业提供了集视频、数据、语音为一体的高效、安全、通畅、价廉的通讯及信息交换综合业务宽带网络平台。

1. 将局域网与国际互联网连接，为用户提供浏览、下载、数据交换、资源共享等网络服务，为实现全局办公自动化、对外信息发布及对内信息共享搭建了信息平台。同时，对局网站进行了改版，建立了网上举报、网上论坛板块，丰富了网站内容，为我国林业建设特别是国家林业局开展各项管理工作，提供了极大方便，对扩大林业的社会影响，提高全社会对林业的认知度，起到了积极的促进作用。

2. 视频会议系统建设是信息化工作的重中之重，由规划院选定技术骨干，专人负责视频会议系统的运行和维护。目前，该系统建设已通过测试验收进入正式运行。成为国家林业局切实转变工作作风、及时指导各地林业建设的一条重要途径。

3. 规划院在系统开发方面还承担了森林资源数据库、档案数字化工程及管理系统、森林培育过程质量管理体系的构建等系统及软件开发工作，为局领导、局机关及时、全面地了解、掌握全国各类林业资源状况提供科学的基础数据，为加强资源管理、规范各类资源的经营利用行为提供了可靠的依据和便利的应用工具。规划院还建立了以环境卫星为遥感信息源的全国植被监测系统及应用归一化植被指数的计算方法，开发了应用 MODIS 遥感数据计算植被指数的植被监测系统，该系统通过对每 3 个月一次的植被指数计算，进行全国植被变化监测，并通过其与气候变化关系的分析，进行生态环境评价，为有关部门提供基础信息。

【国际合作】 坚持积极争取、扩大合作、互惠互利、引进提高的原则，努力开拓国际合作领域，以开阔视野、提高和展示规划院的业务水平，积极推进中俄合作森林资源开发规划项目的组织实施。规划院 2004 年抽调 19 名技术骨干和专家，组成赴俄工作组，完成了对俄罗斯托木斯克州项目区 250 万公顷的森林资源的调查验证，为规划院逐步走向国际市场创造了良好的声誉；

规划院还完成了中荷科技合作项目建立用于中国荒漠化和粮食保障能量与水平衡监测系统的研究和建设，该系统基于现代卫星遥感技术，通过开发的能量水平衡系统，对受土地荒漠化影响地区的自然环境指标进行全天候、全覆盖、定位、定性和定量的连续性监测，为土地荒漠化的宏观监测分析提供一种高效、可靠的技术手段。其产品可以指导评估常规监测的成果，也可为沙尘暴的预测分析提供发生区实况监测依据，最终为土地荒漠化的防治规划和生态建设提供辅助决策服务。该系统2005年3月通过验收，并已正式投入运营。

此外，与日本林业协会合作的有关掌握亚洲东部森林动态基础信息事业项目已经通过了日方检查组和国家林业局的检查验收，得到了各方广泛好评；2005年全球森林资源评估项目，是在联合国粮农组织（FAO）主持和各成员国参与下，对全球及各国森林资源现状与未来消长趋势进行的周期性评估。规划院组织人员通过深入、严谨、细致的研究，编制了工作方案，完成了评估报告编写和评估表编制，该项工作得到局资源司的充分肯定和FAO官员的好评；完成了欧盟科技合作项目与联合国防治荒漠化公约相关的指标和信息交流，技术交流合作有序进行；承担的蒙古国防沙治沙项目，是首次尝试国际项目市场运作，已完成了野外考察工作，为以后发展做好了项目储备；2004年成功申请国家“948”项目——应用意大利瓦勒拉尼系统技术在内蒙古自治区开展示范造林项目顺利完成合作协议书的签署、项目实施地点和地方协作单位的选择、意大利专家组对项目前期的准备工作和实施地点考察、有关具体技术问题的研讨、实施方案的制定等前期工作，从2005年开始该项目进入实施阶段。

【科研创新】 为在我国林业大发展的形势下仍然保持技术支撑的领先优势，规划院立足应用，积极配合国家林业重点工程的实施，承担了大量的标准编制任务，并积极参与重点科研项目，积累了丰富的经验，培养了一大批可独挡一面的人才。“十五”期间，全院共承担科研项目和林业标准项目67项，涵盖了林业生态建设的各个方面，绝大部分成果在国内处于领先地位。

1. 主持参与了中国可持续发展林业战略研究课题的“全国林业发展总体布局与区域布局”专题研究，取得了重要突破。其中许多成果被中央林业决定、《林业“十一五”规划纲要》及林业发展的一些重要理论所采纳。

2. 为提高森林资源监测水平，积极申报与森林资源监测有关的各种科研项目，其中承担的国家“863”项目森林资源遥感监测定量化综合处理与业务运行系统研究建设是以国家森林资源清查为基础，首次将森林资源遥感监测中的遥感图像处理、遥感信息提取、遥感样地判读、监测成果分析与监测信息管理等各个技术环节集成为一体，形成了技术流程较完整、可操作性强的森林资源遥感监测业务运行系统。承担的“948”项目森林资源动态控制系统及可持续利用关键技术引进，为加速科技成果转化、消化国际先进林业科学技术、提高综合科技实力，作出了积极的贡献。

3. 高光谱在环北京地区风沙源治理工程中应用的研究是科技部“863”计划2001年第一批重点科研项目之一。经过两年多的研究，在植被研究方面取得新进展。研究表明，高光谱技术应用于沙化土地监测和防沙治沙效益评价，可充分发挥其技术优势。既可取代大部分地面调查，又可作为地面调查和卫星遥感间的桥梁，在遥感定量分析中起到不可替代的作用，从而可与其他航天遥感数据配合使用构成一个技术含量高、运行周期短的多阶抽样调查监测技术体系。

4. 完成国防科工委项目——资源一号卫星在我国西部荒漠化地区生态建设中的应用示范。该项目是首次将我国发射的资源卫星应用于荒漠化监测，通过在内蒙古、甘肃、青海和新疆选择不同的示范区应用资源一号卫星数据获得有关荒漠化信息，为应用资源一号卫星进行荒漠化监测积累了经验，并起到了示范作用。

5. 中巴卫星遥感资料在西藏森林资源调查中的示范应用研究是国防科工委为促进中巴地球资源卫星应用而进行的一项示范应用研究项目。该项目对资源一号卫星数据的几何精校正和镶嵌、图像判读和计算机自动分类等技术进行了研究，生成了森林资源分布图、森林蓄积量等级分布图等。并利用资源一号卫星数据，与GPS、GIS技术及地面样地调查相结合，在西藏林芝地区开展了森林资源调查应用示范研究，基本查清了该地区森林资源分布现状，取得了较好的效果。通过该项目实施，形成了资源一号卫星数据在森林资源调查中的应用方法，为资源一号卫星数据在森林资源调查中的推广应用奠定了基础。该项目在国防科工委系统工程一司组织的成果验收会上，受到了专家一致好评，并获得首届梁希林业科学技术二等奖。

6.《生态公益林建设》系列标准、《造林作业设计规程》、《自然保护区总体规划技术规程》等一批国家标准和行业标准的制定实施，对提高林业建设质量和投资效益发挥了重要作用，为林业分类经营和林业生态工程建设提供了有力的技术支持，是对相关法律法规的延伸和具体体现。承担的《自然保护区建设生态环境影响评价方法》及湿地保护、经济林、花卉建设等林业技术标准和《商品林工程项目建设标准》等林业基本建设规程规范的编制，进一步扩大了规划院为林业生态建设服务的广度和深度，体现了战略性、全局性、前沿性、规范化服务意识。

7. 遥感技术已经成为了森林资源监测重要技术手段，其应用越来越广泛。规划院不断加强遥感应用技术研究，在不断地提高遥感技术应用水平的同时，强化了服务意识、质量意识、精品意识，使遥感技术应用和服务成为业务扩展的重要领域。目前已具备了MODIS、ETM、SPOT、Quick Bird等各种不同分辨率的遥感数据处理能力。

8. 结合森林资源监测工作实际，率先推进GPS

在森林资源清查应用，对实现全覆盖、提高样地定位精度、防止偏估、提高工作效率、加强森林资源清查成果的管理等方面都起了积极的作用。2002 年，首次将掌上电脑用于天津市森林资源清查，进行了掌上电脑数据采集应用试验，并在 2004 年吉林省森林资源清查和 2005 年的黑龙江省森林资源清查中进一步试用和推广，对提高了外业调查数据的准确性和成果统计的时效性起到了重大作用。开展了森林资源 MODIS卫星遥感数据宏观监测、森林资源清查多期数据动态分析等研究。

【优秀成果奖评选】 “十五”期间规划院林业工程咨询和设计成果在各级评奖中获国家级奖项 5 项，获国家林业局奖项 15 项，获院级奖项 41 项。其中北方国家级林木种苗基地工程初步设计获得全国第十届优秀工程设计金质奖，实现了林业行业历史上工程设计金质奖零的突破；山东胶南海滨大道绿化工程总体设计和西藏拉萨市外围环城绿化工程设计获得了全国第十届优秀工程设计银质奖，三北防护林四期工程规划和神华集团神府东胜矿区生态建设工程规划获得全国优秀工程咨询成果一等奖。3 项成果获国家林业局优秀工程设计一等奖，12 项成果获林业系统优秀咨询成果奖（一等奖 5 项，二等奖 2 项，三等奖 5 项）。41 项成果获院优秀成果奖（一等奖 11 项，二等奖 14 项，三等奖 16 项）。

【资质证书申请及复审换证工作】 拥有合格的咨询、设计、测绘资质证书是开展相关工作的基本要求，为拓展院业务范围，提高业务能力，2001 年组织完成了院甲级测绘资质、甲级工程设计资质复审换证的准备和换证申报工作，通过了国家测绘局及建设部的复审，取得了甲级测绘资质证书、甲级工程设计资质证书。2002 年组织完成了院甲级工程咨询资质复审换证材料的准备和换证申报工作，通过了中国工程咨询协会的复审，取得了工程咨询甲级资质证书和工程咨询乙级资质证书（农业和风景园林工程）。2005 年，完成水资源建设项目论证资质的申报并获得了甲级证书，拓展了新的业务范围。

（国家林业局调查规划设计院由白会学撰稿）

国家林业局林产工业规划设计院

【综　述】 2005 年，国家林业局林产工业规划设计院（以下简称设计院）干部职工坚持以经济发展为中心，以改革体制和创新机制为推动力，全面实施目标管理，努力开拓市场，扎实工作。在面临诸多挑战和困难的形势下，确保了全年生产经营、改革管理等各项任务的完成以及职工队伍的稳定。

生产经营 ①继续发挥传统咨询设计主业的优势，努力挖掘传统市场，在基建规模压缩的情况下，确保了主业收入；②强化面向林业、面向社会的“两个面向”意识，主动抓住林业和社会发展的良好机遇，着力开拓以生态建设为主的林业工程与能源环境工程市场，取得了可喜的进展；③整合各种有利资源，加大境外合作开发力度，有效地扩展了业务空间。

深化改革 重点抓了劳动、人事、分配“三项制度”改革的配套和完善工作；同时，在坚持设计院体制改革方向的基础上，积极探索和推进设计院局部改制。

加强管理 ①加强质量管理，完善体系运行，通过了 ISO9000 系列认证复审；②贯彻“科技兴院”发展战略，全力推进技术开发和标准化建设，同时，组织编制了设计院“十一五”科技发展规划(2005 ~ 2010 年)，以推进设计院科技进步，构建创新体系和机制，提升设计院的核心竞争能力；③加强资金管理，严格财务监督，建立健全相关的管理制度，确保了各项资金的运作安全。

队伍建设 按照国家林业局党组和机关党委的部署，开展了一系列有组织、有系统、有针对性的学习、研讨等教育活动，使广大党员和领导干部在思想作风上有了进一步的提高和转变；同时，根据院的实际，确立了“人才强院”的发展思路，制定了院人力资源总体规划（2006 ~ 2020 年）深入贯彻“以人为本”的科学发展观，以制度创新、机制创新、加大投入为措施保证，从调整结构、提高能力、激发活力 3 方面入手，围绕培养、吸引、使用 3 个环节重点打造专业技术型人才、经营管理型人才、实用技能型人才，全面提升设计院整体素质和竞争能力。

【工程咨询设计】 设计院作为国家林业局直属的科技型咨询设计单位，拥有甲级工程咨询、设计资质，建院 50 年来一直是以从事林业产业规划和工程咨询设计为核心业务，近年来大力开拓新业务，适时组建了一些新部门，承接了一大批诸如速生丰产原料林基地、林木种苗、经济林等林业项目以及电厂烟气处理、污水处理等新的业务领域的工程咨询设计。承担的典型项目有：

江苏大亚木业福建三明年产45万立方米刨花板项目 这是目前亚洲最大的刨花板工程。在该项设计中，技术人员精心组织，对工艺方案和工厂布置进行了多方案比较和优化改进，节约了能源节省了用地，生产环境更加清洁，保证了该项目的一次性试车成功。

吉林森工江苏丰县年产10万立方米防潮刨花板项目 该项目是国内少有的新型板种，设计中采用了高精度的调胶与施胶、低能耗高精度的铺装、回弹补偿快速热压等多项先进技术。

安徽滁州木业公司年产3000万平方米浸渍纸项目 该项设计中采用二次浸胶工艺，既节约了树脂消耗量也节约能源，由于采用三氧化二铝粉末生产具有一定耐磨要求的浸渍纸，因而大幅降低了生产成本。

安徽滁州木业公司年产6000万平方米木质环保型强化地板生产线项目 该项设计中采用了地板专用纵横双端铣工艺，选用了多头组合设备，使工艺布置更加紧凑、合理，具有单线生产规模大、减少占地面积，操作方便和清洁生产等优点。

填补国家空白的不锈钢垫纸工业化生产应用开发设计 不锈钢垫纸是不锈钢板材生产和成品包运中所需要的一种特种工业用纸。要求定量低（25～45克/平方米）、匀度好、强度高、耐热好。目前国内尚无此类生产企业，几大钢厂主要从日本、韩国进口。为实现国产化，设计院与沈阳思特雷斯纸业有限公司合作进行了工业化生产应用开发设计。

宁夏多维药业年产3万吨木糖醇生产线项目 此项目为国内同类厂家中规模最大的，已完成可行性论证，即将转入工程设计。该项目利用农作物剩余物——玉米芯水解后的废渣生产膳食纤维。项目采用了国内最新科研成果，利用生物法代替传统的化学法生产木糖醇。因此，该项目延长了原材料综合利用的产业链，是科研成果转化生产力的示范项目。

原料林建设 由于原料林基地建设具有可持续稳定供应企业提供质优价廉的原料，提高木材加工企业的一体化经营效益的优势，得到了业内的广泛关注。近几年，设计院为国内多个企业、集团提供了林板或林浆一体化经营的规划设计，其中山东森博木浆有限责任公司海南原料材基地即将进入轮伐期。

生态示范园 近两年，设计院已完成多项生态示范园区项目的可行性论证。此类项目以生态环境建设作为切入点，从资源的培育到加工利用，集资源的保护、利用、科普、旅游、休闲度假一体化，旨在追求生态、经济、社会三大效益的协调统一，是森林可持续经营的典型样板性工程。

有机果品基地建设 2005年，设计院配合北京市林业局为8个郊区编制了农业综合开发项目的总体发展规划。这些项目的实施在为城镇居民提供中、高档商品鲜果的同时，可大幅度地提高农民收入。

【标准化建设】 2005年国家林业局根据建设部关于组织编制部分林业工程建设标准的专项计划，指派设计院作为主编单位，负责编制《刨花板工程设计规范》、《中密度纤维板工程设计规范》、《人造板生产线热能中心工程设计规范》、《人造板生产线职业安全卫生工程设计规范》、《人造板工程节能设计规范》等5项国家级林业工程建设标准。经过技术人员的努力，5项国家标准均已完成报批稿。

【对俄合作】 自2000年11月，中华人民共和国政府和俄罗斯联邦政府签署《关于共同开发森林资源合作的协定》以来，设计院作为国家木材加工综合利用方面的国有骨干设计咨询单位，在商务部和国家林业局的协调指导下，积极参与政府组织的赴俄考察、现场踏勘、收集整理对俄投资开发和建厂的相关资料，编制森林资源开发利用规划，为有意赴俄投资的企业和设备供应商提供项目策划和投融资服务，进行投资机会研究和可行性研究等方面，做了大量的工作。

为加强与上级主管部门的联络、沟通及对外联系、协调方便，设计院组织了对俄森林资源开发专家组，设立了对俄合作办公室。

为调动俄方对森林资源开发合作的积极性，推动中俄森林资源开发和利用合作项目尽早取得进展，设计院先后派出多批专家参与企业的考察活动，赴俄罗斯的托木斯克州、赤塔州、依尔库茨克州、阿穆尔州和克拉斯诺亚尔斯克边疆区等地区，就对俄投资建设森林资源综合开发和加工利用项目进行了翔实考察。根据考察了解的基础资料，编制了对俄森林资源合作开发产品方案、项目融资方案和项目投资机会研究分析报告等。截至2005年底，设计院已先后为满洲里国际合作公司、俄罗斯好运木业有限公司、（香港）满洲里市联发实业有限公司、中国西北林业有限公司等十几家企业、集团做了在俄投资建设木材综合加工、人造板和大型纸浆项目的策划方案（商业计划书或可研报告），并承担了部分项目的工程设计，为中外企业赴俄投资开发和建厂提供了可靠的技术支持。（林产工业规划设计院由郎莹撰稿）

国际竹藤网络中心

【科研项目】 国际竹藤网络中心2005年承担国家级、部级和国际合作等科研项目共44项。其中“十五”攻关滚动项目5项、“863”计划项目1项、“973”计划项目1项、国家自然科学基金面上项目1项、国家林业局“948”项目9项、林业科学技术推广项目5项、国家林业局中试星火计划项目4项、林业标准化项目8项、横向课题1项、人事部项目2项、科技部农业科技成果转化资金项目3项、引进国外技术成果示范推广项目1项、国际合作项目3项。合同金额总计1971万元，较2004年增加17%。

（中心科技教育处）

【国际热带木材组织基于人工林资源中国棕榈业可持续发展能力建设项目第二次技术委员会会议】 由国际竹藤网络中心承担的国际热带木材组织（ITTO）项目基于人工林资源中国棕榈业可持续发展的能力建设第二次项目技术委员会会议于2005年4月20～24日召开。会议由中国林科院热带林业研究所所长徐大平主持，国际竹藤组织陈绪和教授致开幕词。会上，项目技术委员会回顾了第一次技术指导委员会会议纪要，逐项检查了第一次技术指导委员会会议提出的意见和建议的落实情况。项目主任助理黄世能博士向技术委员会汇报了建议的落实情况、项目进展情况、财务报告、下一年度执行计划及工作安排。委员会成员一致认为该项目进展顺利，按计划完成了2004年的绝大部分工作，同时，委员会根据项目的实际情况对2005年度项目的实施提出了相关的意见和建议。

（中心科技教育处）

【“948”项目植物基因测序及功能改良技术引进启动】 2005年4月22日，国家林业局“948”项目植物基因测序及功能改良技术引进项目启动会在国际竹藤网络中心召开。会上，项目主持人，国家林业局党组成员、中国林科院长、国际竹藤网络中心董事会主席江泽慧部署了项目研究工作。该项目的启动，标志着国际竹藤网络中心在竹藤分子生物学方面的研究全面展开，也标志着我国竹藤业在基础研究领域的一个新的起点。 （中心科技教育处）

【国家林业局竹藤科学与技术重点实验室通过评估】 2005年6月3日，由国家林业局科技司组织的竹藤科学与技术重点实验室评估会议在国际竹藤网络中心召开。国家林业局科技司副司长胡章翠出席评估会，中国林科院副院长储富祥担任专家组组长，科技司综合处处长尹刚强主持会议。国际竹藤网络中心常务副主任岳永德教授在评估会上致辞，并作为实验室主任向专家组汇报了竹藤科学与技术重点实验室建设的意义、方向定位、科研任务、队伍建设、开放交流、运行管理等方面的情况。专家组在认真听取工作汇报和学术报告的基础上，考察了实验室，并对获奖证书、论文、仪器使用记录等进行了检查与核实。

（中心科技教育处）

【与英国瑞尔科技公司签订合作开发风力发电机竹桨叶制造技术协议】 2005年6月28日，国际竹藤网络中心与英国瑞尔科技公司合作开发风力发电机竹桨叶制造技术签字仪式在北京举行，国际竹藤网络中心常务副主任岳永德和英国瑞尔科技公司董事长吉姆分别代表本方在协议书上签字，协议签署后，双方合作将正式启动。该项目的实施，对发展清洁能源，可持续开发和利用竹材资源，开发生产高附加值产品，开拓国内外市场具有重要意义。

（中心科技教育处　国际合作与交流处）

【全球竹资源清查技术研讨会】 由国际竹藤网络中心和国际竹藤组织共同主办的全球竹资源清查技术研讨会于2005年10月24日至11月4日在北京和浙江举行，来自美国、德国、印度尼西亚等18个国家以及联合国粮农组织、非政府组织的林业研究、资源清查管理、土地利用规划和发展等方面的人士共40人参加会议。会议就竹资源遥感清查和地面调查技术进行了研讨和培训。

（中心科技教育处　国际合作与交流处）

【参加首届中国林业学术大会】 首届中国林业学术大会于2005年11月10～12日在杭州市召开。作为协办单位之一，国际竹藤网络中心科研人员10余人参加了这次大会。会上，中心科研人员共提交8篇学术论文，3人作了专题发言，中心高志民博士参与完成（第5完成人）的项目牡丹品种分类、选育及栽培新技术获得首届梁希林业科学技术一等奖。在分会场优秀论文评选中，中心王戈博士的《数字散斑相关方法及其在竹层积材弯曲破坏过程中的应用》获得优秀论文一等奖，孙启祥博士的《低温胁迫对竹子叶绿素荧光诱导动力学的影响》、高志民博士的《毛竹基因组DNA提取研究》和苏文会硕士的《大木竹竹材力学性质的研究》3篇论文获得优秀论文三等奖。 （中心科技教育处）

【“948”项目国外优良竹类植物种质资源技术创新与示范等2个项目通过国家林业局中期评估】 国家

林业局组织的2002年、2003年度“948”项目中期评估会议于2005年11月27日至12月3日在南京召开。国际竹藤网络中心承担的国外优良竹类植物种质资源技术创新与示范（2002－C05）和热带引种植物栽培技术创新与示范（2003－C06）等2个“948”项目参加了评估，经过中心科教处的统一组织安排以及各课题组的积极准备、认真汇报和答辩，2个项目顺利通过了中期评估。（中心科技教育处）

【“948”项目桉树实木加工利用技术引进通过现场查定】 2005年12月6日，国家林业局“948”项目管理办公室组织有关专家对国际竹藤网络中心承担的“948”项目桉树人工林木材材性与实木加工利用技术引进进行了现场查定。查定会由国家林业局科技司副司长靳芳主持，专家组听取了项目组的汇报，并按项目合同书规定的内容和考核目标，审阅了相关材料，对实木锯材、集成材、集成材木窗、指接胶拼地板、混凝土模板等20个产品样品进行了现场检查。专家组一致认为，该项目完成了预定的引进内容和考核指标，部分超额完成规定的指标，建议按期验收。

（中心科技教育处）

【“948”项目桉树实木加工利用技术引进通过验收】 2005年12月12日，国家林业局“948”项目管理办公室组织有关专家对国际竹藤网络中心承担的“948”项目桉树人工林木材材性与实木加工利用技术引进进行了验收。验收专家组认真听取了费本华研究员代表课题组所作的专题汇报，并认真审阅了相关材料和研发产品样品。专家组对项目的实施给予了高度评价，一致认为该项目完成了预定的引进内容和考核指标，部分超额完成规定的指标，可如期通过验收。这是中心第一个通过验收的“948”项目，为中心在“十一五”期间继续实施好国家林业局“948”项目打下了良好开端。（中心科技教育处）

【发展中国家竹业可持续发展管理研修班】 由商务部主办、国际竹藤组织协办、国际竹藤网络中心承办的发展中国家竹业可持续发展管理研修班于2005年12月14~28日在北京举行。来自20个国家的38名学员参加了研修班，其中林业官员34人（副部级1人）、大学教授、企业高级管理人员各2人。国家林业局党组成员、国际竹藤组织董事会联合主席、国际竹藤网络中心董事会主席江泽慧，国家林业局党组成员、副局长、国际竹藤网络中心主任张建龙，商务部对外援助司副司长赛旦霞等出席开班仪式。

此次研修班围绕竹业可持续发展，在北京举办了专家讲座并组织学员到浙江临安和安吉实地参观考察，使研修班学员学习了解了中国竹业发展的成功经验和适合广大发展中国家的竹培育、加工和利用技术。研修班得到了中国驻外使馆经商处、学员所在国驻中国大使馆、相关国际组织及学员的高度评价和有关各界媒体的广泛关注。

（中心科技教育处　国际合作与交流处）

【国家林业局竹藤科学与技术重点实验室挂牌】 2005年12月23日，在国际竹藤组织中方协调领导小组第八次会议暨国际竹藤网络中心董事会第四次会议上。举行了竹藤科学与技术重点实验室揭牌仪式，国家林业局科技司司长张永利宣读了国家林业局关于建立竹藤科学与技术重点实验室的通知文件。国家林业局党组成员、中国林科院院长、国际竹藤组织董事会联合主席、国际竹藤组织中方协调领导小组组长、国际竹藤网络中心董事会主席江泽慧和科技部党组成员、科技日报社社长张景安为国家林业局竹藤科学与技术重点实验室揭牌。（中心科技教育处）

【全国竹藤标准化培训与研讨班】 2005年12月25日，由国家林业局科技司主办、全国竹藤标准化技术委员会协办、国际竹藤网络中心承办的全国竹藤标准化培训与研讨班在北京举行。国家林业局有关司（局）、国家标准化管理委员会、国际竹藤网络中心、国际竹藤组织以及来自各有关省林业厅（局）、林业科研院校的60名学员参加了此次培训与研讨班。

国家林业局科技司巡视员李东升出席开班仪式，并受国家林业局党组成员、中国林科院院长、国际竹藤组织董事会联合主席、国际竹藤网络中心董事会主席江泽慧委托，作了题为《认清形势，明确思路，努力做好新形势下的林业标准化工作》的讲话。

此次培训与研讨班为期2天，国家标准化管理委员会、国家林业局科技司、国际竹藤组织等部门和单位的专家讲解了标准化基础知识、竹藤国际标准化、竹藤企业标准化等方面的内容并介绍了竹藤标准化工作，办班期间还安排学员参观了竹藤业展室和国家林业局竹藤科学与技术重点实验室。

（中心科技教育处）

【国际竹藤组织中方协调领导小组第七次会议暨国际竹藤网络中心董事会第三次会议】 2005年2月1日下午在北京国际竹藤大厦召开。会议由国家林业局党组成员、国际竹藤组织董事会联合主席、国际竹藤组织中方协调领导小组组长、国际竹藤网络中心董事会主席江泽慧主持。会上，国家林业局副局长、国际竹藤网络中心主任张建龙通报了国际竹藤网络中心工程项目竣工验收的有关情况；国际竹藤组织副总干事吴志民汇报了国际竹藤组织在中国和世界的发展情况；国际竹藤网络中心常务副主任岳永德介绍了中心的工作开展情况，副主任程良汇报了中心扩建工程项目有关工作进展情况；国际竹藤组织东道国法律顾问张红虹还通报了国际竹藤组织成员国会费制度建立以及国际竹藤组织成立章程回顾和修改情况。

国际竹藤组织中方协调领导小组成员单位和国际

竹藤网络中心董事会各位董事对国际竹藤组织和国际竹藤网络中心2004年取得的各方面工作进展给予了肯定，并就下一步发展规划、工作计划、建设重点等问题，以及如何通过国际竹藤组织增强中国在“南南”合作中的地位问题进行了深入讨论和交流，为竹藤事业的发展献计献策，提出了指导性的意见和建议。与会人员一致认为，国际竹藤组织成员国发展的重点仍然是发展中国家，要加强对发达国家特别是竹藤消费国的宣传和推广；办好国际竹藤网络中心是确保国际竹藤组织良好运行的关键，要通过培训和科技研发等工作的开展，吸引各成员国，进一步关注国际竹藤组织的发展；对国际竹藤组织目前需要解决的问题和国际竹藤网络中心的扩建工程要积极给予支持和帮助。

国家发改委、外交部、科技部、财政部、商务部、国家林业局、北京市政府及中国林科院等单位的有关领导、专家，国际竹藤组织中方协调领导小组成员单位代表和中心董事会成员出席了此次会议。

（中心综合办公室）

【全国政协委员科技界代表参观访问国际竹藤网络中心】 2005年3月8日，国家林业局党组成员、中国林科院院长、国际竹藤网络中心董事会主席江泽慧陪同参加全国政协十届三次会议的政协委员科技界代表一行莅临国际竹藤网络中心参观访问。江泽慧向委员们介绍了国际竹藤组织和国际竹藤网络中心的基本情况以及其成立和发展的有关情况。国际竹藤组织副总干事吴志民向委员们介绍了国际竹藤组织自成立以来在中国和世界的发展情况以及2005年工作计划。国际竹藤网络中心常务副主任岳永德汇报了中心各项工作的进展，表示作为非营利的科研事业单位，中心今后将努力做好重点实验室建设和科学研究、人才培养、技术培训以及为国际竹藤组织提供支持和服务等几方面的重点工作，将以重点实验室为依托，努力做好科研工作和人才培养工作，发挥好中心的培训功能，提高为国际竹藤组织服务的水平。

（中心综合办公室）

【与国际竹藤组织签署关于建立长期合作伙伴关系谅解备忘录】 2005年10月13日，国际竹藤网络中心与国际竹藤组织在北京国际竹藤大厦举行了关于建立长期合作伙伴关系谅解备忘录签字仪式。

国际竹藤组织是第一个总部设在中国的政府间国际组织，其日常运作和业务的拓展需要东道国政府各有关部门的鼎力支持；国际竹藤网络中心是中国政府为支持国际竹藤组织履行其宗旨并为其提供科技支撑和条件保障而专门成立的非营利性科研事业单位。国际竹藤组织信息渠道多，建立了联络其他国际组织的有效网络，具有丰富的竹藤国际项目合作开发经验；国际竹藤网络中心拥有完善的培训设施和竹藤科学与技术重点实验室以及一支高素质的科研队伍，在竹藤科研和为国际竹藤组织总部提供后勤保障方面有着不可替代的优势。为进一步加强合作，经过友好协商，双方决定在《成立国际竹藤组织的协定》和《国际竹藤组织东道国协定》的框架下，本着发挥特长、优势互补、平等互惠、成果互享的原则，建立长期合作伙伴关系。该备忘录全面阐述了国际竹藤组织与国际竹藤网络中心开展长期合作的原则、领域和重点。备忘录签署后，双方将整合各自优势，在国际培训、申请和实施竹藤科研与实地项目、竹藤科学研究、信息交流等重点领域积极开展长期的全面合作。

签字仪式由国际竹藤组织董事会主席Keith Bezanson主持，国际竹藤网络中心常务副主任岳永德、国际竹藤组织总干事Ian Hunter博士分别代表本方签字。国家林业局党组成员、国际竹藤组织董事会联合主席、国际竹藤网络中心董事会主席江泽慧，国际竹藤组织第九次董事会全体参会董事，国际竹藤组织副总干事吴志民，国际竹藤网络中心副主任程良等出席签字仪式。（中心综合办公室）

【汤加林业大臣一行参观访问国际竹藤网络中心】 2005年11月4日上午，汤加林业大臣西奥尼·皮阿乌阿费·哈乌基尼马（Sione Peauafi Haukinima）先生一行参观访问了国际竹藤网络中心。国际竹藤网络中心常务副主任岳永德、副主任程良，国际竹藤组织副总干事吴志民等陪同哈乌基尼马先生参观了国际竹藤网络中心的重点实验室，哈乌基尼马先生听取了科研人员的讲解，并就竹藤的研究情况与科研人员进行了深入的探讨和交流，他高度赞扬了中国在竹藤科学研究方面的先进水平，表示希望同国际竹藤网络中心加强科学技术等方面的合作以探索本国竹资源培育和竹产业发展的途径。哈乌基尼马先生是应国家林业局局长周生贤的邀请，于2005年11月3～9日访华的，此行的主要目的是学习了解竹子生长环境、经济价值、产品加工过程及市场状况等方面的成功经验，研究汤加种植竹子以及竹产品加工出口的可能性，以此带动汤加经济发展。同时，探讨中汤林业合作的可行性和途径，亲身感受中国发展成就。

（中心综合办公室）

【国际竹藤组织中方协调领导小组第八次会议暨国际竹藤网络中心董事会第四次会议】 2005年12月23日在北京国际竹藤大厦召开。国家林业局党组成员、中国林科院院长、国际竹藤组织董事会联合主席、国际竹藤组织中方协调领导小组组长、国际竹藤网络中心董事会主席江泽慧，科技部党组成员、科技日报社社长张景安以及国家发改委、财政部、科技部、外交部、商务部、海关总署、国家林业局等部委有关司（局）的领导出席了会议。国家林业局党组成员、国家林业局副局长、国际竹藤网络中心主任张建龙主持会议。会上，国际竹藤组织副总干事吴志民通报了

2005年国际竹藤组织在中国和世界的发展情况；国际竹藤网络中心副主任程良通报了2005年国际竹藤网络中心重点工作进展情况和2006年重点工作安排。参会领导对国际竹藤组织和国际竹藤网络中心在推动国内及国际竹藤事业发展方面所做的卓有成效的工作表示肯定，并就一些具体问题进行了深入的讨论和交流，为国际竹藤组织和国际竹藤网络中心今后的发展提出了许多建设性的意见和建议，纷纷表示在2006年以及今后的工作中将一如既往地支持国际竹藤组织和国际竹藤网络中心的工作。（中心综合办公室）

【国际竹藤网络中心商品共同基金项目获得批准】 国际竹藤网络中心申报的商品共同基金从中国向孟加拉国和斯里兰卡转让竹笋生产、加工、销售技术项目于2005年10月获得批准。商品共同基金将投入项目经费99.95万美元。该项目有助于孟加拉国和斯里兰卡发展形式多样的竹笋产业，促进竹笋的生产、加工和出口，减少贫困，促进经济可持续发展。

（中心国际合作与交流处）

【竹人造板预制房国际研讨会】 由国际竹藤组织主办，国际竹藤网络中心协办的竹人造板预制房国际研讨会于2005年11月24～25日在北京召开，来自15个国家的约40名专家出席会议。会议认为竹人造板预制房在救灾、军用、民用及工程用房等多方面都有广泛发展前景。（中心国际合作与交流处）

【国际竹藤网络中心竹藤业展室完成更新布置】 为了建设好国际竹藤组织、国际竹藤网络中心竹藤业展室，使之成为面向国内外的，具广泛代表性的，高水准的宣传展示竹藤产业发展的窗口，2005年7～8月，国际竹藤网络中心对竹藤业展室进行了更新布置和改造。这项工作得到了浙江、湖北、湖南等省林业部门以及有关竹藤企业的大力支持，经过紧张的工作和努力，到8月22日基本完成，之后又进行了不断完善。此次更新改造重点在充实展品、修缮装饰、增添亮点、完善布局、增强艺术风格等方面下功夫，使竹藤业展室在保持原有装修结构不变、尽量节约费用的前提下有了一个大的改观，令人耳目一新。在展品更新上，尽力选择、收集主要省份的最具代表性的、最高水平的产品，除了保留原有的大宗贵重展品外，基本上做到了全面更新，增加了竹家具、竹人造板、竹工艺品、竹生物制品、竹纤维纺织品、竹日用品、竹饮料等类别的一些新品种，提高了产品档次和技术含量，丰富了花色品种，增强了产品的代表性，还增加了较多藤制品，提高了藤制品的比重。展室完成更新改造以来，多次接待国际、国内的官员、领导、专家、学者、社会各界人士以及重大会议、活动的参观访问和考察，得到了广泛关注和高度评价。

（中心产业发展处）

林业社会团体

中国林学会

【综　述】　2005年，是中国林学会各项事业快速发展的一年。中国林学会在国家林业局和中国科协的领导下，紧密围绕国家林业建设中心工作，服务大局，不断创新工作方式和运行机制，大力开展国内外学术交流、科学技术普及、咨询服务、期刊编辑等业务活动，各项事业均取得了突破性进展。2005年，中国林学会第四次被中国科协评为先进学会和全国科普工作先进集体，《林业科学》杂志获得国家期刊奖提名奖第一名殊荣，在中国林学会的历史上留下了浓重的一页。

学术活动　2005年，中国林学会共举办境内外学术交流活动43次，参加人数达4893名，交流学术论文3000余篇。其中2005年11月10～12日由国家林业局、浙江省政府、中国林学会联合主办的首届中国林业学术大会，以“和谐社会与现代林业”为主题，深入实施科教兴林战略，探讨有中国特色林业自主创新之路。大会参会人数之多、规模之大、影响之广，在中国林业科技史具有里程碑的意义。

科普活动　利用植树节、科技周、全国科普日等重要节日举办各类科普展览和知识问答活动，全年共举办科普讲座14次，科普展览129次，组织科技工作者下乡53次。在科普书刊的编写方面，完成了《西部退耕还林》科普图书和挂图初稿，制作了“保护生态环境，倡导绿色行动”科普挂图。在吕梁科技扶贫工作中，开展了吕梁能源植物育苗工作和红枣病虫害防治调研工作，并制定了未来5年科技扶贫计划。启动了提高我国林业从业人员科学素质系统研究课题，组织召开了课题启动、培训和讨论3次活动，完成了2005年课题工作计划。在全国林业科普基地建设工作中，召开了首届全国林业科普基地建设研讨会。

继续教育与咨询服务　紧密围绕林业建设及企业发展的需求开展各项业务活动，举办了相持阶段生态建设特点与对策和黔桂九万大山地区第十一期林业定点扶贫两个培训班，近300名学员参加了培训。与地方政府、企事业单位联合开展的活动方面，举办了黄骅冬枣——中国原产地域保护产品高层研讨会和中国杨树节暨首届中国杨树产业博览会。为充分发挥中国林学会人才、智力优势，充分发挥林业及相关行业院士在林业建设中的参谋、智囊作用，与江西省林业厅共同举办了江西林业院士行活动。

国际合作　2005年派出科技交流团组3个，团员132名；接待了秘鲁大使馆和以加拿大私有林主协会理事长彼得·德马斯先生为团长的客人的来访。在巩固同欧洲国家传统友好交流的基础上，加强了同美洲国家，港、澳地区林学组织的接触与协商，为中国林学会进一步扩大对外友好往来活动奠定了基础。

书刊编辑　《林业科学》作为我国林业界最具权威性的学术期刊，在第三届国家期刊奖的评选中，名列国家期刊奖提名奖第一名，并连续第三次荣获中国科协优秀学术期刊二等奖。在中国科协主办的第二届优秀学术论文评选中，由期刊编辑部推荐的论文《树木溃疡病病原真菌类群分子遗传多样性研究Ⅱ》继第一、二届论文评选获奖后又一次获得优秀学术论文奖。截至2005年底，《林业科学》国内外公开发行，交换到40多个国家（地区），总被引频次、影响因子居于林业类科技期刊之首。

科教奖励　2005年正式启动了梁希林业科学技术奖、梁希科普奖的评选，并于11月在首届中国林业学术大会上对获奖集体和个人进行了表彰。为做好第九届中国青年科技奖的推荐工作，中国林学会于12月开展了第八届中国林业青年科技奖的评选工作，经有关单位初评推荐，国家林业局人教司和中国林学会组织专家委员会进行评审，评选马庆祥等18人为第八届中国林业青年科技奖获得者，并推荐卢孟柱等7人为第九届中国青年科技奖候选人。为做好梁希教育基金发展的工作，9～12月，前往梁希先生出生以及生平工作过的地方拍摄了专题纪录片——《林业的开拓者——梁希》。

组织建设　充分利用《中国林学会通讯》、中国林学会网站加强同会员之间的联系，听取会员的意见和呼声，不断优化为会员服务的手段。2005年，高级会员和团体会员发展有了较大突破，高级会员已达725名，团体会员已达143家。针对长期形成的会员档案不全、会员发展缓慢的现状，下发了《关于做好个人会员重新登记和会费收缴工作的通知》和《关于做好会员发展工作的通知》，启动了会员重新登记工作，加大了会员发展的力度。根据学科发展的需要，并报请中国科学技术协会和民政部核准，成立了中国林学会森林公园分会、银杏分会、林业科技期刊分会、灌木分会4个新的二级组织，截至2005年底，中国林学会分会（专业委员会）总数达33个。

【首届中国林业学术大会】 2005年11月10日，由国家林业局、浙江省政府和中国林学会联合举办的首届中国林业学术大会在杭州召开。国家林业局党组成员、中国林科院院长、中国林学会理事长、首届中国林业学术大会主席江泽慧，浙江省副省长、首届中国林业学术大会副主席茅临生分别在大会开幕式上作学术报告。国家林业局副局长、首届中国林业学术大会副主席张建龙，浙江省委副书记周国富，中国科协党组成员苑郑民在开幕式上致辞。开幕式由全国人大常委会委员、中国工程院院士、中国林学会副理事长、首届中国林业学术大会副主席王涛主持。中国林学会名誉理事长、原林业部部长、原天津市委书记高德占，原林业部部长、原黑龙江省委书记徐有芳出席大会。来自全国各地的林业专家、学者和科技管理人员1500余名代表参加了大会。

大会以“和谐社会与现代林业”为主题，围绕当代林业科技发展的前沿和交叉问题、现代林业建设的特点和需求以及社会日益关注的生态建设问题进行交流，集中展示广大林业科技工作者的最新研究成果，展望林业科技发展前景，积极开展学术研讨活动，为促进相持阶段的林业发展和构建和谐社会服务。王涛、李文华、张齐生、宋湛谦等20多位院士、知名专家围绕生物质能源、森林生态系统管理、碳汇与碳贸易、森林资源核算与绿色GDP、城市森林与人居环境、森林保护、水土保持与荒漠化防治、森林可持续经营、生物质新材料等热点、难点和前沿问题作特邀学术报告。大会颁发了中林集团杯首届梁希林业科学技术奖、首届梁希科普奖，表彰和奖励在林业科技进步中作出突出贡献的集体和个人。

首届中国林业学术大会共设12个分会场，由中国林学会林木遗传育种分会等13个分会、专业委员会承办，分别于11月11~12日在9个宾馆同时举行。12个分会场分别围绕林木生物技术与育种、森林害虫持续控制的理论与实践、森林与环境植物病害管理、桉树可持续发展与林浆纸一体化、森林经营与林业可持续发展、经济林产业化与可持续发展、林业科技信息共享机制与市场化途径、信息化促进林业快速发展、城市森林与身心健康、森林防火理论研讨与新技术应用、新型木质材料制造技术和现代竹产业发展技术等12个不同的主题进行了交流。各分会场征集论文总数为近1000篇，会上交流学术论文总数为291篇。

【中林集团杯首届梁希林业科学技术奖和首届梁希科普奖】 为表彰在林业科研教学中作出突出贡献的科技工作者、表现突出的林业院校在校优秀学生和先进的林业科普工作者和集体，进一步调动广大林业科技工作者的积极性和创造性，促进林业科技后备人才的成长，在社会各界的大力支持下，中国林学会于2003年12月正式建立了梁希科技教育基金。2004年10月，由梁希科技教育基金设立的梁希科学技术奖（其中包括梁希林业科学技术奖、梁希优秀学子奖、梁希科普奖、梁希青年论文奖）获得国家科技部的批准并登记注册。

根据《梁希林业科学技术奖奖励办法》及实施细则和《梁希科普奖奖励办法》，中国林学会于2005年6~10月组织开展了中林集团杯首届梁希林业科学技术奖和首届梁希科普奖的评选工作。首届梁希林业科学技术奖共收到由推荐单位初评后推荐的申报项目94项，经形式审查、同行专家初审、专业组评审会、入围项目社会公示和召开梁希林业科学技术奖评审委员会会议等严格的评审程序，最终评选出一、二、三等奖。绿色江苏现代林业发展研究等2个项目被评为一等奖，木质环境品质与居住质量的研究等12个项目评为二等奖，桉树优良无性系选育与推广应用研究等32个项目被评为三等奖。首届梁希科普奖共收到推荐单位上报的集体或个人44个，其中：集体20个，个人24人，采用与梁希林业科学技术奖相同的评审程序，最终评选出获奖集体和获奖个人。中国中央电视台社教中心科技专题部等10个单位和丁广师等9人荣获首届梁希科普奖。

【第八届中国林业青年科技奖】 根据《中国林业青年科技奖条例》有关规定，按照个人申报、单位推荐、专家评议的议程，第八届中国林业青年科技奖的评选活动共收到46个单位推荐的74名人选，经中国林业青年科技奖专家评审委员会评审，并报请中国林业青年科技奖领导工作委员会批准，决定授予马庆祥等18人第八届中国林业青年科技奖。

获得第八届中国林业青年科技奖的18名同志是近年来在林业战线上青年科技工作者的优秀代表。他们热爱林业，献身林业，刻苦钻研，积极创新，取得了显著成绩，为推动林业事业发展作出了突出贡献。

中国林业青年科技奖是由林业部于1995年设立的，它的前身是中国林学会青年科技奖。截至2005年，共有103名优秀的林业青年科技工作者受到表彰，其中已有13名荣获中国青年科技奖称号（不包括2005年推荐的候选人）。

【中国林学会2005年工作座谈会】 2005年1月31日在北京召开，国家林业局党组成员、中国林科院院长、中国林学会理事长江泽慧，原林业部部长、中国林学会名誉理事长高德占，全国人大常委会委员、全国人大农委副主任、中国林学会副理事长舒惠国，中国工程院院士、中国科学院地理科学与资源研究所研

究员、中国林学会副理事长李文华，中国科学院院士、中国林科院首席科学家唐守正，北京林业大学校长、中国林学会副理事长尹伟伦等19位在京常务理事出席会议，国际竹藤网络中心常务副主任岳永德，中国竹产业协会副秘书长、中国林学会原副秘书长程美瑾应邀出席会议，中国林学会秘书处各部室主任列席会议。会议由中国林学会常务副理事长兼秘书长李东升主持。

会上，江泽慧理事长对下一步工作进行了布置，常务副秘书长李岩泉代表学会秘书处汇报了学会的重点工作，对今后一段时间要做的工作提出了建议。

【国树评选活动】 国树是民族精神的象征。据不完全统计，世界上已有120多个国家选定了国树。中国是有着几千年灿烂历史文化的文明古国，理应有自己的国树。从20世纪60年代开始，一些有识之士和专家学者就不断呼吁确定我国的国树。近年来，在每年的“两会”期间，都有人大代表、政协委员联名提案，呼吁尽快确定国树。为了尽快确定国树，2005年7月20日至8月28日，中国林学会在搜狐网、《中国绿色时报》等媒体上开展公众投票活动。国树评选公众投票活动的开展在社会各界引起很大反响。全国31个省（区、市）都有公众参与了投票。历时一个月的国树评选公众投票活动共收到公众信函、网络投票1 789 443票。在所有信函、网络投票中银杏以遥遥领先的绝对优势问鼎桂冠。中国林学会将公众投票最终结果向国家林业局做了汇报，并根据多年来广大专家学者的呼吁，以及此次投票活动公众推荐结果，提出将银杏定为国树的建议。

【首届全国林业科普基地建设研讨会】 2005年5月13～15日在北京召开。来自全国19个省（区、市）31个单位负责科普工作的领导及工作人员参加了会议。研讨会开幕式由中国林学会副秘书长沈贵主持，中国林学会常务副秘书长李岩泉、中国科协科普部副部长高勘出席开幕式并讲话，出席开幕式的领导还有国家林业局科技司综合处副处长吴红军、中国自然科学博物馆协会副秘书长楼锡祜等。

研讨会上，沈贵作了题为《强化科学普及，提高科学素质》的报告，中国科协科普部林昀介绍了全国科普教育基地工作的开展情况，楼锡祜就科普的概念和科普工作的开展作了讲解。芜湖精诚园林园艺有限公司、贵州省林科院、吉林长白山国家级自然保护区、中国科学院植物研究所植物园、广东茂名森林公园等单位作了典型发言，并回答了与会代表的提问。本次研讨会还安排了观摩活动，举行了全国林业科普基地牌、证的颁发仪式。

【《林业科学》创刊50周年纪念会】 2005年6月20日，中国林学会在京举办了庆祝《林业科学》创刊50周年纪念活动。全国人大常委会副委员长、中国科学院院长路甬祥，中国科协主席周光召，科技部部长徐冠华，国家林业局党组成员、中国林科院院长、中国林学会理事长江泽慧，原林业部部长、原天津市委书记、中国林学会名誉理事长高德占等有关领导特为《林业科学》创刊50周年题词或发来贺信。会议期间，向首次评出的64位优秀审稿人颁发了证书。

学会以《林业科学》创刊50周年纪念会的召开为契机，研究了期刊发展新思路，找出束缚期刊发展的因素，找准期刊发展方向和定位，并努力创造条件使刊物由双月刊向月刊过渡，2006年《林业科学》将正式采用月刊形式。

【承办中国科协2005年年会第二十六分会场会议】 由中国林学会承办，主题为“生态安全与西部森林、草原、水利建设”的中国科协2005年学术年会第二十六分会场于2005年8月20～24日在乌鲁木齐市召开。参加会议的代表约200余人。本次分会主题紧扣中国科协2005年年会的主题，在分会组织形式上，既有代表最新学科发展方向的学术报告，又有与分会主题相关的生态定位站科研基地实地考察，会议受到了参会代表和中国科协领导一致好评。会议邀请了香港浸会大学生物系张建华教授、中国林科院首席专家惠刚盈研究员和北京林业大学赵广杰教授等20余位专家围绕“西部生态建设与可持续发展”作了专题学术报告，报告涉及森林经营、森林病虫害防治、城市林业建设、草原建设、森林水文、干旱地区造林技术研究和数字林业等多个领域。为配合这次会议的召开，中国林学会从收到的308篇论文中筛选了120篇论文，分别在《东北林业大学学报》和《林业科技管理》上刊登，并从参会论文中评选出优秀论文一、二等奖。

【第二届中国竹业学术大会】 中国林学会竹子分会三届四次全委会暨第二届中国竹业学术大会于2005年9月25～28日在云南省昭通市水富县举行。来自北京、浙江、江苏、等13个省（区、市）以及国家林业局、中国林科院、南京林业大学的170名代表参加了会议。中国林学会竹子分会副主任委员、国家林业局竹子研究开发中心王树东主任致开幕词，中国林科院亚热带林业研究所马力林书记、云南省竹产业协会杨宇明会长等分别在会上致贺词，昭通市政府熊启怀副市长、云南省林业厅造林绿化处邹恒芳处长、中共水富县委张朝德书记等分别代表昭通市政府、云南省林业厅、水富县委、县政府致词，国家林业局造林司质量处刘道平处长在会上作了讲话。

第二届中国竹业学术大会分为专家报告、情况交流和论文交流三部分。专家报告由中国林科院首席科学家萧江华研究员的《西部竹业开发大有可为》、西南林学院副院长杨宇明教授的《云南竹类多样性及其开发利用》、浙江省林业厅产业办主任、浙江省竹产业协会朱云杰常务副会长的《欣欣向荣的浙江省竹产业》、中国林科院亚热带林业研究所顾小平研究员《论西部退耕还林工程中的“竹子热”》和西南林学院董文渊教授的《试论昭通市加快竹产业发展的必要性》等5个专题报告组成；学术大会共收到论文83篇，其中26篇论文在大会上宣讲，并开展了优秀论文的评选工作。叶玲、莫尚武等提交的《竹提取物的钙拮抗作用及对心肌缺血的影响》论文获一等奖，甘小洪、丁雨龙等提交的《毛竹茎秆纤维发育过程中细胞壁的变化规律研究》等2篇论文获二等奖，郑仁红、顾小平等提交的《几种酚酸对毛竹种子发芽的影响》等7篇论文获三等奖。

【中国杨树节暨首届中国杨树产业博览会】 由中国林学会、江苏省泗阳县政府和扬子晚报社共同主办的2005年中国杨树节暨首届中国杨树产业博览会于2005年9月20~21日在泗阳县举办。博览会主题是“人与自然和谐发展、生态与产业互动并进”。本次杨树节暨杨树产业博览会是一次推进杨树产业发展的学术研讨会，是一次杨树产业的成果展示会，还是一次加快区域经济发展的促进会，既为泗阳经济社会加快发展搭起了桥梁，也为相关地区加强联系构建了平台，推进区域经济合作、社会发展创造了条件。

【中国原产地域保护产品高层研讨会】 2005年10月12日，黄骅冬枣——中国原产地域保护产品高层研讨会在黄骅市举行。研讨会由河北省政府、中国林学会和中国经济林协会共同主办，沧州市政府和黄骅市政府承办。全国政协副主席白立忱，原全国政协副主席孙孚凌出席了会议。

研讨会上,来自国家质检总局、中国林学会、中国经济林协会、河北农大和中国中医研究院的领导、专家对原产地域保护、黄骅冬枣营养保健作用、规范冬枣栽培技术进行了研讨,并就存在的问题提出了意见和建议。国家质检总局有关负责人认为,2002年6月对黄骅冬枣实施原产地域产品保护以来,经过几年的实践证明,这对促进黄骅冬枣产业健康发展,繁荣地方经济,进一步开拓国内外市场,增加农民收入起到了积极作用。黄骅冬枣已经成为我国原产地域保护产品中的突出代表。林果专家认为。打造黄骅冬枣国际品牌有3个优势,聚馆村的原始冬枣林是资源优势,不仅供游人们观赏,还为黄骅冬枣的改劣换优,更新品种打下基础;有悠久栽培史的技术优势和其他地区无法比拟的栽培环境优势,并建议黄骅应该继续推广优良栽培技术,大力推行无公害生产,增强质量意识。

【中国林学会木材科学分会第十次学术研讨会】 2005年12月2日在广西大学开幕。中国林学会木材科学分会主任委员李坚教授，国际木材科学院院士、中国林科院首席科学家鲍甫成教授，国际木材保护研究会主席、美国俄勒冈州立大学教授杰夫·莫里尔，日本技术委员会木材资源调查专门委员会原委员长、日本北海道大学教授寺泽实等国内外15所高校及科研单位的150多名专家学者参加会议。

本次会议由中国林学会木材科学分会主办，东北林业大学木材科学与技术学科、东北林业大学生物质材料科学与技术教育部重点实验室、广西壮族自治区林业局、广西壮族自治区科学技术协会等单位联合协办，广西大学林学院承办。同时举行的还有主题为生物质材料科学研究与高效利用国际学术研讨会。研讨会共收到论文120篇，内容涉及：生物质材料科学创新人才培养、生物质材料生物学、生物质材料构造学与物理力学、生物质材料环境与保护学、生物质复合材料、生物质材料的高效利用等问题。

【中国林学会森林公园分会成立】 中国林学会森林公园分会成立大会暨学术研讨会于2005年12月12日在广东珠海召开，来自25个省（区、市）的130名代表参加了会议。中国林学会常务副秘书长李岩泉出席大会并讲话，国家林业局人教司敖安强处长、中国科协张丽娟处长出席会议并向大会致辞。

会议讨论通过了《中国林学会森林公园分会管理办法》，选举产生了中国林学会森林公园分会第一届委员会，第一届委员会常务委员会及主任委员、副主任委员和秘书长。国家林业局场圃总站副总站长孔明当选为第一届委员会主任委员，中国林学会副秘书长沈贵当选为常务副主任委员兼秘书长，国家林业局规划院院长李忠平、中国森林国际旅行社总经理刘世勤、东北林业大学森林资源与环境学院院长胡海清、国家林业局场圃总站森林公园管理处处长王兴国、福建省林业厅产业处处长兰思仁当选为副主任委员。会议决定授予原林业部副部长蔡延松为第一届委员会名誉主任委员，聘任中国林学会国际部主任上官秀玲为常务副秘书长，国家林业局场圃总站森林公园管理处副处长俞辉为副秘书长。

本次会议以“发展森林旅游，促进社会和谐”为主题，围绕森林旅游和森林公园的现状及发展趋势；森林旅游与环境可持续发展；森林旅游与森林公园的科教功能开发；森林旅游与森林公园可持续经营新理念新观点等森林公园的热点、难点问题进行了探讨。大会共收到论文30余篇，其中有18篇论文在会上做了交流。为了解香港、澳门森林公园建设的现状，应香港渔农自然护理署的邀请，会后还组织代表考察了香港西贡郊野公园和澳门黑沙滩公园，学习了香港、澳门森林公园管理的先进理念和经验。

【提高我国林业从业人员科学素质系统研究】 为提高林业从业人员科学素质，充分发挥科普主力军作用，受国家林业局委托，中国林学会组织专门力量编制《林业工作者科学素质行动计划》，开展了提高我国林业从业人员科学素质系统研究课题研究，并于2005年9月召开会议，宣布课题项目全面启动。

【授予日本专家林良兴博士荣誉会员】 2005年3月23日，中国林学会副秘书长沈贵接待了中日政府间专项技术合作中国人工林木材研究项目日方首席顾问林良兴博士，并代表中国林学会向林良兴博士授予中国林学会荣誉会员称号。林良兴非常感谢中国林学会授予他这一荣誉，并表示愿意为促进中日两国林业民间交流作出积极贡献。

【组团赴巴西进行森林生态系统管理考察】 巴西是世界上森林资源较为丰富的国家之一，在森林生态管理的理论与实践上积累了许多成功的经验和范例。2005年11月22日至12月2日，中国林学会组团一行8人赴巴西，对巴西利亚大学、巴西环境部、巴西林产品研究所、华西公司、里约植物园等进行了实地考察。本次考察旨在促进我国与巴西林业科技管理人员的交流，学习其在森林生态系统管理方面的先进经验，探讨两国林学会的合作与交流。

（中国林学会由郭建斌撰稿）

中国野生动物保护协会

【全国“爱鸟周”活动】为了进一步宣传保护鸟类知识，提高公众的鸟类保护意识，中国野生动物保护协会在全国各地积极开展“爱鸟周”大型系列科普宣传活动。2005年3月19日，中国野生动物保护协会、贵州省林业厅、贵州省野生动物保护协会、贵州省动物学会联合主办的2005年贵州省“爱鸟周”活动暨观鸟比赛在草海国家级自然保护区内进行，来自贵州师大等7所院校的学生参加了观鸟比赛，威宁草海小学的学生们发出了爱鸟护鸟的倡议。2005年4月17日，中国野生动物保护协会联合河南省林业厅、河南省野生动物保护协会、郑州市林业局在郑州举行了以“人·鸟·自然——和谐发展”为主题的“爱鸟周”大型科普宣传活动启动仪式。启动仪式上，郑州市的中小学生向全国发出了爱鸟护鸟倡议书。2005年5月1~15日中国野生动物保护协会联合河北省野生动物保护协会等多家单位在北戴河共同举办了2005年北戴河国际观鸟大赛，来自英国、美国、法国、澳大利亚、丹麦、瑞典、挪威等8个国家和我国38支队伍308人参加了观鸟大赛，共记录鸟类234种。来自中国的观鸟者队和英国的两支参赛队分别获得优胜奖。中国台湾白耳画眉队获慧眼奖，河南孟津自然保护区的小青脚队获预测奖。本次大赛的至尊鸟种为橙胸姬鹟。 （梦 梦）

【申请藏羚羊为北京奥运会吉祥物活动】 藏羚羊为青藏高原特有种，国家一级保护野生动物，由于其独特的生态生物学特性，蕴涵着“更高、更快、更强”的奥运精神，符合北京奥运会“绿色奥运”、“人文奥运”和“科技奥运”的理念。为进一步向社会宣传藏羚羊保护的重要性，中国野生动物保护协会和青海省政府于2005年3月27~28日共同举办了申请藏羚羊为2008年奥运会吉祥物新闻发布会和专家座谈会。社会各界认为藏羚羊符合2008年北京奥运会的理念，通过“申吉”活动，让藏羚羊形象通过奥运会走进人们心中。同时中国野生动物保护协会和青海省林业局也共同组织了在北京林业大学、北京五中等学校开展的保护藏羚羊巡回宣传活动。 （梦 梦）

【未成年人生态道德教育研讨会】 中国野生动物保护协会分别于2005年7月20~22日、8月11~12日在吉林省延吉市、四川省都江堰市召开了未成年人生态道德教育经验交流会。全国各省（区、市）的野生动物保护协会参加了会议，并作了典型发言。新华社、《人民日报》、《光明日报》、《科技日报》、《农民日报》、《中国绿色时报》等10多家媒体对此进行了报道。 （梦 梦）

【促进人与自然和谐发展——全国书画作品大展】 为进一步宣传中国野生动植物保护成就，响应中央“建设社会主义和谐社会，实现人与自然和谐相处”的号召，2005年7~10月中国野生动物保护协会与中国林业书法家协会在北京联合举办了首届促进人与自然和谐发展——全国书画作品大展大型公益活动。特聘高占祥、刘广运、崔如琢、刘星辰、李永胜、赵晓刚等社会知名人士及专业书画名家为本次大展的顾问。此次活动还特邀全国知名书画家到云南、四川、黑龙江、安徽等地的国家级自然保护区进行采风，力求用中国独特的书画创作形式对生动优美的自然风光和野生动植物的自然景观进行艺术的再现。大展采用全国公开的方式征集作品1200余件，从中选出150

件油画、国画和书法作品展出。参展作品歌颂祖国的自然风貌，贴近“人与自然和谐发展”的创作主题，入选作品编辑出版大型画册。《光明日报》、《农民日报》、《大自然》杂志等媒体对此次大展作了相关报道。（梦　梦）

【野生动植物及其产品标记管理研讨会】　中国野生动物保护协会与东亚野生物贸易调查委员会（Traffic）中国项目、中国濒危物种科学委员会于2005年5月17日共同举办了野生动植物及其产品标记管理研讨会，来自国家林业局、卫生部、国家工商总局等政府主管部门和相关单位以及北京同仁堂医药股份有限公司等企业的代表共30人参加了研讨会。在目前我国野生动植物资源总量不足与野生动物资源过量消耗的矛盾越来越突出的形势下，要逐步推广野生动植物及其产品标记制，最终使我国利用野生动植物及其产品的企业全面实行标记管理。要进一步完善标记管理措施，大力宣传和引导消费者购买有标记的产品，使我国传统的工艺、文化、中药继续发扬光大。（梦　梦）

【第二届野生动物生态与资源保护学术研讨会】　为推进我国野生动物资源保护方面的学术研究，交流我国野生动物生态学的最新研究成果和国内外发展趋势，提高野生动物保护管理水平，中国野生动物保护协会与中国生态学会动物生态专业委员会、中国动物学会兽类学分会于2005年9月27～30日在哈尔滨举行了第二届全国野生动物生态与资源保护学术讨论会，来自全国各地的专家、学者近120多名到会。中国科学院院士孙儒泳、郑光美，中国工程院院士马建章参加了会议。与会专家、学者就我国野生动物资源现状、保护管理措施、生态生物学等方面进行了探讨。（梦　梦）

【野生动物肇事补偿机制的调查研究】　鉴于当前野生动物与人类生产生活之间的冲突加剧的现状，为了探索科学减少野生动物肇事的措施，合理筹集和兑现野生动物肇事补偿费用的途径和方法。受国家林业局保护司委托，中国野生动物保护协会于2005年9～12月在相关地区开展了野生动物肇事补偿机制的调查，此次调查，将为解决野生动物肇事问题提供科学依据。（梦　梦）

【大熊猫、金丝猴对外合作项目】　2005年，中国野生动物保护协会完成中国与美国斯密桑宁动物园大熊猫合作研究项目、中国与美国圣地亚哥动物园大熊猫合作研究项目、中日大熊猫合作研究项目、中泰大熊猫合作研究项目、中奥大熊猫合作研究项目、中日金丝猴合作研究等项目中规定的培训、考察、接待等事宜。2005年7月，与美国华盛顿动物园合作的大熊猫项目成功繁殖一只雄性幼仔，取名“泰山”；2005年8月与美国圣地亚哥动物园合作的大熊猫项目成功繁殖一只雌性幼仔，取名“苏琳”。在大熊猫幼仔的出生地华盛顿市、圣地亚哥市以及全美引起了轰动。合作所产幼仔的所有权属于中方，幼仔年满24月龄后将送回中国。（张陕宁）

【大陆向台湾同胞赠送大熊猫】　为配合国台办、国家林业局做好大陆向台湾同胞赠送大熊猫的相关事宜。2005年6月1日，国家林业局新闻发言人曹清尧在新闻发布会上宣布向台湾同胞赠送的大熊猫确定来自于四川卧龙中国保护大熊猫研究中心，大陆实施单位为中国野生动物保护协会。（张陕宁）

【参加第三十三届国际狩猎大会】　2005年1月20日至2月4日，中国野生动物保护协会组团参加了在美国里诺召开的第三十三届国际狩猎大会，向国际狩猎组织和猎人宣传我国的狩猎情况，学习了国际狩猎组织的先进经验，并积极联系猎人来华狩猎，推动我国狩猎事业的发展。（史朝阳）

【保障野生动物福利专题会议】　2005年3月16日，中国野生动物保护协会组织全国25家野生动物园在昆明召开保障野生动物福利专题会议。会议通过了《野生动物园安全规范》，规范了野生动物园的安全管理工作。同时25家野生动物园共同签署承诺书，向社会作出保障动物福利的承诺，为在养动物提供应有的福利保障，在国内尚属首次。（史朝阳）

【制定下发《野生动物园高致病性禽流感管理规范》】　2005年11月20日，中国野生动物保护协会制定下发了《野生动物园高致病性禽流感管理规范》，结合野生动物园行业防禽流感实际，规范了野生动物园禽流感防控工作。（史朝阳）

【协会组织建设】　2005年，中国野生动物协会联合全国各级协会采取得力措施，使会员发展取得了新的突破。全国会员总数由2004年的16万人增加到20.8万人，团体会员为2200多个，全国建立各级协会670多个。北京、河北、山西、辽宁、黑龙江、福建、山东、河南、湖北、广西、四川、陕西等省（区、市）会员数量都超过了万人以上。目前，中国野生动物保护协会已成为全国最大、最有影响的自然生态保护社会团体，也是中国科协系统较大的社会团体之一。协会以活动促发展，以发展带活动，充分发挥会员作用，带动群众，积极开展野生动植物保护科普宣传、科技交流等活动，成为保护野生动物的一支重要力量，有力地推进了野生动物保护事业的发展。（蔡炳城）

【印发《关于加强协会组织建设工作的通知》】 2005年4月4日，中国野生动物保护协会印发了《关于加强协会组织建设工作的通知》，提出了5点要求：①要确定2005年协会会员发展目标，把加强协会组织建设作为协会的中心工作来抓，会员发展情况要作为衡量协会工作的一项重要指标；②要进一步加强协会组织机构建设，把加强省级协会秘书处建设放在重要位置，推动建立地县级协会，把组织会员开展野生动物保护的科普宣传教育、科技交流与服务工作落实到基层；③做好会员的服务工作，要把为会员服务摆到重要的位置，为会员提供学术交流、科技考察、科技咨询、业务培训的机会，要继续落实为会员提供各种参观、考察等优惠条件；④继续采取"以活动促发展，以发展带活动"等各种行之有效的办法发展会员；⑤要建立会员数据库，保证会员数量真实可靠，有力地推动了各地协会组织建设工作的开展。（蔡炳城）

【印发《关于对2004年度北京等12个会员发展成绩突出协会给予奖励的决定》】 2005年4月15日，中国野生动物保护协会印发了《关于对2004年度北京等12个协会会员发展成绩突出给予奖励的决定》，对2004年个人会员数量超过5000人，并已上报会员数据库的北京、河北、山西、辽宁、吉林、黑龙江、安徽、福建、山东、湖北、四川、陕西等12个省（市）野生动物保护协会给予奖励，充分肯定他们在组织发展中所做的工作，鼓励并褒奖他们付出的辛勤劳动，激励各地协会动员社会各界力量，参与野生动物保护事业，促进全国各地野生动物保护协会组织机构的快速发展。（蔡炳城）

【西北、西南地区协会组织工作座谈会】 2005年8月27日，在西北5省（区）野生动物保护委员会年会期间，中国野生动物保护协会在银川召开了西北、西南地区协会组织建设工作座谈会。广西、重庆、西藏、陕西、甘肃、青海、宁夏和新疆8省（区、市）野生动物保护协会负责人参加了会议。会上，各协会介绍了贯彻落实2005年全国秘书长工作会议精神，重点交流了协会组织建设发展的经验。最后，会议要求各地协会，要进一步加强协会组织建设工作，为野生动物保护组建一支新的生力军。（蔡炳城）

【天津动物园等42个单位为全国野生动物保护科普教育基地】 2004年3月，中国野生动物保护协会发出《关于印发〈全国科普教育基地标准（试行）〉及申报全国科普教育基地的通知》，全国20个省（区、市）推荐了40多个野生动物保护科普教育基地。经审定，2005年10月31日，中国野生动物保护协会印发了《关于确定天津动物园等42个单位为全国野生动物保护科普教育基地的决定》，授予全国42个动物园、野生动物园、自然保护区、高等院校、博物馆和标本馆等为全国野生动物保护科普教育基地。要求各省（区、市）野生动物保护协会加强对全国科普教育基地野生动物科普教育工作的指导，要充分发挥科普教育基地的作用，依托基地开展社会化的野生动物科普教育宣传，使科普教育基地成为保护野生动物的一支社会重要力量。要求各科普教育基地要开展形式多样，内容丰富，群众喜闻乐见的野生动物科普宣传教育活动。特别是要把加强未成年人的生态道德教育放在重要的位置，为提高全民的科学素质而努力工作。（蔡炳城）

【"中国鸟类之乡"】 2004年3月，中国野生动物保护协会向各省（区、市）协会印发了《关于评选"鸟类之乡"的通知》，提出了评选"鸟类之乡"的6条标准、申报程序和要求等，全国有12个省（市）23个县（市、区）提出了"鸟类之乡"申请报告，协会对申报材料进行了初审。2005年5月，协会组织召开了有关鸟类学专家参加的审定会，会后又对会议代表提出的有关问题进行核实。10月31日，中国野生动物保护协会印发了《关于授予全国12个"中国鸟类之乡"的通知》。要求被授予"中国鸟类之乡"的县（市），要进一步加强鸟类的资源保护工作，坚持不懈地开展爱鸟护鸟科普宣传教育，切实加强鸟类栖息地的保护与管理，使鸟类的种群数量保持相对稳定和增长，推进野生动物保护事业的发展，为促进人与自然和谐发展而努力。（蔡炳城）

【"中国红嘴鸥之乡"命名暨海鸥入城20周年庆祝大会】 2005年12月30日，中国野生动物保护协会与昆明市政府、云南省林业厅在昆明市举行了"中国红嘴鸥之乡"命名暨海鸥入城20周年庆祝大会。会议由昆明市政府主持，中国野生动物保护协会授予了昆明市"中国红嘴鸥之乡"牌匾。1985年11月，海鸥首次飞临内陆高原春城昆明的市区水域，数量从几十只增加到目前的2万多只，最多时达到3万多只，其中以红嘴鸥的种群数量最大。海鸥每年的11月如期而至，次年3、4月份离开，在昆明栖息已达20个冬天。20年来，全市爱鸥护鸥家喻户晓，深入人心，成为具有观赏性、科学性和深刻文化内涵的全民活动，保护环境，呵护鸟类，人与鸟儿共享蓝天，已成为昆明市冬季旅游的新亮点。海鸥进城给昆明带来了巨大的生态效益、社会效益，提高了昆明的知名度，海鸥与昆明人民的生活密切相关，人鸥和谐已成为昆明的一大生态景观和品牌，海鸥也因此成为昆明的明星动物，春城昆明文明祥和的重要标志。在会议上，中国野生动物保护协会、昆明市政府、云南省林业厅有关领导发表讲话，提出要进一步加强鸟类资源保护工作，坚持不懈地开展爱鸟护鸟科普宣传教育，切实加强鸟类栖息地的保护与管理，使鸟类的种群数量保持相对稳定增长，促进人与自然和谐发展。会议还向“人鸟和谐，我与海鸥”征文获奖者颁奖，播放了《人鸥和谐20年》专题片。（蔡炳城）

【中国野生植物保护协会科技委员会成立】 中国野生植物保护协会第一个分支机构——科技委员会于2005年8月16日成立。国家林业局副局长赵学敏，国家林业局保护司司长卓榕生、助理巡视员王伟，国家濒管办常务副主任陈建伟、副主任周亚非，中国野生植物保护协会秘书长陈润生、副秘书长李青文、赵胜利等领导出席成立大会。中国林科院蒋有绪院士、中国农科院董玉琛院士、中科院植物所傅立国研究员、中科院植物所马克平副所长等20余名专家应邀到会。包含了在本专业领域具有一定学术水平，有丰富的野生植物保护的基础知识和工作经验，在学术界有一定影响，有良好的学术道德，责任心强，愿意为野生植物保护事业发展服务的著名专家和学者担任科技委员会成员，为中国野生植物保护协会工作提供技术指导和咨询服务。分支机构将主要从事有关技术指导和培训、国内外合作与交流、科学研究、业务咨询、项目论证与实施、科普宣传等方面的工作。该分支机构将是中国野生植物保护协会开展工作的智囊团和强有力的学术后盾，并以此为平台，联系广大的科技工作者为野生植物保护、培植和利用积极贡献力量。（刘　平）

中国花卉协会

【综　述】

全国花卉业发展战略研究工作　在科技部和国家林业局的支持下，2005年1月正式启动全国花卉业发展战略研究。该项目将对未来10年我国花卉业发展的宏观战略思想、战略方针、战略目标、战略布局、战略措施等进行全面系统的研究，为指导我国花卉业持续健康发展提供理论指导和科学依据。

强化会员管理与服务　拟定了新的会费标准和管理办法。重新制作并发放会员证牌，加强年检，敦促按时足额交纳会费；完善会员管理系统。建立会员信息数据库，逐步实现规范化、程序化管理；针对会员需要，增加新的服务内容，改进服务方式，提高服务质量，把为会员服务和管理真正落到了实处。

加强协会自身建设　经业务主管部门和民政门批准，成立了盆栽植物分会；更新了办公设备，进一步提高了办公自动化水平；完成了1999～2004年电子文档汇编工作。

【国花评选工作】　2005年，国家林业局统一组织了国树、国鸟、国花评选，国花评选工作由中国花卉协会具体牵头负责。随着2008年北京奥运会和2010年上海世博会的临近，社会各界希望尽快评定国花的呼声越来越高。在1994年评选工作的基础上，中国花卉协会于9月份组织召开了部分专家座谈会和各省级花协秘书长座谈会，在广泛征求意见的基础上，把形成国花评选的初步方案上报国务院并作了专门汇报。

【首届中国盆栽花卉交易会】　这是一个以盆栽花卉为主的专项展览，每年春节前年宵花集中交易期在广州举办。主要目的是推动盆栽花卉的专业化、规模化生产，同时为年宵花的交易搭建平台，促进花卉消费。2005年1月6～9日举办的首届中国盆栽花卉交易会，有国内外360多家企业参展，展出面积1万多平方米，交易额9亿多元。

【第七届中国国际花卉园艺展览会】　2005年4月在上海国际展览中心举办，有18个国家和地区的380多家企业参展，展出面积14 000平方米，前来洽谈贸易和合作的专业观众达1.8万人。中国国际花卉园艺展览会已成为国内同类展览中参展国家最多、档次最高的展览，在国内外的影响和知名度越来越高。

【第二届全国花卉主产区县（市）长论坛暨全国花卉企业峰会】　由国家林业局造林司与中国花卉协会主办，中国花卉园艺杂志社和武汉市江夏区政府承办的第二届全国花卉主产区县（市）长论坛暨全国花卉企业峰会，于2005年5月18～20日在武汉召开。作为中国花卉协会创办的又一重要活动，为政府、协会、企业打造了一个高层次的交流平台，为产业发展发挥了很好的导向作用。

【首届中国杯插花花艺大赛】　其前身是中国插花花艺大赛，每两年举办一次。大赛主要面向花店零售业者，旨在通过比赛，提高插花花艺水平，普及花卉知识，引导花卉消费，推动花卉生产，同时选拔参加亚洲杯插花花艺大赛的选手。2005年6月10～13日在沈阳举办了首届中国杯插花花艺大赛，中国花卉协会和各省（区、市）选送的59名选手参加了比赛。大赛按照亚洲杯的比赛规则，设立了评比委员会和监督委员会，评委主要由国际花艺大师担任。经过激烈角

逐，选拔出了参加亚洲杯插花花艺大赛的3名选手。

【全国花卉标准化技术委员会和花卉认证认可指导委员会成立】 在国家林业局、国家标准化管理委员会、国家认证认可监督管理委员会和农业部的大力支持下，2005年9月8日在北京正式成立了全国花卉标准化技术委员会和花卉认证认可指导委员会，秘书处设在中国花卉协会。

【第六届中国花卉博览会】 第六届中国花卉博览会于2005年9月28日到10月7日在四川省成都市温江区举行，有39个国家和地区参展，全国所有省（区、市）均组团参加了室内外展出，观众达133万人次。其规模、水平、效益和参观人数均大大超过前五届，得到国内外的充分肯定和高度评价，被誉为中国花卉界的“奥林匹克”。

【中国花卉协会第五届会员代表大会】 按照协会章程规定，第四届理事会任期届满。为搞好换届工作，秘书处通过调研，广泛听取大家意见，多次进行专题研究，特别是在新一届理事会的组成上，借鉴发达国家行业协会的经验的同时，提出了符合我国实际协会工作思路和理事组成结构。2005年12月22日，协会正式召开了第五届会员代表大会，总结4年来协会的工作，提出今后4年协会的努力方向和任务目标，通过了修改后的章程，进行了换届选举，产生了新一届理事会。

【《中国花卉园艺》杂志】 创办5年来，在协会秘书处和杂志社全体员工的共同努力下，紧紧围绕“宣传行业政策，服务花卉企业，荟萃花卉信息，引导大众消费，传播花卉文化，促进行业发展”的办刊宗旨，实现了“一年亏、两年平、三年盈”的经营目标，并为办成中国花卉行业内权威期刊奠定了良好基础，业内外读者普遍认为，《中国花卉园艺》杂志定位准确，思想稳健，装帧精美，品位高雅。

（中国花卉协会由张引潮撰稿）

中国林业经济学会

【中国林业经济学会第六届理事会】 2005年1月20日，中国林业经济学会召开第六次会员代表大会。会议选举产生第六届理事会理事长、副理事长。会上，新当选第六届理事会理事长、国家林业局局长周生贤说，在我国生态建设处于治理与破坏相持的关键阶段，新一届理事会要以科学发展观为指导，结合自身特点和优势开展工作，围绕实施以生态建设为主的林业发展战略和当前林业的中心工作，加大研究力度，突破制约林业发展的关键问题，为林业改革和建设提供更多、更有价值的研究成果。国家林业局副局长张建龙主持会议。

【森林资源恢复技术路线问题座谈会】 2005年4月7日在北京召开，会议邀请知名专家、学者围绕怎样认识并处理好人工恢复和自然恢复森林资源之间的关系问题，为加快我国生态建设，促进人与自然和谐献计献策。国家林业局副局长张建龙出席座谈会。中国科学院院士蒋有绪、国务院发展研究中心社会发展研究室主任周宏春、中国社会科学院农村发展研究所副所长李周、中国科学院农业政策研究中心副主任徐晋涛、中国林科院研究员慈龙骏、侯元兆、郑怀民、中国人民大学资源环境学院院长马忠、北京林业大学教授董乃钧、陈建成、温亚利、聂华等专家、学者以及国家林业局有关司（局）、单位负责人参加了座谈会。

专家们认为，当前我国生态建设正处在“治理与破坏相持的关键阶段”，要巩固生态建设的成果，继续遏制人为的破坏，取得攻坚治理的显著成效，最根本的是加快林业发展，尽快恢复森林资源，增加森林植被。既要重视大自然的自我修复功能，又必须长期坚持人工促进森林恢复。在生态建设过程中应把森林资源的自然恢复和人工恢复有机结合，实现我国林业的大发展、快发展、全方位发展。

【集体林产权制度改革研讨会】 2005年6月26日，由国家林业局资源司、政法司共同组织，中国林业经济学会、国家林业局经研中心、福建省林业厅、三明市政府共同主办，世界自然基金支持的集体林产权制度改革研讨会在福建省三明市召开。国家林业局副局长张建龙参加了研讨会并讲话。福建省副省长王美香参加了研讨会开幕式并致辞。来自中央和国家有关部门的同志，部分高等院校的领导、专家及全国20多个省（区）林业厅（局）的负责人和基层林业工作者参加了研讨会。研讨会为期3天，主要研究集体林产权制度改革在相持阶段林业发展中的重要作用，总结集体林产权制度改革的主要做法和成功经验，对改革中出现的新情况、新问题进行理论分析和深入探讨，为集体林区的发展提供对策思路。

【国有林产权制度改革研讨会】 2005年11月29~30日由中国林业经济学会、国家林业局经研中心、中国科学院农业政策研究中心、世界自然基金会共同主办的国有林产权制度改革研讨会在北京召开。来自中央政策研究室、国家发改委、财政部、国资委、国家林业局、国务院研究室、中国科学院、中国社会科学院、国务院发展研究中心、北京林业大学、东北林业大学、福建农林大学、浙江林学院等有关部门的领导、专家、学者及国有森工企业和国有林场的代表近百人参加了会议。国家林业局副局长雷加富、张建龙到会并作了讲话。会上，国有林区改革的实践者、关心国有林区改革的理论工作者和政府决策的参与者汇聚一堂，为破解国有林区改革难题建言献策。

（中国林业经济学会由中国林业经济学会秘书处供稿）

中国治沙暨沙业学会

【综　述】

1. 2005年4月，学会名誉理事长高德占、理事长蔡延松等赴河北涿鹿县考察防沙治沙、果树科技示范区、黄羊山国家森林公园，并参加学术研讨会。

2. 2005年7月，应内蒙古自治区的邀请，学会名誉理事长高德占、理事长蔡延松以及朱俊凤、王家祥等学会领导，对内蒙古东部地区防沙治沙、退耕还林和天保工程进行了为期10天的考察。

3. 学会应邀参加全国政协副主席张梅颖为团长的青海湖治沙考察。

4. 2005年8月，应内蒙古自治区的邀请，学会协助国家林业局规划院赴内蒙古自治区准格尔旗大路乡考察冬枣基地和露天煤矿环境治理。

5. 2005年9月，由中国国际咨询公司组织农业、林业等有关方面专家5人，对甘肃省酒泉沙区防沙治沙和资源开发，进行了为期5天的考察。

6. 2005年10月，应山东三明生物科技有限公司邀请，学会与国家林业局规划院派专家赴山东沿海沙地考察速生丰产林。就沿海沙地的开发利用和营造速生丰产林以及国营林场的改制提出了建议。

【学术研讨会】

1. 2005年9月，学会理事长蔡延松应邀参加在浙江临安举行的中国城市森林研讨会，并作讲话。

2. 学会应邀参加2005年8月在沈阳市举办的第二届中国城市森林论坛。

3. 分别参加国家林业局科技委国家林业重点工程投资社会经济效益监测报告专家论证会，第三次全国荒漠化和沙化监测成果专家论证会，全国“十一五”期间年森林采伐限额编制成果专家论证会，为国家林业局科学决策提供了依据。

4. 2005年9月，应江苏省沭阳县和人民日报社网络中心邀请，学会派专家参加了沭阳花木节和花木产业论坛，在论坛会上学会代表作了《中国花卉产业发展及其特点》的学术报告。

5. 应中国室内装饰协会室内环境监测工作委员会的邀请，2005年9月学会参加了在北京玉泉营召开的植物净化治理室内环境研讨会。

【参加第七届国际荒漠化公约缔约方大会】 2005年10月15~28日，联合国环境规划署在肯尼亚内罗毕召开了第七次国际荒漠化公约缔约方大会，学会朱俊凤秘书长和孙保平常务理事参加了大会。

（中国治沙暨沙业学会由赵兴华供稿）

中国林场协会

【综　述】 2005年，中国林场协会紧紧围绕国有林场改革与发展这个主题，遵循为林场服务的宗旨，团结全体会员，充分发挥协会优势，为林场建设和发展做了大量工作。

开展调研，为政府主管部门建言献策 配合主管部门，围绕林场改革与发展和国有林场立法开展调研。2005年，在沈茂成会长的带领下，先后深入到河南、河北、山东、四川等4省的20多个国有林场进行调研，取得了重要的研究成果。在反复论证并征求全体常务理事意见的基础上，向国家林业局提交了《关于国有林场立法的建议》，贾治邦局长非常重视，并作出批示。同时，沈茂成会长还结合近年来对70多个林场的调研，亲自起草了《关于建立国有林场持续经营长效保障机制的建议》，引起了国务院领导

的重视，回良玉副总理作了重要批示。

继续开展评选国有林场管理奖活动 为了表彰奖励在国有林场管理工作中作出贡献的国有林场场长，2005年9月，协会在济南市召开了第二届二次理事代表大会，经过公开评选，在50名候选场长中，评选出10名林场场长荣获全国第三届国有林场管理奖。通过评奖活动，大力弘扬了先进国有林场的改革和管理经验、管理者的崇高精神和优秀品质，为加快林场的改革与发展发挥了积极作用。

加强宣传与信息交流 为推广和交流国有林场改革与发展的经验，主要做的工作有：①编辑发行了15期《林场信息》，每期发行650份，及时传达了国家有关林业的方针政策，介绍各地林场的改革与发展的经验；②加强了各省级林场主管部门、国有林场、森林公园之间的信息交流；③开通了国有林场网站，扩大了信息渠道，并发展信息通讯员162人；④在《中国绿色时报》、《中国林业》杂志开辟专栏，宣传典型经验和国有林场的成就，扩大了协会影响，展示了国有林场、森林公园的风采。

强化服务意识，增强协会凝聚力 2005年，协会积极开展了为会员服务的活动。①2005年4月在北京林业干部管理学院举办了林场信息通讯员培训班，共有68人参加，通过培训，提高了通讯员的水平；②两次组织场长赴澳大利亚、新西兰等国家进行考察，学习了国外造林、育林，特别是管理方面的经验；③编辑出版了《国有林场改革理论与实践》和《直面国有林场改革》，为促进林场间的交流起到了积极作用；④支持和参与了会员单位举办的重要活动。

采取各种形式，积极发展会员 ①在年初沈茂成会长、刘于鹤副会长亲自致信给各省（区、市）林业厅（局）长，希望他们重视协会工作，建议成立省级林业协会。目前已有江西、湖南、四川省建立了省级林场协会。②通过广发材料和借用调研的机会，宣传中国林场协会。③简化入会手续。④利用开会和办培训班，宣传协会的章程和宗旨。通过上述工作，全年发展单位和个人会员345个，使会员总数达1372个，不断壮大了协会组织。

积极开展协会自身建设 为使协会工作更加规范，更有成效，进一步加强了协会的自身建设。①增加了35名国有林场场长为常务理事，充实了基层代表的力量；②制定了协会财务管理制度，使财务工作做到有章可循；③按照民政部的要求，办理了年检、换证及经济普查等工作；④收取会费，确保协会工作的正常进行。 （赖炳辉）

中国林业教育学会

【综　述】

组织工作 ①中国林业教育学会高等教育分会2005年进行了换届改选工作。选举产生了常务委员26名。尹伟伦当选主任委员，宋维明、杨传平、曹福亮、赵忠当选为副主任委员，宋维明兼任秘书长；韩海荣、刘佳被聘为副秘书长。②为了更好地发挥学会各工作委员会的作用，积极开展各项工作，经学术工作委员会李坚主任建议、常务理事会同意，学术工作委员会的办事机构挂靠东北林业大学。

召开会议 ①2005年6月18～19日在东北林业大学召开了全国林业教育研究工作研讨会。来自全国各地的15所林业院校、职业教育分会、成人教育分会、基础教育分会的31名代表参加了会议。国家林业局人教司副司长、中国林业教育学会副理事长杨连清出席会议并作了讲话。中国林业教育学会副理事长、学会学术工作委员会主任李坚作了《关于中国林业教育研究有关问题》的报告，对当前林业教育研究的热点及重点问题、机构建设、组织建设等提出了建议。与会代表就本单位教育机构建设、研究概况、经费投入、管理体制等方面的做法和经验进行了交流。并对林业教育研究项目、选题、组织合作研究等进行了讨论，对各校感兴趣的研究项目进行了初选，对合作研究的立项、管理以及建立教育研究项目库等提出了建设性意见。会后，经与国家林业局人教司汇报、商议决定，带有共性的林业教育、教学研究项目，由国家林业局人教司与林业教育学会共同立项，项目管理由学会承担。②中国林业教育学会高等教育分会第二次会员代表大会于2005年8月5～6日在吉林省吉林市召开。来自高等林业院校及部分农业大学教务处、林学院，以及部分省林业厅教育主管部门等团体会员单位的代表参加了会议。会议邀请了中国高教学会会长、原教育部副部长周远清作了《关于高等教育体制改革历程和高等教育未来发展趋势》的报告。中国林业教育学会理事长刘于鹤作了《关于我国林业发展形势和高等林业教育在我国林业建设中的作用》的讲话。会上颁发了中国林业教育学会首届林科类优秀教材奖。③2005年7月19～20日在内蒙古大兴安岭牙克石召开了基础教育分会第二届第二次年会。分会秘书处对一年来的工作进行了总结，对2006年拟开展的活动做了布置和安排。

培训工作 2005年学会共举办了：天保工程财务和工程管理、林木种苗工程规范化建设与种苗质量检验测定新技术标准、林业造林新规程与质量管理、林地保护与征占用林地审核审批管理、林业产权制度改革、森林病虫害预测预报技术及防治6个共10期培训班，来自全国各地林业行业不同层次的管理干部、技术人员600余人次参加了培训。

学术交流与研讨会 ①2005年12月13～17日成人教育分会在南宁举办了全国林业人力资源能力建设研讨会。会议主要学习了《全国林业教育培训工作"十一五"规划》，研讨《全国林业人才工作"十一五"和中长期规划》，并对"十五"期间林业教育培训工作进行了经验交流。成人教育分会主任、北京林业管理干部学院党委书记彭有冬，国家林业局人教司教育处处长吴友苗应邀出席了会议，来自全国18个省（区、市）的34位代表出席了会议。②9月29日至10月2日在新疆林业学校，职业教育分会组织召开了全国林业职业院校协作会议暨办学模式研讨会。有24所全国南、北方林业职业院校领导和中国职业技术教育杂志社等单位的代表共45人参加了大会。会议对如何加强和促进林业职业教育区域协作、办学模式、课程改革、产学研一条龙的探索，林业中等职业教育面临的困难、怎样保住林业中职教育这块阵地和如何逐步构建林业职业教育体系等问题进行了讨论，并收到教育教学论文13篇。

教育教学研究 ①受教育部高教司委托，林业高职委承担了高职高专教育林业类专业教学内容与实践教学体系研究的课题研究任务。职业教育分会组织全国部分林业职业院校及林业科研机构、行政主管、企事业单位参加了课题研究。② 2005年是林业基础教育体制改革力度最大的一年，基础教育分会协助教育行政主管部门制定改革方案，取得了实质性进展。吉林森工集团已完成了基础教育的剥离工作，8个林业局80多所中小学4000多名教职工全部移交给了地方。吉林延边林管局也完成了剥离的前期工作，正在有计划有步骤地向地方移交基础教育。内蒙古、龙江森工集团对中小学的剥离工作也正在搞调研、制定方案。③基础教育分会结合"十五"科研课题结题验收工作开展了"深化课程改革，推进林区教育发展"的教育研究优秀评选工作。黑龙江、吉林、广西、吉林，内蒙古等省（区）团体会员组织申报423篇论文。共有253篇论文分获一、二、三等奖。

其他工作 ①成人教育教分会在深入内蒙古、吉林等省（区）的基层地区调研的基础上，完成了国家林业局人教司交办的《全国林业教育培训"十一五"规划》的主要编制任务以及《全国林业人才工作"十一五"和中长期规划》的部分编制任务。②成人教育分会进一步修订完善了有15个西部省（市）参与西部地区林业人力资源开发整体研究课题报告和总课题报告。到目前为止，研究取得的部分成果已被《中国可持续发展林业宏观战略研究（人力资源保障篇）》、全国林业人才工作会议、《"十一五"全国林业人才规划》等采用。③配合国家林业局人教司的工作，加强对林业职业教育工作的领导和支持，进一步推进林业职业教育教学改革，为教育行政部门决策提供服务，职业教育分会开展了全国各有关林业职业院校办学基本情况调查工作。④为贯彻落实全国职业教育工作会议精神，推动职业教育与培训的快速健康发展，促进行业企业培训的发展与创新，由中国林业教育学会等20个行业性组织共同发起于2005年11月12～13日在北京举办了首届中国培训发展论坛活动，成人教育分会承担林业行业参与论坛的具体组织工作。内蒙古森工集团、黑龙江职业技术学院、北京林业管理干部学院等单位派代表参加了会议。⑤组织完成中日林业生态培训中心项目2005年度林业技术信息契约课题中林业信息收集、编制工作。

（贾笑微）

中国水土保持学会

【综　述】

组织建设 ①为了做好学会换届筹备工作，学会秘书处组织召开3次常务理事会和筹备工作领导小组联席会议，制定了中国水土保持学会第二届理事会换届改选工作方案，重点研究和商讨了第三次全国会员代表大会代表条件及名额分配方案；中国水土保持学会第三届理事会、常务理事会组成原则及方案；第三次全国会员代表大会的主要议程；理事会任期内的工作报告（审议稿）；学会章程修改报告和章程（草案）；拟提交全国会员代表大会选举的理事长、副理事长和秘书长候选人建议名单，以及理事会组成人员选举办法等事宜。②成立了中国水土保持学会水土保持生态修复专业委员会和中国水土保持学会风蚀防治专业委员会。③ 2005年12月10日，云南省水土保持学会成立。④组织开展第五届中国水土保持学会青年科技奖和中国水土保持学会先进集体、先进工作者评选工作。方向京等25位同志获得第五届中国水土保持学会青年科技奖；安徽省水土保持学会等10个

单位荣获中国水土保持学会先进集体称号；江红等77名同志荣获中国水土保持学会先进工作者称号。

国内外学术活动 ①参加中国科协2005年减轻自然灾害学术研讨会，组织撰写4篇论文，在大会作《2004年全国水土流失防治工作回顾与2005年防治对策》的发言。②参加第六届海峡两岸三地水土资源与生态环境学术研讨会。由台湾东华大学自然资源管理研究所主办，香港中文大学和中国科学院地理研究所、中国水土保学会等单位协办的第六届海峡两岸三地水土资源与生态环境学术研讨会于2005年12月在台湾省东部花莲县举行。会议主题围绕生态资源保育与维护、生态环境建设维护与管理、生态工法设计与应用和生态环境系统抚育等议题进行交流和探讨。24位大陆专家赴台参加研讨会。③2005年7月7～9日，学会和北京林业大学共同主办了水土保持高等教育改革与发展研讨会。水利部、国家林业局、教育部、北京林业大学领导和部分高校水土保持学科有关专家30余人参加了研讨会。与会院校水土保持学科专家结合本单位的工作实际，深入探讨了中国水土保持高等教育在本科教学、学科建设、研究生培养、招生就业及学生管理工作等方面的情况，就如何应对和适应高等教育改革与发展的新形势和发展方向等发表了很好的意见。与会代表一致建议，中国水土保持学会应尽快成立水土保持教育工作委员会，为国内水土保持教育的长远发展献计献策。④由北京市科学技术委员会和门头沟区政府主办，北京市可持续发展科技促进中心和门头沟科学技术委员会承办，中国水土保持学会和中国生态学会等多个全国性学会协办的北京生态建设国内研讨会暨2005年北京门头沟区生态修复重点科技示范工程启动仪式于8月24日在北京举行。来自科研院所和高校的专家150多人共同研讨北京市及国内外生态建设与生态修复的理论成果、技术手段、历史现状及成功案例。⑤2005年10月26～27日，北京市门头沟区政府、北京市科学技术委员会和多家全国性学会共同举办了首届北京生态建设国际论坛。论坛邀请国内外知名专家、非政府组织和企业界人士等150人参会。会议围绕生态修复的模式与实践的主题以及退化生态系统修复的理论与实践、破坏土地植被重建及侵蚀控制、矿山类退化生态系统的修复途径（包括煤矿、采石矿、采砂废弃地等类型矿山关闭）、生态修复技术选择与制度创新、生态修复产业与生态休闲业的发展趋势、非政府组织在生态修复相关产业开发中的作用等议题展开讨论，为北京生态建设中的规划、政策、技术等方面提供了可借鉴的规划及技术方案。⑥ 2005年3月18日组织召开了《中国水土保持科学》第一届第三次编委会，21位编委参加会议。会议就2004年编辑部工作和2005年出版重点、期刊栏目设置、编审管理制度、评选2004年优秀论文以及增加协办单位和变更期刊刊期等会议议题进行了讨论和研究。会议同意水土保持与荒漠化防治教育部重点实验室作为《中国水土保持科学》的协办单位，《中国水土保持科学》刊期2006年由季刊变更为双月刊。⑦完成《中国水土保持科学》2005年第三卷1～4期编辑出版工作 。

科学普及与教育培训 ① 2005年全国科技活动周暨北京科技周开幕式于2005年5月14日上午在北京海淀展览馆举行，全国科技活动周举办了一系列科技活动，学会参加了北京海淀公园举办的“以人为本、和谐发展”大型科技游园会活动。②根据中国科协全国科普日活动的总体部署和要求，2005年9月16日学会秘书处组织北京林业大学附属小学三年级的100名同学参观了北京林业大学植物标本室、动物标本室、昆虫标本室。9月17日在北京林业大学校园开展科普咨询宣传活动，组织专家咨询、展板宣传、发放科普宣传资料等，吸引了近万名同学参加。③在中国科协组织开展的全国农村科普工作先进集体、先进个人评选表彰工作中，全国农业技术推广服务中心荣获农村科普工作先进集体称号，全国农业技术推广服务中心节水农业处彭世琪高级农艺师荣获农村科普工作先进个人称号。④参与中国地质学会主办的“世界地球日”咨询宣传活动。⑤组织申报2005年度中国科协西部科普工程项目，西部泥石流、滑坡水土流失等灾害多发区减灾、防灾技术普及与宣传科普挂图项目通过专家组评审立项，由中国水土保持学会泥石流、滑坡防治专业委员会负责组织实施。这是学会第三次得到中国科协西部科普工程项目资助。⑥完成学会科普园地网页制作工作。在中国科协科普资助项目支持下，学会水土保持科普园地网页项目，经过调研、材料收集、网页结构设计和制作与调试等阶段的大量工作，于2005年9月30日正式开通。栏目中详细地介绍了水土流失与水土保持的概念、国内外水土流失和水土保持的概况和国内外与水土保持相关的法律法规等内容。⑦学会推荐的中国科学院水利部水土保持研究所黄土高原土壤侵蚀与旱地农业国家重点实验室被中国科协命名为第二批全国科普教育基地。⑧2005年8月和10月，在陕西和北京举办了3期全国甲级编制开发建设项目水土保持方案资格证书单位持证上岗人员培训班；协助地方举办2期乙级编制开发建设项目水土保持方案资格证书单位持证上岗人员培训班，参加培训人数共计600多人。

（黄　元）

中国林业机械协会

【中国林业机械协会第四届理事会第二次会议】2005年3月21日在上海召开。来自全国各地的理事60余人参加会议。孔罗元副会长主持会议。会议听取了马启升秘书长关于2004年的工作的报告，审议通过了2005年工作计划，讨论通过了增加理事、常务理事事宜。会议同时举行了《当代林木机械博览(2004)》首发式。会议讨论通过增加昆明新飞林人造板有限公司李林铭为中国林业机械协会第四届理事会常务理事，增加中国林业出版社徐小英、东北林业大学机电工程学院王述洋、四川省新岷江人造板机器有限公司王宗俊、昆山市振昆热压板有限公司金惠林为中国林业机械协会第四届理事会理事。

【第七届中国国际林业、木业机械与供应展览】2005年3月22~25日在上海浦东新国际博览中心举行。本届展览会由中国林业机械协会牵头主办，该展览会的其他主办方是中国林产工业协会、通用国际广告展览公司、华汉国际会议展览（上海）有限公司、汉诺威国际展览公司。本届展览会是中国国际林业、木业机械与供应展览首次移师浦东新国际博览中心。展出面积为26 000平方米，来自澳大利亚、马来西亚等27个国家和地区的553家厂商参加了展览会。其中国家和地区展团8个。16 742名专业人士参观了展览会，其中：海外观众2254名，中国观众14 488名。

【组团赴欧洲参观考察】 2005年5月2~14日，中国林业机械协会组织中国福马集团公司、苏福马股份有限公司、苏州林业机械厂有限公司、上海跃通木工机械设备有限公司、信阳木工机械股份有限公司、常州机械刀片有限公司、溧阳平陵林机有限公司、山东年轮木业有限公司、国家林业局哈尔滨林业机械研究所等8个单位共计17人赴欧洲参观考察，先后参观考察了德国WEINIG公司、德国STUMER公司、汉诺威国际木工展和瑞典AriVislanda公司。参观考察工作取得了预期的效果。

【李延江接替蒋祖辉担任中国林业机械协会会长】2005年3月15日，国务院国资委任命李延江为中国福马林业机械集团有限公司董事长，提名为中国福马林业机械集团有限公司总经理人选。2005年3月15日，国务院国资委党委任命李延江为中国福马林业机械集团有限公司党委书记。2005年4月14日中国福马林业机械集团有限公司董事会会议通过，李延江为中国福马林业机械集团有限公司总经理。根据《中国林业机械协会章程》第四章第二十六条之规定，李延江接替蒋祖辉担任中国林业机械协会会长。

【组团赴台湾参观2005年台北国际木工机械展】2005年7月1~4日，应台湾相关协会的邀请，中国林业机械协会与中国建筑装饰协会共同组团赴台湾参观了2005年台北国际木工机械展。共同赴台参观的有中国林业机械协会姚永和副会长以及部分会员共14人。展会期间，代表团应主办方邀请参加了展会开幕式；有针对性地参观了部分展台，在参观展览过程中，会见了部分台湾木工机械协会理事、欧洲木工机械协会主席Gianni Ghizzni、马来西亚木工机械协会和泰国木工机械协会代表；参加了国际木工俱乐部的交流活动；利用展会提供的展台，与香港雅氏展览服务公司共同宣传2006年北京木工展；访台期间，还选择访问了几家典型的台湾木工机械厂。

【部分木工机械企业座谈会】 2005年7月28日，中国林业机械协会木材加工机械专业委员会召开了部分木工机械企业座谈会。本次会议旨在维护会员和行业的利益，促进中国木工机械行业展览会市场健康发展。中国林业机械协会副秘书长、木材加工机械专业委员会秘书长李志仁主持会议，中国林业机械协会秘书长马启升到会并作了讲话。我国木工机械行业部分知名的木工机械制造商、经销商和国家木工机械质量监督检验中心负责人参加了会议，并就业内广泛关注的木工机械行业展览会市场问题进行了充分的讨论，达成了一致意见。

这次会议是我国木工机械行业一次非常重要的会议，与会单位联合向全体会员发出规范中国木工机械展会市场的倡议书，对于促进全行业的联合、规范木工机械展会市场、推动我国木工机械行业走向成熟产生了积极的影响。

【组团赴俄罗斯参加第七届国际木工机械展】 2005年10月25~29日，应俄罗斯MVK会展公司邀请，中国林业机械协会组织了3家研究所和3家企业赴俄罗斯参加并参观了莫斯科第七届国际木工机械展览会(WOODEX 2005)。这是近年来国内首次大规模组团前往俄罗斯考察当地的木工机械生产、制造和使用情况。通过参加和参观WOODEX 2005，初步了解到了

俄罗斯木材加工机械行业的近况，对于我国木工机械厂家参与俄罗斯木工机械市场的竞争具有积极意义。

在出访期间，代表团参观考察了部分当地家具厂、门窗制造厂和胶合板厂，访问了圣彼得堡林业大学，受到学校的热情接待。展会主办方给协会提供了1个免费展台，代表团利用该展台进行展示和发放资料，向观众宣传我国的林木机械企业和北京木工展、上海木工展。协会还与俄罗斯MVK会展公司就双方的合作进行了会谈，取得了令人满意的效果。

【各地木工机械行业组织会议】 2005年11月2日，各地木工机械行业组织负责人在北京召开会议。国家林业局人事教育司综合处处长敖安强，中国林业机械协会副会长孔罗元、秘书长马启升，顺德伦教木工机械商会会长龙国尧、副会长何培鎏、副会长阮剑明，青岛市木工机械协会会长李建华、秘书长孙朝曦，哈尔滨市工机械协会会长齐英杰、副会长李志仁，上海市木工机械同业联谊会会长姚永和参加会议。中国林业机械协会秘书长马启升主持会议。

【2005年全国木工刀具生产及应用技术研讨会暨中国林业机械协会林业工具与木工刀具专业委员会年会】 2005年11月13～14日在南京林业大学举行。来自全国林业高等院校、科研院所以及中外企业的140余名专家、学者和企业界人士参加了会议。南京林业大学曹福亮副校长、中国林业机械协会马启升秘书长在开幕式上先后讲话，中国林业机械协会林业工具和木工刀具专业委员会秘书长周捍东教授、副秘书长曹平祥教授先后主持会议。

【中国林业机械协会专业委员会秘书长会议】 2005年11月14日在南京召开。中国林业机械协会各专业委员会秘书长参加了会议。会议对近年来专业委员会工作情况、下一步工作如何开展、2006年协会工作要点等议题进行了交流和探讨，并就2005年度拟以协会名义向社会推荐的产品进行了评议。

这次会议是协会成立以来首次召开的专业委员会秘书长会议，孔罗元副会长到会并讲话，马启升秘书长主持会议。 （中国林业机械协会由严剑供稿）

中国林产工业协会

【综　述】 2005年中国林产工业协会在民政部、国家林业局的监督指导下，在有关方面的积极协助和全体会员单位的大力支持下，充分发挥行业协会的桥梁纽带作用，在认真贯彻落实国家行业政策精神和积极反映行业问题、团结和引导行业企业维护自身权益、推动品牌战略的顺利实施、规范市场秩序、加强国内外的行业交流等方面做了大量工作。

加强协会指导协调力度 ①8月，在长春市召开了刨花板专业委员会第一届第一次副理事长工作会议，促进了国内刨花板企业的交流与合作。②9月，在北京召开了地板专业委员会第四届第一次全体会议，选举产生了地板专业委员会包含副理事长和常务理事在内的第四届理事会成员共111家企业；参加会议的有国家林业局、商务部、北京奥组委等部门的领导和专家，以及全国各地大专院校、科研单位、生产企业等单位的代表500余人。③9月，胶合板专业委员会在浙江嘉善召开了年会，有30多位胶合板行业的人士参加了会议。加强了胶合板行业企业对人造板进出口贸易形势的了解，宣传了国家的行业政策，并对胶合板企业今后的发展问题进行了深入的探讨。④10月，松香分会在杭州召开年会及学术研讨会，来自全国各地300多家松香企业代表参加会议，行业专家到会演讲，分析了2005年松香产、销、存等形势，就企业管理、经营及生产技术进行了经验交流。⑤10月，木材干燥专业委员会在北京林业大学召开了第三届理事会和全国木材干燥学术研讨会，来自全国各地的学术精英和企业代表参加了会议，会议还出版了全国木材干燥学术论文集。⑥11月，活性炭分会在河南省新乡市召开了常务理事会及学术交流会，来自北京、宁夏、河南等省(区、市)的30多个单位的代表出席了会议，会议就活性炭行业的技术、行情、市场等大家关心的问题进行了研讨，取得了共识，为企业的经营决策提供了参考。⑦11月28日至12月1日在广西桂林召开了中国林产工业协会胶黏剂与表面加工专业委员会(筹)会员大会暨第二届国际技术交流会。

积极发展新会员，努力扩大会员队伍，加强组织建设，不断提高协会在行业中的影响力 本届理事会自2000年以来，通过务实有效的工作，在政府相关部门的有力支持和会员企业的共同努力下，协会的影响力得到了空前提高，使得会员队伍持续扩大。新入会行业企业就达百余家，会员总数已由1988年成立之初的几十家发展到了目前的过千家，会员单位遍布全国各地，使协会真正成为代表本行业的权威性国家级社团组织。

同时，进一步加强了协会自身的机构建设，报批了胶合板专业委员会和木材干燥专业委员会。

坚持向政府负责、为会员企业服务的宗旨，充分发挥协会在政府与企业间的桥梁纽带作用 与财政部、国家税务总局、国家工商总局、海关总署、中国环境标志认证委员会、国家认证认可监督委员会、国家税则委员会、国家安全生产监督管理总局等有关政府部门和机构取得联系，反映企业急需解决的实际问题，为企业办实事、办好事，努力帮助企业提高经济效益，增强协会凝聚力。

就以“三剩物”和次小薪材为原料生产加工的综合利用产品增值税即征即退政策执行到2005年12月31日的问题，组织行业龙头企业进行了专题研讨，形成了行业呼吁书，请求政府有关部门将执行了10年和快速推动我国林产工业行业健康发展的这一核心政策继续延续。根据行业的要求，向财政部、国家税务总局、国家林业局等政府有关部门提交了书面汇报，详尽陈述了继续延续政策的理由。

另外，还向国家税则委员会等有关方面反映竹木地板和科技木单板海关税号的问题，以方便企业的出口报关和退税工作；向国家林业局反映关于我国木制品加工企业产品出口通关时面临问题；组织制定林产品加工贸易单耗标准；争取暂不对活性炭生产经营企业实施有关危险化学品安全生产行政许可。

推动品牌战略，规范市场行为，积极进行限劣扶优工作 ①通过协会的积极争取，强化木地板被列入了2005年中国名牌产品评价目录，最终产生了圣象、升达、德尔和菲林格尔等4个中国名牌产品；②经协会积极争取，国家质量监督检验检疫总局将人造板（包括实木地板——含竹木地板和实木复合地板、强化复合木地板、贴面胶合板、纤维板、细木工板和刨花板）列入2005年免检产品类别目录，共有71家人造板企业获得免检产品称号；③4月份协会发出了《关于表彰2005年中国地板行业“十大杰出品牌（分板种）”及“50家优秀品牌”的通知》，经过企业自愿申报、专家评审、现场评估、市场抽检等严格的程序，于9月份终于产生了地板行业的十大杰出品牌及50家优秀品牌，并对这些企业进行了表彰；④9月，举办了中国木地板行业十周年庆典和颁奖晚会，晚会上表彰了一批近年来对我国木地板行业的发展作出了杰出贡献和企业发展良好的一批企业家；⑤4月份开展了中国细木工板行业质量、环保、诚信三承诺活动，并在10月底于北京人民大会堂举行了新闻发布会，推出了9家对社会公开承诺的企业，北京电视台及多家平面媒体都播放或刊登了此次活动的相关消息；⑥接受了横林镇政府的委托，在充分调研和广泛征求意见的基础上，结合当地地板行业发展特点，按照具体目标要求，组织相关专家共同编制了横林镇地板特色产业发展规划；⑦与国家环保总局环境认证中心（中环联合认证中心有限公司）共同成立了中国环境标志人造板行业推广办公室，参与中国环境标志人造板及其制品标准的修订工作、环境标志在人造板行业的推广工作等；⑧与中国消费者协会联合发布了《中国木地板行业服务白皮书》和《中国细木工板行业白皮书》。⑨与国家统计局在上海新国际博览中心联合举行了中国纤维板行业百强企业信息发布会，发布了中国纤维板行业百强企业。

组织我国地板企业应对国际贸易摩擦 2005年年初，加拿大决定对自我国进口的强化木地板开始反倾销调查。此事关系到我国地板行业发展的全局，协会秘书处迅速与商务部、进出口商会等有关机构进行联系和协调，并对有关问题进行深入细致的研究，及时组织企业进行了反倾销、反补贴应对。

2005年7月1日，美国国际贸易委员会（ITC）对我国17家强化木地板企业发起针对相关专利的337立案调查。协会在短期内多次召集涉案企业共同分析案情，研讨、探索对策；根据涉案企业的实际情况，短时间内组织成4个团队会同各自聘请的律师事务所进行应诉，对涉案专利进行无效和不侵权抗辩。

主办、协办展览会和论坛，推动行业技术交流和产品展示 ①与华港展览服务有限公司共同主办了第六届地面装饰材料展览会。②与荷雅企龙公司合作，在上海举办第五届地面装饰材料展览会，成为全球最大的地板展。③与蒙歌玛丽展览集团合作，在上海举办了第七届国际木工及原辅材料展。④9月中下旬，在浙江嘉善召开了第四届全国人造板工业科技发展研讨会；⑤于1月份组织部分地板企业赴德国汉诺威参加DOMOTEX地毯及地面铺装材料展览会；并争取到国家中小企业基金，为企业减轻了负担。⑥与黑龙江省政府合作，在牡丹江市举办了中国木材贸易交流洽谈会。

开展国际交流，增进友好往来 与加拿大、美国相关协会会谈；向中东、日本、韩国及欧美等国家和地区的机构和客商介绍和推荐了行业产品；学习了国外先进的生产技术和管理经验，加强了国际技术交流，增进了国际友好往来。（严　剑）

林业大事记与重要会议

2005年中国林业大事记

1月

1日 中华人民共和国濒危物种进出口管理办公室与海关总署联合发布的新编《进出口野生动植物种商品目录》开始施行。

10日 全国重点省（区）森林防火工作座谈会在云南省昆明市召开。中共中央政治局委员、国务院副总理回良玉出席会议并作重要讲话。国家林业局局长周生贤就2004年全国森林防火工作情况和2005年森林防火工作安排意见做了通报。国务院副秘书长张勇主持会议，云南省委书记白恩培出席会议，省长徐荣凯致辞。国家林业局副局长雷加富出席会议。

17日 国家林业局党组召开直属机关开展保持共产党员先进性教育活动动员部署大会。党组书记、局长、局保持共产党员先进性教育活动领导小组组长周生贤作动员讲话。局领导赵学敏、江泽慧、杨继平、雷加富、祝列克、张建龙出席会议。

18日 国务院新闻办公室召开新闻发布会，公布第六次全国森林资源清查结果。全国森林面积17 490.92万公顷，森林覆盖率18.21%，活立木总蓄积136.18亿立方米，森林蓄积124.56亿立方米。国家林业局副局长雷加富出席新闻发布会。

19~20日 全国林业厅（局）长会议在北京召开。国家林业局局长周生贤作了题为《当前林业的形势与任务》的讲话，局领导赵学敏、江泽慧、杨继平、雷加富、祝列克、张建龙和武警森林指挥部政委闫文彬出席会议。

28日 国家林业局党组成员、中央纪委驻局纪检组组长杨继平出席中国与新西兰林业工作组第三次会议并考察新西兰林业，行程7天。

2月

2日 全国政协人口资源环境委员会、国家林业局、世界自然基金会在北京举行第九个世界湿地日庆祝活动。全国政协副主席、关注森林活动组委会主任张思卿出席庆祝活动并讲话，全国绿化委员会副主任、国家林业局局长周生贤出席活动并讲话，副局长赵学敏主持庆祝活动。2005年世界湿地日的主题为“湿地生物多样性和文化多样性”。会议宣布，我国又有9处湿地被列入国际重要湿地名录。至此，我国列入国际重要湿地名录的湿地已达30处，总面积343万公顷，占全国自然湿地总面积的9.4%。

6日 中共广东省委、省政府出台《关于加快建设林业生态省的决定》。

3月

1日 第二届“关注森林奖”颁奖暨2005年“关注森林”活动启动大会在北京召开。中共中央政治局常委、全国政协主席贾庆林接见获奖代表并讲话，全国政协副主席王忠禹、张思卿、李蒙陪同接见。国家林业局局长周生贤出席大会并讲话，局党组成员、中国林科院院长江泽慧出席会议，局党组成员、中央纪委驻局纪检组组长杨继平宣读颁奖决定。

14~19日 联合国粮农组织第三届林业部长级会议在意大利召开，重点讨论国际社会对森林可持续经营的国际承诺和林火管理国际合作。国家林业局副局长雷加富出席会议并发言。

15日 全国野生动物疫源疫病监测工作电视电话会议在北京召开。国家林业局副局长赵学敏宣布，在全国重点区域全面启动全国陆生野生动物疫源疫病监测体系建设，首批确定的监测站点达150多处。

17~22日 全国人大常委会副委员长、民进中央主席许嘉璐在贵州省毕节地区考察石漠化治理和生态建设，并出席国家林业局与贵州省省级林业联系点第五次联席会议。国家林业局副局长赵学敏、贵州省副省长禄智明出席会议并讲话。国家林业局党组成员杨继平出席会议，贵州省人大常委会副主任黄康生主持会议。

17~24日 应美国林务局邀请，国家林业局副局长雷加富率中国林业代表团访问美国。访美期间会见了美国林务局副局长萨利·科林斯女士，就双方关心的问题交换了意见。代表团访问了博伊西美国部际防火中心，重点考察了美国林火管理和科研情况。

22日 国家林业局局长周生贤在北京会见来访的芬兰农林部长尤哈·科瑞加及代表团一行，双方就林业领域的合作及共同关心的问题交换了意见。

23日 国家标准化管理委员会和国家质量监督检验检疫总局联合发布《飞播造林技术规程》，自2005年9月1日起施行。

26日 全国绿化委员会、中共中央直属机关绿化委员会、中央国家机关绿化委员会、首都绿化委员会联合组织“共建绿色家园——共和国部长义务植树活动”，180多名部级领导参加了首都义务植树活动。

29日 全国绿化委员会第二十三次全体会议在北京召开。中共中央政治局委员、国务院副总理、全国绿化委员会主任回良玉主持会议并作重要讲话。他强调，要加快国土绿化，加强生态建设，促进人与自然和谐相处。全国绿化委员会副主任、国家林业局局长周生贤就2004年国土绿化工作的进展情况和2005年国土绿化工作安排意见作了工作报告。

同日，国家林业局局长周生贤在北京会见来访的芬兰斯道拉恩索集团副首席执行官哈格伦德一行。双方就外资企业投资造林、速生丰产用材林基地建设、林纸一体化发展等问题进行了探讨。

30日 国家林业局、公安部召开全国打击破坏森林资源专项行动电视电话会议。会议宣布，从4月1日起至6月15日，在全国范围内开展打击破坏森林资源专项行动。国家林业局副局长赵学敏公布挂牌督办的10起重点案件。国家林业局副局长雷加富、公安部副部长刘金国出席会议并讲话。

4月

2日 党和国家领导人胡锦涛、吴邦国、贾庆林、曾庆红、黄菊、吴官正、罗干等在北京奥林匹克森林公园参加首都义务植树活动。胡锦涛强调：环境是经济社会可持续发展的依托，是我们共同生存的家园。加强环境保护和建设，是树立和落实科学发展观的必然要求，是坚持以人为本的具体体现。全社会都要坚持不懈地做好爱护环境、保护环境、建设环境的工作，努力实现人与自然和谐发展的目标。

4日 国家林业局副局长李育材和国际林业研究中心总干事大卫·卡莫维兹博士在北京签署中国国家林业局与国际林业研究中心合作谅解备忘录，进一步加强双方在林业研究和政策分析领域的合作。国际林业研究中心董事会主席安吉拉·克伯女士出席签字仪式。

8日 中央机构编制委员会办公室下发《关于增加国家林业局森林公安局直属机动队专项行政编制的批复》（中央编办复字［2005］38号），同意成立国家林业局森林公安局直属机动队，专项行政编制4名。

17日 国务院办公厅下发《关于切实搞好“五个结合”进一步巩固退耕还林成果的通知》（国办发［2005］25号）。

18日 中华人民共和国濒危物种进出口管理办公室郑州办事处举行挂牌仪式，国家林业局副局长赵学敏出席仪式并讲话。

19日 国家林业局副局长祝列克在北京会见了芬兰议会农林委员会主席安蒂拉女士一行，双方就两国林业合作及共同关心的问题交换了意见。

28日 国家林业局印发《国家林业局2005年工作要点》（林办发［2005］61号），提出林业工作总的要求是：以邓小平理论和“三个代表”重要思想为指导，用科学发展观统领林业工作全局，全面贯彻中央林业决定精神，继续实施以生态建设为主的林业发展战略，准确把握治理与破坏相持阶段的林业发展规律，深入落实“抓住一个重点，办好两件大事，强化三项工作，深化四项改革，加强五大建设，处理好六大关系”的林业工作总体部署，全面推动林业持续快速协调健康发展，为促进人与自然和谐、构建社会主义和谐社会作出积极贡献。

30日 经国家林业局批准，杭州西溪湿地公园成为全国第一个国家湿地公园示范点。5月1日正式向公众开放。国家林业局副局长赵学敏出席开园仪式并讲话。

5月

10日 国家林业局举行“全国自强模范”、山东省淄博市林业局副局长、原山林场场长孙建博先进事迹报告会。会前，局党组同志集体会见了孙建博。局领导周生贤、李育材、江泽慧、杨继平、雷加富、祝列克参加会见。李育材、杨继平、雷加富、祝列克出席报告会。

12日 国家林业局局长周生贤在北京会见了湿地公约秘书长布里奇华特博士。双方就中国湿地保护成就和履行湿地公约情况及今后合作领域进行了交流。

17日 国家林业局印发《国家林业局关于停止施行林木种子生产经营许可证年检制度的通知》（林场发［2005］72号）。

19日 国家林业局在海南省召开全国沿海防护林体系建设座谈会。局长周生贤提出，到2010年，我国将建成结构稳定、功能齐全、规模宏大，有效抵御海啸和风暴潮等自然灾害的综合性防护林体系。国家林业局副局长赵学敏、祝列克，海南省副省长江泽林出席会议。

同日，国家林业局副局长李育材在北京会见国际纸业公司总裁罗安明一行并出席了2005年国家林业局和国际纸业公司合作计划签字仪式。

23日 国家林业局局长周生贤签署国家林业局第13号令，公布《突发林业有害生物事件处置办法》。

25日 财政部、国家林业局印发《林业有害生物防治补助费管理办法》。

25～27日 国家林业局副局长祝列克率团出席在美国纽约联合国总部举行的联合国森林论坛部长级会议并作主旨发言。会议期间，与新西兰、芬兰、印度尼西亚、俄罗斯的林业部长和国际自然保护联盟（IUCN）总裁进行了会晤，就双边合作和多边热点问

健康合作纪要》。

27日　国家林业局局长周生贤签署国家林业局第14号令，公布《林业行政处罚案件文书制作管理规定》。

6月

1日　国家林业局局长周生贤签署国家林业局第15号令，公布《林业统计管理办法》。

3日　中国绿化基金会第五届全体理事会议在北京召开。中共中央政治局常委、全国政协主席贾庆林担任中国绿化基金会第五届理事会名誉主席。会前，贾庆林会见了第五届理事会成员并发表重要讲话，全国人大常委会原副委员长王丙乾、布赫，全国政协原副主席赵南起、全国政协副主席张思卿出席会议。国家林业局局长周生贤出席会议并作讲话，副局长赵学敏主持会议。

7日　我国湿地保护领域最大外援项目中国湿地生物多样性保护与可持续利用项目第二阶段全面启动。国家林业局副局长、项目指导委员会主任赵学敏出席项目启动会。

8日　国家林业局召开保持共产党员先进性教育活动工作总结暨“两优一先”表彰大会。局党组书记、局长周生贤出席会议并作讲话，局领导李育材、赵学敏、江泽慧、杨继平、雷加富、祝列克、张建龙出席会议。

14日　国务院新闻办公室召开新闻发布会，通报第三次全国荒漠化和沙化监测结果，全国沙化土地实现了自新中国成立以来的首次缩减，沙化土地面积由20世纪末年均扩展3436平方千米转变为目前年均缩减1283平方千米。国家林业局副局长祝列克出席新闻发布会并回答中外记者提问。

16日　财政部、国家林业局出台《林业贷款中央财政贴息资金管理规定》。财政部原《林业治沙贷款财政贴息资金管理规定》同时废止。

同日，国家林业局局长周生贤签署国家林业局第16号令，公布《国家级森林公园设立、撤销、合并、改变经营范围或者变更隶属关系审批管理办法》。

同日，国家林业局印发《国家林业局关于继续深入落实〈中共中央国务院关于加快林业发展的决定〉的意见》（林办发［2005］90号）。

23日　由中宣部、全国人大环境资源委员会、国家林业局等12个部门联合开展的“关注森林——绿色海疆万里行”宣传活动在北京启动。全国人大常委会副委员长许嘉璐为采访团授旗，全国政协副主席张思卿、国家林业局局长周生贤出席启动仪式并讲话。此次活动为期1个月，16家中央新闻媒体的50余名记者，分赴沿海11个省（区、市）实地采访沿海防护林建设情况。

24日　国家林业局、国家工商行政管理总局发布2005年第3号公告，公告第五批试点使用“中国野生动物经营利用管理专用标识”的企业及其产品。

27日　中国银行业监督委员会、国家林业局联合印发《关于下达天然林保护工程区森工企业金融机构债务免除名单及免除额（第一批）的通知》（银监发［2005］39号）。

7月

财政部、国家林业局联合印发《国有贫困林场扶贫资金管理办法》（财农［2005］104号）。

12～13日　国家林业局在内蒙古自治区鄂尔多斯市召开全国防沙治沙现场会，学习、推广内蒙古生态建设、防沙治沙经验和做法，局长周生贤出席会议并作讲话。

14日　国家林业局印发《国家林业局林木种子经营行政许可监督检查办法》（林策发［2005］98号）。

25～27日　国家林业局召开党组扩大会议，集中听取各司（局）、各在京直属单位主要负责人关于相持阶段怎么干的发言。27日下午，召开局党组扩大会暨全国林业厅（局）长电视电话会议，党组书记、局长周生贤作了《深化认识，分类指导，全力打好相持阶段林业发展攻坚战》的讲话，局领导李育材、赵学敏、江泽慧、杨继平、雷加富、祝列克、张建龙和武警森林指挥部政委闫文彬出席会议。

28日　国务院办公厅印发《关于解决森林公安及林业检法编制和经费问题的通知》（国办发［2005］42号）。

29日　国家林业局局长周生贤在北京会见了莱索托王国林业和土地开发大臣林肯·莫科塞，宾主双方就开展中莱两国林业合作进行了友好会谈。会见后双方签署了中莱林业合作谅解备忘录。

8月

1～2日　国家林业局党组成员、中国林科院院长江泽慧在日本先后拜会了日本林野厅长官前田直登和日本国际协力机构副理事长长畠中笃，在筑波访问了日本森林综合研究所，与该所所长大熊干章签署了中国林科院和日本森林综合研究所关于林业研究合作的谅解备忘录。

8～13日　国家林业局党组成员、中国林科院院长江泽慧率中国林业代表团出席在澳大利亚布里斯班举行的国际林业研究组织联盟第二十二届世界大会，并在会上作题为《中国西部地区的土地退化与综合生态系统管理实践》的主题报告。

9日　国家林业局副局长赵学敏在卧龙自然保护区宣布赠送台湾同胞大熊猫优选工作专家组成立。8月19日公布了赠台大熊猫优选的5条标准，10月13日公布入围的11只大熊猫。

15～22日　应俄罗斯联邦自然资源部的邀请，

国家林业局副局长张建龙率中国林业代表团访问俄罗斯，双方就进一步加强中俄林业合作等有关事宜交换了意见。

16日 经中央机构编制委员会办公室批准，国家林业局成立湿地公约履约办公室（国家林业局湿地保护管理中心）。

17日 国务院总理温家宝主持召开国务院常务会议，听取国家林业局关于进一步加强防沙治沙工作有关情况的汇报，研究部署进一步加强防沙治沙工作。

19日 中国国家林业局与野生救援协会在北京共同签署《国家林业局和野生救援协会合作框架》协议，双方将通过多方面合作，推动中国野生动植物保护事业发展。副局长赵学敏出席签字仪式。

22日 由濒危野生动植物种国际贸易公约（CITES）秘书处和中国国家濒危物种进出口管理办公室共同主办的丝绸之路CITES履约执法研讨会在新疆召开。会议呼吁加强区域协作，提高履约执法水平。国家林业局副局长、国家濒危物种进出口管理办公室主任赵学敏出席会议并讲话。

23日 第二届中国城市森林论坛在辽宁省沈阳市开幕。全国人大常委会副委员长许嘉璐发来贺信。全国政协副主席、关注森林活动组委会主任张思卿出席论坛并讲话。全国政协人口资源环境委员会主任陈邦柱主持论坛。国家林业局党组成员、中央纪委驻局纪检组组长、关注森林活动组委会副主任杨继平，国家林业局副局长祝列克等出席论坛并讲话。国家林业局在论坛上公布了国家森林城市评价指标，并授予沈阳市国家森林城市荣誉称号。

25日 国家林业局和新疆维吾尔自治区政府共同主办的“跨越时空看新疆——新疆生态行”科考宣传活动启动。全国绿化委员会副主任、国家林业局局长周生贤，国家林业局党组成员、中国林科院院长江泽慧，自治区党委副书记、政协主席艾斯海提·克里木拜，自治区党委副书记、常务副主席张庆黎等出席启动仪式，自治区副主席钱智主持，周生贤、张庆黎在启动仪式上分别讲话，艾斯海提·克里木拜向科考采访团代表授旗。

25～26日 全国公安保卫战线英雄模范立功集体代表大会在北京召开，包括12位森林公安系统代表在内的与会代表受到了胡锦涛总书记、温家宝总理的接见。国家林业局党组书记、局长周生贤在国家林业局会见了12位森林公安系统代表。这12位代表是：王保文、王用华、王汉兴、李新顺、李宏光、彭秀丽、赵广延、安跃红、王琳、杨连喜、龙涛、袁志生。

27日 国务院批准《全国湿地保护工程实施规划（2005～2010年）》。

同日，中国野生动物保护协会在四川卧龙中国保护大熊猫繁育研究中心举办了向台湾同胞赠送大熊猫座谈会。台湾民间团体、研究机构、保育团体的专家，大陆科研院所、大熊猫繁育研究机构的专家及有关部门和协会的代表就赠送大熊猫事宜交换了意见。

30日 青海三江源自然保护区生态保护和建设工程在青海西宁正式启动实施。中共中央政治局委员、国务院副总理曾培炎出席启动仪式并致辞。青海省委书记赵乐际主持。

9月

6日 国家林业局印发《国家林业局关于加快速生丰产用材林基地工程建设的若干意见》（林贷发［2005］129号）。

8日 国务院颁发《国务院关于进一步加强防沙治沙工作的决定》（国发［2005］29号）。

13～14日 全国森林资源林政管理工作会议在北京召开。会议提出实施“三步走”战略，实现森林可持续经营。国家林业局局长周生贤和其他在京局领导会见了会议代表，对近年来森林资源管理取得的成绩给予充分肯定和高度评价。副局长赵学敏主持会议，副局长雷加富出席会议并讲话。

17～19日 全国林业系统党风廉政建设工作会议在江西召开。会议总结交流了在保持共产党员先进性教育活动中加强党风廉政建设的经验，对林业系统派驻纪检监察机构实行统一管理工作提出指导性意见，并对林业反腐倡廉工作作出部署。中央纪委驻国家林业局纪检组组长、局党组成员杨继平受局党组委托作讲话。

23日 国家林业局局长周生贤签署国家林业局第17号令，公布《普及型国外引种试种苗圃资格认定管理办法》。

同日，国家林业局局长周生贤签署国家林业局第18号令，公布《松材线虫病疫木加工板材定点加工企业审批管理办法》。

26日 由全国绿化委员会、国家林业局和江苏省人民政府共同主办的首届中国绿化博览会在江苏省南京市开幕，为期20天。国务委员兼国务院秘书长华建敏出席并宣布首届中国绿化博览会开幕。全国绿化委员会副主任、国家林业局局长周生贤，江苏省省长梁保华分别在开幕式上致词。江苏省委书记李源潮，全国人大环境与资源保护委员会主任委员毛如柏，国家林业局党组成员、中国林科院院长江泽慧，国家林业局副局长祝列克等出席开幕式。

27日 国家林业局局长周生贤签署国家林业局第19号令，公布《引进陆生野生动物外来物种种类及数量审批管理办法》。

27～28日 国家林业局在贵州召开全国山区综合开发暨林业对口扶贫工作会议，国家林业局副局长李育材出席会议并讲话。

28日 国家林业局、国家发展和改革委员会、财政部、国土资源部、水利部、农业部、国家环境保护总局联合下发《关于印发〈全国防沙治沙规划(2005~2010年)〉的通知》（林计发［2005］148号）。

同日，第六届中国花卉博览会暨第四届中国花卉交易会在四川省成都市举办，会期9天。国务院副总理回良玉发来贺信，全国人大常委会副委员长乌云其木格出席并宣布第六届中国花卉博览会开幕，国家林业局党组成员、中国花卉协会会长江泽慧，四川省省委书记张学忠分别在开幕式上致辞，四川省省长张中伟主持。全国政协副主席李蒙、全国政协原副主席杨汝岱、国家林业局副局长祝列克出席开幕式。39个国家和地区，全国31个省（区、市）参展。博览会期间，召开了中国花卉产业发展与知识产权保护国际论坛。祝列克在论坛上致辞，四川省副省长陈文光出席论坛并发言。全国各省（区、市）大型花卉企业、花协协会、花卉行政管理部门，以及荷兰、德国、日本等国家的代表共100多人参加了论坛。

10月

12~15日 应国家林业局局长周生贤邀请，巴西环境部部长玛丽娜·席尔瓦女士率代表团一行访问中国。周生贤会见了玛丽娜·席尔瓦一行，双方就开展两国林业合作交换了意见。江泽慧和席尔瓦分别代表中巴双方签署了《国家林业局和巴西环境部关于林业生物多样性合作谅解备忘录》。中国林科院授予玛丽娜·席尔瓦名誉博士学位。局长周生贤，副局长李育材、张建龙出席授予仪式。局党组成员、中国林科院院长江泽慧主持，并为玛丽娜·席尔瓦颁发中国林科院名誉博士学位证书和牌匾。

12~19日 国家林业局党组成员、中央纪委驻局纪检组组长杨继平率中国林业代表团赴韩国出席中韩林业第五次工作组会议并考察韩国林业。

24~25日 联合国防治荒漠化公约第七次缔约方会议在肯尼亚首都内罗毕召开。国家林业局副局长李育材在会上发言，介绍了我国防治荒漠化工作的最新形势和采取的一系列政策措施。

31日 国家林业局印发《关于进一步加强林业科技工作的决定》（林科发［2005］184号）。

11月

8日 国家林业局在北京召开全国林业系统防控高致病性禽流感工作电视电话会议，部署候鸟疫源疫病监测防控工作。局长周生贤、副局长雷加富出席会议并讲话。

同日，国家林业局局长周生贤在北京会见了来访的英国环境、食品及乡村事务部部长玛格丽特·贝克特女士一行。双方就林业政策、森林资源管理和木材采购政策、森林执法和行政管理以及濒危野生动植物种国际贸易公约等问题交换了意见。

同日，在乌干达首都坎帕拉举行的国际湿地公约第九届缔约方大会上，中国科学院教授蔡述明荣获湿地科学研究最高奖——拉姆萨尔湿地保护科学奖，成为我国第一位获该奖的科学家。国家林业局副局长赵学敏出席大会。

10日 由国家林业局、浙江省人民政府和中国林学会联合主办的首届中国林业学术大会在浙江开幕。大会的主题是“和谐社会与现代林业”，国家林业局党组成员、中国林科院院长、中国林学会理事长江泽慧，浙江省副省长茅临生作主题报告。国家林业局党组成员、副局长、中国林学会副理事长张建龙，浙江省委副书记周国富在开幕式上致辞。

15日 中国在第九届湿地公约缔约方大会上当选为新一届常务理事会理事国。这是我国自1992年加入湿地公约以来首次当选国际湿地组织的常务理事国。

16日 《中华人民共和国国家林业局和大韩民国山林厅关于东北虎繁殖合作的协议》的签字仪式在韩国首都首尔举行。中国国家主席胡锦涛和韩国总统卢武铉出席，中国国家林业局局长周生贤与韩国山林厅厅长曹连焕分别代表两国政府在协议上签字。

17日 中国国家林业局局长周生贤在韩国会见韩国国际协力团总裁慎长范，双方就中韩两国在林业领域的合作和交流交换了意见。

21日 国家林业局局长周生贤在北京会见来访的缅甸林业部登昂准将，双方就森林防火、森林采伐、林产品贸易等问题交换了意见并达成共识。

24日 《刘少奇论林业》正式出版。国家林业局、中共中央文献研究室在北京人民大会堂举行《刘少奇论林业》出版座谈会。全国政协副主席阿不来提·阿布都热西提出席。全国绿化委员会副主任、国家林业局局长周生贤出席座谈会并讲话。局党组成员、中央纪委驻局纪检组组长杨继平主持。

29日 国务院办公厅印发《国务院办公厅转发发展改革委等部门关于加快推进木材节约和代用工作意见的通知》（国办发［2005］58号）。

30日 中共中央决定，贾治邦（正部长级）任国家林业局党组书记。12月1日，国务院决定任命贾治邦为国家林业局局长。

12月

2日 中国绿化基金会与日本奥伊斯嘉国际组织（OISCA）在北京签署了全面合作伙伴关系备忘录。国家林业局副局长祝列克出席签字仪式并讲话。

5日 国家林业局成立全国野生动植物保护及自然保护区建设工程——兰科植物种质资源保护中心。

8日 国家林业局党组书记、局长贾治邦主持召开各司（局）、在京直属单位主要负责人会议，传达学习中央经济工作会议精神，部署近期要抓好的林业重点工作。局领导李育材、赵学敏、江泽慧、杨继平、雷加富、祝列克、张建龙出席会议。

同日，国家林业局野生动物疫源疫病监测总站在辽宁省沈阳市挂牌。

15日 由商务部主办、国家林业局竹藤网络中心承办、国际竹藤组织协办的发展中国家竹业可持续发展管理研修班开班典礼在北京举行。国家林业局党组成员、中国林科院院长、国际竹藤组织董事会联合主席江泽慧，国家林业局副局长张建龙出席开班典礼并讲话。

同日，全国绿化委员会、人事部、国家林业局授予孙建博全国林业系统先进工作者荣誉称号。

19日 国务院印发《国务院批转国家林业局关于各地区“十一五”期间年森林采伐限额审核意见的通知》(国发［2005］41号)。

同日，最高人民法院审判委员会第1374次会议通过《最高人民法院关于审理破坏林地资源刑事案件具体应用法律若干问题的解释》(法释［2005］15号)，于2005年12月30日起施行。

21日 国家林业局、国家工商行政管理总局发布2005年第5号公告，公告第六批试点使用“中国野生动物经营利用管理专用标识”的企业及其产品。

30日 国家林业局发布2005年第6号公告，公告国家林业局林木品种审定委员会审定通过的2005年林木良种目录。 (林 军)

2005年林业重要会议

【重点省（区）森林防火工作现场会】 2005年1月10日在昆明市召开。这次会议是在全面贯彻党的十六届四中全会精神，认真落实中央农村工作会议和中央经济工作会议各项要求的关键时刻，国务院决定召开的一次重要会议。会议主要任务是总结森林防火工作经验，分析森林火险形势，研究部署森林防火任务，确保不发生大的森林火灾，最大限度地减少森林火灾危害。会议由国务院副秘书长张勇主持。

会上，回良玉副总理发表了重要讲话，充分肯定了近年来我国森林防火工作取得的成绩，全面总结了我国森林防火工作经验，从提高党的执政能力的高度，深刻阐述了加强森林防火工作的极端重要性和紧迫性，并从进一步落实行政责任制、提高扑火救灾应急反应能力、增强保障能力等6个方面提出了明确要求。国家林业局局长周生贤通报了2004年森林防火工作情况和2005年森林防火工作安排意见。云南、黑龙江、福建、江西等4省政府主管领导汇报了本省森林防火工作情况。

参加此次座谈会的有内蒙古、吉林、黑龙江、福建、江西、云南等6省（区）主管森林防火工作的领导；河北、内蒙古、吉林、黑龙江、浙江、安徽、福建、江西、湖北、湖南、广东、广西、四川、贵州、云南、西藏、陕西、新疆等18省（区）林业厅（局）长、防火办主任，内蒙古、龙江、大兴安岭森工（林业）集团公司负责人；国家发改委、财政部、中国气象局、总参陆航部、国家林业局等部门及武警森林指挥部负责人。 (刘 萌)

【全国林业厅（局）长会议】 2005年1月19～20日，全国林业厅（局）长会议在北京召开。会议的主要任务是：以邓小平理论和“三个代表”重要思想为指导，用科学发展观统领林业工作全局，深入贯彻落实党的十六大、十六届四中全会和中央经济工作会议、中央农村工作会议精神，结合第六次全国森林资源清查等结果，全面分析当前的林业形势，研究部署今后一个时期特别是2005年的林业工作。

国家林业局局长周生贤在会上作了题为《当前林业的形势与任务》的主题报告，副局长赵学敏作总结讲话。局领导江泽慧、杨继平、雷加富、祝列克、张建龙，武警森林指挥部政委闫文彬出席会议。各省（区、市）林业厅（局），四大森工（林业）集团，新疆生产建设兵团林业局，各计划单列市林业局和国家林业局各司（局）、各直属单位主要负责人等参加了会议。

会议认为，2004年我国林业继续保持好的发展态势，成效显著。全国共完成营造林733万公顷，连续3年超过亿亩。林业产业总产值突破6000亿元。六大林业重点工程稳步推进，全面奏响了盛世兴林第三部曲，区域林业发展异彩纷呈，自然保护工作成为新亮点，营造林工作取得实质性突破，森林资源保护管理进一步强化，林业产业发展、分类经营改革和对外开放等工作健康推进，各级林业机关的自身建设进一步加强。

会议指出，第六次全国森林资源清查、全国野生动植物和大熊猫及湿地资源四项调查、全国水土流失最新调查监测、全国荒漠化和沙尘暴监测结果显示，我国生态治理成效显著。森林资源的保护和发展呈良好态势，森林面积增加1600万公顷，森林覆盖率增加1.66个百分点，达到18.21%，未成林和中幼龄林增势明显。生物多样性保护效果明显，野生动植物种

群数量稳中有升，分布范围扩大，栖息环境改善。大熊猫等濒危物种数量都有所增加。全国40%的自然湿地得到有效保护，许多湿地恢复生态功能。全国水土流失面积由367万平方千米下降到356万平方千米，11条主要江河流域土壤流失量大幅度减少。全国年均沙化土地治理面积达到1.9万平方千米，超过了年均扩展面积，沙尘暴次数逐年减少。清查监测结果也表明，我国生态建设仍然存在许多突出问题：森林资源总量不足，分布不均。林地流失依然严重，超限额采伐仍未杜绝。森林质量偏低，经营水平亟待提高。部分重点保护的野生动植物种群数量过少，相当数量的物种种群呈下降趋势，一些非重点保护的野生动植物因过度开发利用而导致资源减少。水土流失、荒漠化治理的任务仍很艰巨。这些情况都表明，我国生态建设正处在一个“治理与破坏相持的关键阶段”。这是经过综合科学分析得出的积极而审慎的结论。

会议指出，进入新世纪以来，林业建设已经形成了“抓好六大工程，推进历史性转变，实施以生态建设为主的发展战略，实现林业持续快速协调健康发展”的总体工作思路。这意味着林业建设的理论框架已经初步形成，我国林业开始走上在明晰思路指导下加快发展的新阶段。当前和今后一个时期林业工作的主要任务，就是要认真把握“治理与破坏相持阶段”的林业发展规律，高度重视“相持阶段”的脆弱性、不确定性、反复性和艰巨性，按照已经明确的林业建设目标和任务，深入扎实地抓好林业工作总体思路的贯彻落实，实现林业的持续快速协调健康发展。

会议指出，2005年是两个五年计（规）划相衔接的关键一年，要严格按照党中央、国务院的要求，认真落实“一二三四五六”的总体工作部署，做好全年工作。一是认真科学地编制好林业发展“十一五”和中长期规划。要突出“治理与破坏相持阶段”的特点和要求，确保国家支持林业建设的力度不减，防止林业发展的大起落和生态状况发生逆转。突出六大工程的地位和持续发展，突出生态治理的重点地区，以重点区域的有效治理带动我国生态状况的全面好转。切实加强沿海防护林和红树林建设。二是保质保量完成好全年营造林计划任务。2005年全国营造林任务初步确定为733万公顷，营造林结构上，封山育林任务接近人工造林任务，退耕地造林任务大幅度增加。将管护工作和森林经营放在更加突出的位置。继续深入推进全民义务植树运动的开展，进一步提高义务植树的覆盖面和尽责率。三是切实有效地做好各个方面的保护工作。完善征占用林地、湿地审核审批制度，严厉打击和依法查处非法征占用林地、湿地行为。发展和完善自然保护区网络体系。对森林防火工作进行再动员、细安排，严防发生特大森林火灾。加强森林公安队伍建设和管理。强化森林病虫鼠害防治工作。四是集中力量办好防沙治沙工作中的几件大事。争取以国务院名义颁布《关于进一步加强防沙治沙工作的决定》，确立防沙治沙在经济社会发展和生态建设中的重要地位，明确新时期防沙治沙的指导思想、奋斗目标和政策措施。争取国务院尽快批复《全国防沙治沙规划》，明确今后一个时期全国防沙治沙工作的基本原则、重点布局和主要任务。全面启动防沙治沙综合示范区建设。搞好全国荒漠化和沙化土地监测工作，适时发布监测结果。五是加大力度促进林业产业发展。抓紧出台支持林业产业发展的政策措施。实施“林业富民计划”，为解决“三农”问题和粮食安全问题作出积极贡献，重点发展木本粮油、干鲜水果、花卉、竹藤、森林旅游、野生动物养殖业等林业产业。加快推进速生丰产用材林基地建设，增加木材生产的后备资源。完善林业产业社会化服务体系。六是继续大力推进林业改革工作。深入推进林业产权制度改革，全面启动国有林场改革工作，稳步推进重点国有林区森林资源管理体制改革。争取在乡（镇）机构配套改革中，科学合理地设置乡（镇）林业站。七是下大力气强化林业资金和财务管理。积极探索林业项目的科学审批机制，实行重大项目安排及投资计划集中审批制度，加强系统内部的资金检查和稽核力度，确保林业资金安全有效运行。八是坚持不懈地抓好各级林业部门的机关建设，提高各级林业部门的执政能力。集中力量开展好保持共产党员先进性教育活动，组织开展一次以思想教育和制度完善为主题的专项整顿。继续深入抓好机关五大建设，加强党风廉政建设和反腐败工作。　　（局办公室）

【国家林业局党组扩大会议暨全国林业厅（局）长电视电话会议】　2005年7月25～27日，国家林业局在北京召开局党组扩大会暨全国林业厅（局）长电视电话会。会议的主要任务是：以邓小平理论和“三个代表”重要思想为指导，用科学发展观统领林业工作全局，进一步深化对相持阶段科学判断的认识，全面谋划相持阶段林业工作怎么干的问题，研究部署下半年重点工作。

国家林业局党组书记、局长周生贤在会上作了题为《深化认识，分类指导，全力打好相持阶段林业发展攻坚战》的主题报告。局领导李育材、赵学敏、江泽慧、杨继平、雷加富、祝列克、张建龙，武警森林指挥部政委闫文彬出席会议。国家林业局各司（局）、各直属单位主要负责人等参加了会议。各省（区、市）林业厅（局），四大森工（林业）集团，新疆生产建设兵团林业局主要负责人在各地林业视频会议分会场参加了27日的总结会议。

会议认为，当前要继续深入落实中央林业决定，大力推进以生态建设为主的林业发展战略，全面谋划并做好相持阶段的林业工作，需要对生态建设状况处于相持阶段的基本内涵、判断标准、理论依据进一步深化认识。相持阶段的重要判断内涵丰富，科学准确，依据充分，符合实际。按照国外的一般发展规律，结合我国经济社会发展和生态建设的实际情况，经综合分析，到2020年全面建成小康社会时，我国生态建设状况将度过相持阶段，进入“治理大于破坏阶段”。如果我们能够充分发挥后发优势，加快推进跨越式发展，我们就可以缩短相持阶段的时间，力争用更短的时间度过这一阶段。所以，在这个关键阶段，加强生态建设的决心绝不能动摇，精神绝不能松懈，步伐绝不能放慢。

会议提出，新形势下的林业工作必须根据相持阶段的五个特点，实行“东扩、西治、南用、北休”分类指导，协调推进“四大区域”，牢固树立“五个理念”，重点强化“六项措施”，全面推动我国林业持续快速协调健康发展。

一是协调推进“四大区域”。“东扩”要以完善政策、拓展空间、延伸产业、持续发展的思路，扩展东部少林地区林业发展的空间和内涵，进一步适应该区对良好生态系统服务功能的需求。“西治”要以加大投入、加快治理、分区施策、科学利用的思路，加快西部地区的生态治理步伐，为西部大开发战略的顺利实施提供生态基础支撑。“南用”要以强化科技、提高质量、以用促增、目标多赢的思路，充分利用南方优越的水热条件和经济社会优势，全面提高林业的质量和效益。“北休”要以加快改革、推进转变、抓好调整、再创辉煌的思路，推进东北地区天然林休养生息，重振东北林业雄风。

二是牢固树立“五个理念”。树立构建和谐社会、实现人与自然和谐相处的理念；树立正确的政绩观、建立服务型行业的理念；树立发展循环经济、建设节约型林业的理念；树立转变生产方式、发展生态产业的理念；树立建设生态文化、弘扬生态文明的理念。

三是重点强化“六项措施”。以六大工程为重点，大力加快林业发展；以加快改革、扩大开放为动力，大力推进林业体制机制转轨步伐；以依法治林为保障，大力加强森林资源保护管理；以科技兴林、人才强林为基础，大力提高林业建设的质量和效益；以非公有制林业为突破口，大力加快林业产业发展；以内强素质、外塑形象为着眼点，大力加强林业基础建设。

会议强调，下半年要按照年初全国林业厅（局）长会议总体部署，认真抓好七项工作。一是周密安排部署，组织开展好林业形势教育，主题是总结前五年，展望后五年，开创新局面，为尽快度过相持阶段奠定思想基础。二是广集各方智慧，全面完成战略研究和规划编制。要组织开展好中国林业相持阶段发展战略研究，为打好相持阶段攻坚战奠定理论基础。要按照这次会议精神，修改完善《林业发展“十一五”和中长期规划》，完成总体规划和沿海防护林等配套规划编制工作。各地也要结合实际深入研究相持阶段的对策措施，编制好地方林业“十一五”发展规划。三是推进重点工作，认真筹备召开全国防沙治沙工作会议、全国林业站工作会议、全国国有林场改革工作会议和全国林业厅（局）长会议。四是抓住有利时机，保质保量完成全年营造林任务。要紧紧抓住秋冬季造林的有利时机，确保全年733万公顷营造林任务全面完成。抓紧兑现政策，封飞造相结合、乔灌草一齐上，确保六大工程各项营造林任务全面完成。进一步修订有关营造林质量管理办法，加大质量事故的举报和查处工作，突出抓好重大案件的查处工作。五是采取有效措施，进一步加强森林资源保护和管理。抓好“十一五”采伐限额编制工作，制定《全国林地保护利用规划》。进一步完善征占用林地、湿地审核审批制度。切实搞好秋冬季森林防火，严防发生特大森林火灾。进一步开展林区禁毒工作。强化森林病虫鼠害防治，认真落实应急预案。继续完善野生动植物、湿地保护配套法规，切实做好秋季迁徙候鸟及濒危野生动物疫源疫病监测，抓紧湿地保护工程实施规划协调工作。积极配合做好向台湾同胞赠送大熊猫的相关工作。六是围绕中心工作，继续强化林业宣传。以相持阶段为主线，大力加强宣传工作，进一步统一务林人和社会公众的思想认识。围绕沿海防护林、防沙治沙、三江源、林业改革和“十五”成就等重点搞好专题宣传。七是加强五大建设，努力巩固先进性教育成果，继续抓好各项整改措施的落实工作。大力开展学先进活动，用先进典型推动工作。加大对党员干部的培养、选拔、使用和交流力度。深入落实《国家林业局关于加强机关先进性建设的意见》等文件精神，进一步完善长效机制。（局办公室）

【全国森林资源林政管理工作会议】 2005年9月13～14日在北京召开。会议的主要任务是：以邓小平理论和“三个代表”重要思想为指导，贯彻落实局党组扩大会议以及《国家林业局关于进一步加强森林资源管理工作的意见》的精神，总结5年来森林资源经营管理工作的成绩与经验，研究新时期森林资源经营管理的任务与对策，部署下一阶段的重点工作。

会议传达、学习了国家林业局党组扩大会议暨全国林业厅（局）长电视电话会议精神。在京的局党组成员接见了全体会议代表。周生贤局长在接见时发表了讲话。赵学敏副局长主持了全体会议，雷加富副局长代表局党组作了题为《认清形势理清思路明确任务为打赢相持阶段生态建设的攻坚战奠定基础》的主题报告。会议对在森林资源管理和全国第六次森

林资源清查工作中作出突出贡献的先进单位、先进个人进行了表彰。江西省林业厅等11个省和单位作了典型发言，安徽省林业厅等11个省（区）和单位书面交流了经验。同时，召开了全国森林资源监督工作座谈会、6省（市）监督工作协调会、全国森林资源数据库建设试点示范工作启动会、森林资源采伐管理座谈会等4个专题会议。

各省（区、市）林业厅（局）、新疆生产建设兵团林业局主管森林资源管理工作的厅（局）长和资源林政处处长，内蒙古、吉林、龙江、大兴安岭森工（林业）集团公司主管森林资源管理工作的总经理和资源林政处处长；各省（区、市）林业厅（局）、新疆生产建设兵团林业局，内蒙古、吉林、龙江、大兴安岭森工（林业）集团公司所属林业调查规划院院长；国家林业局各派驻森林资源监督专员办事处专员，局直属调查规划设计院院长和书记；部分全国森林资源管理和全国第六次森林资源清查工作先进单位和先进个人代表参加了大会。

会议明确了“十一五”期间森林资源经营管理工作的指导思想是：以中央林业决定精神为指导，以严格保护、积极发展、科学经营、持续利用为方针，以增加森林资源总量，提高森林质量，优化结构为主线，以建设和培育稳定的森林生态系统，实现森林可持续经营为宗旨，坚持依法治林、科技兴林，不断深化改革、创新机制，全面提升森林资源经营管理水平，为实施以生态建设为主林业发展战略提供有力保障。会议要求，在“十一五”期间必须完成好：始终坚持科学发展观，坚定不移地把实现可持续经营作为森林资源经营管理的战略目标；始终把优化森林结构、不断建设和改善森林生态系统，作为森林资源经营管理的战略重点；始终把因地制宜、分区施策、分类管理作为森林资源经营管理的战略途径；始终把强化责任、严格监管和依法治林，作为森林资源管理的战略保障；始终把深化改革，建立“严管林”的长效机制作为森林资源经营管理的战略措施；始终把节约森林资源，提高森林资源的利用效率作为森林资源经营管理的战略方针等六项战略任务。这次会议主题鲜明、任务明确，为做好“十一五”期间，乃至整个相持阶段的森林资源林政管理工作奠定了基础。

（蒋成乡）

附　录

国家林业局各司（局）和直属单位全称简称对照

1. 办公室
2. 植树造林司（造林司）
全国绿化委员会办公室综合组
长江流域防护林体系建设管理办公室（长防办）
3. 森林资源管理司（资源司）
全国木材流通行业管理办公室（行管办）
4. 野生动植物保护司（保护司）
野生动植物保护及自然保护区建设工程管理办公室
湿地保护管理中心
5. 森林公安局（公安局）
森林防火办公室（防火办）
6. 政策法规司（政法司）
7. 发展计划与资金管理司（计资司）
8. 科学技术司（科技司）
9. 国际合作司（国际司）
10. 人事教育司（人教司）
11. 直属机关党委
12. 直属机关工会联合会
13. 中央纪委、监察部驻国家林业局纪检组、监察局（驻局纪检组、监察局）
14. 离退休干部局（老干局）
15. 机关服务局（服务局）
16. 国家林业局国有林场和林木种苗工作总站（场圃总站）
17. 国家林业局林业工作站管理总站（工作总站）
18. 国家林业局林业基金管理总站（基金总站）
19. 国家林业局宣传中心（宣传中心）
国家林业局宣传办公室（宣传办）
20. 国家林业局濒危物种进出口管理中心（国家濒管办）
21. 国家林业局天然林保护工程管理中心（天保中心）
国家林业局天然林保护工程管理办公室（天保办）
22. 国家林业局退耕还林工程管理中心
国家林业局退耕还林工程管理办公室（退耕办）
23. 防治荒漠化管理中心
环北京地区防沙治沙工程管理办公室（治沙办）
24. 国家林业局世界银行贷款项目管理中心（世行中心）
国家林业局速生丰产用材林基地建设工程管理办公室（速丰办）
25. 国家林业局科技发展中心（科技中心）
26. 国家林业局经济发展研究中心（经研中心）
27. 国家林业局人才开发交流中心（人才中心）
28. 国家林业局审计中心（审计中心）
29. 国家林业局对外合作项目中心（合作中心）
30. 国家林业局森林防火预警监测信息中心
31. 国家林业局森林资源监督管理办公室
32. 中国林业科学研究院（中国林科院）
33. 国家林业局调查规划设计院（规划院）
34. 国家林业局林产工业规划设计院（设计院）
35. 北京林业管理干部学院（林干院）
36. 中国绿色时报社
37. 中国林业出版社
38. 国际竹藤网络中心
39. 中国林学会
40. 中国野生动物保护协会
41. 中国花卉协会（中国花协）
42. 中国绿化基金会办公室
43. 国家林业局西北华北东北防护林建设局（三北局）三北防护林工程管理办公室
44. 国家林业局驻内蒙古自治区森林资源监督专员办事处（驻内蒙古自治区专员办）
45. 国家林业局驻长春森林资源监督专员办事处（驻长春专员办）
46. 国家林业局驻黑龙江省森林资源监督专员办事处（驻黑龙江省专员办）
47. 国家林业局驻大兴安岭林业集团公司森林资源监督专员办事处（驻大兴安岭专员办）
48. 国家林业局驻福州森林资源监督专员办事处
49. 国家林业局驻合肥森林资源监督专员办事处（驻合肥专员办）
50. 国家林业局驻武汉森林资源监督专员办事处（驻武汉专员办）

51. 国家林业局驻海口森林资源监督专员办事处（驻海口专员办）
52. 国家林业局驻成都森林资源监督专员办事处（驻成都专员办）
53. 国家林业局驻贵阳森林资源监督专员办事处（驻贵阳专员办）
54. 国家林业局驻云南省森林资源监督专员办事处（驻云南省专员办）
55. 国家林业局驻西安森林资源监督专员办事处（驻西安专员办）
56. 国家林业局驻兰州森林资源监督专员办事处（驻兰州专员办）
57. 国家林业局驻乌鲁木齐森林资源监督专员办事处（驻乌鲁木齐专员办）
58. 国家林业局森林病虫害防治总站（森防总站）
59. 东北航空护林中心
60. 西南航空护林总站
61. 南京森林公安高等专科学校
62. 国家林业局华东林业调查规划设计院（华东林调院）
63. 国家林业局中南林业调查规划设计院（中南林调院）
64. 国家林业局西北林业调查规划设计院（西北林调院）
65. 国家林业局昆明勘察设计院

部分单位、词汇全称简称对照

长江流域防护林（长防林）
国家发展和改革委员会（国家发改委）
国务院法制办公室（国务院法制办）
国家工商行政管理总局（国家工商总局）
国家环境保护总局（国家环保总局）
国务院西部地区开发领导小组办公室（国务院西部开发办）
林业工作站（林业站）
林业科学研究所（林科所）
林业科学研究院（林科院）
全国人大常委会法制工作委员会（全国人大常委会法工委）
全国人大环境与资源保护委员会（全国人大环资委）
全国人大农业与农村委员会（全国人大农委）
全国政协人口资源环境委员会（全国政协人资环委）
森林病虫害防治（森防）
森林病虫害防治检疫站（森防站）
森林工业（森工）
世界银行（世行）
速生丰产林（速丰林）
天然林资源保护工程（天保工程）
西北、华北北部、东北西部风沙危害和水土流失严重地区防护林建设（三北防护林建设）
亚洲开发银行（亚行）
中国光彩事业促进会（中国光彩会）
中央机构编制委员会办公室（中央编办）
中国吉林森林工业（集团）总公司（吉林森工集团）
中国科学院（中科院）
中国龙江森林工业（集团）总公司（龙江森工集团）
中国内蒙古森林工业集团有限责任公司（内蒙古森工集团）
中国农业科学院（中国农科院）
珠江流域防护林（珠防林）

索　　引

A

B

C

D

F

G

H

J

2006 CONTENTS

先进单位

光荣榜

国家林业局文件

林策发〔2006〕125号

国家林业局关于表彰全国林业系统“四五”普法宣传教育先进集体和先进个人的通报

各省、自治区、直辖市林业厅（局），内蒙古、吉林、龙江、大兴安岭森工（林业）集团公司，新疆生产建设兵团林业局，国家林业局各直属单位：

“四五”普法5年来，全国各级林业部门在各级党委、政府的领导下，高举邓小平理论伟大旗帜，努力实践“三个代表”重要思想，采取多种形式广泛开展林业普法宣传教育活动，取得了显著成绩，涌现出一批工作优异、特色鲜明、事迹突出的先进集体和先进个人，有力地推动了林业改革和建设事业的发展。

为了弘扬林业普法工作先进集体和先进个人的优良作风，提高广大林业干部职工对林业普法工作重要性的认识，激励林业普法工作者的积极性和创造性，我局决定，授予北京市林业保护站等76个单位“全国林业系统‘四五’普法宣传教育先进集体”荣誉称号、授予北京市林业保护站王民中等177名同志“全国林业系统‘四五’普法宣传教育先进个人”荣誉称号并通报表彰。

希望受到表彰的先进集体和先进个人珍惜荣誉，戒骄戒躁，再接再厉，在林业普法工作中不断取得新成绩。各级林业主管部门要以此为契机，在大力学习宣传先进典型的基础上，进一步重视和加强林业普法工作，动员和组织广大林业法制宣传教育工作者，按照《全面推进依法治林实施纲要》的要求，继续深入开展法制宣传教育，积极推进全国林业系统“五五”普法规划的实施，加倍努力，扎实工作，为构建社会主义和谐社会，推进社会主义新农村建设，推动我国林业又快又好发展做出更大贡献。

二〇〇六年六月二十六日

全国林业系统“四五”普法宣传教育先进集体和先进个人

全国林业系统“四五”普法宣传教育先进集体

北京市

北京市林业保护站

天津市

天津市宝坻区林业局政工科

河北省

文安县林业局

保定市林业局

衡水市桃城区林业局

山西省

山西省林业厅普法办

五台山森林经营局

内蒙古自治区

赤峰市林业局资源林政科

呼和浩特市林业局资源林政科

辽宁省

本溪市林业局法制办

阜新市林业局林政资源科

辽宁省林业厅政策法规处

吉林省

白河林区司法局

吉林市林业局

黑龙江省

黑龙江省林业厅政策法规处

哈尔滨市林业局

上海市

金山区农业委员会

江苏省

江苏省林业局法规科

淮安市林业局

浙江省

杭州市林业局

诸暨市林业局

安徽省

滁州市林业局

广德县林业局

福建省

福建省林业厅办公室

三明市林业局

泉州市林业局

江西省

江西省林业厅政策法规处

抚州市林业局政策法规科

山东省

山东省林业局资源和林政处

胶南市林业局

河南省

许昌市林业局

焦作市林业局

河南省林业厅政策法规处

湖北省

湖北省林业局政策法规处

宜昌市林业局

神农架国家级自然保护区管理局

湖南省

湖南省林业厅政策法规处

怀化市林业局

浏阳市林业局

广东省

惠州市林业局

韶关市林业局

广西壮族自治区

广西壮族自治区林业局办公室

国营博白林场

海南省

吊罗山林业局

昌江黎族自治县林业局

重庆市

重庆市林业局政策法规处

黔江区林业局

四川省

攀枝花市林业局

宜宾市林业局

贵州省

贵州省林业厅政策法规(宣传)处

黔东南苗族侗族自治州林业局

云南省

云南省林木种苗工作总站

德宏傣族景颇族自治州林业局

腾冲县林业局

西藏自治区

那曲地区林业局

山南地区林业局

陕西省

陕西省林业厅政策法规处

佛坪国家级自然保护区岳坝森林派出所

横山县林业局

甘肃省

甘肃省林业厅办公室

定西市林业局

青海省

海东地区森林公安局

尖扎县坎布拉林场

宁夏回族自治区

银川市林业局

隆德县林业局

新疆维吾尔自治区

新疆维吾尔自治区林业厅政策法规处

阿尔泰山林业局布尔津林场

新疆生产建设兵团

农四师七十团林业工作站

中国内蒙古森林工业集团有限责任公司

内蒙古森工集团阿龙山林业局

中国吉林森林工业（集团）总公司

红石林业局

中国龙江森林工业（集团）总公司

黑龙江省苇河林区司法局

大兴安岭林业集团公司

大兴安岭新林林业局

国家林业局

中南林业调查规划设计院党群人事处

林业工作站管理总站综合处

国有林场和林木种苗工作总站种苗执法管理处

森林病虫害防治总站检疫处

全国林业系统“四五”普法宣传教育先进个人名单

北京市

北京市林业保护站站长　王民中

西山林场正处级工程师　周荣伍

昌平区林业局森林公安处处长　于　泽

天津市

天津市林业局林业工作站高级工程师　何淑华

西青区农业委员会主任　张广才

宁河县林业局副科长　曹万月

河北省

石家庄市林业局林政处工程师　伊宏岩

承德市林业局林政科科长　崔成慧

东光县林业局局长　宫经峰

隆尧县林业局局长　李　健

山西省

吕梁山森林经营局局长　尉文龙

太原市林业局法制宣传处处长　陈一平

运城市盐湖区林业局林政站站长　曲　运

内蒙古自治区

内蒙古自治区林业厅资源林政处处长　王才旺

鄂尔多斯市林业局科员　宁　静

呼伦贝尔市林业局政工办主任　蔡高敏
巴彦淖尔市林业局林政科副科长　陈　峰

辽宁省

抚顺市林业局林政资源处处长　马　平
铁岭市林业局副局长　曾庆杰
朝阳市林业局副局长　马　兴
辽宁省林业厅政策法规处主任科员　张丽秋

吉林省

吉林省林业厅政策法规处调研员　沙海民
辉南森林经营局党委副书记　常　宇
通化市林业局法制办主任　张荣祥
吉林市林业局林政管理处处长　常万忠
延边朝鲜族自治州林业管理局党委书记　李　勇

黑龙江省

东宁县林业局局长　姜　涛
黑龙江省林业厅政策法规处主任科员　张树东
青冈县林业局局长　宋国忠
黑河市林业局法规科科长　曲云龙

上海市

上海市野生动物保护管理站总工程师　杜德昌
上海市林业总站办公室主任　顾汉生
嘉定区林业站站长　徐薇玉

江苏省

江苏省林业局人事处处长　赵元刚
徐州市林政资源管理站站长　周正标
南京市江宁区林副业局林业科科长　蒋永宏

浙江省

温岭市农林局副局长　柳希来
象山县林业局副局长　朱定良
丽水市林业局副局长　严轶华
安吉县林业局副局长　董爱龙

安徽省

安徽省林业厅政策法规处副处长　张致胜
池州市公安局贵池森林分局教导员　陆志敏
蚌埠市林业局资源林政科副科长　尤　浩
黄山市林业局办公室副主任　王小峰

福建省

福建省林业厅办公室主任科员　张华坚
福建省林业厅政策法规处主任科员　陈明剑
厦门市同安区祥溪林场干部　方水池
龙岩市林业局副局长　钟日清

江西省

江西省林业厅政策法规处副处长　魏晓奎
江西省木材检查站站长　邹纪平
景德镇市林业局副科长　董　虹
赣州市林业局科员　尹九洪

山东省

山东省林业局资源林政处主任科员　纪旭华
东营市林业局副局长　李召法
商河县林业局局长　王明跃
东阿县林业局局长　杜吉利

河南省

河南省林业厅政策法规处调研员　陈　明
平顶山市林业局副局长　宋建波
荥阳市林业局局长　李　伟
濮阳市林业局党总支副书记　韩经玉

湖北省

松滋市林业局局长　曾凡雄
湖北省林业局政策法规处副主任科员　李飞毅
荆门市林业局政策法规科科长　李昌文
丹江口市林业局副局长　秦本均

湖南省

株洲市林业局法制科科长　李常伦
永州市林业局干部　吕剑斌
郴州市林业局总工程师　马郭平
邵阳市林业局科长　杨树贵

广东省

广州市林业局政策法规处科员　吕伟方

汕头市林业局政策法规科科长　叶竞红

平远县林业局局长　谢传辉

肇庆市林业局野生动物救护中心副主任　丁建萍

广西壮族自治区

桂林市林业局林政科科长　廖　升

来宾市林业局副局长　龙　志

国营派阳山林场干部　李国权

海南省

五指山市公安局通什林场派出所所长　陈清强

昌江黎族自治县林业局办公室副主任　钟义锋

吊罗山林业局副局长　文关四

重庆市

石柱县林业局局长　刘长胜

忠县林业局森林警察大队副主任科员　郭文龙

四川省

达州市林业局科员　李山瑜

攀枝花市林业局副局长　张洪祥

阿坝藏族羌族自治州岷江造林局副局长　鲁　鸿

成都市林业局政策法规处处长　曾润福

贵州省

遵义市林业园林绿化局局长　范明德

黔南布依族苗族自治州林业局防火办副主任　李兴旺

贵阳市林业绿化局政策法规处副处长　周才义

毕节地区林业局副局长　付立铭

云南省

潞西市林业局政策法规股股长　段绍英

德宏州林业局政策法规科科长　杨振东

楚雄州林业局林政法规科副科长　王　敏

云南省林业厅政策法规处主任科员　罗彦平

西藏自治区

工布江达县林业局局长　尼　玛

林芝县林业局局长　达　娃

日喀则地区林业局局长　张合松

陕西省

陕西省林业厅政策法规处副处长　谢君朝

安康市林业局普法办主任　余兴弟

铜川市林业稽查队队长　焦爱叶

韩城市林业局法制股股长　冯　诚

甘肃省

甘肃省林业厅办公室副主任　寇明逸

甘肃省林业科技推广总站副站长　刘兴贵

天祝县林业局副局长　张金学

庆阳市森林公安局副政委　慕建国

青海省

青海省林业局政策法规处干部　李洪福

尖扎县林业环保局科长　项其先

民和县林政稽查大队队长　王占国

宁夏回族自治区

盐池县环保林业局副局长　吴英明

平罗县林业局干部　丁海军

宁夏回族自治区林业局资源保护处干部　哈　林

新疆维吾尔自治区

哈密林场场长　毋玉章

阿克苏地区林业局局长　王建平

乌苏林场副场长　库尔班

新疆生产建设兵团

农一师塔水林业站站长　殷　军

农四师七十二团团长　邓义华

农八师农林牧局副主任科员　贾海涛

中国内蒙古森林工业集团有限责任公司

内蒙古大兴安岭林业管理局宣传部副部长　刘宝江

阿里河林业局党委副书记　路　泉

根河林业局普法办主任　戴晓光

中国吉林森林工业（集团）总公司

露水河林业局政法委副书记　凌宝国
白石山林业局普法办副主任　丁丽伟
吉林森工集团松江河林业有限公司贮木场场长　楚湘辉

中国龙江森林工业（集团）总公司

松花江林区司法局办公室主任　周寄柔
清河林区司法局局长　张思奎
林口林区司法局局长　付永全

大兴安岭林业集团公司

韩家园林业局普法办副主任　刘利民
漠河县司法局普法办主任　娄德伟
新林林业局普法办副主任　赵冬梅

国家林业局

华东林业调查规划设计院普法办主任　毛行元
西北林业调查规划设计院办公室主任　吴海平
驻福州森林资源监督专员办事处综合处处长　林立枝
驻合肥森林资源监督专员办事处副处长　潘　虹
西南航空护林总站纪检监察室副处级纪检员　伍家乐
森林病虫害防治总站检疫处处长　胡学兵
中国林业科学研究院办公室干部　田树萍
中国林业科学研究院党群工作部干部　杨湘江
调查规划设计院图文信息服务中心主任　刘广平
国家林业局机关服务局监察处处长　耿绍华
国有林场和林木种苗工作总站种苗执法管理处长　周景莉
林业工作站管理总站综合处副处长（正处级）　宋云民
宣传办公室综合处副处长　孙　琳
防沙治沙办公室监测核查处处长　屠志方
经济发展研究中心法制室研究实习员　吴柏海
森林资源管理司综合处调研员　杨　净
野生动植物保护司动植物管理处副处长　斯　萍
国家林业局森林公安局治安处处长　张立保
政策法规司执法监督处副处长　高静芳
发展计划与资金管理司资产与会计管理处处长　徐信俭
直属机关党委宣传部部长　黄采艺
中央纪委、监察部驻国家林业局纪检组、监察局综合室主任　周　洪
北京林业大学党委宣传部副部长　张劲松
东北林业大学宣传统战部部长　陈文慧
南京林业大学党委宣传部部长　唐　旭
中南林业科技大学法学院院长　周训芳
西北农林科技大学副教授　张忠潮
西南林学院讲师　李春光
山西林业职业技术学院党委宣传部副部长　张爱仙
内蒙古自治区扎兰屯林业学校党委办公室主任　刘云亮
辽宁林业职业技术学院党委办公室主任　张祥春
吉林省延边林业学校纪委书记　郑翠霞
齐齐哈尔林业学校党委工作部副部长　米彦喜
黑龙江省大兴安岭职业学院党委副书记　朱　晶
安徽林业职业技术学院办公室主任　琚松苗
福建林业职业技术学院团委副书记　叶世森
福建三明林业学校校长　姜维光
江西环境工程职业学院保卫处处长　杨运来
河南省信阳林业学校校长　侯贵文
河南省林业学校副校长　吴国新
河南省汝南园林学校纪委书记　王太平
湖北生态工程职业技术学院监察室主任　熊楚国
贵州省林业学校校长　吴传远
云南省林业职业技术学院教师　周艳华
云南省林业技工学校党委书记　于康志
陕西省延安林业学校团委书记　折桂萍
甘肃省庆阳林业学校副校长　乔　锐
甘肃林业职业技术学院基础部主任　谢小平
宁夏回族自治区林业学校党委书记　米成兰
新疆林业学校保卫科科长　安昌明

生态与产业并重
——蓬勃发展的大兴安岭林区

2005年，大兴安岭地委、行署、林管局紧紧抓住国家实施天保工程、西部大开发和振兴东北老工业基地的有利契机，认真贯彻落实科学发展观，坚持经济发展与社会发展并重、与改善人民生活并重、与思想建设并重、与保持生态并重。突出结构调整的重点、体制改革的难点和群众关注的热点，全面实施生态战略，大力发展特色经济。全区经济持续健康发展、生态建设初见成效、特色产业增势强劲、各项改革逐步深化、基础设施明显改善、经济管理水平不断提升、人民群众生活水平显著提高。

2005年全区生产总值实现46.1亿元，一般预算收入实现1.26亿元，比2004年增长13.5%，城镇居民人均可支配收入6580元，农民人均纯收入3552元，全年招商引资到位资金6.5亿元，外贸进出口总额实现836万美元，年均增长27%。旅游接待人数17.5万人次，总收入1.05亿元。鹿存栏1.7万头、养殖绒山羊25.7万只、狐貂兔13.4万只，畜牧业实现产值3.3亿元。绿色食品实现销售收入4.9亿元。非公有制经济实现增加值7.7亿元，占全区生产总值比重达16.8%，实现税收7712万元。五大特色产业为经济增长的贡献率达37.8%。

地委书记　王忠林

行署专员、林管局局长　宋希斌

东北、内蒙古重点省(区)森林防火工作现场会在大兴安岭召开

国家林业局局长贾治邦在大兴安岭检查防火工作

优质实木家具远销国内外

规范化狐貂养殖基地

樟子松林

梅花鹿养殖

龙江航运

地委书记王忠林（中）、行署专员宋希斌（右）在哈洽会上检查布展情况

漠河－三亚旅游战略伙伴关系签约仪式

呼玛对俄进出口工业园区鑫玛热电厂奠基仪式

图强女子军乐队在北京八达岭表演

北极光节开幕式

冬季滑雪

第二届中国北极漠河黑龙江源头冰雪汽车挑战赛

绿色产品——野山花系列

漫山遍野的山杜鹃

全国精神文明建设先进单位

——大兴安岭林业集团公司韩家园林业局

局党委书记　石尚忠

局长　王世民

大兴安岭林业集团公司韩家园林业局位于大兴安岭东南山麓，始建于1991年，施业区总面积90.7万公顷。近年来，在大兴安岭地委、行署、林管局的正确领导下，深入实施“振兴、合心、塑形、福民”方针，坚持“靠主导产业兴企发展，靠特色产业福民强局”经济发展思路，在科学发展观指导下，经济社会效益和生态效益协调发展，产业结构调整成效显著，生态型园林城镇建设日趋完善，数字化林业建设快速推进，保持共产党员先进性教育活动见实效，各项事业健康和谐发展，被称为是大兴安岭绿宝石上的一颗璀璨新星。

在发展经济培育壮大新的经济增长点的同时，韩家园林业局大力加强精神文明建设。加大了城镇基础设施建设和环境改造力度。各种生产生活设施齐全配套，环境面貌焕然一新，城市功能一应俱全；绿化、美化、亮化、香化工程全面启动，形成了独具一格的山水园林城镇；职工群众工资收入逐年稳步增长；社会治安综合治理工作全面加强；企业文化建设蓬勃发展。2004年，林业局被破格晋级为省级文明单位标兵。2005年，被评为国家级精神文明建设先进单位。

环境绿化

女子军乐队

天然母树林

家园广场

松涛鹿苑野外放养的鹿群

局办公楼

松涛鹿苑产品

2006 CHINA FORESTRY YEARBOOK

全国精神文明建设先进单位

——黑龙江省鹤北林业局

局长 邓恩元

林产工业招商引资

鹤北森鹤公司中俄员工

鹤北林业局位于黑龙江省东北部，小兴安岭南麓。1972年建局，1987年正式通过国家竣工验收，施业区总面积38.2万公顷。活立木总蓄积2891万立方米。年生产木材18万立方米。企业现有固定资产24 902万元。全局林业总人口21 300余人，住户7168户，职工总数7335人。专业技术人员1239人，高级职称126人。共有基层单位63个，其中：山上林场（所）19个，山下基层单位43个。施业区中占地面积11 868公顷的联营原始红松母树林是全国第二大红松母树林。2001年在俄罗斯犹太自治州注册成立独资的森鹤木业有限公司，签订了为期49年、年采伐木材20万立方米的林地租赁合同。鹤北林区景色宜人，物产丰富。除森林资源外，矿产、野生动植物、中草药、山野菜和食用菌资源丰富，极具开发价值。

鹤北林业局位置优越，交通便利。南邻鹤岗、佳木斯，西接伊春，北与俄罗斯隔江相望，东与中俄名山口岸相距60千米，境内有101国道、鹤林铁路，通讯、电力网络覆盖全林区。

2000年以来先后荣获全国精神文明建设先进单位、全国边疆文化长廊建设成绩显著单位、全国思想政治工作优秀企业、全国企业职工培训先进单位、全国婚育新风进万家先进集体、全国模范职工之家和黑龙江省“五一”劳动奖状等荣誉称号。

中俄青少年在一起

文化活动丰富多彩

文化交流增进了中俄传统友谊，促进了经贸合作

原始红松母树林

全国绿化先进单位

——浙江省永康市林业局

封山育林

绿化造林

生态公益林

永康市位于浙江省中部，金衢盆地东南，西北与义乌市毗连，东北与东阳市、磐安县交界，东南与丽水缙云接壤，西南与武义县相邻，土地总面积10.48万公顷，林业用地面积6.23万公顷，有林地面积5.2万公顷，活立木总蓄积量193.5万立方米，森林覆盖率53.4%。

永康市林业局领导班子带领全体林业干部按照干在实处、走在前面的要求，努力践行“三个代表”重要思想，以全面推进林业现代化建设为目标，继续加快永康生态市建设，做到调整树种结构与合理配置、生态效益与经济效益、结构调整与生态旅游相结合，正确处理好开发与保护的关系、经济效益和生态效益的关系。大力开展科学森林消防工程建设、生态公益林工程建设、绿色通道工程建设、“千村整治、百村示范”工程建设；扎实开展绿化营林、封山育林、城镇绿化、森林资源保护、阔叶林示范工程及生物防火林带建设；积极开展创建省级绿色村庄和花园式企业活动，建成了万亩方山柿等一批有特色、上规模、高效益的林业特色基地。同时，永康林业以科技兴林为依托，加大投入，建设了电子监测系统及地理信息系统工程，实现了预防监测、指挥扑救和支撑保障科学森林消防体系的建设目标。森林灾害远程视频监控系统的运行，有效地控制和减少了森林资源灾害。

几年来，永康市的绿化造林、林政资源管理、森林防火工作走在了全省乃至全国的前列，曾被全国绿化委员会和国家林业局评为全国绿化先进单位、全国造林绿化百佳县（市）、全国平原绿化先进单位、全国先进木材检查站、全国森林病虫害防治先进单位；被浙江省政府和省林业厅评为十年绿化浙江先进集体、全省森林防火工作先进单位、浙江省高标准平原绿化县、浙江省森林资源管理先进单位。

新农村绿色通道建设

方山柿

方山柿特色基地

森林灾害远程视频监控系统

全国造林绿化先进单位

——浙江省遂昌县林业局

县林业局领导班子

遂昌县地处浙江省西南部，位于钱塘江、瓯江两大水系的源头，土地面积25.4万公顷，其中林业用地面积22.2万公顷，占87.5%，森林蓄积量709万立方米，森林覆盖率81.37%，是一个"九山半水半分田"的山区县，素有"钱瓯之源，江南绿海"的美誉。境内有九龙山国家级自然保护区和遂昌国家森林公园。

湖山景区

近年来，遂昌林业围绕"优化绿色资源，发展绿色经济，创建绿色遂昌"的总体思路，以科学发展观为指导，深入贯彻中央林业决定精神，强化科技兴林、依法治林、深化改革和队伍建设，积极推进以生态公益林建设为重点的森林生态体系和以竹产业为主导的林业产业体系建设，取得了可喜的成绩。全县共区划界定重点生态公益林57 297.7公顷，森林资源质量得到了进一步改善，生态公益林建设逐步走上法制化、规范化道路；森林资源的保护和管理工作取得显著成效，有效推行了森林资源源头管理办法，严厉打击破坏森林资源行为，资源消长步入良性循环。2005年，全县林业总产值达到10.9亿元，依托丰富的毛竹资源和森林旅游资源，竹产业已成为该县发展农村经济的主导产业，并逐步形成了一批龙头企业，森林旅游业发展形势喜人。先后获得全国造林绿化先进单位、全国造林绿化百佳县、全国森林防火先进单位、中国竹炭之乡等多项荣誉称号。"十一五"期间，遂昌将重点实施"兴林富民"工程，坚持林业生态和产业建设并举，营造生态更优、效益更高的新遂昌，努力实现遂昌林业跨越式发展。

九龙山国家级自然保护区

生态公益林

竹笋加工业

竹炭加工业

白马山景区

位丁九龙山国家级保护区枫树岭的鹅掌楸200余年，树高31米，胸径148厘米，冠荫359平方米

神龙谷景区神龙飞瀑

竹 林

全国平原绿化先进单位
——浙江省长兴县林业局

县林业局领导班子

长兴县位于浙江省西北部，与苏、皖两省接壤。东临太湖，西倚天目。全县面积1430平方千米，辖区内有16个乡（镇）、3个国有林场，共有林业用地6.84万公顷，森林覆盖率46.20%，立木蓄积量210万立方米，绿化程度95%，曾获全国平原绿化先进单位、浙江省高标准平原绿化县等称号。

近年来，长兴县林业局以科学发展观为统领，围绕生态县建设和创建"山水园林型城市"的目标，确立"既要金山银山，更要青山绿水"的工作思路，坚定不移地贯彻可持续发展战略，着重实施"五大工程"，全力打造"五大基地"，依托山区资源优势，大力发展生态经济，积极培育绿色产业，走出了一条富有特色的"兴林富民"之路。先后扩建了7000公顷笋竹两用林，8000公顷干鲜果基地、4300公顷苗木花卉基地；完成生态公益林封山育林2万公顷；认定银杏、青梅、板栗等森林食品基地6400公顷；引进长兴梅源食品有限公司、长兴顺裕人造板有限公司等龙头企业；建成了"中国扬子鳄村"；获得"中国银杏之乡"称号。通过植树造林、封山育林和依法治林，扩大森林面积4300公顷，森林覆盖率提高了3个百分点，木材蓄积增加25万立方米，竹林增加210万株。林业生态体系不断完善，生态环境进一步优化，使"梅花鹿回归故里、扬子鳄回归大自然、白鹭群栖"等大自然美景变成现实。"十五"期间，全县林业行业社会总产值实现翻番，由2000年的5.64亿元增加到2005年的11.55亿元，增长105%，农村林业收入由3.5亿元增至6.4亿元，增长83%。初步实现了生态建设产业化，产业建设生态化。

青梅园

绿色通道

扬子鳄自然保护区

扬子鳄自然保护区

扬子鳄

水上森林

古银杏树

湿 地

安徽省林业产业化龙头企业

——安庆中厦林业发展有限公司

董事长 王执权

中厦林业发展有限公司是安徽省最大一家专业从事林业工程、林业科研和林木加工的大型民营企业。公司2002年至今在安徽九成农场等地建成省内最具规模的优质苗木基地133.33公顷，速生杨林地266.67公顷。公司积极响应党和国家发展林业的号召，力争完成安庆市计委立项批复的2万公顷速生丰产林基地。

公司全力组建一支能打硬仗的营林大军，统一装备、军事化管理，形成了“造林、育林、护林”一条龙的营林团队。在技术上，公司与中国林科院韩一凡专家课题组、安庆市林业局科技中心及国内诸多林业专家保持长期的技术咨询、培训等合作关系，为基地建设工程提供强有力的技术保障。公司以“加强生态建设、维护生态安全、保障林业供给”为创业宗旨，本着“科学的投入成本，使效益最大化”的核心理念，为加快林业发展贡献力量。

安庆中厦林业发展有限公司合肥分公司首届业主管理委员会成立大会

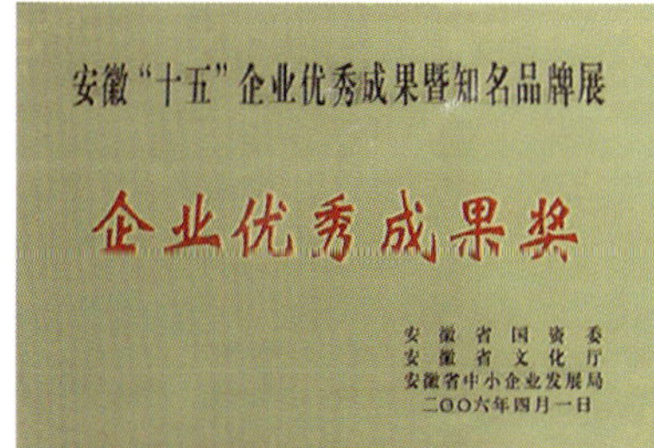
安徽"十五"企业优秀成果暨知名品牌展
企业优秀成果奖
安徽省国资委
安徽省文化厅
安徽省中小企业发展局
二〇〇六年四月一日

安徽省林业产业化
龙头企业(大户)
安徽省林业厅
二〇〇五年五月

中厦林业 桂林之旅

努力构建和谐社会

——宁夏平罗县林业建设

平罗县林业局局长 王秋云

平罗县位于宁夏回族自治区银川平原北部，西依贺兰山，东临毛乌素沙漠，东、西、北分别与内蒙古相毗邻，南距首府银川市50千米，总面积2251.6平方千米，总人口29.77万。

平罗县生态林业建设在历届县领导的高度重视下，在自治区、市林业部门的大力支持下，紧紧抓住西部大开发的历史机遇，围绕中央林业决定，广泛发动全县干部群众，立足实际，先后实施了三北防护林建设四期工程、天保工程、退耕还林工程。进入新世纪，平罗县加快了对外开放、合作的步伐，积极争取并圆满实施了德国援助宁夏贺兰山东麓防护林建设项目、日本援助宁夏黄河中游防护林建设项目、韩国援助宁夏黄河滩水土保持造林示范项目以及小渊基金援助项目，这些外援项目的实施，使平罗县森林资源迅速增加，生态环境得到明显改善，林木覆盖率从6.5%提高到11.4%。

农田林网

全县现有林业用地面积7.13万公顷，果品产量达到660万千克。其中：有林地面积1.81万公顷，灌木林地0.84万公顷，未成林造林地0.98万公顷，宜林荒山3.50万公顷。四旁植树968万株。

"十一"五期间是平罗县林业发展的关键时期，按照宁夏"十一五"发展总体规划的要求，平罗县林业建设工作将以"三个代表"重要思想为指导，以着力提升城市形象，改善城市面貌，打造良好的招商平台和人居环境为目标，加快城市园林化、林业产业化和湿地保护与开发利用的发展步伐，为新时期国民经济和社会可持续发展作出更大的贡献。

黄河护岸林

农田林网

经济林

治沙——扎草方格

绿色通道

治沙造林

全国绿化先进集体
——北京市朝阳区绿化局

北京市朝阳区绿化局是对全区城乡绿化美化施行统一建设规划管理的职能部门，主要负责城乡绿化美化、林业果树建设、绿化资源、森林防火和动植物保护管理工作。局机关为行政编制，下设13个基层单位，截至2005年底，全局在职人数1098人。全区城市绿化覆盖率达到43%，人均公共绿地面积达到15平方米，森林覆盖率达到26.25%。

为对全区绿化美化工作统一管理，实现城乡一体化，朝阳区政府将负责城市道路园林绿化的区园林局、负责农村绿化的区农林局与负责街区和社会单位、学校、部队等群众绿化的区市政管委绿化办公室进行重组，组建为朝阳区绿化局，于2002年1月28日正式挂牌成立，朝阳绿化从此步入了快速全面发展的新阶段，成为北京首个实现城乡绿化一体化管理的城区。

朝阳作为首都北京的城市功能拓展区，是国际交往的重要窗口，是2008年北京奥运会主场馆所在地。近年来，朝阳区委、区政府高度重视绿化工作，本着“新朝阳、大绿化”的战略发展思路，积极推进城乡绿化美化建设，全力实现全国绿化委员会提出的“城区园林化，郊区森林化，道路林荫化，庭院花园化”的目标，涌现出了东四环迎宾大道、元大都城垣遗址公园、郎家园枣种资源生产观光基地等一大批精品和示范工程，创建花园式单位596家。近几年在胡锦涛总书记等党和国家领导人参加全民义务植树带动鼓舞下，全区每年都有近百万人次参加义务植树活动。朝阳区2004年被全国绿化委员会评为首批全国绿化模范城市（区），2005年被全国绿化委员会、人事部、国家林业局授予全国绿化先进集体光荣称号。

朝阳区绿化局领导陪同市、区有关领导参加捐资助绿活动

朝阳区绿化局领导陪同市有关领导检查指导奥林匹克公园北园绿化工作

绿化局机关办公楼

立足主辅换位　实现经济转型
——蓬勃发展的黑龙江省铁力林业局

铁力林业局位于小兴安岭南麓，施业区总面积204 234公顷，总人口7.4万人，地貌特征为“八山半水半草一分田”，有林地面积172 523公顷，森林覆盖率84.5%。

铁力林业局始终坚持科学的发展观，明确“念山水经、打绿色牌、发养殖财、走特色路”的发展思路，立足主辅换位，推进经济转型，林区各项事业实现了又快又好的发展，经济保持稳步增长。2005年，全局产业总产值实现26 970万元，同比增长15.2%，优势特色经济占全局经济总量的64.9%，职工自营经济比重已占全局非国有经济的82.1%。全局招商引资到位资金3740万元，完成计划指标的144%。全年增收节支达到1300多万元。“严管林”成效显著，实现了连续29年无重大森林火灾的工作目标，全局省级生态林场所晋级率达到76%，林业局被评为省级生态林业局。全局更新造林面积保存率连续两年达到100%，在全市营林行业质量评比中取得了更新造林质量、秋整地质量和苗圃管理三项第一的优异成绩。伐区作业质量在全省森工林区资源管理系统检查排名中也首次取得了管局第一、总局第三的良好成绩。接续产业态势强劲。全局养殖奶牛已达到4000头。木材精深加工年创产值5107万元，出口创汇330万美元。绿色食品业实现产值2769万元，同比增长118.9%。森林生态旅游业接待旅游人数达到20万人次，旅游收入达到3691万元，同比增长82.9%。北药种植面积同比递增20%，实现产值2532万元，铁力松涛集团公司被省农业产业化领导小组审定为省级农业产业化龙头企业。铁力局被省畜牧局确定为荷斯坦种奶牛基地、国家级奶牛养殖小区和黑龙江省DHI（牛群遗传改良）试验基地，被国家奶业协会授予全国奶牛养殖示范小区，被伊春市委、市政府授予全市职工自营经济先进单位，被省森工总局授予天保工程先进单位荣誉称号。

局党委书记　冯玉胜

局长　张泱

局办公大楼

依吉密河漂流

碧波绿树掩映中的映山湖生态圈

SSS级的铁力日月峡滑雪场

盛世兴林 再铸辉煌
——河南省商丘市林业局

全国绿化奖章获得者，局党组书记、局长王义军

近年来，商丘市林业局紧紧围绕商丘市委、市政府"全面提速、振兴商丘"的战略部署，以加快全市林业发展为目标，按照河南省林业厅"生态建设出精品、产业发展创品牌、林业管理上水平"的总体要求，抢抓盛世兴林机遇，真抓实干，积极组织实施退耕还林、防沙治沙、高标准平原绿化等重点林业生态工程，大力开展"植树造林、绿化美化商丘"活动，进一步加强了全市生态环境建设，提高了全市平原绿化整体水平。目前，全市活立木已达3.6亿株，立木蓄积量1600万立方米，森林覆盖率26.5%。2005年全市林果业总产值实现25.7亿元。商丘市9县(市、区)全部达到了《河南省县级平原绿化高级标准》，在河南省率先实现了高级平原绿化。2002年5月被国家林业局授予全国平原绿化先进单位荣誉称号，2005年6月被确定为全国防沙治沙典型示范区，2006年3月被全国绿化委员会、人事部、国家林业局授予全国绿化先进集体荣誉称号。

市林业局新办公区绿化

退耕还林工程——林下间作模式

高标准农田防护林

全国绿化模范单位
——武警郑州指挥学校

武警郑州指挥学校位于河南省郑州市中牟县境内，占地面积约277 472平方米，属黄河滩区沙化地质。20多年来，学校党委始终把绿化工作摆在重要位置，成立了以主管后勤的副校长任主任，有关科室人员为成员的绿化委员会，加强对绿化工作的领导；邀请地方专家指导建设，科学设计方案，将人文、景观、文化氛围作为发展主体，把小桥流水、亭台楼阁融入规划建设中，以形成曲径通幽的生态营区；加强对绿化工作的资金投入，先后共投入资金100余万元；按照总体绿化目标，搞好规划和建设，制定了“阔叶树与针叶树相结合、种花与种草相结合”的绿化实施方案。大面积种植各种花草树木，形成了各有特色的绿化景点。在训练场种植了杨树林、桐树林、小果林和大面积的草坪，形成了片林、林带、绿地的景观；在办公区、教学区、生活区以种植阔叶树、针叶树为主，形成了雪松、法桐、广玉兰、女贞、水杉相互映衬的景观路；以覆盖种植草坪为主，形成了黑麦草、马尼拉草、早熟禾草不同品种的景观草坪；以种植腊梅、榆叶梅、牡丹、芍药、月季、百日红、樱花、紫荆花为主，建成了7个特点鲜明的小花园。当前，校园绿化建设已呈现出高低搭配、错落有致、多层次、多色彩的特点，全面展现了“园林式”、“花园式”绿化格局。经过全校官兵的共同努力，学校已种植各类树木21 700余棵，铺栽草坪120 000余平方米，建绿篱4983米，砌筑花池32个，绿地率达65%，绿化覆盖率达100%。校园绿化形成了林成片、树成行、草成块、花成园的景观，校园环境达到了“春有花、夏有阴、秋有果、冬有青”的景色，被郑州市政府命名为花园式单位，2003年被武警总部授予绿色营区称号，2006年被全国绿化委员会评为全国绿化模范单位。

撰搞、摄影 庞东晨

全国绿化模范城市

——河南省漯河市

副市长薛豫宛、局长孙保民领取全国绿化模范城市奖牌

局党组书记、局长孙保民

全国绿化

模范城市(区)

全国绿化委员会

二OO四年三月

河南省漯河市城市绿化及生态环境建设

中国人居环境范例奖

中华人民共和国建设部

二OO三年二月

授予：漯河市

国家园林城市

中华人民共和国建设部

二OO三年四月

漯河市地处河南省中部，辖两县三区。全市总面积2617平方千米，总人口251万，是一座以食品加工为主导产业的新兴轻工业城市。建市18年来，全市城乡绿化工作取得了显著成绩。1991年，全市各县(区)相继实现了平原绿化初级达标，2003年又整体实现了平原绿化高级达标。2001年，为强化城乡绿化职能，将农村造林绿化和城市园林绿化管理职能合并，组建了漯河市林业园艺局，统筹城乡绿化工作。改变了过去城建部门管城市、林业部门管农村，城市、农村绿化规划不协调、管理职能交叉的现象。市委、市政府面对日趋激烈的新一轮地区竞争，坚持可持续发展战略，以创建全国绿化模范城市、国家园林城市为目标，大力实施"森林进城、森林围城"、通道绿化、沙澧河风景游览区建设等生态环境建设重点工程，着力建设生态宜居城市，加速推进城乡绿化一体化建设。几年来，漯河市相继被评为河南省造林绿化最佳城市、全国园林绿化先进城市、国家园林城市、首批全国绿化模范城市，获得了中国人居环境范例奖(城市园林和生态环境)，被全国人大环资委、全国政协人资环委确定为全国中小城市生态环境建设试验区。截至2005年底，市区绿化面积达到1719.42公顷，绿地率达到36.6%；绿化覆盖率达到43.3%，人均公共绿地面积14.8平方米，全市森林覆盖率达22%。市林业园艺局党组书记、局长孙保民从2001年11月任职至今，由于在城乡绿化工作中的突出成绩，2002年获得河南省绿化奖章、2003年获得全国城市园林绿化先进工作者、2005年获得全国绿化奖章，2006年获得全国绿化先进工作者等荣誉称号。

绿色通道建设

林农牧复合经营

争当第一的实践者

——全国绿化奖章获得者吴先金

吴先金同志先后任湖北省十堰市副市长，省林业厅党组书记、副厅长，省林业局党组书记、局长。他结合湖北林业实际，着力在创新思路、转变作风，狠抓工作落实上下功夫，卓有成效地促进造林绿化和生态建设，为推进湖北林业的快速发展作出了重要贡献。

狠抓林业重点工程的实施，整体推进全省造林绿化。他用大工程、大项目带动大发展，提出了“研究新阶段，明确新目标，采取新举措，实现新突破”的林业工作思路，对林业工程项目进行了重组，实施六大林业重点工程。

坚持生态建设和产业发展两手抓，大力推进林业产业化，为农民增收和县域经济实力的增强作贡献。他采取“围绕龙头建基地、围绕基地建龙头、实行龙头加基地带农户连市场”的办法，加强了木材加工产业板块建设，狠抓了花卉种苗产业、森林旅游产业、野生动物驯养繁殖和开发利用等产业，使全省林业产业发展开始提速，基地群、产业链呈现出整体推进的良好势头。

改进工作方法，增强指导工作的针对性和实效性。他逐市逐县深入调查研究，就林业发展问题与当地党政领导达成共识，形成了上下拧成一股绳、齐心协力抓林业、促发展的局面。他提出“林业部门不仅要讲给农民听，还要做给农民看，更要带着农民干”，省林业局先后在有关市、县联合建立林业示范基地27个，很好地指导了林业生产。

创新工作举措，推动各项工作不断取得新突破。他在造林质量管理、林业项目资金使用、“严管林”和林业重点工程检查验收等环节上，在全省率先实行了重点工程项目法人制、工程招投标制、造林绿化工程监理制、林木种苗公开采购制、森林资源管理责任人制、森林采伐伐前公示制、木材流通重要案件责任追究制等，不仅提高了造林的成活率和保存率，而且防止了林业工程建设中腐败行为的发生，保证了林业工程项目的建设质量和效益。

狠抓文明创建，树立良好的社会形象。在他的要求下，湖北省林业系统部署开展了以“内强素质、外树形象”为主题的自身建设活动，取得了明显成效。省林业局被评为省级文明单位。全省林业系统有260多个林业单位被授予市级、县级文明单位等荣誉称号。在2004年湖北省委、省政府组织开展的行风评议中，省林业局位列12个被评省直部门的第二名。

吴先金

陪同中央政治局委员、湖北省委书记俞正声，省长罗清泉植树

检查指导工作

在基层调研

绿色宜昌的功臣

——全国绿化奖章获得者李佑才

李佑才

陪同国家林业局党组成员、中国林科院院长江泽慧考察宜昌林业工作

参加放飞野生鸟类活动

参加义务植树活动

现任宜昌市委书记的李佑才同志，自1999年调任宜昌市委副书记，2003年任市委副书记、市长。他坚持用科学的发展观指导林业生态建设，结合宜昌市情林情，确立宜昌林业在地方经济社会发展中的重要地位。近年来，全市人工造林每年以近2.67万公顷的速度推进，全市森林资源稳步增长，全市林业用地达到139.49万公顷，活立木蓄积达到3250.32万立方米，森林覆盖率达到48.5%，三项指标均居全省地（市、州）前列。建成并投产了一大批林果特产商品基地和林业企业。在抓好社会绿化的同时，他还积极倡导城市绿化工作，亲自审定规划，修改设计，筹措资金。近年来，全市投入城市绿化建设资金6亿多元，先后建成28个公园，植树800.9万株，建成3条绿色长廊，12条绿化示范街，绿化覆盖面积达到2601.24万平方米，覆盖率达到42.3%，人均公共绿地达到18.74平方米。全市投资400多万元，建成了宜黄高速公路宜昌段绿色长廊工程，使宜昌城市面貌发生了根本改变。宜昌市先后荣获全省绿化达标先进市、全国园林绿化先进城市、全国林业生态建设先进市等荣誉称号。

他到宜昌工作后，提出应该把“改善三峡地区生态环境，维护三峡工程生态安全”作为出发点和落脚点，确立了宜昌林业以生态建设为主体的战略地位。中央林业决定下发后，他在广泛调查研究和征求各方意见的基础上，提出了宜昌林业发展“三步走”的战略思想。在他的领导下，宜昌先后争取并实施了国家的一批林业重点工程，争取国家项目资金6.83亿元。在项目的实施过程中，他及时提出，要充分利用国家对林业政策的重大调整和项目实施的契机，大力发展林业产业，走培植资源，壮大产业的道路，并将全市林业产业整合为林产品加工等六大优势产业，并积极扶持、列入全市产业化建设计划，使全市林业产业迅速发展，林业总产值达33亿元，每年为农村人口平均增加纯收入487元，为宜昌林业健康稳定的发展指明了方向。

优秀管理人才
——全国劳动模范刘宗友

刘宗友同志1953年出生于湖北英山。中共党员，大专文化，政工师。1971年参加工作，历任区农资技术员，公社、乡党委书记，林场书记、场长，县农委副主任，现任湖北省太子山林场管理局党委书记、局长。几十年来，他忠实践行"三个代表"重要思想，工作一处，兴旺一方，造福一地，是党组织公认的好干部，人民群众心中的好公仆。

他30多年来一直工作在条件最艰苦、基础最薄弱、工作难度大的乡镇和林业基层单位，长期扎根基层，几十年如一日，吃苦在前，享受在后，身体力行，呕心沥血，励精图治，在英山县基层乡镇工作期间，他积极实施资源富民工程，创造了农民增收等多个全县第一；在英山两个贫困林场工作时，他率先提出"走出山门进城门，跳出林场办产业"的兴场策略，使两个林场脱贫解困，走向兴旺富裕，并被省林业厅以英山会议形式在全省林业系统大力推广。

1997年，他作为优秀管理人才被省林业厅引进并派到省太子山林场管理局担任领导职务。他思改革，谋发展，团结带领全体干部职工开展了轰轰烈烈的二次创业，一举改变了太子山贫困、落后的现状。经过几年的艰苦奋斗，将一个连年亏损达1000多万元，负债3000多万元，人心涣散的太子山林场建设成为了一个年收入7000多万元，利税500万元的单位，生机活力重现，经济实力增强，产业结构优化，环境面貌改观，职工思想观念、文明程度发生巨大变化，生活水平和生活质量全面提升。由于优异的工作成绩，良好的群众口碑，2002年刘宗友被授予湖北省劳动模范，2003年被授予全国国有林场十佳管理者称号，2005年又被国务院授予全国劳动模范称号。

载誉归来

刘宗友

副省长刘友凡与刘宗友亲切交谈

在太子山林管局文化中心与北京林业大学教学实验林场服务中心落成揭牌仪式上致欢迎词

绿化引路人
——全国绿化奖章获得者高全明

湖北省南漳县委书记、县人大常委会主任高全明同志率领引导全县人民发展经济建设，谋划致富之路，始终把生态建设和造林绿化放在十分重要的位置，重视加强对造林绿化工作的指导支持，在实践中既当指挥员、又当战斗员；既抓宏观导向、又保微观落实，为全县林业生产和造林绿化工作描绘了发展蓝图，倾注了真情实意，洒下了辛勤汗水，争当绿化引路人。在他的带领下，南漳林业得到了长足发展，并被湖北省政府授予全省林业工作先进县光荣称号。

高全明（右一）参加义务植树活动

他深入全县各乡镇和林场广泛开展民情、村情和林情调查，走访了30多位基层干部，察看了21个农户基地，召开了18次干部群众座谈会，最后提出了"向全国林业先进县、全省林业大县和全市林业强县迈进"的口号，大力实施"千株万元绿色致富"工程和"林纸一体化"工程，让林业切实担当起引领农民脱贫致富奔小康的重大责任，唱响林业兴县富民主旋律。县委制定下发了《中共南漳县委、南漳县人民政府关于加快林业发展的决定》，县人大常委会作出了《进一步贯彻实施〈森林法〉，建设生态林业大县》的决议。主要领导的重视，思路目标的确定，为全县人民和林业系统干部职工解放了思想，建立了坐标，鼓舞了人心，激发了斗志。

考察林业工作

他重视调查研究，凡林业部门呈送的信息、报告、报纸、杂志、通报，他都坚持做到一期不少，一份不漏地阅读和批示，从中了解林业动态和发展进程。他重视督办，对于县级会议和上级会议及文件精神落实情况，亲自参与检查督办，重视林业工作和重视经济工作同等对待，逢会必讲，下乡必抓，督促必办，采取电话、转函和现场协调等形式，解决工作中的矛盾和问题。他重视示范，每年开春的第一件事，就是带领县直机关干部深入植树现场，挥铣扬锹，开展义务植树，山间、田头和渠边的许多地方都留有他的背影和足迹。群众称他为以身作则的好干部，林业绿化的引路人。在他的正确领导下，南漳林业各项工作取得显著成效，林业体制逐步健全、林业收入不断增加、森林面积逐步加大、林业形象逐步提高。南漳林业上了一个新台阶，呈现出一派兴旺景象。

县林业局办公楼

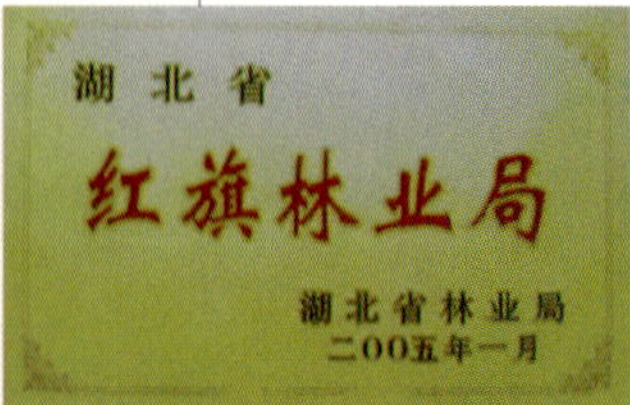

倾情绿染荆门
——全国绿化奖章获得者郑中华

郑中华同志先后担任乡镇书记、镇长、荆门市农机局局长，2001年10月调任荆门市林业局局长后，更是为了这份绿色事业，勤耕苦耘，全身心地投入到打造生态荆门，建设绿色山川的事业中，向党和人民交上了一份满意的答卷。

他在全市林业系统大力倡导三种精神：即抢前争先、争创一流的拼搏精神，团结协作、相互配合的团队精神，求真务实、改革创新的敬业精神，激发了广大干部职工的工作热情。由他组织的荆门市六大林业重点工程落实工作，取得了阶段性的成果。

为了使林业成为农民增收致富新的增长点，他组织全市林业干部职工大力发展花卉苗木，使其种植面积位居全省第一位。他积极探索，勇于创新，在全省首开电视直播林业知识和林业政策法规之先河，与市电视台联合举办了荆门首届林业知识竞赛，促进了全市人民群众对林业的了解，增强了维护森林资源安全的自觉性。在努力争取国家和省里对林业重点工程项目投资的基础上，把招商引资纳入到林业系统领导干部的工作目标责任制范畴，通过招商，为荆门林业争取了资金。他认真开展科技攻关，组织实施了“科技兴林示范市”战略，先后有杉木无性系选育及苗木繁育，鹅掌楸、桤木地理种源家系试验研究，板栗品种资源圃建设等获省科技进步二、三等奖。他深入基层调查研究，写出了多篇有深度的理论调研文章，对荆门林业工作起到了指导作用。他严于律己，勤政廉政，始终保持了一个共产党员的应有本色，他带领局党委一班人向全市林业系统干部职工公布廉洁“十不”承诺，在人、财、物等方面接受大家的监督。

作为林业局的“当家人”，郑中华在抓改革、促发展的同时，积极倡导“机关为基层服务，基层为群众服务，部门为企业服务”的理念，做到权为民所用，利为民所谋，心为民所系。在他的带领下，通过全市林业系统干部职工的不懈努力，荆门市林业工作在全省的综合排名逐年提高，荆门市林业局也连续数届荣获全省红旗林业局的光荣称号。面对荣誉和称号，他真诚地说：“这些荣誉和称号更加重了我肩上的责任，让我在今后的工作中更加努力”。

郑中华（中）在基层调研

陪同国家林业局副局长赵学敏考察荆门林业

花卉苗木基地

绿色通道

江陵林业发展带头人

——全国绿化奖章获得者秦前联

秦前联

在基层检查工作

主持会议

为江陵县林业局在荆州市"绿化荆州，产业兴林"电视知识竞赛中获三等奖选手发奖

秦前联同志1981年毕业于湖北林业学校，1985年毕业于湖北省函授大学森林专业，现任湖北省荆州市江陵县政协常委、政协副主席、县林业局局长。他参加工作20多年来，长期战斗在林业生产第一线，深入乡村，认真探索，潜心研究，在江陵县造林绿化工作、营林体制改革等方面作出了突出贡献。

勇于探索，精心试点，推进营林体制改革。1994年，时任分管造林绿化工作的副局长秦前联认为，要想提高林业经营管理水平，提高造林绿化成活率和保存率，必须彻底改变传统的林业发展模式。本着"建一个林场，造一片林，留一批人"的思路，在全县建立了第一个股份制合作林场，造林后第一年林木成活率达95%以上，3年后林木保存率达到90%。从那时开始，营林体制改革在全县全面推行，传统造林绿化方式逐步退出历史舞台，江陵林业的发展进入了第一个春天。

亲自实践，锐意改革。营林体制改革在江陵县取得成功后，秦前联不断实践、探索出新的路子。他深深体会到，林业要发展，必须依靠全社会参与才能实现。1999年春，采取"公司+基地+农户"的模式，建立原料林基地，使江陵县的造林绿化由以前的单一部门投资向个人、单位以及私营业主等多元化投资主体转化，解决了林业发展投入不足的难题。

与时俱进，改制创新。从2000年开始，江陵县林业发展进入了第二个春天：全县私营造林蓬勃发展，私营造林大户不断涌现。时任县林业局局长的他亲自执笔起草了《关于推进营林体制改革加快林业发展步伐的意见》，县政府以文件形式下发到各乡镇、村，给私营造林户吃上了"定心丸"。他扶持造林大户，还为林农签订订单，解决林农造林后木材销售难的后顾之忧。

他在营林体制改革方面的领导、参与和实践改变了江陵县传统造林绿化长期存在的落后面貌，全县森林覆盖率由过去的不足8%提高到现在的12%以上，实现了全县林业跨越式发展。1997年，他被省绿委、省团委、省人事厅、省林业厅评为全省青年造林绿化先进工作者；2001年，被省绿委、省人事厅、省林业局授予湖北省绿化先进工作者荣誉称号。